NOUVEAU TESTAMENT EN LANGUE ɃÀSÀA DU CAMEROUN

NEW TESTAMENT IN ɃÀSÀA LANGUAGE OF CAMEROON

KÀÀT PUBI

MÀLOMBLA MA YƆNDƆ

NOUVEAU TESTAMENT EN LANGUE ƁÀSÀA DU CAMEROUN

NEW TESTAMENT IN ƁÀSÀA LANGUAGE OF CAMEROON

Pierre Emmanuel Njock

Copyright © 2023 Pierre Emmanuel Njock

All rights reserved. No part of this book may be used or reproduced without written permission, except in the case of brief quotations embodied in critical articles and reviews.

Quiet Waters Publications
Springfield, Missouri
www.quietwaterspub.com

ISBN 978-1-962698-00-9 (USA)

ISBN 978-3-911124-01-0 (DE)

International distribution by Amazon
>US >UK >DE >FR >ES >IT >NL >PL >SE >JP >CA >AU

Communiqué final de la Concertation Interconfessionnelle des 26-27.02.1997 à Kaya/Makak

La première réunion de Concertation sur la traduction œcuménique de la Bible en basaa du Cameroun s'est tenue à Kaya (Makak), les 26-27 Février 1997, au Siège du Sous-Comité de Langue Basaa, sous l'égide de l'Alliance Biblique du Cameroun.

Les hauts responsables des Églises catholique romaine et protestante des Provinces camerounaises où cette langue est utilisée : Nosseigneurs **Victor TONYE BAKOT**, évêque d'Édéa, **Jean Bosco NTEP**, évêque d'Eséka, **Rév. Pasteur Samuel TELEP**, Modérateur de l'Assemblée Générale de l'EPC, et plusieurs autres personnalités de la région basaaphone, ont bien voulu honorer de leur présence ces assises historiques.

Tous les participants sont tombés d'accord sur la nécessité de dépasser désormais les divisions en matière de terminologie et d'orthographe imposées à la langue basaa par les premiers évangélisateurs et d'adopter une transcription et une traduction unifiées des Saintes Écritures en cette langue.

Final Communiqué of the Interdenominational Consultation on February 26-27, 1997, in Kaya/Makak

The inaugural Interdenominational Consultation on the ecumenical translation of the Bible into the Basaa language of Cameroon was convened on February 26-27, 1997, at the Headquarters of the Basaa Language Subcommittee, under the auspices of the Bible Society of Cameroon.

Distinguished leaders of the Roman Catholic and Protestant Churches from Cameroonian provinces where this language is spoken, including His **Excellencies Victor TONYE BAKOT**, Bishop of Édéa, **Jean Bosco NTEP**, Bishop of Eséka, **Reverend Pastor Samuel TELEP**, Moderator of the General Assembly of the EPC, and several other prominent figures from the Basaa-speaking region, blessed these historic deliberations with their presence.

All participants unanimously concurred on the imperative need to overcome the divergences in terminology and orthography that were imposed on the Basaa language by the early evangelizers and to adopt a unified transcription and translation of the Holy Scriptures into this language.

Curriculum vitae succint de Pierre Emmanuel Njock

Pierre Emmanuel Njock (PEN) est né à Foulassi/ Sangmélima, Cameroun, Afrique, le 09 Décembre 1938 comme septième enfant sur quatorze du couple Simon Pierre et Cécile Njock Bòt.

Après ses études primaires, PEN est admis à l'Institut des Missions Evangéliques (IME) qui deviendra Collège Evangélique de Libamba en 1958. Il y apprend, entre autres, le solfège et l'analyse des versets bibliques avec Rev R. Peirce, alors Directeur de l'IME/CEL et coordinateur de la traduction de la Bible en Bassa du Cameroun, Kaat Nyambe. PEN naît de nouveau ici après une rencontre avec un missionnaire luthérien, W. Trobisch, qui l'introduit à la lecture du "Paroles et Textes des Frères Moraves", LOSUNGEN. Après l'obtention du BACCALAUREAT en 1961, PEN fait ses études supérieures à l'Université de Heidelberg (RFA) à l'Ecole d'interprètes et de traducteurs, option enseignement de la langue et culture allemande. PEN étudiera ensuite à l'Université de Strasbourg (France) puis à LAVAL, Québec, Canada, d'où il obtiendra une Licence ès Lettres, une Maîtrise en Didactique des Langues et un Ph.D en Linguistique sous Pr. W.F. Mackey. PEN est assistant de recherche au Centre International de Recherche sur le Bilinguisme (CIRB) et assistant d'enseignement à l'Université Laval (1969-1971); Assistant au Département Allemand, Faculté des Lettres, Universtité de Yaoundé (1972-1975 + 1992-1997); Principal du Collège Evangélique de Libamba (1975-1989), Co-fondateur et premier directeur de CABTA devenu CABTAL (1987-1993); membre de Wycliffe International Board (1984-1993). Fondateur du Sous Comité de Langue Bàsàa (SCOBA) à partir de 1995. Co-fondateur et premier Président du Comité de Langue Bàsàa (COL'BA) à partir de 1998. Assistant au Département des Langues et Cultures Camerounaises, Ecole Normale Supérieur (ENS), Yaoundé, 2010-2013.

PEN est marié à Esther KOGLA, septième enfant d'une famille de 14 enfants. PEN et Esther ont eu sept enfants.

Curriculum Vitae (English)

Pierre Emmanuel Njock (PEN) was born in Foulassi/ Sangmélima, Cameroon, Africa, on December 9, 1938, as the seventh child out of fourteen to the couple Simon Pierre and Cécile Njock Bòt.

After his primary education, PEN was admitted to the Institute of Evangelical Missions (IME), which later became the Evangelical College of Libamba in 1958. There, he learned, among other things, music theory and the analysis of biblical verses under the guidance of Rev R. Peirce, who was then the Director of IME/CEL and the coordinator of the translation of the Bible into Bassa language of Cameroon, alongside Kaat Nyambe. PEN experienced a spiritual rebirth during his time here after an encounter with Lutheran missionary W. Trobisch, who introduced him to reading "Paroles et Textes des Frères Moraves," LOSUNGEN. After obtaining his BACCALAUREATE in 1961, PEN pursued higher education at the University of Heidelberg (West Germany) in the School of Interpreters and Translators, specializing in teaching the German language and culture. PEN continued his studies at the University of Strasbourg (France) and later at LAVAL, Quebec, Canada, where he earned a Bachelor of Arts, a Master's degree in Language Teaching, and a Ph.D. in Linguistics under the guidance of Prof. W.F. Mackey. PEN served as a research assistant at the International Research Center on Bilingualism (CIRB) and a teaching assistant at Laval University (1969-1971). He was an Assistant in the German Department at the Faculty of Arts, University of Yaoundé (1972-1975 + 1992-1997), Principal of the Evangelical College of Libamba (1975-1989), Co-founder and first director of CABTA, which became CABTAL (1987-1993), and a member of the Wycliffe International Board (1984-1993). He founded the Basaa Language Subcommittee (SCOBA) in 1995 and co-founded and became the first President of the Basaa Language Committee (COLʼBA) in 1998. PEN served as an Assistant in the Department of Cameroonian Languages and Cultures at the Ecole Normale Supérieure (ENS), Yaoundé, from 2010-2013.

PEN is married to Esther KOGLA, the seventh child in a family of 14 children, and they have seven children together.

Publications

1973, La lexicométrie allemande 1898-1970. CIRB, Québec, Canada.
1979, L'univers familier de l'enfant africain. CIRB, Québec, Canada.
2007, Ŋkɔbɔl nu Hɔ̄p Ɓasàa, Dictionnaire monolingue ɓàsàa, 631 p.
2011, Ecrire le ɓàsàa du Cameroun au vingt-et-unième siècle.
2014, Pourquoi une Bible Ɓàsàá en Alphabet Général des Langues Camerounaises (AGLC).
2016, Kàát Pubi première Bible ɓàsàa du Cameroun en AGLC en 3 volumes.
2017, Kàát Pubi première Bible ɓàsàa du Cameroun en un seul volume.
2019, Ɓàsàa Webonary – Ɓàsàa-French-English and German Dictionary (https://www.webonary.org/basaa) – Freely available online for Public Use.
2020, Les trois étapes de la production du Kàát Pubi entre 1998 et 2020.

Les abréviations des livres du Nouveau Testament

MÀTEÒ	Màt
MARKÒ	Mar
LUKÀS	Luk
YÒHANÈS	Yòh
MÌNSƆN MI 'BAOMÂ	M'B
ROMÀ	Rom
1 KƆRINTÒ	1Kɔr
2 KƆRINTÒ	2Kɔr
GÀLATÌÀ	Gàl
ÈFESÒ	Èf
FÌLIPÌ	Fìl
KÒLOSÈ	Kòl
1 TÈSÀLONĪKÀ	1Tès
2 TÈSÀLONĪKÀ	2Tès
1 TÌMÒTEÒ	1Tìm
2 TÌMÒTEÒ	2Tìm
TITÒ	Titò
FÌLEMÒN	File
LÒK HEBÈR	LH
YÀKOBÒ	Yàk
1 PETRÒ	1Pet
2 PETRÒ	2Pet
1 YÒHANÈS	1Yòh
2 YÒHANÈS	2Yòh
3 YÒHANÈS	3Yòh
YUDÀ	Yud
MÀSƆƆLÀ	Màs

Table

MÀTEÒ	11
MARKÒ	57
LUKÀS	85
YÒHANÈS	132
MÌNSƆN MI ƁAOMÂ	166
ROMÀ	207
1 KÒRINTÒ	228
2 KÒRINTÒ	248
GÀLATÌÀ	261
ÈFESÒ	268
FÌLIPÌ	274
KÒLOSÈ	279
1 TÈSÀLONĪKÀ	284
2 TÈSÀLONĪKÀ	289
1 TÌMÒTEÒ	291
2 TÌMÒTEÒ	297
TITÒ	301
FÌLEMÒN	303
LÒK HEBÈR	305
YÀKOBÒ	320
1 PETRÒ	325
2 PETRÒ	331
1 YÒHANÈS	335
2 YÒHANÈS	340
3 YÒHANÈS	340
YUDÀ	342
MÀSƆ̀ƆLÀ	344

Màteò

1

Kààt lìhàà li Yesù Krĭstò
Luk 3: 23-38

¹ Kààt lìhàà li Yesù Krĭstò, măn Dāvìd, măn Ābràhâm.

² Àbràhâm à gwal Isàk, Isàk à gwal Yakòb, Yakòb à gwal Yudà nì lògisāŋ; ³ Yudà ɓɔ Tàmâr ɓa gwal Perès nì Zerà, Perès à gwal Esròm, Esròm à gwal Aràm, ⁴ Aràm à gwal Amìnadàb; Àmìnadàb à gwal Naasòn, Naasòn à gwal Salmòn, ⁵ Salmòn ɓɔnà Rahàb ɓa gwal Boàs, Boàs ɓɔnà Rût ɓa gwal Obèd, ⁶ Obèd à gwal Yesè, Yesè à gwal Davìd, kiŋê. Davìd ɓɔnà mudàà nu à ɓa ŋwàa Ūrìà ɓɔn ɓa gwāl Sàlomò,ᵃ ⁷ Sàlomò à gwal Robòàm, Robòàm à gwal Abìà, Abìà à gwal Asà, ⁸ Asà à gwal Yosāfàt, Yòsafàt à gwal Yoràm, Yoràm à gwal Osìà; ⁹ Osìà à gwal Yotàm, Yotàm à gwal Ahàs, Ahàs à gwal Ezēkìà, ¹⁰ Èzekìà à gwal Manāsè, Mànasè à gwal Amòn, Amòn à gwal Yosìà, ¹¹ Yosìà à gwal Yekōnìà nì lògisāŋ, ŋgèdà kènà i miŋkom i Bàbilòn.

¹² I mbūs kènà i miŋkom i Bàbilòn, Yèkonìà à gwal Salātìèl, Sàlatìèl à gwal Zoròbabèl; ¹³ Zòròbabèl à gwal Abìùd, Abìùd à gwal Elìakìm, Èlìakìm à gwal Asòr; ¹⁴ Asòr à gwal Sadòk, Sadòk à gwal Akìm, Akìm à gwal Elìùd, ¹⁵ Elìùd à gwal Eleàzàr, Èlèazâr à gwal Matàn, Matàn à gwal Yakòb, ¹⁶ Yakòb à gwal Yosèf ǹlom Màrià, Màrià nyɛn à gwal Yēsù, nu à nsèbla lɛ Krĭstò.

¹⁷ Halā nyēn cày cɔdisonā iɓòdòl yak Ābràhâm ìpam yāk Dāvìd di ye jòm li cây mbòk inâ; ìɓòdòl yak Dāvìd ìpam kènà i miŋkom i Bàbilòn di ye jòm li cây mbòk inâ; ìɓòdòl ŋgèdà kènà i miŋkom i Bàbilòn lɛtɛɛ̀ nì Krĭstò di ye jòm li cây mbòk inâ.

Lìgwee lī Yesù
Luk 2: 1-7

¹⁸ Lìgwee lī Yesù li ɓā lāna lɛ: Nyàŋ lɛ Màrià à yègna ɓăŋ lìɓìi ɓɔ Yōsèf, à yik yôŋ jèm ni Mbūu M̀pubi, ɓɔ ŋgì àdɓà. ¹⁹ Ndi ǹlo wèè Yosèf, lakìi à ɓa à tee sēp, à gwes ɓē yɛlɛl nyɛ, à m̀melēs lɛ à ŋŋwàs nyɛ ndìdì. ²⁰ À ɓa hɔŋɔl ɓăŋ màm mana, nŭnkì, aŋgèl Ŋwĕt ì pemel nyɛ i ɛ̀ɛm, ì kăl nyɛ lɛ, À Yosèf, măn Dāvìd, ù kòn ɓăŋ wòŋi i yɔŋ ŋwàà wɔ̃ŋ Marìà, inyŭlē jèm lî li nlòl ni Mbūu M̀pubi. ²¹ À gagwāl man mùùnlom; ù gaɔ nyɛ jòy lɛ YESÙ; inyŭlē nyɛn à gatɔ̄hɔl ɓoòt ɓee ni bìɓeba gwap. ²² Màm mana mɔmasonā ma gwèla lē màm Ŋwĕt à kăl nì m̀podôl ma yɔn lē,

²³ Nùnakì, ŋgònd ŋgì
yi mûnlom ì ganēmbɛɛ,
i gwal măn mùùnlom,
ɓa gaɔ nyɛ jòy
lɛ Èmanùèl,ᵇ halā
à yè lɛ, Nyambɛ ī
ɓĕhnī.

²⁴ Nì Yosèf à todē hilɔ̄, à ɓɔ̄ŋ kìkìi āŋgèl Ŋwĕt ì kăl nyē, à yɔ̄ŋ ŋwaa, ²⁵ ndi à yi ɓē nyɛ lɛtɛɛ̀ à gwal ntoo wee man mùùnlom; à ɔ nyē jòy lɛ YESÙ.

ᵃ**Màt 1: 6** 2 Sàm 11: 2-5; 12: 24   ᵇ**Màt 1: 23** Yès 7: 14

2

Màlɔ̀ ma ɓayicòdot

¹ Ŋgèdà Yesù à gweenɛ Bētlèhêm i Yùdeà, dilɔ̄ di kiŋɛ Hèrodè, nŭnkì, ɓàyicòdot ɓa lɔ̆l līkòl ɓa pam Yèrusàlèm, ² ɓa kāl lɛ, Nu à ŋ̀gwee Kiŋɛ Lòk Yudà à yè hɛɛ? Inyŭlē dì bitēhɛ hyodot hyee nyɔ̄ līkòl, jɔn dì ǹlôl i ɓēgeès nyɛ. ³ Kiŋɛ Hèrodè à nɔk ɓăŋ hālà, à sîhlà, nyɛ nì Yèrusàlèm yɔ̀sonā. ⁴ Nì nyɛ à kɔ̆t biprīsì bìkeŋi gwɔbisonā nì ɓàyimbēn ɓa lɔɔ̀ŋ, à ɓàt ɓɔ i hĕt Krīstò à ǹlama gweenè. ⁵ Nì ɓɔ ɓa kāl nyɛ lɛ, I Bētlèhêm i Yùdeà, inyūlē i ye ǹtīlɓàgà nì m̀podôl lɛ,

⁶ Wɛ à Betlèhêm i lɔ̀ŋ
Yudà, ù nlòòha ɓe
bitidigi i kède mìŋkɔ̀ŋ
mi Yudà;
Inyūlē ŋ̀ànɛ à gapēmel
wĕnī, Nu à gaɓā nteedà
ɓòt ɓêm Isrăɛ̀l. ᶜ

⁷ Nì Hèrodè à sebēl ɓayicòdot i jìmb, à kahal tɔ̀ŋɔl ɓɔ ŋgèdà ìmbɛɛ hyòdot hi bipēmeèl. ⁸ Nì nyɛ à ɔm ɓɔ Bētlèhêm, à kāl lɛ, Ɓèe kɛna, tiblana yāga tɔŋɔ̄l inyùu ŋ̀keŋee man û; i ŋgèdà nì ntēhɛ wɔ, ni lɔɔ̀ ni yis mɛ̀, lɛ ndi yàk mɛ̀ mɛ keē i ɓēgeès wɔ. ⁹ Ɓa măl ɓăŋ ēmble kiŋɛɛ̀, ɓa kê; ndi nŭnkì, hyòdot ɓa bitēhɛ nyɔ̄ likòl, hi ɓôk ɓɔ bisū letèè hi pam, hi tɛlɛp yaga ŋgìì i hĕt ŋ̀keŋee man u ɓānɛ. ¹⁰ Kìì ɓa ntɛhɛ hyodot, ɓa kɔ̆n masee ŋgandàk kîyaga. ¹¹ Nì ɓɔ ɓa jɔ́p ndáp, ɓa tɛhɛ ŋkeŋee man ɓɔnà nyáŋ Marìà; nì ɓɔ ɓa om maɓɔŋ hisī, ɓa ɓeges wɔ. Ɓa yibīl biɓiinɛ gwap bi ŋkùs, ɓa kebēl wɔ gɔ̀l nì bìnùnumbà nì "mîr". ¹² Ndi lakìì ɓa kŏs bìyihnɛ ni Nyāmbɛ* ī ɛ̌ɛ̀m lɛ ɓa tèmb ha ɓăŋ yāk Hèrodè, halā nyēn ɓa nòŋol njɛ̀l ìpɛ, ɓa huu lɔ̀ŋ yap.

Kɛ̀ ŋ̀gwee Egīptò

¹³ Ɓa nyɔ̄di ɓăŋ, nŭnkì, aŋgèl Ŋwĕt ì pemel Yosèf i ɛ̌ɛm, ì kāl lɛ, Nyɔdi, u yɔ̆ŋ ŋ̀keŋee man ɓɔ nyàŋ, u keē ŋ̀gwee Egīptò, u yēn nyɔ̄ letèè mɛ̀ kāl wɛɛ̀; inyūlē Hèrodè à gayēn ŋkeŋee man lɛ a nɔl wɔ̄. ¹⁴ Nì nyɛ à ǹnyɔdî, à yɔ̆ŋ ŋkeŋee man ɓɔ nyàŋ juù, à kɛ Ēgīptò; ¹⁵ à yēn nyɔ̄ letèè nì i nyĕmb Hèrodè, lɛ jàm Ŋwĕt à kăl nì m̀podôl li yɔn lē, Mè sèbel màn wêm lɛ a nyɔdi Ēgīptò.ᵈ

Mànɔla mā miŋkeŋee mi ɓɔn

¹⁶ Kìi Hèrodè à ǹyi lɛ ɓàyicòdot ɓa ńyán nyɛ, à nyay kîyaga, à ɔm lɛ ɓa nɔl ɓɔ̆n ɓòòlom ɓɔɓasonā ɓa ɓā Bētlèhêm, nì pès mbɔk i yɔ̄sonā, ɓa ŋwii imaà tɔ̀ ɓa ŋgi pām halà, à hègda ŋgèdà à ɓa tibîl tɔ̀ŋɔl ɓayicòdot. ¹⁷ Halā nyēn jàm li pōda nì m̀podôl Yèrèmìà li yɔ̄n lē

¹⁸ Ǹlɔndɔk u nnōoga
Rāmà,
Ǹlend nì lìyògɓè li
minlend,
Rahèl à ŋ̀ɛɛ̀ ɓɔn ɓee,
À ntɔ̄p ɓe momhànà,
inyūlē ɓa ta hā ɓee.ᵉ

Màlòl Egīptò

¹⁹ Hèrodè à wɔ ɓăŋ, nŭnkì, aŋgèl Ŋwĕt ì pemel Yosèf i ɛ̌ɛm Egīptò, ì kāl lɛ, ²⁰ Nyɔdi, u yɔ̆ŋ ŋ̀keŋee man ɓɔ nyàŋ, u keē lɔ̀ŋ Isrăɛ̀l, inyūlē ɓòt

---

ᶜ**Màt 2: 6** Mik 5: 1-2

*ᴹàt 2: 12** Nyambɛ, nu Ɓàsàà ɓa nsèbel ki lē: Hìlòlômb, Hìlòlombī tɔ̀lɛ Jɔ̆b

ᵈ**Màt 2: 15** Hòs 11: 1

ᵉ**Màt 2: 18** Yèr 31: 15

ɓa sòmblak nɔl ŋkeŋee man ɓa ŋ́wɔ. ²¹ Nì nyɛ à ǹnyɔdî, à yɔ́ŋ ŋkeŋee man ɓɔ nyàŋ, à lɔ lɔ̀ŋ Isrăèl. ²² Ndi kìi à ǹnɔk lɛ Àrkèlaò à ŋàne Yudēà ŋŋɔ̄ isāŋ lɛ Hèrodè, à kɔ́n wɔŋi i kɛ̀ nyɔ̀ɔ̂; à ǹnyɔdî, à kɛ pɛ̀s Galìleà, inyŭlē à kŏs bìyihnɛ i ɛ̂m, ²³ à kê, à yēn ŋkɔ̀ŋ lɛ Năsàrèt, lɛ jàm li pōda nì ɓàpodôl li yɔn, lɛ à gasèbla mût Năsàrèt.

3

Bìaŋlenɛ bi Yohānès Ǹsòblɛ̀

Mar 1: 1-8; Luk 3: 1-9, 15-17; Yòh 1: 19-28

¹ Dilɔ̄ di cɔ̄n Yòhanès Ǹsòblɛ̀ à pemel, à aŋlàk i ŋɔ̀ŋ Yudēà, à kàlàk lɛ, ² Ɓèe hyɛ̀la mìŋɛm, inyŭlē ànɛ ŋgiī i gweē nì mɔ̀ɔ. ³ Inyŭlē nyɛ nū nyēn i pōda nì m̀podôl Yèsayà lɛ, Kiŋ ì nu à nlɔ̄nd ŋɔ̀ŋ lɛ, Sèndlana njěl Ŋwèt, tiblana dìnjèla cee.ᶠ ⁴ Yòhanès nyɛmède à ɓa haba mbɔ̄t mahùù ma kamēl, lòŋnì ŋgoli kògòò nugā ɓɔ̀bôk yee; bìjek gweē ki bī ɓā ɓàkòlò nì wèy bikay. ⁵ Ɓòt ɓa Yerūsàlèm, nì ɓa Yudēà yɔsonā, nì ɓa pɛ̂s mbɔk yɔsonā i ɓā ɓèɓèè nì Yɔrdàn ɓa ɓā lɔ nyēnī; ⁶ ɓa sôblàgà nì nyɛ i lɔ̌m Yɔ̄rdàn, ɓa pahlàk bìɓeba gwap.

⁷ Kìi à ǹtɛhɛ ŋgandàk Fàrisày nì Sàdukày ì nlɔ̄ inyùu sòblɛ̀, à kâl ɓɔ lɛ, À ɓee ɓɔn ɓa pee, ǹjɛɛ nyɛ à ǹnibha ɓee lɛ ni kɛē nyāy i galɔ̀ ŋgweē? ⁸ Numa nī matam ma kolī īnyùu hyɛ̀lŋem; ⁹ nì hɔŋɔl ɓáŋ i kàl i kède nân lɛ, Abràhâm à yè ɓès tatà.ᵍ Inyŭlē mè ŋkàl ɓee lɛ, Nyambɛ à nlà pemhɛnɛ Abràhâm ɓɔ̀n munu ŋgɔ̀k ini. ¹⁰ Ŋgɔ hond i niŋī yāga hanaànɔ miŋkàŋ mi biɛ; jɔn hī ɛ i nnūm ɓe matam màlam i ŋkègà, i lɛŋā kì i hyèe.

Sòblɛ̀ nì màlep nì sòblɛ̀ nì hyèe

Mar 1: 7-8; Luk 35-18; Yòh 1: 24-28

¹¹ Mè mɛ nsòblɛ ɓee nì màlep inyùu hyɛ̀lŋem, ndi nu à ŋ́yīk lɔ mè i mbūs à nlɔ̀ɔ̂ mɛ ŋgùy, mè kòli ɓē mɛ ɓègɛɛ bitamb gweē; nyɛn à gasòblɛ ɓee nì Mbuu M̀pubi nì hyèe. ¹² Sèghɛnɛ yee i ye ī wɔ̀ɔ̂ wee, à gatībil yaga pubus i hět à nhèèna bikògòò, à gakɔ̀t konfláwà * i ndùgi, ndi a ligis bìkògòò nì hyèe hi nlēm ɓēe.

Sòblànà u Yesù

Mar 1: 9-11; Luk 3: 21-22

¹³ Ŋgèdà ì yɔ̆n Yēsù à lŏl Gàlìleà, à pam Yɔ̄rdàn yak Yòhanès lɛ a sóblana nì nyɛ. ¹⁴ Ndi Yòhanès à ɓa tɔp ɓēe, à kàlàk lɛ, Mɛ̆n mè ǹlama sóblana ni wè, ndi wè ù lɔɔ mɛ̆nī? ¹⁵ Nì Yēsù à fímbhɛ nyɛ lɛ, Ŋwàs i ɓa hālà, inyŭlē i ye lɔ̄ŋɛ ī yōnoòs tɛlɛ̂bsep yɔsonā. Ndi tɔ̀ lɛ à nnɛ̄ɛbɛ̀. ¹⁶ Yesù à sòblana ɓăŋ, à nyɔdi lēp bitēebīloŋi; ndi nŭnkì, ŋgìi ì yîblà, à tɛhɛ Mbuu Nyambɛ à nsòs kìkìi hìɓèŋ, à ɓɛdēp ŋgìi yeē. ¹⁷ Ndi nŭnkì, kiŋ i lŏl ŋgìi, ì kâl lɛ, Màn wêm nu

---

ᶠ **Màt 3: 3** Yès 40: 3
ᵍ **Màt 3: 9** Yòh 8: 33

*Màt 3: 12** Blé ì yè yòm i nnāŋ kìi kōn, i ntī flaāwà inyùu ɓôm kɔ̀ga

gwēha nūnu, à nlēmel mɛɛ̀.ʰ

4

Mànɔɔ̀dànà ma Yesù

Mar 1: 12-13; Luk 4: 1-13

¹ Nì Mbuu à ɓɛdna Yesù ŋɔ̀ŋ lɛ a nɔ̄dana nì n̄sɔ̀hɔ̀p. ² À soga ɓǎŋ jē mòm mana mā mus nì mòm mana mā mau, njàl ì gwɛ̄l nyɛ. ³ Nì n̄nɔɔ̀dɛɓòt à lɔ̂, à kǎl nyɛ lɛ, Iɓālē ù yè Mǎn Nyāmbɛɛ̀, kǎl lē i ŋgɔ̀k ini i yilā bìkɔ̀ga. ⁴ À ɓìmbhɛ lɛ, I ye n̄tĭlɓàgà lɛ, mùt à ganìŋil ɓe ndigi nì kɔ̀ga yɔtāma, ndi ndik nì hikìi ɓaŋga i mpēmel i nyɔ̀ Nyambê.ⁱ ⁵ Nì n̄sɔ̀hɔ̀p à kɛnā nyɛ ŋkɔ̀ŋ m̀pubhaga, à tee nyɛ ŋgìi n̄yòl tempɛ̀l, ⁶ à kǎl nyɛ lɛ, Iɓālē ù yè Mǎn Nyāmbɛɛ̀, sùmblɛ ī sī; inyŭlē i ye n̄tĭlɓàgà lɛ, À gaɓēhnɛ wɛ āŋgɛ̀l yee; i gaɓègɛɛ wɛ ī mɔ̀ɔ̀ map, lɛ ù tiga tomōl koō wɔŋ i ŋgɔ̀k.ʲ ⁷ Yesù à kǎl nyɛ lɛ, I ye kì n̄tĭlɓàgà lɛ, Ù nɔɔ̀dege ɓǎŋ Ŋwèt lɛ Nyambɛ wɔŋ.ᵏ ⁸ N̄sɔ̀hɔ̀p à ɓɛdna ki nyē ŋgìi sɔ̄sɔ̄ hìkòa, à eba nyɛ bìanɛ̀ bi ŋkɔ̀ŋ hisi gwɔbisonā nì lìpem jap; ⁹ à kǎl nyɛ lɛ, Mɛ̀ ntī wɛ mmàm mana mɔmasonā iɓālē ù ŋom maɓɔŋ hisī, ù ɓegɛs mê. ¹⁰ Yesù à kǎl nyɛ lɛ, À Saatàn, nyɔdi; inyŭlē i ye n̄tĭlɓàgà lɛ, Ù ɓeghàk Ŋwèt lɛ Nyambɛ wɔŋ, ù gwèèlàk ndik nyētāma.ˡ ¹¹ Nì n̄sɔ̀hɔ̀p à yek nyɛ, ndi nŭnkì aŋgɛ̀l i lɔ ī gwɛ̀lèl nyɛ.

Bìɓòdlɛnɛ bi nsɔn u Yesù i Gàlìleà

Mar 1: 14-15; Luk 4: 4-15

¹² Yesù à nɔk ɓǎŋ lē ɓa ŋkweēs Yohānɛ̀s i ndāp mòk, à tēmb i Gàlìleà. ¹³ À n̄nyɔdi Nǎsàrèt, à kê à yēn i Kàpɛrnāùm, ŋkɔ̀ŋ u ye ɓèɓèɛ̀ nì lɔ̀m, i pōla Zèbulòn nì Naftālì, ¹⁴ lɛ jàm li pōda nì m̀podôl Yèsayà li yɔn lɛ,

¹⁵ Lɔ̀ŋ Zebūlòn nì lɔ̀ŋ
Naftālì,
njɛ̀l lɔ̀m nyɔ̄ ŋwìì
Yɔrdàn,
Gàlìleà ì bìlɔ̀ŋ bìpɛ,
¹⁶ lɔ̀ŋ i ɓā yeènɛ i
jīɓɛ,
i bitēhɛ mapubi màkɛŋi;
yàk ɓòt ɓa ɓā yeènɛ i
mbɔ̄k nyɛ̀mb nì i yìɛ ī
nyɛɛ̀mb, màpubi ma
pēmel ɓɔ̄.*

¹⁷ Ìɓòdòl ŋgɛdà ì yɔ̌n Yēsù à kahal āŋaàl, à kàlàk lɛ, Hyɛ̀la mìŋɛm, inyŭlē ànɛ ŋgìi i gweē nì mɔ̀ɔ.

N̄sèblà u ɓanigîl ɓa bisū

Mar 1: 16-20; Luk 5: 1-11

¹⁸ À ɓa hyom ɓǎŋ ŋgwāŋ lɔɔ̄m Gàlìleà, à tɛhɛ linyàŋ liɓaà, Simòn nu à nsèblana lɛ Pɛtrò, ɓɔ mànyāŋ Andrèà, ɓa lɛŋɛk mbunja i lɔ̄m, inyŭlē ɓa ɓā yeŋ cɔ̀bi. ¹⁹ Nì nyɛ à kǎl ɓɔ lɛ, Nòŋa mɛ̀, mɛ̀ gayìlha ɓee ɓàyeŋ ɓòt. ²⁰ Nì ɓɔ ɓa ŋwās mbunja bitēebīloŋi, ɓa nɔ̄ŋ nyɛ. ²¹ À kòògɛ ɓǎŋ bīsū, à tɛhɛ lìnyàŋ lìpɛ liɓaà, Yàkobò mǎn Sèbèdeò ɓɔ mànyāŋ Yohānɛ̀s, ɓa yiī mòŋgo ɓɔ nì ìsaŋ Sebèdeò, ɓa tiblàk mbunja yap; nì

ʰ**Màt 3: 17** Màt 12: 18; 17: 5; Luk 9: 35
ⁱ**Màt 4: 4** NM 8: 3
ʲ**Màt 4: 6** Hyèm 91: 11-12
ᵏ**Màt 4: 7** NM 6: 16
ˡ**Màt 4: 10** NM 6: 13
*****Màt 4: 16** Yès 8: 23; 9: 1

nyɛ à sebēl ɓɔ. ²² Nì ɓɔ ɓa yek moŋgō nì ìsaŋ bitēebīloɲi, ɓa nɔ̄ŋ nyɛ.

Yesù nì màmùt
Luk 6: 17-19

²³ Yesù à ɓa hyom Gàlìleà yɔ̀sonā, à niigàgà mandāp map ma mitìn, à aŋlàk Mìŋaŋ Mìnlam mi anɛ̀, à mèlhàk hikìi kɔ̀n nì bìyìŋyɛ̀ gwɔbisonā i kède ɓòt. ²⁴ Ŋgàn yeē ì kɛ Sīrìà yɔ̀sonā, ɓa kèna ɓàkɔ̀kɔ̂n ɓɔɓasonā i nyēnī, ɓa ɓā ɓā kɔɔn ndòŋ nì ndòŋ makɔ̀n, ɓa ɓā ɓā ɓa gweē njòghè, ɓa mimbuu mìmɓɛ, ɓàkwɔti, nì mìŋămbgè; nì nyɛ à m̀melēs ɓɔ. ²⁵ Màmùt ma ɓôt màkɛɲi ma nɔ̆ŋ nyē, ma lolàk i Gàlìleà nì i Dèkàpolì * nì Yèrusàlèm nì Yùdeà nì uu ŋwìì Yɔrdàn.

5

Ŋkwèl Yesù i ŋgìi hìkòa
Màt 5-7; Mar 3: 13; Luk 6: 12-13, 20

¹ Kìi à ǹtɛhɛ mamùt ma ɓôt, à ɓɛt hikòa; à yēn hisī, yàk ɓànigîl ɓee ɓa lɔ̄ nyēnī. ² Nì nyɛ à yɔ̄ŋ hɔp, à kahal nīiga ɓɔ, à kâl lɛ,

³ Bàyebêl i mbūu ɓa ye ǹsăyɓàk, inyŭlē ànɛ̀ ŋgiī i ye i'yap.

⁴ Bòt ɓa modī ɓa ye ǹsăyɓàk,
inyŭlē ɓa gakòs hôgɓɛ̀.

⁵ Bòt ɓa miɲɛm mi ŋwɛē ɓa ye ǹsăyɓàk,
inyŭlē ɓa gakòdol hisi.

⁶ Bòt ɓa ŋkɔ̀n njâl nì nyùs inyùu tēlɛɛ̀bsep ɓa ye ǹsăyɓàk,
inyŭlē ɓa ganūuhana.

⁷ Bàkɔ̀nàŋgɔɔ ɓa ye ǹsăyɓàk, inyŭlē ɓa gakɔ̀n yâk ɓɔ ŋgɔ̄ɔ.

⁸ Bòt ɓa gweē mìɲɛm mìmpubi
ɓa ye ǹsăyɓàk, inyŭlē ɓa gatēhɛ Nyambɛɛ̀.

⁹ Bàsaŋgâl ɓòt ɓa ye ǹsăyɓàk,
inyŭlē ɓa gasèblana lɛ ɓɔn ɓa Nyambê .

¹⁰ Bòt ɓa ntèèŋgana inyùu tēlɛɛ̀bsep ɓa ye ǹsăyɓàk, inyŭlē ànɛ̀ ŋgiī i ye ìyap.

¹¹ Bèe nì yè ǹsăyɓàk i ŋgèdà ɓòt ɓa ɲ́yàhal ɓee, nì tèèŋgà ɓèe, nì nyɛ̀ ɓèè ndôŋ mâm màɓɛ yɔsonā inyùu yêm.

¹² Bèe kɔ̀na màsee, nì hàk ŋgàndàk, inyŭlē ǹsaâ nân u ye ŋ̀kɛɲi ŋgìi; inyŭlē halā nyēn ɓa tèèŋga ɓàpodôl ɓa ɓā ɓɔ̀k ɓèè bisū.

Bàs nì màpubi
Mar 9: 50; Luk 14: 34-35

¹³ Bèe nì yè ɓàs hana hisī, ndi iɓālē ɓàs i nsoī linè, i ganɛ ki nì kii? I ta hā ɓe ki tɔ̀ jàm, i nlēba ndīgiì, i kidɓana nì ɓòt.

¹⁴ Bèe nì yè màpubi ma ŋkɔ̀ŋ hisi. Ŋ̀kɔ̀n u nyogi ŋgìi hìkòa u nlà ɓe sɔlɔ̀p. ¹⁵ Ba ŋkùyɛ ɓe ki tɔ̀ tuŋgɛŋ lɛ ɓa ɓudɛ yɔ̄ hindāma, ɓa ntēe ndigi

---

*Mateò 4: 25 Dèkàpolì: Halā à yè lɛ, jòm li mambay ma ɓôt ɓa Grîkìà ɓèbèè nì lɔ̆m Gàlìleà

yɔ̄ i ŋgìi tēenɛ, lɛ i ɓáy īnyùu ɓòt ɓɔɓasonā ɓa ye mū ī ndāp. ¹⁶ Halā kì nyɛn yàk ɓèe ɓèyhana màpubi manân i hĕt ɓòt ɓa yê, lɛ ɓa tɛhɛ mìnsɔn minân mìnlam, ndi ɓa ti Ìsɔŋ nân nu à yè i ŋgìi lipem.

Bìniigana bi Yesù inyùu mbēn

¹⁷ Nì hɔŋɔl ɓáŋ lē mè bilɔ̀ i òɓòs mben tɔ̀ ɓàpodôl; mè bilɔ̀ ɓe mɛ ī òɓòs, ndik ī yōnoòs. ¹⁸ Inyŭlē mè nhɔ̄mb ɓee hɔ̀dɔ lɛ, Lɛtèè ŋgìi ì tagɓè, nì hìsi, hìtèndi hyada hi ganyɔ̄di ɓe munu mbēn, tɔ̀ lìtɔn jada, màm mɔmasonā mɔ ŋgì yôn. ¹⁹ Jɔn tɔ̀njɛɛ à gahɔ̀hɔl litìŋ jada munu matìŋ mana ma nlòòha bitidigi, à niigàgà kì ɓòt halà, nyɛn à gasèbla nu à ǹlôha bitidigi i ànɛ̀ ŋgìi; ndi tɔ̀njɛɛ à gaɓɔ̀ŋ mɔ, à niigàgà kì halà, nyɛn à gasèbla nûŋkɛɲi i ànɛ̀ ŋgìi. ²⁰ Inyŭlē mè ŋkàl ɓee lɛ, Iɓālē tɛlɛèbsep nân i ńyámb ɓe i ɓayimbēn nì Fàrisày ki nì gajòp yaga ɓe i ànɛ̀ ŋgìi.

Bìniigana inyùu hìun

Mar 11: 25; Luk 12: 57-59

²¹ Nì binɔ̄k kìi i kèla nì ɓòt ɓa kwâŋ lɛ, Ù nɔlɔk ɓáŋ mùt[m]; tɔ̀njɛɛ à nnɔ̀l muùt à kòli nì bìkeehɛnɛ. ²² Ndi mè mè ŋkàl ɓee lɛ, Hi mût à ŋūnɓɛnɛ manyaāŋ ŋgi njɔm à kòli nì bìkeehɛnɛ; tɔ̀njɛɛ à gakàl maasāŋ lɛ, Yɔma mùt, à kòli nì bìkeehɛnɛ bìkɛɲi; tɔ̀njɛɛ à gakàl nyɛ lɛ, Jɔŋ yɔmâ, à kòli nì gèhenà* ì hyèe. ²³ Inyùu hālā iɓālē ù nlɔ̀na likèɓla jɔŋ i jùù li bisèsɛmà, ndi ù hɔŋɔl ha lē măsɔ̄ŋ à gwèènɛ wè ǹsɔ̀hi, ²⁴ yek likèɓla jɔŋ i mbɔmbɔ̄m jùu, u nya kè ndugi i sāŋglà nì măsɔ̄ŋ, ndi tɔ̀lɛ ù ntèmb, ù ntī likèɓla jɔŋ.

²⁵ Ù palgà saŋgla ɓeenà mût nì gwèèna, ki nì ŋgi yiī njèl; à tiga lɛ à kɛnā wɛ yāk ǹ̀keês, ndi ǹ̀keês à ti wɛ ǹ̀kwès ɓòt i mɔ̀k, ndi ù kwɔ mɔ̀k. ²⁶ Hɔ̀dɔ hɔ̀dɔ mè nhɔ̄mb wɛ lē, ù gapām yaga ɓe mɔ lɛtèè ù mâl saa yaàk pès kabā i nsōk.

Bìniigana inyùu ndèŋg

Màt 18: 8-9; Mar 9: 43, 47-48

²⁷ Nì binɔ̄k kìi i kèla nì ɓòt ɓa kwâŋ lɛ, Ù kɛnɛk ɓáŋ ndèŋg.[n] ²⁸ Ndi mè mè ŋkàl ɓee lɛ, Hi mût à nnùn mudàà ni bìsòmble bìɓɛ, wɛ̀ɛ à m̀mâl kɛ nyē ndèŋg ŋēm wee. ²⁹ Ndi iɓālē jìs jɔŋ li waalōm li ŋkwèha wê, sɔdɔl jō, u lɛp jō; inyŭlē i ye wè lɔŋɛ lē jò yɔŋ yada i obì, hàɓaɓe lɛ nyùù yɔ̄ŋ yɔ̀sonā i lɛŋā ī gèhenà. ³⁰ Iɓālē wɔ̀ɔ̀ wɔŋ waalōm u ŋkwèha wê, kit wō, u lɛp wō; inyŭlē i ye wè lɔŋɛ lē jò yɔŋ yada i obì hàɓaɓe lɛ nyùù yɔ̄ŋ yɔ̀sonā i lɛŋā i gèhenà.

Bìniigana inyùu sàgàl màɓiî

Màt 19: 9; Mar 10: 11-12; Luk 16: 18

³¹ I kèla kì lɛ, Tɔ̀njɛɛ à nhèa ŋwaa weē, wɛ̀ɛ a ti nyē kààt sàgàl lìɓiî.[o] ³² Ndi mè mè ŋkàl ɓee lɛ, Tɔ̀njɛɛ à nhèa ŋwaa weē hàndugi inyùu ndèŋg yɔ̀tama, wɛ̀ɛ à ǹyîlha nyɛ mùdàa ndèŋg; tɔ̀njɛɛ ki à mɓïi ŋŋwàhâk mudàa, à ŋkɛē ndèŋg.

---

[m] **Màt 5: 21** Màn 20: 13

*****Màt 5: 22** gèhenà: jòy li nsosogo wada ɓèɓèè nì Yèrusàlèm, i hèt ɓa nlēbel ndoōŋ binan yɔsonā i līgiìs gwɔ; hɔma ndìihè.

[n] **Màt 5: 27** Màn 20: 14

[o] **Màt 5: 31** NM 24: 1-4

Bìniigana bi Yesù inyùu kùm sɔ̀ŋ

³³ Nì binɔ̄k ki lē i kèla nì ɓòt ɓa kwân lɛ, Ù kùmuk ɓáŋ sɔ̀ŋ bìtɛmbɛɛ, ndi gwèlel Ŋwĕt màm ù bikùmul nyɛ sɔ̀ŋ.ᴾ

³⁴ Ndi mè mɛ̀ ŋkàl ɓee lɛ, Nì kùm yaga ɓáŋ sɔ̀ŋ; tɔ̀ nì ŋgìi, inyŭlē yèène anè i Nyambɛ ì; ³⁵ tɔ̀ nì hìsi, inyŭlē kèhnɛ yee makòò î; tɔ̀ nì Yèrusàlɛm, inyŭlē ŋ̀kɔŋ Kiŋɛ kēŋi uù. ³⁶ Ù kùm ɓáŋ kì tɔ̀ sɔ̀ŋ nì ŋ̀hɔ wɔŋ, inyŭlē ù tà ɓe lɛ ù yîlha hyoōŋ hyada hìpubi tɔ̀ hìhindi. ³⁷ Bìpodol binân bi ɓa ndīgi lē, Ŋ̀ŋ̂, ŋ̀ŋ̂; Hɛni, hɛni; jàm li nlɔ̀ɔ̀ hâ wèɛ li nlòl yak mùt m̀ɓɛ.

Bìniigana bi Yesù inyùu màpùnà

Luk 6: 29-30

³⁸ Nì binɔ̄k kìi i kèla lē, ù top jis ù ca jīs, ù ɓok lisɔ̀ŋ ù ca līsɔ̀ŋ.ᵠ ³⁹ Ndi mè mɛ̀ ŋkàl ɓee lɛ, Nihbana mùt à mɓɔ̀ŋ ɓee ɓèba; tònjɛɛ à mɓēp wɛ lìmaŋ jɔŋ li waalōm, hyèɛlɛnɛ yàk nyɛ lipɛ. ⁴⁰ Tònjɛɛ à ɓak lɛ à kɛnā wɛ ŋkāa i yɔ̀ŋ wè sodî, ŋwèhel yàk nyɛ kōdiì. ⁴¹ Tònjɛɛ ki à nhēles wɛ ī kɛnā nyɛ kīlòmedà yàda, kɛna nyē iɓaà. ⁴² I mùt à ńyàgal wɛ yɔ̆m, ti nyē; tɔ̀ nu à mpɔ̀ɔ wɛ yɔ̆m, ù kòm ɓáŋ nyē mbūs.

Gweha īnyùu ɓàɔ̀ɔ̀

Luk 6: 27-28, 32-36

⁴³ Nì binɔ̄k kìi i kèla lē, ù gagwēs muùt wɔ̆ŋ liɓok,ʳ u ɔ̄ ŋ̀ɔ̀ɔ̀ wɔ̆ŋ. ⁴⁴ Ndi mè mɛ̀ ŋkàl ɓee lɛ, Gweha ɓàɔ̀ɔ̀ ɓanân, sàyɓana ɓā ɓā ntììhɛ ɓee, ɓòŋlana ɓàɓala ɓānaàn lɔŋgê, sɔɔhana kì inyùu ɓòt ɓa mɓòmol ɓee nì ɓa ɓā ntèèŋga ɓee, ⁴⁵ lɛ ni ɓa ɓɔ̀n ɓa Isɔ̄ŋ nàn nu à yè i ŋgìi; inyŭlē à mpēmhɛnɛ ɓoōt ɓàɓɛ nì bìlɔŋgɛ bī ɓoòt jɔ̆p, à nohnègɛ ɓòt ɓa tee sēp nì ɓa ɓā tee ɓē sep nɔ̆p. ⁴⁶ Inyŭlē iɓālē nì ŋgwēs ɓoōt ɓa ŋgwēs ɓee, wèɛ kīnjē ǹsaâ nì gwèe? Ɓàa yàk ɓàkɔdtâs ɓa mɓɔ̀ŋ ɓe halà? ⁴⁷ Ihɔ̄blē nì ńyèga ndigi lòk isɔ̄ŋ naàn yotāma, wèɛ nì nlɔ̀ɔ̀ la ɓòt ɓàpɛ? Ɓàa yàk bìhaarèn bi mɓɔ̀ŋ ɓe halà? ⁴⁸ Jɔn nì ɓâk ǹyonɔ̄k, kìkìi Ìsɔŋ nàn nu à yè i ŋgìì à yoni.

6

Bìniigana bi Yesù inyùu màkèblà

¹ Yihnana lē nì ti ɓáŋ màkèblà manân bisū bi ɓoòt lɛ ndi ɓa tɛhɛ ɓèe; halà ki nì gaɓāna ɓe nsaâ yak Ìsɔŋ nàn nu à yè i ŋgìi. ² Jɔn ŋgèdà ù ntīnɛ makèblà, ù hɛm ɓáŋ sēp, kìkìi ɓòt ɓa bihèŋɓà ɓa mɓɔ̀ŋ mandáp ma mitìn nì manjèl, lɛ ndi ɓòt ɓa ɓeges ɓɔ̄. Hɔ̀dɔ nu mè nhɔ̄mb ɓee lɛ ɓa mmâl koōs nsaâ wap. ³ Ndi wè i ŋgèdà ù ntī makèblà, ù nɛɛɓɛ ɓáŋ lē wɔ̀ɔ̀ wɔŋ waaē u yi jàm u waalōm u mɓɔ̀ŋ; ⁴ lɛ màkèblà mɔŋ ma ɓanɛ ī ndìdì, ndi Ìsɔŋ nu à ntēhɛ nyɔ̄ɔ ndìdì à gatìmbhɛ wɛ mɓàmba.

Bìniigana bi Yesù inyùu màsɔɔhè

Luk 11: 2-4

⁵ I ŋgèdà nì nsɔ̄ɔhè, nì ɓa ɓáŋ kìkìi ɓòt ɓa bihèŋɓà; inyŭlē ɓa ŋgwēs tɛlɛp mandáp ma mitìn nì makānda ma manjèl i sɔ̄ɔhè, lɛ ndi ɓòt ɓa tɛhɛ ɓɔ̄. Hɔ̀dɔ nu mè nhɔ̄mb ɓee lɛ, Ɓa

---

ᵠ**Màt 5: 38** Màn 21: 24
ʳ**Màt 5: 43** LL 19: 18

ᴾ**Màt 5: 33** LL 19: 12; ŊB 30: 2; NM 23: 21-23

mmál koōs nsaâ wap. ⁶ Ndi wɛ i ŋgèdà ù nsɔ̄ɔhɛ̀, jŏp ŋkōŋgo wɔŋ, u yibī lìkòga, u sɔɔhe Ìsɔŋ nu à yè nyɔɔ ndìdì, ndi Ìsɔŋ nu à ntēhɛ i ndìdì à gatìmbhɛ wɛ mɓàmba. ⁷ Ù ɓa kāhal sɔ̄ɔhɛ̀, ù pɔdɔk ɓáŋ bìpɔpɔdà bi mâm kìkìi bìhaarèn bi mɓɔŋ; inyŭlē ɓa nhɔ̄ŋɔl lɛ ɓa ganōoga inyùu ŋgàndàk yap bipodol. ⁸ Nì kona ɓáŋ ɓɔ́, inyŭlē Ìsɔŋ nān à ńyī maàm ma nsòmbla ni ɓée, ɓèe ŋgì yàgal nyɛ.
⁹ Jɔn sɔ̄ɔhana nī lana lɛ,
À Tatā wès nu ù yè i
    ŋgìi,
jòy jɔŋ li pubhana,
¹⁰ ànè yɔŋ i lɔ̄,
sòmbòl yɔŋ i ɓoŋā hīsī
    kìkìi ī ŋgìi.
¹¹ Ti ɓés kɔgā i kolī nì ɓès lên,
¹² ŋwèhel ɓès mapil
    mes,
kìi yàk ɓěs dì ŋŋwèhel
    ɓèt ɓa gweē ɓès mapil,
¹³ ù ŋwàs ɓáŋ ɓès lɛ di
    kwɔ̄ɔ mànɔ̀ɔdànà,
ndi tɔhɔl ɓès inyùu mùt
    m̀ɓɛ.
Inyŭlē ànè i ye ìyɔŋ,
nì lìpemba, nì lìpem
m̀ɓa ni m̀ɓa. Àâmèn.
¹⁴ Inyŭlē iɓálē nì ŋŋwèhel ɓôt màhòhà map, ki Ìsɔŋ nān nu à yè i ŋgìì à gaŋwèhel yâk ɓée. ¹⁵ Ndi iɓálē nì ŋŋwèhel ɓe ɓôt, ki tɔ̀ Ìsɔŋ nān à gaŋwèhel ɓe ɓee màhòhà manân.

Bìniigana bi Yesù inyùu sōga jē

¹⁶ Halā kì nyɛn ŋgèdà nì nsōga jɛ, nì kàŋ ɓáŋ màsu kìkìi ɓôt ɓa bihèŋɓà, inyŭlē ɓa mɓēbes masu map, lɛ ndi ɓôt ɓa tɛhɛ ɓɔ̄ lɛ ɓa nsōga jɛ. Hɔ̀dɔ nu mè nhɔ̄mb ɓee lɛ, 'Ba mmál koōs nsaâ wap. ¹⁷ Ndi wɛ i ŋgèdà ù nsōga jɛ, hɔɔ ŋ̀ɔ wɔŋ mòo, u sɔɔ̄ kì su wɔŋ, ¹⁸ lɛ ɓôt ɓa tɛhɛ ɓaáŋ wɛ lɛ ù nsōga jɛ, ndik Ìsɔŋ nu à yè nyɔɔ ndìdì; ndi Ìsɔŋ nu à ntēhɛ i ndìdì, à gatìmbhɛ wɛ mɓàmba.

Màsòò ma ŋkùs i ŋgìì

Luk 12: 33-34

¹⁹ Nì kòhlɛnɛ ɓáŋ ɓèèɓɔmèdɛ màsòò ma ŋkùs hana hisī, hɔma ɓìt i njē nì maŋglêt, nì hɔma ɓòt ɓa wip ɓa mɓōk ndap lɛ ɓa nip. ²⁰ Ndi kòhlana ɓèèɓɔmèdɛ màsòò ma ŋkùs i ŋgìì, hɔma ɓìt i njē ɓée tɔ̀ maŋglêt, tɔ̀ ɓòt ɓa wip ɓa mɓōk ɓe ndap lɛ ɓa nip. ²¹ Inyŭlē hɔma lìsòò jɔŋ li ŋkùs li yenè, ha kì nyɛn yàk ŋ̀ɛm wɔŋ u mɓāneè.

Tuŋgɛŋ i nyuu

Luk 11: 34-36

²² Jìs li ye tūŋgɛŋ i nyuu. Jɔn iɓálē jìs jɔŋ li ye mbōo, wèɛ nyùù yɔ́ŋ yɔsonā ì ńyɔ̄n ni màpubi. ²³ Ndi iɓálē jìs jɔŋ li ŋkɔ̀n, wèɛ nyùù yɔ́ŋ yɔsonā ì ńyɔ̄n ni jĭbɛ̀. Jɔn iɓálē màpubi ma ye ī kèdɛ yɔ́ŋ ma ńyilā jiibè, kinjē jĭbɛ̀ lìkɛŋi lî!

Nyambê nì Ŋ̀kùs

Luk 16: 13

²⁴ Mùt nyekĭnyē à nlà ɓe gwelēl ɓet iɓaà, ndik lē à gaɔ̀ɔ wadā, a gwes nūu; tòlɛ à ga-ādɓɛ ni wàda, a yán nūu. Nì tà ɓe lɛ nì gwèèlàk Nyambê, nì gwèèlàk kì ŋ̀kùs.

Ndùŋa

Luk 12: 22-31

²⁵ Jɔn mè ŋkèlel ɓee lɛ, Nì tòŋ ɓáŋ ĭnyùu nɔ̀m nân, inyùu yɔ̌m nì gajē, tɔ̀ inyùu yɔ̌m nì ganyɔ̄; tɔ̀ inyùu mànyùù manân lɛ nì gahāba kii. 'Bàa nɔ̀m i nlɔ̀ɔ ɓe bijɛk, nyùù kî ì nlɔ̀ɔ ɓe bièŋ? ²⁶ Nùnakì dìnùni di ŋgìì, di ŋŋwàs ɓe mboo, tɔ̀ ɓùmbùl, tɔ̀ kòhlɛ bìjɛk mandùgi; ndi Ìsɔŋ nān nu à yè

i ŋgìì à njɛs cɔ. Bàa ɓèe nì nlɔɔ ɓe cɔ ŋgàndàk màlòo? ²⁷ Ǹjɛɛ nân à yè lɛ à la ēbēs ntɛl wee tɔ̀ kìi hìkeŋee hi wɔɔ inyùu ndùŋa yeē? ²⁸ Nùnakì bìlàlàŋ bi bikay kìì bi nnūk; bi ŋgwèl ɓe nsɔn tɔ̀ hyɔs dìkòò. ²⁹ Ndi mè ŋkàl ɓee lɛ, Tɔ̀ Sàlomò nyɛmɛ̀dɛ yaga i kède lìpem jee jɔlisonā⁵ à ɓa ɛŋgèp ɓe kìkìi làlàŋ yada mû. ³⁰ Ndi iɓālē Nyambɛ à ŋèŋg maɓuy ma bikay halà, ma mā ye lèn, ndi yàni ma nlèŋa i jùu, à ɓee ɓa hemlè tidigi, ɓàa à tà ɓe lɛ à ɛ̄ŋg ɓee ìlɔɔ halà? ³¹ Jɔn nì tòŋ ɓâŋ, nì kàl lɛ, Dì gajē kii? Tɔ̀lɛ, Dì ganyɔ̄ kii? Tɔ̀lɛ, Dì gahāba kii? ³² Inyǔlē bìhaarèn bi ńyēŋ gwɔm bini gwɔbisonā; ŋgɔ Ìsɔŋ nân nu à yè i ŋgìi à ńyī lɛ gwɔm bini gwɔbisonā bi nsòmblana inyùu nân. ³³ Bèe nyà yeŋa ndūgi anè yee nì tɛlêbsep yee, ndi tɔ̀ lɛ gwɔm bini gwɔbisonā bi gakòndnana ɓee. ³⁴ Jɔn nì tòŋ ɓâŋ īnyùu lìkɛɛ, inyǔlē lìkɛɛ li gaɓāna yèē nduŋā. Ndùdù kɛl yadā ì ŋkɔ̀la yɔ̀kɛl ì.

7

Nì oma ɓâŋ mìnsɔ̀hi

Luk 6: 37-38, 41-42

¹ Nì kees ɓâŋ, lɛ ndi tɔ̀ ɓèe nì gakēehana ɓee. ² Inyǔlē nì gakēehana nlèlèm kìkìi nì ŋkēes ɓapɛ; inyǔlē mìnsɔ̀hi nì ŋōmaà, ŋwɔ ki ŋwɔ̄n ɓa gaōm yaàk ɓèe; hìhègà nì nhègèl hyɔn hi gahègna ɓee. ³ Ù mɓèŋgnɛ ki nan i jìs li maasɔ̄ŋ, ndi ù nogda ɓe ŋɔnd u hendi wè i jìs jɔŋ? ⁴ Tɔ̀ lɛlaa ù nlà kâl maasɔ̄ŋ lɛ, Ŋwǎs lē mɛ hund wè nan i ye wè i jǐs ki ǹɔnd u ɓehi wè i jìs jɔŋ? ⁵ À mût bìhèŋɓà, nyà hund ndūgi ŋɔnd i jìs jɔŋ, ndi tɔ̀ lɛ ù ntēhna yaga soɔŋ i hūnd nān i ye ī jìs li maasɔ̄ŋ. ⁶ Nì ti ɓâŋ ŋgwɔ̄ yɔ̆m pūbhaga, tɔ̀ lebêl ŋgòy pêrl nân, i tiga lɛ i kidɓɛ yɔ nì pàl yap, ndi i hyêlɓà i was ɓee.

Yàglana, Yeŋa, Kɔɔ̀dana

Luk 11: 9-13

⁷ Yàglana, ndi i gatīna ɓee; yeŋa, ndi nì galèba; kɔɔ̀dana, ndi i gayìblana ɓee; ⁸ inyǔlē hi muùt à ńyàgàl à ŋkòs; nu à ńyēŋ à nlèbà; nu kì à ŋkɔɔ̀dè i gayìblana nyɛ. ⁹ Ǹjɛɛ mût i kède nân, à yè lɛ à ti man wèe mùùnlom ŋgôk, iɓālē à ǹyet nyɛ kòga? ¹⁰ Tɔ̀ iɓālē à ǹyet nyɛ hyɔ̀bi, ɓàa wèe à ntī nyɛ hyèè nyɔɔ? ¹¹ Ndi iɓālē ɓèè ɓôt ɓàɓɛ, nì ńyī ti ɓɔn ɓanaàn màkèblà màlam, ŋgɔ Ìsɔŋ nân nu à yè i ŋgìi à galòòha ti ɓôt ɓa ńyàgal nyɛ gwɔm bìlam. ¹² Jɔn màm mɔmasonā nì nsòmbol lɛ ɓôt ɓa ɓoŋōl ɓee, yàk ɓèe ɓɔŋlana ɓɔ̄ halà, inyǔlē mben ì, ɓàpodôl kì ɓâ.

Ŋwèmɛl ǹtidigi

Luk 13: 24

¹³ Bèe jùblana ŋwèmɛl ǹtidigi, inyǔlē ŋwèmɛl u ye ǹkeŋi, njèl ki ì nehi, ì ŋkè i yìmîl, ŋgàndàk yɔ̆n ì njùbul mû. ¹⁴ Inyǔlē ŋwèmɛl u ye ǹtidigi, njèl ki ì ŋkè i nìŋ ì yè hìpàgdà; ndèk yɔn i nlèba yô.

---

⁵**Màt 6: 29** 2Bìk 10: 4-7; 2 Mìŋ 9: 3-6

Ɛ i ńyīna inyùu màtam mee
Luk 6: 43-44

¹⁵ Bèè yihnana īnyùu ɓàpodôl ɓa bitɛmbɛɛ, ɓa ɓā nlɔ̄ i ɓɛ̌nī ɓa heeba bìkòp bi mintomba, ndi i kède ɓa ye njèè i ńwās. ¹⁶ Nì gayīl ɓɔ inyùu màtam map. 'Bààɓa ŋkēt matam ma ŋkòò wây litùmbì li bilɔ̄ɔ, tɔ̄ màtam ma faygɛ i njôm? ¹⁷ Halā nyēn hī ɛ lām i nnūm matam màlam, ndi ɛ ɓē i nnūm matam màɓɛ. ¹⁸ Ɛ lām i ta ɓē lɛ i num matam màɓɛ, tɔ̄ ɛ ɓē kiì i ta ɓē lɛ i num matam màlam. ¹⁹ Hi ɛ i nnūm ɓe matam màlam i ŋkègà, i leŋā ī hyèe. ²⁰ Jɔn nì gayīl ɓɔ inyùu màtam map.

Mɛ̀ ɓe yi yāga ɓe mɛ ɓèe
Luk 13: 25-27

²¹ Hà hi mût ɓe nu à nsèbel mɛ lē, À Ŋwɛt, à Ŋwɛt, nyɛn à gajòp i ànɛ̀ ŋgìì, ndik nū à mɓɔ̄ŋ sombòl Tatā nū à yè i ŋgìi. ²² Ŋgàndàk ì gakàl mɛ yɔ̀kɛl lɛ, À Ŋwɛt, ɓaa dì bipɔ̄t ɓe bindēē i jòy jɔŋ, dì pemhàk mìmbuu mìmɓɛ i jòy jɔŋ, dì gwɛ̀lɛ̀k kì ŋgàndàk mìmpemba mi mâm i jòy jɔŋ? ²³ Mɛ̀ gakàl ni ɓɔ lɛ, Mɛ̀ ɓe yi yāga ɓe mɛ ɓèe; à ɓee ɓa nì mɓɔ̄ŋ mâm ma liyànmben, nyɔ̀dna mè hâ. ᵗ

Dìkùù diɓaà
Luk 6: 47-49

²⁴ Jɔn hī muùt à nnɔ̄k biɓàŋga gwêm bini, ndi à ɓɔ̄ŋɔ̀k kì gwɔ, mɛ gahègda nyɛ ni mùt pèk nu à oŋol ndāp yeē i ŋgìi ŋgɔ̀k; ²⁵ ndi nɔ̌p à ɓa à nɔ̂k, à kumūl ndāp ì, bìhùndùl bi tagɓègè, mbuk à hòŋòk, ndi ì kwɔ̀ɔ ɓēe, inyǔlē ì oŋna ī ŋgìi ŋgɔ̀k. ²⁶ Ndi hi mût à nnɔ̄k biɓàŋga gwêm bini, ndi à ɓɔ̄ŋ ɓe gwɔ, à yè kìkìi jōŋ muùt i ī ōŋol ndāp yeē i ŋgìi lìsɛgè; ²⁷ ndi nɔ̌p à ɓa à nɔ̂k, à kumūl ndāp ì, bìhùndùl bi tagɓègè, mbuk à hòŋòk, nì yɔ̀ ì kuubà, ì kwɔ̄ ɓēba likwɔ̀k.

Ŋgùy ì bìniigana bi Yesù
Mar 1: 22

²⁸ I lēŋa lē, Yesù à mǎl ɓǎŋ pɔ̄t biɓàŋga bini, lìmùt li ɓôt li hɛl inyùu màeba mee; ²⁹ inyǔlē à ɓa niigà ɓɔ kìkìi ŋwɛ́t, hà kìi ɓàyimbēn ɓap ɓee.

8

Yesù à mpūbus muùt lò
Mar 10-45; Luk 5: 12-16

¹ À sŏs ɓǎŋ ī sī hìkòa, màmùt màkeŋi ma nɔ̄ŋ nyɛ. ² Ndi nŭnkì, mùt lò wàda à lɔ̄ɔ nyēnī, à oop bisū gwee, à kǎl lɛ, À Ŋwɛt, iɓālē ù ŋkêmhɛ̀, ù yè lɛ ù pubus mê. ³ Nì Yesù à sambal wɔɔ wee, à tis nyɛ, à kǎl lɛ, Mɛ̀ ŋkêmhɛ̀, pop. Nì bitēeɓìloŋi lò yee i mâl. ⁴ Nì Yesù à kǎl nyɛ lɛ, Ù yihgɛ ni lɛ ù aŋlɛ ɓǎŋ mùt nyɛkǐnyē; ndi kè eba wèmèdɛ prǐsì, u ti kì lìkèblà Mosè à tee ī ɓā ɓɔ̄ mɓògi. ᵘ

Yesù à mmèles hilɔga hi ŋànɛ̀ mbogôl sondâ
Luk 7: 1-10

⁵ À pam ɓǎŋ Kàpɛrnàùm, ŋ̀ànɛ̀ mbogôl sonda à lô, à sɔɔhɛ nyɛ, ⁶ à kǎl lɛ, À Ŋwɛt, hìlɔga hyêm hi niŋī mbāy, ŋ̀àmbgè, hi nsòghɛ ŋgandàk. ⁷ Nì Yesù à kǎl lɛ, Mɛ̀ galɔ̄ i mèlès nyɛ. ⁸ Nì ŋ̀ànɛ̀ mbogôl sonda à fimbhɛ lɛ, À Ŋwɛt, mɛ̀ kòli ɓē mɛ lē u joōp ī ndāp yeɛ̀m; pɔt ndīgi ɓàŋga,

---

ᵗ **Màt 7: 23** hyèmbi 6: 9

ᵘ **Màt 8: 4** LL 14: 2-32

hìlɔga hyêm hi gamăl. ⁹ Inyŭlē yàk mè mè yè i sī ànɛ, mèmède kî mè gwèe sōndaà; mè yè me kǎl yàda lē, Kènɛk, ì ŋkè; ìpɛ lɛ, Lɔ͏̀ɔ, ì nlɔ͏̀; kìi mè ŋkàl ŋkɔ͏̀l wêm lɛ, Bɔ́ŋ jàm lini, u mɓɔ̀ŋ jɔ. ¹⁰ Kìi Yēsù à ǹnɔk halà, à hêl, à kál ɓoòt ɓa nnɔ̀ŋ nyɛ lɛ, Hɔ͏̀dɔ nu mè nhɔ͏̄mb ɓee lɛ, mè ǹtɛhgè ɓe me ndɔ̀ŋ hemlè kɛŋi ìni, tɔ͏̀ i Ìsrăɛl yaga. ¹¹ Mè ŋkàl ɓee lɛ, Ŋgàndàk ɓót ì galòl likòl nì i hyòŋg, ì gayèn i jē ɓɔ͏̄ nì Abràhâm nì Isàk nì Yakòb i ànɛ ŋgiì; ¹² Ndi ɓa galēp ɓɔn ɓa anɛ nyɔ͏̀ɔ i jîbɛ̀, i hɛ̀t ǹlend u gaɓānɛ nì jɛ màsɔ̀ŋ. ¹³ Nì Yēsù à kál ŋànɛ mbogôl sonda lē, Kènɛk; i ɓoŋā nì wɛ kìkìi ù ǹhemlɛ̀. Nì hìlɔga hi mâl ŋgēŋ ì.

Yesù à mmèles nyogōl Pētrò

Mar 1: 29-31; Luk 4: 38-39

¹⁴ Yesù à jŏp ɓăŋ ndāp Pētrò, à tɛhɛ nyogōl Pētrò nyùu ì ɓâk ì gwèe nyɛ̄. ¹⁵ Nì nyɛ à tis wɔɔ wee, lìhɛp li mâl nyɛ; nì nyɛ à tɛlêp, à kahal gwèlel nyɛ.

Yesù à mmèles ŋgandàk ɓàkɔ͏̀kɔ̄n kokōa.

Mar 1: 32-34; Luk 4: 40-41

¹⁶ Kòkoa i kwɔ͏̀ɔ ɓăŋ, ɓa lɔnā nyɛ ŋgàndàk ɓót ɓa mimbuu mìmɓɛ; nì nyɛ à pemes mimbuu nì ɓàŋga yee, à melēs ki ɓót ɓɔɓasonā ɓa ɓā kɔɔ̀n, ¹⁷ lɛ jàm li pōda nì m̀podôl Yèsayà li yɔn lē, Nyɛmède à yɔ̌ŋ ɓɔ͏̀mb yes, à ɓa kì à ɓèèga màkɔ̀n mes.

Bɔ̀nje ɓa nlà nɔ̄ŋ Yesù

Luk 9: 57-62

¹⁸ Kìi Yēsù à ǹtɛhɛ mamùt màkɛŋi ma ŋkɛŋa nyɛ, à kál lɛ, Ba yáp ūu ŋwìi. ¹⁹ Nì ǹyimbēn wadà à lɔ̂, à kál nye lɛ, À Lêt, mè ganɔ̀ŋ wê tɔ͏̀ hɛ yaga ù ŋkɛ̀. ²⁰ Yesù à kál nyɛ lɛ, Ndɔn i gweē bìhok, dìnùni di ŋgiī di gweē mùmbul; ndi Măn mùt à gwèe ɓē hɔma i nìŋnè ŋ̀ɔ wee. ²¹ Nì ǹnigîl nûmpɛ à kál nyɛ lɛ, À Ŋwɛt, ŋwǎs ndūgi meè, me kɛ mē joō tàta. ²² Ndi Yesù à kál nyɛ lɛ, Nɔ̌ŋ mè; ŋwǎs mìm mi jók mìm ŋwap.

Yesù à mmōmos mbuk mbèbi

Mar 4: 35-41; Luk 8: 22-25

²³ À jŏp ɓăŋ ī mòŋgo, ɓànigîl ɓee ɓa nɔ̄ŋ nyɛ. ²⁴ Ndi nŭnkì, mbuk mbèbi nu ŋ̀kɛŋi à kahal hòŋ i lɔ̀m, màŋgudga ma ho yaga moŋgō, ndi à ɓa a nìŋi hīlɔ̄. ²⁵ Nì ɓɔ ɓa kɛ ī nyēnī, ɓa todōl nyɛ, ɓa kál lɛ, À Ŋwɛt, tɔhɔl ɓěs, dì ǹlɔ ī cībaà. ²⁶ Nì nyɛ a kál ɓɔ lɛ, À ɓee ɓa hemlè tidigi, nì ŋkònol ki wɔŋi? Nì nyɛ à ǹnyɔdî, à kond mbebī nì lɔ̀m, lɔ̀m a tɛmēp yaga ŋwɛŋwēɛ. ²⁷ Bót ɓa hêl, ɓa kál lɛ, Kinjē ndɔŋ mùt ìni yàk mbèbi ì nnōgoòl nì lɔ̀m?

Yesù à mmèles ɓôt ɓa mimbuu mìmɓɛ ɓa Gadārà

Mar 5: 1-20; Luk 8: 26-39

²⁸ À pam ɓăŋ nyɔ͏̀ɔ uu ŋwìì lɔ̄m i lɔ̀ŋ ɓôt ɓa Gadārà, ɓôt ɓa mimbuu mìmɓɛ iɓaà, ɓa lɔ̂l i sɔ̀ŋ, ɓa ɓɔmā nyɛ, ɓa ɓā nyay kīyaga, mùt à ɓa loò ɓe mu ī njɛ̀l ì. ²⁹ Ndi nŭnkì, ɓa lɔnd, ɓa kál lɛ, À Yesù, Măn Nyāmbɛɛ̀, nì ɓěs nì wɛ kii? Bàa ù ǹlɔ nyɔ̄nɔ̄ i tèèŋgà ɓès ŋgèdà ŋgì pam? ³⁰ Lìùŋ li ŋgôy lìkɛŋi li ɓā jɛɛ̀k ha hòma nu nɔ̄nɔk. ³¹ Mìmbuu mìmɓɛ mi sɔɔhɛ nyɛ lɛ, Iɓālē wèɛ ù mpēmes ɓes, ɔm ɓès mu lìùŋ li ŋgôy. ³² Nì nyɛ a kál ŋwɔ lɛ, Kèna. Nì ŋwɔ mi pam, mi kê

mi jɔ́p i ŋgòy; ndi nŭnkì, lìùŋ li ŋgɔ́y jɔlisonā li sundī mpùgè, li ɓɛha lɔ̀m, li wɔ malep. ³³ Nì ɓòt ɓa ɓā jeès yɔ ɓa ubi ŋgwee, ɓa kɛ ŋkɔ̀ŋ, ɓa aŋal mâm mɔmasonā, yàk màm ma lēŋa nì ɓòt ɓa mimbuu mìmɓɛ. ³⁴ Ndi nŭnkì, ŋ̀kɔ̀ŋ wɔnsonā u kɛ ɓɔmà Yesù; ɓa tēhɛ ɓăŋ nyɛ̄, ɓa sɔɔhɛ nyɛ lɛ a nyɔdi lɔ̀ŋ yap.

9

Yesù à mmèles ŋămbgè mût

Mar 2: 1-12; Luk 5: 17-26

¹ Nì nyɛ a jɔ́p i mòŋgo, à yáp uu ŋwìì, à pam ŋkɔ̀ŋ wee. ² Ndi nŭnkì, ɓa lɔnā nyɛ ǹămbgè mût, u niŋī nàŋ; kìi Yēsù à ǹtɛhɛ hemlè yap, à kâl ŋămbgè mût lɛ, À man wɛ̀m ɓan ǹɛm, bìɓeba gwɔŋ bi ŋŋwêhlànà. ³ Ndi nŭnkì, ɓàyimbēn ɓàhɔgi ɓa pɔt i kède miŋɛm ŋwap lɛ, Mùt nunu à ŋòbos Nyambɛ jŏy. ⁴ Lakìi Yēsù à ɓa yi màhɔŋɔ̂l map, à kâl lɛ, Nì nhɔ̄ŋlɛnɛ ki ɓeba halā mīŋēm minaàn? ⁵ Ki i ye tɔ̀mba, hɛ ī kàl lɛ, Bìɓeba gwɔŋ bi ŋŋwêhlànà; hɛ lē, Tɛlɛp, kɛ̀nɛk? ⁶ Ndi lɛ ni yi lē Măn mùt à gwèe ŋgùy hana hisī i ŋwèhèl bìɓeba [à kâl ŋămbgè mût lɛ], Tɛlɛp, ɓada nàŋ yɔŋ, kɛ̀nɛk ī ndāp yɔɔ̀ŋ. ⁷ Nì nyɛ a tɛlêp, à kɛ ī ndāp yeè. ⁸ Màmùt ma ɓôt ma tēhɛ ɓăŋ hālā, ma yɔn ni ɓɛŋɛ̀l, ma ɓeges Nyambê, nu à ǹti ɓôt i ndòŋ ŋgùy ìni.

Ǹsèblà Mateò

Mar 2: 13-17; Luk 5: 27-32

⁹ Kìi Yēsù à ǹtagɓɛ hâ, à tɛhɛ mût ɓa nsèbel lɛ Màteò, à yìi hòma ɓa ntīnɛ taàs; à kâl nyɛ lɛ, Nɔ̌ŋ mè. Nì nyɛ à tɛlêp, à nɔ̂ŋ nyɛ.

¹⁰ I lēŋa lē, kìi Yēsù à ǹyén ndāp i jē, nŭnkì, ŋgàndàk ɓàkɔdtâs nì ɓàɓɔŋɓeba ɓa lô, ɓa yén i jē, nyɛ lòŋnì ɓànigîl ɓee. ¹¹ Fàrisày i tēhɛ ɓăŋ hālà, i kâl ɓanigiìl ɓee lɛ, Màlêt nàn à njēla nyɛ nì ɓàkɔdtâs nì ɓàɓɔŋɓeba inyŭkī? ¹² Yesù à nɔk ɓăŋ hālà, à kâl lɛ, Bòt ɓa ye mbōo ɓa ńyēŋ ɓe ŋgaŋgàŋ, ndik ɓā ɓā ŋkɔ̀n. ¹³ Bèe kèna, niglana lìkɔ̀blɛ li jàm lini lɛ, mè ŋgwēs kɔnàŋgɔɔ, hà bìsèsɛmà ɓee;ᵛ inyŭlē mè bilɔ̀ ɓe mɛ ī sèbèl ɓôt ɓa tee sēp, ndik ɓàɓɔŋɓeba i hyèlŋem.

Mbàdgà inyùu sōga jē

Mar 2: 18-22; Luk 5: 33-39

¹⁴ I mbūs hālā ɓànigîl ɓa Yohānès ɓa lɔ ī nyēnī, ɓa kâl lɛ, Inyŭkī ɓěs nì Fàrisày dì yè ɓa dì nsōga jɛ, ndi ɓànigîl ɓɔŋ ɓa soga ɓe jɛ? ¹⁵ Nì Yesù à kâl ɓɔ lɛ, Bàa màwanda ma mɓiimùdàà ma ŋūnup ŋgèdà m̀biimùdàa à ŋgi yiī lòŋnì ɓɔ? Dìlɔ di galɔɔ ŋgèdà ɓa gahèa mɓiimùdàà i ɓɔnī, ndi tɔ̀ lɛ ɓa nsōga jɛ. ¹⁶ Mùt à ŋēdɛ ɓe pèès liɓàdò i yɔndɔ i nlòmbi mbɔt; inyŭlē pès liɓàdò i ɓâk lɛ i lo lītuba i nnìmbil ndigi mbɔ̄t, ndi lìtuba li kondē yàà kɛŋêp. ¹⁷ Halā kì nyɛn ɓòt ɓa nhēl ɓe waày yɔndɔ biùnha bi diɓoy di bikɔ̀p di wây, dìɓoy di tiga lɛ di pedî, wây ì sobì, dìɓoy kî di obì; ndi ɓa nhēl yaā waày yɔndɔ mu dīɓōy di waày di yɔndɔ, lɛ ndi gwɔ̀m gwɔbiɓaà bi teedana.

Ŋgònd ǹànè nì mùdàa à ntīs mbɔt Yēsù

Mar 5: 21-24; Luk 8: 40-56

¹⁸ Ki à ŋgi kalàk ɓɔ màm mana,

ᵛMàt 9: 13 Hòs 6: 6

nŭnkì, ŋ̀ànɛ̀ wàda a lɔ̂, à oop bisū gwee, à kál lɛ, Ŋgɔ̂nd yɛm ì ŋ́wɔ̄ hanaànɔ; sɔhɔ lɔ̀ɔ, kèhi wɔ̀ɔ̀ wɔŋ i ŋgìì yeē, ndi à ganǐŋ. ¹⁹ Nì Yesù à nyɔdi nyɛ nì ɓànigîl ɓee, ɓa nɔ̄ŋ nyɛ. ²⁰ Ndi nŭnkì, mùdàà wadā nu màcèl ma ɓā pam jòm li ŋwii mbòk iɓaà, à lôl nyɛ mbūs, à tis linjèk li mbɔt yeē; ²¹ Inyŭlē à pɔt nì nyɛmɛ̀dɛ lɛ, Iɓālē mɛ̀ ǹtihba yaga tɔ mbɔ̄t yeē, wɛ̀ɛ mɛ̀ m̀mâl. ²² Nì Yesù à hyêlɓà, à tɛhɛ nyɛ, à kál lɛ, À ŋgɔ̂nd yɛm, ɓan ŋ̀ɛm; hemlè yɔŋ i mmelēs wɛ̀ɛ̀. Nì mùdàa a mâl ha ŋgēŋ ì. ²³ Yesù à jŏp ɓăŋ ndáp ŋ̀ànɛ̀ nû, à tɛhɛ ɓahɛm dìɔŋ, lìmùt li ɓôt kì li yôgɓègè, ²⁴ à kál lɛ, Nyɔ̀dna, inyŭlē hìŋgɔ̀ndà hi ŋ́wɔ ɓēe, hi ye ndîk hīlɔ̄. Nì ɓɔ ɓa nɔ̄l nyɛ. ²⁵ Lìmùt li pēmhana ɓăŋ, nyɛ à jôp, à tol nyɛ wɔ̀ɔ; nì hìŋgɔ̀ndà hi nyɔdî. ²⁶ Nì ŋgăn jàm lî ì kɛ mbɔ̄k yɔ̀sonā.

Ɓòt ɓa ndim iɓaà ɓa ntɛhnà

²⁷ Kìi Yēsù à ǹtagɓɛ hâ, ɓòt ɓa ndim iɓaà ɓa nɔ̄ŋ nyɛ, ɓa lɔnd, ɓa kál lɛ, à Man Dāvìd, kɔ̌n ɓès ŋgɔɔ. ²⁸ À jŏp ɓăŋ ndáp, ɓòt ɓa ndim ɓa lɔ nyēnī, nì Yesù à ɓát ɓɔ lɛ, Ɓàa nì nhēmlɛ lɛ mɛ̀ nlà ɓɔ̄ŋ jàm lini? Ɓa kál nyɛ lɛ, Ŋ̀ŋ̂, à Ŋwɛt. ²⁹ Nì nyɛ a tis mis map, à kál lɛ, I ɓoŋā nì ɓèe kǐŋgèdà hemlè nân. ³⁰ Nì mìs map ma yîblà. Nì Yesù à ɓehɛ yaga ɓɔ, à kál lɛ, Yihnana lē mùt à yik ɓáŋ hālà. ³¹ Ndi ɓa pam, ɓa kîs ŋgaān yeē mbɔk yɔ̀sonā.

Mbuk ì m̀pɔt

³² Ɓa pám ɓăŋ, nŭnkì, ɓa lɔnā nyɛ mbūk ì ɓa ì gwèe mbūu m̀ɓɛ. ³³ Mbuu m̀ɓɛ u pēmhana ɓăŋ, mbuk ì kahal pɔ̄t, nì màmùt ma ɛgɛ̀ɓ, ma kál lɛ, Dì ǹtɛhgè ɓe ndɔŋ ìni Isrăɛ̌l.

³⁴ Ndi Fàrisày ɓa kál lɛ, À mpēmhɛnɛ mimbuu mìmɓɛ inyùu ŋgùy ŋ̀ànɛ mìmbuu mìmɓɛ.

Màmùt ma ŋkònha Yesù ŋgɔɔ

³⁵ Yesù à ɓa hyom mīŋkɔ̀ŋ ŋwɔminsonā nì mambáy mɔmasonā, à niigàgà mandáp map ma mitìn, à aŋlàk Mìŋaŋ Mìnlam mi anɛ̀, à mèlhàk kì ndɔ̀ŋ miŋgwa mi makɔ̀n yɔsonā nì nyà makɔ̀n yɔsonā. ³⁶ I ŋgèdà à tɛhɛ màmùt, ma kônha nyɛ ŋgɔ̄ɔ, inyŭlē ma ɓā ɓàwaaga nì ŋ̀ŋwămbàgà, kìkìi mìntomba mi ŋgi ǹteedà. ³⁷ Hanyēn à kèlel ɓànigîl ɓee lɛ, Lìɓùmbùl li ye tɔ̄y likɛŋi, ndi ɓàɓɔŋ̀sɔn ɓa ye ndèk. ³⁸ Jɔn sɔ̄ɔhana ŋwèt liɓùmbùl, lɛ a ɔm ɓàɓɔŋ̀sɔn liɓùmbùl jee.

10

Jòm li ɓaoma nì iɓaà

Mar 3: 13-19; Luk 6: 12-16

¹ Nì nyɛ à sebēl jom jee li ɓanigiìl nì iɓaà, à ti ɓɔ ŋgùy i pēmeès mìmbuu mi nyɛgā, nì mèlès ndɔ̀ŋ miŋgwa mi makɔ̀n yɔsonā nì nyà makɔ̀n yɔsonā.

² Jòm li ɓaoma nì iɓaà, mòy map lɛ: Nu bìsu lɛ Simón, nyɛn à nsèbla lɛ Petrò, nì màŋyáŋ Andrĕà; Yàkobò, mǎn Sèbèdeò, nì màŋyáŋ Yohānɛ̀s; ³ Fìlipò, nì Bàrtòlòmeò; Tomàs nì Màteò, ŋ̀kɔdtâs; Yàkobò, mǎn Àlfeò, nì Tàdeò; ⁴ Simón, mùt Kanà, nì Yudă Iskàriòt, nu à liibana nyē.

Ndàk jòm nì iɓaà ɓa ŋkôs

Mar 6: 7-13; Luk 9: 1-6

⁵ Jŏm nì iɓaà lini jɔn Yēsù à ɔm, à ɓehɛ ɓɔ, à kál lɛ, Nì kè ɓáŋ bīlɔ̀ŋ bìpɛ,

nì jòp ɓáŋ ŋkɔ̀ŋ Samārìà wɔkĭwɔ̄; ⁶ Kèna ndīgi nyɔ̀ɔ mīntōmba mìnimlaga mi ndap Īsrǎèl. ⁷ Kè nì ŋkè, aŋlana lē, Ànè ŋgiī i gweē nì mɔ̀ɔ. ⁸ Nì mèlhàk ɓàkɔ̀kɔ̂n, nì tùglàk ɓàwɔga, nì pubhàk ɓàkɔ̀nlò, nì pemhàk mìmbuu mìmɓɛ. Nì ŋkɔ́s yaŋgà, tina yàŋgà. ⁹ Nì ha ɓáŋ gōl, tɔ̀ silɓà, tɔ̀ kabā bikwà binân; ¹⁰ nì kèna ɓáŋ tɔ̀ ɓɔ̀t likè linân, tɔ̀ bìsɔdi bīɓaà, tɔ̀ bìtamb, tɔ̀ ǹtɔŋɔ̀; inyŭlē m̀ɓɔ̀ŋ ǹsɔn à kòli nì bìjɛk gwee.ʷ ¹¹ Tɔ̀ kinjē ŋkɔ̀ŋ tɔ̀ mbay nì mpām, yeŋa mùt nu à kòli; yèna hà lɛtèɛ̀ nì nyɔdî. ¹² Kìi nì njòp i ndāp, yègnana yɔ̀. ¹³ Iɓālē ndap ì kòli, wèɛ ǹsàŋ nân u ɓa mū kède; ndi iɓālē ì kòli ɓèe, wèɛ ǹsàŋ nân u têmb ɓěnī. ¹⁴ Tɔ̀njɛɛ à galēɛgɛ ɓe ɓee, tɔ̀ nɔk bìɓàŋga binân, pama mū ndāp ì, tɔ̀lɛ mu ŋkɔ̀ŋ û, ni kŭmb lìpùm li bitèk maɓàl manân. ¹⁵ Hɔ̀do nu mè nhɔ̄mb ɓee lɛ, Mbɔk Sōdòm nì Gòmoràˣ ì gakòs lɔŋɛ ŋgwà mbagī ìlɔ̀ɔ ŋkɔ̀ŋ û.

Ndèèŋgà ì nlɔ̀

¹⁶ Nùnakì, mè ŋɔ̄m ɓee kìkìi mìntomba i kède njèe; jɔn ɓāna pèk kìkìi nyɔ̀ɔ, ni ɓa ŋwèɛ̀ kìkìi dìɓeŋ. ¹⁷ Nì yihgɛ̀ inyùu ɓòt, inyŭlē ɓa gakèna ɓee bikēehɛnɛ, ɓa gaɓēp ɓee dìsòò mandāp map ma mitìn; ¹⁸ ɓa gakèna ɓee mbɔ̀m ɓaŋɔmîn nì i bikiŋɛ īnyùù yêm, i ɓā mbògi inyùu yâp nì inyùu bìlɔ̀ŋ bìpɛ. ¹⁹ Ndi kìì ɓa ŋkèna ɓee, nì tòŋ ɓáŋ lēlaa nì gapɔ̄t nì kinjē jàm nì gakǎl; inyŭlē jàm nì gapɔ̄t li gatīna ɓee ha ŋgēŋ ì. ²⁰ Inyŭlē hà ɓèè ɓe ɓɔn nì mpɔ̄t, ndigi Mɓuu Isɔ̄ŋ nân nyɛn à mpɔ̄t i kède nân. ²¹ Mùt à gatī manyáŋ i nyɛ̀mb, ìsaŋ kî màn weè; ɓɔ̀n ɓa gakɔ̀lɓa ɓagwâl, ɓa nolha ɓɔ̄. ²² Ɓòt ɓɔɓasonā ɓa gaɔ̀ɔ ɓee inyùu jòy jêm, ndi mùt à ntèŋɓɛ lɛtèɛ̀ nì lisūk nyɛn à gatɔ̄hlana. ²³ Ndi kìi ɓa ntèèŋga ɓee ŋkɔ̀ŋ unu, kèna ŋ̀gwee umpɛ; inyŭlē hɔ̀dɔ mè nhɔ̄mb ɓee lɛ, Nì gatōla ɓe miŋkɔ̀ŋ mi Isrǎèl, Mǎn mùt ŋgì lɔ̀.

Mùt dì ǹlama kɔ́n wɔŋi

Luk 12: 2-9

²⁴ Ǹnigîl à nlɔ̀ɔ ɓe malêt wèe, tɔ̀ ŋkɔ̀l u nlɔ̀ɔ ɓe ŋwɛt weè. ²⁵ I kolī lē ǹnigîl a ɓa kìkìi màlêt wèe, yàk ŋkɔ̀l kìkìi ŋwèt weè. Iɓālē ɓa bisèbel ŋwɛt ndap lɛ Beelsebùl, wèɛ ɓa gasèbel ɓòt ɓee ɓa ndap ìlɔ̀ɔ hâ! ²⁶ Jɔn nì kɔ̀n ɓáŋ ɓɔ̄ wɔ̀ŋi; inyŭlē jàm jɔkĭjɔ̄ li huli ɓē lɛ li gahūulana ɓee, tɔ̀ sɔ̀lɔ̀p lɛ li gayīna ɓee. ²⁷ Màm mè ŋkèlel ɓee i jĭɓè, podlana mɔ̄ mapūbi; màm nì nnōgol nsɔ̀ɔ̀gà, aŋlana mɔ̄ mɓàmba. ²⁸ Nì kɔ̀n ɓáŋ ɓòt ɓa nnɔ̄l nyuu wɔ̀ŋi, ndi ɓa la ɓē nɔl mbuu; ndi kɔ̀na mùt nu à wɔ̀ŋi, nu à nlà nɔl mbuu nì nyùu ɓɔ iɓaà i Gèhenà. ²⁹ Ɓàà ɓa nnùŋul ɓe diǔnà diɓaà inyùu pès kabā? Tɔ̀ hyada hi ŋkwɔ̀ ɓe hisī iɓaɓe isɔ̄ŋ nân; ³⁰ yàk còŋ dinân di ŋɔ cɔdisonā yaga di ŋeŋaà. ³¹ Jɔn nì kònol ɓáŋ wɔ̀ŋi; nì nlɔ̀ɔ ŋgandàk diǔnà.

I pāhaàl Yesù bisū bi ɓoòt

Luk 12: 8-9

³² Halā nyɛ̄n hī muùt à mpāhal mɛ bīsū bi ɓoòt, yàk mè mè gapāhal nyɛ bisū bi Tatā nū à yè i ŋgìi. ³³ Ndi tɔ̀njɛɛ à ntāŋba mɛ bīsū bi ɓoòt, yàk mè mè gatāŋba nyɛ bisū bi Tatā nū à yè i ŋgìi.

ʷ**Màt 10: 10** 1Tìm 5: 18   ˣ**Màt 10: 15** Bìɓ 19: 12-25

Hà ǹsàŋ ɓee, ndik pànsɔ̀ŋ

Luk 12: 21-23; 14: 26-27

³⁴ Nì hɔŋɔl ɓăŋ lē mè bilɔ̀ i lɔ̀nà ǹsàŋ hana hisī; mè bilɔ̀ ɓe mɛ ī lɔ̀nà ǹsàŋ, ndik pànsɔ̀ŋ. ³⁵ Inyŭlē mè bilɔ̀ i jùbùs mbagla i pōla mùt nì ìsaŋ, hìŋgɔ̀ndà nì nyăŋ, ŋ̀kìya nì nyògol; ³⁶ ɓaɔ̀ɔ̀ mùt ɓa gaɓā ɓoòt ɓee ɓa ndap.ʸ ³⁷ Mùt à nsìŋgɛ isāŋ tɔ̀ nyàŋ ìlɔ̀ɔ̀ mè à kòli ɓē ni mè; mùt à nsìŋgɛ man wèɛ mùùnlom tɔ̀ nu mùdàa à kòli ɓē ni mè; ³⁸ mùt à mɓègɛɛ ɓe mbasa yeē nì nɔ̀ŋ mè à kòli ɓē ni mè. ³⁹ Mùt à ntēeda nɔɔ̀m yee à ganīmis yɔ, ndi nu à nnīmis nɔɔ̀m yee inyùù yêm à galèba yɔ.

Mìnsaâ

Mar 9: 41

⁴⁰ Mùt à nlɛ̄ɛgɛ ɓee, wèɛ à nlɛ̄ɛgɛ mɛɛ̀; nu à nlɛ̄ɛgɛ mɛɛ̀ wèɛ à nlɛ̄ɛgɛ nu à biɔ̄m mɛɛ̀. ⁴¹ Mùt à nlɛ̄ɛgɛ mpodoòl inyùu jòy li mpodôl, à gakòs nsaâ u mpodôl; nu à nlɛ̄ɛgɛ muùt à tee sēp inyùu jòy li mût à tee sēp, à gakòs nsaâ u mût à tee sēp. ⁴² Tònjɛɛ à gatī wadā mu ɓɔ̀ɔŋgɛ ɓana tɔ̀ lìɓòndo li malep màsuni inyùu jòy li nnigîl, hɔ̀dɔ nu mè nhɔ̄mb ɓee lɛ, Ǹsaâ wee u gasèt ɓe nyɛ.

11

Yòhanès Ǹsòblè à ŋɔ̄m ɓoòt ɓa ŋwîn

Luk 7: 18-35

¹ I lēŋa lē, Yesù à măl ɓăŋ ɓēhɛ jom jee li ɓanigîl mbòk iɓaà, à nyɔdi hâ, à kɛ ī nīigà nì i āŋaàl mu mīŋkɔ̀ŋ ŋwap. ² Yòhanès à nɔk ɓăŋ ī ndāp mɔ̀k inyùu mìnsɔn mi Krîstò, ³ à ɔm ɓanigîl ɓee i ɓàt nyɛ lɛ, 'Ɓàa wěn ù yè nu à ǹlama lɔ̂, tɔ̀ di ɓɛmēk nùmpɛ? ⁴ Yesù à tîmbhɛ̀, à kâl ɓɔ lɛ, 'Ɓèe kèna, aŋlana Yòhanès màm nì ǹnɔk nì ma nì ǹtɛhê; ⁵ lɛ ɓandim ɓa ntēhnà, bìɓok bi hyomôk, ɓàkɔ̀nlò ɓa pubhàgà, ɓandɔk ɓa nɔggà, ɓawɔga ɓa tûggè, Mìŋaŋ Mìnlam mi ŋāŋlana diyɛyèɓà.ᶻ ⁶ Nu à mɓàagɛnɛ ɓe inyùu yêm à yè ǹsǎyɓàk.

⁷ Ba nyɔ̄di ɓăŋ, Yesù à kahal kàl mamùt inyùu Yòhanès lɛ, Kii nì ɓe kɛ ī ɓèŋgè i ŋɔ̀ŋ? Ɓàa lìkay mbèbi ì mpōgoòs? ⁸ Ndi nì ɓe kɛ ī ɓèŋgè kii? Ɓàa mùt à heeba mbɔ̄t i ŋwāmbiì? Nùnakì, ɓôt ɓa nhāba mbɔt i ŋwāmbiì ɓa yenè mandāp ma bikiŋɛè. ⁹ Ndi nì bikìl ni kīi? Ɓàà i tēhɛ m̀podôl? Ŋ̀ŋ̀, mè ŋkàl ɓee lɛ, À nlɔ̀ɔ̀ mpodôl. ¹⁰ Nyɛ nūnu nyɛn i ye ǹtĭlɓàgà inyùu yeē lē, Nǔnkì, mè ŋɔ̄m muùt wèm ŋwìn bisū gwɔŋ, nyɛn à gatībil njɛēl yɔɔ̄ŋ bisū gwɔŋ.ᵃ ¹¹ Hɔ̀dɔ mè nhɔ̄mb ɓee lɛ, I kède ɓôt ɓa ŋgwee ni ɓòdàa, mùt à nlɔ̀ɔ̀ Yohānès Ǹsòblè à ǹnengè ɓee; ndi nu à yè ǹtidigi i ànɛ ŋgiì à nlɔ̀ɔ̀ nyɛ. ¹² Îɓòdòl dilɔ̄ di Yohānès Ǹsòblè lɛtɛɛ̀ nì hanânɔ, ànɛ ŋgiì i ńyòŋa ni ŋgùy, ndi ɓôt ɓa njoo ɓa ŋkādal yɔ. ¹³ Inyǔlē ɓàpodôl ɓɔɓasonā nì mben ɓa ɓā pɔt bìndēě lɛtɛɛ̀ nì Yòhanès. ¹⁴ Iɓālē nì ŋgwēs nɛɛbɛ halà, nyɛn à yè Èlià nu à nlɔ̀.ᵇ ¹⁵ Nu à gwēe màô i nɔ̄gaà, a nɔk nī. ¹⁶ Nì kii mè ŋkèda

---

ʸ **Màt 10: 36** Mik 7: 6
ᶻ **Màt 11: 5** Yès 35: 5-6; 61: 1

ᵃ **Màt 11: 10** Màl 3: 1
ᵇ **Màt 11: 14** Màl 4: 5

hyày hini? Hi ye wěŋgɔ̀ŋlɛ ɓɔ̀ɔŋgɛ ɓa yīī hīsī biɓòm, ɓa sêblàk ɓàsɔ ɓɔɔŋgɛ, ɓa kalàk lɛ, ¹⁷ Dì bihēmel ɓee dìɔŋ, ndi nì sak ɓee; dì bièe ɓee màèya ndi nì kôblɛ ɓee. ¹⁸ Yòhanès à bilɔ̀, à jɛ ɓee, à nyɔ ɓee, nì ɓɔ ɓa kâl lɛ, à gwèe mbūu m̀ɓɛ. ¹⁹ Măn mùt à bilɔ̀, à jêk, à nyɔ̂k, ɓa kâl lɛ, Nùnakì, m̀ɓènà jɛ nì wây, lìwanda li ɓakɔ̀dtâs nì ɓàɓɔ̀ŋɓeba! Ndi pèk ì ŋkelā lɛ ì tee sēp i kède mìnsɔn ŋwee.

Ŋgɔɔ nì mìŋkɔ̀ŋ mi nhyèl ɓe miŋem

Luk 10: 13-15

²⁰ Nì nyɛ a kahal yàhal miŋkɔ̀ŋ à ɓa lôhà gwèlel mimpemba ŋwee mi mâm, inyŭlē ɓa hyĕl ɓē miŋem. ²¹ Ŋgɔɔ nì wè, à Korāsìn! Ŋgɔɔ nì wè, à Betsāydà! Inyŭlē ɓalɛ ɓɔ ndi mimpēmba mi maàm mi bigwèla i ɓěnī mi gwelā i Tîr nì i Sīdòn, ki ɓā hyĕl mìŋɛm ɓêhɛɛ, ɓa haba minsùgut, ɓa kooba liɓu. ²² Jɔn mè ŋkàl ɓee lɛ, I ŋgwà mbagī Tîr nì Sidòn ɓa gakòs lɔŋɛ̂ ìlɔ̀ɔ ɓèe. ²³ Yàk wè, à Kapērnāùm, ɓàa ù ganyɔ̄gɔp letèè nì i ŋgìì? Ù gasòs letèè nì i Hādè; inyŭlē ɓalɛ ɓɔ ndi mimpēmba mi maàm mi bigwèla wĕnī mi gwelā i Sōdòm, ki ì ŋgi yīī lētèè nì bilên. ²⁴ Jɔn mè ŋkàl ɓee lɛ, I ŋgwà mbagī mbɔk Sōdòm ì gakòs lɔŋɛ̂ ìlɔ̀ɔ wè.

Lòna mĕnī, mè ntī ɓee nɔ̀y

Luk 10: 21-22

²⁵ Ŋgèdà ì yŏn Yēsù à tìmbhɛnɛ, à kâl lɛ, Mè ŋ́yèga wê, à Tâ, Ŋwèt ŋgiì nì hìsi, lɛ ù sòo ɓòt ɓa pêk nì ɓàyimàm i màm mana, ndi ù sɔ́lɛnɛ mɔ mìŋkeŋee mi ɓɔn; ²⁶ Ŋ̀ŋ, à Tâ, halā à lemel wè. ²⁷ Tàta à ti mɛ màm mɔmasonā; mùt nyɛkǐnyē à ŋ́yī ɓe Man, ndik Ìsaŋ; halā kì nyɛn tɔ̀ mùt à ŋ́yī ɓe Isāŋ ndik Măn, nì nu Măn à ŋ̀gwes sɔ́lɛnɛ nyɛ. ²⁸ Lòna mĕnī, à ɓee ɓɔɓasonā ɓa nì ntùmɓà nì ɓèèga kì mbègèè ì ŋ́yɛt, mè mè ntī ɓee nɔ̀y. ²⁹ Yɔ̀ŋa kɔ̀p yɛ́m nsɔn, ni niglɛnɛ kì i mĕnī; inyŭlē mè ye ŋwèɛ nì ŋem ǹsòhga; ndi tɔ̀ lɛ mìŋem minân mi ganɔ̀y. ³⁰ Inyŭlē kɔ̀p yɛ́m nsɔn i ye tɔ̀mba, mbègèè yèm kì ì nhɔ̀y.

12

Ɓànigîl ɓa nsāa konflaāwà i ŋgwà nɔ̂y

Mar 2: 23-28; Luk 6: 1-5

¹ Ŋgèdà ì yɔ̆n Yēsù à lòo ŋwɔ̀m mi konflâwà i ŋgwà nɔ̂y; njàl ì ɓa ì gwèe ɓànigîl ɓee, nì ɓɔ ɓa kahal sāa konflaāwà, ɓa jêk. ² Fàrisày ɓa tēhɛ ɓǎn hālà, ɓa kâl nyɛ lɛ, Nǔnkì, ɓànigîl ɓɔŋ ɓa mɓɔŋ jâm li ta ɓē kundè i ɓɔ̆ŋ i ŋgwà nɔ̂y. ³ Nì nyɛ a kâl ɓɔ lɛ, Ɓàa nì biāŋ ɓe jàm Davìd à ɓɔ̆ŋ ī ŋgèdà njàl ì ɓa ì gwèènɛ nyē nì ɓòt ɓa ɓā lòŋnì nyɛ; ⁴ kìkìi à jŏp ī ndâp Nyāmbɛɛ, à jɛ bikɔ̀ga bi ntēga i mbɔ̆m Nyāmbɛɛ, bi bī ɓā ɓē nyɛ kùndè i jēɓaà, tɔ̀ ɓa ɓā ɓā lòŋnì nyɛ, ndik bìprîsì gwɔtāma?ᶜ ⁵ Ɓàa nì biāŋ ɓe ki tɔ̀ mu mbēn lɛ bìprîsì bi ŋòbos ŋgwa nɔ̂y i Tēmpèl, ndi bi ɓâk ŋgì ǹsòhi?ᵈ ⁶ Ndi mè ŋkàl ɓee lɛ, Nu à nlɔ̀ɔ Tempèl à yè hana. ⁷ Ɓalɛ nì yik likɔ̀ble li jâm lini lɛ, Mè ŋgwès kɔnàŋgɔɔ, hà bìsèsɛmà ɓee,ᵉ ki nì ɓak ɓe lɛ nì ti ɓòt ɓa gweē ɓē hɔp bìkwɔ bi ŋkaa. ⁸ Inyŭlē Măn mùt à

ᶜMàt 12: 4 LL 24: 9; 1Sàm 21: 1-6
ᵈMàt 12: 5 Ŋ̀aŋga ɓôt 28: 9

ᵉMàt 12: 7 Hòs 6: 6

Mùt hìweha hi wɔɔ

Mar 3: 1-6; Luk 6: 6-11

⁹ Nì nyɛ à nyɔdi hâ, à jôp ndāp yaāp mītìn. ¹⁰ Mùt hìweha hi wɔɔ à ɓa mù. 'Ba ɓát nyɛ lɛ, 'Bàà i ye kùndɛ̀ i mèlès màkɔ̀n i ŋgwà nɔ̂y? Lɛ ndi ɓa om nyē n̂sɔ̀hi. ¹¹ À kāl ɓɔ lɛ, N̂jɛɛ i kède nān, iɓālē à gwèe n̂tomba wada, ndi u kwɔ ɓɛ̄ɛ ŋgwà nɔ̂y, ɓàa à gagwèl ɓe wɔ, a pemes wɔ̄? ¹² Ŋgɔ mùt à nlɔ̀ɔ̀ ntomba ŋgandàk màlòo! Jɔn i ye kùndè i ɓɔ̀ŋ lɔŋgɛ ŋgwà nɔ̂y. ¹³ Nì nyɛ a kāl mùt nu lē, sambal wɔ̀ɔ̀ wɔɔŋ, nì nyɛ a sambal wɔ, nì wɔ̀ɔ̀ u tēmb mboo kìi ūu. ¹⁴ Nì Fàrisày ɓa pam, ɓa hēk peèk lɛlaa ɓa kolī nɔ̄l nyɛ.

N̂tebêk ŋkɔ̀l

¹⁵ Yèsù à yi ɓǎŋ hālà, à nyɔdi hâ, ŋgàndàk ɓòt ì nɔ́ŋ nyɛ, nì nyɛ a melēs ɓɔɓasonā, ¹⁶ à ɓehe yaga ɓɔ lɛ ɓa āŋal ɓaāŋ īnyùù yeē; ¹⁷ lɛ jàm li pōda nì m̀podôl Yèsayà li yôn lɛ, ¹⁸ Nǔnkì, ŋ̀kɔ̀l wêm mɛ̀ bitēp, Gweha yɛ̀m nu à nlēmel ŋem wɛɛ̀m, mɛ̀ gakōp Mbuu wɛɛ̀m ŋgìi yeē, à gaāŋlɛ bilɔ̀ŋ bìpɛ mbagī sēp. ¹⁹ À ganɔ̄mɔl ɓee, tɔ̀ yògɓɛ̀; mùt nyɛkǐnyē à ganɔ̄k ɓe kiŋ yeē ɓalōm ɓa manjèl. ²⁰ À gaɓōk ɓe mɓehâk lindɔmbɔɔ, à galēm ɓe nsìŋgà u nlɔ̄ŋ limha, lɛtɛɛ̀ mbàgi sēp i yembèl. ²¹ Bìlɔ̀ŋ bìpɛ kî bi gaɓōdol joy jee n̂jem.ᶠ

Yesù nì Beelsebùl

Mar 3: 19-30; Luk 11: 14-23; 12: 10

²² I mbūs hālà ɓa lɔnā nyɛ mùt mbuu m̀ɓɛ, nu à ɓa ndīm nì mbuk; nì nyɛ à melēs nyɛ, mbuk ì kahal pɔ̄t, ì tɛhnā kì. ²³ Nì màmùt mɔmasonā ma hɛɛ̀l, ma kāl lɛ, 'Bàa Mǎn Dāvìd nunu? ²⁴ Ndi Fàrisày ɓa nɔ̄k ɓǎŋ hālà, ɓa kāl lɛ, Mùt nunu à mpēmhɛnɛ ndik mìmbuu mìmɓɛ ni ŋgùy Beelsebùl, ŋ̀ànɛ̀ mìmbuu mìmɓɛ. ²⁵ Lakìi Yēsù à ɓa yi màhɔŋɔ̂l map, à kāl ɓɔ lɛ, Hi anɛ̀ i mɓagla i kɔ̀lɓa yɔmɛdɛ i ŋkwɔ̀; yàk hi ŋkɔ̀ŋ u mɓāglà, tɔ̀ ndap, ɓa ta ɓē lɛ ɓa tɛlɛɛ̀p; ²⁶ Jɔn iɓālē Saatàn à mpēmes Saatàn, wēe à m̀ɓagla i kɔ̀lɓa nyɛmɛdɛ; ànɛ̀ yee i gatēlɛp ni laa? ²⁷ Iɓālē mɛ̀ mpēmhɛnɛ mimbuu mìmɓɛ i ŋgùy Beelsebùl, ɓɔ̀n ɓanân ɓa mpēmhɛnɛ ŋwɔ i ŋgùy yɛn̂? Jɔn ɓa gaɓānɛ ɓakeês ɓanân. ²⁸ Ndi iɓālē mɛ̀ mpēmhɛnɛ mimbuu mìmɓɛ ni Mbuu Nyambê, wēe ànɛ̀ Nyambē ī nsūmbɛ yaā ɓɛ̌nī. ²⁹ Mùt à njɔ̀p laa ndāp m̀pemba mùt i sà gwɔ̀m gwee, nyɛ ŋgì ɓòk ndugi kāŋ m̀pēmba muùt û? Ndi tɔ̀ lɛ à nsà ndap yeē. ³⁰ Mùt à tà ɓe ŋgàm yɛ̀m à ŋkɔ̀lɓa ndigi mɛ̀; nu kì ɓěs nyē dì ŋkɔ̀t ɓee à nsà nsàâk.

³¹ Jɔn mɛ̀ ŋkèlel ɓee lɛ, Hi ɓeba i gaŋwèhlana ɓôt, nì hi lìòɓòs jǒy, ndi lìòɓòs Mbuu joy li gaŋwèhlana ɓee. ³² Tɔ̀njɛɛ à mpōdol Man mùt ɓeba, i gaŋwèhlana nyɛ; ndi tɔ̀njɛɛ à mpōdol Mbuu M̀pubi ɓeba, i gaŋwèhlana ɓe nyɛ, tɔ̀ hisī hini, tɔ̀ hi hī galɔ̀ɔ.

ᶠ**Màt 12: 21** Yès 22: 1-4

Ɛ nì màtam mee

Luk 6: 43-45

³³ Bɔ̀ŋa lē ɛ i ɓa lām, màtam mee kî màlam, tɔ̀lɛ, ɛ i ɓa ɓē, màtam mee kî màɓɛ; inyǔlē ɛ i ńyīna inyùu màtam mee. ³⁴ À ɓɔn ɓa pee, lɛlaa ɓèè ɓôt ɓàɓɛ nì nlà pɔt mâm màlam? Inyǔlē màm ma ńyōn ŋēm mɔn nyɔ̀ u mpɔ̄t. ³⁵ Lɔŋge mût i mpēmes bilɔŋgɛ bī maàm i kède lìsòò jee li ŋkùs lìlam; ɓeba mût kì i mpēmes biɓeba bi maàm i kède lìsòò jee li ŋkùs lìɓɛ. ³⁶ Mɛ̀ ŋkàl ɓee lɛ, Hi yaŋgà ɓaŋgā ɓôt ɓa mpɔ̄t ɓa gatìmbhɛ inyùu yeē i ŋgwà mbagī. ³⁷ Inyǔlē inyùu bìɓàŋga gwɔŋ nyɛn ù gakèlna lɛ ù tee sēp, inyùu bìɓàŋga gwɔŋ ki nyēn ù gakùhul mbagī nōgoòs.

Hyày hìɓɛ hi ńyēŋ yiīmbnɛ

Mar 8: 12; Luk 11: 29-33

³⁸ I mbūs hālā jògà li ɓayimbēn nì li Farīsày li ɓimbhɛ nyɛ li kaāl lɛ, À Lêt, dì nsòmbol lɛ u eba ɓès ŷimbnɛ. ³⁹ À ɓimbhɛ ɓɔ lɛ, Hyày hìɓɛ nì hi ndêŋg hi ńyēŋ yiīmbnɛ; ndi yìmbnɛ i gatīna ɓe hyɔ ndigi yìmbnɛ mpodôl lɛ Yonà. ⁴⁰ Inyǔlē kìkìi Yōnà à ɓa līɓùm li njɔ̂ghyɔ̀bi mùs maâ nì màu maâ, halā kì nyɛn yàk mǎn mùt à gayên i kède hìsi mùs maâ nì màu maâ.ᵍ ⁴¹ Bòt ɓa Ninivè ɓa gatēlep ŋgwà mbagī nì i hyày hini, ɓa gakwès hyɔ ǹkaa; inyǔlē ɓa hyɛ̌l mìŋem inyùu bìaŋlɛnɛ bi Yonà; ndi nùnakì, nu à nlɔ̀ɔ̀ Yonà à yè hana. ⁴² Kiŋɛ mùdàa ì ŋwèl mbɔk ì gatēlep i ŋgwà mbagī nì hyày hini, i kwès hyɔ ǹkaa; inyǔlē ì lǒl māsūk ma mbɔk i nɔ̄k pèk Sàlōmò;ʰ ndi nùnakì, nu à nlɔ̀ɔ̀ Salōmò, à yè hana.

Mbuu ḿɓɛ u ntēmb ndāp

Luk 11: 24-26

⁴³ I Ŋgèdà mbuu u nyegā u nyɔdi i kède mùt, u nhyōm ɓahɔ̀ma ɓànumga i yēŋ nɔ̀y, ndi u ntēhɛ ɓe yɔ. ⁴⁴ Halā nyēn u ŋkàl lɛ, Mɛ̀ ǹtēmb ki ī ndāp yɛɛ̀m, i hɛ̌t mɛ̀ ǹlôl; kì u nlɔ̀, u ŋkɔba yɔ ǹsɔ, ǹsàhâk nì ǹtiblàk. ⁴⁵ Hanyēn u ŋkɛ̀, u yɔ̂ŋ mìmbuu mìmpɛ minsâmbɔk, mi nlɔ̀ɔ̀ ŋwomɛ̀dɛ ɓeba, nì ŋwo mi jóp, mi yēn mù; nì lìɓâk li mùt nû li nsōk li ńyìla ɓeba ìlɔ̀ɔ̀ li bisu. Halā kì nyen i gaɓā nì hyày hìɓɛ hini.

Nyǎŋ Yēsù nì lògnyâŋ

Mar 3: 31-35; Luk 8: 19-21

⁴⁶ Ki à ŋgi kwêlhàk màmùt ma ɓôt, nǔnkì nyàŋ nì lògnyâŋ ɓa tɛlɛp i tān, ɓa sômblàk kwêles nyɛ. ⁴⁷ Nì mùt wàda a kâl nyɛ lɛ, Nǔnkì nyùŋ nì lògnyūŋ ɓa tee ī tān, ɓa nsòmbol podos wê. ⁴⁸ À ɓimbhɛ nyɛ lɛ, Ȋni lɛ ǹjɛɛ? Lògkeē ki lē ɓɔ̀njɛɛ? ⁴⁹ Nì nyɛ a sambal wɔɔ pès ɓanigîl ɓee, a kâl lɛ, Nùnakì ȋni nì lògkeē! ⁵⁰ Inyǔlē tɔ̀njɛɛ à mɓɔ̀ŋ sombòl Tatā nū à yè i ŋgìi, nyɛn à yè mǎnkēē nu mùùnlom nì nu mùdàa, nì inī kiì.

13

Ŋgěn ǹŋwàs mboo

Mar 4: 1-9; Luk 8: 4-8

¹ Yòkɛl nyen Yēsù à pam ndāp, à kɛ à yén hisī ŋgwāŋ lɔɔ̀m. ² Nì màmùt ma ɓôt màkɛŋi ma kɔ̄dɓa bisū gwee, jɔn à jɔ̌p mòŋgo, à yén muù; lìmùt jɔlisonā li tɛlɛp ŋgwāŋ. ³ Nì nyɛ a kelēl ɓɔ ŋgàndàk màm i ŋgèn, nyɛ ɓɔ lɛ, Nùnakì, ǹŋwàs mboo à kèɛ ī ŋwàs mboo. ⁴ À ɓa ŋwâs ɓǎŋ mbōo,

---

ᵍ**Màt 12: 40** Yon 2: 1   ʰ**Màt 12: 42** 1Bìk 9: 1-10

jògà li kwɔ njèl, dìnùni di lɔ̂, di sɔɓɔl yɔ̂; ⁵ jògà li kwēl ɓahɔ̀ma ɓa ŋgɔ̂k, hĕt bìtèk bi ɓā ɓē ŋgandàk; ì hɔɔ ɔ̂, inyŭlē bìtèk bi ɓā ɓē ŋgandàk, ⁶ jɔ̂p li pām ɓàŋ, ì ɓômɓà, ì yuyì, inyŭlē ì ɓa ɓē ì gwèe mìŋkàŋ. ⁷ Jògà lìpɛ li kwēl bilɔ̀ɔ; bìlɔ̀ɔ bi naŋ, bi hyam yɔ̂; ⁸ Jògà kì li kwēl hisī hìlam, ì num matam, jògà mbogôl, jògà mòm masamàl, jògà kì mòm maâ. ⁹ Nu à gwèe mào i nɔ̄gaà, a nɔk nī.

Inyŭkī Yēsù à ŋkènnɛ ŋgên
Mar 4: 10-12; Luk 8: 9-10

¹⁰ Nì ɓanigîl ɓa lɔ̂, ɓa kāl nyɛ lɛ, Ù ŋkènnɛnɛ ki ɓɔ ŋgèn? ¹¹ À fimbhɛ ɓɔ lɛ, Inyŭlē ɓèè ɓɔn i ntina lɛ ni yi mìmb ma anè ŋgiì, ndi i ntina ɓɛ ɓɔ. ¹² Inyŭlē tɔ̀njɛɛ à gwèe, i gatīna nyɛ ndi à gaɓāna ŋgandàk; ndi nu à gwèe ɓēe, yɔ̌m à gwèe i gayòŋa nyɛ. ¹³ Jɔn mɛ̀ mpōdhɛnɛ ɓɔ ŋgèn; inyŭlē tɔ̀ ɓa ntēhɛɛ̀, ɓa ntēhɛ ɓēe, tɔ̀ ɓa nnɔ̄k ɓa nnɔ̄k ɓēe, tɔ̀ tibîl yi. ¹⁴ Bìpodol bi Yesāyà bi ɲyɔ̄n inyùù yâp, bi bī ŋkàl lɛ, I nnɔ̄gɔɔk nì ganɔ̄k ndi nì gatībil yaga ɓe yi; i ntēhgɛ nì gatēhɛ, ndi nì gaɛ̀ndɛl ɓee; ¹⁵ inyŭlē mìŋɛm mi ɓôt ɓana mi nlɛ̀t, yàk mào map ma nlɔŋ, ɓa bisūdɛ mis map, lɛ ɓa tiga lɛ ɓa tɛhna ni mìs map nì nɔga nì mào map, mìŋɛm ŋwap mi tiga tibil yi, lɛ ɓa tiga lɛ ɓa hyêlɓà, ndi mɛ̀ melēs ɓɔ.ⁱ ¹⁶ Ndi mìs manân ma ye ǹsăyɓàk, inyŭlē ma ntēhnà; mào manân ma ye ǹsăyɓàk, inyŭlē ma nnɔ̄gaà. ¹⁷ Hɔ̀dɔ mɛ̀ nhɔ̄mb ɓee lɛ, Ŋgàndàk ɓapodôl nì ɓôt ɓa tee sēp ŋgŏŋ ì ɓa ì gwèe ɓɔ̄ i tēhɛ màm ɓee nì ntēhɛɛ̀, ndi ɓa tēhɛ ɓē mɔ; nì i nɔk màm ɓee nì nnɔ̄k, ndi ɓa nɔ̄k ɓē mɔ.

Yesù à ŋkɔ̀ɓɔl ŋgēn ŋ̀ŋwàs mboo
Mar 4: 13-20; Luk 8: 11-15

¹⁸ Ɓèè nɔga nī ŋgeēn ŋ̀ŋwàs mboo. ¹⁹ I ŋgèdà mùt à ǹnɔk ɓaŋgā i anè ŋgiì, ndi a tibil ɓe sɔŋda yɔ, mùt m̀ɓɛ à nlɔ, à kadal jàm li ŋŋwehā ŋŋēm wee. Nyɛn à yē mboo ì ŋ̀ŋwehā i njèl. ²⁰ Nu à ǹlɛɛgɛ mboo ì ì ŋ̀ŋwehā ɓahɔ̀ma ɓa ŋgɔ̂k, à yē nu à ǹnɔk ɓaŋgā, à pala lɛɛgɛ yɔ nì màsee; ²¹ ndi à gwèe ɓē miŋkàŋ i kɛ̀dɛ yeē, à nhōnɓa ndèèk ŋgeŋ; ndi ŋgèdà njiihà ì ǹlɔ īnyùu ɓàŋga tɔ̀ ndèèŋgà, à mpāla ɓaàgɛ̀. ²² Ndi nu à ǹlɛɛgɛ mboo ì ì ŋ̀ŋwehā i kɛ̀dɛ bìlɔ̀ɔ, à yē nu à ǹnɔk ɓaŋgā, ndi ndùŋa ŋ̀kɔ̀ŋ hisi ì ham ɓaŋgā, nì màlòga mā liŋgwàŋ, kàyɛlɛ à nnūm ɓe matam. ²³ Ndi nu à ǹlɛɛgɛ mboo ì ì ŋ̀ŋwehā hisī hìlam, à yē nu à ǹnɔk ɓaŋgā, à tibil ki sɔ̄ŋda yɔ; à nnūm yaga matam, wàda mbogôl, nûmpɛ mòm masamàl, nûmpɛ kî mòm maâ.

Ɓàmbòmbòŋgà i kɛ̀dɛ kōnflaāwà

²⁴ À kenē ki ɓɔ̄ ŋgēn ìpɛ, nyɛ ɓɔ lɛ, Ànè ŋgiì i ye wěŋgɔ̀ŋlɛ mùt wàda à ŋwăs lɔ̄ŋge mbōo i wɔ̀m wee; ²⁵ Ɓòt ɓa kɛ̀ɛ ɓăŋ hīlɔ, ŋ̀ɔ̀ɔ wèe a lɔ̂, à ŋ̀ŋwās ɓambòmbòŋgà i kɛ̀dɛ kōnflaāwà, nì nyɛ a kê. ²⁶ Ndi konflāwà i kāhal ɓăŋ nāŋ nì num, yàk ɓàmbòmbòŋgà kì ɓa nɛnē. ²⁷ Nì mìŋkɔ̀l mi ŋwɛdmbay mi lɔ̂, mi kāl nyɛ lɛ, À ŋwɛt, ɓàa u biŋwàs ɓe lɔŋge mbōo i wɔ̀m wɔŋ? Ndi ɓàmbòmbòŋgà ɓa nlôl hɛɛ? ²⁸ Nì nyɛ a kāl ɓɔ lɛ, Ŋ̀ɔ̀ɔ nyɛn à m̀ɓɔ̄ŋ halà.

ⁱ**Màt 13: 15** Yès 6: 9-10

Nì mìŋkɔ̀l mi ɓát nyɛ lɛ, 'Ɓàà lɛ di kɛē di nubūk ɓɔ́? ²⁹ Nyɛē, Hɛni; nì tiga lɛ nì nùbùk ɓàmbòmbòŋgà nì nùbùk yàk konfláẃà. ³⁰ Ŋwàha gwɔ́ biɓaà bi naŋak ìpam līɓùmbùl, ndi i ŋgèdà lìɓùmbùl mè gakàl ɓaɓùmbùl lɛ, 'Ɓèe nyà kɔ̀da ndùgi ɓàmbòmbòŋgà, ni káŋ ɓɔ́ mbāŋg i līgiìs ɓɔ; ndi ni ha kōnflaāwà i ndùgi yɛēm.

Ŋgěn mboo pōoga
Mar 4: 30-32; Luk 13: 18-19

³¹ À kenē ki ɓɔ́ ŋgěn ìpɛ, nyɛ ɓɔ lɛ, Ànè ŋgiī i ye wěŋgɔ̀ŋlɛ, jìs li nten pooga, li mùt à yɔ̌ŋ, à ŋ̀ŋwás i wɔ̀m wɛɛ, ³² jon li nlɔ̀ɔ̀ mboo yɔ̀sonā bitidigi; ndi kìì li nnāŋ, li nlɔ̀ɔ̀ bihèyèk gwɔbisonā bikeŋi, li ńyìla ɛ, nì dìnùni di ŋgiī di nlɔ̀, di yén mīncêp ŋwɛɛ.

Ŋgèn inyùu sèŋha
Luk 13: 20-21

³³ À kenē ki ɓɔ́ ŋgěn ìpɛ lɛ, Ànè ŋgiī i ye wěŋgɔ̀ŋlɛ sèŋha mùdàa à yɔ̌ŋ, à ɓuū yɔ dìhègà di minluŋ diaâ, lɛtɛ̀ɛ̀ mìnluŋ ŋwɔminsonā mi nyɛp.

Yesù à mpōdhɛnɛ mamùt nì ŋgèn
Mar 4: 33-34

³⁴ Yesù à podhɛnɛ màmùt ma ɓôt màm mana mɔmasonā i ŋgèn; à podos ɓē ɓɔ jàm i ɓa ɓe ŋgèn; ³⁵ Lɛ jàm li pōda nì m̀podôl li yôn lɛ, Mè gayìbil nyɔ wěm nì ŋgèn, mè gapɔ̄t maàm ma ɓā ǹsɔ̀lɓaga ìɓòdòl biɓèe bi ŋkɔ̀ŋ hisi.ʲ

Yesù à ŋkɔ̀bɔl ŋgěn ɓàmbòmbòŋgà i kède kōnflaāwà.

³⁶ Nì Yesù à yek mamùt ma ɓôt, à jôp ndāp; nì ɓànigîl ɓee ɓa lɔɔ́ nyēnī, ɓa kâl nyɛ lɛ, Kɔ̀blɛnɛ ɓès ŋgén ɓàmbòmbòŋgà i wɔ̀m. ³⁷ À fìmbhe lɛ, Nu à ŋ̀ŋwás lɔ̄ŋgɛ mbōo à ye Mǎn mùt; ³⁸ wɔ̀m u ye ŋkɔ̀ŋ hisi, lɔŋgɛ mbōo i ye ɓɔ̀n ɓa anɛ̀; ɓàmbòmbòŋgà ɓa ye ɓɔ̀n ɓa mût m̀ɓɛ; ³⁹ ŋ̀ɔɔ à ŋ̀ŋwás ɓɔ, à yè ǹsɔ̀hɔ̀p; lìɓùmbùl li ye lìsuk li ŋkɔ̀ŋ hisi; ɓàɓùmbùl ɓa ye āŋgèl. ⁴⁰ Jɔn kìkìì ɓa ŋkɔ̀t ɓàmbòmbòŋgà, ɓa lighàk ɓɔ nì hyèe, halā nyēn i gaɓā lisūk li ŋkɔ̀ŋ hisi. ⁴¹ Mǎn mùt à gaɔ̄m aŋgèl yee, i gahèa màm mɔmasonā ɓôt ɓa mɓààgenɛ anè yee, nì ɓa ɓā ńyàn mben; ⁴² I galèŋ ɓɔ i jùù li hyee; nyɔ̀ɔ nyēn ǹlend u gaɓānɛ, nì jɛ màsɔŋ. ⁴³ Ha nī nyen ɓa ɓā tee sēp ɓa gaɓèyey kìkìì jɔ̀p i ànɛ̀ Isāŋ waàp. Nu à gwèe mào i nɔ̄gaà, a nɔk nī.

Lìsòò li ŋkùs

⁴⁴ Ànè ŋgiī i ye wěŋgɔ̀ŋlɛ lìsòò li ŋkùs li ɓā li solī ī wɔ̀m; li mùt à lèba, à soō jɔ; ndi inyùu màsee mee à kê, à nuŋūl gwɔm gwee gwɔbisonā, à sɔmb wɔ̀m û.

Tìk "pêrl"

⁴⁵ Ànè ŋgiī i ye kì wěŋgɔ̀ŋlɛ mùt nyùŋga nu à ńyēŋ bilɔŋgɛ bī "peèrl"; ⁴⁶ à tɛhɛ ɓǎŋ tīk "pêrl" yàda, à kê, à nuŋūl gwɔm gwee gwɔbisonā, à sɔmb yɔ̂.

Pehê

⁴⁷ Ànè ŋgiī i ye kì wěŋgɔ̀ŋlɛ pehɛ ī lèŋa ī lɔ̀m, i kɔ̂t ndoòŋ cɔbī yɔsonā. ⁴⁸ Ndi kìì i ńyɔ̂n, ɓa ɔ́t yɔ ŋgwāŋ, ɓa yén hīsī, ɓa ha dìlām bisèl, ɓa lɛp diɓē. ⁴⁹ Halā kì nyen i gaɓā lisūk li ŋkɔ̀ŋ hisi: aŋgèl i galɔ̀ɔ, i hɛa ɓôt ɓàɓɛ i kède ɓôt ɓa tee sēp, ⁵⁰ i galèŋ

ʲMàt 13: 35 Hyèm 68: 2

Gwɔm bi mɔndɔ nì mìnlòmbi lisòò li ŋkùs.

⁵¹ Yesù à kál ɓɔ lɛ, 'Bàa nì ǹtibil nɔk màm mana mɔmasonā? 'Ba kál nyɛ lɛ, Ɖŋ̀, à Ŋwɛt. ⁵² Nì nyɛ a kál ɓɔ lɛ, Inyùu hālà hi ńyimbēn nu à biyìlhana nnigîl ànɛ ŋgìì, à yè wěŋgɔ̀ŋlɛ ŋwèdmbay, nu à mpēmes gwɔm bi mɔndɔ nì mìnlòmbi lisòò jee li ŋkùs.

Ŋkɔ̀ŋ Nâsàrèt u ncêl Yesù

Mar 6: 1-6; Luk 4: 16-30

⁵³ I lēŋa lē, Yesù à mǎl ɓǎŋ kènɛ ŋgèn ini, à nyɔdi hâ. ⁵⁴ À pam ɓǎŋ lɔ̀ŋ yee, à niiga ɓɔ ndáp yaáp mītìn, ɓa hɛl yaga ŋgandàk, ɓa kál lɛ, mùt nunu à ǹlɔnā hɛɛ ndòŋ pèk ìni, nì mimpēmba mi maàm mini? ⁵⁵ 'Bàa hà mǎn kāpindà ɓe nunu? 'Bàa nyàŋ ɓe lɛ Màrià, lògnyáŋ ɓe ki lē ɓɔ Yàkobò, ɓɔ Yosèf, ɓɔ Simòn, nì Yudà? ⁵⁶ 'Bàa lògnyáŋ ɓodàà yɔsonā i ta ɓē hana i ɓěhnī? Ndi màm mana mɔmasonā ma nlòl hɛ nyɛ? ⁵⁷ Nì ɓɔ ɓa ɓágɛ inyùu yeè. Nì Yesù à kál ɓɔ lɛ, Ṁpodôl à gwèe lìpem, hànduk i lɔ̀ŋ yee nì i mbāy yeè.ᵏ ⁵⁸ À ɓɔ̀ŋ ɓē ŋgandàk mìmpemba mi mâm nyɔ̀ɔ īnyùu ŋgìtɔbhemlɛ̀ wǎp.

14

Nyěmb Yòhanès Ǹsòblè

Mar 6: 14-29; Luk 9: 7-9

¹ I ŋgèdà ì yɔ̌n ŋgōmiìn Hèrodè à nɔk Yesù, ² Nì nyɛ à kál ɓaɓòŋòl ɓee lɛ, Yòhanès Ǹsòblè nû; à ǹtugē i kède ɓàwɔga, jɔn à mɓòŋol mimpēmba mi maàm mini. ³ Inyǔlē Hèrodè à gwěl Yòhanès, à káŋ nyɛ, à ha nyɛ mɔ̀k inyùu Hèrodìà, ŋwàa mǎsāŋ. ⁴ Inyǔlē Yòhanès à kǎl nyē lɛ, I ta ɓē wɛ kùndè i ɓana nyē. ⁵ À ɓa sombòl nɔl nyɛ, ndi à kɔ̀n lìmùt wòŋi, inyǔlē ɓa ɓā tɛhɛ nyē kìi ṁpodôl. ⁶ Hìlɔ hi ligwee lī Herōdè hi pām ɓǎŋ, ŋgɔ̀nd Hèrodìà ì kahal sāk i tì yap, ì lemel Herōdè. ⁷ Jɔn à kùmul nyē sɔ̀ŋ lɛ à gatī nyɛ tɔ̀ kinjē yɔ̀m yaga à ńyet nyɛ. ⁸ Ndi nyɛ, nyǎŋ à mǎl ɓǎŋ nyɔ̀ŋg nyɛ, à kál lɛ, Ti mɛ̀ ŋ̀ɔ Yohānès Ǹsòblè hana sōya. ⁹ Kiŋɛ à mɔdɔ̀p; ndi inyùu sɔ̀ŋ yèe à kǔm, nì inyùu ɓòt nyɛ nì ɓɔ ɓa ɓā ɓa yiī, ɓa jêk, à ti kiŋ lɛ ɓa ti nyē wɔ̄; ¹⁰ Nì nyɛ à ɔm lɛ ɓa kit Yòhanès ŋ̀ɔ i ndáp mɔ̀k. ¹¹ Nì ɓɔ ɓa ha ŋɔ wee i sōya, ɓa ti hiŋgɔ̀ndà, hi kɛnā wɔ yak nyàŋ. ¹² Nì ɓànigîl ɓee ɓa lɔ̂, ɓa yɔ̀ŋ miìm, ɓa jo wɔ̄; nì ɓɔ ɓa kê, ɓa kál Yesù.

Yesù à njēs dikoo di ɓoòt ditân

Mar 6: 30-44; Luk 9: 10-17; Yòh 6: 1-14

¹³ Yesù à nɔk ɓǎŋ hālà à nyɔdi hâ, à jôp mòŋgo, à kɛ ŋɔ̀ŋ nyɛtāma; màmùt ma ɓôt ma nɔ̀k ɓǎŋ hālà, ma nyɔdi miŋkɔ̀n, ma kîl hisī, ma nɔ́ŋ nyē. ¹⁴ Nì Yesù à pam ɓǎŋ, à tɛhɛ limùt li ɓôt lìkeŋi, li kónha nyɛ ŋgɔ̄ɔ, à melēs ɓakɔ̀kɔ́n ɓap. ¹⁵ Kòkoa i kwɔ̀ɔ ɓǎŋ, ɓànigîl ɓee ɓa lɔ ī nyēnī, ɓa kál lɛ, Hɔ̀ma nunu à yè ŋ̀ɔŋ, ŋgèdà kì ì ṁmál tagɓè; ŋwǎs màmùt ma kɛnēk māmbáy, ɓa sombol ɓɔ̄mèdɛ bijɛk. ¹⁶ Ndi Yesù à kál ɓɔ lɛ,

---

ᵏ**Màt 13: 57** Yòh 4: 44

I nsòmbla ɓe lɛ ɓa kɛē; ɓèè tina ɓɔ̄ bìjɛk. ¹⁷ Nì ɓɔ ɓa kâl nyɛ lɛ, Dì gwèe ndīgi hāna bìkɔ̀ga bitân nì cɔ̀bi diɓaà. ¹⁸ À kâl ɓɔ lɛ, Lɔ̀nana mɛ̀ gwɔ hana. ¹⁹ Nì nyɛ a kâl lɛ, Màmùt ma yên hīsī i ŋgìì ɓayòòmà; nì nyɛ a yɔ̄ŋ bikɔ̀ga bitân, nì cɔ̀bi diɓaà, à nûn ŋgiì, à sayàp, à ɓɛk bikɔ̀ga, à ti ɓanigîl gwɔ, ɓànigîl ɓa loōs mamùt ma ɓôt. ²⁰ Ɓɔɓasonā ɓa jɛ, ɓa nuù; nì ɓɔ ɓa ɓada biket bi yēglɛ, jòm li miɲyɔnɔ̂k mi bisɛ̀l mbòk iɓaà. ²¹ Ɓòt ɓa jē ɓa ɓā jàm kìi ɓɔ̀ dìkoo di ɓôlom ditân, hànduk ɓodàa nì ɓɔ̀ɔ̀ŋgɛ.

Yesù à ŋkɛ̀ ni màkòò i ŋgìi màlep
Mar 6: 45-52; Yòh 6: 16-21

²² Nì Yesù à hɔɔ nyegha ɓanigîl lɛ ɓa jóp mòŋgo wada, ɓa ɓôk nyē bisū nyɔ̄ uu ŋwìì, ndi a yik huuhà màmùt. ²³ À huuha ɓǎŋ màmùt ma ɓôt, à ɓɛt ŋgìi hìkòa nyɛtāma i sɔɔhɛ̀; kòkoa i kwɔ̂, à ɓâk à yìi nyɔ̀ɔ nyɛ̄tāma. ²⁴ I ŋgèdà mòŋgo u ɓānɛ ŋēm lɔɔ̀m, màŋgudga ma ndeŋghàk wɔ, inyǔlē mbèbi ì ɓa huŋùl ɓɔ mbɔ̀mbɔ̂m. ²⁵ Nì màyɛ ma kɛl, à pemel ɓɔ, à kɛnɛ̀k nì màkòò i ŋgìi lɔ̀m. ²⁶ Ɓànigîl ɓa tēhɛ ɓǎŋ nyē à ŋkɛ̀ ni màkòò i ŋgìi lɔ̀m, ɓa sîhlà, ɓa kâl lē, Ŋkugì û; ɓa kaa lɔ̄nd inyùu wɔ̀ŋi. ²⁷ Nì Yesù à hɔɔ podos ɓɔ, à kâl lɛ, Bana mìŋɛm; ŋgɔ mɛ̀ nunu; nì kòn ɓǎŋ wɔ̀ŋi. ²⁸ Petrò à fîmbhɛ nyɛ, à kâl lɛ, À Ŋwɛt, iɓālē wè nû, sèbel mɛ̀ mɛ lɔ̄ wɛ́nì i ŋgìi malep. Nyɛɛ̀, Lɔ̌k. ²⁹ Nì Petrò à pam mòŋgo, à kɛ nī màkòò i ŋgìi màlep i pām yāk Yēsù. ³⁰ Ndi à tɛhɛ ɓǎŋ mbūk mbèbi, à kɔ̂n wɔŋi; kìi à ŋkahal yìiɓè, à lɔnd lɛ, À Ŋwɛt, tɔhɔl mɛ̀. ³¹ Nì Yesù à hɔɔ sambal wɔɔ, à gwɛ̂l nyɛ, à kâl nyɛ lɛ, À wɛ nū hēmlɛ̀ tidigi, ù m̀pɛ́ndna kii? ³² Ba jóp ɓǎŋ mòŋgo, mbèbi ì mâl. ³³ Hanyēn ɓā ɓā ɓā mū mòŋgo ɓa lɔ̀ɔ, nì ɓɔ ɓa ɓeges nyɛ, ɓa kalàk lɛ, Ù yè tɔy Man Nyāmbɛɛ̀.

Yesù à mmèles ɓakɔ̀kɔ́n Gènesàrèt.
Mar 6: 53-56

³⁴ Ba yǎp ɓǎŋ, ɓa pam ŋgwāŋ nyɔ̄ Gènesàrèt. ³⁵ Ɓòt ɓa hɔ̀ma nu ɓa yī ɓǎŋ lē nyɛ nu, ɓa ɔm ŋwîn mu mbɔ̄k ì yɔ̀sonā, ɓa lɔnā nyɛ ɓòt ɓɔɓasonā ɓa ɓā kɔ̀ɔn; ³⁶ Ba sɔɔhɛ nyɛ lɛ ɓa tis tɔ̀ lìnjɛk li mbɔt yeè; ɓɔɓasonā ɓa tīs jɔ̄ ɓa mǎl.

15

Bìlɛm bi mimaŋ mi ɓôt
Mar 7: 1-13

¹ I mbūs hālà Fàrisày nì ɓàyimbēn ɓa loōl Yèrusàlɛ̀m, ɓa lɔ yāk Yēsù, ɓa kâl lɛ, ² ɓànigîl ɓɔŋ ɓa ɲyɛnel ki bilɛm bi mimaŋ mi ɓôt, inyǔlē ɓa nsɔ̀ ɓe mɔɔ map i ŋgèdà ɓa njē. ³ Nì nye à fîmbhɛ ɓɔ lɛ, Yàk ɓèe nì ɲyɛnel ki litìŋ li Nyambɛ inyùu lēm naàn? ⁴ Inyǔlē Nyambɛ à kǎl lē, Ù tinâk isɔŋ ɓɔ nyùŋ lipem; nì lɛ, Mùt à mpɔ̄dol isāŋ tɔ̀ nyàŋ ɓeba a nola ndīgiì.¹ ⁵ Ndi ɓèe nì ŋkàl lɛ, Tɔ̀njɛɛ à ŋkàl isāŋ tɔ̀ nyàŋ lɛ, Yɔ̌m ù ɓak lɛ ù kuhūl mahola ī mɛ̌nī i ntina Nyambɛɛ̀; à gatī ɓe isāŋ tɔ̀ nyàŋ lipem. ⁶ Halà nī nyɛn nì ɲyìlis ɓaŋgā Nyambɛ kìkìi yàŋgà jâm inyùu lēm naàn. ⁷ À ɓee ɓôt ɓa bihèŋɓà, Yèsayà à tibil yāga pɔt bindēē inyùu nàn lɛ,
⁸ Ɓòt ɓana ɓa ŋkòògɛ mɛ ɓeɓèè nì nyɔ̀ ɓa ntī ki mɛ̀
lìpem ni bìɓep gwap,

---

¹Màt 15: 4 Màn 20: 12; 21: 17

ndi mìŋɛm ŋwap mi mmāl hyamɓa nɔnɔk ni mè. ⁹ Ɓa mɓēges mɛ yàŋgà, ɓa niigàgà màtìŋ ma ɓôt kìkìi màeba map.ᵐ

Màm ma nhīndis muùt
Mar 7: 14-23

¹⁰ Nì nyɛ a sebēl limùt li ɓôt, à kāl ɓɔ lɛ, Ɛmblana ni tibil yāga nɔk. ¹¹ Hà yɔ̀m i njòp i nyɔ̀ ɓe yɔn i nhīndis muùt; ndi jàm li mpām i nyɔ̀ mût jɔn li nhīndis muùt. ¹² Nì ɓànigîl ɓa lɔ̂, ɓa ɓát nyɛ lɛ, Ɓàa ù ńyī lɛ Fàrisày ɓa mɓààgɛ i ŋgèdà ɓa nnōk ɓàŋga ini? ¹³ À ɓimbhɛ lɛ, Hi yaga ɓeɓēlà Tàta nu ŋgìì à ɓēl ɓēe i ganùba. ¹⁴ Ŋwàha ɓɔ̄; ɓa ye ɓàega ɓā ye ndīm. Ndi iɓālē ndim ì ŋēga ndim, ɓɔɓaà ɓa gakwɔ̀ i ɓēɛ. ¹⁵ Nì Pɛtrɔ à tîmbhɛ̀, à kāl nyɛ lɛ, Kɔ̀ble ɓès ŋgěn ìni. ¹⁶ Nì nyɛ à kāl lɛ, Ɓàa yàk ɓèe nì yɛ̀ ŋgì tibil yi? ¹⁷ Ɓàa nì ńyī ɓe lɛ yɔ̀m i njòp i nyɔ̀, i ntāgɓɛ liɓùm, i kwɔ̄ lūk. ¹⁸ Ndi màm ma mpām nyɔ̀ ma nlòl ŋēm; mɔn ma nhīndis muùt. ¹⁹ Inyǔlē mu ŋēm nyɛn ɓɔ̀ màhɔŋɔ̂l màɓɛ ma nlòl, ɓɔ̀ mànɔlâ, ɓɔ̀ ndèŋg, ɓɔ̀ mìmɓɔ̀k, ɓɔ̀ wǐp, ɓɔ̀ mbògi bìtɛmbɛɛ, ɓɔ̀ lìòɓòs jǒy. ²⁰ Màm mana mɔn ma ye màm ma nhīndis muùt, ndi i jē mɔ̀ɔ ŋgì sɔ̀ halā à nhīndis ɓe muùt.

Hemlè i mudàa Kānàân
Mar 7: 24-30

²¹ Nì Yesù à nyɔdi hâ, à kɛ māmbōk ma Tììr nì Sidòn. ²² Ndi nǔnkì, mùdàa Kānàân wàda à lɔ̌l nyɔ̀ɔ bīpès bî, à lɔnd, à kāl lɛ, À Ŋwɛt, Mǎn Dāvìd, kɔ̌n mɛ̀ ŋgɔɔ; ŋgɔ̀nd yèm mbuu m̀ɓɛ u ntèèŋga yɔ ŋgàndàk. ²³ Ndi à tìmbhɛ ɓē nyɛ tɔ̀ ɓàŋga yada. Nì ɓànigîl ɓee ɓa lɔ ī sɔ̄ɔhɛ nyɛ, ɓa kāl lɛ, Kǎl nyē lɛ a kɛnēk, inyǔlē à nlōndol ɓes mbūs. ²⁴ Yesù à fimbhɛ lɛ, Mè biōma ndigi īnyùu mìntomba mìnimlaga mi ndap Īsrǎèl. ²⁵ Nì nyɛ a lɔ̂, à oôp bisū gwee, à kāl lɛ, À Ŋwɛt, hola mè. ²⁶ Nì nyɛ a tîmbhɛ̀, à kāl lɛ, I ta ɓē lɔŋgɛ ī yɔ̀ŋ kɔ̀ga i ɓɔn, i lēɓeèl yɔ ŋgwɔ̄. ²⁷ Nì nyɛ a kāl lē, Ŋ̂ŋ̂, à Ŋwɛt; ŋgɔ yàk ŋgwɔ i njē minluŋ mi ŋkwɔ̀ i sī tēblè ɓɛt ɓap. ²⁸ Nì Yesù à fimbhɛ nyɛ lɛ, À mudàa, hemlè yɔŋ i ye kēŋi; i ɓoŋā nì wè kìkìi ù nsòmbòl. Nì ŋgɔ̀nd yèe ì māl ha ī ŋgēŋ ì.

Yesù à mmèles ŋgandàk ɓòt

²⁹ Nì Yesù à nyɔdi hâ, à pam ɓeɓèɛ nì lɔ̌m Gàlìlea; à ɓɛt ŋgìi hìkòa, à yēn nyɔɔ hisī. ³⁰ Màmùt ma ɓôt màkɛŋi ma lɔ ī nyēnī, ma lɔnā biɓok bi ɓoòt, nì ɓòt ɓa bilɛm, nì ndim, nì mbuk, nì ŋgàndàk ipɛ, ɓa niŋī ɓɔ makòò ma Yesù, nì nyɛ à m̀melēs ɓɔ; ³¹ kàyèlɛ lìmùt li hɛl ŋgèdà ɓa tēhɛ mbūk i mpɔ̄t, ɓòt ɓa bilɛm ɓa malàk, bìɓok bi hyomôk, ndim i tɛhnàga nì ɓɔ ɓa ɓeges Nyambɛ nū Īsrǎèl.

Yesù à njēs dikoo di ɓoòt dinâ
Mar 8: 1-10

³² Nì Yesù à sebēl ɓanigiìl ɓee, à kāl lɛ, Lìmùt li ɓôt li ŋkònha mɛ ŋgɔɔ, inyǔlē ɓa yìī nì mè hanânɔ dìlɔ diaâ ndi ɓa gweē ɓē yɔm jɛ; ndi mè ŋgwēs ɓe mɛ ŋwàs ɓɔ ɓɔ ŋgì jɛ, ɓa tiga lɛ ɓa kwɔ lìhyo i njèl. ³³ Ɓànigîl

---

ᵐ**Màt 15: 9** Yès 29: 13

ɓa ɓát nyɛ lɛ, Dì ŋkùhul hɛ i nyà ŋgàndàk bikɔ̀ga hana ŋɔ̀ŋ, lɛ ndi i nyà lìmùt li ɓôt lìkɛŋi ìni i nuù? ³⁴ Nì Yesù à ɓát ɓɔ lɛ, Nì gwèè bìkɔ̀ga gwaŋen? 'Bɔ nyɛ lɛ, Bisâmbɔk, nì ndèk ɓɔn ɓa cɔbī. ³⁵ Nì nyɛ à kâl limùt lɛ li yén hisī; ³⁶ Nì nyɛ à yɔ̄ŋ bikɔ̀ga bi bīsaàmbɔk nì cɔ̀bi; à ti mayègà, à ɓɛk gwɔ, à ti ɓanigîl, ɓànigîl ɓa loōs gwɔ màmùt. ³⁷ 'Bɔbasonā ɓa jɛ, ɓa nuù; nì ɓɔ ɓa ɓada bikēt bi yēglɛ, mìnyɔnɔ̄k mi miŋkwêy minsâmbɔk. ³⁸ 'Bòt ɓa jē ɓa ɓā dìkoo di ɓôlom dinā, hànduk ɓodàa nì ɓɔ̀ɔ̀ŋgɛ. ³⁹ Nì nyɛ à huuha mamùt, à jôp mòŋgo, à kɛ ī pès Magādàn.

16

'Ba mɓàt yîmbnɛ
Mar 8: 11-13; Luk 12: 54-56

¹ Fàrisày nì Sàdukày ɓa lɔ ī nɔ̀ɔ̀dɛ nyɛ, ɓa ɓát nyɛ lɛ a eba ɓɔ̄ yìmbne i nlòl i ŋgìi. ² Ndi a tîmbhè, à kâl ɓɔ lɛ, Ŋgèdà kòkoa nì ŋkàl lɛ, À galāma; inyŭlē ŋgìi ì kùyi. ³ Kêgla kì, ɓèè lɛ, À gaɓɛp leèn; inyŭlē ŋgìi ì kùyi, ì hendêk. Ee', à ɓee ɓôt ɓa bihèŋɓà, Nì ɲyí kɔbɔ̄l biyìmbne bi ŋgiì; ndi nì ɲyí ɓe kɔbɔ̄l biyìmbne bi ŋgedà. ⁴ Hyày hìɓɛ nì hi ndêŋg hi ɲyêŋ yiīmbne, ndi yìmbne i gatīna ɓe hyɔ, ndigi yìmbne Yonà. Nì nyɛ à yek ɓɔ, à kê.

Sèŋha i Fàrisày nì i Sadūkày
Mar 8: 14-21

⁵ Nì ɓànigîl ɓa yáp uu ŋwiì, ɓa hoya yâbna bikɔ̀ga. ⁶ Yesù à kâl ɓɔ lɛ, Nì tiblàk yɔ̀ŋ yihɛ inyùu sèŋha Farīsày nì Sàdukày. ⁷ Nì ɓɔ ɓa pɔt ni ɓɔ̄mèdɛ lɛ, Inyŭlē dì ɲyâbna ɓe bikɔ̀ga. ⁸ Lakìi Yēsù à ɓa yi hālā, à kâl lɛ, À ɓee ɓa hemlɛ tidigi, nì mpōdol ki lɛ, Inyŭlē nì ɲlɔnā ɓe bikɔ̀ga? ⁹ 'Bàa nì ɲyîk ɓee, tɔ̀ ɓìgdà inyùu bìkɔ̀ga bìtân nì dìkoo di ɓôt ditân, nì bìsèl gwaŋen nì biɓāda? ¹⁰ Tɔ̀ bìkɔ̀ga bisâmbɔk inyùu dìkoo di ɓôt dinā, nì mìŋkwêy ŋwaŋen nì biɓādaà?ⁿ ¹¹ Lɛlaa nì ɲyîk ɓe lɛ mɛ ŋkelēl ɓe mɛ ɓèè inyùu bìkɔ̀ga. Ndigi lē nì yihgè inyùu sèŋha Farīsày nì Sàdukày? ¹² Hanyēn ɓa tībil yī lɛ hà inyùu sèŋha bikɔ̀ga ɓe yɔn ɓa nlama yihnè, ndik inyùu màeba ma Sadūkày nì Fàrisày.

Petrò à mpāhal Yesù
Mar 8: 27-30; Luk 9: 18-21

¹³ Yesù à pam ɓăŋ mbɔ̄k Kàysàreà Fìlipì, à ɓát ɓanigiìl ɓee lɛ, 'Bòt ɓa ŋkàl lɛ Măn mùt à yè ɲjɛɛ? ¹⁴ 'Ba kâl lɛ, 'Bàhɔgi ɓɔ Yòhanès Ǹsòblɛ; ɓàhɔgi ɓɔ Èlià; ɓapɛ ɓɔ Yèrèmià, tɔ̀ wàda mu ɓāpōdoòl. ¹⁵ À ɓát ɓɔ lɛ, Ndi ɓèe nì ŋkàl lɛ mɛ yè ɲjɛɛ? ¹⁶ Nì Simòn Petrò à tîmbhè, à kâl lɛ, Ù yè Krīstò, Măn Nyāmbɛ nū nìŋ. ¹⁷ Nì Yesù a fimbhɛ nyɛ lɛ, Ù yè ǹsăyɓàk, à Simòn, măn Yōnà, inyŭlē hà mìnsòn nì màcèl ɓe ɓɔn ɓa nsɔ̄lɛnɛ wɛ hālā, ndik Tàta nū à yè i ŋgìi. ¹⁸ Mɛ ŋkàl ki wɛ lɛ, Ù yè Petrò; i ŋgìi màmb ŋgɔ̂k unu* nyen mɛ gaōŋol ntoŋ weèm; màŋwèmɛl ma ɓeehyee ma gayèmbɛl ɓe wɔ. ¹⁹ Mɛ gatī wɛ dìlìɓà di anɛ ŋgìi; tɔ̀ kinjē jàm ù gatèŋ hana hisī li gatìŋa ŋgìi; tɔ̀ kinjē jàm ù gahɔ̀hɔl hana hisī li gahɔ̀hlana i ŋgìi. ²⁰ Nì nyɛ a ɓɛhɛ

ⁿ**Màt 16: 10** Màt 14: 20-21; 15: 37-38

*Màt 16: 18** I hɔ̄p Grîkìà Petrò à yè Petròs; màmb ŋgɔ̂k à yè Petrà.

ɓanigîl lɛ ɓa āŋlɛ ɓaāŋ mùt lɛ nyɛ Yēsù à yè Krĭstò.

Yesù à mpɔ́t bindĕē inyùu nyèmb yeè.

Mar 8: 31-33; Luk 9: 22-27

²¹ Ìɓòdòl ŋgèdà ì nyɛn Yēsù Krĭstò à yis ɓànigîl ɓee lɛ à ǹlama kɛ ī Yèrusàlɛ̀m, a sɔn njɔ̄nɔk inyùu ŋgàndàk màm i mɔ̀ɔ́ ma mimaŋ mi ɓôt nì bìprĭsì bìkɛŋi, nì ɓàyimbēn, a nola, a túglana kì kɛl ì ǹyonos iaâ. ²² Nì Petrò à yɔ́ŋ nyɛ, à kahal kōnd nyɛ, à kâl lɛ, À Ŋwɛt, jàm li lī ɓa nɔ̄nɔk ni wè; li galòl ɓe wɛ kēlkǐkēl. ²³ Yesù à hyêlɓà, à kâl Petrò lɛ, À Saatàn, nyɔdi mɛ̀ i mbɔ̀m, ù yè mɛ̀ ŋgɔ̀k ɓààgènè; inyǔlē ù nhɔ̄ŋɔl ɓe maàm ma Nyambê, ndik màm ma ɓôt. ²⁴ Yesù à kâl ɓanigiìl ɓee lɛ, Iɓālē mùt à nsòmbol nɔ́ŋ mɛɛ̀, a yɔ́yɓa, a ɓɛgēɛ mbāsa yeē, ndi a nɔ́ŋ mɛ̀. ²⁵ Inyǔlē tɔ̀njɛɛ à nsòmbol tɔhɔl nɔ̂m yee à ganīmis yɔ, ndi tɔ̀njɛɛ à ganīmis yɔ inyùu yêm à galèba yɔ. ²⁶ I mɓāhlɛ ki muùt iɓālē à ǹkós ŋkɔ̀n hisi wɔnsonā ndi à kida inyùu nɔ̂m yee, tɔ̀lɛ, à galūgna nɔɔ̀m yee ni kiî? ²⁷ Inyǔlē Mǎn mùt à galɔ̀ i kède lìpem li Isāŋ nì aŋgèl yee; ha nī nyɛn à gatìmbhɛ hi mût kǐŋgèdà lìɓɔ̀ŋɔ̀k jee. ²⁸ Hɔ́dɔ mè nhɔ̄mb ɓee lɛ, Ɓòt ɓa tee hāna, ɓàhɔgi ɓa gawɔ̄ yaga ɓe lɛtɛɛ̀ ɓa tɛhɛ Man mùt à nlɔ̀ ni ànè yee.

17

Yesù à ǹhêŋhànà

Mar 9: 1-13; Luk 9: 28-36

¹ Dìlɔ disamàl di tāgɓɛ ɓǎŋ, Yesù à yɔ́ŋ Petrò, nì Yàkobò ɓɔ mànyáŋ Yohānès, à kɛnā ɓɔ ŋgìi sɔ̄ hìkòa ɓɔtāma. ² À hēŋhana bisū gwap, su wee u ɓáy kìkìi jŏp, mbɔt yee kî i pop kìkìi màpubi. ³ Ndi nŭnki, Mosè ɓɔ Èlià ɓa pemel ɓɔ, ɓa kahal kwèl ni nyē. ⁴ Nì Petrò à yɔ́ŋ hɔp, à kâl Yesù lɛ, À Ŋwɛt, i ye ɓès lɔŋgɛ ī ɓā hāna; iɓālē ù ǹnɛɛbè, mɛ̀ gaɔ̄ŋ hana bìlap biaâ; wɛ̀ yada, Mosè yada, Èlià kì yada. ⁵ Ki nyē à ŋgi pɔdɔ̀k, nŭnki ɔ̀nd pubi i ho ɓɔ; nì kiŋ ì lôl i ɔ̀nd, ì kâl lɛ, Nunu à yè Man wêm nu gwēhaà, à nlēmel mɛɛ̀; ɓèè ɛmblana nyē.ᵒ ⁶ Ɓànigîl ɓa nɔ̄k ɓǎŋ hālā, ɓa om mbɔ̄m hisī ɓa kɔɔ̀n wɔŋi ŋgandàk. ⁷ Nì Yesù à lɔ̂, à tis ɓɔ, à kâl lɛ, Tɛlɓana, nì kɔ̀n ɓǎŋ wɔ̀ŋi. ⁸ Ɓa pàa ɓǎŋ mìs map ŋgìi, ɓa tɛhɛ ha ɓe tɔ mùt, ndigi Yēsù nyɛtāma.

⁹ Ɓa ɓā soòs ɓǎŋ hìkòa, Yesù à ɓehɛ ɓɔ lɛ, Nì aŋlɛ ɓǎŋ mùt jàm nì ǹtɛhê lɛtɛɛ̀ Mǎn mùt à túglana i kède ɓàwoga. ¹⁰ Nì ɓànigîl ɓee ɓa ɓát nyɛ lɛ, Inyǔki ɓàyimbēn ɓa ŋkàl lɛ Èlià à ǹlama ɓóŋ́ lɔɔ̀?ᴾ ¹¹ Nì Yesù à tîmbhɛ à kâl ɓɔ lɛ, Èlià à ǹlama tɔy ɓóŋ́ lɔɔ̀, a fîmba tībil maàm mɔmasonā; ¹² Ndi mè ŋkàl ɓee lɛ, Èlià à mǎl lɔ̀, ɓa biyī ɓe nyɛ, ndi ɓa biɓɔ̀ŋ nyɛ tɔ̀ kii ɓa ɓē sombòl. Halā kì nyɛn yàk Mǎn mùt à gasɔ̄n njɔnɔk nì ɓɔ. ¹³ Hanyēn ɓànigîl ɓa tībil yi lɛ à ŋkèlel ɓɔ inyùu Yòhanès Ǹsòblɛ̀.

ᵒ**Màt 17: 5** Màt 3: 17; 12: 18; Luk 9: 35

ᴾ**Màt 17: 10** Màl 4: 5-6

Yesù à mmèles hilɔga mbuu m̂ɓɛ
Mar 9: 14-29; Luk 9: 37-43

¹⁴ Kìì ɓa mpam hɔma lìmùt li ɓôt li ɓā, mùt wàda a lɔ̂, à umul nyɛ màɓɔŋ, à kǎl lɛ, ¹⁵ À Ŋwɛt, kɔ̌n màn wêm nu mùùnlom ŋgɔɔ, inyǔlē à ŋkɔ̀n ti, à nsɔ̄n njɔnɔk kîyaga; à mɓèna kwɔ hyèɛ, à ɓèngà kì kwɔ̀ malēp. ¹⁶ Mɛ ɓênà nyɛ yak ɓànigîl ɓɔŋ, ndi ɓa bilà ɓe melēs nyɛ. ¹⁷ Nì Yesù à fîmbhɛ lɛ, À hyây hi ŋgitɔ̄bhemlè, nì hi ŋkàgdà, mɛ nɔ̄m lāa ɓěnī? Mɛ honɓa kì ɓɛ̀ɛ lɛtɛ̀ɛ nì ŋgèdà mbɛɛ? Lɔ̀nana mè nyɛ hana. ¹⁸ Nì Yesù à kond nyɛ, nì mbuu m̂ɓɛ u nyɔdi nyēnī; hìlɔga hi māl hā ŋgēŋ ì.

¹⁹ Nì ɓànigîl ɓa lɔ yāk Yēsù ɓɔtāma, ɓa ɓát lɛ, Inyǔkī dì bilà ɓe pemes wɔ? ²⁰ Nì nyɛ a kǎl ɓɔ lɛ, Inyùu hēmlè nân tidigi; hɔdɔ nu mè nhɔ̄mb ɓee lɛ, Iɓālē nì gwèe hēmlè kìkìi jìs li pooga, ki nì gakàl hikòa hini lɛ, Hàbi hāna, kɛɛ nyɔ̀ɔ; hi gahàbi; jàm jɔkǐjɔ̄ li gayîdil ɓe ɓee. ²¹ [Ndi i kà ndòŋ ìni ì mpām ɓēe, ndik īnyùu màsɔɔhè nì sogajē.]

Yesù à ŋkòndɛ pɔt binděē inyùu nyèmb yeē.
Mar 9: 30-32; Luk 9: 43-45

²² Yesù à kǎl ɓɔ ki ɓā ŋgi kodī ī Gàlìleà lɛ, ²³ Mǎn mùt à gatīna i mɔ̀ɔ ma ɓôt; ɓa ganɔ̄l nyɛ, ndi kɛl ì ǹyonos iaâ à gatùglana. Nì ɓɔ ɓa unup kîyaga.

Ɓa nsāa taàs

²⁴ Ba pām ɓǎŋ Kàpɛrnāùm, ɓôt ɓa ńyɔŋ didrǎgmà* ɓa lɔ yāk Pētrò, ɓa ɓát lɛ, Bàa màlêt nàn à nsāa didrǎgmà? ²⁵ Nyɛ ɓɔ lɛ, Ŋ̀ŋ̂. À jǒp ɓǎŋ ndāp, Yesù à ɓók podos nyɛ, à kǎl lɛ, À Simón, ù nhɔ̄ŋɔl laa? Bìkìŋɛ bī hisī hini bi ńyɔ̀ŋol ɓɔnje ǹtɔla tɔ̀ tâs? Bàa ɓɔ̀n ɓap tɔ̀ ɓàkèn? ²⁶ À kǎl ɓǎŋ lē, Bàkèn, Yesù à kǎl nyɛ lɛ, Jɔn ɓɔ̀n ɓa yenē kùndè. ²⁷ Ndi ɓa tiga lɛ ɓa ɓágɛnɛ inyùù yês, kèɛ ī lɔ̀m, lěŋ ǹlɔp, gwěl hyɔ̀bi ù mɓòk nûp; ŋgèdà ù nnāhal hyɔ nyɔ̀, ù gakɔ̄ba statà* yàda mû; yɔ̌ŋ yɔ̀, u ti ɓɔ̄ inyùu ɓěhnà wê.

18

Ǹjɛɛ à nlɔ̀ɔ
Mar 9: 33-37; Luk 9: 46-48

¹ Ŋgēŋ ì yɔ̌n ɓànigîl ɓa lɔ̀ɔ yāk Yēsù, ɓa ɓát lɛ, Bòt ɓa anē ŋgiì ǹjɛɛ à nlɔ̀ɔ? ² À sebēl ndeèk màànge, à tee nyɛ i kède yâp, ³ à kǎl lɛ, Hɔdɔ nu mè nhɔ̄mb ɓee lɛ, Iɓālē nì ǹhyêlɓà ɓee, nì têmb kìkìi ndèk ɓɔɔŋɛ, nì gajòp yaga ɓe ànē ŋgiì. ⁴ Tɔ̀njɛɛ ni à nsùhus nyɛmède kìkìi ndèk màànge ìni, nyɛn à nlɔ̀ɔ i ànē ŋgiì. ⁵ Tɔ̀njɛɛ à ńyɔ̌ŋ ndèk màànge yadā ndòŋ ìni i jòy jêm, wèɛ à ǹyɔ̄ŋ mɛɛ̀. ⁶ Tɔ̀njɛɛ à mɓɔ̌ŋ lɛ wàda munu ndèk ɓɔɔŋɛ ini i nhēmle mɛɛ̀ a ɓágɛ, i ye nyē lɔ̄ŋɛ lɛ̄ ɓa teēŋ nyɛ sɔ̄sɔ̄ ŋgɔ̀k kògòl i kīŋ, ndi ɓa yinis nyē̄ i ndīp lɔ̀m.

Màm ma mɓèègaha mût
Mar 9: 42-48; Luk 17: 1-2

⁷ Ŋgɔɔ nì ŋ̀kɔ̀ŋ hisi inyùu màm ma mɓèègaha ɓôt! Inyǔlē màm ma mɓèègàhà ma nlama lɔ̂; ndi ŋgɔɔ nì

---

*Màt 17: 24 Dìdrǎgmà ì ɓa ndàmbà mǎn Lòk Yudà à nsāa inyùu tēmpèl hi ŋwii

*Màt 17: 27 Statà yàda ì yè kìkìi dìdrǎgmà diɓaà.

mùt nu īnyùù yeē nyɛn jàm li mɓèègàhà li nlòl! ⁸ Iɓālē wɔ̀ɔ̀ wɔŋ tɔ̀ kòò wɔŋ u mɓèègaha wê, kit wɔ̄, u lɛp wɔ̄; i ye wɛ̀ lɔŋgɛ lē ù jɔ́p i nìŋ ɓok tɔ̀ nì lɛm, ìlɔ̀ɔ̀ lɛ ù ɓana mɔɔ imaà tɔ̀ màkòò imaà i lèŋa i hyèè hi ɓɔgā. ⁹ I ɓā kì lɛ jìs jɔŋ li mɓèègaha wê, sɔdɔl jɔ̄, nì lɛp jɔ̄; i ye wɛ̀ lɔŋgɛ lē ù jɔ́p nìŋ nì jìs jada, ìlɔ̀ɔ̀ lɛ ù ɓana mis imaà i lèŋà i hyèè hi Gehēnà.

Ŋgèn inyùu ǹtomba ǹnimlaga
Luk 15: 3-7

¹⁰ Nì yihgè lɛ nì yàn ɓáŋ tɔ̀ wàda munu ɓɔ̀ɔ̀ŋgɛ ɓàtidigi ɓana, inyŭlē mɛ̀ ŋkàl ɓee lɛ, Aŋgèl yap nyɔɔ ŋgìi i ntēhɛ su Tatā nū à yè i ŋgìi ŋgèdà yɔ̀sonā. ¹¹ [Inyŭlē Mǎn mùt à bilɔ̀ i tɔ̄hɔɔl ɓànimlaga.]ᵠ ¹² Ɓèe nì nhɔ̄ŋɔl laa? Iɓālē mùt à gwèe mbōgoòl mìntomba, ndi wāda u nimil muù, ɓàa à ńyēk ɓe mom ɓòo nì ɓòò nyɔɔ ŋgìi dikòa i kɛ̀ i yēŋ ū ū nnimiìl? ¹³ Iɓālē à ǹlebā ni wɔ, hɔ̀dɔ nu mɛ̀ nhɔ̄mb ɓee lɛ, À ŋkɔ̀n masee inyùù yeē ìlɔ̀ɔ̀ inyùu mŏm ɓòo nì ɓòò mi mī nnimiìl ɓee. ¹⁴ Halā kì nyɛn sòmbòl i Isɔ̄ŋ nân nu à yè i ŋgìì i ta ɓē lɛ wàda munu ɓɔ̀ɔ̀ŋgɛ ɓàtidigi ɓana a nimil.

Mǎsɔ̄ŋ nu à m̀ɓɔ́ŋ ɓeba
Luk 17: 3

¹⁵ Iɓālē mǎsɔ̄ŋ à m̀ɓɔ́ŋ wɛ ɓēba, kè eba nyɛ̄ lìhòhà jee ndik ɓèè iɓaà; iɓālē à ǹnogol wê, wɛ̀ɛ ù ǹyɔŋā maasɔ̄ŋ. ¹⁶ Ndi iɓālē à ǹnɔk ɓēe, yɔ̌ŋ mùt wàda tɔ̀ iɓaà, lɛ hi ɓaŋgā i teeba nì mànyɔ ma ɓôt ɓa mbogī iɓaà tɔ̀ ɓaâ.ʳ ¹⁷ Iɓālē à ǹcēl nogol ɓɔ, aŋlɛ ǹtoŋ halà; ndi iɓālē à ǹcēl ki nōgol ntoŋ, a ɓa yàà wɛ kìkìi mǎn lɔ̀ŋ, tɔ̀ ŋ̀kɔ̀dtâs.

Tèŋ nì hɔ̀hɔ̀l

¹⁸ Hɔ̀dɔ nu mɛ̀ nhɔ̄mb ɓee lɛ, Tɔ̀ kinjē jàm nì gatèŋ hana hisī li gatìŋa ŋgìi; tɔ̀ kinjē màm nì gahɔ̀hɔl hana hisī ma gahɔ̀hlana ŋgìi. ¹⁹ Mɛ̀ ŋkàl ki ɓèè lɛ, Iɓālē ɓòt iɓaà i kède nân ɓa ga-àdɓa hana hisī inyùu tɔ̀ kinjē jàm ɓa gayàgal, Tàta nū à yè i ŋgìì à gaɓòŋol ɓɔ jɔ̄. ²⁰ Inyūlē hɔ̀ma īɓaà tɔ̀ ɓaâ ɓa ŋkɔ́dɓa i jòy jêm, mɛ̀ mɓā ha ī kède yâp.

Ŋgèn inyùu ŋ̀kɔ̀l u ū ŋŋwèhel ɓe pil

²¹ Nì Petrò à lô, à ɓāt nyɛ lɛ, À Ŋwɛt, mǎntàta ā ɓɔɔŋ mɛ̀ ɓeba maɓɔ̀ŋà maŋɛn ndi mɛ ŋwehēl nyɛ̄? Ɓàa màɓɔ̀ŋà masâmbɔk? ²² Yɛsù à kâl nyɛ lɛ, Mɛ̀ ŋkàl ɓe mɛ wɛ̀ lɛ, Lɛtɛ̀ɛ nì màɓɔ̀ŋà masâmbɔk; ndi lɛtɛ̀ɛ nì mòm masâmbɔk ŋgèlɛ isâmbɔk. ²³ Jɔn ànɛ ŋgiī i yɛnɛ̄ wěŋgɔ̀ŋlɛ kiŋɛ yàda ì yòŋol mìŋkɔ̀l ŋwee ŋ̀aŋga. ²⁴ À ɓòdol ɓáŋ āŋ, ɓa lɔnā nyɛ wāda u ū ɓā u gwèe nyɛ̄ jòm li dikoo di talênd. * ²⁵ Ndi halā kìi à ɓa ɓē à gwèe yɔ̀m i sââ, ŋwɛ̀t weē à kâl lē ɓa nuŋūl nyɛ̄, ɓɔ ŋwàa nì ɓɔ̌n, nì gwɔ̀m gwɔbisonā à ɓa à gwèe, a saa. ²⁶ Ndi ŋ̀kɔ̀l u kwɔ hīsī, u oop bisū gwee, u kâl lɛ, À Ŋwɛt, honɓa mɛ̀, mɛ̀ gasāa wɛ pīl wɔnsonā. ²⁷ Ndi ŋwɛ̀t ŋkɔ̀l û à kɔ̀n wɔ ŋgɔ̄ɔ, À ŋ̀ŋwâs wɔ, à ŋ̀ŋwehēl wɔ pīl. ²⁸ Ndi ŋ̀kɔ̀l u ū pam, u tɛhɛ sɔ ŋkɔ̀l wada, nu à ɓa à gwèe

---

ᵠ**Màt 18: 11** Luk 19: 10
ʳ**Màt 18: 16** Ndììmbà Mben 19: 15

*Màt 18: 24 Tàlênd yàda ì ɓa hɛɛ jàm kìi 250.000 FCFA.

nyē mbōgoòl dènarìo; * nì nyɛ à gwēl nyɛ, à ha nyɛ mɔɔ kīŋ, à kâl lɛ, saa mè pil wêm. ²⁹ Ndi sɔ ŋkɔ̀l wee à kwo hīsī, à sɔɔhɛ nyɛ lɛ, Honɓa mɛ̀, mɛ̀ gasāa weɛ̄. ³⁰ Ndi à tɔp ɓēe, à kɛ ndīgiì à ha nyɛ mɔ̌k, lɛtɛ̀ɛ̀ à māl saa pīl uù. ³¹ Ɓàsɔ miŋkɔ̀l ɓee ɓa tēhē ɓǎŋ lìɓɔ̀ŋɔ̀k lî, ɓa unup kîyaga, ɓa kê, ɓa kāl ŋwɛt waāp màm mɔmasonā ma ɓòŋa. ³² Nì ŋwɛ̀t wee a sebēl nyɛ, à kâl nyɛ lɛ, À wɛ ŋ̀kɔ̀l m̀ɓɛ unu, mɛ̀ biŋwèhel wɛ pīl wɔnsonā, inyūlɛ̄ ù bisɔɔhɛ mɛɛ̀; ³³ ɓàa yàk wɛ̀ ù ɓak ɓe lɛ ù konōl sɔ ŋkɔ̀l wɔŋ ŋgɔɔ, kìkìi mɛ̀ mɛ̀ bikɔ̀n wɛ ŋgɔɔ? ³⁴ Nì ŋwɛ̀t wee a unuùp, à ti nyɛ ɓatɛ̀ɛ̀ŋà ɓɔ̀t, lɛtɛ̀ɛ̀ à saa pil wɔnsonā. ³⁵ Halā kì nyɛn Tàta nū ŋgiì à gaɓɔ̀ŋ yâk ɓee, iɓālē hi wadā nàn à ŋŋwèhel ɓe maasāŋ ni ŋ̀ɛm.

19

Bìniigana bi Yesù inyùu sàgàl màɓiî

Mar 10: 1-12; Luk 16: 18

¹ Yesù à mǎl ɓǎŋ pɔ̄t biɓàŋga bini, à nyɔdi Gàlìleà, à kɛ mbōk Yùdeà uu ŋwìì Yɔrdàn; ² Màmùt ma ɓôt màkɛŋi ma nɔ̄ŋ nyē, nì nyɛ à melēs ɓɔ nyɔ̂. ³ Fàrisày i kɛ nyēni i nɔ̀ɔdè nyɛ, i kâl lɛ, Ɓàa mùt à yɛ kùndè i hèà ŋwàà wee inyùu hī jaàm? ⁴ Nì nyɛ à fimbhɛ lɛ, Ɓàa nì biāŋ ɓe lɛ, Nu à hěk ɓɔ̄ ìlɔ̀ yaga biɓèe, à hěk ɓɔ̄ mùùnlom nì mùdàa, à kâl lɛ, ⁵ Jɔ ni jon mùt à gayēk isāŋ ɓɔ nyàŋ, a adɓe ŋwàà weē, ɓɔ iɓàà ɓa gaɓā nsɔ̀n wada?ˢ ⁶ Halā nyēn ɓa ta hā ɓe iɓàà, ndik ǹsòn wada. Jɔn jàm Nyambɛ à ŋ̀àt, mùt à ɓagal ɓáŋ jɔ. ⁷ Ɓa kâl nyɛ lɛ, Ndi Mosè à tìŋil nī kii i tī kàat sàgàl liɓiî, nì i hèà nyɛ?ᵗ ⁸ À kâl ɓɔ lɛ, Mosè à nɛɛɓɛ lē ni heà ɓàa ɓanân inyùu mìŋem minân mìnlēdga; ndi i ɓā ɓē halā biɓēe. ⁹ Ndi mɛ̀ ŋkâl ɓee lɛ, Tɔ̀njɛɛ à gahèa ŋwaa weē, hànduk inyùu ndèŋg, a ɓii nùmpɛ, wèɛ à ŋkɛ ndèŋg; mùt kì à gaɓīi ŋŋwàhâk mudàa, à ŋ̀kɛ ndèŋg. ¹⁰ Ɓànigîl ɓa kâl nyɛ lɛ, Iɓālē halā nyēn ɓā i ŋwaa ni ǹlom i yê, wèɛ i ta ɓē lɔŋɛ ī ɓiî. ¹¹ À kâl ɓɔ lɛ, Hà ɓòt ɓɔɓasonā ɓe ɓɔn ɓa nlà lɛɛgɛ lipōdol lini, ndik ɓɛ̀t i ntina halā. ¹² Inyūlē ŋwàk mi yê, mi bigwēe halā māɓùm ma ɓɔnyàŋ; ŋwàk mìnhɔgi kî mi yê, mi biyìla halā inyùu lìɓɔ̀ŋɔ̀k li ɓôt; ŋwàk mìmpɛ kî mi yê, mi biyìlha ŋwɔmɛ̀dɛ halā inyùu ànɛ̀ ŋgiì. Nu à nlà lɛɛgɛ jàm lî, a lɛɛgɛ jɔ.

Yesù à nsàyap ɓɔɔŋgɛ ɓàtidigi

Mar 10: 13-16; Luk 18: 15-17

¹³ Nì ɓòt ɓa lɔnā nyɛ ɓɔ̀ɔŋgɛ ɓàtidigi, lɛ a kehī mɔ̀ɔ mee i ŋgiì yâp, a sɔɔhɛ, ndi ɓànigîl ɓa soŋā ɓɔ. ¹⁴ Nì Yesù à kâl lɛ, Ŋwàha ɓɔ̀ɔŋgɛ ɓàtidigi, nì sòŋa ɓáŋ ɓɔ̄ i lɔ̀ i mēnī; inyūlē ndòŋ ini yɔ̀n ànɛ̀ ŋgiì i ye ìyap. ¹⁵ Nì nyɛ a kehī mɔɔ mee ŋgiì yâp, à nyɔdi hâ.

Màaŋgɛ wānda nu à ɓa ŋ̀gwàŋ

Mar 10: 17-31; Luk 18: 18-30

¹⁶ Hanyēn mùt wàda à lɔ̀ɔ nyēnī, à ɓàt lɛ, À lɔŋgɛ Māleèt, îmbɛ lɔŋgɛ jàm me ɓɔ̄ŋ lɛ ndi me ɓana nìŋ ɓɔgā? ¹⁷ À kâl nyɛ lɛ, Ù nsèblɛnɛ ki me

---

*ˢ**Màt 19: 5** Bîɓ 4: 27; 2: 24*
*ᵗ**Màt 19: 7** NM 24: 1*

*****Màt 18: 28** 6000 dènarìo ì yɛ tàlɛnd yàdà. Dènarìo ì ɓa ǹsaâ man lēɓlà kɛl yadā* lɔŋgɛè? Mùt nyɛkǐnyē à tà ɓe lɔŋgê, hàndugi wadā, nyɛn à yè Nyambê; ndi iɓālē ù gwèe ŋgɔ̀ŋ i jòp i nìŋ, teeda màtìŋ. ¹⁸ Nyɛ nyɛ lɛ, Mâmbɛɛ? Nì Yesù à kāl lɛ, Ù nɔlɔk ɓáŋ mùt, ù kɛnɛk ɓáŋ ndèŋg, ù nibik ɓáŋ, ù tɛlɓak ɓáŋ mbògi bìtɛmbɛɛ. ¹⁹ Ù tinâk ìsɔŋ ɓɔ nyùŋ lipem; nì lɛ, Ù gagwēs muùt wɔ̌ŋ lìɓok kìkìi wɛ̀mɛ̀dɛ.ᵘ ²⁰ Màaŋgɛ wānda a kāl nyɛ lɛ, Mè bitēeda màm mana mɔmasɔnā ìɓòdòl mè màaŋgɛ wānda; ki i ŋgi yiī mè? ²¹ Yesù à kāl nyɛ lɛ, Iɓālē ù nsòmbol ɓa ŋ́yɔnɔ̄k, kɛɛ, nùŋul gwɔ̌m ù gwèe, u ti dìyɛyèɓa, halā nyɛ̄n ù gaɓāna lisɔ̀ɔ li ŋkùs i ŋgìi; ndi u lɔɔ̄, u nɔ́ŋ mè. ²² Ndi màaŋgɛ wānda à nɔk ɓáŋ ɓàŋga î, à kɛ nī ndùdù; inyǔlē à ɓa mùt à gwèe ŋgàndàk lìhat.

²³ Nì Yesù à kāl ɓanigiìl ɓee lɛ, Hɔ̀dɔ nu mè nhɔ̄mb ɓee lɛ, I ye ǹlèdek ni ŋ̀gwàŋ mût i jòp i ànè ŋgiì. ²⁴ Mɛ ŋkàl ki ɓèè lɛ, I ye tòmba ni kàmêl i sɔ̀ɔ̀mà litūba li ndɔndɔ̄k, ìlɔɔ̄ lɛ ŋ̀gwàŋ mût u jóp i ànè Nyambê. ²⁵ Ɓanigîl ɓa nɔ̄k ɓáŋ hālā, ɓa ɛgɛ̄p ŋgàndàk kîyaga, ɓa kāl lē, Ǹjɛɛ à yè ni lɛ à tɔhlànà? ²⁶ Nì Yesù à nūn ɓɔ, à kāl ɓɔ lɛ, Ɓòt ɓa nlà ɓe ɓɔ́ŋ jàm lî; ndi Nyambɛ à nlà ɓɔ́ŋ maàm mɔmasɔnā. ²⁷ Nì Petrò à fimbhɛ nyɛ lɛ, Nǔŋkì, dì biyɛ̄k maàm mɔmasɔnā, dì nɔ́ŋ wɛɛ̀, ndi dì gaɓāna kii? ²⁸ Nì Yesù à kāl ɓɔ lɛ, Hɔ̀dɔ nu mè nhɔ̄mb ɓee lɛ, I kède bìtìmbil bi mâm yɔ̀ndɔ, ŋgèdà Mǎn mùt à gayèn i yèènɛ anè i lipem jee, yàk ɓèè ɓôt nì binɔ̀ŋ mê, nì gayèn jom li biyèènɛ bi anè mbòk

ᵘ**Màt 19: 19** Màn 20:12-16; LL 19: 18b

iɓaà, ni pemhɛnɛ jòm li maten ma Isrăèl nì imaà mbàgi. ²⁹ Hi mût à ŋ́yēk mandap, tɔ̀ lògisāŋ i ɓôlom, tɔ̀ i ɓodàa, tɔ̀ ìsaŋ, tɔ̀ nyàŋ, tɔ̀ ɓɔ̌n, tɔ̀ dìsi, inyùu jòy jêm, à gakòs ŋgandàk ìlɔ̀ɔ̀ hâ, à gakòdol ki nìŋ ɓɔgā. ³⁰ Ŋgàndàk ɓa bisu ì gaɓā ɓa mbus, ɓa mbus kî ɓa gaɓā ɓa bisu.

20

Ɓàɓɔ̀ŋǹsɔn ɓa wɔm u miŋkòò mi wây.

¹ Inyǔlē ànɛ̀ ŋgiī i ye wěŋgɔ̀ŋlɛ ŋwèdmbay wadā, nu à pulɛ pām bikɛèglà i yēŋ ɓàɓɔ̀ŋǹsɔn inyùu wɔ̀m wee u miŋkòò mi wây. ² Nyɛ nì ɓàɓɔ̀ŋǹsɔn ɓa yègna ɓáŋ dènarìò yàda inyùu kēl yadā, à ɔm ɓɔ wɔ̀m wee u miŋkòò mi wây. ³ À pam ɓáŋ jàm kìì ɓɔ̄ ŋgɛŋ ɓòo, à tɛhɛ ɓôt ɓàpɛ ɓa tee ī ɓòm yàŋgà; ⁴ nì nyɛ à kāl ɓɔ lɛ, Yàk ɓèè kèna ī wɔ̀m u miŋkòò mi wây, mɛ̀ gasāa ɓee ǹsaâ u kolī. ⁵ Nì ɓɔ ɓa kɛ nyɔ̀ɔ̄. À pam ki jàm kìì ɓɔ̄ kɔ̀sì nì ŋgɛŋ iaâ i ɓuga jɔp, à kondē ɓɔɔ̄ŋ halā. ⁶ Jàm kìì ɓɔ̄ ŋgɛŋ itân kokōa, à pam à kɔba ɓapɛ ɓa tee; à ɓát ɓɔ lɛ nì teenɛ kī hana yàŋgà ǹkom kɛl? ⁷ Ɓa kāl nyɛ lɛ, Inyǔlē mùt à ŋ́yɔ̄ŋ ɓe ɓes. Nyɛ ɓɔ lɛ, Yàk ɓèe, kèna wɔ̀m u miŋkòò mi wây, ɓèè kî nì gakòs jâm li kolī. ⁸ Kòkoa i kwɔ̀ɔ ɓáŋ, ŋwèt wɔm u miŋkòò mi wây à kāl kindàk wèè lɛ, Sèbel ɓàɓɔ̀ŋǹsɔn, u ti ɓɔ̄ ǹsaâ wap, u ɓodōl nì ɓa ɓā nsok lɛtɛ̀ɛ̀ nì ɓa ɓā mɓoòk. ⁹ Ɓa ŋgɛŋ itân kokōa ɓa lɔ̀ɔ, ɓa kós hi muùt dènarìò yàda. ¹⁰ Kìi ɓā ɓā ɓòk ɓa nlɔ̂, ɓa hɔŋlàk lɛ ɓa gakòs

ìlɔ̀ɔ̀ hâ; ndi yàk ɓɔ ɓa kós hi muùt dènarìò yàda. ¹¹ Kìì ɓa ŋkós yɔɔ̀, ɓa kahal hùŋɓene ŋwɛdmbay, ɓɔ, ¹² Bana ɓa nsok ɓa ŋgwɛ̄l nsɔn ndik ŋgɛ̄ŋ yadā, ndi ù m̀ɓɔ́ŋ ɓɔ kàyàda kìi ɓês ɓa dì ŋ̀kêbga ŋgiìm kɛl ni hyàŋgaa. ¹³ Nì nyɛ à tîmbhè, à kâl muùt wàp wadà lɛ, À ŋ̀gwâ, mè m̀ɓɔ́ŋ ɓe mɛ wè jàm li tee ɓē sep; ɓàa ɓêhnà wɛ dì ǹyégna ɓe denārìò? ¹⁴ Yɔ̌ŋ yɔ̀m yɔŋ, kɛ̀nɛk; sɔ̀mbòl yêm i ye ī tī nūnu à ǹsok kìkìi wè. ¹⁵ Ɓàa mɛ tà ɓe kundè i ɓɔ̀ŋɔl yɔ̀m yêm kìi mɛ nsɔ̀mbòl? Tɔ̀lɛ, ɓàa jìs jɔŋ li ye lìɓɛ inyǔlē mè yè lɔŋgê? ¹⁶ Halā nyɛ̄n ɓā mbus ɓa gaɓā ɓa bisu, ɓa bisu kî ɓa gaɓā ɓa mbus: inyǔlē ŋgàndàk ì ǹsêblà, ndi ndêk ì ǹtebâ.

Yesù à mpɔ̄t binděē inyùu nyɛ̀mb yeē ŋgèlè ì ǹyonos iaâ

Mar 10: 32-34; Luk 18: 31-34

¹⁷ Yesù à ɓe ɓɛt ɓǎŋ Yèrusàlɛ̀m, à yɔ́ŋ jom li ɓanigîl mbɔ̀k iɓaà ɓɔtāma, à kâl ɓɔ njèl lɛ, ¹⁸ Nùnakì, dì mɓēt Yèrusàlɛ̀m; Mǎn mùt à gatīna mɔ̀ɔ ma biprǐsì nì ɓàyimbēn; ɓa gapēmhɛnɛ nyɛ mbàgi nyɛ̀mb, ¹⁹ ɓa gatī nyɛ bìlɔ̀ŋ bìpɛ lɛ ɓa ndɛglɛ nyē, ɓa ɓep kì nyɛ dìsòo, ɓa tomōl nyē mbāsa; ndi kɛl ì ǹyonos iaâ à gatùglana.

Yàkobò ɓɔ Yòhanès ɓa mɓàt jâm

Mar 10: 35-45; Luk 22: 25-27

²⁰ Nì nyǎŋ ɓɔ̀n ɓa Sebèdeò à lɔ nì ɓɔ̀n ɓee, à ɓeghak nyɛ, à sɔ̀mblàk ɓàt nyɛ jàm. ²¹ Yesù à kâl nyɛ lɛ, Ù nsɔ̀mbol kii? Nyɛ nyɛ lɛ, Kǎl lē ɓɔ̀n ɓana ɓɔ iɓaà ɓa yɛ̄n ànɛ yɔŋ, wàda i wɔ̀ɔ̀ wɔŋ waalōm, nuu kî i wɔ̀ɔ̀ wɔŋ waaē. ²² Ndi Yesù à tîmbhè à kâl lɛ, Nì ńyī ɓe jàm nì mɓàt. Lìɓòndo mè ganyɔ́ ɓàa nì yè lɛ nì la nyɔ́ jɔ? Tɔ̀lɛ nì la sōōblana ni lìsòblè mè gwèe? Ɓa kâl nyɛ lē, dì nlà. ²³ Nyɛ ɓɔ lɛ, Ŋ̀ŋ̂, nì ganyɔ́ lìɓòndo jêm, nì lɛ nì gasòblana ni lìsòblè mè nsòblànà; ndi i yɛ̀n i wɔ̀ɔ̀ wêm waalōm nì i wɔ̀ɔ̀ wêm waaē, jàm jêm ɓe li ī tī; li ye inyǔu ɓôt Tàta à kòòbana jɔ̄. ²⁴ Jɔm li nɔ̄k ɓǎn hālā, li unɓɛnɛ linyàŋ liɓaà. ²⁵ Yesù à sebēl ɓɔ, à kâl lɛ, Ɓèe nì ńyī lɛ ɓà-ànɛ ɓa bilɔ̀ŋ bìpɛ ɓa ntɛt gwɔ, ɓôt ɓap ɓàkɛni kî ɓa ŋkèhnɛ ɓɔ mɔ̀ɔ i ŋɔ̄. ²⁶ I gaɓā ɓe halā ī kɛ̀dɛ nân; ndi tɔ̀njɛɛ à nsɔmbol ɓa nûŋkɛni i kɛ̀dɛ nân, a ɓa ǹlìmil nân; ²⁷ tɔ̀njɛɛ ki à nsɔmbol ɓa nu bìsu i kɛ̀dɛ nân, a ɓa ŋ̀kɔ̀l nân; ²⁸ Kìkìi Mǎn mùt à bilɔ̀ ɓe lɛ ɓa gwelēl nyē, ndik lē a gwelēl ɓāpɛ, nì ti kì nɔ̀m yee binɔ̀ŋ inyùu ŋgàndàk ɓôt.

Ɓòt ɓa ndim iɓaà ɓa ntēhnà

Mar 10: 46-52; Luk 18: 35-43

²⁹ Kìì ɓa ŋkahal nyɔdi Yèrikò, lìmùt li ɓôt lìkɛni li nɔ̄ŋ nyɛ. ³⁰ Ndi nǔnkì, ɓòt ɓa ndim iɓaà, ɓa ɓā ɓa yiī ī pāŋ njèl, ɓa nɔ̄k ɓǎŋ lē Yesù à ntāgɓè, ɓa lɔnd, ɓa kâl lɛ, À Ŋwɛt, Mǎn Dāvìd, kɔ̄n ɓês ŋgɔɔ. ³¹ Nì lìmùt li kond ɓɔ lɛ ɓa mɔm ŋwèe; ndi ɓa lɔnd ìlɔ̀ɔ̀ hâ, ɓa kâl lē, À Ŋwɛt, Mǎn Dāvìd, kɔ̄n ɓês ŋgɔɔ. ³² Nì Yesù à telêp, à sebēl ɓɔ, à kâl lɛ, Nì nsɔmbol lɛ mɛ ɓɔ́ŋ lā ɓee? ³³ Ɓa kâl nyɛ lɛ, À Ŋwɛt, lɛ mìs mes ma yîbla. ³⁴ Nì Yesù à kɔ̄n ɓɔ ŋgɔ̄ɔ, à tis mis map; nì mìs map ma tɛhna bitēebīloŋi, ɓa nɔ̄ŋ nyɛ.

21

Yesù à njòp i Yèrusàlèm nì bìɓegês bi ɓôt

Mar 11: 1-11; Luk 19: 28-40; Yòh 12: 12-19

¹ Kìí ɓa pām ɓèbèɛ̀ nì Yèrusàlèm, ɓa pam Bètfagè, ɓèbèɛ̀ nì hìkòa Olīvè, ² Yesù à ɔm ɓanigîl iɓaà, à kāl ɓɔ lɛ, Ɓèe kèna mbāy ì yè ɓèè i mbɔ̀mbɔ̂m, nì nhɔ̄ɔ yaga kɔba ŋin jagaàs u tiŋī, nì mǎn; tìŋlana mɔ̄, ni lɔnā mè mɔ. ³ Iɓālē mùt à m̀pɔdɔs ɓee jàm, ni kāl lē, Ŋwɛ̌t à nsòmbol mɔ; ndi tɔ̀ lɛ à nhɔ̄ɔ ɔm mɔ. ⁴ Jàm lini li ɓòŋa lē jàm li pōda nì m̀pɔdôl li yɔn lē,

⁵ Kàla ŋgɔ̀nd Siòn lɛ,
Nǔnkì, Kiŋɛ yɔ̆ŋ ì nlɔ̀ i
wēnī, mùt ŋwɛ̀ɛ, à ŋkǐl
ŋgìi jàgâs, i
ŋgìi ɔ̄ŋg jagaàs i ye
mǎn ŋin jagâs.

⁶ Nì ɓànigîl ɓa kê, ɓa ɓɔ̄ŋ kìkìi Yēsù à kǎl ɓɔ̄, ⁷ ɓa lɔnā jagaàs nì mǎn, ɓa kehī mbɔt yap ŋgìì yâp; nì nyɛ à yên muù. ⁸ Ŋgàndàk i kède lìmùt li ɓôt i tek mbɔt yap njèl; ɓapɛ ɓa kit maɓuy ma bie, ɓa niŋī mɔ njèl. ⁹ Mamùt ma ɓôt ma mā ɓā ɓoòk nyɛ bisū, nì ma mā ɓā nɔɔ̀ŋ nyɛ mbūs, ma lɔnd, ma kāl lɛ, Hòsanà * nì mǎn Dāvìd: Nu à nlòl i jòy li Ŋwɛt a ɓa ǹsǎyɓàk! Hòsanà ŋgìŋgìì! ¹⁰ À pam ɓǎŋ Yèrusàlèm, ŋ̀kɔŋ wɔnsonā u kahal nyùmlà, ɓa kāl lɛ, Ǹjɛɛ nû? ¹¹ Nì màmùt ma kāl lɛ, M̀pɔdôl nu lē Yesù, à nlɔ̆l Nǎsàrèt i Gàlìleà.

---

*Màt 21: 9 Hòsonà, hɔp Hebèr inyùu: Tɔhɔl nī! Halā à yè, yìmbnɛ lipem nì bìɓegês.

Yesù à mpūbus Tempèl

Mar 11:15-19; Luk 19: 45-48; Yòh 2:13-22

¹² Nì Yesù à jôp tēmpèl ì Nyambê, à luhūl ɓoòt ɓɔɓasonā ɓa ɓā nuŋùl nì ɓa ɓā ɓā sɔmb mū tēmpèl, à ɓos bitêblè bi ɓahèŋhà mòni, nì bìyèènɛ bi ɓanùŋùl dìɓèŋ. ¹³ À kāl ɓɔ lɛ, I ye ǹtǐlɓàgà lɛ, Ndap yêm ì gasèblana lɛ ndap màsɔɔhɛ̀; ᵛ ndi ɓèe nì ǹyīlha yɔ hōk i ɓoòt ɓa ŋgadla. ¹⁴ Nì ɓôt ɓa ndim nì bìɓok ɓa lɔɔ̄ nyēnī i tēmpèl, nì nyɛ à melēs ɓɔ. ¹⁵ Bìprǐsi bìkeŋi nì ɓàyimbēn ɓa tēhɛ ɓǎŋ màm ma helha à m̀ɓôŋ, nì kìi ɓɔɔ̀ŋge ɓa ɓā lɔnd ī tēmpèl ɓa kalàk lɛ, Hòsanà nì Mǎn Dāvìd; ŋ̀em u hend ɓɔ. ¹⁶ Ɓa kāl nyɛ lɛ, Ɓàa ù nnōk kìi ɓāna ɓa mpɔ̄t? Nì Yesù à kāl ɓɔ lɛ, Ŋ̂ŋ; ɓàa nì ŋ̀aŋâk ɓe lɛ, Ù bikùhul biɓegês gwɔŋ manyɔ ma ɓɔn ɓàtidigi nì ma miŋkeɲee mi ɓɔn?ʷ ¹⁷ Nì nyɛ à yek ɓɔ, à nyɔdi mu ŋkɔ̀ŋ, à kɛ Bètanìà, à lal nyɔɔ̀.

Yesù à ntììhɛ ɛ faygè

Mar 11: 12-14, 20-26

¹⁸ Kêglà i ŋgèdà màtìmbil mee ŋkɔ̀ŋ, njàl ì gwēl nyɛ. ¹⁹ Nì nyɛ à tɛhɛ ɓǎŋ ē faygè mbàà njèl, à pam mû, ndi à tɛhɛ ɓe tɔ jàm mû, ndik cày cɔtāma; nì nyɛ à kāl yɔ lɛ, Ù num ha ɓǎŋ màtam kɛlkǐkēl. Nì ɛ faygè i yuyī bitēebīlɔŋi. ²⁰ Ɓànigîl ɓa tēhɛ ɓǎŋ jàm lî, ɓa hêl, ɓa kāl lɛ, Lɛlaa ē faygè i ɲuyī yaga bitēebīlɔŋi? ²¹ Nì Yesù à tîmbhɛ, nyɛ ɓɔ lɛ, Hɔ̀dɔ nu mè nhɔ̄mb ɓee lɛ, Iɓālē nì gwèe

---

ᵛ**Màt 21:13** Yès 56: 7
ʷ**Màt 21: 16** Hyèm 8: 3

hēmlɛ, nì pendā ɓee, ki nì gaɓɔŋ ɓe ndik jàm li mɓoŋā ni ē faygɛ, ndi tɔ nì ŋkāl yaga hikòa hini lɛ, Nùdla, u leŋā lɔ̀m, wɛ̀ɛ i gaɓòŋa halà. ²² Màm mɔmasonā nì ńyàgal ni hēmlɛ i kède màsɔɔhɛ̀, nì gakòs mɔ.

Bòt ɓa mɓàt inyùu ŋgùy Yesù

Mar 11: 27-33; Luk 20: 1-8

²³ À jŏp ɓăŋ tēmpèl, bìprĭsì bìkeŋi nì mìmaŋ mi ɓôt ɓa lɔ ī nyēnī ŋgèdà à ɓa niigà, ɓa kāl lɛ, Inyùu ìmbɛ ŋgûy ù mɓòŋol i màm mana? Ǹjɛɛ à bitī wɛ ŋgùy ini? ²⁴ Nì Yesù à fîmbhɛ ɓɔ lɛ, Yàk mɛ̀ mɛ̀ mɓàt ɓee mbàdgà yàda, kìi nì ntìmbhɛ mɛ yɔ, yàk mɛ̀ mɛ̀ ŋkàl ɓee inyùu ìmbɛ ŋgûy mɛ̀ mɓòŋol i màm mana. ²⁵ Lìsòblè li Yohānès li bìlòl hɛɛ? Ɓàà i ŋgìi, tɔ̀ nì ɓòt? Ba kālna lɛ, Iɓālē dì ŋ̀kāl lɛ, Li bìlòl i ŋgìi; à ŋkàl ɓes lɛ, Inyŭkī ni nì bihēmlɛnɛ ɓe nyē? ²⁶ Ndi iɓālē dì ŋ̀kāl lɛ, Li bìlòl ni ɓòt; dì ŋkɔ̀n limùt wɔŋi; inyŭlē ɓɔɓasonā ɓa nhēmlɛ lɛ Yòhanès à ɓeè m̀podôl. ²⁷ Nì ɓɔ ɓa fîmbhɛ Yesù, ɓa kāl lɛ, dì ńyī ɓēe. Yàk nyɛ à kāl ɓɔ lɛ, Wɛɛ tɔ̀ mɛ̀ mɛ̀ ŋkàl ɓe mɛ ɓèè inyùu ìmbɛ ŋgûy mɛ̀ mɓòŋol i màm mana.

Ŋgèn inyùu ɓŏn ɓòòlom iɓaà

²⁸ Ɓèe nì nhɔ̄ŋol kii? Mùt à ɓa à gwèe ɓŏn ɓòòlom iɓaà; à kɛ yāk nū bìsu, à kāl nyɛ lɛ, À Man wèm, kɛ gwèl ǹsɔn lɛ́n i wɔm u miŋkòò mi wây. ²⁹ À fîmbhɛ lɛ, Mɛ̀ ŋkɛ̀ ɓe mɛ̂; ndi à yik tam, à kê. ³⁰ Nì nyɛ à kɛ yāk nū īɓaà, à kāl nyɛ ǹlèlèm jâm. Nyɛ a tîmbhɛ, à kāl lɛ, À tâ, mɛ̀ ŋkɛ̀; ndi à kɛ ɓee. 31 Ɓɔ ɓaà ǹjɛɛ à ɓɔ̌ŋ sòmbòl i isāŋ? Ɓɔ nyɛ lɛ, Nu bìsu. Yesù à kāl ɓɔ lɛ, Hɔ̀dɔ mɛ̀ nhɔ̄mb ɓee lɛ, Ɓàkɔdtâs nì ɓòdàà ɓa ndēŋ ɓa gaɓòk ɓee bisū i ànɛ̀ Nyambê. ³² Inyŭlē Yòhanès à bilɔ̀ i ɓēnī nì njēl tēlɛèbsep, ndi nì bihēmlɛ ɓe nyɛ; ndi ɓàkɔdtâs nì ɓòdàà ɓa ndēŋ ɓɔn ɓa hēmlɛ nyē; Ndi ŋgèdà ɓèe nì tɛhɛ hālà, nì yik tam ɓē lɛ ni hemlɛ nyē.

Ŋgèn inyùu wɔ̀m u miŋkòò mi wây nì ɓàsal wɔ̌m

Mar 12: 1-12; Luk 20: 9-18

³³ Ɓèè nɔga kì ŋgěn ipɛ: ŋwèdmbay wadā à ɓeè mû, à ɓēl wɔm u miŋkòò mi wây, à keŋ wɔ lìpend, à tem waa wây mû, à ɔŋ litedel,ˣ à nidīs wɔ ɓàsalwɔ̌m, à kɛ lɔŋ ipɛ. ³⁴ Ŋgèdà màhoolɛnɛ ma matam ì pam ɓăŋ ɓèbèè, à ɔm miŋkɔ̀l ŋwee yak ɓàsalwɔ̌m, lɛ mi yoŋōl nyē màtam. ³⁵ Ɓàsalwɔ̌m ɓa gwèl miŋkɔ̀l ŋwee, ɓa ɓep wada, ɓa nɔl nû, ɓa om nûmpɛ ŋgɔ̂k. ³⁶ À kondē ki ɔ̄m miŋkɔ̀l mìmpɛ ìlɔ̀ɔ̀ mi à ɓŏk ɔ̄m, ɓa ɓɔ̌ŋ yaàk ŋwɔ ǹlèlèm. ³⁷ I sōk ɓăŋ à ɔm man wèe ɓɔ̄nī, à kāl lɛ, Ba gaɓāŋ man wèm. ³⁸ Ndi ɓàsalwɔ̌m ɓa tɛhɛ ɓăŋ măn, ɓa kālna lɛ, Ŋ̀kàdɓum nunu; lòga, di nɔl nyē, di yɔ̄ŋ ɓūm yee. ³⁹ Nì ɓɔ ɓa gwēl nyɛ, ɓa lɛ̄ŋ nyɛ i mbūs wɔ̀m u miŋkòò mi wây, ɓa nɔl nyɛ. ⁴⁰ I ŋgèdà ŋwèdwɔm u miŋkòò mi wây à galɔ̀ɔ, à gaɓɔ̌ŋ laa ni ɓāsālwɔ̀m ɓâ? ⁴¹ Ba kāl nyɛ lɛ, À gacē ɓòt ɓàɓɛ ɓa ɓēba liceèk, a ti ɓòt ɓàpɛ wɔ̀m wee miŋkòò mi wây, ɓɔn ɓa gaɓā ɓa ntī nyɛ màtam ŋgèdà màhoolɛnɛ map. ⁴² Yesù à kāl ɓɔ lɛ, Ɓàa nì ma āŋ ɓe mu Mātìlà lɛ,

Ŋgɔ̀k ɓàɔŋ ɓa bicèl,
yɔ̌n ì biyìla ŋgɔ̀k lìkas,
jàm lini li bìlòl yak
Ŋwět,
li ye hēlha i mìs

ˣ**Màt 21:33** Yès 5:1-2

mes?ʸ
⁴³ Jon mè ŋkèlel ɓee lɛ, Ànɛ̀ Nyambɛ
ī gahèana i ɓēnī, i tina lɔ̀ŋ i ganūmul
yɔ màtam. ⁴⁴ [Mùt à ŋkwɔ̂ i ŋgìi
ŋgɔ̀k ìni, à gaɓūgi ŋgɛŋ ŋgēŋ; ndi
mùt ìni ì gakwèl ì ganyàgat yaga nyɛ,
a ŋwâmɓa kìkìi lìpùm li bitèk.]
⁴⁵ Bìprĭsì bìkɛŋi nì Fàrisày ɓa nɔ̄k
ɓăŋ ŋgěn ì, ɓa yi lɛ à podlak inyùù
yâp. ⁴⁶ Ba ɓā sombòl gwěl nyɛ, ndi
ɓa kɔ̄n mamùt wɔ̀ŋi, inyŭlē ma ɓā
tɛhɛ nyē kìkìi m̀podôl.

22

Ŋgèn inyùu ŋgànd lìɓiî

¹ Nì Yesù à kondē podos ɓɔ nì ŋgèn, nyɛ ɓɔ lɛ, ² Ànɛ̀ ŋgiî i ye wěŋgɔ̀ŋlɛ kiŋɛ yàda ì lòòhɛnɛ màn weē ŋgaànd lìɓiî, ³ à ɔm miŋkɔ̀l ŋwee i sèbèl ɓòt à naŋa ī ŋgànd lìɓiî ndi ɓa tɔ̄p ɓē lɔɔ̂. ⁴ Nì nyɛ a ɔm ki mìŋkɔ̀l mìmpɛ, à kǎl lɛ, Kàla ɓòt mè ǹnaŋa lɛ, Nùnakì, mè m̀māl koōba ŋgaànd yèm; nyàgà yêm nì bìlem gwêm bi mahɔŋ bi m̀māl nolaà, gwɔ̀m gwɔbisonā bi ye ŋ̀kŏbàgà; ɓee lɔ̀ga ŋgànd lìɓiî. ⁵ Ba biyàn nyɛ, ɓa kɛ yăp, wàda à kɛ wɔ̀m wee, nûmpɛ kî à kɛ nyùŋga; ⁶ Bapɛ ɓa gwɛ̂l miŋkɔ̀l ŋwee, ɓa weha ɓɔ nyùu, ɓa nɔl ŋwɔ. ⁷ Kiŋɛ ì nɔk ɓăŋ hālà, ì unûp; ì ɔm mintoŋ ŋwee mi gwêt, mi cɛ ɓôt ɓa manɔla ɓà, nì lìgîs kì ŋ̀kɔ̀ŋ wap. ⁸ Hanyēn à kǎl mìŋkɔ̀l ŋwee lɛ, Ŋgànd lìɓii ì yɛ ŋ̀kŏbàgà, ndi ɓòt mè bināŋaà, ɓa kɔ̀la ɓē ni yɔ̀. ⁹ Jon ɓee kènana mākānda ma manjèl, ni sebēl ɓòt ɓɔɓasonā nì gakōba lɛ ɓa lɔɔ̄ ŋgànd lìɓiî. ¹⁰ Nì mìŋkɔ̀l mi kɛ mānjèl, mi kɔ̂t ɓoòt ɓɔɓasonā mi tēhɛ, ɓòt ɓàɓɛ nì bìlɔŋgɛ bī ɓoòt; halā nyēn ndāp ŋgànd lìɓii ì yɔn nì ɓàkèn. ¹¹ Kìi kīŋɛ ì ǹjɔ́p i ɓèŋgɛ̀ ɓàkèn, ì tɛhɛ mût wàda mû nu à ɓa ɓē à gwèe mbɔ̄t ŋgànd lìɓiî; ¹² ì kǎl nyɛ lɛ, À ŋ̀gwâ, ù ǹjɔ́p la hana ŋgì mbɔt ŋgànd lìɓiî; nì nyɛ a mɔdɔ̀p. ¹³ Hanyēn kīŋɛ ì kǎl mìnlìmil lɛ, Kàŋa nyē mɔ̀ɔ nì màkòo, kènnana nyē, lèŋa nyē nyɔ̀ɔ i jĭɓɛ i tān; nyɔ̀ɔ nyēn mìnlend mi gaɓānɛ nì jɛ màsɔ̀ŋ. ¹⁴ Inyŭlē ŋgàndàk ì ǹsêblà, ndi ndèk yɔ̆n ì ǹtebâ.

Ì ti Kāysà tâs

Mar 12: 13-17; Luk 20: 19-26

¹⁵ Nì Fàrisày i kê, i hêk peèk i ɓèl nyɛ nyɔ̀. ¹⁶ I ɔm ɓanigîl ɓap nì Lòk Herōdè i nyēnī, ɓa kǎl lɛ, À Lêt, dì ńyī lɛ ù yè màliga, ù nnīiga ki njèl Nyāmbɛ nì màliga, ù mɓāŋ ɓe tɔ mùt; inyŭlē ù nnûnul ɓe ɓôt bitēe bi mis. ¹⁷ Kǎl lē ɓês, ù nhɔ̄ŋɔl laa? Bàa i ye kùndè i tī Kāysà tâs, tɔ̀ hɛni. ¹⁸ Lakìi Yēsù à ɓa yi ɓēɓa yap, à kǎl lɛ, À ɓee ɓôt ɓa bihèŋɓà, nì nnɔ̀ɔ̀dɛnɛ ki mê? ¹⁹ Ebnana mè mòni mi tâs. Nì ɓɔ ɓa lɔnā nyɛ dènarìo yàda. ²⁰ Nì nyɛ a ɓát ɓɔ lɛ, Bàa òŋgɓà yɛn ini, jòy jɛn ki līni? ²¹ Bɔ nyɛ lɛ, Kaysà. À kǎl ɓɔ lɛ, Tina nī Kaysà gwɔ̀m bi Kaysà, Nyambɛ kì gwɔ̀m bi Nyambê. ²² Ba nɔ̄k ɓăŋ hālà, ɓa hêl, ɓa yek nyɛ, ɓa kê.

Mbàdgà inyùu lìtùgè

Mar 12: 18-27; Luk 20: 27-40

²³ Yɔ̀kɛl nyɛn Sàdukày i lɔ̀ɔ nyēnī,

ʸ**Màt 21: 42** Hyèm 118: 22-23

ɓòt ɓa ŋkàl lɛ lìtùgɛ̀ li ta ɓēe;ᶻ ²⁴ 'Ba ɓát nyɛ lɛ, À Lêt, Mosè à kăl lē, Iɓālē mùt à ŋ̀wɔ ŋgi ɓɔ̆n, mànyáŋ a ɓii yīk yee, a toohɛnɛ nyē ɓūm.ᵃ ²⁵ Ndi lìnyàŋ lisâmbɔk li ɓeè hana ɓĕhnī; nu bìsu à ɓiî, à wɔ, lakìi à yek ɓē man à yiglɛ manyáŋ yīk yee; ²⁶ Ǹlèlèm halā nì nu a ǹyonos iɓaà, nì nu à ǹyonos ɓaâ, lɛtɛ̀ɛ̀ nì nu à ǹyonos ɓasâmbɔk. ²⁷ I mbūs ɓɔ̄ɓasonā, yàk mùdàà a yik wɔ. ²⁸ Jɔn bītùgnɛ, à gaɓā ŋwaa wɛ̂n i kède ɓɔ̄ ɓasaàmbɔk? Inyŭlē ɓɔɓasonā ɓa ɓeè ɓa gweē nyɛ̄. ²⁹ Yesù à fimbhɛ ɓɔ lɛ, Nì ǹyòm, inyŭlē nì ǹyī ɓe Matìlà, tɔ̀ lìpemba li Nyambê. ³⁰ Inyŭlē bitùgnɛ ɓòt ɓa mɓīi ɓēe, tɔ̀ tina māɓīî, ndi ɓa ye kìkìi āŋgèl Nyambɛ ŋgìi. ³¹ Ndi inyùu lìtùgè li ɓâwɔga, ɓàa nì biàŋ ɓe i jàm li pōda nì Nyambɛ lē, ³² Mɛ̀ yè Nyambɛ nū Àbràhâm, nì Nyambɛ nū Īsàk, nì Nyambɛ nū Yākòb?ᵇ Nyambɛ à tà ɓe Nyambɛ nū ɓàwɔga, ndik nū ɓāyōmi. ³³ Màmùt ma nɔ̄k ɓăŋ hālā, ma hɛl inyùu màeba mee.

Lìtìŋ li nlɔ̀ɔ̀

Mar 12: 29-34

³⁴ Fàrisày ɓa nɔ̄k ɓăŋ lē à m̀momos Sadūkày ŋwèɛ, ɓa kôdɓà. ³⁵ Mùt wàda mû, nì ǹyimbēn, à ɓát nyē mbàdgà i nɔ̀ɔ̀dɛ̀ nyɛ, lɛ, ³⁶ À Lêt, lîmbɛ litìŋ li nlɔ̀ɔ̀ i kède mbēn? ³⁷ À kāl nyɛ lɛ, Ù gwehêk Ŋwɛ̆t lɛ Nyambɛ wòŋ nì ǹem wɔŋ wɔnsonā, nì nɔ̀m yɔŋ yɔsonā, nì màhɔŋôl mɔŋ mɔmasonā.ᶜ ³⁸ Litìŋ lini jɔn li ye lìkɛɲi nì li bisu. ³⁹ Li iɓaà li ye kìkìi līni li ye lē, ù gagwēs muùt wɔ̆ŋ lìɓok kìkìi wèmèdɛ.ᵈ ⁴⁰ Mben yɔsonā nì ɓàpodôl ɓa fiɲnɛ mūnu matìŋ mana mɔ imaà.

Mbàdgà inyùu mǎn Dāvìd

Mar 12: 35-37; Luk 20: 41-44

⁴¹ Ki Fàrisày ɓa ŋgi kodī, Yesù à ɓát ɓɔ mbàdgà, nyɛ ɓɔ lɛ, ⁴² Nì nhɔ̄ŋɔl laa inyùu Krĭstò? À yè màn wēn? 'Bɔ nyɛ lɛ, Nu Dāvìd. ⁴³ À kāl ɓɔ lɛ, Lelaa ni Dāvìd à nsèbel nyɛ nì ŋgùy Mbuu lɛ, Ŋwɛ̆t, i kàl à ŋkàl lɛ, ⁴⁴ Ŋwɛ̆t à bikàl Ŋwɛt wêm lɛ,
Yĕn wɔ̀ɔ̀ wêm waalōm,
lɛtɛ̀ɛ̀ mè niɲi ɓaɓala
ɓɔ̄ŋ i sī makòò mɔŋ?ᵉ
⁴⁵ Iɓālē Dāvìd à nsèbel ni nyɛ lɛ Ŋwɛ̆t, lelaa ni à yè nyɛ mǎn? ⁴⁶ Mùt nyɛkǐnyē à làa ɓē fimbhɛ nyɛ jàm, iɓòdòl kì yɔkɛl mùt à kandal hā ɓe nyuu i ɓàt nyɛ jàm.

23

Yesù à ŋkōnd ɓayimbēn nì Fàrisày

Mar 12: 38-40; Luk 11: 37-44; 20: 45-47

¹ Nì Yesù à podos mamùt nì ɓànigîl ɓee, à kāl lɛ, ² 'Bàyimbēn nì Fàrisày ɓa yiī yèènɛ Mosè; ³ Jɔn màm mɔmasonā ɓa ŋkàl ɓee, ɓɔ̀ŋa mɔ̄ ni teeda kì mɔ; ndi nì ɓɔ̀ŋ ɓăŋ kǐŋgèdà mìnsɔn ŋwap, inyŭlē ɓa mpōt, ndi ɓa mɓɔ̀ŋ ɓee. ⁴ 'Ba ŋkàŋ mambègɛ̀ɛ̀ ma ǹyɛt, nì ma mā ye ndùdù i ɓɛgɛ̀ɛ̀, ɓa kehī mɔ̄ bitūū bi ɓôt, ndi ɓɔmèdɛ ɓa ntɔ̄p ɓe piŋgīl mɔ nì hìnɔ̀ɔ̀ hyap.

ᶻ**Màt 22: 23** Mìnsɔn mi ɓaomâ 23: 8
ᵃ**Màt 22: 24** NM 25: 5-6
ᵇ**Màt 22: 32** Màn 3: 6
ᶜ**Màt 22: 37** NM 6: 5
ᵈ**Màt 22: 39** LL 19: 18
ᵉ**Màt 22: 44** Hyèm 110: 1

⁵ Ba mɓɔŋ minsɔn ŋwap ŋwɔminsonā lɛ ɓòt ɓa tɛhɛ ɓɔ̄; inyŭlē ɓa nhāndal bikwà gwap bi masɔɔhɛ̀, ɓa ŋkēŋɓaha ki mànjɛk map ma mbɔt, ⁶ ɓa ŋgwēs hɔma bìsu maŋgànd, nì bìyèɛnɛ bi bisu mandāp ma mitìn, ⁷ nì màyègà biɓòm, nì i sèblànà nì ɓòt lɛ, Rabì; inyŭlē wàda nyɛn à yɛ màlêt nàn, ɓèɛ ɓɔɓasonā nì yɛ lìsaŋ li ɓôt. ⁸ Ɓèɛ nì sèblana ɓāŋ lē Rabì; inyŭlē wàda nyɛn à yɛ màlêt nàn, Krĭstò, ndi ɓèɛ nì yɛ lìsaŋ li ɓôt. ⁹ Nì sèbel ɓāŋ kì mùt hana hisī lɛ ìsɔŋ nān, inyŭlē wàda nyɛn à yɛ Ìsɔŋ nān, nu à yɛ i ŋgìi. ¹⁰ Nì sèblana ɓāŋ lē ɓàegâ; inyŭlē wàda nyɛn à yɛ ŋega nàn, lɛ Krĭstò. ¹¹ Nu à nlɔ̀ɔ i kède nān, nyɛn a ɓa nlìmil nân. ¹² Tɔ̀njɛɛ à mɓēdes nyɛmèdɛ à gasùhlana, tɔ̀njɛɛ ki à nsùhus nyɛmèdɛ à gaɓēdhana. ¹³ Ŋgɔɔ nì ɓèɛ, à ɓayimbēn nì Fàrisày, ɓòt ɓa bihèŋɓà! Inyŭlē nì ŋkēŋ ɓoôt njěl ì ŋkɛ̀ i ànɛ ŋgìì; ɓèɛɓɔmèdɛ nì njòp ɓe mû, tɔ ɓòt ɓa nsòmbol jôp muù nì nnēɛbɛ ɓe lɛ ɓa jôp. ¹⁴ Ŋgɔɔ nì ɓèɛ, à ɓayimbēn nì Fàrisày, ɓòt ɓa bihèŋɓà! Inyŭlē nì ŋkādal mandap ma biyik, nì nòmhàk màsɔɔhɛ̀ manân ma ŋgâlɓà; jɔn nì gakòs mbagī nōgoòs ì nlòòhà. ¹⁵ Ŋgɔɔ nì ɓèɛ, à ɓayimbēn nì Fàrisày, ɓòt ɓa bihèŋɓà! Inyŭlē nì nhyōm ɓalɔ̀m nì mambōk lɛ ni yĭlha tɔ mùt wàda mbon; ndi à ɲyìla ɓāŋ yɔ̀, nì ɲyìlis nyɛ măn gèhenà ìlɔ̀ɔ ɓèɛɓɔmèdɛ màlɔ̀à imaà. ¹⁶ Ŋgɔɔ nì ɓèɛ, à ɓaega ɓā ndim, ɓa nì ŋkàl lɛ, Tɔ̀njɛɛ à ŋkùm sɔ̂ŋ nì gôl ì tempɛ̀l, wɛ̀ɛ à yɛ ŋgwělgà. ¹⁷ À ɓee bijɔŋ bi ɓôt nì ɓa ndim; ɓàà hɛ gôl, hɛ tēmpɛ̀l ì ì ntēe goòl pubhaga, ki i nlɔ̀ɔ? ¹⁸ Nì lɛ, Tɔ̀njɛɛ à ŋkùm sɔ̂ŋ nì jùù li bisɛsɛmà, wɛ̀ɛ jàm ɓe lî; ndi tɔ̀njɛɛ à ŋkùm sɔ̂ŋ nì lìkèblà li kehī mū ŋgìi, wɛ̀ɛ à yɛ ŋgwělgà. ¹⁹ À ɓee miŋkìŋìì mi ɓôt nì ɓòt ɓa ndim, ɓàà hɛ lìkèblà, hɛ jùù li bisɛsɛmà li lī ntìmbis likèblà lìpubhaga, ki i nlɔ̀ɔ? ²⁰ Jɔn nū à ŋkùm sɔ̂ŋ nì jùù li bisɛsɛmà, à ŋkùm sɔ̂ŋ nì jɔ, nì gwɔ̀m gwɔbisonā bi kehī mū ŋgìi. ²¹ Nu à ŋkùm sɔ̂ŋ nì tempɛ̀l, à ŋkùm sɔ̂ŋ nì yɔ̀, nì nu à ɲyèn mūkède. ²² Nu kì à ŋkùm sɔ̂ŋ nì ŋgìi, à ŋkùm sɔ̂ŋ nì yèɛnɛ anɛ̀ i Nyambê, nu à yìi mù. ²³ Ŋgɔɔ nì ɓèɛ, à ɓayimbēn nì Fàrisày, ɓòt ɓa bihèŋɓà! Inyŭlē nì ntī yɔm yada i kède hī jom kìi ɓɔ kinjǐŋkēmbɛɛ, ɓɔ hìsim, ɓɔ hìɔmi; ndi nì ŋŋwàs ɓaŋgā maàm i mbēn, kìi ɓɔ mbàgi sêp, ɓɔ kɔ̀nàŋgɔɔ, ɓɔ hemlɛ̀; nì ɓe lama ɓɔ̀ŋ i màm mana i ɓa ɓe ŋwàs mapɛ. ²⁴ À ɓaega ɓā ye ndīm, ɓèɛ ɓa nì mɓàa diɓuŋg, ndi nì mìllìk kàmêl! ²⁵ Ŋgɔɔ nì ɓèɛ, à ɓayimbēn nì Fàrisày, ɓòt ɓa bihèŋɓà! Inyŭlē nì mpūbus mbus lìɓòndo, nì mbus sōya, ndi mūkède ɓa ɲyōn ni ŋgādla nì ŋgìhodnyuu. ²⁶ À wɛ Fàrisày nu ndīm, ɓôk ndūgi pubus kedē lìɓòndo nì kède sōya, lɛ ndi yàk mbus i yilā pūbi. ²⁷ Ŋgɔɔ nì ɓèɛ, à ɓayimbēn nì Fàrisày, ɓòt ɓa bihèŋɓà! Inyŭlē nì yɛ kìkìi sɔ̀ŋ ì ǹhoa pɛm, ì nnēnɛ lɔŋɛ tān, ndi kède yeē i yɔn ni bìhès bi ɓôt, nì nyɛ̀ga yɔsonā. ²⁸ Halā kì nyɛn yàk ɓèɛ nì nnēnɛ i tān bisū bi ɓoôt kìkìi ɓòt ɓa tee sêp, ndi i kède nì ɲyōn ni bìhèŋɓà nì lìyànmben. ²⁹ Ŋgɔɔ nì ɓèɛ, à ɓayimbēn nì Fàrisày, ɓòt ɓa bihèŋɓà! Inyŭlē nì

ŋɔ̄ŋ sɔɔ̀ŋ ɓàpodôl, nì èŋgèk kì sɔ̀ŋ ɓôt ɓa tee sēp, ³⁰ Nì ŋkàl lɛ, 'Balɛ ɓɔ di ɓa dilɔ̄ di ɓɔ tàtâ, ki dì àdɓa ɓē ni ɓɔ̄ inyùu màcèl ma ɓapodôl. ³¹ Halā nyēn nì mɓògol ɓeeɓɔmède mbogī lɛ nì yè ɓɔ̀n ɓa ɓèt ɓa nɔ̄l ɓàpodôl. ³² 'Bèè yonhana yàà hihègà hi ɓɔsɔ̄ŋ. ³³ À nyɔɔ, à ɓon ɓa pee, nì galēhi laa mbagī gèhenà? ³⁴ Inyǔhālà, nùnakì, mɛ̀ ŋɔmlɛ ɓee ɓàpodôl, nì ɓôt ɓa pêk, nì ɓàyimɓēn; nì ganɔ̄l ɓahɔ̄gi muù nì tòmòl ɓɔ mɓāsa; nì gaɓēp ki ɓàhɔgi disòò mandāp manaàn ma mitìn, nì tèèŋgàgà ɓɔ miŋkɔ̀ŋ mìŋkɔ̀ŋ; ³⁵ lɛ ndi màcèl ma tee sēp mɔmasonā ma kahāp ŋgìi nàn, ma mā kūba hāna hisī ìɓòdòl macèl ma Aɓèl, nu à ɓa à tee sēp, lɛtèè nì macèl ma Sakàrià mǎn Bàrakìà, nu nì nɔl ī pōla tēmpèl nì jùù li ɓisèsemà.ᶠ ³⁶ Hɔ̀dɔ nu mɛ̀ nhɔ̄mb ɓee lɛ, Màm mana mɔmasonā ma galòl i hyày hini.

Yesù à ŋèè Yerūsàlèm

Luk 13: 34-35

³⁷ À Yerūsàlèm, à Yerūsàlèm, nu ù nnɔ̄l ɓapodoòl, ù omôk kì ɓa ɓā ŋoma wěnī ŋgɔɔ̀k! Ŋgèlè yaŋɛn mɛ̀ ɓe sombòl kɔ̀t ɓon ɓoŋ, kìkìi ǹin kop u ŋkɔ̀t ɓon ɓee i sī ɓipàɓay gwee, ndi nì ɓitɔ̄p ɓēe! ³⁸ Nùnakì, ndap nàn ì ńyēglɛ puù. ³⁹ Inyǔlē mɛ̀ ŋkàl ɓee lɛ, Ìɓòdòl hanânɔ nì gatēhɛ ha ɓe mɛ lɛ̀tèè nì ŋgèdà nì gakàl lɛ, Nu à nlòl i jòy li Ŋwɛt a ɓa ǹsǎyɓàk.ᵍ

24

Yesù à mpɔ̄t ɓindèê

Mar 13: 1-2; Luk 21: 5-6

¹ Nì Yesù à pam tēmpèl, à jɔ́p njèl; nì ɓànigîl ɓee ɓa lɔ ī nyēnī lɛ ɓa ɛɓa nyē màɔŋ ma tempèl. ² Nì Yesù à kāl ɓɔ lɛ, 'Bàa nì ntēhɛ màm mana mɔmasonā? Hɔ̀dɔ nu mɛ̀ nhɔ̄mb ɓee lɛ, Tɔ̀ ŋgɔ̀k yàda ì gayēgle ɓe ì kèhi ŋgìi ìpɛ hana, lɛ ɓa nyugē ɓe yɔ hīsī.

Bìɓòdlɛ bi ŋkòògà

Mar 13: 3-13; Luk 21: 7-19

³ Kìi à ǹyēn ŋgìi hìkòa Olīvè, ɓànigîl ɓa lɔ ī nyēnī ɓɔtāma, ɓa kāl lɛ, Kǎl ɓès, màm mana ma gaɓānɛ ŋgèdà mɓɛɛ? Ki i gaɓā yiìmbnɛ malòl mɔŋ, nì lìsuk li hisi? ⁴ Nì Yesù à fìmbhɛ ɓɔ lɛ, Nì yihgè lɛ mùt à yùmus ɓáŋ ɓèɛ. ⁵ Inyǔlē ŋgàndàk ì galɔ̀ i jòy jêm, i kāl lɛ, Mɛ̀n mɛ̀ yè Krīstò; ɓa yumūs ŋgàndàk ɓôt. ⁶ Nì ganɔ̀k inyùu gwèt, nì mɓìmɓà gwèt; nì yihgè lɛ halā à soha ɓáŋ ɓèɛ miŋɛm; inyǔlē màm mana ma nlama gwelà, ndi hà lìsuk ɓe lî. ⁷ Inyǔlē lɔ̀ŋ i ganyàŋgɓɛnɛ lɔ̄ŋ, ànɛ kì i kɔ̄lɓa ànɛ; njàl kɛni ì gaɓā ɓahɔ̄ma ɓàhɔ̀ma, nì ndòn, nì nyèŋg disi. ⁸ Màm mana mɔmasonā mɔn ma ye ndīgi ɓiɓòdlɛ bi ŋkòògà.* ⁹ Ŋgèdà ì ɓa gatī ɓee lɛ ni kɔ́s njiìhà, nì nɔl kì ɓèe; bìlɔ̀ŋ gwɔɓisonā bi gaɔ̀ɔ̀ ɓee inyùu jòy jêm. ¹⁰ Hanyēn ŋgàndàk ì gaɓaàgɛ, ì liìɓànàgà, ì ɔ̀ɔ̀nàgà. ¹¹ Ŋgàndàk ɓàpodôl ɓa ɓitɛmɓɛɛ ì gapām i yùmùs ŋgàndàk ɓôt. ¹² Halā kìi lìyànmɓen li gayāba, gweha ī ŋgandàk ɓôt i gahɔ̆y. ¹³ Ndi nu à

ᶠ**Màt 23: 25** Bìɓ 4: 8-10; 2Mìŋ 24: 20-22
ᵍ**Màt 23: 39** Hyèm 118: 26

*__Màt 24: 8__ Halā à yè lɛ, lìgwee lī ŋgedà Mèsià

nhōnɓa lɛtɛ̀ɛ̀ nì lisūk à gatɔ̄hlana. ¹⁴ Mìŋaŋ Mìnlam mi anɛ̀ ini mi gaāŋlana ŋkɔ̀ŋ hisi wɔnsonā i ɓā bìlɔ̀ŋ gwɔbisonā mbogī; ndi tɔ̀lɛ lìsuk li nlɔ̀.

Njiihà kɛŋi
Mar 13: 14-23; Luk 21: 20-24

¹⁵ Jɔn ŋgèdà nì ntēhɛ yɔm i nsūuŋgaha ŋɛm cībaà, i ī pōda nì m̀podôl Dànièl,ʰ i tee hɔ̀ma m̀pubhaga [Nu à ŋāŋ a tibil nɔ̀k], ¹⁶ hanyēn ɓa ɓā ye Yùdeà ɓa kɛnēk ŋ̀gwee dikòa; ¹⁷ nu à yè i ŋgìi ndáp à sòs ɓáŋ hisī i yɔ̀ŋ gwɔ̀m mu ndáp yeè. ¹⁸ Mùt à yè i wɔ̌m à tèmbek ɓáŋ mbūs i yɔ̀ŋ mbɔt yeē. ¹⁹ Ŋgɔɔ nì ɓòdàà ɓa mem nì ɓa ɓā nnyūŋus ɓɔn mu dīlɔ̄ diì! ²⁰ Sɔɔhana lē ŋ̀gwee nân u ɓānɛ ɓaàŋ ŋgèdà mbèn, tɔ̀ ŋgwà nôy; ²¹ inyǔlē njiihà kɛŋi ì gaɓā dilɔ̄ diì, ndòŋ ì ì màà ɓa ɓē ìlɔ̀ yaga biɓèe bi ŋkɔ̀ŋ hisi lɛtɛ̀ɛ̀ nì hanânɔ, ì gaɓā ɓe ki tɔ̀ kɛlkǐkēl.ⁱ ²² Ndi ɓalē dilɔ̄ diì di nhubhànà ɓee, ki tɔ̀ mùt wàda à gatɔ̄hlana ɓee; ndi inyùu mìntɛbêk dìlɔ dî di gahūbhana. ²³ Ŋgèdà ì iɓālē mùt à ŋ̀kál ɓee lɛ, Nùnakì, Krǐstò à yè hana, tɔ̀lɛ, À yè haa; nì hemlɛgɛ ɓáŋ. ²⁴ Inyǔlē bìkrǐstò bi bitɛmbɛɛ nì ɓàpodôl ɓa bitɛmbɛɛ ɓa galɔ̀ɔ, ɓa undā bìyìmbnɛ bìkɛŋi nì màm ma helha, lɛ ndi ɓa yumūs mìntɛbêk iɓālē ɓa nlà. ²⁵ Nùnakì, mɛ̀ m̀ɓôk ndigi yīs ɓee halā. ²⁶ Jɔn iɓālē ɓa ŋkál ɓee lɛ, Nùnakì, À yè ŋɔ̀ŋ, nì kɛ̀nɛk ɓáŋ nyɔ̀ɔ; tɔ̀lɛ, Nùnakì, À yè i kède bitùŋ, nì hemlɛgɛ ɓáŋ. ²⁷ Inyǔlē kìkìi ŋwègŋwèk à ŋŋwèk likòl, à tehegà lɛtɛ̀ɛ̀ nì i hyōŋ, halā kì nyɛn màlòl ma Man mùt ma gaɓā. ²⁸ Hɔ̀ma mìm mi yenè, hanyēn mìnyògol mi ŋkɔ̀dɓànà.

Màlòl ma Man mùt
Mar 13: 24-27; Luk 21: 25-28

²⁹ Njiihà ìni ì ma tāgɓɛ cɔ dī dìlɔ, jɔ̀p li gayìla jiibè, sɔŋ ì gaɓày ha ɓee, còdot di gaɓā di ntɔ̄li ŋgìi, di kwɔ̂k, màpemba ma ŋgiì ma ganyìŋghana;ʲ ³⁰ Ndi tɔ̀lɛ yìmbnɛ Man mùt i ganēnɛ ŋgìi; ŋgèdà ì màten ma hisi mɔmasonā ma gaɛ̀ɛ, ma gatēhɛ Man mùt à nlòl i ŋgìi ɔ̀nd ŋgìiᵏ ni lìpemba nì lìpem lìkɛŋi. ³¹ À gaɔ̄m aŋgèl yee ni mbìmbà kɛŋi ì sep, i gakɔ̀t mintɛbêk ŋwee mi lolàk mbèbi inâ, ìɓòdòl lisūk li ŋgiī jada lɛtɛ̀ɛ̀ nì lii.

Màeba inyùu ē faygè
Mar 13: 28-31; Luk 21: 29-33

³² Ɓèe niglana ŋgèn inyùu ē faygè; ŋgèdà mìncêp ŋwee mi ntɔ̄ɔ, mi hâk cǎy, nì ńyī lɛ sèp i ye ɓèɓèɛ. ³³ Halā kì nyɛn yàk ɓee, kìi nì ntēhɛ màm ma mōmasonā, yina lē à yè ɓèɓèɛ, à tee yāga maŋwèmɛl. ³⁴ Hɔ̀dɔ nu mɛ̀ nhɔ̄mb ɓee lɛ, Hyày hini hi gatāgɓɛ ɓee, màm mana mɔmasonā ŋgì ɓɔ̀ŋà. ³⁵ Ŋgìi ì gatāgɓɛ ɓɔ hìsi, ndi bìɓàŋga gwêm bi gatāgɓɛ ɓee.

Mùt nyɛkǐnyē à ńyī ɓe kɛl tɔ̀ ŋgɛŋ
Mar 13: 32-37; Luk 17: 26-30, 34-36

³⁶ Mùt nyɛkǐnyē à ńyī ɓe kēl ì tɔ̀

ʰ**Màt 24: 15** Dàn 9: 27; 11: 31; 12: 11
ⁱ**Màt 24: 21** Dàn 12: 1
ʲ**Màt 24: 29** Yès 13: 10; 34: 4
ᵏ**Màt 24: 30** Sàk 12: 10; Dàn 7: 13; Màs 1: 7

ŋgēŋ ì, tɔ̀ aŋgèl ŋgiì, ndik Tàta nyētāma. ³⁷ Kìkìì i ɓā dīlɔ̄ di Noà, halā kì nyɛn màlòl ma Man mùt ma gaɓā. ³⁸ Inyǔlē kìkìì i ɓā dīlɔ̄ diì, ǹtìda malep ŋgì pam, ɓa ɓā jɛ, ɓa nyɔ̄k, ɓa ɓiâk, ɓa tingà maɓiî, lɛtèè nì yɔ̀kɛl nu Nōà à jùɓul ŋkūu,¹ ³⁹ Ndi ɓa ɓā yi ɓē lɛtèè ǹtìda malep u lɔ̂, u sâs ɓɔɓasonā; halā kì nyɛn màlòl ma Man mùt ma gaɓā. ⁴⁰ Ŋgèdà ì ɓòòlom iɓaà ɓa gaɓā wɔ̌m; wàda à gayòŋa wàda a yeglɛ; ⁴¹ Bòdàà iɓaà ɓa gaɓā ɓa ŋkɔ̀k i ŋgɔ̀k yàda, wàda à gayòŋa, wàda a yeglɛ. ⁴² Jɔn yèna pèè, inyǔlē nì ńyī ɓe ìmbɛ kɛl Ŋwɛ̀t nàn à galŏl. ⁴³ Yina lē, ɓalɛ ŋwèdmbay à yîk ŋgèdà mùt wǐp à nlòl, ki à ɓak lɛ à yén pèè, à nɛɛɓɛ ɓe lɛ ɓa ɓok nyē ndāp. ⁴⁴ Inyǔhālà yàk ɓèe yèna ǹkŏɓàgà; inyǔlē Mǎn mùt à galŏl ŋgēŋ nì hɔŋlak ɓee.

Ŋ̀kɔ̀l maliga nì ŋ̀kɔ̀l m̀ɓɛ

Luk 12: 41-48

⁴⁵ Ǹjɛɛ ni à yè ǹkɔ̀l u ɓonyoni nì u pêk, u ŋwèt wɛē à ǹtee ŋgìi ɓòt ɓee ɓa ndap i tī ɓɔ̄ bìjɛk ŋgèdà lìtinnɛ. ⁴⁶ Ŋ̀kɔ̀l u ū ye ǹsăyɓàk, ŋgèdà ŋwèt wɛē à nlɔ̄ à kɔba wɔ u m̀ɓɔ̀ŋ halà. ⁴⁷ Hɔ̀dɔ nu mè nhɔ̄mb ɓee lɛ, À gatēe wɔ ŋgìi gwɔ̀m gwee gwɔbisonā. ⁴⁸ Ndi iɓālē ŋ̀kɔ̀l m̀ɓɛ u ū ŋkahal hɔ̄ŋɔl ŋēm wee lɛ, Ŋwèt wêm à ǹfiŋha lɔ̀ɔ, ⁴⁹ Nì wɔ u ɓodòl ɓep ɓasɔ miŋkɔ̀l ŋwee, u jêk, u nyɔ̄k wɔ nì ɓòt ɓa lihyua; ⁵⁰ ŋwèt ǹkɔ̀l û a galɔ̀ i kēl u hɔ̄ŋlak ɓee, nì ŋgēŋ u yīk ɓee, ⁵¹ a kit wɔ̄ nì dìsòo, a ti wɔ̄ jògà jee nyɛ nì ɓòt ɓa biheŋɓà; nyɔ̀ɔ nyēn mìnlend mi gaɓānɛ nì jɛ màsɔŋ.

25

Ŋgèn inyùu jòm li diŋgɔ̀ndà

¹ Ŋgèdà ì ànɛ̀ ŋgiī i gaɓā wěŋgɔ̀ŋlɛ jòm li diŋgɔ̀ndà ŋgìyimûnlom, li yɔ̀ŋ bìtuŋgeŋ gwap, li kɛ ɓɔ̀mà m̀ɓiî. ² Ditân mû di ɓā bìjoŋ, ditân kì di ɓâk di gwēē pèk. ³ Inyǔlē di bijoŋ di yɔ̌ŋ ɓǎŋ bìtuŋgeŋ gwap, di yɔ̌ŋ ɓe moo; ⁴ Ndi di pêk di yɔ̌ŋ mòò bihēl gwap nì bituŋgeŋ gwap. ⁵ Kìi m̀ɓiî à ǹfiŋha lɔ̀ɔ, hìlɔ hi kahal toŋgōl ɓɔ, ɓa kɛ hīlɔ̄. ⁶ Nì ŋ̀em u ɓa nɔk kiŋ lɛ, Nùnakì, m̀ɓii nūnu! Kɛna ɓɔ̀mà nyɛ. ⁷ Hanyēn diŋgɔ̀ndà di cōdisonā di tɛlɛèp di kahal tīɓil bituŋgeŋ gwap. ⁸ Di bijoŋ di kâl di peèk lɛ, Tina ɓès moo mu mòò manân; inyǔlē bìtuŋgeŋ gwes bi ŋkahal lēm. ⁹ Di pêk di tîmbhɛ̀, di kâl lɛ, Hɛni, ma tiga lɛ ma kɔlā ɓe ɓes nì ɓèe; ɓèe kɛna ndīgi yāk ɓā ɓā nnùŋùl, ni sɔmb mànân. ¹⁰ Di kɛ̀ɛ ɓǎŋ sōmba, m̀ɓii à lɔ̂; di dī ɓā ǹkŏɓàgà di jóp ɓɔ nì nyɛ ŋgànd lìɓiî, nì lìkòga li yîɓɓà. ¹¹ I mbūs hālà, yàk diŋgɔ̀ndà di lɔ̂, di kâl lɛ, À ŋwɛt, à ŋwɛt, yìɓlɛ ɓès. ¹² Ndi à tîmbhɛ̀, à kâl lɛ, Hɔ̀dɔ mè nhɔ̄mb ɓee lɛ, Mè ńyī ɓe mɛ ɓèe. ¹³ Inyǔhālà ɓèe yèna pèè, inyǔlē nì ńyī ɓe kɛl tɔ̀ ŋgeŋ Mǎn mùt à nlòl.

Ŋgèn inyùu tàlênd

¹⁴ I ye yàa wěŋgɔ̀ŋlɛ mùt à ɓa kɛ mū lɔ̀ŋ pɛ, à sebèl miŋkɔ̀l ŋwee, à ti ŋwɔ ŋ̀kùs wee. ¹⁵ À ti wada tàlênd* itân, nûmpɛ iɓaà, nu kì yàda, hi mût kìkìì là yee; nì nyɛ à kɛ līkè jee. ¹⁶ Nu à kŏs tàlênd itân à kê, à hɔɔ ɓoŋōl yɔ nyùŋga, à ɓahal talênd ipɛ itân. ¹⁷ Halā nyēn nū à kŏs iɓaà, à ɓahal kì ipɛ iɓaà. ¹⁸ Ndi nu à kŏs yàda à kê,

---

¹**Màt 24: 38** Bìɓ 7: 7   *__**Màt 25: 15** Bèŋge Màt 18: 24

à tem hisi, à huē mɔnī mi ŋwɛt weè. ¹⁹ Mbūs n̄tàndàà ŋgedà, ŋwèt miŋkɔ̀l mi à lɔ̂, à yoŋōl ŋwɔ ŋ̀aŋga. ²⁰ Nu à kŏs tàlênd itân à lɔ̂, à lɔnā talênd ipɛ itân, à kāl lɛ, À ŋwɛt, ù bitī mɛ tàlênd itân; nŭnkì, mè m̀ɓahal ipɛ itân. ²¹ Ŋwèt weē à kāl nyɛ lɛ, Ǹɲ̂, à lɔŋgɛ ŋkɔ̀l u ɓonyoni, ù ɓak ni ɓōnyoni inyùu ndèk mâm, mè gatēe wɛ ī ŋgìi ŋgàndàk mâm; jŏp māsēe ma ŋwɛt wɔɔ̀ŋ. ²² Halā kì nyɛn yàk nu à kŏs tàlênd iɓaà à lɔ̀ɔ, à kāl lɛ, À ŋwɛt, ù bitī mɛ tàlênd iɓaà, nŭnkì, mè m̀ɓahal talênd ipɛ iɓaà. ²³ Ŋwèt weē à kāl nyɛ lɛ, Ǹɲ̂, à lɔŋgɛ ŋkɔ̀l u ɓonyoni, ù ɓak ni ɓōnyoni inyùu ndèk mâm, mè gatēe wɛ ī ŋgìi ŋgàndàk mâm; jŏp māsēe ma ŋwɛt wôŋ. ²⁴ Yàk nu à kŏs tàlênd yàda à lɔ̂, à kāl lɛ, À ŋwɛt mè biyī lɛ ù yè ǹlèdɛk mût, ù mɓùmbul hɔma ù ǹsal ɓēe, ù kɔ̀dɔ̀k kì hɔma ù ŋ̀ŋwás ɓe mboo; ²⁵ Jɔn mè bikònol wɔŋi, mè kê, mè huē talênd yɔ̀ŋ hisī, nŭnkì, yɔ̀m yɔŋ ini. ²⁶ Ŋwèt weē à fimbhɛ nyɛ lɛ, Wè ŋkɔ̀l m̀ɓɛ unu, nì u ŋgelè, ù ɓe yi lē mè mɓùmbul hɔma mè ǹsal ɓēe, mè kɔ̀dɔ̀k kì hɔma mè ŋ̀ŋwás ɓe mboo; ²⁷ ù ɓeè lɛ ù ti ɓateedà mòni mɔnī ŋwɛ̀m, ki mālòl mêm mè ɓak lɛ mè yɔ́ŋ yɔm yɛɛ̀m nì yèŋɛ̀. ²⁸ ˈBèe yɔ̀ŋa nyē tàlênd à gwèè, ni ti yɔ̀ nu à gwèè jòm li talênd. ²⁹ Inyŭlē hi muùt à gwèè, i gatīna nyɛ, ndi a ɓana ŋgàndàk; ndi nu à gwèè ɓēe, yàk i à gwèè i gayòŋa. ³⁰ ˈBèe lèŋa yòma ŋkɔ̀l i nyɔ̀ɔ jîɓè i tān; nyɔ̀ɔ nyēn mìnlend mi gaɓānɛ nì jɛ màsɔ̀ŋ.

Mbàgi ì bìlɔ̀ŋ gwɔbisonā

³¹ I ŋgèdà Măn mùt à galòl lipēm jee, nyɛ nì aŋgèl pubi yɔsonā, hanyēn à gayèn i yèènɛ anè i lipem jee. ³² Bìlɔ̀ŋ gwɔbisonā bi gakɔ̀dɓa bisū gwee, à gaɓāgal gwɔ kìi n̄teedà mìntomba à mɓāgal mintomba nì mìnyà mi kɛmɓɛɛ̀; ³³ À gatēe mintomba wɔ̀ɔ̀ wee waalōm, nì mìnyà mi kɛmɓɛɛ̀ kì i wɔ̀ɔ wee waaē, ³⁴ Ha nī nyɛn kīŋɛ ì gakàl ɓôt ɓa tee wɔ̀ɔ wee waalōm lɛ, À ɓee ɓôt nì ǹsáyɓana ni Tàtâ, lɔ̀na, kòdlana ànɛ i ye ŋ̀kŏɓàgà inyùu nàn iɓòdòl biɓèe bi ŋkɔ̀ŋ hisi. ³⁵ Inyŭlē njàl ì ɓeè ì gwèē mè, nì ti mɛ bìjɛk; nyùs i ɓeè i gwèē mè, nì ti mɛ màlep; mè bilɔ̀ nhuu mùt, nì yîs mɛɛ̀. ³⁶ Mè ɓeè ǹsɔ, nì ɛ̄ŋ mɛɛ̀; mè bikɔ̀n, nì yuuga mê; mè ɓeè ī mɔ̀k, nì lɔ tēhɛ mɛ̀. ³⁷ Ndi ɓôt ɓa tee sēp ɓa gatìmbhɛ nyɛ lɛ, À Ŋwɛt, ŋgèdà mɓɛɛ dì bitēhɛ njaàl ì gwèē wè, ndi dì ti wɛ bìjɛk? Tɔ̀ nyùs, ndi dì ti wɛ màlep? ³⁸ Ŋgèdà mɓɛɛ kî dì bitēhɛ wɛ ǹhuu mùt, ndi dì yîs weè? Tɔ̀ ǹsɔ, ndi dì ɛ̄ŋ weè? ³⁹ Ŋgèdà mɓɛɛ kî dì bitēhɛ wɛ ù ŋkɔ̀n, tɔ̀ i mɔ̀k, ndi dì lɔ ī tēhɛ wè? ⁴⁰ Kiŋɛ ì gatìmbhɛ ɓɔ lɛ, Hɔ̀dɔ nu mè nhɔ̄mb ɓee lɛ, Lakìi nì biɓòŋol wadā munu lògtatā hàlà, tɔ̀ ini i nlōha tidigi, mɛ́n nì biɓòŋol halà. ⁴¹ Ndi à gakàl ɓa ɓā tee wɔ̀ɔ waaē lɛ, Nyɔ̀dna mè i mbɔ̀m, à ɓee ɓa nì ǹtîhànà, kɛna hyèè hi ɓɔgā hi hī kòòbana īnyùu ǹsɔ̀hɔ̀p nì aŋgèl yee. ⁴² Inyŭlē njàl ì ɓeè ì gwèē mè, nì ti ɓe mɛ bìjɛk; nyùs i ɓeè i gwèē mè, nì ti ɓe mɛ màlep; ⁴³ mè ɓeè ǹhuu mùt, nì yîs ɓe mɛɛ̀; ǹsɔ, nì ɛ̄ŋ ɓe mɛɛ̀; mè ɓe kôn, mè ɓeè mmɔ̀k, nì lɔ ɓē i tēhɛ mɛ̀. ⁴⁴ Hanyēn yàk ɓɔ ɓa gatìmbhɛ lɛ, À Ŋwɛt, ŋgèdà mɓɛɛ dì bitēhɛ njaàl ì gwèē wè, tɔ̀ nyùs, tɔ̀lɛ ù lɔ ñhuu mùt, tɔ̀ ǹsɔ, tɔ̀lɛ ù kɔ̀nɔ̀k, tɔ̀ i mɔ̀k ndi dì

gwelēl ɓe wɛɛ̀? ⁴⁵ Ndi tɔ̀lɛ à ntìmbhɛ ɓɔ lɛ, Hɔ̀dɔ nu mɛ̀ nhɔ̄mb ɓee lɛ, Lakìi nì ɓe ɓoŋòl ɓe wadā i kède ɓāna ɓa nloōha bitidigi, nì biɓòŋol ɓe mê. ⁴⁶ Ɓana ɓa gakè i nōgoòs ɓɔgā, ɓòt ɓa tee sēp kiì i nìŋ ɓɔgā.

26

Ɓèt ɓa Lôk Yudà ɓa nhɛ̀k pêk i gwɛ̀l Yesù

Mar 12: 1-2; Luk 22: 1-2; Yòh 11: 45-53

¹ I lēŋa lē, Yesù à mǎl ɓǎŋ pɔ̄t biɓàŋga bini gwɔbisonā, à kāl ɓanigiìl ɓee lɛ, ² nì ńyī lɛ ŋgànd Pasà^m ì yè nɔmaà, ɓa gatī Man mùt lɛ a tōmlana mbāsa. ³ Hanyēn bìpr̃ǐsi bìkɛŋi, nì ɓàyimbēn nì mìmaŋ mi ɓôt ɓa kɔ̀dɓa kɔ̄tɔɔ priīsì kɛŋi lɛ Kayfà; ⁴ Nì ɓɔ ɓa hēk peèk lɛ ɓa gwɛ̄l Yēsù nì màndɔn, ndi ɓa nɔl nyɛ. ⁵ Ndi ɓa kāl lɛ, Hà i ŋgèdà ŋgànd ɓee, lɛ lìsànda li tiga lɛ li kwɔ ī kède ɓòt.

Mùdàà wadā à ŋkōp Yesù làɓindè i Ɓètanìà.

Mar 14: 3-9; Yòh 12: 1-8

⁶ Ŋgèdà Yesù à ɓanɛ Ɓètanìà, i ndāp Sīmòn, mùt lò, ⁷ mùdàà wadā a lɔɔ̀, à ɓâk à gwèe ndɔ̄ŋgi ì lɔŋgɛ lāɓindè ì ŋgàndàk ndàmbà, à kop nyɛ yɔ̀ ŋɔ̄, ŋgèdà à ɓa à yìi jē. ⁸ Ɓànigîl ɓa tēhɛ ɓǎŋ hālà, ŋ̀em u hend ɓɔ, ɓa kāl lɛ, I òɓòs ini i yenɛ inyūkī? ⁹ Ɓa ɓâk lɛ ɓa nuŋūl yɔ ŋgàndàk ndàmbà, ɓa ti diyɛyèbà. ¹⁰ Lakìi Yēsù à ɓa yi hālà à kāl ɓɔ lɛ, Nì ntèèŋgana ki mùdàà nunu? Inyūlē à m̀ɓoŋōl mɛ ǹsɔn ǹlam. ¹¹ Inyūlē nì gwèe dìyɛyèɓà ŋgèdà yɔ̀sonā ɓēnī, ndi nì gwèe ɓē mɛ ŋgèdà yɔ̀sô. ¹² I kōp à ŋkop mɛ làɓindè ìni nyùù yêm, à m̀ɓɔ̄ŋ halā ī kòòɓà màjòna mɛ̄m. ¹³ Hɔ̀dɔ nu mɛ̀ nhɔ̄mb ɓee lɛ, Tɔ̀ hɛ hɔma mīŋāŋ mìnlam mini mi ga-āŋlana munu ŋkɔ̀ŋ hisi wɔnsonā, yàk jàm mùdàà nunu à m̀ɓɔ̄ŋ li ga-āŋlana i ɓìgdà nyɛ.

Yudà à ǹnɛɛɓɛ i līibànà Yesù

Mar 14: 10-11; Luk 22: 3-6

¹⁴ Ndi wàda mu ī jǒm nì iɓaà, jòy jee lɛ Yudà Iskàriòt, à kɛ yāk bìpr̃ǐsi bìkɛŋi, ¹⁵ à kāl lɛ, Nì ntī ki mɛɛ̀, lɛ mɛ ti ɓèè nyɛ, nì ɓɔ ɓa hegēl nyɛ mòm maâ ma bipɛ̀s bi silɓà. ¹⁶ Ìɓòdòl yɔ̀kɛl nyɛn à kahal hēŋ i tī ɓɔ̄ nyɛ̄.

Yesù à njē Pasà nì ɓànigîl ɓee

Mar 14: 12-21; Luk 22: 7-13, 21-23; Yòh 13: 21-30

¹⁷ Kɛl bìsu ì bìkɔ̀ga bi ŋgisèŋha, ɓànigîl ɓa lɔ yāk Yēsù, ɓa ɓât lɛ, Hɛ hɔma ù nsòmbol lɛ di kōbana wè i jē Pāsà? ¹⁸ Nì nyɛ a kāl lɛ, Ɓèe kèna ŋkɔ̀ŋ, pama yāk mùt wàda, kàla nyē lɛ, Màlêt à ŋ̀kāl lɛ, Ŋgèdà yèm ì gwèe nì mɔ̀ɔ; mɛ̀ nlòòhɛnɛ Pasà i ndāp yɔɔ̀ŋ, mɛ̀ nì ɓànigîl ɓêm. ¹⁹ Nì ɓànigîl ɓa ɓɔ̄ŋ kìkìi Yēsù à kǎl ɓɔ̄; nì ɓɔ ɓa kōɓa Pasà. ²⁰ Kòkoa i kwɔɔ̀ ɓǎŋ, à yēn tēblè nyɛ nì jǒm nì iɓaà; ²¹ Ɓa ɓā jɛ ɓǎŋ, à kāl lɛ, Hɔ̀dɔ mɛ̀ nhɔ̄mb ɓee lɛ, wàda i kède nàn à galīibana mɛɛ̀. ²² Nì ɓɔ ɓa unup kîyaga, ɓa kahal ɓàt nyɛ hi mût nyɛ, À Ŋwɛt, ɓàa mɛ̀? ²³ À fìmbhɛ lɛ, Mùt ɓěhnà nyɛ dì nhēha wɔɔ i sōya, nyɛn à galīibana mɛɛ̀. ²⁴ Mǎn mùt à ŋkè yàa, kìkìi i ye ǹtǐlɓàgà inyùù yeè; ndi ŋgɔɔ nì mùt

---

ᵐMàt 26: 2 Màn 12: 1-27

nu à ǹliibana Man mùt! I ɓeè lɔŋgɛ nì mùt nu lɛ à gwee ɓee. ²⁵ Nì Yudà, nu à liibana nyē, à tímbhɛ lɛ, À Rabì, ɓàa mɛ̀? À tímbhɛ nyɛ lɛ, Kìkìi ù mpɔ̄t.

Yesù à ntēe bilòp bi Ŋwɛt

Mar 14: 22-26; Luk 22: 14-20; 1Kɔ̀r 11: 23-26

²⁶ Ba ɓā jɛ ɓăŋ, Yesù à yɔ́ŋ kɔgā, à sayàp, à ɓɛk yɔ, à ti ɓanigîl, à kâl lɛ, Yɔ̀ŋa, jɛna; nyùù yêm ìni. ²⁷ À yɔ́ŋ ki liɓòndo, à ti mayègà, à ti ɓɔ, à kâl lɛ, Bèeɓɔɓasonā nyɔna jɔ̄; ²⁸ inyǔlē màcèl mêm ma malombla ma yɔndɔ mana ma ŋkubna ŋgandàk ɓòt inyùu ŋwèhèl biɓeba. ²⁹ Mɛ̀ ŋkàl ɓee lɛ, Mɛ̀ ganyɔ̄ ha ɓe mɛ màlep ma matam ma ŋkòò wây mana lɛtɛ̀ɛ nì yɔ̀kɛl nu mɛ̀ nì ɓèe dì ganyɔ̄ mɔ yɔndɔ i ànɛ̀ Tatà.

³⁰ Ba măl ɓăŋ tōp hyembi, ɓa kɛ hīkòa Olīvè.

Petrò à gataŋɓa Yesù

Mar 14: 27-31; Luk 22: 31-34; Yòh 13: 36-38

³¹ Hanyēn Yēsù à kèlel ɓɔ̄ lɛ, Bèeɓɔɓasonā nì gaɓàage ū unu inyùù yêm; inyǔlē i ye ǹtĭlɓàgà lɛ, Mɛ̀ gaōm nteedà mìntomba, mìntomba mi ɓembā mi camā.ⁿ ³² Ndi ŋgèdà mɛ̀ gatùglana, mɛ̀ gaɓòk ɓee bisū i Gàlìlea. ³³ Petrò à tímbhɛ lɛ, Tɔ̀ ɓɔɓasonā ɓa mɓaàgɛ inyùù yɔ̂ŋ, mɛ̀ mɛ̀ gaɓàage yaga ɓe mê. ³⁴ Yesù à kâl nyɛ lɛ, Hɔ̀dɔ nu mɛ̀ nhɔ̄mb wɛ lē, u unu, ǹlom kōp ŋgì ɔŋ, ù gataŋɓa mɛ ŋgèlè iaâ. ³⁵ Petrò à kâl nyɛ lɛ, Tɔ̀ mɛ̀ ǹlama weha

ɓehnà wɛ lòŋ, mɛ̀ gataŋɓa ɓe mɛ wɛ̀. Halā nyēn yàk ɓànigîl ɓɔɓasonā ɓa pɔ̄t.

Yesù à nsɔ̄ɔhɛ i wɔ̀m Getsēmānè

Mar 14: 32-42; Luk 22: 39-46

³⁶ Yesù nyɛ nì ɓɔ ɓa pam hɔma à nsèblana lɛ Gètsēmānè, à kâl ɓanigiìl ɓee lɛ, Bèe yɛna hāna, mɛ̀ ŋkɛ̀ nyɔ̄ i sɔ̄ɔhɛ̀. ³⁷ Nì nyɛ a kɛnā Petrò nì ɓɔ̀n ɓa Sebèdeò iɓaà, à kahal kɔ̀n ndudù, à siidàga. ³⁸ À kâl ɓɔ lɛ, Ŋ̀ɛm wêm u nlòòha kɔ̄n ndudù, lɛtɛ̀ɛ nì i nyɛ̀mb; ɓee yɛna hāna, ni yēn pèɛ lôŋnì mɛ̀. ³⁹ Nì nyɛ à kógɛ bisū ndeèk, à om su wee hisī, à sɔɔhɛ̀, à kâl lɛ, À Tâ, iɓālē i ye lē i ɓa halà, liɓòndo lini li sɛ̄t mɛ̀; ndi tɔ̀ halà hà kìi mɛ̀ mɛ̀ nsòmbòl ɓee, ndik kìkìi wɛ̀ ù nsòmbòl. ⁴⁰ Nì nyɛ à tēmb yak ɓànigîl, à kɔba ɓɔ hilɔ̄, nì nyɛ à kâl Petrò lɛ, Bàa nì tà ɓe lɛ nì yēn pèɛ lòòŋnì mɛ̀ tɔ̀ ŋgɛn yadā? ⁴¹ Yɛna pèɛ, sɔɔhana lē nì jòp ɓăŋ ī kède mànɔ̀ɔdànà; mbuu u nnēebè yaga, ndi mìnsòn mi mɓɔ̀mb. ⁴² À kondē ki kɛ̀, à sɔɔhɛ̀, à kâl lɛ, À Tâ, iɓālē liɓòndo lini li ta ɓē lɛ li la sɛ̄ɛt mɛ̀ɛ, ndik lē mɛ̀ ǹnyɔ jɔ, wɛɛ sòmbòl yɔŋ i ɓoŋā. ⁴³ Nì nyɛ à kondē ki lɔ̀, à kɔba ɓɔ hilɔ̄, inyǔlē mìs ma ɓā nɛ ɓɔ̄ cɛ̀mcɛ̀m. ⁴⁴ Nì nyɛ à kondē yek ɓɔ, à kɛ kì, à sɔɔhɛ ŋgèlè ì ǹyonos iaâ, à tímba pɔt minlèlɛ̀m mi biɓàŋga. ⁴⁵ Ndi tɔ̀ lɛ à ntēmb yak ɓànigîl, à kâl ɓɔ lɛ, Bèe kɛna yàà hilɔ̄ hanaànɔ, nɔ̀yga; nùnakì, ŋgɛn ì gwèe nì mɔ̀ɔ lɛ Măn mùt à nliibana i mɔ̀ɔ ma ɓaɓɔ̀ŋɓeba. ⁴⁶ Tɛlɓana, di kɛnēk; nùnakì, nu à ǹliibana mê à gwèe nì

ⁿ**Màt 26: 31** Sàk 13: 7

mɔɔ.

Ɓa nliibana Yesù, ɓa ha nyɛ mɔɔ

Mar 14: 43-50; Luk 22: 47-53; Yòh 18: 2-11

⁴⁷ Ki à ŋgi pɔdɔ̂k, nŭnkì, Yudà, wàda mu jŏm nì iɓaà, à lɔ lōŋnì lìmùt lìkeŋi, li ɓâk li gweē pàminsɔ̀ŋ nì bìkek, li lolàk yak bìpr̆ìsì bìkeŋi ni mìmaŋ mi ɓôt. ⁴⁸ Nu à liibana nyē, à ti ɓɔ̄ yìmbnɛ, à kā̂l lɛ, Mùt mɛ̀ gasɔ̄s, wɛ̀ɛ nyē nu; gwèla nyē. ⁴⁹ Nì nyɛ a hɔɔ lɔ yāk Yēsù, à kā̂l lɛ, Mɛ̀ ǹyegā wɛɛ̀, à Ràbì; à sɔs yaga nyɛ. ⁵⁰ Nì Yesù à kā̂l nyɛ lɛ, À ŋ̆gwâ, ɓɔ̀ŋɔk jàm ù ǹlɔ ɓɔ̀ŋ. Nì ɓɔ ɓa ha nyɛ mɔɔ, ɓa kɛnā nyɛ. ⁵¹ Ndi nŭnkì, wàda mu ntōŋ Yesù à sambal wɔɔ wee, à sɔdɔl pansɔ̀ŋ yèe, à ɓep ŋkɔ̀l pr̆ìsì keŋi, à kit wɔ ō. ⁵² Nì Yesù à kā̂l nyɛ lɛ, Tìmbis pànsɔ̀ŋ yɔ̀ŋ i hɔma weē, inyŭlē ɓa ɓɔ̄ɓasonā ɓa mɓāda pansɔ̀ŋ ɓa nciba ni pànsɔ̀ŋ. ⁵³ Ɓàa ù nhɔ̄ŋɔl lɛ mɛ̀ tà ɓe lɛ mɛ̀ la sɔ̄ɔhɛ Tatà, ndi a omle me ìlɔ̀ɔ yaga jom li mintoŋ mi aŋgèl mbòk iɓaà hanânɔ? ⁵⁴ Ndi lɛlaa Màtìlà ma ye lē ma yɔɔ̀n, lakìi hālā nyɛ̄n i nlama ɓa? ⁵⁵ Ŋgèdà ì yŏn Yēsù à kèlel màmùt lɛ, Ɓàa nì nlɔ i gwèl mɛ̀ nì pàminsɔ̀ŋ nì bìkek wěŋɔ̀ŋlɛ mùt ŋgadla? Mɛ̀ ɓe yēn i tēmpèl hi kɛl, mɛ̀ niigàgà, ndi nì bigwèl ɓe mê. ⁵⁶ Ndi màm mana mɔmasonā ma mɓɔ̀ŋa lɛ Màtìlà ma ɓapodôl ma yôn. Hanyēn ɓànigîl ɓɔ̄ɓasonā ɓa yīgil nyē, ɓa kɛ ŋgwee.

Yesù bisū bi ntoŋ ɓakeês ɓàkeŋi

Mar 14: 43-65; Luk 22: 54-55, 63-71; Yòh 18: 12-14, 19-24

⁵⁷ Ɓa ɓā gwĕl Yēsù ɓa kɛnā nyɛ yak pr̆ìsì keŋi lɛ Kayfà, hɔma ɓàyimbēn nì mìmaŋ mi ɓôt ɓa ɓā ɓa koōdnɛ. ⁵⁸ Petrò à ɓa nôŋ nyɛ kìŋmbèm, lɛtɛ̀ɛ̀ nì i kɔ̄tɔɔ i priīsì keŋi, à jôp muù, à yén hisī nyɛ nì mìnlìmil i tēhɛ lìsuk. ⁵⁹ Ndi bìpr̆ìsì bìkeŋi, nì mìmaŋ mi ɓôt, nì ŋgìm ǹtoŋ ɓakeês ɓàkeŋi yɔ̀so ɓā ɓā yeŋ mbogī bitɛmbɛɛ i kɔ̀lɓà Yesù, lɛ ndi ɓa nɔl nyē; ⁶⁰ Ndi ɓa tēhɛ ɓē yɔ; ŋ̆ŋ, tɔ̀ lakìi ŋgàndàk ɓaɓɔ̀k mbògi bitɛmbɛɛ ì lɔ̀ɔ, ɓa lèba ɓē tɔ yàda. I mbūs ɓaɓɔ̀k mbògi bitɛmbɛɛ iɓaà ɓa lô, ⁶¹ ndi ɓa kā̂l lɛ, Mùt nunu à bikàl lɛ, Mɛ̀ yɛ lɛ mɛ̀ ɓok tempèl Nyambê, mɛ̀ oŋol yɔ dīlɔ̄ diaâ.ᵒ ⁶² Nì Prĭsì keŋi ì tɛlêp, ì ɓât nyɛ lɛ, Ɓàa ù ntìmbhɛ ɓe tɔ jàm? Kinjē ɓāna ɓa mpɔ̄t i kɔ̀lɓà wè? Ndi Yesù à nii. ⁶³ Nì Pr̆ìsì keŋi ì kā̂l nyɛ lɛ, Mɛ̀ ŋkùmul we sɔ̀ŋ nì Nyambɛ nū nìŋ, lɛ u kāl ɓès, tɔ̀ɔ ù yɛ Kr̆ìstò, Mǎn Nyāmbɛɛ̀. ⁶⁴ Yesù à kā̂l nyɛ lɛ, Kìkìi ù mpɔ̄t; ndi tɔ̀ halà yàa mɛ̀ ŋkàl we lē, iɓòdòl hanânɔ nì gatēhɛ Man mùt à yìi ī sī i wɔ̀ɔ̀ waalōm u lipemba, à lolàk i ŋgìi ɔ̀nd ŋgìi.ᵖ ⁶⁵ Nì prĭsì keŋi ì was mbɔt yee, ì kā̂l lɛ, À ŋòbos Nyambɛ jŏy; dì ŋgi yiŋlàk ki ki ɓaɓɔ̀k mbògi? Ŋgɔ hanânɔ nì m̀mâl nɔk i òɓòs à ŋòbos Nyambɛ jŏy. ⁶⁶ Nì nhɔ̄ŋɔl laa? Ɓa fìmbhɛ lɛ, À kòli nì nyɛ̀mb. ⁶⁷ Nì ɓɔ ɓa kahal cōlɛ nyɛ màtay i sū, ɓa om nyɛ bìkut; ɓàhɔgi ɓa ɓebêk nyɛ màɓay, ⁶⁸ ɓa kā̂l lɛ, À Kr̆ìstò, podol ɓès bindêê: Ǹjɛɛ à m̀ɓep wê?

Petrò à ntāŋɓa Yesù

Mar 14: 66-72; Luk 22: 56-62; Yòh 18: 15-18, 25-27

⁶⁹ Petrò à ɓa à yìi nyɔɔ ī tān kɔtɔɔ,

ᵒ**Màt 26: 61** Yòh 2: 19

ᵖ**Màt 26: 64** Hyèm 110: 1; Dàn 7: 13

nì hìŋgɔ̀ndà hi lɔ ī nyēnī, hi kál lɛ, Yàk wɛ̀ ù ɓak ɓeenà Yesù, mùt Gàlìleà. ⁷⁰ Ndi à taŋ bisū bi ɓɔɓasonā, à kál lɛ, Mɛ̀ ńyī ɓe mɛ jàm ù mpɔ̄t. ⁷¹ À kɛɛ ɓăŋ nyɔɔ mbēdge kɔ̄tɔɔ, hìŋgɔ̀ndà hìpɛ hi tɛhɛ nyɛ, hi kál ɓoòt ɓa ɓā ɓa yiī hā lē, Yàk i mùt nunu à ɓak ɓɔnà Yesù, mùt Năsàrèt. ⁷² Nì nyɛ a taŋ kì, à kúm sɔ̀ɔŋ lɛ, Mɛ̀ ńyī ɓe mɛ mùt nû. ⁷³ Ndèk ŋgɛŋ ì nɔ̄m ɓăŋ, ɓa ɓā ɓā ɓā tee hà, ɓa lô, ɓa kál Pɛtrò lɛ, Yàk wɛ̀ ù yɛ tɔy wadā waàp; dì ńyīl wɛ inyùu hɔ̄p wɔŋ. ⁷⁴ Nì nyɛ à kahal tììhɛ̀ nì i kùm sɔ̀ŋ, nyɛ, Mɛ̀ ńyī ɓe mɛ mùt nû. ⁷⁵ Nì bitēebīloŋi ǹlom kōp a ɔŋ. Nì Pɛtrò à hɔŋɔl ɓaŋgā Yēsù à pɔt lē, Ǹlom kōp ŋgì ɔŋ, ù gataŋɓa mɛ ŋgèlè iaâ. Nì nyɛ à pam, à ɛ̀ɛk, à siidàgà.

27

Yesù bisū bi Pìlātò

Mar 15: 1; Luk 23: 1-2; Yòh 18: 28-32

¹ Kɛl ì yɛ ɓăŋ, bìprĭsì gwɔbisonā nì mìmaŋ mi ɓôt ɓa hɛ̄k pɛèk i kɔ̀lɓà Yesù, lɛ ɓa nɔɔl nyɛ̄; ² Nì ɓɔ ɓa káŋ nyɛ, ɓa kɛnā nyɛ, ɓa ti nyɛ ŋgɔ̄miìn Pìlātò.

Nyĕmb Yūdà

³ Hanyēn Yūdà, nu à liibana nyē, à tɛhɛ ɓăŋ lē à ǹkôs mbagī nōgoòs, à tam, à timbīs mom maâ ma bipès bi silɓà yak bìprĭsì bìkɛŋi nì mìmaŋ mi ɓôt, ⁴ À kál lɛ, Mɛ̀ m̀ɓɔ́ŋ ɓeba, halā kìi mɛ̀ ǹliibana macèl ma ŋgînsɔ̀hi. Nì ɓɔ ɓa kál lɛ, Dì gwèe kīnjē jàm mû? Jàm jɔŋ lî. ⁵ Nì nyɛ à lɛ̄ŋ bipès bi silɓà i tēmpèl, à nyɔdî; à kê à nidɓà. ⁶ Nì bìprĭsì bìkɛŋi bi yɔ́ŋ bipès bi silɓà, bi kál lē, i ta ɓē kundè i hā gwɔ̄ i ŋkūu makèblà, inyŭlē bi ye ǹsaa mācèl. ⁷ Nì ɓɔ ɓa hɛ̄k pɛèk, ɓa sombol gwɔ wɔ̀m mmà dìɓɛ̀ɛ i jùl ɓahuu ɓā ɓoòt mû. ⁸ Jɔn wɔ̀m unu u nsèblana lɛ, Wɔ̀m macèl, lɛtɛ̀ɛ nì bilên. ⁹ Halā nyēn jàm li pōda nì m̀podôl Yèrèmià li yɔ̄n lē, ɓa biyɔ̀ŋ mom maâ ma bipès bi silɓà, ndàmbà ì nu à bitèmbà, nyɛn ɓɔ̀n ɓa Isrɛ̆l ɓahɔgi ɓa bitàmb; ¹⁰ Nì ɓɔ ɓa ti gwɔ inyùu wɔ̀m mmà dìɓɛ̀ɛ, kìkìi Ŋwĕt à bikàl mê. ᵠ

Pìlatò à mɓāt Yesù màmbàdgà

Màt 15: 2-15; Luk 23: 3-5; Yòh 18: 33-38

¹¹ Yesù à tɛlɛp mbɔ̆m ŋgɔ̄miìn; nì ŋgɔmîn à ɓát nyɛ lɛ, Ɓàa ù yɛ Kiŋɛ Lòk Yudà? Yesù à tímbhɛ nyɛ lɛ, Kìkìi ù mpɔ̄t. ¹² Ndi ŋgèdà bìprĭsì bìkɛŋi nì mìmaŋ mi ɓôt ɓa ōm nyɛ̄ mìnsɔ̀hi, à tìmbhɛ ɓē jaàm. ¹³ Nì Pìlatò à ɓát nyɛ lɛ, Ɓàa ù nnɔ̄k ɓe ŋgàndàk mìnsɔ̀hi ì ɓa ŋōm wɛɛ̀? ¹⁴ À tìmbhɛ yāga ɓe nyɛ tɔ̀ ɓàŋga yada; halā à egēs ŋgɔmiìn kîyaga.

Ɓa mpēmhɛnɛ Yesù mbàgi nyɛ̀mb

Mar 15: 6-15; Luk 23: 13-25; Yòh 18: 39-19: 16

¹⁵ I ŋgèdà ŋgànd, ŋgɔmîn à ɓa ɓenà pɛmhɛnɛ limùt mùt mɔ̀k wàda, nu ɓa nsòmbòl. ¹⁶ Ɓa ɓā ɓa gwɛē ǹlom mùt mɔ̀k wàda, jòy jee lɛ Ɓàrabà. ¹⁷ Ɓa kɔ̀dɓa ɓăŋ, Pìlatò à ɓát ɓɔ lɛ, Ǹjɛɛ nì nsòmbol lɛ mɛ pɛmhɛnɛ ɓèe?

ᵠ **Màt 27: 10** Sàk 11: 12-13

Hɛ Bàrabà, hɛ Yēsù nu à nsɛblana lɛ, Krǐstò? ¹⁸ Inyŭlē à ɓa yi lē ɓa nliibana nyɛ inyùu tāmaà. ¹⁹ Ŋgèdà à ɓa à yìi yèènɛ mbagī, ŋwàà weē a lɛgēl nyɛ lɛ, Ù yòŋɓa ɓáŋ bìɓa ni mùt à tee sēp nuù; inyŭlē mɛ ǹsɔn njɔnɔk lɛn i kèdɛ ŋgàndàk mâm i ɛ̄ɛm inyùu yeē. ²⁰ Bìprǐsì bìkɛŋi nì mìmaŋ mi ɓôt ɓa nyɔ̄ŋ mamùt lɛ ɓa yagāl Bàrabà, ɓa nɔl Yēsù. ²¹ Ŋgɔmîn à ɓimbhɛ ɓɔ lɛ, Bòt ɓana iɓaà, ɓa pemhɛnɛ ɓèè njɛɛ? Nì ɓɔ ɓa kāl lɛ, Bàrabà. ²² Pìlatò à ɓát ɓɔ lɛ, Ndi mɛ ɓɔ́ŋ lāa ni Yēsù, nu à nsɛblana lɛ Krǐstò? Ɓɔɓasonā ɓa kaāl lɛ, A tómlana mbāsa. ²³ Nyɛ ɓɔ lɛ, Inyŭkī, kinjē jàm lìɓɛ à biɓɔ̀ŋ? Nì ɓɔ ɓa lɔnd yaga makɛŋi ŋgìì, ɓa kāl lɛ, A tómlana mbāsa. ²⁴ Kìi Pìlatò à ǹtɛhɛ lɛ à ntūbus ha ɓe jaàm, ndigi lē lìsànda li ŋkahal kwɔ̀, à yɔ́ŋ malɛp, à sɔ mɔ̄ɔ mɛɛ bisū bi limùt, à kāl lē, mɛ̀ gwēɛ ɓɛ̄ mɛ ǹsɔ̀hi ni màcɛl ma mùt à tee sēp nunu; jàm linân lî. ²⁵ Nì ɓòt ɓɔɓasonā ɓa ɓimbhɛ lɛ, Màcɛl mɛɛ ma ɓa ŋgìì yês, nì i ŋgìì ɓɔn ɓɛs. ²⁶ Nì nyɛ a pemhɛnɛ ɓɔ Bàrabà; à ɓep Yesù nì dìsòo, à ti ɓɔ nyē lɛ a toōmlana mbāsa.

Ǹtoŋ sonda ū ndēglɛ Yesu

Mar 15: 16-20; Yòh 19: 2-3

²⁷ Nì sonda ŋgɔ̄miìn i jôbna Yesù ndāp ŋgɔ̄miìn, i kōt ŋgiìm yǎp ǹtoŋ. ²⁸ Nì ɓɔ ɓa ɛŋgēl nyɛ, ɓa ha nyɛ mbɔ̄t kòyɓaga. ²⁹ Ba hoo ntut bilɔ̀ɔ, ɓa ha nyɛ wɔ̄ ŋɔ̄, ɓa gwelēs nyɛ jǎy wɔ̀ɔ wee waalōm; ɓa umul nyɛ màɓɔŋ, ɓa ndɛglɛ nyɛ, ɓa kāl lē, Dì ǹyegā weě, À Kiŋɛ Lòk Yudà! ³⁰ Ba colɛ nyɛ màtay, ɓa kwahal jay, ɓa ɓep nyɛ ŋɔ̄. ³¹ Ba mǎl ɓǎŋ ndēglɛ nyɛ, ɓa heā nyɛ mbɔ̄t, ɓa ha nyɛ mbɔ̄t yee ɓa kɛnā nyɛ i tòmòl nyɛ mbāsa.

Ɓa ntòmol Yesù i mbāsa

Mar 15: 21-32; Luk 23: 26-43; Yòh 19: 17-27

³² Ba pām ɓǎŋ tān, ɓa tɛhɛ mût Kìrenɛ̀, jòy jee lɛ Simôn; ɓa helɛs nyɛ lɛ ɓa kihā, lɛ a ɓɛgēɛ mbāsa yeē. ³³ Ba pām ɓǎŋ hòma à nsɛblana lɛ Gòlgotà, halā à yɛ̀ lɛ, Hòma kēgee ŋɔ, ³⁴ ɓa ti nyɛ sèŋa wây lɛ a nyɔ m̀pǒdnàgà nì njòŋlòo; à ǹnɔ̀ɔdɛ ɓǎŋ yɔ̀, à cēl nyɔ yɔɔ̀. ³⁵ Ba mǎl ɓǎŋ kì tòmol nyɛ mbāsa, ɓa lɛ́ŋ mbaām inyùu kàbnà mbɔt yee; lɛ ndi jàm li kèla nì m̀podôl li yɔn lɛ̄, Ba bikàbna bièŋg gwêm, ɓa lɛ́ŋna ki mbam inyùu mbɔ̄t yɛɛm. ³⁶ Nì ɓɔ ɓa yēn haà, ɓa kahal tāt nyɛ. ³⁷ Ba tilā nsɔ̀hi ɓa ōm nyē ŋgìì yeē ŋ̀ɔ lɛ, YESÙ NUNU, KIŊƐ LÒK YUDÀ. ³⁸ Ha kì nyɛn ɓôt ɓa ŋgadla iɓaà ɓa tòmlana nì nyɛ mbāsa, wàda wɔ̀ɔ waalōm, nu kì u waaē. ³⁹ Bòt ɓa ɓā tagɓɛ̀ ɓa noomàgà nyɛ, ɓa mɛgɛk mìŋɔ, ⁴⁰ ɓa kalàk lɛ, Wɛ nu wɛ̀ɛ ù ŋòbos tempèl, ù oŋlàk kì yɔ̀ dilɔ̄ diaâ, tɔhɔl wèmèdɛ; iɓālē ù yɛ Mǎn Nyāmbɛɛ̀, sôs mbāsa. ⁴¹ Halā kì nyɛn yàk bìprǐsì bìkɛŋi nì ɓàyimbēn nì mìmaŋ mi ɓôt ɓa ndēglɛ nyē, ɓa kāl lɛ, ⁴² À ɓɛ tɔhôl ɓapɛ; ndi i tɔ̄hɔ̀ɔl nyɛmèdɛ, à nlà ɓee. Lɛ à yɛ Kiŋɛ Lòk Yudà, a sôs nī mbāsa hanaànɔ, ndi di hɛmlɛ nyē. ⁴³ À m̀ɓōdol Nyambɛ ŋ̀ɛm; Nyambɛ ā soōŋ nī nyɛ hanaànɔ, iɓālē à ǹtoŋ ni nyē; inyŭlē à bikàl lɛ, Mɛ̀ yɛ Mǎn Nyāmbɛɛ̀. ⁴⁴ Yàk ɓôt ɓa ŋgadla ɓa ɓā tòmlana lòŋnì nyɛ mbāsa ɓa ndɛglɛ ki nyē halā.

Nyɛ̌mb Yēsù

Mar 15: 33-41; Luk 23: 44-49

⁴⁵ Nì jǐɓɛ li kɛ̂p hisī hyɔsonā iɓòdòl kɔ̀sì ìpam ŋgɛ̄ŋ iaā. ⁴⁶ Jàm kìi ɓɔ ŋgɛŋ iaā Yesù à lɔnd makɛŋi, à kāl

lɛ, Elì, Elì, lama sabaktānì? Halā à yɛ̀ lɛ, À Nyambɛ wɛ̀m, à Nyambɛ wɛ̀m, ù ŋkenhɛnɛ ki mɛ̂?ʳ ⁴⁷Bɔ̀t ɓahɔgi mu ɓɛ̀t ɓa ɓā ɓa tee hà, ɓa nɔ̌k ɓăŋ hālà, ɓa kál lɛ, Mùt nunu à nsèbel Elià. ⁴⁸Nì mùt wàp wadá a hɔɔ kɛ ŋgwee, à yɔ̆ŋ tambēn, à yonos yɔ nì sèŋa wây, à sɔ́m yɔ kēk, à ti nyɛ lɛ a nyɔʳˢ ⁴⁹Bapɛ ɓa kál lɛ, Ŋwǎs lē; di tɛhɛ tɔ̀ɔ Èlià à nlɔ̀ i tɔ̄hɔɔ̀l nyɛ. [Nûmpɛ kî à yɔ̆ŋ likɔ̀ŋ, à om nyɛ mbày; màlep nì màcèl bi pam.] ⁵⁰Nì Yesù à kondē lɔnd makɛŋi, à ŋ̀ŋwāhba mbuu wee. ⁵¹Ndi nŭnkì, lìɓàdò li tempèl li keni bipès biɓaà iɓòdòl i ŋgìì ìpam ī sī; nì hìsi hi kahal nyɛ̀ŋg, ŋgɔ̀k i ɓoâk; ⁵²sɔ̀ŋ i yîblàgà; ŋgàndàk manyùù ma ɓapūbhaga ɓa ɓā ɓă hīlɔ̄ ma tuùglànà; ⁵³ɓa pā̀m ɓăŋ sɔ̀ŋ i mbùs lìtùgè jee, ɓa jóp ŋkɔ̀ŋ m̀pubhaga, ɓa pemel ŋgandàk ɓòt. ⁵⁴Ŋ̀ànè mbogôl sondâ, nì ɓa nyɛ nì ɓɔ ɓa ɓā tat Yēsù, ɓa tēhɛ hìsi hi nyɛ̀ŋg, nì màm ma ɓòŋa, ɓa kɔ̆n wɔŋi kiìyaga, ɓa kál lɛ, Mùt nunu à ɓak tɔy Man Nyāmbɛɛ̀. ⁵⁵Ŋgàndàk ɓòdàa ì ì ɓa nɔ̆ŋ nyɛ iɓòdòl i Gàlìleà, ì gwèèlàk nyɛ, ɓa ɓā ɓa tee nyɔ̀ɔ nɔ̄nɔk, ɓa ɓêŋgègè; ⁵⁶i kèdɛ yáp nyɛn Màrìà Màgdàlenà à ɓanɛ, nì Màrìà nyằŋ Yàkobò nì Yosèf, nì nyằŋ ɓɔ̀n ɓa Sebèdeò.

Màjòna mā Yesù

Mar 15: 42-47; Luk 23: 50-56; Yòh 19: 38-42

⁵⁷Kòkoa i kwɔ̀ɔ ɓăŋ, ŋ̀gwàŋ mût u Arìmàtià u lɔ̂, jòy jee lɛ Yosèf, nu à ɓa kì ǹnigîl Yesù. ⁵⁸Nì nyɛ à ke yāk Pìlatò, à yet nyɛ mìm Yesù. Pìlatò à kál lɛ ɓa ti nyē wɔ̄. ⁵⁹Nì Yosèf à yɔ̆ŋ miìm, à hoo wɔ pūba mbɔŋ, ⁶⁰à niŋì wɔ sɔ̀ŋ yòndɔ, ì à pòòŋɛnɛ nyēmèdɛ ŋgɔ̀k; à ɓiiŋgaha sɔsɔ̄ ŋgɔ̀k ŋwèmɛl sôŋ, à kê. ⁶¹Màrìà Màgdàlenà à ɓa hà, nì Màrìà nûmpɛ, ɓa ɓā ɓa yiī mbɔ̀mbɔ́m sôŋ.

Ɓa ntāt sɔ̀ɔ̀ŋ

⁶²Kɛl ì ɓa nɔ̆ŋ hâ, ì ì ɓa kēl mbūs Ŋgòòbà, bìprĭsì bìkɛŋi nì Fàrìsày ɓa kɔ̆dɓa yak Pìlatò, ɓa kál lɛ, ⁶³À ŋwɛt, dì ǹyik hɔŋɔ̀l lɛ ń̀yùmùs ɓòt nû, ŋgèdà à ɓak à yìi, à kàlàk lɛ, Mbūs Dìlɔ diaâ mè gatùgɛ. ⁶⁴Jɔn kăl nī lɛ ɓa tibil tāt sɔ̀ɔ̀ŋ letèɛ nì kɛl ì ǹyonos iaâ, ɓànigîl ɓee ɓa tiga lɛ ɓa lɔ jūū, ɓa nip nyɛ, ndi ɓa kál lɛ, À ǹ̀tugē i kède ɓàwɔga; ndi bìyòmòk bi nsōk bi lɔ̄ bī bisu. ⁶⁵Pìlatò à kál ɓɔ lɛ, Nì gwèe ǹtoŋ ɓatat; kèna, tiblana yāga tat yɔ kìkìi nì nlà. ⁶⁶Halā nī nyɛn ɓa kèɛ lòŋnì ǹtoŋ ɓatat, ɓa ɓɔ̆ŋ lɛ sɔ̀ŋ i teda lɔ̄ŋgèɛ̀, ɓa edɛ ɓendel ŋgɔ̀k.

28

Lìtùgè li Yesù

Mar 16: 1-8; Luk 24: 1-12; Yòh 20: 1-10

¹Ŋgwà nôy u lɔ̀ɔ ɓăŋ lē u ntāgɓè, kìi kēl bìsu ì sɔndi ì ŋkahal yē, Màrìà Màgdàlenà ɓɔnà Màrìà nûmpɛ ɓa lɔ ī ɓèŋgè sɔ̀ŋ. ²Ndi nŭnkì, hìsi hi nyɛ̀ŋg ŋgandàk, inyŭlē aŋgèl Ŋwĕt ì lɔ̆l ŋgìì, ì sôs, ì ɓiiŋgaha ŋgɔ̀k i nēhi ŋwèmɛl u sôŋ, ì yén ŋgìì yeè. ³Bìnɛnnɛ gwee bi ɓā kìkìi ŋwègŋwèk, mbɔt yeè kìi ì pobôk

---

ʳ**Màt 27: 46** Hyèm 22: 2, 9   ˢ**Màt 27: 48** Hyèm 69: 22

kìkìi pēm. ⁴ Bàtat ɓa sɛ̄hla inyùu wɔ̀ŋi ɓa ɓā kɔɔ̀n yɔ̀, ɓa yilā kìkìi mìm. ⁵ Nì aŋgɛ̀l ì yɔ̄ŋ hɔp, ì kāl ɓodàà lɛ, Nì kɔ̀n ɓáŋ wɔ̀ŋi; inyŭlē mɛ̀ ńyī lɛ nì ńyēŋ Yesù nu à bitòmlana mbāsa. ⁶ À tà ɓe hana; inyŭlē à ǹtugɛ̄, kìkìi à bikàl. Lɔ̀na, nùna hɔ̀ma Ŋwɛ́t à ɓak à nìŋnɛ. ⁷ Ndi palnana kɛ̀, ni kāl ɓànigîl ɓee lɛ, À ǹtugɛ̄ i kède ɓawɔga; ndi nùnakì, à mɓòk ɓee bisū i Gàlìleà; nyɔ̀ɔ nyɛ̄n nì gatēhel nyɛ; nùnakì, mɛ̀ m̀mál kaāl ɓee. ⁸ Nì ɓɔ ɓa hɔɔ nyɔdi sɔ̀ŋ, nì wɔ̀ŋi nì màsee màkɛŋi, ɓa kɛ ŋ̄gwee i āŋlɛ̀ ɓànigîl ɓee halà. ⁹ Ndi ki ɓa ye njɛ̀l i kɛ̀ aŋlɛ̀ ɓànigîl ɓee, Nŭnkì, Yesù à ɓɔmā ɓɔ, à kál lɛ, Mɛ̀ ǹyegā ɓee. Nì ɓɔ ɓa lɔ̂, ɓa gwɛ̄l makɔ̀ɔ̀ mee, ɓa ɓeges nyɛ. ¹⁰ Nì Yesù à kál ɓɔ lɛ, Nì kɔ̀n ɓáŋ wɔ̀ŋi; kèna, kàla lògtatā lē ɓa kɛē Gàlìleà, nyɔ̀ɔ nyɛ̄n ɓa gatēhel mɛɛ̀.

Mìŋaŋ mi ntoŋ ɓatat

¹¹ Ba ɓā kɛ ɓăŋ, nŭnkì, ɓàhɔgi mu ntōŋ ɓatat ɓa lɔ̄ ŋkɔ̀ŋ, ɓa aŋlɛ biprı̆sì bìkɛŋi mâm mɔmasɔnā ma ɓòŋa. ¹² Ba kɔ̀dɓa ɓáŋ, ɓɔ nì mìmaŋ mi ɓôt, ɓa hɛ̄k peèk, ɓa ti sonda ŋgàndàk mòni, ¹³ ɓa kāl lɛ, Ɓee kàla lē, Ɓànigîl ɓee ɓɔn ɓa nlɔ jūū, ɓa nip nyɛ, ɓès hilɔ̄. ¹⁴ Iɓālē jàm lini li mpam maō ma ŋgɔmîn, nì tòŋ ɓáŋ; dì gakwèles nyɛ. ¹⁵ Nì ɓɔ ɓa yɔ̄ŋ mɔnī, ɓa ɓɔ̄ŋ kìkìi ɓa nīiga ɓɔ̄; ndi lìpodol lini li càma ī kède Lòk Yudà lɛtɛ̀ɛ̀ nì lɛ̀n.

Yesù à ŋɔ̄m jom li ɓanigîl nì wàda

Mar 16: 14-18; Luk 24: 36-49; Yòh 20: 19-23

¹⁶ Ndi jòm li ɓanigîl mbòk yàda ɓa kɛ Gàlìleà nyɔ̀ɔ hīkòa Yēsù à kăl ɓɔ̄. ¹⁷ Ba tēhɛ ɓăŋ nyē, ɓa ɓeges nyɛ, ndi ɓàhɔgi ɓa pêndgà. ¹⁸ Nì Yesù à kôgɛ ɓɔ ɓèbèɛ̀, à kál ɓɔ lɛ, Ŋgùy yɔsonā ŋgìì nì hisī ì ǹtina mê. ¹⁹ Jɔn kɛnana, yìlhana bìlɔ̀ŋ gwɔbisɔnā ɓànigîl, nì sòblègɛ̀ ɓɔ i jòy li Tatà, nì li Man, nì li Mbuu M̀pubi; ²⁰ nì niigàgà ɓɔ i tēedà màm mɔmasɔnā mɛ̀ bikàl ɓee. Ndi nùnakì, mɛ̀ yè nì ɓèe dìlɔ cɔdisɔnā ì pam līsūk li hisi.

Markò

1

Bìaŋlene bi Yohānès Ǹsòblɛ̀

Màt 3-12; Luk 3-9, 15-17; Yòh 1: 19-28

¹ Bìɓèe bi Miŋaŋ Mìnlam mi Yesù Krǐstò, ² [Mǎn Nyāmbɛɛ̀] Kìkìì i ye n̄tǐlɓàgà nì ɓàpodôl lɛ, Nǔnkì, mɛ̀ ŋɔ̄m muùt wèm ŋwìn bisū gwɔŋ, nyɛn à gatībil njɛɛ̄l yɔɔ̀ŋ. ³ Kiŋ ì nu à nlōnd ŋɔ̀ŋ lɛ, Sèndlana njěl Ŋwět, Tiblana dìnjèla cee. ᵗ ⁴ Yòhanès à pam, à sòblègè i ŋɔ̀ŋ, à aŋlàk lìsòblè li hyêlŋem inyùu ŋwèhèl biɓeba. ⁵ Mbɔk Yùdeà yɔ̀sonā nì ɓòt ɓa Yerūsàlèm ɓɔɓasonā ɓa ɓā kɛ nyēnī, ɓa sôblàgà nì nyɛ i lɔ̀m Yɔ̄rdàn, ɓa pahlàk bìɓeba gwap. ⁶ Yòhanès à ɓa haba mbɔ̄t màhùù ma kamêl lòŋnì ŋgoli kògòò nugā i ɓòɓôk yee, à jêk ɓàkòlò nì wèy bikay. ⁷ À ɓa aŋâl, à kàlàk lɛ, Mùt à nlɔ̀ mɛ mbūs nyɛn à nlɔ̀ɔ̀ mɛ ŋgùy, mɛ̀ kòli ɓē mɛ ōop i hɔ̀hɔ̀l dìkòò cee di bitamb. ⁸ Mɛ̀ mɛ̀ nsòblɛ ɓee nì màlep, ndi nyɛ à gasòblɛ ɓee nì Mbuu M̀pubi.

Sòblànà u Yesù

Màt 3: 13-17; Luk 3: 21-22

⁹ Dilɔ̄ di cɔ̄n Yēsù à lǒl Nǎsàrèt i Gàlìleà, à sōblana ni Yòhanès i Yɔ̄rdàn. ¹⁰ Ha bītēebīloŋi yaga manyɔ̄dnɛ mee lēp, à tɛhɛ ŋgiī ì ǹyîblà, Mbuu à sòhòk i ŋgìì yeē kìkìi hìɓèŋ; ¹¹ nì kiŋ ì lôl ŋgìì lɛ, Ù yè Màn wêm nu gwēhaà, ù nlēmel mɛɛ̀. ᵘ

Mànɔ̀ɔ̀dànà ma Yesù

Màt 4: 1-11; Luk 4: 1-13

¹² Nì Mbuu à hɔɔ tindɛ nyɛ i ŋɔ̀ŋ. ¹³ À yén i ŋɔ̀ŋ mòm mana mā dilɔ, à nɔ́dana ni Sāatàn; à ɓa nyē nì bìnùga bi bikay; aŋgèl kì i gwêlàk nyɛ.

Bìɓòdlene bi nsɔn Yesù i Gàlìleà

Màt 4: 12-17; Luk 4: 14-15

¹⁴ Yòhanès à gwèla ɓǎŋ, Yesù à kɛ Gàlìleà, à aŋlàk Mìŋaŋ Mìnlam mi anɛ̀ Nyambê, ¹⁵ à kàlàk lɛ, Ŋgèdà ì ǹkɔlà, ànɛ Nyambɛ ī gweē nì mɔ̀ɔ; hyɛla mìŋem, hemlana Mìŋaŋ Mìnlam.

Yesù à nsèbel ɓayeŋ cɔ̀bi ɓanâ

Màt 4: 18-22; Luk 5: 1-11

¹⁶ À ɓa tagɓè ɓǎŋ ŋgwāŋ lɔɔm Gàlìleà, à tɛhɛ Simòn ɓonà manyāŋ lɛ Àndrěa ɓa lɛŋɛ̀k mbunja lɔ̀m; inyǔlē ɓa ɓā ɓàyeŋ cɔ̀bi. ¹⁷ Nì Yesù à kâl ɓɔ lɛ, Nɔ̀ŋa mɛ̀, mɛ̀ gayìlha ɓee ɓàyeŋ ɓòt. ¹⁸ Nì ɓɔ ɓa ŋwās mbunja bitēebīloŋi, ɓa nɔ̀ŋ nyɛ. ¹⁹ À kòògɛ ɓǎŋ bīsū ndeèk, à tɛhɛ Yakōbò, mǎn Sèbèdeò, ɓɔ mànyāŋ Yohānès, yàk ɓɔ ɓa ɓā mòŋgo, ɓa tiblàk mbunja. ²⁰ Nì nyɛ à hɔɔ sebēl ɓɔ; nì ɓɔ ɓa yek isāŋ Sebèdeò, nyɛ nì ɓàɓɔ̀ŋǹsɔn, ɓa nɔ̀ŋ nyɛ.

Mùt mbuu nyɛgā

Luk 4: 31-37

²¹ Nì ɓɔ ɓa kɛ Kàpɛrnāùm; à hɔɔ jɔ̄p ndāp mītìn i ŋgwà nôy, à kahal

---

ᵗ**1:3** Màl 3: 1; Yès 40: 3

ᵘ**1: 11** Màt 3: 17; 12: 18; Markò 9: 7; Luk 3: 22

nīigà. ²² Ba hɛl inyùu màeba mee, inyŭlē à ɓa niigà ɓɔ kìkìi ŋwět, hà kìkìi ɓàyimbēn ɓee. ²³ Mùt wàda à hɔɔ nɛnɛ mu ndāp yaāp mītìn à ɓâk à gwèe mbūu nyɛgā; à lɔnd, à kâl lɛ, ²⁴ À Yesù, mùt Nǎsàrèt, nì ɓěs nì wè kii? Ɓàa ù ǹlɔ ī cē ɓěs? Mè ńyī wɛɛ̀, ù yè Nûmpubi nu Nyāmbɛɛ̀. ²⁵ Nì Yesù à kond wɔ, à kâl lɛ, Mɔm ŋwèɛ, nyɔdi nyēnī. ²⁶ Nì mbuu nyɛgā u sogos nyɛ, u lɔnd makɛŋi, u nyɔdi nyēnī. ²⁷ Nì ɓɔɓasonā ɓa ɛgɛ̀p, ɓa kahal ɓàdna lɛ, Lana wèɛ lāa? Màeba ma yɔndɔ! Tɔ̀ mìmbuu mi nyɛgā yaā à ŋɛnel kìkìi ŋwět, mi noglàk nyɛ. ²⁸ Nì ŋgàn yeē ì hɔɔ kɛ hī hɔma mbɔ̄k Gàlìlea yɔsonā.

Yesù à mmèles nyogōl Pētrò
Màt 8: 14-15; Luk 4: 38-39

²⁹ Ba nyɔdi ɓǎŋ ndāp mītìn, ɓɔnà Yàkobò nì Yòhanès, ɓa hɔɔ kɛ ndāp Sīmòn ɓɔ Àndrêà. ³⁰ Nyɔgol Sīmòn à ɓa à nìŋi, nyùu ì ɓâk ì gwèe nyē; ɓa hɔɔ aŋlɛ Yesù inyùù yeè; ³¹ nì nye à kôgè, à gwêl nyɛ wɔɔ, à tee nyɛ; lìhɛp li mâl nyɛ, à kahal gwèlel ɓɔ.

Yesù à mmèles ŋgandàk ɓakɔ̀kôn kòkoa
Màt 8: 16-17; Luk 4: 40-41

³² Kòkoa i kwɔɔ ɓǎŋ, jɔ̀p li ma jɔ̀p, ɓa lɔnā nye ɓɔ̄ɓasonā ɓa ɓā kɔɔn, nì ɓa mimbuu mìmɓɛ. ³³ Nì ǹkɔ̀ŋ wɔnso ū kɔɔ̄dɓa ŋwèmɛl. ³⁴ Nì nye à melēs ŋgandàk ɓòt ì ì ɓa kôn ndòŋ nì ndòŋ makôn, à pemes ki ŋgandàk mimbuu mìmɓɛ; à ŋwǎs ɓē mimbuu mìmɓɛ lɛ mi pɔt, inyŭlē mi ɓā yi nyē lɛ à yè Krǐstò.

Yesù à ŋkɛ̀ à ŋāŋal Miŋaŋ Mìnlam
Luk 4: 42-44

³⁵ À nyɔdi ni màyɛ ma kɛl, à kɛ hòma ŋ̀ɔ̀ŋ, à sɔɔhɛ nyɔɔ̀. ³⁶ Simòn nì ɓa ɓā ɓā lòŋnì nye ɓa nɔ̄ŋ nye, ³⁷ nì ɓɔ ɓa tɛhɛ nye, ɓa kâl nye lɛ, Ɓòt ɓɔɓasonā ɓa ńyēŋ wɛɛ̀. ³⁸ Nì nye à kâl ɓɔ lɛ, Ɓòga ɓès di kɛnēk mīnkɔ̀ŋ mìmpɛ mi ɓɛmī, lɛ yàk nyɔ̀ɔ̀ mɛ aŋal; inyŭlē jàm lini jɔn mè bilòl. ³⁹ Nì nye à kɛ māndāp map ma mitìn Gàlìlea yɔsonā, à aŋlàk, à pemhàk mìmbuu mìmɓɛ.

Yesù à mpūbus muùt lò
Màt 8: 1-4; Luk 5: 12-16

⁴⁰ Mùt lò wàda à lɔ ī nyēnī, à yḛ́mhɛ nye, à umul nye màɓɔŋ, à kâl nye lɛ, Iɓālē ù ǹkêmhè, ù yè lɛ ù pubus mê. ⁴¹ Nì ŋgɔɔ ì gwêl Yesù, à sambal wɔɔ wee, à tis nye, à kâl lɛ, Mè ǹkêmhè, pop. ⁴² Ndi kìi à pɔt ndīgi hālā, nì lò i mâl nye bitēeɓīloŋi, à pop. ⁴³ Nì nye à tibil yaga ɓehɛ nye, à hɔɔ pemes nye, à kâl nye lɛ, ⁴⁴ Ù yihgè ni lɛ ù aŋlɛ ɓǎŋ mùt nyɛkǐnyē; ndi kɛ̀ eba wèmèdɛ prǐsì, u ti kì inyùu pūbhà yɔŋ gwɔ̄m Mōsē à tee i ɓā ɓɔ̄ mbògi.ᵛ ⁴⁵ Ndi à pam ɓǎŋ, à kahal yaga āŋaàl, à camāl jàm lî; kàyèlɛ Yesù à ɓa la hā ɓɛ joōp ŋkɔ̀ŋ mɓàmba, à yēnɛ ndigi mɓàmba mbɔk; mbɔk yɔsonā ì lɔ̀k i nyēnī.

2

Yesù à mmèles ŋǎmbgɛ̀ mût
Màt 9: 1-8; Luk 5: 17-26

¹ I mbūs ndèk dilɔ à jɔ́p Kàpɛrnaùm, nì ɓòt ɓa nogda lɛ à yè

ᵛ**Mar 1: 44** Ɓɛŋgɛ LL 14: 2-32

hâ. ² Nì ŋgàndàk ì kɔ̂dɓà kàyɛlɛ pola ì ɓa ha ɓee, tɔ̀ i ŋwèmɛl yaga; nì nyɛ à aŋlɛ ɓɔ ɓàŋga. ³ Ba lɔ̂, ɓa lɔnā nyɛ ŋ̀ămbgè mût, ɓòt ɓanâ ɓa ɓéga nyē. ⁴ Ndi kìì ɓa nla ɓē koōgɛ nyɛ ɓèbèɛ̀ inyùu lìmùt, ɓa kodōl ńyòl ha pès à ɓanɛ; ɓa kăt ɓăŋ wɔ̄, ɓa suhūs tak i ŋ̀ămbgè mût u ɓā u niīŋnɛ. ⁵ Nì Yesù à tɛhɛ hemlɛ̀ yap, à kāl ŋămbgè mût lɛ, À man wèm, bìɓeba gwɔŋ bi ŋwêhlànà. ⁶ Bàyimbēn ɓàhɔgi ɓa ɓā ɓa yiī hà, ɓa hɛgèk miŋēm ŋwap lɛ, ⁷ Inyŭkī mùt nunu à mpōdol halà. À ŋòbos Nyambɛ jóy. Ǹjɛɛ à nlà ŋwehēl biɓeba hàndugi Nyambɛ nyētāma? ⁸ Ndi kìi Yēsù à ǹhɔɔ yi i mbūu wee lɛ ɓa nhèk ndôŋ pèk i kède yâp, à kāl ɓɔ lɛ, Inyŭkī nì nhègda mâm mana miŋēm minaàn? ⁹ Kii i ye ǹtɔmba, hɛ ī kàl ŋ̀ămbgè mût lɛ, Bìɓeba gwɔŋ bi ŋwêhlànà; hɛ lē, Tɛlɛp, ɓada tāk yɔŋ kɛnɛk? ¹⁰ Ndi lɛ ni yi lē Măn mùt à gwèe ŋgùy hana hisī i ŋwèhèl bìɓeba [à kāl ŋ̀ămbgè mût lɛ], ¹¹ Mè ŋkàl wɛ lē, Tɛlɛp, ɓada tāk yɔŋ, kɛnɛk ndāp yɔɔ̀ŋ. ¹² Nì nyɛ à tɛlêp, à hɔɔ ɓada tak yee, à kê, ɓòt ɓɔɓasonā ɓa tɛhgè; kàyɛlɛ ɓɔɓasonā ɓa hɛèl, ɓa ɓeges Nyambê, ɓa kāl lɛ, Dì ǹtɛhgè ɓe ndôŋ jàm ìni kɛlkĭkēl.

Ǹsèblà Levì

Màt 9: 9-13; Luk 5: 27-32

¹³ Nì nyɛ à kɛ kī ŋgwāŋ lɔɔ̀m; lìmùt jɔlisonā li lɔ nyēnī, nì nyɛ à niiga ɓɔ. ¹⁴ À ɓa tagɓè ɓăŋ, à tɛhɛ Levì, măn Àlfeò, à yìi hòma ɓa ntīnɛ taàs, à kāl nyē lɛ, Nɔ̌ŋ mè. Nì nyɛ à tɛlêp, à ǹnɔ̄ŋ nyɛ. ¹⁵ I lēŋa lē, kìi à ǹyén ndāp Lēvì i jē, ŋgàndàk ɓakɔ̀dtâs nì ɓàɓɔ̀ŋɓeba ɓa yén hisī loòŋnì Yesù nyɛ nì ɓànigîl ɓee; inyŭlē ɓòt ɓa ɓā ŋgàndàk, ɓa ɓā nɔɔ̀ŋ kì nyɛ. ¹⁶ Bàyimbēn mu Fàrisày ɓa tēhɛ ɓăŋ lē à njēla nyɛ nì ɓàɓɔ̀ŋɓeba nì ɓàkɔ̀dtâs, ɓa kāl ɓanigiìl ɓee lɛ, Bàà ndi halà, wèɛ lāa, à njēla, à nyolgà nyɛ nì ɓàkɔ̀dtâs nì ɓàɓɔ̀ŋɓeba? ¹⁷ Yesù à nɔk ɓăŋ hālà, à kāl ɓɔ lɛ, Bòt ɓa ye mbōo ɓa ńyēŋ ɓe ŋgaŋgàŋ, ndik ɓā ɓā ŋkɔ̀n; mè bilɔ ɓe mɛ ī sèbèl ɓòt ɓa tee sēp, ndik ɓàɓɔ̀ŋɓeba i hyɛ̀lŋɛm.

Mbàdgà inyùu sōga jē

Màt 9: 14-17; Luk 5: 33-39

¹⁸ Bànigîl ɓa Yohānès nì Fàrisày ɓa ɓā soga jē; ɓa lɔ̂, ɓa kāl nyē lɛ, Inyŭkī ɓànigîl ɓa Yohānès nì ɓànigîl ɓa Farīsày ɓa nsōga jɛ, ndi ɓànigîl ɓɔŋ ɓa soga ɓe jɛ? ¹⁹ Nì Yesù à kāl ɓɔ lɛ, Bàa màwanda ma mɓiimùdàà ma nsōga jɛ i ŋgèdà m̀ɓiimùdàa à ŋgi yiī lòŋnì ɓɔ? I ŋgèdà m̀ɓiimùdàa à ŋgi yiī lòŋnì ɓɔ, ɓa ta ɓē lɛ ɓa soga jɛ. ²⁰ Dìlɔ di galɔɔ ŋgèdà ɓa gahèa mɓiimùdàà i ɓɔ̄nī, yɔ̀kɛl nyɛn ɓa gasōga jɛ. ²¹ Mùt à ŋkɔ̀ŋoo ɓe pês liɓàdò i yɔndɔ nlòmbi mbɔt; i tiga lɛ pès liɓàdò i ɓāk lɛ i lo līṫuba i nimbīl wɔ, ndi lìṫuba li kondē yaā kɛŋɛèp. ²² Tɔ̀ mùt nyɛkĭnyē à nhā ɓe waày yɔndɔ biùnha bi diɓoy di bikòp di wây, wây ì tiga lɛ ì ɓɔl diɓoy, ì obì, yàk bìkòp kì; ndi ɓa nhā waày yɔndɔ mu dīɓōy di yɔndɔ.

Bànigîl ɓa nsāa konflaāwà ŋgwà nɔ̂y

Màt 12: 1-8; Luk 6: 1-5

²³ I lēŋa lē, à ɓa loò i ŋwɔ̀m mi

konflāwà ʷ i ŋgwà nɔ̂y; ɓànigîl ɓee ɓa ɓā ɓa tagɓɛ̀gɛ̀, ɓa kahal sāa konflaāwà. ²⁴ Nì Fàrisày ɓa kâl nyɛ lɛ, Nŭnkì, inyŭkī ɓa mɓɔ̆ŋ jàm li ta ɓē kundè i ɓɔ̆ŋ i ŋgwà nɔ̂y? ²⁵ Nì nyɛ à kâl ɓɔ lɛ, 'Bàa nì ŋ̀aŋâk ɓe jàm Davìd à ɓɔ̆ŋ ŋgèdà à helel, njàl ì ɓâk ì gwèe nyɛ̄, nyɛ nì ɓòt ɓa ɓā lòŋnì nyɛ? ²⁶ Kìkìi à jŏp ndâp Nyāmbɛ ŋgèdà Àbìatàr à ɓanɛ prĭsì kɛŋi, à jɛ bikɔ̀ga bi ntēga mbɔ̆m Nyāmbɛɛ̀, bi bī ɓā ɓē muùt kùndè i jē, ndik bìprĭsì gwɔtāma, à ti ki ɓòt ɓa ɓā lòŋnì nyɛ? ˣ ²⁷ Nì nyɛ à kâl ɓɔ lɛ, Ŋgwà nɔ̂y u hègna īnyùu mùt, ndi hà mùt ɓe inyùu ŋgwà nɔ̂y; ²⁸ jɔn Mǎn mùt à yènɛ̀ ŋwèt ŋgwa nɔ̂y.

3

Mùt hìweha wɔɔ

Màt 12: 9-14; Luk 6: 6-11

¹ Nì nyɛ à jóp ki ndâp mītìn; mùt wàda à ɓa mù, à ɓa à gwèe hìweha wɔɔ. ² 'Ba ɓā ɓeŋgè nyɛ lɛ tɔ̀ɔ à mmèles nyɛ ŋgwà nɔ̂y; lɛ ndi ɓa om nyɛ̄ ǹsɔ̀hi. ³ Nì nyɛ à kâl muùt hìweha wɔɔ lɛ, Tɛlɛp hā ŋ̄emkède. ⁴ Nì nyɛ à kâl ɓɔ lɛ, Ki i ye kùndè i ɓɔ̆ŋ ŋgwà nɔ̂y, hɛ lɔ̄ŋgeɛ̀, hɛ ɓēba? Hɛ nìŋìs, hɛ nɔ̄l? Nì ɓɔ ɓa mɔm ŋwɛɛ̀. ⁵ Nì nyɛ à hyumhɛ ɓɔ mĭs, à unup inyùu bìlèdha gwap bi miŋɛm, à kâl mùt nu lē, Sambal wɔ̀ɔ wɔŋ. Nì nyɛ à sambal wɔ; wɔ̀ɔ wee kî u tēmb mboo kìkìi ūmpɛ. ⁶ Nì Fàrisày ɓa pam ɓa hɔɔ hɛ̄k peèk ɓɔ nì Lòk Herōdè lɛlaa ɓa kolī nɔ̄l nyɛ.

Lìmùt li ɓôt li nnɔ̀ŋ Yesù ŋgwāŋ lɔɔ̀m

⁷ Yesù à nyɔdi nyɛ nì ɓànigîl ɓee, ɓa kɛ lɔ̀m; lìmùt li ɓôt lìkɛŋi li nɔ́ŋ nyɛ, li lól Gàlìleà, nì Yùdeà, ⁸ nì Yèrusàlèm, nì Idùneà, nì uu ŋwìì Yɔrdàn, nì pès Tîr nì Sidòn, lìmùt lìkɛŋi yaga, kìì li nɔk màm màkɛŋi à ɓa ɓɔ̆ŋ, li lɔ ī nyēnī. ⁹ Nì nyɛ à kâl ɓanigiùl ɓee lɛ mòŋgo ǹtidigi u ɓɛm nyɛ inyùu lìmùt, lɛ li tiga lɛ li hyam nyɛ; ¹⁰ inyŭlē à ɓe melès ŋgàndàk; jɔn ɓôt ɓa makɔ̀n màɓe ɓɔɓasonā ɓa kōba nyē nyùu lɛ ɓa tis nyɛ. ¹¹ Tɔ̀ kinjē ŋgèdà mìmbuu mi nyɛgā mi ntɛhɛ nyɛ, mi ŋkwɔ̀ bisū gwee, mi lɔnd, mi kâl lē, Ù yè Mǎn Nyāmbɛɛ̀. ¹² Ndi à tibil ɓehɛ ŋwɔ, lɛ mi āŋal ɓaāŋ nyē.

Yesù à ntēp jom li ɓanigîl nì iɓaà

Màt 10: 1-4; Luk 6: 12-16

¹³ Nì nyɛ à ɓet hikòa, à sebēl ɓa nyēmède à ɓa sombòl; nì ɓɔ ɓa lɔ̄ nyēnī. ¹⁴ Nì nyɛ à tee jom nì iɓaà, lɛ ɓa ɓa lòŋnì nyɛ, nì li ɛ ɔm ɓɔ̄ i āŋaàl, ¹⁵ nì i ɓāna ŋgùy i mèlès màkɔ̀n nì i pēmeès mìmbuu mìmɓɛ. ¹⁶ Jŏm nì iɓaà li à tee, jɔ līni lɛ, Simòn, nu à ɔ̀ɔ lē Petrò; ¹⁷ Yàkobò mǎn Sèbèdeò, nì Yòhanès mànyâŋ Yàkobò, ɓɔn à ɔ̀ɔ jòy lɛ Bòanɛrgè, halā yè lɛ, 'Bɔ̀n ɓa mbambàt; ¹⁸ Àndrēà, Fìlipò, Bàrtòlòmeò, Màteò, Tomàs, Yàkobò mǎn Àlfeò, Tàdeò, Simòn mùt Kanà, ¹⁹ nì Yudà Iskàriòt, nu à liibana nyē.

Yesù nì Beelsebùl

Màt 12: 22-32; Luk 11: 14-23; 12: 10

²⁰ Nì nyɛ à jóp ndâp. Nì lìmùt li

ʷ**Mar 2: 23** 'Bèŋgɛ Màt 3: 12

ˣ**Mar 2: 26** LL 24: 5-9; 1Sàm 21: 1-6

kɔ́dɓà kì, kàyèlɛ ɓa la ɓē tɔ jē. ²¹ Màwanda mee ma nōk ɓǎŋ hālà, ma kɛ gwèl nyɛ; inyǔlē ɓa kǎl lɛ, À ŋ̀kond njêk. ²² Nì ɓàyimbēn ɓa soòs, ɓa lolàk Yèrusàlèm, ɓa kāl lɛ, À gwèe Bēelsebùl, nì lɛ, Nì ŋgùy ŋ̀ànɛ̀ mìmbuu mìmɓɛ nyen à mpēmhɛnɛ mimbuu mìmɓɛ. ²³ Nì nyɛ à sebēl ɓɔ, à kenē ɓɔ ŋgèn, nyɛ ɓɔ lɛ, Saatàn à mpēmes la Saatàn? ²⁴ Iɓālē ànè i mɓagla i kɔ̀lɓà yɔmède, wèɛ ànè i ī nlà ɓe tɛlɛ̂p. ²⁵ Iɓālē ndāp ì mɓagla i kɔ̀lɓà yɔ̀mède, wèɛ ndāp ì ì galà ɓe tɛlɛ̂p. ²⁶ Iɓālē Saatàn à ǹtɛlɛp ni i kɔ̀lɓà nyɛmède, à ɓaglà kì, wèɛ à nlà ɓe tɛlɛ̂p, ndi à mmàlɓa. ²⁷ Mùt à nlà ɓe tɔ jòp ndāp m̀pemba mût i sà gwɔ̀m gwee, nyɛ ŋgì ɓok ndugi kâŋ mpēmba muùt û, ndi tɔ̀ lɛ à nsà ndap yeè. ²⁸ Hɔ̀dɔ mè nhōmb ɓee lɛ, Bìɓeba gwɔbisonā bi gaŋwèhlana ɓɔn ɓa ɓôt, nì tɔ̀ kinjē òɓòs ɓa ŋòɓos Nyambɛ jǒy; ²⁹ ndi tɔ̀njɛɛ à gaòbos Mbuu M̀pubi jǒy à gaɓāna ɓe ŋwehèl kɛlkǐkēl, ndi lìɓua li ɓeba li ɓɔgā li gaɓā nyɛ ɓèɓèɛ̀; ³⁰ inyǔlē ɓa kǎl lē, À gwèe mbūu nyɛgā.

Nyǎŋ Yēsù nì Lògnyâŋ
Màt 12: 46-50; Luk 8: 19-21

³¹ Hanyēn nyǎŋ nì lògnyâŋ ɓa lɔ̀ɔ, ɓa tɛlɛp i tān, ɓa ɔm i sèbèl nyɛ. ³² Lìmùt li ɓôt li ɓā li yiī li kɛŋa nyɛ, li kāl nyɛ lɛ, Nǔnkì, nyùŋ nì lògnyǔŋ ɓa ye tān, ɓa ńyēŋ wèɛ. ³³ Nì nyɛ à tímbhɛ ɓɔ lɛ, Îni nì lògkeē lɛ ɓɔ̀njɛɛ? ³⁴ Nì nyɛ à hyumus mis ŋgìi ɓôt ɓa ɓā ɓa yiī, ɓa kɛŋa nyɛ, à kāl lɛ, Nùnakì îni nì lògkeē! ³⁵ Inyǔlē tɔ̀njɛɛ à mɓɔ̀ŋ sombòl Nyambê, nyɛn à yè mǎnkēē nu mùùnlom nì nu mùdàa, nì îni kî.

4

Ŋgěn ŋ̀ŋwàs mboo
Màt 13: 1-9; Luk 8: 4-8

¹ Nì nyɛ à kahal ki nīiga ɓoòt ŋgwāŋ lɔɔ̀m. Nì lìmùt li ɓōt lìkɛŋkɛŋi li kɔ̂dɓa bisū gwee, jɔn à jǒp mòŋgo, à yēn lɔ̀m; lìmùt jɔlisonā li ɓaàk ŋgwāŋ lɔɔ̀m. ² Nì nyɛ à niigana ɓɔ ŋgàndàk màm i ŋgèn, à kāl ɓɔ mu māeba mee lɛ, ³ Ɛmblana nī: Ŋ̀ŋwàs mboo à kɛ̀ɛ ī ŋwàs mboo. ⁴ Ndi i lēŋa lē, à ɓa ŋwâs ɓǎŋ mbōo, jòga li kwô njèl, dìnùni di lô, di sɔbɔl yô. ⁵ Jòga li kwēl hɔma ŋgɔ̀k, hɛ̌t bìtèk bi ɓā ɓē ŋgandàk; ì hɔɔ ô, inyǔlē bìtèk bi ɓā ɓē ŋgandàk; ⁶ jòp li pām ɓǎŋ, ì ɓômɓà, ì yuyì, inyǔlē ì ɓa ɓē ì gwèe mìŋkàŋ. ⁷ Jòga lìpɛ li kwêl i kède bìlɔɔ; bìlɔɔ bi naŋ, bi hyam yô, ì num ɓe matam. ⁸ Jòga kì li kwêl hisī hìlam; li num matam, li nugûk, li hâk, li num yāga, mòm maâ, mòm masamàl, nì mbogôl. ⁹ Nì nyɛ à kāl lɛ, Nu à gwèe mào i nōgaà, a nɔk nī.

Inyǔkî Yēsù à ŋkèɛ ŋgên
Màt 13: 10-17; Luk 8: 9-10

¹⁰ I ŋgèdà à ɓa à yìi nyētāma, ɓôt ɓa ɓā hā ɓɔ nì jǒm nì iɓaà, ɓa ɓát nyē inyùu ŋgèn î. ¹¹ Nì nyɛ à kāl ɓɔ lɛ, Ɓèɛ ɓɔn i ntina lɛ ni yi jìmb li anɛ̀ Nyambê; ndi inyùu ɓā ɓā ye tān, màm mɔmasonā ma mɓòŋna i ŋgèn; ¹² lɛ i ntēhgɛ ɓa gatēhɛ, ndi ɓa ɛndēl ɓee; i nnōgɔ̀k ɓa ganōk, ndi ɓa tibil yaga ɓe yi; lɛ ɓa tiga lɛ ɓa hyêl ŋem,

ndi i ŋwēhlana ɓɔ. ʸ

Yesù à ŋkɔ̀bɔl ŋgén ŋ̀ŋwàs mboo
Màt 13: 18-23; Luk 8: 11-15

¹³ À kāl ki ɓɔ́ lɛ, 'Bàa nì ńyī ɓe ŋgén inî? Lɛlaa ni nì gayī ŋgeēn yɔsonā? ¹⁴ Ŋ̀ŋwàs mboo à ŋŋwàs ɓaŋgā. ¹⁵ 'Bòt ɓàhɔgi ɓɔn ɓa ye njěl, i hɛ̌t ɓàŋga i ŋŋwehà; ndi i ŋgèdà ɓa māl nɔk, Saatàn à nhɔ̄ɔ lɔɔ̌, a heā ɓàŋga i ŋwehā i kède yâp. ¹⁶ Halā kì nì inyùu ɓa ɓā nlɛɛgɛ ɓaŋgā i ŋŋwehā i hɔ̄ma ŋgɔ̀k, ɓɔn i ŋgèdà ɓa nnɔk ɓaŋgā, ɓa mpāla lɛɛgɛ yɔ nì màsee; ¹⁷ ndi ɓa gweē ɓē miŋkàn i kède yâp, ɓa nhōnɓa ndeèk ŋgeŋ; ndi i ŋgèdà njiihà ì ǹlɔ̄ tɔ̀ ndèèŋgà, inyùu ɓàŋga, ɓa mpāla ɓaàgè. ¹⁸ 'Bapɛ ɓa ye ɓā ɓā nlɛɛgɛ ɓaŋgā i ŋŋweha i kède bìlɔɔ; ɓana ɓɔn ɓa ye ɓā ɓā binɔ̄k ɓaŋgā, ¹⁹ ndi ndùŋa ŋ̀kɔ̀ŋ hisi ì njòp ɓǎŋ, i ham ɓàŋga, nì màlòga mā liŋgwàŋ, nì mìnhɛŋa mi mâm màpɛ, kàyèlɛ i nnūm ɓe matam. ²⁰ Ndi ɓa ɓā bilɛɛgɛ ɓaŋgā i biŋwēha hisī hìlam, ɓa ye ɓā ɓā binɔ̄k ɓaŋgā, ɓa lɛɛgɛ yɔ, ɓa num matam, wàda mòm maâ, nûmpɛ mòm masamàl, nûmpɛ kî mbogôl.

Tuŋgeŋ i sī hìndama
Luk 8: 16-18

²¹ Nì nyɛ à kāl ɓɔ lɛ, 'Bàà ɓa nlɔ̀na tuŋgeŋ lɛ ɓa ha yɔ̄ i sī hìndama, tɔ̀ i sī nàŋ, hàndugi i tēe yɔ̄ ŋgìi tēenɛ? ²² Inyŭlē jàm jɔkǐjɔ̄ li solī ɓē ndik lē li gasɔ̀ɔlana; tɔ̀ jàm jɔkǐjɔ̄ li ta ɓē jǐmb ndik lē li gapām mapūbi. ²³ Iɓālē mùt à gweē mào i nɔ̄gaà, a nɔk nī. ²⁴ À kāl ki ɓɔ́ lɛ, Nì yihgɛ̀ inyùu màm nì nnɔ̄k; hihègà nì nhègèl hyɔn hi gahègna ɓee; ɓa galòòhene ki ɓèè hâ. ²⁵ Inyŭlē nu à gwèe, i gatīna nyɛ; ndi nu à gwèe ɓēe, yŏm à gwèe i gayòŋa ni nyē.

Ŋgèn inyùu mbōo ì nhɔ̄l

²⁶ Nì nyɛ à kāl lɛ, Ànè Nyambɛ ī ye wěŋgɔ̀ŋlɛ mùt à ŋ̀ŋwās mboo hisī; ²⁷ à kɛ̀nɛ̀k hilɔ̄, à tɛlɓàk jùu nì njămùha, mboo ì ɔ̄k, ì hɔlɔ̄k, à yi ɓe jâm mû. ²⁸ Hìsi hyɔmɛ̀dɛ hi nnūm matam; ǹsɔ̀ŋ konflǎwà u mɓòk, holo konflǎwà i nɔ̂ŋ, konflǎwà hoolaga i yik sok. ²⁹ Ndi ŋgèdà màtam ma nholôl, à nhɔ̄ɔ ha nhoobàk kwadɛ mû, inyŭlē ŋgèdà lìɓùmbùl ì m̀pam.

Ŋgén mboo pōoga
Màt 13: 31-32; Luk 13: 18-19

³⁰ À kāl ki lē, Di hɛ̌k ànè Nyambɛ nì kii? Tɔ̀ɔ di eba yɔ̄ nì ìmbɛ ŋgén? ³¹ I ye wěŋgɔ̀ŋlɛ jìs li nten pooga jɔn ŋgèdà li ŋŋweha hisī, tɔ̀ lakìì li nlɔ̀ɔ mboo yɔsonā bìtidigi hana hisī, ³² ndi kìì li ŋŋwēhaà, li nnāŋ, li yilā bìkɛŋi ìlɔ̀ɔ bìhèyɛ̀k gwɔbisonā, li mpēmes ki mìncêp mìŋkɛŋi, kàyèlɛ dìnùni di ŋgiī di ye lē di yén i sī yìɛ yēe.

Yesù à mpōdhɛnɛ ɓoòt nì ŋgèn
Màt 13: 34-35

³³ Munu ndòŋ ŋgàndàk ŋgén ini nyɛn à ɓa kelèl ɓɔ ɓàŋga, kǐŋgèdà là yap i nɔ̄k yɔ̄; ³⁴ à podos ɓē ɓɔ iɓaɓe ŋgén; ndi à ɓa tɔ̂ŋlè ɓànigîl ɓee màm mɔmasonā ɓɔtāma.

Yesù à mmōmos mbuk mbèbi
Màt 8: 23-27; Luk 8: 22-25

³⁵ Ndi yɔ̀kɛl nû, kòkoa i kwɔ̀ɔ ɓǎŋ, à kāl ɓɔ le, 'Bɔga ɓɛ̀s di yáp nyɔ̀ɔ uu ŋwìì Lɔ̂m. ³⁶ Ba yēk ɓǎŋ lìmùt li ɓôt, ɓa kɛna nyɛ ŋgì kòòba moŋgō; ɓɔ nì

ʸ**Mar 4: 12** Yès 6: 9-10

mòngo mìmpɛ ɓa kihā loòŋ. ³⁷ Nì mbuk mbèbi nu ŋ̀kɛŋi à kahal hòŋ, màŋgudga ma kobgà i mòŋgo, kàyèlɛ mòŋgo u kahal yōn. ³⁸ Ndi nyɛmèdɛ à ɓa à nìŋi hīlō i kòmgà makɔl ma moŋgō; ɓa todōl nyɛ, ɓɔ nyɛ lɛ, À Lêt, ɓàa ù ntòŋ ɓe ni ɓês, lakìi dì nlɔ̀ i cīɓaà? ³⁹ Nì nyɛ à todē hilɔ̄, à kond mbɛbī, à kāl lɔ̄m lɛ, Hɔ̀gɓɛ, mɔm ŋwèɛ. Nì mbèbi ì mâl, lŏm à tɛmēp yaga ŋweŋwēɛ̀. ⁴⁰ Nì nyɛ à kāl ɓɔ lɛ, Inyŭkī nì ŋkònol wɔŋi? ⁴¹ Bàa nì ǹhemlègè ɓee? Nì ɓɔ ɓa kɔ́n wɔŋi ŋgandàk, ɓa kahal kàlna lɛ, Ǹjɛɛ nyɛ nunu lɛ yàk mbèbi ì nnōgoòl nì lɔ̀m?

5

Yesù à mmèles mût mbuu nyɛgā nu Gèrasà

Màt 8: 28-34; Luk 8: 26-29

¹ Nì ɓɔ ɓa pam uu ŋwìì Lôm, lòŋ ɓôt ɓa Gerāsà. ² À pam ɓăŋ mòŋgo, mùt mbuu nyɛgā à pam sɔ̀ŋ, à hɔɔ lɔ ɓɔ̀mà nyɛ, ³ lìyèènɛ jee li ɓānɛ sɔ̀ŋ; mùt nyɛkǐnyē à ɓa la hā ɓe kaāŋ nyɛ, tɔ̀ nì ǹsaŋ bikɛ̀y yaga; ⁴ inyŭlē ɓa ɓā ɓa hā nyē dikēŋ nì minsāŋ mi bikɛ̀y, à pat minsaŋ mi bikɛ̀y yaga, à ɓɔl dikeŋ bipès bìpès; ndi mùt nyɛkǐnyē à ɓa la ɓē tombōs nyɛ. ⁵ À ɓa lɔnd ī kède sɔ̀ŋ nì dikòa ŋgèdà yɔsonā, jùu nì njămùha, à kègɓàgà ŋgɔ̀k. ⁶ Kìi à ǹtɛhɛ Yesù nɔnɔk, à hɛndɛp ŋgwee, à oop bisū gwee, ⁷ à lɔnd makɛŋi, à kāl lɛ, À Yesù, Măn Nyāmbɛ Nūŋgìŋgìì, ɓěhnà wê kii? Mɛ̀ ŋkùmul we Nyāmbɛ sɔ̀ŋ, ù tèèŋga ɓăŋ mɛ̀. ⁸ Inyŭlē à kăl nyē lɛ, À we mbūu nyɛgā, nyɔdi nyē muù. ⁹ Nì nyɛ à ɓát nyē lɛ, Jòy jɔŋ lɛ ǹjɛɛ? À kāl nyɛ lɛ, Jòy jêm lɛ Legìòn, inyŭlē dì yè ŋgàndàk. ¹⁰ Nì nyɛ à sɔɔhɛ nyɛ ŋgàndàk lɛ à lùhul ɓáŋ ŋwɔ mu lòŋ î. ¹¹ Ndi lìùŋ li ŋgóy likɛŋi li ɓā hā hīkòa, li jêk. ¹² Nì ŋwɔ mi sɔɔhɛ nyɛ, mi kāl lɛ, Ɔm ɓès lɛ di jóp ī kède ŋgòy. ¹³ Nì kundayada Yesù à kêmhɛ̀. Hanyēn mìmbuu mi nyɛgā mi pam, mi lɛmā i kède ŋgòy; lìùŋ li sundī mpùgè, li ɓɛha lɔ̀m, li wɔ, jàm kìi ɓɔ dìkoo diɓaà. ¹⁴ Ɓòt ɓa ɓā jeès yɔ ɓa ubi ŋgwee, ɓa aŋal halā ŋkòŋ nì mbɔk yɔsonā. Ɓa lɔ ɓèŋgè jàm li ŋgwelà. ¹⁵ Nì ɓɔ ɓa lɔ yāk Yēsù, ɓa tɛhɛ nu à ɓa à gwèe mìmbuu mìmɓɛ, à yìi, à m̀mâl ɛŋgèp, à yîk jàm, nu yāga à ɓa à gwèe lēgìòn; nì ɓɔ ɓa kɔ́n wɔŋi. ¹⁶ Ɓa ɓā tēhɛ jàm lî ɓa aŋlɛ ɓɔ jàm li ɓòŋa nì mùt à ɓa à gwèe mìmbuu mìmɓɛ, nì inyùu ŋgòy. ¹⁷ Nì ɓɔ ɓa sɔɔhɛ Yesù lɛ a nyɔdi lɔ̀ŋ yap. ¹⁸ À ɓa jôp ɓăŋ mòŋgo, nu à ɓa à gwèe mìmbuu mìmɓɛ à sɔɔhɛ nyɛ lɛ a yén nì nyɛ. ¹⁹ Ndi à nɛɛɓɛ ɓē nyɛ, à kāl ndik nyē lɛ, Kɛ̀nɛk ndāp yɔɔ̀ŋ, nì i ɓôt ɓɔŋ, u aŋlɛ ɓɔ kinjē màm màkɛŋi Ŋwēt à m̀boŋōl wɛɛ, nì kìkìi à ŋ̀kɔ́n we ŋgɔɔ. ²⁰ Nì nyɛ à kê, à kahal āŋal i Dèkàpolì kinjē màm màkɛŋi Yēsù à ɓòŋol nyɛ; ɓôt ɓɔɓasonā ɓa ɛgèp.

Ŋgònd Yairò nì mùdàa à ntīs mbɔt Yēsù

Màt 9: 18-26; Luk 8: 40-56

²¹ Yesù à tĕmb ɓăŋ kì nyɔ̀ɔ̀ uu ŋwìì ni mòŋgo, lìmùt li ɓôt likɛŋi li kɔ́dɓa nyēnī; à ɓa à yìi ŋgwāŋ lɔɔm. ²² Ŋ̀ànɛ wàda mu ɓā-ànɛ ɓa ndap mītìn à lô, jòy jee lɛ Yairò; kìi à ǹtɛhɛ nyɛ, à kwɔ i sī makòò mee. ²³ À sɔɔhɛ nyɛ ŋgàndàk, à kāl lē, hìŋgɔ̀ŋgɔnda

hyêm hi yeŋī; ŋgɔ lɔ̀ɔ, kèhi mɔ̀ɔ mɔŋ ŋgìì yeē lɛ a mâl, a nîŋ. ²⁴ Bɔ nyē ɓa kɛɛ̀. Lìmùt lìkeŋi kî li nɔ́ŋ nyɛ, li nit yaga nyɛ. ²⁵ Ndi mùdàà wadà à ɓa, nu màcèl ma ɓā pam jòm li ŋwii mbòk iɓaà, ²⁶ à kǒs ŋgàndàk njɔnɔk i mɔ̀ɔ ma ŋgandàk ɓaŋgàŋgàŋ, à sɛm maàm mɔmasɔnā à ɓa à gwèe, ndi à ɓɔ́ŋ ɓe tɔ ndèk mboo, kɔ̀n u yindgè ndigi ǹyindgè, ²⁷ à nɔk ɓǎŋ īnyùu Yēsù, à lôl nyɛ mbūs i kède lìmùt, à tis mbɔt yeɛ̀. ²⁸ Inyŭlē à kǎl lē, Iɓālē mè ǹtihba tɔ mbɔ̄t yeɛ̀, wɛ̀ɛ mè m̀mâl. ²⁹ Màcèl mee ma sɛm bitēebīloŋi; à nogda nyùù lɛ ɓeba yee kôn i mmâl. ³⁰ Nì Yesù à hɔɔ yi i kède yeē lɛ ŋgùy ì ǹnyɔdi nyɛ, à hyɛlɓa i kède lìmùt, à kǎl lē, Ǹjɛɛ à ǹtis mbɔt yêm? ³¹ Nì ɓanigîl ɓee ɓa kǎl nyɛ lɛ, ù tɛhgè lɛ lìmùt li nit wê, ndi ù ɓàdàk lɛ ǹjɛɛ à ǹtis mê? ³² Nì nyɛ à ɓeŋgē i pāŋ yeē i tēhɛ nū à m̀ɓɔ́ŋ jàm lini. ³³ Ndi mùdàa à kɔ́n wɔŋi, à sêhlà, lakìi à yi jàm li ɓɔ̀ŋa nì nyɛ, nì nyɛ à lɔ̂, à kwɔ hīsī bisū gwee, à kǎl nyɛ màliga mɔmasɔnā. ³⁴ Nì nyɛ à kǎl nyɛ lɛ, À ŋgônd yèm, hemlɛ yɔŋ i ntɔhɔl wê; kɛnɛk nì ǹsàŋ, ù m̀mâlɓa ni ɓēba yɔŋ kɔ̀n. ³⁵ Ki à ŋgi pɔdɔ̂k, ɓòt ɓa lôl yak ŋ̀ànɛ̀ ndap mītìn, ɓa kǎl lɛ, Ŋgònd yɔ̌ŋ ì ŋ̀wɔ; ù ntèèŋgana ki ki Màlêt? ³⁶ Ndi Yesù à nɔk ɓǎŋ ɓàŋga î i pōda, à kǎl ŋ̀ànɛ̀ ndap mītìn lɛ, Ù kɔ̀n ɓǎŋ wɔ̀ŋi, hemlɛ ndīgiì. ³⁷ À nɛɛbɛ ɓē muùt nyɛkǐnyē lɛ a nɔɔ́ŋ nyɛ̄, ndik Pētrò, nì Yàkobò, nì Yòhanès mànyáŋ Yàkobò. ³⁸ Nì ɓɔ ɓa pam ndāp ŋ̀ànɛ̀ ndap mītìn; nì nyɛ à tɛhɛ ɓôt ɓa ńyògɓɛ̀, ŋgàndàk ì èɛk, ì lɔndɔ̂k màkɛŋi. ³⁹ À jǒp ɓǎŋ ndāp, nye ɓɔ lɛ, Inyŭkī nì ńyògɓɛ̀nɛ̀ nì èɛk kì?

Màànge à ŋ̀wɔ ɓēe, à yè ndik hīlɔ̄. ⁴⁰ Nì nyɛ à pemes ɓɔɓasɔnā, à yɔ́ŋ ndik ìsaŋ màn ɓɔ nyǎŋ, nì ɓòt nyɛ nì ɓɔ ɓa lòha, à jôp i hɛ̌t màànge à ɓa à nìŋnɛ. ⁴¹ Nì nyɛ à gwɛ̄l maaŋge wɔɔ, à kǎl nyɛ lɛ, Tàlità kumì; halā à yè lɛ, A ŋgòndà, mè ŋkàl we lē, Tɛlɛp. ⁴² Nì hìŋgòndà hi tɛlɛp bitēebīloŋi, hi kahal kɛ̀; inyŭlē hi ɓā jòm li ŋwii mbòk iɓaà. ⁴³ Nì ɓɔ ɓa ɛgēp ŋgàndàk kîyaga. Nì nyɛ à tibil yaga ɓehɛ ɓɔ lɛ mùt nyɛkǐnyē à yik ɓǎŋ hālà; à kǎl ki ɓɔ́ lɛ ɓa ti nyē yɔ̀m jɛ.

6

Ŋ̀kɔ̀ŋ Nasàrèt u nhēmlɛ ɓe Yesù
Màt 13: 53-58; Luk 4: 16-30

¹ Nì nyɛ à nyɔdi hâ, à pam lɔ̀ŋ yee; ɓànigîl ɓee ɓa nɔŋɔ̂k nyɛ. ² Ŋgwà nôy u pām ɓǎŋ, à kahal nīiga i ndāp mītìn; ŋgàndàk ì ì ɓa ɛmblɛ̀ nyɛ, ì hêl, ì kǎl lɛ, Mùt nunu à ǹlɔnā hɛ màm mana? Kinjē pèk ìni ì ǹtina mùt nunu, nì mìmpemba mi mâm mini mi mɓɔ̀ŋa ni mɔ̀ɔ mee? ³ Bàà nyen à tà ɓe kapindà, mǎn Màrià, nì mànyáŋ Yàkobò, ɓɔ Yosès, ɓɔ Yudà nì Simòn? Lògnyáŋ ɓodàà kî i ta ɓē hana ɓěhnì? Nì ɓɔ ɓa ɓāge inyùu yeɛ̀. ⁴ Nì Yesù à kǎl ɓɔ lɛ, M̀podôl à gwèe lìpem, hàndùk lɔ̀ŋ yee, nì lihàà jee, nì mbāy yeɛ̀. ᶻ ⁵ Ndi à làa ɓē ɓɔɔ́ŋ mpemba jaàm nyɔ̀ɔ́, hàndùk lɛ à ɓa à kèhi mɔɔ mee ŋgìi ndèk ɓakɔ̀kôn, à mèlhàk ɓɔ. ⁶ Nì nyɛ à hɛl inyùu ŋgìtɔbhemlɛ wǎp. Nì nyɛ à hyom miŋkɔŋ nì miŋkɔ̀ŋ, à niigàgà.

ᶻ**Mar 6: 4** Yòh 4: 44

Ndàk jŏm nì ɓaà ɓa kŏs
Màt 10: 5-15; Luk 9: 1-6

⁷ Nì nyɛ à sebēl jom nì ɓaà, à kahal ɔ̄m ɓɔ ɓaà ɓaà; à ti ɓɔ ŋgùy i ŋgìi mìmbuu mi nyɛgā. ⁸ À ɓehɛ ɓɔ lɛ ɓa kɛna ɓáŋ yɔm yɔkǐyɔ̄ likè jap, tɔ̀ kɔ̀ga, tɔ̀ ɓɔ̂t, tɔ̀ mòni i kwà yap; ⁹ ndi ɓa haba bìtamb; à kāl ɓɔ lɛ, Nì haba ɓáŋ bìsɔdi bīɓaà. ¹⁰ À kāl ki ɓɔ̄ lɛ, Tɔ̀ hɛ hɔma nì ǹjóp ndáp, yèna mū lētèè nì nyɔdi ha hɔ̀ma nû. ¹¹ Tɔ̀ nûmbɛ hɔma ɓa nlɛɛgɛ ɓɛ ɓee, tɔ̀ ɛmblè ɓèe, ŋgèdà nì nnyɔ̄di haà, ni kūmb lìpùm li bitèk i sī màɓàl manân i ɓā mbògi inyùù yâp. ᵃ Hɔ̀dɔ nu mɛ nhɔ̄mb ɓee lɛ, Mbɔk Sōdòm nì Gòmorà ᵇ ì gakòs lɔŋgɛ ŋgwà mbagī ìlɔ̀ɔ̀ ŋkɔ̀ŋ û. ¹² Nì ɓɔ ɓa pam, ɓa aŋal lɛ ɓòt ɓa hyɛ̄l mìŋɛm. ¹³ Ba pēmes ŋgàndàk mìmbuu mìmbɛ, ɓa hɔɔ ŋgandàk ɓàkɔ̀kɔ̂n mòo, ɓa melēs ɓɔ.

Nyɛ̆mb Yòhanès Ǹsòblè
Màt 14: 1-12; Luk 9: 7-9

¹⁴ Ndi Kiŋɛ Hèrodè à nɔk halà; inyūlē jòy li Yesù li ɓā yinaà; ɓa kāl lɛ Yòhanès Ǹsòblè à ǹtugē i kède ɓàwɔga, jɔn à mɓòŋol mimpēmba mi maàm mini. ¹⁵ Bòt ɓàhɔgi kî ɓɔ, Èlià nû. Yàk ɓapɛ ɓɔ, M̀podôl nû, kìkìi wàda i kède ɓàpodôl. ¹⁶ Ndi Hèrodè à nɔk ɓáŋ hālà, à kāl lɛ, Yòhanès nu mɛ bikīt ŋɔ, nyɛn à ǹtugè. ¹⁷ Inyūlē Hèrodè nyɛmèdɛ à ɔm, ɓa gwɛ̄l Yohānès, à keŋēs nyɛ, à ha mɔk inyùu Hèrodìà, ŋwàa mǎsāŋ Filīpò, inyŭlē à ɓii nyɛ. ¹⁸ Inyūlē Yòhanès à kǎl Hèrodè lɛ, I ta ɓē wɛ kùndɛ i ɓāna ŋwàa mǎsɔ̄ŋ. ¹⁹ Nì Hèrodìà à kahal hān nyɛ, à sòmblàk kì nɔl nyɛ, ndi à ɓa la ɓēe, ²⁰ inyūlē Hèrodè à ɓa kôn Yòhanès wɔ̀ŋi, lakìi à ɓa yiba lē à yè mùt à tee sēp, nì nûmpubhaga, à ɓa teedà nyɛ lɔ̄ŋgɛɛ̀. À ɓa a nɔ̄k nyē à mpɔ̄t, à hɛl ŋgandàk; ndi à ɛmblègè nyɛ nì màsee. ²¹ Ndi kɛl ì kòli ì pam ɓǎŋ, hilɔ̄ hi ligwee jēe, Hèrodè à lōhɛnɛ ɓalom ɓee ɓa ɓoòt, nì ɓà-ànè ɓa mintoŋ mi sondâ, nì ɓòt ɓa bisu ɓa Galìleà ŋgànd. ²² Ŋgɔ̀nd Hèrodìà ì jŏp ɓǎŋ, ì sak, ì lemel Herōdè nì ɓòt nyɛ nì ɓɔ ɓa ɓā ɓa yiī ī jē. Nì kiŋɛ ì kāl hiŋɔ̀ndà lɛ, Yet mɛ tɔ̀ kinjē yɔm yaga ù nsòmbòl, mɛ ntī wɛ yɔ̄. ²³ Nì nyɛ à kumūl nyɛ sɔ̀ŋ lɛ, Tɔ̀ kinjē yɔm yaga ù ǹyet mê, mɛ ntī wɛ yɔ̄, tɔ̀ pès anè yêm yaga. ²⁴ Nì nyɛ à pam à ɓát nyaāŋ lɛ, Ɓàà mɛ yet kī nyɛ? Nyàŋ nyɛ, Ŋ̀ɔ Yohānès Ǹsòblè. ²⁵ Nì nyɛ à jóp ŋgwee ni ŋgwee yak kīŋɛɛ̀, à yet nyɛ, à kāl lɛ, Mɛ̀ nsòmbol lɛ u ti mɛ ŋ̀ɔ Yohānès Ǹsòblè hanânɔ munu sōya. ²⁶ Nì kiŋɛ ì mɔdɔ̄p kìǐyaga, ndi inyùu sɔ̀ŋ yèe à kŭm nì inyùu ɓòt ɓa ɓā ɓa yiī ī jē, à làa ɓē nim nyɛ wɔ̄. ²⁷ Nì kiŋɛ ì hɔɔ ɔm sonda yàda mu sōnda ī ntāt nyɛ, à kāl lē i lɔnā ŋ̀ɔ wee; ²⁸ nì yɔ̀ ì kê, ì kit nyɛ ŋ̀ɔ i ndáp mɔ̀k, ì lɔnā ŋɔ wee sōya, ì ti hiŋɔ̀ndà wɔ; yàk hiŋɔ̀ndà hi kê hi ti nyáŋ wɔ. ²⁹ Ɓànigîl ɓee ɓa nɔ̄k ɓǎŋ hālà, ɓa kê, ɓa yɔ̄ŋ miìm wee, ɓa jo wɔ̄ sɔ̀ŋ.

Yesù à njēs dikoo di ɓoòt ditân
Màt 14: 13-21; Luk 9: 10-17

³⁰ Nì ɓàoma ɓā kɔɔ̄dɓa yak Yēsù, ɓa aŋlɛ nyɛ màm mɔmasonā ɓa biɓɔ́ŋ, nì ma ɓā binììgà. ³¹ Nì nyɛ à

ᵃ**Mar 6: 11** M̀B 13: 51   ᵇ**Màt 10: 15** Bìɓ 19: 12-25

kál ɓɔ lɛ, Lɔ̀na ɓèèɓɔtāma i hɔ̀ma ŋɔ̀ŋ, ni nɔ́y ndèk. Inyŭlē ɓàlɔ̀ nì ɓàkɛ̀ ɓa ɓā ŋgàndàk, ɓa ɓā ɓē ki tɔ̀ ɓa gweē ŋgèdà i jē. ³² Nì ɓɔ ɓa kíl mòŋgo, ɓa kɛē ŋɔ̀ŋ ɓɔtāma. ³³ Ndi lɔ̀ŋ i tēhɛ ɓɔ̄ ɓa ŋkɛ̀, nì ɓòt ŋgàndàk ɓa ɓā yi nyē, nì ɓɔ ɓa nyɔdi ŋgwee miŋkɔ̀ŋ ŋwɔminsonā, ɓa kíl hisī, ɓa ɓók ɓɔ bisū i mbɔ̄k ɓa ɓā kɛɛ̀, ɓa kɔ́dɓa i nyēnī. ³⁴ Nì nyɛ à pam, à tɛhɛ limùt li ɓòt lìkɛŋi, li kónha nyɛ ŋgɔ̄ɔ, inyŭlē li ɓā kìkìi mìntomba mi ŋgi ǹteedà; nì nyɛ à kahal niiga ɓɔ ŋgàndàk mâm. ³⁵ Kɛl ì ɓa lɔ ɓăŋ lē ì ŋkɛ̀, ɓanigîl ɓee ɓa lɔ nyēnī, ɓa kál lɛ, Hɔ̀ma nunu à yè ŋ̀ɔŋ, yàk kɛl ì ǹlɔ kɛ̀; ³⁶ ŋwǎs ɓɔ̄, ɓa kɛnēk ŋkɔ̀ŋ nì mambāy ma ye ɓèɓèɛ̀, ɓa sombol ɓɔ̄mèdɛ kɔgā, inyŭlē ɓa gweē ɓē yɔm jɛ. ³⁷ Nì nyɛ à tîmbhɛ̀, à kál ɓɔ lɛ, Ɓèè tina ɓɔ̄ bìjɛk. Nì ɓɔ ɓa kál nyɛ lɛ, Ɓàà di kɛē sɔ̄mb bìkɔ̀ga inyùu mbōgoòl denārìò iɓaà, ndi di ti ɓɔ̄, ɓa jɛɛ̀? ³⁸ Nì nyɛ à kál ɓɔ lɛ, nì gwèe bìkɔ̀ga gwaŋɛn? Kɛ̀na lē ɓèŋgna. Ɓa yī ɓăŋ, ɓa kál lɛ, Bìkɔ̀ga bitân, nì cɔ̀bi diɓaà. ³⁹ Nì nyɛ à kál ɓɔ lɛ ɓòt ɓɔɓasonā ɓa yēn hīsī bìtì bìtì i ŋgìi njɔ̄ŋi ɓayòòmà. ⁴⁰ Nì ɓɔ ɓa yēn minlɔ̀ŋ mìnlɔ̀ŋ mbogôl mbogôl, mòm matân mòm matân. ⁴¹ Nì nyɛ à yɔ́ŋ bìkɔ̀ga bitân nì cɔ̀bi diɓaà, à nŭn ŋgìl, à sayàp, à ɓɛk bìkɔ̀ga, à ti ɓanigîl lɛ ɓa loōs. À kēbha ki ɓɔ̄ɓasonā cɔ̀bi diɓaà. ⁴² Nì ɓɔɓasonā ɓa jɛ, ɓa nuù. ⁴³ Nì ɓɔ ɓa ɓada biket, jòm li mìńyɔnɔ̄k mi bisɛ̀l mbòk iɓaà, nì cɔ̀bi kî. ⁴⁴ Ɓòt ɓa jē bìkɔ̀ga ɓa ɓā dìkoo di ɓôlom ditân.

Yesù à ŋkɛ̀ ni màkòò i ŋgìi màlep

Màt 14: 22-27; Yòh 6: 16-21

⁴⁵ Nì nyɛ à hɔɔ nyegha ɓanigîl ɓee lɛ ɓa jóp mòŋgo, ɓa ɓók nyē bisū nyɔ̄ɔ uu ŋwìi i Bètsaydà, nyɛmèdɛ à yik huuhà lìmùt. ⁴⁶ À cèlel ɓăŋ ɓɔ̄, à kɛ hīkòa i sɔ̄ɔhɛ̀. ⁴⁷ Kòkoa i kwɔ̀ɔ ɓăŋ, mòŋgo u ɓānɛ yāga ŋēm lɔ̀ɔm, ndi nyɛtāma nyɛn à ɓa à yìi ŋgwāŋ. ⁴⁸ À tɛhɛ ɓăŋ ɓɔ̄ ɓā ncēlɛl inyùu ǹluga, inyŭlē mbèbi ì ɓa huŋùl ɓɔ mbɔ̀mbɔ̂m, nì nyɛ à pemel ɓɔ ɓèɓèɛ̀ nì màyɛ ma kɛl, à kɛ̀nɛ̀k nì màkòò i ŋgìi lɔ̀m. À ɓa sombòl tagɓɛ ɓɔ. ⁴⁹ Ɓa tēhɛ ɓăŋ nyē à ŋkɛ̀ ni màkòò i ŋgìi lɔ̀m, ɓa hɔŋɔl lɛ ŋkugì û, ɓa kahal lɔ̄nd; ⁵⁰ inyŭlē ɓɔɓasonā ɓa tēhɛ nyē, ɓa sîhlà. À hɔɔ podos ɓɔ, à kál ɓɔ lɛ, Ɓana mìŋɛm; ŋgɔ mɛ nunu, nì kòn ɓăŋ wɔ̀ŋi. ⁵¹ Nì nyɛ à kóɓɛ ɓɔ̄nī, à jóp mòŋgo; nì mbèbi ì mmâl, nì ɓɔ ɓa ɛgɛp kiìyaga. ⁵² Inyŭlē ɓa yī ɓē jaàm li helha inyùu bìkɔ̀ga, mìŋɛm ŋwap mi ɓā mìnlɛ̀dga.

Yesù à mmèles ɓakɔ̀kɔ́n i Gènesàrèt

Màt 14: 34-36

⁵³ Ɓa yăp ɓàŋ, ɓa pam nyɔɔ̄ Gènesàrèt, ɓa cak. ⁵⁴ Kìi ɓa mpam mòŋgo, ɓòt ɓa hɔɔ yi nyɛ, ⁵⁵ ɓa sandā ŋgwee mu mbɔ̄k ì yɔ̀sonā, ɓa kahal ɓègɛɛ ɓakɔ̀kɔ́n bitāk gwap, ɓa kêŋgà ɓɔ i hèt ɓa nɔ̄k lē à yènɛ̀. ⁵⁶ Tɔ̀ hɛɛ à ɓa pam, tɔ̀ mambāy, tɔ̀ miŋkɔ̀ŋ, tɔ̀ bikāy, ɓa ɓā niŋì ɓàkɔ̀kɔ́n biɓòm, ɓa sɔɔhègɛ nyɛ lɛ ɓa tis tɔ̀ lìnjɛ̀k li mbɔt yee; ɓɔɓasonā ɓa tīs jɔ̄ ɓa măl.

7

Bìlem bi mimaŋ mi ɓôt

Màt 15: 1-9

¹ Fàrisày nì ɓàyimbēn ɓàhɔgi, ɓa ɓā loòl Yèrusàlèm ɓa kɔ́dɓa nyēnī. ² Ɓa tɛhɛ lɛ ɓànigîl ɓee ɓàhɔgi ɓa njɛ kɔgà yap nì mɔ̀ɔ ma mahindi, halà yè lɛ mɔ̀ɔ ŋgì sɔ̀. ɓa nyeyey ɓɔ mu

jàm lî. ³ Inyŭlē Fàrisày nì Lòk Yudà yɔsonā ɓa njē ɓe ŋgî tibil yaga sɔ mɔ̄ɔ, inyùu nɔ̀ŋ bìlɛm bi mìmaŋ mi ɓôt; ⁴ ŋgèdà ɓa nlòl i ɓòm, ɓa njē ɓē ndugi ɓɔ ŋgì ɓòk nɔgɔ̂p; ŋgàndàk mâm ìpɛ ɓa ńyɔ̀ŋ nì teedà i ye lē, ì sɔ̀ màɓondo, nì bìsoya, nì mi mamuna. ⁵ Fàrisày nì ɓàyimɓēn ɓa ɓaāt nyɛ lɛ, Inyŭkī ɓànigîl ɓɔŋ ɓa nnɔ̀ŋ ɓe bilɛm bi mìmaŋ mi ɓôt, ndi ɓa jêk yàà kɔgā ni mɔ̀ɔ ma mahindi? ⁶ Nì nyɛ à kâl ɓɔ lɛ, Yèsayà à tibil yāga pɔt bindĕē inyùu nân, kìkìì i ye ǹtīlɓàgà lɛ,

Ɓòt ɓana ɓa ntī mɛ lìpem ni bìɓep gwap,
Ndi mìŋɛm ŋwap mi mmâl hyamɓa nɔnɔk ni mɛ̀.
⁷ Ɓa mɓēges mɛ yàŋgà,
Ɓa niigàgà màtìŋ ma ɓôt kìkìì màeba map. ᶜ

⁸ Inyŭlē ɓèe nì ńyēk litìŋ li Nyamɓê, nì adɓègɛ nì lɛm ɓôt kìkìì lijòà dìɓogoo ni màɓondo, nì ɓɔ̀ŋɔk kì ŋgàndàk màm ìpɛ ndòŋ ì. ⁹ Nì nyɛ à kâl ɓɔ lɛ, Ɓèe nì ncèl yaga litìŋ li Nyamɓê, lɛ ndi ni teeda lēm naân. ¹⁰ Inyŭlē Mosè à kǎl lē, Ù tinâk ìsɔŋ ɓɔ nyùŋ lipem; nì lɛ, Mùt à mpōdol isāŋ tɔ̀ nyàŋ ɓeba, a nola ndīgiì. ᵈ ¹¹ Ndi ɓèe nì ŋkàl lɛ, Iɓālē mùt à ŋ̀kâl isāŋ tɔ̀ nyàŋ lɛ, Yɔ̌m ù ɓak lɛ ù kuhūl mahola ī mĕnī i ye Kōrban, halā yè lɛ, I ntina Nyamɓê. ¹² Nì nnēɛɓe ha ɓe ki nyē lɛ a ɓɔɔ̄ŋ jàm inyùu ìsaŋ tɔ̀ nyàŋ; ¹³ Halā nī nyɛn nì ńyìlis ɓaŋgā Nyamɓɛ kìkìì yàŋgà jâm inyùu lēm naàn i ye lē nì bitēê; nì mɓɔ̀ŋ ki ŋgàndàk mâm màpɛ ndòŋ ìni.

Màm ma nhīndis muùt
Màt 15: 10-20

¹⁴ Nì nyɛ à sèbel ɓǎŋ lìmùt li ɓot jɔlisonā, à kâl jɔ lɛ, Ɓèeɓɔɓasonā ɛmblana mɛ̀, ni tibil nɔ̄k lɛ, ¹⁵ Yɔ̄m yɔkǐyɔ̄ i ye tān i njòp i kède mùt i nlà ɓe hindis nyɛ; ndi màm ma nlòl i kède mùt mɔn ma nhīndis muùt. ¹⁶ [Nu à gwèe mào i nɔ̄gaà, a nɔk nī.] ¹⁷ À yek ɓǎŋ lìmùt li ɓot, à jóp ndâp, ɓànigîl ɓee ɓa ɓàt nyɛ ŋgĕn ì. ¹⁸ À ɓât ɓɔ lɛ, Ɓàa yàk ɓèe nì ntībil ɓe yi? Ɓàa nì ńyī ɓe lɛ yɔm i nlòl i tān i, jobòk i kède mùt, i nlà ɓe hindis nyɛ; ¹⁹ inyŭlē i njòp ɓe ŋēm wee, ndik lìɓùm jee, i ŋkè i lūk? À pɔt hālā ī pūbuùs bìjɛk gwɔbisɔnā. ²⁰ À kâl ki lɛ, jàm li mpām i kède mùt jɔn li nhīndis muùt. ²¹ Inyŭlē nyɔɔ ī kède, mu mīŋēm mi ɓoòt, nyɛn màhɔŋɔ̂l màɓɛ ma nlòl, ɓɔ̀ mìmɓɔ̀k, ɓɔ̀ wǐp, ɓɔ̀ mànɔlâ, ²² ɓɔ̀ ndèŋg, ɓɔ̀ tam, ɓɔ̀ ɓeba ŋɛm, ɓɔ̀ màndɔn, ɓɔ̀ bìyabdà, ɓɔ̀ jìs li njôŋ, ɓɔ̀ lìòɓòhjǒy, ɓɔ̀ ŋgok, nì bìjɔŋ. ²³ Màm màɓɛ mana mɔmasɔnā ma nlòl i kède, ma hindhàk mùt.

Hemlè i mudàa Sìròfènikìà
Màt 15: 21-28

²⁴ Nì nyɛ à nyɔdi ha nū hòma, à kɛ māmɓɔ̄k ma Tiìr nì Sidòn. À jóp ndâp yadā, à ɓa gwes ɓē lɛ mùt a yi hālà; ndi à làa ɓē sɔlɔ̀p. ²⁵ Mùdàà wadā, hìŋgɔ̀ŋgɔnda hyee hi ɓā hi gwee mɓūu nyɛgā, à nogda ɓǎŋ nyē, à hɔɔ lɔ̂, à kwɔ ī sī makòò mee, ²⁶ Mùdàà nu à ɓa mùdàa Grǐkìà, ŋgɔ̀nd Sìròfènikìà. À sɔɔhɛ nyɛ lɛ a pemes ŋgɔ̀nd yèe mɓūu m̀ɓɛ. ²⁷ Nì

ᶜ**7: 6** Yès 29: 13   ᵈ**7: 10** Màn 20: 12; 21: 17

nyɛ à kǎl lɛ, Ŋwǎs ndūgi ɓɔn ɓa nuu, inyūlē i ta ɓē lɔŋgɛ ī yɔ̀ŋ kɔ̀ga ɓɔn i lēbeèl yɔ ŋgwɔ̄. ²⁸ À tímbhɛ nyɛ lɛ, Ŋ̂ŋ, à Ŋwɛt, ŋgɔ yàk ŋgwɔ i sī tēblè i njē mu mīnlūŋ mi ɓɔn. ²⁹ Nì nyɛ à kǎl nyɛ lɛ, Inyùu ɓàŋga ini, kènɛk; m̀buu m̀ɓɛ u mpam ŋgôn̂d yɔ̀ŋ. ³⁰ Nì nyɛ à kɛ ndáp yeè, à kɔ̀ba man à nìŋi nàŋ, m̀buu m̀ɓɛ ɓápamga.

Yesù a mmèles mût ndɔk nu à ɓa mbūk

³¹ Nì Yesù à nyɔdi ɓǎŋ kì i mbōk Tîr ni Sidòn, à pam lɔ̌m Gàlìleà, à loō ŋēmkède mbɔk Dèkàpolì. ³² Ɓa lɔnā nyɛ mùt ndɔk wadā nu à ɓa pɔt ɓē lɔŋgɛè; ɓa sɔɔhɛ nyɛ lɛ a kehī wɔ̀ɔ̀ wee ŋgìì yeè. ³³ Nì nyɛ à heā nyɛ i kède lìmùt, à ɓâgɓana nyɛ, à ha nyɛ dìnɔ̀ɔ̀ maō, à cɔ matay, à tis hilemb hyee; ³⁴ à nûn ŋgiì, à ûmndè, à kǎl lɛ, Efātà, halā yè lɛ, Yìbla. ³⁵ Nì mào mee ma yîblà, yàk ten yeē hìlemb ì hôhlà, à kahal kēē hɔp. ³⁶ Nì nyɛ à ɓehɛ ɓɔ lɛ ɓa āŋlɛ ɓaāŋ tɔ̀ mùt; ndi kìkìi à ɓa lôhà ɓehɛ ɓɔ, halā kì nyɛn ɓa ɓā kondè ndik āŋaàl. ³⁷ Nì ɓɔ ɓa hɛl ŋgandàk kîyaga, ɓa kǎl lɛ, À mɓɔ̀ŋ mâm mɔmasonā lɔ̄ŋgeè; à nnōgha yaga ɓoòt ɓa ndɔk, à podhàgà kì mbuk.

8

Yesù à njēs dikoo di ɓoòt dinâ
Màt 15: 32-39

¹ Dilɔ̄ diì, lìmùt li ɓôt lìkɛŋi li kôdɓà kì, lakìi li ɓā ɓē li gweē yɔ̀m jɛ, Yesù à sebēl ɓanigiìl ɓee nyēnī, à kǎl ɓɔ lɛ, ² Lìmùt li ɓôt lini li ŋkònha mɛ ŋgɔ̄, inyūlē ɓa ńyēn ni mɛ hanânɔ dìlɔ diaâ, ndi ɓa gweē ɓē yɔm jɛ; ³ iɓālē mè ǹhuuha ɓɔ ŋgì jɛ ɓa gakwɔ̀ lihyo i njèl; inyūlē ɓàhɔgi ɓa nlôl nɔnɔk. ⁴ Nì ɓànigîl ɓee ɓa tímbhɛ nyɛ lɛ, Hɛɛ ɓa gakùhul bikɔ̀ga i là nuus ɓòt ɓana hana ŋɔ̀ŋ? ⁵ Nì nyɛ à ɓát ɓɔ lɛ, Nì gwèe bikɔ̀ga gwaŋɛn? Ɓɔ nyɛ lɛ, Bisâmbɔk. ⁶ Nì nyɛ à kǎl limùt lɛ li yén hīsī; nì nyɛ à yɔ̄ŋ bikɔ̀ga bi bīsaàmbɔk; à ti ɓǎŋ màyègà, à ɓɛk gwɔ, à ti ɓanigîl ɓee lɛ ɓa loōs ɓɔ̄; nì ɓɔ ɓa loōs gwɔ lìmùt. ⁷ Ba ɓā kì ɓa gweē ndèk cɔbī dìtidigi; à sàyap ɓǎŋ cɔ̄, à kǎl lɛ ɓa loōs kì ɓɔ cɔ̄. ⁸ Ba jē, ɓa nuù; nì ɓɔ ɓa ɓada biket bi yēglɛ, mìŋkwêy minsâmbɔk. ⁹ Ndi ɓa ɓā jē ɓa ɓā jàm kìi dìkoo dinâ; nì nyɛ à huuha ɓɔ. ¹⁰ Nì nyɛ à hɔɔ jôp mòŋgo nyɛ nì ɓànigîl ɓee, à pam bipès bi Dâlmànutà.

Ɓa mɓàt yímbnɛ
Màt 16: 1-4; Luk 12: 54-56

¹¹ Nì Fàrisày i lô, i kahal ɓàdna ɓɔ nì nyɛ, ɓa yiŋlàk nyɛ yìmbnɛ i nlôl i ŋgìi, i nɔ̀ɔ̀dè nyɛ. ¹² Nì nyɛ à lōha uūmndɛ i kède mɓuu wee, à kǎl lɛ, Inyūkī hyày hini hi ńyīŋil yiīmbnɛ? Hɔ̀dɔ mè nhōmb ɓee lɛ, Hyày hini yìmbnɛ i gatīna ɓe hyɔ. ¹³ Nì nyɛ à yek ɓɔ, à jôp ki mòŋgo, à yáp uu ŋwììl.

Sèŋha Farīsày nì i Herōdè
Màt 16: 5-12

¹⁴ Ba hōya kèna bikɔ̀ga; ndik mpɔ̀m kɔgā wada wɔn ɓa ɓā ɓa gweē mòŋgo. ¹⁵ Nì nyɛ à ɓehɛ ɓɔ, à kǎl ɓɔ lɛ, nì tiblàk yɔ̀ŋ yihɛ inyùu sèŋha Farīsày nì sèŋha Herōdè. ¹⁶ Nì ɓɔ ɓa pɔt ɓɔ nì ɓɔ, ɓa kǎl lɛ, Inyūlē dì gwèe ɓē bikɔ̀ga. ¹⁷ Lakìi Yēsù à ɓa yi hālà, à kǎl ɓɔ lɛ, Nì mpōdol ki lɛ, inyūlē nì gwèe ɓē bikɔ̀ga? Ɓàa nì ńyîk ɓee, tɔ̀ tibîl nɔk? Ɓàa mìŋem minân mi ye mìnlèdga? ¹⁸ Nì ɓâk nì mǐs, ɓàa nì ntēhnà ɓee? Nì ɓâk nì

mào, ɓàa nì nnōga ɓēe? ᵉ Bàa nì mɓìgdà ɓee? ¹⁹ I ŋgèdà mɛ̀ biɓūgul dikoo di ɓoòt ditân bìkɔ̀ga bitân, ɓàa bìsɛ̀l gwaŋen ǹyɔnɔ̂k nì bìket nì biɓādaà? Bɔ nyɛ lɛ, Jŏm mbòk iɓaà. ²⁰ I ŋgèdà mɛ̀ biɓūgul ki dikoo dina bìkɔ̀ga bisâmbɔk, ɓàa mìŋkwêy ŋwaŋen ǹyɔnɔ̂k nì bìket nì biɓādaà? Bɔ nyɛ lɛ, Minsâmbɔk. ᶠ ²¹ Nì nyɛ à kâl ɓɔ lɛ, Bàa nì ǹtiblàk ɓe nɔk?

Mèlhànà u mût ndim nyɔɔ̄ Bètsaydà

²² Nì ɓɔ ɓa pam Bètsaydà. Hanyēn ɓa lɔ̀na nyē mùt ndim, ɓa sɔɔhɛ nyɛ lɛ a tis nyē. ²³ Nì nyɛ à gwɛ̂l muùt ndim wɔ̀ɔ, à ǹyɔdna nyɛ mɓáy; kìi à ǹcolɛ nyɛ màtay mĭs, à kehī nyɛ mɔ̀ɔ ŋgìi, à ɓât nyɛ lɛ, Bàa ù ntēhɛ jaàm? ²⁴ Nì nyɛ à ǹŋwayāy mis, à kâl lɛ, Mɛ̀ ntēhɛ ɓoòt; ndi mɛ̀ ntēhɛ ɓɔ wĕŋɔ̀ŋlɛ bìɛ bi ŋkɛ̀. ²⁵ Nì Yesù à kehī ki mɔ̀ɔ ŋgìi mìs mee, à kâl nyɛ lɛ a ɓeŋgē, mùt ndim à mâl, à tɛhɛ gwɔm gwɔbisonā dìhɛ̀dɛ dìhɛ̀dɛ. ²⁶ Nì nyɛ à ɔm nyɛ ndāp yeè, à kâl nyɛ lɛ, Ù tɛ̀mb ɓáŋ ŋkɔ̀ŋ, ù kàl ɓáŋ kì tɔ mùt ŋ̀kɔ̀ŋ nyɛkĭnyē jàm mû.

Petrò à mpāhal Yesù

Màt 16: 13-20; Luk 9: 18-21

²⁷ Yesù nì ɓànigîl ɓee ɓa kɛ māmbāy ma Kaàysàreà Fìlipì; à ɓât ɓanigiìl ɓee njɛ̀l, nyɛ ɓɔ lɛ, Bòt ɓa ŋkàl lɛ mɛ̀ yè ǹjɛɛ? ²⁸ Ba tímbhɛ nyɛ lɛ, Yòhanès Ǹsòblɛ̀; ɓàhɔgi ɓɔ, Èlià; ɓàhɔgi kî ɓɔ, wàda nu ɓàpodôl. ²⁹ Nì nyɛ à ɓât ɓɔ lɛ, Ndi ɓee nì ŋkàl lɛ mɛ̀ yè ǹjɛɛ? Petrò à tímbhɛ nyɛ lɛ, Ù yè Krĭstò. ³⁰ Nì nyɛ à ɓehɛ ɓɔ lɛ ɓa āŋlɛ ɓaāŋ mùt inyùù yeè.

Yesù à mpɔ̄t bindĕē inyùu nyɛ̀mb yeè

Màt 16: 21-38; Luk 9: 22-27

³¹ Nì nyɛ à kahal nīiga ɓɔ lɛ Mǎn mùt à ǹlama sɔn njɔnɔk inyùu ŋgàndàk mâm, a cilā nì mìmaŋ mi ɓôt, nì bìprĭsì bìkɛŋi, nì ɓàyimbēn, a nola, ndi mɓūs dìlɔ diaâ kì a tugē. ³² À podol màm mana mɓàmba. Nì Petrò à yɔ̆ŋ nyɛ, à kond nyɛ. ³³ Ndi à hyêlɓà, à nûn ɓanigiìl ɓee, à kond Petrò, à kâl lɛ, À Saatàn, nyɔdi mɛ̀ i mbɔ̀m; inyūlē ù nhɔ̄ŋɔl ɓe maàm ma Nyambê, ndik màm ma ɓôt. ³⁴ Nì nyɛ à sebēl lìmùt li ɓôt, à kâl ɓɔ lɛ, Iɓālē mùt à nsòmbol nɔ́ŋ mɛɛ̀, a yɔ́yɓa, a ɓɛgēɛ mbāsa yeè, ndi a nɔ́ŋ mɛ̀. ³⁵ Inyūlē tɔ̀njɛɛ à nsòmbol tɔhɔl nɔ̀m yee, à ganīmis yɔ, ndi tɔ̀njɛɛ à ganīmis nɔɔ̀m yee inyùù yêm nì inyùu Mìŋaŋ Mìnlam, à gatɔ̄hɔl yɔ. ³⁶ I mɓāhlɛ ki muùt i kòs ŋ̀kɔ̀ŋ hisi wɔnsonā, ndi à kida inyùu nɔ̀m yee? ³⁷ Inyūlē mùt à galūgna nɔɔ̀m yee nì kii? ³⁸ Inyūlē tɔ̀njɛɛ à ŋ́wɛ̄l mɛ nì biɓàŋga gwêm nyùù i kèdɛ hyàŋ hi ndêŋg nì hi ɓeɓa hini, yàk Mǎn mùt à gawēl nyɛ nyùu ŋgèdà à galòl i kèdɛ lìpɛm li Isāŋ nì aŋgèl pubi.

9

Yesù à nhèŋhànà

Màt 17:1-13; Luk 9:28-36

¹ Nì nyɛ à kâl ɓɔ lɛ, Hɔ̀dɔ mɛ̀ nhɔ̄mb ɓee lɛ, ɓòt ɓa tee hāna, ɓàhɔgi ɓa ganōgda yaga ɓe nyɛɛ̄mb

---

ᵉ**Mar 8: 18** Yèr 5: 21; Èz 12: 2

ᶠ**Mar 8: 20** Bèŋgɛ Mar 6: 41-44; 8: 6-9

lɛtɛ̀ɛ̀ ɓa tɛhɛ anɛ̀ Nyambɛ i nlɔ̀ ni lìpemba. ² Dìlɔ disamàl di tāgɓɛ ɓǎŋ, Yesù à yɔ̄ŋ Petrò, nì Yàkobò, nì Yòhanɛ̀s, à kɛnā ɓɔ ŋgìi sɔ̄ hìkòa ɓɔtāma; à hēŋhana bisū gwap; ³ mbɔt yee i ɓǎy ɛ̀ɛ̀ŋg ɛ̀ŋg, i pop pumm, kàyɛ̀lɛ m̀pubûs màɓàdò nyɛkı̌nyē hana hisī à tà ɓe lɛ à pubus yɔ halà. ⁴ Èlià ɓɔ Mōsè ɓa pemel ɓɔ; ɓa kwɛ̄l ni Yēsù. ⁵ Nì Petrò à kâl Yesù lɛ, À Rabì, i ye ɓès lɔŋgɛ ī ɓā hāna; di ɔŋ bìlap biaâ, wè yada, Mosè yada, Èlià kì yada. ⁶ À ɓa yi ɓē jàm à ntìmbhɛ̀, inyǔlē wòŋi u ɓā ɓànɔlga ɓɔ. ⁷ Nì ɔ̀nd i lɔ̂, i hoo ɓɔ; nì kiŋ ì lɔ́l i ɔ̀nd lɛ, Màn wêm nu gwēha nūnu; ɛmblana nyē. ⁸ Nì ɓɔ ɓa hɔɔ ŋwaā mis hɔma ni hòma, ɓa tēhɛ hā ɓe muùt nyɛkı̌nyē, ndik Yēsù nyɛtāma nì ɓɔmédɛ. ⁹ Ba ɓā soòs ɓǎŋ hìkòa, Yesù à ɓehɛ ɓɔ lɛ ɓa āŋlɛ ɓaāŋ mùt màm ɓa ntɛhê, ndik ŋgèdà Mǎn mùt à gatùglana i kèdɛ ɓawɔga. ¹⁰ Nì ɓɔ ɓa teeda ɓàŋga î, ɓa kahal ɓàdna lɛ tùgɛ̀ i kèdɛ ɓawɔga halà wèɛ lāa? ¹¹ Nì ɓɔ ɓa ɓát nyē lɛ, Lɛlaa ni ɓàyimbēn ɓa ŋkàl lɛ Èlià à ǹlama ɓôk lɔɔ̀. ¹² Nì nyɛ à kâl ɓɔ lɛ, Èlià à ǹlama tɔy ɓôk lɔɔ̀, a tîmba tîbil maàm mɔmasonā; ⁸ ndi lɛlaa i ye ǹtîlɓàgà inyùu Mǎn mùt lɛ à ǹlama sɔn njɔnɔk inyùu ŋgàndàk mâm, nì yènā kì? ¹³ Ŋgɔ mè ŋkàl ɓee lɛ, Èlià à bilɔ̀, nì ɓɔ ɓa ɓɔ́ŋ nyɛ tɔ̀ kii ɓa ɓē sombòl, kìkìì i ye ǹtîlɓàgà inyùù yeè.

Yesù à mmèles hilɔga mbuu nyɛgā

Màt 17: 14-21; Luk 9: 37-43

¹⁴ Ba tĕmb ɓǎŋ yāk ɓànigîl, ɓa tɛhɛ limùt lìkɛŋi li ma kēŋa ɓɔ, ɓàyimbēn nì ɓɔ ɓa ɓàdnàgà màmbàdgà. ¹⁵ Bitēebīloŋi lìmùt jɔlisonā li tēhɛ ɓǎŋ nyē li ɛgēp kìiyaga, li lɔ ŋgwee nyēnī, li yegā nyɛ. ¹⁶ Nì nyɛ à ɓát ɓɔ lɛ, 'Bèe nì ɓɔ nì mpèèna kii? ¹⁷ Mùt wàda mūkèdɛ lìmùt à tîmbhɛ nyɛ lɛ, À Lêt mè ǹlɔnā man wêm mùùnlom wĕnī, à gwèe mbūu u mbuk; ¹⁸ u yè u mâk nyɛ mɔ̀ɔ tɔ̀ hɛɛ, u kwɛ̄s nyɛ; nì bìhus bi pam nyɛ nyɔ̀, à jêk màsɔ̀ŋ, à tòŋòk; mè ŋ̀kwelɛ̄s ɓanigiìl ɓɔŋ lɛ ɓa pemes nyē wɔ̄; ndi ɓa nla ɓēe. ¹⁹ Nì nyɛ à tîmbhɛ ɓɔ, à kâl lē, À hyây hi ŋgîtɔbhemlè, mɛ nɔ̄m lāa ɓĕnī? Mɛ honɓa kì ɓèè lɛtɛ̀ɛ̀ nì ŋgèdà mbɛɛ? Lɔ̀nana mè nyɛ. ²⁰ Nì ɓɔ ɓa lɔnā nyɛ nyē; à tɛhɛ ɓǎŋ nyē, mbuu u sogos yaga nyɛ nì ŋgùy, à kwɔ hīsī, à kahal pùmndà, bìhus bi pamâk. ²¹ Nì nyɛ à ɓát isāŋ lɛ, jàm lini li biɓòdol nyɛ ŋgèdà mbɛɛ? À kâl lɛ, Ìlɔ̀ nyɛ màànge. ²² U ye ū mɓèna ɓes nyɛ hisì i jùu nì malɛp lɛ u nɔl nyɛ́; ndi ɛlɛ ù nlà, kŏn ɓès ŋgɔɔ, hola ɓês. ²³ Nì Yesù à kâl nyɛ lɛ, Ɛlɛ ù nlà! Ŋgɔ ŋwɛ̀t à nhēmlè, à nlà mâm mɔmasonā. ²⁴ Bitēebīloŋi ìsaŋ màànge à lɔnd, à kâl ni gwı̌hà i mìs lɛ, À Ŋwɛt, mè nhēmlè; hola ŋgìtɔbhemlè wêm. ²⁵ Kìi Yēsù à ǹtɛhɛ limùt li ŋkaa lòha ŋgwee, à kond mbuu nyɛgā, à kâl wɔ lɛ, À we mbūu u mbuk nì u ndɔk, mè ŋkàl we lē, Nyɔdi nyē muù, ù jòp ha ɓǎŋ nyēnī. ²⁶ Ni mbuu u lɔnd, u sogos yaga nyɛ, u pam, màànge à yilā kìkìi mìm, kàyɛ̀lɛ ŋgàndàk ì kâl lɛ, À ŋ̀wɔ. ²⁷ Ndi Yesù à gwɛ̄l nyɛ wɔ̀ɔ, à tee nyɛ; nì nyɛ à tɛlɛp. ²⁸ À jŏp ɓǎŋ ndāp, ɓànigîl ɓee ɓa ɓát nyɛ ɓɔtāma lɛ, Inyǔkī dì bìlà ɓe pemes wɔ? ²⁹ Nì nyɛ à kâl ɓɔ lɛ, I kà ndòŋ ìni ì nlà ɓe pam ni jàm lìpe, ndik nì màsɔɔhɛ̀ nì

---

⁸**Mar 9: 12** Màl 4: 5

sogajē.

Yesù à ŋkònde pɔt bindéē inyùu nyɛ̀mb yeè

Màt 17: 22-23; Luk 9: 43-45

³⁰ Nì ɓɔ ɓa nyɔdi hâ, ɓa tagɓɛnɛ Gàlìleà; ndi à ɓa sombòl ɓe lɛ mùt a yi hālà. ³¹ Inyŭlē à ɓa niigà ɓànigîl ɓee, à kàlàk ɓɔ lɛ, Mǎn mùt à ntīna i mɔ̀ɔ̀ ma ɓôt, ɓa ganōl nyɛ, ndi à mmàl ɓáŋ nōlaà, i mbūs dìlɔ diaâ à gatùgɛ. ³² Ndi ɓa tībil ɓē nɔk lipōdol liì, ɓa kɔ̌n kì wɔ̀ŋi i ɓàt nyɛ.

Ǹjɛɛ à nlɔ̀ɔ̀

Màt 17: 22-23; Luk 9: 43-45

³³ Nì ɓɔ ɓa pam Kàpɛrnāùm; à yɛ̌n ɓǎŋ ndāp, à ɓát ɓɔ lē, nì pèènaga ki njěl? ³⁴ Nì ɓɔ ɓa mɔm ŋwɛē; inyŭlē ɓa ɓā peènà i njɛ̀l lɛ tɔ̀ɔ̀ ǹjɛɛ à nlɔ̀ɔ̀. ³⁵ Nì nyɛ à yén hisī, à sebēl jom nì ɓaà, à kāl ɓɔ lɛ, Iɓālē mùt à nsòmbol ɓa nu bìsu, a ɓa yàà nu à nsōk yaga hyɛs, nì ǹlìmil u ɓôt ɓɔɓasonā. ³⁶ Nì nyɛ à yɔ̄ŋ ndeèk màaŋgɛ, à tee nyɛ i kède yâp; à yɔ̄ŋ nyɛ mɔ̀ɔ̀ mee, à kāl ɓɔ lɛ, ³⁷ Tɔ̀njɛɛ à ǹyɔ̄ŋ wadā munu ndòŋ ndêk ɓɔɔŋgɛ ini i jòy jêm, wɛ̀ɛ à ǹyɔ̄ŋ mɛɛ̀; tɔ̀njɛɛ ki à ǹyɔ̄ŋ mɛɛ̀, wɛ̀ɛ hà mɛ ɓe nyɛn à ǹyɔ̄ŋ, ndik ŋwɛ̌t à biɔ̄m mɛɛ̀.

Mùt à ŋkɔ̀lɓa ɓe ɓes à yè ŋgàm yês

Luk 9: 49-50; Màt 10: 42

³⁸ Yòhanɛ̀s à kāl nyɛ lɛ, À Lêt, dì bitēhɛ muùt wadā à ŋkèdel mimbuu mìmɓɛ i jòy jɔŋ; ndi à nnòŋ ɓe ɓes; ndi dì bisòŋa nyɛ, inyŭlē à ɓe nôŋ ɓe ɓes. ³⁹ Ndi Yesù à kāl lɛ, Nì sòŋa ɓáŋ nyē; inyŭlē mùt à tà ɓe nu à yè lɛ à ɓɔ́ŋ mpēmba jaàm ī jòy jêm, ndi à la kī hɔ̄ɔ podol mɛ ɓēba. ⁴⁰ Inyŭlē mùt à ŋkɔ̀lɓa ɓe ɓes, à yè i ŋgàm yês. ⁴¹ Inyŭlē tɔ̀njɛɛ à nnyūhnɛ ɓee liɓòndo li malep inyŭlē nì yè ɓa Krístò, hɔ̀dɔ nu mè nhɔ̄mb ɓee lɛ, ǹsaâ wee u gasèt ɓe nyɛ.

Màm ma mɓèègaha mût

Màt 18: 7-9; Luk 17: 1-2

⁴² Ndi tɔ̀njɛɛ à mɓɔ̀ŋ lɛ wàda munu ndèk ɓɔɔŋgɛ ini i nhēmlɛ mɛɛ̀ a ɓágɛ, i ye nyē lɔ̄ŋgɛ lē ɓa téŋ nyē sɔ̄sɔ̄ ŋgɔ̀k kògòl i kīŋ, a leŋā lɔ̀m. ⁴³ Iɓālē wɔ̀ɔ̀ wɔŋ u mɓèègaha wê, kit wɔ̄; i ye wè lɔŋgɛ lē ù jóp nìŋ nì lɛm, ìlɔ̀ɔ̀ lɛ ù ɓana mɔɔ imaà i kɛ̀ i ɓēɛhyee, i kède hyèè hi nlēm ɓēe. ⁴⁴ Hɔ̀ma ǹsɔŋ wap u ŋ́wɔ̄ ɓēe, tɔ̀ hyèè hi nlēm ɓēe ⁴⁵ I ɓā kì lɛ kòò wɔŋ, u mɓèègaha wê, kit wɔ̄; i ye wè lɔŋgɛ ī jòp i nìŋ ɓok, ìlɔ̀ɔ̀ lɛ u ɓana màkòò imaà i lèŋà i ɓēɛhyee i kède hyèè hi nlēm ɓēe. ⁴⁶ Hɔ̀ma ǹsɔŋ wap u ŋ́wɔ̄ ɓēe, tɔ̀ hyèè hi nlēm ɓēe. ⁴⁷ I ɓā kì lɛ jìs jɔŋ li mɓèègaha wê, lɛp jɔ̄; i ye wè lɔŋgɛ lē ù jóp ànɛ Nyambɛ nì jìs jada, ìlɔ̀ɔ̀ lɛ ù ɓana mis imaà i lèŋà i ɓēɛhyee, ⁴⁸ hɔ̀ma ǹsɔŋ wap u ŋ́wɔ̄ ɓēe, tɔ̀ hyèè hi nlēm ɓēe. ʰ ⁴⁹ Inyŭlē hi muùt à ganēda i hyèe, hi sɛsɛmà kì i ganēda ni ɓàs. ⁵⁰ 'Bàs i ye lām, ndi iɓālē ɓàs i nsóy linɛ̀, nì ganès ki yɔ̄ nì kii? Ni ɓana ɓàs i kède nàn, ni ɓana kì ǹsàŋ wàda nì nuu.

ʰ**Mar 9: 48** Yès 66: 24

10

Bìnìigana bi Yesù inyùu sàgàl màɓiî

Màt 19: 1-12; Luk 16: 18

¹ Nì nyɛ à nyɔdi hâ, à pam mbɔ̄k Yùdeà nyɔ̀ɔ̀ uu ŋwìì Yɔrdàn; màmùt ma kɔ́dɓa ki nyēnī; nì nyɛ à kahal ki nīiga mɔ, kìkìi mèyà yee. ² Fàrisày i kɛ nyēnī i nɔ̀ɔ̀dè nyɛ, i ɓat nyɛ lɛ, 'Bàa mùt à yè kùndè i hèà ŋwàà weè? ³ Nì nyɛ à tîmbhɛ̀, à kɑ̄l ɓɔ lɛ, Mosè à ɓehɛ lā ɓee? ⁴ 'Bɔ nyɛ lɛ, Mosè à kèmhɛ ī tìlà kààt sàgàl liɓiî, a heā nyɛ. ⁵ Nì Yesù à kɑ̄l ɓɔ lɛ, À tìlna ɓèè litìŋ lini inyùu mìŋɛm minân mìnlèdga. ⁶ Ndi ìlɔ̄ yaga biɓɔdlɛnɛ bi bihègel à hɛ̌k ɓɔ̄ mùùnlom nì mùdàa. ⁷ Jɔ ni jɔn mùt à gayēk isāŋ ɓɔ nyǎŋ, a adɓɛ ŋwàà weè, ⁸ ɓɔɓaà ɓa gaɓā nsòn wada; ʲ halā nyēn ɓa ta hā ɓe iɓaà, ndik n̄sòn wada. ⁹ Jɔn jàm Nyambɛ à ɲ̀at, mùt à ɓagal ɓɑ́ŋ jɔ̄. ¹⁰ 'Bànìgîl ɓa kondē ɓaat nyɛ jàm li mū ndāp. ¹¹ Nì nyɛ à kɑ̄l ɓɔ lɛ, Tɔ̀njɛɛ à nhèa ŋwaa weē, a ɓii nùmpɛ, wɛ̀ɛ à ɲ̀kɛ ndèŋg, à kɔ́lɓa nu bìsu; ¹² Ndi yàk mùdàà iɓālē à m̀ɓɔs nlo wèe, à ɓiiba ni nùmpɛ, wɛ̀ɛ à ɲ̀kɛ ndèŋg.ᵏ

Yesù à nsàyap ɓɔɔŋge ɓàtidigi

Màt 19: 13-15; Luk 18: 15-17

¹³ Nì ɓɔ ɓa lɔnā nyɛ ɓɔ̀ɔ̀ŋge ɓàtidigi lɛ a tis ɓɔ̄; ndi ɓànìgîl ɓa soŋā ɓɔ. ¹⁴ Kìi Yēsù à ǹtɛhɛ halā, ŋɛm u hend nyɛ, à kɑ̄l ɓɔ lɛ, Ŋwàha ɓɔ̀ɔ̀ŋge ɓàtidigi, ɓa lɔ̄ mɛ̄nī; nì sòŋa ɓɑ́ŋ ɓɔ̄; inyǔlē ndòŋ ìni yɔ̀n ànɛ̀ Nyambɛ ī ye ìyap. ¹⁵ Hɔ̀dɔ mɛ̀ nhɔ̄mb ɓee lɛ, tɔ̀njɛɛ à ɲ́yɔ̀ŋ ɓe anɛ̀ Nyambɛ kìkìi màaŋge ǹtidigi, à gajɔ̀p yaga ɓe mû. ¹⁶ Nì nyɛ à yɔ̄ŋ ɓɔ mɔ̀ɔ̀ mee, à kehī mɔɔ mee ŋgìì yâp, à sayāp ɓɔ.

Màaŋge wānda nu à ɓa ŋ̀gwàŋ

Màt 19:16-30; Luk 18:18-30

¹⁷ À jɔ̌p ɓǎŋ njèl, mùt wàda à lɔ ŋgwee, à umul nyɛ màɓɔŋ, à ɓàt nyɛ̄ lɛ, À lɔŋge Māleèt, mɛ ɓɔ̀ŋ lāa lɛ ndi mɛ kodōl nìŋ ɓɔgā? ¹⁸ Nì Yesù à kɑ̄l nyɛ lɛ, Ù nsèblɛnɛ ki mɛ lɔ̄ŋgɛɛ̀? Mùt nyɛkǐnyē à tà ɓe lɔŋgê, hàndugi Nyambɛ nyētāma. ¹⁹ Ù ɲ́yī matìŋ lɛ, Ù nɔlɔk ɓɑ́ŋ mùt, Ù kɛnɛk ɓɑ́ŋ ndèŋg, Ù nibik ɓɑ́ŋ, Ù tɛlɓak ɓɑ́ŋ mbɔgi bìtɛmbɛɛ, Ù lògok ɓɑ́ŋ mùt, Ù tinâk isɔŋ ɓɔ nyùŋ lipɛm.ˡ ²⁰ Nì nyɛ à kɑ̄l nyɛ lɛ, À Lêt, mɛ̀ bitēeda màm mana mɔmasonā ìlɔ̄ yaga mɛ màaŋge. ²¹ Nì Yesù à nǔn nyɛ, à gwɛs nyɛ, à kɑ̄l nyɛ lɛ, Jàm jada jɔn li ŋgi yiī wè; kɛ̀ nùŋul gwɔ̀m gwɔbisonā ù gwèe, u ti dìyɛyɛɓà, halā nyēn ù gaɓāna lisɔ̀ɔ̀ li ŋkùs i ŋgìi; ndi u lɔ̄, u ɓɛgēe mbāsa, u nɔ̄ŋ mè. ²² À nɔk ɓǎŋ ɓàŋga î, à kɑ́ŋ su, à kɛ nī ndùdù; inyǔlē à ɓa mùt à gwèe ŋgàndàk lìhat.

²³ Nì Yesù à nǔn ìni pɛ̀s nì ii, à kɑ̄l ɓanigiìl ɓee lɛ, I ye lā ɓaedga ni ɓòt ɓa gweē ŋgàndàk ŋkùs i jòp i ànɛ̀ Nyambɛ̀! ²⁴ 'Bànìgîl ɓee ɓa ɛgɛp inyùu biɓàŋga gwee. Ndi Yesù à tîmbhɛ̀ kì, à kɑ̄l ɓɔ lɛ, À ɓɔɔŋge, i ye lā ɓaedga nì ɓòt ɓa mɓōdol ŋkùs ŋɛm i jòp i ànɛ̀ Nyambɛ̀! ²⁵ I ye tɔmba ni kàmêl i sɔ̀ɔ̀mà lituba li ndɔndɔk, ìlɔ̀ɔ̀lɛ ŋ̀gwàŋ mût u jɔ̌p ànɛ̀ Nyambɛ̀. ²⁶ 'Ba ɛgɛp ŋgandàk kîyaga, ɓa kɑ̄l nyɛ̄ lɛ, Ǹjɛɛ ni à yè lɛ à

ⁱMar 10: 4 NM 24: 1
ʲMar 10: 8 Bìɓ 1: 27; 2: 24
ᵏ**Mar 10: 12** Màt 5: 32; 1Kɔ̀r 7: 10-11
ˡ**Mar 10: 19** Màn 20: 12-16

tɔhlànà? ²⁷ Yesù à nún ɓɔ, à kâl lɛ, 'Bòt ɓa nlà ɓe ɓɔ́ŋ jàm lî, ndi hà Nyambɛ ɓēe; inyŭlē Nyambɛ à nlà ɓɔ́ŋ maàm mɔmasonā. ²⁸ Nì Petrò à kahal kàl nyɛ lɛ, Nŭnkì, dì biyēk maàm mɔmasonā, dì nɔ́ŋ wɛɛ̄. ²⁹ Yesù à kâl lɛ, Hɔ̀dɔ mè nhɔ̄mb ɓee lɛ, mùt nyɛkĭnyē nu à ǹyek ndap tɔ̀ lògnyâŋ ɓòolom nì i ɓodàa, tɔ̀ nyàŋ tɔ̀ ìsaŋ, tɔ̀ ɓɔ̌n tɔ̀ dìsi inyùu jòy jêm nì inyùu Mìŋaŋ Mìnlam, ³⁰ nyɛn à gakòs hanânɔ ŋgèdà ìni ɓɔ̀ màndap, ɓɔ̀ lògnyâŋ ɓòolom nì i ɓodàa, ɓɔ̀ ɓànyàŋ, ɓɔ̀ ɓɔ̌n, ɓɔ̀ dìsi mbogôl ŋgèlè i kède ndèèŋgà; ndi ŋgèdà ì nlɔ̀ nìŋ ɓɔgā. ³¹ Ŋgàndàk ɓa bisu i gaɓā ɓa mbus, ɓa mbus kî ɓa gaɓā ɓa bisu.

Yesù à mpɔ̄t bindĕē inyùu nyɛ̀mb yeē ŋgèlè ì ǹyonos iaâ
Màt 20: 17-19; Luk 18: 31-34

³² 'Ba ɓā njèl i ɓēt ī Yèrusàlèm, Yesù à ɓògòk ɓɔ bisū; nì ɓɔ ɓa hêl, ɓa ɓā ɓā nɔɔŋ mbūs ɓa kɔnɔ̀k wɔ̀ŋi. Nì nyɛ à yɔ́ŋ ki jŏm nì ɓaà, à kaa āŋlɛ ɓɔ màm ma gagwɛl nyɛ, nyɛ ɓɔ lɛ, ³³ Nùnakì, dì mɓēt Yèrusàlèm; Mǎn mùt à gatīna mɔ̀ɔ̀ ma biprĭsi bìkɛŋi nì ɓàyimbēn; ɓa gapēmhɛnɛ nyɛ mbàgi nyɛ̀mb, ɓa gatī nyɛ bìlɔ̀ŋ bìpɛ, ³⁴ ɓa gandēglɛ nyɛ, ɓa colɛ nyɛ̄ màtay, ɓa ɓep nyɛ̄ dìsòo, nì nɔl nyɛ̄; ndi mbūs dìlɔ diaâ à gatùgɛ.

Yàkobò nì Yòhanès ɓa mɓàt jâm
Màt 20: 20-28

³⁵ Yàkobò ɓɔ Yòhanès, ɓɔ̀n ɓa Sebèdeò, ɓa kóge nyɛnī, ɓa kâl nyɛ lɛ, À Lêt, dì nsòmbol lɛ u ɓoŋōl ɓès tɔ̀ kinjē jàm dì mɓàt wê. ³⁶ Nì nyɛ à kâl ɓɔ lɛ, Kii nì nsòmbol lɛ mɛ ɓoŋōl ɓēe? ³⁷ Nì ɓɔ ɓa kâl nyɛ lɛ, Kèmhɛ ɓès lɛ wàda a yén wɔ̀ɔ̀ wɔŋ waalōm, nu kì i wɔ̀ɔ̀ waaē lipēm jɔŋ. ³⁸ Yesù nyɛ ɓɔ lɛ, Nì ńyī ɓe jàm nì mɓàt. Liɓòndo mè nnyɔ̄, ɓàa nì yè lɛ nì la nyɔ̄ jɔɔ̀? Tɔ̀ sòblànà lisòblɛ̀ mè nsòblànà? ³⁹ 'Bɔ nyɛ lɛ, Dì nlà. Yesù nyɛ ɓɔ lɛ, Liɓòndo mè nnyɔ̄ yàk ɓèe nì ganyɔ̄ jɔ; yàk lisòblɛ̀ mè nsòblànà nì gasòblana jɔ; ⁴⁰ ndi i yèn i wɔ̀ɔ̀ wêm waalōm tɔ̀ u waaē, jàm jêm ɓe li ī tī; ndi li ye yàà inyùu ɓɛt li kòòbana. ⁴¹ Jòm li nɔ̄k ɓǎŋ hālà, li kahal ūnɓɛnɛ Yakòbò nì Yòhanès. ⁴² Nì Yesù à sebēl ɓɔ, à kâl ɓɔ lɛ, ɓèe nì ńyī lɛ ɓa ɓā nnēnɛ kìkìi ɓà-ànɛ ɓa bìlɔ̀ŋ bìpɛ ɓa ntèt gwɔ, ɓòt ɓap ɓàkɛŋi kî ɓa ŋkèhnɛ ɓɔ mɔ̀ɔ̀ ŋɔ̄. ⁴³ Ndi i gaɓā ɓe halā ī kède nân; tɔ̀njɛɛ à nsòmbol ɓa nûŋkɛŋi i kède nân, à gaɓā nlìmil nân; ⁴⁴ tɔ̀njɛɛ ki à nsòmbol ɓa nu bìsu i kède nân, à gaɓā ŋkɔ̀l u ɓɔɓasonā. ⁴⁵ Halā kì nyɛn Mǎn mùt à bìlɔ ɓe lɛ ɓa gwelēl nyɛ̄, ndik lɛ a gwelēl ɓàpɛ, nì ti kì nɔ̀m yee binɔ̀ŋ inyùu ŋgàndàk ɓôt.

Mùt ndim lɛ Bàrtìmeò à ǹtɛhnà
Màt 20: 29-34; Luk 18: 35-43

⁴⁶ Nì ɓɔ ɓa pam Yèrikò; kìi à nnyɔ̄di Yèrikò, nyɛ nì ɓànigîl ɓee nì lìmùt lìkɛŋi, mùt njàgi nu ndīm lɛ Bàrtìmeò, mǎn Tìmeò, à ɓa à yìi ī pāŋ njèl. ⁴⁷ À nɔk ɓǎŋ lē Yesù mùt Nǎsàrèt nû, à ɓodōl lɔnd, à kâl lɛ, À Yesù, mǎn Dāvìd, kɔ̌n mè ŋgɔɔ. ⁴⁸ Ŋgàndàk ì kond nyɛ lɛ a mɔm ŋwèɛ; ndi à lɔnd ŋgandàk ìlɔ̀ɔ̀ ha lē, À we Mǎn Dāvìd, kɔ̌n mè ŋgɔɔ. ⁴⁹ Nì Yesù à tɛlɛ́p, à kâl lɛ, Sèblana nyɛ̄. Nì ɓɔ ɓa sebēl muùt ndim nû, ɓa kâl nyɛ lɛ, 'Ban ǹem, tɛlɛp, à nsèbel wê.

⁵⁰ Nì nyɛ à lɛ́ŋ mbɔt yee hisī, à nyɔdi hûm, à lɔ yāk Yēsù. ⁵¹ Nì Yesù à tímbhɛ nyɛ, à kâl lɛ, Ù nsòmbol lɛ mɛ ɓɔ́ŋ lā wɛɛ̀? Nì mùt ndim à kâl nyɛ lɛ, À Rabōnì, lɛ mɛ tɛhna. ⁵² Nì Yesù à kâl nyɛ lɛ, Kɛnɛk; hɛmlɛ̀ yɔŋ i ntɔhɔl wê. Bitēebīlɔŋi à tɛhnà, à nɔ́ŋ nyɛ ha njɛ̀l.

11

Yesù à njòp i Yèrusàlɛ̀m nì bìɓegês bi ɓôt

Màt 21:1-11; Luk 19:28-40; Yòh 12:12-19

¹ Kìì ɓa mpam ɓɛbɛɛ̀ nì Yèrusàlɛ̀m, nì Bètfagè nì Bètanìà, nyɔɔ hīkòa Olīvè, à ɔm ɓanigîl ɓee iɓaà, ² à kâl ɓɔ lɛ, 'Bèe kèna mbāy ì yè ɓèe mbɔmbɔ̂m; kìi nì njòp mû, nì gahɔ̄ɔ kɔba man jàgâs à tìŋi, mùt à ǹyenàk ɓe nyɛ ŋgìi; tìŋlana nyɛ̄, ni lɔnā nyɛ̄. ³ Iɓālɛ̄ mùt à m̀ɓát ɓee lɛ, Inyūkī nì mɓɔ̀ŋ halà? Kàla nyɛ̄ lɛ, Ŋwɛ̌t à nsòmbol nyɛ; à gahɔɔ ki tìmbis nyɛ hana. ⁴ Nì ɓɔ ɓa kɛ̂, ɓa kɔba man jàgâs à tìŋi mbēdge ɓɛbɛɛ̀ nì ŋwɛ̀mɛl; nì ɓɔ ɓa tiŋīl nyɛ. ⁵ 'Bàhɔgi i kède ɓôt ɓa ɓā ɓā tee hà, ɓa ɓát ɓɔ lɛ, Nì mɓɔ̀ŋ kii, nì ntìŋlɛnɛ ki man jàgâs? ⁶ Nì ɓɔ ɓa kâl ɓɔ kìi Yēsù à kǎl ɓɔ̄; nì ɓɔ ɓa ŋwás ɓɔ, ɓa kê. ⁷ Nì ɓɔ ɓa kɛna man jàgâs yak Yēsù, ɓa kehī mbɔt yap ŋgìi yɛɛ̀; nì nyɛ à yɛ́n nyɛ ŋgìi. ⁸ Nì ŋgàndàk i tek mbɔt yap i njɛ̀l, ɓapɛ kî ɓa kidîk mìncêp mi biɛ ɓa tɛgêk màɓuy map i njɛ̀l. ⁹ 'Bàɓòk bisū, nì ɓànɔ̀ŋ nyɛ mbūs, ɓa lɔnd lɛ, Hòsanà! ᵐ Nu à nlòl i jòy li Ŋwɛt a ɓa ǹsǎyɓàk! ¹⁰ Ànɛ̀ i tatá wès Davìd i ɓa ǹsǎyɓàk, i nlɔ̀ i jòy li Ŋwɛt! Hòsanà i ŋgìŋgii! ¹¹ Nì nyɛ à pam Yèrusàlɛ̀m, à jóp tēmpɛ̀l; kòkoa i kwɔ̀ɔ ɓǎŋ, à ma māāl ɓeŋgē maàm mɔmasonā, à kɛ Bètanìà nyɛ nì jǒm nì iɓaà.

Yesù à ntìihɛ ɛ faygè

Màt 21: 18-19

¹² Kɛl ì ɓa nɔ̂ŋ hâ, ŋgèdà ɓa ɓā loòl Bètanìà, njàl ì kahal nyɛ. ¹³ Nì nyɛ à tɛhɛ ɛ faygè nɔnɔk, i ɓâk ì gwèɛ cǎy, à kɔ́gɛ muù, lɛ tɔ̀ɔ à yè lɛ à tɛhɛ yɔm. Ndi à pam ɓǎŋ mù, à tɛhɛ ɓe yɔm yɔkǐyɔ̄ ndik cǎy; inyūlɛ̄ ŋgèdà faygè ɓe ì. ¹⁴ Nì Yesù à yɔ́ŋ hɔp, à kâl yɔ lɛ, Mùt à jɛ ha ɓǎŋ lìtam jɔŋ kɛlkǐkɛ̄l. Nì ɓànigîl ɓee ɓa nɔk halà.

Yesù à mpūbus tɛmpɛ̀l

Màt 21: 12-17; Luk 19: 45-48; Yòh 2: 13-2

¹⁵ Nì ɓɔ ɓa pam Yèrusàlɛ̀m. Nì Yesù à jóp tēmpɛ̀l, à kahal lùhul ɓa ɓā ɓā nuŋùl nì ɓa ɓā ɓā sɔmb mū tēmpɛ̀l, à ɓos bitêblɛ bi ɓahèŋhà mòni, nì bìyèɛnɛ; bi ɓanùŋùl dìɓɛŋ; ¹⁶ à nɛɛbɛ ɓē lɛ mùt a ɓɛgēɛ yɔ̌m, a tagɓana yɔ̄ mu tēmpɛ̀l. ¹⁷ À niiga ɓɔ, à kâl lɛ̄, 'Bàà i ta ɓē ntīlɓàgà lɛ, Ndap yêm ì gasèblana lɛ ndap màsɔɔhɛ̀ inyūu bìlɔ̀ŋ gwɔbisonā? ⁿ Ndi ɓèe nì ǹyīlha yɔ hōk ɓoòt ɓa ŋgadla. ¹⁸ Bìprǐsì bìkɛŋi nì ɓàyimbēn ɓa nɔ̂k ɓǎŋ hālà, ɓa kahal yīŋil nyɛ lìnolol; inyūlɛ̄ ɓa ɓā kɔɔ̀n nyɛ wɔ̀ŋi, inyūlɛ̄ lìmùt jɔlisonā li ɛgɛp īnyūu màeba mee. ¹⁹ À ɓa à nyɔdi ni ɓànigîl ɓee ŋkɔ̀ŋ hi kokōa.

ᵐ**Mar 11: 9** 'Bɛŋgɛ Màt 21: 9; Hyɛ̀m 118: 25-26

ⁿ**Mar 11: 17** Yès 56: 7

Màeba ma nlòl i ē faygè i ī ńyuyì
Màt 21: 20-22

²⁰ Ɓa ɓā tagɓɛ̀ ɓǎŋ kɛ̀glà, ɓa tɛhɛ ɛ faygè i ma yūyì iɓòdòl miŋkàŋ. ²¹ Nì Petrò à hɔŋɔ̂l, à kāl nyɛ lɛ, À Rabì, nŭnkì, ɛ faygè ù bitìlhɛ̀, i ńyuyì. ²² Nì Yesù à tîmbhɛ̀, à kāl ɓɔ lɛ, Hemlana Nyāmbɛɛ̀. ²³ Hɔ̀dɔ mɛ̀ nhɔ̄mb ɓee lɛ, Tɔ̀njɛɛ à ŋkàl hikòa hini lɛ, Nùdla, u leŋā lɔ̀m; à pendā ɓe ŋēm wee, ndi à hemlɛ ndik lē jàm à mpɔ̄t li mɓòŋà, jàm à mpɔ̄t à gaɓāna jɔ. ²⁴ Jɔn mɛ̀ ŋkèlel ɓee lɛ, màm mɔmasonā nì nsɔ̄ɔhɛ̀ nì yàgàl, hemlana lē nì ŋ̀kɔ̄s mɔ, ndi nì gaɓāna mɔ. ²⁵ Ndi tɔ̀ imbɛ ŋgedà nì tee ī sɔ̄ɔhɛ̀, iɓālē nì gwèɛnɛ mùt jàm, ŋwèhlana nyē; lɛ ndi yàk Ìsɔŋ nàn nu à yè i ŋgìì a ŋwehēl ɓèè mahòhà manân. ²⁶ [Ndi iɓālē nì ŋŋwèhèl ɓee, tɔ̀ Ìsɔŋ nàn nu à yè i ŋgìì à gaŋwèhel ɓe ɓee màhòhà manân.] ᵒ

Ɓòt ɓa mɓàt inyùu ŋgùy Yesù
Màt 21: 23-27; Luk 20: 1-8

²⁷ Nì ɓɔ ɓa pam Yèrusàlèm; Yesù à ɓa hyom ɓǎŋ tēmpèl, bìprǐsì bìkeŋì nì ɓàyimbēn nì mìmaŋ mi ɓôt ɓa lɔ nyēnī; ²⁸ ɓa kāl nyɛ lɛ, Inyùu imbɛ ŋgûy ù mɓòŋol màm mana? Tɔ̀lɛ ǹjɛɛ à bitī wɛ ŋgùy ìnì i ɓɔ̀ŋ mɔ? ²⁹ Nì Yesù à kāl ɓɔ lɛ, Mɛ̀ mɓàt ɓee ɓàŋga yada, Tìmbhana mɛ̀, ndi mɛ kāl ɓèè inyùu imbɛ ŋgûy mɛ mɓòŋol màm mana. ³⁰ Lìsòblè li Yohānès li bilǒl ŋgìì, tɔ̀ nì ɓòt? Tìmbhana mɛ̀. ³¹ Ɓa kālna lɛ, Iɓālē dì ŋ̀kāl lɛ, Li bilòl i ŋgìì; à ŋkàl lɛ, Inyŭkī ni nì bihēmlɛnɛ ɓe nyɛ? ³² Ndi iɓālē dì ŋ̀kāl lɛ, Nì ɓòt - ɓa ɓā kɔ̀ɔ̀n ɓòt wɔ̀ŋi;

inyŭlē ɓɔɓasonā ɓa ɓā aŋ yāga Yohānès lɛ à yè m̀podôl. ³³ Nì ɓɔ ɓa tímbhɛ Yesù lɛ, Dì ńyī ɓēe. Nì Yesù à kāl ɓɔ lɛ, Wèɛ tɔ̀ mɛ̀ mɛ̀ ŋkàl ɓe mɛ ɓèè inyùu imbɛ ŋgûy mɛ̀ mɓòŋol màm mana.

12

Ŋgèn inyùu wɔ̀m u miŋkòò mi wây nì ɓàsalwɔ̌m
Màt 21: 33-46; Luk 20: 9-18

¹ Nì nye à kahal pōdhɛnɛ ɓɔ ŋgèn, nye ɓɔ lɛ, Mùt wàda à ɓɛ̌l wɔ̀m u miŋkòò mi wây, à keŋ wɔ lipènd, à tem ɓɛɛ inyùu wàà wây, à ɔŋ litedel, ᵖ à nidīs wɔ ɓàsalwɔ̌m, à kɛ ī lɔ̀ŋ ipɛ. ² Ndi ŋgedà màtam à ɔm ŋkɔ̀l yak ɓàsalwɔ̌m lɛ u yoŋɔl nyē màtam ma wɔm u miŋkòò mi wây i ɓɔ̄nī. ³ Nì ɓɔ ɓa gwēl wɔ ɓa ɓep wɔ, ɓa huuha wɔ ǹsɔ. ⁴ Nì nye à ɔm ki ŋ̀kɔ̀l ùmpɛ ɓɔ̄nī, ni ɓɔ ɓa om wɔ ŋgɔ̀k, nì ɓɔ ɓa top wɔ ŋ̀ŋɔ, ndi ɓa timbīs wɔ nì mbus ɓa ma tēŋa wɔ kìiyaga. ⁵ Nì nye à ɔm umpɛ, wɔn ɓa nɔ̄l; halā kì nì ŋgàndàk ipɛ, ɓa ɓeɓèk ɓàhɔgi, ɓa nɔlɔ̄k ɓàhɔgi. ⁶ I yegle ndigi màn weé nu gwēha nyētāma, nyɛn à sok ɔ̄m ɓɔ̄nī, à kāl lē, ɓa gaɓāŋ man wèm. ⁷ Ndi ɓàsalwɔ̌m ɓa ɓā kaālna lɛ, Ŋ̀kàdɓum nunu; lɔ̀ga, di nɔl nyē, ɓum i ɓa yēs. ⁸ Nì ɓɔ ɓa gwēl nyɛ, ɓa nɔl, ɓa lēŋ nyɛ mɓūs wɔ̀m u miŋkòò mi wây. ⁹ Ŋwèt wɔm u miŋkòò mi wây à gaɓɔ̀ŋ ni laa? À galɔ̀, a cɛ ɓàsalwɔ̌m, a ti ɓòt ɓàpɛ wɔ̀m u miŋkòò mi wây. ¹⁰ Ɓàa nì biāŋ yaga ɓe tiīlna ini lɛ,

Ŋgɔ̀k ɓàɔŋ ɓa bicèl,

ᵒ**Mar 11: 25** Ɓèŋge **Màt 6: 14-15**   ᵖ**Mar 12: 1** Yès **5: 1-2**

Yɔ̆n ì biyìla ŋgɔ̂k lìkas,
¹¹ Jàm lini li bilòl yak
Ŋwĕt,
Li ye hēlha i mìs
mes? ᵠ

¹² Ba 6ā sombòl gwèl nyɛ, ndi 6a kɔ̆n limùt wɔ̀ŋi; inyŭlē 6a yī lē 6ɔn à ŋkênne i ŋgěn ì; nì 6ɔ 6a yek nyɛ, 6a kê.

Ì ti kāysà tâs

Màt 22:15-22; Luk 20:19-26

¹³ Nì 6ɔ 6a ɔm Farīsày hɔgi nì Lòk Herōdè hɔgi nyēnī i 6èl nyɛ nyɔ̀. ¹⁴ Kìi 6a nlɔ̂, 6a kāl nyɛ lɛ, À Lêt, dì ńyī lɛ ù yè màliga, ù m6āŋ 6e tɔ mùt; inyŭlē ù nnùnul 6e 6ôt bitēe bi mis, ù nnīiga ki njĕl Nyāmbɛ nì màliga. 'Bàa i ye kùndè i tī kāysà tâs, tɔ̀ heni? 'Bàa di tinak, tɔ̀le, dì ti 6âŋ? ¹⁵ Ndi à tɛhɛ bìhèŋ6à gwap, à kāl 6ɔ lɛ, Nì nnɔ̀ɔ̀dɛnɛ ki mê? Lɔ̀nana mɛ̀ dènariò, mɛ 6eŋgē. ¹⁶ Nì 6ɔ 6a lɔnā yɔɔ̀. Nì nyɛ à 6ât 6ɔ lɛ, 'Bàa òŋgà yɛn ini, jòy jɛn ki līni? Nì 6ɔ 6a kāl nyɛ lɛ, Kaysà. ¹⁷ Nì Yesù à kāl 6ɔ lɛ, Tina kāysà gwɔm bi kaysà, Nyambɛ kì gwɔm bi Nyambê. Nì 6ɔ 6a hɛl ni nyē kiìyaga.

Mbàdgà inyùu lìtùgè

Màt 22: 23-33; Luk 20: 27-40

¹⁸ Sàdukày, i 6èt 6a ŋkàl lɛ lìtùgè li ta 6ēe, 6a lɔ ī nyēnī, 6a 6ât nyɛ lɛ, ¹⁹ À Lêt, Mosè à tìlna 6ès lɛ, I6ālē mùt mànyāŋ à ŋ̀wɔ, à yek ŋwaa, ŋgì mǎn, mànyāŋ a yɔɔ̀ŋ yīk yee, a toohɛnɛ nyē 6ūm. ʳ ²⁰ Lìnyàŋ lisâm6ɔk li 6ā; nu bìsu à 6ii ŋwaa, à wɔ, à yek 6e man; ²¹ nu à ǹyonos i6aà à yɔ́ŋ nyɛ, à wɔ, à yek 6e man; nu à ǹyonos 6aâ kì ǹlèlèm halà; ²² 6ɔ 6asâm6ɔk 6a yek 6e man. Mbūs 6ɔ̄6asonā yàk mùdàà nyêk à wɔ. ²³ Jɔn à ga6ā ni ŋwaa wēen i kède yâp i ŋgedà 6a gatùge i kēl lìtùgè? Inyŭlē 6ɔ 6asaàm6ɔk 6a 6ā 6ā gweē nyē kìi ŋwàa. ²⁴ Yesù à kāl 6ɔ lɛ, 'Bàa inyùu jàm li 6ē nyɛn nì ńyùmùl, lɛ nì ńyī 6e Matìlà, tɔ̀ lìpemba li Nyambê? ²⁵ Inyŭlē i ŋgèdà 6a ntùge i kède 6àwɔga, 6a m6īi 6ēe tɔ̀ tina māɓîi, ndi 6a ye kìkìi āŋgèl i ŋgìi. ²⁶ Inyùu 6àwɔga, lɛ 6a ntùglànà, 6àa nì biâŋ 6e mu kààt Mosè, hɔma i mpōda inyùu Lì6uy kìkìi Nyāmbɛ à podos nyē, à kāl lē, Mè yè Nyambɛ nū Ābràhâm, nì Nyambɛ nū Īsàk, nì Nyambɛ nū Yākòb? ˢ ²⁷ À tà 6e Nyambɛ nū 6àwɔga, ndik nū 6āyōmi; nì ńyòm yaga tɔy ŋgandàk.

Lìtìŋ li nlɔ̀ɔ̀

Màt 22:34-40

²⁸ Wàda mu 6āyīmbēn à lɔ̂, à nɔk kìi 6a m6àdnà, à yi 6ǎŋ lē Yesù à ǹfimbhɛ 6ɔ lɔ̄ŋgɛɛ̀, à 6ât nyɛ lɛ, Lîmbɛ litìŋ li ye lī bisu i kède mɔ̄masonā? ²⁹ Yesù à fìmbhɛ lɛ, Li bisu i kède màtìŋ mɔmasonā li ye lē, À Isrăèl, ɛmblɛ: Ŋwèt wēs Nyambɛ à yè m̀pɔ̀m Ŋwɛt wada; nì lɛ, ³⁰ Ù gwehêk Ŋwèt lɛ Nyambɛ wɔ̀ŋ nì ǹjɛm wɔŋ wɔnsonā, nì nɔ̀m yɔŋ yɔsonā, nì màhɔŋɔ̂l mɔŋ mɔmasonā, nì ŋgùy yɔ̆ŋ yɔsonā. ᵗ Lini jɔn li ye lìtìŋ li bisu. ³¹ Li i6aà kì li ye jɔ̂ ǹlèlèm lɛ̄, Ù gwehêk mùt wɔ̄ŋ li6ok kìkìi wèmède. ᵘ ³² Lìtìŋ lìpe li ta 6ēe li nlɔ̀ɔ̀ mana. Nì ǹyimbēn à kāl nyɛ lɛ, Lɔŋgê, À Lêt, u m̀pɔt maliga,

---

ᵠ**Mar 12:11** Hyèm 118:22-23
ʳ**Mar 12:19** NM 25:5-6
ˢ**Mar 12: 26** Màn 3:6

ᵗ**Mar 12:30** NM 6:4-5
ᵘ**Mar 12:31** LL 19:18

inyŭlɛ Nyambɛ à yè wàda; nûmpɛ à tà ɓee ndik nyē; ³³ nì i gwēs nyē nì ŋ̀em wɔnsonā, nì yi yɔsonā, nì ŋgùy yòsonā, nì i gwēs kì mùt wèe liɓok kìkìi nyēmèdɛ, halā à nlɔ́ɔ́ bisɛ̀sɛmà gwɔbisonā bi ntūl i hyèe, nì bipɛ. ³⁴ Yesù à tɛhɛ ɓăŋ lē à n̂fımbhɛ ni yī, à kâl lɛ, Ù tà ɓe haà nì ànɛ̀ Nyambê. Ìɓòdòl ŋgèdà ì mùt nyɛkı̆nyē à làa hā ɓe kandal nyuu i ɓàt nyɛ jàm.

Mbàdgà inyùu Mǎn Dāvìd
Màt 22:41-46; Luk 20:41-44

³⁵ Yesù à ɓa niigà ɓăŋ mū ī Tēmpèl, à kâl lɛ, Lɛlaa ɓàyimbēn ɓa ŋkàl lɛ Krı̌stò à yè mǎn Dāvìd? ³⁶ Davìd nyɛmèdɛ à pɔt nì ŋgùy Mbuu M̀pubi lɛ,
Ŋwĕt à bikàl Ŋwɛt wêm lɛ,
Yĕn wɔ́ɔ́ wêm waalōm,
Lɛtèè mɛ yı̂lha ɓaɓala
ɓɔ̄ŋ kèhnɛ makòò mɔɔŋ. ᵛ
³⁷ Davìd nyɛmèdɛ à sèblàk nyɛ lɛ Ŋwĕt, lɛlaa ni à yè nyɛ mǎn? Ŋgàndàk ɓòt ì ɓa ɛmblɛ̀ nyɛ nì màsee.

Yesù à ŋkōnd ɓayimbēn
Màt 23: 1-36; Luk 11:37-54; 20:45-47

³⁸ À pɔt mū māēba mee lɛ, Nì yihgɛ̀ inyùu ɓàyimbēn, ɓa ɓā ŋgwēs hyomna mintìŋgìl mi mbɔt, nì màyègà biɓòm, ³⁹ nì bìyèènɛ bi bisu mandāp ma mitìn, nì ɓahɔ̀ma ɓa bisu maŋgànd; ⁴⁰ ɓɔn ɓa ŋkādal mandap ma biyik, ɓa nômhàk màsɔɔhɛ̀ ma ŋgâlɓà; ɓana ɓɔn ɓa gakòs mbagī nōgòòs ì nlòòhà.

Lìkèblà li yik mudàa
Luk 21:1-4

⁴¹ Nì nyɛ à yēn hisī mbɔ̀mbôm ŋkuu makèblà, à ɓèŋgègè kìkìi lìmùt li nlēŋ mɔnī mu ŋkūu makèblà; ŋgàndàk miŋgwàŋ i lɛŋɛk ŋgàndàk. ⁴² Ndi hìyɛyèɓà hi yik mudàa hi lô, hi lēŋ disı̆nàgà di mɔnī diɓaà mû, halā à yè pès kabā. ⁴³ Nì nyɛ à sebēl ɓanigiìl ɓee, nyɛ ɓɔ lɛ, Hɔ̀dɔ mè nhɔ̄mb ɓee lɛ, hiyɛ̄yèɓà hi yik mudàà hini hi nlêŋ ìlɔ́ɔ́ ɓɔɓasonā ɓa nlɛēŋ munu ŋkūu makèblà; ⁴⁴ Inyŭlɛ ɓɔɓasonā ɓa lèŋɛk ndigi jògà li mbugà yăp; ndi nyɛ nì lìyɛp jee à n̂lēŋ gwɔm gwɔbisonā à ɓak à gwèe, gwɔbisonā yaga inyùu nɔ̀m yee.

13

Yesù à mpɔ̄t bindĕē inyùu òbi u tempèl
Màt 24:1-2; Luk 21:5-6

¹ Kìi Yēsù à mpām i tēmpèl, wàda mu ɓānigiìl ɓee à kâl nyɛ lɛ, À Lêt, nŭnkì, ndòŋ ŋgɔ̀k ini, nì ndòŋ maɔŋ ini! ² Yesù à kâl nyɛ lɛ, Ɓàa ù ntēhɛ maɔ̄ŋ màkɛŋi manâ? Tɔ̀ ŋgɔ̀k yàda ì gayègle ɓe ì kèhi ŋgìi ìpɛ hana, lɛ ɓa nyugɛ ɓe yɔ hīsī.

Bìɓòdlɛ bi ŋkòògà
Màt 24:3-14; Luk 21:7-19

³ Kìi à n̂yén ŋgìi hìkòa Olīvè, i mbɔ̀mbɔ̄m tēmpèl, Petrò, Yàkobò, Yòhanès nì Àndrěa ɓa ɓât nyɛ ɓɔtāma lɛ, ⁴ Kǎl lē ɓès, Màm mana ma gaɓānɛ ŋgèdà mbɛɛ? Ki i gaɓā yiīmbne ŋgèdà màm mana mɔmasonā ma ŋkè i yōnoòl? ⁵ Nì

ᵛ**Mar 12:36** Hyèm 110:1

Yesù à kahal kàl ɓɔ lɛ, Nì yihgè lɛ mùt à yùmus ɓáŋ ɓèe. ⁶ Inyǔlē ŋgàndàk i galɔ̄ i jòy jêm, i kál lɛ, Mɛ̌n mè yè Krǐstò; ɓa yumūs ŋgàndàk ɓót. ⁷ Ndi ŋgèdà nì ganɔ̄k inyùu gwèt, nì mbìmbà gwêt, halá à soha ɓáŋ ɓèè miŋem; inyǔlē màm mana ma nlama gwelà, ndi hà lìsuk ɓe lî. ⁸ Inyǔlē lɔ̀ŋ i ganyàŋɓɛnɛ lɔ̄ŋ, ànɛ kì i kɔ̄lɓa ànè;ʷ nyèŋg disi i gaɓā ɓahɔma ɓahɔma, njàl keŋi ì gaɓā nì màsànda; màm mana mɔn ma ye bíɓòdlɛ bi njôghè.

⁹ Ɓèèɓɔmɛ̀dɛ nì yihgè; ɓa gakèna ɓee bikēehɛnɛ, ɓa ɓebêk ɓèè mandáp ma mitìn; nì gatēlɛp mbɔ̀m ɓaŋgɔmîn nì bìkiŋɛ inyùù yêm i ɓā ɓɔ̄ mbògi. ¹⁰ Mìŋaŋ Mìnlam mi nlama ɓók aŋlana bilɔ̄ŋ gwɔbisɔnā. ¹¹ Ndi i ŋgèdà ɓa ŋkèna ɓee bikēehɛnɛ, nì tòŋ ndugi ɓáŋ inyùu jàm nì gapɔ̄t ndi tɔ̀ kòòbà jɔ; ndi tɔ̀ kinjē jàm li gatīna ɓee ŋgēŋ ì, jɔn pɔ̄da; inyǔlē hà ɓèè ɓe ɓɔn nì mpɔ̄t, ndik Mɓūu M̀pubi. ¹² Mùt à gatī manyáŋ i nyɛ̀mb, ìsaŋ kî màn weè; ɓɔ̀n ɓa gakɔ̄lɓa ɓagwâl, ɓa nolha ɓɔ̄. ¹³ Ɓòt ɓɔɓasɔnā ɓa gaɔ̀ɔ̀ ɓee inyùu jòy jêm, ndi mùt à nhɔ̄nɓa lɛtɛ̀ɛ̀ nì lisūk à gatɔ̄hlana.

Njiihà keŋi

Màt 24: 15-28; Luk 21: 20-24

¹⁴ Ndi i ŋgèdà nì gatēhɛ yɔm i nsūuŋgaha ŋɛm i cībaàˣ , i m̀podôl Dànièl à podol, i tee hɔma i lāmga ɓe tɛlɛ̀ɛ̀p [nu à ŋáŋ a yɔ̄ŋ tát muù], hanyēn ɓā ɓā ye Yùdeà ɓa kɛnɛ̄k ŋgwee dikòa; ¹⁵ nu à yè i ŋgìi ndáp à sòs ɓáŋ hisī, tɔ̀ jòp i ndáp yeē i yɔ̀ŋ

yɔ̀m mû; ¹⁶ mùt à yè i wɔ̌m à tɛ̀mbek ɓáŋ mbūs i yɔ̀ŋ mbɔt yeè. ¹⁷ Ŋgɔɔ ni ɓòdàà ɓa mem nì ɓa ɓā nnyūŋus ɓɔn mu dīlɔ̄ diì! ¹⁸ Sɔɔhana lē halá à ɓanɛ ɓáŋ ŋgèdà mbèŋ. ¹⁹ Inyǔlē njiihà ì gaɓā dilɔ̄ diì, ndòŋ ì ì màà ɓa ɓe ìlɔ̄ yaga biɓèe bi bihègelʸ Nyāmbɛ à hɛ̌k lētɛ̀ɛ̀ nì hanánɔ, ì gaɓā ɓe ki tɔ̀ kɛlkǐkēl. ²⁰ Ndi ɓalɛ Ŋwèt a hubus ɓe dilɔ̄ diì, ki tɔ̀ mùt wàda à tɔhlana ɓēe; ndi inyùu mìntɛbêk à tɛp, à hubus dìlɔ. ²¹ Ŋgèdà ì iɓālē mùt à ŋkál ɓee lɛ, Nùnakì, Krǐstò à yè hana, tɔ̀lɛ, Nùnakì, à yè haa; nì hɛmlɛ ɓáŋ. ²² Inyǔlē bìkrǐstò bi bitɛmbɛɛ bi galɔ̄, bi undá bìyìmbnɛ nì màm ma helha, lɛ ndi bi yumūs mìntɛbêk, iɓālē bi nlaà, nì ɓapodôl ɓa bitɛmbɛɛ. ²³ Nì yihgè ni: nùnakì, mɛ̀ m̀ɓók ndugi yis ɓee màm mɔmasɔnā.

Màlòl ma Man Mùt

Màt 24: 29-31; Luk 21: 25-28

²⁴ Ndi dilɔ̄ diì, i mbūs njiihà ì, jɔ̀p li gayìla jiibè, sɔŋ ì gaɓày ha ɓee, ²⁵ còdot di gaɓā di ntōli ŋgìi, di kwôk, màpemba ma ye ŋgìi ma ganyìnghana.ᶻ ²⁶ Ndi tɔ̀ lɛ ɓa gatēhɛ Man Mùt à nlòl i ɔ̀ndᵃ nì lipēmba lìkɛŋi nì lìpem. ²⁷ Hanyēn à gaɔ̀m aŋgèl, a kɔ̌t mìntɛbêk ŋwee mi lolàk mbèbi inâ iɓòdòl lisūk li hisi lɛtɛ̀ɛ̀ nì li ŋgìi.

Màeba inyùu ē faygè

Màt 24: 32-35; Luk 21: 29-33

²⁸ Ɓèè niglana ŋgèn inyùu ē faygè; ŋgèdà mìncêp ŋwee mi ntɔɔ, mi hâk cǎy, nì ńyī lɛ sèp i ye ɓèɓèè; ²⁹ halá kì nyen yàk ɓee, kìi nì ntēhɛ màm

---

ʷ**Mar 13.8** Yès 19: 2
ˣ**Mar 13: 14** Dàn 12: 11
ʸ**Mar 13: 19** Dàn 12: 1
ᶻ**Mar 13: 25** Yès 13: 10; 34: 4
ᵃ**Mar 13: 26** Dàn 7: 13; Màs 1: 7

mana ma ŋkahal ɓòŋà, yina lē à yè ɓèɓèè, à tee yāga maŋwèmɛl. ³⁰ Hɔ̀dɔ mɛ̀ nhɔ̄mb ɓee lɛ, Hyày hini hi gatāgɓɛ ɓee, màm mana mɔmasonā ŋgì ɓòŋà. ³¹ Ŋgìi ì gatāgɓɛ nì hìsi, ndi bìɓàŋga gwêm bi gatāgɓɛ ɓee.

Mùt nyɛkǐnyē à ńyī ɓe kɛl tɔ̀ ŋgeŋ

Màt 24: 36-42; Luk 17: 26-30, 34-36

³² Ndi mùt nyɛkǐnyē à ńyī ɓe kɛl ì tɔ̀ ŋgeŋ ì, tɔ̀ aŋgèl ŋgiì, tɔ̀ Mǎn, ndik Ìsaŋ. ³³ Nì yihgè ni, nì yènàk pèè, nì sɔɔhègè; inyǔlē nì ńyī ɓe ìmbɛ ndeè ŋgèdà ì gaɓōma. ³⁴ I ye yàa wěŋgɔ̀ŋlɛ mùt à kèɛ nlēŋ lɔ̀ŋ ipɛ, à yek ndap yeè, à ti miŋkɔ̀l ŋwee ŋgùy, hi wada wēe nsɔn; à ɓehɛ ki ǹtat ŋwèmɛl lɛ a yén pèè. ³⁵ Jɔn yèna pèè; inyǔlē nì ńyī ɓe ŋgeda ŋwèt ndap à nlòl, tɔ̀ɔ kòkoa, tɔ̀ɔ nì ŋem u, tɔ̀ɔ ŋgèdà kop ì ŋɔ̄ŋòòl, tɔ̀ɔ kêglà; ³⁶ lɛ à tiga lɛ à puhɛ ɓee, à kɔba ɓee hilɔ̄. ³⁷ Jàm mɛ̀ ŋkàl ɓee jɔn mɛ̀ ŋkàl ɓɔɓasonā lɛ, Yèna pèè.

14

Ɓɛt ɓa Lôk Yudà ɓa nhɛ̀k pêk i gwèl Yesù

Màt 26: 1-5; Luk 22: 1-2; Yòh 11: 45-53

¹ Ɓɔ ŋgànd Pasà[b] nì bìkɔ̀ga bi ŋgisèŋha ì yè nòmaà. Bìpřìsì bìkɛŋi nì ɓàyimbēn ɓa kahal yēŋ njɛēl kìkìì ɓa ye lē ɓa gwɛēl nyɛ nì màndɔn, lɛ ɓa nɔl nyē. ² Inyǔlē ɓa kǎl lē, Hà i ŋgèdà ŋgànd ɓee, lɛ lìsànda li tiga lɛ li kwɔ ī kède ɓòt.

Mùdàà wadā à ŋ̀kop Yesù làɓindè i Bètanìà

Màt 26: 6-13; Yòh 12: 1-8

³ Ŋgèdà Yesù à ɓanɛ Bètanìà, i ndāp Sīmòn mùt lò, à ɓa ɓǎŋ à yìi ī jē, mùdàà wadā à lɔ̂, à ɓàk à gwèe ndɔ̄ŋgi làɓindè ì ɓàŋga nārdò ì ŋgàndàk ndàmbà; à ɓɔl ndɔŋgi, à kop nyɛ Yēsù ŋɔ̄. ⁴ Ɓàhɔgi i kède yáp mìŋɛm mi hend ɓɔ, ɓa kǎl lɛ, Ba nɔ̀bhɛnɛ ki laɓīndā ìni? ⁵ Ba ɓāk lɛ ɓa nuŋūl yɔɔ ìlɔ̀ɔ dènarìò iaâ, ɓa ti diyɛyèɓà. Nì ɓɔ ɓa hūŋɓɛnɛ nyɛ. ⁶ Ndi Yesù à kǎl lɛ, Ŋwàha nyē; nì ǹtèèŋgana ki nyɛ? À m̀ɓoŋōl mɛ lɔ̄ŋgɛ jàm. ⁷ Inyǔlē nì gwèe dìyɛyèɓà ŋgèdà yɔ̀sonā ɓěnī, nì yè lɛ nì ɓoŋōl ɓɔ lɔ̄ŋgɛ tɔ̀ ìmbɛ ŋgeda nì nsòmbòl; ndi nì gwèe ɓē mɛ ŋgèdà yɔ̀sô. ⁸ À m̀ɓɔ̄ŋ kìkìi là yee; à m̀ɓôk hɔɔ nyuu yɛèm inyùu màjònâ. ⁹ Hɔ̀dɔ nu mɛ̀ nhɔ̄mb ɓee lɛ, tɔ̀ hɛɛ Mìŋaŋ Mìnlam mi ga-āŋlana munu ŋkɔ̀ŋ hisi wɔnsonā, yàk jàm mùdàà nunu à m̀ɓɔ̂ŋ li ga-āŋlana i ɓìgdà nyɛ.

Yudà à ǹnɛɛɓɛ i līibànà Yesù

Màt 26: 14-16; Luk 22: 3-6

¹⁰ Nì Yudà Iskàrìòt, nu à ɓa wàda mu jǒm nì iɓaà, à kɛ yāk bìpřìsì bìkɛŋi lɛ a ti ɓɔ̄ Yēsù. ¹¹ Ba nɔ̄k ɓǎŋ hālà, ɓa kɔ̄n masee, ɓa ɓon nyɛ mòni. Nì nyɛ à kahal yeŋ lɔŋgɛ ŋgèdà lɛlaa à yè lɛ à ti ɓɔ nyē.

Yesù à njē Pasà nì ɓànigîl ɓee

Màt 26: 17-25; Luk 22: 7-13, 21-23; Yòh 13: 21-30

¹² Kɛl bìsu ì bìkɔ̀ga bi ŋgisèŋha, ŋgèdà ɓa nsèmel man ǹtomba nu

---

[b]**Mar 14: 1** Màn 12: 1-27

Pāsà, ɓànigîl ɓee ɓa ɓát nyɛ lɛ, Hɛ hɔma ù nsòmbol lɛ di kɛē, di kôbana wɛ̀ i jē Pāsà? ¹³ Nì nyɛ à ɔm ɓanigîl ɓee iɓaà, à kâl ɓɔ lɛ, Kèna ŋkɔ̀ŋ, nì gaɓɔ̀ma mût à ɓèèga ēbel malep; nɔ̀ŋa nyɛ̄; ¹⁴ tɔ̀ nûmbɛ hɔma à ǹjôp, Kàla ŋwèt ndap ì lɛ, Màlêt nyɛ, Tŭŋ ɓàkèn ì yè hɛɛ, hɔma mɛ̀ njēl Pasà lòŋnì ɓànigîl ɓêm? ¹⁵ Nyɛmèdɛ à gaēba ɓee sɔ̄sɔ̄ tùŋ nyɔɔ̄ ŋgīda ŋgìi, à yè ɓàkòòbaga; kòòbana ɓès mû. ¹⁶ Nì ɓànigîl, ɓa pam ŋkɔ̀ŋ, ɓa kɔba kìkìi à kǎl ɓɔ̄; nì ɓɔ ɓa kôba Pasà.

¹⁷ Kòkoa i kwɔ̀ɔ ɓǎŋ, à lɔ nyɛ̄ nì jŏm nì iɓaà. ¹⁸ Ba ɓā ɓǎŋ ɓā yiī, ɓa jêk, Yesù à kâl lɛ, Hɔ̀dɔ mɛ̀ nhɔmb ɓee lɛ, wàda i kède nàn à galīibana mɛè, nu yāga ɓĕhnà nyɛ dì njê. ¹⁹ Nì ɓɔ ɓa unûp, ɓa ɓát nyɛ wàda wadā lɛ, Ɓàa mɛ̀? Nûmpɛ kî a kâl lɛ, Ɓàa mɛ̀? ²⁰ Nì nyɛ à kâl ɓɔ lɛ, À yè wàda mu jŏm nì iɓaà, nu ɓĕhnà nyɛ dì nhēha wɔɔ sōya. ²¹ Măn Mùt à ŋkɛ yàa, kìkìi i ye ǹtǐlɓàgà inyùù yeè; ndi ŋgɔɔ nì mùt nu à ǹliibana Man Mùt! I ɓeè lɔŋgɛ nì mùt nu lɛ̄ à gwee ɓee.

Yesù à ntēe Bilòp bi Ŋwɛt

Màt 26: 26-30; Luk 22: 14-20; 1Kɔ̀r 11: 23-26

²² Ba ɓā jɛ ɓǎŋ, à yɔ̄ŋ kɔgā, à măl ɓǎŋ sàyàp, à ɓek yɔ, à ti ɓɔ yɔ̄, à kâl lɛ, Yɔ̀ŋa, jena; nyùù yêm ìni. ²³ À yɔ̄ŋ ki liɓòndo, à măl ɓǎŋ tī mayègà, à ti ɓɔ; nì ɓɔɓasonā ɓa nyɔ jɔ. ²⁴ Nì nyɛ à kâl ɓɔ lɛ, Màcèl mêm ma malombla ma yɔndɔ mana ma ŋkubna ŋgandàk ɓòt. ²⁵ Hɔ̀dɔ mɛ̀ nhɔmb ɓee lɛ, mɛ̀ ganyɔ̄ ha ɓe mɛ mālēp ma matam ma ŋkòò wây mana lɛtèɛ̀ nì yɔ̀kɛl nu mɛ̀ ganyɔ̄ mɔ yɔ̀ndɔ i ànɛ Nyambê. ²⁶ Ba mǎl ɓǎŋ tōp hyembi, ɓa kɛ hīkòa Olīvè.

Petrò à gataŋɓa Yesù

Màt 26: 31-33; Luk 22: 31-34; Yòh 13: 36-38

²⁷ Nì Yesù à kâl ɓɔ lɛ, Ɓèèɓɔɓasonā nì gaɓààge inyùù yêm i ū unu, inyŭlē i ye ǹtǐlɓàgà lɛ, Mɛ̀ gaōm nteedà mìntomba, mìntomba mi camā.ᶜ ²⁸ Ndi ŋgèdà mɛ̀ gatùglana, mɛ̀ gaɓòk ɓee bisū i Gàlìleà. ²⁹ Petrò à kâl nyɛ lɛ, Tɔ̀ ɓɔɓasonā ɓa mɓààgè, mɛ̀ mɛ̀ gaɓààge ɓe mê. ³⁰ Nì Yesù à kâl nyɛ lɛ, Hɔ̀dɔ mɛ̀ nhɔmb wɛ lē, u unu lèn, ǹlom kōp ŋgì ɔŋ maɔŋa īmaà, ù gataŋɓa mɛ ŋgèlè iaà. ³¹ Nì Petrò à kondē yaga yiìgyɛ lɛ, Tɔ̀ ɓalē mɛ̀ ǹlama weha ɓehnà wɛ lòŋ, mɛ̀ gataŋɓa ɓe mɛ wɛ̀. Halā nyēn ɓɔ̄ɓasonā ɓa pɔ̄t.

Yesù à nsɔɔhɛ i wɔ̀m Getsēmānè

Màt 26: 36-46; Luk 22: 39-46

³² Nì ɓɔ ɓa pam hɔma jòy jee lɛ Gètsēmānè; nì nyɛ à kâl ɓanigiìl ɓee lɛ, Ɓèe yena hāna, ŋgèdà mɛ̀ mɛ̀ ŋkɛ i sɔɔhɛ̀. ³³ Nì nyɛ à kɛnā Petrò nì Yàkobò nì Yòhanès, à kahal ɛgɛp kiìyaga, à siidàgà. ³⁴ Nì nyɛ à kâl ɓɔ lɛ, Ŋem wêm u nlòòha kɔ̄n ndudù, lɛtèɛ̀ nì i nyɛmb; ɓèe yena hāna, ni yēn pèè. ³⁵ Nì nyɛ à kōge bisū ndeèk, à kwɔ hīsī, à sɔɔhɛ lɛ, iɓàlē i ye lē i ɓa, ŋgɛŋ ì i sɛ́t nyɛ. ³⁶ À kâl lɛ, Abà, à Tâ, ù nlà mâm mɔmasonā; hèa mɛ̀ liɓòndo lini; ndi hà kìi mɛ̀ mɛ̀ nsòmbòl ɓee, ndik kìkìi wɛ̀ ù nsòmbòl. ³⁷ Nì nyɛ à lɔ̂, à kɔba ɓɔ hilɔ̄, à kâl Petrò lɛ, À Simòn, ɓàa ù

ᶜ **Mar 14: 27** Sàk 13: 7

yè hilɔ̄? Ɓàa ù ɓak ɓe lɛ ù yɛ́n peē ŋgɛŋ yadà? ³⁸ Yèna pèè, sɔɔhana lē nì jòp ɓáŋ ī kède màn ɔ̀ɔ̀dànà; mbuu u nnēɛbè yaga, ndi mìnsòn mi mɓɔ̀mb. ³⁹ À kɛ kì, à sɔɔhɛ̀, à pɔt minlèlèm mi biɓàŋga. ⁴⁰ Nì nyɛ à kondē ki lɔ̀, à kɔba ɓɔ hilɔ̄, inyǔlē mìs ma ɓā nɛ yāga ɓɔ̄ cɛ̀mcɛ̀m; ɓa ɓā yi ɓē jàm ɓa ntìmbhɛ nyɛ. ⁴¹ À lɔ kī lìlɔ̀nà liaâ, à kâl ɓɔ lɛ, Ɓèe kɛ̀na yàà hilɔ̄ hanaànɔ, nɔ̀yga. Halā à kòli; ŋgɛŋ ì ŋ̀kɔlà; nùnakì, Mǎn Mùt à ǹliibana i mɔ̀ɔ̀ ma ɓaɓɔ̀ŋɓeba. ⁴² Tɛlɓana, di kɛnēk; nùnakì, nu à nlīibana mɛ̀ɛ̀ à gwèe nì mɔ̀ɔ.

Ɓa nliibana Yesù, ɓa ha nyē mɔɔ

Màt 26: 47-56; Luk 22: 47-53; Yòh 18: 2-11

⁴³ Ɓìteebīloŋi, ki à ŋgi pɔdɔ̂k, Yudà, wàda mu jǒm nì iɓaà, à lɔ lôŋnì lìmùt li ɓâk li gweē pàminsɔ̀ŋ nì bìkek, ɓa lolàk yak bìprǐsì bìkɛŋi, nì ɓàyimbēn, nì mìmaŋ mi ɓôt. ⁴⁴ Nu à liibana nyē, à ti ɓɔ̄ yìmbnɛ, à kâl lɛ, Mùt mɛ̀ gasɔ̄s, wɛ̀ɛ nyē nù; gwèla nyē, ni tibil kɛna nyɛ. ⁴⁵ À pam ɓǎŋ, à hɔɔ kɛ nyēnī, à kâl lɛ, À Lêt, à lêt, à sɔs yaga nyɛ. ⁴⁶ Nì ɓɔ ɓa ha nyɛ mɔɔ, ɓa kɛnā nyɛ. ⁴⁷ Wàda i kède ɓôt ɓa ɓā ɓa tee hà à sɔdɔl pânsɔ̀ŋ yèe, à ɓep ŋkòl prǐsì kɛŋi, à kit wɔ ō. ⁴⁸ Nì Yesù à kâl ɓɔ lɛ, Ɓàa nì ǹlɔ ī gwɛ̀l mè nì pàminsɔ̀ŋ nì bìkek wěŋgɔ̀ŋlɛ mùt ŋgadla? ⁴⁹ Mɛ̀ nì ɓèe dì ɓeè i tēmpèl hi kɛl, mè niigàgà, nì bigwèl ɓe mê; ndi halā à mɓōŋa lɛ Màtìlà ma yôn. ⁵⁰ Nì ɓɔɓasonā ɓa yek nyɛ, ɓa kɛ ŋgwee.

Màaŋgɛ wānda nu à kɛ̀ɛ ŋgwee

⁵¹ Màaŋgɛ wānda wadā à ɓa nôŋ Yesù, nì ǹlěŋɓàgà mbɔŋ, lakìi à ɓa ǹsɔ, nì ɓɔ̀ɔ̀ŋgɛ ɓa wanda ɓa gwêl nyɛ; ⁵² ndi à yek mbɔŋ, à kɛ ŋgwee nsɔ.

Yesù bisū bi ɓakeês ɓàkɛŋi

Màt 26: 57-68; Luk 22: 54-55, 63-71; Yòh 18: 12-14, 19-24

⁵³ Nì ɓɔ ɓa kɛnā Yesù yak prǐsì kɛŋi; nì bìprǐsì bìkɛŋi gwɔbisonā nì mìmaŋ mi ɓôt nì ɓàyimbēn ɓa kɔ̄dɓa ha lòŋnì nyɛ. ⁵⁴ Petrò à ɓa nôŋ Yesù kiŋmbèm, lɛtɛ̀ɛ̀ nì i kède kɔ̄tɔɔ priīsì kɛŋi; nì nyɛ à yɛ́n hisī nyɛ nì mìnlìmil, à nɔhɓàk hyèe. ⁵⁵ Bìprǐsì bìkɛŋi nì ŋgìm ǹtoŋ ɓakeês ɓàkɛŋi ɓa ɓā yeŋ mbògi i kɔlɓà Yesù lɛ ndi ɓa nôl nyɛ; ndi ɓa tēhɛ ɓē yɔɔ. ⁵⁶ Inyǔlē ŋgàndàk ì ɓɔ̌k mbògi bìtɛmbɛɛ i kɔlɓà nyɛ, ndi mbògi yap i ɓā ɓē kiŋ yadā. ⁵⁷ Nì ɓòt ɓàhɔgi ɓa tɛlêp, ɓa ɓɔ̌k mbogī bìtɛmbɛɛ i kɔlɓà nyɛ, ɓa kâl lɛ, ⁵⁸ Dì binɔ̄k nyɛ à ŋkàl lɛ, Mè gaɓōk tempèl ìni ì ŋōŋa ni mɔɔ, mɛ oŋol ìpɛ dilɔ̄ diaâ ì ŋōŋa ɓe ni mɔɔ.ᵈ ⁵⁹ Ndi tɔ̀ la yàa mbògi yap i ɓā ɓē kiŋ yadā. ⁶⁰ Nì prǐsì kɛŋi ì tɛlɛp i kède yâp, ì ɓát Yesù lɛ, Ɓàa ù ntìmbhɛ ɓe tɔ jàm? Kinjē ɓāna ɓa mpɔ̄t i kɔlɓà wɛ̀? ⁶¹ Ndi Yesù à ǹniî, à fìmbhɛ ɓe tɔ jàm. Prǐsì kɛŋi ì fìmba ki ɓàt nyɛ lɛ, Ɓàa ù yè Krǐstò, Mǎn Nyāmbɛ nū à yè ǹsáyɓàk? ⁶² Nì Yesù à kâl lɛ, Mè yè nyɛ; ndi nì gatɛhɛ Man Mùt à yìi ī wɔ̀ɔ̀ waalōm u Lipembà, à lɔ̀k nì ɔnd ŋgiì.ᵉ ⁶³ Nì prǐsì kɛŋi ì was mbɔt yee, ì kâl lɛ, Dì ŋgi yiŋlàk kì ki ɓaɓɔ̀k mbògi? ⁶⁴ Nì

ᵈ**Mar 14: 58** Yòh 2: 19

ᵉ**Mar 14: 62** Hyèm 110: 1; Dàn 7: 13

m̀māl nɔk i òbòs à ŋòbos Nyambɛ jŏy; nì nhɔ̄ŋɔl laa? Ɓɔɓasonā ɓa ɓagāl lɛ à kòli nì nyɛ̀mb. ⁶⁵ Nì ɓahɔ̄gi ɓa kahal cōlɛ nyɛ màtay, ɓa ho nyɛ sū, ɓa om nyɛ bìkut, ɓa kāl nyɛ lɛ, Pɔdɔk bìndêê; nì mìnlìmil mi kahal ɓēp nyɛ màɓay.

Petrò à ntāŋɓa Yesù

Màt 26: 69-75; Luk 22: 56-62; Yòh 18: 15-18, 25-27

⁶⁶ Nì Pɛtrò à ɓa ɓăŋ à yìi nyɔ̀ɔ kɔ̄tɔɔ, hìŋgòndà hi prîsì kɛŋi hyada hi lɔ̂; ⁶⁷ hi tɛ̄hɛ ɓăŋ Pētrò à nnɔ̄hɔp hyee, hi nūn nyɛ, hi kāl lɛ, Yàk wɛ̀ ù ɓak ɓeenà Yesù, mùt Năsàrɛ̀t. ⁶⁸ Ndi à taŋ, à kāl lɛ, Mè ńyī ɓē mɛɛ̀, tɔ nɔk jàm ù mpɔ̄t. Nì nyɛ à pam, à kɛ mbēdge kɔ̄tɔɔ; [nì ǹlom kōp a ɔŋ.] ⁶⁹ Ndi hìŋgòndà hi hī tɛ̄hɛ ɓăŋ nyɛ, hi kahal kàl ɓa ɓā ɓā ɓa tee hā lɛ̄, Wàda wăp nunu. ⁷⁰ Nì nyɛ à kondē ki tāŋ. Ndèk ŋgɛŋ ì nŏm ɓăŋ, ɓa ɓā ɓā ɓa tee hà, ɓa kāl ki Pētrò lɛ, Yàk wɛ̀ ù yɛ tɔy wadā waàp; inyŭlē ù yɛ mùt Gàlìleà, yàk likwɛ̀hàk jɔŋ li hɔp li ye kìkìi ìjap. ⁷¹ Nì nyɛ à kahal tììhɛ̀ nì kùm sɔ̀ŋ, nyɛ, Mè ńyī ɓe me mùt nunu nì mpɔ̄t. ⁷² Nì bitēebīlɔŋi ǹlom kōp à ɔŋ ŋgelè ì ǹyonos iɓaà. Nì Pɛtrò à hɔŋɔl ɓaŋga Yēsù à kăl nyē lɛ, Ǹlom kōp ŋgì ɔŋ maɔŋa īmaà, ù gatāŋɓa mɛ ŋgèlè iaâ. À hɔŋɔl ɓăŋ hālà, à kahal ɛ̀ɛ̀.

15

Yesù bisū bi Pìlātò

Màt 27: 1-2, 11-14; Luk 23: 1-7; Yòh 18: 28-38

¹ Lìom kĕglà, bìprîsì bìkɛŋi nì mìmaŋ mi ɓôt nì ɓàyimbēn nì ŋgìm ǹtoŋ ɓakeês ɓàkɛŋi ɓa hɔɔ hɛ̄k peèk, ɓa kāŋ Yesù, ɓa kɛnā nyɛ, ɓa ti Pìlātò. ² Nì Pìlatò à ɓāt nyɛ lɛ, Ɓàa ù yɛ kiŋɛ Lòk Yudà? Nì nyɛ à tîmbhɛ̀, à kāl nyɛ lɛ, Kìkìi ù mpɔ̄t. ³ Nì Bìprîsì bìkɛŋi bi om nyɛ ŋgàndàk mìnsɔ̀hi, ndi à tìmbhe ɓē tɔ jàm. ⁴ Nì Pìlatò à ɓāt ki nyē lɛ, Ɓàa ù ntìmbhe ɓe tɔ jàm? Tɛhɛ kì ŋgàndàk mìnsɔ̀hi ɓa ŋōm wɛɛ̀. ⁵ Yesù à tìmbhɛ hā ɓe jaàm jɔkǐjɔ̄; kàyèlɛ Pìlatò à hêl.

Ɓa mpēmhɛnɛ Yesù mbàgi nyɛ̀mb

Màt 27:15-26; Luk 23:13-25; Yòh 18:39-19: 36

⁶ I ŋgèdà ŋgànd à ɓa ɓenà pemhɛnɛ ɓɔ mùt wàda, nu ɓā ŋkaa. ⁷ Mùt wàda jòy jee lɛ Bàrabà à ɓa ŋ̀kàŋâk nyɛ nì ɓa ɓā kwěs lìsànda, ɓɔn ɓa kwěs jèm mūkèdè lìsànda. ⁸ Nì lìmùt li kahal ɓàt nyɛ nì lìyògɓɛ̀ lìkɛŋi lɛ a ɓɔ̄ŋ ɓɔ kìi à yèe à mɓɔ̀ŋ. ⁹ Nì Pìlatò à ɓāt ɓɔ lɛ, Ɓàa nì nsòmbol lɛ mɛ pemhɛnɛ ɓɛɛ̀ Kiŋɛ Lòk Yudà? ¹⁰ Inyŭlē à ɓa yi lē bìprîsì bìkɛŋi bi nliibana nyɛ inyùu tāmaà. ¹¹ Ndi Bìprîsì bìkɛŋi bi lo lìmùt lɛ a pemhɛnɛ ndīk ɓɔ̄ Bàrabà. ¹² Nì Pìlatò à ɓāt ɓɔ lɛ, Mɛ ɓɔ̄ŋ lā ni nū nì nsèbel lɛ Kiŋɛ Lòk Yudà? ¹³ Nì ɓɔ ɓa kondē lɔnd lɛ, Tòmol nyē mbāsa. ¹⁴ Nì Pìlatò à kāl ɓɔ lɛ, Inyŭkīi, kinjē jàm lìɓɛ à biɓɔ̀ŋ? Nì ɓɔ ɓa lɔnd yaga makɛŋi ŋgìì lɛ, Tòmol nyē mbāsa. ¹⁵ Lakìi Pìlatò à ɓa sombòl ɓɔ̄ŋ kìkìi i nlēmel lìmùt, à pemhɛnɛ ɓɔ Bàrabà, à măl ɓăŋ ɓēp Yesù dìsòo, à ti ɓɔ nyē lɛ a tōmlana mbāsa.

Ǹtoŋ sonda ū ndēglɛ Yesù

Màt 27:27-31; Yòh 19: 2-3

¹⁶ Nì sonda ī koōgana nyɛ kɔ̄tɔɔ ndap ŋgōmììn, nì ɓɔ ɓa kɔ̄t ŋgiìm yăp ǹtoŋ. ¹⁷ Nì ɓɔ ɓa ha nyɛ mbɔ̄t wēdɛwèdɛ̀, ɓa hoo ntut bìlɔ̀ɔ, ɓa ha

nyɛ wɔ̄. ¹⁸ Nì ɓɔ ɓa kahal yèga nyɛ lɛ, Dì ɲ̀yegā wɛɛ̀, à Kiŋɛ Lòk Yudà! ¹⁹ Ba ɓep nyɛ jǎy i ŋɔ̄, ɓa colɛ nyɛ màtay, ɓa om maɓɔŋ hisī, ɓa ɓeges nyɛ. ²⁰ Ba mǎl ɓǎŋ ndēglɛ nyɛ, ɓa heā nyɛ mbɔ̄t wēdɛwèdɛ̀, ɓa ha nyɛ mbɔ̄t yee. Nì ɓɔ ɓa kɛnā nyɛ i tòmòl nyɛ mbāsa.

Ba ntòmol Yesù i mbāsa

Màt 27:32-44; Luk 23: 36-43; Yòh 19:17-27

²¹ Mùt wàda à ɓa tagɓɛ̀, à lòlàk bikāy, jòy jee lɛ Simòn, mùt Kìrenè, ìsaŋ Àlègsândrɛ ɓɔnà Rufòs,ᶠ nyɛn ɓa hēles lē ɓa kihā, a ɓɛgēɛ mbāsa Yēsù. ²² Nì ɓɔ ɓa kɛnā nyɛ hɔma wadā lɛ Gòlgotà, lìkɔ̀blɛ jee lɛ, Hɔma kēgee ŋɔ. ²³ Nì ɓɔ ɓa ti nyɛ wây m̀pɔ̌dnàgà nì "mîr"; ndi à yɔ̌ŋ ɓē yɔɔ̀. ²⁴ Nì ɓɔ ɓa tomōl nyɛ mbāsa, ɓa lɛŋā mbaām inyùu kàbnà mbɔt yee, i yī kìi hī muùt à ŋkòs. ²⁵ Ŋgèdà ɓa tòmlɛnɛ nyē mbāsa ì ɓa ŋgēŋ ɓòo. ²⁶ Màtìlà ma nsɔ̀hi ɓa ōm nyē ma tìlɓa ŋgìì yeē lɛ, KIŊƐ LÒK YUDÀ. ²⁷ Ba tòmol ɓòt ɓa ŋgadla ɓaà lòŋnì nyɛ mbāsa, wàda wɔɔ̀ wee waalōm, nu kì u waaē. ²⁸ [Nì Lìtìlà li yôn, li lī ŋkàl lɛ, À eŋa ī lòŋ yada ni ɓàcàcàŋg.]ᵍ ²⁹ Bòt ɓa ɓā tagɓɛ̀ ɓa noomàgà nyɛ, ɓa mɛgɛ̀k mìŋɔ, ɓa kalàk lɛ, Ŋ̀ŋ̂! Wɛ̀ nu ù ŋ̀obos Tempèl, ù oŋlàk kì yɔ̀ dilɔ̄ diaâ, ³⁰ tɔhɔl wèmɛ̀dɛ, sɔ̀s ī mbāsa. ³¹ Halā kì nyɛn yàk bìprîsì bìkɛŋi nì ɓàyimbēn ɓa ndēglɛ nyē, ɓa kâl lē, À ɓe tɔhɔ̀l ɓapɛ; ndi i tɔ̄hɔɔ̀l nyɛmɛ̀dɛ, à nlà ɓee. ³² Krĭstò, Kiŋɛ Lòk Yudà, a sohōk nī mbāsa, lɛ di tɛhɛ, ndi di hɛmlɛ. Yàk ɓòt ɓa tòmlana lòŋnì nyɛ ɓa yahāl nyɛ.

Nyɛ̌mb Yēsù

Màt 27:45-56; Luk 23: 44-49; Yòh 19: 28-30

³³ Kɔ̀sì ì kwɔɔ ɓǎŋ, jĭɓè li kēp hīsī hyɔsonā lɛtɛ̀ɛ̀ nì ŋgēŋ iaâ. ³⁴ I ŋgēŋ iaâ Yesù à lɔnd makɛŋi lɛ, Eloì, Eloì, Lama sabak tani? Lìkɔ̀blɛ jee li ye lē, À Nyambɛ wèm, à Nyambɛ wèm, ù ŋ̀kenhɛnɛ ki mê?ʰ ³⁵ Bàhɔgi mu ɓɛt ɓa ɓā ɓa tee hà, ɓa nɔ̄k ɓǎŋ hālà, ɓa kāl lɛ, nŭnkì, à nsèbel Elìà. ³⁶ Nì mùt wàda a kɛ ŋgwee, à yonos tambēn ɓaŋ ni sèŋha wây a sɔ̄m yɔ kēk, à ti nyɛ lɛ a nyɔ, à kâl lɛ, ŋwàha lē, di tɛhɛ tɔ̀ɔ Èlìà à nlɔ̀ i sùhùs nyɛ. ³⁷ Nì Yesù à lɔnd makɛŋi, à pedî. ³⁸ Nì lìɓàdò li Tempèl li keni bipès biɓaà ìɓòdòl i ŋgìì lìpam hīsī. ³⁹ Ŋ̀ànɛ mbogôl sonda nū à ɓa à tee nyē mbɔmbɔ̄m à tɛhɛ ɓǎŋ lē à m̀pedi hālà, à kâl lɛ, Mùt nunu à ɓak tɔy man Nyāmbɛɛ̀. ⁴⁰ Yàk ɓòdàà ɓa ɓā ɓa tee nōnɔk ɓa ɓeŋgègè, i kède yâp nyɛn Màrìà Màgdàlenà à ɓanɛ, nì Màrìà nyǎŋ Yàkoɓò màaŋgɛ, nì nu Yōsès, nì Sàlòme; ⁴¹ Bɔn ɓa ɓā nɔɔŋ nyɛ, ɓa gwêlàk nyɛ i ŋgèdà à ɓanɛ Gàlìleà; nì ŋgàndàk ɓòdàà ìpɛ ì ɓedha nì nyɛ i Yèrusàlèm.

Màjòna mā Yesù

Màt 27: 57-61; Luk 23: 50-56; Yòh 19: 38-42

⁴² Kòkoa i kwɔɔ ɓàŋ, halā kì à ɓa kēl ŋgòòɓà, ɓɔ ŋgwà nôy u ye lĭkēɛ, ⁴³ Yosèf mùt Àrìmàtìà à lô, ǹtipèk nu

---

ᶠ**Mar 15.21** Rom 16:13
ᵍ**Mar 15.28** Yès 53:12

ʰ**Mar 15.34** Hyèm 2:22

lìpem, nu yàk nyɛmɛ̀dɛ à ɓa ɓêm ànɛ̀ Nyambê; nyɛn à kandal nyùu, à kɛ yāk Pìlatò, à yet mîm u Yesù. ⁴⁴ Pìlatò à hɛl lɛ à ǹhɔɔ wɔ; nì nyɛ a sebēl ŋànɛ̀ mbogôl sondâ, à ɓát nyɛ tɔ̀ɔ à ŋ̀wɔ ɓêhɛɛ. ⁴⁵ À nɔk ɓǎŋ halā nì ŋ̀ànɛ̀ mbogôl sondâ, à ti Yosɛ̀f mìm. ⁴⁶ Nì nyɛ à sɔmb mbɔŋ. À suhūs miìm, à hoo wɔ mbɔ̄ŋ, à ńìŋ wɔ sɔ̀ŋ ì ɓa pòòŋgɛnɛ ŋgɔ̀k; à ɓiiŋgaha ŋgɔ̀k i ŋwèmɛl sôŋ. ⁴⁷ Màrià Màgdàlenà ɓɔnà Marīà nyǎŋ Yōsès ɓa ɓeŋgē hɛ̀t ɓa nìŋnɛ nyē.

16

Lìtùgè li Yesù

Màt 28:1-10; Luk 24:1-12; Yòh 20:1-10

¹ Ŋgwà nôy u tāgɓɛ ɓàŋ, Màrià Màgdàlenà ɓɔnà Marīà nyǎŋ Yàkobò, nì Sàlomè, ɓa sɔmb binùnumbà, lɛ ɓa kɛ ɓā hɔɔ nyē. ² Kɛl bìsu ì sɔndî, ɓa pulɛ tutu, ɓa pam sɔ̀ŋ, jɔ̀p li ma pām. ³ Ba ɓā kaàlnà lɛ, Ńjɛɛ à gaɓīiŋgɛnɛ ɓes ŋgɔ̀k ì ŋwèmɛl sôŋ? ⁴ Nì ɓɔ ɓa pa mîs, ɓa tɛhɛ lɛ ŋgɔ̀k ì m̀ɓiiŋgànà; inyǔlē ì ɓa yāga sɔsɔ̄. ⁵ Nì ɓɔ ɓa jɔ̂p sɔ̀ŋ, ɓa tɛhɛ maaŋgɛ wānda à yìi pès waalōm, à heeba pūba mbɔt; nì ɓɔ ɓa ɛgɛ̀p. ⁶ Nì nyɛ à kâl ɓɔ lɛ, Nì ɛ̀gɛp ɓǎŋ; nì ńyēŋ Yesù, mùt Nǎsàrèt, nu à bitòmlana mbāsa. À ǹtugɛ̀, à tà ha ɓɛ hana; nùnakì, hɔ̀ma ɓa binìŋnɛ nyɛ! ⁷ Ndi kɛna ni kâl ɓanigîl ɓee nì Petrò lɛ à m̀ɓôk ɓee bisū i Gàlìleà; nyɔ̀ɔ nyēn nì gatēe nyɛ, kìkìi à bikàl ɓee.¹ ⁸ Nì ɓɔ ɓa pam sɔ̀ŋ, ɓa kɛ ŋ̀gwee; inyǔlē ɓa ɓā seèhlà, ɓa ɛgɛ̀p; ɓa āŋlɛ ɓē muùt jàm jɔkǐjɔ̄; inyǔlē ɓa ɓā kɔɔ̀n wɔ̀ŋi.

Yesù à m̀pemel Marīà Màgdàlenà

Yòh 20:11-18

⁹ [Yesù à pulɛ ɓǎŋ tùgɛ kēl bìsu ì sɔndî, à ɓǒk pēmel Marīà Màgdàlenà, nu à hèa mìmbuu mìmɓɛ minsâmbɔk. ¹⁰ Nyɛn à kèɛ, à aŋlɛ ɓôt ɓa ɓā yeèn nì Yesù, à kɔba ɓɔ ɓa nsīidà, ɓa ɛ̀ɛk. ¹¹ Ba nɔ̄k ɓǎŋ lē à yìi yòmi, nì lɛ à ǹtɛhɛ nyɛ, ɓa tɔ̄p ɓē hɛmlɛ̀.

Yesù à m̀pemel ɓanigîl iɓaà

Luk 24:13-35

¹² Màm mana ma tāgɓɛ ɓǎŋ, à pemel ɓôt iɓaà nì màòŋg màpɛ, ŋgɛdà ɓa ɓā kiìl njèl i kɛ̀ bikāy. ¹³ Ba kê ɓa aŋlɛ ɓa ɓāpɛ halà; ndi tɔ̀ ɓɔ ɓa hēmlɛ ɓēe.

Yesù à ŋ̄ɔ̄m jom li ɓanigîl nì wàda

Màt 28:16-20; Luk 24:36-49; Yòh 20:19-23

¹⁴ I mbūs hālà à pemel jom nì wàda i ŋgɛdà ɓa ɓā ɓa yiīnɛ ī jē, nì nyɛ à yahāl ɓɔ inyùu ŋgìtɔbhɛmlɛ̀ wàp nì minlèdɛk ŋwap mi miŋem, inyǔlē ɓa hēmlɛ ɓē ɓɛ̀t ɓa tēhɛ nyē, à ma tūgɛ̀. ¹⁵ Nì nyɛ a kâl ɓɔ lɛ, Bèe kɛna ŋkɔ̀ŋ hisi wɔnsonā, ni aŋlɛ ɓɔ̄ɓasonā Mìŋaŋ Mìnlam. ¹⁶ Nu à ǹhɛmlɛ̀, à sôblànà, à gatɔ̄hlana; ndi nu à ǹtɔ̀p ɓɛ hɛmlɛ̀, à gakòs mbagī nōgoòs. ¹⁷ Bìyìmbnɛ bini bi gakìha lôŋnì ɓa ɓā nhɛmlɛ̀; ɓa gapēmhɛnɛ mimbuu mìmɓɛ i jòy jêm; ɓa gapɔ̄t ni dìlemb di yɔndɔ; ¹⁸ ɓa gagwèl nyɔɔ, tɔ̀ ɓa nnyɔ yɔm i nnɔ̄laà, i gaɓɔ̀ŋ ɓɛ ɓɔ jàm; ɓa gakèhi mɔɔ i ŋgìì ɓakɔ̀kôn nì ɓɔ ɓa mâl.

---

¹**Mar 16.7** Mar 14:28

Màɓet ma Yesù i ŋgìì

Luk 24:50-53

[19] Ŋwèt lɛ Yesù, à mǎl ɓǎŋ pōdos ɓɔ, à yoŋā ŋgìì, à yén hisī i wɔ̀ɔ̀ waalōm Nyambɛɛ̀.[j] [20] Nì ɓɔ ɓa kê ɓa aŋal hɔma nyênsonā, Ŋwèt à gwèlèk ǹsɔn lôŋnì ɓɔ, à lèdhàk ɓàŋga lôŋnì bìyìmbnɛ bi ɓā nɔɔŋ. Àamèn.]

Lukàs

1

Lìɓòdlenɛ li ŋkwèl

[1] Kìkìi ŋgàndàk ì binɔ̀ɔ̀dɛ tìlā miŋaŋ inyùu māna màm ma biɓòŋa i kèdɛ yês, [2] kìì ɓa biāŋlɛ ɓes mɔ̄, ɓɔn ìɓòdòl biɓèɛ ɓa ɓeè mbògi mis nì mìnlìmil inyùu ɓàŋga, [3] yàk mɛ̀ mɛ̀ bitēhɛ lɔŋɛ ī tìlnà wɛ̀ màn ɔ̀ŋ mànɔ̀ŋ, à ɓayêm lɛ Tèòfilò, inyǔlē mɛ̀ bitībil tɔŋɔ̄l maàm mɔmasonā ìɓòdòl biɓèɛ; [4] lɛ u yi lē màm ɓa binīiga weè ma ye ǹtîîk.

Bìnděē inyùu lìgwee lī Yohānès Ǹsòblè

[5] Dilɔ̄ di Herōdè, kiŋɛ Lòk Yudà, prĭsì yàda ì ɓa, jòy jee lɛ Sàkàrià, mùt ǹtoŋ Abìà;[k] ŋwàà weē jòy jee lɛ Èlisàbèt, ŋgònd i mbɔ̀dgà Aaròn. [6] Ɓɔɓaà ɓa ɓā ɓā tee sēp bisū bi Nyambɛɛ̀, ɓa teedàgà màtìŋ nì màtèŋ ma Ŋwɛt mɔmasonā iɓaɓɛ nsòhi. [7] Ndi ɓa ɓā ŋgì mǎn, inyǔlē Èlisàbèt à ɓa kòm, ɓɔɓaà ɓa ɓā kì ɓaùnga. [8] Ndi i lēŋa lē à ɓa ɓɔ̂ŋ ɓǎŋ ǹsɔn prĭsì bisū bi Nyambɛ kĭŋgèdà lìnɔ̀ŋ li ŋkoŋ wee mu ntōŋ wee, [9] kĭŋgèdà lɛm nsɔn i ɓā mbàm ì kwêl nyɛ, lɛ a jóp ī tēmpèl Ŋwɛt i līgiìs bìnjìnjîŋ. [10] Lìmùt li ɓôt jɔlisonā li ɓā ī tān, li sɔɔhègɛ i ŋgèdà lìlighɛnɛ li binjìnjîŋ. [11] Nì aŋgèl Ŋwɛt ì pemel nyɛ, ì ɓâk ì tee ī pès waalōm i juu li binjìnjîŋ. [12] Sàkàrià à tɛhɛ ɓǎŋ yɔ̀, à

---

[j] **Mar 16.19** Hyèm 110:1; MB 1:9-11

[k] **Luk 1.5** 1Mìŋ 24:10

sîhlà, à kɔ̄n wɔ̄ŋi. ¹³ Ndi aŋgèl ì kál nyɛ lɛ, À Sakàrià, ù kɔ̀n ɓáŋ wɔ̀ŋi; inyǔlē mìnyɛ̀mhɛ̀ ŋwɔŋ mi nnoogà, ŋwàà wɔ̄ŋ Elisàbèt à gagwēlel wɛ mǎn mùùnlom, ù gaɔ̀ nyɛ jòy lɛ Yòhanès. ¹⁴ Ù gaɓāna masee nì màhàk; ŋgàndàk ɓót ì gakɔ̀n masee ni lìgwee jēe. ¹⁵ Inyǔlē à gaɓā mbiìŋ mùt i mìs ma Ŋwɛt, à ganyɔ̄ ɓe waày tɔ̀ bìnyɔnyɔ̀ bi nhyūuhà; à gayɔ̄n ni Mɓūu M̀pubi ìlɔ̀ yaga liɓùm li nyâŋ. ¹⁶ À gahyèl ŋgandàk ɓɔ̀n ɓa Isrǎèl yak Ŋwèt lɛ Nyambɛ wàp. ¹⁷ À gaɓòk nyɛ bisū nì mbuu nì lìpemba li Elià i hyèl mìŋɛm mi ɓasāŋ yak ɓɔ̀n ɓap,¹ nì ɓót ɓa ndɔk lɛ ɓa hyumul ī pèk ì ɓót ɓa tee sēp; lɛ a kóbana Ŋwèt i ɓót ɓa ye ɓàkòòbaga. ¹⁸ Nì Sàkàrià à kál aŋgèl lɛ, Lɛlaa mɛ̀ gayī halà? Inyǔlē mɛ̀ ŋ̀ûn, yàk ŋwàà wêm à yè ŋ̀ùnga. ¹⁹ Nì aŋgèl ì tīmbhɛ nyɛ lɛ, Mɛ̀n mɛ̀ yè Gabrǐèl,ᵐ nu à ntēlep i mbɔ̌m Nyāmbɛɛ̀; mɛ̀ ŋ̀oma i kàl wɛ̀, nì i āŋlē wɛ̀ ŋāŋ ǹlam unu. ²⁰ Ndi nǔŋkì, ù gakwɔ̀ɔ, ù la ɓē pɔt ì pam yɔkɛl nu ī màm mana ma gaɓòŋa, inyǔlē ù ǹhemlɛ ɓe biɓàŋga gwêm, bi bī gayɔ̄n i ŋgèdà yǎp. ²¹ Ndi ɓót ɓa ɓā ɓeèmb Sàkàrià, ɓa hɛl inyùu lìnɔ̀mɔ̀k jee i tēmpèl. ²² À pam ɓǎŋ, à ɓa la ɓē podos ɓɔ; nì ɓɔ ɓa yi lɛ à ǹtɛhɛ yiindà mu ī tēmpèl; à podhènègɛ ndik ɓɔ̄ nì mɔ̀ɔ, à ɓâk à yìi mbūk. ²³ I lēŋa lē dìlɔ cee di nsɔn di yɔ̄n ɓǎŋ, à huu i mbāy yeè. ²⁴ Dìlɔ di dī tāgɓɛ ɓǎŋ, ŋwàà weē Elisàbèt à nɛmbɛè; nì nyɛ à sɔlɔ̀p sɔŋ itaàn, à kàlàk lɛ, ²⁵ Ŋwèt nyɛn à bìlēŋ mɛ hālā dīlɔ̄ à bìɓèŋgɛ mê, lɛ a heā mbɔ̀lɔ̄ yèm i kède ɓót.

Bìndɛ̌ɛ̄ inyùu lìgwee lī Yesù

²⁶ I sōŋ ì ǹyonos isamàl Nyambɛ à ɔm aŋgèl Gabrǐèl ŋkɔ̀n Galìleà lɛ Nǎsàrèt, ²⁷ yak ŋgɔ̀nd ŋgì yi mûnlom yadā jòy jee lɛ Màrià, mùt wàda lihàà li Davìd lɛ Yosɛ̀f à ma yēgā nyɛ liɓiî. ²⁸ Nì aŋgèl ì jóp i nyēnī, ì kál lɛ, Mè ǹyegā weɛ̀, à wɛ nū ù ŋ̀kós karīs, Ŋwět à yè nì wɛ̀. Ù yè kìmàsɔda i kède ndòk ɓòdàa. ²⁹ Ndi à tɛhɛ ɓǎŋ āŋgèl, à sīhla inyùu lìpodol jee, à hɔŋɔl i ŋēm wee lɛ, Kinjē ndòŋ mayègà ini. ³⁰ Nì aŋgèl ì kál nyɛ lɛ, À Marià, ù kɔ̀n ɓáŋ wɔ̀ŋi; inyǔlē ù ŋ̀kós karīs nì Nyambɛ̂. ³¹ Nǔŋkì, ù ganēmbɛɛ, u gwâl mǎn mùùnlom, ù gaɔ̀ nyɛ jòy lɛ YESÙ. ³² À gaɓā mbiìŋ mùt, à sèblàgà lɛ Màn nu Nūŋgìŋgiì; Ŋwèt lɛ Nyambɛ à gatī nyɛ yèènɛ anɛ i isāŋ weē Davìd; ³³ à ga-ànɛ ndap Yākòb m̀ɓa ni m̀ɓa; ànɛ yee i gamâl ɓee. ³⁴ Nì Màrià à kál aŋgèl lɛ, Lɛlaa ni jàm lini li gaɓòŋa, lakìi mɛ̀ ńyī ɓe mɛ mùùnlom? ³⁵ Nì aŋgèl ì tîmbhɛ, ì kál nyɛ lɛ, Mɓuu M̀pubi à galòl wê, lìpemba li Nuŋgìŋgiī li gahōo weè, jɔn yɔ̌m pūbi ù gagwāl i gasèblana lɛ Mǎn Nyāmbɛɛ̀. ³⁶ Ndi nǔŋkì, màsɔ̄ŋ Elisàbèt, nu ɓā kàlak lɛ à yè kɔm, yàk nyɛ à biyɔ̀ŋ jem li man mùùnlom biùnul gwee hanânɔ à yè soŋ isamàl. ³⁷ Inyǔlē ɓàŋga yɔkǐyɔ̄ i nlòl yak Nyāmbɛɛ̀ i ńyɛp ɓe ni ŋgùy. ³⁸ Nì Màrià à kál lɛ, Nǔŋkì, mè yè ǹlìmil u mudàà u Ŋwɛt; i ɓoŋā nì mè kǐŋgèdà ɓàŋga yɔŋ. Nì aŋgèl ì nyɔdi i nyēnī.

Màrià à ńyūuga Elisàbèt

³⁹ Nì Màrià à nyɔ̀di dīlɔ̄ diì, à hɔɔ kɛ mbɔ̄k dìkòa, ŋkɔ̀n lôŋ Yudà, ⁴⁰ à jóp i ndāp Sàkàrià, à yegā Elisàbèt.

---

¹Luk **1.17** Màl 4:6

ᵐLuk **1.19** Dàn 8.16; 9:21

⁴¹ I lēŋa lē, Èlisàbèt à nɔk ɓăŋ màyègà ma Marìà, màn a kuuŋga nyɛ liɓùm; nì Èlisàbèt à yɔn ni Mɓūu M̀pubi; ⁴² nì nyɛ à ɓedes kiŋ yeē, à lɔnd makɛŋi, à kāl lɛ, Ù yè kimàsɔda i kède ndòk ɓòdàa, yàk lìtam li liɓùm jɔŋ li ye kīmàsɔda. ⁴³ Halà wèɛ lāa, lɛ nyăŋ Ŋwèt wêm a lɔō mɛ̆nī? ⁴⁴ Inyŭlē nŭnkì, i ŋgèdà kiŋ màyègà mɔŋ ì ǹjóp mɛ māō, màn a kuuŋga mɛ līɓùm inyùu màsee. ⁴⁵ Nu à bihēmlɛ̀ à yè ǹsăyɓàk; inyŭlē màm Ŋwèt à bikàl nyɛ ma gayɔ̄n.

Hyèmbi hi biɓegês hi Marìà

⁴⁶ Nì Màrìà à kâl lɛ,
Ṋ̀ɛm wêm u mɓēges Ŋwɛt,
⁴⁷ Mbuu wêm kì u ŋkɔ̀n masee inyùu Nyāmbeɛ̀, Ǹtɔhɔ̂l wêm.
⁴⁸ Inyŭlē à bilèŋ mis i ŋgìi liɓâk lìsòhga li nlìmil wee u mudàa inyŭlē, nŭnkì, ìɓòdòl hanànɔ càỵ cɔdisonā di gasèbel mɛ lē kimàsɔda;
⁴⁹ Inyŭlē nu lìpemba à m̀ɓoŋōl mɛ màm màkɛŋi; jòy jee li ye lìpubi,
⁵⁰ Kɔ̀nàŋgɔɔ yee kî i ye ī ŋgìi càỵ nì càỵ di ɓôt ɓa ŋkɔ̀n nyɛ wòŋi.ⁿ
⁵¹ À biēba ŋguùy nì wɔ̀ɔ̄ wee. À sând ɓoòt ɓa gweē màhɔŋɔ̂l ma ŋgok mìnɛ̄m ŋwap.
⁵² À ɓɔs ɓa-ànɛ̀ biyèènɛ gwap bi anɛ̀, à ɓedes ɓa ɓā ye ɓàsòhga.
⁵³ À binūus ɓakɔ̀n njàl nì gwɔ̄m bìlam, à huuha miŋgwàŋ ǹsɔ ni ǹsɔ.ᵒ
⁵⁴ À bihōla mɓòŋòl wèè Isrăɛ̀l, lɛ a ɓîgda kɔ̀nàŋgɔɔ,ᵖ
⁵⁵ [kìkìi à kăl ɓàtàta ɓēs,] inyùu Àbràhâm nì mboo yeē i ɓɔ̀ga ni ɓɔ̀ga.
⁵⁶ Marìà à yěn yāk Èlisàbèt jàm kìi ɓɔ̄ sɔŋ iaâ, ndi tɔ̀ lɛ à nhūu i mbāy yeè.

Lìgwee lī Yohānès Ǹsòblɛ̀

⁵⁷ Ŋgèdà gwâl Elisàbèt ì pam; nì nyɛ à gwal man mùùnlom. ⁵⁸ Ɓ̀ɔt ɓee ɓa liɓok nì màhàà mee ɓa nɔk lɛ Ŋwět à ǹlóha kɔɔ̄n nyɛ ŋgɔ̄ɔ; nì ɓɔ ɓa kɔ̄n masee looŋnì nyɛ. ⁵⁹ Hilɔ̄ hi ńyonos jwêm ɓa lɔ ī kwèè mǎn; ɓa ɓā ɓā nhɛɛ ɔ nyē joy lɛ Sàkàrìà, inyŭlē joy li isāŋ liì. ⁶⁰ Ndi nyăŋ à kâl lɛ, Hɛni; à gasèblana lɛ Yòhanès. ⁶¹ Ɓa kâl nyɛ lɛ, Mùt lìhàà jɔŋ nyɛkĭnyē à gwèè ɓē joy lini. ⁶² Nì ɓɔ ɓa podhɛnɛ isāŋ i mɔ̀ɔ i ɓàt nyɛ jŏy à nsòmbol lɛ ɓa ɔ̄ nyē. ⁶³ Nì nyɛ à yet ɓɔ yɔ̀m i tîlnà, à tilā lɛ, Joy jee lɛ Yòhanès. Ɓɔɓasonā ɓa hɛɛ̀l. ⁶⁴ Nyɔ̀ wee u yîbla bitēebīloŋi, yàk hìlemb hyee hi hôhlà, à kahal pɔ̄t, à ɓeghàk Nyambê. ⁶⁵ Nì wòŋi u gwêl ɓɔɓasonā ɓa ɓā ɓɔ̄ ɓèɓèè; bìpodol bi gwɔ̄bisonā bi sandā mbɔ̄k dìkòa Yùdeà yòsonā. ⁶⁶ Ɓɔɓasonā ɓa ɓā nɔk gwɔ̄, ɓa teeda gwɔ miɲɛ̄m ŋwap, ɓa kalàk lɛ, Màn nunu à gaɓā laa? Inyŭlē wɔ̀ɔ̄ Ŋwɛt u ɓā nì nyɛ.

ⁿLuk **1.50** Hyèm 103:17
ᵒLuk **1.53** 1Sàm 2:5-7

ᵖLuk **1.54** Yès 41:8-9; Hyèm 98:3

Bìndɛ̆ɛ̆ bi Sakàrià

⁶⁷ Nì ìsaŋ lɛ Sàkàrià à yɔn ni Mbūu M̀pubi, à pɔt bindêê, à kál lɛ, ⁶⁸ Ŋwɛ̌t, Nyambɛ nū Īsrǎɛ̀l, a ɓa ǹsăyɓàk, inyŭlē à biyūuga ɓoòt ɓee, à kɔɓōl ki ɓɔ̄, ⁶⁹ À pemhɛnɛ ɓes tɔ̄ŋ tɔhiì, i ndáp m̀ɓòŋòl wèè Davìd. ⁷⁰ [Kìkìi à pɔt nì mànyɔ̀ ma ɓapodôl ɓee ɓàpubhaga ìɓòdòl i ŋgèdà kwàŋ], ⁷¹ Tɔhi ī mɔ̀ɔ̀ ma ɓaɓala ɓēs, nì i mɔ̀ɔ̀ ma ɓaɔ̀ɔ̀ ɓes ɓɔɓasonā; ⁷² I ēba ɓàtàta ɓēs kɔ̀nàŋgɔɔ, nì i ɓìgdà màlombla mee màpubhaga; ⁷³ Kìkìi à kùmul sōgol weēs Abràhâm sɔ̀ŋ, ᵠ ⁷⁴ Lɛ iɓālē dì m̀mál tɔhlana i mɔ̀ɔ̀ ma ɓaɔ̀ɔ̀ ɓes di gwelēl nyē iɓaɓe wɔŋi, ⁷⁵ I kède pūbhà nì tɛlɛɓsep bisū gwee dilɔ̄ ces cɔdisonā. ⁷⁶ Ndi wè, à man, ù gasèblana lɛ m̀podôl nu Nūŋgìŋgiì, inyŭlē ù gaɓòk Ŋwɛt bisū i kòòbà mànjɛ̀l mee; ⁷⁷ Nì i yīs ɓòt ɓee tɔ̄hi
     inyùu ŋwèhèl biɓeba
     gwap,
⁷⁸ Inyùu ǹ̀ɛm
     kɔnàŋgɔɔ u Nyambɛ
     wès nyɛn màyɛ ma kɛl
     ma nlòl i ŋgìì ma
     gapēmel ɓes,
⁷⁹ I ɓèyèy ɓòt ɓa yiī ī
     jíɓè nì i yìɛ ī
     nyɛɛ̀mb, ʳ
     I ēga màkòò mes i
     njɛ̌l ǹsàŋ.
⁸⁰ Ndi mǎn à ɓa à hɔlɔ̂k, à kòhòk ŋgùy i mbūu, à ɓa yênɛ miŋɔ̀ŋ ìlɔ̀pam kɛ̄l à eba Īsrǎɛl nyɛmɛ̀dɛ.

2

Lìgwee lī Yesù

¹ Dilɔ̄ di nyɛ̄n kíŋ ì lɔ̆l yák Kāysà Àùgustò lɛ hìsi hyɔsonā hi ha mòy i kàát. ² Halā à ɓa ǹaŋga u bisu i ŋgèdà Kìrenìò à ɓanɛ ŋgɔ̄miìn Sirìà. ³ Ɓɔɓasonā ɓa kɛ ī hā mòy i kàát, hi mût ŋkɔ̀ŋ wee. ⁴ Yàk Yosɛ̀f à nyɔ̄di Gàlìleà, ŋkɔ̄ŋ Nasàrèt, à ɓɛt Yùdeà, ŋkɔ̄ŋ Davìd, jòy jee lɛ Betlèhêm, inyŭlē à ɓa ndáp Dāvìd nì litēn jee; ⁵ lɛ a ha jòy i kàát ɓɔnà Marīà, yègà yee liɓiî, nu à ɓa jɛ̌m. ⁶ Ba ɓā ɓǎŋ nyɔ̀ɔ̂, dìlɔ di kɔlā lɛ a gwal. ⁷ Nì nye à gwal man wèe mùùnlom nu jɛ̀m li likɔ̀nd, à hoo nyɛ màɓàdò, à niŋī nye i jēhnɛ bilem, inyŭlē hɔ̀ma à ɓa ɓē ndáp ɓàkɛ̀n inyùù yâp.

Bàteedà mìntomba nì aŋgèl

⁸ Bàteedà mìntomba ɓa ɓā ɓa yiī bīkāy, ha pɛ̀s î, ɓa tadâk ɓèmba yap jùu. ⁹ Aŋgèl Ŋwɛ̆t ì pemel ɓɔ, nì lìpem li Ŋwɛt li ɓeyēy ɓɔ bìpɛ̀s gwɔbisonā. Ba kɔ̆n wɔŋi ŋgandàk. ¹⁰ Nì aŋgèl ì kál ɓɔ lɛ, Nì kɔ̀n ɓǎŋ wòŋi, nùnakì, mɛ̀ nlɛgel ɓee Ŋwìn Ǹlam u masee màkɛŋi wɔn u gaɓā inyùu ɓòt ɓɔɓasonā; ¹¹ inyŭlē Ǹtɔhôl à ǹ̀gweenɛ ɓee ŋkɔ̀ŋ Davìd i lɛ̆n ìni, nu à yɛ Krǐstò Ŋwɛ̆t. ¹² Jàm lini jɔn li ye ɓɛ̀ɛ̀ yímbnɛ lɛ: nì gakɔ̄ba ŋkeŋee man ǹhoôk nì màɓàdò, u niŋī ī jēhnɛ bilem. ¹³ Bitēebīloŋi lìmùt li ntoŋ ŋgiī li aādɓa ni āŋgèl ì, li ɓeges Nyambê, li kál lɛ, ¹⁴ Lìpem li ɓa nì Nyambɛ nyɔ̀ɔ ŋgìŋgiì, nì ǹsàŋ hana hisī, sòmbòl lam inyùu ɓòt ɓa nlēmel nyɛ.

¹⁵ Aŋgèl i nyɔ̄di ɓǎŋ hā ɓɔ̄nī i tɛ̆mb i ŋgìì, ɓàteedà mìntomba ɓa kahal kàlna lɛ, Ɓòga ɓès, di kenēk ī Bētlèhêm, di tɛhɛ jàm li mɓoŋà, li Ŋwɛ̆t à ǹyis ɓes. ¹⁶ Nì ɓɔ ɓa hɔɔ kê, ɓa kɔba Marīà ɓɔnà Yosɛ̀f, nì ǹ̀keŋee man u niŋī ī jēhnɛ bilem. ¹⁷ Ba tɛ̄hɛ

ᵠ**Luk 1.73** Bìɓ 22:16   ʳ**Luk 1.79** Yɛ̀s 9:1

ɓăŋ wɔ̄, ɓa aŋal jàm li kèla ɓɔ̄ inyùu màn nû. ¹⁸ 'Ba ɓɔ̄ɓasonā ɓa nɔ̄k hālà, ɓa hɛl inyùu màm ɓàteedà mìntomba ɓa kăl ɓɔ̄. ¹⁹ Màrià à teeda màm mana mɔmasonā, à ɓìgdàgà mɔ ŋēm wee. ²⁰ Nì ɓàteedà mìntomba ɓa têmb, ɓa tinâk Nyambɛ lìpem, ɓa ɓeghàk nyɛ inyùu màm mɔmasonā ɓa nɔ̄k nì tɛhɛ, kìkìì i kèla ɓɔ̄.

Kwèèɓà u Yesù

²¹ Hìlɔ hi ńyonos jwêm hi kɔ̀la ɓăŋ, nì ɓɔ ɓa kwēē nyɛ, ɓa ɔ nyē jòy lɛ Yesù, li āŋgèl ì ɓɔ́k ɔ̀ nyɛ nyàŋ ŋgì nɛmbɛɛ̀.

'Ba mɓɛdna Yesù i Yèrusàlɛ̀m i jòɓnà nyɛ tēmpèl.

²² Dìlɔ di puɓhà yee di kɔ̀la ɓăŋ, kĭŋgèdà mben Mōsè, ɓa ɓɛdna nyɛ Yèrusàlɛ̀m lɛ ɓa ti nyē Ŋwɛ̀t ²³ kìkìì i ye ǹtĭlɓàgà i mbēn Ŋwɛ̀t lɛ, Hi nlom yɔ̆m à m̀ɓɔ́k pam liɓùm à gasèɓlana lɛ, yɔ̀m puɓhaga inyùu Ŋwɛ̀t, ˢ ²⁴ nì i tī sèsɛmà kĭŋgèdà mben Ŋwɛ̀t ì ŋkàl lɛ kûkûk iɓaà tɔ̀ bìlelês bi diɓɛ̀ŋ biɓaà. ᵗ ²⁵ Ndi nŭnkì, mùt wàda à ɓa ī Yèrusàlɛ̀m, jòy jee lɛ Simèòn. À ɓa mùt à tee sēp, à sìŋgɛ̀ Nyambɛ ŋēm; à ɓa ɓêm hɔ̀gɓɛ̀ i Isrăɛ̀l, Mbuu M̀pubi kî à ɓa ŋgìì yeè. ²⁶ Mbuu M̀pubi à sɔ̀ɔ̀lɛnɛ nyɛ̂ lɛ à gawɔ̄ ɓee nyɛ ŋgì tɛhɛ Krístò nu Ŋwɛ̀t. ²⁷ À jɔ̀p tēmpèl nì Mbuu; i ŋgèdà ɓàgwâl ɓa jòɓna ŋ̀kɛɲee Yesù lɛ ɓa ɓɔ̄ŋ wɔ̄ kĭŋgèdà lɛm mben, ²⁸ hanyēn à yɔ̆ŋ wɔ̄ i mɔ̀ɔ̀ mee, à sayāp Nyambɛɛ̀, à kâl lɛ,

²⁹ Hanânɔ, à Ŋwɛt,

ŋwăs ǹ̀kɔ̀l wɔŋ u kɛnēk nì ǹsàŋ, kĭŋgèdà ɓàŋga yɔŋ; ³⁰ inyŭlē mìs mêm ma ntɛhɛ tɔhi yɔ̆ŋ,

³¹ i ù kòòba bīsū bi ɓoòt ɓɔɓasonā:

³² Màpubi i ɓèyèy bìlɔ̀ŋ bìpɛ, ᵘ

Nì lìpem li ɓôt ɓɔŋ Isrăɛ̀l.

³³ Nì Yosɛ̀f ɓɔ nyàŋ ɓa hɛl inyùu màm ma ɓā kelà inyùù yeè. ³⁴ Simèòn à sayāp ɓɔ, à kâl nyaāŋ weē Marìà lɛ, Nŭnkì, màn nunu à ǹteeɓa inyùu kwɔ̀ nì tɛlɛ̀p i ŋgandàk ɓôt i Isrăɛ̀l nì yìmbnɛ ɓôt ɓa mpèndnà; ³⁵ pànsɔŋ ì gaōm ŋem wɔŋ wɛmɛ̀dɛ, lɛ màhɔŋɔ̄l ma ŋgandàk miŋem ma sɔ̄lana.

³⁶ M̀podôl nu mùdàà wadā à ɓa kì hâ, Anà, ŋgɔ̀nd Fanùèl, litēn li Asà. À ɓa yāga ɓaùnga, à yěn nì ǹlo weè ŋwìì minsâmbɔk ìlɔ̄ yaga nyɛ ŋgɔ̀nd, ³⁷ à yegle yik mɔ̆m jwêm ma ŋwii nì minâ, à nyɔdi ɓē i tēmpèl, à gwèèlàk Nyambɛ jùù nì njămùha, à soggà jɛ, à sɔɔhɛ̀gɛ̀. ³⁸ À soŋha ha ŋgēŋ ì yɔ̀mɛ̀dɛ, à ti Nyambɛ màyègà, à podos ɓɔɓasonā ɓa ɓā ɓɛɛ̀m kɔ̀ɓlà i Yerūsàlɛ̀m inyùù yeè.

'Ba ntēmb i Năsàrèt

³⁹ 'Ba măl ɓăŋ yōnos maàm mɔmasonā kĭŋgèdà mben Ŋwɛ̀t, ɓa tēmb Gàlìleà, ŋkɔ̀ŋ wap Năsàrèt. ⁴⁰ Ndi màn nu à ɓa a hɔlɔ̄k, à kòhòk ŋgùy i mɓùu, à yɔn yaga ni pèk; kàrîs Nyambɛ kì ì ɓa ŋgìì yeè.

ˢ**Luk 2: 23** Màn 13:2
ᵗ**Luk 2:24** LL 12:6-8

ᵘ**Luk 2: 32** Yès 49:6

Màaŋgɛ lɛ Yesù i kɛ̀dɛ tēmpɛ̀l

⁴¹ Bàgwâl ɓee ɓa ɓā kɛ Yèrusàlɛ̀m hi ŋwii i ŋgànd Pasà. ⁴² À pam ɓǎŋ jòm li ŋwii nì maà, ɓa ɓɛt nyɔ̄ kĩŋgɛ̀dà lɛm ŋgànd; ⁴³ dìlɔ di kòla ɓàŋ ɓa ma kāhal teèmb, màaŋgɛ nu lɛ̄ Yesù à yeglɛ Yèrusàlɛ̀m i ɓa ɓe lɛ ɓàgwâl ɓee ɓa yi halà. ⁴⁴ Kìì ɓa ɓā hɔŋɔɔ̀l lɛ à yɛ mu ntōŋ ɓa kɛ līkɛ̀ li ŋgîm kɛl, ndi tɔ̀ ɓa ńyēŋ nyɛ mu māhàà map nì ɓayīna ɓāp. ⁴⁵ Kìì ɓa ntɛhɛ ɓe nyɛ, ɓa tɛ̃mb Yèrusàlɛ̀m, ɓa yeŋêk nyɛ. ⁴⁶ I mbūs dìlɔ diaâ ɓa kɔba nyɛ tēmpɛ̀l, à yìi ī kɛ̀dɛ ɓàlêt, à ɛmblɛ̀gɛ̀ ɓɔ, à ɓàdàk kì ɓɔ. ⁴⁷ Ɓɔɓasonā ɓa ɓā nɔk nyɛ̄ ɓa ɛgɛp inyùu yī yee nì ndìmbhɛ̀ yee. ⁴⁸ Ba tēhɛ ɓǎŋ nyɛ̄, ɓa hêl; nì nyàŋ a kâl nyɛ lɛ, À man wèm, kii ù ǹlɛŋ ɓes halà? Nǔnkì, ɓěhnà isɔ̃ŋ dì yeŋek wɛ nì ndùdù. ⁴⁹ Nì nyɛ à kâl ɓɔ lɛ, Lɛlaa nì yeŋek mê? Ɓàa nì yik ɓe lɛ mɛ̀ ǹlama ɓanɛ i ndāp Tàtâ? ⁵⁰ Ndi ɓa tībil ɓē yi jàm à ɓa kâl ɓɔ. ⁵¹ Nì nyɛ à súha ni ɓɔ̄ Nǎsàrɛ̀t, à noglàk ɓɔ; nyǎŋ à ɓii màm mana mɔmasonā ŋɛ̃m wee.

⁵² Yesù à ɓa hɔl ī pèk, nì i nyùu, à lemlàk Nyambê nì ɓòt.

3

Bìaŋlenɛ bi Yohānɛ̀s Ǹsòblɛ̀

Màt 3:1-12; Mar 1:1-8; Yòh 1:19-28

¹ I ŋwìi u ńyonos jom nì mintân u anɛ̀ Tibērìò Kaysà, Pòntìò Pìlatò à ɓâk ŋgɔmîn kɛŋi Yùdeà, Hèrodè ŋgɔmîn Gàlìleà, mànyáŋ weē Filīpò à ɓanɛ ŋgɔ̄miìn mbɔk Ìturèà nì i Tràkònìtì, Lìsanìà ŋgɔmîn Àbìlenɛ̀, ² i ŋgɛ̀dà prīsì kɛŋi lɛ Anà ɓɔnà Kayfà, ɓàŋga Nyambɛ ī loōl Yohānɛ̀s, mǎn Sàkàrià, i ŋɔ̀ŋ. ³ Nì nyɛ à kɛ mbōk Yɔ̄rdàn yɔ̀sonā, à aŋlàk lìsòblɛ̀ li hyêlŋɛm inyùu ŋwèhèl biɓeba. ⁴ Kìkìì i ye ǹtĩlɓàgà i kàat bìɓàŋga bi mpodôl Yèsayà lɛ, Kiŋ ì nu à nlɔ̄nd ŋɔ̀ŋ lɛ, Sɛndlana njɛ̀l Ŋwɛ̃t, Tea dìnjɛ̀la cee sêp. ⁵ Hikìi ǹsosogo u nlama yonhànà; Yàk hi hikòa nì hikìi ŋgɛ̀ŋgɛ̀hi hìkòa ì ǹlama yêghànà; dìkɛbɛt di dikòa kî di nlama tɛ̃mb tɛgɛp mbɔk, Yàk mbɛ̀ŋgɛ ma-aa i tɛ̃mb ǹsɛŋ hisi. ⁶ Mìnsòn ŋwɔminsonā mi gatēhɛ tɔhi Nyāmbɛɛ̀.ᵛ

⁷ Jɔn à ɓa kâl màmùt ma ɓā lɔ ī sòblànà lɛ, À ɓee ɓɔn ɓa pee, ǹjɛɛ nyɛ à ǹnibha ɓee lɛ ni kɛē nyāy i galɔ̀ ŋgwee? ⁸ Numa nī matam ma kolī inyùu hyɛ̀lŋɛm; nì hɔŋɔl ɓáŋ i kàl i kɛ̀dɛ nàn lɛ, Abràhâm à yɛ ɓès tatâ.ʷ Inyǔlɛ̄ mɛ̀ ŋkàl ɓee lɛ, Nyambɛ à nlà pemhɛnɛ Abràhâm ɓɔn munu ŋgɔ̀k ini. ⁹ Ŋgɔ hond i niŋī yāga hanaànɔ miŋkàn mi biɛ; jɔn hī ɛ i nnūm ɓe matam màlam i ŋkɛ̀gà, i leŋā hyɛ̀ɛ.

¹⁰ Nì màmùt ma ɓàt nyɛ lɛ, Di ɓɔ̄ŋ nī laa? ¹¹ Nì nyɛ à tímbhɛ ɓɔ lɛ, Mùt à gwee bìsɔdi bīɓaà, a ti nū à gwee ɓēe; yàk nu à gwee bìjɛk, a ɓɔ̄ŋ ǹlèlɛ̀m. ¹² Ndi yàk ɓàkɔdtâs ɓa lɔ lɛ̄ ɓa soōblana, ɓa ɓàt nyɛ lɛ, À Lêt, di ɓɔ̄ŋ lāa? ¹³ Nì nyɛ à kâl ɓɔ lɛ, Nì lòos ɓáŋ ŋ̀ŋwaa ɓa bitēɛnɛ ɓee. ¹⁴ Yàk sonda kì i ɓàt nyɛ lɛ, Ɓès kî di ɓɔ̄ŋ lāa? Nì nyɛ à kâl ɓɔ lɛ, Nì kadal ɓáŋ mùt jàm, tɔ̀ om mùt ǹsɔ̀hi ni màndɔn; kɔna màseɛ nì ǹsaâ nân.

¹⁵ Lakìi ɓòt ɓa ɓā ɓeɛ̃m, ɓɔɓasonā ɓa ɓaàdɓàgà miŋɛ̃m ŋwap lɛ tɔ̀ɔ Yòhanɛ̀s nyɛn à yɛ Krǐstò, ¹⁶ Yòhanɛ̀s à tímbhɛ̀, à kâl ɓɔɓasonā lɛ, Mɛ̀ mɛ̀

ᵛ**Luk 3:6** Yɛ̀s 40:3-5   ʷ**Luk 3:8** Yòh 8:33

nsòblɛ ɓee nì màlep; ndi nu à nlɔ̀ɔ̀ mɛ ŋgùy à nlɔ̀; mè kòli ɓē mɛ hɔ̀hɔl tɔ dìkòò cee di bitamb; nyɛn à gasòblɛ ɓee nì Mbuu M̀pubi nì hyèe; ¹⁷ sèghɛnɛ yee i ye ī wɔ̀ɔ̀ wee i tībìil yaga pubus hĕt à nhèèna bikògòò, nì i kɔ̀t konfláwà i ndùgi yeè; ndi à galīgis bikògòò nì hyèè hi nlēm ɓēe.

¹⁸ Yòhanès à ɓa aɲlè ɓòt Mìŋaŋ Mìnlam, à tinâk kì ɓɔ ŋgàndàk maɓehna ìpɛ; ¹⁹ ndi lakìi à podol ŋgōmiìn Hèrodè inyùu Hèrodìà, ŋwàa mǎsāŋ, nì inyùu màm màɓɛ mɔmaso Hèrodè à ɓa ɓɔ̀ŋ, ²⁰ à ɓét ki yàk lini mu ŋgìi māpɛ mɔmasonā, lɛ a ha Yòhanès i mɔ̀k.

Sòblànà u Yesù

Màt 3:13-17; Mar 1:9-11

²¹ Bòt ɓɔɓasonā ɓa sòblana ɓăŋ, yàk Yesù à sôblànà; à ɓa sɔɔhè ɓăŋ, ŋgìi ì yîblà, ²² Mbuu M̀pubi à sós i ŋgìì yeē nì màòŋg kìkìi hìɓèŋ; nì kiŋ ì lôl ŋgìi lɛ, Ù ye Màn wêm nu gwēhaà, ù nlēmel mɛɛ̀. ˣ

Ŋ̀kuu ligwee ū Yesù

Màt 1:1-17

²³ Yesù, i ŋgèdà à ɓòdol nīigà, à ɓa ɓèbèè mòm maâ ma ŋwii. À ɓa mǎn Yōsèf kìi ɓòt ɓa ɓā hɔŋɔ̀ɔ̀l, Yosèf mǎn Ēlì, Elì mǎn Mātat, ²⁴ Matat mǎn Lēvì, Levì mǎn Mēlkì, Melkì mǎn Yànây, Yànây mǎn Yōsèf ²⁵ Yosèf mǎn Màtatìà, Màtatìà mǎn Āmòs, Amòs mǎn Nāhùm, Nahùm mǎn Ēslì, Eslì mǎn Nàgây, ²⁶ Nàgây mǎn Maat, Maat mǎn Màtatìà, Màtatìà mǎn Sìmeì, Sìmeì mǎn Yòsek, Yòsek mǎn Yōdà, ²⁷ Yodà mǎn Yòhanàn, Yòhanàn mǎn Resà, Resà mǎn Zòrobābèl, Zòrobābèl mǎn Sèaltìèl, Sèaltìèl mǎn Nērì ²⁸ Nerì mǎn Mēlkì, Melkì mǎn Ādì, Adì mǎn Kōsàm, Kosàm mǎn Èlmadàm, Èlmadàm mǎn Êr, ²⁹ Êr mǎn Yēsù, Yesù mǎn Èlìezèr, Èlìezèr mǎn Yōrìm, Yorìm mǎn Mātàt, Matàt mǎn Lēvì, ³⁰ Levì mǎn Sīmèòn, Simèòn mǎn Yūdà, Yudà mǎn Yōsèf, Yosèf mǎn Yōnàm, Yonàm mǎn Èlìakìm, ³¹ Èlìakìm mǎn Mèleà, Mèleà mǎn Mēnà, Menà mǎn Màtatà, Màtatà mǎn Nātàn, Natàn mǎn Dāvìd, ³² Davìd mǎn Yēsè, Yesè mǎn Obèd, Obèd mǎn Bōàs, Boàs mǎn Sālà, Salà mǎn Nàhasòn, ³³ Nàhasòn mǎn Àmìnadàb, Àmìnadàb mǎn Ādmìn, Admìn mǎn Ārnì, Arnì mǎn Ēsròm, Esròm mǎn Pērès, Perès mǎn Yūdà, ³⁴ Yudà mǎn Yākòb, Yakòb mǎn Īsàk, Isàk mǎn Àbràhâm, Àbràhâm mǎn Tērà, Terà mǎn Nāhɔ̀r, ³⁵ Nahɔ̀r mǎn Sērùg, Serùg mǎn Rāgù, Ragù mǎn Pelèg, Pelèg mǎn Ēbèr, Ēbèr mǎn Sālà, ³⁶ Salà mǎn Kāynàn, Kaynàn mǎn Àrfasàd, Àrfasàd mǎn Sêm, Sêm mǎn Nōà, Noà mǎn Lāmèk, ³⁷ Lamèk mǎn Mètusàlà, Mètusàlà mǎn Ēnɔ̀k, Enɔ̀k mǎn Yàrêd, Yàrêd mǎn Màhalālèl mǎn Kāynàn, ³⁸ Kaynàn mǎn Ēnòs, Enòs mǎn Sêt, Sêt mǎn Ādàm, Adàm mǎn Nyāmbeè.

ˣ**Luk 3.22** Màt 3:17; Mar 1:11; Luk 9:35

4

Mànɔɔ̀dànà ma Yesù

Màt 4:1-11; Mar 1:12-13

¹ Yesù à lŏl Yɔ̄rdàn ǹyɔnga ni Mbūu M̀pubi, nì Mbuu à ega nyɛ ŋɔ̀ŋ, ² nyɔ̀ɔ nyɛ̄n à nɔ̀ɔ̀dana nì ǹsɔ̀hɔ̀p mòm mana mā dilɔ. À jɛ 6ē yɔm yɔkĭyɔ̄ dilɔ̄ diì; ndi di tāg6ɛ 6àŋ, njàl ì gwɛ̂l nyɛ. ³ Nì ǹsɔ̀hɔ̀p à kāl nyɛ lɛ, I6ālē ù yɛ̀ Mǎn Nyām6ɛɛ̀, kǎl ŋgɔ̀k ìni lɛ i yilā kɔ̀ga. ⁴ Yesù à tĩ́mbhɛ nyɛ lɛ, I ye ǹtǐl6àgà lɛ: Mùt à ganìŋil 6e inyùu kɔ̀ga yɔtāma, ʸ ndi ndik īnyùu hī 6aŋgā i mpēmel nyɔ̀ Nyam6ê. ⁵ Nì ǹsɔ̀hɔ̀p à 6ɛdna nyɛ i ŋgìi nyɔ̄gɔp hikòa yada, à eba nyɛ bìànɛ̀ bi ŋkɔ̀ŋ hisi gwɔbisɔnā kunda yada ⁶ à kāl nyɛ lɛ, Mɛ̀ gatī we ŋgùy ìni yɔ̀sɔnā nì lìpem jap, inyŭlē ì tina mɛ̀, mɛ̀ ntī ki yɔ̀ tɔ̀njɛɛ mɛ̀ ŋgwɛ̀s. ⁷ Jɔn i6ālē ù ŋ̀gwes 6eges mɛɛ̀, yɔ̀sɔnā ì ga6ā ìyɔ̀ŋ. ⁸ Yesù à tĩ́mbhɛ nyɛ lɛ, Nyɔdi mɛ̀ mbɔ̀m, à Saatàn, inyŭlē i ye ǹtǐl6àgà lɛ, Ù ga6ēges Ŋwɛt lɛ Nyam6ɛ wɔ̀ŋ, ù gwɛ̀ɛlàk ndik nyɛ̄tāma. ᶻ ⁹ Nì ǹsɔ̀hɔ̀p à kɛnā ki nyɛ̄ i Yèrusàlɛ̀m, à tee nyɛ i ŋgìi ǹyòl tempɛ̀l, à kāl nyɛ lɛ, I6ālē ù yɛ̀ Mǎn Nyām6ɛɛ̀, sùm6lɛ ī sī; ¹⁰ inyŭlē ì ye ǹtǐl6àgà lɛ, À ga6ēhne we āŋgɛ̀l yee i tāt wɛ̀; ¹¹ nì lɛ, I ga6ɛ̀gee we ī mɔ̀ɔ̀ map, lɛ ù tiga tomōl koō wɔŋ i ŋgɔ̀k. ᵃ ¹² Yesù à tĩ́mbhɛ nyɛ lɛ, I ŋkèla lɛ, Ù nɔ̀ɔ̀dege 6àŋ Ŋwɛ̀t lɛ Nyam6ɛ wɔ̀ŋ. ᵇ ¹³ Ǹsɔ̀hɔ̀p à mǎl 6àŋ nɔ̀ɔ̀de nyɛ mànɔ̀ɔ̀dànà mɔmasɔnā, à nya ŋwàs ndugi nyɛ, à nyɔdì.

Bì6òdlɛnɛ bi nsɔn Yesù i Gàlìleà

Màt 4:12-17; Mar 1:14-15

¹⁴ Nì Yesù à tɛ̂mb Gàlìleà nì lìpemba li Mbuu; nì ŋgàn yeē ì kɛ mū mbɔ̄k ì yɔ̀sɔnā. ¹⁵ À 6a niigà mandāp map ma mitìn, 6ɔ6asɔnā 6a tinaàk nyɛ lìpem.

Ŋ̀kɔ̀ŋ Nasàrèt u ncɛ̂l Yesù

Màt 13:53-58; Mar 6:1-6

¹⁶ Nì nyɛ à kɛ Nǎsàrèt, hɔ̀ma à neŋel, à jóp ndāp mītìn i ŋgwà nôy kìi mɛ̀yà yee, à tɛlɛp inyùu āŋ. ¹⁷ Nì 6ɔ 6a loōs nyɛ kàat m̀podôl Yèsayà. Nì nyɛ à libil kaàt, à tɛhɛ hɔ̀ma à 6a ǹtǐl6àgà lɛ, ¹⁸ Mbuu Ŋwɛt à m̀mâl kahāp i ŋgìi yêm, lakìi à bihɔ̄ɔ mɛ lɛ̄ mɛ lɛgɛ̄l dìyɛyè6à Ŋwìn Ǹlam; À biɔm mɛ ī tībiìl 6a mim6ugâk mi miɲɛm, ì āŋlɛ̀ mìŋkom ŋwèhà yap nì lɛ 6òt 6a ndim 6a kondɛ̄ tēhnà, nì i tēe mìŋkom6gɛ̀ mi 6ôt kundɛ̀, ¹⁹ nì i āŋaàl ŋwìi Ŋwɛ̀t à gatēhɛ 6oòt lɔŋgê. ᶜ

²⁰ Nì nyɛ à hoo kaàt, à tim6īs yɔ̀ yāk ǹteedà, à yɛ́n hisì; 6ɔ6asɔnā 6a 6ā ī ndāp mītùn 6a 6ɔk nyɛ mǐs. ²¹ Nì nyɛ à 6odōl kaāl 6ɔ lɛ, I lɛ́n ìni Lìtìlà lini li ŋ́yɔn maō manaàn. ²² Nì 6ɔ6asɔnā 6a 6ogōl nyɛ m6ògì, 6a hɛl inyùu bì6àŋga bi karǐs bi 6ā pemeèl i nyɔ̀ wee; 6a 6adàk lɛ, 'Bàa mǎn Yōsɛ̀f 6e nunu? ²³ Nì nyɛ à kāl 6ɔ lɛ, Hɔ̀dɔ, nì gakɛnnɛ mɛ ŋgɛ̌n ìni lɛ, À ŋgaŋgàŋ, mèlhak wɛ̀mɛ̀dɛ. Màm mɔmasɔnā dì binɔ̀k lɛ ma m6oŋā i Kàpɛrnāùm, 6ɔ̄ŋ kì mɔ hana i m6ɔ̄k yɔɔ̄ŋ yɔ̀mɛ̀dɛ. ²⁴ Nì nyɛ à kāl lɛ, Hɔ̀dɔ mɛ̀ nhɔ̄mb 6ee lɛ, m̀podôl nyɛkĭnyɛ̄ à nlɛ̄ɛgana 6e lɔ̀ŋ yee

---

ʸ**Luk 4.4** NM 8:3
ᶻ**Luk 4.8** NM 6:13-14
ᵃ**Luk 4.11** Hyèm 91:11-12
ᵇ**Luk 4.12** NM 6:16
ᶜ**Luk 4.18** Yès 61:1-2

nyɛmɛ̀dɛ. ᵈ ²⁵ Mɛ̀ nhɔ̄mb ɓee hɔ̀dɔ lɛ, ŋgàndàk bìyik ì ɓa Ĭsrăɛ̀l dilɔ̄ di Elià, i ŋgèdà ŋgìi ì kwèhbana ŋwìì miaâ nì soŋ isamàl, ŋgèdà njàl kɛŋi ì kwĕl hìsi hyɔsonā; ²⁶ ndi Èlià à oma ɓē yak tɔ̀ wàda wâp, ndik yāk yīk mudàà yada i Sarēptà, mbɔ̄k Sīdòn. ᵉ ²⁷ Ŋgàndàk ɓòt ɓa lô ì ɓa Ĭsrăɛ̀l ŋgèdà m̀podôl Èlisà; ndi tɔ̀ wàda wâp à pubhana ɓēe, ndik Nāamàn mùt Sirìà.

²⁸ Ɓɔbasonā ɓa ɓā ndáp mītìn ɓa yɔn ni hìun kìì ɓa nnɔk màm mana. ²⁹ Nì ɓɔ ɓa tɛlêp, ɓa luhūl nyɛ ŋkɔ̀ŋ, ɓa kɛnā nyɛ mayɛŋɓàk ma hikòa, hɔma ŋ̀kɔ̀ŋ wap u ɓā u oŋnɛ, lɛ ndi ɓa nyugē nyē ì sī. ³⁰ Ndi à tagɓɛ i kède yâp, à kɛ yèè.

Mùt mbuu nyɛgā

Mar 1:21-28

³¹ Nì nyɛ à sɔ́s Kàpɛrnāùm, ŋkɔ̀ŋ Galìleà. À ɓa niigà ɓòt i kēl ŋgwà nôy; ³² ɓa hɛl inyùu màeba mee, inyŭlē ɓàŋga yee i ɓā lòŋnì ŋgùy. ³³ Mùt wàda à ɓa ī ndāp mītìn, à ɓâk à gwee mbūu u mbuu m̀ɓɛ u nyɛgā; à lɔnd makɛŋi lɛ, ³⁴ Yaâ'! À Yɛsù mùt Năsàrɛ̀t, nì ɓès nì wɛ̀ kii? Ɓàa ù ǹlɔ ī cē ɓès? Mɛ̀ ńyī wɛɛ̀, ù yè Nûmpubi nu Nyāmbɛɛ̀. ³⁵ Nì Yɛsù à kond wɔ, à kâl lɛ, Mɔm ŋwɛɛ̀, nyɔdi nyēnī. Nì mbuu m̀ɓɛ u cap nyɛ i kède yâp, u nyɔdi nyēnī, i ɓa ɓe i ɓɔ̀ŋ nyɛ jàm lìɓɛ. ³⁶ Nì ɓòt ɓɔbasonā ɓa ɛgèp, ɓa kahal kàlna lɛ, Kinjē ɓàŋga ini? Inyŭlē à ŋènel mimbuu mi nyɛgā ni ŋgùy nì lìpemba, mi pamâk. ³⁷ Ndi mbìmbà yèe ì nooga hi hɔma mu mbɔ̄k ì yɔ̀sonā.

Yɛsù à m̀mɛlēs nyogōl Pētrò

Màt 8:14-15; Mar 1:29-31

³⁸ Nì nyɛ à nyɔdī i ndāp mītìn, à jôp i ndāp Sīmòn. Sɔsɔ̄ lìhɛp à ɓa à gwèe nyògol Sīmòn ŋgàndàk; nì ɓɔ ɓa sɔɔhɛnɛ nyɛ nyē. ³⁹ Nì Yɛsù à oop i ŋgìì yeē, à kond lihɛp, nì jɔ li mâl nyɛ; nì nyɛ à hɔɔ tɛlêp, à kahal gwèlel ɓɔ.

Yɛsù à m̀mɛles ŋgandàk ɓàkɔkɔ̄n kokōa

Màt 8:16-17; Mar 1:32-34

⁴⁰ Jɔ̀p li ɓā joòp ɓàŋ, ɓɔbasonā ɓa ɓā ɓa gweē ɓàkɔkɔ̄n ɓa ndôŋ nì ndòŋ makɔ̀n ɓa lɔnā ɓɔ nyēnī, nì nyɛ à kehī mɔɔ mee i ŋgìi hī wadā waàp, à m̀mɛlēs ɓɔ. ⁴¹ Yàk mìmbuu mìmɓɛ mi pam ŋgàndàk ɓòt, mi lɔndôk, mi kalàk lɛ, Ù yè Kristò Măn Nyāmbɛɛ̀. Ndi à kond ŋwɔ, à ŋ̀ŋwās ɓe lɛ mi pɔt, inyŭlē mi ɓā yi lē à yè Krĭstò.

Yɛsù à ŋkè à ŋāŋal Miŋaŋ Mìnlam

Mar 1:38-39

⁴² Kìi kēl ì ǹyɛ, à pam, à kɛ hōma ǹ̀ɔ̀ŋ; màmùt ma yeŋ nyɛ, ma pam i nyēnī, ma hɛɛ ɓok nyɛ lɛ à nyɔ̀di ɓáŋ i ɓɔ̄nī. ⁴³ Ndi à kâl ɓɔ lɛ, Mɛ̀ ǹlama aŋlɛ yâk mìŋkɔ̀ŋ mìmpɛ Mìŋaŋ Mìnlam mi anè Nyambê, inyŭlē jɔn mɛ̀ biōmaà. ⁴⁴ Ndi à ɓa aŋâl mu māndāp ma mitìn ma Yudèà.

5

Ɓa nhogoo ŋgàndàk cɔ̀bi

Màt 4:18-22; Mar 1:16-20

¹ Yɛsù à ɓa ɓăŋ à tee ŋgwàŋ lɔɔm

ᵈ**Luk 4.24** Yòh 4: 44   ᵉ**Luk 4.26** 1Bìk 17: 9

Gènesàrèt, lìmùt li ma hyām nyɛ i ēmblɛ̀ ɓàŋga Nyambê. ² À tɛhɛ moŋgō imaà ŋgwāŋ lɔɔm; ɓàyɛŋcɔ̀bi ɓa ma pām muù, ɓa sɔ̂k mbunja yap. ³ Nì nyɛ à jɔ́p i mòŋgo wada mû, u ū ɓā ū Simòn, à sɔɔhɛ nyɛ lɛ a kɔ́gana nyē lɔ̀m. Nì nyɛ à yēn hisī, à niigàgà màmùt, à ɓâk à yìi ī mòŋgo. ⁴ À mǎl ɓǎŋ pɔ̄t, à kâl Simòn lɛ, tììgɛ nyɔ̀ɔ i līp, lɛ̀ŋa mbūnja naàn, ni gwēl cɔ̀bi. ⁵ Nì Simòn à tîmbhɛ̀, à kâl lɛ, À Sɔŋ, dì ǹtûmbɓa ŋgìim u, dì gwēl ɓe yɔm; ndi inyùu lìkàlàk jɔŋ nyɛn mɛ̀ nlɛ̀ŋel mbunja. ⁶ Kìi ɓa mɓɔ́ŋ halà, ɓa hogoo yaga ŋgandàk cɔ̀bi, mbunja yap i kenâk; ⁷ nì ɓɔ ɓa kwɛs ɓasɔ ɓayɛŋcɔ̀bi, ɓa ɓā ɓā mòŋgo m̀pɛ, lɛ ɓa lɔ̄, ɓa hola ɓɔ̄. Nì ɓɔ ɓa lɔ̂, ɓa yonos moŋgō ŋwɔ imaà, mi lɔ̂k yaga lɛ mi yin. ⁸ Petrò à tɛhɛ ɓǎŋ hālā, à kwɔ ī sī maɓɔ́ŋ ma Yesù, à kâl lɛ, À Ŋwɛt, nyɔ̀di pès mɛ̀ yè, inyǔlē mɛ̀ yè m̀ɓɔ̀ŋɓeba. ⁹ Inyǔlē à ɛgɛp nyē nì ɓɔɓasonā ɓa ɓā lòŋnì nyɛ, inyùu ī kà lìhoogàk li cɔbī ɓa hōgoo; ¹⁰ ǹlèlèm kì halā nì Yàkobò, nì Yòhanès, ɓɔ̀n ɓa Sebèdeò, ɓàsɔlôŋ ɓa Simòn. Yesù à kâl Simòn lɛ, Ù kɔ̀n ɓǎŋ wɔ̀ŋi; iɓòdòl hanânɔ ù gaɓā ù ńyēŋ ɓoòt. ¹¹ Ba pāmna ɓǎŋ mòŋgo ŋwap ŋgwāŋ, ɓa yek gwɔm gwɔbisonā, ɓa nɔ́ŋ nyɛ.

Yesù à mpūbus muùt lò.
Màt 8:1-4; Mar 1:40-45

¹² À ɓa ɓǎŋ ŋkɔ̀ŋ wada, nŭnkì, mùt à ɓa ǹkedlàk nì lò à ɓa mù; à tɛhɛ ɓǎŋ Yēsù, à kwɔ bīsū gwee, à yɛ̄mhɛ nyɛ, à kâl lɛ, À Ŋwɛt, iɓālē ù ŋ̀kêmhɛ̀, ù yè lɛ ù pubus mê. ¹³ Nì nyɛ à sambal wɔɔ wee, à tis nyɛ, à kâl lɛ, Mɛ̀ ŋ̀kêmhɛ̀, pop. Nì lò i mâl nyɛ bitēebīloŋi. ¹⁴ Nì nyɛ à ɓehɛ nyɛ lɛ à aŋlɛ ɓǎŋ mùt. Ndi à kâl nyɛ lɛ, Kɛ̀ eba wèmède prĭsì, u ti kì gwɔ̀m inyùu pūbhà yɔŋ kìkìi Mōsè à tee ī ɓā ɓɔ̄ mbògi. ᶠ ¹⁵ Ŋgàn yeē ì ɓa kɛ ndīgi nì bìsu mbɔk yɔ̀sonā; màmùt màkɛŋi ma kɔ́dɓa i ēmblɛ̀ nyɛ nì i mèlhànà nì ɓɔ̀mb yap. ¹⁶ Nì nyɛ à ɓâgɓà, à kɛ mīŋɔ̀ŋ, à sɔɔhɛ̀gɛ̀ nyɔ̂.

Yesù à mmèles ŋǎmbgè mût
Màt 9:1-8; Mar 2:1-12

¹⁷ Yesù à ɓa niigà mu kēl yadā; Fàrisày nì ɓàniigàmben ɓa ɓā ɓa yiī hà, ɓa lǒl māmbāy ma Galìleà mɔmasonā, nì ma Yudēà, nì Yèrusàlèm kì; lìpemba li Ŋwɛt li ɓā lòŋnì nyɛ i mèlès màkɔ̀n. ¹⁸ Ɓòt ɓa lɔnā ŋǎmbgè mût i ŋgìi nàŋ; nì ɓɔ ɓa yeŋ njɛ́l i jùɓùs nyɛ lɛ ɓa niŋi nyē bisū gwee. ¹⁹ Ndi lakìi ɓa tēhɛ ɓē njeēl i jùɓùs nyɛ inyùu lìmùt, ɓa ɓet i ŋgìi ńyòl, ɓa sǔhlɛnɛ nyɛ lìtūba li ńyòl ŋgìi nàŋ yee i kède yáp bisū bi Yesù. ²⁰ Kìi à ǹtɛhɛ hemlɛ̀ yap, à kâl lɛ, À mût, bìɓeba gwɔŋ bi ŋwêhlànà. ²¹ Ɓàyimbēn nì Fàrisày ɓa kahal hègdà, ɓa ɓadàk lɛ, Njɛɛ nyɛ nunu à ŋòɓos Nyambɛ jɔ̌y? Njɛɛ i nlà ŋwehēl biɓeba hàndugi Nyambɛ nyētāma? ²² Lakìi Yēsù à ɓa yi màhɔŋɔ̂l map, à tîmbhɛ̀, à kâl ɓɔ lɛ, Kii nì nhègdana halā mīŋēm minaàn? ²³ Ki i ye tɔ̀mba, hɛ ì kàl lɛ, Bìɓeba gwɔŋ bi ŋwêhlànà; hɛ lē, Tɛlɛp, kènɛk? ²⁴ Ndi lɛ ni yi lē Mǎn mùt à gwèe ŋgùy hana hisī i ŋwèhèl bìɓeba [à kâl ŋǎmbgè mût lɛ], Mɛ̀ ŋkàl wɛ lē, tɛlɛp, ɓada nàŋ yɔŋ, kènɛk ī ndáp yɔɔ̀ŋ. ²⁵ Nì nyɛ à hɔɔ tɛlɛp bisū gwap, à ɓada yɔm à ɓa à nìŋnɛ, à kɛ ndáp yeē, à tinâk

Nyambɛ lìpem. ²⁶ Nì ɓɔɓasonā ɓa ɛgèp, ɓa ti Nyambɛ lìpem; ɓa yɔn ni wɔ̀ŋi, ɓa kāl lɛ, Dì ǹtɛhɛ ɓahuu ɓā maàm lèn.

Yesù à nsèbel Levì

Màt 9:9-13; Mar 2:13-17

²⁷ I mbūs màm mana, à kê, à tɛhɛ ŋkɔ̀dtâs wàda, jòy jee lɛ Levì, à yìi hɔma ɓa ntīnnɛ taàs, à kāl nyɛ lɛ, Nɔ̌ŋ mè. ²⁸ Nì nyɛ à yek gwɔm gwɔbisonā, à tɛlêp, à ǹnɔ̌ŋ nyɛ. ²⁹ Levì à lōhɛnɛ Yesù ŋgànd kɛŋi i ndāp yeè; lìmùt lìkɛŋi li ɓakɔ̀dtâs nì li ɓôt ɓapɛ, ɓa yén loòŋnì ɓɔ i jē. ³⁰ Fàrìsày nì ɓàyimbēn ɓap ɓa kahal hùŋɓɛnɛ ɓanigîl ɓee, ɓa kalàk lɛ, Inyŭkī nì njēlaà, nì nyolgà ɓèe nì ɓàkɔ̀dtâs nì ɓàɓɔ̀ŋɓeba? ³¹ Nì Yesù à tīmbhɛ ɓɔ lɛ, Ɓòt ɓa ye mbōo ɓa ŋ́yēŋ ɓe ŋgaŋgàŋ, ndik ɓā ɓā ŋkɔ̀n. ³² Mè bilɔ̀ ɓe mɛ ī sèbɛl ɓòt ɓa tee sēp, ndik ɓàɓɔ̀ŋɓeba inyùu hyèlŋɛm.

Mbàdgà inyùu sōga jē

Màt 9:14-17; Mar 2:18-22

³³ Nì ɓɔ ɓa kāl nyɛ lɛ, Ɓànigîl ɓa Yohānès ɓa yè ɓa nsōga jɛ, ɓa sɔɔhègɛ̀; halā kì nì ɓa Farīsày; ndi ìɓɔŋ ɓa njē, ɓa nyôk. ³⁴ Nì Yesù à kāl ɓɔ lɛ, Ɓàa nì yè lɛ nì ɓɔ̌ŋ lɛ màwanda ma mɓiimùdàà ma soga jē i ŋgèdà ḿɓiimùdàa à ŋgi yiī lòŋnì ɓɔ? ³⁵ Dìlɔ di galɔ̀ɔ i ŋgèdà ɓa gahèa mɓiimùdàà i ɓɔ̄nī, dilō di nyēn ɓa gasōga jɛ. ³⁶ Nì nyɛ à kɛnē ki ɓɔ̄ ŋgèn lɛ, Mùt à ŋkān ɓe mbɔt yɔndɔ lɛ à yɔ̄ŋ pèɛs mu ī ēdɛ yɔ̄ nlòmbi mbɔt; à tiga lɛ à kan ì yɔndɔ, yàk pès yɔndɔ i kɔlā ɓe ni ǹlòmbi. ³⁷ Mùt nyɛkǐnyē à nhā ɓe waày yɔndɔ biùnha bi diɓoy, yɔ̀mèdɛ ì nsòbì, dìɓoy kî di obī. ³⁸ Ɓa nlama ha wây yɔndɔ mu dīɓōy di yɔndɔ, nì hâ gwɔbiɓaà bi ntēedana lɔŋgeè. ³⁹ Mùt nyɛkǐnyē i ŋgèdà à ḿmāl nyɔ nlòmbi wây, ì yɔndɔ ì ŋkɔ̀n ha ɓe nyɛ ŋgòŋ, inyŭlē à ŋkàl lɛ, Ǹlòmbi wɔn u ye lɔ̄ŋgeè.

6

Ɓànigîl ɓa ŋ́wàa konflāwà i kēl ŋgwà nɔ̂y

Màt 12:1-8; Mar 2:23-28

¹ Kìi à ɓa tagɓè ŋwɔ̀m mi konflāwà kɛl yadà i ŋgwà nɔ̂y, ɓànigîl ɓee ɓa waā konflaāwà, ɓa siiŋgàk yɔ nì mɔ̀ɔ, ɓa jêk. ² Fàrìsày hɔgi i kāl lɛ, Inyŭkī nì mɓɔ̀ŋ jâm li ta ɓē kundè i ɓɔ̀ŋ kɛl ŋgwà nɔ̂y? ³ Yesù à tīmbhɛ ɓɔ lɛ, Ɓàa nì biāŋ ɓe jàm Davìd à ɓɔ̌ŋ, i ŋgèdà njàl ì ɓa ì gwèènɛ nyē, nyɛ nì ɓòt ɓa ɓā lòŋnì nyɛ; ⁴ kìkìi à jǒp ndāp Nyāmbeɛ̀, à yɔ̄ŋ bikɔ̀ga bi ntēga mbɔ̌m Nyāmbeɛ̀, bi bī ta ɓē muùt kùndè i jē, ndik bìprǐsì gwɔtāma, à jɛ, à ti ki ɓòt ɓa ɓā lòŋnì nyɛ? ⁵ Nì nyɛ à kāl ɓɔ lɛ, Mǎn mùt à yè ŋwèt ŋgwa nɔ̂y.

Mùt hìweha wɔɔ

Màt 12:9-14; Mar 3:1-6

⁶ Kɛl ŋgwà nɔ̂y umpɛ, à jǒp i ndāp mītīn, à kahal nīigà; mùt wàda à ɓa mù wɔ̀ɔ wee waalōm u ɓā hìweha. ⁷ Ɓàyimbēn nì Fàrìsày ɓa ɓā ɓeŋgè nyɛ, lɛ tɔ̀ɔ à mmèles makɔ̀n i kēl ŋgwà nɔ̂y, lɛ ndi ɓa lebā jàm li umul nyɛ ǹsòhi. ⁸ Ndi à ɓa yi màhɔŋôl map; nì nyɛ à kāl muùt hìweha wɔɔ lɛ, Nyɔdi, tɛlɛp hā ŋēmkède. Nì nyɛ à nyɔdî, à tɛlɛp hâ. ⁹ Nì Yesù à kāl ɓɔ lɛ, Mè mɓàt ɓee lɛ, ki i ye kùndè i ɓɔ̀ŋ i ŋgwà nɔ̂y, hɛ lɔ̄ŋgeè hɛ ɓēba?

Hɛ nìŋìs hɛ òbòs? ¹⁰ Nì nyɛ à hyumhɛ ɓɔɓasonā mis, à kâl muùt hìweha wɔɔ lɛ, Sambal wɔ̀ɔ̀ wɔŋ. Nì nyɛ à ɓɔ́ŋ halā, wɔ̀ɔ̀ wee u tɛ́mb mboo. ¹¹ Nì ɓɔ ɓa lɛ́gda ni hìun; ɓa hɛ́k peèk wàda nì nuu kii ɓa ye lɛ̄ ɓa ɓɔɔ̄ŋ ni Yēsù.

Yesù à ǹtɛp jom li ɓanigîl nì iɓaà
Màt 10:1-4; Mar 3:13-19

¹² Dilɔ̄ diì Yesù à ɓɛt hikòa i sɔ̄ɔ̀hɛ̀; à sɔɔhɛ Nyambɛ ŋgìm u. ¹³ Kɛl ì yɛ ɓǎŋ, à sebēl ɓanigiìl ɓee, à tɛp mû jǒm nì iɓaà, à ɔ ɓɔ́ lɛ ɓàomâ: ¹⁴ Simòn, nu à ɔ̀ɔ kì lɛ Petrò, nì mànyáŋ Andrěa, Yàkobò nì Yòhanɛ̀s, Fìlipò nì Bàrtòlòmeò, ¹⁵ Màteò nì Tomàs, Yàkobò mǎn Àlfeò, Simòn nu à ɓa sêblànà lɛ Selòt, ¹⁶ Yudà mǎn Yàkobò, nì Yudà Iskàriòt, nu à yìla mùt ǹliba.

Yesù à ŋgwèlel mamùt ma ɓôt màkɛŋi
Màt 4:23-25; Mar 3:7-12

¹⁷ Nì nyɛ à sós nyɛ nì ɓɔ, à tɛlɛp i tēgɛp hɔma, nì lìmùt li ɓanigîl ɓee lìkɛŋi, nì ŋgàndàk ɓôt ì lǒl Yùdeà yɔsonā, nì Yèrusàlɛ̀m, nì ŋgwāŋ lɔɔ̄m Tîr nì Sidòn; ¹⁸ ɓa lɔ̀ɔ ī ēmblè nyɛ, nì i mèlhànà màkɔ̀n map; ɓa ɓā ɓā teèŋgànà nì mìmbuu mi nyɛgā ɓa mèlhana. ¹⁹ Lìmùt jɔlisonā li ɓā yeŋ njɛl i tīs nyē, inyŭlē ŋgùy ì ɓa pam nyēnī, ì mèlhàk ɓɔɓasonā.

Bìsày nì ŋgɔɔ
Màt 5:1-12

²⁰ Nì Yesù à ɓedhɛnɛ ɓanigîl ɓee mis, à kâl lɛ, Bèè diyɛyɛ̀bà nì yè ǹsǎyɓàk, inyŭlē ànɛ Nyambɛ ī ye ìnân. ²¹ Bèè ɓa njàl ì ŋgwèl hanânɔ, nì yè ǹsǎyɓàk, inyŭlē nì ganūuha. Bèè ɓa nì ŋèè hanânɔ nì yè ǹsǎyɓàk, inyŭlē nì ganɔl. ²² Nì ye ǹsǎyɓàk i ŋgèdà ɓòt ɓa ŋɔ̀ɔ̀ ɓee, nì hèà ɓèè ntōŋ wap, nì yàhàl ɓèè, nì lɛp jòy linân kìkìi yɔ̌m ɓɛ̄ inyùu Mǎn mùt. ²³ Kɔ̀na màsee yɔkēl, ni sôbhɛ kì; inyŭlē nùnakì, ǹsaâ nân u ye ŋkɛŋi i ŋgìi; inyŭlē halā nyēn ɓàsaŋ ɓap ɓa ɓā ɓɔɔ̀ŋ ɓàpodôl. ²⁴ Ndi ŋgɔɔ nì ɓèè miŋgwàŋ! Inyŭlē nì ḿmāl koōs hɔɔ̀gɓè nân. ²⁵ Ŋgɔɔ nì ɓèè ɓa nì yè ɓànuuga hanânɔ! Inyŭlē njàl ì gagwèl ɓee. Ŋgɔɔ nì ɓèè ɓa nì nnɔl hanânɔ! Inyŭlē gasīida ni ɛɛ̀. ²⁶ Ŋgɔɔ nì ɓèè i ŋgèdà ɓòt ɓɔɓasonā ɓa mpɔ̄t lɔŋɛ inyùu nân, inyŭlē halā nyēn ɓàsaŋ ɓap ɓa ɓā ɓɔɔ̀ŋ ɓàpodôl ɓa bitɛmbɛɛ!

Gweha īnyùu ɓàɔ̀ɔ̀
Màt 5:38-48; 7:12a

²⁷ Ndi mè ŋkàl ɓee ɓa nì ŋēmblɛ mɛ lē, Gweha ɓàɔ̀ɔ̀ ɓanân, ɓɔ̀ŋa ɓòt ɓa ŋɔ̀ɔ̀ ɓee lɔ̄ŋgɛɛ̀, ²⁸ sàyɓana ɓā ɓā ntìihɛ ɓee, sɔɔhana īnyùu ɓòt ɓa ntèèŋga ɓee. ²⁹ Tɔ̀njɛɛ à ḿbep we līmāŋ jada ti yàk nyɛ līi lipɛ. Tɔ̀njɛɛ à ǹyɔ́ŋ we kōdìi, ù sòŋa ɓáŋ tɔ̀ sɔdi yɔ̀ŋ. ³⁰ Hi mût à ńyàgal we yɔ̀m, ti nyɛ̄; nu kì à ǹyɔ́ŋ gwɔm gwɔŋ, ù ɓàt ha ɓáŋ gwɔ. ³¹ Kìkìi nì nsòmbol lɛ ɓòt ɓa ɓoŋôl ɓèe, yàk ɓèè kî ɓɔ̀ŋlana ɓɔ́ halā. ³² Iɓālē nì ŋgwēs ɓoòt ɓa ŋgwēs ɓee, kinjē màyègà nì ŋkòs? Ŋgɔ yàk ɓàɓɔ̀ŋbeba ɓa ŋgwēs ɓa ɓā ŋgwēs ɓɔ. ³³ I ɓā kì lɛ nì mɓɔ̀ŋ lɔŋgɛ īnyùu ɓā ɓā mɓɔ̀ŋ ɓee lɔ̄ŋgɛɛ̀, kinjē màyègà nì ŋkòs? Ŋgɔ yàk ɓàɓɔ̀ŋbeba ɓa mɓɔ̀ŋ halā. ³⁴ I ɓā kì lɛ nì mpòos ɓa nì mɓōdol ŋem lɛ ɓa gatìmbis, kinjē màyègà nì ŋkòs? Ŋgɔ yàk ɓàɓɔ̀ŋbeba ɓa mpòos ɓàɓɔ̀ŋbeba lɛ ɓa kôs kì halā. ³⁵ Ndi gweha ɓàɔ̀ɔ̀ ɓanân, nì ɓɔ̀ŋk lɔŋgê, nì pòòhàk

ibaɓe ni ɓɔ́dŋɛm; halā nyēn ǹsaâ nân u gaɓā ŋkɛŋi, nì gaɓā ki ɓɔ̀n ɓa Nuŋgìŋgiì; inyŭlē à yè pògɓà nì ɓa ɓā ntī ɓe mayègà nì ɓòt ɓàɓɛ. ³⁶ Bèè ɓana ɓàkɔ̀nàŋgɔɔ kìkìi yàk Ìsɔŋ nân à yè ŋ̀kɔ̀nàŋgɔɔ.

Nì oma ɓáŋ mìnsɔ̀hi
Màt 7:1-5

³⁷ Nì oma ɓáŋ mìnsɔ̀hi, ndi nì gaūma ɓe minsɔ̀hi; nì ti ɓáŋ mùt bìkwɔ̀ bi ŋkaa, ndi yàk ɓèè ɓa gatī ɓe ɓee bìkwɔ̀ bi ŋkaa; ŋwàha ɓòt, ndi ɓa gaŋwàs yâk ɓèe; ³⁸ Tina, ndi i gatīna ɓee; hìhègà hìlam, ǹnyɔ̀hɔ̂k, ǹsoghàk, ǹyɔnɔ̂k tɛ̀s, hi sobàk, [hyɔn ɓa gahūgɓaha ɓee i tōl] hyɔn ɓa gakōp mu sōsō m̀pek nu mbɔ̄t yɔɔ̀ŋ. Inyŭlē hìhègà nì nhègèl hyɔn hi gahègna ki ɓee. ³⁹ À kenē ki ɓɔ̄ ŋgèn lɛ, Bàa ǹdim ì nlà ega ndim? Bàà ɓɔ ibaà ɓa gakwɔ̀ ɓe i ɓēɛ? ⁴⁰ Ǹnigîl à nlɔ̀ɔ ɓe malêt wèe; ndi hi wadà i ŋgèdà à ǹyonos yigîl à gaɓā kìkìi màlêt wèe. ⁴¹ Ù mɓèŋgnɛ ki nan i jìs li maasɔ̄ŋ, ndi ù nnōgda ɓe ŋkɔ̀k u ye wè i jǐs? ⁴² Tɔ̀ lɛlaa ù nlà kâl maasɔ̄ŋ lɛ, À mantàtâ, ɓɛ̌k lē mɛ hund wè nan i ye wè i jǐs, i ŋgèdà wèmède ù ntēhɛ ɓe ŋkɔ̀k u ye ī jìs jɔŋ? À mût bìhèŋɓà, nyà hund ndūgi ŋkɔ̀k u ye wè i jǐs, ndi tɔ̀ lɛ ù ntēhna yaga sooŋ i hūnd nân i ye ī jìs li maasɔ̄ŋ.

Ɛ i ńyīna inyùu màtam mee
Màt 7:17-20; 12:34b-35

⁴³ Ɛ lām yɔkǐyɔ̄ i ta ɓē lɛ i num matam màɓɛ; tɔ̀ ɛ ɓē kiì i ta ɓē lɛ i num matam màlam. ⁴⁴ Inyŭlē ɛ i ńyīna inyùu màtam mee. Bòt ɓa ŋkēt ɓe faygè bilɔɔ, tɔ̀ màtam ma ŋkòò wây ɓa ŋkēdel ɓe mɔ liɓūy li bilɔɔ. ⁴⁵ Lɔŋgɛ mùt i mpēmes gwɔm bìlam lisòò li ŋkùs lìlam li ŋɛm wee; ɓeba mût kì i mpēmes gwɔm bìɓɛ lisòò li ŋkùs lìɓɛ; inyŭlē màm ma ńyɔn ŋēm mɔn nyɔ̀ wee u mpōt.

Dìkùù diɓaà
Màt 7:24-27

⁴⁶ Nì nsèblɛnɛ ki mɛ lē, À Ŋwɛt, à Ŋwɛt, ndi nì ɓɔ́ŋ ɓe màm mè ŋkàl? ⁴⁷ Hi mût à nlɔ̀ i mĕnī, à nɔgɔ̂k bìɓàŋga gwêm, à gwèèlàk kì gwɔ, mè ŋēba ɓee ŋwĕt à mpònà: ⁴⁸ à yè kìkìi mùt lɛ à ŋɔ̄ŋ ndap, à ntēm yaga hisī, a têk hìkùù i ŋgìi ŋgɔ̀k; hùndùl i mɓēt ɓăŋ, lep u kumūl ndāp ì, u la ɓē sogos yɔɔ̀, inyŭlē ì oŋa ī ŋgìi ŋgɔ̀k. ⁴⁹ Ndi nu à nnɔ̄k, ndi à ɓɔ́ŋ ɓee, à yè kìkìi mùt à bìɔŋ ndap i ŋgìi bitèk ibaɓe hìkùù; lep u bikùmul yô, nì yɔ̀ ì hɔɔ kwɔ̂. Òbì u ndāp ì u ɓeè ŋ̀kɛŋi.

7

Yesù à mmèles hilɔga hi ŋànè mbogôl sondâ
Màt 8:5-13

¹ À mǎl ɓăŋ pōt biɓàŋga gwee gwɔbisonā maô ma ɓoòt, à jóp i Kàpɛrnāùm.

² Ŋ̀kɔ̀l u ŋànè mbogôl sonda wāda u à ɓa gwês ŋgàndàk, u ɓā kɔɔ̀n, u yɛŋɛp. ³ À nɔk ɓăŋ īnyùu Yēsù, à ɔm mimaŋ mi ɓôt mi Lôk Yudà i nyēnī i sɔ̄ɔhɛ nyɛ lɛ a lɔ̄ɔ, a melēs ŋ̀kɔ̀l wee. ⁴ Ba lɔ̀ɔ ɓăŋ yāk Yēsù, ɓa yɛ́mhɛ nyɛ ŋgàndàk, ɓa kâl lɛ, À yè mùt ù kòli gwèlel halà; ⁵ inyŭlē à ŋgwês lɔ̀ɔŋ yes, nyɛ ki nyēn à biɔŋol ɓes ndāp yeēs mītìn. ⁶ Nì Yēsù à kahal kìha nyɛ nì ɓɔ. À pam ɓăŋ ɓèɓèè nì ndap,

ŋ̀ànɛ̀ mbogôl sonda à ɔm mawanda nyēnī i kàl nyɛ lɛ, À Ŋwɛt, ù tèèŋga ɓăŋ wèmɛdɛ, inyŭlē mɛ̀ kòli ɓē mɛ lē u joōp ndáp yɛɛ̀m; ⁷ inyùu hālā nyēn tɔ̀ mɛ̀mɛ̀dɛ mɛ̀ nhɔ̄ŋɔl ɓe mɛ lē mɛ̀ kòli lɔ̀ i wěnī; ndi pɔt ndīk ɓàŋga, ndi hìlɔga hyêm hi gamăl. ⁸ Inyŭlē yàk mɛ̀ mɛ̀ yè i sī ànɛ̀, mɛ̀mɛ̀dɛ kî mɛ̀ gwèe sōndaà; mɛ̀ yè mɛ kăl yàda lɛ, Kɛnɛk, ì ŋkɛ̀; ìpɛ lɛ, Lɔ̀ɔ, ì nlɔ̀; nì ŋ̀kɔ̀l wêm lɛ, Ɓɔ̆ŋ jàm lini, u mɓɔ̆ŋ jɔ. ⁹ Kìi Yēsù à ǹnɔk màm mana, à hɛl inyùu yeē, à hyêlɓà, à kâl limùt lɛ, Mɛ̀ ǹtɛhgɛ̀ ɓe mɛ ndɔ̀ŋ hɛmlɛ̀ kɛŋi ìni, tɔ̀ Isrăɛ̀l yaga. ¹⁰ Ba ɓā ōma ɓa hūu ɓăŋ mbāy, ɓa kɔba ŋkɔ̀l u ma māl.

Yesù à ntùgul man mùùnlom nu yîk mudàà i Nāìn

¹¹ I lēŋa lē, i mbūs ndɛ̀k ŋgɛ̀dà, Yesù à kɛ ŋkɔ̀ŋ wada lɛ Naìn; ɓanigîl ɓee nì lìmùt lìkɛŋi ɓa kihă loòŋnì nyɛ. ¹² À pam ɓăŋ ɓɛ̀ɓèɛ̀ nì ŋwèmɛl ŋkɔ̀ŋ, nŭnkì, ɓòt ɓa ɓā ɓa ɓeēga mìm, hìpɔ̀ma hī man mùùnlom hi yik mudàa, nyɛ nì ŋgàndàk ɓòt ɓa ŋkɔ̀ŋ ɓa kîhgà. ¹³ Kìi Ŋwɛ̆t à ǹtɛhɛ nyɛ, à kɔ̂n nyɛ ŋgɔ̄ɔ, à kâl nyɛ lɛ, Ù ɛ̀ɛ ɓăŋ! ¹⁴ Nì nyɛ à kóge ɓɛɓɛ̀ɛ, à tis ŋkuu mîm; nì ɓàɓɛ̀gɛ̀ɛ̀ ŋ̀kuu ɓa tɛlɛ̂p. Nì nyɛ à kâl lɛ, À maaŋge wānda, mɛ̀ ŋkàl wɛ lē, nyɔdi. ¹⁵ Nu à ɓa ŋ̀wɔga à yén biyìyìi, à kahal pōt. Nì Yesù à ti nyɛ nyàŋ. ¹⁶ Ɓòt ɓɔɓasonā ɓa kɔ̂n wɔŋi, ɓa ti Nyambɛ lìpem, ɓa kâl lɛ, M̀podôl ŋ̀kɛŋi à m̀pɛmɛl ɓes; nì lɛ Nyambɛ à ǹyuuga ɓôt ɓee. ¹⁷ Ŋ̀aŋ unu inyùu yeē u kɛ Yùdɛà yɔ̀sonā, nì mbɔk ì yɔ̀sonā.

Yòhanɛ̀s Ǹsòblɛ̀ à ŋɔ̄m ɓoòt ɓa ŋwîn

Màt 11:2-19

¹⁸ Ɓànigîl ɓa Yohānɛ̀s ɓa aŋlɛ nyɛ màm mana mɔmasonā. ¹⁹ Nì Yòhanɛ̀s à sebēl ɓanigiìl ɓee iɓaà, à ɔm ɓɔ yak Ŋwɛ̆t i ɓàt nyɛ lɛ, Ɓàa wɛ̆n ù yè nu à nlɔ̀, tɔ̀ di ɓɛmēk nŭmpɛ? ²⁰ Ɓòt ɓa ɓā pām ɓăŋ nyēnī, ɓa kâl lɛ, Yòhanɛ̀s Ǹsòblɛ̀ nyɛn à ŋ̀ɔm ɓes wɛnī, nyɛ, Ɓàa wɛ̆n ù yè nu à nlɔ̀, tɔ̀ di ɓɛmēk nŭmpɛ? ²¹ Ŋgɛ̄ŋ ì Yesù à ɓa mɛlɛ̀s ŋgàndàk ɓôt màkɔ̀n, nì bìɓok màkɔ̀n màɓɛ, nì mìmbuu mìmɓɛ; à yìblàk kì ŋgàndàk ɓòt ɓa ndim mĭs. ²² Nì Yesù à tîmbhɛ̀, à kâl ɓɔ lɛ, Ɓèe kɛna, aŋlana Yòhanɛ̀s màm nì ǹnɔk, nì ma nì ǹtɛhê: lɛ ɓàndim ɓa ntēhnà, bìɓok bi hyomôk, ɓàkɔ̀nlò ɓa pubhàgɛ̀, ɓàndɔk ɓa nɔggà, ɓàwɔga ɓa tuggɛ̀, Mìŋaŋ Mìnlam mi ŋāŋlana diyɛyɛ̀ba̋.⁸ ²³ Nu à mɓààgɛnɛ ɓe inyùu yêm à yè ǹsăyɓàk.

²⁴ Ɓòt ɓa ŋwîn ɓa Yohānɛ̀s ɓa nyɔ̄di ɓăŋ, Yesù à kahal kâl mamùt inyùu Yòhanɛ̀s lɛ, Kii nì ɓe kɛ ɓeŋgɛ̀ ŋɔ̀ŋ? Ɓàa lìkay mbɛ̀bi ì mpōgoòs? ²⁵ Ndi nì ɓe kɛ ī ɓèŋgɛ kii? Ɓàa mùt à hɛɛba mbōt i ŋwāmbi? Nùnakì, ɓòt ɓa nhāba mbɔt i ŋwāmbiì, ɓa ɓâk kì ɓa yogī, ɓa yɛnɛ̀ mandàp ma bikiŋɛɛ̀. ²⁶ Ndi ɓèe nì bìkɛ̀ i tēhɛ kîi? Ɓàa m̀podôl? Ŋ̂ŋ, mɛ̀ ŋkàl ɓee lɛ à nlɔ̀ɔ̀ mpodôl. ²⁷ Nyɛ nūnu nyɛn i yɛ ǹtĭlɓàgà inyùu yeē lɛ,

Nŭnkì, mɛ̀ ŋɔ̄m muùt wɛm ŋwìn bisū gwɔŋ, nyɛn à gatībil njɛ̄l yɔɔ̄ŋ bisū gwɔŋ. ʰ

²⁸ Mɛ̀ ŋkàl ɓee lɛ i kède ɓòt ɓa ŋgwee ni ɓòdàa, mùt à nlɔ̀ɔ̀ Yohānɛ̀s à tà ɓee; ndi nu à yè ǹtidigi i ànɛ̀

---

⁸**Luk 7:23** Yès 61:1   ʰ**Luk 7:27** Màl 3:1

Nyambê à nlɔɔ̀ nyɛ. ²⁹ Bòt ɓɔɓasonā nì ɓakɔdtâs ɓa nōk ɓǎŋ hālà, ɓa kál lɛ Nyambɛ à tee sēp, lakìì ɓa sòblana lìsòblɛ̀ li Yohānès. ³⁰ Ndi Fàrisày nì ɓàyimbēn ɓɔmɛ̀dɛ ɓa cěl pèk Nyambê, lakìì ɓa sòblana ɓē ni nyɛ. ³¹ Nì Ŋwět à kál lɛ, Nì kii mɛ kedā ɓòt ɓa hyày hini, ɓa mpòna kii? ³² Ba ye kìi ɓɔɔ̀ŋgɛ ɓa yiī hisī i ɓòm, ɓa sêblàgà, ɓa kalàk lɛ, Dì bihēmel ɓee dìɔŋ, ndi nì sak ɓee; dì bièe ɓee màèya, ndi nì ɛē ɓee. ³³ Inyǔlē Yòhanès Ǹsòblɛ̀ à bilɔ̀, à jɛ ɓe kɔgā, à nyɔ ɓe wây, nì kál lɛ, À gwèe mbūu m̀ɓɛ. ³⁴ Mǎn mùt à bilɔ̀, à jêk, à nyɔ̂k; nì kál lɛ, Nùnakì, m̀ɓènà jɛ nì wây, lìwanda li ɓakɔdtâs nì ɓàɓɔ̀ŋɓeba. ³⁵ Ndi pèk ì ŋkelā lɛ ì tee sēp inyùu ɓɔ̀n ɓee ɓɔɓasonā.

Yesù à njòp i ndāp Sīmòn, mùt Fàrisày

³⁶ Mùt Fàrisày wàda à sɔɔhɛ nyɛ lɛ a jɛ ī nyēnī. Nì nyɛ à jóp i ndáp mùt Fàrisày, à yén hisī i jē. ³⁷ Nì mùdàa wadā à ɓa mū ŋkɔ̀ŋ û, à ɓa m̀ɓɔ̀ŋɓeba; à yi ɓǎŋ lē Yesù à yìi jē i ndáp mùt Fàrisày, à lɔnā ndɔŋgi làɓindɛ̀, ³⁸ à tɛlɛp i mbūs makòò mee, à èèk, à ɓodōl yoōs makòò mee ni gwǐhà gwee, à tɔ́s ki mɔ̄ nì còŋ di ŋɔ wee, à sɔs nyɛ màkòò, à hɔɔ mɔ làɓindɛ̀. ³⁹ Mùt Fàrisày nu à sèbel nyē, à tɛhɛ ɓǎŋ hālà, à pɔt ni ŋɛm lɛ, Balɛ mùt nunu à ɓak mpodôl, ki à ǹyi njɛɛ nì kinjē ndɔŋ mùdàa ìni ì ntīs nyɛ, lɛ à yè m̀ɓɔ̀ŋɓeba. ⁴⁰ Nì Yesù à tímbhɛ nyɛ lɛ, À Simòn, mè gwèe jàm i kàl wê. Nì nyɛ à kál lɛ, À Lêt, kàlak. ⁴¹ M̀pòòs ɓòt wàda à ɓa à gwèe ɓòt ɓa mapil iɓaà, wàda à ɓa à gwèe nyē mbōgoòl dènarìò[i] itân, nûmpɛ kî mòm matán. ⁴² Lakìì ɓa ɓā ɓē ɓa gweē yɔ̀m i saâ, à ŋŋwehēl ɓɔɓaà. Ǹjɛɛ wáp à galòòha gwes nyɛ? ⁴³ Simòn à tímbhɛ lɛ, Mè nhɔ̄ŋɔl lɛ nu à ŋŋwehēl ŋgandàk. Nì nyɛ à kál nyɛ lɛ, Ù m̀ɓagāl sep.

⁴⁴ Nì nyɛ à hyɛ́lɓa yak mùdàa, à kál Simòn lɛ, Bàa ù ntɛ̄hɛ mùdàà nunu? Mè ǹjóp i ndāp yɔɔ̀ŋ, ù ǹti ɓe mɛ màlep inyùu màkòò mêm; ndi nyɛ à ǹyoōs makòò mêm nì gwǐhà gwee, à tɔ́s ki mɔ̄ nì còŋ cee. ⁴⁵ Ù ǹsɔs ɓe mê; ndi nyɛ, i jòp mè ǹjóp hana, à ŋŋwás ɓe sɔs mɛ màkòò. ⁴⁶ Ù ǹhɔɔ ɓe mɛ mòò i ŋō; ndi nyɛ à ǹhɔɔ mɛ làɓindɛ̀ makòò. ⁴⁷ Jon mè ŋkèlel wɛ lē, Ŋgàndàk yee biɓeba i ŋwêhlànà; inyǔlē à ǹgwes ŋgandàk; ndi nu ndèk ì ŋŋwêhlànà, à ŋgwēs ndeèk. ⁴⁸ Nì nyɛ à kál mudàà lɛ, Bìɓeba gwɔŋ bi ŋwêhlànà.

⁴⁹ Bòt nyɛ nì ɓɔ ɓa ɓā ɓa yiī i jē, ɓa ɓodōl pɔt i kède yáp lɛ, Ǹjɛɛ nyɛ nunu à ŋŋwèhel yâk bìɓeba? ⁵⁰ Nì nyɛ à kál mudàà lɛ, Hemlè yɔŋ i ntɔhɔl wê; kɛnɛk nì ǹsàŋ.

8

Bòdàa ɓàhɔgi ɓa nnɔ̀ŋ Yesù

¹ I lēŋa lē, i mbūs ndèk ŋgèdà, Yesù à kɛ mīŋkɔ̀ŋ nì mambáy, à aŋlàk, à kàlàk Mìŋaŋ Mìnlam mi anɛ́ Nyambê, nyɛ nì jǒm nì ɓaà, ² yàk ɓòdàa ɓàhɔgi ɓa ɓā mɛlhana mìmbuu mìmbɛ nì màkɔn map : Màrià, nu à ɓa sêblà lɛ Màgdàlenà, nu mìmbuu mìmbɛ minsâmbɔk mi

---

[i] Luk 7:41 Màt 18: 28

pām, ³ɓɔ̀ Yòhanà ŋwàa Kūsà, kindàk Hèrodè, nì Sùsanà, nì ŋgàndàk ɓapɛ, ɓa ɓā gwelèl ɓɔ nì ŋ̀kùs wap.

Ŋgĕn ŋ̀ŋwàs mboo
Màt 13:1-9; Mar 4:1-9

⁴ Lìmùt lìkeŋi li kɔ̀dɓa ɓàŋ, ɓòt ɓa hi ŋkɔ̀ŋ ɓa kɛ nyēnī, à kenē ŋgeēn lɛ, ⁵ Ŋ̀ŋwàs mboo à kèɛ ī ŋwàs mboo yeè; à ɓa ŋwâs ɓǎŋ mbōo, jògà li kwɔ njêl, nì yɔ̀ ì kidɓànà, dìnùni di ŋgiī di sɔbɔl yɔɔ̀. ⁶ Jògà li kwêl ŋgɔ̀k; kìi ì ŋ̀kahal ɔ́, ì yuyì, inyŭlē lìsuni li ɓā ɓēe. ⁷ Jògà lìpɛ li kwêl i kède bìlɔ̀ɔ̀, bìlɔ̀ɔ̀ bi hɔl lôŋnì yɔ̀, bi hyam yô. ⁸ Jògà kì li kwêl hisī hìlam, ì naŋ, ì num matam mbōgoòl. À pɔt ɓǎŋ hālà, à lɔnd lɛ, Nu à gwèe mào i nɔ̄gaà, a nɔk nī!

Inyŭkī Yēsù à ŋkènɛ ŋgên
Màt 13:10-17; Mar 4:10-12

⁹ Nì ɓànigîl ɓee ɓa ɓát nyɛ lìkɔ̀blɛnɛ li ŋgĕn ìni. ¹⁰ À kâl ɓɔ lɛ, 'Bèè ɓɔn i ntina lɛ ni yi mìmb ma anɛ̀ Nyambê; ndi inyùu ɓápɛ, ndik ŋgèn; lɛ ɓa tɛhgɛ̀, ndi ɓa tɛhɛ ɓee; ɓa nɔgɔ̂k, ndi ɓa tibil ɓe yi.

Yesù à ŋkɔ̀bɔl ŋgĕn ŋ̀ŋwàs mboo
Màt 13:18-23; Mar 4:13-20

¹¹ Ŋgĕn ì yè lana lɛ, Mboo ì yè ɓàŋa i Nyambê. ¹² Ba njêl ɓa ye ɓā ɓā binɔ̄k; ndi ǹsɔ̀hɔ̀p à lɔ́, à heā ɓaŋgā mìnēm ŋwap, lɛ ɓa tiga lɛ ɓa hemlɛ̀, ɓa tɔhlànà. ¹³ Ba ŋgiī ŋgɔ̀k ɓa ye ɓā ɓā yè ɓa nɔk, ɓa lɛɛgɛ ɓaŋgā ni màsee; ndi kìì ɓa gweē ɓē miŋkàŋ, ɓa nhēmlɛ ndeèk ŋgeŋ, i ŋgèdà mànɔ̀ɔ̀dànà, ɓa ntèmb ni mbūs. ¹⁴ Ì ì ŋkwêl bilɔ̀ɔ̀, ɓana ɓa ye ɓā ɓā yè ɓa nɔk, ɓa kɛ yàp, ndi ndùŋa ì nhyām ɓɔ, nì lìŋgwàŋ, nì màsee ma nôm ini,

hɛ̀ ɓa num ɓe matam lɛ ma holôl. ¹⁵ Ì ì hìsi hìlam, ɓana ɓa ye ɓā ɓā yè ɓa nɔk ɓaŋgā, ɓa teeda yɔ nì mìŋɛm mìnlam nì mi mī ye lɔ̄ŋgɛɛ̀, ɓa ntèŋɓɛ num matam.

Tuŋgeŋ i sī hìndama
Mar 4:21-25

¹⁶ Mùt nyekǐnyē à ŋkùyɛ ɓe tuŋgeŋ i ɓūdɛ yɔ̄ yɔ̀m, tɔ̀ ha yɔ̄ i sī nàŋ, ndi à ntēe ndik yɔ̄ i ŋgìi tēenɛ, lɛ ɓa ɓā njɔ̀p ɓa tɛhɛ màpubi. ¹⁷ Inyŭlē jàm jɔkǐjɔ̄ li solī ɓē lɛ li gasɔ̀ɔ̀lana ɓee, tɔ̀ jàm jɔkǐjɔ̄ li ta ɓē i jìmb lɛ li gayēli ɓee nì pam māpūbi. ¹⁸ Jɔn nì yihgɛ̀ lɛlaa nì nnɔ̄k; inyŭlē tɔ̀njɛɛ à gwèe i gatīna nyɛ; ndi nu à gwèe ɓēe, yɔ̄m à hɔŋlak lɛ à gwèe i gayòŋa nyɛ.

Nyǎŋ Yēsù nì lògnyâŋ
Màt 12:46-50; Mar 3:31-35

¹⁹ Nyàŋ nì lògnyâŋ ɓa lɔ ī nyēnī, ndi ɓa la ɓē pam nyēnī inyùu lìmùt. ²⁰ Ba kâl nyɛ lɛ, Nyùŋ nì lògnyŭŋ ɓa tee ī tān, ɓa nsòmbol tɛhɛ wê. ²¹ À tīmbhɛ ɓɔ lɛ, Inī nì lògkeē ɓa ye ɓā ɓā nnɔ̄k ɓaŋgā Nyambɛɛ̀, ɓa ɓɔŋɔ̀k kì yɔ.

Yesù à mmōmos mbuk mbèbi
Màt 8:23-27; Mar 4:35-41

²² Kɛl yadā mu dīlɔ̄ diì, à jɔ̄p i mòŋgo nyɛ nì ɓànigîl ɓee; à kâl ɓɔ lɛ, 'Bòga ɓès, di yâp nyɔ̀ɔ̀ uu ŋwìl Lɔ̂m; nì ɓɔ ɓa nyugè. ²³ Ba ɓā yaàp ɓàŋ, à kɛ hīlɔ̄. Mbuk mbèbi à kwɔ lɔ̀m, mòŋgo u kahal yɔ̄n ni màlep, ɓa ɓā mbèɛ nyèmb. ²⁴ Nì ɓɔ ɓa kōgɛ nyēnī, ɓa todōl nyɛ, ɓa kâl lɛ, À Sɔŋ, à Sɔŋ, dì ǹlɔ ī cīɓaà. Nì nyɛ à todē hilɔ̄, à kond mbèbī nì màŋgudga: ɓa mɔm ŋweɛ̀, lɔ̀m a tɛmèp. ²⁵ Nì nyɛ a kâl ɓɔ lɛ, Hemlɛ̀ nân i ye hēɛ? Nì ɓɔ ɓa kɔ̄n wɔɔ̀ji, ɓa hêl, ɓa kâlna lɛ, Njɛɛ

nyɛ nunu, nu à ŋànɛ yâk mbɛ̀bi nì màlep, ndi ɓa noglàk nyɛ?

Yesù à mmèles mût mbuu nyɛgā nu Gèrasà

Màt 8:28-34; Mar 5:1-20

²⁶ Nì ɓɔ ɓa pam i lɔ̄ŋ ɓôt ɓa Gerāsà, i ī ye ŋgɔ̀là Gàlìleà. ²⁷ À tee ɓǎŋ màkòò hisī, mùt wàda à ɓɔmā nyɛ, à lòlàk ŋkɔ̀ŋ, à ɓa à gwèe mìmbuu mìmɓɛ; à yĕn ǹtàndàà ŋgedà iɓaɓe nyɛ hāba mbɔ̄t, à ɓa yên ɓe ndāp, ndik ī sɔ̀ŋ. ²⁸ À tɛhɛ ɓǎŋ Yēsù, à lɔnd, à kwɔ hīsī bisū gwee, à pɔt makɛŋi, à kāl lɛ, À Yesù, Mǎn Nyāmbɛ Nūŋgìŋgìì, ɓĕhnà wê kii? Mɛ̀ ńyɛmhɛ wɛ lɛ̄ ù tèèŋga ɓáŋ mɛ̀. ²⁹ Inyŭlɛ̄ à kond mbūu u nyɛgā lɛ u nyɔdi yāk mùt nû. Inyŭlɛ̄ u ɓā gwèèl nyɛ ŋgàndàk ŋgelɛ̀; à ɓa ī sī ɓàtat, ǹkànâk nì mìnsaŋ mi bikɛ̀y nì dìkɛŋ; ndi à ɓa pat ŋgàdà, mbuu m̀ɓɛ u ɓā kenà nyɛ miŋɔ̀ŋ. ³⁰ Nì Yesù à ɓât nyɛ lɛ, Jòy jɔŋ lɛ ǹjeɛ? Nyɛ, Legiòn, inyŭlɛ̄ ŋgàndàk mìmbuu mìmɓɛ ì jŏp ī kède yeɛ̂. ³¹ Ndi mi sɔɔhɛ nyɛ lɛ à kàl ɓáŋ ŋwɔ̄ lɛ mi keɛ̄ sɔ̀ŋkum.

³² Ndi lìùŋ li ŋgɔ́y lìkɛŋi li ɓā je hā hīkòa; nì ŋwɔ mi sɔɔhɛ nyɛ lɛ a ŋwás ŋwɔ̄, mi jŏp mù. Nì nyɛ à kêmhɛ. ³³ Nì mìmbuu mìmɓɛ mi nyɔdi yak mùt nû, mi lemā i kède ŋgòy; nì lìùŋ li ŋgɔ́y li sundī mpùgɛ̀, li ɓɛha i lɔ̀m, li wɔ. ³⁴ Ɓòt ɓa ɓā jeès yɔ ɓa tɛhɛ ɓǎŋ jàm li lēŋa, ɓa ubi ŋgwee, ɓa aŋal hālā ŋkɔ̀ŋ nì mbɔk yɔ̀sonā. ³⁵ Nì ɓòt ɓa kɛ ɓèŋgè jàm li gwèla; ɓa pam yak Yēsù, ɓa kɔba mùt nu mìmbuu mi pām, à yìi ī sī makòò ma Yesù, à ma ēŋgèp, à yîk jàm; nì ɓɔ ɓa kɔ̌n wɔŋi. ³⁶ Ɓa ɓā tɛhɛ jàm li ɓòŋa, ɓa aŋlɛ ɓɔ kìkìi mùt à ɓa à gwèe mìmbuu mìmɓɛ à mèlhana. ³⁷ Hanyēn ɓòt ɓa lɔ̄ŋ Gerāsà ɓɔɓasonā ɓa sɔɔhɛ Yesù lɛ a nyɔdi ɓɔ̄nī, inyŭlɛ̄ ɓa kɔ̌n wɔ̀ŋi ŋgandàk; nì Yesù à jŏp mòŋgo, à tɛ́mb ni mbūs. ³⁸ Mùt mìmbuu mìmɓɛ mi pām à sɔɔhɛ nyɛ lɛ a yɛ́n nì nyɛ. Ndi Yesù à huuha nyɛ, à kāl lɛ, ³⁹ Tèmbek ī ndāp yɔɔ̀ŋ, u aŋal kīnjɛ̄ màm màkɛŋi Nyāmbɛ à m̀ɓɔŋōl weɛ̀. Nì nyɛ à kê, à kahal āŋal mu ŋkɔ̀ŋ wɔnsonā kinjɛ̄ màm màkɛŋi Yēsù à ɓòŋol nyɛ̄.

Ŋgònd Yairò nì mùdàa à ntīs mbɔt Yēsù

Màt 9:18-26; Mar 5:21-43

⁴⁰ Kìi Yēsù à ǹtɛ̂mb, lìmùt li seeba nyɛ, inyŭlɛ̄ ɓɔɓasonā ɓa ɓā ɓɛɛmb nyɛ. ⁴¹ Mùt wàda à lô, jòy jee lɛ Yairò, à ɓa ŋ̀ànɛ wàda nu ndāp mītìn; à kwɔ ī sī makòò ma Yesù, à yɛ́mhɛ nyɛ lɛ a keɛ̄ ndāp yeɛ̀, ⁴² inyŭlɛ̄ à ɓa à gwèe hìpɔ̀mà hi ŋgônd hyada, hi ɓā jàm kìi ɓɔ̄ jɔm li ŋwii nì maà, hi ɓā hi yeŋī. Yesù à ɓa kɛ ɓǎŋ, màmùt ma nit nyɛ.

⁴³ Mùdàà wadā à ɓa hà, màcèl ma ɓā pam nyɛ̄ jɔm li ŋwii mbòk iɓaà, à sɛm ŋkùs wee wɔnsonā ɓaŋgàŋgàŋ, ndi mùt nyɛkǐnyɛ̄ à làa ɓē melēs nyɛ, ⁴⁴ à lôl nyɛ i mbūs, à tis linjèk li mbɔt Yēsù; nì màcèl mee ma sɛm bitɛebīloŋi. ⁴⁵ Nì Yesù à ɓât lɛ, Ǹjee à ǹtis mê? Kìi ɓɔɓasonā ɓa ntaŋ, Petrò à kāl lɛ, À Sɔŋ, màmùt ma ŋkɛŋa wê, ma nidìk wè. ⁴⁶ Ndi Yesù à tímbhɛ lɛ, Mɛɛ mùt à ǹtis mê; inyŭlɛ̄ mɛ ǹnogda lɛ ŋgùy ì ǹnyɔdi mɛ nyùu. ⁴⁷ Kìi mùdàa à ǹtɛhɛ lɛ à sòli ɓēe, à lô, à sèhlàgà, à kwɔ hīsī bisū gwee, à kāl i tì ɓôt ɓa ɓɔɓasonā

jàm à ǹtihil nyɛ, nì kìkìi à m̀mēlhana bitēebīloŋi. ⁴⁸ Yesù à kāl nyɛ lɛ, À ŋgônd yèm, ɓan ŋ̀ɛm, hemlɛ yɔŋ i ntɔhɔl wê; kɛnɛk nì ǹsàŋ.

⁴⁹ Ki à ŋgi pɔdɔ̂k, mùt wàda à lôl yak ŋ̀ànɛ̀ ndap mītìn, à kāl lɛ, Ŋgònd yɔ̄ŋ ì ŋ̀wɔ, ù tèèŋga ha ɓāŋ Màlêt. ⁵⁰ Ndi Yesù à nɔk ɓǎŋ hālà, à kāl Yairò lɛ, Ù kɔ̀n ɓāŋ wɔ̀ŋi; hemlɛ ndīgiì, à gatɔ̄hlana. ⁵¹ À pam ɓǎŋ ī ndāp, à nɛɛbɛ ɓē muùt nyɛkĭnyɛ̄ i jòp lòŋnì nyɛ, ndik Pētrò nì Yòhanès nì Yàkobò, nì ìsaŋ hìŋgòndà nì nyàŋ. ⁵² Bɔɓasonā ɓa ɛɛ̀k nyɛ, ɓa lɔndɔ̂k; ndi Yesù à kāl lɛ, Nì ɛ̀ɛ̀ ɓāŋ; à ŋ̀wɔ ɓée, à yè ndik hīlɔ̄. ⁵³ Nì ɓɔ ɓa nɔ̄l nyɛ, inyŭlē ɓa yī lɛ̄ à ŋ̀wɔ. ⁵⁴ Nì nyɛ à pemes ɓɔɓasonā, ni nyɛ à gwɛ́l nyɛ wɔ̀ɔ, à sebèl, à kāl lɛ, A ŋgòndà, tɛlɛp. ⁵⁵ Nì mbuu wee u têmb nyēnī, nì nyɛ à tɛlɛp bitēebīloŋi; nì nyɛ à kāl lɛ ɓa ti nyē yɔ̀m jɛ. ⁵⁶ Bàgwâl ɓee ɓa ɛgɛ̀p; nì nyɛ à ɓehɛ ɓɔ lɛ ɓa kàl ɓāŋ mùt nyɛkĭnyɛ̄ jàm li mɓoŋà.

9

Ndàk jŏm nì iɓaà ɓa ŋkòs
Màt 10:5-15; Mar 6:7-13

¹ Nì nyɛ à kɔ̄t jom nì iɓaà, à ti ɓɔ lìpemba nì ŋgùy i ŋgìi mìmbuu mìmɓɛ ŋwɔminsonā, nì i mèlès màkɔ̀n. ² À ɔm ɓɔ i āŋaàl ànɛ̀ Nyambê nì i mèlès ɓàkɔ̀kôn. ³ À kāl ɓɔ lɛ, Nì kɛ̀na ɓǎŋ yɔ̀m yɔkĭyɔ̄ likɛ̀ linân, tɔ̀ ǹtɔŋgɔ, tɔ̀ ɓôt, tɔ̀ kɔ̀ga, tɔ̀ mòni; nì ɓana ɓǎŋ kì tɔ̀ bìsɔdi bíɓaà. ⁴ Tɔ̀ ìmbɛ ndap nì ŋ̀jôp, yèna mù, ni nyɔdnɛ kì mû. ⁵ Tɔ̀ ɓɔ̀njɛ ɓa nlɛɛgɛ ɓɛ ɓee, i ŋgèdà nì nnyɔ̄di mu ŋkɔ̀ŋ û, ni kŭmb lìpùm li bitɛ̀k maɓàl manân i ɓā mbògi inyùù yâp. ʲ ⁶ Nì ɓɔ ɓa nyɔdî, ɓa kɛ māmbay màmbay, ɓa aŋlàk Mìŋaŋ Mìnlam, ɓa mêlhàk màkɔ̀n hɔma nyênsonā.

Nyěmb Yòhanès Ǹsòblè
Màt 14:1-12; Mar 6:14-29

⁷ Nì ŋgɔmîn Hèrodè à nɔk inyùu màm mɔmasonā ma ɓā ɓoŋà; nì nyɛ à yɔ́m ŋgandàk, inyŭlē ɓàhɔgi ɓa ɓā kaàl lɛ Yòhanès à ǹtugē i kède ɓàwɔga; ⁸ ɓàhɔgi ɓɔ Èlià à m̀pam, ɓapɛ kî ɓɔ, wàda mu ɓāpōdoòl ɓa kwâŋ nyɛn à ǹtugē. ⁹ Nì Hèrodè à kāl lɛ, Mè bikīt Yohānès ŋ̀ŋɔ; ndi ǹjɛɛ nunu mè nnɔ̄k ndòŋ mâm ini inyùù yeē? Nì nyɛ à kahal yēŋ njɛɛ̄l i tēhɛ nyē.

Yesù à njēs dikoo di ɓôt ditân
Màt 14:13-21; Mar 6:30-44; Yòh 6:1-14

¹⁰ Bàoma ɓā těmb ɓǎŋ, ɓa aŋlɛ Yesù màm mɔmasonā ɓa ɓɔ̄ŋ. Nì nyɛ à yɔ̄ŋ ɓɔ, à ɓâgɓà, à kɛ hɔma ŋ̀kɔ̀ŋ ɓèɓèè nì ŋ̀kɔ̀ŋ wada lɛ Bètsaydà. ¹¹ Màmùt ma yī ɓǎŋ hālà, ma nɔ́ŋ nyɛ. Yesù à lɛɛgɛ ɓɔ, à kahal kwèles ɓɔ inyùu ànɛ̀ Nyambê; ɓa ī ɓā soòmblà lɛ ɓa mêlhana à melēs ɓɔ.

¹² Kɛl ì ɓa lɔ ɓǎŋ lē ì ŋkè, jŏm nì ɓaà ɓa lô, ɓa kāl nyɛ lɛ, Ŋwǎs lìmùt li kɛnēk māmbāy nì miŋkɔ̀ŋ mi ye ɓèɓèè, lɛ ɓa naŋāl, ɓa yeŋ bìjɛk; inyŭlē dì yè hana ŋɔ̀ŋ. ¹³ Ndi à kāl ɓɔ lɛ, Ɓèè tina ɓɔ̄ bìjɛk. Bɔ nyɛ lɛ, Dì gwèe ɓē ìlɔ̀ɔ bìkɔ̀ga bitân nì cɔ̀bi diɓaà, hànduk lɛ dì kɛ sōmboòl ɓôt ɓɔɓasonā bìjɛk. ¹⁴ Inyŭlē ɓoòlom ɓa ɓā jàm kìi ɓɔ̄ dìkoo ditân. Yesù à kāl ɓanigiìl ɓee lɛ, Yìha ɓɔ̄ bìtì bìtì, hi tî jàm kìi mòm matân. ¹⁵ Nì ɓɔ ɓa ɓɔ̄ŋ halà, ɓa yîs ɓɔɓasonā. ¹⁶ Yesù à yɔ̄ŋ

ʲLuk 9:5 MB 13:51

bikɔga bitân nì cɔ̀bi diɓaà, à nún ŋgiì, à sayáp gwɔ, à ɓɛk, à ti ɓanigîl ɓee lɛ ɓa loōs lìmùt. ¹⁷ Nì ɓɔ ɓa jɛɛ, ɓa nuu ɓɔɓasonā; nì ɓɔ ɓa ɓada biket bi yēglɛ jòm li bisɛ̀l nì biɓaà.

Petrò à mpāhal Yesù
Màt 16:13-19; Mar 8:27-29

¹⁸ I lēŋa lɛ à ɓa sɔɔhɛ̀ ɓăŋ līhīigà, ɓànigîl ɓee ɓa ɓâk nì nyɛ, à ɓât ɓɔ lɛ, Màmùt ma ŋkàl lɛ mè yē ǹjɛɛ? ¹⁹ Ba ĥimbhɛ lɛ, Yòhanɛ̀s Ǹsòblɛ̀; ɓàhɔgi ɓɔ, Èlià; ɓàhɔgi kî ɓɔ, wàda mu ɓāpōdoòl ɓa kwâŋ nyɛn à ǹtugè. ²⁰ Nì nyɛ à ɓât ɓɔ lɛ, Ndi ɓèe nì ŋkàl lɛ mè yē ǹjɛɛ? Nì Petrò à ĥimbhɛ lɛ, Ù yè Krĭstò nu Nyāmbɛɛ̀.

Yesù à mpɔ̄t bindĕē inyùu nyèmb yeè
Màt 16:20-28; Mar 8:30-38

²¹ Nì nyɛ à ɓehɛ ɓɔ, à kâl lɛ ɓa āŋlɛ ɓaāŋ mùt nyɛkĭnyē jàm lî; ²² à kâl lɛ, Măn mùt à ǹlama sɔn njɔnɔk inyùu ŋgàndàk màm, a cìlā nì mìmaŋ mi ɓôt nì bìprîsì bìkɛŋi nì ɓàyimbēn, a nola, ndi kɛl ì ǹyonos iaà a tŭglana. ²³ Nì nyɛ à kâl ɓɔɓasonā lɛ, Iɓālē mùt à nsòmbol nɔ́ŋ mɛ̀, a yóyɓa, a ɓɛgēɛ mbāsa yeē hi kɛl, ndi a nɔ́ŋ mè. ²⁴ Inyŭlē tònjɛɛ à nsòmbol tɔhɔl nôm yee, à ganīmis yɔ; ndi tònjɛɛ à ganīmis nɔɔ̀m yee inyùù yêm, nyɛn à gatɔ̄hɔl yɔ. ²⁵ I mɓāhlē ki muùt iɓālē à ǹkɔ́s ŋkɔ̀ŋ hisi wɔnsonā, ndi nyɛmède a nimîl tòlɛ à kidâ? ²⁶ Inyŭlē tònjɛɛ à ńwēl mɛ nì bìɓàŋga gwêm nyùu, nyɛn yàk Măn mùt à gawēl nyuu, i ŋgèdà à galŏl i kède lìpem jee, nì li Isāŋ, nì li aŋgèl pubi. ²⁷ Mè nhɔ̄mb ɓee hɔ̀dɔ lɛ, ɓôt ɓa tee hāna, ɓàhɔgi ɓa ganōgda yaga ɓe nyɛɛmb lɛtɛ̀ɛ̀ ɓa tɛhɛ anɛ̀ Nyambê.

Yesù à nhèŋhànà
Màt 17:1-8; Mar 9:1-8

²⁸ Jàm kìi ɓɔ̀ dìlɔ jwêm i mbūs màm mana, Yesù à yɔ̄ŋ Petrò nì Yòhanɛ̀s nì Yàkobò, à ɓɛt i ŋgìi hìkòa i sɔ̄ɔhɛ̀. ²⁹ À ɓa sɔɔhɛ̀ ɓăŋ, lìɓâk li su wee li hêŋhà, mbɔt yeē ì pop pumm, ì ɓàyàk. ³⁰ Ndi nŭnkì, ɓôt iɓaà, Mosè nì Èlià, ɓa kahal kwēl ni nyē, ³¹ ɓa pēmel ī kède lìpem, ɓa kahal pɔ̄t inyùu mànyɔdi mēe, ma à ɓa kɛ ī yōnoòs i Yèrusàlèm. ³² Petrò nì ɓôt ɓa ɓā lòŋnì nyɛ ɓa wɔ yaga hilɔ; ndi kìi ɓa ntodè, ɓa tɛhɛ lipem li Yesù, nì ɓôt ɓɔ iɓaà ɓa ɓā ɓa tee lòŋnì nyɛ. ³³ I lēŋa lē, kìi ɓāna ɓa ŋkahal ɓagla ni Yēsù, Petrò à kâl nyɛ lɛ, À Sɔŋ, i ye ɓès lɔŋɛ ī ɓā hāna; di ɔŋ bìlap biaâ, wɛ yada, Mosè yada, Èlià kì yada. À ɓa yi ɓē jaàm à mpɔ̄t. ³⁴ À ɓa pɔt ɓăŋ hālā, ɔ̀nd i lô, i ho ɓɔ; nì ɓɔ ɓa kɔ̄n wɔŋi i ŋgèdà ɓa jùbul mū ɔ̀nd. ³⁵ Nì kiŋ ì pemel mu ɔ̀nd ì kâl lɛ, Nunu à yè Màn wêm nu gwēhaà; ɛmblana nyē. ³⁶ Kiŋ ì nooga ɓăŋ, ɓa kɔba ndik Yēsù nyɛtāma. Nì ɓànigîl ɓa mɔm ŋwɛɛ, ɓa āŋlɛ ɓē muùt nyɛkĭnyē dilɔ diì màm ɓa tɛhɛ.

Yesù à mmèles hilɔga hi mbuu m̀ɓɛ
Màt 17:14-21; Mar 9:14-29

³⁷ Kɛl ì nɔ̄ŋ hà, ɓa sös ɓăŋ hìkòa, lìmùt lìkɛŋi li kɛ ī ɓɔ̀mà Yesù. ³⁸ Ndi nŭnkì, mùt wàda i kède lìmùt à pɔt makɛŋi lɛ, À Lêt, mɛ̀ ńyɛmhɛ wɛ lē u ɓɛŋgē màn wêm mùùnlom, inyŭlē à yè pɔ̀mbè yèm mǎn. ³⁹ Mbuu u yè u gwēl nyē, à kahal lɔ̄nd, u soghàk nyɛ,

bìhus bi pamâk, u pala ɓe nyɔdî, u lohlàk nyɛ ɓēba. ⁴⁰ Mè ǹsɔɔhɛ ɓanigîl ɓɔŋ lɛ ɓa pemes wō, ndi ɓa nla ɓēe. ⁴¹ Nì Yesù à tîmbhɛ lɛ, À hyây hi ŋgîtɔbhemlɛ̀, nì hi ŋkàgdà, mɛ nɔ̄m lā i ɓĕnī, nì honɓà kì ɓèe? Lɔ̀na màn wɔ̄ŋ hana. ⁴² À ɓa kôgɛ̀ ɓăŋ, mbuu m̀ɓɛ u ɓɛs nyɛ hisī, u sogos yaga nyɛ nì ŋgùy. Ndi Yesù à kond mbuu u nyɛgā, à m̀mɛlēs maaŋɛ, à ti nyɛ ìsaŋ. ⁴³ Nì ɓɔɓasonā ɓa ɛgēp inyùu ɓày i lipem li Nyambê.

Yesù à ŋkòndɛ lɛgēl ŋgaān nyɛ̀mb yeè

Màt 17:22-23; Mar 9:30-32

Ndi ki ɓɔ̄ɓasonā ɓa ŋgi hɛlêk inyùu màm mɔmasonā Yēsù à ɓa ɓɔ̄ŋ, à kāl ɓanigiìl ɓee lɛ, ⁴⁴ Ŋwàha bīɓàŋga bini bi jɔ̄p māō manaàn: Măn mùt à gatīna i mɔ̀ɔ ma ɓot. ⁴⁵ Ndi ɓa tībil ɓē nɔk lipōdol lini, li ɓā li solī ɓɔ̄ lɛ ɓa yī ɓaāŋ jɔ̄; ɓa kɔ̀n kì wɔ̀ŋi i ɓàt nyɛ inyùu lìpodol lini.

Ǹjɛɛ à nlɔ̀ɔ

Màt 18:1-6; Mar 9:33-37

⁴⁶ Nì pèènà i kwɔ ī kèdɛ yáp lɛ tɔ̀ɔ ǹjɛɛ à nlɔ̀ɔ. ⁴⁷ Yesù à tɛhɛ ɓăŋ pèènà miŋēm ŋwap, à yɔ̄ŋ ndeèk màaŋɛ, à tee yɔ pāŋ yeē, ⁴⁸ à kāl ɓɔ lɛ, Tònjɛɛ à ńyɔ̀ŋ i ndèk màaŋɛ ìni i jòy jêm, wɛ̀ɛ à ńyɔ̀ŋ mê; ndi tònjɛɛ à ńyɔ̀ŋ mê, wɛ̀ɛ à ńyɔ̀ŋ ŋwet à biɔ̄m mɛɛ̀; inyŭlē nu à nlòòha bitidigi i kèdɛ ɓèè ɓɔɓasonā, nyɛ yaga nyɛn à gaɓā nuùŋkɛŋi.

Mùt à ŋkɔ̀lɓa ɓe ɓee à yè ŋgăm nàn

Mar 9:38-40

⁴⁹ Yòhanès à kāl nyɛ lɛ, À Sɔŋ, dì bitēhɛ muùt wàda à mpēmhɛnɛ mimbuu mìmɓɛ i jòy jɔŋ; ndi dì bisòŋa nyɛ, inyŭlē à ɓe nɔ̄ŋ ɓe wɛ nì ɓɛs. ⁵⁰ Ndi Yesù à kāl nyɛ lɛ, Nì sòŋa ɓăŋ nyē; inyŭlē nu à ŋkɔ̀lɓa ɓe ɓee à yè ŋgăm nàn.

Mbay ɓòt ɓa Samàrià yàda ì nlēɛgɛ ɓe Yesù

⁵¹ I lēŋa lē, dìlɔ di mayòŋà mee ŋgìì di ɓāambɛ ɓăŋ, à tee ndik sū wee i kè i Yèrusàlèm. ⁵² À ɔm ɓôt ɓa ŋwîn bisū gwee; nì ɓɔ ɓa kê, ɓa pam mbāy ɓòt ɓa Samàrià yàda lɛ ɓa kōɓa īnyùù yeè. ⁵³ Ndi ɓa lēɛgɛ ɓē nyɛ, inyŭlē à tee sū wee i kè i Yèrusàlèm. ⁵⁴ Kìi ɓanigîl ɓee Yakōbò nì Yòhanès ɓa ntɛhɛ halà, ɓa kāl lɛ, À Ŋwet, ɓàà di kāl lɛ hyèè hi lɔɔ̄ ŋgìi, hi siiha ɓɔ̄? Kìkìi yàk Èlià à ɓɔ̆ŋ? ⁵⁵ Yesù à hyɛlɓà, à kond ɓɔ, à kāl lɛ, Nì ńyī ɓe kinjē ndòŋ mbuu nì yè. ⁵⁶ Inyŭlē Măn mùt à bilɔ̀ ɓe i cē nìŋ ɓôt, ndik ī tɔ̄hɔ̀ɔl ɓɔ. Nì ɓɔ ɓa kɛ mbāy ìpɛ.

Ɓònjɛ ɓa nlà nɔ̄ŋ Yesù

Màt 8:19-22

⁵⁷ Ba ɓā kɛ ɓăŋ njèl, mùt wàda à kāl Yesù lɛ, Mè ganòŋ wɛ tɔ̀ hɛ yaga ù ŋkɛ̀. ⁵⁸ Nì Yesù à kāl nyɛ lɛ, Ndɔn i gweē bìhok, yàk dìnùni di ŋgiī di gweē mùmbul, ndi Măn mùt à gwèe ɓē hɔma i nìŋnɛ ŋ̀ɔ wee.

⁵⁹ À kāl ki nùmpɛ lɛ, Nɔ̆ŋ mè. Ndi à kāl lɛ, À Ŋwɛt, ŋwǎs ndūgi mɛɛ̀, mɛ kɛē, mɛ joō tàtâ. ⁶⁰ Ndi Yesù à kāl nyɛ lɛ, Ŋwǎs mìm mi jōk mìm ŋwap; ndi wɛ̀ kɛ̀nɛk ī āŋaàl ànɛ̀ Nyambê.

⁶¹ Yàk nûmpɛ a kāl lɛ, À Ŋwɛt, mɛ̀ ganòŋ wê; ndi ŋwǎs ndūgi mɛɛ̀, mɛ kɛē, mɛ cɛlēl ɓòt ɓa ye mbāy yɛɛ̀m. ⁶² Yesù à kāl nyɛ lɛ, Mùt nyɛkĭnyē à ŋgwèl kêy i ntēm hisi i wɔ̀ɔ wee, ndi à ɓèŋgèɡɛ mbus, à kòli ɓē inyùu ànɛ̀ Nyambê.

10

Ndàk mòm masâmbɔk ma ɓanigîl ɓa ŋkòs

Màt 9:37-38; 10:7-16; Mar 6:8-11; Luk 9:3-5

¹ I mbūs màm mana, Ŋwèt a tee mom masâmbɔk màpɛ [mbòk iɓaà,] à ɓugūs ɓɔ iɓaà iɓaà hi ŋkɔ̀ŋ nì hi hɔma i hɛ̌t nyēmɛ̀dɛ à gayīk pam. ² À kâl ɓɔ lɛ, Lìɓùmbùl li ye lìkɛŋi, ndi ɓàɓɔ̀ŋǹsɔn ɓa ye ndèk. Jɔn sɔ̄ɔhana Ŋwèt liɓùmbùl, lɛ a ɔm ɓàɓɔ̀ŋǹsɔn liɓùmbùl jee. ³ Kènga, nùnakì, mɛ̀ ŋɔm ɓee kìkìi ɓɔ̀n ɓa mintomba i kède njèe. ⁴ Nì yɔ̀ŋ ɓáŋ tɔ̀ kwà, tɔ̀ ɓɔ̀t, tɔ̀ bìtamb; nì yèga ɓáŋ mùt i njɛ̀l. ⁵ Tɔ̀ ìmbɛ ndap nì njòp, kàla ndūgi lɛ, Ǹsàŋ u ɓa nì ndap ìni. ⁶ Iɓālē mǎn ǹsàŋ à yè mû, ǹsàŋ nân u gaɓā i ŋgìì yeè; ndi iɓālē à tà ɓee, u gatèmb ki ɓēnī. ⁷ Yèna mū ndāp ì, nì jêk, nì ǹnyɔ̂k gwɔ̀m ɓa ntī ɓee; inyǔlē m̀ɓɔ̀ŋǹsɔn à kòli nì ǹsaâ wee.^k Nì kɛ̀nɛk ɓáŋ māndāp màndap.

⁸ Tɔ̀ ûmbɛ ŋkɔ̀ŋ nì ǹjòp, ndi ɓa lɛɛgɛ ɓee, jena gwɔ̀m ɓa nteenɛ ɓee bisū. ⁹ Nì mèlhàk ɓàkɔ̀kɔ̌n ɓa ye mù, nì kàlàk ɓɔ lɛ, Ànɛ Nyambɛ ī ye ɓèè ɓɛbɛ̀ɛ̀. ¹⁰ Tɔ̀ ûmbɛ ŋkɔ̀ŋ nì gajòp, ndi ɓa lɛɛgɛ ɓe ɓee, kèna mānjɛ̀l mee, ni kâl lɛ, ¹¹ Dì ŋkùmbul ɓee yàk lìpùm li bitèk li ŋkɔ̀ŋ nân li lī ŋadɓɛs maɓàl; tɔ̀ halā yàa, yina lē ànɛ Nyambɛ ī ye ɓèɓɛ̀ɛ̀. ¹² Mɛ̀ ŋkàl ɓee lɛ, Sodòm ì gakòs lɔŋgɛ yɔ̀kɛl ìlɔ̀ɔ̀ ŋkɔ̀ŋ û.

Ŋgɔɔ nì mìŋkɔ̀ŋ mi nhyèl ɓe miŋem

Màt 11:20-24

¹³ Ŋgɔɔ nì wè, à Korāsìn! Ŋgɔɔ nì wè, à Bêtsaydà! Inyǔlē ɓalɛ ɓɔ ndi mìmpemba mi mâm mi bigwèla i ɓēnī mi gwelā i Tîr nì Sidòn, ki ɓā hyɛ̌l mìŋɛm ɓêhɛɛ, ɓa haba minsùgut, ɓa kobɓa liɓu. ¹⁴ Ndi i ŋgwà mbagī Tìr nì Sidòn ɓa gakòs lɔŋgê ìlɔ̀ɔ̀ ɓèe. ¹⁵ Yàk wè, à Kapērnāùm, ɓàa ù ganyɔ̄gɔp lɛtɛ̀ɛ̀ nì i ŋgìì? Ù gasòs lɛtɛ̀ɛ̀ nì i Hādè. ¹⁶ Mùt à ŋēmblɛ ɓee, wɛ̀ɛ à ŋēmblɛ mɛ̀ɛ; nu à ncèl ɓee, wɛ̀ɛ à ncèl mê; nu à ncèl mê, wɛ̀ɛ à ncèl ŋwɛt à biɔ̄m mɛ̀ɛ.

Màtèmb ma mòm masâmbɔk ma ɓanigîl mbòk iɓaà

¹⁷ Nì mòm masâmbɔk [mbòk iɓaà] ma ɓanigîl ma tɛ́mb ni màsee, ɓa kâl lɛ, À Ŋwɛt, yàk mìmbuu mìmɓɛ mi nsuhūs ŋwɔmɛ̀dɛ i sī yeês inyùu jòy jɔŋ. ¹⁸ Nì nye à kâl ɓɔ lɛ, Mè tɛhgɛ Saatàn à nlòl i ŋgìi, à kwɔ ī sī kìkìi ŋwègŋwèk. ¹⁹ Nùnakì, mɛ̀ m̀mál ti ɓee ŋgùy i kīdɓɛ nyɔɔ nì dìèè, nì i ŋgìì lìpemba li ŋɔɔ jɔlisonā; ŋgɔ jàm jɔkĭjɔ̄ li gaɓɔ̀ŋ yaga ɓe ɓee jàm. ²⁰ Ndi tɔ̀ halà, nì kɔ̀n ɓáŋ màsee lɛ mìmbuu mi nsùhus ŋwɔmɛ̀dɛ i sī nân; ndi kɔ̀na màsee lɛ mòy manân ma ye ǹtĭlɓàgà i ŋgìi.

Yesù à nlòòha kɔ́n masee

Màt 11:25-27; 13:16-17

²¹ I ŋgèdà ì yɔ̀mɛ̀dɛ yɔ̌n Yēsù à lòòha kònol masee i Mɓūu M̀pubi, à kâl lɛ, Mè ńyèga wê, à Tâ, Ŋwèt ŋgìì

---

^k Luk 10:7 1Tìm 5:18

nì hìsi, lɛ ù sòo ɓòt ɓa pêk nì ɓàyimàm màm mana, ɓɛ̌t ù sɔ́lɛnɛ mɔ mìŋkeŋee mi ɓɔn; ŋ̀ŋ, à Tâ, halā à bilēmel wɛɛ̀. ²² Tàta à ti mɛ̀ màm mɔmasonā; mùt nyɛkǐnyē à ɲ́yī ɓe njɛɛ Mǎn à yè, ndik Ìsaŋ; tɔ̀ ǹjɛɛ Ìsaŋ à yè, ndik Mǎn, nì nu Mǎn à ŋ̀kit i sɔ̀ɔ̀lɛ̀nɛ̀ nyɛ. ²³ Nì nye à hyɛ́lɓa hɛ̌t ɓànigîl ɓa ɓānɛ, à kâl ɓɔ ɓɔtāma lɛ, Mìs ma ntēhɛ maàm nì ntēhɛɛ̀ ma ye ǹsǎyɓàk. ²⁴ Inyŭlē mɛ̀ ŋkàl ɓee lɛ ŋgàndàk ɓàpodôl nì bìkiŋê ŋgǒŋ ì ɓa ì gwèe ɓɔ́ i tēhɛ màm ɓèe nì ntēhɛɛ̀, ndi ɓa tēhɛ ɓē mɔ; nì i nɔ̄k màm ɓèe nì nnɔ̄k, ndi ɓa nɔ̄k ɓē mɔ.

Lɔŋge mùt i Samārìà
Màt 22:34-40; Mar 12:28-31

²⁵ Nì ǹyimbēn wadā a tɛlɛp i nɔ̀ɔ̀dè nyɛ, à ɓàt lɛ, À Lêt, mɛ ɓɔ́ŋ kīi i kòdòl nìŋ ɓɔgā? ²⁶ Yesù à kâl nye lɛ, Ki i ye ǹtílɓàgà i mbēn? Ù ŋ́āŋ laa? ²⁷ Nì nye à tǐmbhe lɛ, Ù gwehêk Ŋwɛ̀t lɛ Nyambɛ wɔ̀ŋ nì ŋ̀ɛm wɔŋ wɔnsonā, nì nɔ̀m yɔŋ yɔsonā, nì ŋgùy yǒŋ yɔ̀sonā, nì màhɔŋôl mɔŋ mɔmasonā; nì mùt wɔ̌ŋ lìɓok kìkìi wèmède.¹ ²⁸ Yesù à kâl nye lɛ, Ù ǹtímbhe lɔŋgɛɛ̀; ɓɔ́ŋ halā, ndi ù ganǐŋ. ²⁹ Ndi nyɛ ni i sòmɓòl ùnda lɛ nyɛmède à tee sēp, à ɓàt Yesù lɛ, Ǹjɛɛ à yè mùt wèm lìɓok? ³⁰ Yesù à tǐmbhe lɛ, Mùt wàda à ɓa lôl i Yèrusàlèm i sòs i Yèrikò; à lɛmā i kède ɓòt ɓa ŋgadla, ɓa heā nyɛ mɓɔt, ɓa ɓep nye, ɓa nyɔdî, ɓa yek nye ɓèɓèè nì nyèmb. ³¹ I soŋha lɛ pr̃ìsì yàda ì ɓa sôs njɛ̌l ì; ì tɛhɛ ɓǎŋ nyē, ì ɓâmblè. ³² Halā kì nyɛn yàk mǎn Lòk Levì à pam ɓǎŋ hà, à tɛhɛ nye, à ɓâmblè. ³³ Ndi mùt Sàmarìà wàda, à ɓa kɛnèk nhyōmok, à pam hɛ̌t à

ɓanɛ, à tɛhɛ ɓǎŋ nyē, à kɔ́nha nyɛ ŋgɔ̀ɔ, ³⁴ à kɔ́gɛ nyēnī, à sǔm bikwèè gwee, à kop gwɔ mòò nì wây; à yís nye i nùga yee, à kɛnā nye ndáp ɓàkɛn, à teeda nyɛ. ³⁵ Kɛl ì ye ɓǎŋ à sɔdɔl denàrìò iɓaà, à ti ŋwɛt ndap ɓàkɛn, à kâl lɛ, Teeda nyē; tɔ̀ kinjē jàm ù nsɛ̀m ìlɔ̀ɔ hâ, mɛ̀ nyɛn mɛ̀ gatìmbhɛ wɛ jɔ̄ matìmbil mêm. ³⁶ Ɓòt ɓana ɓaâ, ǹjɛɛ ù nhɔ̌ŋɔl lɛ à ɓɔ̌ŋ mùt à lɛ̀ma ī kède ɓòt ɓa ŋgadla kìkìi mùt lìɓok à ǹlama ɓɔ̌ŋ? ³⁷ Ǹyimbēn à kâl lɛ, Nu à kɔ̌n nyē ŋgɔ̀ɔ. Yesù à kâl nye lɛ, Yàk wɛ kɛnɛk, ɓɔ́ŋ hālà.

Yesù à ɲ́yūuga Martà ɓɔ Màrià

³⁸ Ɓa ɓā kɛ ɓǎŋ njèl, à pam mbāy yadā; mùdàà wadā lɛ Martà à yɔ́ŋ nye ndáp yeè. ³⁹ À ɓa à gwèe mànyáŋ nu mùdàa jòy jee lɛ Màrià; nyɛ kî à yěn hīsī makòò ma Ŋwɛt, à emblègè ɓàŋga yee. ⁴⁰ Martà, nu à pàgap nì ŋgàndàk ǹsɔn, à lɔ̂, à kâl lɛ, À Ŋwɛt, ɓàà halā à tà ɓe we jàm lɛ mǎnkēē nu mùdàa à ǹyigle metāma ǹsɔn? Jɔn kǎl nyē lɛ a hola mɛ̀. ⁴¹ Ŋwɛt a tǐmbhè, à kâl nye lɛ, À Martà, à Martà, wɛ̀ ù ntòŋ nì ɓòmɓa inyùu ŋgàndàk màm; ⁴² jàm jada jɔn li nsòmblà. Màrià à ǹtep lɔŋge ŋgāɓà, ì ì gayòŋa ɓe nyɛ.

11

Bìniigana bi Yesù inyùu màsɔɔhè
Màt 6:9-15; 7:7-11

¹ Kɛl yadā à ɓa sɔɔhè mu hɔma wadā, à mǎl ɓǎŋ, ǹnigîl wèè wadā à kâl nye lɛ, À Ŋwɛt, niiga ɓès i sɔ̄ɔhɛ̀, kìkìi yàk Yòhanès à biniiga ɓanigiìl ɓee. ² Nì nye à kâl ɓɔ lɛ, I ŋgèdà nì

---

¹Luk 10: 27 NM 6:5; LL 19:8

nsɔ̄ɔhɛ̀, kàla lɛ, À Tatā wɛ̀s nu ù yɛ̀ i ŋgìi, jòy jɔŋ li pubhana, ànɛ̀ yɔŋ i lɔɔ̄, sòmbòl yɔŋ i ɓoŋā hīsī kìkìi ī ŋgìi. ³ Ti ɓès kɔgā yes i kolì nì ɓès hi kɛ̄l, ⁴ ŋwèhel ɓès biɓeba gwes, inyŭlē yàk ɓès ɓɔmɛ̀dɛ kî dì ŋŋwèhel hi mût à gwèe ɓès pil. Ù ŋwàs ɓáŋ ɓès lɛ di kwɔɔ̄ mànɔ̀ɔ̀dànà; ndi tɔhɔl ɓès inyùu mùt m̀ɓɛ.

⁵ À kâl ki ɓɔ̄ lɛ, Njɛɛ nân à gwèe lìwanda, ndi li kɛ nyēnī ni ŋ̀ɛm u, li kâl nyɛ lɛ, À ŋgwa yɛ̀m, pòos mɛ̀ bìkɔ̀ga biaâ, ⁶ inyŭlē lìwanda jêm jada li nlôl likè, li ye ī mɛ̆nī, ndi mɛ̀ gwèe ɓē mɛ yɔ̀m i tī nyē, ⁷ nì nyɛ à tímbhɛ nyɔɔ̄ kèdɛ, à kâl lɛ, Ù tèèŋga ɓáŋ mɛ̀; ŋwɛ̀mɛl u yibī hānaànɔ, mɛ̀ nì ɓɔ́n ɓêm kì dì nìŋi ī nàŋ; mɛ̀ nlà ɓe mɛ nyɔ̄di i tī wè bìkɔ̀ga, ⁸ Mɛ̀ ŋkàl ɓee lɛ, Tɔ̀ à ǹnyɔdi ɓe i tī nyē inyŭlē lìwanda jee lî, ŋgɔ inyùu njàmblà yèe à nnyɔ̄dìì, a ti tɔ̀ kii i nsòmbla ni nyē. ⁹ Mɛ̀ ŋkàl ɓee lɛ, Yàglana, ndi i gatīna ɓee; yeŋa, ndi nì galèba; kɔ̀ɔ̀dana, ndi i gayìblana ɓee. ¹⁰ Inyŭlē hi muùt à ńyàgàl, à ŋkòs; nu à ńyēŋ, à nlèbà; nu kì à ŋkɔ̀ɔ̀dɛ̀, i gayìblana nyɛ. ¹¹ Nûmbɛ isāŋ i kèdɛ nân à gatī man weē mùùnlom ŋgɔk, iɓālē à ǹyet nyɛ kɔ̀ga? Tɔ̀ iɓālē à ǹyet nyɛ hyɔ̀bi, à gatī nyɛ nyɔ̀ɔ* i yìhà hyɔ̀bi? ¹² Tɔ̀ iɓālē à ǹyet nyɛ lìcèè li kop, ɓàa à gatī nyɛ hyɛ̀ɛ̀? ¹³ I ɓā nī lɛ ɓèè ɓa nì yɛ ɓɔt ɓàɓɛ, nì ńyī ti ɓɔn ɓanaàn màkèblà màlam, ŋgɔ Ìsɔŋ nân nu à yɛ i ŋgìi à galòòha ti ɓôt ɓa ńyàgal nyɛ Mbūu M̀pubi.

Yesù nì Bèèlsebùl

Màt 12:22-30; Mar 3:19-27

¹⁴ Nì nyɛ à pemɛs mbuu m̀ɓɛ u ɓā mbūk. Mbuu m̀ɓɛ u pām ɓáŋ, mbuk ì kahal pɔ̄t, màmùt ma ɛgɛ̀p. ¹⁵ Ndi ɓàhɔgi mu ɓā kaāl lɛ, Nì ŋgùy Bèèlsebùl, ŋ̀ànɛ̀ mìmbuu mìmɓɛ, nyɛn à mpēmhɛnɛ mimbuu mìmɓɛ. ¹⁶ Bapɛ kî ɓa nɔ́dɛ nyɛ, ɓa sɔ́mblɛnɛ nyɛ yìmbnɛ i nlòl i ŋgìi. ¹⁷ Lakìi à ɓa yi màhɔŋɔ̂l map, à kâl ɓɔ lɛ, Hi ànɛ̀ i m̀ɓagla i kɔ̀lɓà yɔmɛ̀dɛ i ŋ̀òbì; yàk màndap ma m̀ɓūgnɛ nyɔɔ̄ i ŋgìi māpɛ. ¹⁸ I ɓā nī lɛ yàk Saatàn à m̀ɓagla i kɔ̀lɓà nyɛmɛ̀dɛ, ànɛ̀ yee i gatēlep ni laa? Inyŭlē nì ŋkàl lɛ mɛ̀ mpēmhɛnɛ mimbuu mìmɓɛ i ŋgùy Bèèlsebùl. ¹⁹ Iɓālē mɛ̀ mpēmhɛnɛ mimbuu mìmɓɛ i ŋgùy Bèèlsebùl, ɓɔ́n ɓanân ɓa mpēmhɛnɛ ŋwɔ i ŋgùy yɛ́ŋ? Jɔn ɓa gaɓānɛ ɓakeês ɓanân. ²⁰ Ndi iɓālē mɛ̀ mpēmhɛnɛ mimbuu mìmɓɛ ni hìnɔ̀ɔ̀ hi Nyambê, wɛ̀ɛ ànɛ̀ Nyambɛ ī nsuūmbɛ yaā i ɓɛ̆nī. ²¹ I ŋgèdà m̀pemba mût ŋ̀ɛŋgɓaga i jɔ̀ à ntāt mbay yeē, gwɔ̀m gwee bi ńyɛ̀n mboo; ²² ndi iɓālē mùt à nlɔ̀ɔ̀ nyɛ ŋgùy à ǹlô, à ɓembɛ nyɛ, wɛ̀ɛ à ŋkādal nyɛ bìjòl gwee bi gwêt gwɔbisonā à ɓodlak ŋɛm, a káp gwɔ̀m gwee bi ī mɓùma. ²³ Mùt à tà ɓe ŋgàm yêm, à ŋkɔ̀lɓa ndik mɛ̀; nu kì ɓès nyɛ̄ dì ŋkɔ̀t ɓee, à nsāa nsaàk.

Mbuu nyɛgā u ntɛ̀mb i ndāp

Màt 12:43-45

²⁴ I ŋgèdà mbuu u nyɛgā u nyɔdi i kèdɛ mùt, u nhyōm ɓahɔ̀ma ɓànumga i yɛ̄ŋ nɔ̀y, u ntēhɛ ɓaāŋ ɓē

---

*Luk 11: 11 Lòk Yudà nì ɓòt ɓàhɔgi ɓàpɛ ɓa njē ɓe nyɔɔ

yɔ, u kál lē, Mè ntèmb ki ndáp yɛèm hèt mè ǹlôl. ²⁵ Kìì u nlɔ̀, u ŋkɔ̄ba yɔ ǹsàhâk nì ǹtiblàk. ²⁶ Hanyēn u ŋkɛ̀, u yɔ́ŋ mìmbuu mìmpɛ minsâmbɔk, mi nlɔ̀ɔ́ wɔmɛ̀dɛ ɓeba, nì ŋwɔ mi jôp, mi yén mù; nì lìɓâk li mùt nu lī nsōk li ńyìla ɓeba ìlɔ̀ɔ́ li bisu.

Bàŋga masɔda

²⁷ I lēŋa lē, à ɓa pɔt ɓáŋ màm mana, mùdàà wadā i kède lìmùt à ɓedes kiŋ, à kál nyɛ lɛ, Lìɓùm li gwāl wè li ye ǹsǎyɓàk, nì meè ù nyuŋ! ²⁸ Ndi à kál lɛ, I ɓák lɔŋgɛ ī kàl lɛ, Ɓa ɓā nnōk ɓaŋgā i Nyambɛè, ɓa teedàgà kì yɔ ɓa ye ǹsǎyɓàk.

Hyày hìɓɛ hi ńyēŋ yiīmbnɛ
Màt 12:38-42; Mar 8:12

²⁹ Màmùt ma ɓā kɔɔ́dɓà ɓáŋ nyēnī, à kahal kàl lɛ, Hyày hini hi ye hyày hìɓɛ; hi ńyēŋ yiīmbnɛ; yìmbnɛ i gatīna ɓe hyɔ, ndik yìmbnɛ i Yonà. ³⁰ Inyūlē kìkìi Yōnà à yìla yìmbnɛ inyùu ɓòt ɓa Ninīvɛ̀, halā nyēn yàk Mǎn mùt à gaɓā inyùu hyày hini. ³¹ Kiŋɛmùdàa ì ŋwèlmbɔk ì gatēlep ŋgwà mbagī ni ɓòt ɓa hyày hini, ì gakwɛ̀s ɓɔ ǹkaa; inyūlē ì lŏl māsūk ma mbɔk ì nɔk pêk Sàlomò; ndi nùnakì, nu à nlɔ̀ɔ́ Salōmò à yè hana.ᵐ ³² Ɓòt ɓa Ninīvɛ̀ ɓa gatēlep ŋgwà mbagī ni hyày hini, ɓa gakwɛ̀s hyɔ ǹkaa; inyūlē ɓa hyɛ̌l mìŋɛm inyùu bìaŋlɛnɛ bi Yonà; ndi nùnakì, nu à nlɔ̀ɔ́ Yonà à yè hana.ⁿ

Tuŋgɛŋ nyuu
Màt 5:15; 6:22-23

³³ Mùt nyɛkĭnyē i ŋgèdà à ǹkuyē tuŋgɛŋ à ntēe ɓe yɔ lisɔ̀l, tɔ̀ ɓudɛ yɔ̄ hindāma, à ntēe ndigi yɔ̄ i ŋgìi tēenɛ le ɓòt ɓa njòp ɓa tɛhɛ màpubi. ³⁴ Jìs jɔŋ li ye tūŋgɛŋ nyuu yɔɔ́ŋ; i ŋgèdà jìs jɔŋ li ye mbōo, nyùù yɔ́ŋ yɔ̀sonā kìì ì ńyɔ̄n ni màpubi, ndi i ŋgèdà li ye lìɓɛ nyùù yɔ́ŋ kìì ì ńyɔ̄n ni jíɓɛ̀. ³⁵ Jɔn ù yihgɛ̀ lɛ màpubi ma ye ī kède yɔ́ŋ ma tiga yilā jiìɓɛ̀. ³⁶ Jɔn iɓālē nyùù yɔ́ŋ yɔ̀sonā ì ńyɔn ni màpubi, ì ɓana ɓe tɔ ndèk jíɓɛ̀, wɛ̀ɛ ì gayɔ̄n yaga ɓaŋ ni màpubi, kìkìi tūŋgɛŋ i mɓày ɓaàmm, i tinâk wè màpubi.

Yesù à ŋkōnd Farīsày nì ɓàyimbēn
Màt 23:1-36; Mar 12:38-40; Luk 20:45-47

³⁷ Ki à ŋgi pɔdɔ̂k, mùt Fàrisày wàda à sɔɔhɛ nyɛ lɛ a je ī nyēnī; nì nyɛ à jôp, à yén i jē. ³⁸ Mùt Fàrisày à tɛhɛ ɓáŋ lē à m̀ɓɔ́k ɓe ndugi pubus nyɛmɛ̀dɛ ìlɔ̀lɛ à njɛ, à hêl. ³⁹ Nì Ŋwèt a kál nyɛ lɛ, Ɓèè Farīsày, nì mpūbus mbus lìɓòndo nì mbus sēya, ndi kède nàn ì yoni nì ŋgadla nì ɓeba. ⁴⁰ À ɓee bijɔŋ bi ɓót, mùt à hɛ̌k tān, ɓàà nyɛn à hɛ̌k ɓē ki kède? ⁴¹ Tina gwɔ̀m bi bī ye mūkède makèblà; hanyēn màm mɔmasonā ma mɓā mapubi inyùu nàn.

⁴² Ŋgɔɔ nì ɓèe, à Farīsày! Inyūlē nì ntī yɔm yada i kède hī jom kìì ɓɔ kinjĭŋkēmbeè, ɓɔ̀ hìtègà, ɓɔ̀ hi kay, nì ŋ̀ŋwàhàk mbàgi sēp nì gweha Nyāmbɛè; nì ɓe lama ɓɔ̀ŋ mâm mana iɓaɓe ŋwàs maa mapɛ. ⁴³ Ŋgɔɔ nì ɓèe, à Farīsày! Inyūlē nì ŋgwɛ̀s biyèenɛ bi bisu mandáp ma mitìn, nì màyègà biɓòm. ⁴⁴ Ŋgɔɔ nì ɓèe! À ɓayimbēn nì Fàrisày, nì yè ɓòt ɓa bihèŋɓà! Inyūlē nì yè kìkìi sɔ̀ŋ i nnēnɛ ɓèe, nì ɓòt ɓa tagɓègɛ yɔ i ŋgìi,

---

ᵐLuk 11:31 1Ɓìk 10:1-10   ⁿLuk 11:32 Yon 3:5-10

ɓa yi ɓee. ⁴⁵ Hanyēn ɲyimbēn wadā à tìmbhɛ, à kāl Yesù lɛ, À Lêt, ŋgɔ ù nsɔ̀l yâk ɓès i ŋgèdà ù mpɔ̄t halà. ⁴⁶ Nì nyɛ à kāl lɛ, Ŋgɔɔ ni yàk ɓèè ɓayimbēn! Inyŭlē nì mɓèèga ɓôt màmbègèè ma ye ndùdù i ɓèɡèè, ndi ɓèèɓɔmèdɛ nì ntīs ɓe mɔ tɔ̀ nì hìnɔ̀ɔ̀ hinân hyada. ⁴⁷ Ŋgɔɔ nì ɓèe! Inyŭlē nì ŋɔ̄ŋ sɔɔ̀ŋ ɓàpodôl, ɓa ye lē ɓɔ̀sɔŋ ɓa nɔ̄l. ⁴⁸ Halā nyēn nì yè ɓàɓɔ̀k mbògi, nì ŋkèmhɛ minsɔn mi ɓɔsɔ̄ŋ; inyŭlē ɓɔ ɓa nɔ̄l ɓɔ̄; ndi ɓèe nì ŋɔ̄ŋ sɔɔ̀ŋ yap. ⁴⁹ Jɔn yàk pèk Nyambɛ ì kǎl lē, Mɛ̀ gaōmlɛ ɓɔ ɓàpodôl nì ɓàomâ; ɓa ganɔ̄l nì tèèŋgà ɓàhɔgi, ⁵⁰ lɛ màcèl ma ɓapodôl ɓɔɓasonā ma mā kūba ìlɔ̀ yaga biɓèe bi ŋkɔ̀ŋ hisi, ma ye lē ma ɓedā hyày hini, ⁵¹ ìɓòdòl màcèl ma Abèl lɛtèè nì macèl ma Sakàrià, nu à wɔ ī pōla jùù li bisɛsɛmà nì tempèl;º ŋ̂ŋ, mè ŋkàl ɓee lɛ ma gaɓèda hyày hini. ⁵² Ŋgɔɔ nì ɓèe, à ɓayimbēn! Inyŭlē nì bihèa hilìbà hi yi; ɓèèɓɔmèdɛ nì bijɔ̀p ɓee, nì kɛŋ ki ɓā ɓā ɓèè ɓa nhɛɛ jôp.

⁵³ Ndi à ɓe kâl ɓăŋ ɓɔ̄ màm mana, ɓàyimbēn nì Fàrīsày ɓa kahal nyēgha nyɛ nyùu nì sùù nyɛ lɛ a pɔt ŋgàndàk màm, ⁵⁴ ɓa ambâk nyɛ i gwèl jàm li mpēmel i nyɔ̀ wee, lɛ ndi ɓa laā ōm nyɛ ǹsɔ̀hi.

12

Màɓehna i kɔ̀lɓà bìhèŋɓà

¹ Dìdùn ndi didùn i kède lìmùt di kɔ̀dɓa ɓăŋ hā ŋgèdà ì, ɓa kidɓànàgà, nì nyɛ à ɓôk ndugi à kāl ɓanigìɫl ɓee lɛ, Nì yihgè inyùu sèŋha i Farīsày, yɔn i ye bìhèŋɓà. ² Jàm jɔkĭjɔ̄ li huli ɓē lɛ li gahūulana ɓee, tɔ̀ sɔ̀lɔ̀p lɛ li gayīna ɓee. ³ Jɔn tɔ̀ kinjē nì bipōdol i jīɓè ni ganōoga mapūbi; jàm li bisɔ̀ɔ̀gana ō i kède bitùŋ li ga-āŋlana mɓàmba.

Mùt dì ǹlama kɔ́n wɔŋi

Màt 10:24-31

⁴ À mawanda mêm, mè ŋkàl ɓee lɛ, Nì kɔ̀n ɓǎŋ ɓòt ɓa nnɔ̄l nyuu wɔŋi, ndi i mbūs ɓa nlà ɓe ɓɔ̄ŋ jaàm lìpɛ. ⁵ Mè ŋēba ɓee nū nì kòli kɔ̀n wɔŋi. Kɔ̀na nyē wɔŋi, nu ī ŋgèdà à m̀māl nɔl, à gwèe ŋgùy i lèŋ i gèhenà;ᵖ ŋ̂ŋ, mè ŋkàl ɓee lɛ, Kɔ̀na nyē wɔŋi. ⁶ Ɓàà ɓa nnùŋul ɓe diŭnà ditân kaɓā? Tɔ̀ hyada ni mû hi nhōyɓa ɓe i mìs ma Nyambê. ⁷ Ŋgɔ yàk còŋ dinân di ŋɔ cɔdisonā yaga di ŋēŋaà. Nì kɔ̀n ɓǎŋ wɔŋi; nì nlɔ̀ɔ̀ ŋgandàk diŭnà.

Pahâl Krĭstò bisū bi ɓoòt

Màt 10:32-33; 12:32; 10:19-20

⁸ Mè ŋkàl ɓee lɛ, Hi mût à mpāhal mɛ bīsū bi ɓoòt, yàk Mǎn mùt à gapâhal nyɛ bisū bi aŋgèl Nyambê; ⁹ ndi nu à ntāŋɓa mɛ bīsū bi ɓoòt, yàk nyɛ ɓa gatāŋɓa nyɛ bisū bi aŋgèl Nyambê. ¹⁰ Hi mût à gapɔ̄t ɓaŋgā i kòlɓà Mǎn mùt, i gaŋwèhlana nyɛ; ndi nu à ŋ̀òbos Mbuu M̀pubi joy i gaŋwèhlana ɓee. ¹¹ I ŋgèdà ɓa ŋkèna ɓee mandàp ma mitìn, nì bisū bi ɓaànɛ nì ɓèt mbɔk, nì tòŋ ɓăŋ lɛ̄laa nì gakāa, tɔ̀ kii nì gapɔ̄t; ¹² inyŭlē Mbuu M̀pubi à ganīiga ɓee ha ŋgēŋ ì yɔ̀mèdɛ jàm nì kòli pɔ̄t.

ºLuk 11:51 Bìɓ 4:8-10; 2Mìŋ 24:20-22

ᵖLuk 12:5 Ɓèŋɛ Màt 5:22

Ŋgèn inyùu jōŋ ŋgwàŋ mût

¹³ Nì mùt wàda mu līmùt à kál nyɛ lɛ, À Lêt, kǎl mǎnkēē lɛ ɓěhnà nyɛ di kábna ɓūm. ¹⁴ Yesù à kál nyɛ lɛ, À mût, njɛɛ à bitēe mɛ ŋ̀keês tɔ̀ ŋ̀kàp i ŋgìi nân? ¹⁵ Nì nyɛ à kál ɓɔ lɛ, Nì yihgɛ̀, nì tadâk kì ɓèèɓɔmɛ̀dɛ inyùu hêp yɔsonā; inyǔlē nɔ̀m mût i tanɛ̀ ɓe inyùu ŋgàndàk gwǒm à gwèe. ¹⁶ Nì nyɛ à kenē ɓɔ ŋgèn, nyɛ ɓɔ lɛ, Hìsi hi ŋgwàŋ mût wada hi hā ŋgàndàk bìjɛk; ¹⁷ nì nyɛ à hɔŋɔl i kède yeē, à kál lɛ, Mɛ̀ gaɓɔ̀ŋ laa, inyǔlē mɛ gwèe ɓē mɛ hɔ̀ma i ɓīinɛ bìjɛk gwêm? ¹⁸ Nì nyɛ à kál lɛ, Haana nyɛn mɛ̀ gaɓɔ̀ŋ: mɛ̀ gaɓôk mandùgi mêm, mɛ ɔŋ màkɛŋi; mu nyēn mɛ̀ gaɓīinɛ bijɛk gwɛèm gwɔbisonā nì gwɔ̀m gwêm. ¹⁹ Ha nī nyɛn mɛ̀ gakàl ŋɛm wêm lɛ, À ǹ̀ɛm, ù gwèe ŋgàndàk gwɔ̌m ǹ̀teedàgà inyùu ŋgàndàk ŋwii; nɔ̀yɔk, jɛk, nyɔk, hàgak. ²⁰ Ndi Nyambɛ à kál nyɛ lɛ, À joŋ mût, wɔ ūnu ū ɓa gasòmblɛnɛ we ǹ̀ɛm wɔŋ; ndi gwɔ̌m ù bikòòbàgà bi gaɓā gwēn? ²¹ Mùt à ŋkòòbana nyɛmɛ̀dɛ màsòò ma ŋkùs ndi à ɓa ɓe ŋgwàŋ i pɛ̀s Nyambê, nyɛ kî à yɛ hàlà.

Ndùŋa
Màt 6:25-34

²² Nì nyɛ à kál ɓanigiìl ɓee lɛ, Jɔn mɛ̀ ŋkɛ̀lel ɓee lɛ, Nì tɔ̀ŋ ɓáŋ inyùu nɔ̀m nân, inyùu yɔ̌m nì gajē, tɔ̀ inyùu mànyùu manân lɛ nì gahāba kii. ²³ Inyǔlē nɔ̀m i nlɔ̀ɔ bijɛk, yàk nyǔu ì nlɔ̀ɔ bièŋg. ²⁴ Bɛ̀ŋgnana kì bìɓɔ̀bɔ̀ŋ: bi nsāl ɓē tɔ̀ ɓùmbùl, bi gwēē ɓē pɔɔk tɔ̀ ndùgi; ndi Nyambɛ à njēs gwɔ. Ŋgɔ ɓèe nì nlɔ̀ɔ dinùni ŋgàndàk màlòo! ²⁵ Ǹjɛɛ nân à yè lɛ à la ēɓes ntɛl wee tɔ̀ kìi hìkɛŋee hi wɔɔ inyùu ndùŋa yeē? ²⁶ I ɓā nī lɛ nì nlà ɓe ɓɔ́ŋ tɔ hìsìsiī hi jaàm, inyǔkī nì ntòŋ ni màm màpɛ? ²⁷ Nùnakì bìlàlâŋ kìi bi ŋgwèl ɓe nsɔn tɔ̀ hyɔs dìkòò; ndi mɛ̀ ŋkàl ɓee lɛ, tɔ̀ Sàlomò nyɛmɛ̀dɛ yaga i kède lìpem jee jɔlisonā à ɓa ɛŋgɛ̀p ɓe kìkìi làlàŋ yada mû.ᵠ ²⁸ Iɓālē Nyambɛ à ǹ̀ɛŋg maɓuy ma bikay halà, ma mā ye lèn, ndi yàni ma nlèŋa i jùu, à ɓee ɓa hemlɛ̀ tidigi, ɓàa à tà ɓe lɛ à ɛ̄ŋg ɓee ìlɔ̀ɔ halà? ²⁹ Nì yeŋ ɓáŋ yɔ̌m nì gajē, tɔ̀ yɔ̌m nì ganyɔ̄, nì tòŋ ɓáŋ kì tɔ̀. ³⁰ Inyǔlē bìlɔ̀ŋ bi ŋkɔ̀ŋ hisi bi ńyēŋ gwɔ̌m bini gwɔbisonā; ndi Ìsɔŋ nân à ńyī lɛ gwɔ̀m bini bi nsòmblana inyùu nân. ³¹ Yeŋa ndùgi anɛ̀ Nyambê, ndi gwɔ̀m bini gwɔbisonā bi gakòndnana ɓee.

Màsòò ma ŋkùs i ŋgìi
Màt 6:19-21

³² À ɓembā tīdigi, nì kɔ̀n ɓáŋ wɔ̀ŋi, inyǔlē i nlemel Isɔ̄ŋ nân i tī ɓèè anɛ̀ yee. ³³ Nùŋlana gwɔ̌m nì gwèe, ni ti màkèblà. Oŋlana ɓèèɓɔmɛ̀dɛ bìkwà bi ŋ̀ùn ɓee, gwɔn bi ye lìsòò li ŋkùs i ŋgìi, li līi mmàl ɓee, hɔ̀ma mùt wǐp à ŋkòòge ɓe ɓèɓèè, tɔ̀ dìtataŋga di ŋ̀òɓos ɓee. ³⁴ Inyǔlē hɔ̀ma lìsòò linân li ŋkùs li yenɛ̀, ha kì nyɛn yàk mìŋɛm minân mi mɓānɛɛ̀.

Mìŋkɔ̀l mi ńyèn peè
Màt 24:43-51

³⁵ Bìɓòbôk binân bi ɓa ɓànidɓaga ni ŋgōliì, bìtuŋgɛŋ binân kì bi lɔŋ̂k. ³⁶ Bèèɓɔmɛ̀dɛ kî ni ɓa kìkìi ɓòt ɓa mɓèm ŋwɛt wâp, i ŋgèdà à nlòl i

---

ᵠ**Luk 12:27** 1Bìk 10: 4-7; 2Mìŋ 9: 3-6

ŋgànd lìɓiî, lɛ ŋgèdà à nlɔ̀, à kɔ̂dɛ̀, ɓa hɔɔ yìblɛnɛ nyɛ. ³⁷ Mìŋkɔ̀l mi mī ye lē, i ŋgèdà ŋwĕt à nlòl à kɔba ŋwɔ mi yiī pèè, mi ye ǹsǎyɓàk. Hɔ̀dɔ mɛ̀ nhɔ̄mb ɓee lɛ, à ganīdis nyɛmède ŋgolî, a yís ŋwɔ̄ i jē, a lɔɔ̄, a kahal gwèlel ŋwɔ. ³⁸ Kìi à nlɔ̀ ɲ̀ɛm u ŋgì pam, tɔ̀ ɲ̀ɛm u u ma tāgɓɛ̀, ndi à kɔba ŋwɔ mi ŋgi yiī pèè, miŋkɔ̀l mî mi ye ǹsǎyɓàk.

³⁹ Ndi yina lē, ɓalɛ ɓɔ ŋwèdmbay à yik ŋgɛŋ mùt wĭp à nlòl, ki à ɓak lɛ à yén peè, à yek ɓe ndap yeē lɛ ɓa ɓok yɔ̀. ⁴⁰ Yàk ɓèè yèna ŋ̀kŏbàgà, inyŭlē Mǎn mùt à galŏl ŋgɛ̄ŋ nì hɔŋlak ɓee.

ɲ̀kɔ̀l maliga nì ɲ̀kɔ̀l m̀ɓɛ
Màt 24:45-51

⁴¹ Nì Pɛtrò à kâl lɛ, À Ŋwɛt, ɓàa ù mpōdol ŋgĕn ìni inyùù yês, tɔ̀ inyùu ɓòt ɓɔbasonā? ⁴² Nì Ŋwèt a kâl lɛ, Ǹjɛɛ ni à yè kindàk nu màliga nì nu pèk, nu ŋwèt weē à ntēe i ŋgìi ɓòt ɓee ɓa ndap i tī ɓɔ̄ ŋgàɓà yăp bìjɛk i ŋgèdà lìtinnɛ? ⁴³ Ɲ̀kɔ̀l û u ye ǹsǎyɓàk i ŋgèdà ŋwèt weē à nlɔ̀, a kɔba nyē à mɓɔ̀ŋ halà! ⁴⁴ Hɔ̀dɔ mɛ̀ nhɔ̄mb ɓee lɛ, à gatēe nyɛ i ŋgìi gwɔ̀m gwee gwɔbisonā. ⁴⁵ Ndi iɓālē ɲ̀kɔ̀l u ū ŋkahal hɔ̄ŋɔl ŋēm wee lɛ, Ŋwèt wêm à ntìŋha lɔ̄, nì nyɛ a ɓodōl ɓēp minlìmil mi ɓôlom nì mi ɓodàa, à jêk, à nyɔ̂k, à hyoôk, ⁴⁶ ŋwèt ŋkɔ̀l u à galŏ i kɛ̂l à hɔŋlak ɓee, nì ŋgɛŋ à yik ɓee, a kit wɔ̄ nì dìsòo, a ti wɔ̄ jògà jee ni ɓòt ɓa ntɔ̄p ɓe hemlɛ̀. ⁴⁷ Ndi ɲ̀kɔ̀l u ū biyī sombòl i ŋwɛt weè, ndi u kôba ɓee, tɔ̀ ɓɔ̀ŋ kìi sòmbòl yee, u gaɓība ŋgandàk; ⁴⁸ Nu à biyī ɓēe, ndi à ɓɔ̄ŋ maàm ma kolī nì ndòm, à gaɓība ndeèk. Tɔ̀njɛɛ i ntina ŋgandàk nyɛn i gaɓèda ŋgandàk. Tɔ̀njɛɛ ɓa nidīs ŋgandàk nyɛn ɓa galòòha ɓât.

Yesù à nlɔ̀na mbagla
Màt 10:34-36

⁴⁹ Mɛ̀ bilɔ̀ i lèŋ hyèè hana hisī, ŋgɔ mɛ̀ ɓak lɛ mɛ̀ gwes lɛ ki hī ye ɓàlɔŋŋga! ⁵⁰ Mɛ̀ gwèe lìsòblɛ̀ i sòblànà, ŋgɔ ɲ̀ɛm u segi mɛ̀ lɛtɛ̀ɛ̀ li ɓoɲà! ⁵¹ Bàa nì nhɔ̄ŋɔl lɛ mɛ̀ bilɔ̀ i tī ǹsàŋ hana hisī? Mɛ̀ ŋkàl ɓee lɛ, hɛni, ndik mbāgla. ⁵² Inyŭlē iɓòdòl hanânɔ ɓòt ɓatân i kède ndāp yadā ɓa gaɓāgla: ɓaâ ìkɔ̀lɓà iɓaà, iɓaà kì ìkɔ̀lɓà ɓaâ. ⁵³ Ba gaɓāgla, ìsaŋ ìkɔ̀lɓà măn, màn kî ìkɔ̀lɓà ìsaŋ; nyàŋ ìkɔ̀lɓà ŋgɔ̀nd yèe, ŋgɔ̀nd kì ìkɔ̀lɓà nyăŋ; nyògol ìkɔ̀lɓà ŋ̀kìya weē, ŋ̀kìya kî ìkɔ̀lɓà nyògol weē.ʳ

Yi kɔ̀bɔl ŋgedà
Màt 16:1-4; Mar 8:11-13

⁵⁴ À kâl ki màmùt lɛ, Ŋgèdà nì ntēhe ɔ̀ɔ̀nd i mpēmel hyòŋg, nì nhɔ̄ kaāl lɛ, Nɔ̀p à nlɔ̀, i mɓòŋa ki hālà. ⁵⁵ Ndi ŋgèdà mbèbi ŋwèlmbɔk ì nhòŋ, nì ŋkàl lɛ, Bììɓè i gaɓā ŋgandàk, ndi i mɓòŋa halà. ⁵⁶ À ɓee ɓôt ɓa bihèŋɓà, nì ńyī kɔbɔ̄l biyìmbnɛ bi hisi nì bi ŋgiì, ndi lɛlaa nì ńyī ɓe kɔbɔ̄l ŋgèdà ìni?

Mèles ɓĕnà mût nì gwèèna ī njèl
Màt 5:25-26

⁵⁷ Ndi inyŭkī ɓèèɓɔmède nì ńyī ɓe ɓagāl jaàm li tee sēp? ⁵⁸ Jɔn ī ŋgèdà

ʳ**Luk 12: 53** Mik 7:6

ɓěnà mût nì gwèèna nì ŋkὲ bisū bi ŋànɛ, nɔɔde mèles ni nyē njèl, à tiga lɛ à kɛnā wɛ yāk ŋkeês, ndi ŋkeês à ti wɛ ŋkwès ɓôt i mɔk, nì ŋkwès ɓôt i mɔk à ha wɛ ī mɔk. ⁵⁹ Mɛ̀ ŋkàl wɛ lē ù gapām yaga ɓe mɔ lɛtɛ̀ɛ̀ ù mâl saa yaàk pɛ̀s kabā i nsōk.

13

Iɓālē nì ǹhyɛ́l ɓe miŋem nì ncībaà

¹ Bɔ̀t ɓàhɔgi ɓa ɓā hā ŋgèdà ì, ɓa kál nyɛ inyùu ɓôt ɓa Galìleà Pìlatò à pòdna màcèl map nì bìsèsɛmà gwap. ² Nì Yesù à tîmbhè, à kál ɓɔ lɛ, 'Bàa nì nhɔ̄ŋɔl lɛ ɓôt ɓa Galìleà ɓana ɓɔn ɓa ɓeè biɓeba bi ɓôt ìlɔ́ɔ́ ɓôt ɓa Galìleà ɓɔɓasonā inyŭlē ɓa bisɔn njɔnɔk i kède màm mana? ³ Mɛ̀ ŋkàl ɓee lɛ hɛni; ndi iɓālē nì ǹhyɛ́l ɓe miŋem yàk ɓèè ɓɔɓasonā nì gacība halà. ⁴ Tɔ̀ ɓa jŏm nì jwèm lìtedel li Silòàm li kwèɛnɛ, li nɔl, ɓàa nì nhɔ̄ŋɔl lɛ ɓa ɓā ɓēba ìlɔ́ɔ́ ɓôt ɓa ńyɛn i Yèrusàlèm ɓɔɓasonā? ⁵ Mɛ̀ ŋkàl ɓee lɛ hɛni; ndi iɓālē nì ǹhyɛ́l ɓe miŋem, yàk ɓèè ɓɔɓasonā nì gacība halà.

Ŋgèn inyùu ē̄ faygè i nnūm ɓe matam

⁶ Nì nye à kɛnē ki ŋgèn ìni lɛ, Mùt wàda à ɓa à gwèe m̀ɓèlêk ɛ faygè i wòm wee u miŋkòò mi wây. À kɛ yēŋ màtam mû, à tɛhɛ ɓee. ⁷ Nì nye à kál ntibìllwòm u miŋkòò mi wây lɛ, Nŭnkì, ŋwìì miaâ mini mɛ̀ ma lɔ̄ ī yēŋ màtam munu ē faygè ini, ndi mɛ̀ tɛhɛ ɓe mê. Kĕk yɔ̄, i húgnɛ kī hana? ⁸ Ǹsalwòm u miŋkòò mi wây à kál nyɛ lɛ, À ŋwet, ŋwǎs yɔ̄ yàk ŋwìì unu, mɛ tɛm ndūgi yɔ munu pāŋ, mɛ kop lìkùnd mû. ⁹ Iɓālē i ganūm matam, lɔŋgê; ndi iɓālē i nnum ɓēe, ù gakɛ̀k yɔ!

Yesù à mmèles mudàa bìyìŋyɛ̀ i ŋgwà nɔ̂y

¹⁰ À ɓa niigà i ndāp mītìn yàda ŋgwà nɔ̂y. ¹¹ Mùdàà wadā à ɓa hà, à ɓâk à gwèe mbūu biyìŋyɛ̀ jòm li ŋwii nì jwèm; à kohôp, à ɓe la yāga ɓe pa nyūu. ¹² Yesù à tɛhɛ ɓăŋ nyē, à sebēl nyɛ, à kál nyɛ lɛ, À mudàa, ù ǹhɔ́hla ni bìyìŋyɛ̀ gwɔn. ¹³ Nì nyɛ à kehī mɔɔ mee ŋgìì yeè; à hɔɔ tɛlɛp lɔŋgê, à ti Nyambɛ lìpem.

¹⁴ Ŋ̀ànɛ ndap mītìn à unup inyŭlē Yesù à mèles kòn i ŋgwà nɔ̂y, à kál limùt lɛ, Dìlɔ disamàl di ye lē ɓôt ɓa ɓɔŋɔ̄k ǹsɔn, lòla mū ī mèlhànà, ndi hà ŋgwà nɔ̂y ɓee. ¹⁵ Ŋ̀wɛt à tîmbhe nyɛ, à kál lɛ, À ɓee ɓôt ɓa bihɛŋɓà, ɓàa ɓèè ɓɔɓasonā, hi mût, à ǹtìŋil ɓe nyagà yèè tɔ̀ jàgàs jee i jēhnɛ yee ŋgwà nɔ̂y, a kɛnā gwɔ̄ lɛ bi nyɔ màlep? ¹⁶ Ndi mùdàà nunu, nu à yè ŋgɔ̀nd Abràhâm, nu Sātàn à kăŋ jòm li ŋwii lini nì jwèm, ɓàa à ǹlama ɓe hɔ́hla ngadà yèè i ŋgwà nɔ̂y? ¹⁷ Kìi à pɔt màm mana, ɓàkɔlɓà ɓee ɓɔɓasonā ɓa wɔ nyuu; ndi lìmùt jɔlisonā li kɔ́n masee inyùu màm ma lipem mɔmasonā à ɓa ɓɔ̂ŋ.

Ŋgèn inyùu mbōo pōoga

Màt 13:31-32; Mar 4:30-32

¹⁸ Jɔn à kèlel lē, Ànè Nyambɛ ī mpòna kii? Tòlɛ mɛ hɛ̂k yɔ̄ nì kii? ¹⁹ I ye wěŋgɔ̀ŋlɛ jìs li nten pooga, li mùt à yɔ̌ŋ, à ŋ̀ŋwǎs i wòm wee; nì jɔ li naŋ, li yìlà ɛ, nì dìnùni di ŋgiī di ńyèn mincèp ŋwee.

Ŋgèn inyùu sèŋha

Màt 13:33

²⁰ Nì nye à kál ki lē, Mɛ hɛ̂k ànè Nyambɛ nì kii? ²¹ I ye wěŋgɔ̀ŋlɛ sèŋha mùdàa à yɔ̌ŋ, à ɓuū yɔ dìhègà di minluŋ diaâ, lɛtɛ̀ɛ̀ mìnluŋ

ŋwɔminsonā mi nyɛp.

Ŋwèmɛl ńtidigi
Màt 7:13-14, 21-23

²² Yesù à ɓa tagɓè mìŋkòŋ nì màmbay, à niigàgà, i kɛ̀ à ɓa kɛ Yèrusàlèm. ²³ Mùt wàda à ɓát nyɛ lɛ, À Ŋwɛt, ɓàa ndèk yɔn i ntɔ̄hlànà? Nì nyɛ à kâl ɓɔ lɛ, ²⁴ Lèdhana lē ni jubūl ŋwèmɛl ńtidigi; inyǔlē mè ŋkàl ɓee lɛ ŋgàndàk ì gahɛ̄ŋ i jòp, ndi ɓa galà ɓee.

²⁵ Ŋgèdà ŋwèt ndap à ntēlɛèp, a yibī lìkòga, ndi ɓèè ni yik lɔ̂ ni tɛlɛp ī tān, ni kahal kɔ̀ɔ̀dɛ likòga, nì kàlàk lɛ, À Ŋwɛt, à Ŋwɛt, yìblɛnɛ ɓès, à gatìmbhɛ ɓee lɛ, Mè ńyī ɓe mɛ hɛ̌t nì nlòl. ²⁶ Hanyɛ̄n nì ŋkāhal kaāl lɛ, Dì ɓe jɛ, dì nyɔ̂k, ù ɓâk ù yìi, ù ɓe niigà kì mu mānjèl mes; ²⁷ Ndi à gakàl lɛ, Mè ŋkàl ɓee lɛ mè ńyī ɓe mɛ hɛ̌t nì nlòl; nyɔ̀dna mè hâ, à ɓee ɓaɓɔ̂ŋ màm ma ŋgitēlɛèbsep ɓɔɓasonā.ˢ

²⁸ Nyɔ̀ɔ nyɛ̄n mìnlend mi gaɓānɛ, nì jɛ màsɔ̀ŋ; ŋgèdà nì gatēhɛ Abràhâm, nì Isàk, nì Yakòb, nì ɓàpodôl ɓɔɓasonā i ànɛ Nyambê, ndi ɓèèɓɔmèdɛ ni lɛŋā tān. ²⁹ 'Ba galòl likòl nì i hyòŋg, ŋɔ̄mbɔk nì ŋwèlmbɔk, ɓa yén ī jē ī ànɛ Nyambê. ³⁰ Ndi nùnakì, ɓa mbus ɓa yê ɓa gaɓā ɓa bisu, ɓa bisu ki ɓā yeè ɓa gaɓā ɓa mbus.

Yesù à ŋèè Yerūsàlèm
Màt 23:37-39

³¹ Ŋgɛ̄ŋ ì yɔ̀mèdɛ Fàrisày hɔgi i lɔ̂, i kâl nyɛ lɛ, Nyɔ̀di hāna, kɛnɛk, inyǔlē Hèrodè à nsòmbol nɔl wê.

³² Nì nyɛ à kâl ɓɔ lɛ, Kèna, kàla ndɔ̄n ì lɛ, Nǔnkì, mè mpēmes mimbuu mìmɓɛ, mè mmèles ki màkɔ̀n lɛ̀n nì likēɛ, ndi kɛl ì ǹyonos iaâ mè gasūgus. ³³ Tɔ̀ halà mè ńlama hyom lɛ̀n nì likēɛ nì kɛl ì nnɔ̀ŋ hâ, inyǔlē m̀podôl à tà ɓe lɛ à wel hɔma nûmpɛ, ndik ī Yèrusàlèm. ³⁴ À Yerūsàlèm, à Yerūsàlèm, nu ù nnɔ̄l ɓapodoòl, ù omôk kì ɓa ɓā ŋoma wěnī ŋgɔɔ̀k! Ŋgèlè yaŋɛn mè ɓe sombòl kɔ̀t ɓɔn ɓɔŋ, kìkìi ǹin kop u ŋkɔ̀t ɓɔn ɓee i sī bìpàbay gwee, ndi nì bitɔ̄p ɓēe! ³⁵ Nùnakì, ndap nàn ì ńyēglɛ puù. Ndi mè ŋkàl ɓee lɛ, Îɓòdòl hanânɔ nì gatēhɛ ha ɓe mɛɛ̀ lɛtɛɛ̀ nì i ŋgèdà nì gakàl lɛ, Nu à nlòl i jòy li Ŋwɛt à yè ǹsǎyɓàk.ᵗ

14

Yesù à mmèles mût kɔ̀n malep

¹ I lēŋa lē Yesù à jɔ́p ɓǎŋ ndáp ǹ̀ànɛ Fàrisày wàda ŋgwà nôy i jē, ɓòt ɓa kahal ɓèŋgɛ nyɛ. ² Mùt kɔ̀n malep wadā à ɓa hā bīsū gwee. ³ Nì Yesù à ɓát ɓayimbēn nì Fàrisày lɛ, 'Bàà i ye kùndɛ i mèlès màkɔ̀n i ŋgwà nôy tɔ̀ hɛni? ⁴ Nì ɓɔ ɓa nii. Nì Yesù à yɔ́ŋ ŋkɔ̀kɔ̂n, à melēs nyɛ, à ŋ̀ŋwás nyɛ lɛ a kɛnēk. ⁵ À ɓát ki ɓɔ̄ lɛ, Ǹjɛɛ nàn à nhɔ̄ɔ ɓe pemes jagaàs jee tɔ̀ nyàgà yèɛ i ŋgwà nôy iɓālē yada mu ī ŋkwɔ liēɓel? ⁶ Ndi ɓa làa ɓē ki tìmbhɛ nyɛ jàm inyùu màm mana.

Màeba inyùu ŋwèt ŋgând nì ɓàkɛ̀n ɓee

⁷ Yesù à kenē ɓoòt ɓa sèblana ŋgèn, kìi à ǹtchɛ ɓɔ ɓa ntēp biyèènɛ bi bisu; nyɛ ɓɔ lɛ, ⁸ I ŋgèdà mùt à ǹsebēl wɛ

ˢ**13:27** Hyèm 6:9   ᵗLuk 13:35 **Hyèm 118:26**

ngànd lìɓiî, ù yèn ɓăŋ ī yèènɛ bisu, i tiga ɓa lɛ̄ à n̄sebēl yaàk mùt à nlɔ̀ɔ̀ wɛ lìpem, ⁹ndi nu à n̄sebēl ɓeenà nyɛ à lɔ̂, à kâl wɛ lē, Ti mùt nunu yèènɛ; halā nyēn ù gakāhal kɛ nī wōnyuu i yèn i yèènɛ i nsōk. ¹⁰Ndi ngèdà ù n̄sêblànà, kɛ̀ yɛ̌n yèènɛ i nsōk, lɛ ngèdà nu à n̄sebēl wɛ à n̄lɔ̂, a kâl wɛ̀ lɛ̄, À ŋgwa yɛ̀m, ɓɛt nyɔ̀nɔ; halā nyēn ù gaɓāna lipem bisū bi ɓoòt ɓɔɓasonā ɓa yiī nì wɛ̀ i jē. ¹¹Inyŭlē hi muùt à m̄ɓēdes nyɛmɛ̀dɛ à gasùhlana; nu kì à n̄sùhus nyɛmɛ̀dɛ à gaɓēdhana. ¹²À kâl ki yàk nu à sèbel nyē lɛ, Ŋgèdà ù njēs ɓoòt njǎmùha tɔ̀ kòkoa, ù sèbel ɓǎŋ màwanda mɔŋ, tɔ̀ lògisɔ̄ŋ, tɔ̀ lìhàà jɔŋ, tɔ̀ mìngwàŋ mi ɓôt ɓa liɓok, lɛ yàk ɓɔ ɓa tiga sebēl wɛɛ̀, ɓa tímbhɛ wɛɛ̀. ¹³Ndi ngèdà ù nnāŋa ŋgaànd, sèbel dìyɛyèɓà, nì ɓòt ɓa bilɛm, nì bìɓok, nì ndim, ¹⁴ndi ù gaɓā nsǎyɓàk; inyŭlē ɓa gweē ɓē yɔm i tìmbhɛ̀ wɛ̀; inyŭlē i gatìmbhana wɛ lìtùgɛ̀ li ɓôt ɓa tee sēp.

Ŋgèn inyùu mùt à nlòos ngând

¹⁵Mùt wàda mu ɓôt nyɛ nì ɓɔ ɓa ɓā ɓa yiī i jē, à nɔk ɓǎŋ màm mana, à kâl Yesù lɛ, Nu à gajē kɔgā i anɛ̀ Nyambɛ à yɛ̀ n̄sǎyɓàk! ¹⁶À kâl nyɛ lɛ, Mùt wàda à lòos ngând kòkoa, à sebēl ngandàk ɓòt; ¹⁷i ngèdà jɛ à ɔm ŋkɔ̀l wee i kàl ɓa ɓā sèblana lē, Lòga, inyŭlē gwɔm gwɔbisonā bi ye ŋkŏɓàgà. ¹⁸Nì ɓɔɓasonā yaga ɓa kahal ngēŋɛèl. Nu bìsu a kâl nyɛ lɛ, Mɛ̀ n̄sɔmb wɔm, mɛ̀ n̄lama kɛ ɓèngɛ̀ wɔ; mɛ̀ nsɔ́ɔhɛ wɛ lē me ŋweēhlana. ¹⁹Nûmpɛ nyɛ, Mɛ̀ n̄sɔmb jom li nyagà, mɛ̀ ŋkɛ́ i nɔ̀ɔ̀dɛ gwɔ, mɛ̀ nsɔ́ɔhɛ wɛ lē me ŋweēhlana. ²⁰Yàk nûmpɛ nyɛ, Mɛ̀ n̄típ ɓii ŋwaa, jɔn mɛ̀ nlà ɓɛ mɛ lɔ̂. ²¹Nì ŋkɔ̀l u ū teèmb, u aŋlɛ ŋwɛt weē màm mana. Nì ŋwɛ̀t ndap à unûp, à kâl ŋkɔ̀l wee lɛ, Pala kɛ̀ minlɔ̄ŋ nì dinjɛ̀la di ŋkɔ̀ŋ, u lɔnā dìyɛyèɓà, nì ɓòt ɓa bilɛm, nì ndim, nì bìɓok. ²²Nì ŋkɔ̀l u kâl lɛ, À ŋwɛt, jàm ù ŋkâl li mɓoŋà, ndi bìhee bi ŋgi yiī. ²³Nì ŋwɛ̀t a kâl ŋkɔ̀l lɛ, Kèɛ mū mānjɛ̀l nì mimpàyɛ, u helɛs ɓòt lɛ ɓa jôp, lɛ ndap yêm i yɔn. ²⁴Inyŭlē mɛ̀ ŋkàl ɓee lɛ ɓòt mɛ̀ bisèbɛl mùt nyɛkǐnyē à ganɔ̀ɔ̀dɛ yaga ɓɛ bijɛk gwêm.

Ndàmbà inyùu ɓā n̄nigîl Yesù

²⁵Yesù nì màmùt màkɛŋi ɓa ɓā kihà; nì nyɛ a hyēlɓà, à kâl ɓɔ lɛ, ²⁶Iɓālē mùt à nlɔ̂ i mɛ̌nī, ndi à gwɛs ɓɛ mɛ ìlɔ̀ɔ̀ ìsaŋ ɓɔ nyàŋ, nì ŋwàa nì ɓɔ̌n, nì lògnyāŋ i ɓoòlom nì i ɓodàa, nì nɔ̀m yee yɔmɛ̀dɛ, à tà ɓɛ lɛ à ɓa nnigîl wɛ̀m. ²⁷Tɔ̀njɛɛ à m̄ɓègɛɛ ɓɛ mbasa yeē, à nɔ̄ŋ ki mɛ̀, à tà ɓɛ lɛ à ɓa nnigîl wɛ̀m. ²⁸Ǹjɛɛ nàn, iɓālē à nsòmbol ɔŋ litedel, à m̄ɓòk ɓɛ ndugi yɛn hisī, a ɔ́t ndàmbà, i tēhɛ tɔ̀ɔ à gwèe màm ma nsòmbla i mèlɛ̀s jɔ? ²⁹I tiga ɓa lɛ ngèdà à m̄mâl tɛk hikùù, ndi a la ɓē mɛlɛs, ɓɔɓasonā ɓa ntēhɛɛ̀, ɓa kahal ndēglɛ nyɛ, ³⁰ɓa kalàk lɛ, Mùt nunu à biɓòdol ɔŋ, hɛ̀ à la ɓē mɛlɛs. ³¹Tɔ̀lɛ ìmbɛ kiŋɛ ì ŋkɛ̀ i jòs kiŋɛ ìpɛ gwɛ̀t, à n̄nyà yên ɓɛ ndugi hisī lɛ a hêk pɛk tɔ̀ɔ à yɛ̀ lɛ à kɛ nī jòm jee li dikoo di ɓôt i ɓɔ̀mà kiŋɛ ì nlɔ̂ i jòs nyɛ nì mòm maà ma dikoo di ɓôt? ³²Tɔ̀lɛ i ngèdà kiŋɛ ìpɛ ì ŋgi yiī nɔ̄nɔk, à ŋɔ̄m ŋwiìn i ɓàt njɛ̀l i kōp n̄saŋ. ³³Halā nyēn tɔ̀njɛɛ nàn à ɲyēk ɓɛ gwɔm gwɔbisonā à gwèe, à nlà ɓɛ ɓa nnigîl wɛ̀m.

Ɓàs i nsoī linè

Màt 5:13; Mar 9:50

³⁴Ɓàs i ye lām, ndi iɓālē ɓàs i nsoī

linɛ, ɓa ganɛ̀s ki yɔ̄ nì kii? ³⁵ I kolī hā ɓe tɔ īnyùu hìsi tɔ̀ inyùu lìkùnd. 'Ba nlɛ̀ŋ yɔ tān. Nu à gwèe mào i nɔ̄gaà, a nɔk nī.

15

Ŋgèn inyùu ǹtomba ǹnimlaga
Màt 18:10-14

¹ 'Bàkɔ̀dtâs ɓɔɓasonā nì ɓàɓɔ̀ŋɓeba ɓa ɓā lɔ nyēnī i ēmblè nyɛ. ² Fàrisày nì ɓàyimbēn ɓa ɓā huùŋɓɛ̀, ɓa kalàk lɛ, Mùt nunu à ŋ́yɔ̀ŋ ɓaɓɔ̀ŋɓeba, à jelgà nì ɓɔ!
³ Nì nyɛ à kenē ɓɔ ŋgèn, nyɛ ɓɔ lɛ, ⁴ Ǹjɛɛ i kède nàn, iɓālē à gwèe mbōgoòl mìntomba, ndi wāda u nimiìl, à tà ɓe lɛ à yek mom ɓòo nì ɓòo i ŋɔ̀ŋ, à kɛ yēŋ ū ū nnimiìl, lɛtɛ̀ɛ̀ à tɛhɛ wɔ? ⁵ Kìi à ntɛhɛ wɔ, à ŋkèhi wɔ bitūù gwee ni màsee. ⁶ I ŋgèdà à mpām mbáy, à ŋkɔ̀t mawanda mee nì ɓòt ɓee ɓa liɓok, a kâl ɓɔ̄ lɛ, Mɛ̀ nì ɓèè di kɔnɔ̄k màsee, inyǔlɛ mɛ̀ ǹlebā ntomba wɛɛ̀m u ū binīmiìl! ⁷ Mɛ̀ ŋkàl ɓee lɛ, halā kì nyɛn màsee ma gaɓā ŋgìì inyùu m̀ɓɔ̀ŋɓeba wadā nu à ǹhyɛ́l ŋem, ilɔ̀ɔ inyùu mɔ̌m ɓòo nì ɓòo ma ɓôt ɓa tee sēp, ɓa ɓā gwèe ɓē jaàm inyùu hyɛ̀lŋem.

Ŋgèn inyùu drăgmà nimlaga

⁸ Tɔ̀lɛ, nûmbɛ mudàa, iɓālē à gwèe jòm li drăgmà ndi drăgmà yàda ì nimîl, ɓàa à ŋkùyɛ ɓe tuŋgɛŋ, a hyɔl ndāp, a tibil yāga yeŋ lɛtɛ̀ɛ̀ à lebā yɔɔ̀? ⁹ Kìi à nlebā yô, à ŋkɔ̀t mawanda mee nì ɓòt ɓa liɓok, nyɛ ɓɔ lɛ, Mɛ̀ nì ɓèè di kɔnɔ̄k màsee, inyǔlɛ mɛ̀ ǹlebā draăgmà ì binīmil mɛɛ̀! ¹⁰ Mɛ̀ ŋkàl ɓee lɛ, halā kì nyɛn màsee ma ye bīsū bi aŋgèl Nyambɛ inyùu m̀ɓɔ̀ŋɓeba nu à ǹhyɛ́l ŋem.

Ŋgèn inyùu mǎn ǹnimlaga

¹¹ À kâl ki lē, Mùt wàda à ɓa à gwèe ɓɔ̌n ɓòòlom iɓaà. ¹² Nu mbūs à kâl isāŋ lɛ, À tâ, ti mɛ̀ yèm ŋgàɓàɓum. Nì isaŋ a kēbha ɓɔ ŋ̀kùs wee. ¹³ I mbūs ndèk dilɔ, màn nu mbūs à kɔ̀t gwɔm gwɔbisonā, à kɛ lɔ̀ŋ nɔnɔk; nyɔ̀ɔ nyēn à òbhɛnɛ ŋ̀kùs wee inyùu bìyogdà. ¹⁴ À mǎl ɓǎŋ sɛ̀m wɔnsonā, njàl keŋi ì kwɔ mū lɔ̀ŋ î, nì nyɛ à kahal cēlɛɛ̀l. ¹⁵ Nì nyɛ à yôl muùt wàda mu lɔ̀ŋ î; mùt nu à ɔm nyɛ bikáy i jès ŋgòy. ¹⁶ Ŋgǒŋ ì ɓa ì gwɛ̀l nyɛ ŋgàndàk ì jē màtam ŋgòy i ɓā jɛ; ndi mùt nyɛkǐnyē à ti ɓe nyɛ. ¹⁷ Màhɔŋɔ̀l ma lǒl ɓǎŋ nyē, à kâl lɛ, 'Baɓòŋòl ɓa tatá ɓāŋɛn ɓa gwèe kòga i kolī, ɓa njē, i yeglègè, ndi mɛ̀ mɛ̀ wôk njàl hana! ¹⁸ Mɛ̀ ganyɔ̄di, mɛ huu yāk tàtâ, mɛ kâl nyɛ lɛ, À tâ, mɛ̀ biɓɔ̀ŋ ŋgiī ɓeba, nì i mìs mɔŋ; ¹⁹ mɛ̀ kòli hā ɓe mɛ ɓāseēbla man wɔ̀ŋ; yìlha ndīk mɛ̀ kìkìi wàda mu ɓāɓòŋòl ɓɔŋ. ²⁰ Nì nyɛ à nyɔdî, à huu yak isaŋ. Ki à ŋgi yiī nɔ̄nɔk, isaŋ a tɛhɛ nyɛ, à kônha nyɛ ŋgɔ̄ɔ, à ubi ŋgwee, à hooba nyɛ kīŋ, à sɔs nyɛ. ²¹ Nì màn wēe à kâl nyɛ lɛ, À tâ, mɛ̀ biɓɔ̀ŋ ŋgiī ɓeba, nì i mìs mɔŋ, mɛ̀ kòli hā ɓe mɛ ɓāseēbla man wɔ̀ŋ; [yìlha ndīk mɛ̀ kìkìi wàda mu ɓāɓòŋòl ɓɔŋ.] ²² Ndi isaŋ a kâl miŋkɔ̀l ŋwee lɛ, Palnana lɔ̀na mbɔt i nlɔ̀ɔ yɔsonā lamà, ni ha nyē yɔ̄; hana kì nyɛ lɔ̀ndɛ hinɔ̀ɔ, nì bìtamb makòo. ²³ lɔ̀nana kì mǎn nyàgà màhɔŋ, ni nɔl nyē, di jɛk, di hagāk, ²⁴ inyǔlɛ màn wêm nunu à biwɔ̄, ndi à ǹtêmb i nìŋ; à binīmiìl, ndi à ǹnenê. Nì ɓɔ ɓa kahal hàk. ²⁵ Màn nu māŋ à ɓa

wŏm; à ɓa lɔ ɓăŋ i pām ɓèɓɛ̀ɛ̀ nì ndap, à nɔk ɓa ŋkòt, ɓa sagâk. ²⁶ À sebēl nlìmil wada, à ɓât lɛ, Ki i là? ²⁷ À kâl nyɛ lɛ, Mànyúŋ à ǹlɔ̂; ìsɔŋ à ǹnɔl man nyàgà màhɔŋ, inyŭlē à ǹlɔ mɓōo. ²⁸ Ndi à unûp, à tɔp ɓe jôp; ìsaŋ a pam, à sɔɔhɛ nyɛ. ²⁹ À kâl isaŋ lɛ, Nŭnkì, ŋgàndàk ŋwii ini mɛ̀ yèe mɛ̀ ŋgwèlel wê, mɛ̀ mà lɛl ɓe mɛ lìtìŋ jɔŋ; ndi ù ma nōlol ɓe mɛ tɔ̀ mǎn kēmɓɛɛ̀ lɛ mɛ hâk nì màwanda mêm; ³⁰ ndi kìi màn wŏŋ nunu à ḿmâl obōs ŋkùs wɔŋ ni ɓòdàà ɓa ndêŋg à ǹlɔ̂, ù ǹnolol nyɛ mǎn nyàgà màhɔŋ. ³¹ Ni nyɛ à kâl nyɛ lɛ, À man wèm, ɓěhnà wɛ dì yìi ŋgèdà yɔ̀sonā; gwɔ̀m gwêm gwɔbisonā bi ye gwɔ̄ŋ. ³² Dì lamga yaā haàk, nì see; inyūlē mànyúŋ nunu à biwɔ̄, ndi à ǹtêmb nìŋ; à binīmiìl, ndi à ǹnɛnê.

16

Ŋgèn inyùu kĭndàk nu à tee ɓē sep

¹ Yesù à kâl ki ɓànigîl lɛ, Ŋ̀gwàŋ mût wada u ɓā u gweē kīndàk; nyɛn ɓa sɔ̄man nyɛ̄nī lɛ à ntāmba nyɛ ŋ̀kùs. ² Nì nyɛ à sebēl nyɛ, à kâl nyɛ lɛ, Ɓàà laa mɛ̀ nnɔ̄k inyùu yɔ̂ŋ? Ti ŋ̀aŋga u nsɔn kindàk; inyŭlē ù tà ha ɓe lɛ ù ɓa kindàk yèm. ³ Kindàk à pɔt ni ŋ̀em lɛ, Mɛ̀ gaɓɔ̀ŋ laa, lakìi ŋwɛ̀t wêm à nhèa mɛ nsɔ̄n kindàk? Ǹsɔn mɔɔ mɛ̀ nlà ɓe mê, yàk njàgi ì ŋ́wēha mɛ nyùu. ⁴ Mɛ̀ ńyī kìi mɛ̀ gaɓɔ̀ŋ lɛ ndi ɓòt ɓa lɛɛgɛ mɛ̀ mandáp map i ŋgèdà ɓa gahèèna mɛ nsɔ̄n wɛɛm kindàk. ⁵ À sebēl hi muùt à gwèe ŋ̀wɛ̀t weē pil, à kâl nu bìsu lɛ, Ŋ̀wɛ̀t wêm à mɓàt ki wê? ⁶ À kâl lɛ, Mbogôl bìtodgo bi moo. Kindàk nyɛ nyɛ lɛ, Yŏŋ kàat yŏŋ pīl, hɔɔ yèn hisī, u tilā mòm matân. ⁷ À kâl ki nùmpɛ lɛ, Yàk wɛ pil wɔŋ u ye kīi? Nunu a tímbhɛ lɛ, Mbogôl màŋgùndà ma konflâwà. Kindàk à kâl nyɛ lɛ, Yŏŋ kàat yŏŋ pīl, u tilā mŏm jwèm. ⁸ Ŋwèt a ɓeges kindàk nu ŋgìtɛlêbsep inyùu lìkeŋge jee; inyŭlē ɓɔ̀n ɓa hisī hini ɓa ye lìkeŋge inyùu hyày hyap ìlɔ̀ɔ̀ ɓɔ̀n ɓa mapubi. ⁹ Mè ŋkàl ɓee lɛ, Tublana ɓèèɓɔmèdɛ mawanda ni ŋ̀kùs u ŋgitɛlɛɛ̀ɓsep, lɛ ŋgèdà nì gamàl ɓa lɛɛgɛ ɓèè bilāp bi ɓɔgâ. ¹⁰ Nu à yè màliga i kède ndèk mâm, à yè kì màliga i kède ŋgàndàk; nu kì à tee ɓē sep i kède ndèk mâm, à tee ɓē ki tɔ̀ sep i kède ŋgàndàk. ¹¹ Jɔn i ɓā nī lɛ nì ɓeè ɓe maliga i kède ŋ̀kùs u tee ɓē sep, ŋ̀jɛɛ à ganìdis ɓee ɓàŋga ŋ̀kùs? ¹² I ɓā kì lɛ nì ɓeè ɓe maliga i kède gwāŋan gwɔm, ŋ̀jɛɛ à gatī ɓee gwɔ̀m binân? ¹³ Ḿɓòŋòl nyɛkĭnyē à nlà ɓe gwelēl ɓɛt iɓaà, ndik lē à gaɔ̀ɔ̀ wadā, a gwes nūu; tɔ̀lɛ à ga-ādɓɛ ni wàda, a yán nūu. Nì tà ɓe lɛ nì gwèèlàk Nyamɓê, nì gwèèlàk kì ŋ̀kùs.

Mben nì ànɛ̀ Nyamɓê

¹⁴ Bàgwês mòni lɛ Fàrisày ɓa nɔ̄k ɓǎŋ màm mana mɔmasonā, ɓa kahal jòha Yesù. ¹⁵ Nì nyɛ à kâl ɓɔ lɛ, Ɓèèɓɔmèdɛ ɓɔn nì yè ɓa ɓā ŋkàl bisū bi ɓoòt lɛ nì tee sēp, ndi Nyamɓɛ à ńyī miŋem minân; inyŭlē jàm ɓòt ɓa mɓēgeès li ye nyɛga bisū bi Nyamɓɛɛ̀. ¹⁶ Mben nì ɓàpodôl ɓa ɓā lētèɛ̀ nì i ŋgèdà Yòhanɛ̀s; iɓòdòl ŋgèdà ì Mìŋaŋ Mìnlam mi anɛ̀ Nyamɓɛ mī ŋāŋlànà, hi mût à njɔ̀ ki ni ŋgùy i jòp mû. ¹⁷ I ye tɔ̀mba lɛ ŋgìi i tagɓɛ, nì hìsi, ìlɔ̀ɔ̀ lɛ lìtɔn li mben jada li nyɔdi.

Bìniigana bi Yesù inyùu sàgàl màɓiî

Màt 19:1-12; Mar 10:1-12

¹⁸ Tònjɛɛ à nhèa ŋwaa weē, ndi a ɓii nùmpɛ, wèɛ à ŋkɛ ndèŋg; tònjɛɛ ki à mɓii mudàa ǹlo wèe à bihèà, wèɛ à ŋkɛ ndèŋg.

Ŋgwàŋ mût ɓɔnà Lǎsàrò

¹⁹ Ŋgwàŋ mût wada u ɓā mù, u ɓā haba mbōt wēdɛwɛ̀dɛ̀ nì lɔŋgɛ mbɔ̄ŋ, u tîbgà hi kɛl, u ɓâk u yogī. ²⁰ Hìyɛyɛ̀bà hyada lɛ Lǎsàrò, hi ɓā hi niŋī ŋwɛmɛl wee, ŋkedlàk nì pɔɔ, ²¹ à ɓa sombòl jɛ minluŋ mi ɓā kwo ī sī tɛ̆blɛ i ŋgwàŋ mût; ndi ŋgwɔ yɔn i ɓā lɔɔ̀, i nyaŋlàk nyɛ pɔ̄ɔ. ²² Ndi i lēŋa lɛ hìyɛyɛ̀bà hi wɔ, aŋgɛl i ɓɛgēɛ hyɔ lɛtɛ̀ɛ̀ nì i tōl Àbràhâm; yàk ŋgwàŋ mût u wɔ, u jubà. ²³ Nì nyɛ à nɔk njiihà i Hādè, à pa mīs ŋgli, à tɛhɛ Abràhâm nɔnɔk nyɔɔ̄, yàk Lǎsàrò à nigi tōl yeē. ²⁴ Nì nyɛ à lɔnd, à kâl lɛ, À ta Ābràhâm, kɔ̌n mɛ̀ ŋgɔɔ, u ɔm Lǎsàrò, lɛ a cak hìnɔ̀ɔ̀ hyee malēp, a sunus mɛ̀ hìlemb hyêm; inyǔlē mɛ̀ nsɔ̄n njɔnɔk munu lindòmbò lini. ²⁵ Abràhâm à tîmbhɛ lɛ, À man wèm, ɓìgda lē ù bimàl kôs ìmɔŋ mâm màlam i ŋgèdà ù ɓeè ù ŋgi yiī nɔ̀m; halā kì nì Lǎsàrò màm màɓɛ; hanànɔ nyɛ à nhògɓɛ̀, ndi wè ù nsɔ̄n. ²⁶ Ìlɔ̀ɔ̀ kì hâ, m̀pùgè ŋkɛŋi u ye ǹteebàgà i pòla ɓɛ̂s nì ɓee, kàyèlɛ ɓôt ɓa nsòmbol nyɔdi hana i tāgɓè i ɓēnī ɓa nlà ɓee, tɔ̀ i nyɔ̄di nyɔ̀ɔ̀ i lɔ̀ nyɔ̀nɔ ɓĕhnī, mùt nyɛkĭnyɛ̄ à nlà ɓee. ²⁷ Ŋgwàŋ mût u kâl lɛ, À tâ, jɔn mɛ̀ nsɔ̄ɔhɛnɛ ni wɛ lē u ɔm nyē ndâp tàtâ; ²⁸ inyǔlē mɛ̀ gwèe lògkeē ɓoòlom itân, lɛ a ɓɛhɛ ɓɔ̄, lɛ yàk ɓɔ kî ɓa tiga lɛ ɓa lɔ hāna hòma njiihà nunu.

²⁹ Àbràhâm à tîmbhɛ lɛ, Ɓa gweē Mōsè nì ɓàpodôl, ɓa noglak ɓɔ̄. ³⁰ Nì nyɛ a kâl lɛ, Hɛni, à ta Ābràhâm, iɓālē wàda i kède ɓàwɔga à ŋke ī ɓɔ̄nī, ki ɓā gahyèl miŋɛm. ³¹ Nì Àbràhâm à kâl nyɛ lɛ, Iɓālē ɓa nnōgol ɓe Mōsè tɔ̀ ɓàpodôl, ki ɓā ta ɓē ki tɔ̀ lɛ ɓa hemlè, tɔ̀ iɓālē mùt à ǹtugē i kède ɓàwɔga.

17

Màm ma mɓèègaha mût

Màt 18:7-9, 21-22; Mar 9:42

¹ Nì Yesù à kâl ɓanigiìl ɓee lɛ, Halā à tà ɓe lɛ à ɓa lɛ màm ma mɓèègaha ɓôt ma galɔ̀ ɓee, ndi ŋgɔɔ nì mùt nu mā nlòl inyùù yeē! ² I ɓeè lɔŋgɛ nì nyɛ lɛ ɓa tēŋ nyɛ ŋgòk kòɡòl i kīŋ, à lɛŋā lɔ̀m ìlɔ̀ɔ̀ lɛ à ɓɛgaha wadā munu ndɛk ɓɔɔŋɡɛ ini. ³ Nì yɔ̀ŋɔk yihɛ ɓeeɓɔmèdɛ; iɓālē mǎsɔ̄ŋ à m̀ɓɔ̄ŋ wɛ ɓɛba, ɓɛhɛ nyē, iɓālē à ǹhyɛ́l ŋɛm, ŋwèhel nyē. ⁴ Iɓālē à m̀ɓɔ̄ŋ wɛ ɓɛba màɓɔ̀nà masâmbɔk kɛl yadā, ndi à kondē ki tèmb i wěnī ŋgèlɛ isâmbɔk, à kâl lɛ, Mɛ̀ ǹhyɛ́l ŋɛm, u ŋwehēl nyē.

Keŋɓaha hēmlè yes

⁵ Nì ɓàoma ɓā kaāl Ŋwɛt lɛ, Keŋɓaha hēmlè yes. ⁶ Nì Ŋwɛ̀t a kâl lɛ, Ɓalē nì gwèe hēmlè i ye kēŋi kìkìi mbōo pōoga, ki nì yè lɛ nì kâl ɛ sikòmôr ini lɛ, Nùdla, u ɓelà lɔ̀m, wèɛ i nnōgol ɓee.

Ndàk ì ŋkɔl

⁷ Ǹjɛɛ i kède nân iɓālē à gwèe ŋkɔl u nsēlel nyɛ, tɔ̀ teedà mìntomba, kìi u nlòl i wɔ̌m, à gakàl wɔ lɛ, Pala lɔ̀, yěn hīsī, u jɛ? ⁸ Ɓàa hà lana ɓe nyɛn

à gakàl wɔ lɛ, Kòòbana mè bìjɛk, nidis ŋgōliì, gwèlel mè, letèè mè māl je nì nyɔ; ndi tɔ lɛ yàk wè ù njē nì nyɔ? ⁹Bàa à ńyèga ŋkɔ̀l inyǔlē u mɓɔ̄ŋ maàm à ŋ̀kāl wɔ lɛ u ɓɔ̄ŋ? Mè nhɔ̄ŋɔɔ̀l ɓe mê. ¹⁰ Halā kì yàk ɓee, ŋgèdà nì m̀māl ɓɔɔ̄ŋ maàm mɔmasonā ɓa ŋkāl ɓee lɛ ni ɓɔɔ̄ŋ, kàla lē, Dì ye mìŋkɔ̀l mi mɓāhal ɓe jaàm; dì m̀ɓɔ̄ŋ yaā ndigi jàm dì lamga ɓɔ̂ŋ.

Yesù à mpūbus jom li ɓakɔ̀nlò

¹¹ I lēŋa lē, ɓa ɓā kɛ ɓǎŋ njěl Yèrusàlèm, à tagɓɛnɛ i pōla Sàmarìà nì Gàlìleà. ¹² À pam ɓǎŋ mbāy yadā, jòm li ɓakɔ̀nlò li ɓɔmā nyɛ. Ba tɛlɛp nɔnɔk; ¹³ ɓa ɓedes kiŋ ŋgìi, ɓa kāl lɛ, À Yesù, à Sɔŋ, kɔ̌n ɓès ŋgɔɔ. ¹⁴ Yesù à tɛhɛ ɓǎŋ ɓɔ̄, à kāl ɓɔ lɛ, Kɛna, ebnana bìprîsì ɓèèɓɔmède. ᵘ I lēŋa lē ɓa ɓā kɛ ɓǎŋ, ɓa pubhànà. ¹⁵ Mùt wàda mû, à tɛhɛ ɓǎŋ lē à m̀pubhànà, à tēmb ni mbūs, à tinâk Nyambɛ lìpem ni kīŋ kēŋi; ¹⁶ Nì nyɛ à om mɓɔ̄m hisî makòò ma Yesù, à ti nyɛ màyègà; à ɓa mùt Sàmarìà. ¹⁷ Nì Yesù à ɓát lɛ, Bàa hà jòm ɓe jɔn li mpubhànà? Ndi ɓa ɓòò ɓa ye hēɛ? ¹⁸ Bàa tɔ wàda à ǹtēmb ɓe i tī Nyāmbɛ lìpem ndik mǎn lɔ̀ŋ nunu? ¹⁹ Nì nyɛ à kāl nyɛ lɛ, Nyɔdi, kɛnɛk; hemlè yɔŋ i ntɔhɔl wê.

Màlòl ma anè Nyambê

Màt 24:23-28, 36-41

²⁰ Kîi Fàrisày i mɓát nyɛ ŋgèdà mbɛɛ ànè Nyambɛ ī galɔ̌l, à tîmbhe ɓɔ lɛ, Ànè Nyambɛ ī nlɔ ɓe lɛ ɓa tɛhgè yɔ nì mîs? ²¹ Ba gakàl ɓe ki tɔ lɛ, Nùnakì yɔ ini! Tɔ̀lɛ yɔ īi! Inyǔlē nùnakì, ànè Nyambɛ ī ye ī kède nān.

²² Nì nyɛ à kāl ɓanigiìl lɛ, Dìlɔ di galɔɔ, ŋgèdà nì gaɓāna ŋgoōŋ i tēhɛ hìlɔ hyada mu dīlɔ di Man mùt, ndi nì gatēhɛ ɓe hyɔ. ²³ Bòt ɓa gakàl ɓee lɛ, Nùnakì, nyɔ̀nɔ! Nùnakì, nyɔɔ! Nì kɛnɛk ɓǎŋ, nì nɔŋɔk ɓǎŋ kì tɔ ɓɔ, ²⁴ inyǔlē kìkìi ŋwègŋwèk à ŋŋwèk pês ŋgiī yada, à ɓàyàk letèè nì ii ipɛ, halā nyēn Mǎn mùt à gaɓā hilɔ̄ hyee. ²⁵ Ndi à ǹlama ndugi ɓók sɔn njɔnɔk inyùu ŋgàndàk màm, a cilā kì nì hyày hini. ²⁶ Ndi kìkìi i lēŋa dīlɔ di Noà, halā kì nyɛn i gaɓā dilɔ̄ di Man mùt. ²⁷ Ba ɓā je, ɓa nyɔ̀k, ɓa ɓiâk, ɓa tingā maɓîi, letèè nì yɔkɛl nu Nōā à jùbul ŋkūu, ᵛ ǹtìda malep u lɔ̄, u ce ɓɔɓasonā. ²⁸ Ǹlèlèm kìkìi i lēŋa kì dilɔ̄ di Lôt; ɓa ɓā je, ɓa nyɔ̀k, ɓa sɔmɓɔ̀k, ɓa nûŋlàk, ɓa ɓɛlèk, ɓa ɔŋɔ̀k; ²⁹ ndi kɛl Lôt à nyɔdi Sōdòm, nɔ̌p hyèe nì sɔlfà à lɔ̀l ŋgìi, ʷ à ce ɓɔɓasonā. ³⁰ Halā kì nyɛn i gaɓā hilɔ̄ Mǎn mùt à gasɔ̀ɔla. ³¹ Yɔkɛl ì, nu à gaɓā ŋgìi ndāp, gwɔ̀m gwee bi ɓâk i kède ndāp, à sòhok ɓǎŋ ī yɔ̀ŋ gwɔ; halā kì nì nu à gaɓā wɔ̀m, à tèmbek ɓǎŋ nì mbus. ³² Bìgdana ŋwàa Lôt.ˣ ³³ Tɔ̀njɛɛ à nsɔmbol tɔhɔl nôm yee à ganīmis yɔ; ndi tɔ̀njɛɛ à ganīmis nɔɔ̀m yee à gatēeda yɔ. ³⁴ Mè ŋkàl ɓee lɛ, U û ɓòòlom iɓaà ɓa gaɓā naāŋ yada, wàda à gayòŋa, nûnhɔgi a yeglɛ. ³⁵ Bòdàà iɓaà ɓa gaɓā ɓa ŋkɔ̀k lôŋ, wàda à gayòŋa, nûnhɔgi a yeglɛ. ³⁶ [Bòòlom iɓaà ɓa gaɓā wɔ̀m, wàda à gayòŋa, wàda a yeglɛ.] ³⁷ Nì ɓanigîl ɓa ɓát nyɛ lɛ, Hɛɛ, à Ŋwet? Nì nyɛ a kāl ɓɔ lɛ, Hɛ̌t mìm u níŋnɛ, ha nyēn yàk mìńyògol mi gakɔ̀dɓana.

ᵘLuk 17: 14 LL 14: 2-3
ᵛLuk 17: 27 Bìɓ 7: 7
ʷLuk 17: 29 Bìɓ 19: 24
ˣLuk 17: 32 Bìɓ 19: 26

18

Ŋgèn inyùu yīk mudàa nì ŋ̀keês

¹ Nì Yesù à kenē ɓɔ ŋgèn lɛ ɓa nlama sɔɔhɛ ŋgedà yɔ̀sonā, iɓaɓe waa. ² Nyɛ ɓɔ lɛ, Ŋ̀keês wàda à ɓa mū ŋ̀kɔ̀ŋ wada, à ɓa kôn ɓe Nyambɛ wɔ̀ŋi, à ɓida ɓe ni mùt. ³ Yik mudàà i ɓā mū ŋkɔ̀ŋ û; i ɓā ɓenà lɔ̀ i nyēnī, i kalàk nyɛ lɛ, 'Ɓagle mè hɔp sep ɓehnà ŋɔ̀ɔ̀ wèm. ⁴ À nya cēlèk ndugi. Ndi mɓūs hālà à pɔt ni nyēmèdɛ lɛ, Tɔ̀ lakìi mè ŋkɔ̀n ɓe mɛ Nyāmbɛ wɔ̀ŋi, mè ɓida ɓe mɛ kì tɔ̀ nì mùt, ⁵ mè mɓàglɛ lɛ yīk mudàà ini hɔ̀p wee sēp, inyŭlē i ntèèŋga mê, i tiga lɛ i wees mɛ nì ndèŋɓɛ̀ yèe màlɔ̀. ⁶ Nì Ŋwèt a kál lɛ, Nɔga kì, kìi ŋ̀keês nu ŋgìtelêɓsep à mpōt. ⁷ Ɓàà Nyambɛ à gakàm ɓe mintɛɓêk ŋwee, mi mī nlōndol nyɛ njămùha nì jùu, a tēŋɓe kì nihɓe ŋwɔ̀? ⁸ Mè ŋkàl ɓee lɛ, À gahɔ̄ɔ ɓaāglɛ ɓɔ màhɔp sep. Ndi tɔ̀ halà, i ŋgedà Mǎn mùt à galŏl, ɓàa à gakɔ̄ɓa hemlɛ̀ hana hisī?

Ŋgèn inyùu mùt Fàrisày nì ŋ̀kɔ̀dtâs

⁹ Ɓòt ɓàhɔgi ɓa ɓā hemlɛ̀ lɛ ɓɔmèdɛ ɓa tee sēp, ɓa yanàk ɓòt ɓápɛ ɓɔɓasonā, à kénnɛ ɓɔ ŋgèn ini lɛ, ¹⁰ Ɓòt iɓaà ɓa ɓēt mū tēmpèl i sɔ̄ɔhɛ̀; wàda à ɓa Fàrisày, nuu kî ŋ̀kɔ̀dtâs. ¹¹ Mùt Fàrisày à tɛlɛp, à sɔɔhɛnɛ ŋēm lɛ, À Nyambê, mè ńyèga wê, inyŭlē mè tà ɓe mɛ kìkìi ɓòt ɓápɛ, ɓòt ɓa ŋgadla, ɓòt ɓa tee ɓē sep, ɓòt ɓa ndêŋg, tɔ̀ kìkìi ŋ̀kɔ̀dtâs yaga nunu. ¹² Mè nsōga jɛ ŋgelɛ iɓaà hi sɔndî; gwɔ̀m gwɔɓisonā mè ŋkɔ̀s mè ntī yɔm yada i kède hī jom. ¹³ Ndi ŋ̀kɔ̀dtâs à tɛlɛp nɔnɔk, à pa ɓē ki tɔ̀ mìs mee i ŋgìi, à hoo mɔɔ tōl, à kál lɛ, À Nyambê, kŏn mè m̀ɓɔ̀ŋɓeɓa ŋgɔɔ. ¹⁴ Mè ŋkàl ɓee lɛ, Nunu nyɛn à sŏs ī ndāp yeē ŋ̀kělgà lɛ à tee sēp ìlɔ̀ɔ̀ nuu; inyŭlē hi muùt à mɓēdes nyɛmèdɛ à gasùhlana, nu kì à nsùhus nyɛmèdɛ à gaɓēdhana.

Yesù à nsàyap ɓɔɔŋge ɓàtidigi

Màt 19:13-15; Mar 10:13-16

¹⁵ Ɓòt ɓa lɔnā yaàk mìŋkeŋee mi ɓon i nyēnī lɛ a tis ŋwō. Ɓànigîl ɓa tēhe ɓăŋ hālà, ɓa kaa kōnd ɓɔ. ¹⁶ Ndi Yesù à sebēl ɓɔ, à kál lɛ, Ŋwàha ɓɔ̀ɔŋgɛ ɓàtidigi ɓa lɔ̄ mĕnī, nì sòŋa ɓáŋ ɓɔ̄; inyŭlē ndòŋ ìni yŏn ànɛ Nyambɛ ī ye yāp. ¹⁷ Hɔ̀dɔ mè nhōmb ɓee lɛ, tɔ̀njɛɛ à ńyɔ̀ŋ ɓe anɛ Nyambɛ kìkìi màànge ǹtidigi, à gajòp ɓe mû.

Màànge wānda nu à ɓa ŋ̀gwàŋ

Màt 19:16-30; Mar 10:17-31

¹⁸ Ŋ̀ànè wàda à ɓát nyɛ lɛ, À lɔŋge Māleèt, mɛ ɓɔ́ŋ lā lɛ ndi mɛ kodōl nìŋ ɓogā? ¹⁹ Yesù à kál nyɛ lɛ, Ù nsèɓlɛnɛ ki mɛ lōŋgeè? Mùt nyɛkĭnyē à tà ɓe lɔŋgê, hàndugi Nyambɛ nyētāma. ²⁰ Ù ńyi matìŋ lɛ, Ù kènek ɓáŋ ndèŋg, Ù nɔlɔk ɓáŋ mùt, Ù nibik ɓáŋ, Ù tɛlɓak ɓáŋ mbògi bìtɛmbɛɛ, Ù tinâk ìsɔŋ ɓɔ nyùŋ lipem. ʸ ²¹ Nì nyɛ à kál nyɛ lɛ, Mè bitēeda màm mana mɔmasonā ìlɔ̀ yaga mɛ màànge. ²² Yesù à nɔk ɓǎŋ hālà, à kál nyɛ lɛ, Jàm jada jɔn li ŋgi yiī wè; kɛ nùŋul gwɔ̀m gwɔɓisonā ù gwèe, u kebēl dìyɛyèɓà, halā nyēn ù gaɓāna lisɔ̀ɔ̀ li ŋkùs i ŋgìi; ndi u lɔ̄,

---

ʸ Luk 18: 20 Màn 20: 12-16

u nɔ́ŋ mɛ̀. ²³ À nɔk 6ăŋ màm mana, à kɔ́n ndudù ŋgàndàk, inyŭlē à 6a ŋ̀gwàŋ kîyaga. ²⁴ Nì Yesù à nűn nyɛ, à kâl lɛ, I ye lā 6aèdga ni 6òt 6a gweē ŋgàndàk ŋ̀kùs i jòp i ànè Nyambê! ²⁵ Inyŭlē i ye tòmba ni kàmɛl i sɔ́ɔ̀mà litūba li ndɔndɔ̀k, ìlɔ́ɔ̀ lɛ ŋ̀gwàŋ mût u jőp ànè Nyambê. ²⁶ 6òt 6a 6ā nɔ́k hālā, 6a kâl lɛ, Ǹjɛɛ ni à yè lɛ à tɔhlànà? ²⁷ Nì nyɛ à kâl lɛ, Màm 6òt 6a nlà 6e 6ɔ́ŋ, Nyambɛ à nlà 6ɔ́ŋ mɔ. ²⁸ Nì Petrò à kâl lɛ, Nŭnkì, dì biyēk maàm mes, dì nɔ́ŋ wɛɛ̀. ²⁹ Nì nyɛ à kâl 6ɔ lɛ, Hɔ́dɔ mɛ̀ nhɔ̄mb 6ee lɛ, mùt nyɛkĭnyē nu à ǹyek ndap, tɔ̀ ŋwàa, tɔ̀ lògnyáŋ 6oòlom, tɔ̀ 6àgwâl, tɔ̀ 6ɔ́n, inyùu ànè Nyambê, ³⁰ nyɛn à gakòs ŋgandàk ìlɔ́ɔ̀ ha ŋgèdà ìni, nì ŋgèdà i nlɔ̀, nìŋ 6ɔgā.

Yesù à mpɔ̄t bindĕē inyùu nyɛ̀mb yeē ŋgèlè ì ǹyonos iaâ

Màt 20:17-19; Mar 10:32-34

³¹ Nì nyɛ à yɔ́ŋ jom nì i6aà i nyēnī, à kâl 6ɔ lɛ, Dì m6ēt i Yèrusàlèm, màm mɔmasonā ma ye ǹtĭl6àgà nì 6àpodôl inyùu Măn mùt ma gayɔ̄n. ³² Inyŭlē à gatīna i mɔ́ɔ̀ ma bilɔ̀ŋ bìpɛ, 6a ndɛgle nyē, 6a weha nyē nyùu, 6a cɔlɛ nyē màtay; ³³ 6a ga6ɛp nyɛ dìsòò, 6a nɔl nyē, kɛl ì ǹyonos iaâ à gatūgɛ. ³⁴ Ndi 6a tībil 6ē yi jaàm jɔkĭjɔ̄ mu màm mâ, lìpodol li 6ā li solī 6ɔ́, 6a 6ā yi 6ē ki tɔ̀ màm ma pōda.

Mùt ndim à ǹtɛhnà, nu à 6a yagàl i pāŋ njɛ̆l 6è6èɛ̀ nì Yèrikò

Màt 20:29-34; Mar 10:46-52

³⁵ Kìi à ŋ̀kahal pām 6e6èɛ̀ nì Yèrikò, mùt ndim wadā à 6a à yìi ī pāŋ njɛ̀l, à yàglàk; ³⁶ à nogda 6ăŋ lìmùt li ntāg6ɛ̀, à 6ât lɛ ki ìì. ³⁷ 6a kâl nyɛ lɛ, Yesù mùt Năsàrèt nyɛn à ntāg6ɛ̀. ³⁸ Nì nyɛ à lɔnd, à kâl lɛ, À Yesù, Măn Dāvìd, kɔ̀n mɛ̀ ŋgɔɔ! ³⁹ 6òt 6a 6ā 6oòk bisū 6a kond nyɛ lɛ a mɔm ŋwɛɛ̀; ndi à lɔnd ŋgandàk ìlɔ́ɔ̀ ha lē, À wɛ Măn Dāvìd, kɔ̀n mɛ̀ ŋgɔɔ! ⁴⁰ Nì Yesù à tɛlêp, à kâl 6ɔ lɛ 6a lɔnā nyē nyē. Kìi à ŋ̀kőgɛ 6e6èɛ̀, à 6ât nyɛ lɛ, ⁴¹ Ù nsòmbol lɛ mɛ 6ɔ́ŋ lā wɛɛ̀? À kâl lɛ, À Ŋwɛt, lɛ mɛ tɛhna! ⁴² Nì Yesù à kâl lɛ, Tɛhnaga; hɛmlɛ̀ yɔŋ i ntɔhɔl wê. ⁴³ Bitēebīloŋi à tɛhnà, à nɔ́ŋ nyɛ, à tinâk Nyambɛ lìpɛm; 6òt 6ɔ6asonā 6a tēhɛ halā, 6a 6egɛs Nyambê.

19

Yesù 6ɔnà Sakēò

¹ Nì nyɛ à jőp Yèrikò, à kahal tāg6ɛ muù. ² Mùt wàda jòy jee lɛ Sàkeò, à 6a ŋ̀kɔdtâs nûŋkɛŋi, ŋ̀gwàŋ mût, ³ à 6a sombòl tɛhɛ njɛɛ à yè Yesù, ndi à làa 6ē inyùu lìmùt, inyŭlē à 6a hìkidgà. ⁴ Nì nyɛ à 6ók ŋgwee bisū, à 6ɛt ē sikòmôr lɛ ndi a tɛhɛ nyē; inyŭlē ha nyēn à 6a tag6ɛ̀nɛ̀. ⁵ Yesù à pam 6ăŋ hā hòma nû, à pa mīs, à kâl nyɛ lɛ, À Sakēò, hɔɔ sòs; inyŭlē mɛ ǹlama yén lɛɛn i ndáp yɔɔŋ. ⁶ Nì Sàkeò à hɔɔ sôs, à yɔ́ŋ nyɛ nì màsee. ⁷ Ba tēhɛ 6ăŋ hālā, 6ɔ6asonā 6a kaa hùŋ6ɛ̀, 6a kâl lɛ, À ǹjőp i yèn yak m6ɔ̀ŋ6eba. ⁸ Nì Sàkeò à tɛlêp, à kâl Ŋwɛt lɛ, À Ŋwɛt, nŭnkì, mɛ ntī diyɛyɛ̀6à pɛ̀s yada i kɛ̀dɛ ŋ̀kùs wêm; i6ālē mɛ biyɔ̀ŋ mût yɔm ni màlògâ, mɛ ntìmbhɛ nyɛ bīnaā. ⁹ Nì Yesù à kâl nyɛ lɛ, Tɔhi ī njoōp munu ndáp ìni lên, inyŭlē yàk nyɛ à yè măn Àbràhâm. ¹⁰ Inyŭlē Măn mùt à bilɔ̀ i yēŋ nì tɔhôl 6ànimlaga.

Ŋgèn inyùu jom li mbogôl drăgmà

¹¹ Ba 6ā nɔk 6ăŋ màm mana, Yesù

à kondē ki ŋgèn inyŭlē à ɓa ɓèɓèè nì Yèrusàlèm, nì inyŭlē ɓa ɓā hɔŋɔɔ̀l lɛ ànɛ Nyambɛ ī gweē yāga ni mɔ̀ɔ. ¹² Jɔn à kèlel lɛ, Ǹlom mùt wàda à kèɛ lɔ̀ŋ nɔnɔk lɛ nyɛmèdɛ a yɔ̃ŋ ànɛ, a têmb kì. ¹³ À sebēl jom jee li miŋkɔ̀l, à ti ŋwɔ jòm li mbogôl drăgmà, à kâl ŋwɔ lɛ, Nùŋlana lɛtèè mè lɔ̂. ¹⁴ Ndi ɓòt ɓa lɔ̀ŋ yee ɓa ɓā ɔɔ̀ nyɛ, ɓa yik ɔm ɓôt i kàl lɛ, Dì nsòmbol ɓe lɛ mùt nunu a anē ɓês. ¹⁵ À tĕmb ɓăŋ, à ma māāl yɔɔ̀ŋ anɛ, à kâl lɛ ɓa sebēl mìŋkɔ̀l à ti mòni lɛ a yi jàm mi ŋkôs i nyùŋga. ¹⁶ Nì u bisu u lɔ̂, u kâl lɛ, À Ŋwɛt, mbogôl yŏŋ drăgmà ì m̀ɓahal jom li mbogôl drăgmà. ¹⁷ Nì nyɛ à kâl nyɛ lɛ, Ỳŋ̂, à lɔŋgɛ ŋkɔ̀l, lakìi ù ɓak maliga i kèdɛ ndèk mâm, ànge jòm li miŋkɔ̀ŋ. ¹⁸ Yàk u ū ńyonos maà u lɔ̂, u kâl lɛ, À Ŋwɛt, mbogôl yŏŋ drăgmà ì m̀ɓahal mbogôl drăgmà itân. ¹⁹ Nì nyɛ à kâl ki wɔ̄ lɛ, Yàk wè ɓa ī ŋgìi mìŋkɔ̀ŋ mintân. ²⁰ Nì u ǹhɔgi u lɔ̂, u kâl lɛ, À ŋwɛt, nŭnkì, mbogôl yŏŋ drăgmà ìni, mè bitēeda yɔ ī wāŋsì; ²¹ inyŭlē mè ɓe kôn wè wɔ̀ŋi, lakìi ù yè ǹlèdɛk mût, ù mɓáda yɔm ù m̀ɓii ɓēe, ù ɓùmblàk kì yɔ̌m ù ǹsal ɓēe. ²² À kâl nyɛ lɛ, Wè ŋkɔ̀l m̀ɓɛ unu; mè mpēmhɛnɛ wɛ mbàgi kĭŋgèdà biɓàŋga gwɔŋ. Ù ɓe yi lē mè yè ǹlèdɛk mût, mè mɓáda yɔm mè m̀ɓii ɓēe, mè ɓùmblàk yɔ̌m mè ǹsal ɓēe; ²³ inyŭkī ni ù bitīnɛ ɓe mɔnī ŋwɛɛm i ɓàŋg lɛ malòl mêm mɛ yɔ̃ŋ ŋwɔ̄ lɔ̀ŋnì yèŋè? ²⁴ À kâl ki ɓòt ɓa ɓā ɓa tee hā lē, Yɔ̀ŋa nyē mbōgoòl drăgmà, ni ti yɔ̄ mùt à gwèe jòm li mbogôl drăgmà. ²⁵ Nì ɓɔ ɓa kâl nyɛ lɛ, À ŋwɛt, ŋgɔ à gwèe jòm li mbogôl drăgmà. ²⁶ Mɛ̀ ŋkàl ɓee lɛ, Hi mût à gwèe i gatīna nyɛ; ndi nu à gwèe ɓée, yàk i à gwèe i gayòŋa. ²⁷ Inyùu ɓaɔ̀ɔ ɓêm ɓana, ɓa ɓā bisòmbol ɓe lɛ mɛ anē ɓɔ̄, lɔ̀nana ɓɔ̄ hana, ni nɔl ɓɔ̄ bisū gwèɛm.

Yèsù à njòp i Yèrusàlèm nì bìɓegês bi ɓôt

Màt 21:1-11; Mar 11:1-11; Yòh 12:12-19

²⁸ À pɔt ɓăŋ hālà, à kɛ bīsū, à kahal ɓēt Yèrusàlèm. ²⁹ I lēŋa lē, kìi à m̀pam ɓɛɓèè nì Bètfagè nì Bètanìà, nyɔɔ hīkòa hi nsèblana Olīvè, à ɔm ɓanigîl iɓaà, ³⁰ à kâl lɛ, Ɓèe kèna mbây ì yè ɓèè mbɔmbôm; kìi nì njòp mû, nì gakɔ̄ba man jàgâs à tìŋi, mùt à ǹyenàk ɓe nyɛ ŋgìi; tìŋlana nyē, ni lɔnā nyē. ³¹ Iɓálē mùt à m̀ɓát ɓee lɛ, Inyŭkī nì ntìŋil nyɛ? Nì gakàl lɛ, Ŋwět à nsòmbol nyɛ. ³² Ɓa à ɔm ɓa kê, ɓa kɔba yaga kìkìi à kǎl ɓɔ̄. ³³ Ɓa ɓā tìŋìl ɓăŋ măn jàgâs, ɓèt ɓa ɓât ɓɔ lɛ, Nì ntìŋlɛnɛ ki man jàgâs? ³⁴ Nì ɓɔ ɓa kâl lɛ, Ŋwět à nsòmbol nyɛ. ³⁵ Nì ɓɔ ɓa kɛnā nyɛ yak Yēsù; ɓa lêŋ mbɔt yap i ŋgìi măn jàgâs, ɓa yís Yesù i ŋgìi yeè. ³⁶ À ɓa kɛ ɓăŋ, ɓòt ɓa tɛk mbɔt yap i njèl. ³⁷ Kìi à ŋkôgɛ ɓɛɓèè nì Yèrusàlèm, masòhòk ma hikòa Olīvè, lìmùt li ɓanigîl jɔlisonā li kahal sēe, li ɓeges Nyambɛ nì kiŋ kēŋi inyùu mìmpemba mi mâm ŋwɔminsonā ɓa tēhɛ; ³⁸ ɓa kâl lɛ, Kiŋɛ ì nlòl i jòy li Ŋwɛt i ɓa ǹsăyɓàk; ǹsàŋ i ŋgìi, nì lìpem i ŋgìŋgìi.ᶻ ³⁹ Nì Fàrisày hɔgi i kèdɛ lìmùt i kâl nyɛ lɛ, À Lêt, kond ɓànigîl ɓɔŋ! ⁴⁰ À tîmbhè,

---

ᶻ**19:38** Hyèm 118:26

à kál ɓɔ lɛ, Mɛ̀ ŋkàl ɓee lɛ iɓālē ɓana ɓa mmɔm ŋweē, ŋgɔ̀k i gakāhal lɔnd. ⁴¹ Kìi à ŋkóge ɓeɓèè, à tɛhɛ ŋkɔ̀ŋ, à ɛɛ̄ inyùù yeē, ⁴² à kál lɛ, 'Balɛ ɓɔ ndi wɛ̀mɛ̀dɛmɛdɛ ù yik mâm ma ye ī kède ǹsàŋ lɛ̌n ìni! Ndi hanânɔ ma solī mìs mɔŋ. ⁴³ Inyǔlē dìlɔ di galòl wê, i ŋgèdà ɓàɔ̌ɔ ɓɔŋ ɓa gakēŋa wɛ nì lìpènd, ɓa yībnɛ wè nì bìpès gwɔbisɔnā; ⁴⁴ ɓa gayèghɛ wɛ lòŋnì ɓɔn ɓɔŋ mǔkède; ɓa gayēk ɓɛ ŋgɔ̀ɔ̀k yàda ì kèhi ŋgìi ìpɛ; inyǔlē ù biyī ɓɛ ŋgedà yɔ̌ŋ màyuugà.

Yesù à mpūbus tempɛ̀l

Màt 21:12-17; Mar 11:15-19; Yòh 2:13-22

⁴⁵ Nì Yesù à jóp tēmpɛ̀l, à kahal lùhul ɓa ɓā ɓā nuŋùl ni ɓa ɓā ɓā sɔmb, ⁴⁶ à kàlàk ɓɔ lɛ, I ye ǹtīlɓàgà lɛ, Ndap yêm ì gaɓā ndap màsɔɔhɛ̀;ᵃ ndi ɓèe nì ǹyīlha yɔ hōk ɓoòt ɓa ŋgadla. ⁴⁷ À ɓa niigà hi kɛl i tēmpɛ̀l. Bìprǐsì bìkɛŋi nì ɓàyimbēn nì ɓàlom ɓa ɓôt ɓa lɔ̄ŋ ɓa ɓā yeŋ njɛ̀l i nɔ̄l nyē; ⁴⁸ ndi ɓa la ɓē yi kìkìì ɓa ɓɔ̀ŋ, inyǔlē ɓɔ̀t ɓɔɓasɔnā ɓa kwɔ̀ɔ yāga lihɔ̀lgè, ɓa ɛmblègè nyɛ.

20

Ɓot ɓa mɓàt inyùu ŋgùy Yesù

Màt 21:23-27; Mar 11:27-33

¹ I lēŋa lē kɛl yadā à ɓa niigà ɓòt i tēmpɛ̀l, à aŋlàk Mìŋaŋ Mìnlam, bìprǐsì bìkɛŋi nì ɓàyimbēn nì mìmaŋ mi ɓôt ɓa lɔ nyēnī ² nì ɓɔ ɓa kál nyɛ lɛ, Kǎl ɓès inyùu ìmbɛ ŋgûy ù mɓòŋol màm mana? Tɔ̀lɛ ǹjɛɛ à bitī wɛ ŋgùy ìni? ³ À tímbhɛ ɓɔ lɛ, Yàk mɛ̀ mɛ̀ mɓàt ɓee ɓàŋga yada; kàla mɛ̀: ⁴ Lìsòblɛ̀ li Yohānɛ̀s li bilòl i ŋgìi, tɔ̀ nì ɓòt? ⁵ Nì ɓɔ ɓa kālna lɛ, Iɓālē dì ŋkál lɛ, Li bilòl i ŋgìi; à ŋkàl lɛ, Inyǔkī ni nì bihēmlɛnɛ ɓe nyɛ? ⁶ Ndi iɓālē dì ŋkál lɛ, Nì ɓòt; ɓòt ɓɔɓasɔnā ɓa gaōm ɓes ŋgɔ̀k; inyǔlē ɓa nhēmlɛ lɛ Yòhanɛ̀s à ɓeè m̀podôl. ⁷ Nì ɓɔ ɓa tímbhɛ lɛ ɓa ńyi ɓɛ hɛ̀t li bilòl. ⁸ Nì Yesù à kál ɓɔ lɛ, Wɛɛ tɔ̀ mɛ̀ mɛ̀ ŋkàl ɓɛ mɛ ɓèè inyùu ìmbɛ ŋgûy mɛ̀ mɓòŋol màm mana.

Ŋgèn inyùu wɔ̀m u miŋkòò mi wây nì ɓàsalwɔ̌m

Màt 21:33-46; Mar 12:1-12

⁹ Nì nyɛ à kaa kɛ̀nɛ ɓòt ŋgɛ̌n ìni lɛ, Mùt wàda à ɓɛ̌l wɔ̀m u miŋkòò mi wây, à nidīs wɔ ɓàgwɛlǹsɔn, à kɛ lòŋ ipɛ inyùu ǹtàndaa ŋgedà. ¹⁰ I ŋgèdà màtam à ɔm ŋkɔ̀l yak ɓàsalwɔ̌m lɛ ɓa ti wɔ̄ màtam ma wɔm u miŋkòò mi wây; ndi ɓàsalwɔ̀m ɓa ɓep wɔ, ɓa huuha wɔ ǹsɔ. ¹¹ Nì nyɛ à ɔm ŋkɔ̀l umpɛ, ɓa ɓep yâk wɔ, ɓa tēŋga wɔ kìiyaga, ɓa huuha wɔ ǹsɔ. ¹² Nì nyɛ a ɔm ki ū ū ńyonos miaâ, yàk wɔ ɓa ɓabaà, ɓa luhùl. ¹³ Ŋwɛt wɔm u miŋkòò mi wây à kál lɛ, Mɛ̀ mɓɔ̀ŋ laa? Mɛ̀ gaɔm man wɛ̀m nu gwēhaà; ɓêbhâ ɓa tɛhɛ ɓaāŋ nyē, ɓa gaɓāŋ nyɛ. ¹⁴ Ndi ɓàsalwɔ̀m ɓa tɛhɛ nyɛ, ɓa kālna lɛ, Ŋ̀kàdɓum nunu; lɔ̀ga, di nɔl nyē, ɓum i ɓa yēs! ¹⁵ Nì ɓɔ ɓa lēŋ nyɛ mbūs wɔ̀m u miŋkòò mi wây, ɓa nɔl nyɛ. Ŋwɛ̀t wɔm u miŋkòò mi wây à gaɓɔ̀ŋ la ni ɓɔ? ¹⁶ À galɔ̀, a ce ɓàsalwɔ̀m ɓana, a ti ɓôt ɓàpɛ wɔ̀m u miŋkòò mi wây.

Ɓa nɔ̄k ɓǎŋ hālà, ɓa kál lɛ, 'Bààloŋɛ! ¹⁷ Yesù à nǔn ɓɔ, à kál lɛ,
Halā kìi i ye ǹtīlɓàgà wèɛ lāa, lɛ
Ŋgɔ̀k ɓàɔŋ ɓa bicɛ̀l,

ᵃ**19:46** Yès 56:7

Yǒn ì biyìla ŋgɔ̂k lìkas?[b]

[18] Hi mût à ŋkwɔ̀ i ŋgìi ŋgɔ̀k ì à gaɓūgi ŋgeŋ ŋgēŋ; nu kì ì gakwĕl ì ganyàgat nyɛ, a ŋwamɓa kìkìi lìpùm li bitɛ̀k.

Ì ti Kāysà tâs

Màt 22:15-22; Mar 12:13-17

[19] Nì ɓàyimbēn nì bìprǐsì bìkɛŋi ɓa yeŋ njɛ̂l i hā nyɛ̄ mɔ̀ɔ ha ŋgēŋ ì, ndi ɓa ɓā kɔ̀ɔ̀n ɓôt wɔ̀ŋi; inyǔlē ɓa yī lē ɓɔn à ŋkennē ŋgĕn ì. [20] Nì ɓɔ ɓa kaa hès nyɛ, ɓa ɔm ɓôt ɓa mbɛp, ɓa ɓɔŋɔ̀k wĕŋgɔ̀ŋlɛ ɓôt ɓa tee sēp, lɛ ɓa ɓɛ̂l nyē nyɔ̀, lɛ ndi ɓa kɛnā nyē bisū bi anɛ̀ nì bi ŋgûy ŋgɔmîn. [21] 'Ba ɓàt nyɛ lɛ, À Lêt, dì ńyī lɛ ù mpōt nì niigà kà tee, ù nnùnul ɓɛ ɓôt bitēe bi mis, ndi ù nnīiga njɛɛ̄l Nyāmbɛ nì màliga. [22] 'Bàà i ye ɓès kundɛ̀ i tī Kāysà tâs, tɔ̀ hɛni? [23] Nì Yesù à tɛhɛ likɛŋgɛ jap, à kâl ɓɔ lɛ, Nì nnɔ̀ɔ̀dɛnɛ ki mê? [24] Ebnana mɛ̀ dènarìò. Òŋgɓà yen ini, jòy jen ki līni? 'Bɔ nyɛ lɛ, Kaysà. [25] À kâl ɓɔ lɛ, Tina nī Kaysà gwɔ̀m bi Kaysà, Nyambɛ kì gwɔ̀m bi Nyambê. [26] Ndi ɓa làa ɓē pēē bipōdol bi bīsū bi ɓoòt; ɓa hɛl inyùu ndìmbhɛ̀ yèe, ɓa mɔm ŋwɛɛ̂.

Mbàdgà inyùu lìtùgè

Màt 22:23-33; Mar 12:18-27

[27] Sàdukày hɔgi, ɓèt ɓa ŋkàl lɛ lìtùgè li ta ɓēe, ɓa lɔ nyēnī, ɓa ɓàt nyɛ lɛ, [28] À Lêt, Mosè à tìlna ɓès lɛ, Iɓāēl mùt manyâŋ à ŋ̀wɔ, à yek ŋwaa ŋgì mǎn, mànyâŋ a yɔɔ̄ŋ yīk yee, a toohɛnɛ nyē ɓūm.[c] [29] Lìnyàŋ lisâmbɔk li ɓā; nu bìsu à ɓii ŋwaa, à wɔ, à yek ɓe man; [30] yàk nu à ǹyonos iɓaà à yɔ̄ŋ yik kikìi ŋwàa, ndi mùùnlom à wɔ ŋgì mǎn; [31] ndi nu à ǹyonos ɓaâ à yɔ̄ŋ yɔ; ɓɔ ɓasâmbɔk ǹlèlèm halà, ɓa wɔ, ɓa yek ɓe ɓɔn. [32] I mbūs hālà yàk mùdàà nu à yik wɔ. [33] Bitùgnɛ à gaɓā ŋwaa wɛɛ̄n i kède yâp? Inyǔlē ɓɔ ɓasâmbɔk ɓa ɓā ɓa gweē nyē kìi ŋwàa. [34] Nì Yesù à kâl ɓɔ lɛ, 'Bɔ̀n ɓa hisī hini ɓa mɓîi, ɓa tìngā kì maɓîi; [35] ndi ɓa ɓā ŋeŋa lɛ ɓa kolī i pām hyày hî, nì lìtùgè i kède ɓàwɔga, ɓa mɓii ɓēe, tɔ̀ tina māɓîi; [36] inyǔlē ɓa ta hā ɓe lɛ ɓa wɔ, inyǔlē ɓɔ nì aŋgèl ɓa kolī; ɓa ye kì ɓɔ̀n ɓa Nyambɛ̂, lakìì ɓa ye ɓɔ̀n ɓa lìtùgè. [37] Ndi lɛ ɓàwɔga ɓa ntùglànà, yàk Mosè à ùnda, hɔma i mpōda inyùu Lìɓuy, ŋgèdà à nsèbel Ŋwɛt lɛ Nyambɛ nū Àbràhâm, Nyambɛ nū Ìsàk, nì Nyambɛ nū Yākòb.[d] [38] Nyambɛ à tà ɓe Nyambɛ nū ɓàwɔga; ndik nū ɓāyomi; inyǔlē ɓɔɓasonā ɓa nnìŋil inyùù yeè. [39] Nì ɓàyimbēn ɓàhɔgi ɓa tîmbhɛ̀, ɓa kâl lɛ, À Lêt, ù m̀pot lɔŋɛ̂. [40] 'Ba kāndal hā ɓe nyuu i ɓàt nyɛ jàm.

Mbàdgà inyùu Mǎn Dāvìd

Màt 22:41-46; Mar 12:35-37

[41] Nì nyɛ à kâl ɓɔ lɛ, Lɛlaa ɓa ŋkàl lɛ Krǐstò à yè mǎn Dāvìd? [42] Inyǔlē Davìd nyɛmɛ̀dɛ à pɔt ī kàat Cèmbi lɛ, Ŋwět à bikàl Ŋwɛt wêm lɛ: Yěn wɔ̀ɔ̀ wêm waalōm, [43] Lɛtɛɛ̀ mɛ̀ yīlha ɓaɓala ɓɔ̄ŋ kèhnɛ makòò mɔŋ?[e] [44] Davìd à sèblàk nyɛ lɛ, Ŋwět, lɛla ni à yè nyɛ mǎn?

Yesù à ŋkōnd ɓayimbēn

Màt 23:1-36; Mar 12:38-40; Luk 11:37-54

⁴⁵ Nì nyɛ à kál ɓanigiìl ɓee, ɓòt ɓɔɓasonā ɓa ɛmblègè lɛ, ⁴⁶ Nì yihgè inyùu ɓàyimbēn, ɓa ɓā ŋgwēs hyomna mintìŋgìl mi mbɔt; nì màyègà biɓòm, nì bìyèènɛ bi bisu mandāp ma mitìn, nì ɓàhɔma ɓa bisu maŋgànd; ⁴⁷ ɓɔn ɓa ŋkādal mandap ma biyik, ɓa nômhàk màsɔɔhɛ̀ ma ŋgâlɓà; ɓana ɓɔn ɓa gakòs mbagī nōgoòs ì ǹlôhà.

21

Lìkèblà li yik mudàa

Mar 12: 41-44

¹ Nì nyɛ à pa mīs, à tɛhɛ miŋgwàŋ mi ɓòt, kiì mi nhā makèblà map ŋkūu makèblà. ² Nì nyɛ à tɛhɛ hiyɛyɛ̄ɓà hi yik mudàà hyada hi nhā disìnàgà di mɔnī diɓaà. ³ Nì nyɛ à kál lɛ, Hɔ̀dɔ mè nhɔ̄mb ɓee lɛ, hiyɛ̄yɛ̄ɓà hi yik mudàà hini hi nha ìlɔ̀ɔ̀ ɓɔɓasonā; ⁴ inyǔlē ɓana ɓɔɓasonā, mu lìŋgwàŋ jap, ɓa hāk jogà li mbugà yap mu mākèblà inyùu Nyāmbeè; ndi nyɛ, mu līyɛ̄p jee, à ǹha gwɔm bi nôm yee gwɔbisonā à ɓak à gwèe.

Yesù à mpɔ̄t bindēē inyùu òbì u tempèl

Màt 24:1-2; Mar 13:1-2

⁵ I ŋgèdà ɓòt ɓàhɔgi ɓa ɓā kelèl inyùu tēmpèl, lɛlaa ɓa ěŋg yɔ̀ nì bìlɔŋgɛ bī ŋgɔɔ̀k nì màkèblà, Yesù à kál lɛ, ⁶ Gwɔ̀m bini nì ntēheɛ̀, dìlɔ di galɔ̀ lɛ tɔ̀ ŋgɔ̀k yàda ì gayēgle ɓe ì kèhi ŋgìi ìpɛ hana, lɛ ɓa nyùgɛ ɓe yɔ hīsī.

Bìyìmbnɛ bi ndêŋgà

Màt 24:3-14; Mar 13-13

⁷ Nì ɓɔ ɓa ɓát nyɛ lɛ, À Lêt, màm mana ma gaɓānɛ ŋgèdà ìmbɛɛ? Ki i gaɓā yiìmbne lɛ màm mana ma ŋkaa lɔ̀? ⁸ Nì nyɛ à kál ɓɔ lɛ, Nì yihgè lɛ mùt à yùmus ɓáŋ ɓee; inyǔlē ŋgàndàk ì galɔ̀ i jòy jêm, i kál lɛ, Mè yè nyɛ; nì lɛ Ŋgèdà ì gwèe nì mɔ̀ɔ; nì nɔ̀ŋɔk ɓáŋ ɓɔ̄. ⁹ Ŋgèdà nì ganɔ̄k inyùu gwèt nì inyùu màsànda, halā à soha ɓáŋ ɓèè miŋem; inyǔlē màm mana ma nlama ɓók gwelà, ndi hà lìsuk ndugi ɓe li bītēebīloŋi.

¹⁰ Halā nyēn à kǎl ɓɔ̄ lɛ, Lɔ̀ŋ i ganyàŋɓɛnɛ lôŋ; ànɛ̀ kì i kɔ́lɓa ànɛ̀;ᶠ ¹¹ nyèŋg disi kɛŋi i gaɓā, nì njàl kɛŋi nì dìmàla ɓàhɔma ɓàhɔ̀ma; màm ma ŋkònha wɔŋi nì bìyìmbnɛ bìkɛŋi bi nlòl i ŋgìì bi gaɓā.

¹² Ndi ìlɔ̀lɛ màm mana mɔmasonā ma mɓòŋà, ɓa gahā ndugi ɓee mɔ̀ɔ, ɓa tēŋga ɓèe, ɓa kɛnā ɓèè mandāp ma mitìn nì i mɔ̀k; ɓa kɛnā kì ɓèè bisū bi bikiŋɛɛ̀ nì ɓaŋgɔmîn inyùu jòy jêm. ¹³ Màm mana ma gaɓā ɓee mbògi. ¹⁴ Jɔn mèlhana mīŋēm minaàn lɛ nì ɓók ndugi ɓáŋ hèk pêk kìkìi nì gatìmbhɛ; ¹⁵ inyǔlē mè gatī ɓee nyɔ̀ u ye lē ɓàɔ̀ɔ̀ ɓanân ɓɔɓasonā ɓa galà ɓe kɔ́lɓà tɔ̀ tìmbhɛ̀, nì pèk. ¹⁶ Nì gatīna i mɔ̀ɔ ma ɓòt nì ɓàgwâl ɓanân, nì lògnyûŋ, nì màhàà, nì màwanda; ɓa ganɔ̀lha ɓee ɓàhɔgi. ¹⁷ Ɓòt ɓɔɓasonā ɓa gaɔ̀ɔ̀ ɓee inyùu jòy jêm. ¹⁸ Ndi hyɔŋ hi ŋɔ nân hyɔkîhyɔ̄ hi ganīmil ɓee. ¹⁹ Inyùu hōnɓà nân nì gatɔ̄hɔl nɔɔ̀m nân.

ᶠ Luk 21:10 Yès 19:2

Yesù à mpɔ̄t bindĕē inyùu òbì u Yerūsàlèm

Màt 24:15-28; Mar 13:14-23

²⁰ I ŋgèdà nì ǹtɛhɛ Yerūsàlèm ŋ̀kĭŋàgà nì mìntoŋ mi gwêt, yina lē ciba yēe i gweē nì mɔ̀ɔ. ²¹ Hanyēn ɓa ɓā ye ī Yùdeà ɓa kɛnēk ŋ̀gwee dikòa; ɓa ɓā ye ī kède yeē ɓa pam; ɓa kì ɓa ye bīkāy ɓa jòbok ɓâŋ mù! ²² Inyŭlē dìlɔ di mapùnà dî, lɛ màm mɔmasonā ma ye ǹtĭlɓàgà ma yɔn. ²³ Ŋgɔɔ nì ɓòdàà ɓa mem nì ɓa ɓā nnyūŋus ɓɔn mu dīlɔ̄ diì! Inyŭlē ndèèŋgà kɛŋi ì gaɓā hana hisī, nì hìun i ŋgìi ɓòt ɓana. ²⁴ Ba gakwɔ inyùu màlɔ ma pansòŋ, ɓa gakèna ki ɓɔ̄ miŋkōm bilɔŋ gwɔbisonā; bìlɔŋ bìpɛ bi gakīdɓɛ Yerūsàlèm, lɛtɛ̀ɛ ŋgèdà bìlɔŋ bìpɛ ì yôn.

Màlòl ma Man Mùt

Màt 24:29-31; Mar 13:24-27

²⁵ Bìyìmbnɛ bi gaɓā i jŏp, nì soŋ, nì còdot; ndùdù ì gaɓā ki hāna hisī i kède bìlɔŋ, bi yi ɓe kii bi nlēŋ inyùu mbìmbà lɔ̀m nì màŋgudga; ²⁶ ɓòt ɓa gakwɔ lisè inyùu wɔ̀ɲi nì inyùu mbìgdà màm ma galɔ̄ ŋkɔ̀ŋ hisi; inyŭlē màpemba ma ŋgiī ma ganyìŋghana. ²⁷ Hanyēn ɓa gatɛhɛ Man mùt à nlòl i ɔnd[g] nì lìpemba nì lìpem lìkɛɲi. ²⁸ I ŋgèdà màm mana ma mɓòdol ɓoŋà, nùna ŋgìi, ni paā mìŋɔ minân; inyŭlē kɔ̀blà nân i ŋkahal sèèŋgɛ.

Màeba inyùu ē faygè

Màt 24:32-35; Mar 13:28-31

²⁹ Nì nyɛ à kenē ɓɔ ŋgèn lɛ, 'Bèŋgnana ē faygè, nì bìɛ gwɔbisonā; ³⁰ ŋgèdà bi ŋkaa tɔ̄ɔ, nì ntēhɛ halà, nì yîk ɓèèɓɔmèdɛ lɛ sèp i ye ɓèbèɛ. ³¹ Halā kì nyɛn yàk ɓèe, kìi nì ntēhɛ màm mana ma ŋkaa ɓoŋà, yina lē ànɛ̀ Nyambɛ ī ye ɓèbèɛ. ³² Hɔdɔ mè nhɔ̄mb ɓee lɛ, hyàŋ hini hi gatāgɓɛ ɓee, màm mana mɔmasonā ŋgì ɓòŋà. ³³ Ŋgìi ì gatāgɓɛ nì hìsi, ndi bìɓàŋga gwêm bi gatāgɓɛ ɓee.

Màɓehna inyùu yèn pèè

³⁴ Nì yihgè nì ɓèèɓɔmèdɛ, mìŋem mi tiga lɛ mi ét ɓee nì kwɔ ī jùu li jɛ nì lìhyua, nì ndùŋa nìŋ ini, ndi kɛl ì ì puhɛ ɓee kìkìi kèdi; ³⁵ inyŭlē halā nyēn ì galòl ɓɔɓasonā ɓa ńyèn hana hisī hyɔsonā. ³⁶ Yèna nī pèè, nì yɛmhègɛ ŋgèdà yɔsonā, lɛ ndi ni laā lèbna lɛ nì hèli ī pēy màm mana mɔmasonā ma gaɓòŋa, ni tɛlɛp kì bisū bi Man mùt.

³⁷ À ɓa niigà hi kɛl mu tēmpèl, ndi hi u à ɓa kê, à lalâk hikòa Olīvè. ³⁸ Bòt ɓɔɓasonā ɓa ɓā pulɛ kɛ̀ kêglà i ēmblɛ̀ nyɛ.

22

Ba ńyēŋ njeēl i nɔ̄l Yēsù

Màt 26:1-5, 14-16; Mar 14:1-2, 10-11; Yòh 11:45-53

¹ Ŋgànd bìkòga bi ŋgisèɲha ì nsèbla lɛ Pasà[h] ì ɓa ɓèbèɛ. ² Bìprĭsì bìkɛɲi nì ɓàyimbēn ɓa ɓā yeŋ njèl i nɔ̄l nyē; inyŭlē ɓa ɓā kɔɔn ɓòt wɔ̀ɲi.

³ Nì Saatàn à jŏp i kède Yūdà nu à ɓa sèblà lɛ Iskàriòt, wàda mu ŋàŋga jom nì iɓaà. ⁴ Nì nyɛ à kê, à kwêl ni bìprĭsì bìkɛɲi nì ɓà-ànɛ sondâ, kìkìi à yè lɛ à ti ɓɔ nyɛ. ⁵ Nì ɓɔ ɓa kɔ̄n

---

[g]**Luk 21:27** Dàn 7:13; Màs 1:7

[h]**Luk 22: 1** Màn 12: 1-27

masee, ɓa yɛgā lɛ ɓa ti nyē mɔ̀ni. ⁶ Nì nyɛ à nɛɛbɛ̀, à kahal hɛŋ i tī ɓɔ̄ nyē ŋgèdà lìmùt li ta ɓēe.

Yesù à njē Pasà nì ɓànigîl ɓee

Màt 26:17-25; Mar 14:12-21; Yòh 13:21-30

⁷ Kɛl bìkɔ̀ga bi ŋgisèŋha, ŋgèdà ɓa nsèmel man ǹtomba nu Pāsà, ì pam. ⁸ Nì nyɛ à ɔm Petrò nì Yòhanès, à kâl lɛ, Kèna, kòòbana ɓès Pasà lɛ di jɛ. ⁹ Nì ɓɔ ɓa ɓát nyɛ lɛ, Hɛ hɔma ù nsòmbol lɛ di kôɓana yɔ̀? ¹⁰ À kâl ɓɔ lɛ, Nùnakì, i ŋgèdà nì gajɔ̀p ŋkɔ̀ŋ, nì gaɓɔ̀ma mût à ɓèèga ēɓel malep; nɔ̀ŋa nyē i kède ndáp à gajɔ̀p. ¹¹ Nì gakàl ŋwɛt ndap lɛ, Màlêt nyɛ, Tǔŋ ɓàkèn ì yè hɛɛ, hɔma mè njēl Pasà lòŋnì ɓànigîl ɓêm? ¹² À gaēɓa ɓee sɔ̄sɔ̄ tùŋ nyɔ̄ ŋgída ŋgìi, ŋkŏɓàgà; mu nyēn kòòɓana. ¹³ Nì ɓɔ ɓa kê, ɓa kɔba kìkìi à bikàl ɓɔ; nì ɓɔ ɓa kóɓa Pasà.

Yesù à ntēe Bilòp bi Ŋwɛt

Màt 26:26-30; Mar 14:22-26; 1Kɔ̀r 11:23-26

¹⁴ Ŋgɛŋ ì kɔ̀la ɓăŋ, à yén hisī nyɛ nì ɓàomâ. ¹⁵ Nì nyɛ à kâl ɓɔ lɛ, Mɛ̀ ɓak mɛ̀ gwèe ŋgŏŋ kēŋi i jē Pāsà ìni lòŋnì ɓee ìlɔ̀lɛ mè nsɔ̄n njɔnɔk; ¹⁶ inyǔlē mè ŋkàl ɓee lɛ, mè gajē ha ɓe mɛ yɔ̄ lɛtèè ì ɓa ńyɔnɔ̂k i ànɛ Nyambê. ¹⁷ Nì nyɛ à yɔ̄ŋ liɓondo, à yèga ɓăŋ, à kâl lɛ, Yɔ̀ŋa līɓondo lini, kàbnana jɔ̄ i kède nàn; ¹⁸ inyǔlē mè ŋkàl ɓee lɛ, Iɓŏdôl hanânɔ mè ganyɔ̄ ha ɓe mɛ màlep ma matam ma ŋkòò wây mana lɛtèè ànɛ Nyambɛ ī lɔ̀ɔ. ¹⁹ Nì nyɛ à yɔ̄ŋ kɔgà, à màl ɓăŋ tī mayèga, à ɓek yɔ, à ti ɓɔ yɔ̄, à kâl lɛ, Nyùù yêm ìni, [ì ǹtina inyùu nàn; ɓɔ̀ŋa hàlà, nì hɔŋlègè mè mû. ²⁰ Halā kì nì liɓondo i mbūs bilòp, à kâl lɛ, Liɓondo lini li ye màlombla ma yɔndɔ macèl mêm ma mā ŋkuba inyùu nàn.]

²¹ Ndi nùnakì, wɔ̀ɔ u mût à nlīibana mɛɛ̀ u ye nì mè hana tēblè. ²² Inyǔlē Mǎn mût à ŋkɛ̀ yaga, kìkìì i mêlhànà; ndi ŋgɔɔ nì mût nu à nlīibana nyɛ! ²³ Nì ɓɔ ɓa kahal ɓàdna lɛ ǹjɛɛ i kède yáp à gaɓɔ̀ŋ i jàm lî.

Pèènà inyùu ǹjɛɛ à nlɔ̀ɔ

²⁴ Pèènà kiŋ i kwɔ kī ī kède yáp lɛ tɔ̀ɔ ǹjɛɛ à ŋēŋa kìì nū à nlɔ̀ɔ. ²⁵ Nì nyɛ à kâl ɓɔ lɛ, Bìkiŋɛ bī bilɔ̀ŋ bi ntèt ɓôt ɓap; yàk ɓa ɓā gwèe ŋgùy i ŋgìi yáp ɓa nsèbla lɛ, ɓàɓɔ̀ŋlɔŋɓê. ²⁶ Ɓèe nì gaɓà ɓe halà; ndi nu à yè nûŋkeŋi i kède nàn a yilà kìkìì nu mbūs; nu bìsu kî, kìkìi ǹlìmil. ²⁷ Inyǔlē ǹjɛɛ à nlɔ̀ɔ, nu à yìi ī jē, tɔ̀lɛ nu à ŋgwèlel nyɛ? Ɓàa hà nu ɓē à yìi ī jē? Ndi mè mɛ̀ yè i kède nàn kìkìi nū à ŋgwèl nsɔn.

²⁸ Ɓèè ɓɔn nì yè ɓa ɓā bitèŋɓe ni mè i kède mànɔ̀ɔdè mêm; ²⁹ mè ntēene ɓee ànɛ kìkìi yàk Tàta à teene mè, ³⁰ lɛ ni jɛ nì nyɔ ī tēblè yêm i ànɛ yêm; nì gayèn biyèènɛ bi ànɛ i pēmhènɛ jòm li matèn ma Isrăèl nì imaà mbàgi.

Petrò à gataŋɓa Yesù

Màt 26:31-35; Mar 14:27-31; Yòh 13:36-38

³¹ À Simòn, à Simòn, nŭnkì, Saatàn à biɓàt lɛ a yɔ̄ŋ ɓèè lɛ a sēghɛ ɓèe kìkìi kônflaāwà; ³² ndi mè biyèmhɛ inyùù yɔ̄ŋ, lɛ hemlɛ yɔŋ i màl ɓàŋ; ndi wè i ŋgèdà ù mmàl hyêlɓà, ù lèdhàk lògisɔ̄ŋ. ³³ Petrò à kâl nyɛ lɛ, À Ŋwɛt, mè yè ŋkŏɓàgà i kɛ̀ lòŋnì wè tɔ̀ i mɔ̀k tɔ̀ i nyɛmb yaà. ³⁴ Yesù à kâl lɛ, À Petrò, mè ŋkàl wɛ lē, ǹlom

kōp à gaɓā ŋgi ɔ̄ŋ lɛèn, ki wɛ̀ ù ma tāŋɓa ŋgelè iaâ lɛ ù ńyī ɓe mɛɛ̀.

Kwà nì ɓɔ̀t nì pànsɔ̀ŋ

³⁵ Nì nyɛ à kâl ɓɔ lɛ, I ŋgèdà mè biɔ̄m ɓee ŋgì kwà, tɔ̀ ɓɔ̀t, tɔ̀ bìtamb,ⁱ ɓàa nì bicēlɛl jaàm? Ɓɔ nyɛ lɛ, Tɔ̀ jàm. ³⁶ Nì nyɛ à kâl ɓɔ lɛ, Hanânɔ ni, nu à gwèe kwà, a yɔ̄ŋ yɔ̄, halā kì nì ɓɔ̀t; ndi nu à gwèe ɓēe, a nuŋūl kōdi yèe, a sɔmb pànsɔ̀ŋ. ³⁷ Inyŭlē mè ŋkàl ɓee lɛ, jàm li ye ǹtīlɓàgà li nlama yɔn inyùù yêm lɛ, À eŋa kì lòŋ yada ni ɓàcàcàŋg; ʲ inyŭlē jàm li ye īnyùù yêm li yɔn. ³⁸ Nì ɓɔ ɓa kâl lɛ, À Ŋwɛt, nŭnkì, pàminsɔ̀ŋ ini iɓaà. Nì nyɛ à kâl ɓɔ lɛ, Halā à kòli.

Yesù à nsɔ̄ɔhɛ i wɔ̀m Gêtsemānè

Màt 26:36-46; Mar 14:32-42

³⁹ Nì nyɛ à pam, à kɛ hīkòa Olīvè kìkìi mèyà yee; yàk ɓànigîl ɓa nɔ̄ŋ nyɛ. ⁴⁰ À pam ɓăŋ hā hòma nû, à kâl ɓɔ lɛ, Sɔɔhana, lɛ nì jòp ɓăŋ ī kède mànɔ̀ɔdè. ⁴¹ Nì nyɛ à ɓagla ni ɓɔ̄, ǹtɛl kìi mùt à nlèŋ ŋgɔ̂k, à om maɓɔŋ hisī, à sɔɔhè, à kâl lɛ, ⁴² À Tâ, iɓālē ù ǹnɛɛbè, hèa mè liɓòndo lini; ndi tɔ̀ halà, hà sòmbòl yêm ɓee, ndik ìyɔŋ yɔn i ɓoŋā! ⁴³ Nì aŋgèl ì lôl ŋgìi, ì pemel nyɛ, ì ledēs nyɛ. ⁴⁴ Kìi à siida ŋgàndàk, à lôha sɔɔhè; ɓììɓè yee i yilà wěŋgɔ̀ŋlɛ màtoy ma macèl màkɛŋi ma kwôk hisī. ⁴⁵ À nyɔdi ɓăŋ māsɔ̄ɔhè mee, à têmb yak ɓànigîl, à kɔba ɓɔ hilɔ̄ inyùu ndùdù, ⁴⁶ à kâl ɓɔ lɛ, Inyŭkī nì ŋkè hilɔ̄? Nyɔdna, ni sɔɔhɛ, lɛ nì jòp ɓáŋ ī kède mànɔ̀ɔdè!

Ɓa nliibana Yesù, ɓa ha nyɛ mɔ̀ɔ

Màt 26:47-56; Mar 14:43-50; Yòh 18:2-11

⁴⁷ Ki à ŋgi pɔdɔ̂k, nŭnkì, lìmùt li lɔ̂, nì nu à nsèbla lɛ Yudà, wàda mu jŏm nì iɓaà, à ɓògòk bisū; nì nyɛ à kôgɛ Yesù ɓèɓèè lɛ a sɔs nyē. ⁴⁸ Yesù à kâl nyɛ lɛ, À Yudà, ɓàa ù nlīibana Man mùt nì màsɔhâ? ⁴⁹ Kìi ɓɔ̀t ɓa ɓā lòŋnì nyɛ ɓa ntɛhɛ jàm li nlɔ̄ i ɓòŋà, ɓa kâl lɛ, À Ŋwɛt, ɓàà di ɓebek ɓɔ̄ pànsɔ̀ŋ? ⁵⁰ Nì wàda wâp à ɓep ŋkɔ̀l prîsì kɛŋi, à kit wɔ ō waalōm. ⁵¹ Nì Yesù à yɔ̄ŋ hɔp, à kâl lɛ, Ŋwàha hālà! Nì nyɛ à tis o wee, à melēs nyē. ⁵² Nì Yesù à kâl biprîsì bìkɛŋi nì ɓà-ànè sonda ɓā tempèl, nì mìmaŋ mi ɓôt, ɓa ɓā lɔɔ ī gwèl nyɛ lɛ, Ɓàa nì ǹlɔ nī pàminsɔ̀ŋ nì bìkek, wěŋgɔ̀ŋlɛ nì ŋgwèl mût ŋgadla? ⁵³ Ŋgèdà mè nì ɓèe dì ɓeè i tēmpèl hi kɛl, nì bihèk ɓe mɛ mɔ̀ɔ; ndi ŋgɛŋ nàn ini, nì ŋgùy jîbè.

Petrò à ntāŋɓa Yesù

Màt 26:57-58, 69-75; Mar 14:53-54, 66-72; Yòh 18:12-16, 25-27

⁵⁴ Nì ɓɔ ɓa gwēl nyɛ, ɓa kɛnā nyɛ, ɓa jɔ̄bna nyɛ i ndâp prîsì kɛŋi. Petrò à ɓa nɔ̂ŋ kiŋmbèm. ⁵⁵ Ɓa kɔ̀da ɓăŋ hyèè i ŋēmkède kɔtɔɔ, ɓa yén hisī loòŋ, nì Petrò à yén i kède yâp. ⁵⁶ Nì hìŋgɔ̀ndà hyada hi tɛhɛ nyɛ, à yìi māpūbi ma hyee, hi ɓɔk nyɛ mǐs, hi kâl lɛ, Yàk mùt nunu à ɓak ɓɔnà nyɛ. ⁵⁷ Ndi à taŋ, à kâl lɛ, À mudàa, mè ńyī ɓe mɛ nyē. ⁵⁸ I mbūs ndèk ŋgèdà, nûmpɛ a tɛhɛ nyɛ, à kâl lɛ, Yàk wè ù yè wàda wâp. Nì Petrò à kâl lɛ, À mût, mè tà ɓe mɛ mù. ⁵⁹ I mbūs jàm

---

ⁱ**Luk 22:35** Luk 9:3

ʲ**Luk 22:37** Yès 53:12

kìi ŋgìm ŋgɛŋ, nûmpɛ a yîgyɛ̀, à kál lɛ, Yàk mùt nunu à ɓak tɔy lôŋnì nyɛ; inyǔlē à yè mùt Gàlìleà. ⁶⁰ Petrò à kál lɛ, À mût, mɛ̀ ńyī ɓe mɛ jàm ù mpɔ̄t. Bitēebīloŋi, ki à ŋgi pɔdɔ̂k, ǹlom kōp à ɔŋ. ⁶¹ Nì Ŋwět à hyêlɓà, à nū̂n Petrò. Nì Petrò à hɔŋɔl ɓaŋgā Ŋwět à kǎl nyē lɛ, Ǹlom kōp ŋgì ɔŋ lên, ù gataŋ̄ɓa mɛ ŋgèlè iaâ.ᵏ ⁶² Nì nyɛ à pam, à ɛ̀ɛ̀k, à siidàgà.

Ɓa ndēglɛ Yesù nì ɓep nyē

Màt 26:67-68; Mar 14:65

⁶³ Ɓòt ɓa ɓā ɓa gweē Yēsù, ɓa ɓā ndɛglè nyɛ, ɓa ɓebêk nyɛ. ⁶⁴ Nì ɓɔ ɓa ho nyɛ mǐs, ɓa ɓát nyɛ lɛ, Pɔdɔk bindɛ̀ɛ̂! Ǹjɛɛ à m̀ɓep wê? ⁶⁵ Ɓa ɓā pɔt ŋgàndàk màm ìpɛ i òɓòs nyɛ jóy.

Yesù bisū bi ntɔŋ ɓakeês ɓàkɛŋi

Màt 26:59-66; Mar 14:55-64; Yòh 18:19-24

⁶⁶ Kɛl ì yɛ ɓǎŋ, lìkɔ̀da li mimaŋ mi ɓôt, nì bìprǐsì bìkɛŋi, nì ɓàyimbēn li kôdɓà, ɓa kɛnā Yesù ntôŋ wap ɓakeês ɓàkɛŋi, ⁶⁷ ɓa kál lɛ, Iɓālē ù yè Krǐstò, kǎl ɓěs. Ndi à kál ɓɔ lɛ, Tɔ̀ mɛ̀ ŋkál ɓee, nì gahēmlɛ ɓee; ⁶⁸ ndi tɔ̀ mɛk mɛ m̀ɓát ɓee, nì gatìmbhɛ ɓee ndi tɔ̀ ŋwàs mɛ̀. ⁶⁹ Ndi iɓòdòl hanânɔ, Mǎn mùt à gayèn i wɔ̀ɔ̀ waalōm u lipemba li Nyambê.ˡ ⁷⁰ Nì ɓòt ɓɔɓasonā ɓa kál lɛ, Ɓàa ù yè ni Man Nyāmbɛɛ̀? Nì nyɛ à kál ɓɔ lɛ, Kìkìi nì ŋkàl, mɛ̀ yè nyɛ. ⁷¹ Nì ɓɔ ɓa kál lɛ, Dì ŋgi yiŋlàk ki ki mbògi? Inyǔlē ɓês ɓɔmɛ̀dɛ dì m̀mâl nogol i nyɔ̀ wee.

23

Yesù bisū bi Pilātò

Màt 27:1-2, 11-14; Mar 15:1-5; Yòh 18:28-38

¹ Nì ɓɔɓasonā ɓa nyɔdiì, ɓa kɛnā nyɛ yak Pìlatò. ² Nì ɓɔ ɓa kahal ōm nyɛ mìnsɔ̀hi, ɓa kalàk lɛ, Dì ǹlebā mùt nunu kìkìi mùt à ńyūbda lɔɔ̀ŋ yes, à sòŋŋgà lɛ ɓa sāa ɓaāŋ Kāysà tâs, à kàlàk lɛ nyɛmɛ̀dɛ nyɛn à yè Krǐstò, kiŋê. ³ Nì Pìlatò à ɓát nyɛ lɛ, Ɓàa ù yè kiŋɛ Lòk Yudà? Yesù à fîmbhɛ nyɛ lɛ, Kìkìi ù mpɔ̄t. ⁴ Nì Pìlatò à kál biprǐsì bìkɛŋi nì màmùt lɛ, Mè nlèbna ɓe mɛ mùt nunu lìhòhà. ⁵ Ndi ɓa kondē̂ yiìgyɛ̀, ɓa kál lɛ, À mpùŋgul ɓôt, à niigàgà i kède Yùdeà yɔ̀sonā, iɓòdòl Gàlìleà ìpam yāga hana hòma nunu. ⁶ Pìlatò à nɔk ɓǎŋ hālà, à ɓát tɔ̀ɔ̀ mùt nu à yè mùt Gàlìleà. ⁷ À yi ɓǎŋ lē à yè i sī ànɛ̀ Herōdè, à ōm nyɛ yak Herōdè, nu yàk nyɛ à ɓa ī Yèrusàlɛ̀m dilɔ̄ diì.

Yesù bisū bi Herōdè

⁸ Kìi Herōdè à ǹtɛhɛ Yesù, à kɔ̂n masee ŋgandàk, inyǔlē à ɓa sombòl tɛhɛ nyɛ ɓɛ̀hɛɛ, inyǔlē à ɓa nɔk inyùù yeè; à ɓɔdɔ̂k kì ŋem lɛ a tɛhɛ nyē à m̀ɓɔŋ yímbnɛ. ⁹ À ɓát nyɛ ŋgàndàk màm; ndi Yesù à tìmbhɛ ɓē nyɛ jàm jɔkǐjɔ̄. ¹⁰ Bìprǐsì bìkɛŋi nì ɓàyimbēn ɓa ɓā hà, ɓa omôk nyɛ mìnsɔ̀hi, ɓa nyayâk. ¹¹ Herōdè ɓɔnà sonda yēe ɓa yán nyɛ, ɓa ndɛglɛ nyɛ, ɓa ha nyɛ mbōt lām kiìyaga, à timbīs nyɛ yak Pìlatò. ¹² Yɔ̀kɛl nyɛn Herōdè ɓɔ Pìlatò ɓa yìla màwanda; inyǔlē ɓa ɓā ɓoòk ɔ̀ɔ̀nà.

ᵏ**Luk 22:61** Luk 22:34   ˡ**Luk 22:69** Dàn 7:13; Hyɛ̀m 110:1

Ɓa mpēmhenɛ Yesù mbàgi nyɛ̀mb

Màt 27:15-26; Mar 15:6-15; Yòh 18:39-19:16

¹³ Nì Pìlatò à kɔ́t biprǐsì bìkɛŋi nì ɓà-ànɛ̀ nì ɓòt, ¹⁴ à kâl ɓɔ lɛ, Nì ńlɔnā mɛ mùt nunu kìkìi mùt à mpùŋŋul ɓôt; ndi nùnakì, mɛ ǹtɔŋɔ̄l nyɛ bisū binaàn, mɛ ǹlɛ̄bna ɓe mɛ nyē lihòhà inyùu màm nì ŋūmul nyɛ mìnsɔ̀hi; ¹⁵ tɔ̀ Hèrodè yaga; inyǔlē mɛ ŋ̀ɔm ɓee i nyɛ̄nī; ndi, nùnakì, jàm li kolī nì nyɛ̀mb li mɓoŋā ɓe nyɛ. ¹⁶ Jɔn mɛ mɓēp nyɛ, mɛ ŋwǎs nyɛ. ¹⁷ [À ɓa lama pēmhenɛ ɓɔ mùt mɔ̀k wàda i ŋgèdà ŋgàndɛ] ¹⁸ Nì ɓɔ ɓa lɔnd ŋgêm yàda lɛ, Hèya mùt nunu, ŋwēhel ɓès Baràbà. ¹⁹ Mùt nunu nyɛn ɓa lěŋ ī mɔ̀k inyùu lìsànda li kwɔ̀ɔ ŋkɔ̀ŋ, nì inyùu mànɔlâ. ²⁰ Nì Pìlatò à kondē ki pōdos ɓɔ, lakìi à ɓa sombòl ŋwǎs Yesù; ²¹ ndi ɓa lɔnd lɛ, Tòmol nyē mbāsa, tòmol nyē mbāsa. ²² Nì nyɛ à kâl ɓɔ ŋgèlè ì ǹyonos iaâ lɛ, Inyǔkī? Kinjē jàm lîɓɛ mùt nunu à biɓɔ̀ŋ? Mɛ̀ ǹtee ɓe mɛ nyē jàm li kolī nì nyɛ̀mb; jɔn mɛ mɓēp nyɛ, mɛ ŋwǎs nyɛ. ²³ Ndi ɓa ɓedes kiŋ i ŋgìi, ɓa lôhàgà ɓàt lɛ a tómlana mbāsa. Nì kiŋ yap nì i biprǐsì bìkɛŋi i yembèl. ²⁴ Nì Pìlatò à pemes mbagī lɛ jàm ɓa mɓàt li ɓoŋā. ²⁵ À ŋ̀ŋwǎs nu à lèŋa mɔ̀k inyùu lìsànda nì inyùu mànɔlâ, nu ɓā ɓǎt; à ti Yesù lɛ ɓa ɓɔ̄ŋ kǐŋgèdà sòmbòl yap.

Ɓa ntòmol Yesù i mbāsa

Màt 27:32-44; Mar 15:21-32; Yòh 19:17-27

²⁶ Ɓa ɓā kɛnà ɓǎŋ nyɛ̄, ɓa gwɛ̄l muùt wàda lɛ Simòn, mùt Kìrenè, à lòlàk bikày, ɓa ɓēga nyɛ mbàsa lɛ a ɓɛgɛ̄ɛ yɔ̀ i mbūs Yēsù. ²⁷ Lìmùt li ɓôt lìkɛŋi li ɓā nɔɔŋ nyɛ, yàk nì ɓòdàà kî, ɓa lɔndɔ̀k, ɓa ɛ̀ɛk nyɛ. ²⁸ Nì Yesù à hyɛ̄lɓa i ɓɔ̄nī, à kâl lɛ, À ŋgɔ̂nd i Yerūsàlèm, nì ɛ̀ɛ ɓâŋ mè, ndi ɛ̀a ɓèɛ̀ɓɔmɛ̀dɛ nì ɓɔ̀n ɓanân. ²⁹ Inyǔlē nùnakì, dìlɔ di nlɔ̀, mu nyēn ɓa gakèlel lɛ, Ɓìkɔ̀m bi ɓodàa, nì màɓùm ma ŋgwalâk ɓe ɓɔn, nì meè ma nyuŋhàk ɓee, bi ye ǹsǎyɓàk. ³⁰ Hanyēn ɓa gakāhal kaāl dikòa lɛ, Kwèla ɓěs, nì ŋgèŋgèhi dikòa ki lɛ̄, Hona ɓěs! ᵐ ³¹ Inyǔlē iɓālē ɓa mɓɔɔŋ ɛ yomi halà, wɛ̀ɛ ɓa gaɓɔ̀ŋ la ɛ wɔ̄ga?

³² Ɓa kɛna kì ɓôt ɓàpɛ iɓaà, ɓa ɓā ɓàɓɔ̀ŋ màm màɓɛ, lɛ ɓa nola nì nyɛ. ³³ Ɓa pām ɓǎŋ hɔma à nsèbla lɛ, Kegee ŋɔ, ɓa tomōl nyɛ ha mbāsa, yàk nì ɓàɓɔ̀ŋ màm màɓɛ, wàda i wɔ̀ɔ waalōm, nu kì i wǎɛ. ³⁴ Nì Yesù à kâl lɛ, À Tâ, ŋwēhel ɓɔ; inyǔlē ɓa ńyī ɓe jàm ɓa mɓɔ̀ŋ. Nì ɓɔ ɓa lɛŋā mbaām inyùu kàɓnà mbɔt yee. ⁿ ³⁵ Ɓôt ɓa ɓā ɓa tee hà, ɓa ɓēŋgèɡɛ̀. Yàk ɓà-ànɛ̀ kì ɓa johā nyɛ, ɓa kâl lɛ, À ɓe tɔhôl ɓapɛ; a tɔhlak nī nyɛmɛ̀dɛ; iɓālē à yè Krǐstò, ǹtɛɓêk Nyambê! ³⁶ Yàk sonda ī ndēgle nyɛ̄, i lɔ̄ɔ nyēnī, i ti nyɛ sèŋa wây, i kâl lɛ, ³⁷ Iɓālē ù yè kiŋɛ Lòk Yudà, tɔhɔl wèmɛ̀dɛ. ³⁸ Màtìlà ma ɓā kì i ŋgìi yeē nì hɔp Grǐkìà, u Latànìs nì u Lôk Hebèr lɛ, NUNU À YÈ KIŊƐ LÒK YUDÀ.

³⁹ Wàda mu ɓāɓɔ̀ŋ màm màɓɛ ɓa ɓā ɓa penī, à nooma nyɛ, à kâl lɛ, Iɓālē ù yè Krǐstò, tɔhɔl wèmɛ̀dɛ, yàk ɓěs! ⁴⁰ Ndi nu ǹhɔgi à tîmbhɛ̀, à kond nyɛ, à kâl lɛ, Ɓàa ù ŋkɔ̀n ɓe

---

ᵐ**Luk 23: 30** Hòs 10:8   ⁿ**Luk 23: 34** Hyèm 22:19

Nyambɛ wɔŋi, lakìi yàk wɛ̀ ù yè i sī ńlèlèm mbagī nōgoòs! ⁴¹ Inyùù yɛ́s halā à tee sēp; inyŭlē dì ŋkòs nsaâ u kolī nì bìɓɔ̀ŋol gwes; ndi mùt nunu à bìɓɔ̀ŋ ɓe jâm lìɓɛ. ⁴² Nì nyɛ à kāl Yesù lɛ, À Ŋwɛt, ù hɔŋlàk mɛ̀ i ŋgèdà ù nlɔ̀ i ànɛ̀ yɔŋ. ⁴³ Nì Yesù à kāl nyɛ lɛ, Hɔdɔ mɛ̀ nhōmb wɛ lē, ù gaɓā ni mɛ̀ lɛ̀n i Pàràdîs.

Nyěmb Yēsù

Màt 27:45-56; Mar 15:33-41; Yòh 19:28-30

⁴⁴ Jàm kìi ɓɔ̀ kɔ̀sì, jīɓɛ̀ li kép hisī hyɔsonā lɛtèɛ̀ nì ŋgēŋ iaâ, ⁴⁵ jɔ̀p li lem; nì lìɓàdò li tɛmpèl li keni ŋēmkède; ⁴⁶ Nì Yesù à lɔnd makɛŋi, à kāl lɛ, À Tâ, mɛ̀ mɓīi mbuu wɛɛ̀m i mɔ̀ɔ̀ mɔŋ; ᵒ à pɔt ɓǎŋ halà, à pedî. ⁴⁷ Ŋ̀ànɛ̀ mbogôl sonda à tɛhɛ ɓǎŋ jàm li mɓoŋà, à ti Nyambɛ lìpem, à kāl lɛ, Mùt nunu à ɓak tɔy mût à tee sēp. ⁴⁸ Nì màmùt mɔmasonā ma mā kɔ̀dɓa ī ɓeŋgē jàm lini, ma tēhɛ ɓǎŋ màm ma ɓòŋa, ma huâk, ma kumbùk mɔ̀ɔ̀ i tōl. ⁴⁹ Bàyina ɓēe ɓɔɓasonā nì ɓòdàà ɓa ɓā nɔ̀ɔŋ nyɛ iɓòdòl i Gàlìlea, ɓa tɛlɛp nɔnɔk, ɓa ɓêŋgègè màm mana.

Màjòna mā Yesù

Màt 27:57-61; Mar 15:42-47; Yòh 19:38-42

⁵⁰ Hanyēn mùt wàda jòy jee lɛ Yosèf, nu à ɓa ǹtipèk, lɔŋge mût nì mùt à tee sēp ⁵¹ [à ɓa kêmhɛ̀ ɓe pêk yǎp tɔ̀ lìɓɔ̀ŋɔ̀k jap], mùt Àrìmàtià, ŋkɔ̀ŋ Lôk Yudà, nyɛn à ɓa ɓêm ànɛ̀ Nyambê. ⁵² Mùt nunu à kèɛ yāk Pìlatò, à yɛt mîm u Yesù. ⁵³ Nì nyɛ à suhūs wɔ, à hoo wɔ mbɔ̄ŋ, à nìŋi wɔ sɔ̀ŋ ī ɓa pòŋgɛnɛ ŋgɔ̀k, hɛ̀t ɓa ɓā ŋgì nìŋi mût. ⁵⁴ Halā à ɓa kēl Ŋgòòbà, ŋgwà nɔ̀y u lɔ̀k lɛ u mpām. ⁵⁵ Bòdàà ɓa lòha nì nyɛ i Gàlìlea, ɓa nɔŋɔ̀k i mbūs, ɓa ɓeŋgē sɔ̀ɔŋ, nì kìkìì ɓa nìŋi mìm wee. ⁵⁶ Nì ɓɔ̀ ɓa têmb, ɓa kôba binùnumbà, nì làɓindè.

Ba nɔ̀y ŋgwa nɔ̀y kǐŋgèdà lìtìŋ.ᵖ

24

Lìtùgè li Yesù

Màt 28:1-10; Mar 16:1-8; Yòh 20:1-10

¹ Hilɔ̄ hi bisu hi sɔndiì, nì màyɛ ma kɛl, ɓòdàà ɓa kɛ ī sɔ̀ŋ, ɓa kɛnā binùnumbà bi ɓā kòòba, yàk ɓòt ɓàhɔgi nì ɓɔ. ² Ba kɔba lɛ ŋgɔ̀k ì m̀biiŋgana i sɔ̀ŋ; ³ Nì ɓɔ̀ ɓa jôp, ɓa kɔba ɓe mîm u Ŋwɛt lɛ Yesù. ⁴ I lēŋa lē, ɓa hēl ɓǎŋ halà, nǔnkì, ɓòt iɓaà ɓa pɛmɛl ɓɔ nì mbɔt i mɓày; ⁵ kìì ɓa ŋkɔ̂n wɔŋi, ɓa uɛ masu map hisī, ɓòt ɓa ɓā kaāl ɓɔ lɛ, Nì ńyīŋil ki muùt yòmi i kède ɓàwɔga? ⁶ À tà ɓe hana; à ǹtugè. Hɔŋlana kìkìì à ɓe kâl ɓèè i ŋgèdà à ɓênɛ̀ i Gàlìlea ⁷ lɛ, Mǎn mùt à ǹlama tina i mɔ̀ɔ̀ ma biɓeɓa bi ɓôt, a tōmlana kì i mɓāsa, ndi kɛl ì ǹyonos iaâ a tugē. ᵠ ⁸ Nì ɓɔ̀ ɓa ɓígda biɓàŋga gwee, ⁹ ɓa nyɔdi i sɔ̀ŋ, ɓa aŋlɛ jom nì wàda màm mana mɔmasonā, yàk ɓapɛ ɓɔɓasonā. ¹⁰ Ba ɓā ɓɔ̀ Màrià Màgdàlɛnà, ɓɔ̀ Yòhanà, ɓɔ̀ Màrià nyǎŋ Yàkobò; ɓɔ nì ɓòdàa ɓàpɛ ɓa ɓā ǹtoŋ, ɓa aŋlɛ ɓaoma màm mana. ¹¹ Ndi bìɓàŋga bini bi nēnɛ ī mìs map kìi yàŋgà jâm; ɓa tɔp ɓe hɛmlɛ ɓodàa. ¹² Ndi Pɛtrò à nyɔdî, à lēbla ŋgwee i sɔ̀ŋ; nì nyɛ à ɓândɓɛ̀, à pɛblɛ̀, à tɛhɛ mbɔŋ

ᵒLuk 23:46 Hyèm 31:6
ᵖLuk 23: 56 Màn 20: 8-11

ᵠLuk 24:7 Luk 9:22; 18:32-33

wɔtāma; nì nyɛ à huu mbāy, à hɛl inyùu jàm li mɓoŋà.

Njěl Èmaùs
Mar 16:12-13

¹³ Ndi nŭnkì, iɓaà i kède yáp ɓa ɓā kɛ yɔ̀kɛl nu mbāy yadā lɛ Èmaùs, ì ì ɓa jòm li kilòmedà nì yàda ì nyɔdi Yèrusàlèm. ¹⁴ Ɓa ɓā kwelèl inyùu màm mana mɔmasonā ma ɓòŋa. ¹⁵ I lēŋa lē, ɓa ɓā kwɛèl ɓǎŋ nì ɓàdnà, Yesù nyɛmède à kóɡɛ ɓɛɓèè, à kaa kìha nyɛ nì ɓɔ. ¹⁶ Ndi mìs map ma yìɓɓa lē ɓa yī ɓaāŋ nyē. ¹⁷ Nì nyɛ à ɓát ɓɔ lɛ, Kinjē mìŋkwèl nì gwèe hāna njèl? Nì ɓɔ ɓa tɛlɛp, ɓa káŋ masu. ¹⁸ Nì wàda wáp lɛ Klèopà à tímbhɛ nyɛ lɛ, Ɓàa wètama wěn ù yè ŋ̀kèn i Yèrusàlèm, nu à ńyī ɓe màm ma mɓoŋā mu dīlō dini? ¹⁹ Nì nyɛ à ɓát ɓɔ lɛ, Mâmbɛ mâm? Nì ɓɔ ɓa kál nyɛ lɛ, Màm inyùu Yēsù, mùt Nǎsàrèt, nu à ɓak mpodôl nu lìpemba i kède biɓòŋol nì biɓàŋga bisū bi Nyambɛɛ̀ nì bi ɓôt ɓɔɓasonā; ²⁰ nì kìkìi bìprǐsì bìkɛŋi nì ɓà-ànɛ ɓes ɓa bitī nyɛ lɛ a kós mbàgi nōgoòs i nyêmb, ɓa tomōl nyɛ mbāsa. ²¹ Dì ɓɔdɔk ŋem lɛ nyen à gakɔ̀bɔl Isrǎèl. Ndi lòŋnì mana màm màpɛ mɔmasonā, hanânɔ à yè kɛl ì ǹyonos iaâ lɛ màm mana ma mɓoŋā. ²² Ɓòdàà ɓa ntoŋ wes ɓàhɔgi kî ɓa ŋégɓaha ɓes, i pūle ɓā mpulɛ sòŋ; ²³ ndi kìì ɓa ŋkɔba ɓe mîm wee, ɓa lô, ɓa kál lɛ aŋgèl i mpemel ɓɔ yǐndà, i kál lɛ à yè yòmi. ²⁴ Ɓòt ɓes ɓàhɔgi ɓa ŋkɛ sòŋ, ɓa kɔba yɔ kìkìi ɓòdàà ɓa ŋkâl; ndi ɓa ntɛhɛ ɓe nyɛ.

²⁵ Nì nyɛ à kál ɓɔ lɛ, À ɓee bijoŋ bi ɓôt, nì ɓa miŋɛm mi ndîŋhà i hēmlè màm mɔmasonā ɓàpodôl ɓa pɔ̄t! ²⁶ Ɓàa Krǐstò à ɓe lama ɓē sonol maàm mana njɔnɔk, ndi a jóp līpēm jee? ²⁷ Nì nyɛ à ɓodōl ni Mōsè nì ɓàpodôl ɓɔɓasonā, à kóɓlɛ ɓɔ màm inyùù yeē nyɛmèdɛ i kède Màtìlà mɔmasonā. ²⁸ Nì ɓɔ ɓa pam ɓɛɓèè nì mbay ɓa ɓā kɛè; nì nyɛ a ɓôŋ wěŋɡòŋlɛ à ntāgɓè. ²⁹ Nì ɓɔ ɓa heles nyɛ, ɓa kál lɛ, Yěn ɓěhnì, inyŭlē kòkoa i ŋkwô, yàk kɛl ì ŋ̀kê, Nì nyɛ à jóp lɛ a yěn i ɓɔ̄nī. ³⁰ I lēŋa lē, à ɓa ɓǎŋ à yìi ī jē nyɛ nì ɓɔ, à yóŋ kɔgà, à sayàp; à ɓɛk yɔ, à ti ɓɔ. ³¹ Nì mìs map ma yîɓlà, ɓa yi nyɛ; nì nyɛ à nyɔy ɓɔ mǐs. ³² Nì ɓɔ ɓa kaa kàlna lɛ, Ɓàa mìŋɛm mi lɔ̄ŋɔk ɓe ɓes ŋgèdà à podhɛgɛ ɓes i njèl, à tòŋlègɛ ɓès Matìlà?

³³ Nì ɓɔ ɓa nyɔdi ŋgēŋ ì yòmèdɛ, ɓa tēmb i Yèrusàlèm, ɓa kɔba jom nì wàda ɓa kodī, nì ɓa ɓā ɓā lòŋnì ɓɔ, ³⁴ ɓa kalàk lɛ, Ŋwět à ǹtugē yaga ntîîk, à m̀pemel Simòn. ³⁵ Nì ɓɔ ɓa aŋal màm ma ɓòŋa njèl, nì kìkìi ɓa yī nyē ŋgèdà à ɓegel kɔga.

Yesù à m̀pemel ɓanigîl ɓee
Màt 28:16-20; Mar 16:14-18; Yòh 20:19-23

³⁶ Ɓa ɓā pɔt ɓǎŋ màm mana, Yesù nyɛmèdɛ à tɛlɛp i kède yâp, à kál ɓɔ lɛ, Ǹsàŋ u ɓa nì ɓèe! ³⁷ Nì ɓɔ ɓa kón woŋi kììyaga, ɓa sêhlàgà, ɓa hɔŋlàk lɛ ɓa ntēhɛ ŋkugì. ³⁸ Nì nyɛ à kál ɓɔ lɛ, Nì ŋkɔ̀n ki woŋi? Nì mpèènana ki miŋēm minaàn? ³⁹ Tɛhna kì mɔ̀ò mêm nì màkòò mêm, mɛ̀mède nunu; ɓoblana mè, ni tɛhɛ; inyŭlē ŋ̀kugì u gwēe ɓē minsòn nì bìhès kìkìi nì ntēhɛ mɛ mè gwēe. ⁴⁰ [À pɔt ɓǎŋ hàlà, à eba ɓɔ mɔ̀ò mee nì màkòò mee.] ⁴¹ Ki ɓā ŋgi yiī ŋgì hemlɛ

inyùu màsee, nì ɓaègɓaga, à ɓāt ɓɔ lɛ, Ɓàa nì gwèe ɓē yɔm jɛ hana? ⁴² Nì ɓɔ ɓa ti nyɛ ŋ̀waŋâk ŋgeŋ hyɔ̀bi [nì ɓàbi wey]. ⁴³ Nì nyɛ à lɛɛgɛ̀, à jɛ bisū gwap.

⁴⁴ Nì nyɛ à kâl ɓɔ lɛ, Bìɓàŋga gwêm bini gwɔn mɛ̀ ɓe kâl ɓèè i ŋgèdà mɛ̀ ɓeè mɛ̀ yìi nì ɓèe, lɛ màm mɔmasonā ma nlama yɔ̂n, ma mā ye ǹtĭlɓàgà inyùù yêm i kède mbēn Mōsè nì ɓapodôl nì kàat cèmbi. ⁴⁵ Nì nyɛ à yibîl ɓɔ màhɔŋɔ̂l lɛ ɓa tibil yī Matìlà; ⁴⁶ à kâl ɓɔ lɛ, Halā nyēn i ye ǹtĭlɓàgà nì lana lɛ Krĭstò à ǹlama sɔn njɔnɔk, a tugē kì i kède ɓàwɔga kɛl ì ǹyonos iaâ; ⁴⁷ nì lɛ hyèlŋem nì ŋwèhèl biɓeba bi aŋlana ī jòy jee i kède bìlɔŋ gwɔbisonā iɓɔ̀dòl i Yèrusàlèm. ⁴⁸ Ɓèe nì yɛ̀ mbògi inyùu màm mana. ⁴⁹ Nùnakì, mɛ̀ gaɔ̄m likàk li Tatā ī ŋgìi nān; ndi ɓèe yèna ŋkɔ̀ŋ, lɛtèè nì ɛŋgēp lipemba li nlòl i ŋgìi.

Màɓɛt ma Yesù i ŋgìi

Mar 16: 19-20

⁵⁰ Nì nyɛ à kɛnā ɓɔ lɛtèè nì ɓèɓèè nì Ɓètanìà; à pa mɔ̄ɔ mee, à sayāp ɓɔ. ⁵¹ I lēŋa lē, à ɓa sayāp ɓăŋ ɓɔ̄, à ɓagla ni ɓɔ̄, à yoŋā ŋgìi. ʳ ⁵² Nì ɓɔ ɓa ɓēges ɓăŋ nyɛ, ɓa têmb Yèrusàlèm nì màsee màkɛŋi; ⁵³ ɓa ɓā yeèn i tēmpèl, ɓa ɓeghàk Nyambê.

Yòhanès

1

Ɓàŋga i yìla mùt

¹ Ɓàŋga i ɓā bīɓèe, Ɓàŋga i ɓā nì Nyambê, Ɓàŋga i ɓā Nyāmbɛɛ̀. ² Ɓàŋga i ɓā nì Nyambɛ bīɓèe. ³ Ɓàŋga i hĕk màm mɔmasonā; jàm jɔkĭjɔ̄ li hèga ɓē iɓaɓe ɓaŋgā. ⁴ Nìŋ i ɓā ī kède yeè, i nìŋ î i ɓā màpubi ma ɓôt. ⁵ Màpubi ma mɓày i kède jĭɓè; jĭɓè li yèmbel ɓē ma.

⁶ Mùt wàda à oma nì Nyambê, jòy jee lɛ Yòhanès. ⁷ Nyɛn à lɔ̀ɔ kìi m̀ɓɔ̄k mbògi lɛ a ɓɔ̄k mbògi inyùu màpubi, lɛ ɓòt ɓɔ̄ɓasonā ɓa hemlɛnɛ īnyùù yeè. ⁸ Hà nyɛ ɓe nyɛn à ɓa màpubi, à lɔ̀ɔ ndīk lē a ɓɔ̄ɔ̄k mbògi inyùu māpūbi maà. ⁹ Mana màpubi ma ɓā tàna mapubi i yɔ̄n, kìì i nlɔ̄ ŋkɔ̀ŋ hisi, i mɓèyey hi mût. ¹⁰ Ɓàŋga i ɓā mūnu ŋkɔ̀ŋ hisi, yɔn i hĕk kì ŋ̀kɔ̀ŋ hisi, ndi ŋ̀kɔ̀ŋ hisi u yī ɓē yɔ. ¹¹ I lŏl ɓòt ɓee, ndi ɓòt ɓee ɓa lēɛgɛ ɓē yɔ. ¹² Ndi ɓa ɓɔ̄ɓasonā ɓa lēɛgɛ yɔ̄, ɓa ɓā nhēmlɛ i jòy jee, ɓɔn i tī ŋgùy i yìlà ɓɔ̀n ɓa Nyambê; ¹³ ɓɔn ɓa ŋgwee ɓe ni màcèl, tɔ̀ nì sòmbòl i minsòn, tɔ̀ nì sòmbòl i mûnlom, ndi nì Nyambê.

¹⁴ Ɓàŋga i yìla mùt, i yén ki ī ɓéhnī [dì tɛhɛ lìpem jee, lìpem wēŋgɔ̀ŋlɛ li pɔmbɛ̀ Măn ì nlòl yak Ìsaŋ], ǹyɔnôk nì kàrîs nì màliga. ¹⁵ Yòhanès à ɓɔ̄k mbògi inyùù yeè, à lɔnd, à kâl lɛ, Nunu nyɛn mɛ̀ bikàl inyùù yeè lɛ, Nu à nnɔ̀ŋ mɛ mbūs à ǹyilā mɛ nū bìsu, inyūlɛ̀ à ɓa, mɛ̀ ŋgì ɓa. ¹⁶ Inyŭlē ɓèhɓɔ̄ɓasonā dì kùhul mū līyɔ̄nɔɔ̄k jee, kàrîs kì i ŋgìi kàrîs. ¹⁷ Inyŭlē

ʳ Luk 24:51 MƁ 1:9-11

mben ì tina nì Mosè; kàrîs ì lôl ni Yēsù Krǐstò, nì màliga. ¹⁸ Mùt nyɛkǐnyē à ǹtɛhgè ɓe Nyambê; pòmbè Mǎn ì ì yè i tōl Ìsaŋ yǒn ì aŋlɛ ɓès nyɛ.

Mbògi Yòhanès Ǹsòblɛ̀

Màt 3: 1-12; Mar 1: 7-8; Luk 3: 15-17

¹⁹ Ìni yǒn ì yè mbògi Yòhanès ŋgèdà Lòk Yudà i Yèrusàlèm i ɔ̄m bìprǐsì nì Lòk Levì i ɓàt nyɛ lɛ, Ù yè ǹjɛɛ? ²⁰ Nì nyɛ à pahâl, à taŋ ɓēe; à pahal lɛ, Mè tà ɓe mɛ Krǐstò. ²¹ Nì ɓɔ ɓa ɓât nyɛ lɛ, La ni? Ù yè Èlià? Nyɛ, Mè tà ɓe mɛ nyē. Ù yè m̀podôl?ˢ Nì nyɛ à fimbhɛ lɛ, Hɛni. ²² Jɔn ɓa ɓǎt nyē lɛ, Ù yè ǹjɛɛ? Lɛ di ti ɓā ɓā biɔ̄m ɓes ndìmbhè. Ù mpɔ̄t la inyùù yɔ̄ŋ wɛmèdɛ? ²³ À kâl lɛ, Mɛ̌n mè yè kiŋ ì nu à nlɔ̄nd ŋɔ̀ŋ lɛ, Tiblana njěl Ŋwět,ᵗ kìkìi m̀podôl Yèsayà à pɔt. ²⁴ Ndi ɓòt ɓa ɓā ōma ɓa ɓā ī kède Fàrisày. ²⁵ Nì ɓɔ ɓa ɓât nyɛ lɛ, Kii ù nsòblɛ̀nɛ̀ ni, iɓālē ù tà ɓe Krǐstò, tɔ̀ Èlià, tɔ̀ m̀podôl? ²⁶ Yòhanès à fimbhɛ ɓɔ lɛ, Mè mɛ nsòblɛ ni màlep; ndi wàda à tee ī kède nān, nu nì ńyī ɓēe, ²⁷ nyɛn à nnɔ̀ŋ mɛ mbūs, à bipɔ̀hlana mɛ bīsū. mɛ̀ kòli ɓē mɛ hɔ̀hɔl dikòò cee di bitamb. ²⁸ Màm mana ma ɓòŋa Bètanìà uu ŋwìi Yɔrdàn, hět Yòhanès à ɓa sôblɛ̀nɛ̀.

Nùnakì, Mǎn Ǹtomba Nyāmbɛɛ̀

²⁹ Kɛl ì ɓa nɔ̄ŋ hâ, à tɛhɛ Yesù à nlɔ̀ i nyēnī, à kâl lɛ, Nùnakì, Mǎn Ǹtomba Nyāmbɛɛ̀, nu à nhèa ɓeba ŋkɔ̀ŋ hisi! ³⁰ Nyɛ nū nyēn mè bikàl inyùù yeē lɛ, Mùt à nnɔ̀ŋ mɛ mbūs à ǹyilā mɛ nū bìsu inyŭlē à ɓa, mɛ̀ ŋgì ɓa. ³¹ Mè ɓe yi ɓē mɛ nyē; ndi lɛ a sɔ̄lana ī kède Īsrǎɛl jɔn mè bilòl i sòblɛ̀ nì màlep. ³² Yòhanès à ɓɔ̄k mbògi, à kâl lɛ, Mè bitēhɛ Mbuu à lòlàk i ŋgìi, à sòhòk kìkìi hìɓèŋ, à yēn ŋgìì yeè. ³³ Mè ɓe yi ɓē mɛ nyē; ndi nu à biɔ̄m mɛ ī sòblɛ̀ nì màlep, nyɛn à bikàl mɛ lē, Ŋwět ù gatēhɛ Mbuu à nsòs, à yēn ŋgìì yeè, nyɛn à yè nu à nsòblɛ ni Mbūu M̀pubi. ³⁴ Mè bitēhɛɛ̀, mè ɓɔ̄k ki mbògi lɛ nyɛn à yè Mǎn Nyāmbɛɛ̀.

Bànigîl ɓa bisu

³⁵ Kɛl ì ɓa nɔ̀ŋ hâ, Yòhanès à ɓa à tee kì nlèlèm hɔma, nyɛ nì ɓànigîl ɓee iɓaà; ³⁶ Nì nyɛ à ɓeŋgē Yesù à ŋkè, à kâl lɛ, Nùnakì, Mǎn Ǹtomba Nyāmbɛɛ̀! ³⁷ Bànigîl iɓaà ɓâ ɓa nɔ̄k ɓǎŋ nyē à mpɔ̄t, ɓa nɔ̀ŋ Yesù. ³⁸ Nì Yesù à hyêlɓà, à tɛhɛ ɓɔ ɓa nnɔ̀ŋ nyɛ, nyɛ ɓɔ lɛ, Nì ńyēŋ kii? Nì ɓɔ ɓa ɓât nyɛ lɛ, À Rabì [halā à yè lɛ, À Lêt], ù ńyèènɛ hɛɛ? ³⁹ À kâl ɓɔ lɛ, Lòga, nì gatēhɛ. Nì ɓɔ ɓa kê, ɓa tɛhɛ hět à ɓa yênè; ɓa yēn nyēnī yɔkɛl, halā à ɓa ɓèbèè nì ŋgɛŋ ì ńyonos jom [jàm kìkìi ɓɔ̀ ŋgɛŋ ina ī ɓuga jɔp]. ⁴⁰ Ɓòt ɓana iɓaà ɓa ɓā nɔ̄k Yòhanès à mpɔ̄t, ɓa nɔ̄ŋ Yesù, wàda à ɓa Àndrěà, màŋyáŋ Sīmòn Petrò. ⁴¹ Nyɛn à ɓɔ̄k yēŋ manyáŋ weē Simòn, à kâl nyɛ lɛ, Dì ǹtɛhɛ Mesīà [halā à yè lɛ, Krǐstò]. ⁴² À kɛnā nyɛ yak Yēsù. Yesù à nŭn ɓǎŋ nyē, à kâl lɛ, Ù yè Simòn, mǎn Yòhanès; ù gasèblana lɛ Kefà [halā à yè lɛ, Petrò].

ˢ**Yòh 1: 21** Màl 4: 5; NM 18: 15   ᵗ**Yòh 1: 23** Yès 40: 3

Yesù à nsèbel Filīpò ɓɔnà Natānāèl

⁴³ Kɛl ì ɓa nɔ̂ŋ hâ, Yesù à ɓa sombòl kɛ̀ i Gàlìleà, nì nyɛ à ɓɔmā Filīpò, à kāl nyɛ lɛ, Nɔ̆ŋ mɛ̀. ⁴⁴ Fìlipò à ɓa mùt Bètsaydà, i ŋkɔ̂ŋ Andrĕà ɓɔ Pētrò. ⁴⁵ Fìlipò à ɓɔmā Natānāèl, à kāl nyɛ lɛ, Dì ńtɛhɛ mût, nu Mōsè i kède mbēn, nì ɓàpodôl, ɓa tìla, Yesù mùt Năsàrèt, măn Yōsèf. ⁴⁶ Nàtanāèl à kāl nyɛ lɛ, Ɓàà lɔŋɛ jàm i ye lē i loōl Năsàrèt? Fìlipò à kāl nyɛ lɛ, Lɔ̀ɔ, tɛhɛ. ⁴⁷ Yesù à tɛhɛ ɓăŋ Nàtanāèl à nlɔ̀ nyēnī, à pɔt inyùù yeē lɛ, Nùnakì, ńtīĭk man Īsrăèl nu à gwèe ɓē mandɔn! ⁴⁸ Nàtanāèl à ɓât nyɛ lɛ, Ù ńyīl hɛ mɛɛ̀? Yesù à fìmbhɛ nyɛ lɛ, Ìlɔ̀lɛ Fìlipò à nsèbel wê, ŋgèdà ù ɓagnɛ i sī ē faygè, mɛ tɛhgɛ wê. ⁴⁹ Nàtanāèl à fìmbhɛ lɛ, À Rabì, Ù yè Măn Nyāmbɛɛ̀; ù yè Kiŋɛ Ìsrăèl. ⁵⁰ Yesù à fìmbhɛ nyɛ lɛ, Ɓàà inyŭlē mɛ ŋ̀kāl wɛ lē, Mɛ̀ ńtɛhɛ wɛ ī sī ē faygè, jɔn ù nhēmlènɛ̀? Ù gatēhɛ maàm màkɛɲi ìlɔ̀ɔ̀ mana. ⁵¹ Nì nyɛ a kāl nyɛ lɛ, Hɔ̀dɔ, hɔ̀dɔ, mɛ nhɔ̄mb ɓee lɛ, Nì gatēhɛ ŋgiī ì ma yīblà, aŋgèl i Nyambɛ kì i ɓedêk, i sohòk i ŋgìi Măn mùt.

2

Ŋgànd lìɓii ì Kanà

¹ Hilɔ̄ hi ńyonos diaâ lìɓii lī ɓā ī Kānà Gàlìleà; nyăŋ Yēsù à ɓa mù. ² Ba nāŋa kì Yesù nì ɓànigîl ɓee lìɓīi lì. ³ Wây ì măl ɓăŋ, nyăŋ Yēsù à kāl nyɛ lɛ, Ba gweē hā ɓe waày. ⁴ Yesù à fìmbhɛ nyɛ lɛ, À mudàa, ɓàa ɓĕhnà wê kii? Ŋgɛŋ yêm ì ŋ̀kôlga ɓee. ⁵ Nyăŋ à kāl ɓaɓònòl lɛ, Ɓɔ̀ŋa tɔ̀ kinjē jàm à ŋkàl ɓee. ⁶ Mìŋebel mi malep mi ŋgôk minsamàl mi ɓā hā kìkìi lēm pubhà i Lôk Yudà, wada u yɔŋɔ̀k mìnhɔ̀n imaà tɔ̀ miaâ. ⁷ Yesù à kāl ɓɔ lɛ, Yonhana màlep miɲēbel; nì ɓɔ ɓa yonos ŋwɔ ɓăŋ. ⁸ Nì nyɛ a kāl ɓɔ lɛ, Aba nī hanaànɔ, kèènana mɔ̄ yak ŋ̀kènà ŋgànd. Nì ɓɔ ɓa kɛnā mɔ. ⁹ Ŋ̀kènà ŋgànd à nɔ̀ɔ̀de ɓăŋ màlep mɔ ɓàyìlga wây, à yi ɓē hĕt ì ńlôl [ndi ɓàɓòŋòl ɓa āp màlep ɓɔn ɓa yîk], ŋkènà ŋgànd à sebēl mɓiimùdàa, ¹⁰ à kāl nyɛ lɛ, Hi mût à mɓòk ndugi tegi wây lam; ŋgèdà ɓòt ɓa nyɔ jogà, hanyēn à ntēgi ì ì tà ɓe lam pak; ndi wɛ̀ ù ḿbii wây lam letèè nì hanânɔ. ¹¹ Bìɓòdlɛnɛ bi biyìmbnɛ bi manyaga Yēsù à ɓɔ̂ŋ gwɔ bīni i Kānà Gàlìleà, à eba lipem jee; ɓànigîl ɓee kî ɓa hemlɛ nyɛ.

¹² I mɓūs hālā à sôs Kàpɛrnāùm ɓɔnà nyâŋ nì lòŋnyâŋ nì ɓànigîl ɓee; ndi ɓa yěn ɓē nyɔɔ̄ ŋgàndàk dilɔ.

Pubhànà u tempèl

Màt 21: 12-13; Mar 11: 15-18; Luk 19: 25-26

¹³ Pasà[u] ì Lôk Yudà ì ɓa ɓèbɛɛ̀, Yesù à ɓɛt i Yèrusàlèm. ¹⁴ À kɔba ɓanùŋùl nyàgà nì mìntomba nì dìɓèŋ, yàk ɓàhèŋhà mòni, ɓa yiī mū tēmpèl. ¹⁵ Nì nyɛ a ɓak ŋkasa miŋkòò, à luhūl gwɔm gwɔbisɔnā i tēmpèl, mìntomba nì nyàgà; à câm mɔnī mi ɓàhèŋhà mòni, à ɓos bitèblè gwap. ¹⁶ à kāl ki ɓànùŋùl dìɓèŋ lɛ, Hèèana gwɔm bi hāna; nì yìlha ɓăŋ ndáp Tàta ndáp nyùŋga. ¹⁷ Ɓànigîl ɓee ɓa hɔŋɔl kìì i tìlɓa lē, Ŋgòŋ inyùu ndáp yɔɔ̄ŋ ì gamìlɓa mê.[v] ¹⁸ Jɔn Lòk Yudà i kăl nyɛ̄ lɛ, ù ŋèba ɓes kìnjē yìmbne munu màm mana ù mɓɔ̂ŋ? ¹⁹ Yesù à tîmbhɛ, à kāl ɓɔ lɛ, Ɓoga tēmpèl ìni,

---

[u] Yòh 2: 13 Màn 12: 1-27   [v] Yòh 2: 17 Hyēm 69: 10

ndi mè gaōŋol yɔ dīlɔ̄ diaâ.ʷ ²⁰ Nì Lòk Yudà i kâl lɛ, Tempèl ìni ì oŋna mòm mana mā ŋwii nì minsamàl, yɔ̌n ù gaōŋol dilɔ̄ diaâ? ²¹ Ndi à ɓa pɔt ínyùu tēmpèl ì nyùù yeê. ²² Jɔn ŋgèdà à tùglana ī kède ɓàwɔga, ɓànigîl ɓee ɓa ɓìgda lē à pɔt hālà; nì ɓɔ ɓa hemlɛ Litìlà, nì ɓàŋga Yēsù à pɔt.

Yesù à ńyī ɓoòt ɓɔɓasonā

²³ À ɓa ɓǎŋ Yèrusàlèm i Pāsà, ŋgèdà ŋgànd, ŋgàndàk ì hemlɛ joy jee, ɓa tɛhgè bìyìmbnɛ gwee à ɓa ɓɔ̂ŋ. ²⁴ Ndi Yesù à yùgyɛnɛ ɓē ɓɔ nyùu, inyǔlē à ɓa yi ɓòt ɓɔɓasonā, ²⁵ Nì inyǔlē ì ɓā soòmblà ɓe ni nyē lɛ mùt a ɓogōl nyē mbògi inyùu mùt; inyǔlē nyɛmèdɛ à ɓa yi màm ma ye ī kède mùt.

3

Yesù ɓɔnà Nikòdemò

¹ Mùt Fàrisày wàda à ɓa mù, jòy jee lɛ Nìkòdemò, ŋ̀ànɛ̀ wàda Lòk Yudà; ² nyɛn à kèɛ yāk Yēsù jùu, à kâl nyɛ lɛ, À Rabì, dì ńyī lɛ ù yè màlêt à nlòl yak Nyāmbeɛ̀; inyǔlē mùt nyɛkǐnyē ù nlà ɓe ɓɔ̂ŋ biyìmbnɛ bini ù mɓɔ̂ŋ handuk lɛ Nyambɛ à yè nì nyɛ. ³ Yesù à fìmbhɛ nyɛ lɛ, Hɔdɔ, hɔdɔ, mɛ nhɔ̄mb wɛ lē, hàɓaɓɛ lɛ mùt à ŋ̀gwee yɔndɔ, à tà ɓe lɛ à tɛhɛ anɛ̀ Nyambê. ⁴ Nìkòdemò à kâl nyɛ lɛ, M̀maŋ mût wɔ u ŋgwēe la kiì? Ɓàa à nlà ki jòp liɓùm li nyâŋ lɛ a fìmba gwēe? ⁵ Yesù à fìmbhɛ nyɛ lɛ, Hɔdɔ, hɔdɔ, mɛ nhɔ̄mb wɛ lē, hàɓaɓɛ lɛ mùt à ŋ̀gwee ni màlep nì

ndi mè gaōŋol yɔ dīlɔ̄ diaâ, à tà ɓe lɛ à jôp i ànɛ̀ Nyambê. ⁶ Yɔ̀m i ŋgweenɛ minsòn i ye mìnsòn; i ī ŋgweenɛ Mbūu i ye mbūu. ⁷ Ù hɛl ɓâŋ lakìi mè ŋkàl wɛ lē nì nlama gwee yɔndɔ. ⁸ Mbèbi ì nhòŋ hɔma ì ŋgwēs; ù nnɔ̄k yɔ mbìmbà, ndi ù ńyī ɓe hēt ì nlòl, tɔ̀ i hēt ì ŋkè; halā kì nyɛn ī ye nì hi mût à ŋ̀gweenɛ Mbūu. ⁹ Nìkòdemò à fìmbhɛ nyɛ lɛ, Lɛlaa màm mana ma ye lē ma ɓa? ¹⁰ Yesù à fìmbhɛ nyɛ lɛ, Wè màlêt Isrăèl, ndi u yi ɓe màm mana? ¹¹ Hɔdɔ, hɔdɔ, mè nhɔ̄mb wɛ lē, dì mpɔ̄t màm dì ńyī, dì ɓɔ̀gɔ̀k kì mbògi inyùu màm dì bitēhɛɛ̀; ndi nì ńyɔ̀ŋ ɓe mbogī yeɛ̀s. ¹² Iɓālē mè bikàl ɓee màm ma hisi ndi nì hemlɛ ɓee, lɛlaa nì gahēmlɛ iɓālē mè ŋ̀kâl ɓee màm ma ŋgiì? ¹³ Mùt nyɛkǐnyē à mà ɓɛt ɓe ŋgìi, hàndugi nu à lòl ŋgìì lɛ Mǎn mùt. ¹⁴ Kìkìi Mōsè à ɓedes nyɔ̀ɔ i ŋɔ̀ŋ,ˣ halā kì nyɛn yàk Mǎn mùt à nlama ɓedhànà, ¹⁵ lɛ tɔ̀njɛɛ à nhēmlɛ̀ nyɛ à òbi ɓâŋ, ndi a ɓana nìŋ ɓɔgā.

¹⁶ Inyǔlē Nyambɛ à lòòha gwēs ŋkɔ̀ŋ hisi, jɔn à tinɛ pɔ̀mbɛ̀ yèe ŋ̀gwalâk Man, lɛ tɔ̀njɛɛ à nhēmlɛ nyɛ à ganīmil ɓee, ndi à gwèe nìŋ ɓɔgā. ¹⁷ Inyǔlē Nyambɛ à ɔm ɓē Man weè munu ŋkɔ̀ŋ hisi i pēmhènɛ̀ ŋ̀kɔ̀ŋ hisi mbàgi, ndigi lē ŋ̀kɔ̀ŋ hisi u tɔhlana īnyùu yeɛ̀. ¹⁸ Nu a nhēmlɛ nyɛ à ŋkòs ɓe mbagī; nu à nhēmlè ɓee à m̀mâl koōs mbagī, inyǔlē à bihēmlɛ ɓe joy li pɔ̀mbè Mǎn Nyāmbeɛ̀. ¹⁹ Ŋgɔ ìni yɔ̌n ì yè mbàgi, lɛ màpubi ma bilɔ̄ ŋkɔ̀ŋ hisi, ndi ɓòt ɓa bigwēs jìibè ìlɔ̀ɔ màpubi, inyǔlē mìnsɔn ŋwap mi ɓeɛ̀ mìmɓɛ. ²⁰ Inyǔlē hi muùt à mɓɔ̀ŋ

ʷ**Yòh 2: 19** Màt 26: 61; 27: 40; Mar 14: 58; 15: 28

ˣ**Yòh 3: 14** ŊB 21, 8-9

ɓeba à ŋɔɔ́ mapubi, à mpām ɓe mapūbi, lɛ mìnsɔn ŋwee mi tiga lɛ mi yɛɛlànà. ²¹ Ndi nu à mɓɔ̀ŋ maliga à mpām mapūbi, lɛ mìnsɔn ŋwee mi nɛnɛ, lɛ à mɓɔ́ŋ ŋwɔ nì Nyambê.

Nyɛ à ǹlama kɛŋêp, ndi mɛ̀ mɛ̀ tigɓàk

²² I mbūs màm mana, Yesù nì ɓanigîl ɓee ɓa kɛ lɔ̀ŋ Yudēà; nyɛ nì ɓɔ ɓa yēn nyɔɔ̀, à sòblɛ̀gɛ̀. ²³ Yàk Yòhanès à sòblɛ̀gɛ̀ nyɔɔ Ēnɔn ɓèɓèè nì Salèm, inyŭlē ŋgàndàk màlep ì ɓa nyɔɔ̀; ɓòt ɓa lɔ̀k ɓa sôblàgà. ²⁴ Inyŭlē Yòhanès à ɓa ŋgì kwìhbana i mɔ̀k. ²⁵ Ɓanigîl ɓa Yohanès ɓɔ nì mǎn Lòk Yudà ɓa kahal pèèna inyŭu pūbhà. ²⁶ Nì ɓɔ ɓa kɛ yāk Yòhanès. Ɓa kâl nye lɛ, À Rabì, nu ɓĕnà nyɛ nì ɓeè nyɔɔ ŋwìl Yɔrdàn, nu ù biɓɔ̀k mbogī inyùu yeē, nŭŋkì, à nsòblɛ̀, ɓòt ɓɔɓasonā kìì ɓa ŋkɛ̀ i nyēnī. ²⁷ Yòhanès à ǹimbhɛ lɛ, Mùt à nlà ɓe kôs jaàm, hànduk lɛ li tina nyɛ, li lolàk i ŋgìi. ²⁸ Ɓèèɓɔmèdɛ nì yè mɛ̀ mbogi lɛ mɛ̀ bikàl lɛ, Mɛ̀ tà ɓe mɛ Krǐstò, ndigi lē mɛ̀ ŋoma nyɛ bisū. ²⁹ Nu à gwèe m̀ɓɔm nyɛn à yè m̀ɓiî; ndi lìwanda li mɓiî, li lī tee li ɛmblɛ̀gɛ̀ nyɛ, li ŋkɔ̀n masee ŋgandàk inyùu kīŋ m̀ɓiî; jɔn màsee mêm mana ma ye ɓàyɔnga. ³⁰ Nyɛ à ǹlama kɛŋêp, ndi mɛ̀ mɛ̀ tigɓàk.

Nu à nlòl i ŋgìi

³¹ Nu à nlòl i ŋgìi à yè i ŋgìi ɓɔ̄ɓasonā; nu à yè nu hìsi à yè nu hìsi; à mpōt kìi nū hìsi; nu à nlòl i ŋgìi à yè i ŋgìi ɓɔ̄ɓasonā. ³² À mɓɔ̀k mbogī inyùu màm à bitēhɛɛ̀ nì nɔk; ndi mùt nyɛkĭnyē à ńyɔ̀ŋ ɓe mbogī yeè. ³³ Nu à biyɔ̀ŋ mbogī yeē à mɓānd ɓendel lɛ Nyambɛ à yè màliga. ³⁴ Inyŭlē nu Nyāmbɛ à ŋ̀ɔm à mpōt biɓàŋga bi Nyambê; inyŭlē à ntī ɓe Mbuu ni hìhègà. ³⁵ Ìsaŋ à ŋgwēs Man, à bitī ki màm mɔmasonā i wɔɔ̀ wee. ³⁶ Nu à nhēmlɛ Man à gwèe nìŋ ɓɔgā; ndi nu à nnōgol ɓe Man à gatēhɛ ɓe nììŋ, ndi hìun hi Nyambɛ hī tiŋī nì nyɛ.

4

Yesù nì mùdàa Sàmarìà

¹ Yesù à yi ɓǎŋ lē Fàrisày i nɔ̄k lɛ à ńyìlha ŋgàndàk ɓòt ɓanigîl, à sòblɛ̀gɛ̀ kì ìlɔ̀ɔ Yòhanès, ² [tɔ̀ lakìi Yēsù nyɛmɛ̀dɛ à ɓa sôblɛ ɓee, ndik ɓanigîl ɓee], ³ à nyɔdi Yùdeà, à têmb ki Gàlìleà. ⁴ Ndi à ɓa lama ndīk lòo Sàmarìà. ⁵ Halā nyēn à pam ŋkɔ̀ŋ Samārìà wada lɛ Sìkàr, ɓèɓèè nì hòma hìsi Yākòb à ti màn weē Yosèf; ʸ ⁶ Lìŋgen li Yakòb li ɓā hà. Yesù à ɓa ŋ̀waaga likɛ̀, à yēn pāŋ lìŋgen. Halā à ɓa ɓèɓèè nì ŋgeŋ ì ǹyonos isamàl [ɓèɓèè nì kɔ̀sì].

⁷ Mùdàa Sàmarìà à lɔɔ̄ āp màlep; Yesù à kâl nyɛ lɛ, Ti mɛ̀, mɛ nyɔ. ⁸ Inyŭlē ɓanigîl ɓee ɓa kèɛ ŋkɔ̀ŋ i sɔ̄mb bìjek. ⁹ Hanyēn mùdàa Sàmarìà à kǎl nyɛ̄ lɛ, Lɛlaa wɛ̀ mǎn Lòk Yudà ù ńyīdil mɛ mùdàa Sàmarìà màlep? [Inyŭlē Lòk Yudà i ɓā podhànà ɓe ni ɓòt ɓa Samārìà]. ¹⁰ Yesù à ǹimbhɛ nyɛ lɛ, Ɓalɛ ɓɔ ù yik likɛ̀blà li Nyambê, nì ǹjɛɛ à ŋkàl wɛ lē, Ti mɛ̀, mɛ nyɔ, ki ù ɓak lɛ ù yet nyɛ, ndi à ɓak lɛ à ti we màlep ma nîŋ. ¹¹ Mùdàa à kâl nyɛ lɛ, À tâ, ù gwèe ɓē yɔm i ebeèl, ɓee malep kî i ye ǹjôôŋ; he ni ù gwèene mālēp ma

---

ʸ**Yòh 4: 5** Bìɓ 33: 19; 48: 22; Yos 24: 32

niìŋ mâ? ¹²Bàa ù nlɔɔ́ tatā wès Yakòb, nu à ti ɓès ini ɓēɛ malep, i nyēmèdɛ à ɓa nyɔ, nyɛ nì ɓɔn ɓee nì bìlem gwee? ¹³Yesù à fimbhɛ nyɛ lɛ, Hi mût à nnyɔ̄ malēp māna nyùs i gagwèl ki nyē; ¹⁴ndi tɔ̀njɛɛ à nnyɔ̄ malep mɛ̀ gatī nyɛ nyùs i gagwèl ha ɓe nyɛ; ndi màlep mɛ̀ gatī nyē ma gayìla liŋgɛn li malep i kède yeè, li pemhàk màlep lɛtèè nì i niŋ ɓɔgā. ¹⁵Mùdàà a kǎl nyɛ lɛ, À tâ, ti mɛ̀ malēp maà, lɛ nyùs i gwèl ha ɓáŋ mɛ̀, tɔ̀ lɔ̀ nyɔ̀nɔ i āp. ¹⁶Yesù à kǎl nyɛ lɛ, kɛ̀ sèbel ǹlo wɔ̀ŋ, u têmb kì hana. ¹⁷Mùdàa à fimbhɛ nyɛ lɛ, Mɛ̀ gwèe ɓē mɛ ǹlom. Yesù à kǎl nyɛ lɛ, Ù m̀pɔt lɔŋgɛ lē, Mɛ̀ gwèe ɓē mɛ ǹlom; ¹⁸inyǔlē ù ɓeè ù gwèe ɓàlom ɓatân; ndi nu ù gwèe hānaànɔ à tà ɓe wɛ ǹlom; halā nyēn ù m̀pɔt maliga. ¹⁹Mùdàa à kǎl nyɛ lɛ, À tâ, mɛ̀ ntēhɛ lɛ ù yè m̀podôl, ²⁰Bɔ̀tàta ɓēs ɓa ɓā ɓegeès Nyambɛ mūnu hikòa hini; ²¹ndi ɓèe nì ŋkàl lɛ i Yèrusàlèm nyɛn hɔma à yè ɓɔt ɓa nlama ɓeghènɛ. Yesù à kǎl nyɛ lɛ, À mudàa, hemlɛ mɛ̀, ŋgɛŋ ì nlɔ̀ lɛ nì gaɓēghɛnɛ ɓe Tatā mūnu hikòa hini tɔ̀ i Yèrusàlèm. ²²Nì mɓēges jaàm nì ɲyī ɓèe; ɓés dì mɓēges jaàm dì ɲyī, inyǔlē tɔhi ī nlòl i Lòk Yudà. ²³Ndi ŋgɛŋ ì nlɔ̀, yɔ̀ yaga ìni, ŋgèdà ɓàŋga ɓaɓegês ɓa gaɓēges Tatā i mbūu nì malīga; inyǔlē ndòŋ ìni yɔ̌n Tàta à ɲyēŋ i ɓēgeès nyɛ. ²⁴Nyambɛ à yè Mbuu; ɓòt ɓa mɓēges nyɛ ɓa nlama ɓeges nyɛ i mbūu nì malīga. ²⁵Mùdàa à kǎl nyɛ lɛ, Mɛ̀ ɲyī lɛ Mèsìà wàda à nlɔ̀ [nu à nsèbla lɛ Krǐstò]; ŋgèdà à nlɔ̀, à gakàl ɓes màm mɔmasonā. ²⁶Yesù à kǎl nyɛ lē, Mɛ̌n mɛ̀ yè nyɛ, mmɛ̀ nunu mɛ̀ mpōdos weè.

²⁷Ha ŋgèdà ì nyɛn ɓànigîl ɓee ɓa lǒl; ɓa hɛl kìi à ɓa kwêl nì mùdàa; ndi tɔ̀ mùt à kǎl ɓē lɛ, Ù ɲ́yēŋ kii? Tɔ̀lɛ, inyǔkī ù ŋkwèl lôŋnì nyɛ? ²⁸Nì mùdàa à yek ebel yee, à kɛ ŋkɔ̀ŋ, à kǎl ɓoòt lɛ, ²⁹Lɔ̀na, tɛhna mùt nu à ŋkǎl mɛ màm mɔmasonā yaga mɛ̀ biɓɔ̀ŋ. Bàa lɛ nyɛn à tà ɓe Krǐstò? ³⁰Ba nyɔdi ŋkɔ̀ŋ ɓa kɛ ī nyēnī. ³¹Ha pōla ì, ɓànigîl ɓee ɓa sɔɔhɛ nyɛ, ɓa kǎl lɛ, À Rabì, jɛ. ³²Ndi à kǎl ɓɔ lɛ, Mɛ̀ gwèe bìjɛk i jē bi ye lē nì ɲyī ɓēe. ³³Nì ɓànigîl ɓa ɓádna lɛ, Bàa mùt à ɓak lɛ à yik lɔnā nyɛ yɔm jɛ? ³⁴Yesù à kǎl ɓɔ lɛ, Bìjɛk gwêm bi ye ī ɓɔ̀ŋ sòmbòl i nu à biɔm meè, nì i yōnoòs ǹsɔn wee. ³⁵Bàa nì ŋkàl ɓe lɛ, Lìɓùmbùl li ŋgi yiī lèn soŋ inâ? Nùnakì, mè ŋkàl ɓee lɛ, pàna mìs manân, ni ɓeŋgē kìi ŋwɔ̀m mi ye ɓàhoolaga inyùu lìɓùmbùl. ³⁶Nu à mɓùmbùl à ŋkòs nsaâ, à ŋkòhlɛ ki màtam lɛtèè nì i niŋ ɓɔgā, lɛ nu à nsāl nì nu à mɓùmbùl ɓa kɔ̌n màsee lôŋ. ³⁷Inyǔlē ha nyēn lìpodol li ye màliga lɛ, Wàda à nsāl, nûmpɛ à ɓùmblàk. ³⁸Mɛ̀ biɔm ɓee i ɓùmbùl jàm nì bisāl ɓēe; ɓapɛ ɓa bisāl, ndi ɓèè ni jōp nsɔn wap.

³⁹Ŋgàndàk ɓòt ɓa Samārìà ɓa ŋkɔ̀ŋ û ɓa hemlɛ nyɛ inyùu ŋgàlà mùdàà nu à ɓɔ̌k mbògi lɛ, À ŋ̀kǎl mɛ màm mɔmasonā yaga mɛ̀ biɓɔ̀ŋ. ⁴⁰Kìi ɓòt ɓa Samārìà ɓa nlɔ nyēnī, ɓa sɔɔhɛ nyɛ lɛ a yén ɓɔnī; nì nyɛ à yén haà dìlɔ diɓaà. ⁴¹Ŋgàndàk ìpɛ ki ì hemlɛ inyùu ɓàŋga yee; ⁴²nì ɓɔ ɓa kǎl mudàà lɛ, Dì nhēmlɛ hanaànɔ, hà inyùu lìkàlàk jɔŋ ɓee; inyǔlē ɓês ɓɔmède dì ǹnɔk, dì ɲyī ki lē nunu à yè tɔy Ntɔhôl ŋ̀kɔ̀ŋ hisi, Krǐstò.

Yesù à mmèles man hēdmàn kiŋê

⁴³ Dìlɔ diɓaà di dī tāgɓɛ ɓăŋ, à nyɔdi hâ, à kɛ Gàlìleà. ⁴⁴ Inyŭlē Yesù nyɛmɛdɛ à ɓɔ̆k mbògi lɛ m̀podol à gwèè ɓē lipem lɔ̀ŋ yee yɔmɛdɛ.ᶻ ⁴⁵ À pam ɓăŋ Gàlìleà, ɓòt ɓa Galìleà ɓa lɛɛgɛ nyɛ, lakìì ɓa tēhɛ màm mɔmasonā à ɓɔ̆ŋ Yèrusàlèm i ŋgànd; inyŭlē yàk ɓɔ ɓa kèɛ ŋgànd. ⁴⁶ Nì Yesù à tēmb ki Kānà Gàlìleà, hĕt à yìlhana màlep wây.ᵃ Hēdmàn kiŋɛ yàda ì ɓa nyɔ̂ɔ, màn weē à ɓa kôn i Kàpɛrnaūm. ⁴⁷ À nɔk ɓăŋ lē Yesù à ǹnyɔdi Yùdeà à m̀pam Gàlìleà, à kɛ nyēnī, à sɔɔhɛ nyɛ lɛ a sôs, a melēs màn weē; inyŭlē à ɓa à yēŋi. ⁴⁸ Hanyēn Yēsù à kăl nyē lɛ, Hàɓaɓe lɛ nì ǹtɛhɛ biyìmbnɛ nì màm ma helha, nì tà ni ɓe lɛ nì hemlɛ̀! ⁴⁹ Hēdmàn kiŋɛ ì kăl nyɛ lɛ, À Ŋwɛt, sɔ̂s ìlɔ̀lɛ màn wêm à ŋ́wɔ̄. ⁵⁰ Yesù à kăl nyɛ lɛ, Kènɛk; màn wɔ́ŋ à nnìŋ. Mùt nu à hemlɛ ɓaŋgā Yēsù à kăl nyē, à kê. ⁵¹ À ɓa ɓăŋ à nsòs, mìŋkɔ̀l ŋwee mi ɓɔmā nyɛ, mi kăl lɛ màn weē à nnìŋ. ⁵² Hanyēn à ɓăt ɓɔ ŋgēŋ à ɓòdol ɓɔ̀ŋ mboo. Nì ɓɔ ɓa kăl nyɛ lɛ, Yàni ŋgēŋ yadà nyɛn lìhep li bimàl. ⁵³ Halā nyēn ìsaŋ à yi lē mu ŋgēŋ ì nyɛn Yēsù à bikèlɛl nyɛ lɛ, Màn wɔ́ŋ à nnìŋ; nyɛmɛdɛ à hemlɛ̀, nì ndap yeē yɔ̀sonā. ⁵⁴ Ini yɔn i ye yìmbnɛ i ńyonos biɓaà Yesù à ɓɔ̆ŋ, i nyɔ̄di à nyɔdi Yùdeà, à pam Gàlìleà.

5

Mèlhànà i mût bìyìŋyè i Yèrusàlèm

¹ I mbūs màm mana, ŋgànd Lòk Yudà ì ɓa, nì Yesù à ɓɛt Yèrusàlèm. ² Tìtìmbà i ye nyɔɔ Yèrusàlèm ɓèbèɛ nì ŋwèmɛl mintomba, i nsɛbla i hɔ̄p Hebèr lɛ Bètesdà, i gweē màɓèɓɛ matân. ³ Mu nyēn lìmùt li ɓakɔ̀kôn li ɓā li niŋi, ndim, nì bìɓok, [nì dìweha dī ɓoòt ɓa ɓemèk pùŋglà malep; ⁴ inyŭlē aŋgɛl Ŋwɛ̄t ì ɓa sôs i tìtìmbà ŋgèdà hɔgi, i pùŋgùl malep; ha nyēn tɔ̀njɛɛ à ɓa ɓôk sòs i mbūs pùŋglà malep à ɓa mêlhànà, tɔ̀ kinjē ndɔ̀ŋ kɔ̀n à ɓa kôn.] ⁵ Mùt wàda à ɓa hà, à ɓa yîŋyè mòm maâ ma ŋwii nì jwèm. ⁶ Kìi Yēsù à ǹtɛhɛ nyɛ à niŋi, à yi ki lē à yè halā ǹtàndàà ŋgɛdà, à ɓât nyɛ lɛ, Ɓàa ù nsòmbol mâl? ⁷ Mùt bìyìŋyè à fìmbhɛ nyɛ lɛ, À Ŋwɛt, mɛ̀ gwèè ɓē mɛ mùt à nlèŋ mɛ tìtìmbà ŋgèdà màlep ma ntùŋglà; mɛ̀ yè mɛ kāhal kɛ̀, nûmpɛ a sôs mɛ bīsū. ⁸ Yɛsù à kăl nyɛ lɛ, Tɛlɛp, ɓada tāk yɔŋ, kènɛk. ⁹ Nì mùt nu à mâl bitēebīloŋi, à ɓada tak yee, à kahal kè.

¹⁰ Yɔ̀kɛl à ɓa ŋgwà nôy. Jɔn Lòk Yudà i kèlɛl mùt à mèlhana lē, lěn à yè ŋgwà nôy; i ta ɓē we kùndè i ɓègèɛ tak yɔŋ. ¹¹ À fìmbhɛ ɓɔ lɛ, ŋgɔ mùt à m̀melēs mɛɛ̀, nyɛn à ŋ́kăl mɛ lē, Bada tāk yɔŋ, kènɛk. ¹² Ba ɓât nyɛ lɛ, Ǹjɛɛ mût à ŋ̀kăl wɛ lē, Bada tāk yɔŋ, kènɛk? ¹³ Ndi nu à mèlhana à yi ɓē njɛɛ muùt nû; inyŭlē Yesù à ǹnyimha, lakìì lìmùt li ɓā hā hòma nû. ¹⁴ I mbūs hālā Yesù à kɔba nyɛ tēmpɛl, à kăl nyɛ lɛ, tɛhɛ kì, ù m̀mâl; ù ɓɔ̀ŋ ha ɓăŋ ɓèba, jàm li nlɔ̄ɔ hâ li tiga lɛ li lôl weè, ¹⁵ Mùt nu à kê, à kăl Loòk Yudà lɛ Yesù nyɛn à mèlɛs nyē. ¹⁶ Jɔn Lòk Yudà i ɓā teèŋgànà Yesù, ɓa yɛŋêk i nɔl nyē, inyŭlē à ɓɔ̆ŋ màm mana ŋgwà nôy. ¹⁷ Nì Yesù à fìmbhɛ ɓɔ lɛ, Tàta à ŋgwèl nsɔn lɛtèɛ

ᶻ**Yòh 4: 44** Luk 4: 24   ᵃ**Yòh 4: 46** Yòh 2, 1-10

nì hanânɔ, yàk mè mè ŋgwèl. ¹⁸ Jɔn Lòk Yudà i lòòha yēŋ njɛɛ̄l i nɔ̄l nyē, hà inyùu ɓē ndik lē à ńyàn ŋgwa nɔ̄y, ndi inyùu kì lɛ à nsèbel Nyambɛ lē Ìsaŋ weē nyɛmèdɛ, à nhèk nyɛmèdɛ kàyàda kìi Nyāmbɛè.

Ŋgùy ì Mǎn Nyāmbɛè

¹⁹ Nì Yesù à ɓimbhɛ ɓɔ lɛ, Hɔ̀dɔ, hɔ̀dɔ, mè nhɔ̄mb ɓee lɛ, Mǎn à tà ɓe lɛ à ɓɔ̄ŋ jaàm nì nyɛmèdɛ, ndik jàm à ntēhɛ Isāŋ à mɓɔ̀ŋ; inyǔlē tɔ̀ kinjē màm Ìsaŋ à mɓɔ̀ŋ, mɔ ki mɔ̄n yàk Mǎn à mɓɔ̀ŋ nlèlèm. ²⁰ Inyǔlē Ìsaŋ à nsìŋgɛ man, à ŋēba ki nyē màm mɔmasonā nyɛmèdɛ à mɓɔ̀ŋ; à gaēba ki nyē mìnsɔn mìŋkɛŋi mi nlɔ̀ɔ̀ mini, lɛ ɓèè ni hêl. ²¹ Inyǔlē kìkìi Tàta à ntùgul ɓâwɔga, à tinâk ɓɔ nìŋ, halā kì nyɛn yàk Mǎn à ntī niìŋ tɔ̀njɛɛ à nsòmbol ti. ²² Tàta à mpēmhɛnɛ ɓe muùt mbàgi, ndi à ti Màn mbagī yɔ̀sonā, ²³ lɛ ndi ɓɔ̄ɓasonā ɓa ti Màn lipem kìkìi ɓa ntī Isāŋ lipem. Nu à ntī ɓe Man lìpem, wèɛ à ntī ɓe Isāŋ nu à ɔm nyē lìpem. ²⁴ Hɔ̀dɔ, hɔ̀dɔ, mè nhɔ̄mb ɓee lɛ, Nu à nnɔ̄k ɓaŋgā yɛèm, ndi à hemlègɛ kì nu à ɔm mè, à gwèe nìŋ ɓɔgā; à mpām ɓe mbàgi, ndi à yè ɓàtagɓaga nyêmb, à nîŋ. ²⁵ Hɔ̀dɔ, hɔ̀dɔ, mè nhɔ̄mb ɓee lɛ, ŋgɛŋ ì nlɔ̀, yɔ̀ yaga ìni, ŋgèdà ɓâwɔga ɓa ganɔ̄gol kiŋ Mǎn Nyāmbɛè, ɓa ɓā ganɔ̄k, ɓa ganǐŋ. ²⁶ Inyǔlē kìkìi Ìsaŋ à gwèe nìŋ nì nyɛmèdɛ, halā kì nyɛn à ti yàk Màn lɛ a ɓana nìŋ nì nyɛmèdɛ; ²⁷ à ti nyɛ kùndè i pēmeès mbàgi, inyǔlē à yè Màn mùt. ²⁸ Nì hɛl ɓáŋ inyùu jàm lini; inyǔlē ŋgɛŋ ì nlɔ̀ lɛ ɓòt ɓɔ̄ɓasonā ɓa ye sɔ̀ŋ ɓa ganɔ̄k kiŋ yeē, ²⁹ ndi ɓa gapām; ɓa

ɓā biɓɔ̄ŋ lɔŋgɛ īnyùu lìtùgè li nîŋ; ɓa ɓā biɓɔ̄ŋ ɓeba inyùu lìtùgè li mbagī.

Mbògi inyùu Yēsù

³⁰ Mè nlà ɓe mɛ ɓɔ̄ŋ jâm nì mèmèdɛ; kìkìi mè nnɔ̄k, halā nyēn mè mɓâgàl; mbàgi yêm kì ì tee sēp; inyǔlē mè ńyēŋ ɓe mɛ sòmbòl yêm, ndik sòmbòl i Tatā nū à ɔm mè. ³¹ Iɓālē mè mɓògol mɛmèdɛ mbogī, ki mbògi yêm ì tà ɓe maliga. ³² Nûmpɛ nyɛn à mɓògol mɛ mbògi, ndi mè ńyī lɛ mbògi à mɓògol mê ì yè màliga. ³³ Nì biɔ̄m yak Yòhanès, ndi à biɓɔ̀k mbogī inyùu màliga. ³⁴ Ndi mbògi mè ŋkòs ì nlòl ɓe ni mùt; ndi mè mpɔ̄t màm mana lɛ ni tɔhlana. ³⁵ Nyɛn à ɓeè tuŋgɛŋ i nlɔ̄ŋ, i ɓayàk, nì bigwēs lɛ ni see ī kède màpubi mee ndèk ŋgèdà. ³⁶ Ŋgɔ mbògi mè gwèe ì nlɔ̀ɔ̀ ì Yòhanès; inyǔlē mìnsɔn Tàta à bitī mɛ ī yōnoòs, mìnsɔn mi ŋwɔ̄mèdɛ mè mɓɔ̀ŋ, ŋwɔn mi mɓògol mɛ mbògi lɛ Tàta à ɔm mè. ³⁷ Tàta kì nu à ɔm mè à biɓògol mɛ mbògi. Nì ǹnogôk ɓe kiŋ yeē, tɔ̀ tɛhɛ màòŋg mee. ³⁸ Nì gwèe ɓē tɔ ɓàŋga yee ńyènâk i kède nân; inyǔlē nì nhēmle ɓe nu à ɔm. ³⁹ Nì ńwàn Matìlà, inyǔlē nì nhɔ̄ŋol lɛ mu nyēn nì gwèènɛ nìŋ ɓɔgā; ndi mɔ ni mɔn ma mɓògol mɛ mbògi; ⁴⁰ ndi ɓèe nì ntɔ̄p ɓe lɔ měnì lɛ ni ɓana nìŋ. ⁴¹ Mè ŋkùhul ɓe mɛ lìpem ni ɓòt. ⁴² Mè ńyī ɓee, lɛ nì gwèe ɓē gweha Nyāmbɛ ī kède nân. ⁴³ Mè ǹlôl i jòy li Tatà, ndi nì nlɛɛ̄gɛ ɓe mɛè; iɓālē mùt nûmpɛ à galòl i jòy jee nyɛmèdɛ, nyɛn nì galēɛgɛ. ⁴⁴ Lɛlaa nì nlà hemlè, ɓèè ɓa nì ŋkùhul lipem wàda nì nuu, ndi nì yɛŋ ɓe lipem li nlòl yak m̀pɔm Nyambê? ⁴⁵ Nì hɔŋɔl ɓáŋ lē mè gaōm

ɓee ǹsɔ̀hi yak Tàtâ; wàda à yɛ̀, lɛ Mosè, nu nì mɓōdol ŋɛm, nyɛn à ŋōm ɓee ǹsɔ̀hi. ⁴⁶ Inyŭlē iɓālē nì ɓe hemlɛ Mosè, ki nì bihēmlɛ yaàk mɛ̀; inyŭlē à tìla īnyùù yêm. ⁴⁷ Ndi iɓālē nì nhēmlɛ ɓe matìlà mee, lɛlaa nì gahēmlɛ biɓàŋga gwêm?

6

Yesù à njēs ŋkùndè lìmùt

Màt 14: 13-21; Mar 6: 30-44; Luk 9: 10-17

¹ I mbūs màm mana Yesù à kɛ ūu ŋwìì lɔ̄m Gàlìleà, nu à yɛ̀ kì Tìberìà. ² Lìmùt lìkɛŋi li ɓā nɔ̀ɔ̀ŋ nyɛ, inyūlē li tēhe bìyìmbnɛ à ɓa ɓoŋōl ɓàkɔ̀kɔ̂n. ³ Nì Yesù à ɓɛt hikòa, à yēn nyɔ̄ hisī nyɛ nì ɓànigîl ɓee. ⁴ Pasà, ŋgànd Lòk Yudà, ì ɓa ɓɛɓɛ̀ɛ̀. ⁵ Yesù à pàa ɓăŋ mĭs, à tɛhɛ limùt lìkɛŋi li nlɔ̀ i nyēnī, à ɓāt Filīpò lɛ, Hɛɛ dì gasōmbol bikòga lɛ ɓòt ɓana ɓa ɓana yɔ̀m jɛ? ⁶ À kǎl hālā ī nɔ̀ɔ̀dè nyɛ; inyūlē nyɛmɛ̀dɛ à ɓa yi jàm à gaɓɔ̌ŋ. ⁷ Fìlìpò à fìmbhɛ nyɛ lɛ, Tɔ̀ bìkòga bi mbogōl Denārìò* iɓaà bi kolī ɓē ni ɓɔ lɛ hi muùt à kòhok ndèk. ⁸ Ǹnigîl wèè wadā lɛ Àndrěà, màɲáŋ Sīmòn Petrò, à kâl nyɛ lɛ, ⁹ Màaŋgɛ à yɛ̀ hana, à gwēe bìkòga bi kon bitân nì còbi diɓaà; ndi halā à yɛ̀ kii inyùu ŋgàndàk ɓòt ìni; ¹⁰ Yesù à kâl lɛ, Yìha ɓòt hisī. Ŋgàndàk ɓàyòòmà ì ɓa hā hòma nû. Hanyēn ɓòt ɓa yěn hīsī, jàm kìi ɓɔ̀ dìkoo ditân. ¹¹ Nì Yesù à yɔ̄ŋ bikòga, à ti ɓăŋ màyègà, à káp gwɔ nì ɓànigîl, yàk ɓànigîl nì ɓɛt ɓa ɓā ɓa yiī hīsī; halā kì nì còbi kìkìì ɓa ɓā sombōl. ¹² Ba nūu ɓăŋ, à kâl ɓanigìll ɓee lɛ, Kɔ̀da bìkēt bi ɲeglɛ̀, lɛ yɔ̀m i nīmil ɓaàŋ. ¹³ Nì ɓɔ

ɓa kɔ̄t gwɔ, ɓa yonos jom li bisɛ̀l mbòk iɓaà nì bìket bi yēglɛ mū bīkòga bi kon bitân ɓòt ɓa jē. ¹⁴ Jɔn ɓòt ɓa tēhɛ ɓăŋ yìmbnɛ à ɓɔ̌ŋ, ɓa kâl lɛ, Nunu nyɛn à yɛ̀ tɔy mpodôl nu à ǹlama lɔ ī ŋkɔ̀ŋ hisi.

¹⁵ Lakìi Yēsù à ɓa yi lē ɓa nlɔ̀ i yɔ̀ŋ nyɛ nì ŋgùy i yìlhà nyɛ kīŋɛɛ̀, à kondē ɓaàgɓa nyɔɔ̄ hikòa nyɛtāma.

Yesù à ŋkɛ̀ ni màkòò i ŋgìi màlep

Màt 14: 22-27; Mar 6: 45-52

¹⁶ Kòkoa i kwɔɔ ɓăŋ, ɓànigîl ɓee ɓa sôs ŋgwāŋ lɔɔ̀m, ¹⁷ Nì ɓɔ ɓa jōp mòŋgo, ɓa kahal yàp lɔ̄m i Kàpɛrnāùm. Ndi jíɓɛ̀ li kêp, Yesù ŋgì at ɓɔ. ¹⁸ Lɔ̌m à kahal pùŋglà inyūlē mbuk mbɛ̀bi à ɓa hôŋ. ¹⁹ Ba lūk ɓăŋ jàm kìi ɓɔ kilòmedà itân tɔ̀ isamàl, ɓa tɛhɛ Yesù à kɛnèk nì màkòò i ŋgìi lɔ̄m, à kòògɛ̀gɛ̀ mòŋgo ɓɛɓɛ̀ɛ̀; nì ɓɔ ɓa kɔ̂n wɔŋi. ²⁰ Ndi à kâl ɓɔ lɛ, Mɛ̀ nû, nì kɔ̀n ɓăŋ wɔ̀ŋi! ²¹ Hanyēn ɓa ɓā sombōl yɔ̀ŋ nyɛ mòŋgo; ndi kunda yada mòŋgo u cak i hɛ̀t ɓa ɓā kɛɛ̀.

Ɓòt ɓa ɲ́yēŋ Yesù

²² Kɛl ì ɓa nôŋ hâ, lìmùt li ɓā li tēɛ ūu ŋwìì Lɔ̂m li yìmbɛ lē mòŋgo ùmpɛ u ɓā ɓē haà ndik wàda, u ɓànigîl ɓee ɓa jǒp, nì lɛ Yesù à jǒp ɓē mu nyē nì ɓɔ, ndik lē ɓànigîl ɓee ɓa nyɔ̀di ɓɔ̄tāma. ²³ Mòŋgo mìmpɛ mi lŏl ī Tìberìà, mi lɔ ɓɛɓɛ̀ɛ̀ nì hòma ɓa jēl bìkòga Ŋwɛ̀t à ma māāl ti mayègà. ²⁴ Lìmùt li tēhɛ ɓăŋ lē Yesù tɔ̀ ɓànigîl ɓee ɓa ta ɓē haà, ɓɔmɛ̀dɛ ɓa jǒp mu mòŋgo mî, ɓa kɛ Kàpɛrnāùm i yēŋ Yēsù.

Yesù à yɛ̀ kòga i nîŋ

²⁵ Ba kɔ̄ba ɓăŋ nyē uu ŋwìì Lɔ̂m, ɓa

---

*Yòh 6:7 Ɓèŋgɛ Màt 18: 28

kál nyɛ lɛ, ù ǹlól hana ŋgèdà mbɛɛ? ²⁶ Yesù à ɓimbhɛ ɓɔ lɛ, Hɔ́dɔ, hɔ́dɔ, mɛ̀ nhɔ̄mb ɓee lɛ, nì ńyēŋ mɛɛ̀, hà inyùu ɓē lɛ nì bitēhɛ biyìmbnɛ, ndik īnyŭlē nì bijē bikɔ̀ga, nì nuù. ²⁷ Nì sal ɓáŋ īnyùu bìjɛk bi ŋɔ̀bì, ndik īnyùu bìjɛk bi nnɔ̀m lɛtɛ̀ɛ̀ nì i nìŋ ɓɔgā, gwɔn Mǎn mùt à gatī ɓee; inyŭlē nyɛn Nyāmbɛ Tàta à ɓand ɓēndel. ²⁸ Jɔn ɓa ɓǎt nyē lɛ, Dì ǹlama ɓɔ́ŋ kii, ndi wèɛ dì m̀ɓɔ́ŋ minsɔn mi Nyambɛɛ̀? ²⁹ Yesù à tîmbhè, à kál ɓɔ lɛ, Ǹsɔn Nyambɛ ūnu, lɛ ni hemlɛ nū à ɔm. ³⁰ Nì ɓɔ ɓa kál nyɛ lɛ, Kinjē yìmbnɛ ù mɓɔ̀ŋ, lɛ di tɛhɛ, ndi di hemlɛ wè? Ù mɓɔ̀ŋ lîmbɛ jâm? ³¹ Bɔ̀tàta ɓā ɓā jɛ Mānà i ŋɔ̀ŋ kìkìì i ye ǹtĭlɓàgà lɛ, À ti ɓɔ̄ bìkɔ̀ga bi nlòl i ŋgìì lɛ ɓa jɛk.ᵇ ³² Nì Yesù à kál ɓɔ lɛ, Hɔ́dɔ, hɔ́dɔ, mɛ̀ nhɔ̄mb ɓee lɛ, Hà Mosè ɓe nyɛn à ti ɓèè kɔgā i nlòl i ŋgìi; ndi Tàta nyēn à ntī ɓee ɓàŋga kɔ̀ga ì nlòl i ŋgìi. ³³ Inyŭlē kɔ̀ga Nyambɛ ī ye ī ī nlòl i ŋgìi, i tinâk ŋkɔ̀ŋ hisi nìŋ. ³⁴ Jɔn ɓa kèlel nyē lɛ, À Ŋwɛt, tinak ɓɛ́s kɔ̀ga ini ŋgèdà yòsonā. ³⁵ Yesù à kál ɓɔ lɛ, Mɛ́n mɛ̀ yè kɔ̀ga i nîŋ; mùt à nlɔ̀ i mɛ̌nī, njàl ì gagwɛl ɓe nyɛ; nu kì à nhēmlɛ mɛɛ̀ nyùs i gagwɛl ha ɓe nyɛ. ³⁶ Mè bikàl ɓee lɛ, Nì bitēhɛ mɛɛ̀, ndi nì ǹhemlègè ɓee. ³⁷ Ɓòt ɓɔɓasonā Tàta à ǹti mê ɓa galɔ̀ i mɛ̌nī; nu kì à nlɔ̀ i mɛ̌nī, mɛ̀ galùhul ɓe mɛ nyē. ³⁸ Inyŭlē mɛ̀ bilòl i ŋgìi, hà i ɓɔ̀ŋ sòmbòl yêm ɓee, ndik sòmbòl i nu à ɔm mè. ³⁹ Ndi sòmbòl i Tàta nū à ɔm mè yɔ īni, lɛ i kède màm mɔmasonā à ti mè, mè nimis ɓáŋ jàm jɔkĭjɔ̄,

⁴⁰ Inyŭlē sòmbòl Tatā īni, lɛ hi mût à ntēhɛ Man, à hemlègè kì nyɛ, a ɓana niŋ ɓɔgā; ndi mè gatùgul nyɛ kēl ì nsōk. ⁴¹ Halā nyēn Lòk Yudà i hùŋɓɛnɛ nyē, inyŭlē à kǎl lē, Mɛ́n mè yè kɔ̀ga i nlòl i ŋgìi. ⁴² Nì ɓɔ ɓa ɓát lɛ, Ɓàa hà Yesù, Mǎn Yōsɛ̀f, ɓe nunu? Ɓàa dì nnɛ̄k isāŋ ɓɔ nyǎŋ? Lɛla ni à ŋkàl lɛ, Mɛ̀ nlòl i ŋgìi? ⁴³ Yesù à ɓimbhɛ ɓɔ lɛ, Nì hùŋɓɛ ɓáŋ ɓèè ni ɓee. ⁴⁴ Mùt nyɛkĭnyē à nlà ɓe lɔ ī mɛ̌nī, hàɓaɓe lɛ Tàta nu à ɔm mè à ɔ̂t nyɛ; ndi mè gatùgul nyɛ kēl ì nsōk. ⁴⁵ I ye ǹtĭlɓàgà i kède ɓàpodôl lɛ, Ɓɔɓasonā ɓa ganīigana ni Nyāmbɛɛ̀.ᶜ Hi mût à biēmblɛ Tatā, à niglɛ ki nyēnī, à nlɔ̀ i mɛ̌nī. ⁴⁶ Mùt nyɛkĭnyē à ǹtɛhgɛ ɓe Tatā, hàndugi nu à nlòl yak Nyāmbɛɛ̀, nyen à bitēhɛ Tatā. ⁴⁷ Hɔ́dɔ, hɔ́dɔ, mɛ̀ nhɔ̄mb ɓee lɛ, Nu à nhēmlɛ mɛɛ̀ à gwèɛ nìŋ ɓɔgā. ⁴⁸ Mɛ́n mɛ̀ yè kɔ̀ga i nîŋ. ⁴⁹ Ɓɔ̀sɔŋ ɓa jɛk Mānà i ŋɔ̀ŋ, ɓa wɔ. ⁵⁰ Ini yɔn i ye kɔ̀ga i nlòl i ŋgìi, lɛ mùt a jē yɔ̄, à wɔ ɓee. ⁵¹ Mɛ́n mè yè kɔ̀ga i nîŋ, i ī nlòl i ŋgìi; iɓālē mùt à ǹje kɔ̀ga ini, à ganìŋ i ɓɔga ni ɓɔga; ndi kɔ̀ga mè gatī i ye mìnsɔ̀n ŋwêm, inyùu nìŋ i ŋkɔ̀ŋ hisi. ⁵² Nì Lòk Yudà i kahal nɔ̄mɔl ɓɔ nì ɓɔ, ɓa kalàk lɛ, lɛlaa mùt nunu à nlà ti ɓes mìnsɔ̀n ŋwee lɛ di jɛ? ⁵³ Jɔn Yēsù à kèlel ɓɔ lɛ, Hɔ́dɔ, hɔ́dɔ, mɛ̀ nhɔ̄mb ɓee lɛ, hàɓaɓe lɛ nì ǹje minsɔ̀n mi Man mùt, nì nyɔ kì màcɛl mee, wɛ̀ɛ nì gwèè ɓē nììŋ i kède nân. ⁵⁴ Nu à ǹje minsɔ̀n ŋwêm, à ǹnyôk kì

ᵇ**Yòh 6: 31** Hyèm 78: 24; Màn 16: 4, 15

ᶜ**Yòh 6: 45** Yɛ̀s 54: 13

màcèl mêm, à gwèe nìŋ ɓɔgā; mè gatùgul ki nyē kēl ì nsōk. ⁵⁵ Inyŭlē mìnsòn ŋwêm mi ye mìntìîk mi bijɛk, màcèl mêm kì mìntìîk mi binyɔnyɔ̀. ⁵⁶ Nu à njē minsòn ŋwêm, à nyɔ̂k kì màcèl mêm, à ńyèn i kède yêm, mè kì i kède yeē. ⁵⁷ Kìkìi Tàta nū nìŋ à ɔm mè, mè kì mè nìŋlàk inyùu Tàtâ, halā nyēn nū à njē mɛɛ̀, yàk nyɛ à ganìŋil inyùu yêm. ⁵⁸ Ini yɔn i ye kɔ̀ga i bilòl i ŋgìi. Hà kìkìi ɓɔ̀sɔŋ ɓa jē ɓee, ɓa wɔ; nu à njē kɔ̀ga ini à ganĭŋ i ɓɔga ni ɓɔga. ⁵⁹ À podol màm mana i ndāp mītìn, ŋgèdà à ɓa niigànà i Kàpɛrnāùm.

Bìɓàŋga bi nîŋ ɓɔgā

⁶⁰ Ndi ŋgàndàk i kède ɓànigîl ɓee ɓa nɔ̂k ɓăŋ hālà, ɓa kāl lɛ, Lipōdol lini li ye ǹlèdɛk; ǹjɛɛ à nlà nɔk jɔ? ⁶¹ Lakìi Yēsù à ɓa yi ī kède yeē lɛ ɓànigîl ɓee ɓa nhùŋɓɛ inyùu jàm lî, à ɓât ɓɔ lɛ, ɓàa halā à mɓèègaha ɓee? ⁶² Ndi nì gapɔ̄t laa iɓālē nì ǹtɛhɛ Man mùt à mɓēt hɔma à ɓɛnɛ̀ yòha? ⁶³ Mbuu wɔn u ntī nììŋ; mìnsòn mi mɓāhal ɓe tɔ jàm; bìɓàŋga mè bikàl ɓee bi ye mbūu, bi ye kì nìŋ. ⁶⁴ Ndi ɓèe ɓàhɔgi nì nhēmlɛ̀ ɓee. Inyŭlē Yesù à ɓe yi ìlɔ̀ yaga biɓèe ɓa ɓā ɓā hemlɛ̀ ɓee, nì nu à galīibana nyɛ. ⁶⁵ Nì nyɛ a kāl ɓɔ lɛ, Jɔn mè bikèlel ni ɓee lɛ mùt nyɛkĭnyē à nlà ɓe lɔ ī mɛ̌nī, hàɓaɓe lɛ i ntina nyɛ nì Tàtâ.

⁶⁶ Jɔn ŋgàndàk yee ɓanigîl i tìmbil nì mbus, ɓa hyom ha ɓe lôŋnì nyɛ. ⁶⁷ Nì Yesù à kāl jom nì iɓaà lɛ, Ɓàa yàk ɓèe nì nsòmbol nyɔdî? ⁶⁸ Simòn Petrò à ɓimbhɛ nyɛ lɛ, À Ŋwɛt, dì gakɛ̀ yak njēɛ? Wěn ù gwèe bìɓàŋga bi nîŋ ɓɔgā. ⁶⁹ Dì nhēmlɛ̀ kì, dì ńyī ki ǹtìîk lɛ ù yè Krǐstò nu à yè Mǎn Nyāmbɛ nū nìŋ. ⁷⁰ Yesù à ɓimbhɛ ɓɔ lɛ, Ɓàa mè bitēp ɓe ɓee jŏm nì iɓaà, ndi wàda nàn à yè ǹsɔ̀hɔ̀p? ⁷¹ À pɔt yàà inyùu Yūdà, mǎn Sīmòn Iskàriòt, wàda mu jŏm nì iɓaà, inyŭlē nyɛn à ɓa nū à galīibana nyɛ.

7

Lògnyâŋ Yesù i nhēmlɛ ɓe nyɛ

¹ I mbūs màm mana Yesù à ɓa hyumûl i Gàlìleà; inyŭlē à ɓa sombòl ɓe hyom i Yùdeà, lakìi Lòk Yudà i ɓā yeŋ njèl i nɔ̄l nyē. ² Ndi ŋgànd bìlap* ì Lòk Yudà ì ɓɛɛmbè. ³ Nì lògnyâŋ i kaāl nyɛ lɛ, Nyɔ̀di hāna, kɛ̀nɛk Yùdeà, lɛ yàk ɓànigîl ɓɔŋ ɓa tɛhɛ mìnsɔn ŋwɔŋ ù mɓɔ̀ŋ. ⁴ Inyŭlē mùt nyɛkĭnyē à mɓɔ̀ŋ ɓe jâm lisɔ̀l, i ŋgèdà nyɛmède à ńyēŋ njɛēl i nēnɛ mɓàmba. Iɓālē ù mɓɔ̀ŋ i màm mana, ùnda ŋ̀kɔ̀ŋ hisi wèmèdɛ. ⁵ Inyŭlē tɔ̀ lògnyâŋ yee yaga i ɓā hemlɛ̀ ɓe nyɛ. ⁶ Nì Yesù à kāl ɓɔ lɛ, Ŋgèdà yèm ì m̀pamâk ɓee, ŋgèdà nàn yɔ̀ ì yè ŋ̀kɔ̌lgà ŋgèdà yɔ̀sonā. ⁷ Ŋ̀kɔ̀ŋ hisi u ta ɓē lɛ u ɔɔ̄ ɓee, ndi mɛn u ŋɔ̀ɔ̀, inyŭlē mè mɓògol wɔ mbògi lɛ mìnsòn ŋwee mi ye mìmɓɛ. ⁸ Ɓèè ɓɛdgana ī ŋgànd; mè mè ŋkɛ̀ ndugi ɓe mɛ ŋgànd, inyŭlē ŋgèdà yèm ì ŋ̀kɔ̌lgà ɓee. ⁹ Kìi à ŋ̀kāl ɓɔ halà, à yeglɛ i Gàlìleà.

Yesù i ŋgànd bìlap

¹⁰ Ndi lògnyâŋ i ɓēt ɓăŋ ŋgànd, yàk nyɛ à yik ɓɛt, ndi hà mɓàmba ɓee, ndik kìkìi ndìdì. ¹¹ Inyùuhālā nyēn Lòk Yudà i ɓā yeŋ nyē mu ŋgànd, i ɓadàk lɛ, À yè hɛɛ? ¹² Mìnhùŋɓɛ mi ɓā ŋgàndàk inyùu

---

*Yòh 7:2 Ŋgànd bìlap ì ɓa ɓîgdà ŋwìi Lôk Yudà mi ɓā yěn ŋɔ̀ŋ, ì nsèbla ki ŋgànd lìɓùmbùl. LL 23: 29-43.

yeē i kède màmùt; ɓàhɔgi ɓa kalàk lɛ, À yè lɔŋgɛ mūt; ɓapɛ ɓɔ, 'Bààloŋɛ, à ńyùmus ndigi lìmùt. ¹³ Tɔ̀ halà mùt à pɔt ɓē mɓàmba inyùù yeē inyùu wɔ̀ŋi Lôk Yudà.

¹⁴ I ŋgèmbɛ ŋgànd yaga nyɛn Yēsù à jùbul tēmpèl, à kahal nīigà. ¹⁵ Jɔn Lòk Yudà i hēl, i kāl lɛ, Mùt nunu à ńyī la kaàt, nyɛ ŋgì nigîl? ¹⁶ Nì Yesù à ɓìmbhɛ ɓɔ lɛ, Màeba mêm ma ta ɓē ìmêm, ndik mā nu à ɔm mɛ̀. ¹⁷ Iɓālē mùt à nsòmbol ɓɔ́ŋ sombòl yee, à gayī inyùu màeba mana, tɔ̀ɔ ma ye mā Nyambɛɛ̀, tɔ̀ɔ mɛ̀ mpɔ̄t ni mèmèdɛ. ¹⁸ Nu à mpɔ̄t ni nyɛ̄mèdɛ, à ńyīŋil nyɛmèdɛ lipem; ndi nu à ńyɛŋ lipem li ŋwɛt à ɔm nyē, nyɛn à yè màliga, tɔ̀ ŋgìtɛlêbsep ì tà ɓe i kède yeē. ¹⁹ 'Bàà Mosè à ti ɓē ɓee mbēn? Ndi tɔ̀ wàda nān à ntēeda ɓe mben. Inyŭkī nì ńyēŋ njɛēl i nɔ̄l mɛ̀? ²⁰ Lìmùt li ɓìmbhɛ lɛ, Ù gwèe mbuu m̀ɓɛ; njɛɛ à ńyɛŋ njɛēl i nɔ̄l wɛ̀? ²¹ Yesù à ɓìmbhɛ ɓɔ lɛ, Mɛ̀ biɓɔ́ŋ nsɔn wada, u heles ɓee ɓɔɓasonā. ²² Mosè à ti ɓèè likwèɛ̀ᵈ [ndi li nlòl ɓe ni Mōsè, ndik nì ɓàsogol]; ²³ ndi nì ŋkwɛ̀ɛ mût ŋgwà nôy. Iɓālē mùt à ŋkwɛ́ba ŋgwà nôy, lɛ mben Mōsè ì yèna ɓâŋ, ɓàa nì nnyēyey mɛ īnyŭlē mɛ̀ bimèles mût ŋgìm ŋgwà nôy? ²⁴ Nì ɓàglɛnɛ ɓâŋ kīŋgèdà bìtee bi mis, ndi ɓàglana mbàgi ì tee sēp.

'Bàa nyɛn à yè Krĭstò?

²⁵ Jɔn ɓòt ɓa Yerūsàlèm ɓàhɔgi ɓa kèlel lē, 'Bàa hà nunu ɓe nyɛn ɓa ńyēŋ lɛ ɓa nɔl? ²⁶ Nùnakì, à mpɔ̄t mɓàmba, ndi ɓa mpɔ̄t ɓe nyɛ jàm. 'Bàa ɓà-ànɛ̀ ɓa ńyī ntīîk lɛ nyɛn à yè Krĭstò? ²⁷ 'Bɛ́s dì ńyī ni mùt nunu hɛ̀t à nlòl; ki ī ye lē i ŋgèdà Krĭstò à nlɔ̀, mùt nyɛkĭnyē à gayī ɓe hɛ̀t à nlòl. ²⁸ Jɔn Yēsù à ɓedhɛnɛ kīŋ i tēmpèl, à kahal nīigà, à kàlàk lɛ, Nì ńyī mɛɛ̀, nì ńyī ki hɛ̀t mɛ̀ nlòl; mɛ̀ ǹlɔ ɓē mɛ nì mèmèdɛ, ndi nu à ɔm mɛ̀ à yè màliga, nyɛn nì ńyī ɓēe. ²⁹ Mɛ̀ mɛ̀ ńyī nyɛ, inyŭlē mɛ̀ nlòl i nyēnī, nyɛ ki nyɛn à ɔm mɛ̀. ³⁰ Hanyēn ɓa yēŋ njèl i gwèl nyɛ; ndi mùt nyɛkĭnyē à hɛ̌k ɓē nyɛ wɔ̀ɔ, inyŭlē ŋgɛŋ yeē ì ɓa ŋgì kɔ̀là. ³¹ Ŋgàndàk i kède lìmùt ì hemlɛ nyē, ɓa kāl lɛ, 'Bàa ŋgèdà Krĭstò à galôl, à gaɓɔ́ŋ biyìmbnɛ ìlɔ̀ɔ bi nūnu à mɓɔ̀ŋ?

'Ba ŋɔm ɓôt i gwèl Yesù

³² Fàrisày i nɔ̄k màm lìmùt li ɓa unɓɛ̀ inyùu yeē; bìprĭsì bìkɛŋi nì Fàrisày ɓa ɔm minlìmil i gwèl nyɛ. ³³ Jɔn Yēsù à kèlel lē, mɛ̀ ŋgi yiī nì ɓèe ndèk ŋgèdà, ndi tɔ̀ lɛ mɛ̀ ŋkɛ̀ yak ŋwɛt à ɔm mɛ̀. ³⁴ Nì gayēŋ mɛɛ̀, ndi nì gatēhɛ ɓe mɛɛ̀; tɔ̀ hɔma mɛ̀ yè, nì tà ɓe lɛ nì lɔ hà. ³⁵ Jɔn Lòk Yudà i ɓàdna lē, Mùt nunu à gakè hɛɛ lɛ dì tɛhɛ ɓe nyɛ? 'Bàa à gakè yak ɓā ɓā sànda ī Grĭkìà, a niiga ɓòt ɓa Grĭkìà? ³⁶ Kinjē ɓàŋga ini à ŋkàl lɛ, Nì gayēŋ mɛɛ̀, ndi nì gatēhɛ ɓe mɛɛ̀; tɔ̀ hɔma mɛ̀ yè, nì tà ɓe lɛ nì lɔ hà?

'Bàlɔ̀m ɓa malep ma nîŋ

³⁷ Kɛl ì nsɔ̄k, ŋgwà ŋ̀kɛŋi u ŋgând,ᵉ Yesù à tɛlêp, à ɓedes kīŋ ŋgìi, à kāl lɛ, Iɓālē nyùs i gweē mùt, a lɔɔ mɛ̌nī, a nyɔ. ³⁸ Nu à nhēmlɛ mɛɛ̀, ɓàlɔ̀m ɓa malep ma nîŋ ɓa galòl i kède yeē, ɓa kulâk, kìkìi Lìtìlà li bikàl. ᶠ ³⁹ Ndi à

ᵈYòh 7: 22 LL 12: 3
ᵉYòh 7: 37 LL 23: 36; ŊB 29: 35

ᶠYòh 7: 38 Yès 58: 11

kèlel hālā ìnyùu Mbūu nu, ɓā ɓā ɓā lē ɓa hemlɛ nyɛ, ɓa nlama kôs; inyŭlē Mbuu à ɓa ŋgì tinâ, lakìi Yēsù à ɓa ŋgì tina lipem.

Mbagla ì ŋkwɔ ī kède ɓòt

⁴⁰ Bàhɔgi i kède lìmùt ɓa nōk ɓăŋ bīɓàŋga bini, ɓa kâl lɛ, Nunu à yē tɔy mpodôl. Bàhɔgi ɓɔ, Krǐstò nunu. ⁴¹ Bapɛ ki ɓɔ̄, kiyɔ, ɓàa Krǐstò à nlòl i Gàlìleà? ⁴² Bàa Lìtìlà li ŋkàl ɓe lɛ Krǐstò à nlòl i mbōo Dāvìd, nì i Bētlèhêm, mbāy Dāvìd à ɓanɛ?ᵍ ⁴³ Halā nyēn mbāgla ì kwɔɔ ī kède lìmùt ìnyùù yeè. ⁴⁴ Bòt ɓap bàhɔgi ɓa ɓā sombòl gwèl nyɛ, ndi mùt à hĕk ɓē nyɛ mɔɔ.

Ŋgìtɔbhemlɛ̀ ì ɓèt ɓa Lôŋ Yudà

⁴⁵ Nì mìnlìmil mi tēmb yak bìprǐsì bìkɛɲi nì Fàrìsày; nì ɓɔ ɓa ɓât ɓoòt lɛ, inyŭkī nì ǹlɔnā ɓe nyɛ. ⁴⁶ Mìnlìmil mi fìmbhe lɛ, Mùt à m̀pɔdôk ɓe halā kēlkǐkēl. ⁴⁷ Nì Fàrìsày i fìmbhe ɓɔ le, Bàa yàk ɓèè ɓa ńyumùs? ⁴⁸ Bàa tɔ̄ ŋ̀ànɛ̀ wàda tɔ̄ Fàrìsày yàda, ǹjɛɛ à ma hēmlɛ nyɛ? ⁴⁹ Ndi lìmùt lini li ńyī ɓe mben li ntîhànà. ⁵⁰ Nìkòdemò [wàda wâp nu à ɓa nyēnī ŋgèdà bìsu] à kâl ɓɔ le, ⁵¹ Bàa mben yēs ì mpēmhɛnɛ muùt mbàgi, hàɓaɓe lɛ ì ɓók ɛmble muùt nyɛmèdɛ, nì yi jàm à m̀ɓɔ̀ŋ? ⁵² Ba fìmbhe nyɛ le, ɓàa yàk wè ù yē mùt Gàlìleà? Tɔ̀ŋɔl, u tɛhɛ lē m̀podôl à mpēmel ɓe i Gàlìleà.

⁵³ Nì ɓɔ ɓa kê hikìi mùt i ndāp yeè.

8

Mùdàa à ŋ̀gwelā ndèŋg

¹ Yesù à kɛ hīkòa Olìvè. ² Kêglà tutu à kɛ kī ī tēmpèl, ɓòt ɓɔɓaso ɓā lɔ ī nyēnī; nì nyɛ à yēn hisī, à kahal nīiga ɓɔ. ³ Bàyimbēn nì Fàrìsày ɓa lɔnā mudàa à ŋ̀gwelā ndèŋg; ɓa tee nyɛ ŋēmkède, ⁴ ɓa kâl nyɛ lɛ, À Lêt, mùdàà nunu à ŋgwelā yaga, à mɓɔ̀ŋ ndèŋg. ⁵ Mosè à kăl ɓès i kède mbēn i ōm nyà ɓodàà ini ŋgɔ̀kʰ; ndi wè ù mpōt la inyùù yeē? ⁶ Ba ɓā kelèl nyɛ halā ī nɔ̀ɔ̀dè nyɛ, lɛ ndi ɓa ɓana jàm i ōm nyē ǹsɔ̀hi. Yesù à oôp, à kahal tìla ni hìnɔ̀ɔ bitèk. ⁷ Kìì ɓa ntēŋɓɛ ɓaàt nyɛ, à pa nyūu, à kâl ɓɔ le, Nu à gwèe ɓē ɓeba i kède nàn a ɓók ōm nyɛ ŋgɔ̀k. ⁸ À kondè ki ōoɔp, à kahal tìla ni hìnɔ̀ɔ bitèk. ⁹ Ba nōk ɓăŋ hālà, kiŋŋem yâp ì ma kēehak ɓɔ, ɓa kahal pām wadā wadā, iɓòdòl mimāŋ lɛtèɛ̀ nì ɓa ɓā nsōk; Yesù à yeglɛ nyɛtāma, nì mùdaa, nu à ɓa à ŋgi yiī hā hòma à ɓanɛ ŋēmkède. ¹⁰ Nì Yesù à pa nyūu, à kâl nyɛ lɛ, À mudàa, ɓa ye hēɛ? Bàa mùt à ǹti ɓe we bìkwɔ̀ bi ŋkaa? ¹¹ Nyɛ, À Ŋwɛt, tɔ̀ wàda. Nì Yesù à kâl lɛ, Wèɛ tɔ̀ mè mè ǹtī ɓe mɛ wè bìkwɔ̀ bi ŋkaa; kɛnɛk, ù ɓɔ̀ŋ ha ɓăŋ ɓēɓa.

Yesù à yē màpubi ma ŋkɔ̀ŋ hisi

¹² Nì Yesù à podos ki ɓɔ̄, à kâl lɛ, Mĕn mè yē màpubi ma ŋkɔ̀ŋ hisi; nu à nnɔ̀ŋ mê, à gahyūmul ɓe i jǐɓè, ndi à gaɓāna mapubi ma nîŋ. ¹³ Jɔn Fàrìsày i kèlel nyē lɛ, Ù mɓògol wɛmède mbogī; mbògi yɔ̄ŋ ì tà ɓe maliga. ¹⁴ Yesù à fìmbhe ɓɔ le, Tɔ̀ mè mɓògol mɛmède mbogī, mbògi yêm ì yē màliga; inyŭlē mè ńyī i hĕt mè bilòl, nì i hĕt mè ŋkè. ¹⁵ Bèe nì mpēmes mbagī kǐŋgèdà mìnsòn; mè mè mpēmhɛnɛ ɓe mɛ mùt mbàgi.

ᵍ**Yòh 7**: 42 2 Sàm 7: 12; Mik 5: 1-2

ʰ**Yòh 8**: 5 LL 20: 10; NM 22: 22-24

¹⁶ Ndi tɔ̀ ɓalē mè mpēmes mbagī, mbàgi yêm ì yè màliga; inyŭlē mè tà ɓe me mètama, ndi ɓéhnà Tatā nū à ɔm mè. ¹⁷ I ye kì ǹtǐlɓàgà i mbēn nān lɛ, mbògi ɓòt iɓaà ì yè màliga. ⁱ ¹⁸ Mè mɓògol memèdɛ mbogī, yàk Tàta nū à ɔm mè à mɓògol me mbògi. ¹⁹ Nì ɓɔ ɓa ɓát nyɛ lɛ, Ìsɔŋ à yè hɛɛ? Yesù à fǐmbhɛ lɛ, Nì ńyī ɓe mɛɛ̀, tɔ̀ Tàtâ; ɓalɛ nì yik mê, ki nì ɓak ki lē nì yi Tatà. ²⁰ Yesù à ɓa podôl biɓàŋga bi hɔma ŋ̀kuu makèblà, ŋgèdà à ɓa niigà i tēmpèl; ndi tɔ̀ mùt à gwěl ɓē nyɛ, inyŭlē ŋgɛŋ yeē ì ɓa ŋgì kɔ̀là.

Hět mè ŋkɛ̀ nì tà ɓe lɛ nì pam hâ

²¹ Nì Yesù à ɓéha kaāl ɓɔ lɛ, Mè mè ŋkɛ̀ (i)yèm; ndi nì gayēŋ mɛɛ̀, ndi nì gawēl i kèdɛ bìɓɛba binaàn; hět mè ŋkɛ̀, nì tà ɓe lɛ nì pam hâ. ²² Jɔn Lòk Yudà i kèlel lē, Ɓàa à ganɔ̄l nyɛmèdɛ, lakìi à ŋkàl lɛ, Hět mè ŋkɛ̀ nì tà ɓe lɛ nì pam hâ? ²³ Nì nyɛ à kâl ɓɔ lɛ, Ɓèe nì yè ɓa hisi; mè mè yè nu ŋgìi; ɓèe nì yè ɓa ŋkɔ̀ŋ hisi unu. ²⁴ Jɔ ni jɔn mè ŋkèlel ɓee lɛ, nì gawēl biɓɛba binaàn; inyŭlē hàɓaɓe lɛ nì ǹhemlɛ lɛ mè yè nyɛ, ki nì gawēl biɓēba binaàn. ²⁵ Nì ɓɔ ɓa ɓát nyɛ lɛ, Ù yè ǹjɛɛ? Yesù à kâl ɓɔ lɛ, Kìkìi mè bikàl ɓee ìlɔ̀ yaga biɓèe. ²⁶ Mè gwee ŋgàndàk i pɔ̄t nì i pēmeès mbàgi inyùu nān; ndi nu à ɔm mè à yè màliga; màm mè binɔ̄k i nyēnī, mɔn mè ŋkàl ŋkɔ̀ŋ hisi. ²⁷ Ba ɓā yi ɓē lɛ à ŋkèlel ɓɔ inyùu Ìsaŋ. ²⁸ Nì Yesù à kâl lɛ, Ŋgèdà nì gamàl ɓedhɛnɛ Man mùt,ʲ hanyēn nì gayīl lɛ mè yè nyɛ, nì lɛ mè mɓɔŋ ɓe me jàm nì mèmèdɛ, ndi kìkìi Tàta à biniiga mɛɛ̀, la nyēn

mè mpɔ̄t màm mana. ²⁹ Nu à biɔm mɛɛ̀ à yè nì mè; Tàta à biyēk ɓe mɛ mètama; inyŭlē mè mɓɔ̀ŋ mâm ma nlēmel nyɛ ŋgèdà yɔsonā. ³⁰ Kìi à m̀pɔt màm mana, ŋgàndàk ɓòt ì hemlɛ nyɛ.

Màliga ma gayìlha ɓee ŋ̀gwelês

³¹ Jɔn Yēsù à kèlel Lòk Yudà i ī hēmlɛ nyē lɛ, Iɓālē nì ǹyēn i kèdɛ ɓàŋga yêm, wɛɛ nì yè tɔy ɓanigîl ɓêm; ³² nì gayī maliga, ndi màliga ma gayìlha ɓee ŋgwelês. ³³ Ba fǐmbhɛ nyɛ lɛ, Dì yè mboo Àbràhâm, dì m̀ɓâk ɓe miŋkɔ̀l mi mût kɛlkǐkēl; lelaa ù ŋkàl lɛ, Nì gayìla ŋgwelês? ³⁴ Yesù à fǐmbhɛ ɓɔ lɛ, Hɔ̀dɔ, hɔ̀dɔ, mè nhɔmb ɓee lɛ, Hi mût à mɓɔŋ ɓeba à yè ŋ̀kɔ̀l ɓeba. ³⁵ Ŋ̀kɔ̀l u ńyēn ɓe ndáp mɓa ni m̀ɓa; ndi màn nyɛn à ńyēn mɓa ni m̀ɓa. ³⁶ Jɔn iɓālē Màn nyɛn à ǹyîlha ɓee ŋgwelês, wɛɛ nì gayìla tɔy ŋgwelês. ³⁷ Mè ńyī lɛ nì yè mboo Àbràhâm, ndi tɔ̀ halà nì ńyēŋ njɛēl i nɔ̄l mè, inyŭlē ɓàŋga yêm i gwee ɓē liyèènɛ i kèdɛ nān. ³⁸ Mè mpɔ̄t maàm mè bitēhɛ ni Tàtâ; yàk ɓèe nì mɓɔ̀ŋ mâm nì binɔ̄k ni ìsɔŋ nân.

Nì yè ɓa isɔŋ nàn lɛ ǹsɔ̀hɔ̀p

³⁹ Ba fǐmbhɛ nyɛ lɛ, Àbràhâm nyɛn à yè tàta wěs. Yesù à kâl ɓɔ lɛ, Ɓalɛ nì yè ɓòn ɓa Abràhâm, ki nì mɓɔ̀ŋ minsɔn mi Abràhâm. ⁴⁰ Ndi hanânɔ nì ńyēŋ njɛēl i nɔ̄l mè, mè mùt à bikàl ɓee màliga mè binɔ̄k yak Nyāmbɛɛ̀; Abràhâm à ɓɔ̀ŋ ɓē halà. ⁴¹ Ɓèe nì mɓɔ̀ŋ minsɔn mi isɔŋ nân. Ba kâl nyɛ lɛ, Dì bigwēenɛ ɓe ndèŋ; dì gwee ndîk Ìsaŋ wadà lɛ Nyambɛɛ̀.

ⁱ **Yòh 8: 17** Ndììmbà mben 19: 15   ʲ **Yòh 8: 28** Yòh 12: 31-33

⁴² Yesù à kâl ɓɔ lɛ, Ɓalɛ Nyambɛ à ɓak Isɔ̄ŋ nàn, ki nì ɓak lɛ nì gwes mê; inyǔlē yak Nyāmbɛ nyēn mɛ̀ binyɔ̄dnɛ̀, ndi mɛ̀ lɔ̂; inyǔlē mɛ̀ bilɔ̄ ɓe mɛ kì tɔ̀ nì mɛ̀mɛ̀dɛ, nyɛn à biɔ̄m mɛɛ̀. ⁴³ Inyǔkī nì ńyī ɓe bipodol gwɛ̄m? Ndik inyǔlē nì nlà ɓe ɛmblɛ ɓaŋgā yɛɛ̀m. ⁴⁴ Nì yè ɓa isɔ̄ŋ nàn lɛ ǹsɔ̀hɔ̀p, mìnheŋa mi isɔ̄ŋ nàn kì ŋwɔn mi ŋkɔ̀n ɓee ŋgɔ̀ŋ i ɓɔ̀ŋ. À ɓa mùt mànɔla ìlɔ̀ yaga biɓèe, à ntēlɓɛnɛ ɓe malīga, inyǔlē màliga ma ta ɓē i kèdɛ yɛɛ̀. Ŋgɛdà à mpɔ̄t bitɛmbɛɛ, wɛ̀ɛ à mpɔ̄t jaàm jee nyɛmɛ̀dɛ; inyǔlē à yè mùt bìtɛmbɛɛ, nì ìsaŋ bìtɛmbɛɛ. ⁴⁵ Ndi inyǔlē mɛ̀ mpɔ̄t maliga, nì nhēmlɛ ɓe mɛɛ̀. ⁴⁶ Ǹjɛɛ nàn à ńyɔ̄yɔy mɛ īnyùu ɓēba? Iɓālē mɛ̀ mpɔ̄t maliga, inyǔkī nì nhēmlɛnɛ ɓe mɛɛ̀? ⁴⁷ Nu à yè nu Nyāmbɛɛ, à ŋēmblɛ biɓàŋga bi Nyambê; ndi ɓèe nì ŋēmblɛ ɓe gwɔ, inyǔlē nì tà ɓe ɓôt ɓa Nyambê.

Àbràhâm ŋgì ɓa, ki mɛ̀ mɛ̀ yè

⁴⁸ Lɔ̀k Yudà i fìmbhɛ nyɛ lɛ, Ɓàa dì ntībil ɓe pɔt lɛ ù yè mùt Sàmarìà, ù gwèe kì mbuu m̀ɓɛ? ⁴⁹ Yesù à fìmbhɛ lɛ, Mɛ̀ gwèe ɓē mɛ mbūu m̀ɓɛ; mɛ̀ ntī Tatā lìpem, ndi ɓèe nì ńyàn mê. ⁵⁰ Ndi mɛ̀ ńyēŋ ɓe mɛ lìpem jêm mɛ̀mɛ̀dɛ; wàda à yè, nyɛn à ńyēŋ jɔ, à pemhàk kì mbàgi. ⁵¹ Hɔ̀dɔ, hɔ̀dɔ, mɛ̀ nhɔ̄mb ɓee lɛ, Iɓālē mùt à ntēeda ɓaŋgā yɛɛ̀m, à gatɛhɛ ɓe nyɛɛ̄mb kɛlkĭkēl. ⁵² Lɔ̀k Yudà i kâl nyɛ lɛ, Dì ńyī hanaànɔ lɛ ù gwèe mbūu m̀ɓɛ. Àbràhâm à wɔ, yàk ɓapodôl; ndi wè ù ŋkàl lɛ, Iɓālē mùt à ntēeda ɓaŋgā yɛɛ̀m à ganōgda ɓe nyɛɛ̄mb kɛlkĭkēl. ⁵³ Ɓàa ù nlɔ̀ɔ tatâ wès Abràhâm, nu à wɔ? Yàk ɓapodôl ɓa wɔ; wè ù nhɛ̀k lɛ ù yè ǹjɛɛ? ⁵⁴ Yesù à fìmbhɛ lɛ, Iɓālē mɛ̀ ntī mɛmɛ̀dɛ lìpem, ki lìpem jêm li ye yàŋgà; Tàta nyēn à ntī mɛ lìpem; nyɛ ki nyēn nì ŋkàl lɛ à yè Nyambɛ nàn; ⁵⁵ nì ǹyîk ɓe nyɛ, ndi mɛ̀ mɛ̀ ńyī nyɛ. Iɓālē mɛ̀ ŋkâl lɛ mɛ̀ ńyī ɓe mɛ nyē, wɛ̀ɛ yàk mɛ̀ mɛ̀ gaɓā muùt bìtɛmbɛɛ kìkìi ɓèe; ndi mɛ̀ ńyī nyɛ, mɛ̀ ntēeda ki ɓàŋga yee. ⁵⁶ Ìsɔŋ nàn Àbràhâm à ɓa kôn màsee i tēhɛ kēl yɛɛ̀m; à tɛhɛ yɔ, à kôn masee. ⁵⁷ Nì Lɔ̀k Yudà i kâl nyɛ lɛ, Ù yè ŋgì pam tɔ mòm matân ma ŋwii, ndi wɛ̀ɛ ù tɛhɛ Àbràhâm? ⁵⁸ Yesù à kâl ɓɔ lɛ, Hɔ̀dɔ, hɔ̀dɔ, mɛ̀ nhɔ̄mb ɓee lɛ, Àbràhâm ŋgì ɓa, ki mɛ̀ mɛ̀ yè. ⁵⁹ Jɔ ni jɔn ɓa ɓādnɛ ŋgɔ̀k lɛ ɓa om nyē; ndi Yesù à sɔlɔ̀p, à pam i tēmpèl, à tagɓègè i pōla yaàp, ni nyɛ à kɛ yèɛ. .

9

Yesù à ńyìbil mis ma mût à gweena ndīm

¹ À ɓa tagɓɛ̀ ɓǎŋ, à tɛhɛ mût à gweena ndīm. ² Ɓànigîl ɓee ɓa ɓát nyɛ lɛ, À Rabì, hɛ mùt ndim, hɛ ɓàgwâl ɓee, ǹjɛɛ à biɓɔ̀ŋ ɓeba ndi à gweena ndim? ³ Yesù à fìmbhɛ lɛ, Mùt nunu à biɓɔ̀ŋ ɓe ɓeba, tɔ ɓàgwâl ɓee, ndik lē mìnsɔn mi Nyambɛ mī nɛnɛ īnyùu yeè. ⁴ Dì ǹlama ɓɔ̄ŋ minsɔn mi ŋwet à ɔm mè, kɛl ì ŋgi yiì; u u nlɔ̀ i sūdɛɛ̀, ŋgɛdà mùt à nlà ɓe ɓɔ̄ŋ nsɔn. ⁵ Ŋgɛdà mɛ̀ yè ŋkɔ̀ŋ hisi mɛ̀ yè màpubi ma ŋkɔ̀ŋ hisi. ᵏ ⁶ À pɔt ɓǎŋ hālà, à cɔ matay hisī, à ɓuū mɔ bìtɛ̀k, à hɔɔ bitɛ̀k i mìs ma mût ndim, ⁷ à kâl nyɛ lɛ, Kɛ̀ sɔɔ mìs i tìtìmbà Silòàm [halā à yè lɛ, Omâ]. Nì nyɛ à kê, à sô, à lɔ à ntēhnà. ⁸ Inyǔhālā nyēn ɓòt ɓee ɓa

---

ᵏ **Yòh 9: 5** Yòh 8: 12

liɓok, nì ɓa ɓā ɓā tɛhɛ nyē mùt njàgi ŋgèdà bìsu, ɓa kăl lē, Ɓàa nunu ɓe nyɛn à ɓeè à yìi, à yàglàk? ⁹ Bana ɓɔ, Nyɛ nù; ɓapɛ ɓɔ, Hɛni, à mpòna ndik nyē. ¹⁰ Nyɛmèdɛ nyɛ, Mè nunu. Nì ɓɔ ɓa ɓât nyɛ lɛ, Lɛlaa mìs mɔŋ ma ńyîblà? ¹¹ À fîmbhɛ lɛ, Mùt ɓa nsèbel lɛ Yesù, à m̀ɓoō bitèk, à hɔɔ mɛ mĭs, à kâl mɛ lē, Kè sɔɔ ī Sīlòàm; nì mè mè kê, mè sô, mè tɛhnà. ¹² Ɓa ɓât nyɛ lɛ, À yè hɛɛ? À kâl lē, Mè ńyī ɓē mɛɛ̀.

Fàrisày i ntɔŋɔl lɛlaa mùt nu à ǹtɛhnà

¹³ Ɓa kɛnā muùt à ɓa ndīm yak Fàrisày. ¹⁴ Kɛl Yēsù à ɓùu bìtèk, à yîblɛ nyɛ mĭs, ì ɓa ŋgwà nôy. ¹⁵ Yàk Fàrisày i ɓât ki nyē lɛlaa à ǹtɛhnà. À kâl ɓɔ lɛ, À ǹhɔɔ mɛ bìtèk i mĭs, mè sô, mè tɛhnà. ¹⁶ Nì Fàrisày hɔgi i kâl lɛ, Mùt nunu à nlòl ɓe yak Nyāmɓɛɛ̀, inyŭlē à ntēeda ɓe ŋgwa nɔ̀y. Ndi ɓapɛ ɓa kâl lɛ, Lɛlaa m̀ɓɔŋɓeba à nlà ɓɔ̄ŋ ndòŋ biyìmbnɛ ini? Hanyēn mbâgla ì kwɔ̀ɔ ī kède yâp. ¹⁷ Nì ɓɔ ɓa kâl ki mùt ndim lɛ, Wè ù ŋkàl la inyùù yeē, lakìi à ǹyibīl wɛ mĭs? À kâl lɛ, À yè m̀podôl.

¹⁸ Lòk Yudà i hēmlɛ ɓē lɛ à ɓak ndim, ndi a tɛhnà, lɛtɛ̀ɛ̀ ɓa sebēl ɓagwaàl ɓa nu à tɛhna, ¹⁹ ɓa ɓât ɓɔ lɛ, Ɓàa măn nân nunu, nyɛn nì ŋkàl lɛ à gweena ndīm? Lɛlaa ni à ntēhna hanaàno? ²⁰ Ɓàgwâl ɓee ɓa fîmbhɛ lɛ, Dì ńyī lɛ màn wēs nunu, nì lɛ à gweena ndīm; ²¹ ndi dì ńyī ɓe lɛlaa à ntēhna hanaàno; tɔ̀ɔ ǹjɛɛ à ǹyibīl nyɛ mĭs, dì ńyī ɓēe; ɓàdgana nyē; ŋgɔ à yè ɓànaŋŋga; a kâl ɓèè nyɛmèdɛ. ²² Ɓàgwâl ɓee ɓa pōdol hālà, inyŭlē ɓa ɓā kɔɔ̀n Lòk Yudà wɔ̀ŋi; inyŭlē Lòk Yudà i yègna lē,

Iɓālē mùt à m̀pahal lɛ nyɛn à yè Krĭstò, wèè ɓa hèa nyɛ ntōŋ. ²³ Jɔn ɓàgwâl ɓee ɓa kèlel lē, Ɓàda nyēmèdɛ; à yè ɓànaŋŋga.

²⁴ Nì ɓɔ ɓa fîmba ki sèbel mût à ɓa ndīm, ɓa kâl nyɛ lɛ, Ti Nyāmɓɛ lìpem; dì ńyī lɛ mùt nunu à yè m̀ɓɔŋɓeba. ²⁵ Nì nyɛ à fîmbhɛ lɛ, Tɔ̀ lɛ à yè mɓɔŋɓeba, mɛ ńyī ɓē mɛɛ̀; jàm jada jɔn mɛ ńyī li ye lē, mè ɓak ndim, hanânɔ mɛ ntēhnà. ²⁶ Nì ɓɔ ɓa ɓât nyɛ lɛ, À m̀ɓɔ̄ŋ la wɛɛ̀? Lɛlaa à ǹyibīl wɛ mĭs? ²⁷ À fîmbhɛ ɓɔ lɛ, mɛ ǹfîp yaga kaāl ɓee, ɓàa nì ŋ̀ɛmblɛ̀ ɓee; inyŭkī nì nsòmbol ki nɔ̄k? Ɓàa yàk ɓèe nì nsòmbol yilā ɓanigiìl ɓee? ²⁸ Nì ɓɔ ɓa nooma nyɛ, ɓa kâl lɛ, Wēn ù yè ǹnigîl wèe; ndi ɓĕs dì yè ɓànigîl ɓa Mosè. ²⁹ Dì ńyī lɛ Nyamɓɛ à ɓa podôs Mosè; ndi mùt nunu, dì ńyī ɓe hɛ̌t à nlòl. ³⁰ Mùt nu à fîmbhɛ ɓɔ lɛ, Jàm li helha lini lɛ nì ńyī ɓe hɛ̌t à nlòl, ndi à ǹyibīl mɛ mĭs. ³¹ Dì ńyī lɛ Nyamɓɛ à nnōgol ɓe ɓaɓɔŋɓeba; ndi iɓālē mùt à mɓēges Nyamɓɛɛ̀, à ɓɔ̀ŋɔ̀k kì sòmbòl yee, nyɛn à nnōgoòl. ³² Ki mbɔ̄k ì gwee i ma nōoga ɓe lɛ mùt à ǹyibīl mis ma muùt à gweena ndīm. ³³ Ɓale mùt nunu à lôl ɓe yak Nyāmɓɛɛ̀, ki à nlà ɓe ɓɔ̄ŋ jaàm. ³⁴ Ɓa fîmbhɛ nyɛ lɛ, Wēn ù bigwēɛnɛ yaga biɓēba, ndi wè wēn ù nnīiga ɓes? Nì ɓɔ ɓa pemes nyɛ tān.

Ndim i kède màm ma mbuu

³⁵ Yesù à nɔk lɛ ɓa pēmes nyɛ tān; kìi à ǹtɛhɛ nyɛ, à ɓât lɛ, Ɓàa ù nhēmlɛ Man Nyāmɓɛɛ̀? ³⁶ À tîmbhɛ, à kâl lɛ, À Ŋwɛt, à yè ǹjɛɛ, lɛ mɛ hɛmlɛ nyē? ³⁷ Yesù à kâl nyɛ lɛ, Ù yè ɓàtɛhga nyɛ, ŋgɔ nyɛ nū à mpōdos

wɛɛ́. ³⁸ Nì nyɛ à kâl lɛ, À Ŋwɛt, mɛ̀ nhēmlɛ̀. Nì nyɛ à oop bisū gwee. ³⁹ Nì Yesù à kâl lɛ, Mɛ̀ bilɔ̀ munu ŋkɔ̀ŋ hisi inyùu mbàgi, lɛ ɓa ɓā ntēhnà ɓee ɓa tɛhna; ɓa kì ɓa ntēhnà ɓa kwɔ̄ ndīm. ⁴⁰ Fàrisày i ī ɓā lɔ̀ŋnì nyɛ ɓa nɔ̄k ɓǎŋ màm mana, ɓa ɓát nyɛ lɛ, Ɓàa yàk ɓěs dì yè ndim? ⁴¹ Yesù à kâl ɓɔ le, Ɓalɛ nì ɓak ndim, ki nì gwee ɓē ɓeba; ndi hanânɔ nì ŋkàl lɛ, Dì ntēhnà; jɔn ɓēba naàn i ŋgi yiì.

10

Ŋgèn inyùu liɓèmba li mintomba

¹ Hɔ̀dɔ, hɔ̀dɔ, mɛ̀ nhɔ̄mb ɓee lɛ, Nu à njùbul ɓe ŋwɛ̀mɛl liɓèmba li mintomba, ndi à ɓedel njɛ́l ìpɛ, nyɛn à yè mùt wǐp nì mùt ŋgadla. ² Ndi nu à njùbul ŋwɛ̀mɛl nyɛn à yè ǹteeda mìntomba. ³ Nyɛn ǹtat ŋwɛ̀mɛl à ɲyìblènè; mìntomba kî mi nnɔ̄k kiŋ yeè; à nsèbel mintomba ŋwee ni mǒy, à mpēmes ŋwɔ. ⁴ Kìi à mpēmes mintomba ŋwee ŋwɔminsonā, à mɓòk ŋwɔ bisū, mi kahal nɔ̀ŋ nyɛ, inyǔlē mi ɲyī kiŋ yeè. ⁵ Mi nnɔ̀ŋ ɓe ŋkěn mùt, mi ŋkɛ̀ ndik nyɛ̄ ŋgwee; inyǔlē mi ɲyī ɓe kiŋ ɓàkèn ɓa ɓôt. ⁶ Yesù à kènɛ ɓɔ̄ ŋgěn ini, hè ɓa yī ɓē màm à kǎl ɓɔ̄ muù.

Lɔŋge Ñteedà Mìntomba

⁷ Jɔn Yēsù à kèlel kì ɓɔ lɛ, Hɔ̀dɔ, hɔ̀dɔ, mɛ̀ nhɔ̄mb ɓee lɛ, Měn mɛ̀ yè ŋwɛ̀mɛl mintomba. ⁸ Ɓa ɓɔ̄ɓasonā ɓa biɓòk mɛ bīsū ɓa ye ɓôt ɓa wip nì ɓa ŋgadla, mìntomba mi binɔ̄gol ɓe ɓɔ. ⁹ Měn mɛ̀ yè ŋwɛ̀mɛl; iɓālē mùt à njùbul měnī, à gatɔ̄hlana, à gaɓā à jòɓòk, à pamâk, à gatēhɛ hɔma lìjel. ¹⁰ Mùt wǐp à nlɔ̀ ɓe jàm lìpɛ, ndik lē a nip, a nɔl, a oɓōs; mɛ̀ mè bilɔ̀ lɛ mi ɓana nìŋ, ndi mi ɓana yɔ̄ ǹyǎmɓàgà. ¹¹ Měn mɛ̀ yè lɔŋge ñteedà mìntomba; lɔŋge ñteedà mìntomba à ntī niìŋ yee inyùu mìntomba. ¹² Nu à mɓɔ̀ŋ nsɔn inyùu ǹsaâ, ndi à ɓa ɓe nteedà mìntomba, mìntomba kî mi ɓa ɓe ŋwēe, ŋgèdà à ǹtɛhɛ njeē ì nlɔ̀, à ɲyēk mintomba, a kɛē ŋ̀gwee, njèè i pudē ŋwɔ̄, i sánd ŋwɔ. ¹³ À ŋkɛ̀ ngwee, inyǔlē à mɓɔ̀ŋ nsɔn inyùu ǹsaâ, à mɓīda ɓe ni mìntomba. ¹⁴ Měn mɛ̀ yè lɔŋge ñteedà mìntomba; mɛ̀ ɲyī mintomba ŋwɛèm, mìntomba ŋwêm kì mi ɲyī mɛɛ̀, ¹⁵ kìkìi Tàta à ɲyī mɛɛ̀, yàk mɛ̀ mè yîk Tàtâ; mɛ̀ ntī niìŋ yêm inyùu mìntomba. ¹⁶ Mɛ̀ gwèe kì mìntomba mìmpɛ, mi mī ta ɓē munu ɓèmba ini; mɛ̀ ǹlama ki lɔ̀na ŋwɔ, mi ganɔ̄k kiŋ yɛèm; mi gaɓā ɓembā yada, ǹteedà wàda. ¹⁷ Mɛ̀ ntī niìŋ yêm, lɛ ndi mɛ yɔ̄ŋ kì yɔ, jɔn Tàta à ŋgwīhil mɛɛ̀. ¹⁸ Mùt nyɛkǐnyē à ŋkādal ɓe mɛ yɔ̄, ndi mɛ̀mɛ̀dɛ nyɛn mɛ̀ ntī yɔ. Mɛ̀ gwèe ŋ̀gùy i tī yɔ̄, mɛ̀ gwèe kì ŋ̀gùy i yɔ̀ŋ kì yɔ. Mɛ̀ biyɔŋol litìŋ lini yak Tàtâ.

¹⁹ Mbagla i kwɔ kī ī kède Lòk Yudà inyùu bìɓàŋga bini. ²⁰ Ŋgàndàk i kède yáp ì kâl lɛ, À gwèe mbūu m̀ɓɛ, à ŋkɔ̀n njêk; nì ŋ̄emblɛnɛ ki nyɛ? ²¹ Ɓàhɔgi ɓɔ, Bìpodol bini bi ta ɓē bi muùt à gwèe mbūu m̀ɓɛ. Ɓàa mbuu m̀ɓɛ u nlà yibīl mis ma ɓôt ɓa ndim?

Lòk Yudà i ncēl Yesù

²² Ŋgànd sày tempɛ̀l ì ɓa Yèrusàlɛ̀m; ²³ halā à ɓa ŋgèdà mbèŋ; Yesù à ɓa kîŋà tempɛ̀l liɓèɓe li Salɔ̄mò. ²⁴ Nì Lòk Yudà i keŋa nyɛ, i kâl nyɛ lɛ, Ù gaŋwàs sek ɓes mìŋem ŋgìi kɛlkīi? Iɓālē ù yè Krǐstò, tibil kàl ɓes. ²⁵ Yesù à ɓimbhɛ ɓɔ lɛ, Mɛ̀ bikàl ɓee, ndi nì nhēmlɛ̀ ɓee; mìnsɔn

mè mɓɔŋ i jòy li Tatá ŋwɔn mi mɓògol mɛ mbògi. ²⁶ Ndi nì nhēmlɛ ɓee, inyǔlē nì tà ɓe mu mīntōmba ŋwɛèm, kìi mè bikàl ɓee. ²⁷ Mìntomba ŋwêm mi nnōk kiŋ yɛèm, mè ńyī ŋwɔ, mi nnɔ̄ŋ ki mè; ²⁸ mè ntī ŋwɔ nìŋ ɓɔgā, mi ganīmil ɓe kɛlkǐkēl, mùt nyɛkǐnyē à gakādal ɓe ŋwɔ wɔ̀ɔ̀ wêm. ²⁹ Tàta nū à bitī mɛ ŋwɔ̄ à nlɔ̀ɔ̀ ɓɔɓasonā; mùt nyɛkǐnyē à nlà ɓe kadal ŋwɔ wɔ̀ɔ̀ Tatà. ³⁰ Běhnà Tatā dì yè wàda. ³¹ Lòk Yudà i ɓada ki ŋgɔk i ōm nyɛ̄. ³² Yesù à fìmbhɛ ɓɔ lɛ, Mè biɛ́ba ɓee ŋgàndàk minsɔn mìnlam i nlòl yak Tàtâ; inyùu ùmbɛ mu mīnsɔ̄n mi nì ŋūmul mɛ ŋgɔ̀k? ³³ Lòk Yudà i fìmbhɛ nyɛ lɛ, Dì ŋūmul ɓe we ŋgɔk inyùu ǹsɔn ǹlam, ndik īnyùu lìòɓòs Nyambɛ jǒy ¹ nì inyǔlē wɛ̀ mùt bìnàm ù ńyìlha wɛmèdɛ Nyambê. ³⁴ Yesù à fìmbhɛ ɓɔ lɛ, ˊBàà i ta ɓē ntīlɓàgà i mbēn nàn lɛ, Mè bikàl lɛ, nì yè ɓànyambê?ᵐ ³⁵ Iɓālē à sèbel ɓɔ̄ lɛ ɓànyambê, ɓɔ ɓòt ɓàŋga Nyambɛ ī lǒl [Lìtīlà kì li nlà ɓe hôhlànà]. ³⁶ Ɓàa ni ŋkàl inyùu nū Tàta à tee m̀pubi, à ɔm ŋkɔ̀ŋ hisi, lɛ, Ù ŋòbos Nyambɛ jǒy; inyǔlē mè ŋ̀kál lɛ, mè yè Mǎn Nyāmbɛɛ̂? ³⁷ Iɓālē mè mɓɔŋ ɓe mɛ mìnsɔn mi Tatà, wɛɛ ni hemlɛ ɓáŋ mè. ³⁸ Ndi iɓālē mè mɓɔŋ ŋwɔ, tɔ iɓālē nì hemlɛgɛ ɓe mê, hemlana mīnsɔ̄n miì, lɛ ndi ni tibil yī lɛ Tàta à yè i kède yêm, mè kì i kède Tàta. ³⁹ Ɓa ɓā yɛŋ kì njɛl i gwèl nyɛ, ndi à pam ɓɔ mɔ̀ɔ.

⁴⁰ Nì nyɛ à kondē ki kè nyɔ̄ ŋwìi Yɔrdàn i hɛ̄t Yòhanɛ̀s à ɓa ɓôk sòblɛnɛ̀; à yēn nyɔ̀ɔ̀. ⁴¹ Ŋgàndàk ɓòt ì lɔ ī nyēnī; ì kâl lɛ, I ye ǹtīìk lɛ Yòhanɛ̀s à biɓɔ̄ŋ ɓe yímbnɛ, ndi màm mɔmasonā Yòhanɛ̀s à bipɔ̄t inyùu mùt nunu ma ɓeè màliga. ⁴² Nì ŋgàndàk ɓòt ì hemlɛ nyɛ ha hɔma nû.

11

Nyěmb Lǎsàrò

¹ Mùt wàda à ɓa kôn, jòy jee lɛ Lǎsàrò, mùt Bètanìà,* mbay Màrià ɓɔnà manyáŋ Martà. ² À ɓa Màrià nu à hɔɔ Ŋwɛt laɓīndɛ̀, à tɔ̄s ki màkòò mee ni còŋ cee,ⁿ nyɛn mànyáŋ lɛ Lǎsàrò à ɓa kôn. ³ Jɔn lògnyáŋ ɓodàà i ɔm nyēnī i kàl lɛ, À Ŋwɛt, nǔnkì, nu ù nsìŋgɛ̀ à ŋkɔ̀n. ⁴ Yesù à nɔk ɓǎŋ hālā à kâl lɛ, Kɔ̀n unu u ta ɓē u nyɛèmb, ndik īnyùu lìpem li Nyambê, lɛ Mǎn Nyāmbɛ ā kuhūl lìpem mû. ⁵ Yesù à ɓa gwɛ́s Martà ɓɔnà manyáŋ nu mùdàa nì Lǎsàrò. ⁶ Hanyēn ŋgèdà à nogol lē à ŋkɔ̀n, à yēn ki hā hɔ̀ma nû dìlɔ diɓaà. ⁷ Ndi tɔ lɛ à ŋkàl ɓanigîl ɓee lɛ, Di kɛnēk kì i Yùdeà. ⁸ Ɓànigîl ɓa kâl nyɛ lɛ, À Rabì, hanânɔ Lòk Yudà i yēŋek njɛɛl i ōm wè ŋgɔk; ndi ù kɛ̀nɛ̀k kì nyɔ̂? ⁹ Yesù à fìmbhɛ lɛ, ˊBàà kɛl ì gwèe ɓē jɔm li ŋgɛŋ nì iɓaà? Iɓālē mùt à nhyōm njaāmùha, à mɓòmndà ɓee, inyǔlē à ntēhɛ mapubi ma ŋkɔ̀ŋ hisi unu. ¹⁰ Ndi iɓālē mùt à nhyōm juū, à mɓòmndà, inyǔlē à gwèe ɓē mapubi i kède yeè. ¹¹ Kìi à m̀pɔt màm mana,

---

ˡ**Yòh 10: 33** LL 24: 16
ᵐ**Yòh 10: 34** Hyèm 82: 6

*Yòh 11: 1 Bètanìà ì ɓa mbāy yadā ɓèbèè nì hìkòa Olivè, kilòmedà iaâ ì nyɔ̀dì i Yèrusàlɛ̀m.
ⁿ**Yòh 11: 2** Mar 14: 3; Yòh 12: 3

ndi tɔ lɛ à ŋkàl ɓɔ lɛ, Ŋgwà yès Lâsàrò à ǹkɛ hīlɔ̄, ndi mɛ̀ ŋkɛ̀ lɛ mɛ todōl nyē. ¹²Jɔn ɓànigîl ɓa kǎl lē, À Ŋwɛt, iɓālē à ǹkɛ hīlɔ̄, wɛ̀ɛ à mɓɔ̀ŋ mboo. ¹³Yésù à ɓa podôl inyùu nyɛ̀mb yeē; ndi ɓɔ ɓa hɔŋlàk lɛ à mpōdol inyùu hìlɔ jis. ¹⁴Nì Yesù à tibil ni kâl ɓɔ lɛ, Lǎsàrò à ŋ̀wɔ. ¹⁵Mɛ̀ ŋkɔ̀n masee inyùu nân lɛ mɛ̀ ɓak ɓe mɛ nyɔ̂, lɛ ndi ni hemlɛ; ndi tɔ̀ la yàà di kɛnēk nyēnī. ¹⁶Jɔn Tōmàs nu à nsèbla lɛ Dìdyme, * à kâl ɓasɔ ɓanigîl lɛ, Yàk ɓès di kɛnēk, lɛ di weha nì nyɛ.

Yesù à yè lìtùgè, à yè kì nìŋ

¹⁷Yesù à pam ɓǎŋ, à kɔba nyɛ à ma yēēn sɔ̀ŋ dìlɔ dinâ. ¹⁸Bètanìà ì ɓa ɓɛ̀bɛ̀ɛ̀ nì Yèrusàlɛm, jàm kìi ɓɔ kilòmedà iaɓ; ¹⁹ŋgàndàk Lòk Yudà ì lɔ̀ɔ yāk Mārtà ɓɔ Màrìa i hòɓàhà ɓɔ inyùu mànyáŋ waàɓ. ²⁰Martà à nɔk ɓǎŋ lē Yesù à ǹlɔ̂, à kɛ ɓɔ̀mà nyɛ; ndi Màrìa à yeglè, à yìi ndáp. ²¹Martà à kâl Yesù lɛ, À Ŋwɛt, ɓalɛ ɓɔ ù ɓak hana, ki mǎnkēē à ŋ̀wɔ ɓēe. ²²Ndi tɔ̀ hanânɔ yaga mɛ̀ ńyī lɛ tɔ kinjɛ̄ jàm ù ǹyagāl Nyambɛɛ, Nyambɛ à gatī wɛ jɔ̄. ²³Yesù à kâl nyɛ lɛ, Mànyúŋ à gatùgè. ²⁴Martà à kâl nyɛ lɛ, Mɛ̀ ńyī lɛ à gatùgè litùgè kɛl ì nsōk. ²⁵Yesù à kâl nyɛ lɛ, Mɛ́n mɛ̀ yē lìtùgè, mɛ̀ yē kì nìŋ; nu à nhēmlɛ mɛɛ̀, tɔ̀ à ŋ̀wɔ yàa, à ganǐŋ; ²⁶ndi tɔ̀njɛɛ à yè i nɔ̀m ndi à hemlɛ mê, à gawɔ̄ ɓe kɛlkǐkēl. Bàa ù nhēmlɛ halà? ²⁷À kâl nyɛ lɛ, Ŋ̂ŋ, à Ŋwɛt; mɛ̀ nhēmlɛ lɛ wɛ̀n ù yē Krǐstò, Mǎn Nyāmbɛ, nū à ǹlɔ mūnu ǹkɔ̀ŋ hisi.

Yesù à ŋɛ̀ɛ̀

²⁸À pɔt ɓǎŋ hālà, à kê, à sebēl manyáŋ weē Marìà ndìdì, à kâl lɛ, Màlêt à ǹlɔ̂, à nsèbel wê. ²⁹À nɔk ɓǎŋ hālà, nì nyɛ à hɔɔ nyɔdî, à kɛ nyēnī. ³⁰[Ndi Yesù à ɓa ŋgì pam mbāy, à ɓa à ŋgi yiī hět Mārtà à ɓɔ̀mna nyē]. ³¹Lòk Yudà i ɓā nì nyɛ ndáp, i hògɓàhà nyɛ, kìi ɓa ntɛhɛ Marìà à ǹhɔɔ nyɔdî, à pam, ɓa nɔ́ŋ nyɛ, ɓa hɔŋlàk lɛ à ŋ̀kɛ̀ i ɛ̀ɛ̀ i sɔ̀ŋ. ³²Màrìa à pam ɓǎŋ hět Yēsù à ɓanɛ, à tɛhɛ nyɛ, à kwɔ hīsī makòò mee, à kâl nyɛ lɛ, À Ŋwɛt, ɓalɛ ù ɓak hana, ki mǎnkēē à ŋ̀wɔ ɓēe. ³³Yesù à tɛhɛ ɓǎŋ nyē à ŋɛ̀ɛ̀, yàk Lòk Yudà i lòha ɓɔ̄ nì nyɛ i ɛ̀ɛ̀k, mbuu u siida nyɛ, à kɔ̂n ndudù, ³⁴à ɓát lɛ, Nì ǹńîŋnɛ hɛ nyɛ? Ba kâl nyɛ lɛ, À Ŋwɛt, lɔ̀ tɛhɛ. ³⁵Yesù à ɛ̀ɛ̀. ³⁶Jɔn Lòk Yudà i kèlel lē, Tɛhna kì kìi à sìŋgge nyɛ! ³⁷Ndi ɓàhɔgi i kède yáp ɓa kaāl lɛ, Nyɛ mùt à biyìbil mis ma nu à ɓeè ndim, ɓàa à ɓak ɓe lɛ à ɓɔ́ŋ lɛ yàk mùt nunu à wɔ ɓee?

Lǎsàrò à ǹtɛ̄mb i nìŋ

³⁸Nì mbuu u kondɛ́ siida Yesù, à kɛ sɔ̀ŋ. Ì ɓa hōk liaa, ŋgɔ̀k ì ɓa ì kèhi ŋgìi yeè. ³⁹Yesù à kâl lɛ, Hèana ŋgɔ̀k. Martà, mànyáŋ lōŋ muùt, à kâl nyɛ lɛ, À Ŋwɛt, hanânɔ à ŋ̀kahal nùmb; inyǔlē ki à wɔ lènmanâ. ⁴⁰Yesù à kâl nyɛ lɛ, Bàa mɛ̀ ǹkâl ɓe we lē iɓālē ù nhēmlè, ù gatɛ̀hɛ lipem li Nyambɛ? ⁴¹Nì ɓɔ ɓa heā ŋgɔ̀k i hɔma ŋ̀wɔga à ɓa à nìŋnɛ. Nì Yesù à pa mīs ŋgìi, à kâl lɛ, À Tâ, mɛ̀ ńyèga we lē ù ǹnogol mê. ⁴²Mɛ̀ yèe mɛ̀ ńyī lɛ ù nnōgol mɛ ŋgɛ̀dà yɔ̀sonā; ndi mɛ̀ ŋkèlel yaā halà ìnyùu lìmùt li tee hāna, lɛ ɓa hemlɛ lē wɛ̀n ù ɔm mɛ, ⁴³À pɔt ɓǎŋ hālà, à lɔnd ni kīŋ kēŋi

---

*Yòh 11: 16 lìkɔ̀blɛnɛ li joy li Tomàs nì li Dìdyme li ye lē: lìhas.

lɛ, À Lasàrò, pam! ⁴⁴ Nì ŋ̀wɔga à pam, ŋ̀kàŋâk nì màɓàdò ma sɔ̂ŋ i mɔɔ nì makòò; su wee kî ŋ̀kàŋâk nì waŋsì. Yesù à kâl ɓɔ lɛ, Hɔ̀hlana nyē, ŋ̀ŋwàha nyē, a kɛnēk.

Ɓa ńyēŋ njɛɛ̄l i nɔ̄l Yēsù

Màt 26: 1-5; Mar 14: 1-2; Luk 22: 1-2

⁴⁵ Jɔn ŋgàndàk Lòk Yudà ì ì lɔɔ yâk Màrià, ì tɛhɛ jàm à ɓɔ́ŋ, ì hemlɛ nyē. ⁴⁶ Ndi ɓàhɔgi mu ɓā kɛ yâk Fàrisày, ɓa aŋlɛ ɓɔ màm Yesù à ɓɔ́ŋ. ⁴⁷ Jɔn bìprǐsì bìkɛŋi nì Fàrisày ɓa kòdol ǹtoŋ ɓakeês ɓàkɛŋi, ɓa kâl lɛ, Di ɓɔ́ŋ lāa? Lana kìi mùt nunu à mɓɔ̀ŋ ŋgandàk bìyìmbnɛ. ⁴⁸ Iɓālē dì ŋ̀ŋwɑ́s nye halā, wɛɛ ɓòt ɓɔɓasonā ɓa gahēmlɛ nyɛ; ndi ɓòt ɓa Romà ɓa galɔɔ, ɓa kadal hɔma wɛ́s nì lɔ̀ŋ yes. ⁴⁹ Ndi wàda wâp lɛ Kayfà, nu à ɓa prǐsì kɛŋi mu ŋwìi û, à kâl ɓɔ lɛ, Nì ńyī ɓe tɔ jàm, ⁵⁰ nì nhɔ̄ŋɔl ɓe tɔ lē i ye ɓèè lɔŋɛ lē mùt wàda a wɔ īnyùu ɓôt, lɛ ndi lɔ̀ŋ yɔso ī cē ɓaàŋ. ⁵¹ À pɔt ɓē hālā nì nyɛmèdɛ; ndi lakìi à ɓa prǐsì kɛŋi ŋwìi û, jɔn à podol bìndɛ̌ē lɛ Yesù à ŋ̀kɔlā wɔ inyùu lɔ̀ŋ; ⁵² ndi hà inyùu lɔ̀ŋ yɔtāma ɓee, ndik lē a koōhlɛ kì ɓɔ̀n ɓa Nyambɛ ɓā càma ǹtoŋ wada. ⁵³ Ìɓòdòl yɔ̀kɛl nyɛn ɓa kāhal hɛk pêk lɛ ɓa nɔl nyē.

⁵⁴ Jɔn Yēsù à ɓa hyumûl ha ɓe ki mɓàmba i kèdɛ Lòk Yudà; à nyɔdi hâ, à kɛ bīkây ɓɛbèè nì ŋ̀ɔ̀ŋ, ŋkɔ̀ŋ ɓa nsèbel lɛ Efrèm; à yén nyɔɔ̄ nyē nì ɓànigîl. ⁵⁵ Ŋgànd Pasà Lòk Yudà ì ɓa ɓɛbèè; ŋgàndàk ɓòt ì lɔ̌l bīkây, ì ɓɛt Yèrusàlèm i pūbuùs ɓɔmèdɛ, Pasà ŋgì kɔ̀là. ⁵⁶ Nì ɓɔ ɓa yeŋ Yesù, ɓa ɓâk ɓa tee tēmpèl, ɓa ɓâdnàgà lɛ, Nì nhɔ̄ŋɔl laa? Ɓàa à galɔ̀ ɓe ŋgànd?

⁵⁷ Bìprǐsì bìkɛŋi nì Fàrisày ɓa téŋ lɛ, iɓālē mùt à ńyī hɛ̌t à yè, a yis ɓɔ́, lɛ ɓa gwɛ̄l nyē.

12

Màrià à nhɔ̄ɔ Yesù làɓindè nyɔɔ Bètanìà

Màt 26: 6-13; Mar 14: 3-9

¹ Yesù à pam Bètanìà ki ŋgànd Pasà ì ŋgi yiī dìlɔ disamàl, hɛ̌t Lǎsàrò à ɓanɛ, nu à wɔ, nu Yēsù à tùgul ī kèdɛ ɓàwɔga. ² Nì ɓɔ ɓa lembel nyɛ bìjɛk bi kokōa haà; Martà à ɓa gwelèl nyɛ; Lǎsàrò à ɓa wàda mu ɓôt nyɛ nì ɓɔ ɓa ɓā ɓa yiī ī jɛ̄. ³ Màrià à yɔ́ŋ laɓindè ì nardò ì pès kìlɔ ì nhɛ̄ɛ ŋgandàk ndàmbà, à hɔɔ yɔ Yēsù makòo, à tɔ́s ki màkòò mee ni cɔ̀ŋ cee; nì ndap ì yɔn ni njǐŋ làɓindè. ⁴ Ǹnigîl wàda lɛ Yudà Iskàrìòt, nu à galīibana nyɛ, à kâl lɛ, ⁵ Inyǔkī ɓa nnûŋlɛnɛ ɓe làɓindè ìni inyùu mbōgoòl denārìò iaâ, ndi ɓa ti yɔ dìyɛyɛɓà? ⁶ À podol ɓē halā inyǔlē à ɓa tôŋ nì dìyɛyɛɓà; ndik inyǔlē à ɓa mùt wǐp, à ɓa à gwèe ŋkuu mɔnī, à yɔ̀ŋk yɔ̀m ɓa ɓā ha mù. ⁷ Nì Yesù à kâl lɛ, Ŋ̀wɑ́s nyē, à ǹteeda jàm à m̀ɓɔ́ŋ inyùu kɛ̄l mà̀jòna mɛ̂m. ⁸ Inyǔlē nì gwèe dìyɛyɛɓà i ɓéní ŋgedà yɔ̀sonā; ndi nì gwèe ɓē mɛ ŋgedà yɔ̀sonā.

Bìprǐsì bìkɛŋi bi nhɛk pêk lɛ bi nɔl Lǎsàrò

⁹ Nì lìmùt li ɓôt li Lôk Yudà lìkɛŋi li nɔk lɛ à yè nyɔ̂ɔ, li lɔ̂, hà inyùu Yesù nyɛtāma ɓee, ndik lē ɓa tɛhɛ yàk Lǎsàrò, nu à tùgul ī kèdɛ ɓàwɔga. ¹⁰ Bìprǐsì bìkɛŋi bi hɛk peèk lɛ ɓa nɔl yàk Lǎsàrò, ¹¹ inyǔlē inyùu

yeē nyɛn ŋgàndàk Lòk Yudà ì ɓa nyɔdnè, ì hemlègè Yesù.

Yesù à njòp i Yèrusàlèm nì biɓegês bi ɓôt

Màt 21: 1-11; Mar 11: 1-11; Luk 19: 28-40

¹² Kɛl ì ɓa nɔ̄ŋ hâ, lìmùt lìkeŋi li lī lɔ̀ɔ ŋgànd, li nɔ̄k ɓǎŋ lē Yesù à nlɔ̀ i Yèrusàlèm, ¹³ ɓôt ɓa yɔ̄ŋ masèè ma maen, ɓa kɛ ɓɔ̀mà nyɛ, ɓa lɔndɔ̀k lɛ, Hòsanà! * Nu à nlòl i jòy li Ŋwɛt, Kiŋɛ Īsrǎèl, a ɓa ǹsǎyɓàk. ᵒ ¹⁴ Yesù à tɛhɛ ɓǎŋ mǎn jàgâs, à yén nyɛ ŋgìi; kìkìì i ye ǹtĭlɓàgà lɛ, ¹⁵ À ŋgɔ̂nd Siòn, ù kɔ̀n ɓǎŋ wɔ̀ŋi; nŭnkì, Kiŋɛ yɔ̄ŋ ì nlɔ̀, ì yìi ŋgìi mǎn jàgâs. ᵖ ¹⁶ Bànigîl ɓee ɓa ɓɔ̄k ɓē tibil yi màm mana; ndi ŋgèdà Yesù à kùhul lìpem, nì ɓɔ ɓa ɓīgda lɛ màm mana ma ɓā ǹtĭlɓàgà inyùù yeē; nì lɛ ɓa biɓɔ̀ŋ nyɛ màm mana. ¹⁷ Lìmùt li ɓā lòŋnì nyɛ ŋgèdà à sèblɛnɛ Lǎsarò i sɔ̀ŋ, à tugūl ki nyē i kède ɓàwɔga, li ɓɔ̆k mbòg i. ¹⁸ Jɔn lìmùt li kèɛ ɓɔ̀mà nyɛ, inyǔlē ɓa nɔ̄k lē à m̀ɓɔ̄ŋ yìmbnɛ ini. ¹⁹ Ndi Fàrisày i kálna lɛ, Tɛhna kì, nì ntūbus ɓe jaàm; nùnakì, ŋkɔ̀ŋ hisi u nnɔ̀ŋ nyɛ.

Ɓôt ɓa Gr̆íkìà ɓàhɔgi ɓa ńyēŋ Yesù

²⁰ I kède ɓôt ɓa ɓēt ī ɓēgeès Nyambɛ ī ŋgànd, ɓôt ɓa Gr̆íkìà ɓàhɔgi ɓa ɓā mù; ²¹ ɓɔn ɓa kèɛ yàk Fìlipò, mùt Bètsaydà i Gàlìleà, ɓa kál nyɛ lɛ, À ŋwɛt, dì nsòmbol tɛhɛ Yesù. ²² Fìlipò à kê, à kál Andrêà; Àndrêà ɓɔ Fìlipò ɓa kê, ɓa kál Yesù. ²³ Yesù à fimbhɛ ɓɔ lɛ, Ŋ̀gɛŋ ì ŋ̀kɔlà lɛ Mǎn mùt a tina lìpem. ²⁴ Hɔ̀dɔ, hɔ̀dɔ, mɛ nhɔ̄mb ɓee lɛ, hàɓaɓe lɛ jìs li konflǎwà li ŋkwɔ hīsī, li wɔ; li ńyèn ndik jɔtāma; ndi iɓālē li ŋ́wɔ li nnūm ŋgandàk màtam. ²⁵ Nu à nsìŋge nɔ̂m yee à nnīmis yɔ; ndi nu à ŋɔ̀ɔ̀ nɔ̂m yee munu ŋkɔ̀ŋ hisi unu à gatēeda yɔ lɛtɛ̀ɛ̀ nì i nìŋ ɓɔgā. ²⁶ Iɓālē mùt à ŋgwèlel mê, a nɔ̄ŋ mè; hɔ̄ma mè yènè, ha kì nyɛn yàk ǹlìmil wêm u mɓānɛɛ̀; iɓālē mùt à ŋgwèlel mê, nyɛn Tàta à gatī lipem.

Mǎn mùt à ǹlama ɓedhànà

²⁷ Hanânɔ ŋ̀em wêm u ŋkɔ̀n ndudù; ndi mɛ gapɔ̄t laa? Lɛ, À Tâ, tɔhɔl mè nì ŋgēŋ ìni? Ndi inyùu jàm lini nyɛn mè bilòl i pām ŋgēŋ ini. ²⁸ À Tâ, ti jòy jɔŋ lipem. Nì kiŋ i lōl ŋgìì lɛ, Mè bitī jɔ lìpem, mè gatī ki jɔ̄ lìpem. ²⁹ Lìmùt li lī ɓā li tee hà li nɔ̄k ɓǎŋ hālà, li kál lɛ mbàmbàt yɔ̄n ì mɓām; ɓape ɓɔ, Aŋgèl yɔ̄n ì m̀podos nyɛ. ³⁰ Yesù à fimbhɛ lɛ, Kiŋ ì ì ǹlôl ɓe inyùù yêm, ndik īnyùu nàn. ³¹ Hanânɔ mbàgi ŋ̀kɔ̀n hisi unu ì yè; hanânɔ ŋ̀ànè ŋkɔ̀n hisi unu à galɛŋa tān. ³² Ndi mè, iɓālē mè m̀ɓedhana hana hisī, mè gaòt ɓôt ɓɔɓasonā mēnī. ³³ À pɔt yàà halā ī ēba kīnjē ndɔ̀ŋ nyɛ̆mb à gawɔ̄. ³⁴ Nì lìmùt li fimbhɛ nyɛ lɛ, Dì binɔ̄k mu mbēn lɛ Kr̆ĭstò à nnɔ̀m mɓa ni m̀ɓa; ᑫ lɛlaa ni wɛ̀ ù ŋkàl lɛ Mǎn mùt à ǹlama ɓedhànà? Ǹjɛɛ à yɛ̀ Mǎn mùt nû? ³⁵ Nì Yesù à kál ɓɔ lɛ, Màpubi ma ŋgi yīi ndɛk ŋgèdà i kède nàn. Hyomgana ŋgèdà nì gwèē màpubi, lɛ jīɓè li kɔ̄ba ɓaāŋ ɓèe; mùt à nhyūmul jīɓè à ńyì ɓe hɛ̀t à ŋkìl. ³⁶ Ŋgèdà nì ŋgi gwēē màpubi, hemlana màpubi, lɛ ndi ni yilā ɓɔn ɓa mapubi.

---

*Yòh 12: 13 Bèŋgɛ Màt 21: 9
ᵒYòh 12: 13 Hyèm 8: 25-26
ᵖYòh 12: 15 Sàk 9: 9
ᑫYòh 12: 34 Yès 9: 6; Dàn 7: 14

Ŋgìtɔbhemlɛ̀ ì Lòk Yudà

Yesù à pɔt ɓăŋ màm mana, à ǹnyɔdî, à sɔlɔ̄p ɓɔ. ³⁷ Ndi tɔ̀ lakìi à ɓɔ̆ŋ ŋgàndàk bìyìmbnɛ halā bīsū gwap, ɓa hēmlɛ ɓē nyɛ; ³⁸ lɛ ɓàŋga m̀podôl Yèsayà à pɔt i yôn lɛ, À Ŋwɛt, ǹjɛɛ à bihēmlɛ ŋaŋ wes? Wɔ̀ɔ̀ u Ŋwɛt kî u bisɔ̀ɔ̀lana njɛɛ? ʳ ³⁹ Inyùu jàm lini ɓa bilà ɓɛ hemlɛ̀, inyŭlē Yèsayà à kăl kì lɛ, ⁴⁰ À bikwès mis map ndīm, à neyes ki mìŋɛm ŋwap, Lɛ ɓa tiga lɛ ɓa tɛhna ni mìs map, tɔ̀ tibîl yi ni mìŋɛm ŋwap, 'Ba hyêlɓà, ndi mɛ̀ melēs ɓɔ. ˢ ⁴¹ Yèsayà à pɔt màm mana, inyŭlē à tɛhɛ lìpem jee; à pɔt kì inyùù yeè. ⁴² Tɔ̀ la yàa ŋgàndàk ɓà-ànɛ̀ ì hemlɛ̀ yāga nyɛ, ndi ɓa ɓā pahaàl ɓɛ halā īnyùu Fàrisày, lɛ ɓa tiga lɛ ɓa heā ɓɔ ntōŋ; ⁴³ inyŭlē ɓa ɓā gweès lìpem li nlòl ni ɓôt ìlɔ̀ɔ̀ lìpem li nlòl ni Nyāmbɛɛ̀.

Ɓàŋga i Yesù i mpēmes mbagī

⁴⁴ Nì Yesù à lɔnd, à kâl lɛ, Nu à nhēmlɛ mɛɛ̀, hà mɛ̀ ɓɛ mɛ̆n à nhēmlɛ̀, ndi nu à ɔm mɛ̀. ⁴⁵ Nu kì à ntɛ̄hɛ mɛɛ̀, à ntɛ̄hɛ ŋwɛ̂t à ɔm mɛ̀. ⁴⁶ Mɛ̀ yè màpubi ma bilɔ̀ munu ŋkɔ̀ŋ hisi, lɛ tɔ̀njɛɛ à nhēmlɛ mɛɛ̀ à ńyèn ɓɛ i jĭɓɛ̀. ⁴⁷ Iɓālē mùt à nnɔ̀k bipodol gwɛɛ̀m, ndi à hemlɛ ɓɛ gwɔ, mɛ̀ mpēmhɛnɛ ɓɛ mɛ nyɛ̄ mbàgi; inyŭlē mɛ̀ bilɔ̀ ɓɛ mɛ ī pēmhɛ̀nɛ ŋ̀kɔ̀ŋ hisi mbàgi, ndik lē mɛ tɔhɔl ŋ̀kɔ̀ŋ hisi. ⁴⁸ Nu à ncɛ̀l mɛ̀, à lɛɛgɛ ɓɛ tɔ bìpodol gwɛ̂m, à gwèe wàda nu à mpēmhɛnɛ nyɛ mbàgi; ɓàŋga mɛ̀ bipɔ̄t yɔn i gapēmhɛnɛ nyɛ mbàgi kɛl ì nsōk. ⁴⁹ Inyŭlē mɛ̀ bipɔ̄t ɓɛ mɛ nì mɛ̀mɛ̀dɛ; ndi Tàta nū à ɔm mɛ̀, à ti mɛ lìtìŋ, jàm mɛ̀ ǹlama kâl, nì jàm mɛ̀ ǹlama pɔt. ⁵⁰ Mɛ̀ ńyī lɛ lìtìŋ jee li ye nìŋ ɓɔgā. Halā nyēn màm mɛ̀ mpɔ̄t, mɛ̀ mpɔ̄t mɔ kìkìi Tàta à kăl mɛ̀.

13

Yesù à nsɔ̀ makòò ma ɓanigîl ɓee

¹ Bisū bi ŋgaànd Pasà, Yesù à yi lɛ ŋgɛŋ yeē i nyɔ̄di mūnu ŋkɔ̀ŋ hisi unu i kɛ̀ yak Ìsaŋ ì m̀mâl kɔlà. À ɓa gwês ɓôt ɓee ɓa ɓā ŋkɔ̀ŋ hisi, à gwehâk yaga ɓɔ lɛtɛ̀ɛ̀ nì lisūk. ² Ŋgɛdà bìlop, ki ǹsɔ̀hɔp à ma māāl joōp ŋēm Yudà Iskàriòt, mǎn Sīmòn, lɛ a liibana nyē, ³ Yesù à ɓa yi lē Ìsaŋ à ǹti mâm mɔmasonā mɔ̀ɔ̀ mee, nì lɛ à lŏl yāk Nyāmbɛɛ̀, à ntɛ̀mb ki yāk Nyāmbɛɛ̀, ⁴ nì nyɛ à ǹnyɔdi jē, à heā mbɔt yeè; nì nyɛ à yɔ̄ŋ tawèdì, à tēŋɓa yɔ. ⁵ I mbūs hālà à sugūl malep i sōya, à kahal sɔ̀ makòò ma ɓanigîl, à tɔ̀hɔ̀k kì mɔ nì tawèdì à tèŋɓa. ⁶ Nì nyɛ à pam yak Sīmòn Petrò, Petrò à kâl nyɛ lɛ, À Ŋwɛt, ɓàa wɛ̆n ù nsɔ̀ mɛ màkòò? ⁷ Yesù à fìmbhɛ nyɛ lɛ, Jàm mɛ̀ mɓɔ̀ŋ ù ńyī ɓɛ jɔ hanaànɔ; ndi ù gatībil yi jɔ haà. ⁸ Petrò à kâl nyɛ lɛ, Ù gasɔ̀ yaga ɓɛ makòò mêm kɛlkĭkɛl. Yesù à fìmbhɛ nyɛ lɛ, Iɓālē mɛ̀ ǹsɔ ɓē mɛ wè màkòo, wɛ̀ɛ̀ ù gwèe ɓē jogà nì mɛ̀. ⁹ Simòn Petrò à kâl nyɛ lɛ, À Ŋwɛt, wɛ̀ɛ hà màkòò mêm mɔtāma ɓee, ndi yàk mɔ̀ɔ nì ŋ̀ɔ. ¹⁰ Yesù à kâl nyɛ lɛ, Nu à yè ǹnɔgɓaga i nsòmbla ndik lē a sɔɔ̄ màkòò, ndi nyênsonā a poòp; nì mpōp, ndi hà ɓèè ɓɔɓasonā ɓee. ¹¹ Inyŭlē à ɓa yi nū à galīibana nyɛ;

ʳ **Yòh 12: 38** Yès 53: 1   ˢ **Yòh 12: 40** Yès 6: 9-10

jɔn à kèlel lɛ̄, Hà ɓèè ɓɔɓasɔnā ɓe ɓɔn nì mpɔ̄p. ¹² À mǎl ɓăŋ sɔ̀ ɓɔ màkòò, à yɔ́ŋ ki mbɔ̄t yeè, à kondē yeèn, à kǎl ɓɔ lɛ, 'Bàa nì ńyī jàm mɛ̀ m̀ɓɔ́ŋ ɓee? ¹³ Nì nsèbel mɛ lɛ̄, Màlêt, nì lɛ, Ŋwêt; nì mpɔ̄t lɔŋgeè, inyŭlē mɛ̀ yè halà. ¹⁴ Jɔn i ɓā nì lɛ mɛ̀ Ŋwêt nì Màlêt mɛ̀ nsɔ̀ ɓee màkòò, wɛ̀ɛ yàk ɓèèɓɔmèdɛ nì ǹlama sɔnā makòo. ¹⁵ Inyŭlē mɛ̀ ǹti ɓee yìmbnɛ, lɛ ndi yàk ɓèè kî ni ɓɔ́ŋ kìkìi mɛ̀ mɛ̀ m̀ɓɔ́ŋ ɓee. ¹⁶ Hɔ̀dɔ, hɔ̀dɔ, mɛ̀ nhɔ̄mb ɓee lɛ, Ŋ̀kɔ̀l u nlɔ̀ɔ̀ ɓe ŋwɛt weè; tɔ̀ ŋoma à nlɔ̀ɔ̀ ɓe nu à ŋɔ̄m nyɛ. ¹⁷ Iɓālē nì ńyī màm mana, nì yɛ ǹsǎyɓàk iɓālē nì mɓɔ̀ŋ mɔ. ¹⁸ Mɛ̀ mpɔ̄t ɓe mɛ inyùu ɓèè ɓɔɓasɔnā; mɛ̀ ńyī ɓa mɛ̀ bitɛ̌p; ndik lɛ̄ Lìtìlà li yɔn lɛ̄, Nu à njē kɔgā yɛɛm, à bipà tindì yee i kɔ̀lɓà mɛ̀. ᵗ ¹⁹ Iɓɔ̀dɔ̀l hanânɔ mɛ̀ ŋkàl ɓee halà jɔ ŋgì ɓɔ̀ŋà, lɛ ŋgèdà li gaɓòŋa, ni hemlɛ lɛ̄ mɛ̀ yè. ²⁰ Hɔ̀dɔ, hɔ̀dɔ, mɛ̀ nhɔ̄mb ɓee lɛ, nu à nlɛ̄ɛgɛ tɔnjēɛ mɛ̀ ŋɔ̄m, wɛ̀ɛ à ǹlɛɛgɛ mê; nu kì à nlɛ̄ɛgɛ mɛɛ̀ à ǹlɛɛgɛ nu à ɔm mɛ̀.

Wàda nǎn à galīibana mɛɛ̀

Màt 26: 20-25; Mar 14: 17-21; Luk 22: 21-23

²¹ Yesù à pɔt ɓăŋ hālà, à kɔ̄n ndudù i mbūu, à ɓɔ́k mbogī, à kǎl lɛ, Hɔ̀dɔ, hɔ̀dɔ, mɛ̀ nhɔ̄mb ɓee, wàda nǎn à galīibana mɛɛ̀. ²² 'Bànigîl ɓa kahal nùnnà, ɓa yi ɓe ǹjɛɛ à mpɔ̄dɔòl. ²³ Ǹnigîl wàda nu Yēsù à ɓa gwɛs mu ɓānīgiìl ɓee, à ɓa à nigi Yēsù i tōl. ²⁴ Nyɛn Sīmòn Petrò à kwɛs, à kǎl lɛ, Kǎl ɓɛs ǹjɛɛ à mpɔ̄dɔòl. ²⁵ Nu à ɓa à nigi tōl Yēsù à ɓǎt nyɛ lɛ, À Ŋwɛt, ndi ǹjɛɛ? ²⁶ Yesù à fìmbhɛ lɛ, À yè ŋwɛ̆t mɛ̀ gayùbɛ ket yɔm, mɛ̀

ǹti. À yùbe ɓăŋ kēt yɔm, à ti yɔ Yūdà, măn Sīmòn Iskàriòt. ²⁷ À lɛɛgɛ ɓăŋ yɔ̄, Saatàn à jɔ́p ŋēm wee. Nì Yesù à kǎl nyɛ lɛ, Jàm ù mɓɔ̀ŋ, hɔɔ ɓɔ̀ŋ jɔ. ²⁸ 'Bòt ɓa ɓā ɓa yiī tēblè mùt nyɛkǐnyē à yi ɓē jàm à kèlel nyē halà. ²⁹ Inyŭlē ɓàhɔgi ɓa ɓā hɔŋɔ̀ɔ̀l lɛ, lakìi Yūdà à ɓa à gwèe ŋ̀kuu mɔnì, jɔn Yēsù à kèlel nyɛ lɛ, Sɔmb gwɔ̀m bi nsòmbla ɓes inyùu ŋgànd; tɔ̀lɛ, a ti dìyɛyɛ̀bà jàm. ³⁰ À lɛɛgɛ ɓăŋ kēt yɔm, à hɔɔ pam; halā à ɓa jùu.

Lìtìŋ li yɔndɔ

³¹ À pam ɓăŋ, Yesù à kǎl lɛ, Hanânɔ Măn mùt à ntīna lipem, Nyambɛ kì à ntīna lipem inyùù yeè. ³² Iɓālē Nyambɛ à ǹtina lipem inyùù yeè, wɛ̀ɛ Nyāmbɛ à gatī nyɛ lìpem i kède yeè, à gahɔ̄ɔ ki tī nyɛ lìpem. ³³ À ɓɔn ɓêm ɓàtidigi, mɛ̀ nì ɓee dì ŋgi yiī ndèk ŋgèdà. Nì gayēŋ mɛɛ̀; mɛ̀ ŋkàl ki ɓèe kìkìi mɛ̀ bikàl Lôk Yudà lɛ, Hɔ̀ma mɛ̀ ŋkɛ̀, nì nlà ɓe lɔ hà. ᵘ ³⁴ Mɛ̀ ntī ɓee lìtìŋ li yɔndɔ, lɛ gwehnaga; kìkìi mɛ̀ bigwēs ɓee, yàk ɓèè kî gwehnaga. ³⁵ Halā nyēn ɓòt ɓɔɓasɔnā ɓa gayī lɛ nì yɛ ɓànigîl ɓêm, iɓālē nì ŋgwēhnà.

Petrò à gataŋɓa Yesù

Màt 26: 31-35; Mar 14: 27-31; Luk 22: 31-34

³⁶ Simòn Petrò à ɓǎt nyɛ lɛ, À Ŋwɛt, ù ŋkɛ̀ hɛɛ? Yesù à fìmbhɛ lɛ, Hɔ̀ma mɛ̀ ŋkɛ̀, ù nlà ɓe nɔ̄ŋ mɛ nyɔ̀ɔ hānaànɔ; ndi ù gayīk nɔɔŋ mɛ̀. ³⁷ Petrò à kǎl nyɛ lɛ, à Ŋwɛt, inyŭkī mɛ̀ nlà ɓe nɔ̄ŋ we nyɔɔ hānaànɔ? Mɛ̀ gatī nìiŋ yêm inyùù yôŋ. ³⁸ Yesù à fìmbhɛ lɛ, 'Bàa wɛ̀ɛ ù gatī nìiŋ yɔŋ inyùù yêm? Hɔ̀dɔ, hɔ̀dɔ, mɛ̀ nhɔ̄mb

---

ᵗ**Yòh 13: 18** Hyèm 41: 10   ᵘ**Yòh 13: 33** Yòh 7: 34

wɛ lē, N̂lom kōp à gaɓā ŋgi ɔ̄ŋ, ki wɛ ù m̀ma tāŋɓa mɛ ŋgèlè iaâ.

14

Yesù à yè njɛ̀l i pām yāk Ìsaŋ

¹ Nì kɔ̀n ɓáŋ ndùdù miŋēm minaàn; hemlana Nyāmbɛɛ̀, hemlana kì mɛ̀. ² Ŋgàndàk bìyèènɛ ì yè i ndāp Tàtâ; ɓalɛ i ɓāk ɓe halà, ki mɛ̀ bikàl ɓe mɛ ɓèè lɛ mɛ̀ ŋkɛ̀ i kòòbànà ɓèè hɔma. ³ Ndi iɓālē mɛ̀ ŋ̀kê, mɛ̀ kóɓana ɓee hɔma, mɛ̀ nlɔ̀ kì, mɛ yɔ̄ŋ ɓèè i mɛ̌nī, lɛ hɔma mɛ̀ yènɛ̀, yàk ɓèè kî ni ɓa hà. ⁴ Nì ńyī njɛɛ̄l hět mɛ̀ ŋkɛ̀. ⁵ Tomàs à kāl nyɛ lɛ, À Ŋwɛt, dì ńyī ɓe hět ù ŋkɛ̀; lɛla ni dì ńyī njɛɛ̀l? ⁶ Yesù à kāl nyɛ lɛ, Mɛ̌n mɛ̀ yè njɛ̀l, mɛ̀ yè màliga, mɛ̀ yè kì nìŋ; mùt nyɛkǐnyē à mpām ɓe yak Tàtâ, hàɓaɓe inyùù yêm. ⁷ Ɓalɛ ɓɔ nì yik mê, ki nì ńyī ki Tàtâ; iɓòdòl hanânɔ nì ńyī nyɛ, nì bitēhɛ ki nyē. ⁸ Fìlipò à kāl nyɛ lɛ, À Ŋwɛt, ùnda ɓès Tatà, ndi hālā ā kɔlā nì ɓés. ⁹ Yesù à kāl nyɛ lɛ, À Fìlipò, ǹtàndàà ŋgedà mɛ̀ yè nì ɓèe, ndi ù yi ɓe mê? Nu à bitēhɛ mɛɛ̀, wɛɛ̀ à bitēhɛ Tatà; lɛla ù ŋkàl lɛ, Ùnda ɓès Tatà? ¹⁰ Ɓàa ù nhēmlɛ ɓe lɛ mɛ̀ yè i kède Tàtâ, Tàta kì i kède yêm? Bìɓàŋga mɛ̀ ŋkàl ɓee, mɛ̀ mpɔ̄t ɓe mɛ nì mèmèdɛ; ndi Tàta nū à yìi ī kède yêm nyɛn à mɓɔ̀ŋ minsɔn ŋwee. ¹¹ Hemlana mɛ̀ lɛ mɛ̀ yè i kède Tàtâ, Tàta kì i kède yêm; tɔ̀lɛ halā ɓēe, hemlana mɛ̀ inyùu mìnsɔn ŋwɔmèdɛ. ¹² Hɔ̀dɔ, hɔ̀dɔ, mɛ̀ nhɔ̄mb ɓee lɛ, nu à nhēmlɛ mɛɛ̀, mìnsɔn mɛ̀ mɓɔ̀ŋ, yàk nyɛ à gaɓɔ̀ŋ ŋwɔ; à gaɓɔ̀ŋ ki mìnsɔn mi nlɔ̀ɔ̀ mini; inyǔlē mɛ̀ ŋkɛ̀ yak Tàtâ. ¹³ Màm mɔmasɔnā nì gayàgal i jòy jêm, mɛ̀ gaɓɔ̀ŋ mɔ, lɛ Tàta ā tina lìpem i kède Mǎn. ¹⁴ Iɓālē nì ǹyagāl jaàm i jòy jêm, mɛ̀ gaɓɔ̀ŋ jɔ.

Lìkàk li Mbuu M̀pubi

¹⁵ Iɓālē nì ŋgwēs mɛɛ̀, nì gatēeda matìŋ mêm. ¹⁶ Mɛ̀ gasɔ̄ɔhɛ Tatà, ndi à gaōmlɛ ɓee Ǹhola nūmpɛ, lɛ a ɓa nì ɓèè mɓa ni m̀ɓa, ¹⁷ halā à yè lɛ Mbuu maliga; nu ŋ̀kɔ̀ŋ hisi u nlà ɓe kôs, inyǔlē u ntēhɛ ɓe nyɛ, tɔ̀ yi nyē; ndi ɓèè nì ńyī nyɛ, inyǔlē à ńyèn ni ɓèè, à gaɓā ki ī kède nàn. ¹⁸ Mɛ̀ gayēk ɓe mɛ ɓèè nyuu; mɛ̀ nlɔ̀ i ɓěnī. ¹⁹ Ndèk ŋgèdà ŋ̀kɔ̀ŋ hisi u gatēhɛ ha ɓe mɛɛ̀; ndi ɓèe nì ntēhɛ mɛɛ̀; inyǔlē mɛ̀ nnìŋ, yàk ɓèè kî nì ganĭŋ. ²⁰ Yɔ̀kɛl nu nyēn nì gayī lɛ mɛ̀ yè i kède Tàtâ, ɓèè kî i kède yêm, mɛ̀ kì i kède nàn. ²¹ Nu à gwèe màtìŋ mêm, à teedàga i lɛ mɔ, nyɛn à ŋgwēs mɛɛ̀; nu kì à ŋgwēs mɛɛ̀, Tàta à gagwēs nyɛ, yàk mɛ̀ mɛ̀ gagwēs nyɛ, mɛ̀ gaùnda ki nyē mèmèdɛ. ²² Yudà [hà Iskàriòt ɓee] à ɓát nyɛ lɛ, À Ŋwɛt, halā wɛɛ lāa lɛ ù gaùnda ɓes wèmèdɛ, ndi hà ŋ̀kɔ̀ŋ hisi ɓee? ²³ Yesù à fìmbhɛ nyɛ lɛ, Iɓālē mùt à ŋgwēs mɛɛ̀, à gatēeda ɓaŋgā yɛɛm; Tàta kì à gagwēs nyɛ, dì galɔ̀ i nyēnī, di yén nì nyɛ. ²⁴ Nu à ŋgwēs ɓe mɛɛ̀, à ntēeda ɓe biɓàŋga gwêm; ndi ɓàŋga nì nnɔ̄k i ta ɓē yêm, ndik ī Tatā nū à ɔm mɛ̀.

²⁵ Mɛ̀ bikàl ɓee màm mana ki mɛ̀ nì ɓèe dì ŋgi yìì. ²⁶ Ndi Ǹholâ, lɛ Mbuu M̀pubi, nu Tàta à gaōm i jòy jêm, nyɛn à ganīiga ɓee màm mɔmasɔnā, nì ɓìgdàhà kì ɓèè mâm mɔmasɔnā mɛ̀ bikàl ɓee. ²⁷ Mɛ̀ ńyīglɛ ɓee ǹsàŋ; mɛ̀ ntī ɓee ǹsàŋ wêm; mɛ̀ ntī ɓe mɛ ɓèè kìkìi ŋ̀kɔ̀ŋ hisi u ntī. Nì kɔ̀n ɓáŋ ndùdù miŋēm

minaàn, tɔ̀ wɔ̀ŋi. ²⁸ Nì ǹnɔk kìi mɛ̀ ŋ̀kál ɓee lɛ, Mɛ̀ ŋkɛ̀, ndi mɛ̀ nlɔ̀ ki ī ɓɛ́nī. 'Balɛ nì gwehak mê, ki nì ɓak lɛ nì kɔ́n masee, halā kìi mɛ̀ ŋkɛ̀ yak Tàtâ, inyŭlē Tàta à nlɔ̀ɔ̀ mê. ²⁹ Hanânɔ mɛ̀ ŋ̀kál ni ɓee jɔ̄ ŋgì ɓòŋà, lɛ ŋgèdà li gaɓòŋa, ni hemlɛ. ³⁰ Mɛ̀ gakwèles ha ɓe mɛ ɓèè ŋgandàk, inyŭlē ŋ̀anɛ̀ ŋ̀kɔ̀ŋ hisi à ǹlɔ̂. À gwèe ɓē jaàm nì mɛ̀; ³¹ ndi lɛ ŋ̀kɔ̀ŋ hisi u yi lē mɛ̀ ŋgwēs Tatâ; nì lɛ, kìi Tàta à kǎl mɛ̀, halā nyēn mɛ̀ mɓɔ̀ŋ. Tɛlɓana, di kɛnēk.

15

Yesù à yè ɓaŋga ŋkòò wây

¹ Mɛ̌n mɛ̀ yè ɓaŋga ŋkòò wây, Tàta nyēn à yè ǹtibîl. ² Hi lêl i ye ī kède yêm ndi i num ɓe matam, à nhèa yɔ; ndi hi lêl i nnūm matam, à mpūbus yɔ, lɛ i num màtam ìlɔ̀ɔ̀ hâ. ³ Ɓèe nì yè ɓapobga inyùu ɓaŋga mɛ̀ bikàl ɓee. ⁴ Yèna ī kède yêm, mɛ̀ kì i kède nàn. Kìkìi lêl ŋkòò i nlà ɓe num matam ni yɔ̄mɛ̀dɛ, hàɓaɓe lɛ i yiī nì ŋkòò, halā kì tɔ̀ ɓee nì nlà ɓee, hàɓaɓe lɛ nì yìi ī kède yêm. ⁵ Mɛ̌n mɛ̀ yè ŋkòò wây, ɓee nì yè bìlɛ̀l. Nu à yìi ī kède yêm, mɛ̀ kì i kède yeè, nyɛn à nnūm matam ŋgandàk, inyŭlē iɓaɓe mê nì nlà ɓe ɓɔ́ŋ tɔ jàm. ⁶ Iɓālē mùt à yìi ɓē i kède yêm, à yè ǹlɛbêk kìkìi lêl, à ńyùyì; halā nyēn ɓa ŋkɔ̀t gwɔ, ɓa nlɛ̀ŋ gwɔ i hyèe, nì gwɔ bi lek. ⁷ Iɓālē nì yìi ī kède yêm, bìpodol gwêm kì bi yiī ī kède nàn, yàglana tɔ̀ kinjēe nì nsòmbòl, ndi halā à gaɓòŋa inyùu nàn. ⁸ Tàta à ŋkùhul lipem mu jàm lini, lɛ ni num màtam ŋgandàk; halā nyēn nì gaɓā ɓanigiìl ɓêm. ⁹ Kìkìi Tàta à gwehak mê, halā kì nyɛn yàk mɛ̀ mɛ̀ gwehak ɓee; yèna ī kède gwēha yêm. ¹⁰ Iɓālē nì ntēeda matìŋ mêm, nì gayɛ̀n i kède gwēha yêm; kìkìi yàk mɛ̀ mɛ̀ bitēeda matìŋ ma Tàta, mɛ̀ yēn ki ī kède gwēha yēe. ¹¹ Mɛ̀ bikàl ɓee màm mana, lɛ màsee mêm ma ɓa ī kède nàn, yàk màsee manân ma ɓa ǹyɔnɔ̂k. ¹² Lìtìŋ jêm lini, lɛ ni gwehnaga, kìkìi mɛ̀ gwehak ɓee. ¹³ Mùt nyɛkǐnyē à gwèe ɓē gweha ī nlɔ̀ɔ̀ ini, lɛ mùt à ti nɔ̂m yee inyùu màwanda mee. ¹⁴ Nì yè màwanda mêm iɓālē nì mɓɔ̀ŋ mâm mɛ̀ ŋkàl ɓee. ¹⁵ Mɛ̀ nsèbel ha ɓe mɛ ɓèè lɛ ɓaɓòŋòl; inyŭlē m̀ɓòŋòl à ńyī ɓe jàm ŋwɛ̀t weē à mɓɔ̀ŋ; ndi mɛ̀ nsèbel ɓee lɛ màwanda, inyŭlē màm mɔmasonā mɛ̀ nɔk nì Tàtâ mɛ̀ biyīs ɓee mɔ̄. ¹⁶ Hà ɓèè ɓe ɓɔn nì bitɛ̀p mɛɛ̀, ndi mɛ̀n mɛ̀ bitēp ɓee, mɛ̀ tee ki ɓèe, lɛ ni kɛē, ni num màtam, nì lɛ màtam manân ma nɔ̂m; lɛ tɔ̀ kinjē jàm nì gayàgal Tatâ ī jòy jêm, a ti ɓèè jɔ. ¹⁷ Ɔ̀rà mɛ̀ ntī ni ɓee yɔ̀ɔ ìni lɛ, Ni gwehnaga.

Òa ŋkɔ̀ŋ hisi

¹⁸ Iɓālē ŋ̀kɔ̀ŋ hisi u ŋɔ̀ɔ̀ ɓee, yina lē mɛ̀ nì ɓèe mɛ̀n u biɓòk ɔ̀ɔ̀. ¹⁹ 'Balɛ ɓɔ nì ɓak ɓa ŋkɔ̀ŋ hisi, ki ŋ̀kɔ̀ŋ hisi u ɓāk lɛ u siŋgē ɓoòt ɓee; ndi inyŭlē nì tà ɓe ɓa ŋkɔ̀ŋ hisi, mɛ̀ bitēp ɓee mu ŋkɔ̀ŋ hisi, jon ŋ̀kɔ̀ŋ hisi u ŋɔ̀ɔ̀ ɓee. ²⁰ Hoŋlana ɓaŋga mɛ̀ bikàl ɓee lɛ, Ŋ̀kɔ̀l u nlɔ̀ɔ̀ ɓe ŋwɛt weè.ᵛ Iɓālē ɓa bitèèŋga mê, ɓa gatèèŋga yàk ɓèe; iɓālē ɓa bitēeda ɓaŋgā yɛèm, wɛ̀ɛ̀ ɓa gatēeda ki ìnân. ²¹ Ba gaɓòŋol ɓee màm ma mɔ̄masonā inyùu jòy jêm, inyŭlē ɓa ńyī ɓe ŋwɛ̀t à ɔm mɛ̀.

ᵛ Yòh 15: 20 Yòh 13: 16

²² 'Balɛ ɓɔ mɛ̀ lɔ ɓēe, mɛ̀ podos ɓɔ, ki ɓā ɓāk ɓe lɛ ɓa ɓana ɓeba; ndi hanânɔ ɓa gweē ɓē likee inyùu ɓēba yap. ²³ Nu à ŋɔ̌ɔ̌ mê à ŋɔ̌ɔ̌ yâk Tàtâ. ²⁴ 'Balɛ ɓɔ mɛ̀ ɓɔ́ŋ ɓe minsɔn mùt nûmpɛ nyɛkǐnyē à m̀ɓɔŋɔ̀k ɓe i kèdɛ yâp, ki ɓā ɓāk ɓe lɛ ɓa ɓana ɓeba; ndi hanânɔ ɓa bitēhɛɛ̀, ɓa ɔ̄ ki ɓĕhnà Tatà. ²⁵ Ndi i mɓoŋā halā lē ɓàŋga i ye ǹtǐlɓàgà i kèdɛ mɓēn yaāp i yɔn lē, 'Ba bìɔ̌ɔ̌ mɛ ŋgì njɔ̀m. ʷ ²⁶ I ŋgèdà N̈hola à galŏl, nu mɛ̀ gaōmlɛ ɓee, à lòlàk yak Tàtâ, nyɛn à yè Mbuu maliga, nu à nlòl yak Tàtâ, à gaɓògol mɛ mbògi; ²⁷ yàk ɓèè kî nì mɓɔ̌k mbogī, inyŭlē nì ɓeè nì mɛ̀ ìlɔ̀ yaga biɓèe.

16

¹ Mè ŋkelēl ɓee màm mana lɛ nì ɓààgɛ ɓâŋ. ² 'Ba gahèa ɓee ntɔ̄ŋ; ŋgɔ ŋgɛŋ ì nlɔ̀, lɛ tɔ̀njɛɛ à nnɔ̄l ɓee, à gahɔ̄ŋɔl lɛ à ŋgwèlel Nyambɛ ǹson. ³ 'Ba gaɓɔ́ŋ màm mana, inyŭlē ɓa ńyī ɓe Tatà, tɔ̀ mè. ⁴ Ndi mè ŋkèlel ɓee màm mana, lɛ ŋgèdà ŋgɛŋ yâp ì ŋ̀kɔlà, ni ɓîgda mɔ̄, kìkìi mɛ̀ bikàl ɓee. Mè bikàl ɓe mɛ màm mana biɓèe, inyŭlē mè ɓeè mɛ̀ yìi nì ɓèe.

Ǹsɔn Mbuu M̀pubi

⁵ Hanânɔ mè ŋkè yak ŋwět à biɔ̄m mɛɛ̀; ndi tɔ̀ wàda nân à mɓàt ɓe mɛ lē, Ù ŋkè hɛɛ? ⁶ Ndi inyŭlē mè ŋ̀kàl ɓee màm mana, ndùdù ì ǹyɔn ɓee minēm. ⁷ Mè ŋkàl ɓee màliga lɛ, i ye ɓèè lɔ̀ŋɛ lē mɛ kɛɛ́; inyŭlē iɓālē mè ŋkɛ ɓēe, ki N̈hola à galɔ̄ ɓe ɓĕnī; ndi iɓālē mè ŋkê, mè gaōmlɛ ɓee nyē̄. ⁸ I ŋgèdà à galŏl, à gayɔ̄yɔy ŋkɔ̀ŋ hisi inyùu ɓēba, nì inyùu tēlɛɛ̀bsep, nì inyùu mbàgi; ⁹ inyùu ɓēba, inyŭlē ɓa nhēmlɛ ɓe mɛɛ̀; ¹⁰ inyùu tēlɛɛ̀bsep, inyŭlē mè ŋkè yak Tàtâ, nì gatēhɛ ha ɓe mɛɛ̀; ¹¹ Inyùu mbàgi, inyŭlē ŋ̀ànɛ ŋ̀kɔŋ hisi à m̀mâl koōs mbagī. ¹² Mè ŋgi gweē ŋgàndàk màm i kàl ɓee, ndi nì tà ɓe lɛ nì la mɔ̄ hanaànɔ. ¹³ I ŋgèdà nyɛ, Mbuu maliga, à nlɔ̀, à gaēga ɓee i kèdɛ màliga mɔmasonā; inyŭlē à gapɔ̄t ɓe ni nyēmɛ̀dɛ, tɔ̀ kinjē màm à ganɔ̄k, mɔn à gaɓā à mpɔ̄t; à ga-āŋlɛ ɓee màm ma galɔ̀ɔ. ¹⁴ À gatī mɛ lìpem, inyŭlē à gayɔ̀ŋ mu màm mêm, a aŋlɛ ɓèè mɔ. ¹⁵ Màm mɔmasonā Tàta à gwēē ma ye mêm; jɔn mè ŋkèlel lɛ, à gayɔ̀ŋ mu màm mêm à ga-āŋlɛ ɓee mɔ.

Ndùdù ì gayìla masee

¹⁶ Ndèk ŋgèdà nì gatēhɛ ha ɓe mɛɛ̀; ndi ndèk ŋgèdà kì nì gatēhɛ mɛɛ̀, inyŭlē mè ŋkè yak Tàtâ. ¹⁷ Bànigîl ɓee ɓàhɔgi ɓa ɓádna lɛ, Jàm lini à ŋkàl ɓes li ye lāa, lɛ, Ndèk ŋgèdà nì gatēhɛ ha ɓe mɛɛ̀; ndi ndèk ŋgèdà kì nì gatēhɛ mɛɛ̀; nì lɛ, Inyŭlē mè ŋkè yak Tàtâ? ¹⁸ Nì ɓɔ ɓa kâl lɛ, Jàm lini à ŋkàl li ye lāa, lɛ, Ndèk ŋgèdà? Dì ńyī ɓe jàm à ŋkàl. ¹⁹ Yesù à yi lɛ ɓa nsòmbol ɓât nyɛ jàm, nì nyɛ à ɓât ɓɔ lɛ, 'Bàa nì mɓàdna inyùu jàm mè ŋ̀kâl lɛ, Ndèk ŋgèdà nì gatēhɛ ha ɓe mɛɛ̀; ndi ndèk ŋgèdà kì nì gatēhɛ mɛɛ̀. ²⁰ Hɔ̀dɔ, hɔ̀dɔ, mè nhɔ̄mb ɓee lɛ, nì gaɓā nì ŋèè, nì lɔndɔ̂k, ndi ŋ̀kɔŋ hisi u seēk; nì gakɔ̀n ndudù, ndi ndùdù nàn ì gayìla masee. ²¹ Ŋgèdà mùdàa à ŋkòògà, à gwēē ndùdù, inyŭlē ŋgɛŋ yeē ì ŋ̀kɔlà; ndi kìi à

ʷ **Yòh 15: 25** Hyèm 35: 19

ŋgwāl man, à nhɔ̄ŋɔl ha ɓe njiihà yèe, inyùu màsee lɛ mùt à ŋ̀gwee ŋ̀kɔ̀ŋ hisi. ²² Halā nyēn yàk ɓèe nì gwèe ndùdù hanâna, ndi mɛ̀ gakɔ̀ndɛ tɛhɛ ɓee, mìŋɛm minân mi gasēe, mùt nyɛkĭnyē à gayɔ̀ŋ ɓe ɓee màsee manân. ²³ I yɔ̀kɛl nû nì gaɓàt ɓe mɛ jàm. Hɔ̀dɔ, hɔ̀dɔ, mɛ̀ nhɔ̄mb ɓee lɛ, iɓālē nì gayàgal Tatā tɔ̀ kinjē jàm i jòy jêm, à gatī ɓee jɔ̄. ²⁴ Lɛtèè nì hanânɔ nì ǹyâglàk ɓe jâm i jòy jêm; yàglana, ndi nì gakɔ̌s, lɛ màsee manân ma ɓa ǹyɔnɔ̂k.

Mɛ̀ biyɛ̀mbel ŋkɔ̀ŋ hisi

²⁵ Mɛ̀ ŋ̀kelēl ɓee màm mana ŋgèn; ŋgɛŋ ì nlɔ̀, ŋgèdà mɛ̀ gapōdhɛnɛ ha ɓe mɛ ɓèè i ŋgèn, ndi mɛ̀ ga-āŋlɛ ɓee m̀paha inyùu Tàtâ. ²⁶ Yɔ̀kɛl nû nì gayàgal i jòy jêm; ndi mɛ̀ ŋ̀kàl ɓe mɛ ɓèè lɛ mɛ̀ gasɔ̄ɔhɛ Tatā īnyùu nàn; ²⁷ inyŭlē Tàta nyēmɛ̀dɛ à nsìŋɛ ɓee, inyŭlē ɓèe nì bisìŋɛ mê, nì hɛmlɛ ki lē mɛ̀ bilɔ̀l yak Tàtâ. ²⁸ Mɛ̀ binyɔ̄dnɛ yak Tàtâ, mɛ̀ lɔ mūnu ŋkɔ̀ŋ hisi; mɛ̀ nnyɔ̄di ki ŋ̀kɔ̀ŋ hisi, mɛ kɛē yāk Tàtâ. ²⁹ Ɓànigîl ɓa kāl lɛ, Nŭnkì, hanânɔ ù mpɔ̄t mpaha, ù ŋkɛ̀nɛ ha ɓe ki ŋgèn. ³⁰ Hanânɔ dì ɲ́yī lɛ ù ɲ́yī maàm mɔmasonā, i nsòmbla ha ɓe lɛ mùt a ɓàt wɛ̀ jàm; jɔn dì nhēmlɛnɛ lɛ ù bilɔ̀l yak Nyāmbɛɛ̀. ³¹ Yesù à fimbhɛ ɓɔ lɛ, Ɓàa nì nhēmlɛ hanâanɔ? ³² Nùnakì, ŋgɛŋ ì nlɔ̀, ŋgɔ ì yè ɓalɔ̀ga, lɛ nì gasànda, hi mût ìyee pês, nì gayēk mɛ mɛ̀tama; ndi mɛ̀ tà ɓe mɛ mɛ̀tama, inyŭlē Tàta à yè nì mɛ̀. ³³ Mɛ̀ ŋ̀kèlɛl ɓee màm lɛ ni ɓana ǹsàŋ i kèdɛ yêm. Nì gwèe njiihà munu ŋkɔ̀ŋ hisi, ndi ɓana mìŋɛm, mɛ̀ biyɛ̀mbel ŋkɔ̀ŋ hisi.

17

Màsɔɔhɛ̀ ma Yesù inyùu ɓànigîl ɓee

¹ Yesù à pɔt ɓăŋ màm mana, à pa mīs mee ŋgìi, à kāl lɛ, À Tâ, ŋgɛŋ ì ŋ̀kɔlà; ti Màn wɔ̄ŋ lipem, lɛ Màn a ti wɛ̀ lìpem, ² kìkii ù ti nyē ŋgùy i ŋgìi mìnsòn ŋwɔminsonā, lɛ ɓɔɓasonā ù ti nyē, a ti ɓɔ̄ nìŋ ɓɔgā. ³ Nìŋ ɓɔgā ini, lɛ ɓa yi wɛ̀, ɓàŋga m̀pɔ̀m Nyambɛ wāda, nì nu ù ɔm, lɛ Yesù Krĭstò. ⁴ Mɛ̀ bitī we lìpem hana hisī, mɛ̀ bimɛ̀lɛs nsɔn ù bitī mɛ lē mɛ ɓɔ̀ɔŋ. ⁵ Hanânɔ ni, à Tâ, ti mɛ̀ lìpem i kègi yɔ̀ŋ, lìpem li mɛ̀ ɓa mɛ̀ gwèe nì wɛ̀ ŋ̀kɔ̀ŋ hisi ŋgì ɓa.

⁶ Mɛ̀ biyīs ɓoòt ù bitī mɛ mū ŋkɔ̀ŋ hisi jòy jɔŋ; ɓa ɓā ɓòt ɓɔŋ, ù ti mɛ̀ ɓɔ; ɓa bitēeda ɓaŋgā yɔŋ. ⁷ Ba ɲ́yī hanaànɔ lɛ màm mɔmasonā yaga ù bitī mɛɛ̀ ma nlɔ̀l i wɛ̀nī; ⁸ inyŭlē bìɓàŋga ù bitī mɛɛ̀, mɛ̀ bitī ɓɔ gwɔ̄; ɓa bilēegɛ gwɔ, ɓa yi ki ǹtiĭk lɛ mɛ̀ bilŏl wɛ̀nī, ɓa hɛmlɛ ki lē wɛ̀n ù biɔm mɛɛ̀. ⁹ Mɛ̀ nsɔ̄ɔhɛ inyùù yâp; mɛ̀ nsɔ̄ɔhɛ ɓe mɛ inyùu ŋ̀kɔ̀ŋ hisi, ndik īnyùu ɓā ù bitī mɛɛ̀; inyŭlē ɓa ye ìɓɔŋ. ¹⁰ Màm mêm mɔmasonā ma ye ìmɔŋ, ìmɔŋ kî ma ye ìmêm; mɛ̀ ŋkùhul lipem inyùu yâp. ¹¹ Mɛ̀ tà ha ɓe mɛ kì ŋkɔ̀ŋ hisi, ndi ɓana ɓa ye ī ŋkɔ̀ŋ hisi; mɛ̀ mɛ̀ nlɔ̀ i wɛ̀nī. À Ta Nùmpubi teeda ɓɔ̄ i jòy jɔŋ, li ù bitī mɛɛ̀, lɛ ɓa ɓa wàda kìkii ɓɛ̌s. ¹² I ŋgèdà mɛ̀ ɓak ni ɓɔ̄ i ŋkɔ̀ŋ hisi, mɛ̀ teedaga ɓɔ i jòy jɔŋ, mɛ̀ bitēeda ɓa ù bitī mɛɛ̀, ndi tɔ̀ wàda wâp à binīmiìl ɓee, ndik măn yìmîl, lɛ Lìtìlà li yɔn. ˣ ¹³ Hanânɔ ni mɛ̀ nlɔ̀ i wɛ̀nī; mɛ̀ mpɔ̄t ki màm mana ŋkɔ̀ŋ hisi, lɛ ɓa ɓana màsee mêm ǹyɔnɔ̂k

---

ˣ **Yòh 17: 12** Hyèm 41: 10

i kède yâp. ¹⁴ Mè m̀mál ti ɓɔ ɓaŋga yɔŋ; ndi ŋ̀kɔ̀ŋ hisi u biɔ̀ɔ̀ ɓɔ inyǔlē ɓa ta ɓē ɓa ŋkɔ̀ŋ hisi, kìkìi tɔ̀ mɛ̀ mɛ̀ tà ɓe mɛ nū ŋ̀kɔ̀ŋ hisi. ¹⁵ Mè nsɔ̄ɔhɛ ɓe mɛ lē u heā ɓɔ̄ ŋkɔ̀ŋ hisi, ndik lē u tat ɓɔ̄ inyùu mùt m̀ɓɛ. ¹⁶ Ba ta ɓē ɓa ŋkɔ̀ŋ hisi, kìkìi tɔ̀ mɛ̀ mɛ̀ tà ɓe mɛ nū ŋkɔ̀ŋ hisi. ¹⁷ Tee ɓɔ̄ ɓapubhaga mu mālīga; ɓàŋga yɔŋ i ye màliga. ¹⁸ Kìkìi ù ɔm mɛ̀ ŋkɔ̀ŋ hisi, halā kì nyɛn mɛ̀ biɔm ɓɔ ŋkɔ̀ŋ hisi. ¹⁹ Mè ntēe mɛmɛ̀dɛ mpubi inyùu yâp, lɛ yàk ɓɔ ɓa teeba ɓàpubhaga mu māliga.

²⁰ Mè nsɔ̄ɔhɛ ɓe mɛ ndīk īnyùu yâp ɓɔtāma, ndi yàk inyùu ɓā ɓā gahēmlɛ mɛ īnyùu ɓàŋga yap, ²¹ lɛ ɓɔɓasonā ɓa ɓa wàda; kìkìi wɛ̀, à Tâ, ù yè i kède yêm, mè kì i kède yôŋ, lɛ yàk ɓɔ kî ɓa ɓa ī kède yês, lɛ ŋ̀kɔ̀ŋ hisi u hɛmlɛ lē wěn ù ɔm mɛ̀. ²² Lìpem ù ti mè jɔn mè bitī ɓɔ; lɛ ɓa ɓa wàda, kìi yàk ɓěs dì yè wàda, ²³ mè i kède yâp, wè kì i kède yêm, lɛ ndi ɓa ɓa wàda ǹyɔnôk, lɛ ŋ̀kɔ̀ŋ hisi u yi lē wěn ù ɔm mɛ̀; nì lɛ, ù gwehak ɓɔ, kìkìi ù gwehak mê. ²⁴ À Tâ, mè nsòmbol lɛ ɓòt ù bitī mɛɛ̀ ɓa ɓa hɛ́t mè yɛ, lɛ ɓa tɛhɛ lìpem jêm, li ù ti mè; inyǔlē ù gwes mè ŋ̀kɔ̀ŋ hisi ŋgì hègà. ²⁵ À Tatā Nū à tee sēp, ŋ̀kɔ̀ŋ hisi u yī ɓē wɛɛ̀, ndi mè mè yi wè; ɓana kî ɓa biyī lɛ wěn ù ɔm mè. ²⁶ Mè biyīs ɓɔ jòy jɔŋ, mè gakòndɛ ki yīs ɓɔ jɔ̄, lɛ gweha ù gwes mè i ɓa ī kède yâp, mè kì i kède yâp.

18

Ɓa nliibana Yesù, ɓa ha nyɛ mɔ̀ɔ

Màt 26: 47-56; Mar 14: 43-50; Luk 22: 47-53

¹ Yesù à pɔt ɓǎŋ màm mana, à kɛ nyē nì ɓanigîl ɓee uu ŋwìì lep lɛ Kidròn, hɔma wɔ̀m u ɓānɛ, nyɛ nì ɓànigîl ɓee ɓa jóp muù. ² Yudà kì, nu à liibana nyē, à ɓa yi hɔma nû; inyǔlē Yesù nì ɓànigîl ɓee ɓa ɓā ɓenà kè hâ. ³ Yudà à mǎl ɓǎŋ yɔ̀ŋ ntoŋ sondâ, nì mìnlìmil mi lǒl yàk bìprîsì bìkɛŋi nì Fàrisày, ɓa lɔ hā nì bìtuŋgɛŋ nì ŋwày nì bìjòl. ⁴ Lakìi Yēsù à ɓa yi màm mɔmasonā ma nlòl nyɛ, jɔn à kòògɛ, à ɓát ɓɔ lɛ, Nì ńyēŋ njɛɛ? ⁵ Ba fîmbhɛ nyɛ lɛ, Yesù mùt Nǎsàrèt. Yesù à kâl ɓɔ lɛ, Mè nunu. Yàk Yudà, nu à liibana nyē, à ɓa à tee lòŋnì ɓɔ. ⁶ Kìi Yēsù à ŋ̀kâl ɓɔ lɛ, Mè nunu, ɓa tɛ́mb nì mbūs, ɓa kwɔ hīsī. ⁷ Nì nyɛ à kondē ki ɓàt ɓɔ lɛ, Nì ńyēŋ njɛɛ? Nì ɓɔ ɓa kâl lɛ, Yesù mùt Nǎsàrèt. ⁸ Yesù à fîmbhɛ lɛ, Mè ŋ̀kâl ɓee lɛ mè nunu; iɓālē měn nì ńyēŋ, ŋwàha ɓāna, ɓa kɛnēk; ⁹ lɛ ɓàŋga à bipɔt i yɔn lē, Ɓòt ù bitī mɛɛ̀, mè ǹnimis ɓe tɔ wàda. ʸ ¹⁰ Ndi Simòn Petrò à ɓa à gwèe pànsɔ̀ŋ, à sɔdɔl yɔ̂, à sibe ŋkɔ̀l prîsì kɛŋi, à kit wɔ ō waalōm. Ŋkɔ̀l û jòy jee lɛ Malkùs. ¹¹ Nì Yesù à kâl Petrò lɛ, Sɔ̌m pànsɔ̀ŋ i sɔ̄gɔɔ; lìɓòndo Tàta à bitī mɛɛ̀, ɓàa mè nyɔ ɓǎŋ jɔ̄?

Ɓa ŋkɛnā Yesù bisū bi priîsì kɛŋi

Màt 26: 57-58; Mar 14: 53-54; Luk 22: 54

¹² Hanyēn ǹtoŋ sondâ nì ŋ̀ànè ǹtoŋ

ʸ **Yòh 18: 9** Yòh 17: 12

sondâ nì mìnlìmil mi Lôk Yudà ɓa gwɛ̌l Yēsù, ɓa káŋ nyɛ, ¹³ ɓa ɓók ndugi kenā nyɛ yak Ānà; inyǔlē à ɓa ŋkǐl Kāyfà, nu à ɓa pr̄ìsì keŋi mu ŋwìì û. ¹⁴ Kayfà à ɓa nū à ti Lòk Yudà pèk lɛ i ye lɔ̄ŋgɛ lē mùt wàda a wɔ īnyùu ɓòt. ᶻ

Petrò à ntāŋɓa Yesù

Màt 26: 69-70; Mar 14: 66-68; Luk 22: 55-58

¹⁵ Nì Simòn Petrò à nɔ̄ŋ Yesù, ɓɔnà nnigîl nûmpɛ. Nnīgiìl nû à ɓa yina nì pr̄ìsì keŋi, à jɔ́p loòŋnì Yesù i kɔ̄tɔɔ priīsì keŋi; ¹⁶ Petrò à ɓa à tee ŋwɛ̀mɛl i tān. Hanyēn ǹnigîl nûmpɛ, nu à ɓa yina nì pr̄ìsì keŋi, à pam, à podos ntat ŋwɛ̀mɛl nu mùdàa, à jôbna Petrò. ¹⁷ Hiŋgòndà hi ɓā tat ŋwɛ̀mɛl hi kâl Petrò lɛ, 'Ɓaa yàk wè ù tà ɓe wadā mu ɓānīgiìl ɓa mùt nunu? Nyɛ, Mè tà ɓe mɛ mù. ¹⁸ Miŋkɔ̀l nì mìnlìmil ɓa ɓā ɓa tee hà, ɓa kɔ̀da màkalâk ma hyee, ɓa nɔhbàk, inyǔlē lìhɛp li ɓā; yàk Petrò à ɓa à tee lòŋnì ɓɔ, à nɔhbàk hyèe.

Pr̄ìsì keŋi ì mɓàt Yesù màmbàdgà

Màt 26: 59-66; Mar 14: 55-64; Luk 22: 66-71

¹⁹ Nì pr̄ìsì keŋi ì ɓât Yesù inyùu ɓànigîl ɓee, nì inyùu màeba mee. ²⁰ Yesù à fimbhɛ nyɛ lɛ, Mè bipōdos ŋkɔ̀ŋ hisi mɓàmba; mè niigàgà hi ŋgedà mandāp ma mitìn nì i tēmpèl, hɛ̌t Lòk Yudà yɔsonā i ŋkɔ̀dɓànà; mè bipōdol ɓe mɛ jàm jɔkǐjɔ̄ lisɔ̀l. ²¹ Ù mɓèdɛl ki mê? Ɓǎt ɓòt ɓa biɛ̂mblɛ mɛ jàm mè bikàl ɓɔ; nǔnkì, ɓɔn ɓa ńyī màm mè bipɔ̄t. ²² À pɔt ɓǎŋ hālā, wada mu mīnlìmil mi ɓā mi tee hà, u ɓep Yesù liɓay, u kâl lɛ, 'Ɓàa halā nyēn ù ntìmbhɛ pr̄ìsì keŋi? ²³ Yesù à fimbhɛ nyɛ lɛ, Iɓālē mè m̀pɔt ɓeba, ùnda yɔ̄; ndi iɓālē lɔŋgeè, ù mɓībil ki mɛɛ̀? ²⁴ Nì Anà à ɔm nyɛ ŋkàŋâk yak pr̄ìsì keŋi lɛ Kayfà.

Petrò à ŋkònde taŋɓa Yesù

Màt 26: 71-75; Mar 14: 69-72; Luk 22: 58-62

²⁵ Simòn Petrò à ɓa à tee, à nɔhbàk hyèe. Nì ɓɔ ɓa ɓát nyɛ lɛ, 'Ɓàa yàk wè ù tà ɓe wadā mu ɓānīgiìl ɓee? À taŋ, à kâl lɛ, Mè tà ɓe mɛ mù. ²⁶ Wàda mu ī kède mìŋkɔ̀l mi pr̄ìsì keŋi, nu à ɓa līhàà li mût Petrò à kit ō, à kâl nyɛ lɛ, 'Ɓàa mè ǹtɛhɛ ɓe ɓeenà nyɛ wɔ̌m? ²⁷ Petrò à kondē taŋ; ndi bitēebīloŋi ǹlom kōp a ɔŋ.

Yesù bisū bi Pilātò

Màt 27: 1-2, 11-14; Mar 15: 1-5; Luk 23: 1-5

²⁸ Nì ɓɔ ɓa nyɔdna Yesù yak Kāyfà, ɓa kenā nyɛ ndāp ŋgōmiìn; halā à ɓa kɛ̀glà tutu. Ndi ɓɔmɛ̀dɛ ɓa jɔ́p ɓē ndāp ŋgōmiìn, ɓa tiga lɛ ɓa nyɔ́gɓa mahindi, ndi ɓa jɛ ɓe Pasà. ²⁹ Nì Pìlatò à pam, à kɛ ɓɔ̄nī, à kâl ɓɔ lɛ, Ûmbɛ nsɔ̀hi nì ŋōm mùt nunu? ³⁰ 'Ɓa fimbhɛ nyɛ lɛ, 'Ɓalɛ mùt nunu à ɓa ɓe mɓɔ̀ŋɓeba, ki dì ǹti ɓe wɛ nyē. ³¹ Nì Pìlatò à kâl ɓɔ lɛ, 'Ɓèèɓɔmɛ̀dɛ yɔ́ŋa nyē, ni pemhɛnɛ nyē mbàgi kǐŋgedà mben nàn. Lòk Yudà i kâl nyɛ lɛ, I ta ɓē ɓes kùndɛ i nɔ̀l mùt; ³² lɛ ɓàŋga Yesù i yɔn, i à pɔt ī ēba kìnjē nyɛ̂mb à gawɔ̄. ᵃ ³³ Nì Pìlatò à jɔ́p ki ndāp ŋgōmiìn, à sebēl Yesù, à ɓât nyɛ lɛ, 'Ɓàa ù yè kiŋɛ Lòk Yudà? ³⁴ Yesù à fimbhɛ lɛ, 'Ɓàa wèmɛ̀dɛ nyɛn ù mpɔ̄t halā, tɔ̄

ᶻYòh 18: 14 Yòh 11: 50   ᵃYòh 18: 32 Yòh 12: 32-33

ɓòt ɓàpɛ ɓɔn ɓa ŋkâl wɛ hālā īnyùù yêm? ³⁵ Pìlatò à fimbhɛ lɛ, Ɓàa mɛ̀ yè mǎn Lòk Yudà? Lɔ̀ŋ yɔŋ yɔmɛ̀dɛ nì bìprǐsì bìkɛŋi ɓɔn ɓa nti mɛ wɛ̀; ù biɓɔ̀ŋ kii? ³⁶ Yesù à fimbhɛ lɛ, Ànɛ̀ yêm i ta ɓē i ŋkɔ̀ŋ hisi unu; ɓalɛ ndi ànɛ̀ yêm i ɓāk i ŋkɔ̀ŋ hisi unu, ki mìnlìmil ŋwêm mi njɔ sāāŋ lɛ mɛ̀ tina ɓáŋ mɔ̀ɔ̀ ma Lôk Yudà; ndi hanânɔ ànɛ̀ yêm i nlòl ɓe ni ŋ̀kɔ̀ŋ hisi. ³⁷ Jɔn Pìlatò à ɓǎt nyē lɛ, Ɓàa ù yè kiŋê? Yesù à fimbhɛ lɛ, Halā kìi ù mpōt, mɛ̀ yè kiŋê. Jɔn mɛ̀ gweenɛ, jɔ ki jōn mɛ̀ lǒl mūnu ŋkɔ̀ŋ hisi, lɛ mɛ ɓɔ́k mbɔ̀gi inyùu màliga. Hi mût à yè nu màliga à ŋēmblɛ kiŋ yɛɛ̀m. ³⁸ Pìlatò à ɓát nyɛ lɛ, Kii i ye màliga?

Ɓa mpemhɛnɛ Yesù mbàgi nyɛ̀mb

Màt 27: 15-31; Mar 15: 6-20; Luk 23: 13-25

À pɔt ɓǎŋ hālà, à pam kì, à kɛ tì Lôk Yudà, à kâl ɓɔ lɛ, Mɛ̀ ntēhel ɓe me nyē ǹsɔ̀hi. ³⁹ Ndi nì gwèe lēm lɛ mɛ̀ mpēmhɛnɛ ɓèe mùt wàda i ŋgèda Pasà; ɓàa nì nsòmbol ni lɛ mɛ pemhɛnɛ ɓèè Kiŋɛ Lôk Yudà? ⁴⁰ Hanyēn ɓa lōnd, ɓa kâl lɛ, Hà nyɛ ɓee, ndik Bàrabà. Ndi Bàrabà à ɓa mùt ŋgadla.

19

¹ Pìlatò à yɔ́ŋ ni Yesù, à ɓep nyɛ dìsòo. ² Nì sonda ī hoo ntut bilɔ̀ɔ, i ha nyē wō ŋɔ̄, i ha ki nyē mbɔ̄t wēdɛwɛ̀dɛ̀; ³ nì ɓɔ ɓa kōgɛ nyɛ ɓɛ̀ɓɛ̀ɛ̀, ɓa kâl lɛ, Dì ǹyegā wɛ̀ɛ̀, à Kiŋɛ Lôk Yudà! Ɓa ɓep ki nyē màɓay. ⁴ Nì Pìlatò à pam kì, à kâl ɓɔ lɛ, Nùnakì, mɛ̀ mpāmna nyɛ ɓěnī, lɛ ni yi lē mɛ̀ ntēhel ɓe mɛ nyē ǹsɔ̀hi. ⁵ Nì Yesù à pam, à heeba ǹtut bilɔ̀ɔ̀ nì mbɔt wēdɛwɛ̀dɛ̀. Nì Pìlatò à kâl ɓɔ lɛ, Nùnakì, mùt nunu! ⁶ Bìprǐsì bìkɛŋi nì mìnlìmil ɓa tēhɛ ɓǎŋ nyē, ɓa lɔnd, ɓa kâl lɛ, Tòmol nyē mbāsa, tòmol nyē mbāsa! Pìlatò à kâl ɓɔ lɛ, Ɓèèɓɔmèdɛ yɔ̀ŋa nyē, ni tomōl nyē mbāsa; inyǔlē mè ntēhel ɓe me nyē ǹsɔ̀hi. ⁷ Lôk Yudà i fimbhɛ nyɛ lɛ, Dì gwēe mbēn, ndi kǐŋgèdà mben ì, à ǹlama wɔ, inyǔlē à ǹyīlha nyɛmèdɛ Man Nyāmbɛɛ̀. ⁸ Pìlatò à nɔk ɓǎŋ ɓàŋga ini, à lōhā kɔ̄n wɔŋi; ⁹ à jóp ki ndāp ŋgōmiìn, à ɓát Yesù lɛ, Ù nlòl hɛɛ? Ndi Yesù à nii nyɛ. ¹⁰ Nì Pìlatò à kâl nyɛ lɛ, Ɓàa ù ŋkòblɛ ɓe mê? Ù ńyī ɓe lɛ mɛ̀ gwèe ŋgùy i ŋwàs wɛ, mɛ̀ gwèe kì ŋgùy i tòmòl wɛ i mbāsa? ¹¹ Yesù à fimbhɛ nyɛ lɛ, Ù ɓak ɓe lɛ ù ɓana ŋgûy i ŋgìì yêm, hàɓaɓe lɛ ì ǹlôl wɛ ŋgìi; jɔn mùt à ǹti wɛ mɛ̀, à gwèe ɓēba ìlɔ̀ɔ̀ wɛ̀.

¹² Inyǔhālā nyēn Pìlatò à hɛŋ lē a ŋwás nyē; ndi Lôk Yudà i lɔnd, i kâl lɛ, Iɓālē ù ŋ̀ŋwâs mùt nunu, wɛ̀ɛ ù tà ɓe liwanda li Kaysà; hi mût à ńyìlha nyɛmèdɛ kiŋê à ŋkɔ̀lɓa Kaysà. ¹³ Pìlatò à nɔk ɓǎŋ bīɓàŋga bini, à pamna Yesù, à yēn hisī i yèɛ̀nɛ mbagī, hɔma à nsèbla lɛ Hìkùù hi Ŋgɔ̂k, nì hɔp Hebɛ̀r lɛ Gàbatà. ¹⁴ Yɔ̀kɛl à ɓa Ŋgòòbà Pasà, ɓèɓèè nì kɔ̀sì. Nì nyɛ à kâl Loòk Yudà lɛ, Nùnakì, Kiŋɛ nàn! ¹⁵ Nì ɓɔ ɓa lɔnd lɛ, Kɛna nyē, kɛna nyē, tòmol nyē mbāsa! Pìlatò à ɓát ɓɔ lɛ, Ɓàa mɛ tomōl Kīŋɛ nàn i mbāsa? Bìprǐsì bìkɛŋi bi fimbhɛ lɛ, Dì gwèe ɓē kiŋɛ ìpɛ ndik Kāysà. ¹⁶ Nì nyɛ à ti ɓɔ nyē lɛ a toōmlana mbāsa.

Ɓa ntòmol Yesù i mbāsa

Màt 27: 32-44; Mar 15: 21-32; Luk 23: 26-43

¹⁷ Nì ɓɔ ɓa yɔ̃ŋ Yesù; à pam, à ɓèèga mbāsa yeē nyɛmède lɛtèè nì hɔma à nsèɓla lɛ Hɔma kēgee ŋɔ; i hɔ́p Hebèr lɛ Gòlgotà. ¹⁸ Nyɔɔ nyēn ɓa tòmlɛnɛ nyē mbāsa, nì ɓòt ɓápɛ iɓaà, hi pês wàda, Yesù ha ŋēmkède. ¹⁹ Nì Pìlatò à tìlā matìlà, à ede ki mɔ̄ ŋgli mbāsa. Ma ɓā ǹtîlɓàgà lɛ, YESÙ MÙT NĂSÀRÈT, KIŊƐ LÒK YUDÀ. ²⁰ Ŋgàndàk Lòk Yudà ì aŋ mātìlà mâ, inyǔlē hɔma Yesù à tòmlana mbāsa à ɓa ɓèɓèè nì ŋ̀kɔ̀ŋ; ma tìlɓana hɔ́p Hebèr, nì u Latānìs, nì u Grîkìà. ²¹ Bìprîsì bìkɛŋi bi Lôk Yudà bi kál Pìlatò lɛ, Ù tìla ɓáŋ lē, Kiŋɛ Lòk Yudà, ndik lē, nyen à bikàl lɛ, Mè yē kiŋɛ Lòk Yudà. ²² Pìlatò à fimbhɛ lɛ, Mè m̀mál ndik tìla jâm mè ǹtìlà.

²³ Sonda ī mǎl ɓáŋ tòmol Yesù i mbāsa, i yɔ̃ŋ mbɔt yee, i káp yɔ mògà manâ, hi sondâ jògà jada; i yɔ̃ŋ ki sɔ́diì; ndi sɔdi ì ì ɓa ŋgì ŋgòŋòò, ì tìŋa yāga ŋgìlm ìɓòdòl i ŋgìi. ²⁴ Jɔn ɓa kàlna lē, Dì kan ɓáŋ yɔ, ndi di lɛŋā mbàm inyùù yeē, tɔɔ ǹjɛɛ à gayɔŋ yɔ̂; lɛ Lìtìlà li yɔn, li lī ŋkàl lɛ,

Ɓa bikàbna bièŋg gwêm, Ɓa lɛŋā ki mbàm inyùu mbɔ̄t yɛēm. ᵇ Màm mana mɔn sōnda ī ɓǎŋ. ²⁵ Nyǎŋ Yēsù nì mànyáŋ nyàn nu mùdàà lɛ Màrià, ŋwàa Klèopà nì Màrià Màgdàlenà, ɓa ɓā ɓa tee ɓèɓèè nì mbasa yeē. ²⁶ Yesù à tɛhɛ ɓǎŋ nyàŋ nì ǹnigîl à ɓa gwès à tee nyē pāŋ, à kál nyaāŋ lɛ, À mudàa, nǔnkì, màn wɔ̃ŋ nunu! ²⁷ À kál ki nnīgiìl nu lē, Nǔnkì, nyùŋ nunu! Ìɓòdòl ŋgɛŋ ì nyɛn ǹnigîl nû à yɔ̌ŋ nyē nyēnī.

Nyěmb Yēsù

Màt 27: 45-56; Mar 15: 33-41; Luk 23: 44-49

²⁸ I mbūs hālà, lakìi Yēsù à ɓa yi lē màm mɔmasonā ma mmaàl, à kál lɛ, Nyùs i gweē mè, lɛ Lìtìlà li yɔn. ᶜ ²⁹ Yɔ̀m i ɓā i tee hà ǹyɔnɔ̂k nì sèŋa wây; ɓa yubē tambēn mu sèŋa wây, ɓa sɔ́m yɔ hisòp, ɓa ha nyɛ yɔ̄ nyɔ. ³⁰ Yesù à lɛɛgɛ ɓǎŋ sèŋa wây, à kál lɛ, Halā à m̀mâl; nì nyɛ à uɛ ŋɔ, à timbîs mbuu yak Ŋwět.

Sonda ì ŋōm Yesù lìkɔ̀ŋ i mbày

³¹ Lakìi yɔ̀kel à ɓa Ŋgòòɓà, lɛ mìm mi yēglɛ ɓaāŋ ŋgìi mbāsa [inyǔlē ŋgwà nɔ̂y u ū ɓā ŋgwà ǹkɛŋi], jɔn Lòk Yudà i ɓèdel Pìlatò lɛ ɓa ɓok ɓɔ̄ màkòò, ɓa heā ɓɔ̄. ³² Nì sonda ī lɔɔ, i ɓok nu bìsu makòo, yàk nì nu nùmpɛ ɓɔnà nyɛ ɓa tòmlana mbāsa; ³³ ɓa pām ɓǎŋ yàk Yēsù ɓa tɛhɛ lɛ à m̀mâl wɔ, ɓa ɓok ɓɛ nyɛ màkòò; ³⁴ ndi sonda yàda ì om nyɛ lìkɔ̀ŋ i mbày, màcèl nì màlep ma pam bitēeɓiloŋi. ³⁵ Nu à tɛhɛ hālà à ɓɔ̄k mbògi, mbògi yeē kiì ì yè màliga; à ńyi ki lē à mpɔ̄t maliga, lɛ yàk ɓèè kî ni hemlɛ. ³⁶ Màm mana ma ɓòŋa lē Lìtìlà li yɔn lē, Tɔ̀ hès yee yada i gaɓūga ɓee. ᵈ ³⁷ Lìtìlà lìpɛ li mpɔ̄t ki lē, Ɓa gatēhɛ nu ɓā biòm. ᵉ

Màjòna mā Yesù

Màt 27: 57-61; Mar 15: 42-47; Luk 23: 50-56

³⁸ I mbūs màm mana, Yosèf mùt Àrìmàtià, nu à ɓa ǹnigîl Yesù, ndi i

---

ᵇ**Yòh 19: 24** Hyèm 22: 19
ᶜ**Yòh 19: 28** Hyèm 69: 22
ᵈ**Yòh 19: 36** Màn 12: 46; Hyèmbi 34: 21
ᵉ**Yòh 19: 37** Sàk 12: 10

ndìdì inyùu wɔŋi Lôk Yudà, à ɓát Pilātò kùndɛ̀ i hèà mìm Yesù; nì Pìlatò à nɛɛbɛ̀. Nì nyɛ à kê, à heā miìm. ³⁹ Nìkòdemò, nu à ɓŏk lɔ̀ yak Yēsù jùu, yàk nyɛ à lɔ̀ɔ, à lɔnā "miìr" m̀pŏdnàgà nì àlòe, ɓèbɛ̀ɛ nì mòm mana mā kilò. ⁴⁰ Hanyēn ɓa yŏŋ mìm Yesù, ɓa lep wɔ mbɔ̄ŋ, lòŋnì bìnùnumbà kìkìi lēm majòna ī Loòk Yudà. ⁴¹ Wɔ̀m u ɓā hā hĕt à tòmlana mbāsa; sɔ̀ŋ yɔ̀ndɔ ì ɓa mū wɔ̀m û, hɔma mùt à ɓa ŋgì jùbnà. ⁴² Jɔn ɓa jŭl Yēsù mû [lakìi sɔ̀ŋ ì ì ɓa ɓèbɛ̀ɛ], inyŭlē kɛl Ŋgòòbà Lòk Yudà ì.

20

Lìtùgè li Yesù

Màt 28: 1-10; Mar 16: 1-8; Luk 24: 1-12

¹ Kɛl bìsu ì sɔndî Màrià Màgdàlenà à pulɛ sɔ̀ŋ, ki jĭbè li ŋgi yiī, à tɛhɛ ŋgôk ɓàhèaga sɔ̀ŋ. ² Nì nyɛ à kɛ ŋgwee yak Sīmòn Petrò ɓɔnà nnigîl nûnhɔgi nu Yēsù à ɓa siŋgè, nyɛ ɓɔ lɛ, Ba nheā Ŋwɛt sɔ̀ŋ, ndi dì ńyī ɓe hĕt ɓa nnîŋne nyɛ. ³ Petrò ɓɔnà nnigîl nûnhɔgi ɓa nyɔdî, ɓa kɛ nyɔ̄ɔ̄ sɔ̀ŋ. ⁴ Bɔɓaà ɓa kìha ŋgwee; ndi ǹnigîl nûnhɔgi à hɔɔk ìlɔ̀ɔ Petrò, à ɓŏk pam sɔ̀ŋ; ⁵ à ɓândɓɛ̀, à pɛblɛ̀, à tɛhɛ mbɔŋ u niŋī, ndi à jôp ɓe muù. ⁶ Yàk Sìmòn Petrò nu à ɓa nɔ́ŋ nyɛ, à lɔ̀, à jôp sɔ̀ŋ; à tɛhɛ mbɔŋ u niŋī, ⁷ yàk waŋsì i ɓā nyɛ̄ ŋɔ̄, i ɓā ɓē i niŋī lòŋnì mbɔŋ, ndi i ɓā ǹhoôk wèè hɔma yɔtāma. ⁸ Hanyēn yàk ǹnigîl nûnhɔgi, nu à ɓŏk pām sɔ̀ŋ, à jŏp, à tɛhɛ̂, à hemlɛ̀. ⁹ Inyŭlē ɓa ɓā ŋgì yi ɓîlna, lɛ à ǹlama tūglana i kède ɓàwɔga. ¹⁰ Nì ɓànigîl ɓa huu ki ɓɔ̄nî.

Yesù à m̀pemel Marìà Màgdàlenà

Mar 16: 9-11

¹¹ Màrià ɓa à tee hā tān, ɓèbɛ̀ɛ nì sɔ̀ŋ, à ɛ̀ɛk; à ɓa ɛɛ̀ ɓàŋ, à ɓândɓɛ̀, à pɛblɛ i kède sɔ̀ŋ; ¹² à tɛhɛ aŋgɛ̀l iɓaà, i heeba bìpuba bi mbɔt. ¹³ I ɓát nyɛ lɛ, À mudàa, ù ŋɛ̀ɛ kii? À fîmbhe yɔ lɛ, Inyŭlē ɓa nheā Ŋwɛt wɛ̀ɛm, mɛ ńyī ɓe me hĕt ɓa nnîŋne nyɛ. ¹⁴ À pɔt ɓàŋ hàlà, à hyêlɓà, à tɛhɛ Yesù à tee, à yi ɓe lɛ Yesù nû. ¹⁵ Yesù à ɓát nyɛ lɛ, À mudàa, ù ŋɛ̀ɛ kii? Ù ńyēŋ njɛɛ? À ɓa hɔŋɔ̂l lɛ ǹsalwɔ̀m nû, à kâl nyɛ lɛ, À ŋwɛt, iɓālē wɛ̀n ù ǹheā nyɛ, kǎl mɛ hĕt ù ǹnîŋne nyɛ, mɛ ŋkɛ̀ i ɓāda nyē. ¹⁶ Yesù à kâl nyɛ lɛ, À Marìà. Nì Màrià à hyêlɓà, à kâl nyɛ nì hɔp Hebēr lɛ, Ràbonì; halà à yè lɛ, Màlêt. ¹⁷ Yesù à kâl nyɛ lɛ, Ù tis ɓàŋ mɛ̀, inyŭlē mɛ m̀ɓedêk ɓe me yàk Tàtâ; ndi kèɛ yàk lòg tàtà, u kâl ɓɔ̄ lɛ, mɛ m̀ɓēt yak Tàtâ nì Ìsɔŋ nàn, yak Nyāmbɛ wɛ̀m nì Nyambɛ nàn. ¹⁸ Màrìà Màgdàlenà à kê, à aŋlɛ ɓanigîl lɛ, Mɛ̀ ǹtɛhɛ Ŋwɛt; nì lɛ à ŋkâl mɛ màm mana.

Yesù à m̀pemel ɓanigîl ɓee

Màt 28: 16-20; Mar 16: 14-18; Luk 24: 36-49

¹⁹ Kòkoa yɔkɛ̄l, kɛl bìsu ì sɔndê̂, màkòga ma ɓā ǹyìbga hĕt ɓanigîl ɓa ɓānɛ inyùu wɔŋi Lôk Yudà, Yesù à lɔ̀, à tɛlɛp i kède yâp, à kâl ɓɔ lɛ, Ǹsàn u ɓa nì ɓèe. ²⁰ À pɔt ɓàŋ hàlà, à undā ɓɔ mɔ̀ɔ mee nì mbày yèe. Bànigîl ɓa tēhɛ ɓàŋ Ŋwɛt, ɓa kôn masee. ²¹ Nì Yesù à kondɛ kaāl ɓɔ lɛ, Ǹsàn u ɓa nì ɓèe; kìkìi Tàta à ɔm mɛ̀, halà kì nyɛn yàk mɛ mɛ ŋɔ̄m ɓee. ²² À pɔt ɓàŋ hàlà, à hue ɓɔ mbūu, nyɛ ɓɔ lɛ, Yɔ̀ŋa Mbūu M̀pubi; ²³ tɔ̀

ɓɔnjɛ nì ŋ̀wehēl biɓeba, bi ŋwēhlana ɓɔ́; tɔ̀ ɓɔ̀njɛ nì ŋ̀wehēl ɓe biɓeba, biɓeba gwap bi ŋgi yìì.

Ŋgìtɔbhemlɛ̀ ì Tomàs

²⁴ Ndi Tomàs, nu à nsèbla ki lē Dìdîm, wàda mu jŏm nì iɓaà, à ɓa ɓē looŋnì ɓɔ ŋgèdà Yesù à lŏl. ²⁵ Ɓànigîl ɓàpɛ ɓa kâl nyɛ lɛ, Dì ǹtɛhɛ Ŋwɛt. Ndi a kâl ɓɔ lɛ, Hàɓaɓe lɛ mɛ̀ ǹtɛhɛ bindondoo bi ɓatɔ̀nɛ̀ i mɔ̀ɔ́ mee, mɛ̀ ha ki hìnɔ̀ɔ́ hyêm bindōndoo bi ɓatɔ̀nɛ̀, nì ha wɔ̀ɔ́ wêm i mbày yèɛ, mɛ̀ gahēmlɛ ɓe mɛɛ̀. ²⁶ Dìlɔ jwèm di tāgɓɛ ɓăŋ, ɓànigîl ɓee ɓa ɓā kì mu ndâp ɓɔ nì Tomàs. Yesù à jôp, màkòga màyìbga, à tɛlɛp i kède yâp, à kâl lɛ, Ǹsàŋ u ɓa nì ɓèɛ. ²⁷ Nì nyɛ à kâl Tomàs lɛ, Sambal hìnɔ̀ɔ́ hyɔŋ hana, nŭnkì mɔ̀ɔ́ mêm; sambal kì wɔ̀ɔ́ wɔŋ, u ha wɔ̄ mbày yèm; ù ɓa ɓăŋ nū ŋgìtɔbhemlɛ̀, ndik nū à nhēmlɛ̀. ²⁸ Tomàs à fímbhɛ nyɛ lɛ, À Ŋwɛt wêm, nì Nyambɛ wèm. ²⁹ Yesù à kâl nyɛ lɛ, Ù ǹhemlɛ̀ inyŭlē ù ǹtɛhɛ mê; ɓa ɓā bihēmlɛ̀ ɓɔ ŋgì tɛhê ɓa ye ǹsăyɓàk.

Inyŭkī kàat ìni ì ǹtîlɓà

³⁰ Yesù à ɓɔ̆ŋ kì ŋgàndàk bìyìmbnɛ ìpɛ bisū bi ɓanigìil, bi bī ta ɓē ǹtîlɓàgà munu kàat ìni; ³¹ ndi bini gwɔn bi nfîlɓa lɛ ni hemlɛ lē Yesù à yè Krǐstò, Măn Nyāmbɛɛ̀, nì lɛ hemlɛ nì nhēmlɛ nyɛ ni ɓana nìŋ i jòy jee.

21

Yesù à m̀pemel ɓanigîl ɓasâmbɔk

¹ I mbūs màm mana Yesù à ùnda kì ɓànigîl nyɛmɛdɛ i lɔ̆m Tìberìà; lana nyɛn à ùnda nyēmɛdɛ. ² Ba ɓā hɔma wadā, ɓɔ̀ Simòn Petrò, ɓɔ̀ Tomàs nu à nsèbla lɛ Dìdîm,*ɓɔ̀ Nàtanāɛl mùt Kanà ì Gàlìlèa, ɓɔ̀ ɓɔn ɓa Sebèdeò, lòŋnì ɓànigîl ɓee ɓàpɛ iɓaà. ³ Simòn Petrò à kâl ɓɔ lɛ, Mɛ̀ ŋ̀kɛ njòmbi cɔ̀bi. Ba kâl nyɛ lɛ, Yàk ɓĕs nì wè dì ŋkɛ̀. Ba nyɔdî, ɓa jôp mòŋgo; ɓa nɔ̄l ɓē yɔm mu ū uù. ⁴ Kɛl ì ɓa yɛ ɓăŋ, Yesù à ɓa à tee ŋgwāŋ; ndi ɓànigîl ɓa ɓā yi ɓē lɛ Yesù nû. ⁵ Yesù à ɓât ɓɔ lɛ, À ɓɔn ɓêm, ɓàa nì gwèe yɔ̀m jɛ? Ba fimbhɛ nyɛ lɛ, Hɛni. ⁶ Nì nyɛ à kâl ɓɔ lɛ, Lɛ̀ŋa mbūnja pɛ̀s moŋgō waalōm, ndi nì gagwêl. Kìi ɓa nlɛŋ ni, ɓa ɓā la ɓē oōt yɔ īnyùu ŋgàndàk cɔ̀bi. ⁷ Ǹnigîl nu Yēsù à ɓa gwɛ̂s, à kâl Petrò lɛ, Ŋwɛ̀t nû! Kìi Sīmòn Petrò à ǹnɔk lɛ Ŋwɛt nû, à haba logê, inyŭlē à ɓa ǹsɔ, à ɓɛha lɔ̀m. ⁸ Ndi ɓaa ɓànigîl ɓa lôl mòŋgo, inyŭlē ɓa ɓā ɓē nɔnɔk ni ŋgwaŋ, jàm kìi ɓɔ̀ mbogôl medà yàda, ɓa odòk mbunja ǹyɔnɔ̂k nì cɔ̀bi. ⁹ Ba pām ɓăŋ ŋgwāŋ ɓa tɛhɛ makalâk ma hyee, hyɔ̀bi hi kehī ŋgìi, nì kɔ̀ga. ¹⁰ Yesù à kâl ɓɔ lɛ, Lɔ̀nana mè cɔ̀bi nì ǹgwêl. ¹¹ Nì Simòn Petrò à jôp mòŋgo, à ɓot mbunja ŋgwāŋ ǹyɔnɔ̂k nì mbogôl cɔ̀bi dìkɛŋi nì mòm matân nì diaâ; ndi tɔ̀ lakìi di ɓā ŋgàndàk, mbunja ì keni ɓēɛ. ¹² Yesù à kâl ɓɔ lɛ, Lɔ̀ga jē. Ndi ǹnigîl nyɛkǐnyē à ɓa la ɓē ɓaât nyɛ lɛ, Wè ǹjɛɛ? Inyŭlē ɓa yī lē Ŋwɛ̀t nû. ¹³ Yesù à kôgɛ ɓeɓèɛ̀, à ɓada kɔ̀ga, à ti ɓɔ yɔ̄, halā kì nì hyɔ̀bi. ¹⁴ Ìni yɔ̆n ì ǹyonos ŋgelɛ̀ iaâ lɛ Yesù à ùnda nyēmɛdɛ ɓànigîl ŋgèdà à măl tùgɛ i kède ɓàwɔga.

Jehak mìntomba ŋwêm

¹⁵ Ba măl ɓăŋ jē, Yesù à ɓât Simòn

---

*Yòh 21: 2 Ɓèŋgɛ Yòh 11: 16

Petrò lɛ, À Simòn, măn Yòhanὲs, ɓaa ù ŋgwēs mɛὲ ìlɔ̀ɔ̀ ɓana? À kâl nyɛ lɛ, Ŋ̀ŋ̂, à Ŋwɛt, ù ńyī lɛ mɛ̀ nsìŋgɛ wê. À kâl nyɛ lɛ, Jehak ɓòn ɓêm ɓa mintomba. ¹⁶ À ɓimba ki ɓàt nyɛ ŋgèlè ì ǹyonos iɓaà lɛ, À Simòn, măn Yòhanὲs, ɓaa ù ŋgwēs mɛὲ? À kâl nyɛ lɛ, Ŋ̀ŋ̂, à Ŋwɛt, ù ńyī lɛ mɛ̀ nsìŋgɛ wê. À kâl nyɛ lɛ, Teedaga mìntomba ŋwêm. ¹⁷ À ɓât nyɛ ŋgèlè ì ǹyonos iaâ lɛ, À Simòn, măn Yòhanὲs, ɓaa ù nsìŋgɛ mê? Petrò à kɔ̃n ndudù inyŭlē à ŋ̀kâl nyɛ ŋgèlè ì ǹyonos iaâ lɛ, Ɓàa ù nsìŋgɛ mê? Nì nyɛ à kâl nyɛ lɛ, À Ŋwɛt, ù ńyī maàm mɔmasonā; ù ńyī lɛ mɛ̀ nsìŋgɛ wê. Yesù à kâl nyɛ lɛ, Jehak mìntomba ŋwêm. ¹⁸ Hɔ̀dɔ, hɔ̀dɔ, mɛ̀ nhɔ̄mb wɛ lē, ŋgèdà ù ɓênɛ̀ màaŋgɛ wānda, ù ɓeè ù habâ, ù hyomôk tɔ̀ hɛɛ ù nsòmbòl; ndi ŋgèdà ù gaùnul, ù gasāmbal mɔɔ mɔŋ, mùt nûmpɛ nyɛn à gahā wɛɛ̀, a kɛnā wɛ̀ hĕt ù nsòmbòl ɓee. ¹⁹ À kăl hālā ī ēba kīnjē ndòŋ nyĕmb à gatīnɛ Nyambɛ lìpem. À pɔt ɓăŋ hālà, à kâl nyɛ lɛ, Nɔ̆ŋ mɛ̀.

Ǹnigîl Yesù à ɓa gwês

²⁰ Petrò à hyêlɓà, à tɛhɛ nnīgiìl Yesù à ɓa gwês, ha mbūs yeὲ; nyɛn à ɓa à nigi Yēsù i tōl ŋgèdà bìlòp, à kâl lɛ, À Ŋwɛt, ǹjɛɛ à ǹliibana wê? ᶠ ²¹ Kìi Pētrò à ǹtɛhɛ nyɛ à kâl Yesù lɛ, À Ŋwɛt, ndi nunu kî? ²² Yesù à kâl nyɛ lɛ, Iɓālē mɛ̀ ǹsombōl lɛ a yēn lɛtɛὲ mɛ̀ lɔ̂, ki i ye wɛ̀ mû? Wɛ̀ nòŋɔk mɛ̀. ²³ Jɔn lìpodol lini li kɛὲ ī kède lògisāŋ lɛ ǹnigîl nû à gawɔ̄ ɓee; ndi Yesù à kăl ɓē nyɛ lɛ à gawɔ̄ ɓee; ndik lē, Iɓālē mɛ̀ ǹsombōl lɛ a yēn lɛtɛὲ mɛ̀ lɔ̂, ki i ye wɛ̀ mû?

²⁴ Nyàa ǹnigîl nyɛn à mɓɔ̀k mbogī inyùu màm mana; nyɛ ki nyēn à ǹtilā màm mana; dì ńyī lē mbògi yeē ì yὲ màliga.

²⁵ Yesù à biɓɔ̀ŋ ki ŋgàndàk màm ìpɛ, ɓalɛ ɓɔ ndi hī jaàm li tîlɓà, ki mɛ̀ nhɔ̄ŋɔl lɛ bìkààt bi tìlɓa bi ɓeὲ lɛ bi pâk ŋkɔ̀ŋ hisi.

ᶠ**Yòh 21: 20** Yòh 13: 23-25

Mìnsɔn mi Ɓaomâ

1

Lìkàk li Mbuu M̀pubi

1 À Teòfilò, mɛ̀ bimàl tilā kaàt yèm bìsu ᵍ inyùu màm mɔmasonā Yēsù à ɓɔ̀dol ɓɔ̀ŋ nì niigà, **2** lɛtɛ̀ɛ̀ nì yɔ̀kɛl nu à yòŋa ŋgìi, à ma māāl ɓehɛ ɓaoma à tɛp, nì ŋgùy Mbuu M̀pubi. **3** Ɓɔ ki ɓɔ́n à ùnda nyɛ̄mɛ̀dɛ yomi mbūs njɔ̄nɔk yeē nì ŋgàndàk bìyìmbnɛ, à pɛmlàk ɓɔ lɛtɛ̀ɛ̀ nì mòm mana mā dilɔ, à pɔdɔ̂k màm inyùu ànɛ̀ Nyambê. **4** Nyɛ nì ɓɔ ɓa ɓā ɓǎŋ ɓā kodī, à ɓehɛ ɓɔ lɛ, Nì nyɔdi ɓǎŋ Yèrusàlèm, ndi ɓɛ̀ma lìkàk li Tatà, li ye lē nì binɔ̄k ni mɛ̀; **5** inyǔlē Yòhanɛ̀s à ɓɛ sôblɛ̀ yaga ni màlep, ndi ɓɛ̀e nì gasòblana ni Mbūu M̀pubi mbūs ndèk dilɔ.

Màɓɛt ma Yesù i ŋgìi

6 Ba kɔ̀dɓa ɓǎŋ, ɓa ɓát nyɛ lɛ, À Ŋwɛt, ɓàa ŋgèdà ìni yǒn ù ntìmbhɛnɛ Isràɛ̀l ànɛ̀? **7** Nì nyɛ à kál ɓɔ lɛ, Jàm linân ɓɛ lî, i yī ŋgèdà tɔ̀ bìkɛ̀k Tàta à tee nì ŋgùy yèɛ nyɛmɛ̀dɛ. **8** Ndi nì gakòs ŋgûy ŋgèdà Mbuu M̀pubi à galŏl ŋgìi nân; nì gaɓā ki mbògi yêm i Yèrusàlèm, nì Yùdɛà yɔsonā nì Sàmarìà, lɛtɛ̀ɛ̀ nì masūk ma hisi. **9** À mǎl ɓǎŋ pɔ̄t màm mana, à yoŋā ŋgìi, ɓa ɓéŋgègè; nì ɔnd i nyoyos nyɛ mìs map. **10** Ba ɓɔ̄k ɓǎŋ mìs i ŋgìi ŋgèdà à ɓa kîl, nǔnkì, ɓòt iɓaà ɓa heeba bìèŋg bi mpōp, ɓa tee ɓɔ̄ pāŋ; **11** ɓɔn ɓa kǎl lē, À ɓôt ɓa Galìleà, inyǔkī nì tee nì ɓèŋgègè ŋgìi? Yesù nunu, nu à ǹnyɔdi ni ɓèe, à yoŋā ŋgìi, à gatɛmb ki halā kìkìi nì ǹtɛhɛ nyɛ à ŋkɛ̀ i ŋgìi.

Ɓa ntɛp mût mayìhà ma Yudà

12 Hanyɛ̄n ɓa tɛ̌mb ī Yèrusàlèm, ɓa lolàk hikòa hi nsèbla lɛ Òlivè, hi ye ɓèbèɛ̀ nì Yèrusàlèm, ntɛl likɛ li ŋgwa nɔ̀y. * **13** Ɓa jŏp ɓǎŋ, ɓa ɓɛt nyɔɔ tǔŋ ì ŋgìi, hòma ɓa ɓā ɓa yiīnɛ; ɓɔ Pɛtrò, ɓɔ Yòhanɛ̀s, ɓɔ Yàkobò, ɓɔ Àndrěà, ɓɔ Fìlipò, nì Tomàs, ɓɔ Bàrtòlòmeò nì Màteò, ɓɔ Yàkobò mǎn Àlfeò, ɓɔ Simòn Selòt, nì Yudà mǎn Yàkobò. **14** Bana ɓɔɓasonā ɓa ɓā ɓa yiī nì ŋɛm wada, ɓa tèŋɓɛ nì màsɔɔhɛ̀, ɓɔ nì ɓòdàa, nì Màrìà nyǎŋ Yēsù, nì lògnyâŋ.

15 Dilɔ̄ di cɔ̄n Pētrò à tɛlɓɛnɛ ī kède lògtatā [ŋgàndàk ɓòt ì ɓa ì kòdi, jàm kìi ɓɔ mbogôl nì mòm imaā], à kâl lɛ, **16** À lôgtatā yêm, i ɓɛ sômblà lɛ Lìtìlà li yɔ̂n, li Mbūu M̀pubi à ɓɔ̄k pɔ̄t i nyɔ Davìd inyùu Yūda, nu à ɓɛɛ ŋega ɓā ɓā bigwɛ̀l Yesù. **17** Inyǔlē à ɓɛ ɛŋa ī kède yês, à kǒs jēɛ jogà nsɔ̄n unu. **18** Mùt nunu a kǒs wɔ̀m nì ǹsaâ u ŋgitēlɛɛ̀bsep yee, à ɓɛha hisī biɓuɓùdi, à ɓoo ŋɛ̄mkède, mìnlà ŋwee ŋwɔminsonā kìi mi koba hisī. **19** Halā à yina nì ɓàyɛ̀n i Yèrusàlèm ɓɔɓasonā; jɔn wɔ̀m u sèblana ī hɔ̄p wap lɛ Akɛldāmà, halā à yɛ lɛ, Wɔ̀m u macɛ̀l. **20** Inyǔlē i ye ǹtìlɓàgà i kàat Cɛ̀mbi lɛ,

Lìyèɛnɛ jee li yilā ɓùm,
Mùt à yèn ɓǎŋ mù; ʰ
nì lɛ,

ᵍ **MB 1: 1** Luk 1: 3

* **MB 1: 12** Lìkɛ̀ li ŋgwa nɔ̀y li ɓā jàm kìi kīlòmedà yàda.

ʰ **MB 1: 20** Hyɛ̀m 69: 26

Mùt nûmpɛ a yɔ̄ŋ yèènɛ
yee bisɔ̀p. ⁱ

²¹ Mu ɓòt ɓa ɓeè ntōŋ wes ŋgèdà yɔ̀sonā Ŋwèt lɛ Yesù à ɓeè à yìi lòŋnì ɓɛ̌s, ²² ìɓòdòl yaga lisòblè li Yohānɛ̀s lɛtèè yɔ̀kɛl nu à binyɔ̄di ni ɓɛ̌s, à yoŋā ŋgìi, wàda à ǹlama yilā mbogī loòŋnì ɓès inyùu lìtùgè jee. ²³ Nì ɓɔ ɓa tee ɓòt iɓaà, Yosɛ̀f nu à nsèbla lɛ Bàrsabà, jòy jee ki lē Yustò, ɓɔ Màtiàs. ²⁴ Nì ɓɔ ɓa sɔɔhè, ɓa kāl lɛ, À Ŋwɛt, wěn ù ńyī miŋɛm mi ɓoòt ɓɔɓasonā, eba nū ù ntēp i kède ɓāna iɓaà, ²⁵ i yɔ̀ŋ yèènɛ i kède nsɔ̄n unu, nì nsɔ̄n ŋoma ū Yūdà à biyēk, à kɛ wèè hɔma. ²⁶ Nì ɓɔ ɓa lɛ́ŋ mbaàm, nì mbàm ì kwēl Matiàs, nì nyɛ à podā ni jòm li ɓaoma nì wada.

2

Màlɔ̀ ma Mbuu M̀pubi

¹ Ŋgwà Pêntèkôt ʲ u kɔ̀la ɓǎŋ, ɓɔɓasonā ɓa ɓā kīŋ yadā ɓa kodī hɔma wadā. ² Mbìmbà ì lɔ̄l yaga ŋgìi bitēebīloŋi kìkìi mbūk mbèbi nûŋkɛŋi, ì pāk mu ndāp yɔ̀sonā hɔma ɓa ɓā ɓa yiīnɛ. ³ Nì ɓɔ ɓa tɛhɛ dilemb di nsòs, di ɓoâk, di pôngà hyèe; di kahāp ŋgìi hī wadā waàp. ⁴ Ɓɔɓasonā ɓa yɔn ni Mbūu M̀pubi, ɓa kahal pɔ̄t dilemb dìpɛ, kìkìi Mbūu à ti ɓɔ i pɔ̄t.

⁵ Lôk Yudà i nsìŋɛ Nyambɛ ŋēm i ɓā yeèn Yèrusàlèm, i lɔ̌l bìlɔŋ bi ŋkɔ̀ŋ hisi gwɔbisonā. ⁶ Mbìmbà ìni ì nooga ɓǎŋ, lìmùt li kɔ̂dɓà, pèk ì m̀mâl ɓɔ, inyūlē hi muùt à nɔk ɓɔ̄ ɓa mpɔ̄t hɔp wee wɔmɛ̀dɛ. ⁷ Ɓɔɓasonā ɓa ɛgèp, ɓa hêl, ɓa kāl lɛ, Nùnakì, ɓòt ɓana ɓa mpɔ̄t, ɓàà ɓɔɓasonā ɓa ta ɓē ɓoòt ɓa Galìleà? ⁸ Lɛla ni dì nnɔ̄k ɓa mpɔ̄t, hi mût hɔp wee wɔmɛ̀dɛ à bigwēenà? ⁹ Ɓòt ɓa Partìà, nì ɓa Medìà, nì ɓa Elàm, nì ɓàyèn Mesòpòtamìà, nì Yùdeà nì Kàpàdokìà, nì Pontò, nì Asìà, ¹⁰ nì ɓa Frīgìà, nì Pàmfilìà nì Ègîptò, nì nyɔɔ Lībìà ɓèɓèè nì Kìrenè, nì bìyɔyɔ̀ bi nlòl i Rōmà, ¹¹ Lòk Yudà nì mbon Lôk Yudà, ɓòt ɓa Krētà nì ɓa Arābìà, dì nnɔ̄k ɓɔ ɓa mpɔ̄t maàm màkɛŋi ma Nyambɛ nì dìlemb ces. ¹² Nì ɓɔɓasonā ɓa ɛgèp, ɓa yôm, ɓa ɓádna lɛ, Halà wèɛ lāa? ¹³ Ndi ɓàhɔgi ɓa kahal jòhà, ɓa kalàk lɛ, Ba ńyɔn ni wây yɔndɔ.

Ŋkwèl Petrò kɛl Pèntèkôt

¹⁴ Nì Petrò à tɛlɛp nyɛ nì jǒm nì wàda, à ɓedes kiŋ i ŋgìi, à kāl ɓɔ lɛ, À Lôk Yudà, nì ɓèè ɓɔɓasonā ɓa nì ńyèènɛ Yèrusàlèm, yina jàm lini, seda kì mào, ni ɛmblɛ bìpodol gwêm. ¹⁵ Inyūlē ɓòt ɓana ɓa nhyoo ɓe kìi ɓèe nì nhɔŋɔɔ̀l; inyūlē i ye ndīk ŋgēŋ ɓòo; ¹⁶ ndi jàm lini li ye jàm li pōda nì m̀podôl Yoèl lɛ,

¹⁷ Nyambɛ à ŋkàl lɛ, Dilɔ̄ di nsōk i gaɓā lɛ mɛ̀ gakôp Mbuu wèèm i ŋgìi mìnsòn ŋwɔminsonā;
ɓɔ̀n ɓanân ɓa ɓôlom nì ɓa ɓodàà ɓa gapɔ̄t bindèê, ɓɔ̀ɔ̀ŋɛ ɓanân ɓa wanda ɓa gatēhe biyīndà, mìmaŋ minân mi ɓôt mi gaɛ̀mɛl bièêm;
¹⁸ mu dīlɔ̄ di nyēn mɛ̀ gakôp yaga Mbuu wèèm i ŋgìi mìnlìmil ŋwêm mi ɓôlom nì mi ɓodàa, ndi ɓa gapɔ̄t bindèê.

ⁱ**MB 1: 20** Hyèm 109: 8

ʲ**MB 2: 1** LL 23: 15-21; NM 16: 9-11

¹⁹ Mɛ̀ gaēba maàm ma helha ŋgìi, nì bìyìmbnɛ hana hisī; màcèl, nì hyèe, nì ǹnyùm hidâ; ²⁰ jɔ̀p li gayìla jiibɛ̀, soŋ kî i yilā màcèl, ŋgwà Ŋwɛt wɔ ŋgì ɓaambɛ̀, ŋgwà ǹkɛŋi nì u lipem. ²¹ Ndi i gaɓā lɛ, tɔ̀njɛɛ à galōndol joy li Ŋwɛt à gatɔ̄hlana.ᵏ

²² À Lôk Isrăɛ̀l, ɛmblana bìɓàŋga bini: Yesù nu Năsàrɛ̀t, mùt Nyambɛ à biɛ́ba ɓee nì mìmpemba mi mâm nì màm ma helha nì bìyìmbnɛ Nyāmbɛ à biɓɔ̀ŋ ni nyɛ i kède nān, kìi yàk ɓɛ̀ɛ̀ɓɔmèdɛ nì ńyī; ²³ nyɛn à tina kĭŋgèdà màteenɛ ma pêk nì ɓɔ̀gyi i Nyambɛ̀; ɓee nì bitɔ̀mol nyɛ mbāsa nì nɔl nyɛ nì mɔ̀ɔ ma ɓôt ɓa ńyī ɓe mben. ²⁴ Nyambɛ à bitùgul nyɛ i hèa à bihèa nyɛ i njòghè nyɛ̀mb; inyŭlē nyɛ̀mb ì ɓeè ɓe lɛ ì la ɓāmda nyɛ. ²⁵ Inyŭlē Davìd à ŋkàl inyùù yeē lɛ,

Mɛ̀ ɓe tɛhɛ Ŋwɛt bisū gwɛèm ŋgèdà yɔ̀sonà; inyŭlē à yɛ̀ i wɔ̀ɔ̀ wêm waalōm, lɛ mɛ̀ pìŋgla ɓâŋ;
²⁶ jɔn ŋ̀ɛm wêm u bihàk, hìlemb hyêm kì hi seêk; mìnsɔn ŋwêm kì mi gayên ni ɓɔ̄dŋɛm;
²⁷ inyŭlē ù gayēk ɓe mbuu wɛɛm i Hādɛ, tɔ̀ kèmhè lɛ nûmpubi wɔ̄ŋ a ɓɔɔ̀l sɔ̀ŋ.
²⁸ Ù biyīs nyɛ mànjɛ̀l ma nîŋ, ù gayōnos mɛ nì màsee bisū gwɔŋ.ˡ

²⁹ À Lôgtatà mɛ̀ ŋkàl ɓee m̀paha inyùu sōgol weēs Davìd lɛ à wɔ, à jubà, sɔ̀ŋ yèe kî ì yɛ i ɓēhnì lɛtɛɛ nì lɛn. ³⁰ Halā nī kìi à ɓa m̀podôl, à yîk kì lɛ Nyambɛ à kùmul nyɛ́ sɔ̀ŋ lɛ mu lītām li ɓoɓòk yee, kĭŋgèdà mìnsɔn, à gapēmes Kriĭstò i yìs nyɛ i yèènɛ yee anɛ̀; ᵐ ³¹ ndi lakìi à ɓŏk ndūgi tɛhɛ halà, à pɔt inyùu lìtùgè li Krĭstò, lɛ à gayēglɛ ɓɛ Hādɛ, tɔ̀ mìnsɔn ŋwee kî mi gaɓɔ̀l ɓee. ³² Nyàa Yēsù nunu nyɛn Nyāmbɛ à bitùgùl, ɓèhɓɔbasonā dì ye mbògi halà. ³³ Halā nī kìi à biɓēdhana ni wɔ̀ɔ waalōm u Nyambɛɛ̀, à kôs ki lìkàk li Mbuu M̀pubi ni Tàtâ, nyɛn à ŋkop jàm lini nì ntēhɛɛ̀ nì nnɔ̄k. ³⁴ Inyŭlē Davìd à ɓɛt ɓē ŋgìi, ndi nyɛmɛ̀dɛ à kăl lɛ,

Ŋwɛ̀t à bikàl Ŋwɛt wêm lɛ, Yĕn wɔ̀ɔ wêm waalōm,
³⁵ lɛtɛ̀ɛ mɛ yîlha ɓaɓala ɓɔ̄ŋ kèhnɛ makòò mɔŋ. ⁿ

³⁶ Inyŭhālà ndap Ĭsrăɛ̀l i yi ǹtîîk lɛ, Yesù nunu nì bitɔ̀mol mbāsa, nyɛn Nyāmbɛ à ǹyĭlha Ŋwɛt nì Krĭstò. ³⁷ Ɓa nɔ̄k ɓăŋ jàm lini, li om ɓɔ ŋēm, ɓa ɓàt Pɛtrò nì ɓaoma ɓàpɛ lɛ, À lôgtatà, di ɓɔ̄ŋ lāa? ³⁸ Nì Pɛtrò à kăl ɓɔ lɛ, Hyɛla mìŋɛm, ni sôblana hi wadā nān i jòy li Yesù Krĭstò inyùu ŋwèhèl biɓeba binân; ndi nì gakòs likèblà li Mbuu M̀pubi. ³⁹ Inyŭlē lìkàk li ye ĭnyùu nān, nì inyùu ɓɔ̀n ɓanân, nì inyùu ɓòt ɓɔbasonā ɓa ye nɔ̄nɔk, ɓɔbasonā yaga Ŋwɛt lɛ Nyambɛ wēs à gasèbel nyēnī. ⁴⁰ Nì nyɛ à ɓŏk mbogī nì ŋgàndàk biɓàŋga ipɛ, à ɓɛhgɛ̀ ɓɔ, nyɛ ɓɔ lɛ, Tɔhlana ɓɛ̀ɛ̀ɓɔmèdɛ ni hyày hini hi kodi. ⁴¹ Ndi ɓa ɓā lēɛgɛ ɓàŋga yee ɓa sòblana; ɓa kòndnana yɔ̀kɛl jàm kìi ɓɔ̀ dìkoo di ɓôt diaâ.

Nìŋ ɓahɛmlɛ̀

⁴² Ɓa tèŋɓɛ yāga ni màeba ma ɓaomâ nì àdnà nì ɓɛgnà kɔ̀ga nì màsɔɔhɛ̀. ⁴³ Nì wɔ̀nì u gwēl hi muùt; Ɓaoma ɓā ɓā ɓɔɔ̄ŋ ŋgàndàk màm ma helha nì bìyìmbnɛ. ⁴⁴ Ndi ɓôt ɓɔbasonā ɓa hēmlɛ ɓa ɓā hɔma

---

ᵏMB 2: 21 Yoèl 2: 28-32
ˡMB 2: 28 Hyèm 16: 8-11
ᵐMB 2: 30 Hyèm 132: 11
ⁿMB 2: 35 Hyèm 110: 1

wadā, ɓa ɓā ɓa gweē gwɔm gwɔbisonā ǹcàŋgên; ⁴⁵ Ba ɓā nuŋùl gwɔm gwap nì ŋ̀kùs wap, ɓa kâbnàgà ɓɔɓasonā kìkìì i ɓā soòmblà nì hi mût. ⁴⁶ Ba ɓā ī tēmpɛ̀l hi kɛl nì ŋ̀em wada, ɓa ɓɛgnàgà kɔ̀ga mambāy, ɓa jêk bìjek gwap nì ŋ̀em masee nì ŋwɛ̀ɛ, ⁴⁷ ɓa ɓeghàk Nyambê, ɓa lemlàk kì ɓɔ̀t ɓɔɓasonā. Hi kɛl Ŋwĕt à ɓa kondè ɓɔ ɓa ɓā ɓā ɓàtɔhlaga.

3

Bogmût i mmēlhana ŋwèmɛl tempɛ̀l

¹ Petrò ɓɔ Yòhanès ɓa ɓēt ǹtoŋ i tēmpɛ̀l i ŋgèdà màsɔɔhè ma ŋgeŋ iaâ. ² Ndi ɓa ɓā ɓɛgɛ̀ɛ̀ mùt wàda nu à gwee ɓōk liɓùm li nyâŋ, nu ɓa ɓā niŋì hi kɛl ŋwèmɛl tempɛ̀l u nsèbla lɛ Ǹlam, lɛ à yàglàk ɓòt ɓa njòp i tēmpɛ̀l màkèblà. ³ À tɛhɛ ɓăŋ lē Petrò ɓɔ Yòhanès ɓa nlɔ jòp i tēmpɛ̀l, à yagāl ɓɔ màkèblà. ⁴ Petrò ɓɔ Yòhanès ɓa ɓɔk nye mĭs, ɓa kāl nye lɛ, nŭn lē ɓĕs. ⁵ Nì nyɛ à ǹnûn ɓɔ, à hɔŋlàk lɛ ɓa ntī nye yɔ̆m. ⁶ Ndi Petrò à kāl lɛ, mɛ̀ gwèe ɓēmɛ sīlɓà tɔ̀ gôl; ndi yɔ̆m mɛ̀ gwèe yɔn mɛ̀ ntī weɛ̀. I jòy li Yesù nu Năsàrèt, tɛlɛp, kènɛk. ⁷ Nì nye à gwêl nye wɔ̀ɔ̀ waalōm, à tee nye; bitēebīloŋi màkòò mee ma lêt, nì bìhès gwee bi moŋgà. ⁸ À ublà, à tɛlêp, à kahal kɛ̀; nì nye à jôp nye nì ɓɔ i tēmpɛ̀l, à kènɛk, à cadâk, à ɓeghàk Nyambê. ⁹ Bòt ɓɔɓasonā ɓa tɛhɛ nye à nhyōm, à ɓeghàk Nyambê. ¹⁰ Nì ɓɔ ɓa yi lɛ nyɛn à ɓe yên ŋwèmɛl Ǹlam u tempɛ̀l inyùu njàgi; ɓa hɛl kîyaga, ɓa ɛgɛ́p inyùu jàm li lēŋa nì nyɛ.

Ŋkwèl Petrò liɓèɓɛ li nsèbla lɛ li Salōmò

¹¹ Ndi Kìi ɓōgmuùt i mèlhana i ntēŋɓɛ nì Petrò nì Yòhanès, ɓòt ɓɔɓasonā ɓa lɔ ŋ̄gwee, ɓa kɔ́dɓa ɓōnī liɓèɓɛ li nsèbla lɛ li Salōmò, ɓa yiī ǹhɛlêk ŋgandàk. ¹² Ndi Petrò à tɛhɛ ɓăŋ hālà, à kāl ɓoòt lɛ, À ɓôt ɓa Isrăɛ̀l, nì ǹhɛlɛl ki inyùu mùt nunu? Nì mɓōgol ki ɓes mǐs wēŋgɔ̀ŋlɛ ɓès ɓɔn dì m̀ɓɔ́ŋ mùt nunu lɛ à kahal kɛ̀ inyùu ŋgùy yɛs yɔ̀mèdɛ nì sìngɛ̀ dì nsìŋgɛ Nyambɛ ŋēm? ¹³ Nyambɛ nū Àbràhâm, nì nu Īsàk, nì nu Yākòb, Nyambɛ nū ɓàsogol ɓes, à bitī Man wèe Yesù lìpem, nu nì bilīibànà, nì taŋɓa ki bīsū bi Pilātò, ŋgèdà à ma mēlēs lɛ à ŋŋwàs nyɛ̄. ¹⁴ Ndi nì bitāŋɓa Nuùmpubi nì nu à tee sēp, ndi nì ɓât lɛ ɓa ti ɓèè mût mànɔlâ, º ¹⁵ nì binōl ki Ŋwèt nîŋ, nu Nyāmɓɛ à bitùgul i kède ɓàwɔga; dì yè mbògi halà. ¹⁶ Inyùu hēmlɛ̀ joy jee nyɛn jòy jee li bitī mùt nunu ŋgùy, nu nì ntēhɛ nì yi kì; hɛmlɛ̀ i ī yɛnè inyùù yeè, yɔn i nti nye ūnu mbōo kwɛkwɛ̀ kìi ɓèè ɓɔɓasonā nì ntēhɛɛ̀.

¹⁷ Ndi hanânɔ, à lôgtatà, mɛ̀ ńyī lɛ nì bigwèlel yaā halà inyùu ŋgìyi, kìkìi yàk ɓà-ànè ɓanân. ¹⁸ Ndi màm Nyambɛ à ɓŏk āŋal ni mànyɔ̀ ma ɓapodôl ɓɔɓasonā, lɛ Krĭstò wèe à sɔn njɔnɔk, mɔn à biyōnoòs. ¹⁹ Inyùuhālà ɓèe hyèla mìŋɛm, ni hyɛ́lɓa kì, lɛ bìɓeba binân bi sɛhā, lɛ ndi ŋgèdà hɔ̀gɓè i gaɓā i nlòl bisū bi Ŋwɛt; ²⁰ nì lɛ a ɔm Yēsù Krĭstò nu à ɓŏk āŋlana ɓèe. ²¹ nu ŋgìi ì ǹlama

---

º **MB 3: 14** Màt 27: 20-21

yɔ̄ŋ lɛtèɛ̀ nì bitìmbhɛnɛ bi mâm mɔmasonā; kìkìi Nyāmbɛ à pɔt nì mànyɔ̀ ma ɓapodôl ɓee ɓàpubhaga, ɓa ɓā ɓā ìɓòdòl ŋgèdà kwàn. ²² Mosè à kǎl ǹtììk lɛ, Ŋwèt lɛ Nyambɛ à gapēmhɛnɛ ɓee m̀podôl kìkìi mɛ̀ mu lògisɔ̄ŋ naàn; nyɛn nì gaēmblɛ i kèdɛ màm mɔmasonā à gakàl ɓee. ᵖ ²³ Ndi i gaɓā lɛ, hi mût nu à gaēmblɛ ɓe mpodoòl nû à gacība yaga hyɛs i kèdɛ ɓòt. ²⁴ Ɓàpodôl ɓɔɓasonā ìɓòdòl Sàmuèl nì ɓa ɓā nnɔ̀ŋ hâ, ɓɔɓasonā yaga ɓa ɓā pɔt, ɓa aŋlàk kì inyùu dìlɔ dini. ²⁵ Ɓèe nì yè ɓɔn ɓa ɓapodôl, nì ɓa malombla Nyāmbɛ à lombol nì ɓàsogol ɓanân, kìi à kǎl Àbrâhâm lɛ, i kèdɛ mɓōo yɔɔ̄ŋ lìmùt nyɛn màtɛn ma ŋkɔ̀ŋ hisi mɔmasonā ma gasàyɓana. ᑫ ²⁶ Ɓèe ɓɔn Nyāmbɛ à ɓǒk pēmhɛnɛ Man wèè Yesù, à ɔm nyɛ lɛ a sayāp ɓèe, i hèyà hi wadā nàn liyànmbɛn jee.

4

Petrò ɓɔ Yòhanès bisū bi bikeehɛnɛ

¹ Ndi ki ɓā ŋgi podhàk ɓòt, bìprǐsì nì ŋ̀ànɛ̀ sonda nū tēmpɛ̀l nì Sàdukàyɛ ɓa pemel ɓɔ, ² ɓa unup kîyaga inyūlē ɓa ɓā niigà ɓòt, ɓa aŋlàk lìtùgè i kèdɛ ɓàwɔga inyùu Yēsù. ³ Nì ɓɔ ɓa ha ɓɔ mɔ̀ɔ, ɓa ɓii ɓɔ bitēdel lɛtèɛ̀ kɛl ì yɛ; inyūlē halà à ɓa kòkoa. ⁴ Ndi ŋgàndàk i kèdɛ ɓèt ɓa nɔ̄k ɓàŋga, ì hɛmlɛ̀; nì ŋ̀aŋga wap u pam jâm kìi ɓɔ̀ dìkoo ditân.

⁵ Kɛl ì yɛ ɓǎŋ, ɓa-ànɛ̀ ɓap nì mìmaŋ mi ɓôt nì ɓàyimbēn ɓa kɔ̄dɓa Yèrusàlèm, ⁶ lòŋnì prǐsì kɛŋi lɛ Anà, nì Kayfà, nì Yòhanès, nì Àlègsândrɛ, nì ɓòt ɓɔɓasonā ɓa ɓā līhàà li prǐsì kɛŋi. ⁷ Ɓa tēe ɓǎŋ ɓɔ̄ ŋēmkèdɛ, ɓa ɓát ɓɔ lɛ, nì ŋgùy ìmbɛɛ, tòlɛ, nì jòy lìmbɛɛ nì ŋgwèlel halà? ⁸ Ndi Petrò, ǹyɔnga ni Mɓūu M̀pubi, à kâl ɓɔ lɛ, ⁹ À ɓee ɓa-ànɛ̀ nì mìmaŋ mi ɓôt, iɓālē nì mɓàt ɓes lɛ̀n inyùu lɔ̄ŋgɛ jâm i mɓoŋā ni hìmìmà mût, lɛ di kâl ɓèè lɛlaa à m̀mêlhànà, ¹⁰ i yina nì ɓèè ɓɔɓasonā nì ɓòt ɓa Isrǎèl ɓɔɓasonā lɛ, i jòy li Yesù Krǐstò nu Năsàrèt, nu nì bitòmol mɓāsa, nu Nyāmbɛ à bitùgul i kèdɛ ɓàwɔga, inyùù yeē nyɛn mùt nunu à tee bīsū binaàn m̀mēlhàgà. ¹¹ Nyɛn à yè ŋgɔ̀k ì ɓèè ɓaɔŋ nì biyàn, ndi yɔ̄n ì biyìla ŋgôk lìkas. ʳ ¹² Ndi tɔhi ī tanè ɓe ni nùmpɛ, inyūlē jǒy lìpɛ li ntina ɓôt li ta ɓē hana hisī, lɛ jɔn dì ǹlama tɔhlànà.

¹³ Kìi ɓa ntɛhɛ makɛnd ma Petrò nì Yòhanès, ɓa yi ki lē ɓa binigìll ɓee, ɓa ye kì ɓòt ɓa lɔ̀ŋ ɓa ŋ́yī ɓe kaàt, ɓa hêl; ndi ɓa biyī inyùù yáp lɛ ɓa ɓā nì Yesù. ¹⁴ Kìi ɓa ntɛhɛ mût à mèlhana à tee nyē nì ɓɔ, ɓa ɓā ɓē lɛ ɓa pɔt jaàm. ¹⁵ Ɓa kǎl ɓǎŋ ɓɔ̄ lɛ ɓa nyɔdi ndūgi bikēehɛnɛ, ɓa kahal ɓàdnà, ɓa kalàk lɛ, ¹⁶ Dì gaɓɔ̀ŋ la ni ɓòt ɓana? Inyūlē ɓòt ɓɔɓasonā ɓa ŋ́yɛn i Yèrusàlèm ɓa mmāl yi lɛ ɓa ŋgwēl sɔsɔ̄ jâm li hɛlha; dì tà ɓe lɛ dì taŋ jɔ. ¹⁷ Ndi lɛ jâm lini li càma ɓáŋ ī kèdɛ ɓòt, di kond yàà ɓɔ lɛ, lìɓòdòl lɛ̀n ɓa pōdos ha ɓaāŋ mùt nyɛkĭnyē jàm mu jòy lî. ¹⁸ Nì ɓɔ ɓa sebēl ɓɔ, ɓa ɓehɛ ɓɔ lɛ ɓa pɔt ha ɓaāŋ tɔ̀ niigà i jòy li Yesù. ¹⁹ Ndi Petrò ɓɔ Yòhanès ɓa t̂imbhɛ ɓɔ lɛ, Ɓèè pemhana mbàgi tɔ̀ɔ halà à yè sep i mìs ma Nyambɛ ī nōgoòl ɓèe

---

ᵖ**MB 3: 22** NM 18: 18, 19
ᑫ**MB 3: 25** Bìɓ 22: 18
ʳ**MB 4: 11** Hyèm 118: 20

ìlɔ̀ɔ̀ Nyambê; ²⁰ inyŭlē dì tà ɓe lɛ dì ŋ̀wás i pɔ̄t màm dì bitēhɛɛ̀ nì nɔk. ²¹ Ba kòndɛ ɓăŋ kōnd ɓɔ, ɓa ŋwás ɓɔ, inyŭlē ɓa tēhɛ ɓē njɛɛ̄l i nōgoòs ɓɔ inyùu ɓòt; inyŭlē ɓòt ɓɔɓasonā ɓa tī Nyāmbɛ lìpem inyùu jàm li gwèla. ²² Inyŭlē mùt nu à kŏs jàm li helha lini i mèlhànà à ɓa lɔɔ̀ mòm mana mā ŋwii.

Ɓàhemlè ɓa nsɔ̄ɔhɛ Nyambɛ ī ɓāna màkend

²³ Ba ŋwèha ɓăŋ, ɓa kɛ ntōŋ wap, ɓa aŋlɛ ɓɔ màm mɔmasonā bìprĭsì bìkɛŋi nì mìmaŋ mi ɓôt ɓa kăl ɓɔ̄. ²⁴ Ba nɔ̄k ɓăŋ hālà, ɓa londol Nyambɛ ŋgèm yàda, ɓa kāl lɛ, À Ŋwɛt, ù yè Nyambê, wɛ̀ nu ù hĕk ŋgìì nì hìsi nì tuyê nì gwɔ̀m gwɔbisonā bi ye mù. ²⁵ Wɛ̀n ù pɔt nì Mbuu M̀pubi i nyɔ̀ sogol wɛ́s Davìd, ǹlìmil wɔŋ, lɛ, Inyŭkī bìlɔ̄ŋ bìpɛ bi ńyògɓɛ̀, ɓòt ɓa nhɔ̄ŋlɛnɛ ki gwaŋgà bi mâm? ²⁶ Bìkiŋɛ bī ŋkɔ̀ŋ hisi bi ntɛlɓɛnɛ nyɛ, ɓà-ànɛ ɓa ŋkɔ́dɓa i kɔ̀lɓà Ŋwɛt nì Krĭstò wèɛ. ˢ ²⁷ Inyŭlē, munu ŋkɔ̀ŋ unu, Hèrodè nì Pòntìò Pìlatò ɓɔ iɓaà, lòŋnì bìlɔ̄ŋ bìpɛ nì ɓòt ɓa Isrăɛl ɓa ŋkɔ̀dɓa yaga i kɔ̀lɓà ǹlìmil wɔŋ m̀pubi lɛ Yesù, ²⁸ nu ù hɔɔ, i ɓɔ̀ŋ tɔ̀ kinjē wɔ̀ɔ̀ wɔŋ u ɓŏk tēɛ, nì pèk yɔ̀ŋ lɛ i gaɓòŋa. ²⁹ Ndi hanânɔ, À Ŋwɛt, nɔk mìnhanak ŋwap; u ɓɔ̄ŋ kì mìŋkɔ̀l ŋwɔŋ lɛ mi pɔt ɓàŋga yɔŋ nì màkend mɔmasonā, ³⁰ ŋgèdà ù nsāmbal wɔɔ wɔŋ i mèlɛ̀s màkòn; nì lɛ, bìyìmbnɛ bi ɓonā ī jòy li nlìmil wɔŋ m̀pubi lɛ Yesù, nì màm ma helha. ³¹ Ba sɔ̄ɔhɛ ɓăŋ, hɔma nu ɓa kɔ̀dɓana à kahal nyèŋg; nì ɓɔɓasonā ɓa yɔn ni Mbūu M̀pubi, ɓa aŋal ɓaŋgā Nyambɛ nì màkend.

Gwɔ̀m gwɔbisonā ǹcàŋgên

³² Ndi lìmùt li ɓahemlè li ɓā ŋ̀ɛm wada nì mbuu wada, ndi tɔ̀ wàda à ɓa kâl ɓe lɛ yɔ̀m yɔkǐyɔ̄ mu gwɔ̀m à ɓa à gwèɛ i ɓā ìyeɛ; ndi gwɔ̀m gwɔbisonā bi ɓā ɓɔ̄ ǹcàŋgên. ᵗ ³³ Ndi ɓàoma ɓa ɓɔ̄k mbògi yáp inyùu lìtùgè li Ŋwɛt lɛ Yesù Krĭstò nì lìpemba lìkɛŋi; kàrîs kɛŋi kî ì ɓa ŋgìì yáp ɓɔɓasonā. ³⁴ Inyŭlē tɔ̀ wàda i kèdɛ yáp à ɓa cɛlɛ̂l ɓeɛ; inyŭlē ɓa ɓɔ̄ɓasonā ɓa ɓā ɓa gweē dìsi tɔ̀ màndap ɓa nùŋul gwɔ̄, ɓa lɔnā nsaâ u gwɔm bi nùŋlana, ³⁵ ɓa niŋī wɔ makòò ma ɓaomâ, ɓa kêɓlàk hi mût kĭŋgèdà ɓa yeɛ. ³⁶ Ndi Yosɛ̀f, nu ɓàoma ɓā ɔɔ lē Bàrnabà [halā à yè lɛ, màn nu hògɓè], măn Lòk Levì i lɔ̀ŋ Kiprò, ³⁷ à ɓa à gweē wɔ̀m, à nuŋūl wɔ, à lɔnā mɔnì, à niŋī ŋwɔ makòò ma ɓaomâ.

5

Ànànià ɓɔ Sàfìrà

¹ Mùt wàda jòy jee lɛ Ànànià, ɓɔnà ŋwaa weē Safìrà, à nùŋul hìsi, ² à yegla jogà mu nsāā, yàk ŋwàà weē kiì à yîk halà, à lɔ̀na lī jògà, à ǹniŋī jɔ makòò ma ɓaomâ. ³ Ndi Petrò a kāl lɛ, À Ànànià, inyŭkī Sāatàn à ǹyoŋōl ɲem wɔŋ i tēɛmbɛ̀nɛ Mbuu M̀pubi, nì i yēglà jògà li nsaâ u hisi? ⁴ Ɓàà hi ɓāk ɓaāŋ, hi ɓāk ɓe hyɔ̄ŋ? Hi nûŋlànà ɓăŋ kì, hi ɓāk ɓe wɛ kùndè? Lɛlaa ni ù ǹhĕk jàm lini ŋɛm wɔŋ? Ù ǹtɛɛmbɛnɛ ɓe ɓôt, ndik Nyāmbɛɛ̀. ⁵ Kìi Ànànià à ǹnɔk biɓàŋga bini à kwɔ hīsī, à wɔ; nì

ˢfr MB 4: 26 Hyɛ̀m 2: 1-2 ᵗMB 4: 32 MB 2: 44-45

wɔŋi ŋkɛŋi u gwēl ɓɔɓasonā ɓa nɔk halà. ⁶ Nì ɓɔ̀ɔ̀ŋgɛ ɓa wanda ɓa nyɔdî, ɓa hoo nyɛ, ɓa kɛnā nyɛ, ɓa jô. ⁷ Mbūs jàm kìi ɓɔ̀ ŋgɛŋ iaâ, yàk ŋwàa à jôp iɓaɓe nyɛ i yī jàm li mɓoŋà. ⁸ Nì Petrò à kāl nyɛ lɛ, Kăl mɛ̀, ɓàà halā nyēn nì ǹnuŋūl wɔm? ⁹ À fîmbhɛ lɛ, Ŋ̂ŋ̂, halà. Nì Petrò à kāl nyɛ lɛ, Lɛlaa nì ǹyɛ̂gna i nɔ̀ɔ̀dɛ̀ Mbuu Ŋwɛt? Nŭnkì, màkòò ma ɓɛt ɓa njo nlō wɔŋ ma tee ŋwɛ̀mɛl, ɓa gakɛ̀na ki wɛ̀. ¹⁰ Bitēeɓīloŋi à kwɔ̄ hīsī makòò mee, à wɔ; nì ɓɔ̀ɔ̀ŋgɛ ɓa wanda ɓa jôp, ɓa kɔp nyɛ à ɱ̀ma wɔ̄, ɓa kɛnā nyɛ, ɓa jo nyē i pāŋ ǹlom. ¹¹ Nì wɔŋi ŋkɛŋi u gwēl ŋgìlm ǹtoŋ, nì ɓɔɓasonā ɓa nɔk màm mana.

Ɓàoma ɓa mɓɔŋ ŋgandàk ɓìyìmbnɛ nì màm ma helha

¹² Ŋgàndàk bìyìmbnɛ nì màm ma helha bi ɓā ɓoŋà i kède ɓôt nì mɔ̀ɔ̀ ma ɓaomâ; ɓɔɓasonā ɓa ɓā ǹyɛm wada, liɓèɓe li Salōmò. ¹³ Ndi ɓa ɓapɛ, mùt nyɛkĭnyē à nɔ̀ɔ̀dɛ ɓē aādɓa ntōŋ wap, ndi tɔ̀ halà, ɓôt ɓa ɓā ti ɓɔ̄ lìpem. ¹⁴ Màmùt ma ɓahɛmlɛ̀, ɓòòlom nì ɓòdàa, ɓa ɓā koòndnànà Ŋwɛt, ¹⁵ kàyèlɛ ɓa lɔ̄ŋà yaga ɓakɔkɔ̂n manjèl, ɓa niŋak ɓɔ binàŋ nì bitāk lɛ ŋgèdà Petrò à ntāgɓɛ̀ tɔ̀ tìdiī yee i tis wàda wâp. ¹⁶ Ndi yàk lìmùt li kôdɓà, li lolàk miŋkɔŋ mi ɓā ɓèɓèè nì Yèrusàlèm, ɓa lɔ̄ŋà ɓàkɔkɔ̂n nì ɓa ɓā ntèèŋana ni mìmbuu mi nyɛgā, ndi hi mût à mɛ̀lhana.

Ndèèŋgà ɓàomâ

¹⁷ Ndi prĭsì kɛŋi ì tɛlɛp, nì ɓa ɓɔ̄ɓasonā ɓa ɓā nì nyɛ [halā à yè lɛ, ǹtoŋ Sadūkày], ɓa yɔn ni njòŋ, ¹⁸ ɓa ha ɓaoma mɔ̀ɔ, ɓa ha ɓɔ ndāp mɔ̀k.

¹⁹ Ndi aŋgèl Ŋwɛ̄t ì yibīl makòga ma ndap mɔ̀k jùu, ì pemes ɓɔ, ì kāl lɛ, ²⁰ Kɛ̀na, tɛlɓana tēmpɛl, ni kāl ɓôt bìɓàŋa gwɔbisonā bi nìŋ ini. ²¹ Ɓa nɔ̄k ɓăŋ halā, ɓa jôp tēmpɛl, jàm kìi ɓɔ̀ màyɛ ma kɛl, ɓa kahal niìgà.

Ndi prĭsì kɛŋi nì ɓa ɓā ɓā nì nyɛ, ɓa lô, ɓa sebēl ntoŋ ɓakeês nì mìmaŋ mi ɓôt ŋwɔminsonā mi ɓon ɓa Isrăèl, ɓa ɔm ndâp mɔ̀k lɛ ɓa lɔnā ɓɔ̄. ²² Ndi kìi mìnlìmil mi bikɛ̀, mi kɔp ɓe ɓɔ ndâp mɔ̀k; ²³ nì ŋwɔ mi têmb, mi aŋal lɛ, dì ŋkɔba ndap mɔ̀k ì kwĭhi lɔ̄ŋgeɛ̀, ɓàtat kî ɓa ɓâk ɓa tee mākòga; ndi ŋgèdà dì ǹyibīl dì ŋkɔp ɓe mût mû. ²⁴ Ndi kìi ǹyànɛ̀ sonda nū tēmpɛl nì bìprĭsì bìkɛŋi ɓa nnɔk bìɓàŋa bini, bi yumūs ɓɔ ŋgàndàk, ɓa yi ɓe kìi halā à gasōk. ²⁵ Nì mùt wàda à lô, à kāl ɓɔ lɛ, nùnakì, ɓôt nì ǹha mmɔ̀k, ɓa tee tēmpɛl, ɓa nnīiga ɓoôt. ²⁶ Nì ǹyànɛ̀ sondâ nì mìnlìmil ɓa kê, ɓa lɔnā ɓɔ, ndi hà nì ŋgùy ɓee, inyŭlē ɓa ɓā kɔɔ̀n ɓôt wɔŋi, lɛ ɓa tiga lɛ ɓa om ɓɔ ŋgɔk. ²⁷ Ɓa lòna ɓăŋ ɓɔ̄, ɓa tee ɓɔ bisū bi ntoŋ ɓakeês. ²⁸ Nì prĭsì kɛŋi ì ɓát ɓɔ, ì kāl lɛ, Dì bìɓēhe yaga ɓee lɛ nì niiga ɓăŋ i jòy lini; ndi nùnakì, nì ǹyonos Yerūsàlèm nì màeba manân, nì nhɛk ki ī kèhì màcèl ma mùt nu ī ŋgìl yês. ᵘ ²⁹ Ndi Petrò nì ɓaoma ɓā fîmbhɛ lɛ, Dì ǹlama nogol Nyambê ìlɔ̀ɔ̀ ɓôt. ³⁰ Nyambɛ ɓàsogol ɓes à bitùgul Yesù nu nì binɔ̄l kìi nì bipèni nyɛ mbàsa. ³¹ Nyɛn Nyāmbɛ à biɓēdes wɔ̀ɔ̀ wee waalōm lɛ a ɓa ǹyànɛ̀ nì Ǹtɔhôl, i tī Īsrăèl hyɛlǹɛm nì ŋwèhèl biɓeba. ³² Dì yè mbògi inyùu màm mana; yàk Mbuu M̀pubi kî, nu Nyāmbɛ à bitī ɓɛt ɓa nnōgol nyɛ. ³³ Ɓa nɔ̄k ɓăŋ bìɓàŋa bini, halā à

ᵘ**MB 5: 28** Màt 27: 25

kɛ̂k ɓɔ ŋēm, ɓa hɛ̂k lɛ ɓa nɔl ɓɔ̄. ³⁴ Ndi wàda i kède ǹtoŋ ɓakeês à tɛlɛ̂p, à ɓa Fàrisày, jòy jee lɛ Gàmalìɛ̀l, ǹniigàmben, ɓôt ɓɔɓasonā ɓa ɓā ti nyē lìpem, ³⁵ nì nyɛ à kāl lɛ ɓa nya pēmes ndūgi ɓɔ. Nì nyɛ à kāl ɓɔ lɛ, À ɓee ɓôt ɓa Isrăɛ̀l, nì yihgɛ̀ inyùu màm nì mɓɔ̀ŋ i ɓôt ɓana. ³⁶ Inyŭlē dìlɔ di ntagɓɛ̀, Teùdà à tɛlɛp, nyɛ nyɛn à yè jàm; jàm kìi ɓɔ̀ mbogôl ɓôt inâ i ádɓa ni nyɛ̀; nyɛn à nola, ndi ɓa ɓɔ̄ɓasonā ɓa ɓā nogoòl nyɛ ɓa sànda, à tubus ɓē jaàm. ³⁷ Mɓūs mùt nunu, Yudà mùt Gàlìleà, à tɛlɛp dilɔ̄ di ŋaŋga, à ôt ɓoòt pès yee; nyɛ kî à ciba, yàk ɓa ɓɔ̄ɓasonā ɓa ɓā nogoòl nyɛ ɓa camà. ³⁸ Jɔn mɛ̀ ŋkàl ɓee lɛ, nì tis ɓâŋ ɓôt ɓana, ŋwàha ɓɔ̄; inyŭlē iɓālē pɛ̂k ìni, tɔ̀lɛ ǹson unu u nlòl ni ɓôt, ki ū gaòbi; ³⁹ ndi iɓālē u nlòl ni Nyāmbɛ̀ɛ, nì galà ɓe yembēl ɓɔ; nì tiga lɛ nì lêbna kìi ɓôt ɓa njòs Nyambê.

⁴⁰ Nì ɓɔ ɓa kɛ̂mhɛ nyɛ, ɓa sèbel ɓăŋ ɓàoma ɓɔ̄nî, ɓa ɓep ɓɔ, ɓa ɓehɛ ki ɓɔ̄ lɛ ɓa pōdol ha ɓaāŋ i jòy li Yesù, ɓa ŋwâs ɓɔ. ⁴¹ Nì ɓɔ ɓa nyɔdi bisū bi ntoŋ ɓakeês, ɓa kɔnɔ̀k màsee lɛ ɓa ŋeŋa kìi ɓôt ɓa kolī kòs wɔnyuu inyùu jòy lî. ⁴² Ndi hi kɛl yaga i kède tēmpɛ̀l nì nyɔ̀ɔ māndàp ɓa ɓā ŋwaàs ɓe niigà nì aŋâl Mìŋaŋ Mìnlam lɛ Yesù à yè Krĭstò.

6

Teba ū ɓoòt ɓasâmbɔk

¹ Dilɔ̄ dìi, kìi ɓanigîl ɓa mɓôl, Lôk Yudà i Grĭkìà i kahal hùŋɓenɛ Lôk Hebèr, inyŭlē ɓa ɓā hɔŋɔ̀ɔl ɓe biyik gwap likàɓà li hi kɛl. ² Hanyēn jŏm nì iɓaà ɓa sèbel lìmùt li ɓanigîl ɓɔnî, ɓa kāl lɛ, I ta ɓē lɔŋgɛ lē di ŋwâs ɓàŋga Nyambê, di kahal gwèl nsɔn bitêblè. ³ Jɔn, à lôgtatà, ɓɛŋgnana ī kède nàn ɓôt ɓasâmbɔk, ɓa ɓā gweē mbògi lām, ǹyɔnɔ̂k nì Mbuu nì pèk, lɛ ɓɔn di tee mūnu nsɔ̄n unu. ⁴ Ndi ɓếs dì gatèŋɓe ni màsɔɔhè nì ǹsɔn u aŋâl Ɓàŋga. ⁵ Ndi lìpodol lini li lemel limùt jɔlisonā; nì ɓɔ ɓa tɛp Stèfanò, mùt à ɓa à yoni nì hemlè nì Mbuu Ṁpubi, nì Fìlipò nì Prɔ̀kɔrò nì Nìkanò nì Timòn nì Pàrmenà nì Nìkòlaò, mbɔn lôk Yudà i Antìokìà. ⁶ Ɓɔn ɓa tēe bīsū bi ɓaomaà; ɓa mǎl ɓăŋ sɔɔhè, ɓa kehī mɔɔ ŋgìi yâp.

⁷ Ndi ɓàŋga Nyambɛ ī ɓā kɛŋɛèp, ŋaŋga ɓanigîl kì u ɓôl ŋgandàk i Yèrusàlèm; yàk sɔsɔ̄ ǹtoŋ biprĭsì à ɓa nogôl hemlè î.

Gwèlà u Stèfanò

⁸ Stèfanò à ɓa à yoni nì hemlè nì lìpemba, à ɓɔ̀ŋɔk ɓàsɔsɔ̄ ɓa maàm ma helha, nì bìyìmbnɛ i kède ɓôt. ⁹ Ndi ɓôt ɓàhogi ɓa ndap mītìn ì nsèbla lɛ, Ṅgwelês, nì ì ɓôt ɓa Kirēnè, nì ì ɓa Alègsandrìà, nì ɓa Kilìkìà nì Asìà, ɓa ɓòdol pèèna ni Stèfanò. ¹⁰ Ndi ɓa ɓā la ɓē kɔɔlɓa peèk nì Mbuu à ɓa podôl. ¹¹ Nì ɓɔ ɓa lo ɓôt, ɓa ɓā ɓa kaàl lɛ, Dì ǹnɔk nyɛ à mpɔ̄t biɓàŋga bi ôbhàk jòy li Mose nì li Nyambê. ¹² Nì ɓɔ ɓa ôt ɓoòt, nì mìmaŋ mi ɓôt nì ɓàyimbēn, ɓa pemel nyɛ, ɓa gwêl nyɛ, ɓa lɔnā nyɛ ntɔŋ ɓakeês, ¹³ ɓa tee ɓôt ɓa mbogī bìtɛmbɛɛ, ɓɔn ɓa kāl lɛ, Mùt nunu à ŋŋwàs ɓe pɔt biɓàŋga bi ŋkɔ̀lɓa hɔma ṁpubhaga nunu, nì i kɔ̀lɓa mben; ¹⁴ inyŭlē dì binɔ̄k nyɛ à ŋkàl lɛ, Yesù nu Năsàrèt nunu à gaòbos hɔma nunu, a héŋha bìlɛm Mōsē à ti

ɓɛ̌s. ¹⁵ Ndi ɓɔɓasonā ɓa ɓā ɓa yiī ntōŋ ɓakeês ɓa ɓōk ɓǎŋ nyē mǐs, ɓa tɛhɛ su wee, wěŋgɔ̀ŋlɛ su aŋgèl.

7

Ŋkaa u Stefānɔ̀

¹ Nì prǐsì kɛɲi ì ɓát lɛ, 'Bàa màm mana ma ye hālà? ² Nì Stèfanɔ̀ à kāl lɛ, À lôgtatà nì ɓɔtàtâ, ɛmblana nī: Nyambɛ nū lìpem à pemel sōgol weēs Abràhâm, ŋgèdà à ɓanɛ Mēsòpòtamìà, nyɛ ŋgì yěn Hārān, ³ À kāl nyɛ lɛ, nyɔdi hīsī hyɔŋ, nì lihàà jɔŋ, u kɛē hīsī mè gaēba weē. ᵛ ⁴ Nì nyɛ à ǹnyɔdi hisī hi ɓoòt ɓa Kâldeà, à kê, à yén Hāràn. Hanyēn ìsaŋ à wɔ ɓǎŋ, Nyambɛ à heā nyɛ, à lɔnā nyɛ munu hisī hini ɓèe nì yìlnɛ hānaàno. ⁵ Ndi à ti ɓē nyɛ ŋgàɓaɓum mû, tɔ̀ hìndèndega yaga i tēenè lîɓàl jee; ndi à ɓon lē à gatī nyɛ hyɔ̄ lɛ hi ɓa hyēe nì hi mboo yeē lìmùt ì ganɔ̀ŋ nyɛ, ʷ nyɛ ŋgì ɓana man. ⁶ Nyambɛ à kǎl lāna lɛ, mboo yeē lìmùt ì gayèn nhuu lɔ̀ŋ, nì lɛ ɓa gayìlha ɓɔ mìŋkòl, ɓa teēŋga ɓɔ̄ mbōgoòl ŋwii inâ. ⁷ Nyambɛ à kāl lɛ, Mè gapēmhɛnɛ lɔ̀ŋ ɓa gaɓānɛ miŋkòl mbàgi; ndi mbūs hālà ɓa ganyɔ̄di, ɓa gwelēl mè hana hòma nunu. ˣ ⁸ À ti nyɛ màlombla lɛ lìkwèè; à gwal Isàk, à kwēē nyɛ hilɔ̄ hi ɲyonos jwēm; nì Isàk à gwal Yakòb, Yakòb kì à gwal jom li ɓasogol nì iɓaà.

⁹ Ndi ɓàsogol ɓa kǐl Yōsèf njòŋ, ɓa sɛ́m nyɛ Egîptò. ¹⁰ Nyambɛ à ɓa nì nyē, à tɔhɔl nyɛ ndùdù yèe yɔ̀sonā, à ti nyɛ kàrîs nì pèk bisū bi Faràò, kiɲɛ Ègîptò, nu à tee nyɛ ŋgōmiìn Ègîptò nì i ŋgìi ndāp yeē yɔ̀sonā. ¹¹ Ndi njàl kɛɲi ì kwɔ Ēgîptò yɔ̀sonā nì Kanàân, nì ndùdù kɛɲi; ɓàsogol ɓes ɓa tɛhɛ ɓe yɔm jɛ. ¹² Yakòb à nɔk ɓǎŋ lē konflaāwà i ye Ēgîptò, nì nyɛ à ɔm ɓasogol ɓes lisàŋ li bisu. ¹³ Ndi lisàŋ li ɲyonos imaà jɔn Yōsèf à yina nì lògisàn; ha nī nyɛn Fàraò à yil lìten li Yosèf. ¹⁴ Nì Yosèf à ɔm, à sebēl isàŋ lɛ Yakòb nyēnī nì lìhàà jee jɔlisonā, ɓòt mòm masâmɓɔk nì ɓatân. ¹⁵ Yakòb à sōs Egîptò, nì nyɛ à wɔ, yàk ɓàsogol ɓes; ¹⁶ nì ɓɔ ɓa ɓɛgēe ɓɔ, ɓa kenā ɓɔ Sīkèm, ɓa niɲī ɓɔ sɔ̀ŋ Abràhâm à sɔmb nì silɓà yak Hamɔ̀r i Sīkèm.*

¹⁷ Ndi ŋgèdà lìkàk Nyambɛ à ɓon Àbràhâm ì kahal ɓǎŋ kòògè, ɓòt ɓa ɓōl, ɓa tōl Egîptò, ¹⁸ lɛtèè kiɲɛ ìpɛ ì tɛlɛp Egîptò, ì ì ɓa yi ɓē Yosèf. ʸ ¹⁹ Yɔ̌n ì tubul lìten jes hìpa, i tèèŋgà ɓàsaŋ ɓes, lɛ ɓa lɛp mìŋkɛɲee ŋwap mi ɓon lɛ mi nìŋ ɓâŋ. ²⁰ Ŋgèdà ì yɔn Mōsè à gweenɛ, mǎn ǹlam yaga i mìs ma Nyambê; ɓa nyūŋus nyɛ sōŋ iaâ i ndāp ìsaŋ. ²¹ 'Ba yēk ɓǎŋ nyē, ŋgòndɓ Fàraò à yɔ̄ŋ nyɛ, i tòŋgòl nyɛ kìkìi màn weē. ²² 'Ba niìga Mosè pèk yɔ̀sonā ì ɓòt ɓa Egîptò, à ɓa ntoo bipɔ̄dol gwee nì minsɔ̄n ŋwee.

²³ Ndi à pam ɓǎŋ ɓèɓèè nì mòm mana mā ŋwii, ŋgǒŋ ì kɔ̄n nyɛ i kè i yūugà lògisàŋ yee, ɓòn ɓa Isrǎèl. ²⁴ Kìi à ǹtɛhɛ wadā waàp à ŋkòs jâm li tee ɓē sep, à kâm nyɛ, à pūn nu à ɓa teŋgànà, à ǹnɔl mût Ègîptò nû. ²⁵ À hɔŋlàk lɛ lògisàŋ i gayī lɛ Nyambɛ à nlɔ ī tɔ̄hɔɔl ɓɔ nì wɔ̀ɔ wee; ndi ɓa yī ɓē halà. ²⁶ Kel ì ɓa nɔŋ hâ,

---

ᵛ**MƁ 7: 3** Bìɓ 12: 1
ʷ**MƁ 7: 5** Bìɓ 13: 15
ˣ**MƁ 7: 7** Bìɓ 15: 13-14

*__**MƁ 7: 16** inyùu Yōsèf, ɓɛŋgɛ Bìɓ bìpès 37 ìpam 50
ʸ**MƁ 7: 18** Màn 1: 8

à pemel ɓɔ, à kɔp ɓɔ ɓa njɔ̀ sâŋ, à ǹnɔ́ɗɛ ki sāŋgal ɓɔ, à kâl lɛ, À ɓôt, nì yɛ lìsaŋ li ɓôt; inyǔkī nì mɓòŋlana mâm ma tee ɓē sep? ²⁷ Ndi nu à ɓa ɓɔ́ŋ mùt wèe lìɓok jàm li tee ɓē sep à ǹnyugē nyɛ, à kâl lɛ, Ǹjɛɛ à bitēe wɛ ŋ̀ànɛ̀ nì ŋ̀keês i ŋgìì yês? ²⁸ Ɓàa ù nsòmbol nɔl mɛ kìi ù binɔ̄l muùt Ègîpto yàni? ᶻ ²⁹ Mosè à nɔk ɓǎŋ lîhūu lini, à kɛ ŋgwee, à yilā yɔyɔ̀ i lɔŋ Midìàn, hɛ̌t à gwelel ɓɔ̄n ɓòòlom iɓaà.

³⁰ I mbūs mòm mana mā ŋwii aŋgɛ̀l ì Ŋwèt yadā ì pemel nyɛ ŋɔ̀ŋ hikɔ̀a Sinàỳ i kède lìndòmbò li hyee liɓūy. ³¹ Mosè à tɛhɛ ɓǎŋ hālà, à hɛl ni bītēe biì; ndi kìi à kòòɣɛ ɓɛ̀ɓɛ̀ɛ̀ i ɓɛŋgɛ̀, ³² kiŋ ì lɔ́l yak Ŋwèt lɛ, Mɛ̌n mɛ̀ yɛ Nyambɛ nū ɓàsogol ɓɔŋ, Nyambɛ nū Àbràhâm, nì nu Īsàk nì nu Yākòb. ᵃ Nì Mosè à kahal sèhlà, à la ɓē ɓɛŋgɛ̀. ³³ Nì Ŋwět à kâl nyɛ lɛ, sɔdɔl bìtamb makòò mɔŋ; inyǔlē hɔma ù teenɛ à yɛ hìsi hìpubhaga. ³⁴ Mɛ̀ ŋ̀endɛl yaga njɛlɛl ɓôt ɓêm ɓa ye Ēgîpto, mɛ̀ ǹnɔk ki ŋ̀ùmndɛ̀ wap, mɛ̀ ǹsɔ́s i sòŋ ɓɔ; ndi lɔ̀ɔ, mɛ̀ gaɔ̄m wɛ Ēgîpto. ᵇ
³⁵ Mosè nunu ɓa cěl, ɓa kâl lɛ, Ǹjɛɛ à bitēe wɛ ŋ̀ànɛ̀ nì ŋ̀keês? ᶜ Nyɛn Nyāmbɛ à ɔm ī ɓā ŋ̀ànɛ̀ nì ŋ̀kɔ̀bɔ̀l, nì wɔ̀ɔ aŋgɛl ì ì pemel nyē liɓūy. ³⁶ Mùt nunu à kɛna ɓɔ̄, à ɓɔ́ŋ maàm ma helha nì bìyìmbnɛ i lɔŋ Egîpto, nì i Tūyɛ Ŋ̀kòyɓaga, nì ŋɔ̀ŋ mòm mana mā ŋwii. ³⁷ Mosè nu nyēn à kǎl ɓɔ̄n ɓa Isrǎɛl lɛ, Ŋwèt lɛ Nyambɛ nàn à gapēmhɛnɛ ɓee m̀podôl i kède lògisɔ̄ŋ naàn kìkìi mɛ̀, ɛmblana nyē. ᵈ ³⁸ Nyɛ nū nyēn à ɓa lòŋnì ɓàsogol ɓɛs likɔ̀da ŋɔ̀ŋ lòŋnì aŋgɛ̀l ì ì podos nyɛ hikɔ̀a Sinàỳ; nyɛn à lɛɛɣɛ bìɓàŋga bi nîŋ i tī ɓěs. ³⁹ Nyɛn ɓàsogol ɓɛs ɓa ɓā sombòl ɓe nogôl, ɓa heā nyɛ ɓɔ̄nī, ɓa tɛ́mb Egīpto nì mìŋɛm ŋwap, ⁴⁰ ɓa kâl Aaròn lɛ, Ùŋghɛnɛ ɓɛ̀s ɓanyambɛ ɓa ɓā mɓòk ɓes bisū; inyǔlē nunu lɛ Mosè, nu à binyɔ̄dna ɓes lɔŋ Egîpto, dì ńyī ɓe jàm li mɓɔ́ŋ nyɛ. ᵉ ⁴¹ Dilɔ̄ diì, ɓa oo man nyàgà, ɓa sɛmēl sat i sɛ̀sɛmà, ɓa hǎk ni mìnsɔn mi mɔɔ map. ⁴² Ndi Nyambɛ à kóm ɓɔ mbūs, à ŋ̀wás ɓɔ lɛ ɓa gwēlak mìntoŋ mi ŋgìi; kìkìi i ye ǹtīlɓàgà i kàat ɓàpodôl lɛ, À ndap Īsrǎɛl, ɓàa nì ɓa tîgàhà bìlem bi nola nì bìsɛ̀sɛmà bisū gwɛɛ̌m i ŋɔ̀ŋ mòm mana mā ŋwii? ⁴³ Ndi nì ɓa nì ɓèèga ndáp lìɓàdò ì Mɔlɔ̀k, nì hyòdot hi nyambɛ lɛ Refàn, bìòŋgɓà nì ùŋgus ī ōoɔ̀p bisū gwap; ndi mɛ̀ gaɔ̄m ɓee nsɛ̀m nyɔ̀ɔ mbūs Bàbilòn. ᶠ
⁴⁴ Ɓàsogol ɓes ɓa ɓā ɓa gwēē lāp mbogī ŋɔ̀ŋ, kìkìi nū à podos Mōsè, à kâl lɛ a ɔŋ yɔ̄ kìkìi ndɛ̀mbɛ̀l à bitɛ̄hɛɛ̀. ᵍ ⁴⁵ Yɔn yàk ɓàsogol ɓes, i ŋgɛ̀dà yǎp, ɓa lɔ̀na lòŋnì Yosùà ŋgɛ̀dà ɓa yòŋol hìsi hi bilɔ̀ŋ bìpɛ, Nyambɛ à lùhul mbɔ̌m ɓàsogol ɓes, lɛtɛ̀ɛ̀ nì dilɔ̄ di Davìd, ⁴⁶ nu à kǒs kàrîs i mìs ma Nyambê, à ɓàt i ɓāna lìyèènɛ inyùu Nyāmbɛ nū Yākòb. ʰ ⁴⁷ Ndi Sàlomɔ̀ à oŋol nyē ndáp. ⁴⁸ Tɔ̀ halā kìi Nūŋgìŋgiī à ńyèènɛ ɓe mandáp ma

---

ᶻ**MB 7: 28** Màn 2: 14
ᵃ**MB 7: 32** Màn 3: 6
ᵇ**MB 7: 34** Màn 3: 7-10
ᶜ**MB 7: 35** Màn 2: 14
ᵈ**MB 7: 37** NM 18: 15
ᵉ**MB 7: 40** Màn 32: 1
ᶠ**MB 7: 43** Am 5: 25-27
ᵍ**MB 7: 44** Màn 25: 40
ʰ**MB 7: 46** Hyèm 132: 5

ŋoŋa ni mɔɔ; kìkìi m̀podôl à ŋkàl lɛ, ⁴⁹ Ŋgìi ì yē yèène yêm anɛ̀, yàk hìsi hini, kèhnɛ yêm makòò; Ŋwĕt à ŋkàl lɛ, Kinjē nyà ndap nì nsòmbol oŋol mê? Lìnòyoy jêm li ye kīnjē nyà hɔma? ⁵⁰ Bàa hà wɔɔ wêm ɓe wɔn u hɛ̌k gwɔ̀m bini gwɔbisɔnā? ⁱ ⁵¹ À ɓee ɓa nlɛ̀dɛk ŋɔ, ŋgìkwèèɓa ŋēm nì maō, nì ŋkɔ̀lɓa Mbuu M̀pubi ŋgèdà yɔ̀sɔnā; kìkìi ɓàsogol ɓanân ɓa ɓā ɓɔɔ̀ŋ, halā nyēn nì mɓɔ̀ŋ. ⁵² Nûmbɛ mpodôl ɓàsogol ɓanân ɓa ntēŋgà ɓee? Ba nɔ̄l kì ɓa ɓā ɓŏk āŋal inyùu màlɔ ma nu à tee sēp; nyɛn nì bilīibànà nì nɔl kì; ⁵³ ɓèè ɓa nì kŏs mbēn kìkìi ì nèndhana nì aŋgèl, ndi nì teeda ɓe yô.

Ba ŋōm Stefānò ŋgɔ̀k

⁵⁴ Ba nɔ̄k ɓǎŋ màm mana, halā à kɛ̂k ɓɔ ŋēm, nì ɓɔ ɓa jel nyɛ màsɔ̀ŋ. ⁵⁵ Ndi nyɛ, ǹyɔnɔ̂k nì Mbuu M̀pubi, à ɓɔk mis ŋgìi, à tɛhɛ lipem li Nyambē, Yesù kì à ɓâk à tee ī wɔɔ waalōm u Nyambeɛ̀, ⁵⁶ à kâl lɛ, Nùnakì, mɛ̀ ntēhɛ ŋgiī ǹyīblàgà, Mǎn mùt à ɓâk à tee wɔɔ waalōm Nyambeɛ̀. ⁵⁷ Nì ɓɔ ɓa lɔnd yaga makɛŋi, ɓa lɔŋ mao map, ɓa pudē nyɛ ŋgɛ̀m yàda, ⁵⁸ ɓa pɛmɛs nyɛ mu ŋkɔ̀ŋ, ɓa om nyɛ ŋgɔ̀k; ɓòt ɓa mbogī ɓa niŋī mbɔt yap makòò ma maaŋgɛ wānda, jòy jee lɛ Sàulò. ⁵⁹ Ba ɓā ɓa omoòk Stèfanò ŋgɔ̀k, à sɔɔhɛ̀gɛ̀, à kàlàk lɛ, À Ŋwɛt lɛ Yesù, yɔ̌ŋ mbūu weèm. ⁶⁰ Nì nyɛ à om maɓɔŋ hisī, à lɔnd makɛŋi lɛ, À Ŋwɛt, ù eŋel ɓǎŋ ɓɔ ɓēɓa ini. ʲ À pɔt ɓǎŋ hālà, à kɛ hīlɔ̄.

8

¹ Sàulò à kèmhɛ nyɛ̀mb yeē.

Sàulò à ntèèŋga ntoŋ

Yòkɛl nu nyēn ndèèŋgà kɛŋi ì ɓòdol ìkɔ̀lɓà ǹtoŋ u ɓā Yèrusàlèm; ɓɔɓasɔnā ɓa sandā mu māmbōk ma Yudēà nì ma Samàrià hànduk ɓaomâ. ² Bàsìŋgè Nyambɛ ŋēm ɓa jo Stefānò, ɓa ɛɛ̄ ŋgandàk. ³ Ndi Sàulò à ɓa obòs ǹtoŋ, à jòɓòk hi ndap, à tùùàk ɓòòlom nì ɓòdàa, à hâk ɓɔ mɔ̀k.

Mìŋaŋ mìnlam mi ŋaŋlana Sàmàrià

⁴ Halā nyēn ɓòt ɓa sàndà, ɓa ɓā ɓa kɛnɛ̀k, ɓa aŋlàk ɓàŋga i Mìŋaŋ Mìnlam. ⁵ Nì Fìlipò à sós ŋkɔ̀ŋ Samàrià, à aŋlɛ ɓɔ inyùu Krĭstò. ⁶ Màmùt ma ɛmblɛ ni ŋɛm wada màm Fìlipò à ɓa pɔt, kìi ɓa nnɔk, ɓa tɛhɛ ki bìyìmbnɛ à ɓa ɓɔ̂ŋ. ⁷ Inyǔlē ŋgandàk ì ɓa ì gwèe mìmbuu mi nyɛgā, mi pamâk, mi lɔndôk màkɛŋi; ŋgandàk mìŋǎmbgɛ mi ɓôt, nì bìɓok, ɓa mêlhàgà. ⁸ Ndi màsee màkɛŋi ma ɓā mū ŋkɔ̀ŋ û.

⁹ Ndi mùt wàda à ɓa mù, jòy jee lɛ Simòn, nu à ɓa ɓɔ̄ŋ màkàŋ mu ŋkɔ̀ŋ u ŋgèdà bìsu, à helhàk ɓòt ɓa ɓā Sàmàrià, à ebgà lɛ à yè mùt ǹkɛŋi; ¹⁰ nyɛn ɓɔɓasɔnā ɓa ɓā nogoòl ìɓòdòl nu ǹtidigi lɛtèɛ̀ nì nûŋkɛŋi, ɓa kalàk lɛ, mùt nunu à yè lìpemba li Nyambê, li līi nsèbla lɛ Lìkɛŋi. ¹¹ Ndi ɓa ɓā nogoòl nyɛ, inyǔlē à ɓa egɛ̀s ɓɔ ǹtàndaa ŋgèdà nì màkàŋ mee. ¹² Ndi kìi ɓa nhɛmlɛ biaŋlɛnɛ bi Mìŋaŋ Mìnlam bi Filīpò inyùu ànɛ̀ Nyambê, nì inyùu jòy li Yesù Krĭstò, ɓa sôblànà, ɓòòlom nì ɓòdàa. ¹³ Yàk Simòn nyɛmɛ̀dɛ kî à hɛmlɛ̀; ndi kìi à sòblana, à tēŋɓɛ ni Fìlipò. Kìi à ǹtɛhɛ biyìmbnɛ nì mìmpɛmba mi

---

ⁱ MB 7: 50 Yès 66: 1-2   ʲ MB 7: 60 Luk 23: 34-46

mâm mi ɓā ɓoŋà, à hêl.

¹⁴ Kìi ɓàoma ɓā ɓā Yèrusàlèm ɓa nnɔk lɛ Sàmàrià ì ǹlɛɛgɛ ɓaŋgā Nyambɛɛ̀, ɓa omlɛ ɓɔ Pētrò nì Yòhanès. ¹⁵ Ba pām ɓăŋ, ɓa sɔɔhɛ Nyambɛ īnyùù yâp lɛ ɓa koōs Mbuu M̀pubi; ¹⁶ inyŭlē à ɓa ŋgì sòs i ŋgìi tɔ̀ wàda wâp; ɓa sòblana ndīgi ī jòy li Ŋwɛt lɛ Yesù. ¹⁷ Hanyēn ɓa kèhi mɔ̀ɔ map i ŋgìi yâp, nì ɓɔ ɓa kós Mbuu M̀pubi. ¹⁸ Simòn à tɛhɛ ɓăŋ lē Mbuu à ǹtina inyùu lìkèhàk li mɔɔ ma ɓaomâ, à ɓa sombòl ti ɓɔ mòni, à kâl lɛ, ¹⁹ Tina yàk mɛ̀ ŋgùy ìni, lɛ tɔ̀njɛɛ mɛ̀ ŋkehī mɔɔ mɛɛ̀m a kós Mbūu M̀pubi. ²⁰ Ndi Pɛtrò à kâl nyɛ lɛ, Silɓà yòŋ i ciba nì wɛ̀, inyŭlē ù nhɔ̃ŋɔl i kòs lìkèblà li Nyambɛ nì mòni. ²¹ Ù gwèe ɓē ŋgabà tɔ̀ jògà munu i jàm lini, inyŭlē ŋ̀ɛm wɔŋ u tee ɓē sep bisū bi Nyambɛɛ̀. ²² Jɔn hyɛ̀l ŋ̀ɛm inyùu ɓēba yɔŋ ini, u sɔɔhɛ Ŋwèt lɛ tɔ̀ɔ hɔŋɔl i ŋ̀ɛm wɔŋ i gaŋwèhlana wê. ²³ Inyŭlē mɛ̀ ntēhɛ lɛ ù yè lòlha njôŋlòo, ŋ̀kàŋàk nì ŋgìtɛlêbsep. ²⁴ Nì Simòn à fimbhɛ lɛ, sɔɔhana Ŋwèt inyùu yêm, lɛ jàm jɔkǐjɔ̃ mu màm nì mpōt li kwèl ɓăŋ mɛ̀.

²⁵ Halā nyēn ɓa măl ɓăŋ ɓɔk mbogī nì aŋâl ɓàŋga Ŋwɛt, ɓa têmb Yèrusàlèm, ɓa aŋal Miŋaŋ Mìnlam i kèdɛ ŋgàndàk mìŋkɔ̀ŋ mi ɓôt ɓa Samàrià.

Fìlipò nì ŋwàk u Etìopìà

²⁶ Ndi aŋgèl Ŋwèt ì podos Filīpò, ì kâl lɛ, Tɛlɛp, u keē nyɔ̀ɔ ŋwèlmbɔk, njɛ̀l ì nlŏl Yèrusàlèm, ì sòhòk i Gāzà; hɔ̀ma nu à yè ŋ̀ɔŋ. ²⁷ Nì nyɛ à tɛlêp, à kê. Ndi nŭnkì mùt Ètìopìà wàda, nu à ɓa ŋwàk, ŋ̀ànɛ̀ ŋ̀kɛŋi nu Kàndakɛ̀, kiŋɛmùdàa ì ɓôt ɓa Etìopìà, nì kindàk i ŋgìi ŋ̀kùs wee wɔnsonā, à lɔ̀ɔ Yèrusàlèm i ɓōòp bisū bi Nyāmbɛɛ̀. ²⁸ Ndi bitìmbil gwee à ɓa à yìi ŋgìi kāk yee, à aŋâk kààt m̀podôl Yèsayà. ²⁹ Nì Mbuu à kâl Filīpò lɛ, Tìigɛ, u adɓɛ mū kāk iì. ³⁰ Nì Fìlipò à kɛ ŋgwee nyēnī, à nɔk nyɛ à ŋāŋ kaàt m̀podôl Yèsayà, à ɓât nyɛ lɛ, Ɓàa ù ntībil yi jàm ù ŋāŋ? ³¹ À kâl lɛ, Mɛ̀ gayī laa, iɓālē mùt à ǹtɔ̃ŋlɛnɛ ɓe mɛɛ̀? Nì nyɛ à sɔɔhɛ Filīpò lɛ a ɓɛt, a yēn ɓɔ̃nà nyɛ. ³² Ndi hɔ̀ma Lìtìlà à ɓa aŋ à ɓa lē, Ɓa kɛna nyē kìkìi ǹtomba lɛ ɓa nôl; nì kìi măn ǹtomba à ŋkwɔ̀ mbuk i mɔ̀ɔ ma ɓaɛnd nyɛ, halā nyēn à magal ɓē nyɔ wēe; ³³ i kèdɛ ɓā yee sòhga mbàgi yeē nōgoòs ì hèana; ǹjɛɛ à aŋal mâm ma hyây hyee? Inyŭlē ɓa hèa nìŋ yee hana hisī. ᵏ ³⁴ Nì ŋwàk u ɓât Filīpò, u kâl lɛ, Mɛ̀ nsɔɔhɛ weè, inyùu yēn m̀podôl à mpōdol halà? Inyùu yeē nyɛmɛ̀dɛ, tɔ̀ inyùu mùt nûmpɛ? ³⁵ Nì Fìlipò à yɔ̃ŋ hɔp, à ɓodōl ni Lìtìlà lî, à aŋlɛ nyɛ Mìŋaŋ Mìnlam inyùu Yēsù. ³⁶ Kìi ɓa ɓā kɛ njɛ̀l, ɓa pam lēp; nì ŋwàk u kâl lɛ, Nŭnkì, màlep mana; ³⁷ kii i ŋkēŋ mɛ ī sòblànà? Nì Fìlipò à kâl lɛ, Iɓālē ù ǹhɛmlɛ ni ŋ̀ɛm wɔŋ wɔnsonā, ù yè lɛ ù sôblànà. À fimbhɛ lɛ, Mɛ̀ nhēmlɛ lɛ Yesù Krǐstò à yè Măn Nyāmbɛɛ̀. ³⁸ Nì nyɛ à kâl lɛ kak i tɛlɛp; ɓɔ iɓaà ɓa sós i lēp, Fìlipò ɓɔ ŋwàk; nì nyɛ à sôblɛ nyɛ. ³⁹ Ɓa pām ɓăŋ mālēp, Mbuu Ŋwɛt à kɛnā Filīpò; ŋwàk u tɛhɛ ha ɓe nyɛ, ndi u kɛ njɛ̀l yeē nì

ᵏ **MB 8: 33** Yès 53: 7-8

màsee. ⁴⁰ Ndi Fìlipò à lèbna Āsōtò; ndi à ɓa tagɓè, à aŋlàk mìŋaŋ mìnlam miŋkɔ̀ŋ ŋwɔminsonā letèè à pam Kàysàreà.

9

Hyèlɓà i Saūlò

¹ Ndi ki Sàulò à ŋgi kûndlàk nì han ī nɔl ɓànigîl ɓa Ŋwɛt, ² à kɛ yāk prīsì kɛŋi, à yet nyɛ bìkàat i kɛ̀ mandāp ma mitìn i Dàmaskò, lɛ iɓālē à ǹlebā tɔ ɓɔ̀nje ɓa ye mū Njɛ̌l ì, ɓòòlom tɔ̀ ɓòdàa, a lɔnā ɓɔ̄ ŋ̀kàŋàk i Yèrusàlèm. ³ À ɓa ɓăŋ njèl, nì nyɛ à pam ɓɛɓèɛ nì Dàmaskò; nì bitēebīloŋi màpubi ma lôl ŋgìì ma ɓây, ma kɛŋa nyɛ. ⁴ Nì nyɛ à kwɔ hīsī, à nɔk kiŋ ì ŋkàl nyɛ lɛ, À Saūlò, à Saūlò, ù ntèèŋana ki mɛ̂? ⁵ Nì nyɛ à kâl lɛ, À Ŋwɛt, wè ǹjɛɛ? Nì Ŋwɛt à kâl lɛ, Mɛ̀ yè Yesù nu ù ntèèŋgà; i ye ǹlèdek ni wè i tùk kòò wɔŋ minsɔ̀ŋ mi makɔ̀ŋ. ⁶ Hanyēn à ɓòdol sèhlà, à kɔ̀nɔ̀k wòŋi, nyɛ, À Ŋwɛt kii u ŋgwēs lɛ mɛ ɓɔ̂ŋ? Nì Ŋwɛt à kâl nyɛ lɛ, Tɛlɛp, jòp ŋkɔ̀ŋ, i gakèla wɛ jàm ù ǹlama ɓôŋ. ⁷ Ndi ɓòt ɓa ɓā kɛ nì nyɛ, ɓa tɛlɛ̂p, ɓa tɛmɛ̀p, ɓa nɔgôk kiŋ, ndi ɓa tɛhɛ ɓɛ mût. ⁸ Nì Sàulò à ǹnyɔdi hīsī, à ɓalal ɓăŋ mìs, à tɛhɛ ɓɛ jâm; nì ɓɔ ɓa tol nyɛ wɔ̀ɔ, ɓa kɛnā nyɛ Dàmaskò. ⁹ À yĕn dìlɔ diaâ i ɓa ɓɛ nyɛ tēhnà, tɔ̀ jɛ, tɔ̀ nyɔ.

¹⁰ Ndi ǹnigîl wàda à ɓa Dàmaskò, jòy jee lɛ Ànànià; Ŋwɛt à kèlel nyē i yínda lɛ, À Anànià, nì nyɛ à kâl lɛ, Mɛ̀ nunu, à Ŋwɛt. ¹¹ Nì Ŋwɛt à kâl nyɛ lɛ, Tɛlɛp, u keē njɛ̀l ɓa nsèbel lɛ Sep, u ɓât mùt ɓa nsèbel lɛ Sàulò, mùt Tarsò, nyɔ̀ɔ ndâp Yūdà; inyūlē nŭŋkì, à nsɔ̄ɔhɛ̀. ¹² Sàulò à tɛhɛ mùt wàda jòy jee lɛ Ànànià à ma jōp, à kehī nyɛ mɔ̀ɔ ŋgìi, lɛ a kondē tēhnà.

¹³ Ndi Ànànià à ǹimbhɛ lɛ, À Ŋwɛt, mɛ ǹnɔk ni ŋgàndàk ɓòt inyùu mùt nû, kinjē ŋgàndàk ɓɛba à biɓɔ̀ŋ ɓapubhaga ɓɔŋ i Yèrusàlèm; ¹⁴ nì hana kî à ŋ̀kôs kundè nì bìprĭsì bìkɛŋi i kàŋ ɓɔɓasonā ɓa nsīma joy jɔŋ. ¹⁵ Ndi Ŋwɛt à kâl nyɛ lɛ, Kɛ̀nɛk, inyūlē à yè ǹtebêk yɔm inyùù yêm, i kɛnà jòy jêm bilɔ̀ŋ bìpɛ nì bikiŋɛè nì ɓɔ̀n ɓa Israĕl; ¹⁶ inyūlē mɛ̀ gaēba nyɛ kinjē ŋgàndàk màm à ǹlama sonol njɔnɔk inyùu jòy jêm. ¹⁷ Nì Ànànià à ǹnyɔdî, à jóp ndâp ì; à kehī mɔɔ mee i ŋgìì yeè, à kâl lɛ, À mantàta wèm Sàulò, Ŋwɛt lɛ Yesù, nu à bipēmel wɛ njɛ̀l ù bilôl, à ŋ̀om mɛ lē u kondē tēhnà, u yɔn kì nì Mbuu M̀pubi. ¹⁸ Bitēebīloŋi gwɔ̀m bi pam nyɛ mĭs kĭkìi màlɔy, à kahal tēhnà; nì nyɛ à tɛlɛ̂p, à sôblànà; ¹⁹ à jɛ bijɛk, à kôs ŋguùy.

Saùlò à ŋ̄aŋal Miŋaŋ Mìnlam i Dàmaskò

À yĕn dìlɔ dìhɔgi ni ɓànigîl ɓa ɓā Dàmaskò. ²⁰ À hɔɔ aŋal Yesù mandâp ma mitìn lɛ à yè Măn Nyāmbeè. ²¹ Ndi ɓɔɓasonā ɓa nɔk nyɛ̀ à mpɔ̄t, ɓa hêl, ɓa kâl lɛ, Ɓàa hà nunu ɓɛ nyɛn à tèèŋgaga ɓa ɓā nsīma joy lini Yèrusàlèm? Ndi à bilɔ ki hāna nì hɔŋɔl î, lɛ a kɛnā ɓɔ̄ ŋ̀kàŋàk yak bìprĭsì bìkɛŋi. ²² Ndi Saùlò à ɓa yembi ndĭgi nì ŋguy, à modī Loòk Yudà i ɓā yeēn i Dàmaskò, à ùndgà lɛ Yesù à yè Krĭstò.

Saùlò à m̀pɛy i mɔ̀ɔ ma Lôk Yudà

²³ Ŋgàndàk dìlɔ ì tagɓɛ ɓăŋ, Lòk Yudà i hêk peèk lòŋ lɛ ɓa nɔl nyɛ̄; ²⁴ ndi jìmb jap li yɛli yak Saūlò. Nì ɓɔ ɓa kahal tāt makɔ̀ga njămùha nì jùu lɛ ɓa nɔl nyɛ̄; ²⁵ ndi ɓànigîl ɓee ɓa yɔ̄ŋ nyɛ jùu, ɓa suhūs nyɛ lipènd

li ŋkɔ̌ŋ i kède ŋ̀kwêy. ¹

Saùlò à m̀pam Yèrusàlèm

²⁶ À pam ɓǎŋ Yèrusàlèm, à nɔ́de aāt nyɛmɛ̀de nì ɓànigîl; ndi ɓɔɓasonā ɓa ɓā kɔɔ̀n nyɛ wɔ̀ŋi, ɓa hemlɛ ɓe lɛ à yè ǹnigîl. ²⁷ Ndi Bàrnabà à yɔ́ŋ nyɛ, à kɛnā nyɛ yak ɓaomâ, à aŋlɛ ɓɔ kìi Sàulò à bitēhɛ Ŋwɛt i njèl, nì lɛ à bipōdos nyɛ, nì kìkìi à biāŋal ni màkend i jòy li Yesù nyɔɔ Dàmaskò. ²⁸ Nyɛ nì ɓɔ ɓa ɓā ɓa kɛnèk i Yèrusàlèm, ɓa tembèk, ²⁹ à aŋlàk nì màkend i jòy li Ŋwɛt lɛ Yesù; à pɔdɔ̌k, à pèènàgà nì Lòk Yudà i Grîkià; ndi ɓa ɓā yiŋìil nyɛ lìnolol. ³⁰ Lòk tatā ī yī ɓǎŋ hālā, ɓa sōhna nyɛ i Kàysàreà, ɓa om nyɛ Tārsò. ³¹ Halā nyēn mìntoŋ i kède Yùdeà yɔsonā nì Gàlìleà nì Sàmarìà mi ɓā mi gweē ǹsàŋ, mi om makòò hisī; mi ɓôl, lakìi mi ɓā hyumuùl i wɔ̀ŋi Ŋwɛt nì hɔ̀gɓè i Mbuu M̀pubi.

Èneà à m̀mêlhànà

³² I lēŋa lē, Petrò à ɓa hyom ɓǎŋ hɔma nyênsonā, à sós ki nyɔɔ yāk ɓapubhaga ɓa ɓā yeènè i Līdà. ³³ À kɔba mût wàda nyɔɔ jòy jee lɛ Èneà, nu à măl ī nàŋ ŋwìi jwèm, inyŭlē à ɓa ŋ̀ambgè. ³⁴ Nì Petrò à kâl nyɛ lɛ, À Eneā, Yesù Krĭstò à m̀melēs wèɛ̀; tɛlɛp, tibil nàŋ yɔŋ. Nì nyɛ à hɔɔ nyɔdî. ³⁵ Ndi ɓa ɓɔ́ɓasonā ɓa ɓā yeèn i Līdà nì Saròn ɓa tɛhɛ nyɛ, nì ɓɔ ɓa hyɛlɓa i pès Ŋwɛt.

Dɔrkàs à ǹtûglànà

³⁶ Ndi ǹnigîl wàda à ɓa ī Yōpè, jòy jee lɛ Tàbità, lìkɔ̀ble jee lɛ Dɔrkàs; mùdàà nunu à ɓa ǹyɔnɔ̌k nì mìnsɔn mìnlam nì màkèblà. ³⁷ Ndi i lēŋa dīlɔ̄ di lɛ à kwɔɔ kɔ̀n, à wɔ; ɓa nūgus ɓǎŋ nyē, ɓa niŋī nyɛ tǔŋ ì ŋgìi. ³⁸ Ndi lakìi Līdà ì ɓa ɓèɓèɛ̀ nì Yopè, ɓànigîl ɓa nɔ̌k ɓǎŋ lē Petrò à yè hâ, ɓa ɔm ɓôt iɓaà i nyēnī, i sɔɔhè nyɛ lɛ, Ù tìŋha ɓǎŋ ī lɔ̀ i ɓěhnī. ³⁹ Nì Petrò à tɛlɛp, à kɛ lòŋnì ɓɔ. À pam ɓǎŋ, ɓa kɛnā nyɛ tǔŋ ì ŋgìi; bìyik bi ɓodàà gwɔbisonā bitɛlɛp nyɛ pāŋ, bi ɛɛk, bi ûndgà bìloge nì mbɔt Dōrkàs à ɓa ɓɔ́ŋ, ŋgèdà à ɓa lòŋnì ɓɔ. ⁴⁰ Ndi Petrò à pemes ɓɔɓasonā, à om maɓɔŋ hisī, à sɔɔhè; nì nyɛ à hyɛlɓà, à nún miìm, à kâl lɛ, À Tabītà, tɛlɛp. Nì nyɛ à ɓalal mis; à tɛhɛ ɓǎŋ Pētrò, à yén biyìyìi. ⁴¹ Nì nyɛ à ǹnánd nyɛ wɔ̀ɔ, à tee nyɛ; à sebēl ɓapūbhaga nì bìyik, à ti ɓɔ nyē yòmi. ⁴² Nì halā à yina i Yōpè yɔsonā; ŋgàndàk ì hemlɛ Ŋwɛt. ⁴³ Ndi i lēŋa lē, à yěn ŋgàndàk dilɔ̄ i Yōpè yak Sīmòn yàda, ǹtibîl bìkòp.

10

Petrò ɓɔnà Kôrneliò

¹ Mùt wàda à ɓa Kàysàreà, jòy jee lɛ Kôrneliò, ŋ̀ànɛ̀ mbogôl sonda nū ǹtɔŋ u ɓā seèblà lɛ u Italìà, ² à ɓa siŋgè Nyambɛ ŋēm, à kɔ̀nɔ̌k nyɛ wɔ̀ŋi nyɛ nì ndap yeē yɔsonā, à ɓa ti ɓôt ŋgàndàk màkèblà, à sɔɔhègɛ kì Nyambɛ ŋgèdà yɔsonā. ³ À tɛhɛ āŋgèl Nyambɛ sāŋsaŋ i yĭndà, jàm kìi ɓɔ i ŋgēŋ iaâ i ɓuga jɔp, ì lɔ nyēnī, ì kâl lɛ, À Kôrneliò. ⁴ À ɓɔk yɔ mĭs, à kɔ́n wɔŋi, à kâl lɛ, Kii, à Ŋwɛt? Nì yɔ ì kâl nyɛ lɛ, Màsɔɔhè mɔŋ nì

---

¹MB 9: 25 2Kɔ̀r 11: 32-33

màkèblà mɔŋ ma mɓɛt i ŋgìi, ma mɓígdana ni Nyāmbeè. ⁵ Ɔm ɓòt hanânɔ i Yōpè, ɓa lɔnā Sīmòn jòy jee ki lē Petrò; ⁶ à yìi yāk Sīmòn yàda, ǹtibîl bìkòp, ndap yeē ì yènè i ŋgwāŋ tuyɛè; nyɛn à gakàl wɛ jàm li nsòmbla lɛ u ɓɔ̄ŋ. ⁷ Aŋgèl ì ɓa podôs nyɛ ì nyɔdi ɓàŋ, à sebēl ɓaɓònòl ɓee ɓa ndap iɓaà, nì sonda yàda ì ì ɓa siŋgɛ̀ Nyambɛ ŋēm, mukède ɓòt ɓa ɓā nyē ɓèɓèè ŋgèdà yɔsonā; ⁸ à mǎl ɓǎŋ āŋlɛ ɓɔ màm mɔmasonā, à ɔm ɓɔ Yōpè.

⁹ Kìi kēl ì ǹyɛ, ŋgèdà ɓa ɓānɛ njèl i pām ɓèɓèè nì ŋkɔ̀ŋ, nì Petrò à ɓɛt ŋgìi ndāp i sɔ̄ɔhê, halā à ɓa jàm kìi ɓɔ jòm li ŋgɛŋ nì iɓaà; ¹⁰ nì njàl ì kahal nyɛ, à sombōl lɛ a jɛ; ndi ɓa ɓā koòbànà ɓǎŋ nyē bìjɛk, nì nyɛ à kwɔ lìsè li njâl. ¹¹ À tɛhɛ ŋgiî ì m̀mâl yiìblà, yɔm i sohòk i ɓàk wèŋgɔŋlɛ sààndà mbɔŋ nûŋkɛŋi, lɛ ɓa nsùhus i sī ni màkas manâ. ¹² Nyà binùga bi makòò ma-na yɔsonā i ŋkɔ̀ŋ hisi nì bìnùga bi bikay, nì gwɔ̀m bi ŋɔ̀dɓa hisī bi ɓā mù, nì dìnùni di ŋgìi.

¹³ Kiŋ ì lôl nyɛ lɛ, Tɛlɛp, à Petrò, nɔl, jɛk. ¹⁴ Nì Petrò à kāl lɛ, ɓààloŋɛ, à Ŋwɛt; inyǔlē mè màa jē ɓɛ mɛ yɔm i ye kìlà tɔ̀ i nyɛgā. ¹⁵ Nì kiŋ ì kondē loōl nyɛ ŋgèlè iɓaà lɛ, Yɔ̌m Nyāmbɛ à m̀pubûs ù ha ɓǎŋ yɔ̄ kìlà. ¹⁶ Halā à ɓòŋa ŋgèlè iaâ; i mbūs hà yɔm i ī yoŋā ŋgìi.

¹⁷ Petrò à ɓa ɓǎŋ à ègi īnyùu likɔ̀ble li yiìndà à tɛhê, nǔnkì, ɓòt Kɔ̀rnelìò à ɔm ɓa mǎl ɓǎŋ ɓàt ndap Sīmòn, ɓa tɛlɛp ŋwèmɛl, ¹⁸ ɓa sebèl, ɓa ɓát lɛ tɔ̀ɔ̀ Simòn, jòy jee ki lē Petrò, à ńyɛ̀ɛnɛ hâ. ¹⁹ Ndi ki Pētrò à ŋgi hɔŋlàk inyùu yǐndà, Mbuu à kâl nyɛ lɛ, Nǔnkì, ɓòt iɓaà ɓa ńyɛŋ wɛè. ²⁰ Tɛlɛp, sǒs, u kɛɛ nì ɓɔ, iɓaɓɛ pendà; inyǔlē mèn mè ŋom ɓɔ. ²¹ Nì Petrò à

sǒs ɓǎŋ yāk ɓòt ɓa lǒl nyē yak Kɔ̀rnelìò, à kâl lɛ, Nùnakì, mèn mè yè mùt nì ńyēŋ; nì ǹlɔ īnyùu kīnjē jàm? ²² Nì ɓɔ ɓa kâl lɛ, Kɔ̀rnelìò, ǹànè mbogôl sondâ, mùt à tee sēp nì nu à ŋkɔ̀n Nyambɛ wɔ̀ŋi, à gwèe kì jòy lìlam ni lɔ̀ŋ Lôk Yudà yɔsonā, à bikòs biyihnɛ ni āŋgèl pubi lɛ a sebēl wè i ndāp yeē, i nɔ̄k bìɓàŋga ù mpɔ̄t. ²³ Nì nye à jubūs ɓɔ, à leles ɓɔ. Kìi kēl ì ǹyɛ, à tɛlêp, à kahal kìha nyɛ nì ɓɔ, lògtatā hɔ̄gi i loōl Yōpè i kɛ yēga nyē. ²⁴ Kìi kēl ì ǹyɛ, ɓa jǒp Kàysàreà. Kɔ̀rnelìò à ɓa ɓêm ɓɔ, à kɔ̄t ɓoòt ɓee ɓa lihàà, nì màwanda mee ma ɓā ɓèɓèè. ²⁵ Ndi i lēŋa lē, Petrò à jǒp ɓǎŋ, Kɔ̀rnelìò à ɓomā nyɛ, à kwɔ ī sī makòò mee, à ɓeges nyɛ. ²⁶ Ndi Petrò à tee nyɛ, à kâl lɛ, Tɛlɛp; ŋgɔ mè kì mè yè mùt. ²⁷ Ki à ŋgi kwelèk ɓɔnà nye, à jǒp, à kɔba ŋgandàk ɓòt ì kòdi; ²⁸ nì nye à kâl ɓɔ lɛ, ɓèèɓɔmède nì ńyī lɛ i ta ɓē kundè nì mǎn Lòk Yudà i àt nyɛmède nì mǎn lɔ̀ŋ, tɔ̀ i jòp i nyēnī; ndi Nyambɛ à biēba mɛ lē mè aŋ ɓǎŋ mùt nyɛkǐnyē kìlà tɔ̀ nyɛga. ²⁹ Jɔn mè ǹlɔ iɓaɓɛ pênà ŋgèdà mè ǹsêblànà. Halā nī nyen mè mɓàt ɓee jàm nì ǹsêble mɛè? ³⁰ Nì Kɔ̀rnelìò à kâl lɛ, Lènmanâ, mè ɓa soggà je lìpam ŋgɛŋ ìni, i ŋgɛŋ ì ǹyonos ɓoō mè teedàgà màsɔɔhɛ̀ i ndāp yɛèm; ndi nǔnkì, mùt à bitēlep mɛ mbɔ̀m nì mbɔt ì mɓày, ³¹ à kâl lɛ, À Kɔ̀rnelìò, màsɔɔhè mɔŋ ma nnoogà, Nyambɛ à m̀ɓígda ki màkèblà mɔŋ. ³² Halā nyēn ōm nī ɓoòt i Yōpè, lɛ ɓa sēble wè Simòn, jòy jee ki lē Petrò; à yììnɛ ndāp Simòn, ǹtibîl bìkòp, ŋgwāŋ tuyɛè: kìi à ǹlɔ, à gapôdos wɛè. ³³ Jɔn mè bihɔ̄ɔ ɔm i wēnì; ù m̀ɓɔ̄ŋ lɔŋɛ lākìi ù ǹlô. Ndi hanânɔ ni ɓèhɓɔɓasonā dì yè hana bisū bi Nyambeè, i nɔ̄k màm mɔmasonā ŋwĕt à bìkàl wê.

Petrò à mpɔ̄t i ndāp Kɔ̀rnelìò

³⁴ Nì Petrò à yibīl nyɔɔ̀, à kâl lɛ, Nì màliga, mὲ ntēhɛ lɛ Nyambɛ à tà ɓe ntɔdɔ̂l ɓòt; ³⁵ ndi i kède hī lɔɔ̀ŋ nu à ŋkɔ̀n nyɛ wɔ̀ŋi, à ɓɔ̀ŋɔ̀k kì màm ma tee sēp, nyɛn à nlēmel nyɛ. ³⁶ À biōmlɛ ɓɔn ɓa Isrăɛ̀l ɓàŋa, i āŋaàl à biāŋlɛ ɓɔ Mìŋaŋ Mìnlam mi nsàŋ nì Yesù Krĭ̀stò [nyɛn à yè Ŋwèt nu ɓɔ̄ɓasonā] ³⁷ mìŋaŋ mi ɓèèɓɔmèdɛ nì ńyī ŋwɔ, ŋwɔn mi biāŋlana i Yùdeà yɔ̀sonā, ìɓòdòl i Gàlìleà, i mbūs lìsòblὲ Yòhànès à ɓa aŋâl: ³⁸ Yesù mùt Năsàrèt, kìkìi Nyāmbɛ à bihɔɔ nyɛ nì Mbuu M̀pubi nì lìpemba; nu à ɓe kɛ hɔma ni hɔma, à ɓɔ̀ŋɔ̀k lɔŋgê, à mèlhàk kì ɓɔɓasonā ǹsɔ̀hɔ̀p à ɓe têŋgà, inyŭlē Nyambɛ à ɓeè nì nyɛ. ³⁹ Bĕs dì yè mbògi inyùu màm mɔmasonā à biɓɔ̀ŋ i kède lɔ̀ŋ Lôk Yudà, nì Yèrusàlèm; nyɛ ki nyēn ɓa binɔ̄l, ɓa bitɔmol nyɛ mbāsa. ⁴⁰ Nyɛn Nyāmbɛ à bitùgul kɛl ì ǹyonos iaâ, à ɓɔ̄ŋ nyɛ lɛ a nɛnɛ, ⁴¹ ndi hà nì ɓòt ɓɔɓasonā ɓēe, ndik nì mbògi ɓôt, i ī ɓôk tēba ni Nyāmbɛɛ̀, ɓès yaga, ɓa dì bijē, dì nyɔ lôŋnì nyɛ, à ma tūgē i kède ɓawɔga. ⁴² À biɓēhɛ ɓes i āŋlὲ ɓòt, nì i ɓɔ̀k mbògi lɛ nunu nyɛn à yè nu à teeba nì Nyambɛ ī ɓā ŋkeês ɓayōmi nì ɓawōga. ⁴³ Bàpodôl ɓɔɓasonā ɓa mɓɔ̀k mbogī inyùu yeē lɛ, Inyùu jòy jee nyɛn hī muùt à nhēmlɛ nyɛ à gakùhul ŋwehèl biɓeba.

Bìlɔ̀ŋ bìpɛ bi ŋkòs Mbuu M̀pubi

⁴⁴ Ki Petrò à ŋgi pɔdɔ̂k biɓàŋga bini, Mbuu M̀pubi à sôs i ŋgìi ɓɔ̄ɓasonā ɓa ɓā ɛmblὲ ɓàŋga î. ⁴⁵ Ndi ɓàhemlὲ i kède ɓàkwèèbaga, ɓa ɓā lɔɔ nì Petrò, ɓa ɛgὲp, inyŭlē Mbuu M̀pubi à tina yàk bìlɔ̀ŋ bìpɛ. ⁴⁶ Inyŭlē ɓa nɔ̄k ɓɔ̄ ɓa mpɔ̄t dilemb dìpɛ, ɓa ɓeghàk Nyambê. ⁴⁷ Nì Petrò à ɓimbhɛ lɛ, Ɓàa mùt à yè lɛ à soŋā malep, lɛ ɓòt ɓana ɓa sōblana ɓâŋ, lakìi yàk ɓɔ ɓa ŋkôs Mbuu M̀pubi kìkìi ɓês? ⁴⁸ Nì nyɛ à kâl ɓɔ lɛ ɓa sōblana ī jòy li Yesù Krĭ̀stò. Nì ɓɔ ɓa sɔɔhɛ nyɛ lɛ a yēn ndèk dilɔ.

11

Ŋgăn Pētrò à ǹkɛnā ntōŋ Yerūsàlèm

¹ Ɓaomâ nì lògtatā ɓa ɓā ɓā Yùdeà, ɓa nɔk lɛ yàk bìlɔ̀ŋ bìpɛ bi ŋkôs ɓaŋgā Nyambɛɛ̀, Petrò à ɓɛt ɓâŋ Yèrusàlèm, ² ɓa ɓā ɓā ɓàkwèèbaga ɓa kahal nyɛ hɔ̄p, ɓa kâl lɛ, ³ Ù ǹjôp yak ɓɔ̀ŋgìkwèèbà, ù jelgà nì ɓɔ. ⁴ Nì Petrò à ɓodōl tɔɔŋlɛnɛ ɓɔ jāda jada, à kâl lɛ, ⁵ Mὲ ɓeè ŋkɔ̀n Yopè, mὲ sɔɔhὲgὲ; mὲ kwo lìsè li njâl, mὲ tɛhɛ yiindà, yɔm i sohòk, wěŋgɔ̀ŋlɛ sààndà mbɔŋ nûŋkeŋi, à nsùhlana ni màkas manâ, à lòlàk i ŋgìi; à pam yaga hɔma mὲ ɓeè mὲ yìi. ⁶ Mὲ biɓɔ̂k ɓaâŋ mìs mû, mὲ ɓeŋgὲ, mὲ tɛhɛ binùga bi makòò ma-na bī hisi, nì bìnùga bi nnyāy, nì gwɔm bi ǹɔdɓa hisī nì dìnùni di ŋgìi. ⁷ Mὲ nɔk ki kīŋ ì ŋkàl mɛ lē, À Petrò, tɛlɛp; nɔl, jɛk. ⁸ Ndi mὲ kâl lɛ, Ɓàalɔŋɛ, à Ŋwɛt; inyŭlē yɔm kilà tɔ̀ nyɛga i mà jôp ɓe nyɔ wêm. ⁹ Ndi kiŋ ì lôl ŋgìi ŋgèlὲ ì ǹyonos iɓaà ì kâl lɛ, Yŏm Nyāmbɛ à m̀pubûs ù ha ɓâŋ yɔ̄ kìlà. ¹⁰ Halā à biɓòŋa ŋgelὲ iaâ, nì gwɔm gwɔbisonā bi yoŋā ki ŋgìi. ¹¹ Ndi nùnakì, kunda yada ɓòt iɓaà ɓa tɛlɛp bisū bi ndap dì ɓa dì yìinɛ, ɓa

ōma měnī, ɓa lolàk i Kàysàreà, ¹²nì Mbuu à kâl mɛ lē mɛ kɛē mè nì ɓɔ iɓaɓe pênà. Yàk lògtatà inī isamàl i kɛ yēga mè; nì ɓés dì jóp ndāp mùt nû. ¹³Nì nyɛ à aŋlɛ ɓes kìkìi à ǹtɛhɛ aŋgèl ì tee ndāp yeē, ì kâl lɛ, Ɔm Yōpè, ɓa lɔnā Sīmòn, jòy jee ki lē Pɛtrô. ¹⁴Nyɛn à gakàl we bìɓàŋa mu nyēn ù gatɔ̄hlana, wè nì ndap yɔ̄ŋ yɔ̀sonā. ¹⁵Kìi mè ŋ̀kahal pɔ̄t, Mbuu M̀pubi à sós ŋgìi yáp, kìkìi à bisòs i ŋgìi yés biɓèɛ. ¹⁶Nì mè mɛ hɔŋɔl ɓaŋgā Ŋwɛt, kìkìi à kǎl lɛ, Yòhanɛ̀s à ɓe sôblɛ ndigi nì màlep, ndi ɓèɛ nì gasòblana ni Mbūu M̀pubi. ᵐ ¹⁷Jɔn iɓālē Nyambɛ à bitī ɓɔ ǹlèlèm likèblà kìkìi ɓés, ŋgèdà dì bihēmlɛ Ŋwɛt lɛ Yesù Krǐstò, mè ǹjɛɛ, mè ɓeē lɛ mè kɛŋ Nyambê? ¹⁸Ba nōk ɓǎŋ màm mana, ɓa mɔm ŋwɛē, ɓa ti Nyambɛ lìpem, ɓa kâl lɛ, ndòmle Nyambɛ à ǹti yâk bìlɔŋ bìpe lɛ bi hyɛ́l ŋ̀em inyùu nìŋ.

Ǹtoŋ u Antìokìà

¹⁹Halā nyɛ̄n ɓa ɓā sànda īnyùu ndèèŋgà ì lǒl īnyùu Stɛ̀fanò, ⁿ ɓa kèɛ lētèɛ̀ nì Fènikìà nì Kiprò, nì Àntìokìà, ɓa aŋlègè ndigi Lòk Yudà yɔtāma ɓaŋa i Nyambê. ²⁰Ndi ɓòt ɓahɔgi i kède yáp, ɓòt ɓa Kiprò nì ɓa Kirēnè, ɓa pām ɓǎŋ Àntìokìà, ɓa kahal kwèles yâk ɓòt ɓa Grǐkìà, ɓa aŋal Miŋaŋ Mìnlam inyùu Ŋwèt lɛ Yesù. ²¹Ndi wɔ̀ɔ Ŋwɛt u ɓā lòŋnì ɓɔ; nì ŋgàndàk ì hemlɛ̀, ì hyɛ́lɓa pès Ŋwɛt. ²²Ndi ŋgàn yáp ì pam maō ma ntoŋ u ɓā Yèrusàlèm; nì ɓɔ ɓa ɔm Barnābà lɛtèɛ̀ nì Àntìokìà. ²³Kìi à m̀pam à tɛhɛ karǐs Nyambê, à kǒn masee; à ɓehɛ ɓɔɓasonā lɛ ɓa tēŋɓɛ nì Ŋwět nì ŋ̀em wɔnsô; ²⁴inyǔlē à ɓeè lɔŋgɛ mùt, à yɔn ni Mbūu M̀pubi nì hemlɛ. Nì ŋgàndàk ɓòt i kóndnana i pès Ŋwɛt. ²⁵Nì nyɛ à kɛ Tārsò i yēŋ Sàulò; ²⁶à tɛhɛ ɓǎŋ nyē̄, à lɔnā nyɛ Àntìokìà. Ndi ɓa ɓā kɔɔdɓa nì ǹtoŋ ŋgìm ŋwìi, ɓa niigàgà ŋgàndàk ɓòt. I Àntìokìà nyɛn ɓànigîl ɓa ɓòdol sèblana lɛ ɓòt ɓa Krǐstò.

²⁷Dilɔ̄ di cɔ̄n ɓapodôl ɓa lǒl Yèrusàlèm, ɓa pam Àntìokìà. ²⁸Wàda wâp jòy jee lɛ Àgaɓò, ᵒ à tɛlɛp, à undā ni ŋgùy Mbuu lɛ njàl kɛŋi ì gakwɔ̀ ŋkɔ̀ŋ hisi wɔnsonā; yɔ̄n ì kwěl ī ŋgèdà Klàudìò. ²⁹Ndi ɓànigîl, hi mût kìi là yee, ɓa mmelēs lɛ ɓa ŋōmlɛ loògtatà i ńyèn i Yùdeà màholâ. ³⁰Ba ɓɔ̄ŋ ki hālà, ɓa ɔm mɔ yak mìmaŋ mi ntoŋ i mɔ̀ɔ ma Barnābà nì Sàulò.

12

Hèrodè à ǹnɔl Yakōbò à ha Pɛtrò i mɔ̀k

¹ Ŋgèdà ì yɔ̌n kīŋɛ Hèrodè à kahal tèèŋga ɓôt ɓa ntoŋ ɓàhɔgi. ²À nɔl Yakōbò, mànyāŋ Yòhanɛ̀s, nì pànsòŋ. ³Kìi à ǹtɛhɛ lɛ halā à ǹlemel Lôk Yudà, à gwěl yaàk Pɛtrò. Dìlɔ di dī ɓā dìlɔ di kɔga ŋgisèŋha. ⁴À gwěl ɓǎŋ nyē, à ha nye mɔ̀k, à ti nyɛ mìntoŋ mi sonda mīna lɛ mi tadak nyē̄, hi ntoŋ sonda īnaà; à hɛ̀gɛ̀k lɛ, i mɓūs Pāsà ᵖ a tee nyē̄ bisù bi ɓoòt. ⁵Jɔn ɓa ɓā tedeèl Pɛtrò i ndāp mɔ̀k, ndi ǹtoŋ u tēŋɓɛ yaga sɔɔhɛ Nyambɛ īnyùu yeē.

ᵐM̀B 11: 16 M̀B 1: 5
ⁿM̀B 11: 19 M̀B 8: 1-4

ᵒM̀B 11: 28 M̀B 21: 10
ᵖM̀B 12: 4 Màn 12: 1-27

Aŋgɛl Ŋwɛ̆t ì m̀pemes Petrò i mɔ̀k

⁶ Ndi Hèrodè à ɓa lɔ ɓǎŋ lē a tee nyɛ, u û Petrò à ɓa à nìŋi hīlɔ̄ i pōla sōnda īɓaà, à kèŋi nì mìnsaŋ mi bikèy imaà; ɓàtat ɓa ɓâk i ŋwɛ̀mɛl, ɓa tadâk ndap mɔ̀k. ⁷ Ndi nŭnkì, aŋgɛ̀l Ŋwɛ̆t ì tɛlɛp nye pāŋ, màpubi ma ɓáy ha tùŋ; nì yɔ̀ ì ɓep Petrò i hyɛ̀ŋ, ì todōl nyɛ, ì kâl lɛ, Pala tēlɛèp. Nì mìnsaŋ ŋwee mi bikèy mi kɔ́bla nyɛ mɔ̀ɔ̀. ⁸ Nì aŋgɛ̀l ì kâl nyɛ lɛ, Nidis ŋgōli yɔ̀ŋ, sudɛ bìtamb gwɔŋ, nì nyɛ à ɓɔ́ŋ hālà. Ì kâl ki nyɛ̄ lɛ, Lèŋɓa mbɔ̄t yɔɔ̀ŋ, u nɔ́ŋ mɛ̀. ⁹ Nì nyɛ à pam, à ǹnɔ́ŋ yɔɔ̀; à ɓa yi ɓē lɛ jàm aŋgɛ̀l ì ŋgwɛ̀l li ye tɔ̄y maliga, à hɔŋlàk ndik lɛ̄ à ntɛ̄hɛ yiindà. ¹⁰ ɓa tāgɓɛ ɓǎŋ ǹtat nu bìsu nì nu īɓaà, ɓa pam likɔ̀ga li bikɛ̀y li lijùbul li ŋkɔ̀ŋ. Jɔn li yìbla jɔ̄mèdɛ bisū gwap, nì ɓɔ ɓa pam, ɓa tagɓɛ njɛ́l yadā; kunda yada aŋgɛ̀l ì yek nyɛ.

¹¹ Nyùu ì yi ɓǎŋ Pētrò jàm, à kâl lɛ, Hanânɔ mɛ̀ ńyī ntīîk lɛ Ŋwɛ̆t à ǹɔm aŋgɛ̀l yèè i tɔ̄hɔɔ̀l mɛ̀ i wɔ̀ɔ̀ Herōdè, nì mahɔ̄ŋɔɔ̀l ma ɓôt ɓa Lôk Yudà. ¹² À mǎl ɓǎŋ hɔ̄ŋɔɔ̀l, à kɛ ndáp Màrià, nyǎŋ Yòhanès nu jòy jee ki lē Markò, hɔma ŋgàndàk ɓôt ì ɓa ì kòdnɛ, ì sɔɔhègè. ¹³ À kŭmb ɓǎŋ lìkɔ̀ga li bisu li ndáp, m̀ɓɔ̀ǹsɔn nu mùdàa jòy jee lɛ Rodè, à lɔ ī ēmblɛ̀. ¹⁴ À yi ɓǎŋ kīŋ Pētrò, à yìbil ɓē likɔ̀ga inyùu màsee, à tɛ̂mb ŋgwee, à kâl lɛ Petrò à tee ī ŋwɛ̀mɛl. ¹⁵ Ndi ɓa kâl nyɛ lɛ, Ù ŋkɔ̀n njɛk. Nì nyɛ à liga lɛ i ye hālà. Bɔ nyɛ lɛ, Aŋgɛ̀l yèè yaā ì. ¹⁶ Ndi Petrò à tɛ̄ŋɓɛ i kùmb; ɓa yìbil ɓǎŋ, ɓa tɛhɛ nyɛ, ɓa hêl. ¹⁷ Nì nyɛ à sɛ́ghɛ ɓɔ wɔ̀ɔ̀ lɛ ɓa mɔm ŋwɛ̀ɛ, à aŋlɛ ɓɔ kìkìi Ŋwɛ̆t à m̀pemes nyɛ ndáp mɔ̀k. Nì nyɛ à kâl lɛ, Aŋlana Yàkobò nì lògtatā hālà. Nì nyɛ à ǹnyɔdî, à kɛ hɔ̄ma nuùmpɛ.

¹⁸ Kɛl ì ye ɓǎŋ, sonda ī sɛɛ̄hla ŋgandàk inyùu jàm li ɓòŋa nì Petrò. ¹⁹ Hèrodè à yeŋ ɓǎŋ nyɛ̄, à ǹtɛhɛ ɓēe, à tɔŋɔ̄l ɓatat, à kâl lɛ ɓa nola. Nì nyɛ à ǹnyɔdi Yùdeà, à sôs Kàysàreà, à yēn nyɔɔ̀.

Nyɛ̆mb Hèrodè

²⁰ À ɓa lôhà unɓɛnɛ ɓôt ɓa Tîr nì Sidōn; nì ɓɔ ɓa lɔɔ̄ nyɛ̄nī nì ǹem wada, ɓa ɓɔ̌ŋ ɓǎŋ Blǎstò, kindàk kiŋɛ, lìwanda, ɓa ɓât nsàŋ inyùlē lɔ̀ŋ yap i ɓā kuhùl bìjɛk i lɔ̀ŋ kiŋɛ̂. ²¹ Mu kēl ì teeba, Hèrodè à haba mbɔt kīŋɛɛ̀, à yēn i yèènɛ anɛ̀, à kahal pōdos ɓɔ. ²² Nì ɓôt ɓa lɔnd lɛ, Kiŋ nyāmbɛ wàda ì, hà ì mùt ɓee. ²³ Bitēebīloŋi aŋgɛ̀l Ŋwɛ̆t ì ɓep nyɛ, inyŭlē à ti ɓē Nyambɛ lìpem; nì mìnsɔŋ mi jɛ nyɛ, à wɔ.

Bàrnabà ɓɔ Sàulò

²⁴ Ndi ɓàŋa i Nyambɛ ī ɓā hɔl, i ɓolòk. ²⁵ Bàrnabà ɓɔ Sàulò ɓa nyɔdi i Yèrusàlèm, ŋgèdà ɓa mèlɛs ǹson wap, ɓa kɛnā Yohānès, jòy jee ki lē Markò.

13

¹ Bàpodôl nì ɓàlêt ɓa ɓā ntōŋ Antiòkìà, ɓɔ̀ Bàrnabà, ɓɔ̀ Simèòn jòy jee ki lē Nigɛr, ɓɔ̀ Lukìò mùt Kìrenɛ, ɓɔ̀ Mànahèn nu à tòŋglana lɔ̀ŋ ɓɔnà ŋgɔmîn Hèrodè, ɓɔ̀ Sàulò. ² Ba ɓā gwelèl ɓǎŋ Ŋwɛ̆t, ɓa soga ki jɛ̄, Mbuu M̀pubi à kâl lɛ, ɓaglana mɛ̀ Bàrnabà ɓɔ Sàulò inyùu ǹson mɛ̀ nsèblɛ ɓɔ. ³ Ba mǎl ɓǎŋ sōga jɛ nì sɔɔhè, ɓa kehī ɓɔ mɔ̀ɔ̀ i ŋgìi, ɓa ɔm

ɓɔ.

Ɓaoma ɓā ŋāŋal ɓaŋgā i Nyambɛ ī Kīprò

⁴ Halā nyēn ɓa ɓā oma nì Mbuu M̀pubi, ɓa sɔ́s Sèlukìà; ha nyēn ɓa yǎp, ɓa cak i Kīprò. ⁵ Ɓa pām ɓǎŋ Sàlamì, ɓa aŋal ɓaŋgā i Nyambɛ māndāp ma mitìn ma Lōk Yudà; ɓa ɓā ɓa gweè Yòhanès kìi ǹhola wǎp. ⁶ Ɓa mǎl ɓǎŋ hyōm oòn yɔsonā lɛtɛ̀ɛ̀ nì Pafòs, ɓa kɔp mût màkàŋ wàda, m̀podôl bìtɛmbɛɛ, mǎn Lòk Yudà, jòy jee lɛ Bàr-Yesú. ⁷ À ɓa ɓɔ̄nà ŋgɔmîn Sɛrgìò Paùlò, mùt yi. Nyɛn à sèbel Bàrnabà ɓɔnà Paul i nyēnī, lɛ a nɔk ɓaŋga i Nyambê. ⁸ Ndi Èlimà, mùt màkàŋ [inyǔlē hālā nyēn lìkɔ̀blɛ li joy jee li yê], à kɔ̄lɓa ɓɔ, à sòmblàk lɛ ŋgɔmîn à hɛmlɛ ɓâŋ. ⁹ Ndi Sàulò, jòy jee ki lɛ̄ Paul, ǹyɔnôk nì Mbuu M̀pubi, à ɓɔk nyɛ mǐs, ¹⁰ à kâl lɛ, À wɛ nū ù yoni nì màndɔn mɔmasonā nì màlòga mōmasonā, wɛ̀ mǎn ǹsɔ̀hɔ̀p, wɛ̀ ŋ̀ɔɔ màm ma tee sēp mɔmasonā, ɓaa ù ŋŋwàs ɓe yubda manjèl ma Ŋwɛt ma tee sēp? ¹¹ Ndi hanânɔ, nǔnkì, wɔ̀ɔ Ŋwɛt u ye ŋgìi yôŋ, ù gakwɔ ndim, ù tɛhɛ ɓe jɔp jòɡà li ntɛl. Kunda yada ɔ̀nd i kɔp nyɛ, nì jîɓɛ̀; nì nyɛ à kɛ yēŋ mùt lɛ a ega nyē nì wɔ̀ɔ. ¹² Ŋgɔmîn à tɛhɛ ɓǎŋ jàm li mɓɔnà, à hɛmlɛ̀, à ɛgēp inyùu màeba ma Ŋwɛt.

Paul ɓɔ Bàrnabà ɓa ye Àntìokìà i Pìsidìà

¹³ Paul nì ǹtoŋ wee ɓa nyɔdi Pāfòs, ɓa cak i Pērgè nyɔɔ Pàmfilìà; nì Yòhanès à yek ɓɔ, à tēmb Yèrusàlèm. ¹⁴ Ɓa nyɔ̄di ɓǎŋ Pērgè, ɓa tagɓè, ɓa pam Àntìokìà i Pìsidìà; nì ɓɔ ɓa jôp ndāp mītìn i ŋgwà nôy, ɓa yēn hisī. ¹⁵ Mɓūs ì aŋ mɓēn nì ɓàpodôl, ɓààne ɓa ndap mītìn ɓa ɔm i kàl ɓɔ lɛ, À lôgtatà, iɓālē nì gwèe ɓàŋga i ɓēhɛ ɓòt, pɔda. ¹⁶ Nì Paul à tɛlɛ̂p, à sēghɛ wɔɔ, à kâl lɛ,

À ɓôt ɓa Isrǎɛ̀l, nì ɓèè ɓa nì ŋkɔ̀n Nyambɛ wòŋi, ɛmblana: ¹⁷ Nyambɛ nū ɓôt ɓa Isrǎɛ̀l ɓana, à tɛp ɓàsogol ɓes, à ti ɓôt ɓana lìpem, ŋgɛ̀dà ɓa ɓā ɓa yiīne lɔŋ Egîptò, à nyɔdna ɓɔ̄ muù, à ega ɓɔ nì wɔɔ̀ lipemba. ¹⁸ À nihɓɛ ɓɔ ŋɔ̀ŋ jàm kìi mòm mana mā ŋwii. ¹⁹ À cɛ ɓǎŋ bìlɔŋ bisâmbɔk hisī hi Kanàân, à ti ɓɔ hìsi hyap kìi ɓūm yap, ᑫ jàm kìi mɓōgoòl ŋwii inâ nì mòm matān. ²⁰ Mɓūs màm mana à ti ɓɔ ɓàkeês lɛtɛ̀ɛ̀ nì m̀podôl lɛ Sàmuèl. ²¹ Ha nī nyēn ɓa yīdil kìŋɛɛ̀; nì Nyambɛ à ti ɓɔ Sàulò, mǎn Kīs, mǎn Lòk Bɛnyāmìn, inyùu mòm mana mā ŋwii. ²² Kìi à ǹhɛa nyɛ, à tee Davìd lɛ a ɓa kìŋɛ yǎp; nyɛn à ɓôgol mɓôgi, à kâl lɛ, Mɛ̀ ǹtɛhɛ Davìd, mǎn Yēsè, mùt kǐŋgɛdà ŋ̀ɛm wêm, ʳ nu à gaɓɔŋ sombòl yêm yɔsonā. ²³ Mu mɓōo ì mùt nu nyēn Nyāmbɛ à bipēmhɛnɛ Isrǎɛ̀l Ǹtɔhɔ̄l lɛ Yesù, kǐŋgɛdà lìkàk; ²⁴ nyɛ ŋgì lɔ̀, Yòhanès à ɓôk āŋlɛ ɓoòt ɓa Isrǎɛ̀l ɓɔɓasonā lìsòblè li hyêlŋɛm. ²⁵ Yòhanès à ɓa yonôs ɓǎŋ ǹson wee, à kâl lɛ, Nì nhɔ̄ŋɔl lɛ mɛ̀ yɛ kii? Mɛ̀ tà ɓe mɛ nyē. Ndi nùnakì, wàda à nlɔ̀ mɛ mɓūs, mɛ̀ kòli ɓē mɛ ī hɔ̀hɔ̀l bìtamb makòò mee. ˢ

²⁶ À lôgtatà, ɓɔ̀n ɓa liten li Abràhâm, nì ɓèè ɓa nì ŋkɔ̀n Nyambɛ

ᑫ **MB 13: 19** Ŋ̀aŋga Ɓôt 14: 34
ʳ **MB 13: 22** 1Sàm 13: 14; Hyèmbi 89: 21

ˢ **MB 13: 25** Yòh 1: 20-27

wɔŋi, inyùù yēs nyɛn ɓàŋga i tɔhi īni i biōmaà. ²⁷ Inyŭlē ɓa ɓā ńyèn i Yèrusàlɛ̀m, nì ɓà-ànɛ̀ ɓap, lakìì ɓa biyī ɓe nyɛ tɔ̀ kiŋ ɓàpodôl ì ì ŋēŋa hi ŋgwa nɔ̀y, ɓa biyonos yɔ ī ŋgèdà ɓa bipēmhɛnɛ nyɛ mbàgi nōgoòs. ²⁸ Tɔ̀ lakìì ɓa tēhɛ ɓē jaàm li nolol nyɛ. 'Ba ɓăt Pìlatò lɛ a nola. ²⁹ 'Ba măl ɓăŋ yōnos maàm mɔmasonā ma ɓā ǹtĭlɓàgà inyùù yeē, ɓa suhūs nyɛ mbāsa, ɓa niŋī nyɛ sɔ̀ŋ. ³⁰ Ndi Nyambɛ à bitùgul nyɛ i kède ɓawɔga; ³¹ ɓa ɓɔ̄ nì nyɛ ɓa nyɔ̄di Gàlìleà, ɓa ɓɛt Yèrusàlɛ̀m, à pemel ɓɔ ŋgàndàk dilɔ, ᵗ ɓɔn ɓa ye mbògi yee ɓôt hanânɔ. ³² Dì ŋāŋlɛ ɓee Mìŋaŋ Mìnlam ŋwɔn mi ye lē, ³³ Nyambɛ à biyōnhɛnɛ ɓɔn ɓes lìkàk ɓàsogol ɓa kŏs, i tùgùl à bitùgul Yesù; kìkìì i ye kì ǹtĭlɓàgà i kààt cèmbi pès iɓaà lɛ, Wɛ̀n ù yè mɛ̀ Màn, lɛ̀n ìni nyɛn mɛ̀ ŋgwal wê. ᵘ ³⁴ Ndi kìi à bitùgul nyɛ i kède ɓawɔga, lɛ à tèmb ha ɓăŋ i nyɛ̀mb, à kâl lana lɛ, Mɛ̀ gatī wɛ màsɔda màpubhaga ma Davìd, ma mā nlà ɓe pîŋglà. ᵛ Inyŭlē à mpɔ̄t ki hɔma nûmpɛ lɛ, ³⁵ Ù gakèmhɛ ɓe Nûmpubi wɔ̄ŋ lɛ a ɓɔ̄l ī sɔ̀ŋ. ʷ

³⁶ Inyŭlē Davìd, i ŋgèdà yèe, à măl ɓăŋ gwèl nsɔn kĭŋgèdà pèk Nyambê, à kɛ hĭlɔ̄, ɓa niŋī nyɛ lòŋnì ɓàsaŋ ɓee, à ɓɔ̄l; ³⁷ ndi nu Nyāmbɛ à bitùgùl à biɓɔ̄l ɓee. ³⁸ Jɔn, à lôgtatà, yina lē inyùu mùt nunu nyɛn ŋwèhèl biɓeba i kèla ɓee; ³⁹ inyùù yeē nyɛn hī muùt à nhēmlɛ̀ à ŋkèla lɛ à tee sēp i kède màm mɔmasonā nì bilà ɓe kelā lɛ nì tee sēp nì mben Mōsè.

⁴⁰ Jɔn nì yihgè, i tiga lɛ i ɓoŋā ni ɓèe kìkìì i pōda nì ɓàpodôl lɛ,

⁴¹ Nùnakì, à ɓôt ɓa diyànâ, ɛ̀gɓana, ni ce kì; inyŭlē mɛ̀ mɓɔ̄ŋ ŋgîm ǹson dilɔ̄ dinaàn [i dìlɔ dinân], nyà ǹsɔn nì ɓak ɓe lɛ nì hemlɛ̀, tɔ̀ i ɓā yàà lɛ mùt à ŋ̀aŋlɛ ɓee. ˣ

⁴² Ndi Lòk Yudà i pām ɓăŋ ndāp mītìn, Bìlɔ̀ŋ bìpɛ bi sɔɔhɛ lɛ bìɓàŋga bini bi kelā kì ɓɔ ŋgwà nɔ̀y u nnɔ̀ŋ hâ. ⁴³ Kìi mītìn mi nsandà, ŋgàndàk Lòk Yudà nì i mbon i nsìŋɛ Nyambɛ ŋēm, ɓa nɔ̄ŋ Paul nì Bàrnabà; nì ɓɔ ɓa kwelēs ɓɔ, ɓa ɓehɛ ɓɔ lɛ ɓa tēŋɓe nì kàrîs Nyambê.

⁴⁴ Ŋgwà nɔ̀y u ɓā nɔɔŋ hâ, ɓèɓèè nì ŋ̀kɔ̀ŋ wɔnsonā u kɔ̄dɓa i nɔ̄k ɓàŋga Nyambê. ⁴⁵ Ndi ŋgèdà Lòk Yudà i tēhɛ màmùt, i yɔn ni njɔ̀ŋ, ɓa pendā màm Paul à ɓa pɔt, ɓa yahāl ki nyē. ⁴⁶ Paul nì Bàrnabà ɓa pɔt ni màkend, ɓa kâl lɛ, 'Bèè ɓɔn ɓàŋga Nyambɛ ī ɓe lama ɓòk kelà. Ndi lakìì nì ǹlep yɔ, nì pemhɛnɛ ki ɓèèɓɔmèdɛ mbagi lɛ nì kòli ɓē inyùu nìŋ ɓɔgā, nùnakì, dì nhyèlɓa i pès bìlɔ̀ŋ bìpɛ. ⁴⁷ Inyŭlē halā nyēn Ŋwĕt à bikàl ɓes lɛ,

Mɛ̀ ǹtee wɛ lē u ɓa màpubi inyùu bìlɔ̀ŋ bìpɛ, lɛ u ɓa īnyùu tɔ̄hi lētèè nì lisūk li hisi. ʸ

⁴⁸ Bìlɔ̀ŋ bìpɛ bi nɔ̄k ɓăŋ hālà, bi kɔ̄n masee, ba ti ki ɓàŋga i Ŋwɛt lìpɛm; nì ɓa ɓɔ̄ɓasonā ɓa tēeba īnyùu nìŋ ɓɔgā ɓa hemlɛ̀. ⁴⁹ 'Bàŋga

---

ᵗ**MB 13: 31** MB 1: 3
ᵘ**MB 13: 33** Hyɛ̀m 2: 7
ᵛ**MB 13: 34** Yès 55: 3

ʷ**MB 13: 35** Hyɛ̀m 16: 10
ˣ**MB 13: 41** Hàb 1: 5
ʸ**MB 13: 47** Yès 42: 6; 49: 6

ŋwɛt i càma mbɔ̄k ì yɔ̀sonā. ⁵⁰ Ndi Lòk Yudà i tindɛ ɓodàà ɓa lipem, ɓa ɓā siŋgè Nyambɛ ŋēm, nì ɓàlom ɓa ɓôt ɓa ŋkɔ̀ŋ, ɓa kahal tèèŋga Paul ɓɔ Bàrnabà, ɓa luhūl ɓɔ mbɔ̄k yaàp. ⁵¹ Ndi ɓa kumbūl ɓɔ lìpùm li bitɛ̀k li makòò map, ᶻ ɓa kɛ Ìkōnìùm. ⁵² Nì ɓànigîl ɓa yɔn ni màsee nì M̀buu M̀pubi.

14

Paul ɓɔ Bàrnabà ɓa ye Ìkonìùm

¹ Ndi i lēŋa lē, i Ìkonìùm nyɛn ɓa jɔ́p lòŋ i ndáp mītìn ì Lòk Yudà, nì ɓɔ ɓa pɔt kàyèlɛ lìmùt lìkɛɲi li Lôk Yudà nì li Grĩkìà li hemlɛ̀. ² Ndi Lòk Yudà i ī hēmlɛ ɓē i tindɛè nì ɓeɓɛs mìɲem mi bilɔŋ bìpe ikɔ̀lɓà lògtatà. ³ Jɔn ɓa nòmol nyɔ̀ɔ ŋgàndàk, ɓa pɔdɔ̂k nì màkend i Ŋwèt, nu à ɓa ɓōk mbògi inyùu ɓàŋga i karĩs yèe, à ti lɛ bìyìmbne bi ɓoŋā, nì màm ma helha nì mɔ̀ɔ map. ⁴ Ndi lìmùt li ŋkɔ̀ŋ li ɓaglà, ɓàhɔgi i pès Lôk Yudà, ɓana i pès ɓaomà. ⁵ Ndi ŋgɛdà bìlɔ̀ŋ bìpe nì Lòk Yudà nì ɓà-ànɛ̀ ɓap ɓa ūbne ɓɔ̄ lɛ ɓa teēŋga ɓɔ̄ nì ɔm ɓɔ̄ ŋgɔ̀k, ⁶ ɓa yī ɓăŋ hālà ɓa kɛ ŋgwee miŋkɔ̀ŋ mi Likàonìà, nì Lìstrà, nì Dɛrɓɛ̀, nì pès mbɔk î; ⁷ nyɔ̀ɔ nyēn ɓa ɓā aɲlènɛ̀ Mìɲaŋ Mìnlam.

Ɓa ŋɔm Paul ŋgɔ̀k i Lĩstrà

⁸ Mùt wàda à ɓa à yìi hīsī i Lĩstrà, màkòo ǹtɔmbɔ̂k, à gwee ɓōk liɓùm li nyân, à kèɛ ɓē kelkĩkēl. ⁹ Nyɛn à nɔk Paul à mpɔ̄t, nì Paul à ɓɔk nyɛ mĩs, à tɛhɛ ɓăŋ lē à gwèe hēmlɛ̀ lɛ à ye lɛ à mâl, ¹⁰ à pɔt ni kīŋ kēɲi lɛ, Tɛlɛp bìtedɛ̀ɛ ni màkòò mɔŋ. ¹¹ Nì nye à ublà, à kahal hyōm. Lìmùt li tēhɛ ɓăŋ jàm Paul à ɓɔ̌ŋ, li ɓedes kiŋ ŋgìì nì hɔp Likàonìà lɛ, Ɓànyambɛ ɓā nsoōs ɓĕhnī, ɓa pôngà ɓót. ¹² Nì ɓɔ ɓa sɛɓēl Barnābà lɛ Zɛùs, Paul kì Hɛrmès, inyŭlē à ɓa m̀bògnà hɔp. ¹³ Ndi prĩsì ì Zɛùs nu tēmpèl yèe ì ɓanɛ lijùbul li ŋkɔ̀ŋ, ì lɔnā ɓalom ɓa nyagà nì mìɲòndòl letèè nì maŋwèmɛl, à ɓa sombòl sɛm bisɛ̀sɛmà, nye nì màmùt. ¹⁴ Ndi ɓàomà, Bàrnabà ɓɔ Paul, ɓa nɔ̄k ɓăŋ hālà, ɓa kan mbɔt yap, ɓa lɛmā ŋgwee i kèdɛ lìmùt, ɓa lɔnd, ɓa kâl lɛ, ¹⁵ À ɓôt, inyŭkī nì mɓɔ̆ŋ màm mana? Yàk ɓès kî dì yè ɓòt kàyàda kìkìi ɓèe, dì nlɔna ɓee Mìɲaŋ Mìnlam, lɛ ni ŋwás gwàŋgà bi mâm bini, ni hyɛ́lɓa ī pès Nyambɛ nū nìŋ, nu à hɛ̌k ŋgìi nì hìsi nì tuyê, nì gwɔ̀m gwɔbisonā bi ye mù; ¹⁶ nu à ŋwás bilɔŋ gwɔbisonā i cày di ntagɓè lɛ bi hyumlak mānjèl map ɓɔmɛ̀dɛ̀. ¹⁷ Ndi tɔ̀ halà à yek ɓē nyɛmèdɛ ŋgì mbògi, kìkìi à ɓɔ̌ŋ lɔ̄ŋgɛɛ̀, à ti ɓee nɔ̌p à nlòl i ŋgìi, nì ŋgɛdà i hēs bìjɛk, à yonos mìɲem minân nì bìjɛk nì màhàk. ¹⁸ Tɔ̀ lakìì ɓa pɔ̄t hālà, i ɓā ǹlèdek i sòŋà màmùt lɛ ma sɛmɛl ɓáŋ ɓɔ̄ bisɛ̀sɛmà.

¹⁹ Ndi Lòk Yudà i lŏl Àntìokìà nì Ìkonìùm i ŏt ɓăŋ màmùt, ɓa ɔm Paul ŋgɔ̀k, ɓa ôt nye mbūs ŋ̀kɔ̀ŋ, ɓa hɔŋlàk lɛ à ŋ̀wɔ. ²⁰ Ndi ɓànigîl ɓa kēŋa ɓăŋ nyē, à tɛlêp, à jɔ́p ŋkɔ̀ŋ; kɛl ì ye ɓăŋ, ɓɔnà Barnābà ɓa kɛ Dɛ̄rɓɛ̀. ²¹ Ɓa mál ɓăŋ āŋal Mìɲaŋ Mìnlam mu ŋkɔ̀ŋ û, ɓa yīlha ŋgàndàk ɓòt ɓànigîl, nì ɓɔ ɓa tēmb Lĩstrà nì Ìkonìùm nì Àntìokìà, ²² ɓa lêdhàk mìɲem mi ɓanigîl, ɓa ɓehgè ɓɔ lɛ ɓa tēŋɓe nì hemlɛ̀, nì lɛ dì ǹlama loō i

---

ᶻ**MB 13: 51** Màt 10: 14; Mar 6: 11; Luk 9: 5

kède ŋgàndàk ndùdù ndi tɔ̀ dì njòp i ànɛ Nyambê. ²³ Ba mǎl ɓǎŋ tēbel ɓɔ mìmaŋ mi ntoŋ i kède hī ntoŋ, ɓa sɔɔhὲ kì nì soga jē, ɓa edɛ ɓɔ nì Ŋwὲt, nu ɓā ɓā hemlὲ.

Ba ntēmb Antìokìà ì Sirìà

²⁴ Nì ɓɔ ɓa tagɓɛnɛ Pìsidìà, ɓa pam Pàmfilìà. ²⁵ Ba mǎl ɓǎŋ āŋal ɓaŋgā i Pērgè, ɓa sɔ́s Itālìà; ha nyēn ɓa nyɔ́dnɛ; ²⁶ ɓa cak Antìokìà, hɔma ɓa ēdɛ ɓɔ̄ nì kàrîs Nyambɛ īnyùu ǹsɔn ɓa mǎl ɓɔ̀ŋ.

²⁷ Ba pām ɓǎŋ, ɓa kɔ́t ntoŋ, ɓa aŋal mâm mɔmasonā Nyāmbɛ à biɓɔ̀ŋ lôŋnì ɓɔ, nì lɛ à biyìblenɛ bilɔ̀ŋ bìpɛ ŋwèmɛl u hemlὲ. ²⁸ Ni ɓɔ ɓa yên loòŋnì ɓànigîl jògà li ntɛl.

15

Bɔma i Yerūsàlὲm

¹ Nì ɓòt ɓahɔgi ɓa lɔ́l Yùdeà, ɓa niiga lôgtatà, ɓa kâl lɛ, Iɓālē nì ŋ̀kwēba ɓe kìŋgèdà lɛm Mosē, nì tà ɓe lɛ nì tɔhlànà. ² Ŋgèdà ɓɔ nì Paul nì Bàrnabà ɓa ɓā ɓa gweè pèènà nì ǹdaŋ, lògtatà i melēs lɛ Paul nì Bàrnabà, nì ɓòt ɓap ɓàhɔgi, ɓa nlama ɓɛt Yèrusàlɛm yak ɓàoma nì mìmaŋ mi ntoŋ inyùu hɔ̄p uù. ³ Nì ǹtoŋ u ega ɓɔ, ɓa tagɓɛnɛ Fènikìà nì Sàmarìà, ɓa aŋlàk hyèlɓa i bilɔ̀ŋ bìpɛ; nì ɓɔ ɓa kónha loògtatà yɔsonā màsee màkɛŋi. ⁴ Ba pām ɓǎŋ Yèrusàlɛm, ɓa yoŋā ni ǹtoŋ nì ɓàoma nì mìmaŋ mi ntoŋ, nì ɓɔ ɓa aŋal mâm mɔmasonā Nyāmbɛ à biɓɔ̀ŋ lôŋnì ɓɔ. ⁵ Ndi ɓòt ɓàhɔgi ɓa ntoŋ Farīsày ɓa ɓā hemlὲ, ɓa kâl lɛ, Ba nlama kwēē ɓɔ nì ɓehɛ ɓɔ̄ lɛ ɓa teeda mɓēn Mōsē. ⁶ Nì ɓàoma nì mìmaŋ mi ntoŋ ɓa kɔ́dɓa i ɓèŋgè hɔp û. ⁷ Pèènà kɛŋi i kwɔ̀ɔ ɓǎŋ, Petrò à tɛlɛ̂p, à kâl ɓɔ lɛ, À lôgtatà, nì ńyī lɛ iɓòdòl ɓèèhɛɛ Nyambɛ à bitēp i kède nân lɛ nì nyɔ̀ wêm bìlɔ̀ŋ bìpɛ bi nɔk ɓàŋga i Miŋaŋ Mìnlam, bi hemlὲ. ᵃ ⁸ Nyambɛ nū à ńyī miŋɛm, à biɓògol ɓɔ mbògi, lakìi à bitī ɓɔ Mbūu M̀pubi kìkìi ɓěs; ⁹ à biɓāgal ɓe ɓes nì ɓɔ, à bipūbus miŋɛm ŋwap nì hemlὲ. ¹⁰ Jɔn nì nnɔ̀ɔ̀denɛ ni ki Nyambê, i hā kɔ̀p nsɔn i jɔ̀ɔ̀ li ɓanigîl, i ī ye lɛ tɔ̀ ɓàtàta ɓes tɔ̀ ɓěs dì bìlà ɓe ɓɛgɛ̀ɛ̀? ¹¹ Ndi dì nhēmlɛ lɛ dì gatɔ̄hnɛ mu kàrîs Ŋwὲt lɛ Yesù Krr̂stò, ǹlèlɛm kìkìi ɓɔ̄.

¹² Ndi lìmùt jɔlisonā li mɔm ŋwɛē; ɓa kahal ēmblɛ Barnābà ɓɔnà Paul, kìì ɓa ɓā aŋaàl inyùu bìyìmbnɛ nì màm ma helha Nyāmbɛ à biɓɔ̀ŋ lôŋnì ɓɔ i kède bìlɔ̀ŋ bìpɛ. ¹³ Ba mɔ̄m ɓǎŋ ŋwɛ̀ɛ, Yàkoɓò à kâl lɛ, ¹⁴ À lôgtatà, emblana mè: Simòn à m̀mâl aŋal lɛlaa Nyāmbɛ à ɓɔ́k yūuga bilɔ̀ŋ bìpɛ lɛ à pemes ɓòt i kède yâp inyùu jòy jee. ¹⁵ Jàm lini li ŋkɔ̀la ni biɓàŋga bi ɓapodôl, kìì i ye ǹtîlɓàgà lɛ, ¹⁶ I mbūs màm mana ma gatĕmb, mὲ gakòndɛ ɔŋ lap i Davìd i ī ye ɓàkwɔ̀ga; mɛ kondɛ ɔ̄ŋ ɓahɔma ɓee ɓa ɓūga, mɛ tee kì yɔ; ¹⁷ lɛ ndi mìnyeglà mi ɓôt mi yeŋ Ŋwὲt, nì bìlɔ̀ŋ bìpɛ gwɔbisonā, bi jòy jêm li bisèblana i kède yâp. ¹⁸ Mìnsɔn mi Nyambɛ ŋwɔ̄minsonā mi ńyīna ni nyɛ̄ ìlɔ̀ biɓòdle bi ŋkɔ̀ŋ hisi.

¹⁹ Inyǔhālā nyēn kìŋ yeɛ̌m ì yè lɛ, dì tèèŋga ɓǎŋ ɓòt ɓa bìlɔ̀ŋ bìpɛ, ɓa ɓā nhyèlɓa i pès Nyambê, ²⁰ ndi di

---

ᵃ **MB 15: 7** MB 10: 1-43

fîlna ndīgi ɓɔ́ lɛ ɓa ceēl màm ma nyɛgā ma bisat, nì ndèŋg, nì yɔ̀m i ye n̄nidîk, nì màcèl. ²¹ Inyǔlē ìɓòdòl cày di kobā, Mosè à gwèe ɓót ɓa ŋāŋal nyɛ hi ŋkɔ̀ŋ, lakìi ɓa ŋáŋ nyɛ mandáp ma mitìn hi ŋgwa nɔ̀y.

Ndìmbhè ɓɔ̀ma

²² Ndi i bilēmel ɓaoma nì mìmaŋ mi ntoŋ, nì n̄toŋ wɔnsonā, i tēp ɓòt i kède yáp nì i ɔ̄m ɓɔ́ Ǹntìokìà, ɓɔ nì Paul nì Bàrnabà; mòy map lɛ, Yudà, jòy jee ki lē Bàrsabà, nì Sìlàs, mbìŋ ɓót i kède lòġtatà. ²³ Ba ɔm kaàt nì ɓɔ lɛ, Ɓès ɓaoma nì mìmaŋ mi ntoŋ nì lòġtatà, inyùu lòġtatà ī ī ye bìlɔ̀ŋ bìpe, i Ǹntìokìà nì Sirìà nì Kìlikìà, dì n̄yegā ɓee. ²⁴ Lakìi dì binɔ̄k lɛ ɓót ɓàhɔgi ɓa binyɔ̄di i ɓěhnī, ɓa kahal tèènga ɓee nì bìɓàŋga, ɓa n̄yùmus miŋem minân, ɓa kalàk lɛ nì n̄lama ɓa ŋkwěɓàgà nì teedà mben, ŋgèdà ɓēs dì bitī ɓe ɓɔ ŋgìm lìtìŋ halà, ²⁵ wɛ̀ɛ dì m̀mál kwɔ kīŋ yadà, i nnɛnɛ ɓes lɔ̄ŋgɛ lē di ɔm mìntɛɓɛk mi ɓót i ɓěnī lòŋnì ɓagwēha ɓēs Bàrnabà nì Paul, ²⁶ ɓót ɓa ye lē ɓa bitī nɔɔ̀m yap inyùu jòy li Ŋwɛt wɛ́s Yesù Krǐstò. ²⁷ Jɔn dì n̄yomol Yudà ɓɔ Sìlàs, yàk ɓɔmɛ̀dɛ ɓa ga-āŋlɛ ɓee mìŋkùgà mi mâm lòŋnì nyɔ̀. ²⁸ Inyǔlē i nlemel Mbuu M̀pubi nì ɓès lɛ dì ɓèɛga ɓǎŋ ɓèè mbɛgèē ìlɔ̀ɔ̀ mana màm ma kolī: ²⁹ lɛ nì cēl bìsɛ̀sɛmà ɓa nsèmel bisat, nì màcèl, nì mìnidîk mi gwɔm, nì ndèŋg; iɓálē nì n̄tat ɓeèɓɔmèdɛ inyùu màm mana, i gaɓā lɔŋgɛ nì ɓèe. Nì yènàk lɔŋgê.

³⁰ Ba cōla ɓǎŋ ɓɔ̄, nì ɓɔ ɓa sɔ́s Ǹntìokìà; nì ɓɔ ɓa kɔ̀t ɓǎŋ lìmùt, ɓa ti kaàt; ³¹ kìi ɓa ŋaŋ yɔ́, ɓa kɔ̄n masee inyùu lèdhànàŋɛm yee. ³² Yudà nì Sìlàs, lakìi yàk ɓɔ ɓa ɓā ɓàpodôl, ɓa ɓehɛ lòġtatà nì ŋgàndàk bìɓàŋga, ɓa ledēs ɓɔ nyùu. ³³ Ba yěn ɓǎŋ jògà li ntɛl nyɔ̀ɔ̀, lògtatà ī ŋwaās ɓɔ nì n̄sàŋ i tèmb yak ɓèt ɓa biɔ̄m ɓɔ. ³⁴ [Ndi Sìlàs à tɛhɛ lɔŋgɛ ī yèn nyɔ̀ɔ̀]. ³⁵ Ndi Paul ɓɔnà Bàrnabà ɓa ɓā ɓa yiī Ǹntìokìà, ɓa niigàgà, ɓa aŋlàk ɓàŋga i Ŋwɛt, ɓɔ nì ŋgàndàk ɓapɛ kî.

Paul ɓɔ Bàrnabà ɓa mɓāglà

³⁶ Dìlɔ dìhɔgi di tāgɓɛ ɓǎŋ, Paul à kâl Barnabà lɛ, Ɓǒk ɓès di tembēk ī yūugà lògtatà hī ŋkɔ̀ŋ, hɛ̀t dì biāŋal ɓaŋgà i Ŋwɛt, di tɛhɛ kìkìi ɓa yiī. ³⁷ Bàrnabà à ɓa sombòl lɛ ɓa kɛnā kì Yòhanɛ̀s, nu à ɓa sêblà lɛ Markò. ³⁸ Ndi Paul à bitēhe ɓe lɔŋgɛ lē ɓa kɛnā nū a biyēk ɓɔ Pàmfìlìà, à kɛ hā ɓe loòŋnì ɓɔ nsɔ̄n. ³⁹ Ǹdaŋ u ɓa jogà lɛtèɛ̀ ɓa ɓaglà, nì Bàrnabà à yɔ́ŋ Markò, à yâp, à cak i Kīprò. ⁴⁰ Ndi Paul à tɛp Sìlàs, à kê, lògtatà ī ma māāl edɛ nyɛ nì kàrîs ì Ŋwɛt. ⁴¹ À tagɓɛnɛ Sīrìà nì Kìlikìà, à lèdhàk mintoŋ.

16

Tìmòteò à ŋkɛ̀ lôŋnì Paul ɓɔ Sīlàs

¹ Nì nyɛ à pam ki Dērbè nì Lìstrà; ndi nǔnkì, n̄nigîl wàda à ɓa hà, jòy jee lɛ Tìmòteò, mǎn ŋgɔ̀nd Lòk Yudà nu à ɓa ǹhemlɛ̀; ² ndi ìsaŋ à ɓa mǎn Grīkìà. À ɓa à gwèe jòy lìlam i kède lòġtatà ī ɓā Lìstrà nì Ikònìùm. ³ Nyɛn Paul à sòmbol kɛnà; à yɔ́ŋ nyɛ, à kwēē nyɛ, inyùu Lòk Yudà i ɓā mū mámbɔ̄k maà; inyǔlē ɓɔɓasonā ɓa ɓā yi lē ìsaŋ à ɓa mǎn Grīkìà. ⁴ Ba ɓā tagɓɛ ɓǎŋ mīŋkɔ̀ŋ, ɓa ti ɓɔ màtìŋ lɛ ɓa teeda, ma ɓàoma nì mìmaŋ mi ntoŋ ɓa ɓā Yèrusàlèm ɓa těŋ. ⁵ Halā nyɛ̄n mìntoŋ mi bikòs ŋgûy i kède hēmlɛ̀, ŋàŋga wap u ɓā ɓɛt hī kɛl.

Paul à ǹtɛhɛ mût Màkèdonìà i yǐndà

⁶ Nì ɓɔ ɓa tagɓɛnɛ mbɔ̄k Frǐgìà nì Gàlatìà, Mbuu M̀pubi à ma sōŋā ɓɔ i āŋaàl ɓàŋga i Āsìà. ⁷ Ba pām ɓǎŋ ɓɛ̀bèɛ̀ nì Misìà ɓa nɔ́dɛ kɛ Bìtinìà, ndi Mbuu Yesù à kèmhɛ ɓē ɓɔ; ⁸ ɓa tāgɓɛ ɓǎŋ Mīsìà, ɓa sɔ́s Trɔ̌as. ⁹ Nì Paul à tɛhɛ yiindà jùu; mùt Màkèdonìà à tee, à sɔɔhègè nyɛ, à kàlàk lɛ, Lɔ̀ɔ nyɔ̀nɔ i Màkèdonìà, u hola ɓɛ́s. ¹⁰ Kìi à ǹtɛhɛ yiindà, kunda yada dì yeŋ njɛ̄l i kè i Màkèdonìà, dì kál lɛ Nyambɛ à nsèbel ɓes i āŋlè ɓɔ Mìŋaŋ Mìnlam.

Hyɛ̀lɓà i Lidìà

¹¹ Jɔn dì nyɔdi Trɔ̌as, dì kɛ sēp, dì cak Sàmòtrăkè, kɛl ì ɓa nɔ̂ŋ hâ, Nèàpolī; ¹² ì nyɔdi hà dì pam Fìlipì, ŋ̀kɔ̀ŋ bisu u pês mbɔk Makèdonìà, i sī ànɛ̀ Romà; dì biyèn dilɔ dìhɔgi mu ŋkɔ̀ŋ û. ¹³ Ndi ŋgwa nôy nyɛn dì kèɛ nyɔ̀ɔ mbūs ŋ̀wèmɛl ŋkɔ̀ŋ, ŋgwāŋ lep, hɛ́t dì ɓana lēm i ɓɔ̀ŋɔ̀l màsɔɔhɛ̀; nì ɓɛ́s dì yɛ̄n hisī, dì kahal kwèles ɓodàa, ɓa ɓā ɓa kodī hà. ¹⁴ Mùdàa wadà jòy jee lɛ Lidìà, nu à ɓa nuŋùl ɓàwedewèdè, à lŏl ŋkɔ̀ŋ Tiàtirà, à ɓa siŋgè Nyambɛ ŋɛ̄m, à ɛmblɛ ɓes, nyɛn Ŋwɛ̌t à yìbil ŋ̀ɛm lɛ a tibil nɔ̄k màm Paul à ɓa pɔt. ¹⁵ À sòblana ɓǎŋ, nyɛ nì ndap yeè, à sɔɔhɛ ɓes, à kál lɛ, Iɓālɛ̄ nì ntɛhɛ lɛ mɛ̀ nhɛ̄mlɛ Ŋwɛt, jòba ndáp yɛɛ̀m ni yɛ̄n mù. Nì nyɛ à ǹnyegha ɓes nyùu.

Paul ɓɔ Sīlàs ɓa ye ndāp mɔ̀k i Fìlipì

¹⁶ Ndi i lēŋa lɛ̄, dì ɓa kɛ ɓǎŋ hɔma màsɔɔhɛ̀, hìŋgɔ̀nda hyada hi ɓomā ɓes, hi hī ɓa hi gweē mbuu bindèê, hi lɔ̂ŋà ɓɛ̀t ɓee ŋgàndàk ŋ̀kùs inyùu bìndɛ̌ɛ̄ gwee. ¹⁷ Hi ɔdɔp ɓes nì Paul mbūs, hi lɔndôk, hi kalàk lɛ, Ɓòt ɓana ɓa ye mìŋkɔ̀l mi Nyambɛ nū ŋgìŋgìi, ɓɔn ɓa ŋāŋlɛ ɓee njɛ̄l tɔ̄hìi. ¹⁸ Hi ɓā ɓɔɔ̀ŋ halā ŋgàndàk dilɔ. Ndi Paul à unup kîyaga, à hyɛ̄lɓà, à kál mbuu u lɛ̄, Mɛ̀ ŋkèlel wɛ ī jòy li Yesù Krǐstò lɛ u nyɔdi nyɛ̄nī. Nì wɔ u nyɔdi nlèlèm ŋgɛŋ û.

¹⁹ Ɓɛt ɓee ɓa tɛ̄hɛ ɓǎŋ lɛ̄ ɓɔdŋem yap inyùu ŋ̀kùs i mmâl, ɓa gwɛ̄l Paul ɓɔ Sīlàs, ɓa ɔ́t ɓɔ nyɔ̀ɔ ɓòm bisū bi ɓa-ànɛ̀; ²⁰ ɓa lɔ̀na ɓǎŋ ɓɔ̄ yak ɓɛ̀t mbɔk, ɓa kál lɛ, ɓòt ɓana ɓa ye Lòk Yudà, ɓa mpùŋgul ɓes ŋ̀kɔ̀ŋ, ²¹ ɓa nnīiga ki bìlɛm bi ye lɛ di tà ɓe lɛ dì yɔ̂ŋ, tɔ̀ ɓɔ̀ŋ, ɓɛ̀s ɓa dì yè ɓòt ɓa Romà. ²² Nì lìmùt li tɛlɛp ŋgɛ̂m yàda i kòlɓà ɓɔ; ɓɛ̀t mbɔk ɓa kál lɛ ɓa hund ɓɔ̄ mbɔ̄t, ɓa ɓep ɓɔ̄ dìsòo. ²³ Ba mǎl ɓǎŋ kōp ɓɔ dìsòo, ɓa lɛ̄ŋ ɓɔ mɔ̀k, ɓa ɓehe ntat ndáp mɔ̀k lɛ a tibil yāga tat ɓɔ. ²⁴ À kŏs ɓǎŋ ndòŋ maɓehna ini, à lɛ̄ŋ ɓɔ i kède ndáp mɔ̀k, à tomōl ɓɔ dìkeŋ makòò. ²⁵ Ɓèɓèɛ nì ŋem u, Paul ɓɔ Sīlàs ɓa ɓā sɔɔhɛ̀, ɓa tublàk Nyambɛ cèmbi di biɓegês, ɓòt ɓa mɔ̀k ɓa ɛmblèɡè ɓɔ. ²⁶ Kunda yada hìsi hi kahal nyèŋg, kàyèlɛ dìkùù di ndap mɔ̀k di kahal pōghà; bitēebìloŋi màkòga mɔmasonā ma yìɓlà; ²⁷ ŋgàda ì hi mût ì hôhlà. Ǹtat ndāp mɔ̀k à tòde ɓǎŋ hīlɔ̄, à tɛhɛ lɛ màkòga ma ndap mɔ̀k ma nehi, à sɔdɔl pansɔ̀ŋ yèe, à ɓa à ǹhɛɛ nɔl nyemède, inyǔlɛ̄ à ɓa hɔŋɔ̀l lɛ ɓòt ɓa mɔ̀k ɓa mmāl sɔ. ²⁸ Ndi Paul à lɔnd ni kīŋ kēŋi, à kál lɛ, Ù ɓɔ̀ŋ ɓǎŋ wèmède ɓeba, inyǔlɛ̄ ɓèhɓɔɓasonā dì yè hana. ²⁹ Ǹtat ndāp mɔ̀k à yet mapubi, à lɛmā kède, à sèhlàgà nì

wɔŋi, à kwɔ hīsī bisū bi Paul ɓɔ Sīlàs, ³⁰ à pamna ɓɔ i tān, à kál lɛ, ³¹ À ɓɛt, mɛ ɓɔ́ŋ lāa ndi mɛ tɔhlana? Nì ɓɔ ɓa kál lɛ, Hɛmlɛ Ŋwèt lɛ Yesù Krə̌stò, ndi ù gatɔ̄hlana, wɛ̀ nì ndap yôŋ. ³² Nì ɓɔ ɓa aŋlɛ nyɛ ɓàŋga i Ŋwɛt nì ɓɔɓasonā ɓa ɓā ndāp yeē. ³³ Nì nyɛ à yɔ́ŋ ɓɔ nlèlèm ŋgɛŋ ū uù, à sɔ ɓɔ́ mìŋkòndgà; kunda yada à sóblana nyɛ nì ndap yeē yɔsonā. ³⁴ À ɓɛdna ɓɔ ndāp yeē, à ti ɓɔ bìjɛk, à kɔ́n masee kîyaga nì ndap yeē yɔsonā, inyǔlē à ǹhɛmlɛ Nyambê.

³⁵ Kɛl ì ye ɓǎŋ ɓɛt mbɔk ɓa ɔm ɓaɓòŋòl i kàl lɛ, Ŋwǎs ɓòt ɓâ, ɓa kɛnēk. ³⁶ Nì ǹtat ndáp mɔ̀k à kál Paul bìɓàŋga bini lɛ, Ɓɛt mbɔk ɓa ŋɔm lɛ mɛ ŋŋwás ɓèɛ, ni kɛnēk; jɔn pāma nī, kènga nì ǹsàŋ. ³⁷ Ndi Paul à kál ɓɔ lɛ, Ɓa bìɓībil ɓes mɓàmba, ŋgì ŋkeês, ɓès ɓa dì yè ɓòt ɓa Romà, ɓa ha ki ɓès i mɔ̀k; ndi hanânɔ ɓa pemes ɓes ndìdì? Ɓààlɔŋɛ; ɓɔmèdɛ ɓa lɔɔ̄, ɓa pemes ɓɛ́s. ³⁸ Ɓàɓòŋòl ɓa kál ɓɛt mbɔk biɓàŋga bini; nì ɓɔ ɓa kɔ́n wɔŋi ŋgɛdà ɓa nɔ́k lɛ̄ ɓa ye ɓòt ɓa Romà; ³⁹ nì ɓɔ ɓa lô, ɓa sɔɔhɛ ɓɔ, ɓa pemes ɓɔ, ɓa ɓát ɓɔ lɛ ɓa nyɔdi mū ŋkɔ̀ŋ. ⁴⁰ Nì ɓɔ ɓa pam mɔ̀k, ɓa jóp ndáp Līdìà; ɓa mǎl ɓǎŋ tēhɛ loògtatā, ɓa hógɓaha ɓɔ, nì ɓɔ ɓa nyɔdî.

17

Ɓòt ɓa mpùŋgul ŋkɔ̀ŋ Tɛsàlonīkà

¹ Nì ɓɔ ɓa tagɓɛnɛ Amfipolì nì Apòlonìà, ɓa pam Tèsàlonīkà, hɔma ndáp mītìn ì Lòk Yudà ì ɓanɛ. ² Nì Paul à jóp mu kìi mèyà yee, màŋgwà ma nôy maâ à kwèlèk nì ɓɔ mu Mātìlà, à tɔ̀ŋlàk, ³ ɛ ɓgà ɓɔ lɛ Krə̌stò à ɓe lama sɔ̄n njɔnɔk nì tùgɛ kì i kèdɛ ɓàwɔga. À kàlàk lɛ, Yesù nu mɛ̀ ŋāŋaàl nyɛn à yè Krə̌stò. ⁴ Ndi ɓòt ɓàhɔgi mû ɓa ùda, ɓa ádɓa ni Paul ɓɔ Sīlàs, yàk nì lìmùt lìkɛŋi li Grə̌kìà li lī nsìŋgɛ Nyambɛ ŋēm, nì jògà li ɓodàà ɓa lipɛm. ⁵ Ndi Lòk Yudà i ŋgitɔ̄bhɛmlɛ̀, ǹyɔnɔ́k nì njòŋ i yɔ́ŋ ɓoòt ɓàɓɛ ɓàhɔgi mu mīntìŋgìl mi ɓòt, ɓa kɔ́t ɓoòt, ɓa nyàŋgal ɓǎŋ lìmùt, ɓa puŋgūl ŋkɔ̀ŋ; ɓa kumā ndap Yāsòn, ɓa yɛŋ lɛ ɓa lɔnā Paul nì Silàs i tì ɓôt. ⁶ Kìi ɓa ntɛhɛ ɓe ɓɔ, ɓa ót Yasòn nì lògtatā ìhɔgi bisū bi ɓa-ànɛ̀ ɓa ŋkɔ̀ŋ, ɓa lɔnd lɛ, Ɓòt ɓana ɓa mâl puŋgūl ŋkɔ̀ŋ hisi ɓa nlɔ kī hāna; ⁷ ɓɔn Yāsòn à ǹyîs; ɓana ɓɔɓasonā ɓa mɓɔ̀ŋ mâm ma ŋkɔ̀lɓa matɛŋ ma Kaysà, ɓa kalàk lɛ kiŋɛ ìpɛ ì yè, lɛ Yesù. ⁸ Lìmùt li ɓa-ànɛ̀ ɓa ŋkɔ̀ŋ ɓa nɔ́k ɓǎŋ màm mana, ma nyiŋgīs ɓɔ. ⁹ Ɓa mǎl ɓǎŋ yòŋ biɓɛ̀p yak Yāsòn nì ɓa ɓápɛ, ɓa ŋwás ɓɔ.

Ɓàoma ī Bèrɛà

¹⁰ Nì kunda yada lògtatā ī ɔm Paul ɓɔnà Silàs jùù i Bèrɛà; ɓa pām ɓǎŋ nyɔ̀ɔ ɓa jóp i ndāp mītìn ì Lòk Yudà. ¹¹ Ndi ɓana ɓa ɓā lɔ̄ŋgɛɛ̀ ìlɔ̀ɔ ɓa Tesàlonīkà, inyǔlē ɓa lēɛgɛ ɓàŋga lòŋni màhɔŋɔ̄l màlam, ɓa tɔ̂ŋlàk Màtìlà hi kɛl tɔ̀ɔ màm ma mā ye hālà. ¹² Jɔn ŋgàndàk i kèdɛ yáp ì hɛmlɛŋɛ; halā kì nì ɓodàà ɓa Grə̌kìà ɓa lipɛm nì jògà li ɓolom. ¹³ Ndi Lòk Yudà i Tɛsàlonīkà ɓa yī ɓǎŋ lɛ Paul à ŋaŋal ki ɓàŋga Nyambɛ ī Bèrɛà, ɓa kɛ kī pùŋgùl nì yebês màmùt nyɔ̀ɔ ¹⁴ Hanyɛ̄n lògtatā ī hɔ̄ɔ ɔ̄m Paul lɛ a kɛē nyɔ̀ɔ pès tuyê; Silàs ɓɔ Tìmòtɛò ɓa yɛglɛ nyɔ̀ɔ. ¹⁵ Ɓɛt ɓa kɛ̀ɛ yēga Paul, ɓa pamna nyɛ Atèn; nì ɓɔ ɓa tɛmb, ɓa ma kōōs ndaàk inyùu Silàs nì Tìmòtɛò lɛ ɓa hɔɔ nɔ̀ŋ nyɛ.

Paul ŋkɔ̀ŋ Atèn

¹⁶ Ŋgɛdà Paul à ɓa ɓɛm ɓɔ Atèn,

mbuu wee u unup i kèdè yeē lakìi à tɛhɛ ŋkɔ̀ŋ u ma yōn ni bìsat. ¹⁷ Nì nyɛ à kahal kwɛ̀l i ndāp mītìn, nyɛ nì Lòk Yudà, nì ɓɔ̀t ɓa nsìŋgɛ Nyambɛ ŋēm, nì ɓa à biɓɔ̀ma biɓɔ̀m hi kɛl. ¹⁸ Ɓàyimàm ɓàhɔgi mu ŋgǎm Èpikùr nì ŋgǎm Stòîk ɓa ɓɔ̄mna ni nyē, ɓa kāl lɛ, mùt bìpɔpɔdà nunu à nsòmbol kāl kii? Ɓapɛ ɓɔ, à mpònà wěŋgɔ̀ŋlɛ à ŋāŋal inyùu ɓàkɛ̀n ɓa ɓanyambê; inyǔlē à biāŋal Yesù nì lìtùgè. ¹⁹ Nì ɓɔ ɓa yɔ̄ŋ nyɛ, ɓa kɛnā nyɛ Aèròpagò, ɓa ɓát lɛ, Ɓàa dì yè lɛ dì yi maeba ma yɔndɔ mana ù nnīigà? ²⁰ Inyǔlē ù nlɔ̀na ɓakɛ̀n ɓa mâm ɓàhɔgi maō mes; jɔn dì nsòmblɛnɛ yi kìkìi ɓa yê. ²¹ Ɓòt ɓa Atēn ɓɔbasonā nì ɓàkɛ̀n ɓa ńyɛn nyɔɔ ɓa ɓā nlòos ŋgɛdà yǎp ndigi īnyùu nɔ̄k nì pɔt jàm li yɔndɔ. ²² Nì Paul à tɛlɛp ŋēmkèdè Aèròpagò, à kāl lɛ, Ɓèè ɓôt ɓa Atèn, i kèdè màm mɔmasonā mɛ ntēhɛ lɛ nì yè ɓòt ɓa ŋgandàk bìhɛmlè. ²³ Inyǔlē kìi mɛ ǹhyumul munu, mɛ ǹtɛhɛ gwɔm nì mɓēgeès, mɛ bikɔ̄ba ki jùù jada ǹtǐlɓàgà lɛ, INYÙU NYĀMBƐ NŪ ƁĀ ŃYĪ ƁĒE. Jɔn mɛ ŋkèlɛl ɓee nu nì mɓēgeès ndi nì ńyī ɓɛ nyɛ. ²⁴ Nyambɛ nū à hěk ŋkɔ̀ŋ hisi nì gwɔm gwɔbisonā bi ye mù, nyɛn lākìi à yè Ŋwɛt ŋgiì nì hìsi, à ńyɛn ɓɛ tēmpɛ̀l ì ŋɔŋa ni mɔɔ; ²⁵ mɔɔ ma ɓôt ma mɓɔ̀ŋol ɓɛ ki tɔ̄ nyɛ, wěŋgɔ̀ŋlɛ à ńyēp ni jàm, inyǔlē nyɛmèdɛ à ntī ɓɔbasonā nìŋ, nì ǹhebek, nì gwɔm gwɔbisonā. ²⁶ Inyùu mùt wàda nyɛn à ɓɔ̄ŋ lē hi lɔɔŋ ɓôt i lôl, lɛ ɓa yɛn mu ŋkɔ̀ŋ hisi wɔnsonā, à tee ŋgɛdà, à sēk miŋwaa ŋwap mi mbɔk; ²⁷ lɛ ɓa yeŋ Nyāmbɛè, lɛ tɔ̀ɔ ɓa ye lē ɓa ɓoblɛ nyɛ, ndi ɓa lɛɓā nyē, tɔ̀ lakìi à tà ɓɛ nɔnɔk ni tɔ̀ hi wadā weès. ²⁸ Inyǔlē inyùu yeē nyɛn dì nnìŋìl, dì ǹhyūmuùl, dì yɛ̀nɛ̀ kì; kìkìi ɓàtìlà cēmbi ɓanân ɓàhɔgi ɓa ŋkàl lɛ, Dì yè lìɓɔ̀dɔ̀k jee. ²⁹ Halā nī kìi dì yè lìɓɔ̀dɔ̀k li Nyambê, dì ǹlama ɓe hɔŋɔl lɛ Nyambɛ à mpòna gôl, tɔ̀ silɓà, tɔ̀ ŋgɔ̀k, gwɔ̀m bi ǹùŋghana ni lìkɛŋge nì pɛ̀k mùt. ³⁰ Ŋgèdà ɓòt ɓa ɓā yi ɓēe, Nyambɛ à kěp ɓē jis nyɔ̀ɔ, ndi hanânɔ à ŋkàl ɓôt ɓɔbasonā mbɔk yɔ̀sɔ lē ɓa hyɛ́l mìŋɛm; ³¹ inyǔlē à tee kɛ̄l yadā ì yè lɛ à gapēmhɛnɛ ŋkɔ̀ŋ hisi mbàgi ì tee sēp, inyùu mùt nu à tee; inyùu yeē nyɛn à bitīnɛ ɓoòt ɓɔbasonā ɓaŋga yìmbnɛ mu tùgùl à bitùgul nyɛ i kèdè ɓawɔga.

³² Ba nɔ̄k ɓǎŋ īnyùu lìtùgè li ɓawōga, ɓàhɔgi ɓa kahal njòhà; ndi ɓapɛ ɓa kāl lɛ, Dì gakòndɛ ɛmblɛ wɛ īnyùu jàm lini ŋgɛdà ìpɛ. ³³ Halā nyēn Paul à binyōdi i kèdè yâp. ³⁴ Ndi ɓôt ɓàhɔgi ɓa àdɓa nì nyɛ, ɓa hɛmlè; i kèdè yâp nyɛn Dìònisìò, mùt Àèròpagò à ɓanɛ, nì mùdàà wadā lɛ Dàmàrîs, nì ɓôt ɓàpɛ kî.

18

Paul i Kɔ̀rintò

¹ I mbūs màm mana, à ǹnyɔdi Atēn, à kɛ Kɔ̀rintò. ² À kɔba man Lòk Yudà wàda, jòy jee lɛ Àkuilà, mùt Pontò, à tǐp lòl Itālìà, ɓɔ ŋwàà weē Priìskilà, inyǔlē Klàudìò à kǎl lē Lòk Yudà yɔsonā i nyɔdi Rōmà. ³ Nì nyɛ à kɛ ɓɔ̄nī, inyǔlē ɓa ɓā ɓa gweē ǹlèlɛ̀m nsɔn, à yēn ɓɔ̄nī, ɓa kahal ɓɔ̀ŋ nsɔn, u ū ɓā ī kòŋòl màndap ma maɓàdò. ⁴ À ɛggà ndap mītìn hi ŋgwa nɔ̀y, à

ɔdòk Lòk Yudà nì ɓòt ɓa Grǐkìà.

⁵ Ndi ŋgèdà Silàs nì Tìmòteò ɓa lǒl Màkèdonìà, Paul, mbuu wee u tindgè nyɛ i āŋaàl ɓàŋga, à ɓòglàk Lòk Yudà mbògi lɛ Yesù nyɛn à yɛ̀ Krǐstò. ⁶ Ndi kìì ɓa pèènaga, ɓa kahal yàhal nyɛ, nì nyɛ à tūk mbɔt yee, à kāl ɓɔ lɛ, Màcèl manân ma ɓa mīŋɔ̄ minaàn; mɛ̀ yè m̀pubi mû; ìɓòdòl hanânɔ mɛ̀ ŋ̀kɛ bīlɔ̀ŋ bìpɛ. ⁷ Nì nyɛ à ǹnyɔdi hâ, à jōp ndāp mùt wàda jòy jee lɛ Titò Yustò, nu à ɓa siŋgè Nyambɛ ŋēm, ndap yeē ì ɓa nòòŋga nì ndap mītìn. ⁸ Nì Krǐspò, ŋ̀ànɛ̀ ndap mītìn, à hemlɛ Ŋwɛt, nyɛ nì ndap yeē yɔ̀sonā; nì ŋgàndàk ɓòt ɓa Kɔrīntò ɓa nɔk, ɓa hemlɛ̀, ɓa sôblànā. ⁹ Nì Ŋwět à kāl Paul i yǐndà jùù lɛ, Ù kɔ̀n ɓăŋ wɔ̀ŋi, pɔdɔk ndīgìì, ù mɔm ɓăŋ ŋwɛ̀ɛ, inyǔlē mɛ̀ yè lòŋnì wɛ. ¹⁰ Mùt nyɛkǐnyɛ̀ à gatǐhba ɓe wɛ ī ɓɔ̀ŋ wɛ ɓeba; inyǔlē mɛ̀ gwèe ŋgàndàk ɓòt munu ŋkɔ̀ŋ unu. ¹¹ À yěn mù ŋwìì wada nì sɔŋ isamàl, à niigàgà ɓàŋga Nyambɛ ī kède yâp. ¹² Ndi ŋgèdà Galìò à ɓa ŋgōmiìn Akāyà, Lòk Yudà ɓa ādɓa ni ŋ̀ɛm wada i kɔ̀lɓà Paul, ɓa kɛnā nyɛ bisū bi yēne mbagī, ɓa kāl lē, ¹³ Mùt nunu à ŋ̀ɔt ɓôt i ɓēgeès Nyambê ìkɔ̀lɓà mben. ¹⁴ Ndi ŋgèdà Paul à ɓa sombòl magal nyô, Galìò à kāl Loòk Yudà lɛ, À Lôk Yudà, ɓalɛ i ɓăk inyùu jàm li tee ɓē sep, tɔ̀ ɓeba jâm, ki mɛ̀ ɓak lɛ mɛ̀ nogol ɓee; ¹⁵ ndi iɓālē i yenɛ̀ inyùu pèènà i biɓàŋga bi moy ni mbēn nân, ɓèŋgnana jàm li ɓèèɓɔmèdɛ; mɛ̀ ntɔ̄p ɓe mɛ ɓā ŋkeês màm mana. ¹⁶ Nì nyɛ à luhūl ɓɔ bisū bi yēnɛ mbagī. ¹⁷ Nì ɓòt ɓa Grǐkìà ɓɔɓasonā ɓa gwēēl Soòstenès, ŋ̀ànɛ̀ ndap mītìn, ɓa ɓibil nyɛ bisū bi yēēnɛ mbagī. Ndi Galìò à tɛhɛ ɓē halā kìi jàm.

Paul à ǹtēmb Àntìokìà

¹⁸ I mbūs hālā Paul à yěn ɓăŋ ŋgàndàk dìlɔ, à celēl loògtatà, à yáp ɓɔnà Prîskìlà nì Àkuìlà, ɓa cak Sīrìà; ki à ma māāl hɔmb ŋɔ Kɛŋkrēà, inyǔlē à kǔm sɔ̀ŋ. ᵇ ¹⁹ Nì ɓɔ ɓa pam Efēsò, à yek ɓɔ nyɔ̂ɔ, ndi nyemède à jōp ndāp mītìn, à kahal kwèl ni Lòk Yudà. ²⁰ Ndi ŋgèdà ɓa sɔ̄ɔhɛ nyē lɛ a kondē yěn ɓɔ̄nī, à ǹnɛɛbɛ ɓēe. ²¹ À celēl ɓɔ, à kāl lɛ, Mɛ̀ gatèmb ki ɓěnì iɓālē Nyambɛ à ŋ̀kêmhɛ̀, nì nyɛ à ǹnyɔdi Efēsò. ²² À cak ɓăŋ Kàysàreà, à ɓet i yègà ǹtoŋ, ndi tɔ̀ à nsòs i Àntìokìà. ²³ À yěn ɓăŋ jògà li ŋgedà nyɔ̂ɔ, à ǹnyɔdî, à tagɓɛ māmbɔ̄k ma Galātìà nì Frǐgìà, mànɔ̀ŋ mànɔ̀ŋ, à lèdhàk ɓànigîl ɓɔɓasonā.

Àpolò à nnīiga inyùu Yēsù ŋkɔ̀ŋ Efesò

²⁴ Măn Lòk Yudà wàda à pam Ēfēsò, jòy jee lɛ Àpolò, mùt Àlègsandrìà, à ɓa nês hɔp; à ɓâk kì ŋgùy inyùu Màtìlà. ²⁵ Mùt nunu à binīigana i njěl Ŋwɛ̌t; à lɔŋɔ̀k kì i mbūu, à aŋlàk, à niigàgà màm inyùu Yēsù kìkìì ma yê, tɔ̀ lakìi à ɓa yi ndīgi lìsòblē li Yohānès. ²⁶ Nì nyɛ à kahal āŋal ni màkend i ndāp mītìn. Ndi ŋgèdà Prǐskìlà nì Àkuìlà ɓa nɔ̄k nyē à mpɔ̄t, ɓa yɔ̄ŋ nyɛ ɓɔ̄nī, ɓa tɔ̄ŋlene nyɛ màm ma njěl Nyāmbɛ kìkìì ma ye ìlɔ̀ɔ hâ. ²⁷ Kìi ŋgǒŋ ì ŋ̀gwēēl nyɛ i kè Akāyà, lɔ̀gtatā ī ledēs nyɛ nyùu, i filna ɓanigiìl lɛ ɓa lɛɛgɛ nyē. Ŋgèdà à pam nyɔ̀ɔ, à hola ɓa ɓā hēmlɛ īnyùu kàrîs ŋgàndàk;

²⁸ inyǔlē à ɓɛmbɛ yāga Loòk Yudà mɓàmba, à ebgà nì Màtìlà lɛ Yesù à

ᵇ**MB 18: 18** ƊB 6: 18

yè Krĭstò.

19

Paul ŋkɔ̀ŋ Efesò

¹ I lēŋa lē, ŋgèdà Àpolò à ɓanɛ Kɔ̀rintò, ki Paul à ma māāl tagɓɛ ŋgìi mbōk, à pam Efēsò, ha nyēn à kɔbna ɓànigîl ɓàhɔgi, à ɓát ɓɔ lɛ, ² ɓàa nì bikòs Mbuu M̀pubi ŋgèdà nì bihēmlɛ̀nɛ̀? Nì ɓɔ ɓa kâl nyɛ lɛ, Dì binɔ̄k ɓe tɔ ǹnɔgɔ̂k lɛ Mbuu M̀pubi à yè. ³ Nì nyɛ à kâl lɛ, Lîmbɛ lisòblɛ̀ ni nì bisòblànà? Ɓa tímbhɛ lɛ, Lìsòblɛ̀ li Yohānɛ̀s. ⁴ Nì Paul à kâl lɛ, Yòhanɛ̀s à ɓa sôblɛ lìsòblɛ̀ li hyêlŋɛm, à kàlàk ɓôt lɛ ɓa hemlɛ nū à nnɔ̀ŋ nyɛ mbūs, halā à yè lɛ Yesù Krr̆stò. ᶜ ⁵ Ɓa nōk ɓằŋ hālà, ɓa sōblana i jòy li Ŋwɛt lɛ Yesù. ⁶ Kìi Paul à ŋ̀kehī mɔɔ i ŋgìi yâp, Mbuu M̀pubi à lɔ ī ŋgìi yâp; ɓa kahal pōt dilemb dìpɛ, ɓa pɔdɔ̂k kì bìndèê. ⁷ Ɓɔbasonā ɓa ɓā jàm kìi ɓɔ̀ jòm li ɓôt nì iɓaà.

⁸ Nì nyɛ à jɔ́p ndāp mītìn, à pɔdɔ̂k nì màkend caŋcaŋ soŋ iaâ, à ebgà, à òdòk ɓôt inyùu màm ma anɛ̀ Nyambɛ̀. ⁹ Ndi kìi ɓàhɔgi ɓa nay, ɓa tɔp ɓe nɔk, à ɓagal ɓànigîl, à kahal nìiga hi kɛl sŭglù i Tìranò. ¹⁰ À kɛ bīsū halà lɛtɛ̀ɛ̀ nì ŋwìi imaà, kàyèlɛ ɓɔbasonā ɓa ɓā ɓa yiī Āsìà, Lòk Yudà nì ɓôt ɓa Grîkìà, ɓa nɔk ɓaŋgā Ŋwɛt lɛ Yesù.

Ɓŏn ɓòòlom ɓa Skevà

¹¹ Nyambɛ à ɓa ɓoŋòl mìmpemba mi mâm nì mɔ̀ɔ̀ ma Paul, ¹² kàyèlɛ ɓa ɓā kɛnà ɓàkɔ̀kɔ̂n gwɔ̀m gwee bi nyuu, kìi ɓɔ̀ bìwaŋsì nì tawèdì, màkɔ̀n map ma malàk, mìmbuu mìmɓɛ kî mi pamâk. ¹³ Ndi mìnyèglɛ mi Lôk Yudà mìnhɔgi, ɓòt ɓa makàŋ, ɓa nɔ̄dɛ sebēl joy li Ŋwɛt lɛ Yesù ŋgìi ɓa ɓā ɓā ɓa gweē mìmbuu mìmɓɛ, ɓa kalàk lɛ, Mè ŋkèlel ɓee inyùu Yēsù nu Paul à ŋaŋaàl. ¹⁴ Ndi ɓa ɓā ɓā ɓɔɔ̀ŋ halà, ɓa ɓā ɓɔ̂n ɓòòlom ɓasâmbɔk ɓa pr̆isì kɛŋi ì Lôk Yudà lɛ Skevà. ¹⁵ Nì mbuu m̀ɓɛ u kâl ɓɔ lɛ, Mè ɲ́yī Yesù, mè yîk kì Paul; ndi ɓèe ɓɔ̀njɛɛ? ¹⁶ Nì mùt à ɓa à gwèe mbūu m̀ɓɛ à m̀bádɓɛ ɓɔ, à yembēl ɓɔ, kàyèlɛ ɓa pam ŋgwee mu ndáp, ǹsɔ nì mbaaba. ¹⁷ Ndi jàm lini li yina ni ɓɔ̄ɓasonā ɓa ɓā ɓa yiī Ēfēsò, Lòk Yudà nì ɓôt ɓa Grîkìà, ɓɔbasonā ɓa kɔ̂n wɔŋi, joy li Ŋwɛt lɛ Yesù kì li kɛ ŋgàn. ¹⁸ Ŋgàndàk kì i kède ɓa ɓā hemlɛ ì lô, ì pahâl, ì kâl maàm ɓa ɓā ɓɔɔ̀ŋ. ¹⁹ Nì jògà i kède ɓàɓɔ́ŋ màkàŋ ɓa lɔnā bikàat gwap, ɓa ligis gwɔ bisū bi ɓoòt ɓɔbasonā, nì ɓɔ ɓa tóma ndambà yăp, ì pam mom matân ma dikoo di bipès bi silɓà. ²⁰ Halā nyēn ɓàŋga i Ŋwɛt i ɓā i hɔlɔɔ̀k, i yêmblàk.

M̀pùŋgu ŋkɔ̀ŋ Efesò

²¹ I mbūs màm mana Paul à m̀melēs i mbūu lɛ, ŋgèdà à gatāgɓɛnɛ Màkèdonìà nì Àkayà, à gakɛ i Yèrusàlɛ̀m, à kâl lē, Mè gaɓā ɓaāŋ nyɔ́ɔ̂, mè ǹlama tɛhɛ ki Rōmà. ²² Nì nyɛ à ɔm ɓaɓòŋòl ɓee iɓaà Makèdonìà, Tìmòteò ɓɔ Èrastò, nyemɛdɛ à yeglɛ Asìà ndèk ŋgèdà. ²³ Ɓèbèɛ nì ŋgèdà ì nyɛn m̀pùŋgu ŋ̀kɛŋi u kwɔ̀ɔ̀ īnyùu Njɛ̆l ì. ²⁴ Mùt

---

ᶜ**MB 19: 4** Màt 3: 11; Mar 1: 4, 7-8; Luk 3: 4, 16; Yòh 1: 26-27

wàda jòy jee lɛ Dèmètrĭò, ŋoo sīlɓà à ɓa oo dìmàgàà di tempɛl di silɓà di Artēmìs, à tinâk ɓòt ɓa likeŋge ŋgàndàk n̄seŋ. ²⁵ Ɓɔn à kɔ̆t nì ɓâɓɔ̀ŋɔ̀l ɓa nlèlèm nsɔn, à kāl lɛ, À ɓôt, nì ńyī lɛ màhɔ̂l mes ma tíŋne mūnu nsɔ̄n wes unu. ²⁶ Nì ntēhɛɛ̀ nì nnɔ̄k ki lē, hà Èfesò yɔ̀tama ɓee, ndi ɓɛ̀ɓɛ̀ɛ̀ nì Asìà yɔ̀sonā, i Paul nunu à m̀māl oòt nì hyɛl ŋgàndàk ɓòt, à kàlàk lɛ gwɔm bi ŋûŋhana ni mɔɔ bi ta ɓē ɓanyambɛɛ̀. ²⁷ Ndi hà ndik n̄sɔn wes wɔtāma ɓe wɔn u gaòbi, ndi yàk tempɛl ì Àrtemìs, nyambɛ nûŋkeŋi nu mùdàa, nu ɓòt ɓa Asìà yɔ̀sonā ɓa mɓēgeèes. nì ŋ̀kɔŋ hisi, ì gaēŋa ha ɓe ki tɔ̀ jàm, yàk lìpem jee li gamăl. ²⁸ Ɓa nɔ̄k ɓăŋ hāla, ɓa yɔn ni hìun, ɓa lɔnd, ɓa kāl lɛ, Àrtemìs ì ɓòt ɓa Efēsò ì yē keŋi. ²⁹ Nì ŋ̀kɔŋ u yɔn ni lìyògɓè; nì ɓɔ ɓa kɛ ŋgwee ni ŋem wada i hɔ̀ma lìkɔ̀da, ɓa ma gwēēl Gayò nì Àrìstarkò, ɓòt ɓa Makèdonìà, ɓòt ɓa ntoŋ likè u Paul. ³⁰ Kìi Paul à ǹlɔ lē a joōp ī kède ɓòt, ɓànigîl ɓa soŋā nyɛ. ³¹ Ɓàlom ɓa ɓôt ɓa Asìà ɓàhɔgi ki ɓa ɓā ɓā màwanda mee, ɓa ɔm nyénī, ɓa sɔɔhɛ nyɛ lɛ à pam ɓăŋ hɔ̀ma lìkɔ̀da. ³² Ndi ɓàhɔgi ɓa lɔnd inyùu jàm jada, ɓaa kî lipɛ, inyŭlē lìkɔ̀da li ɓā nì lìyògɓè, jòɓà likɛŋi li yī ɓē jàm ɓa kɔ̀dɓana. ³³ Nì ɓɔ ɓa nūp Alɛ̀gsândrè i kède lìmùt, Lòk Yudà i tee nyɛ bisū. Nì Àlɛgsândrè à sɛ́ghɛ wɔɔ, à ɓa sombɔl pɔt bisū bi ɓoòt. ³⁴ Ɓa yī ɓăŋ lē à yɛ mǎn Lòk Yudà, ɓɔɓasonā ɓa lɔnd ŋgêm yàda, ɓɛ̀ɓɛ̀ɛ̀ nì ŋgɛŋ iɓaà lɛ, Àrtemìs ì ɓòt ɓa Efēsò ì yē keŋi. ³⁵ Màtìlà ŋ̀kɔŋ à m̀momos ɓăŋ lìmùt, à kāl lē, À ɓee ɓôt ɓa Efesò, ǹjɛɛ mût à nnēk lɛ ŋ̀kɔŋ ɓôt ɓa Efesò u ye ǹtat tēmpɛl ì Àrtemìs keŋi nì nu òŋgɓà i lɔ̆l i ŋgìi, i kwɔ̄? ³⁶ Lakìi pèènà ì tà ɓe munu màm mana, mɔma ndīk ŋwɛ̀ɛ, nì pàbla ɓăŋ. ³⁷ Inyŭlē nì ǹlɔnā ɓôt ɓana hana, ɓa ɓā ta ɓē ɓaɓòm tempɛl, tɔ̀ ɓàòbòs nyambɛ wès nu mùdàa jǒy. ³⁸ Jɔn iɓālē Dèmètrìò nyɛ nì ɓôt ɓa likeŋge ɓa gwēē jàm ìkɔ̀lɓà mùt nyɛkĭnyē, màndap ma miŋkaa ma nehi, ɓàŋgɔmîn ɓa yê; ɓa sɔmnaga. ³⁹ Ndi iɓālē nì gwèe jàm inyùu màm màpɛ li gaɓàglana ŋwàŋga lìkɔ̀da. ⁴⁰ Inyŭlē dì nlɔ̀ i kòs njɔm inyùu lìsànda li kɛl ìni, lakìi njɔ̀m inyùu lìsànda ì tà ɓee; dì nlà ɓe ki tɔ̀ ti ndɔŋɔ̀l inyùu kɔ̀dɓa ini. À pɔt ɓăŋ hālà, à sând likɔ̀da.

20

Lìkè li Paul i Màkèdonìà nì i Grĭkìà

¹ Lìyògɓè li mǎl ɓăŋ, Paul à sebēl ɓanigiìl, à ɓehɛ ɓăŋ ɓɔ, à celēl ɓɔ, à ǹnyodî, à kɛ Màkèdonìà. ² À ɓa tagɓènɛ ɓăŋ mū bīpɛs bî, à tinâk ɓɔ ŋgàndàk màɓehna, à pam Grĭkìà. ³ À yén haà soŋ iaâ, kìi à ǹlɔ lē a yáp Sīrìà, Lòk Yudà i jubūl nyɛ jìmb, hanyēn à mèles lē à ntìmbil Màkèdonìà. ⁴ Ɓàyega nyē lɛtɛ̀ɛ̀ nì Asìà, ɓɔ Sòpatèr mùt Bèreà, mǎn Pīrùs; ɓɔ Àrìstarkò nì Sèkundò, ɓôt ɓa Tesàlonīkà; ɓɔ Gayò mùt Dɛrbɛ̀, ɓɔ Tìmòteò; ɓɔ Tìkikò nì Tròfimò, ɓòt ɓa Asìà. ⁵ Ndi ɓana ɓa ɓōk bisū, ɓa kahal ɓɛm ɓes Trŏàs. ⁶ Nì ɓès dì ǹnyodne Fìlipì i mbūs dìlɔ di bikɔ̀ga bi ŋgisɛŋha, dìlɔ ditân dì cak ɓɔ̄nī Trŏàs; ha nyēn dì nɔ̆m dìlɔ disâmbɔk.

Paul à ńyūuga Troŏàs lisàŋ li nsōk

⁷ Kɛl bìsu ì sɔndî, dì kɔ̄dɓa i ɓēgnà kɔ̀ga, Paul à ɓâk lɛ à nnyɔ̄di likēɛ̀, à kahal kwèles ɓɔ, à ǹnomōs ŋkwèl

wee lɛtɛ̀ɛ̀ nì ŋēm u. ⁸Ŋgàndàk bìtuŋgɛŋ ì ɓa tǔŋ i ŋgìi hɔ́ma dì ɓa dì kòdnɛ. ⁹Màaŋgɛ wānda wadā lɛ Ùtikùs à ɓa à yìi wīndà, à kɛ hīlɔ̄. Kìi Paul à ǹtēŋɓɛ ni ŋ̀kwɛ̀l, à yɛa hilɔ̄, à kwɔ í sī ì nyɔdi ŋgīda iaâ, ɓa ɓada nyɛ mìm. ¹⁰Nì Paul à sɔ́s hisī, à oop ŋgìi yeē, à hogɓɛ nyɛ, à kál lɛ, Nì kɔ̀n ɓáŋ ndùdù, inyǔlē à yìi yòmi. ¹¹À ɓɛt ɓáŋ ŋgìi, à ɓɛk kɔgā, à jɛ, à kahal kwèles ɓɔ ǹtàndaa ŋgedà, lɛtɛ̀ɛ̀ nì mayē ma kɛl, ndi tɔ̀lɛ à nnyɔ̄diì. ¹²Nì ɓɔ ɓa lɔnā maaŋgɛ wānda yòmi, mìŋɛm mi hɔ́gɓɛ ɓɔ ŋgàndàk.

Lìkè li sitīmà ì nyɔdi Trǒàs ìkèpam Mìletò

¹³Nì ɓě̌s dì ɓɔ́k bisū i sìtīmà, dì cak Asòs, ha nyēn dì ɓa lama yòŋol Paul; inyǔlē nyɛn à kǎl hālà, lakìì nyɛmèdɛ à ɓa somɓòl kìl hisī. ¹⁴À kɔba ɓáŋ ɓɛ̌s Asòs, dì yɔ́ŋ nyɛ, dì kɛ Mitìlenè. ¹⁵Ì nyɔdi hà dì luk, kɛl ì ɓa nɔ̂ŋ hâ dì pam Kiòs; kɛl ì ɓa nɔ̂ŋ hâ dì gwēlɓa Samòs; dì fīŋha i Tròɡìliò, ndi kɛl ì ɓa nɔ̂ŋ hâ dì pam Mìletò. ¹⁶Inyǔlē Paul à mèles lē a tagɓɛ Ēfēsò, lɛ ŋgèdà ì lɔ̀ɔ̀ ɓáŋ nyē Asìà; inyǔlē à ɓa sôŋɓà i ɓā Yèrusàlèm ŋgwà Pêntèkôt.

Paul à mpōdos mìmaŋ mi ntoŋ mi Efēsò

¹⁷I Mìletò nyɛn à omol Ēfēsò i sèɓèl mìmaŋ mi ntoŋ. ¹⁸Kìì mi nlɔ̂, à kál ŋwɔ lɛ, ɓèèɓɔmɛ̀dɛ nì ńyī ìɓòdòl kɛl bìsu mè bitēe koō Asìà, kìkìi mè ɓee nì ɓee ŋgèdà yɔ̀sonā, ¹⁹mè ɓòŋlàk Ŋwɛt nì sùhùs-nyuu yɔsonā nì gwǐhà, nì màǹɔ̀ɔ̀dànà mè bikòs inyùu mìmb ma Lôk Yudà; ²⁰Kìkìi mè bisɔmɔl ɓe me ī āŋlɛ ɓèè jâm jɔkǐjɔ̄ li nhōlaà, nì niigà ɓèè mɓàmba, nì mandāp màndap, ²¹mè ɓɔ́glàk Lòk Yudà nì ɓôt ɓa Grǐkìà mɓɔgi inyùu hyɛ̀lŋɛm i pɛ̀s Nyambê nì hemlɛ inyùu Ŋwɛt wēs Yesù Krǐstò. ²²Ndi hanânɔ, nùnakì, mè ŋ̀kenā ni Mɓūu i kè i Yèrusàlèm, mè ńyī ɓe mɛ màm ma gakwèl me nyɔ̂ɔ̂; ²³ndik lē Mɓuu M̀pubi à mɓògol mɛ mɓɔgi hi ŋkɔ̀ŋ lɛ ŋgàdà nì ndùdù bi mɓèm mê. ²⁴Ndi mè ŋāŋ ɓe me nɔ̀m yêm kìi tīk yɛ̀ɛ̀m jâm, ndik lɛ mè gamèles likè jêm, nì ǹson mè bikòs ni Ŋwɛt lɛ Yesù i ɓɔ̀k mɓɔgi inyùu Mìŋaŋ Mìnlam mi karǐs Nyambê. ²⁵Ndi hanânɔ nùnakì, mè ńyī lɛ ɓèè ɓɔɓasonā ɓa mè hyomok i ɓēnī, mè aŋlàk mìŋaŋ mi anè, nì gatēhɛ ha ɓe ki sū wɛ̀ɛ̀m. ²⁶Jɔn mè ŋkèlɛl ɓee lěn ìni lɛ mè yè m̀pubi ni màcèl ma ɓôt ɓɔɓasonā. ²⁷Inyǔlē mè bisɔmɔl ɓe me ī āŋlè ɓèè pêk Nyambɛ yɔsonā. ²⁸Yihnana ìnyùu nàn ɓèèɓɔmɛ̀dɛ nì inyùu ɓɛmba yɔsonā inyùu yeē nyɛn Mɓūu M̀pubi à bitēe ɓee ɓàteedà, lɛ ni jes ǹtoŋ u Ŋwɛt, u à bikòs ni màcèl mee mɔmɛ̀dɛ. ²⁹Mè ńyī lɛ mɓūs mànyɔdi mêm bìnyeyha bi njeē bi gajɔ̀p i kèdɛ nàn, bi gaɓáŋ ɓe ɓɛmbā; ³⁰ɓôt ɓa ganyɔ̄di i kèdɛ nàn yɔmɛ̀dɛ, ɓa ɓā ɓa mpōt maàm ma kodi i òt ɓànigîl pɛ̀s yap. ³¹Jɔn yèna pèè, hɔŋlana lē mè biŋwàs ɓe me ī ɓèhɛ hī muùt, lɔ̀ŋnì gwǐhà i mǐs njămùha nì jùu lɛtɛ̀ɛ̀ nì ŋwìi miaâ.

³²Hanânɔ ni mè ŋēdɛ ɓee yak Nyāmbɛɛ, nì i ɓàŋga i karǐs yèe, yɔn i gweē ŋgùy i lèdès ɓèe nì ti ɓèè ŋgaɓaɓum lɔ̀ŋnì ɓa ɓɔ̄ɓasonā ɓa ye ɓàpubhaga. ³³Mè bitâm ɓe me tɔ silɓà tɔ gôl tɔ mɓɔt mùt. ³⁴Ɓèèɓɔmɛ̀dɛ nì ńyī lɛ mɔ̀ɔ̀ mana ma

bigwɛl nsɔn i hōla īnyùu màm ma kolī nì mɛ̀, nì inyùu ɓòt ɓa ɓeè lòŋnì mɛ̀. ³⁵ Inyùu màm mɔmasonā mɛ̀ bitī ɓee yìmbnɛ, lɛ nì n̄lama ɓɔ̄ŋ nsɔn halā ī hōla ɓòt ɓa ntɔ̀mb, nì i ɓìgdà bìɓàŋga bi Ŋwɛt lɛ Yesù, bi nyēmɛ̀dɛ à bipɔ̄t lɛ, Ti ì ye màsɔda ìlɔ̄ɔ̀ yɔ̄ŋ.

³⁶ À mǎl ɓǎŋ pɔ̄t halà, à om maɓɔ̄ŋ hisī, à sɔɔhɛ̀, nyɛ nì ɓɔɓasonā. ³⁷ Nì ɓɔɓasonā ɓa ɛɛ̄ ŋgandàk, ɓa kwēnɛ Paul i kīŋ, ɓa sɔs nyɛ, ³⁸ ɓa kɔ̄n ndudù ìlɔ̄ɔ̀ màm mɔmasonā inyùu ɓàŋga à kǎl lē, 'Ba gatēhɛ ha ɓe su wee. Nì ɓɔ ɓa yega nyɛ lɛtɛ̀ɛ̄ nì i sìtimà.

21

Lìkè li Paul i Yèrusàlèm

¹ I lēŋa lɛ̄, dì mǎl ɓǎŋ sɛ̀lna ni ɓɔ̄, dì ǹnyugè, dì kɛ sēp, dì cak i Kōs; kɛl ì ɓa nɔ̂ŋ hâ, i Rōdòs; ì nyɔdi hà dì pam Pàtarà; ² dì kɔba ɓǎŋ sìtimà ì ńyàp i Fènikìà, dì jóp muù, dì ǹnyugè. ³ Dì ɓòdol ɓǎŋ tēhɛ Kiprò, dì yek nyɛ nì wǎē, dì kɛ lētɛ̀ɛ̄ nì Sirìà, dì cak i Tīr; inyǔlē ha nyēn sìtimà ì ɓa cegêl mbègɛ̀ɛ̀ yee. ⁴ Kìi dì ŋ̀kɔba ɓanigîl, dì ɓɔŋɓe hâ dìlɔ disâmbɔk. Bana ɓɔn ɓa kɛ̀lɛl Paul Mɓūu lɛ à ɓɛt ɓǎŋ Yèrusàlèm. ⁵ Ndi i lēŋa lɛ̄, ŋgɛdà dìlɔ di dī yɔ̄n, dì ǹnyɔdî, dì kɛ likè jes, ndi ɓɔɓasonā nì ɓàa nì ɓɔ̄n ɓa ega ɓes lɛtɛ̀ɛ̄ nì i mɓūs ŋ̀kɔ̀n, dì om maɓɔ̄ŋ hisī ŋgwāŋ tuyɛɛ̀, dì sɔɔhɛ̀. Dì cêlànà. ⁶ Bɛ́s dì jóp sìtimà, ɓɔ ɓa tēmb ɓɔ̄nī.

⁷ Dì mǎl ɓǎŋ likè li sìtimà i nyɔdi Tīr, dì pam Pìtòlòmaìs; dì yegā loòtatā, dì yēn i ɓɔ̄nī hìlɔ hyada. ⁸ Ndi kɛl ì ye ɓǎŋ, Paul nì ɓɛs ɓa dì ɓa ǹtoŋ nì nyɛ, dì ǹnyɔdî, dì pam Kàysàreà; dì jóp ndáp Fìlipò, ŋ̀aŋâl Mìŋaŋ Mìnlam, nu à ɓa wàda i kède ɓāsaàmbɔk, ᵈ dì yēn nyēnī. ⁹ Mùt nunu à ɓa à gwɛ̄ɛ ŋgɔ̀nd inâ, i ɓā ŋgì yi mûnlom, i pɔdɔ̂k bìndêê. ¹⁰ Dì ɓɔŋɓe ha jògà li dìlɔ, m̀podôl wàda à lôl Yùdeà, jòy jee lɛ Àgabò. ᵉ ¹¹ À lɔɔ̄ ɓěhnì, à yɔ̄ŋ ŋgoli Paul, à kǎŋ nyɛmɛ̀dɛ mɔ̀ɔ nì màkòò, à kǎl lɛ, haana nyen Mɓūu M̀pubi à ŋ̀kàl lɛ, Mùt à gwɛ̄ɛ ŋgōli ìnì, haana nyen Lòk Yudà i gakàŋ nyɛ Yèrusàlèm, nì ti nyɛ̄ mɔ̀ɔ ma bìlɔ̀ŋ bìpɛ. ¹² Dì nɔk ɓǎŋ màm mana, ɓɛ́s nì ɓòt ɓa hɔ̀ma nu dì sɔɔhɛ nyɛ lɛ à ɓɛt ɓǎŋ Yèrusàlèm. ¹³ Ndi Paul à t̂imbhɛ lɛ, Kii nì mɓɔ̀ŋ halà, nì ɛ̀ɛk, nì siidàgàhà mɛ̀ ŋ̀em? Inyǔlē mɛ̀ ye ŋ̀kǒɓàgà, hà kèŋa yɔtāma ɓee, ndi i wɔ̄ kì nyɔ̀ɔ Yèrusàlèm, inyùu jòy li Ŋwɛt lɛ Yesù. ¹⁴ Ndi kìi à ǹtɔp ɓe udà, dì ŋ̀ŋwâs, dì kǎl lɛ, Sòmbòl Ŋwɛt i ɓoŋā. ¹⁵ I mɓūs dīlɔ̄ dini dì kɔ́ba likè, dì ɓɛt Yèrusàlèm. ¹⁶ Bànigîl ɓàhɔgi ɓa kihā loòŋnì ɓɛ́s nì Mnasòn mùt Kiprò kì, ǹlòmbi nnigîl, nu dì ɓa kɛ yèn i nyēnī.

Paul à ńyūuga Yakōbò

¹⁷ Dì pam ɓǎŋ Yèrusàlèm, lògtatā ī lɛɛgɛ ɓes nì màsee. ¹⁸ Kɛl ì ɓa nɔ̂ŋ hâ Paul à kɛnā ɓes yak Yàkobò, mìmaŋ mi ǹtoŋ ŋwɔminsonā mi ɓā hà. ¹⁹ À mǎl ɓǎŋ yèga ɓɔ, à aŋlɛ ɓɔ màm mɔmasonā jada jada, ma Nyāmbɛ à bìɓɔ̀ŋ i kède bìlɔ̀ŋ bìpɛ inyùu ǹson wee. ²⁰ Ba nɔ̄k ɓǎŋ hālā, ɓa ti Nyambɛ lìpem; nì ɓɔ ɓa kǎl nyɛ lɛ, À mantàtâ, ù ǹtɛhɛ kinjē ŋgàndàk dìkoo di ɓôt di ye ī kède Lòk Yudà di dī bihēmlɛ̀; ɓɔɓasonā ɓa nhɛp inyùu mben. ²¹ I ŋkelā ɓɔ inyùu yɔ̄ŋ

ᵈMB 21: 8 MB 6: 5; 8: 5   ᵉMB 21: 10 MB 11: 28

lɛ ù nnīiga Loòk Yudà yɔsonā i ye ī kède bìlɔŋ bìpɛ, lɛ ɓa ŋwās Mōsè, ù kàlàk ɓɔ lɛ ɓa kwèè ɓăŋ ɓɔ̀n ɓap, tɔ nɔ̀ŋ bìlɛm gwap. ²² Jɔn di ɓɔ́ŋ lāa? Ɓa ganɔk ntîîk lɛ ù ǹlɔ̂. ²³ Inyŭhālā nyēn ɓɔ̆ŋ kìi dì ŋkàl wê: Dì gwèe ɓót ɓana hāna ɓa bikùm sɔ̂ŋ; ²⁴ yɔ̆ŋ ɓɔ̄, pubus wèmɛ̀dɛ, wè lòŋnì ɓɔ, u saa īnyùù yâp, lɛ ɓa kɔhɔl mìŋɔ ŋwap; ᶠ ndi ɓɔɓasonā ɓa gayī lɛ màm ma bikɛ̀la inyùù yôŋ ma ta ɓē maliga; ndi lɛ wèmɛ̀dɛmɛdɛ kî ù nhyōm nyà ì kòli, ù teedàgà mben. ²⁵ Ndi inyùu bìlɔŋ bìpɛ, bi bī bihēmlɛ̀, dì bitīla kìkìi dì bitī mbagī, lɛ ɓa nlama ɓe teeda nyà mâm î, ndi ɓa tat ɓɔ̄mɛ̀dɛ inyùu gwɔ̀m bi nsɛ̀ma bisāt, nì macĕl, nì tɔ̀ kinjē i ye ǹnidîk, nì ndèŋ. ᵍ ²⁶ Nì Paul à yɔ́ŋ ɓòt ɓâ, kɛl ì ɓa nɔ̀ŋ hâ à pubus nyɛmɛ̀dɛ lòŋnì ɓɔ, à jóp tēmpèl, à tee dilɔ di pubhà, lɛ iɓālē di ŋkɔlà, lìkèblà li tina īnyùu hī wadā waàp.

Ɓa ŋgwêl Paul i tēmpèl

²⁷ Dìlɔ disâmbɔk di ɓā lɔ ɓăŋ lē di ŋkɔ̀là, Lòk Yudà i Asīà i tɛhɛ nyɛ i tēmpèl, i nyaŋgāl limùt jɔlisonā, ɓa ha nyɛ mɔ̀ɔ, ²⁸ ɓa lɔnd lɛ, À Lôk Isrăèl, holnana! Nyàa mùt nunu nyɛn à nnīiga ɓoòt ɓɔɓasonā hɔma nyênsonā i kɔ̀lɓà ɓôt nì mben nì hɔma nunu; ndi ìlɔ̀ɔ hâ, à bilɔ̀na ɓôt ɓa Grîkìà i tēmpèl, à hindis hɔma m̀pubhaga nunu. ²⁹ Inyŭlē ɓa biɓôk tɛhɛ ɓɔnà Trôfimò mùt Èfesò ŋkòŋ, nyɛn ɓa ɓā hɔŋɔ̀ɔl lɛ Paul à ǹjóbna tēmpèl. ³⁰ Nì ŋkòŋ wɔnsonā u nyûmlà, ɓòt ɓa lɔ ŋ̄gwee, ɓa gwêl Paul, ɓa ót nyɛ, ɓa pamna nyɛ tēmpèl; nì kunda yada màkòga ma yîɓɓà. ³¹ Ɓa ɓā sombòl nɔl nyɛ, ŋgàn i pam yak ŋ̀ànɛ hìkoo hi sonda lē Yèrusàlèm yɔsonā ì ǹtibdà. ³² Nì nyɛ à hɔɔ yɔ́ŋ sonda nì ɓà-ànɛ ɓa mbogôl sondâ, à hɔɔ sôs ɓɔ̄nī; ndi ɓɔ, ŋgèdà ɓa bitēhɛ ŋ̀ànɛ hìkoo hi sonda nì sondâ, ɓa ŋwās ɓep Paul. ³³ Hanyēn ŋ̀ànɛ hìkoo hi sonda à tìlgɛ ɓɛ̀ɓɛ̀ɛ, à gwêl nyɛ, à kâl lɛ ɓa ha nyē mìnsaŋ mi bikɛ̀y imaà. À ɓât kinjē mùt à yè, nì kii à biɓɔ̀ŋ. ³⁴ Nì ɓăhɔgi i kède lìmùt ɓa lɔnd inyùu jàm jada, ɓapɛ kî inyùu lîpɛ; ndi lakìi à làa ɓē tibil yi jaàm inyùu lìyògɓɛ̀, à kâl lɛ ɓa kɛnā nyē ŋàmb bìsondâ. ³⁵ À ɓa ɓɛt ɓăŋ lìkàlà, sonda ī ɓɛgēɛ nyɛ inyùu pādnà lìmùt; ³⁶ inyŭlē lìmùt li ɓôt li ɓā nɔɔ̀ŋ nyɛ, li lɔndɔ̂k lɛ, hèana nyē.

Paul à nsòŋ nyɛmɛ̀dɛ

³⁷ Ɓa lɔɔ ɓăŋ lē ɓa njòbna Paul ŋàmb sondâ, à kâl ŋ̀ànɛ hìkoo hi sonda lē, Ɓàa mè yè lɛ mè kâl wɛ jàm? À kâl nyɛ lɛ, Ɓàa ù ńyī hɔp Grîikìà? ³⁸ Hà wɛ ɓe wɛ̀n ù yè mùt Ègîptò, nu à bilɔ̀na lisànda dilɔ̄ dini ŋgì kɔ̀la, à kɛnā ki dìkoo di ɓôt ɓa manɔla dīna ŋɔ̀ŋ? ³⁹ Nì Paul à kâl lɛ, Mè yè măn Lòk Yudà, mùt Tarsò lòŋ Kilīkìà, măn ǹjem ŋkɔ̀ŋ u ū ŋkè ŋgân; mè ńyèmhɛ wɛ lē, Ŋwās mè mɛ podos ɓòt. ⁴⁰ À ŋ̀ŋwās ɓăŋ nyē, à séghɛ ɓoòt wɔ̀ɔ, à ɓâk à tee līkàlà. Kìì ɓa mmɔm ŋwɛē à podos ɓɔ nì hɔp Hebèr lɛ,

22

¹ À Lôgtatà nì ɓàtàtâ, ɛmblana ŋkaa mè ŋkēe ɓee hanaànɔ. ² Ɓa nɔ̄k

---

ᶠ**MB 21: 24** Ŋaŋga Ɓôt 6: 13-18   ᵍ**MB 21: 25** MB 15: 29

ɓǎŋ lɛ à mpōdhɛnɛ ɓɔ hōp Hebèr, ɓa mɔm yaga ŋwɛŋwēē; nì nyɛ à kâl lɛ, ³ Mɛ̀ yɛ mǎn Lòk Yudà, mɛ̀ bigwēɛnɛ Tārsò i lɔ̀ŋ Kilīkìà, mɛ̀ ǹneŋel munu ŋkɔ̀ŋ unu, mɛ̀ ǹniglɛnɛ makòò ma Gamālìèl, ʰ nyà ì tee kǐŋgèdà mben ì ɓàsogol, mɛ̀ hebêk inyùu Nyāmbɛ kìkìi ɓeè ɓɔɓasonā nì nhēp lɛɛ̀n. ⁴ Mɛ̀ tèèŋgàgà ɓòòlom nì ɓòdàà ɓa njěl ì lɛtèɛ̀ nì i nyɛmb, mɛ̀ kàŋàk ɓɔ, mɛ̀ hâk ɓɔ mɔ̀k. ⁵ Prǐsì kɛŋi nì ŋgìm ǹtoŋ mimaŋ mi ɓôt ɓa ye mɛ̀ mbōgi. Ɓɔ ki ɓɔ̄n ɓa bitī mɛ̀ bìkàat inyùu lògtatà lɛ mɛ kɛē Dàmaskò i lɔnà ɓôt ɓa ɓā nyɔɔ nì ŋgàdà i Yèrusàlɛ̀m lɛ ɓa noghana. ⁱ

Paul à ŋaŋal inyùu hyɛ̀lɓà yee

⁶ Ndi i lēŋa lē, mɛ̀ ɓa ɓǎŋ njèl, mɛ̀ pam ɓɛbɛ̀ɛ nì Dàmaskò, ɓɛ̀bɛ̀ɛ nì kòsɛ, kunda yada màpubi màkɛŋi ma lōl ŋgìi, ma ɓeyēy mɛɛ̀, ma kɛŋa mê. ⁷ Nì mɛ̀ mɛ̀ kwɔ hīsī, mɛ̀ nɔk kiŋ ì ŋkàl mɛ lē, À Saùlò, à Saùlò, ù ntèèŋgana ki mê? ⁸ Mɛ̀ fîmbhɛ lɛ, Wɛ̀ ǹjɛɛ, à Ŋwɛt? Nì nyɛ à kâl mɛ lɛ, Mɛ̀ yɛ Yesù nu Nǎsàrɛ̀t, nu ù ntèèŋgà. ⁹ Ɓòt mɛ̀ nì ɓɔ dì ɓa lòŋ, ɓa tēhe yāga mapubi, ma kónha yaàk ɓɔ wɔ̀ŋi, ndi ɓa nɔ̄k ɓe kiŋ ì nu à ɓa podôs mɛ̀. ¹⁰ Nì mɛ̀ mɛ̀ ɓàt lɛ, Mɛ ɓɔ̄ŋ lāa, à Ŋwɛt? Nì Ŋwɛ̌t à kâl mɛ lɛ, Tɛlɛp, kɛ̀ɛ Dàmaskò; nyɔɔ nyēn ɓa gakàl wɛ màm mɔmasonā ma ntɛeba lɛ u ɓɔ̄ŋ. ¹¹ Ndi lakìi mɛ̀ bìlà ɓe tɛhna inyùu ŋgùy màpubi mâ, ɓôt mɛ̀ nì ɓɔ dì ɓa lòŋ ɓa gwɛ̄l mɛ wɔ̀ɔ, mɛ̀ pam Dàmaskò. ¹² Ndi mùt wàda lɛ Ànànìà, ǹsìŋgè Nyambɛ ŋēm kǐŋgèdà mben, nu à ɓa à gwèe jǒy lìlam i kède Lòk Yudà yɔsonā i ɓā

yeèn nyɔ̄ɔ̀, à lɔ̄ mɛ̌nī, à tɛlɛp mɛ pāŋ, ¹³ à kâl lɛ, À mantàta Sàulò, nùna. I ŋgɛ̄ŋ ì yɔ̀mɛ̀dɛ mɛ̀ ǹnûn nyɛ. ¹⁴ Nì nyɛ à kâl lɛ, Nyambɛ nū ɓàsogol à tɛp wɛ̀ lɛ u yi sɔ̀mbòl yee. U tɛhɛ kì nu à tee sēp, u nɔk kì bìɓàŋga bi nyɔ wēe. ¹⁵ Inyǔlē ù gaɓā mbogī inyùù yeē, i kède ɓòt ɓɔɓasonā, inyuu màm ù bitēhɛɛ̀ nì nɔk. ¹⁶ Hanânɔ ù mɓɛm kii? Tɛlɛp, u sóblana, u sɔ̄ bìɓeɓa gwɔŋ, u kahal sèbel joy li Ŋwɛt.

Ǹsèblà Paul inyùu bìlɔ̀ŋ bìpɛ

¹⁷ Ndi i lēŋa lɛ, ŋgèdà mɛ̀ bitɛmb i Yèrusàlɛ̀m, mɛ̀ ɓe sɔɔhɛ̀ ɓǎŋ ī tēmpèl, mɛ̀ kwɔ līsè, ¹⁸ nì mɛ̀ mɛ̀ tɛhɛ nyɛ, à kâl mɛ lē, Hɔɔ, pala nyɔ̄di Yèrusàlɛ̀m; inyǔlē ɓa gayɔ̀ŋ ɓe mbogī yɔɔŋ inyùù yêm. ¹⁹ Nì mɛ̀ mɛ̀ kâl lɛ, À Ŋwɛt, ɓɔmède ɓa ńyī lɛ mɛ̀ ha ɓòt ɓa ɓe hɛmlɛ̀ wɛ̀ i mɔ̀k, mɛ̀ ɓɛɓêk kì ɓɔ i kède hī ndap mītìn; ²⁰ Nì lɛ, ŋgèdà màcèl ma Stèfanò, mbògi yɔ̄ŋ, ma kūba, mɛ̀ ɓa mɛ̀ tee hà, mɛ̀ kɛ̀mhɛ̀gɛ̀ nyɛmb yeè, mɛ̀ teedàgà kì bìɛŋg bi ɓèt ɓa nɔ̄l nyɛ̄, ʲ ²¹ Nì nyɛ à kâl mɛ lē, Kɛ̀nɛk; inyǔlē mɛ̀ gaɔ̄m wɛ nyɔ̀ɔ nōnɔk i kède bìlɔ̀ŋ bìpɛ.

Ŋ̀ànè hìkoo hi sonda à ntāt Paul

²² Ɓa ɛmblɛ nyɛ ìpam hā ɓàŋga î; nì ɓɔ ɓa ɓedes kiŋ yáp ŋgìi, ɓa kâl lɛ, Hèana ndɔ̀ŋ mùt ìnì hana hisī, inyǔlē i ŋkɔ̀la ɓe lɛ a ɓa ī nɔ̀m. ²³ Ɓa ɓā ɓa lɔndɔɔ̀k, ɓa hundûk mbɔt yap, ɓa pihlàk lìpùm li bitɛ̀k i ŋgìi. ²⁴ Nì ŋ̀ànè hìkoo hi sonda à kâl lɛ ɓa joōbna nyē ŋ̀àmb sondà, nì lɛ ɓa ɓep nyē dìsòo, lɛ a yi jàm ɓa nlōndol halā inyùù yeè. ²⁵ Ɓa kǎŋ ɓǎŋ nyē ŋgàdà, Paul à ɓàt ŋ̀ànè mbogôl

---

ʰ**MB 22: 3** MB 5: 34-39
ⁱ**MB 22: 5** MB 8: 3; 26: 9-11

ʲ**MB 22: 20** MB 7: 58-8: 1

sonda nū à ɓa à tee hā lē, Ɓàà i ye kùndɛ i ɓēp mùt Romà nyɛ ŋgì kwɔ ŋkaa? ²⁶ Ŋ̀ànɛ̀ mbogôl sonda à nɔk ɓăŋ hālà, à kɛ yāk ŋ̀ànɛ̀ hìkoo hi sondâ, à kâl nyɛ lɛ, Yɔ̆ŋ tāt! Ù nlɔ i ɓɔ̄ŋ laa? Inyŭlē mùt nunu à yè mùt Romà. ²⁷ Nì ŋ̀ànɛ̀ hìkoo hi sonda à lô, à ɓát nyɛ lɛ, Kăl mè, ɓaa ù yè mùt Romà? ²⁸ Nì nyɛ à kâl lɛ, Ŋ̆ŋ̆. Nì ŋ̀ànɛ̀ hìkoo hi sonda à fímbhɛ lɛ, Mè bikòs kundɛ i ɓā mùt Romà nì ndàmbà kɛŋi. Nì Paul à kâl lɛ, Ŋgɔ mè mè bigwēe man Rōmà. ²⁹ Jɔn ɓa ɓā ɓā hɛɛ tɔ̀ŋɔl nyɛ, ɓa hɔ̄ɔ nyɔ̄dìì; yàk ŋ̀ànɛ̀ hìkoo hi sonda à kɔ̂n wɔŋi, kìi à ǹyi lɛ à yè mùt Romà, inyŭlē à kăŋ nyɛ.

Paul bisū bi ntoŋ ɓakeêŝ ɓàkɛŋi

³⁰ Kìi kēl ì ǹyɛ, à sombōl yi ntîîk kinjē màm Lòk Yudà i ŋūmul nyɛ ǹsɔ̀hi, à hɔhɔ̄l nyɛ, à kâl biprĭsì bìkɛŋi nì ŋgìm ǹtoŋ ɓakeêŝ ɓàkɛŋi lɛ ɓa kɔ̄dɓa, à sôhna Paul, à tee nyɛ bisū gwap.

23

¹ Nì Paul à ɓɔk ntoŋ ɓakeêŝ ɓàkɛŋi mǐs, à kâl lɛ, À lôgtatà, mɛ bihyōm bisū bi Nyambê nì lɔŋgɛ kīŋŋɛm ìlɔ̀pam bīlɛɛ̀n. ² Prĭsì kɛŋi lɛ Ànànià à kâl ɓa ɓā ɓā ɓa tee nyē ɓɛ̀ɓɛ̀ɛ lɛ ɓa ɓep nyē mu nyɔ̀. ³ Nì Paul à kâl nyɛ lɛ, Nyambɛ à gaɓēp wɛɛ̀, à wɛ lìɓap li pɛm; ɓàa ù yìi, ù keehàk mɛ̀ kǐŋgɛdà mben, ndi ù kâl lɛ ɓa ɓep mè i kɔ̀lɓa mben? ⁴ Ndi ɓa ɓā ɓā ɓa tee hà, ɓa kâl lɛ, Ɓàa wĕn ù nsɔ̀l prĭsì kɛŋi ì Nyambê? ⁵ Nì Paul à kâl lɛ, À lôgtatà, mɛ yik ɓe mɛ lē à yè prĭsì kɛŋi; inyŭlē i ye ǹtǐlɓàgà lɛ, ù podlak ɓáŋ hìkɔɔ hi mbɔk hi lôŋ yɔŋ ɓēba. ᵏ ⁶ Paul à yi ɓăŋ lē jògà jada li ye Sàdukày, lìpɛ kî Fàrisày, à lɔnd i kède ǹtoŋ ɓakeêŝ ɓàkɛŋi lɛ, À lôgtātà, mɛ yè mùt Fàrisày, nì măn mùt Fàrisày; ¹ mɛ ǹsēblana ŋkāa inyŭu ɓɔ̄dŋɛm nì lìtùgè li ɓawōga. ⁷ À pɔt ɓăŋ hālà, Fàrisày nì Sàdukày ɓa kâŋnà; nì lìkɔ̀da li ɓaglà. ⁸ Inyŭlē Sàdukày ɓa ŋkàl lɛ lìtùgè li ta ɓēe, ᵐ tɔ aŋgèl, tɔ mbuu; ndi Fàrisày ɓa ŋkèmhɛ mɔ maâ. ⁹ Nì lìyògɓè lìkɛŋi li kahâl; ɓàyimɓēn ɓàhɔgi ɓa ŋgâm Fàrisày ɓa tɛlɛp ni jɔmôl, ɓa kâl lɛ, Dì nlèbna ɓe mùt nunu jàm lìɓɛ. Ìlɔ̀ɔ kì halà, iɓālē mbuu tɔ aŋgèl ɓa bipōdos nyɛ, dì jòs ɓáŋ Nyāmbɛɛ̀. ¹⁰ Ndi ŋgɛdà ǹdaŋ ŋ̀kɛŋi u kwɔɔ, ŋ̀ànɛ̀ hìkoo hi sonda à kɔ̂n wɔŋi, lɛ ɓòt ɓâ ɓa tiga padna Paul, à kâl sonda lē i soòs, i yɔ̄ŋ nyē nì ŋgùy i kède yáp, i kɛnà nyē ŋ̀àmb sondâ. ¹¹ U u ɓā nɔɔŋ hâ, Ŋwĕt à tɛlɛp nyɛ pāŋ, à kâl lɛ, Ɓan ŋ̀em; kìkìi ù biɓògol mɛ mbògi Yèrusàlèm, halā nyēn ù gaɓɔ̀k ki yɔ̀ i Rōmà.

Lòk Yudà i ŋoo jĭmb i nɔ̄l Paul

¹² Kɛl ì ye ɓăŋ, Lòk Yudà ìhɔgi i oo jimb, i lomblà, i kûm sɔɔ̀ŋ lɛ ɓa gajē ɓee, tɔ nyɔ, lɛtɛ̀ɛ̀ ɓa nɔl Paul. ¹³ Ɓòt ɓa ōo jìmb lini ɓa ɓā lɔɔ mòm mana mā ɓoôt. ¹⁴ Nì ɓɔ ɓa kɛ yāk bìprĭsì bìkɛŋi nì mìmaŋ mi ɓôt, ɓa kâl lɛ, Dì ǹlomblà yaga, dì kûm sɔɔ̄ŋ lɛ dì ganɔɔ̀dɛ ɓe yɔm jɛ lɛtɛ̀ɛ dì nɔl Paul. ¹⁵ Inyŭhālā nī hanaàno, ɓɛ̀ɛ nì ǹtoŋ ɓakeêŝ ɓàkɛŋi, kàla ŋ̀ànɛ̀ hìkoo hi

---

ᵏ **MB 23: 5** Mànyɔ̀dì 22: 28
ˡ **MB 23: 6** MB 26: 5; Fìl 3: 5

ᵐ **MB 23: 8** Màt 22: 23; Mar 12: 18; Luk 20: 27

sonda lɛ̄ a soōhna nyē ɓĕnī likēɛ wĕŋgɔ̀ŋlɛ nì nsòmbol tibil tɔŋɔ̄l hɔp wee; ndi ɓɛ́s dì gaɓā dì ǹnyegi ī nɔ̄l nyē, nyɛ ŋgì pam ɓɛbɛ̀ɛ̄. ¹⁶ Ndi mǎn mùùnlom nu mànyáŋ Paul nu mùdàa à nɔk ɓǎŋ lē ɓa nsɔ̄m nyɛ njɛ̀l, à lɔ̂, à jôp ŋ̀amb sonda ī kàl Paul. ¹⁷ Nì Paul à sebēl ŋ̀anɛ̀ mbogôl sonda wàda, à kāl lɛ, Kɛ̀na màànge wānda nunu yak ŋ̀anɛ̀ hìkoo hi sondâ, inyŭlē à gwēɛ jàm i kàl nyɛ. ¹⁸ Nì nyɛ à yɔ́ŋ nyɛ, à kɛnā nyɛ yak ŋ̀anɛ̀ hìkoo hi sondâ, à kāl lɛ, Mùt mɔ̀k lɛ Paul à ǹsebēl mɛɛ̀, à sɔɔhɛ mɛ lɛ mɛ lɔnā màànge wānda nunu wĕnī, inyŭlē à gwēɛ jàm i kàl wɛ̀. ¹⁹ Nì ŋ̀anɛ̀ hìkoo hi sonda à gwɛ̄l nyɛ wɔɔ, à ɓágɓana nyɛ, à ɓát nyɛ ndìdì lɛ, Kinjɛ̄ ù gwēɛ ī kàl mɛ̀? ²⁰ À kāl lɛ, Lòk Yudà i ǹyɛ́gna lɛ i nsɔɔhɛ wɛ lɛ̄ u sōhna Paul likēɛ, bisū bi ntoŋ ɓakɛɛ̂s ɓàkɛŋi, wĕŋgɔ̀ŋlɛ ù nsòmbol tibil tɔŋɔ̄l jaàm inyùù yeɛ̀. ²¹ Ndi ù kèmhɛ ɓáŋ ɓɔ̄; inyŭlē ɓa nsɔ̄m nyɛ ìlɔɔ mòm mana mā ɓoòt, ɓa lomblà nì kùm sɔ̀ŋ lɛ ɓa gajē ɓɛɛ, tɔ̀ nyɔ, lɛtɛ̀ɛ̀ ɓa nɔ̀l nyɛ; ndi hanânɔ ɓa nyegi, ɓa mɓɛ̀m ŋgêmhɛ̀ yɔ̀ŋ. ²² Nì ŋ̀anɛ̀ hìkoo hi sondâ à ŋ̀ŋwás maaŋge wānda, à ɓehɛ nyɛ lɛ, Kàl ɓáŋ mùt nyɛkĭnyē lɛ ù biyīs mɛ màm mana.

Ɓa ŋom Paul yak ŋgōmiìn Fèlîx

²³ Nì nyɛ à sebēl ɓa-ànɛ̀ ɓa mbogôl sonda iɓaà i nyēnī, à kāl lɛ, Kòòbana mbōgoòl sonda īɓaà, i kɛɛ̄ lɛtɛ̀ɛ nì i kàysàrɛà, nì mòm masâmbɔk ma ɓayɛnhɔsì, nì mbogôl ɓòt ɓa makɔ̀ŋ iɓaà, ŋgɛŋ ɓòò i juù. ²⁴ Nì bìnùga lɛ Paul à ńyèn mu ŋgìi, lɛ ɓa pamna nyē lɔ̄ŋgɛ yāk ŋgɔmiìn Fèlîx. ²⁵ Nì nyɛ à tìlā kaàt lana lɛ: ²⁶ Klăudìò Lisìà inyùu ɓāyɛɛ̀m lɛ ŋgɔmîn Fèlîx, mɛ̀ ǹyegā wɛɛ̀. ²⁷ Mùt nunu à bigwèla ni Lòk Yudà, yɔn i ɓɛ i nhɛɛ nɔ̀l nyɛ; kìi mɛ̀ ǹnɔk lɛ à yɛ̀ mùt Romà mɛ̀ pamna ɓɔ sōndaà, mɛ̀ tɔhɔl nyɛ. ²⁸ Ndi lɛ mɛ yi jàm ɓa gwēnɛ nyɛ, mɛ̀ sōhna nyɛ ntōŋ wap ɓakɛɛ̂s ɓàkɛŋi. ²⁹ Mɛ̀ bilèba lɛ ɓa ŋūmul nyɛ ǹsɔ̀hi inyùu màm ma mben yâp, ndi ɓa gwēnɛ ɓē nyɛ jàm li kolì nì nyɛmb tɔ̀ ŋgàdà. ³⁰ Kìi mɛ̀ ǹnɔk lɛ ɓa ŋuu mùt nunu jìmb, mɛ̀ nhɔ̄ɔ omlɛ wɛ nyɛ, mɛ̀ ŋ̀kāl ki ɓaom nyɛ ǹsɔ̀hi lɛ ɓa pɔt ī kɔ̀lɓa nyɛ bisū gwɔŋ. [Mɛ̀ ǹyegā wɛɛ̀]. ³¹ Halā nyēn sōnda ī yɔ́ŋ Paul, kìi i bikèla ɓɔ, ɓa kɛnā nyɛ jùu Àntipātrìs. ³² Kìi kēl ì nyɛ, ɓa ŋwás ɓayɛnhɔsì i kɛnà nyɛ, ɓɔ ɓa tēmb ni mbūs ŋ̀amb sondâ. ³³ Ndi ɓa pām ɓǎŋ Kàysàrɛà, ɓa ti ŋgomîn kàat, ɓa tee ki Paul bisū gweɛ. ³⁴ À aŋ ɓǎŋ yɔ̀, à ɓát ìmbɛ mbɔk à nlòl; ŋgèdà à nɔk lɛ̄ à nlòl i Kìlikìà, à kāl lɛ, ³⁵ mɛ̀ gaɛmblɛ wɛ ŋgèdà yàk ɓaom wɛ̀ ǹsɔ̀hi ɓa galɔɔ; nì nyɛ à kāl lɛ a teedana ndāp Hèrodɛ̀.

24

Ǹsɔ̀hi ɓa ŋōm Paul

¹ I mbūs dìlɔ ditân, prĭsì kɛŋi lɛ Ànànià à sɔ́s ni mìmaŋ mi ɓôt mìnhɔgi, nì ǹyihɔ̄p wadà lē Tɛ̀rtilò; nì ɓɔ ɓa sɔman Paul yak ŋgɔmiìn. ² À sèblana ɓǎŋ, Tɛ̀rtilò à ɓodōl om Paul ǹsɔ̀hi, à kāl lɛ,

À ɓayɛm Fèlîx, inyùu yɔ́ŋ nyɛn dì gwēɛnɛ ǹsàŋ, nì lɛ, inyùu pɛ̀k yɔ̀ŋ nyɛn ɓàŋga mintoo mi màm i ŋgwèla munu lɔ̀ŋ, ³ dì ŋkèmhɛ halā ī kède mànjɛ̀l mɔmasonā nì ɓàhɔma ɓɔɓasonā, lɔ̀ŋnì màyègà mɔmasonā. ⁴ Ndi, lɛ mɛ̀ tiga lɛ mɛ̀ wees wê, mɛ̀ nsɔɔhɛ wɛ lɛ̄ u nogol ɓɛ́s ndêk biɓàŋga ini, inyùu lɔ̄ŋgɛ yɔ́ŋ.

⁵ Inyŭlē dì ǹlebā mùt nunu lɛ à yɛ ǹtèèŋgà ɓôt, à njùbus lisànda i kède Lòk Yudà yɔsonā ŋkɔ̀ŋ hisi wɔnsonā; nyɛn à yɛ m̀ɓògnàǹlòŋ i kède ǹtoŋ Násàrèt. ⁶ À binɔɔdɛ ki hīndis tempèl; nyɛn dì bigwèl kì. [Dì ɓak lɛ dì kees nyɛ kǐŋgèdà mben yês. ⁷ Ndi ŋ̀ànɛ̀ hìkoo hi sonda lē Lisìàs à bilɔ̀, à kadal nyɛ mɔ̀ɔ mes, à kâl ɓaōm nyē mìnsɔ̀hi lɛ ɓa lɔō bīsū gwɔŋ.] ⁸ Ndi iɓālē wèmèdɛ wěn ù ǹtɔŋɔ̄l nyɛ, ù gayī inyùu màm mɔmasonā dì gwèènɛ nyē. ⁹ Yàk Lòk Yudà i bigwāŋna ǹsɔ̀hi û, ɓa nɛɛbɛ lɛ màm mana ma ye hālà.

Paul à ŋkāa bisū bi Felîx

¹⁰ Ŋgɔmín à ti ɓǎŋ nyɛ kùndɛ̀ i pōt, Paul à fîmbhɛ lɛ, Lakìi mɛ̀ ńyī lɛ ù yɛ ŋ̀keês munu lòŋ ini ŋgàndàk ŋwii, mɛ̀ ŋkāa ni màsee. ¹¹ Wèmèdɛ ù yɛ lɛ ù yi lɛ màɓɛt mêm Yèrusàlèm i ōoòp bisū bi Nyambɛ ma ntagɓègɛ̀ ɓe jom li dilɔ nì diɓaà; ¹² ɓa bikɔ̄ba ɓe mɛ mɛ̀ mpèèna ni mùt nyɛkǐnyē i tēmpèl, tɔ̀ pùŋgùl lìmùt mandâp ma mitìn, tɔ̀ ŋkɔ̀ŋ. ¹³ Ba ta ɓē ki tɔ̀ lɛ ɓa ɓɔ̄gyɛ jaàm mu màm ɓa ŋūmul mɛ ǹsɔ̀hi hanânɔ. ¹⁴ Ndi mɛ̀ mpāhlɛ wɛ līni lɛ, mɛ̀ ŋgwèlel Nyambɛ nū ɓàsogol kǐŋgèdà njèl ɓa nsèbel lɛ ǹtoŋ, mɛ̀ hemlègɛ̀ màm mɔmasonā ma ye kǐŋgèdà mben, nì ma mā ye ǹtīlɓàgà i kède ɓàpodôl; ¹⁵ mɛ̀ gwèe ɓɔ̄dŋɛm nì Nyambɛ kìi yàk ɓomèdɛ ɓa gweē, lɛ lìtùgɛ̀ li gaɓā inyùu ɓā ɓā tee sēp nì ɓa ɓā tee ɓē sep. ¹⁶ Inyŭhālà mɛ̀ nnɔɔdɛ ɓana lɔŋgɛ kǐŋŋēm ŋgèdà yɔsonā bisū bi Nyambɛɛ̀ nì bi ɓôt. ¹⁷ I mbūs jòɡà li ŋwii, mɛ̀ bilɔ i tī lɔ̀ŋ yêm màkèblà nì i tī bìsèsɛmà; ¹⁸ mu jàm li nyēn ɓa bikɔ̄bna mɛ m̀pubhaga i tēmpèl, iɓaɓe limùt tɔ̀ lìyògɓè. ⁿ ¹⁹ Ndi Lòk Yudà hɔgi i Asìà yɔn i lāmga ɓa hana bisū gwɔŋ i ōm mɛ̀ ǹsɔ̀hi, iɓālē ɓa gweē jàm i kɔ̀lɓà mɛ̀. ²⁰ Ndi tɔ̀ ɓôt ɓana ɓomèdɛ, ɓa kâl jàm lìɓɛ ɓa bilèbna mê ŋgèdà mɛ̀ ɓeè mɛ̀ tee bīsū bi ntoŋ ɓakeês ɓàkɛŋi, ²¹ hànduk nlɔndɔk unu mɛ̀ bilɔ̄nd ŋgèdà mɛ̀ ɓeè mɛ̀ tee ī kède yáp lɛ, Inyùu lìtùgɛ̀ li ɓawɔga nyɛn mɛ̀ ŋkēehana lɛɛ̄n bisū binaàn.

Ba ńyek Paul i ndâp mɔ̀k

²² Ndi Fèlîx, lakìi à ntībil yī inyùu Njèl ini, à ɓok hɔp, à kâl lɛ, Ŋgèdà Lisìà, ŋ̀ànɛ̀ hìkoo hi sonda à gasŏs, mɛ̀ gamèles hɔp nân. ²³ Nì nyɛ à kâl ŋ̀ànɛ̀ mbogôl sonda lɛ à teeda nyē nì jògà li kundɛ̀; nì lɛ, à sòŋa ɓǎŋ tɔ̀ wàda i kède màwanda mee i ɓòŋôl nyɛ. ²⁴ I mbūs ndèk dilɔ, Fèlîx à lɔ ɓōnà ŋwàà weē Drusìlà, nu à ɓa ŋgɔ̀nd Lòk Yudà, à sebēl Paul, à kahal ēmblɛ nyɛ inyùu hēmlɛ̀ i Yesù Krǐstò. ²⁵ Ndi kìi à kahal tɔ̀ŋɔl inyùu tēlɛèbsep nì hodnyuu nì mbàgi ì galɔ̀ɔ, Fèlîx à kŏn wɔŋi, à kâl lɛ, Kènɛk ndūgi hanaànɔ; ndi ŋgèdà mɛ̀ ganāhbɛ mɛ̀ gasèbel wê. ²⁶ À ɓa pidɛ kì lɛ Paul à gatī nyɛ mɔ̀ni, lɛ ndi a ŋŋwás nyē kùndɛ; jɔn à ɓa ɓenà sèblɛnɛ nyɛ i kwèlès nyɛ. ²⁷ Ŋwìi imaà mi tâgɓɛ ɓǎŋ Pɔrkìo Festò à yɔ̀ŋ yeēnɛ Felîx, Fèlîx à yek Paul i mɔ̀k inyŭlē à ɓa sombòl lemel Lôk Yudà.

ⁿMB 24: 18 MB 21: 17-28

25

Paul à ǹsep ŋkaa yak Kāysà

[1] Festò à pam ɓăŋ mbɔ̄k à ŋànɛ̀, i mbūs dìlɔ diaâ à nyɔdi i Kàysàreà, à ɓet Yèrusàlèm. [2] Nì bìprǐsì bìkɛŋi nì ɓàlom ɓa ɓôt ɓa Lôk Yudà ɓa sɔman Paul i nyēnī, ɓa sɔɔhɛ nyɛ lɛ a ɓoŋōl ɓɔ̄ lɔ̄ŋgɛɛ̀, [3] lɛ à ɔm ī sèbèl Paul lɛ a lɔ̄ Yèrusàlèm. Ɓa oo jìmb lɛ ɓa ganɔ̄l nyɛ njèl. [4] Ndi Festò à fimbhɛ ɓɔ lɛ Paul à yɛ ǹteedàgà i Kàysàreà, nyɛmèdɛ kì à gatēk ɓe kɛ nyɔ̄ɔ̀. [5] Nyɛ ɓɔ lɛ, Mɛ̀ nì ɓàlom ɓanân ɓa ɓôt di sūha, iɓālē jàm li ye ìnyùu mùt nû, ɓa om nyē ǹsɔ̀hi. [6] À nɔm ɓăŋ ī kèdɛ yáp ìlɔ̄ɔ̀ dìlɔ jǒm, à sôs Kàysàreà; kɛl ì ɓa nôŋ hâ, à yēn yèēnɛ mbagī, à kāl lɛ ɓa lɔnā Paul. [7] À lɔ̄ɔ ɓăŋ, Lôk Yudà i ī lǒl Yèrusàlèm i kɛŋa nyɛ, ɓa kahal ōm nyɛ ŋgàndàk mìnsɔ̀hi mìŋkɛŋi, mi ɓā làa ɓē ɓɔ̄ɔgyè. [8] Nì Paul à kahal nɔ̀bɔl lɛ, Mɛ̀ biɓɔ̄ŋ ɓe mɛ jàm liɓɛ ìkɔ̀lɓà mbɛn ì Lôk Yudà, tɔ̀ tempèl, tɔ̀ Kaysà. [9] Ndi Festò, lakìi à ɓa sombòl lɛmɛl Lôk Yudà, à ɓât Paul lɛ, Ɓàa ù nsòmbol ɓɛt i Yèrusàlèm i kēehànà nyɔ̄ɔ bīsū gwɛēm inyùu màm mana? [10] Nì Paul à kāl lɛ, Mɛ̀ teenɛ bīsū bi yeēnɛ mbagī i Kaysà, hana nyɛn mɛ̀ ǹlama keehànà; mɛ̀ biɓɔ̄ŋ ɓe mɛ Lôk Yudà jàm li tee ɓē sep, kìi wɛmèdɛ u ŋ́yī yāga. [11] Iɓālē mɛ̀ yɛ m̀ɓɔŋ màm ma tee ɓē sep, tɔ̀ mɛ̀ biɓɔ̄ŋ jàm li kolī nì nyèmb, mɛ̀ ncèl ɓe mɛ̀ ī wɔ̄; ndi iɓālē màm ɓa ŋūmul mɛ ǹsɔ̀hi ma ta ɓē maliga, mùt à tà ɓe lɛ à ti mɛ ī mɔ̀ɔ̀ map. Mɛ̀ ŋkēe yak Kāysà. [12] Ndi Festò à māl ɓăŋ kwèl ni ɓàhɛ̀gpèk, à fimbhɛ lɛ, Ù ǹsep ŋkaa yak Kāysà; ù gakɛ̀ yak Kāysà.

Ɓa nlɔnā Paul bisū bi Agrǐpà ɓɔnà Bɛrnìs

[13] Ndèk dilɔ i tāgɓɛ ɓăŋ, kiŋɛ Agrǐpà ɓɔnà Bɛrnìs ɓa pam Kàysàreà, ɓa yegā Festò. [14] Ndi kìi ɓa nɔ̄m nyɔ̄ ŋgàndàk dilɔ, Festò à yis kiŋɛ hɔ̄p Paul, à kāl lɛ, Fèlîx à biyēk muùt wàda hana i mɔ̀k; [15] ŋgèdà mɛ ɓènɛ i Yèrusàlèm bìprǐsi bìkɛŋi nì mìmaŋ mi ɓôt mi Lôk Yudà ɓa sɔman nyɛ mèni, ɓa ɓât kena i kɔ̀lɓà nyɛ. [16] Mɛ̀ fimbhɛ ɓɔ lɛ i ta ɓē lɛm ɓoòt ɓa Romà i tī ɓôt mùt i kēna, nyɛ ŋgì ɓɔ̄mna mbɔ̄m nì ɓaom nyē ǹsɔ̀hi, à ɓana ki ŋgèdà i kāa inyùu jàm ɓa ŋūmul nyɛ ǹsɔ̀hi. [17] Jɔn kìi ɓa biɓɔ̄mna hana, mɛ̀ bitìŋhà ɓe mê, ndi kɛl ì ɓa nôŋ hâ, mɛ̀ yēn yèēnɛ mbagī, mɛ̀ kāl lɛ ɓa lɔnā mùt nû. [18] Kìi ɓàom nyē ǹsɔ̀hi ɓa ntɛlêp, ɓa om ɓe nyɛ nyà minsɔ̀hi mìmɓɛ mɛ̀ ɓɛ hɔŋôl; [19] ɓa ɓeē ndigi ɓā gwɛēnɛ nyē pèènà hɔgi inyùu ɓàsè yap, nì inyùu mùt wàda lɛ Yesù, nu à biwɔ̄, nyɛn Paul à kăl lē à yìi ī nɔm. [20] Ndi lakìi mɛ̀ bilà ɓe mɛ yī njɛēl i tɔ̀ŋɔl màm mana, mɛ̀ biɓât nyɛ lɛ, tɔ̀ɔ à yɛ lɛ à kɛ Yèrusàlèm lɛ a keehana nyɔ̄ɔ inyùu màm mana. [21] Ndi kìi Paul à ǹsep ŋkaa yak Kāysà lɛ nyɛn à gapēmɛs mbagī, nì mɛ̀ mɛ kāl lɛ a teedana lɛtèè mɛ̀ ɔm nyɛ yak Kāysà. [22] Nì Àgrǐpà à kāl Festò lɛ, Yàk mɛ̀mèdɛ mɛ̀ gwehak ɛmblɛ mùt nunu. À kāl lɛ, Ù gaēmblɛ nyɛ likēe.

[23] Kìi kēl ì ǹyɛ, Àgrǐpà ɓɔnà Bɛrnìs ɓa lɔ nī hùmbùlnyuu kēŋi, ɓa jóp ndāp mìŋkaa lòŋnì ɓà-ànɛ hìkoo hi sondâ nì ɓàlom ɓa ɓôt ɓa ŋkɔ̀ŋ. Inyùu kīŋ Festò ɓa lɔnā Paul. [24] Festò nyɛ, À kiŋɛ Àgrǐpà, nì ɓôt ɓɔ̄ɓasonā ɓa nì yìi hāna lòŋnì ɓěs, nì ntēhɛ mùt nunu, inyùù yeē nyɛn lìmùt li Lôk Yudà jɔlisonā li bikèlɛl

mɛ ī Yèrusàlɛ̀m nì hana, ɓa lɔnd lɛ à ǹlama ha ɓe ɓa nnɔ̀m. ²⁵ Ndi mɛ̀ bilɛ̀ba lɛ à biɓɔ̀ŋ ɓe jâm li kolī nì nyɛ̀mb; ndi kìi nyɛ̄mɛ̀de à bisēp ŋkaa yak Kāysà mɛ̀ melēs lɛ mɛ̀ ŋɔ̄m nyɛ nyɔ̂ɔ̀. ²⁶ Mɛ̀ gwèe ɓē me ǹtǐìk jâm i tìlnà ŋwɛ̀t wêm inyùù yeè. Jɔn mɛ ǹlɔnā nyɛ bisū binaàn, ndi lɔŋɛ lɔ̄ŋgeɛ̀ bisū gwɔŋ, à kiŋɛ Àgrǐpà, lɛ mbūs ndɔ̀ŋɔ̀l mɛ̀ gaɓāna jaàm i tìlà. ²⁷ Inyǔlē i nnēne me ŋgìpèk i ɔ̄m mùt mɔ̀k iɓaɓe ēba jàm ɓa ŋūmul nyɛ ǹsɔ̀hi.

26

Paul à ŋkāa bisū bi Agrǐpà

¹ Ni Àgrǐpà à kāl Paul lɛ, Ù yɛ kùndɛ̀ i pōdoòl wɛ̀mɛ̀dɛ. Nì Paul à sambal wɔɔ, à kāl lɛ,

² Mɛ̀ yɛ màsee, à kiŋɛ Àgrǐpà, inyǔlē mɛ̀ ŋkāa bisū gwɔŋ lɛ̀n ìni inyùu màm mɔmasonā Lòk Yudà ɓa ŋūmul me ǹsɔ̀hi; ³ ndi ìlɔ̀ɔ̀ hâ inyǔlē ù ntībil yi bilɛm bi Loòk Yudà gwɔbisonā nì pèènà yap yɔsonā; jɔn mɛ nsɔ̄ɔhɛ we lē u honɓa ēmblɛ meɛ̀.

⁴ Lòk Yudà yɔsonā i ńyī ɓa yɛɛ̀m iɓòdòl mɛ̀ màànge, kìkìi mɛ̀ ɓeè mɛ̀ yìi ī kède lɔ̀ŋ yêm nì i Yèrusàlɛ̀m; ⁵ Lakìi ɓa ɓe yi mɛ̀ biɓèe, iɓālē ɓa ye lē ɓa gwes pahaàl, lɛ mɛ̀ ɓeè mùt Fàrìsày kǐŋgèdà ǹtɔŋ u nlòòha ndiŋā i ɓàsɛ̀ yes. ⁶ Ndi hanânɔ mɛ̀ tee hāna i kēehànà inyùu ɓɔ̄dŋɛm i likàk Nyambɛ à ti ɓàsogol ɓes; ⁷ jɔn jòm jes li maten nì imaà ma ntɛŋɓɛ i gwɛ̀lɛ̀l Nyambɛ jùu nì njǎmùha, ma ɓɔdɔ̂k ŋ̀em lɛ ma kós jɔ̄. Inyùu ɓɔ̄dŋɛm ini nyɛn Lòk Yudà i ŋūmul me ǹsɔ̀hi, à Kiŋɛ! ⁸ Inyǔkī nì ntēhe i kède nàn kìi jàm li nlà ɓe hemlànà,

lɛ Nyambɛ à ntùgul ɓawɔ̄ga? ⁹ Mɛ̀mɛ̀de mɛ̀ bihɔ̄ŋɔl yaga lɛ mɛ̀ ǹlama ɓɔ̄ŋ ŋgandàk màm ìkɔ̀lɓà jòy li Yesù nu Năsarèt. ¹⁰ Mɛ̀ ɓɔ̄ŋ kì halā ī Yèrusàlɛ̀m, mɛ̀ ha ŋgàndàk ɓàpubhaga i mɔ̀k, mɛ̀ ma kōōs ŋguùy nì bìprǐsì bìkɛŋi, nì ŋgèdà ɓa ɓā nolaà yàk mɛ̀ mɛ̀ tinâk kiŋ yêm. ¹¹ Mɛ̀ ɓe ɓenà tees ɓɔ kùù mandàp ma mitīn mɔmasonā, mɛ̀ helhàk ɓɔ inyùu òbòs Nyambɛ jǒy; lakìi mɛ̀ lòòha nyāy i kɔ̀lɓà ɓɔ, mɛ̀ tèèŋga ɓɔ̄ letèɛ̀ nì miŋkɔ̀ŋ mi bilɔ̀ŋ bìpe.

Paul à ŋāŋal inyùu hyɛ̀lɓà yee

¹² Halā nyēn mɛ̀ ɓa mɛ̀ kɛ̀nɛ̀k i Dàmaskò lòŋnì kùndɛ̀ nì ŋgùy bìprǐsì bìkɛŋi, ¹³ ndi njǎmùha ŋgɔŋgɔn, à Kiŋê, mu njèl, mɛ̀ tɛhɛ mapubi ma nlōl ŋgìi, ma ɓayàk ìlɔ̀ɔ̀ jɔ̄p, ma ɓeyēy me nì ɓòt ɓa ɓeè lòŋnì mɛ̀, ma kɛŋa ɓes. ¹⁴ Bès ɓɔɓasonā dì kwɔɔ ɓǎŋ hīsī, mɛ̀ nɔk kiŋ ì mpōdos me nì hɔp Hebɛr lɛ, À Saùlò, à Saùlò, ù ntɛ̀ɛ̀ŋgana ki mê? I ye ǹlɛ̀dɛk ni wɛ̀ i tùk kòò wɔŋ nsɔ̀ŋ likɔ̀ŋ. ¹⁵ Nì mɛ̀ mɛ̀ kāl lɛ, Wɛ̀ ǹjeɛ, à Ŋwɛt? Nì Ŋwɛ̀t à kāl me lɛ, Mɛ̀ yɛ Yesù nu ù ntèèŋgà. ¹⁶ Ndi nyɔdi, tɛlɛp nì màkòò mɔŋ; inyùu jàm lini nyɛn mɛ̀ m̀pemel wê, inyùu tēe wɛ̀ m̀ɓòŋɔl nì mbògi inyùu màm ù bitēhɛɛ̀ nì màm ma ye lē mukède yáp nyɛn mɛ̀ gapēmel wɛɛ̀, ¹⁷ me tɔhɔl wɛ̀ i mɔ̀ɔ̀ ma ɓôt ɓana, nì i mɔ̀ɔ̀ ma bilɔ̀ŋ bìpɛ, i ɓɔ̄nī nyɛn mɛ̀ ŋɔ̄m wɛɛ̀, inyùu yìbìl mìs map lɛ ɓa nyɔdi ī jǐbɛ, ¹⁸ ɓa tēmb mapūbi, ɓa nyɔdi ī ŋgùy Saàtàn, ɓa tēmb yak Nyāmbɛɛ̀, lɛ ɓa kós ŋwèhèl biɓeba nì ŋgàɓaɓum i kède ɓā ɓā ye ɓàpubhaga inyùu hēmlɛ̀ ɓa nhēmlɛ meɛ̀.

Paul à mɓɔ̌k mbogī i kède Lòk Yudà nì bìlɔ̀ŋ bìpe

[19] Inyǔhālà, à Kiŋe Àgrǐpà, mɛ̀ bindɔ̄gɓenɛ ɓe me yĭndà i nlòl i ŋgìi, [20] ndi mɛ̀ biɓòk kāl ɓoòt ɓa Damāskò nì ɓa Yerūsàlɛ̀m nì ɓa lɔ̂ŋ Yudēà yɔ̀sonā nì ɓa bìlɔ̀ŋ bìpɛ kî, lɛ ɓa hyɛ̄l mìŋɛm, ɓa tɛ̄mb yāk Nyāmbɛɛ̀, ɓa ɓɔ̄ŋ mìnsɔn mi kolī nì hyɛ̄lŋɛm. [21] Inyùu jàm lini nyɛn Lòk Yudà i bigwɛ̀lel mɛ ī tēmpɛ̀l, ɓa sômblàk nɔl mê. [22] Lakìi mɛ̀ bikòs hola nì Nyambê, mɛ̀ tee lɛ̄tɛ̀ɛ̀ nì lɛ̌n ìni, mɛ̀ ɓòglàk ɓatīdigi nì ɓakɛ̄ŋi mbògi, mɛ̀ bipɔ̄t ɓe jaàm lìpɛ, ndik mā ɓapodôl nì Mosè ɓa kǎl lɛ̄ ma galɔ̀ɔ; [23] lɛ Krǐstò à ǹlama sɔn njɔnɔk, lɛ a ɓa nū bìsu i kède lìtùgè li ɓawɔ̄ga, a aŋlɛ ɓôt ɓana nì bìlɔ̀ŋ bìpɛ màpubi.

Paul à ŋòt Agrǐpà lɛ a hɛmlɛ

[24] Ndi à ɓa kaa ɓǎŋ hālà, Festò à pɔt ni kīŋ kɛ̄ŋi lɛ, À Paul, ù ŋkòn njɛ̀k; ŋgàndàk yɔ̌ŋ yī yɔ̌n ì ŋkònha wɛ njɛ̀k. [25] Nì Paul à kāl lɛ, Mɛ̀ ŋkòn ɓe mɛ njɛ̀k, à ɓayêm lɛ Festò, ndi mɛ̀ mpɔ̄t biɓàŋga bi maliga nì bi pêk. [26] Inyǔlē kiŋe mɛ̀ mpōdos ni kāndaàlnyuu à ɲyī màm mana; inyǔlē mɛ̀ ɲyī lɔŋge lɔ̄ŋge lɛ̄ jàm jɔkǐjɔ̄ munu màm mana li solī ɓē nyɛ, inyǔlē ma biɓòŋna ɓe lisɔ̀l. [27] À kiŋe Àgrǐpà, ɓaa ù nhēmle ɓapodôl? Mɛ̀ ɲyī lɛ ù nhēmlɛ̀. [28] Nì Àgrǐpà à kāl Paul lɛ, Ndèk lana wɛ̀ɛ ù ɲyɔyɔy mê, lɛ mɛ ɓa mùt Krǐstò. [29] Nì Paul à kāl lɛ, Ŋgòŋ yêm bisū bi Nyambɛ ì yɛ̀ lɛ, tɔ̀ nì ndèk tɔ̀ nì ŋgàndàk, hà ndik wɛtama ɓee, ndi yàk ɓa ɓɔ̄ɓasonā ɓa ŋɛ̄mble me ī lɛ̌n ìni, ɓa yilā kìi mɛ̀ yɛ̀, hànduk ni ŋgàdà. [30] Ndi à pɔt ɓǎŋ hālà, kiŋe ì tɛlɛ̀p, nì ŋgɔmîn nì Bernìs nì ɓôt ɓa ɓā ɓa yiī nì ɓɔ; [31] ɓa nyɔ̄di ɓǎŋ, ɓa kahal kàlna lɛ, mùt nunu à biɓɔ̀ŋ ɓe jâm li kolī nì nyɛmb tɔ̀ ŋgàdà. [32] Nì Àgrǐpà à kāl Festò lɛ, Mùt nunu à ɓak lɛ à ŋ̀wehà, hànduk lɛ à sep ŋkaa yak Kāysà.

27

Paul à ǹjóp i sìtimà i kɛ̀ i Rōmà

[1] Ŋgɛdà i mèlhana lɛ̄ dì gwèe ǹluga i kɛ̀ Itàlìà, ɓa ti Paul nì ɓôt ɓa môk ɓàhɔgi i mɔ̀ɔ ma ŋ̀ànɛ mbogôl sondâ, jòy jee lɛ Yulìò, mùt ǹtoŋ gwêt Augustò. [2] Dì jóp sìtimà ì Àdràmitìà ì ì ɓa lama lòo mbàà Asìà, dì nyɔdî, Àrìstarkò, mùt Màkèdonìà, ŋkòŋ Tɛsàlonīkà, à ɓa ntōŋ wes. [3] Kɛl ì ɓa nɔ̄ŋ hâ, dì cak Sīdòn; Yulìò à ɓa ɓɔ̄ŋ Paul lɔŋɛ̂, à ti nye kùndè i kɛ̀ yak màwanda mee lɛ ɓa kôhlɛ nyɛ̄. [4] Di nyɔ̄di ɓǎŋ hà, dì kahal lòo mbàà Kiprò, inyǔlē mbɛ̀bi ì ɓa kôlɓà ɓɛ́s. [5] Dì tagɓɛ ɓǎŋ tūyɛ ɓɛ̀ɓɛ̀ɛ̀ nì ŋ̀gwaŋ Kilīkìà nì Pàmfilìà, dì cak Mīrà, ŋkòŋ u Likìà. [6] Hanyɛ̄n ǹ̀ànɛ mbogôl sonda à tɛhɛl sìtimà ì nlòl Alɛ̀gsandrīà, ì kɛ̀nɛk Itàlìà; à jubūs ɓes muù. [7] Dì ɓa kɛ ɓǎŋ mbɛ̄ŋɛl ŋgàndàk dilɔ, dì pam ɓɛɓɛ̀ɛ̀ nì Knidò nì ndùdù, mbɛ̀bi ì sòŋa ɓès dì tagɓɛnɛ mbàà Krětà, nì likās li Sâlmonē. [8] Dì luk ni ndùdù lɛtɛ̀ɛ̀ dì pam hɔma wadā à nsèbla lɛ Màɓɔŋ Màlam, ɓɛ̀ɓɛ̀ɛ̀ nì ŋ̀kòŋ Lasēà.

[9] Kìi ŋgedà ì ǹtagɓɛ ɓes ŋgàndàk, yàk ǹluga u hyɛ̄lɓa jaàm li kôhna wɔŋi, inyǔlē ŋgedà sogajē ì ɓa ɓàtagɓaga, Paul à ɓɛhɛ ɓɔ, à kāl lɛ, [10] À ɓôt, mɛ̀ ntɛ̄hɛ lɛ ǹluga u gaɓā ni ndùdù nì ŋgàndàk cìɓâ, ndi hà inyùu mbɛ̀gɛ̀ɛ̀ nì sìtimà gwɔtāma ɓee, ndi yàk inyùu nɔ̀m yes kî. [11] Ndi ŋ̀ànɛ mbogôl sonda à ɛmblɛ nluk nì ŋwɛ̀t sìtimà ìlɔ̀ɔ̀ màm Paul à pɔt. [12] Ndi lakìi lìɓɔŋ li ɓā ɓē lɔŋgɛ ī

lòòhɛ̀nɛ̀ mbèŋ hâ, jògà lìkɛŋi li ti kiŋ lɛ di nyɔdi hà, tɔ̀ ɓa ye lɛ̄ ɓa pam Fènikà, liɓōŋ li Krēetà mbɔ̌m ŋwèlmbɔk hyòŋg nì ŋ̀ɔmbɔk hyôŋg, lɛ ha nyēn mbèŋ i loō ɓɛ́s.

Mbuk mbɛ̀bi à nhùŋul ɓɔ i tūyɛè

¹³ Hùglɛ̀ mbɛbī i ŋwelmbɔk i hɔ̌ŋ ɓǎŋ, ɓa hɔŋɔl lɛ ɓa ŋkɔ́s jaàm ɓa sòmblak, ɓa ɓedes hikɔ̀bà, ɓa lugul ɓɛbɛ̀ɛ̀ nì ŋgwaŋ Krētà. ¹⁴ I mbūs ndèk ŋgèdà mbuk mbɛ̀bi kēŋi ì nsèbla lɛ Ùràkilò ì kahal hòŋ; ¹⁵ ì gwɛ́l sitīmà, ì la hā ɓe kɔɔ̄lɓa mbɛbī, dì ŋ̀ŋwās yɔɔ̀, ì kɛnā ɓes. ¹⁶ Dì tagɓɛ ɓǎŋ ī sī òn tidigi ī ī nsèbla lɛ Kàudà, di tēŋ kuŋgā ni ndùdù; ¹⁷ dì ɓedes ɓǎŋ yɔ̄, ɓa ɓɔ́ŋ maàm inyùu tèŋ sìtīmà; mbūs hālā, inyùu wɔ̀ŋi lɛ ɓa tiga lɛ ɓa lɛŋā Sīrtìs, ɓa suhūs bìtìŋil bi mbuŋgà, halā nyēn mbɛ̀bi ì kɛnā ɓɔ̄. ¹⁸ Ndi kìi mbūk à ǹlōha teēŋga ɓes, kɛl ì ɓa nôŋ hâ, ɓa kahal lɛ̄p mbɛgɛ̀ɛ̀; ¹⁹ kɛl ì ǹyonos iaâ ɓa lɛp bìtìŋil bi sitīmà nì mɔ̀ɔ̀ map ɓɔmɛ̀dɛ. ²⁰ Tɔ̀ jɔ̀p li ɓā nɛnɛ ɓē ŋgandàk dìlɔ, tɔ̀ còdot, m̀buk kî à hòŋòk, ɓɔ̀dŋɛm yɔsɔnā lɛ̄ dì gatɔ̄hlana i mâl. ²¹ Ɓa kānda ɓǎŋ jē ǹtàndaa ŋgedà, Paul à tɛlɛp i kède yáp, à kál lɛ, À ɓôt, nì ɓe lama nōgol mɛ lɛ̄ nì nyɔdi ɓe Krētà, ki dì ŋkɔ́s ɓe ndùdù ìni nì cìɓà. ²² Hanânɔ ni mɛ̀ mɓēhɛ ɓee lɛ ni ɓan mìŋem; inyǔlē mùt nyɛkǐnyē i kède nàn à ganīmil ɓee, ndigi sìtīmà. ²³ Inyǔlē aŋgèl Nyambɛ, nu mɛ̀ ye wèe, ni nu mɛ̀ ŋgwèlèl, ì ɓak ì tee mɛ̀ ipāŋ lɛēn juù, ²⁴ ì kál mɛ lɛ̄, À Paul, ù kɔ̀n ɓǎŋ wɔ̀ŋi, ù ǹlama tɛlɛp bisū bi Kaysà; nǔnkì, Nyambɛ à ǹti wɛ ɓɔ̄ɓasonā wɛ̀ nì ɓɔ nì ye i kède sitīmà. ²⁵ Inyǔhālà, à ɓôt, ɓana mìŋem; inyǔlē mɛ̀ nhēmlɛ Nyambɛɛ̀, lɛ i gaɓòŋa kìi à ŋkál meɛ̀. ²⁶ Ndi dì ǹlama lɛŋā òn yada.

²⁷ I ū u ńyonos jom nì manâ dì ɓa ɓômɓànà i tūye Ādrìà ɓèɓèè nì ŋem u, ɓàluk i sìtīmà ɓa ɓā hɔŋɔɔ̀l lɛ ɓa sɔ ɓèɓèè nì ŋ̀gwaŋ wada. ²⁸ Nì ɓɔ ɓa hɛ̄k ndip, ì pam mom imaà ma tol, mbūs ndèk ǹtɛl ɓa kondē hɛɛ̀k, ì pam jom li tol nì itân. ²⁹ Nì ɓɔ ɓa suhūs dikɔ̀bà dìna dī ɓā di tiŋī mākɔ̄l ma sitīmà, inyùu wɔ̀ŋi lɛ ɓa tiga lɛ ɓa kahāp hɔma ŋgɔ̀k; nì ɓɔ ɓa kahal hɛ̀s kɛl. ³⁰ Kìi ɓàluk ī sìtīmà ɓa ŋkahal hēŋ lɛ ɓa sɔ, ɓa ɓā suhùs kùŋga tūyɛɛ̀, wɛ̀ŋɔ̀ŋlɛ ɓa ŋkɛ̀ i sùhūs dìkɔ̀bà ŋɔ̄ sitīmà. ³¹ Nì Paul à kál ŋànɛ̀ mbogôl sonda nì sonda lɛ̄, Iɓālē ɓana ɓa ńyēn ɓe i sìtīmà, ki nì gapɛ̌y ɓee. ³² Hanyēn sōnda ī sɛ̄m mìŋkòò mi kuŋgā i ŋ̀ŋwās yɔ, i kwô.

³³ Ìlɔ̀lɛ kɛl ì ɓa ye, Paul à sɔɔhɛ ɓɔɓasonā lɛ ɓa je, à kál lɛ, Lɛ̌n à yè kɛl ì ǹyonos jom nì ina lɛ̄ nì bikānda je. ³⁴ Jɔn mɛ̀ nsɔɔhɛ ɓee lɛ ni je; inyǔlē halā à nsòmbla inyùu tɔ̄hi nàn; inyǔlē hyòŋ hi ŋɔ tɔ̀ hyada hi ganīmil ɓe tɔ wàda nàn. ³⁵ À pɔt ɓǎŋ hālā, à yɔ́ŋ kɔga, à yegā Nyambɛ bīsū bi ɓɔɓasonā, à ɓɛk yɔ, à kahal jē. ³⁶ Nì ɓɔɓasonā ɓa ɓan miŋem, yàk ɓɔ ɓa je. ³⁷ Ɓès ɓɔɓasonā dì ɓa ī sìtīmà mbogôl ɓôt iɓaà nì mòm masâmbɔk nì ɓasamàl. ³⁸ Ɓa mǎl ɓǎŋ jē nyà ì kòli, ɓa lɛ̄ŋ konflaāwà i tūye lɛ̄ sìtīmà i hôy.

Sìtīmà ì ǹyin

³⁹ Kɛl ì ye ɓǎŋ, ɓa yī ɓē mbɔ̄k ì, ndi ɓa tɛhɛ liɓoŋ jada li ɓā nì tɛgɛp ŋgwaŋ, ɓa hɛ̄k pèèk lɛ tɔ̀ɔ ɓa ye lɛ̄ ɓa kɛnā sitīmà nyɔ̂. ⁴⁰ Ɓa tiŋīl

dikɔ̀bà, ɓa ŋwās cɔ tūyeɛ̀, ǹlèlèm ŋgedà ɓa hɔhɔ̄l miŋkòò mi bipago bi makɔl ma sitīmà, ɓa ɓedes mbuŋgà ŋɔ̄ sitīmà i kāp mbèbi, nì ɓɔ ɓa ke ŋgɔ̀là ŋ̀gwaŋ. ⁴¹Ba pām ɓăŋ hɔ̀ma màŋgudga ma mɓēp bipès biɓaà, sìtìmà ì om ŋkōga; nì ŋ̀ɔ wee u pâgɓɛ̀, u nit yaga kaŋ, nì màŋgudga ma ŋgûy ma kahal nyùgut makɔl ma sitīmà. ⁴²Pèk sonda ì ɓa le ɓa nɔl ɓòt ɓa mɔ̀k, i tiga lɛ wàda wáp à hɔk, à pey. ⁴³Ndi ŋ̀ànɛ mbogôl sonda à ɓa sombòl tɔhɔl Paul, à tugā peèk yăp. À kāl lɛ ɓòt ɓa ńyī nyɔgī ɓa kwɔɔ̄ lēp, ɓa ɓōk pām ŋgwāŋ; ⁴⁴ɓa ɓā yēglɛ, ɓàhɔgi ɓa kilàk maɓām, ɓapɛ nì gwɔ̀m bi sitīmà. Halā nyɛn i ɓòŋa lē ɓɔɓasonā ɓa pey, ɓa pam ŋgwāŋ.

28

Paul i òn Maltā

¹ Dì pey ɓăŋ, dì yi lɛ òn i ī nsèbla lɛ Maltà. ² Bàhuu ɓā ɓoòt ɓa yɔ̄ŋ ɓes nì lìyomba ŋgandàk; inyŭlē ɓa bikɔ̀t hyee, ɓa ýis ɓehɓɔɓasonā, inyŭlē nɔ̄p à ɓa nɔ, yàk nì lìhep li ɓâk. ³ Kìi Paul à ŋ̀kôhle ŋwind dikàhà, à ha cɔ jùu, pee ì pam mu inyùu mbììɓè hyèe, ì liiba nyɛ wɔɔ. ⁴ Bàhuu ɓā ɓoòt ɓa tehɛ ɓăŋ nyɔ̄ɔ ì yèŋi nyē wɔɔ, ɓa kálna lɛ, Pèènà ì tà ɓɛ lɛ mùt nunu à yè mùt mànɔlâ, tɔ̀ lakìi à m̀pey tuyê, màpùnà ma ŋ̀ŋwàs ɓe nyɛ lɛ a nîŋ. ⁵ Nì nyɛ à ŋ̀ŋwɛs nyɔɔ i hyèe, à kôs ɓe jaàm lìɓɛ. ⁶ Ndi ɓòt ɓa ɓā ɓā ɓeɛm lɛ ɓa tɛhɛ lē à ǹnût, tɔ̀lɛ à hɔɔ ɓɛha mîm hisī; kìi ɓa ńwaa ɓêm, ɓa tɛhɛ lɛ jàm li mɓɔ̄ŋ ɓe nyɛ, ɓa hêŋha mahɔŋɔɔ̀l map, ɓa kâl lɛ à yè nyambɛ wàda. ⁷ Dìsi di ɓā ɓèɓɛɛ̀ hâ di ɓā dī muùt bìsu nu òn, jòy jee lɛ Publiùs; nyɛn à yɔ̄ŋ ɓès nì lìyomba, à ýis ɓes nyēnī dìlɔ diaâ.

⁸ Ndi i ɓā lāna lɛ ìsaŋ Pūblìùs à ɓa à nìŋi, à kɔ̀nɔ̀k lìhɛp nì mbàhàl màcèl; nì Paul à jɔ́p nyēnī, à sɔɔhɛ̀, à kehī nyɛ mɔ̀ɔ, à melēs nyɛ. ⁹ Jàm lini li ɓòŋa ɓăŋ, yàk ɓàkɔ̀kôn ɓàpɛ ɓa ɓā mū òn ɓa lɔ̄, à melēs ɓɔ. ¹⁰ Ba ɓā ti ɓès ŋgandàk lìpem, kìi dì ŋ̀kahal nyɔ̄dìì, ɓa ti ɓes gwɔ̀m bi ɓā soòmblà nì ɓĕs.

Paul à m̀pam Rōmà

¹¹ I mbūs sōŋ iaâ, dì jɔ́p sìtìmà i Àlègsandrìà, ì ì ɓa lôhènɛ̀ mbèŋ ha òn î, ì ɓa nì yìmbnɛ Diòskurì, ¹² dì cak ɓăŋ Sìrakùs, dì yén haà dìlɔ diaâ. ¹³ Hanyēn dì ɓa kîŋànà, dì pam Regìò; mbus hìlɔ hyada mbèbi ì lôl ŋwèlmbɔk, kɛl ì ǹyonos iɓaà dì pam Pùtèolì, hɛ̀t di kɔbna lògtatà, ¹⁴ ɓa sɔɔhɛ ɓes lɛ di yén ɓōnī dìlɔ disâmbɔk; ha nī nyɛn dì kahal kɛ̀ i Rōmà. ¹⁵ Lògtatà nyɔ̄ɔ ī lɔ ɓɔ̀mà ɓĕs letɛ̀ɛ̀ nì Forûm i Āpìùs nì màndap ma ɓakèn maâ; Paul à tɛhɛ ɓăŋ ɓɔ̄ à yegā Nyambeɛ̀, ŋ̀em u lêt nyɛ. ¹⁶ Dì pam ɓăŋ Rōmà, ŋ̀ànɛ mbogôl sonda à ti ŋ̀ànɛ ŋ̀àmb sonda ɓòt ɓa mɔ̀k, ndi Paul à kôs kundɛ̀ i yén wèè hɔma, nyɛ nì mǎn sōnda nū à ɓa tat nyē.

Paul à ŋ̀àŋal Miŋaŋ Mìnlam i Rōmà

¹⁷ Ndi i ɓòŋa lē, mbūs dìlɔ diaâ à sebēl ɓalom ɓa ɓoòt ɓa Lôk Yudà; kìi ɓa ŋkɔ̂dɓà, à kāl ɓɔ lɛ, À lôgtatà, tɔ̀ lakìi mè biɓɔ̀ŋ ɓe mɛ jàm i kɔ̀lɓà ɓòt tɔ̀ bìlem bi ɓasogol ɓes, mè bitīna mɔ̀ɔ ma ɓôt ɓa Romà kìi mùt mɔ̀k iɓòdòl i Yèrusàlèm. ¹⁸ Bɔn ɓa māl ɓăŋ tɔ̀ŋɔl mê, ɓa ɓā sombòl ŋ̀was mê, inyŭlē ɓa tēhē ɓē mɛ jàm li kolī nì nyèmb. ¹⁹ Ndi kìi Lòk Yudà i ŋkɔ̄lɓa halā, mè ɓe lama sēp ŋkaa yak Kāysà, hà inyùu ɓē lɛ mè ɓeè mè

gwèe jàm i ūmuùl lɔŋ yêm n̄sɔ̀hi. ²⁰ Inyùu jàm lini jɔn mɛ̀ n̄sɛ́blɛnɛ ɓee, i tēhɛ ɓèe nì kwèlès ɓèe; inyǔlē inyùu ɓɔ́dŋɛm i Isrǎɛl yɔn mɛ̀ yènɛ̀ nsāŋ bikèy unu. ²¹ Nì ɓɔ ɓa kǎl nyɛ lɛ, Dì ŋ́kɔ́s ɓe bikàat inyùù yɔ̂ŋ lɛ bi lɔ́l Yùdeà, tɔ̀ mǎntàta wàda lɛ à lɔ̂, à aŋâl tɔ̀ pɔt jàm lìɓɛ inyùù yɔ̂ŋ. ²² Ndi dì nsòmbol nɔk ni wè jàm ù nhɔ̄ŋɔɔ̀l; inyǔlē dì ŋ́yī lɛ i mpɔ́da hɔma nyênsonā ìkɔ̀lɓà ntōŋ unu. ²³ Kɛl ɓa nāŋa nyē, nì ŋgàndàk ì lɔ nyēnī liyèɛne jee, nì nyɛ à tɔ̄ŋlɛ ɓɔ, à ɓɔ̄k ki mbògi inyùu ànɛ̀ Nyambê, à ôt ɓɔ inyùu Yēsù iɓòdòl i mbēn Mōsè nì ɓapodôl, iɓòdòl kêglà lɛtɛ̀ɛ̀ nì kòkoa. ²⁴ Ɓàhɔgi ɓa udā ni màm ma pōda, ɓàhɔgi ɓa hemlɛ ɓee. ²⁵ Kìi ɓa mpam ɓe kiŋ yadā, ɓa nyɔdî ki Paul à ma pɔ̄t ɓaŋgā yada lɛ, Mbuu Ḿpubi à yi pɔ̄t kìi à kǎl ɓàsogol ɓanân nyɔ̀ mpodôl Yèsayà lɛ, ²⁶ Kɛ̀ɛ yāk lɔŋ ini, u kāl lē, I nnɔ̄gɔɔ̀k nì ganɔ̄k, ndi nì gatībil yaga ɓe yi; i ntēhgɛ nì gatēhɛ, ndi nì gaɛ̀ndɛl ɓee; ²⁷ inyǔlē mìŋɛm mi ɓòt ɓana mi nlɛ̀t, yàk mào map ma nlɔŋ, ɓa bisūdɛ mis map, lɛ ɓa tiga tɛhna ni mìs map; nì nɔga nì mào map, mìŋɛm ŋwap mi tiga tibil yi, lɛ ɓa tiga lɛ ɓa hyêlɓà, ndi mɛ̀ melēs ɓɔ. ° ²⁸ 'Ɓèè yina nī lɛ, tɔhi Nyāmbɛ īni i nɔma bilɔŋ bìpɛ; yàk gwɔ bi ganɔ̄k. ²⁹ [À mǎl ɓǎŋ pɔ̄t biɓàŋga bini, Lòk Yudà i kahal kɛ̀, i pênàgà ŋgàndàk.] ³⁰ Nì nyɛ à yén ŋgiìm ŋwii iɓaà, ndáp nyɛmɛ̀dɛ à ɓa saâ, à lɛɛgègɛ ɓɔɓasonā ɓa ɓā lɔ nyēnī, à aŋlàk inyùu ànɛ̀ Nyambê, ³¹ à niigàgà inyùu Ŋwɛ̀t lɛ Yesù Kr̆ı̌stò nì màkend mɔmasonā iɓaɓe mût i sòŋà nyɛ.

Ròmà

1

Màyègà

¹ Mɛ̀ Paul, ŋ̀kɔ̀l u Yesù Kr̆ı̌stò, n̄sɛ́blàgà i ɓā ŋomâ, m̄ɓàgâk inyùu Făŋglìùm hi Nyambê, ² hi à ɓŏk ɓōn ni ɓapodôl ɓee i kède Bìkàat Bìpubi, ³ inyùu Màn weē, nu à yìla mboo Dāvìd kĭŋgèdà mìnsòn, ⁴ nu à teeba nì lìpemba i ɓā Măn Nyāmbɛɛ̀, kĭŋgèdà Mbuu pubhà inyùu lìtùgè li ɓâwɔga, halā à yè lɛ Yesù Kr̆ı̌stò, Ŋwɛ̀t wês. ⁵ Inyùù yeē nyen dì kùhul kàrîs, yàk nì n̄sɔn ŋomâ, lɛ ndi bìlɔŋ bìpɛ gwɔbisonā bi ɓana mànoglà i hēmlɛ inyùu jòy jee; ⁶ yàk ɓèè kî nì yè mû, ɓàsèblaga lɛ ni ɓa ɓòt ɓa Yesù Kr̆ı̌stò. ⁷ Inyùu ɓɔ̄ɓasonā ɓa ye Rōmà, ɓòt Nyambɛ à ŋgwès, ɓàsèblaga i ɓā ɓàpubhaga. Kàrîs ì nlòl ni Nyāmbɛ Tàta wès nì Ŋwɛ̀t lɛ Yesù Kr̆ı̌stò i ɓa nì ɓèe, nì n̄sàŋ.

Ŋgǒŋ Paul i yūugà Ròmà

⁸ Kìi jàm li bisu mɛ̀ ntī Nyambɛ wèm màyègà i jòy li Yesù Kr̆ı̌stò inyùu ɓèè ɓɔɓasonā, lɛ hemlɛ nân i ŋkɛ̀ ŋgán ŋkɔŋ hisi wɔnsonā. ⁹ Inyǔlē Nyambɛɛ̀, nu mɛ̀ ŋgwèlel i kède mbūu wɛɛm i āŋaàl Făŋglìùm hi Man weē, à yè mbògi yêm lɛlaa mɛ̀ ŋŋwàs ɓe mɛ ī ɓìgdà ɓèe, kàyèlɛ ŋgèdà yɔ̀sonā mɛ̀ nsɔ̄ɔ̀hè, ¹⁰ mɛ̀ ń yɛmhɛ ndigi nyɛ, lɛ tɔ̀ɔ̀ kɛl yadā Nyambɛ à yè lɛ à nehnɛ mɛ njɛl kĭŋgèdà sòmbòl yeē, ndi mɛ pam

---

°MB 28: 27 Yès 6: 9-10

nyɔɔ ɓěnī. ⁱⁱ Inyŭlē ŋgŏŋ ì gwèe mè i tēhɛ ɓèe, lɛ mɛ laā tī ɓee lìkèblà li karĭs lìhɔgi li Mbuu i lèdès ɓèe; ¹² halā à yè ndigi lē, mɛ kɔ́s hɔ̀gɓè i kède nàn lòŋ yada ni ɓèe hī wadā weēs inyùu hēmlè i nûmpɛ, i nân nì yêm kì. ¹³ À lôgtatà, mè nsòmbol ɓe mɛ lē yi i heŋel ɓèè mu jàm lini lɛ, mè bimèles ŋgandàk ŋgelè i lɔ̀ nyɔɔ ɓěnī, ᵖ lɛ ndi mɛ ɓana kì màtam màhɔgi i kède nàn, kìkìi mè gwèe ī kède bī bìlɔŋ bìpɛ, ndi njěl ì biyìbɓana mɛ lētèè nì bilên. ¹⁴ Inyŭlē tɔ̀ ɓa ɓā yàà Grĭkìà, tɔ̀ ɓahuu ɓā ɓoòt, tɔ̀ ɓa ɓā yāga ɓoòt ɓa gweē pèk, tɔ̀ bìjoŋ, ɓɔɓasonā ɓa mɓàt ndigi mè pil. ¹⁵ Halā nī nyen mè nyegi lē mɛ aŋlɛ yàk ɓèè Fǎŋglìùm nyɔɔ ī Rōmà.

Lìpemba li Fǎŋglìùm

¹⁶ Inyŭlē mè ŋ́wēl ɓe mɛ Fǎŋglìùm hi Krĭstò nyùu, inyŭlē hi ye lìpemba li Nyambɛ īnyùu tōhi ī hikìi mùt à nhēmlè, ìɓòdòl yak mǎn Lòk Yudà ìkèpam yāk mǎn Grĭkìà. ¹⁷ Mu nyēn tēlɛèbsep Nyambɛ i nsɔ̀ɔlana ni hēmlè, i eggà i hēmlè, kìkìi i ye ǹtĭlɓàgà lɛ, Mùt à tee sēp inyùu hēmlè nyen à ganìŋil. ᑫ

Lìɓua li ɓôt ɓa binàm

¹⁸ Inyŭlē hìun hi Nyambɛ hī nsɔɔlànà, hi lolàk i ŋgìi, hi kôlɓàgà lìyàn Nyambɛ nì ŋgìtɛlêbsep yòsonā ī ɓot, ɓɔn ɓa ŋkèŋ maliga i kède ŋgìtɛlêbsep. ¹⁹ Inyŭlē màm ma ńyīha muùt lɛ Nyambɛ à yè ma ńyība i kède yâp, inyŭlē Nyambɛ à eba ɓɔ̄ mɔ̄. ²⁰ Ŋgɔ màm mee, halā à yè lɛ lìpemba jee li ɓɔgà, nì lìɓâk jee li Nyambê, tɔ̀ lakìi ma ntēheà ɓee, ma nnēnɛ ɓaŋgā ɓaŋgā ìɓòdòl yaga bihègel bi ŋkɔ̀ŋ hisi, inyŭlē ɓot ɓa ye lē ɓa yimbē mɔ i kède màm ma hèga, lɛ ndi ɓa ɓāna ɓaāŋ lìkee. ²¹ Inyŭlē ɓa ɓā yi yāga Nyambɛè, ndi ɓa tī ɓē nye lìpem wěŋgɔ̀ŋlɛ Nyambê, tɔ̀ ti màyègà, ndi ɓa yǒm ī kède màhɔŋɔ̀l map, dìtèègè cap di miŋɛm di yìlā jiibè. ²² Hɔ̀ma ɓa kàlɓa lē ɓa gweē pèk, hanyēn ɓa yìla gwɔmâ, ²³ ɓa luga ki lìpem li Nyambɛ nū à ŋòbì ɓee nì òŋgɓà i pònà mût bìnàm nu à ŋòbì, nì i dinùni, yàk nì i binùga bi màkòò manâ, halā kì nì i gwɔ̀m bi ŋɔ̀t maɓùm hisī.

²⁴ Jɔ ni jɔn Nyāmbɛ à coo ɓɔ̄ lɛ ɓa ɓɔŋɔk màm ma nyɛgā i kède mìnhɛŋa mi miŋɛm ŋwap, ndi ɓa obōs manyùù map ni màm ɓa mɓɔ̀ŋ i kède yâp. ²⁵ Ɓɔ ki ɓɔ̄n ɓa lūga màliga ma Nyambɛ nì bìtɛmbɛɛ, ɓa sîŋggɛ kì bìhègel miŋɛ̄m, ɓa lomblàk gwɔ i ŋɔ̄ Nhèk, nu à yè ǹsăyɓàk i ɓɔga ni ɓɔga. Àamèn. *

²⁶ Inyùu hālā nyēn Nyāmbɛ à coo ɓɔ̄ lɛ ɓa keŋā nì mìnhɛŋa mi ŋòbos ɓɔ. Inyŭlē ɓòdàà ɓap ɓa cěl yèn nì ɓòòlom, ndi ɓa nɔŋɔk mànjèl ma kolī ɓèe. ²⁷ Yàk ɓòòlom kî ǹlèlèm halā, ɓa cěl yèn ni ɓòdàa, ɓa ɔdɓana ɓɔ nì ɓɔ mbūs, miŋɛm mi lɔŋɔk ndigi ɓɔ̄, kàyèlè ɓàsɔ ɓôlom ɓa ɓɔ̂ŋnàgà ndòŋ mâm i ŋ́wēha nyuu, ndi ɓa kuhūl ɓɔmèdɛ nsaâ u ŋkɔ̀la ni bìyòmòk gwap.

²⁸ Ndi lakìi ɓa ɓūba ɓē i yī Nyāmbɛɛ, Nyambɛ à sěm ɓɔ̄ i mɔɔ ma mbuu biyogdà wada, kàyèlè ɓa

---

ᵖ**Rom 1: 13** MB 19: 21

ᑫ**Rom 1: 17** Hàb 2: 4; Gàlatìà 3: 11; LH 10: 38

*__Rom 1: 24__ Àamèn: lìkɔ̀blɛnɛ li ɓàŋga ini i hɔ̄p Hebèr li ye lē: Hɔ̀dɔ; I ɓa hālà. Màt 5: 26; Yòh 1: 51; Gàl 1: 5

mɓɔ̀ŋ mâm ma kolī ɓēe, ²⁹ kìkìi ɓòt ɓa yoni nì ŋgìtɛlêɓsep yɔ̀sonā, nì hi jâm lìɓɛ, nì hep yɔsonā, yàk nì ɓeɓa ŋɛm yɔsonā. Ɓa yaɓa yāga ni tāmaà, nì mànɔlâ, nì n̄daŋ, nì màndɔn; ɓa ɓa ki ɓàhègdà ɓeɓa inyùu ɓòt ɓɔɓasonā, ³⁰ nì ɓa minsɔ̀hi, nì ɓa minsɔ̀gâ, nì ɓàɔ̀ɔ̀ Nyambê, nì ɓòt ɓa ŋgagàl, nì ɓòt ɓa ŋgok, nì ɓàhùmɓùl mànyùu, nì ɓa pêk bìɓeɓa bi mâm, nì ɓàndɔgɓɛ̀nɛ ɓàgwâl ɓap, ³¹ nì dìtèègè di ɓôt, nì ɓàsàgàl màlomɓla, nì ɓòt ɓa diŋgònok, nì ɓòt ɓa ŋkɔ̀na ɓe ŋgɔɔ. ³² Ɓɔ ki ɓɔ̄n, tɔ̀ lakìi ɓɔmèdɛ ɓa nnēk ɓe litìŋ li Nyambê, ɓa mɓɔ̀ŋ ndigi ɓē màm mana ɓɔ̀ŋ yɔtāma, ndi i ŋgèdà ɓòt ɓàpɛ ɓa ntèŋɓɛ i ɓɔ̀ŋ mɔ, halā à nlēmel ki ɓɔ̄.

2

Mbàgi tēe sēp ì Nyambê

¹ Jɔn, à wɛ mùt ù ŋōma minsɔ̀hi, tɔ̀ ù yè n̄jɛɛ, ù gwèe ɓē likee. Ŋgɔ n̄sɔ̀hi ù ŋōm muùt m̀pɛ, wɔ yaga wɔn u ŋkwèha wɛmèdɛ ŋkaa, inyŭlē n̄sɔ̀hi ù ŋōm nyɛ inyùu màm à mɓɔ̀ŋ, yàk wè ù mɓɔ̀ŋ minlèlèm mi mâm. ² Ndi dì ńyī lɛ mbàgi Nyāmbɛ à mpēmhɛnɛ ɓoòt ɓa mɓɔ̀ŋ ndôŋ mâm ini ì yè ndigi kĭŋgèdà màliga. ³ Ndi, à wɛ mùt ù ŋōm ɓoòt ɓa mɓɔ̀ŋ i ndòŋ mâm ini mìnsɔ̀hi, ndi yàk wè ù ɓɔ̀ŋɔ̀k ǹlèlèm, ɓàa wɛmèdɛ ù nhɔ̄ŋɔl lɛ mbàgi Nyāmbɛ ì galēs wɛɛ̀? ⁴ Tɔ̀lɛ ù mɓīda ɓe ni lìŋgwàn li lɔŋgɛ yēe, tɔ̀ nì lìmà yee, tɔ̀ nì nihɓɛ yee, ù ńyī ɓe ki tɔ̀ lɛ lɔŋgɛ Nyāmbɛ ī ŋēga wɛ ī hyɛ̀lŋɛm? ⁵ Ndi lakìi ù ǹnay, ŋɛm wɔŋ u tɔp ɓe tɔ hyɛ̀lɓà, wɛɛ̀ ù

ŋkòhlɛnɛ ndigi wɛ̀mèdɛ hìun inyùu ŋgwà hiun, i ŋgèdà Nyambɛ à gasɔ̀ɔ̀lɛnɛ mbagī yeē ì tee sēp. ⁶ Nyɛn à gatìmbhɛ hikìi mùt kĭŋgèdà mìnsɔn ŋwee. ʳ ⁷ Inyùu ɓòt ɓa nnīhɓe i kède n̄sɔn ǹlam, ɓa yeŋêk kì lìpem, nì bìɓegês, nì màm ma ŋòbì ɓee, à gatìmbhɛ ɓɔ nìŋ ɓɔgā; ⁸ ndi ɓòt ɓa pênà, nì ɓa ɓā nnōgol ɓe maliga, ɓa nnōgol ndigi ŋgìtɛlêɓsep, à gatìmbhɛ ɓɔ hìun nì nyay, ⁹ njiihà nì bìkùù, inyùu hĭkìi ŋ̀ɛm mût à mɓɔ̀ŋ ɓeɓa, bisū bìsu u man Lòk Yudà yàk nì u man Grīkìà kì. ¹⁰ Lìpem li gaɓā nì bìɓegês nì ǹsàŋ inyùu hĭkìi mùt à mɓɔ̀ŋ lɔŋgê, ìɓòdòl yaga man Lòk Yudà ìkèpam mǎn Grīkìà. ¹¹ Ŋgɔ Nyambɛ à ntɔ̄dɔl ɓe muùt nyɛkĭnyē. ¹² Inyŭlē ɓɔɓasonā ɓa ɓɔ̀ŋ ɓeɓa, iɓaɓe mben, ɓɔn ɓa ganīmil kiì iɓaɓe mben; ndi yàk ɓa ɓɔ̄ɓasonā ɓa ɓɔ̀ŋ ɓēba i sī mbēn, ɓɔn ɓa gakùhul mbagī mu mbēn. ¹³ Inyŭlē hà ɓàɛmblèmben ɓe ɓɔn ɓa tee sēp bisū bi Nyambɛè, ndik ɓàteedàmben ɓɔn ɓa gakèla lɛ ɓa tee sēp. ¹⁴ Ndi ŋgèdà bìhaarèn bi ye lē bi ɓɔ̄ŋ maàm ma mben kĭŋgèdà lìgweâk, tɔ̀ lakìi ɓa ńyī ɓe mben ì yɔmèdɛ, wèɛ̀ bi gwēe yàà ŋgîm mben ni ɓɔ̄mèdɛ, lakìi ì mben ì nhēŋel ɓɔ; ¹⁵ gwɔn bi ŋēba lɛ bi ńyī yonos mben ì yè ǹtīlɓàgà i kède mìŋɛm ŋwap, yàk kiŋŋēm ì mɓɔ̀k nlèlèm mbogī loòŋ, màhɔŋɔl map mɔmèdɛ ma ŋōmna minsɔ̀hi, tɔ̀ sòŋà mànyùu, ¹⁶ i ŋgwà Nyambɛ à gapēmhɛnɛ maàm ma ɓôt ma solī mbàgi ni Yēsù Krĭstò kĭŋgèdà Fǎŋglìùm hyêm.

ʳ **Rom 2: 6** 2Kɔ̀r 5: 10

Lòk Yudà nì Mben

¹⁷ Ndi wɛ̀, i ɓā nī lɛ ù nsèbla man Lòk Yudà, ɲ̀ɛm u yêgɓègè kì wɛ̀ lakìi ù ɲ́yī mben, ù yadɓègè inyùu Nyāmbɛɛ̀, ¹⁸ ù yîk sòmbòl yee, ù yîk kì ɓagal mâm kìkìì ɓa nnīiga wɛ mū mbēn, ¹⁹ ndi iɓālē ù ɲ́yī tɔy lɛ wɛ̀n ù yɛ ŋega ɓòt ɓa ndim, nì màpubi inyùu ɓòt ɓa ye ī jīɓè, ²⁰ nì ŋeba bìjoŋ bi ɓòt màhɔ̀hà map, nì màlɛt ndèk ɓɔɔŋɛ, lakìi mbēn yɔ̀n ì ŋēba wɛ bìɓuk bi ɓaŋgā yī nì bi maliga, ²¹ ɓàa ù nnīiga muùt nûmpɛ, ndi ù ǹnīiga ɓɛ wɛmɛ̀dɛ? Ɓàa wɛ̀n ù yɛ̀ ù aŋlàk lɛ, Mùt à nip ɓáŋ, ndi wɛ̀ ù nibîk? ²² Ɓàa wɛ̀n ù yɛ̀ ù kàlàk lɛ, Mùt à kɛ̀ ɓáŋ ndèŋg, ndi wɛ̀ ù kɛnɛ̀k? Ɓàa wɛ̀ɛ bìsat bi nhīndha wɛ ɲ̀ɛm, ndi ù kwahlàk gwɔ̀m mu bītēmpɛl gwap? ²³ Ɓàa wɛ̀n ù ɲ́yādɓɛnɛ inyùu mbēn, ndi ù òbhàk ndigi jòy li Nyambɛ īnyùu màlɛl mɔŋ ma mben? ²⁴ Inyúlē bìlɔ̀ŋ bìpɛ bi ŋòbos Nyambɛ jóy inyùu màm nì mɓɔ̀ŋ, kìkìì i ye ǹtĭlɓàgà. ˢ ²⁵ Ŋgɔ lìkwɛ̀ɛ̀ li mɓāhāal tɔy iɓālē ù ntēeda mben; ndi iɓālē ù yɛ̀ ǹlɛlmbēn wɛ̀ɛ lìkwɛ̀ɛ̀* li ɲ́yìla ŋgikwɛ̀ɛ̀ɓà. ²⁶ Jɔn iɓālē mùt à ɲ́yī ɓɛ lìkwɛ̀ɛ̀, à yɛ̀ lɛ à teeda matìŋ ma mben, ɓàa ŋgìkwɛ̀ɛ̀ɓà yèɛ ì gaēŋa ɓɛ kìkìì lìkwɛ̀ɛ̀? ²⁷ Ndi iɓālē mùt, nu à ɲ́yī ɓɛ lìkwɛ̀ɛ̀ iɓòdòl yaga ligwēe jēɛ, à yɛ̀ lɛ à yonos mben yɔ̀sonā, ɓàa à gaōm ɓɛ wɛ ǹsɔ̀hi, wɛ̀ nu ù gwɛ̀ɛ kàat ì mben nì lìkwɛ̀ɛ̀, ndi ù lɛlɛk ŋkùgà mben? ²⁸ Inyúlē mùt à ye ndik

mǎn Lòk Yudà inyùu bìtee bi mis, hà nyɛ ɓɛ nyɛn à yɛ tɔy man Lòk Yudà; tɔ̀ lìkwɛ̀ɛ̀ li nnēne ndigi mīnsòn bìtēe bi mis, hà jɔ ɓɛ jon li ye tɔ̄y lìkwɛ̀ɛ̀. ²⁹ Ndi iɓālē mùt à yɛ mǎn Lòk Yudà nyɔɔ kède, nì iɓālē à yɛ ŋkwɛ̀ɓàgà ŋɛm, i kède mbūu, hà i kède màkedêl ɓee, wɛ̀ɛ mùt nu nyēn à yɛ tɔy man Lòk Yudà. Nyɛ ki nyēn à ŋkòs bìɓɛgês, hà nì ɓòt ɓee, ndik nì Nyambê.

3

¹ Halā wɛ̀ɛ yàmb i man Lòk Yudà i yenè ni hɛɛ? Tɔ̀lɛ lìkwɛ̀ɛ̀ li mɓāhal kii? ² Ŋgɔ ɓàŋga yàmb ì yɛ mu mānjèl mɔmasonā. Jàm li bisu lɛ, Nyambɛ à lòndos ɓɔ̄ bìpodol gwee. ³ Ki yɔ? Iɓālē ɓàhɔgi ɓa tɔp ɓē hemlè, ɓàa ŋgìtɔbhemlè yap yɔn i gatùga ɓonyoni i Nyambê? ⁴ Ɓààloŋɛ! Nyambɛ ā leēbna lē à yɛ màliga, ndi hi mût lɛ à yɛ mùt bìtembɛɛ, kìkìì i ye ǹtĭlɓàgà lɛ, Lɛ ndi u ɓa nū à tee sēp i kède bìɓàŋga gwɔn, u ɓa kì ŋgì ǹsɔ̀hi ŋgèdà ù ŋkēēs. ᵗ ⁵ Ndi iɓālē ŋgìtelɛ̀bsep yes i mɓàmbal tɛlɛ̀bsep Nyāmbɛɛ̀, wɛ̀ɛ di kál lāa? Ɓàa wɛ̀ɛ Nyambɛ à tee ɓē sep ŋgèdà à ŋkɔp hiun i ŋgìì yês? [Mɛ̀ mpɔ̄t yaā halā kìkìì lēm ɓoòt.] ⁶ Ɓààloŋɛ! Ɓalɛ i ɓāk halā, ki Nyàmbɛ à gapēmhɛnɛ la ŋkòŋ hisi mbagī? ⁷ Ndi iɓālē bìtembɛɛ gwêm gwɔn bi mɓàmbal maliga ma Nyambɛ lē à ǹyaba ni lìpem, wɛ̀ɛ inyǔkī ɓa ŋgi umlàk mɛ

ˢ**Rom 2: 24** Hyēm 14: 1-3

*Rom 2: 25 Lìkwɛ̀ɛ̀: lìkwɛ̀ɛ̀ yak ɓɔn ɓa Isràèl li ɓā yìmbne i lìjubul li mût i kède màlombla; à ɲ́yìla mût Nyàmbê: Bìɓòdlɛ 17: 10. I kède Màlombla ma Yɔndɔ lìkwɛ̀ɛ̀ li ta hā ɓe halā, inyǔlē mǎn Lòk Yudà tɔ̀ mǎn Grĭkìà à tà ha ɓee. Paul à

ǹunda lɛ lìkwɛ̀ɛ̀ li ŋem jɔn li nsòmblà: Rom 2: 25-29. Jòy li ɓɔŋgìkwɛ̀ɛ̀ɓà li ntĭlɓa inyùu bìlɔ̀ŋ bìpɛ, bi bī yī ɓē Nyambɛ nū Lòk Yudà: Rom 4: 11; 1Kɔ̀r 7: 18-19; Gàl 2: 7.

ᵗ**Rom 3: 4** Hyēm 51: 6

ǹsɔ̀hi wěŋgɔ̀ŋlɛ m̀ɓɔ̀ŋɓeba? ⁸ Ndi lɛlaa dì kòli ɓē pɔt, kìkìì ɓa ŋòbos ɓes mǒy wěŋgɔ̀ŋlɛ dì mpɔ̄t lɛ, Di ɓɔŋɔ̄k bìɓeba bi mâm lɛ ndi lɔ̄ŋgɛ ī pemel mū ī kède? Ŋgɔ ɓâhɔgi ɓa nnyɛ̀ ki ɓès halà. Mbàgi nōgoòs i ɓòt ɓana ì tee sēp.

Mùt à tee sēp à tà ɓee, tɔ̀ wàda

⁹ Ki yɔ? Ɓàa ɓès ɓɔn dì nlɔ̀ɔ̀ ɓɔ? Tɔ̀ ndèk hìsǐi yaga. Inyǔlē dì m̀mâl om Loòk Yudà nì ɓòt ɓa Grĭkìà ǹsɔ̀hi lɛ ɓɔɓasonā ɓa ye ī sī ɓēba. Kìkìì i ye ǹtǐlɓàgà lɛ, ¹⁰ Mùt à tee sēp à tà ɓee, tɔ̀ wàda yaga. ¹¹ Mùt à ntǐbil yi à tà ɓee, tɔ̀ nu à ńyēŋ Nyambɛɛ̀ à tà ɓee. ¹² Ɓɔɓasonā ɓa bicâba pɛès ìpɛ, ɓa yilā gwɔma ŋgɛ̀m yàda. Mùt à mɓɔŋ lɔŋgê à tà ɓee, tɔ̀ wàda ni hìnɔ̀ɔ. ᵘ ¹³ Lìɓit jap li ye kìkìi sɔ̀ŋ ì nehi. Dìlemb cap di mpɔ̄t ndigi nì màndɔn. ᵛ Mbòŋ pee ì yè mukède bìɓep gwap bi nyɔ̂. ʷ ¹⁴ Mànyɔ̀ map ma ńyɔn ni ndìihɛ̀ nì lìlòli. ˣ ¹⁵ Màkoòò map ma nhɔ̄ɔ kɛ ī kōp màcèl. ¹⁶ Cibâ nì ndùdù gwɔn bi ye mū mānjèl ɓa nlòò. ¹⁷ Ba ńyī ɓe njɛɛ̄l ǹsàŋ. ʸ ¹⁸ Kɔ̀n Nyambɛ wɔ̀ŋi i ta ɓē i mìs map. ᶻ ¹⁹ Ndi dì ńyī lɛ màm mɔmasonā mbɛ̄n ì mpɔ̄t, ì ŋkàl yaga mɔ ɓòt ɓa ye ī sī mbɛ̄n, lɛ ndi nyɔ̀ hi mût u yǐɓɓa, ndi ŋ̀kɔ̀ŋ hisi wɔnsonā u kwɔ̄ ī sī mbàgi bisū bi Nyambɛɛ̀. ²⁰ inyǔlē ǹsòn wɔkǐwɔ̄ u gakèla ɓe lɛ u tee sēp bisū gwee inyùu mìnsɔn mi mben, inyǔlē mben yɔ̀n ì ntǐbil yis muùt ki i ye ɓēba.

Tɛlêbsep i nlòl i hēmlè

²¹ Ndi hanânɔ ni tɛlɛbsep Nyambɛ ī mmaāl sɔɔ̀là iɓaɓe inyùu mbēn, mben yɔ̀mèdɛ yàk nì ɓàpodôl ɓa ɓā ɓògol yɔ mbògi; ²² mɛ̀ ŋkàl lɛ, Yɔn i ye tɛlɛɛ̀bsep Nyambɛ nì njɛ̆l hēmlè Yesù Krĭstò inyùu nì i ŋgìi ɓā ɓɔ̄ɓasonā ɓa nhēmlè; inyǔlē lɔ̀à i ta ɓēe, ²³ lakìi ɓɔ̄ɓasonā ɓa biɓɔ̀ŋ ɓeba, ɓa haŋ ki nì lìpem li Nyambɛ. ²⁴ Ndi inyùu kàrîs yèè nyɛn ɓa ŋkelā lɛ ɓa tee sēp yaŋgà yàŋgà, inyùu kɔ̀blà i ye ī Krĭstò Yesù. ²⁵ Nyɛn Nyāmbɛ à tee īnyùu màcèl mee lɛ a ɓa bìkwàk inyùu hēmlè, lɛ ndi a eba tɛlɛɛ̀bsep yee, lakìi Nyāmbɛ à ɓa ɓeŋgè ɓe biɓeba bi ɓā ɓɔŋà i ŋgèdà bìsu, à lìmìk ndigi ǹlìmîk; ²⁶ lɛ ndi a eba tɛlɛɛ̀bsep yee ŋgèdà ìni hanânɔ, lɛ nyɛmèdɛ à tee sēp, a ɓa kì nu à ŋkàl lɛ mùt à nhēmlè Yesù à tee sēp. ²⁷ Bìyat bi yenè ni ki hɛ̄ɛ̄? Bi mmâl sìgā njɛɛ̀l. Ndi inyùu kīnjē ndɔ̀ŋ mben? Ɓàa ì mìnsɔn? Tɔ̀ ndèk yaga; ndik inyùu mbēn ì hemlè. ²⁸ Inyǔlē dì ńyìmbe lɛ, inyùu hēmlè nyɛn mùt à ŋkèla lɛ à tee sēp iɓaɓe inyùu mìnsɔn mi mben. ²⁹ Ɓàà Nyambɛ à yè ndigi Nyambɛ nū Lòk Yudà yɔtāma? Ɓàa à tà ɓe yâk nu bìlɔŋ bìpɛ? Ŋ̀ŋ̂, à yè yàk nu bìlɔŋ bìpɛ, ³⁰ iɓalē i ye tɔ́y lɛ à yè ndik m̀pɔm Nyambɛ wāda, nu à gakàl lɛ ɓàkwèèbaga ɓa tee sēp inyùu hēmlè, yàk nì ɓɔ̀ŋgìkwèèbà ǹlèlèm halā īnyùu hēmlè.

³¹ Ɓàa dì nsàs ni mben inyùu hēmlè? Ɓààlɔŋɛ! Ŋgɔ dì nlèdes ndik

---

ᵘ**Rom 3: 12** Hyèm 14: 1-3
ᵛ**Rom 3: 12** Hyèm 5: 10
ʷ**Rom 3: 13** Hyèm 140: 4
ˣ**Rom 3: 14** Hyèm 10: 7
ʸ**Rom 3: 17** Yès 59: 7-8; Bìŋ 1: 16
ᶻ**Rom 3: 18** Hyèm 36: 2

mbēn nlĕdhàk.

4

Àbràhâm à yɛ yìmbnɛ

¹ Dì gakàl ni laa inyùu Àbràhâm, sogolsògòl wěs kĭŋgèdà mìnsòn? ² Inyŭlē ɓalɛ ɓɔ ndi Àbràhâm à kèla lē à tee sēp inyùu mìnsɔn, wɛ̀ɛ à gwèe yādɓɛnɛ, ndi hà bisū bi Nyambɛ ɓēe. ³ Inyŭlē Lìtìlà li ŋkàl laa? Ndi Àbràhâm à hemlɛ Nyāmbɛɛ̀, nì halā à eŋa nyɛ inyùu tēlɛèbsep. ᵃ ⁴ Ndi mùt à ŋgwèl nsɔn, ǹsaâ wee u ŋēŋa ɓe kìkìi kàrîs, ndik kìkìi pīl. ⁵ Ndi nu à ŋgwèl ɓe nsɔn, ndi à hemlègè ndik nū à ŋkàl lɛ ǹyàn Nyambɛ à tee sēp, hemlè yee yɔn i ŋēŋa inyùu tēlɛèbsep. ⁶ Kìkìi yàk Davìd à mpɔ̄t inyùu màsɔda ma mût Nyambɛ à ŋāŋ lɛ à tee sēp, hà inyùu mìnsɔn ɓee, nyɛɛ̀,

⁷ Ba yàŋgā yap mben i ŋŋwêhlànà ɓa ye ɓɔ̀kimàsɔda, nì ɓa bìɓeba gwap bi nhuɓâ;

⁸ Mùt Ŋwɛ̀t à gaēŋel ɓe nyɛ ɓēba à yè ǹsăyɓàk. ᵇ

⁹ Bàa masɔ̄da mana ma pōda īnyùu ɓàkwèèbaga ɓɔtāma, tɔ̀ yàk inyùu ɓɔ̀ŋgìkwèèbà? Ŋgɔ dì ŋkàl lɛ, hemlè yɔn i ēŋa Àbràhâm inyùu tēlɛèbsep. ᶜ ¹⁰ Lelaa ni yɔ i ēŋa nyɛ́? Bàa i ŋgèdà ì nyɛ ǹkwěɓàgà, tɔ̀lɛ nyɛ ŋgìkwèèbà? Ŋgɔ ha ŋgèdà à ɓa ŋgìkwèèbà, à ɓâk à ŋgi yiī ǹsùdè. ¹¹ Ndi à kǒs yìmbnɛ likwèè lɛ i ɓā ɓɛ́ndel tɛlɛèbsep inyùu hēmlè à ɓa hemlè, nyɛ ŋgìkwèèbà, ᵈ lɛ ndi a ɓa ìsaŋ ɓɔ̄ɓasonā ɓa nhēmlè, tɔ̀ ɓa ɓā yàā ŋgikwèèbà, lɛ ndi tēlɛèbsep i eŋa

kì ɓɔ. ¹² Ha kì nyɛn à gaɓā isāŋ lìkwèɛ̀ inyùu ɓɔ̄ɓasonā ɓa ŋkwèèba ɓe ndik lìkwèɛ̀ jɔtāma, ndi ɓa nnɔ̀ŋ ki mū māɓàl ma hemlè tatā wès Àbràhâm à ɓa à gwèe, nyɛ ŋgìkwèèbà.

Lìkàk li ńyōnol i hēmlè

¹³ Inyŭlē Àbràhâm à kǒs ɓē likàk lɛ à gakòdol ŋkɔ̀ŋ hisi inyùu mbēn, tɔ̀ mboo yeē yāga, ndik īnyùu tēlɛèbsep i nlòl i hēmlè. ¹⁴ Balɛ ɓɔ ndi ɓòt ɓa mben ɓa ɓâk ɓàkòdòl, ki hēmlè i ńyìla yaŋgà, yàk lìkàk li obī. ¹⁵ Inyŭlē mben ì nnyàŋgal hiun, ndi hɔ̀ma mbēn ì tà ɓee, wɛɛ̀ tɔ̀ lìlɛlmbēn li ta ɓēe. ¹⁶ Jɔn ɓàkòdòl ɓa yenè ɓàkòdòl inyùu hēmlè, lɛ ndi ɓa ɓa hālā īnyùu kàrîs. Halā nī nyɛn likàk li ye lē li tɛlɛp ɓaŋgā inyùu mbōo yɔsonā, hà inyùu ɓā ɓā ye ī sī mbēn ɓɔtāma ɓee, ndi yàk inyùu ɓā ɓā gweē ǹlèlèm hemlè kìkìi Àbràhâm, nu à yè ɓèhɓɔɓasonā tàtâ, ¹⁷ bisū bi Nyambɛ nū à hemlɛ, nu à ntī ki ɓàwɔga nîŋ, nì nu à nsèbel mâm ma ta ɓēe lɛ ma ɓa [kìkìi i ye ǹtīlɓàgà lɛ, mè ǹmāl tee wɛ ìsaŋ ŋgàndàk bìlɔ̀ŋ]. ᵉ ¹⁸ Nyɛ ki nyɛ̄n à hemlɛ nì ɓɔdŋem, tɔ̀ lakìi jàm li ɓodol ŋem li ɓā ɓēe, lɛ ndi a yilā ìsaŋ ŋgàndàk bìlɔ̀ŋ kìkìi i kèla lē, Halā nyɛ̄n mbōo yɔɔ̄ŋ ì gaɓā.ᶠ ¹⁹ Hemlè yee i tɔ̆mb ɓēe, tɔ̀ lakìi à yìmbe lē nyùu yeē ì yè yaga mîm, inyŭlē à ɓa ɓèɓèè nì mbogôl ŋwìi yadā, à yìmbe kì yàk inyùu gwēlel Saāra lɛ i ɓā i niŋī kìkìi mìm. ²⁰ Ndi inyùu lìkàk li Nyambɛ̂ à pènda ɓē jaàm mūkède, wěŋgɔ̀ŋlɛ à ntɔ̄p ɓe hemlè, ndi à lèdes ndīgi ŋ̀em i kède

---

ᵃ**Rom 4: 3** Bìɓ 15: 6
ᵇ**Rom 4: 8** Hyèm 32: 1-2
ᶜ**Rom 4: 9** Bìɓ 15: 6
ᵈ**Rom 4: 11** Bìɓ 17: 10-11
ᵉ**Rom 4: 17** Bìɓ 17: 5
ᶠ**Rom 4: 18** Bìɓ 15: 5

hēmlὲ yee, à tinâk kì Nyambɛ lìpem, ²¹lakìi à tibil yī lɛ, lìkàk Nyambɛ à ti nyē, à yè kì lɛ à la yōnos jɔ. ²²Jɔ ni jɔn hēmlὲ i ēŋa nyē inyùu tɛlɛɛ̂bsep. ⁸ ²³Ndi i tìlɓa ɓē halā īnyùu yeē nyɛtāma lɛ i eŋa nyē, ²⁴ndi yàk inyùu yɛ́s i gaēŋa ɓes ɓa dì nhēmlɛ nu à tùgul Yēsù Ŋwὲt wɛ́s i kède ɓawɔga, ²⁵nyɛn à sèma īnyùu màhòhà mes, à tugē ki īnyùu kèlà yes tɛlêbsep.

5

Màtam ma tɛlêbsep

¹Jɔn lākìi dì m̀mál kelā lɛ dì tee sép inyùu hēmlὲ, wὲɛ dì gwèe ǹsàŋ nì Nyambɛ īnyùu Ŋwèt wɛ́s Yesù Krǐstò. ²Inyùu yeē nyɛn dì gwèɛnɛ lìjùbul jes inyùu hēmlὲ munu kàrîs ini dì teenɛ, dì ńyādɓenɛ ki īnyùu ɓɔ́dŋɛm i lipem li Nyambɛɛ̀. ³Ìlɔ̀ɔ halà, dì ńyādap ki tɔ i kède njiihà yàa, lakìi dì ńyī lɛ njiihà yɔ̌n ì mɓɔ́ŋ ɓes lɛ dì honɓàgà; ⁴ndi honɓà yɔn i ntī mbogí lām; mbògi lām kìi ɓɔdŋɛm; ⁵ndi ɓɔdŋɛm i ŋ́wēha ɓe nyuu, inyǔlē gweha Nyāmbɛ ī mmaāl kuba i kède mìŋɛm ŋwes nì ŋgùy Mbuu M̀pubi, nu à bitīna ɓes.
⁶Inyǔlē ŋgèdà dì ɓa dì ŋgi yîinɛ mìmɓɔmba, Krǐstò à wel īnyùu ɓàyàn Nyambɛ ī ndèè ì teeba. ⁷Inyǔlē i ye ǹlèdɛk lɛ mùt à nɛɛbɛ wɔ inyùu mùt à tee sép, ndi ɓeɓêk mùt à ɓak tɔy lɛ à lɛk tol i wɔ́ inyùu lɔ́ŋgɛ mùt. ⁸Ndi Nyambɛ à ŋēba gweha yēe inyùu yɛ́s munu jàm lini lɛ, ŋgèdà dì ɓa dì ŋgi yîinɛ ɓàɓɔ́ŋɓeba, Krǐstò à wel īnyùu yɛ́s.

⁹Jɔn lākìi dì m̀mál kelā lɛ dì tee sép inyùu màcèl mee, wὲɛ dì gatɔ̄hlana tɔy ni hìun hi Nyambɛ īnyùù yeɛ̀. ¹⁰Inyǔlē iɓālē dì saŋgla nì Nyambɛ īnyùu nyĕmb Màn weē ŋgèdà dì ɓanɛ ɓàɔ̀ɔ nyɛ, kinjē ŋgàndàk ìlɔ̀ɔ ha dì gatɔ̄hlana inyùu nìŋ yee, lakìi dì m̀mál saŋglà. ¹¹Ndi hà ndik hālā nyɛtāma ɓee; ŋgɔ dì ŋ́yādɓenɛ ki īnyùu Nyāmbɛ ī jòy li Ŋwɛt wɛ́s Yesù Krǐstò, nu à m̀mál kuhūl ɓes sāŋglà ini.

Adàm nì Krǐstò

¹²Inyǔhālā nī nyɛn, kìkìi ɓēba i jŏp ŋkɔ̀ŋ hisi inyùu mùt wàda, nyɛ̀mb kî ì lôl inyùu ɓēba, halā nyēn nyɛ̀mb ì tola ɓòt ɓɔɓasonā, ʰ inyǔlē ɓɔɓasonā ɓa ɓɔ̆ŋ ɓēba. ¹³Inyǔlē ɓeba i ɓā yāga munu ŋkɔ̀ŋ hisi ìlɔ̀pam mālòl ma mben, ndi ɓeba i ŋēŋa ɓē iɓālē mben ì tà ɓee. ¹⁴Ndi nyɛ̀mb ì biànɛ iɓòdòl ŋgèdà Adàm ìlɔ̀pam ŋgèdà Mosè, i ŋgìi ɓā ɓā ɓɔ̆ŋ ɓē ɓeba kìkìi ī Adàm i lēl à lɛl mbēn; nyɛn à yè ndèmbèl mùt à ɓa lɛ à galɔɔ. ¹⁵Ndi i ta ɓē lɛ kìkìi lìhòhà li yê, halā kì nyɛn lìkèblà li karîs li yê. Inyǔlē iɓālē ŋgàndàk ɓòt ì wɔ īnyùu lìhòhà li mpɔ̀m mùt wada, wὲɛ kàrîs Nyambɛ ì gayààmba, nì lìkèblà inyùu kàrîs ì mùt wàda lɛ Yesù Krǐstò, ìlɔ̀ɔ halà lē ɓa tina ŋgàndàk. ¹⁶Ndi lìkèblà li ta ɓē kìkìi īnyùu m̀pɔ̀m mùt wada u ɓɔ̆ŋ ɓēba; inyǔlē mbàgi ì lôl īnyùu lìhòhà jada lɛ ɓa kôs mbàgi nōgoòs, ndi lìkèblà li karîs i mbūs ŋgàndàk màhòhà li ŋkùùha tɛlêbsep. ¹⁷Inyǔlē iɓālē nyɛ̀mb yɔ̌n ì biànɛ inyùu lìhòhà li mpɔ̀m mùt wada, wὲɛ ɓòt

---

⁸**Rom 4: 22** Bìɓ 15: 6   ʰ**Rom 5: 12** Bìɓ 3: 6

ɓa ŋkòs karîs ì ńyàmb ni lìkèblà li tɛlêbsep ɓa ga-ànɛ tɔy i kède nìŋ inyùu m̀pɔ̀m mût wada lɛ Yesù Krǐstò.

¹⁸ Halā nī kìkìi mbàgi nōgoòs ì lŏl ɓót ɓɔɓasonā inyùu lìhòhà jada, halā yāga ki nyēn lìɓɔ̀ŋà jada li tee sēp li lŏl ɓɔɓasonā lɛ ɓa kelā lē ɓa tee sēp ndi ɓa nîŋ. ¹⁹ Inyǔlē kìkìi ŋgàndàk ɓót ì yìla ɓàɓɔŋɓeba inyùu ndɔ̄k m̀pɔ̀m mût wada, halā yāga ki nyēn ŋgàndàk ɓót ì gayìla ɓót ɓa tee sēp inyùu mànoglà ma mpɔ̀m mût wada. ²⁰ Ndi mben ì jŏp hā pōla lɛ lìhòhà li tôl; ndi i hɛ̆t ɓēba i tŏl, ha nyēn kàrîs ì yămb ǹyàmbâk, ²¹ lɛ ndi, lakìi ɓēba i biànɛ i kède nyɛ̀mb, la nyēn yàk kàrîs ì ŋànɛ inyùu tēlɛèbsep i ti nìŋ ɓɔgā inyùu Yēsù Krǐstò Ŋwɛ̀t wês.

6

Ɓàwɔga i pès ɓeba, ndi ɓayomi i pès Krǐstò.

¹ Halā wɛ̀ɛ dì gakàl ni laa? Ɓàà di tēŋɓegɛ nì ɓeba? Lɛ ndi kàrîs i tôl? ² Ɓààloŋɛ! Ɓès ɓa dì biwɔ̄ i pès ɓeba, lɛlaa dì ganìŋil ki mūkède? ³ Tɔ̀ɔ nì ńyī ɓe lɛ, ɓèhɓɔɓasonā ɓa dì bisòblana i Krǐstò Yesù, dì bisòblana yaā i nyɛ̀mb yeē? ⁴ Halā nī nyɛn dì bijùba lôŋ yada ni nyē i sòblɛ dì bisòblana i nyɛ̀mb yeē, lɛ ndi kìkìi Krǐstò à tùglana ī kède ɓàwɔga nì lìpem li Isāŋ, wɛ̀ɛ yàk ɓès di hyumlak ī kède nìŋ dì ŋ̀kɔ́s yɔndɔ yɔndɔ. ⁵ Inyǔlē iɓālē dì m̀mâl yilā ŋàdɓàgà nì nyɛ i kède nyɛ̆mb ì mpòna nyɛ̆mb yeē, ŋgɔ dì gaɓā ki ǹtīîk ɓà-àdɓaga ni nyē i kède lìtùgè li mpòna lìtùgè jee. ⁶ Dì ǹlama yi jàm lini lɛ, ǹlòmbi wes mût u bitòmlana lôŋ yada ni nyē mbàsa, lɛ

nyùu ɓēba i obī, lɛ ndi dì ɓa ha ɓáŋ mìŋkɔ̀l mi ɓeba. ⁷ Inyǔlē mùt ǹ̀wɔga à m̀mâl tɔhla ni ɓēba. ⁸ Ndi iɓālē dì biwɔ̄ ni Krǐstò, wɛ̀ɛ dì nhēmlɛ lɛ ɓés nì nyɛ dì ganìŋ ki lòŋ, ⁹ lakìi dì ńyī lɛ, tùglànà Krǐstò à tùglana ī kède ɓàwɔga à tà ha ɓe lɛ à wɔ; nyɛ̀mb ì kèhi hā ɓe nyɛ ŋgìi kìkìi ŋwɛ̆t. ¹⁰ Inyǔlē nyɛ̆mb à wɔ, à wel yɔ i pès ɓeba ŋgèlè yàda inyùu yōsonā; ndi nìŋ à nnìŋ hanânɔ, à nnìŋil ndigi yɔ̄ i pès Nyāmbê. ¹¹ Halā nī nyen yàk ɓèè, aŋa ɓèèɓɔmèdɛ kìkìi ɓàwɔga i pès ɓeba, ndi ɓayomi i pès Nyāmbɛ ī Yēsù Krǐstò Ŋwɛ̀t wês.

¹² Jɔn ɓēba i ànɛ ha ɓáŋ ī kède mànyùù manânɛ ma ŋ́wɔ̄, lɛ nì noglàk mìnheŋa ŋwap. ¹³ Nì sèmel ɓáŋ kì tɔ̀ ɓeba bìjò binân kìkìi bìjòl bi ŋgitēlɛèbsep, ndi sèmlana ndīgi Nyāmbɛ ɓèèɓɔmèdɛ wěŋgɔ̀ŋlɛ ɓayōmi lɛ ɓa ntugē i kède ɓàwɔga, yàk nì bìjò binân i pès Nyāmbɛ kìkìi bìjòl bi tɛlɛèbsep. ¹⁴ Inyǔlē ɓeba i gakàhap ɓe ɓee ŋgìi kìkìi ŋwɛ̆t, inyǔlē nì tà yaga ɓe i sī mbēn, ndik ī sī kàrîs.

Mìŋkɔ̀l mi tɛlɛ̂bsep

¹⁵ Kiyɔ? Ɓàà di ɓɔŋɔ̄k nī ɓeba, lakìi dì tà ɓe i sī mbēn, ndik ī sī kàrîs? Ɓààloŋɛ! ¹⁶ Ɓàa nì ńyī ɓe lɛ, sèm nì nsèm ɓeeɓɔmèdɛ yak mùt kìkìi mìŋkɔ̀l i nōgoòl nye, wɛ̀ɛ nì yɛ ndik mìŋkɔ̀l mi mùt nì nnōgoòl; tɔ̀ mi ɓeba inyùu nyɛ̆mb, tɔ̀ mi manoglà inyùu tēlɛèbsep. ¹⁷ Ndi màyègà ma ɓa nì Nyāmbɛ lē ŋgèdà nì ɓènɛ mìŋkɔ̀l mi ɓeba nì binōgol ni ǹem ndòŋ maeba i bitīna ɓee; ¹⁸ ndi lakìi à bitìmbis ɓee ǹgwelês i pès ɓeba, wɛ̀ɛ nì biyìla miŋkɔ̀l mi tɛlɛ̂bsep. ¹⁹ Ŋgɔ mè mpɔ̄t halā kǐŋgèdà bìlem bi ɓót inyùu ɓɔ̀mb minsòn minân.

Inyŭlē, kìkìi nì bisɛ̀m bìjò binân lɛ bi yilā mìŋkɔ̀l mi nyɛgā nì mi liyànmben lɛ ni yán mbēn, halā kì nyɛn hānaânɔ sɛ̀ma bìjò binân lɛ bi yilā mìŋkɔ̀l mi tɛlêbsep lɛ ni pubha. ²⁰ Inyŭlē ŋgèdà nì ɓênè mìŋkɔ̀l mi ɓeba, hanyēn nì ɓeè ɓe nì gwèe jàm nì tɛlêbsep. ²¹ Jɔn nì ɓeè nì gwèe kīnjē màtam, ha ŋgèdà ì, mu màm ma ŋ́wēha ɓee nyùu hanânɔ? Inyŭlē lìsuk li màm mâ li ye ndīk nyɛ̀mb. ²² Ndi hanânɔ ni, lakìi nì bitɛ̀mb ŋgwelês i pès ɓeba, nì yilā ki mìŋkɔ̀l mi Nyambê, wɛ̀ɛ nì gwèe màtam manân inyùu pūbhà, ndi lìsuk li ye nìŋ ɓɔgā. ²³ Inyŭlē ǹsaâ ɓeba u ye nyɛ̀mb, ndi lìkèblà li karĩs li Nyambɛ lī ye nìŋ ɓɔgā i Krĩstò Yesù Ŋwèt wês.

7

Lìɓii kìkìi yìmbnɛ kundè mùt Krĩstò inyùu mbēn

¹ Tɔ̀ɔ nì ńyī ɓēe, à lôgtatā, lɛ mben ì kèhi mùt i ŋgìi kìkìi ŋwèt nôm yee yɔsonā? [Ŋgɔ mè mpōdos ɓoòt ɓa ńyī mben] ² Inyŭlē mùdàa à gwèe ǹlom, mben ì ŋkàŋ nyɛ nì ǹlo wèè ǹtel ǹlom à yìi ī nɔ̀m; ndi iɓālē ǹlom à ŋ̀wɔ, wɛ̀ɛ à ǹhɔ́hla ni mbēn ì ɓe kàŋ nyɛ nì ǹlom. ³ Jɔn iɓālē mùdàa à ŋ̀at nyɛmɛdɛ ni mùùnlom nûmpɛ ŋgèdà ǹlom à yìi nɔ̀m, wɛ̀ɛ à gasèblana lɛ mùdàa ndèŋg; ndi i ɓā kì lɛ ǹlom à ŋ̀wɔ, wɛ̀ɛ à ǹyila kundè nì mben ì, lɛ ndi à ɓa ɓâŋ mùdàa ndèŋg i ŋgèdà à ŋ̀at nyɛmɛdɛ ni mùùnlom nûmpɛ. ⁴ Halā nī nyɛn, à lôgtatà, yàk ɓèe nì biwɔ̄ i pès mben inyùu nyùu Krĩstò, lɛ ni ádɓa nì nûmpɛ; nyɛn à yè nu à tùglana ī kède ɓàwɔga, lɛ ndi di numul Nyāmbɛ màtam. ⁵ Inyŭlē ŋgèdà dì ɓênè i sī ànɛ̀ minsòn, ha nī nyɛn bìsòmblɛ inyùu ɓɔ̀ŋ ɓeba bi bī nlòl inyùu mbēn bi ɓē nyaàŋglà i kède bìjò gwes, lɛ di numul nyɛ̀mb matam. ⁶ Ndi hanânɔ dì m̀mâl hɔɔ̄hla ni mbēn ì, wɔ dì biwɔ̄ i pès jâm li ɓeè li gwèē ɓès mamɔ̀k; halā nyēn dì ŋgwèlel nyɛ i sī lìɓâk li yɔndɔ li Mbuu, ndi hà i sī ǹlòmbi lìɓâk li litìlà ɓee.

Ɓeba i ńyèn i kède mùt i ntèèŋgànà

⁷ Halā wɛ̀ɛ dì gakàl ni laa? Lɛ mben yɔn ì yè ɓeba? Ɓààloŋe! Ndigi lē mè ɓak ɓe mɛ lē mè yi ɓeba hàndugi inyùu mbēn. Inyŭlē mè ɓak ɓe mɛ lē mè yi tam hàndugi lɛ mben ì kâl mɛ lē, Ù tamak ɓâŋ.ⁱ ⁸ Ndi kìi ɓēba i nleēbna njɛɛl mu lìtìŋ, i nyaŋgàl ndoòŋ tam yɔsonā i kède yêm; inyŭlē iɓaɓe mben, ki ɓēba i ye wɔga. ⁹ Ŋgɔ mèmède mè ɓe nîŋ yaga ŋgèdà bìsu iɓaɓe mben; ndi kìi lìtìŋ li yīk lɔɔ, ɓeba i tugè, nì mè mɛ̀ wɔ. ¹⁰ Ndi lìtìŋ li tīna īnyùu nìŋ, jɔ yaga jɔn mè bilèɓa lɛ li yìla inyùu nyɛ̀mb. ¹¹ Inyŭlē kìkìi ɓēba i lèɓna njèl mu lìtìŋ, i bìlɔ̀k mê, i nɔl ki mè nì jɔ. ¹² Halā nī nyɛn mbēn ì yè pubhaga, yàk lìtìŋ li ye lìpubhaga, li tee sēp, li ye kì lɔŋɛ̄. ¹³ Ɓàà ndi lɔŋɛ jâm ini yɔn i bihyɛlɓana mɛ nyɛ̀mb? Ɓààloŋe! Ndi lɛ ɓeba i yɛli lē i ye ɓēba, i bipēmhɛnɛ mɛ nyɛ̀mb munu i kède lɔ̄ŋɛ jâm ini, lɛ ndi lìtìŋ li yɛlɛl ɓēba lɛ i ye tɔ̄y ɓalòòhaga ɓeba.

ⁱRom 7: 7 Màn 20: 17

¹⁴ Inyŭlē dì ńyī lɛ mben ì yɛ jàm li mbuu, ndi mɛ̀ mɛ̀ yɛ ndik yɔ̌m minsòn, ɓàsɛ̀mga i sī ɓēba. ¹⁵ Ŋgɔ jàm mɛ̀ mɓɔ̌ŋ, mɛ̀ ńyī ɓe me jɔ̌; inyŭlē hà jàm mɛ̀ mɛ̀ ŋgwēs ɓɔɔ̀ŋ ɓe jon mɛ̀ yèe mɛ̀ mɓɔ̌ŋ; ndik lī yāga mɛ̀ ŋɔ̀ɔ, jon mɛ̀ mɓɔ̌ŋ. ¹⁶ Ndi i ɓā nī lɛ jàm mɛ̀ ŋgwēs ɓe me ɓɔ̌ŋ jon mɛ̀ mɓɔ̌ŋ, wɛ̀ɛ mɛ̀ ŋkɛ̀mhɛ lɛ mben ì yɛ lɔŋgɛ̂. ¹⁷ Ndi hanânɔ ni, hà mɛ̀ ɓe me nyēn mɛ̀ mɓɔ̌ŋ jɔ, ndik ɓēba i ńyēn i kède yêm. ¹⁸ Ŋgɔ mɛ̀ ńyī lɛ lɔŋgɛ jàm i ńyēn ɓe i kède yêm, halā à yɛ lɛ i kède mìnsòn ŋwêm. Inyŭlē mɛ̀ yɛ lɛ mɛ̀ gwes i ɓɔ̌ŋ lɔŋgê, ndi lɛ me yonos yɔ̄, mɛ̀ nlà ɓe mê. ¹⁹ Inyŭlē lɔŋgɛ jàm mɛ̀ ŋgwēs ɓɔɔ̀ŋ, hà yɔ ɓe yɔn mɛ̀ mɓɔ̌ŋ. Ndi jàm lìɓɛ mɛ̀ ŋgwēs ɓe me ɓɔ̌ŋ jon mɛ̀ ɓɔ̌ŋɔ̀k ndigî. ²⁰ Ndi i ɓā kì lɛ jàm mɛ̀ ŋgwēs ɓe me ɓɔ̌ŋ jon mɛ̀ mɓɔ̌ŋ, wɛ̀ɛ halā à tà ha ɓe liɓɔ̌ŋɔ̀k jêm mɛ̀mɛ̀dɛ, ndik lī ɓeba i ī ńyēn i kède yêm. ²¹ Wɛ̀ɛ mɛ̀ nlɛ̀ba ni mbēn ìni lɛ, tɔ̀ lakìi mɛ̀ ŋgwēs ɓɔɔ̌ŋ lɔŋgɛɛ̀, ɓeba yɔ i mɓɛ̀mɓɛ me hà. ²² Inyŭlē mben Nyāmbɛ ì nlēmel me kǐŋgèdà mùt kède, ²³ ndi mɛ̀ ntēhɛ yaā ndoòŋ mben ìpɛ i kède bìjò gwêm, yɔ̌n i njɔs yaga mben ì nlɔ̀l mahɔ̀ŋɔ̀ɔ̀l mêm, ì ŋgwèl ki mɛ̀ ŋ̀kom, lɛ me ɓa ī sī mbēn ɓēba ì ì yìi i kède bìjò gwêm. ²⁴ Yɔɔ̂', à me mùt mɛ̀ ɓɛ̀ŋi! Ǹjɛɛ à gatɔ̄hɔl me nì nyùu nyɛ̀mb ìni? ²⁵ Màyɛ̀gà ma ɓa nì Nyambɛ inyùu Yēsù Krǐstò, Ŋwèt wês! Jon mɛ̀mɛ̀dɛ i kède màhɔŋɔ̂l mɛ̀ ŋgwɛ̀lɛl yaga mben Nyāmbɛɛ̀, ndi i kède mìnsòn mɛ̀ gwèèlàk mben ɓēba.

8

Nìŋ i kède Mbūu

¹ Halā nī nyɛn mbàgi nōgoòs ì tà ha ɓe hanânɔ inyùu ɓòt ɓa ye ī Krǐstò Yesù, ɓa ɓā nhyūmuùl hà kǐŋgèdà mìnsòn ɓee, ndi kǐŋgèdà Mbuu. ² Inyŭlē mben Mbūu nììŋ i Krǐstò Yesù yɔ̌n ì bitìmbis yaga me ŋgwelês i pès mben ɓēba nì nyɛ̀mb. ³ Inyŭlē jàm mben ì làa ɓē ɓɔɔ̀ŋ, lakìi mìnsòn mi ɓòmbos yɔ̀, jɔ yaga jɔn Nyāmbɛ à ɓɔ̌ŋ ī ɔ̌m à ɔm hìsìŋgisìŋgi hyɛɛ Man i pònà mìnsòn mi ɓeba, nì inyùu ɓēba. Ha nī nyɛn à pɛmhɛnɛ ɓēba mbàgi nōgoòs i kède mìnsòn, ⁴ lɛ ndi jàm mben ì ɓa sombòl li yɔn ī kède yês, ɓɛ̀s ɓa dì nhyōm ɓe kǐŋgèdà mìnsòn, ndik kǐŋgèdà Mbuu. ⁵ Inyŭlē ɓa ɓā ye ī sī ànɛ̀ minsòn ɓa ntòŋ ndigi nì màm ma minsòn; ndi ɓa ɓā ye ī sī ànɛ̀ Mbuu ɓa ntòŋ ni màm ma Mbuu. ⁶ Ŋgɔ ndùŋa mìnsòn ì yɛ nyɛ̀mb, ndi ndùŋa Mbuu ì yɛ nìŋ nì ǹsàŋ. ⁷ Inyŭlē ndùŋa mìnsòn ì yɛ òa ni Nyāmbɛɛ̀, lakìi ì nsùhus ɓe yɔmèdɛ i sī mbēn Nyāmbɛɛ̀, ì tà ɓe ki tɔ̀ lɛ ì lâ; ⁸ ndi ɓa ɓā ye ī sī ànɛ̀ minsòn ɓa nlà ɓe lemel Nyambê. ⁹ Ndi ɓèe nì tà ɓe i sī ànɛ̀ minsòn, ndik ī sī ànɛ̀ Mbuu, iɓālē i ye tɔ̄y lɛ Mbuu Nyambɛ à ńyɛn i kède nàn. Ndi iɓālē mùt à gwèe ɓē Mbuu Kriǐstò, wɛ̀ɛ à tà ɓe ìwèe. ¹⁰ Ndi iɓālē Krǐstò à yɛ i kède nàn, wɛ̀ɛ nyùu ì yɛ wɔga inyùu ɓēba, ndi mbuu wɔn u ye nìŋ inyùu tēlɛɛ̀bsep. ¹¹ Ndi iɓālē Mbuu u nu à tùgul Yēsù i kède ɓàwɔga à ńyɛn i kède nàn, wɛ̀ɛ nū à tùgul Krǐstò i kède ɓàwɔga à ganìŋis yâk mànyùù manân ma mā ńwɔ̄, inyùu Mbūu wee nu à ńyɛn i kède nàn.

¹² Jɔ ni jon, à lôgtatà, dì gwèe yāga pil, ndi hà nì mìnsòn ɓee, lɛ di niŋìl ī sī ànɛ̀ minsòn. ¹³ Inyŭlē iɓālē nì nnìŋil i sī ànɛ̀ minsòn, wɛ̀ɛ nì ǹlama wɔ; ndi iɓālē nì ǹnɔl dipa di nyuu nì ŋgùy Mbuu, wɛ̀ɛ nì ganǐŋ. ¹⁴ Inyŭlē

ɓɔɓasonā Mbūu Nyambɛ à ŋēgaà, ɓɔn ɓa ye ɓɔ̌n ɓa Nyambê. ¹⁵ Inyǔlē nì bikòs ɓe mbuu u ɓā mìŋkɔ̀l lɛ ni tímba kɔ̀n wɔŋi; ndi nì bikòs Mbuu u ŋgwalâgɓêl, mu nyēn dì nlōndol lɛ, À Abà, Tàtâ. ʲ ¹⁶ Mbuu nyɛmɛ̀dɛ à mɓɔ̌k nlèlèm mbogī kìkìi mìmbuu ŋwes lɛ dì yè ɓɔ̌n ɓa Nyambê. ¹⁷ Ndi iɓālē dì yè ɓɔ̌n, wɛ̀ɛ dì yè kì ɓàkàdɓum, ɓàkàdɓum Nyambɛ yāga, ɓàsɔ ɓa ɓakàdɓum ni Krǐstò, iɓālē dì nsōnha njɔnɔk lòŋ, lɛ ndi di kôs kì lìpem lòŋnì nyɛ.

¹⁸ Ŋgɔ mɛ̀ ńyìmbɛ lɛ, dì tà ɓe lɛ dì hɛ̌k njɔnɔk yɔ̀sonā dì gwèe lɛ̌n ìni wěŋgɔ̀ŋlɛ ì yè lɛ ì kɔlā ni lìpem li gasɔɔlana ɓes. ¹⁹ Inyǔlē bìhègel bi nsēgi yaga miŋem i ŋgìi, bi yegi ndīgi ī ɓɛ̀m màsɔɔlà ma ɓɔn ɓa Nyambê. ²⁰ Inyǔlē bìhègel bi sùhlana ī ɓā yàŋgà, ndi hà inyùu gwès yap ɓee, ndik īnyùu nū à sùhus gwō halā, à ti ki gwō ɓɔ̌dŋɛm, ²¹ lɛ yàk bìhègel gwɔmɛ̀dɛ ki bī gatɛmb ŋgwelês lɛ bi ɓā ɓaāŋ ī sī ànɛ̀ kìkìi mìŋkɔ̀l inyùu cībaà, ndi bi ɓa ŋgwelês i kède lìpem kìkìi ɓɔ̌n ɓa Nyambê. ²² Inyǔlē dì ńyī lɛ, lɛtɛ̀ɛ nì lɛ̌n ìni bìhègel gwɔbisonā bi ŋùmndɛ ŋgêm yàda, bi kôgàgà kì. ²³ Ndi hà ndik gwɔ̄tāma ɓee; ŋgɔ yàk ɓès kî, ɓès ɓa dì gwèe màtam ma bisu * ma Mbuu, ɓès ɓɔmɛ̀dɛ yaga dì ŋùmndɛnɛ nyɔ̄ mùt kède, dì yegi ndīgi ī ɓɛ̀m tɛl yes ŋgwalâgɓêl, halā à yè lɛ kɔ̀blà manyùù mes. ²⁴ Inyǔlē dì bitōhlana mu ɓɔ̌dŋɛm. Ndi ɓɔdŋɛm mùt à ntēhɛ ni mǐs, halā à tà ɓe ɓɔdŋɛm; inyǔlē jàm mùt à ntēhɛ ni mǐs, inyǔkī à ŋgi ɓodlàk jɔ ŋ̀em? ²⁵ Ndi iɓālē dì mɓōdol jaàm dì ntēhɛ ɓe ni mìs ŋem, wɛ̀ɛ dì yegi ndīgi ī ɓɛ̀m jɔ nì honɓà yɔsonā.

²⁶ Ndi halā kì nyɛn yàk Mbuu à nhōla ɓɔɔmb yes, inyǔlē dì ńyī ɓe i yɔ̌m dì kòli ɓàt i ŋgɛ̀dà dì nsɔɔhɛ̀. Ndi Mbuu nyɛmɛ̀dɛ à mpōdol ɓes nì mìŋùmndɛ̀ mi ńyīna ɓe biɓàŋga. ²⁷ Ndi Ŋ̀wànmìŋem à ńyī kinjē màhɔŋɔ̀l Mbuu à gwèe, lɛ nyɛn à mpōdol ɓapūbhaga kǐŋgɛ̀dà sòmbòl Nyambê.

Kɔ̀mɔ̀l yes i ye ɓàlàl ɓa ndambà

²⁸ Ndi dì ńyī ki lē, màm mɔmasonā ma mɓɔ̀ŋ nsɔn lòŋ yada inyùu lɔ̄ŋgɛ ī ɓoòt ɓa ŋgwēs Nyambɛɛ̀, halā à yè lɛ ɓa ɓā nseēblana kǐŋgɛ̀dà ŋgòòbà yèe. ²⁹ Inyǔlē ɓa à ɓǒk yī, ɓɔ ki ɓɔ̄n à tee bīsū bi ŋgɛ̀dà lɛ ɓa yilā ǹlèlèm ponà kìkìi Màn weè, lɛ a ɓa yāga mɓòggwee ī kède ŋgàndàk lògisāŋ. ³⁰ Ndi ɓa à tee bīsū bi ŋgɛ̀dà, ɓɔ ki ɓɔ̄n à sèbel; nì ɓa à sèbel, ɓɔ ki ɓɔ̄n à kǎl lē ɓa tee sēp, ɓɔ ki ɓɔ̄n à ti lìpem.

³¹ Jɔn dì gakàl ni laa inyùu màm mana? Iɓālē Nyambɛ à yè ŋgàm yês, wɛ̀ɛ ǹjɛɛ à kòli kɔ̀lɓa ɓes? ³² Nu à ɓaŋal ɓē hisìŋgisìŋgi hyee Man, ndi à sɛ̌m ndīgi nyē inyùu ɓèhɓɔɓasonā, lɛla ni à gatī ɓe ki ɓès màm

---

ʲ **Rom 8: 15** Mar 14: 36; Gàl 4: 6
* **Rom 8: 23** Màtam ma bisu: Mǎn Lòk Yudà à ɓa lɔnà bìjɛk à ɓa ɓôk ɓùmbùl, i tī gwō Nyāmbɛɛ̀; Màn 34: 26; ŊB 15: 20; Rom 11: 16. Màlombla ma Yɔndɔ ma ŋgwèlel ɓàŋga ini inyùu Mbūu M̀pubi i kède ŋ̀em u nhemlɛ̀ kìkìi ɓān: Rom 8: 23; nì lɛ, inyùu ɓòt ɓa mɓòk hyɛ́lɓa pɛɛs mbɔk yada: Rom 16: 5; yàk inyùu Yēsù nyɛmɛ̀dɛ: 1Kɔ̀r 15: 20, 23

mɔmasonā lòŋnì nyɛ? ³³ Ǹjɛɛ à gacāk mintɛɓɛɛk mi Nyambɛ jàm? Nyambɛ nyēn à ŋkàl lɛ mùt à tee sēp. ³⁴ Wɛɛ ǹjɛɛ à mpēmhɛnɛ ni ɓɔ mbàgi nōgoòs? Krǐstò Yesù nyɛn à wɔ; ndi ìlɔ̀ɔ kì halà à tùglana ī kède ɓawɔga, nyɛn à yìi ī wɔ̀ɔ waalōm Nyambɛɛ̀, nyɛ ki nyēn à mpōdol ɓes. ³⁵ Wɛɛ ǹjɛɛ à gaɓāgal ni ɓes nì gweha ī Kriǐstò? Ɓàà njiihà, tɔ̀ bìkùù, tɔ̀ ndèèŋgà, tɔ̀ hìmàla hi njâl, tɔ̀ lìyɛp li mbɔt, tɔ̀ ciɓâ, tɔ̀ pànsɔ̀ŋ? ³⁶ Kìkìì i ye ǹtǐlɓàgà lɛ, Ɓa nnōlol ɓes inyùù yɔ̀ŋ ŋkom kɛl, Dì biēŋa yàà wěŋɔ̀ŋlɛ mìntomba lɛ ɓa ŋkɛ̀ i nɔ̄l.ᵏ ³⁷ Ndi i kède màm mana mɔmasonā kɔ̀mɔ̀l yes i ye ɓàlàl ɓa ndambà inyùu nū à gwes ɓès. ³⁸ Inyǔlē mɛ̀ ńyī tɔy lɛ tɔ̀ nyɛ̀mb ì galà ɓe ɓagal ɓes nì gweha Nyāmbɛ ī i ye ī Krǐstò Yesù Ŋwèt wês, tɔ̀ nìŋ, tɔ̀ aŋgɛ̀l, tɔ̀ ɓà-ànɛ̀, tɔ̀ màm ma ye hānaànɔ, tɔ̀ ma mā galɔ̀ɔ, tɔ̀ mìmpemba, ³⁹ tɔ̀ ŋgìi, tɔ̀ ndip, tɔ̀ kinjē ndòŋ hègel ìpɛ.

9

Tɛp Nyāmbɛ à tɛp Ĭsrǎèl

¹ Mè mpɔ̄t maliga i Krǐstò, mè ntēmbɛɛ̀ ɓe mê, lakìi kīŋǹem yêm ì mɓɔ̀k nlèlèm mbogī kìkìi mɛ i kède Mɓūu Ḿpubi; ² mè gwèe ndùdù kɛŋi, njòghɛ̀ ǹem wêm ì ntī ɓe mɛ hɔ̀gɓɛ̀. ³ Ŋgɔ̀ mè ɓak lɛ mè gwes lɛ mèmède mè ɓa ntǐhègè, mè ɓagla ni Krǐstò inyùu lògtatā yêm, lìhàà jêm kǐŋgèdà mìnsòn. ⁴ Ɓɔn ɓa ye Ĭsrǎèl, ɓɔn ɓa gweē tēl ŋgwalaàgɓêl, nì lìpem, nì màlombla, nì mben, nì ǹsɔn biɓegês, nì màkàk. ⁵ Ɓɔn ɓàsogol ɓa ye iɓap; yàk Krǐstò à lǒl ɓɔ̄nī kǐŋgèdà mìnsòn, nu à kèhi màm mɔmasonā ŋgìi, Nyambɛ ā ɓa ǹsǎyɓàk i ɓɔ̀ga ni ɓɔ̀ga. Àamèn.

⁶ Ndi halā à tà ɓe wěŋɔ̀ŋlɛ ɓàŋga Nyambɛ ī ŋkwɔ tūā, inyǔlē hà ɓɔ̀n ɓa Isrǎèl ɓɔ̀ɓasonā ɓe ɓɔn ɓa ye Lòk Isrǎèl. ⁷ Ɓɔ̀ɓasonā ɓa ta ɓē ki tɔ̀ ɓɔ̀n ɓa Abràhâm inyǔlē ɓa ye mɓōo yeē; ndik lē, Yak Ĭsàk nyɛn mɓōo yɔɔ̄ŋ ì gasèblana.ˡ ⁸ Halā à yè lɛ, hà ɓɔ̀n ɓa minsòn ɓe ɓɔn ɓa ye ɓɔ̀n ɓa Nyambê, ndik ɓɔ̀n ɓa nlòl likàk ɓɔn ɓa ŋēŋa kìkìi mɓōo. ⁹ Inyǔlē ini i ye ɓàŋga i likàk lɛ, Mè galɔ̀ nyà ŋgèdà ìni, ndi Sàara à gaɓāna man mùùnlom.ᵐ ¹⁰ Ndi hà halā nyētāma ɓee, i ɓɔ̀ŋa kì halā nì Rèbekà, nu à yɔ̀ŋ jèm ni mùt wàda lɛ Isàk, tàta wès. ¹¹ Inyǔlē, tɔ̀ lakìi ɓɔ̀n ɓa ɓā ŋgì gweê, tɔ̀ ŋgì ɓɔ̀n lɔŋgê tɔ̀ ɓeba, ndigi lē ŋgòòɓà Nyambɛ à kòòba ī tēp ɓòt i kè bisū, hà inyùu mìnsɔn ɓee, ndik īnyùu nū à ǹsebɛ̀l, ¹² i kèla nyē lɛ, Nu bìsu à gagwèlel nu mɓūs.ⁿ ¹³ Kìkìì i ye ǹtǐlɓàgà lɛ, Mè bigwēs Yakòb, mɛ̀ ɔɔ̄ Esàù.ᵒ

¹⁴ Halā wɛɛ dì gakàl ni laa? Ɓàa ŋgìtɛlêbsep ì yè yak Nyāmbɛɛ̀? Ɓàaloŋe! ¹⁵ Inyǔlē à ŋkàl Mosè lɛ, Mè gakɔ̀n mût ŋgɔɔ, nu mè ŋgwēs kɔɔ̀n ŋgɔɔ, mè gatòŋ ki nì mùt nu mè ŋgwēs toòŋ.ᵖ ¹⁶ Jɔn i tanè ni ɓe inyùu sòmɓòl mût nyɛmède, tɔ̀ inyùu nū à nlìgìp, ndik īnyùu Nyāmbɛ nū à ŋkɔ̀na ŋgɔɔ. ¹⁷ Inyǔlē Lìtìlà li ŋkàl Farāò lɛ, Inyùu jàm lini jɔn mè bikōyi yaga wɛɛ̀, lɛ mɛ undā lìpemba jêm inyùù yɔ̀ŋ, nì lɛ jòy jêm

---

ᵏ**Rom 8: 36** Hyèm 44: 23
ˡ**Rom 9: 7** Bìɓ 21: 12
ᵐ**Rom 9: 9** Bìɓ 18: 10
ⁿ**Rom 9: 12** Bìɓ 25: 23
ᵒ**Rom 9: 13** Màl 1: 2-3
ᵖ**Rom 9: 15** Màn 33: 19

li aŋlana hīsī hyɔsonā. ᵠ ¹⁸ Jɔn mùt à ŋgwēs kɔɔ̄n ŋgɔɔ, à ŋkɔ̀n nyɛ ŋgɔ̄ɔ, à neyhàk kì nu à nsòmbol neyês. ¹⁹ Jɔn ù gakàl ni mɛ lē, inyŭkī à ŋgi omgà mìnsɔ̀hi? Ǹjɛɛ à ŋkèdɓa sombòl yee? ²⁰ Yaâ', à wɛ mùt bìnàm, wɛ ǹjɛɛ ù mpèèna ni Nyāmbɛɛ̀? Ɓàa yɔ̀m i mebà i ye lē i kâl muùt à m̀ma yɔ̄ lɛ, Inyŭkī ù biùŋgus mɛ hāana? ʳ ²¹ Ɓàa ndòmlɛ m̀mà dìɓɛɛ à gwèe yàà ɓe kundè nì tèk limà, kàyèlɛ munu nlèlèm liɓɔmb unu a yɔ́ŋ jògà i mèl yɔ̀m ndap i gaɓɔ̀ŋ nsɔn lipem, nì jògà lìpɛ kî yɔ̀m ndap inyùu yàŋgà nsɔn? ²² Wɛ̀ɛ dī kaāl lāa, iɓālē Nyambɛɛ̀, lakìi à ɓa sombòl ɓàmbal hiun hyee nì eba kì ŋgùy yèe, à honɓa ndīgi gwɔ̀m bi hiun hyee nì ŋgàndàk wɔŋgut, gwɔn bi hèga īnyùu cībaà; ²³ nì lɛ a eba gwɔ̌m à ŋkɔ̀n ŋgɔɔ lìŋgwàŋ li lipem jee, bi à kòòba bīsū bi ŋgedà inyùu lìpem? ²⁴ Ŋgɔ ɓès ɓɔn à sèbel, ɓès yaga, ndi dì nlòl ɓe i kède Lòk Yudà yɔtāma, ndi yàk nì i kède bìlɔ̀ŋ bìpɛ. ²⁵ Kìkìi à ŋkàl ki ī kède kààt Hòseà lɛ,

Ɓa ɓā ɓeè ɓe ɓôt ɓêm
mè gasèbel ɓɔ lɛ, ɓòt
ɓêm,
Yàk mùdàà nu mè ɓe
gwês yaga ɓe mê, mè
gasèbel nyɛ lɛ, gweha
yèm.
Ndi i galēŋa lɛ, hɔma i
kèla ɓɔ̄ lē,
²⁶ Nì tà ɓe ɓôt ɓêm,
Ha nyēn ɓa gasèblana
lɛ, ɓɔ̀n ɓa Nyambɛ nū niŋ. ˢ

²⁷ Ndi Yèsayà à nlɔ̄nd inyùu Īsrăɛ̀l lɛ, Tɔ̄ ǹjaŋga u ɓɔn ɓa Isrăɛ̀l u mɓa ŋgandàk kìkìi lìsɛgɛ̀ li mbaà tuyê, mìnyeglà mi ɓôt ŋwɔn mi gatɔ̄hlana. ²⁸ Inyŭlē à gayōnos nì kidɓàhà ǹsɔn i kède tēlɛɛ̀bsep; inyŭlē Ŋwĕt à gaɓɔ̀ŋ hikidgà nsɔn hana hisī ᵗ ²⁹ Nì kìkìi Yèsayà à ɓōk pɔ̄t lɛ,
Hànduk lɛ Ŋwĕt mintoŋ
mi gwēt à yiglɛ ɓes
mbōo,
Ki dì ɓak lɛ dì yilā kìkìi
Sōdòm, dì ponā
Gomōrà. ᵘ

Isrăɛ̀l nì Ŋwìn Ǹlam

³⁰ Halā wèɛ dì gakàl ni laa? Ndigi lē, bìlɔŋ bìpɛ, bi bī ɓā ligìp ɓe inyùu tēlɛɛ̀bsep, bi kōbda tēlɛɛ̀bsep, halā à ye lɛ telèbsep i nlòl i hēmlɛ̀. ³¹ Ndi Isrăɛ̀l, ì ì ɓa ligìp nì mben tēlɛɛ̀bsep, yɔ̀n ì pam ɓēe i yōnoòs mben ì. ³² Inyŭkī? Ndik īnyŭlē ɓa yeŋ ɓē yɔ nì njèl hēmlɛ̀, ndik nì ì mìnsɔn mi mben. Ba ɓààge ŋgɔ̀k ɓààgènɛ̀, ³³ kìkìi i ye ǹtĭlɓàgà lɛ,
Nùnakì, mè nsùmɛ ŋgɔ̂k ɓààgènɛ̀ i Sīòn, *
yàk nì màmb ŋgɔ̂k u ɓômndànà; ndi nu à nhēmlɛ nyɛ à gakòs ɓe wɔnyuu.

10

¹ À lôgtatà, jàm ǹɛm wêm u ŋgwês, nì li mè ǹyèmhɛ Nyambɛ īnyùù yáp, li ye ndīgi lē ɓa tɔhlana. ² Inyŭlē mè

ᵠ**Rom 9: 17** Màn 9: 16
ʳ**Rom 9: 20** Yès 45: 9
ˢ**Rom 9: 26** Hòs 2: 1; 25: 1
ᵗ**Rom 9: 28** Yès 10: 22-23
ᵘ**Rom 9: 29** Yès 1: 9

*__Rom 9: 33__ Sīòn: ǹlòmbi joy inyùu hìkòa hi ye lē Yèrusàlèm ì oŋna ŋgìì yeē. Jɔn Sīòn nì Yèrusàlèm ɓa ye yɔ̀m yada.

mbògol ɓɔ mbògi lɛ, ɓa nlìgip yaga inyùu Nyāmbeè, ndi ɓàŋga yī yɔ̌n ì tà ɓee. ³Inyŭlē, lakìì ɓa ń́yī ɓe tɛlɛèbsep i Nyambê, ndi ɓa hiŋîk ndigi ī tēe yāp yāp ɓɔmèdɛ, weè ɓa sùhus ɓē ɓɔmèdɛ i sī tēlɛèbsep Nyambê. ⁴Inyŭlē Krǐstò nyɛn à yè lìsugul li mben inyùu tēlɛèbsep i hikìi mùt nu à nhēmlɛ̂.

⁵Inyŭlē Mosè à ntìla lɛ, mùt à mɓɔ̀ŋ mâm ma tee sēp kìkìi mbēn ì ŋkàl, à nnìŋil mukède. ⁶Ndi tɛlɛ̂bsep i nlòl i hēmlɛ i ŋkàl lana lɛ, ù pɔt ɓáŋ i kède ŋ̀ɛm wɔŋ lɛ, ǹjɛɛ à gaɓēt nyɔɔ ŋgìì? Halā à yè lɛ, i sòhnà Krǐstò hana hisī; ⁷tòlɛ, ǹjɛɛ à gasòs nyɔɔ sɔ̀ŋkum? Halā à yè lɛ, i pēmeès Krǐstò i kède ɓàwɔga. ⁸Ndi tɛlɛ̂bsep î i ŋkàl ni laa? Ndigi lē, lìpodol li ye wè ɓèɓeè, li ɓemī wè i nyɔ̀, nì i kède ŋ̀ɛm wɔŋ. Halā à yè lìpodol li hemlɛ li dì ŋāŋaàl. ⁹Inyŭlē iɓālē ù m̀pahal ni nyɔ̀ wɔŋ lɛ Yesù à yè Ŋwēt, ndi ù hemlègè kì nì ŋ̀ɛm wɔŋ lɛ Nyambɛ à tùgul nyē i kède ɓàwɔga, weè ù gatɔ̄hlana. ¹⁰Inyŭlē nì ŋ̀ɛm nyɛn mùt à nhēmlɛnɛ inyùu tēlɛèbsep; nì nyɔ̀ kì nyɛn à mpāhlɛnɛ inyùu tɔ̄hiì. ¹¹Inyŭlē Lìtìlà li ŋkàl lɛ, Mùt à nhēmlɛ nyɛ, à ŋkòs ɓe wɔnyuu. ¹²Inyŭlē lɔ̀à i ta ɓē i pōla mǎn Lòk Yudà nì mǎn Grǐkìà, lakìi ǹlèlèm Ŋwɛt wɔn u ye ŋwɛt i ŋgìi ɓɔɓasonā, à yè kì ŋgwàŋ inyùu ɓɔɓasonā ɓa nlōndol nyɛ. ¹³Inyŭlē, tɔ̀njɛɛ à nlōndol Ŋwɛt à gatɔ̄hlana.

¹⁴Ndi ɓa galōndol la nu ɓā ye ŋgì hemlɛ̂? Ndi ɓa gahēmlɛ la nu ɓā nnɔgɔɔk ɓe inyùù yeē? Ndi ɓa ganɔ̄k laa, ɓɔ ŋgì kòs ŋaŋâl? Ndi ɓà-aŋâl ɓa ga-āŋal laa, ɓɔ ŋgì omâ? ¹⁵Kìkìi i ye ǹtǐlɓàgà lɛ, màkòò ma ɓôt ɓa ŋāŋal Miŋaŋ Mìnlam ma ye màlam kilì! ¹⁶Ndi hà ɓɔɓasonā ɓe ɓɔn ɓa nnōgol Mìŋaŋ Mìnlam. Inyŭlē Yèsayà à ŋkàl lɛ, Ǹjɛɛ à bihēmlɛ màm ma biāŋlana ɓes? ¹⁷Halā nyēn hēmlɛ̀ i nlòl ŋāŋ ɓa nnōk, ndi ŋaŋ ɓa nnōk u nlòl lipōdol li Krīstò. ¹⁸Ndi mɛ mɓàt lɛ, 'Bàà ɓa nnɔk ɓe ŋāŋ uù? Yaâ', Mànɔga māŋɛn? Mbìmbà yăp ì ŋ̀kɛ hīsi hyɔsoò, bìpodol gwap kî bi mpam lisūk li hisi. ¹⁹Ndi mɛ mɓàt ni lɛ, 'Bàà Israɛ̌l à ɓa yi ɓēe? Bisū bìsu Mosè à kǎl lē, Mɛ̀ ganyàŋgal ɓee nì lɔ̀ŋ gwɔma bī ɓoòt lɛ ni sɔ̀ŋ mɛ̀, mɛ nudha kì ɓeè liyɔt nì lɔ̀ŋ ditèègè di ɓôt. ²⁰Ndi Yèsayà à mpɔ̄t ni ŋ̀ɛm los lɛ, 'Bòt ɓa ɓā ń́yēŋ ɓe meɛ ɓɔn ɓa ye ɓàlèbga mê, ɓa ɓā biɓàt ɓe mɛ màm mɛ nɛnɛ i ɓɔ̄nī. ²¹Ndi inyùu Īsrâɛl à ŋkàl lɛ, Mɛ̀ lɛk ɓɔ̄ mɔ̀ɔ ŋ̀kom kɛl wɔnsonā, ɓòt ɓa ndɔk nì ɓa minlèdɛk mi miŋɛm.

11

Mìǹyeglà mi ɓôt i kède Īsrăɛl

¹ Jɔn mɛ mɓàt ni lɛ, 'Bàà halā wēɛ Nyāmbɛ à ǹcoo tɔy ɓôt ɓee? 'Bààlɔŋe! Ŋgɔ yàk mèmèdɛ mɛ yè mǎn Īsrâɛl, mboo Àbràhâm, nì litēn li Bɛnyāmìn. ᵛ ²Nyambɛ à ǹcoôk ɓe ɓôt ɓee à ɓōk yī. Tɔɔ nì ń́yī ɓe jàm Lìtìlà li mpɔ̄t inyùu Èlià, kìkìi à podos Nyāmbɛ lē à ǹcoo Israɛ̌l, nyɛ, ³ À Ŋwɛt, ɓa nnɔl ɓapodôl ɓɔŋ, ɓa ɓok muu mɔŋ ma bisɛ̀sɛmà, mètama nyɛn mɛ̀ ǹyeglɛ̀, ɓa ń́yēŋ ki nìŋ yêm. ʷ ⁴Ndi Nyambɛ à ntìmbhɛ la nyɛ? Mèmèdɛ mɛ ǹyegla dikoo di ɓôt disâmbɔk di dī ŋumlàk ɓe Baàl

---

ᵛ**Rom 11: 1** Fìl 3: 5   ʷ**Rom 11: 3** 1Bìk 19: 10, 14

màɓɔŋ hisí. ˣ ⁵ Jɔn i ye kì halā ŋgèdà ìni hanânɔ lɛ, mìǹyeglà mi ɓôt mi ye kĩŋgèdà lìtɛbêk li karîs. ⁶ Ndi iɓālē i ye ndīgi īnyùu kàrîs, wɛ̀ɛ i tanɛ ha ɓe inyùu mìnsɔn; hɛ̀ halā ɓēe, ki kàrîs ì mɓā ha ɓe karîs. Ndi iɓālē i yenɛ inyùu mìnsɔn, wɛ̀ɛ i ta ɓē inyùu kàrîs; hɛ̀ la ɓēe ki mìnsɔn mi ta hā ɓe minsɔn. ⁷ Ki yɔ? Jàm Isrăɛl à ńyēŋ à màà kǒs ɓe jɔ; ndi mìntɛbêk ŋwɔn mi kǒs jō, ndi à ǹnees ɓa ɓāpɛ mìŋɛm, ⁸ kìkìì i ye ǹtǐlɓàgà lɛ, Nyambɛ à biōmlɛ ɓɔ mbūu bilumndà, à ti ɓɔ mìs lɛ ɓa tēhna ɓaàŋ, yàk nì mào lɛ ɓa nōga ɓaàŋ, lɛtɛ̀ɛ nì bilên. ʸ ⁹ Yàk Davìd à ŋkàl lɛ, Têblè yap i yǐlna ɓɔ̄ kèdi, nì hyàndi, nì mbòŋɛ̀, nì ǹsaâ wap. ¹⁰ Mìs map ma kop jǐɓɛ lɛ ɓa là ɓāŋ tēhnà, kuhi yàk ŋ̀kàk wap kɔŋ ni kōŋ. ᶻ

Tɔhi i bilòŋ bìpɛ

¹¹ Mɛ̀ mɓàt ni lɛ, Ɓàà ɓa ɓààgɛ lē ɓa ɓɛha hīsí? Ɓààlɔŋɛ! Ndigi lē, lakìì ɓa kwɔ̀ɔ, wɛ̀ɛ tōhi ī pēmel bìlɔ̀ŋ bìpɛ, lɛ ndi a nyaŋgāl Isrăɛl, a sōŋ nyē. ¹² Ndi iɓālē kwɔ̀ yap i ye lìŋgwàŋ li ŋkɔ̀ŋ hisi, yàk nyɔy yap kî lìŋgwàŋ li bilòŋ bìpɛ, kinjē ŋgàndàk ìlɔ̀ɔ̀ hâ i yōn ɓa gayōn?

¹³ Ndi mè mpōdos yaga ɓee, ɓòt ɓa bilòŋ bìpɛ. Lakìi mè yè ǹ̀ŋoma nū bìlɔ̀ŋ bìpɛ, mè ntī nsɔn wɛ̀ɛm lìpem; ¹⁴ lɛ tɔ̀ɔ mè yè lɛ mè ǹnyaŋgāl ɓoòt ɓêm ɓa bikɔ̀ɔ bi nyuu inyùu sòŋ mɛ̀, ndi mè tɔhɔl ɓahōgi i kède yâp. ¹⁵ Ŋgɔ iɓālē ŋ̀kɔ̀ŋ hisi ù nlebā saŋglà inyùu lēp à lɛp ɓɔ̄, wɛ̀ɛ lēɛgànà yap i gaɓā laa, ndigi lē nìŋ i mpemel ɓawōga?

¹⁶ Ndi iɓālē ǹleglàk matɔp u ye m̀pubhaga, wɛ̀ɛ ŋgìm lìɓɔ̀hɔ̀ ì yè halà; iɓālē ŋ̀kàŋ wɔ̂k u ye m̀pubhaga, wɛ̀ɛ yàk mìncêp mi ye hālà. ¹⁷ Ndi iɓālē mìncêp mìnhɔgi mi kīda, ndi wè, nu ù ɓeè ɛ olīvè bìkay, ɓa ɓogē we mū hɔ̀ma wâp, ndi ù kòhòk jògà nì mìŋkàŋ mu mānyùŋ ma ŋkàŋ olīvè, ¹⁸ wɛ̀ɛ ù yadap ɓāŋ ī kɔ̀lɓà mìncêp mû. Ndi i ɓā nī lɛ ù ńyādap halà, wɛ̀ɛ ɓìgda lē, hà wè ɓe nyɛn ù ɓèèga ŋ̀kàŋ, ndi ŋ̀kàŋ wɔn u ɓēga wè. ¹⁹ Halā nyēn ù gakàl nì lɛ, mìncêp mi kida lē ndi ɓa ɓogē mè mû. ²⁰ Tòs yaga nû; mi kīda hālā īnyùu ŋgìtɔbhemlè yap, ndi wè ù teenɛ ndīgi hā īnyùu hēmlè yɔŋ. Ù hùmbul ni ɓāŋ nyùu, ndi kɔ̌n yàà wɔŋi. ²¹ Inyǔlē iɓālē Nyambɛ à ɓaŋal ɓē mintīîk mi mincêp, wɛ̀ɛ tɔ̀ wè à gaɓāŋal ɓee. ²² Jɔn nŭn lē lōŋgɛ Nyāmbɛ yàk nì nyay yee. Nyay yee i yenɛ inyùu ɓā ɓā ŋkwɔ̀ɔ; ndi inyùù yôŋ Nyambɛ à yè ndigi lōŋgɛɛ, iɓālē ù tìŋi mū lōŋgɛ yēe. Ndi iɓālē ù tìŋi ɓēe, ki yàk wè ù gakīda. ²³ Ndi yàk ɓa ɓā kīda, Nyambɛ à gaɓōgɛ ɓɔ mû, iɓālē ɓa ntēŋɓe ɓe ni ŋgìtɔbhemlè yap, inyǔlē Nyambɛ à gwèe yāga ŋguùy i tìimbà ɓòge ɓɔ mukède. ²⁴ Ndi iɓālē wè, nu ù kida mūnu ntīîk ɛ olīvè bìkay, ndi ɓa ɓogē we mūnu lōŋgɛ ē olīvè i ī ta ɓē liɓaàk jɔŋ, wɛ̀ɛ kinjē ŋgàndàk ìlɔ̀ɔ̀ hâ ɓa gaɓòge mintīîk mi mincêp munu tìhtìs yăp ē olīvè?

Tììmbà teebà i Isrăɛl

²⁵ Inyǔlē, À lôgtatà, mè nsòmbol ɓe mɛ lē yi i heŋel ɓèè munu jìmb lini,

---

ˣ**Rom 11: 4** 1Ɓìk 19: 18
ʸ**Rom 11: 8** NM 29: 4

ᶻ**Rom 11: 10** Hyèm 69: 23-24

i tiga ɓa lɛ pèk nì gwèe ì ɓa ndigi ì màhɔŋɔ̂l manân, lɛ mìŋɛm mi jogà li Isrǎɛ̀l mi nay, lɛtɛ̀ɛ̀ màjùbul ma bilɔ̀ŋ bìpɛ ma yôn. ²⁶ Ndi ha nī nyɛn Īsrǎɛ̀l yɔ̀sonā ì gatɔ̄hlana; kìkìì i ye ǹtīlɓàgà lɛ, Ǹsòŋɓòt à gapēmel i Sīōn, nyɛn à gahèa liyàn Nyambɛ lī Yakòb. ²⁷ Mana mɔn ma ye màlombla mêm, mɛ̀ nì ɓɔ, ŋgèdà mɛ̀ gahèa biɓeba gwap. ᵃ ²⁸ Kǐŋgèdà Mìŋaŋ Mìnlam ɓa ye ɓā Nyāmbɛ à ŋɔ̀ɔ inyùu nân, ndi kǐŋgèdà lìtɛɓêk ɓa ye ɓāgweha īnyùu ɓɔ̀saŋ ɓap. ²⁹ Inyŭlē Nyambɛ à nhèŋɛl ɓe jâm mu mākèblà mee ma karîs tɔ̀ nsèblà wee. ³⁰ Inyŭlē kìkìi ɓèe nì tɔp ɓē nogol Nyambɛ ŋgèdà bìsu, ndi hanânɔ nì ŋ̀kɔ́s kɔnàŋgɔɔ inyùu ndɔ̄k yaàp, ³¹ halā kì nyɛn yàk ɓɔ ɓa ntɔp ɓe nogol hanânɔ, ŋgèdà ɓèe nì ŋ̀kɔ́s kɔnàŋgɔɔ, lɛ ndi yàk ɓɔ ɓa kɔ́s kɔ̀nàŋgɔɔ. ³² Inyŭlē Nyambɛ à gwěl ɓôt ɓɔ̀ɓasonā mɔ̀k inyùu ndɔ̄k yaàp, lɛ a kɔ́n ɓɔ̄ɓasonā ŋgɔ̀ɔ.

³³ Yoô', ndip kīla lìŋgwàŋ li Nyambɛ lī yeè, nì pèk yèe, yàk nì yi yee! Màtìbil à ntìp mâm mee ma mɓūma ŋaŋ kìỳaga! Tɔ̀ mànjèl mee ma ńyíba ɓe njaàŋ! ³⁴ Inyŭlē ǹjɛɛ à ńyī mahɔŋɔɔ̂l ma Ŋwɛt? Tɔ̀lɛ, ǹjɛɛ à ɓa ǹtipèk wèe? ³⁵ Tɔ̀lɛ ǹjɛɛ nyɛ à ɓǒk, à kebēl nyɛ yɔ̀m, lɛ ndi à yik saâ nyɛ yɔ̄? ³⁶ Inyŭlē màm mɔmasonā ma nlòl i nyēnī, ma hèga kì nì nyɛ, ma yenè ndik īnyùù yeè. Lìpem li ɓa nì nyɛ i ɓɔ̀ga ni ɓɔ̀ga. Àamèn.

12

¹ Jɔn, à lôgtatà, mɛ̀ nsɔ̀ɔhɛnɛ ɓee inyùu kɔ̀nàŋgɔɔ Nyambê, lɛ ni sɛ́m yāga manyùù manân sèsɛmà i yomi, nì pubhaga, nì i ī nlēmel Nyambɛɛ̀, inyŭlē halā nyēn nì ŋgwèlel nyɛ ǹsɔn nì màhɔŋɔ̂l manân. ² Ndi nì pòna ɓâŋ hyày hini, ndi ni hêŋha hèŋhà yɔsonā mu yìlà màhɔŋɔ̂l manân ma ńyìla yɔndɔ, lɛ ndi ni wán ī yī lē sòmbòl Nyambɛ ī ye lɔ̄ŋgɛɛ̀, i nlēmlà, i yoni kì.

³ Inyŭlē mɛ̀ ŋkàl yaga hikìi mùt nyɔ̀ɔ ɓěnī, kǐŋgèdà kàrîs ì tina mɛ̀, lɛ mùt à hɔŋɔl ɓâŋ ŋgàndàk inyùu yeē nyɛmède ìlɔ̀ɔ kìkìi i nsòmbla lɛ a hɔŋɔl, ndigi lē a hɔŋɔl kìkìi mùt à nsùhus nyuu kàyèle à lɛl ɓe ŋwaa Nyāmbɛ à sìgil nyɛ̄ i kède hēmlɛ yee. ⁴ Inyŭlē kìkìi dì gwèe ŋgàndàk bìjò i pɔ̌m nyùù yadā, ndi bìjò gwɔbisonā bi gwee ɓē nlèlèm nsɔn, ⁵ halā kì nì ɓěs, ɓa dì yè ŋgàndàk, dì yè ndik nyùù yadā i Krǐstò, ᵇ ndi i kède yés hikìi mùt à yè ndik jò yada mu ī kède ɓāa ɓape. ⁶ Ndi lakìi màkèblà ma karîs ma nsèlna kǐŋgèdà kàrîs ì tina ɓés, wèɛ tɔ̀ i ɓā yàà lɛ mùt à yè m̀podôl, a pɔdɔk ndīgi kǐŋgèdà ŋwaa u bisìgna nyɛ i kède hēmlɛ yee; ⁷ tɔ̀ i ɓɔ̀ŋ ǹsɔn ntoŋ, wèɛ a ɓɔŋɔ̄k ndīgi ǹsɔn ntoŋ; tɔ̀ nu à nnīigà, a niigaga ndīgiì; ⁸ tɔ̀ nu à nlèdes ɓôt mìŋɛm, a lēdhak ndīgi ɓɔ̄; nu à ŋkàp, a kabāk nì lɔŋgɛ ŋēm; nu à ntēeda ɓoòt, a nyámnda ī ɓɔ̀ŋ halā; nu à ŋkɔ̀na ŋgɔɔ, a kɔ́nga yɔ̀ nì ŋ̀em masee. ᶜ

Màɓehna inyùu nìŋ mût Krǐstò

⁹ Gweha ī ɓā ɓaàŋ nì bìhèŋɓà. Pidɓana jàm li ye lìɓɛ, ndi ni adɓe nì jàm li ye lìlam. ¹⁰ Gweha nân ɓèè ni ɓèe kìkìi lìsaŋ li ɓôt i ɓa yāga gweha ī ŋem nyuu; wàda à ɓògòk ti

---

ᵃ**Rom 11: 27** Yès 59: 20-21
ᵇ**Rom 12: 5** 1Kɔ̀r 12: 12
ᶜ**Rom 12: 8** 1Kɔ̀r 12: 4-11

nûmpɛ lipem. ¹¹ Nyàmndana yāga ni ǹsɔn, nì ɓɔ̀ŋ ɓáŋ ŋgèlè. Lɔŋa ī kède mbūu, nì gwèèlàk Ŋwĕt. ¹² Nì kɔ̀nɔ̀k màsee inyùu ɓɔ̄dŋɛm, nì honɓàgà njiihà; nì tèŋɓègè nì màsɔɔhè. ¹³ Nì àdɓàgà i hōla ɓàpubhaga i ŋgèdà màm ma nhēŋel ɓɔ; lɛgɓana ī yìs ɓàkèn. ¹⁴ Sàyɓana ɓòt ɓa ntèèŋga ɓee; sàyɓana, ndi nì tììhɛ ɓáŋ. ᵈ ¹⁵ Kɔ̀na màsee lòŋnì ɓòt ɓa ŋkɔ̀n masee; èa lòŋnì ɓòt ɓa ŋèɛ̀. ¹⁶ Nì ɓangà màhɔŋɔ̀l mada ɓèè ni ɓèe. Nì hɔŋɔl ɓáŋ màm màkɛŋi, ndi sùhlana ɓèèɓɔmèdɛ nì màm màsòhga. Nì kàdɓa ɓáŋ nì ɓèèɓɔmèdɛ lɛ nì gwèe pèk. ᵉ ¹⁷ Nì tìmbhɛ ɓáŋ mùt nyɛkĭnyē ɓēba inyùu ɓēba. Hɔŋlana ī ɓɔ̀ŋ màm ma ye lɔ̄ŋgɛ bīsū bi ɓoòt ɓɔbasonā. ¹⁸ Iɓālē i ye lɛ i ɓa halà, kĭŋgèdà là nân, wèɛ yènà nì ǹsàŋ nì ɓòt ɓɔbasonā. ¹⁹ À ɓagwehâ, nì pùn ɓáŋ ɓèèɓɔmèdɛ, ndi tina ndīgi hìun hi Nyambɛ pōla. Inyŭlē i ye ǹtĭlɓàgà lɛ, màpùnà ma ye mɛ̀m, mĕn mɛ̀ gatìmbhɛ.ᶠ Halā nyēn Ŋwĕt à ŋkàl. ²⁰ Ndi iɓālē njàl ì gwèe ŋ̀ɔɔ wɔ̀ŋ, jes nyē; tɔ̀ nyùs yɔn i gweē nyē, nyus nyē; inyŭlē halā wèɛ ù ŋkòdol nyɛ màkalâk ma hyee i ŋgìi ŋ̀ɔ tɔ̀lɛ wèɛ ù ŋ́wēha nyɛ nyùu. ᵍ ²¹ Beba i yèmbel ɓáŋ wè, ndi yèmbel ɓēba lòŋnì lɔŋgê.

13

¹ Hi mût a suhūs nyēmèdɛ i sī ɓà-ànɛ̀ ɓa kehī ī ŋgìi yeè; inyŭlē ŋgùy ànɛ̀ ì tà yaga ɓee, hàndugi lɛ ì lôl ni Nyāmbɛɛ̀, nì lɛ ɓa ɓā gweē ànɛ̀ hanânɔ, Nyambɛ nyēn à bitēe ɓɔ.

² Jɔn nū à ŋkɔ̀lɓa ŋgùy ànɛ̀, wèɛ à ŋkèdɓa yaā liteâk li Nyambê; ndi ɓa ɓā ŋkèdɓa anɛ̀ ɓa gakùhul ɓɔmèdɛ mbagī nōgoòs. ³ Inyŭlē ɓà-ànɛ̀ ɓa ŋkònha ɓe ɓagwèl màm màlam wɔ̀ŋi, ndik ɓàgwèl màm màɓɛ. Ndi ɓàa ù nsòmbol lɛ ŋgùy ànɛ̀ ì kònha ɓáŋ wè wɔ̀ŋi? Wèɛ ɓɔ̀ŋɔk nī maàm ma ye lɔ̄ŋgɛɛ̀, ndi ù gaɓāna biɓegeès i ɓɔ̄nī. ⁴ Inyŭlē ŋ̀ànɛ̀ à yè ǹlìmil Nyambɛ ī gwèlèl wè lɔŋgê. Ndi iɓālē ɓeba yɔn ù mɓɔ̀ŋ, wèɛ kɔ̀n wɔ̀ŋi, inyŭlē à heemba ɓē pansɔ̀ŋ yàŋgà. Inyŭlē à yè ǹlìmil Nyambê, mùt wèɛ màpùnà i nōgoòs mùt à mɓɔ̀ŋ ɓeba. ⁵ Jɔn i nsòmbla lɛ ni suhūs ɓèèɓɔmèdɛ i sī ɓà-ànɛ̀, hà inyŭlē nogoòs yɔtāma ɓee, ndi yàk inyùu kĭŋŋɛm. ⁶ Inyùu hālā kì nyɛn nì nsāɛnɛ taàs, inyŭlē ɓa ye ɓàgwèlèl Nyambɛ ǹsɔn, ɓa tiŋī yāga ni ñsɔ̄n u hīkel. ⁷ Sula nī ɓɔbasonā mìnsul ŋwap; mùt à kòli yɔ̀ŋ tâs, tinga nyē yɔ̀; nu kì à kòli nì ǹtɔla, tinga nyē wɔ̄; mùt à yè ɓakɔ̄n wɔŋi, kɔ̀ngana nyē wɔ̀ŋi; yàk nu à kòli kòs lipem, tinga nyē jɔ̄.

⁸ Nì ɓana ɓáŋ mùt nyɛkĭnyē pil, ndik ūnu lɛ, gwehnana ɓèè ni ɓèe; inyŭlē mùt à ŋgwēs nuùmpɛ, à m̀mâl yonos mben. ⁹ Inyŭlē màtìŋ mana lɛ, Ù kɛnɛk ɓáŋ ndèŋg, Ù nɔlɔk ɓáŋ mùt, Ù nibik ɓáŋ, Ù ɓɔ̀gɔk ɓáŋ mbògi bìtɛmbɛɛ, Ù tamak ɓáŋ, tɔ̀ iɓālē ndɔ̀ŋ lìtìŋ ìpɛ ì yè lɛ ì ɓa, ŋgɔ ɓàŋga ini yada yɔn i ŋkòndɛ kóhlɛ matìŋ mɔmasonā hòma wadā nì kàl lɛ, Ù gagwēs muùt wɔ̄ŋ lìɓok kìkìi

---

ᵈ **Rom 12: 14** Màt 5: 44; Luk 6: 28
ᵉ **Rom 12: 16** Bìŋ 3: 7
ᶠ **Rom 12: 19** NM 32: 35
ᵍ **Rom 12: 20** Bìŋ 25: 21-22

wèmèdɛ. [h] [10] Gweha ī mɓɔ̄ŋ ɓe mût wèe lìɓok ɓeba; jɔn gwēha ī ye bìyonhɛnɛ bi mben.

[11] Ndi nì nnēk ɓe ndooŋ ŋgèdà dì gwèe hānaànɔ, lɛ ŋgɛŋ ì m̀mál kɔlā lɛ ni todē hīlɔ̄; inyŭlē tɔhi ī ye ɓès ɓɛɓèè hanânɔ ìlɔ̀ɔ̀ ŋgèdà dì bihēmlènè. [12] Ŋgɔ u u nlɔ̀ i tāgɓè, kɛl yŏn ì gwèe nì mɔ̀ɔ. Jɔn di heā nī minsɔn mi jiibè, ndi di ɛŋgēp bìjòl bi mapubi. [13] Di hyomok nyà ì kòli kìkìi ɓɔt ɓa binjămùha, ndi hà i kède bìlɔŋ bi mpùŋgu ɓee nì lìhyua, tɔ̀ i kède tēk màɓok ni bìyogdà, tɔ̀ i kède ndāŋ nì njòŋ. [14] Ndi èŋgbana Ŋwēt lɛ Yesù Krĭstò, nì ɓoyhɛ ɓáŋ mìnsòn i nēhnè mìnhɛŋa ŋwee njèl.

14

Ù pemhɛnɛ ɓáŋ mǎsɔ̄ŋ mbagī

[1] Ndi nu à yè m̀ɓɔ̀mba i kède hēmlè, lɛɛgana nyē iɓaɓe peènà mahɔ̄ŋɔɔ̀l. [2] Ŋgɔ mùt wàda à nhēmlɛ jɛ gwɔm gwɔbisɔnā, ndi nu à mɓɔ̀mb à njē ndigi bìhèyèk. [*] [3] Wèɛ nū à njē à yàn ɓáŋ nū à njē ɓēe, yàk nu à njē ɓēe, à pemhɛnɛ ɓáŋ nū à njē mbàgi, inyŭlē Nyambɛ à m̀mál lɛɛgɛ nyɛ. [4] Wè ǹjɛɛ, ù mpēmhɛnɛ waŋan nlìmil mbagī? Tɔ̀lɛ à tee, tɔ̀lɛ à ŋkwɔ̀, halā à yè ndigi jàm li Ŋwɛt weè. Ndi à gatēlɛp yaga, inyŭlē Ŋwět à gwèe ŋgùy i tēe nyē halā. [5] Ŋgɔ mùt wàda à mɓàgal lɛ kɛl yadā [*] ì nlòo nyɛ kɛ̄l ìpɛ; ndi nûmpɛ à mɓàgal ndigi lē kɛl yɔsɔnā i ye kàyàda. Wèè hi mût a melēs yāga i kède màhɔŋɔ̂l mee nyɛmèdɛ jàm à kòli ɓɔ̀ŋ. [6] Mùt à ntòŋ ni kēl, à ntùŋul yɔ īnyùu Ŋwět. Nu kì à ntòŋ ɓe kɛl, à ntùŋul ɓe yɔ ìnyùu Ŋwět. Nu à njē, à njēl inyùu Ŋwět, inyŭlē à ntī Nyambɛ màyègà; ndi mùt à njē ɓēe, inyùu Ŋwět nyɛn à njēl ɓee, yàk nyɛ à ntī Nyambɛ màyègà. [7] Inyŭlē tɔ̀ wàda wēs à nnìŋ ɓe ni nyēmèdɛ, ndi tɔ̀ wàda yaga à ŋ́wɔ̄ ɓe ni nyēmèdɛ. [8] Inyŭlē iɓālē dì nnìŋ, wèɛ dì nnìŋil ndigi īnyùu Ŋwět; tɔ̀ dì ŋ́wɔ̄ yàa, wèɛ dì ŋ́wēl ndigi inyùu Ŋwět. Jɔn tɔ̀ dì nnìŋ, tɔ̀ dì ŋ́wɔ̄, wèɛ dì yè ndigi ɓá Ŋwɛt. [9] Jɔn inyùu hālā nyēn Krĭstò à wel, à tugè kì, à kondē ki nìŋ, lɛ ndi a ɓa Ŋwět i ŋgìi ɓāwɔ̄ga nì ɓayōmi. [10] Ndi wè, inyŭkī ù mpēmhɛnɛ maasɔ̄ŋ mbàgi? Yàk wè, inyŭkī ù ńyènɛl maasɔ̄ŋ? Inyŭlē ɓèhɓɔɓasɔnā yaga dì gatēlɛp bisū bi yeēnɛ mbagī Nyāmbɛè. [i] [11] Inyŭlē i ye ǹtĭlɓàgà lɛ, Ŋwět à ŋkàl lɛ, Wèɛ nìŋ yêm, màɓɔŋ mɔmasɔnā ma nlama uma bisū gwèèm; dìlɛmb cɔdisɔnā kìi di gaɓēges Nyambɛè. [j] [12] Wèɛ hīkìi mùt i kède yês à gatìmbhɛ Nyambɛ inyùu yeē nyɛmèdɛ.

Ù nìŋi ɓáŋ ŋgɔ̀k ɓàagènè i njěl mǎsɔ̄ŋ

[13] Jɔn dì pemhɛnɛ ha ɓáŋ ɓès ni ɓès mbagī, ndi pemhana ndīgi mbàgi lɛ, mùt à nìŋi ɓáŋ ŋgɔ̀k ɓàagènè i njēl mǎsāŋ, tɔ̀ ì ì ŋkwèhà. [14] Mè ńyī, mè yìmbgè kì lɔŋge lɔ̄ŋge

---

[h] **Rom 13: 9** Lòk Levì 19: 18

[*] **Rom 14: 2** bìhèyèk: i nnēnɛ lɛ ɓòt ɓàhɔgi ɓa ɓā ceèl jɛ binùga, inyŭlē bi ɓā ɓenà sèmna bisāt kìkìi sèsɛmà; kìŋǹ̀ɛm yáp ì nnēɛɓe ɓe ɓɔ i jē bìnùga bî, jɔn ɓa ɓā jeèl bihèyèk. Bèŋge 1Kɔ̀r 8.

[*] **Rom 14: 5** kɛl yadā: Halā à yè lɛ, ɓòt ɓàhɔgi ɓa teeda màŋgwà ma maŋgànd kĭŋgèdà mben Lòk Yudà. Bèŋge Kòl 2: 16.

[i] **Rom 14: 10** 2Kɔ̀r 5: 10

[j] **Rom 14: 11** Yès 45: 23

ī ŋwèt lɛ, yɔ̀m yɔkĭyɔ̄ mùt à njē i ta ɓē mahindi yɔmèdɛ; ɛglɛ wɛ̀ɛ mùt à ŋaŋ yɔ màhindi, ndi i ɓa mahindi inyùù yeè. ¹⁵ Ndi i ɓā kì lɛ ŋɛm u nhēnd maasɔ̄ŋ inyùu bìjɛk gwɔŋ, wɛ̀ɛ ù nhyūmul ha ɓe i kède gwēhaà. Ù nimlaha ni ɓâŋ nū Krĭstò à wel īnyùù yeē nì bìjɛk gwɔŋ. ¹⁶ Lɔŋɛ nân i sòla ni ɓâŋ. ¹⁷ Inyŭlē ànɛ̀ Nyambɛ ī ta ɓē jɛ nì nyɔ, ndik tēlɛèbsep, nì ǹsàŋ, nì màsee i Mɓūu M̀pubi. ¹⁸ Inyŭlē nu à ŋgwèlel Krĭstò munu màm mana nyɛn à nlēmel Nyambɛɛ̀, yàk ɓòt ɓa mɓògol nyɛ mbògi lām. ¹⁹ Jɔ ni jɔn dī lìgīp ī ɓɔ̀ŋ màm ma nlɔ̀na nsàŋ, nì ma mā nhōlos ɓes ni ɓĕs. ²⁰ Ù òbos ɓâŋ ǹsɔn Nyambɛ īnyùu bìjɛk. Màm mɔmasonā ma mpōp, ndi i ye ɓēba inyùu nū à njē iɓālē nuùmpɛ à mɓààgɛnɛ mû. ²¹ Ù gaɓɔ̀ŋ lɔŋgê iɓālē ù njē ɓe nugā, tɔ̀ nyɔ wây, tɔ̀ ɓɔ̀ŋ ndòŋ jàm ìpɛ lɛ mǎsɔ̄ŋ a ɓaāgɛnɛ mù, tɔ̀ sèndì, tɔ̀ ɓɔ̄mb. ²² Ndi hemlè ù gwèe, teeda ndīgi yɔ̄ ŋēm bisū bi Nyāmbɛɛ̀. Nu à ŋōm ɓe nyɛmèdɛ ǹsɔ̀hi inyùu jàm à ŋkèmhɛ̀ à yè ǹsǎyɓàk. ²³ Ndi nu à mpɛndà, à ŋkòs mbagī nōgoòs iɓālē à njē, inyŭlē à njē ɓe ni hēmlè; ndi hi jâm li mɓòŋa ɓe ni hēmlè li ye ɓēba.

15

Lemel mùt wɔ̌ŋ lìɓok, hà wèmèdɛ ɓee

¹ Ɓès ɓa dì gwèe ŋgùy, dì ǹlama honɓa ɓɔ̂mb u ɓa ɓā gweē ɓē ŋguùy, dì lemel ɓâŋ ɓès ɓɔmèdɛ. ² Wɛ̀ɛ hīkìi mùt i kède yɛ́s a nɔɔ̄dɛ ndīgi lēmel muùt wèe lìɓok inyùu ɓɔ̀ŋ nyɛ lɔ̄ŋɛ ī hōloòs nyɛ. ³ Inyŭlē tɔ̀ Krĭstò à lemel ɓē nyɛmèdɛ, ndigi kìkìi i ye ǹtĭlɓàgà lɛ, Mbɔ̀lɔ̀ ɓa nhɔɔ wê ì biādap mɛ mūnu nyùu. ᵏ ⁴ Inyŭlē màm ma ɓŏk tìlɓa ŋgèdà bìsu, mɔmasonā ma tìlɓa ndīgi lē di koōs màeba mû, lɛ ndi i kède hōnɓà nì hɔ̀gɓè i nlòl Matìlà di ɓana ɓɔ̄dŋɛm. ⁵ Ndi Nyambɛ nū hōnɓà, nì nu hɔ̀gɓè, a ɓɔ̄ŋ ɓèè lɛ ni ɓana hɔ̄ŋɔɔ̀l yada ɓèè ni ɓèe, kìkìi Krĭstò Yesù, ⁶ lɛ ni âdɓa nyɔ̀ wada i tī Nyāmbɛɛ̀, Ìsaŋ Ŋwèt wēs Yesù Krĭstò, lìpem.

Ŋwìn ǹlam inyùu bìlɔ̀ŋ bìpɛ

⁷ Jɔn hī muùt a lɛɛgɛ nùmpɛ kìkìi yàk Krĭstò à lɛɛgɛ ɓĕs, lɛ Nyambɛ ā koōs lìpem. ⁸ Ndi mɛ̀ ŋkàl lɛ, Yesù Krĭstò à yìla ǹlìmil u ɓakwɛ̀ɛ̀baga i ēba màliga ma Nyambê, i lèdès màkàk ɓɔ̀tàta ɓā kŏs, ⁹ nì lɛ bìlɔ̀ŋ bìpɛ bi ti Nyāmbɛ lìpem inyùu kònàŋgɔɔ yeè; kìkìi i ye ǹtĭlɓàgà lɛ, jɔn mɛ̀ gaɓēges wɛ ī kède bìlɔ̀ŋ, mɛ̀ tublàk kì jòy jɔŋ cèmbi di biɓegês. * ¹⁰ Hɔ́ma nûmpɛ Lìtĭlà li ŋkàl ki lē, À ɓee bilɔ̀ŋ, sòbhana, ɓèe nì lɔ̀ŋ yee. ˡ ¹¹ Nì kì lɛ, Ɓeghana Ŋwèt, ɓèè bilɔ̀ŋ bìpɛ gwɔbisonā. Ɓòt ɓɔɓasonā kiì ɓa ti nyē lìpem. ᵐ ¹² Yàk Yèsayà à ŋkàl ki lē, Ŋ̀kàŋ Yesè u gaɓā, nu à ŋkɔ̄yɔp yaga i ànɛ̀ bìlɔ̀ŋ bìpɛ. Nyɛn bìlɔ̀ŋ bìpɛ bi gaɓōdol ŋɛm. ⁿ ¹³ Ndi Nyambɛ nū ɓɔ̄dŋɛm a yonos ɓèè ni màsee mɔmasonā, yàk nì ǹsàŋ i kède hēmlè nì nhēmlɛ nyɛ, lɛ ndi ni yaba nì ɓɔdŋɛm i kède lìpemba li

---

ᵏ **Rom 15: 3** Hyèm 69: 10
* **Rom 15: 9** Hyèm 18: 50
ˡ **Rom 15: 10** NM 32: 43

ᵐ **Rom 15: 11** Hyèm 117: 1
ⁿ **Rom 15: 12** Yès 11: 1, 10

Mbuu M̀pubi. ¹⁴ Ndi, à Lôgtatā yɛm, mɛ̀mɛ̀dɛ kî mɛ̀ ńyī lɔŋgɛ lɔ̄ŋgɛ īnyùu nān lɛ, yàk ɓèè kî nì yoni nì lɔŋgê, nì yè kì ǹyɔnɔ̂k nì yi yɔsonā, nì yè kì lɛ nì tina maeba ɓee ni ɓèe. ¹⁵ Ndi i kède màm màhɔgi mè ntīlna ɓee nì kandâlnyuu kìkìi mùt à ŋkòndɛ ɓīgdaha ɓee mɔ inyùu kàrîs Nyambɛ à ti mè, ¹⁶ lɛ mɛ ɓa ǹlìmil Kŕistò Yesù inyùu bìlɔ̀ŋ bìpɛ i ɓɔ̀ŋ ǹsɔn Miŋaŋ Mìnlam mi Nyambɛ kìkìi pŕisì, lɛ mɛ pamna bìlɔ̀ŋ bìpɛ bisū gwee kìkìi lìkèblà li nlēmel nyɛ, lakìì li mpūbhana ni Mbūu M̀pubi. ¹⁷ Jɔn mè kòli kì yadap i Kŕistò Yesù inyùu màm ma ntīhba Nyambɛɛ̀. ¹⁸ Inyŭlē mè tà ɓe mɛ lē mè kandal nyuu i pɔt màm màpɛ, hànduk inyùu mā Kŕistò à bigwèlel i mɔ̀ɔ̀ mêm, lɛ bìlɔ̀ŋ bìpɛ bi ɓana mànoglà, tɔ̀ i ɓā yàà inyùu bìpodol tɔ̀ inyùu bìɓòŋol, ¹⁹ i kède lìpemba li biyìmbnɛ nì màm ma helha, nì i kède lìpemba li Mbuu M̀pubi u Nyambê, kàyèlɛ iɓòdòl i Yèrusàlèm nì bipès bi mbɔk bi ye nyɔ̂, lɛtèè nì Ilìrikòn, mè m̀māl pegēs Miŋaŋ Mìnlam mi Kŕistò hɔ̀ma nyênsonā. ²⁰ Ŋgɔ mè ǹligīp lɛ mɛ aŋal Mìŋaŋ Mìnlam, hà hɔ̀ma ɓa m̀māl yi joy li Kriīstò ɓee, mè tiga lɛ mè oŋol ŋgìi hyāŋan hikùù, ²¹ ndi kìkìi i ye ǹtīlɓàgà lɛ, Ɓa ŋgàn yeē ì ɓa ŋgì kèla ɓɔ, ɓa gatēhɛ nyɛ, ndi ɓa ɓā ɓeè ŋgì nɔk, ɓa gatībil yi. ᵒ

Paul à ŋkòòba i yūugà Romà

²² Ndi halā nyēn à ɓe ɓok mè ŋgàndàk ŋgelè i lɔ̀ i ɓěnī. ²³ Ndi hanânɔ ni, lakìi hɔ̀ma nûmpɛ à tà ha ɓe nyɔnɔ̄ bipès bi mbɔk bini, nì lakìi ŋgɔ̄ŋ ì gwèe kì mè ŋgàndàk ŋwii ini yɔsonā lɛ mɛ pam ī ɓěnī, ²⁴ wèɛ mè galɔ̀ i ɓěnī tɔ̀ ìmbɛ ŋgedà mè ŋkè i Pànya. Inyŭlē mè mɓōt ŋem lɛ mɛ tɛhɛ ɓèɛ, i ŋgèdà mè nlòo nyɔ̄ ɓěnī, nì lɛ ɓèɛ ɓɔn ni ega mɛ likè jêm, ki mè ma māāl ŋgoōŋ yɛɛ̀m hɔgi inyùu àdnà yes. ²⁵ Ndi hanânɔ, mè ŋkè i Yèrusàlèm i hōla ɓàpubhaga. ²⁶ Inyŭlē i bilēmel mintoŋ mi Makèdonìà nì mi Akāyà i tī màhola īnyùu dìyɛyèbà i kède ɓàpubhaga ɓa ye Yèrusàlèm. ᵖ ²⁷ Ŋgɔ i bilēmel yaga ɓɔ i ɓɔ̀ŋ halà, ndi tɔ̀ la yàà ɓa ɓeè ɓôt ɓap ɓa pil. Inyŭlē iɓālē bìlɔ̀ŋ bìpɛ bi bikòs ŋgàbà mu màm map ma mbuu, wèɛ yàk gwɔ bigweē pīl i gwèlèl ɓɔ inyùu màm ma minsòn. ²⁸ Jɔn iɓālē mè m̀māl sugus nsɔ̄n unu, ndi mè ɓendel ɓɔ litām lini, wèɛ mè galòo i ɓěnī i kè i Pànya. ²⁹ Ndi mè ńyī lɛ, ŋgèdà mè nlɔ̀ i ɓěnī, mè galɔ̀ ni màsɔda ma yoni ma Fǎŋglìùm hi Kŕistò. ³⁰ Ndi, à lôgtatà, mè nsɔ̄ɔhe yàā ɓee inyùu Ŋwèt wès Yesù Kŕistò, nì inyùu gwēha Mbūu, lɛ ni ligīp yāga loòŋ yada ni mè ŋgèdà nì nsɔ̄ɔhe Nyambɛ īnyùu yêm, ³¹ lɛ a sóŋ mè i mɔ̀ɔ̀ ma ɓa ɓā ndɔ̄gop nyɔ̄ Yùdeà, nì lɛ ǹson wêm i Yèrusàlèm u lemel ɓàpubhaga, ³² ndi tɔ̀lɛ mè mpām nyɔ̄ ɓěnī ni màsee kǐŋgèdà sòmbòl Nyambê, di kōs kì nòy lòŋ yada. ³³ Nyambɛ nū ǹsàŋ a ɓa nì ɓèe ɓɔɓasonā. Ààmèn.

16

Paul à ńyèga ɓôt nì mǒy

¹ Mè ŋēba ɓee inyùu Fēbè, mǎntàta wès nu mùdàa, nu à yè dìakòn nyɔ̀nɔ Kènkrèà, ² lɛ ni lɛɛgɛ nyē i Ŋwèt, kìkìi ɓàpubhaga ɓa kolī lēɛgànà, nì lɛ ni hola nyē i kède

---

ᵒ**Rom 15: 21** Yès 52: 15   ᵖ**Rom 15: 26** 1Kɔ̀r 16: 1-4 màm mɔmasonā ma nsòmbla lɛ ni hola nyē. Inyŭlē yàk nyɛ à ɓe hola ŋgàndàk ɓòt, nì mɛ̀mɛ̀dɛ kî. ³ Yègnana mɛ̀ Prìskilà nì Àkuilà, ⁹ ɓàsɔ ɓagwɛ̀lǹsɔn ɓêm i Krǐstò Yesù. ⁴ 'Bɔn ɓa bilēk jɔɔ jap ɓɔmɛ̀dɛ i sòŋ nɔ̀m yêm. Mɛ̀ ntī yaga ɓɔ màyègà, hà mɛ̀tama ɓe mê, ndi yàk nì mìntoŋ mi bilɔ̀ŋ bìpɛ ŋwɔminsɔnā. ⁵ Ni yégna kì mɛ̀ ǹtoŋ u ŋkɔ̀dɓa ndāp yaàp. Yègnana mɛ̀ Èpènetò, mùt mɛ̀ ŋgwēs, nu à yè màtam ma bisu ma lɔ̄ŋ Asìà inyùu Krǐstò. ⁶ Yègnana mɛ̀ Màrìà, nu à bitùmɓa ni ǹsɔn ŋgandàk inyùu nân. ⁷ Yègnana mɛ̀ Àndrònikùs nì Yunìàs, ɓòt ɓa lihàà jêm, yàk nì ɓàsɔ mɔ̂k ɓêm, ɓɔ yaga ɓɔn ɓàoma ɓā ŋāŋal ŋgandàk i kède yáp ɓɔ nì ɓɔ. 'Bɔ ki ɓɔ̄n ɓa biɓòk mɛ bīsū i ɓā ɓā Kriīstò. ⁸ Yègnana mɛ̀ Àmplǐà, mùt mɛ̀ ŋgwēs i Ŋwĕt. ⁹ Yègnana mɛ̀ Ùrbanà, sɔ ŋgwɛ̀lǹsɔn wês i Krǐstò, yàk nì Stakìs, mùt mɛ̀ ŋgwēs. ¹⁰ Yègnana mɛ̀ Àpele, nu à gwèe mbògi lām i Krǐstò. Yègnana mɛ̀ lòk Arìstobūlò. ¹¹ Yègnana mɛ̀ Hèrodìòn, mùt wèm lìhàà. Yègnana mɛ̀ lòk Nârsisò, ɓa ɓā ye ī Ŋwĕt. ¹² Yègnana mɛ̀ Trìfɛnà nì Trìfosà, ɓòdàà ɓa ntùmɓa ni ǹsɔn inyùu Ŋwĕt. Yègnana mɛ̀ Persìs, nu gwēhaà, nu à bitùmɓa ni ǹsɔn ŋgandàk inyùu Ŋwĕt. ¹³ Yègnana mɛ̀ Rufòs, ʳ nu à yè ǹtɛɓèk i Ŋwĕt, nì nyàŋ weē nu à yè kì îni. ¹⁴ Yègnana mɛ̀ Àsìnkrǐtò, nì Fìlegòn, nì Hermès, nì Pàtrŏbà ɓɔnà Hermà yàk i lògtatā yēs i ńyèn i ɓɔ̄nī. ¹⁵ Yègnana mɛ̀ Fìlòlogò ɓɔnà Yulìà, yàk Nerèò nì manyáŋ weē nu mùdàa, nì Òlimpà, nì ɓapūbhaga ɓɔɓasɔnā ɓa ńyèn i ɓɔ̄nī. ¹⁶ Yègnana ɓèè ni ɓèe nì màsɔhnà màpubhaga. Mìntoŋ mi Krǐstò ŋwɔminsɔnā mi ńyegā ɓee.

¹⁷ Ndi, à lôgtatà, mɛ̀ nsɔɔhɛ ɓee lɛ ni yimbē yāga ɓoòt ɓa ŋkwès masànda, ɓa nuŋgnègè ɓèè ndôŋ nì ndòŋ candi, ɓa kôlɓàgà kì màeba ɓèèɓɔmɛ̀dɛ nì binīgiìl. ¹⁸ Sɛmba yāga ɓɔ. Inyŭlē ndòŋ ɓòt ì ì ŋgwèlel ɓe Ŋwɛt wēs Yesù Krǐstò, ndik lìɓùm jap ɓɔmɛ̀dɛ, ndi ɓa lōk ɓòt ɓa gweē bìtɔ̀mba bi miŋɛm nì bìlɔŋɛ bī maàm ɓa mpɔ̄t, nì inyùu nèha yap ŋkwēl. ¹⁹ Inyŭlē mànoglà manân ma mmál kɛ ŋgaān ni ɓòt ɓɔɓasɔnā. Jɔn mɛ̀ ŋkònol masee inyùu nân; ndi tɔ la yàa mɛ̀ nsòmbol lɛ ni ɓana pèk i yī màm ma ye lɔ̄ŋɛè, nì lɛ ni ɓa m̀pobôk inyùu màm ma ye màɓɛ. ²⁰ Ndi ndèk ŋget Nyambɛ nū ǹsàŋ à ganyàgat Saatàn i sī makòò manân.

²¹ Tìmòteò, ˢ sɔ ŋgwɛ̀lǹsɔn wêm, nì Lusìò, nì Yasòn, nì Sòsìpatèr, ɓòt ɓêm ɓa lihàà, ɓa ńyegā ɓēe. ²² Mɛ̀ Tɛrsìò, ǹtìlà kàat ìni, mɛ̀ ńyegā ɓee i Ŋwĕt. ²³ Gayò, ᵗ ŋwèdmbay nu mɛ̀ yìlnɛ nyēnī, nu à ǹyís ki ŋgìm ǹtoŋ hana, à ńyegā ɓee. Èrastò, ᵘ kindàk ǹkɔ̀ŋ, à ńyegā ɓee, yàk nì mănta̋ta wès Kwartò. ²⁴ Kàrîs Ŋwɛ̀t wēs Yesù Krǐstò i ɓa nì ɓèe.

Biɓuk bi biɓegês bi nsɔ̄k

²⁵ Ndi nu à gwèe ŋgùy i lèdès ɓèe kǐŋgèdà mìŋaŋ ŋwêm mìnlam, nì bìaŋlɛnɛ bi Yesù Krǐstò, kǐŋgèdà

ᑫ**Rom 16: 3** MB 18: 2
ʳ**Rom 16: 13** Mar 15: 21
ˢ**Rom 16: 21** MB 16: 1

ᵗ**Rom 16: 23** Minsɔn mi 'Baomâ 19: 29
ᵘ**Rom 16: 23** 2Tìm 4: 20

màsɔɔ́là ma jĩmb li ɓā li solī cày nì cày, ²⁶ ndi hanânɔ li nsɔ́là, nì yɛɛlànà kì inyùu bìlɔ̀ŋ gwɔbisonā i kède Màtìlà ma ɓapodôl kĭŋgèdà lìteâk li Nyambɛ nū ɓɔ́ga inyùu mànoglà ma hemlè, ²⁷ lìpem li ɓa nì m̀pɔ̀m Nyambɛ nū pèk i ɓɔ́ga ni ɓɔ́ga inyùu Yēsù Krĭstò! Ààmèn.

1 Kòrintò

1

Màyègà

¹ Paul, nu à sèbla ī ɓā ŋoma Yēsù Krĭstò kĭŋgèdà sòmbòl Nyambê, ɓĕhnà Sòstenè, măntàta wés, ² dì ntìlna ntoŋ Nyambɛ ū ye Kòrintò, ᵛ ɓòt ɓa bipūbhana i Krĭstò Yesù, ɓàsèblaga i ɓā ɓàpubhaga, nì ɓɔbasonā ɓa nsèbel Ŋwɛt wés Yesù Krĭstò hɔma nyênsonā, Ŋwèt wâp nì wès kî; ³ kàrîs ì nlòl ni Nyāmbɛ Tàta wès nì Ŋwèt lɛ Yesù Krĭstò i ɓa nì ɓèe, nì n̄sàŋ.

Ti màyègà inyùu màkèblà ma mbuu

⁴ Mè ntī Nyambɛ wèm màyègà inyùu nàn, inyùu kàrîs Nyambɛ ì ì bitīna ɓee i Krĭstò Yesù, ⁵ lɛ nì yògnɛ màm mɔmasonā i kède yeè, i kède hī lipodol nì i kède yī yɔsonā, ⁶ kìkìi mbògi inyùu Krĭstò ì biūma sììŋ i kède nàn, ⁷ kàyèlɛ lìkèblà li karîs jɔkĭjɔ̄ li nhēŋel ɓe ɓee. Nì yegi ndīgi ī ɓèm màsɔɔ́là ma Ŋwɛt wés Yesù Krĭstò, ⁸ nu à gaūmus ki ɓèè sîŋsìŋ lɛtèè nì lisūk, ŋgì n̄sɔ̀hi mu ŋgwà Ŋwɛt wés Yesù Krĭstò. ⁹ Nyambɛ à yē ɓonyoni, nu à bisèbel ɓee i ɓāna àdnà nì Màn weē Yesù Krĭstò, Ŋwèt wês.

Mbagla i kède ǹtoŋ

¹⁰ Mè nsɔ̄ɔhɛ ni ɓee, à lɔ́gtatà, inyùu jòy li Ŋwɛt wés Yesù Krĭstò, lɛ ɓèè ɓɔbasonā ni pɔt nyɔ̀ wada. Mbagla ì ɓa ɓáŋ ī kède nàn, ndigi lē

ᵛ1 Kòr 1: 2 MB 18: 1

ni tibil àdɓa i kèdé hɔ̄ŋɔɔ̀l yada nì kiŋ yadā. ¹¹ Inyŭlē, à lɔ́gtatā yɛ̂m, lòk Kloè yɔn i bitɔ̀ŋlɛ mɛ īnyùu nân lɛ mìndaŋ mi ye ī ɓěnī. ¹² Mɛ̀ ŋkàl ni lɛ, hi wadā nân à ŋkàl lɛ, Mɛ̀ mɛ̀ yɛ̀ mùt Paul; mɛ̀ nu Àpolò; ʷ mɛ̀ nu Kēfà; mɛ̀ kì nu Krǐstò. ¹³ Ɓàa Krǐstò à mɓāglà? Ɓàà halā wɛ̀ɛ Paul nyɛn à tòmlana mbāsa inyùu nân? ¹⁴ Tɔ̀lɛ, ɓàa nì bisòblana i jòy li Paul? Mɛ̀ ntī Nyambɛ màyègà lɛ mɛ̀ bisòblɛ ɓe mɛ mùt nyɛkǐnyē i kèdé nân, hàndugi Krǐspò ˣ ɓɔ Gāyò, ʸ ¹⁵ lɛ mùt à tiga lɛ à kâl lɛ, nì bisòblana i jòy jɛ̂m. ¹⁶ Mɛ̀ bisòblɛ yāā ndigi kì ndap Stèfanà, ᶻ ndi mɛ̀ ɲ́yī ɓe mɛ lē mɛ̀ bisòblɛ ki mùt nûmpɛ ìlɔ̀ɔ̀ hâ. ¹⁷ Inyŭlē Krǐstò à ɔm ɓē mɛ ī sòblè, ndik ī lègèl Ŋwìn Ǹlam, ndi hà nì bìɓàŋga bi pêk ɓee, i tiga lɛ mbasa Krǐstò ì yilā yaŋgà.

Krǐstò, lìpemba li Nyambê nì pèk yèè

¹⁸ Ŋgɔ ɓàŋga i ŋāŋal mbasa i ye ǹtùmbà jâm inyùu ɓā ɓā nimiìl, ndi inyùù yês, ɓès ɓa dì ǹtɔhlànà, i ye lìpemba li Nyambê. ¹⁹ Inyŭlē i ye ǹtǐlɓàgà lɛ, Mɛ̀ gaòbos pêk ì ɓàtipèk, nì tùgà ndɔ̀ŋɔ̀l ì ɓa ɓā ɲ́yī tɔŋɔ̄l maàm. * ²⁰ Ǹtipèk à yɛ̀ hɛɛ? Ǹyimbēn à yɛ̀ hɛɛ? Ǹtoo mût u hyày hini u ye hɛɛ? Ɓàà Nyambɛ à ǹyìlha ɓe peèk ì ŋkɔ̀ŋ hisi ǹtùmbà jâm? ²¹ Inyŭlē, lakìi ŋkɔ̀ŋ hisi nì pèk yèè u làa ɓē yi Nyambɛ kǐŋgèdà pèk Nyambê, wɛ̀ɛ i lēmel Nyāmbɛ lē ǹtùmbà jâm i kèdé bìaŋlɛnɛ u tɔhɔl ɓā ɓā nhēmlè. ²² Lòk Yudà i nsòmbol tɛhɛ biyìmbnɛ, ɓòt ɓa Grǐkìà kì ɓa yeŋêk pèk, ²³ ndi ɓês dì ŋāŋal Kriīstò ǹtǒmlàgà i mbāsa. Nyɛn à yè mbòŋè inyùu Lòk Yudà, nì ǹtùmbà jâm inyùu bìlɔŋ bìpɛ, ²⁴ ndi inyùu ɓā ɓā ye ǹsěblàgà, Lòk Yudà nì ɓòt ɓa Grǐkìà, Krǐstò à yè lìpemba li Nyambê, nì pèk Nyambê. ²⁵ Ŋgɔ ǹtùmbà jâm u Nyambɛ ū gweē pèk ìlɔ̀ɔ̀ ɓòt, yàk ɓɔmb Nyambɛ kì i gweē ŋgùy ìlɔ̀ɔ̀ ɓòt. ²⁶ Inyŭlē, à lɔ́gtatà, ɓèŋgnana ǹsèblà nân, lɛ hà ŋgàndàk ɓàtipèk ɓe kǐŋgèdà mìnsòn, tɔ̀ ŋgàndàk mìmpemba, tɔ̀ ŋgàndàk ɓàlom ɓa ɓòt, ɓɔn ɓa ye ī kèdé nân. ²⁷ Ndi Nyambɛ à tɛp ndīgi mìntùmba mi mâm mi ŋkɔ̀ŋ hisi lɛ ndi a yuyûy ɓàtipèk, Nyambɛ à tɛp kì mìmɓɔmba mi mâm mi ŋkɔ̀ŋ hisi lɛ ndi a yuyûy màm ma ŋgûy. ²⁸ Yàk bìlɛŋɛl bi mâm bi ŋkɔ̀ŋ hisi, nì màm ɓòt ɓa ɲ́yàn, mɔn Nyāmbɛ à tɛp, yàk ma mā mɓaàk ɓee, lɛ a yuŋgus mā mā yeè, ²⁹ lɛ ndi ǹsòn wɔkǐwɔ̄ u yādap ɓaāŋ bīsū bi Nyambɛɛ̀. ³⁰ Ndi inyùù yeè nyɛn nì yènè i Krǐstò Yesù, nu à yìlna ɓès pêk ì nlòl yak Nyāmbɛɛ̀, nì tɛlɛbsep, nì pubhà, nì kɔ̀blà kì, ³¹ kìkìi i ye ǹtǐlɓàgà lɛ, Mùt à ŋkàdɓà, a kádɓana īnyùu Ŋwɛ̆t. ᵃ

2

Paul à ŋāŋal Kriīstò, ǹtǒmlàgà i mbāsa

¹ Yàk mɛ̀, à lɔ́gtatà, i pām mɛ̀ bipām i ɓěnī, mɛ̀ bipām ɓe mɛ kìkìi mùt à ŋkɛ̀ ŋgán inyùu lìpodol jee, tɔ̀ inyùu pèk yèè, lɛ mɛ aŋlɛ ɓèè mbogī Nyāmbɛɛ̀. ² Ŋgɔ mɛ̀ bimèles lɛ mɛ̀ yi

---

ʷ 1 Kɔ̀r 1: 12 MB 18: 24
ˣ 1 Kɔ̀r 1: 14 MB 18: 8
ʸ 1 Kɔ̀r 1: 14 MB 19: 29

ᶻ 1 Kɔ̀r 1: 16 1Kɔ̀r 16: 15
* 1 Kɔ̀r 1: 19 Yès 29: 14
ᵃ 1 Kɔ̀r 1: 31 Yèr 9: 24

ɓáŋ jàm jɔkĭjɔ̄ i kède nán ndigi Yēsù Krĭstò, ǹtŏmlàgà i mɓāsa. ³ Mɛ̀ ɓeè i kède nán lòŋnì ɓɔ̀mb, nì wɔ̀ŋi, nì ŋgàndàk sèhlà. ⁴ Ndi bìɓàŋga gwêm nì bìaŋlɛnɛ gwêm bi ɓeè ɓe ni bìɓàŋga bi pêk bi bī nlōhbɛ ɓoòt, ndigi nì bìebna bi Mbuu nì lìpemba, ⁵ lɛ ndi hēmlɛ̀ nán i lòl ɓáŋ ī pèk ì ɓòt, ndik nì lìpemba li Nyambê.

Mbuu Nyambɛ à nsɔ̀lɔl mâm ma Nyambê

⁶ Ndi dì mɓàmbal yaga pêk i kède ɓòt ɓa mmâl naŋ koŋkoŋ, ndi halā à tà ɓe ndôŋ pèk ì hyày hini, tɔ̀ ì ɓa-ànɛ̀ ɓa hyày hini, ɓa ɓā ŋkɛ̀ i màlɓà. ⁷ Ndi dì mɓàmbal pêk Nyambɛ à gwɛ̄ ī jìmb, pèk ì ɓa ì sòli, yɔ̌n Nyāmbɛ à tee yāga bisū bi ŋgedà, hyày tɔ̀ hyada ŋgì hèga, lɛ ndi ɓès di kɔ́s lìpem. ⁸ Yɔ̌n mùt nyɛkĭnyɛ́ i kède ɓa-ànɛ̀ ɓa hyày hini à ɓa yi ɓēe, inyŭlē ɓalɛ ɓa ɓā yi yɔ̀, ki ɓā tòmol ɓē Ŋwɛt lìpem i mɓāsa. ⁹ Ndi kìkìì i ye ǹtĭlɓàgà lɛ, Màm jìs li ma tēhe ɓēe, tɔ̀ o u ma nɔ̄k ɓēe, nì màm ma mā njòp ɓe mût ŋēm, màm mɔmasonā Nyāmbɛ à kòòbana ɓòt ɓa ŋgwēs nyɛ. ᵇ ¹⁰ Ndi ɓès ɓɔn Nyāmbɛ à sɔ̀ɔlɛnɛ màm mana nì Mbuu wee, inyŭlē Mbuu nyɛn à ŋ́wàn mâm mɔmasonā, yàk nì ndip Nyāmbɛ yɔsonā. ¹¹ Inyŭlē ǹjɛɛ i kède ɓòt à yè lɛ à yi mâm ma mût, hàndugi mbuu mût u ye ī kède yeē? Halā kì nyɛn, tɔ̀ mùt à ŋ́yi ɓe maàm ma Nyambê, hàndugi Mbuu Nyambê. ¹² Ndi hà mbuu ŋkɔ̀ŋ hisi ɓe wɔn ɓés di bikòs, ndik Mbūu à nlòl yak Nyāmbeè, lɛ di yi màm Nyambɛ à mǎl kèbel ɓes. ¹³ Mɔ ki mɔ̄n dì mpɔ̄t, hà nì bìɓàŋga pèk ɓòt

i nnīigà ɓee, ndi ndik nì bi Mbūu à nnīiga ɓes, lɛ di tɔ̄ŋlɛnɛ màm ma Mbuu nì bìɓàŋga bi Mbuu nyɛmɛ̀dɛ. ¹⁴ Ndi mùt lìgweâk à nlɛ̄ɛgɛ ɓe maàm ma Mbuu Nyambê; ŋgɔ ma yenɛ̀ nyɛ ǹtùmbà jâm. À tà ɓe ki tɔ̀ lɛ à la yī mɔ, inyŭlē ma ŋ́wèna ni Mbūu. ¹⁵ Ndi mùt Mbuu à ŋ́wàn mâm mɔmasonā, ndi nyɛmɛ̀dɛ à ŋ́wèna ɓe ni mùt. ¹⁶ Inyŭlē ǹjɛɛ à yi màhɔŋɔl ma Ŋwɛt, lɛ a eba nyɛ̄? ᶜ Ndi ɓĕs dì gwèe màhɔŋɔl ma Krĭstò.

3

Bàgwèlǹsɔn lòŋ yada ni Nyāmbeè

¹ Ndi mɛ̀, à lôgtatâ, mɛ̀ bìlà ɓe mɛ pōdos ɓee kìkìi ɓā Mbuu, ndik kìkìi ɓā minsòn, kìkìi mìŋkɛŋee mi ɓɔn i Krĭstò yaga. ² Mànyûŋ mɔn mɛ̀ ɓe nyus ɓèe, hà nùga ɓe yɔn mɛ ɓe jes ɓèe, inyŭlē nì ɓeè ɓe lɛ nì la gwō; tɔ̀ nânɔ yaga nì nlà ɓe gwɔ. ³ Ŋgɔ nì ŋgi yiī ɓā minsòn; inyŭlē lakìi njòŋ ì ŋgi yiī ī kède nán, nì ǹdaŋ, ɓàà la wèe nì tà ɓe ɓa minsòn, nì hyomôk kì kìkìi ɓòt? ⁴ Inyŭlē i kàl wàda à ŋkàl lɛ, mɛ̀ mɛ̀ yè mùt Paul; ndi nûmpɛ nyɛ, mɛ̀ nu Àpolò, ɓàà halā wèe nì tà ɓe kìkìi ɓòt? ⁵ Àpolò à yè ni kii? Yàk Paul kì à yè kii? Ndik mìnlìmil mi ye lē inyŭù yáp nyen nì bihēmlɛ̀, ndi hi wadā kìkìi Ŋwĕt à bitī nyɛ. ⁶ Mɛ̀ mɛ̀ biɓèl, Àpolò à kop malep, ᵈ ndi Nyambɛ nyɛ̄n à bihōloòs. ⁷ Jɔn mùt à mɓèl à tà ɓe jâm, tɔ̀ nu à ŋkɔ̄p malep, ndik Nyāmbɛ nū à nhōloòs. ⁸ Mùt à mɓèl, nì nu à ŋkɔ̄p malep ɓa ye kàyàda, ndi hi mût à gakɔ̌s ìwee nsaâ kĭŋgèdà ndùmɓà yèe. ⁹ Ŋgɔ

ᵇ1Kɔ̀r 2: 9 Yès 64: 3
ᶜ1Kɔ̀r 2: 16 Yès 40: 13

ᵈ1Kɔ̀r 3: 6 MB 18: 24-28

ɓĕs dì yè ɓàgwèlǹsɔn lôŋ yada nì Nyambê, ndi ɓee nì yè wɔm Nyambê, nì màɔŋ ma Nyambê. ¹⁰ Kĭŋgèdà kàrîs Nyambɛ ì tina mè, mè ɓŏk tēk hikùù, kìkìi ŋwèt maɔŋ à yoni nì pèk, ndi nûmpɛ nyɛn à ŋkɛna maɔŋ bisū. Hi mût a yihɛ nī lelaa à ŋkɛna maɔŋ mana bisū. ¹¹ Inyŭlē mùt nyɛkĭnyē à tà ɓe lɛ à la tēk hikùù hìpɛ hi nsèlna ni hī hī tēga, hyɔn hi ye Yēsù Krĭstò. ¹² Ndi iɓālē mùt à ŋkɛna maɔŋ bisū ŋgìi hīkùù hini, à oŋlàk nì gôl, tɔ silɓà, tɔ tik ŋgôk, tɔ bìkek, tɔ sòl, tɔ bìkɔgɔ bi mbâs, wɛɛ ǹsɔn hi mût u gayīk yibaà; ¹³ inyŭlē Ŋgwà u ū gaēba wɔ, lakìì u gasɔɔla i kède hyèe, ndi hyèè hyɔmède hi ganɔɔdɛ nsɔn u hi mût i ēba kìkìi u yê. ¹⁴ Iɓālē ǹsɔn mùt à biɔŋ muù u ganɔ̀m, wɛɛ à gakòs nsaâ. ¹⁵ Iɓālē hyèè hi gasīiha nsɔn muùt, wɛɛ à gakīda inyùu ǹsaâ, ndi nyɛmèdɛ à gatɔ̄hlana, ndi halā à gaɓā wěŋgɔ̀ŋlɛ à ǹtagɓɛnɛ i hyèe. ¹⁶ Bàa nì ńyī ɓe lɛ nì yè tempèl Nyambê, nì lɛ Mbuu Nyambɛ à ńyèènɛ i kède nân? ¹⁷ Iɓālē mùt à ŋòbos tempèl Nyambê, nyɛn Nyāmbɛ à gaòbos; inyŭlē tempèl Nyambɛ ì yè pubhaga, yɔn ɓee nì yè. ¹⁸ Mùt nyɛkĭnyē à lòk ɓâŋ nyēmèdɛ, iɓālē mùt à nhɔ̄ŋɔl i kède nân lɛ à gwèe pèk ì ɓot ɓa hyày hini, wɛɛ a yilā jōŋ muùt, lɛ ndi a ɓana pèk. ¹⁹ Inyŭlē pèk ǹkɔ̀ŋ hisi ì yè ndik ǹtùmbà jâm i mìs ma Nyambê. Ŋgɔ i ye ǹtĭlɓàga lɛ, nyɛn à ŋkōp ɓoòt ɓa pèk dìcɔ di mɔɔ i kède màndɔn. ᵉ ²⁰ Nì kì lɛ, Ŋwèt à ńyī mahɔŋɔ̀ɔl ma ɓatipèk lɛ ma ye mbēlɛèk. ᶠ ²¹ Jɔn mùt nyɛkĭnyē à yadɓɛnɛ ɓâŋ īnyùu ɓòt. Ŋgɔ màm mɔmasonā ma ye mànân. ²² Tɔ Paul, tɔ Àpolò, tɔ Kefà, tɔ ŋ̀kɔŋ hisi, tɔ nìŋ, tɔ nyɛmb, tɔ màm ma ye hānaànɔ, tɔ ma mā galɔɔ; mɔmasonā ma ye yāga mànân. ²³ Ndi ɓee nì yè ɓa Krĭstò, Krĭstò kì à yè nu Nyāmbɛɛ̀.

4

Ǹsɔn ɓaomâ

¹ Jɔn mùt a kedā ndīgi ɓĕs kìi mìnlìmil mi Krĭstò, nì kìi ɓɔkindàk ɓa mimb ma Nyambê. ² Ìlɔ̀ɔ̀ hâ, i nsòmbla ndigi nì ɓɔkindàk lɛ hi wadā a lēbna mùt ɓonyoni. ³ Ndi halā à yè mè hìsīi jaàm lɛ ɓot ɓa wân mè nyɔɔ ɓěnī, tɔ kel ɓot ɓa ŋkēehènɛ̀; ndi tɔ mè yaga, mè ŋ́wàn ɓe mɛ mèmèdɛ. ⁴ Inyŭlē mè ńyìmbɛ ɓe mɛ jàm i kède yêm mèmèdɛ li lī koli kwèha mɛ ŋkaa; ndi tɔ la yàa, hà halā ɓē nyɛn mè m̀mál kelā lɛ mè tee sēp. Ndi Ŋwèt nyɛn à yè nu à ŋ́wàn mê. ⁵ Jɔn nì pemhɛnɛ ɓâŋ jàm mbàgi ŋgèdà ŋgì kɔ̀là, letèè Ŋwèt nyɛmèdɛ à lô, nu à gapēmes maàm ma solī jîbɛ mɓàmba, nì yelêl kì pèk mìŋɛm yɔsonā. Ndi hanyēn hī muùt à gakŏs iyee ɓegɛs i nlòl yak Nyāmbɛɛ̀.

⁶ Ndi, à lôgtatà, mè ǹtɔŋɔ̄l mana màm inyùu nân wěŋgɔ̀ŋlɛ ma koli ndīgi inyùu yêm mèmèdɛ, nì inyùu Àpolò, lɛ ndi ni nigil jàm lini i ɓěhnī lɛ, mùt à lɛl ɓâŋ ŋgàà màm ma ye màtìlɓaga; lɛ mùt à hùmbul ɓâŋ nyùu i āŋaàl tɛl nì kèdɓà kàà. ⁷ Inyŭlē ǹjɛɛ à nnùp wɛ ī kède ɓāpɛ? Ù gwèe kī lɛ ù bikòs ɓe yɔ ŋ̀kòhôk?

ᵉ 1Kɔ̀r 3: 19 Hiòb 5: 13   ᶠ 1Kɔ̀r 3: 20 Hyèm 94: 11

Ndi i ɓā kì lɛ ù bikòs yɔ, inyŭkī ù ńyādɓènɛ wĕŋgɔ̀ŋlɛ ù bikòs ɓe yɔ ŋ̀kòhôk?

⁸Ŋgɔ nì ǹnuù, nì m̀mál ŋgwaŋàp; nì m̀mál ɓodōl anɛ̀, i ɓa ɓe ɓes. Ŋ̀ŋ̂, mɛ̀ ɓak tɔy lɛ mɛ̀ gwes lɛ ni anē, lɛ ndi yàk ɓès di anē lòŋnì ɓèe. ⁹Inyŭlē mɛ̀ nhɔ̄ŋɔl lɛ Nyambɛ à biɓèmbi ɓes ɓaoma kìkìi ɓôt ɓa nlama sok yaga hyɛs, wĕŋgɔ̀ŋlɛ ɓôt ɓa ŋkenhana nyɛ̀mb. Dì biyìla yaga eghà jâm hana ŋkɔ̀ŋ hisi, bisū bi aŋgèl, nì bisū bi ɓoôt kì. ¹⁰Ɓĕs dì yè bìjoŋ bi ɓôt inyùu Krĭstò, ndi ɓèè ɓɔn nì yè ɓôt ɓa pêk i Krĭstò. Ɓĕs dì yè mìmɓɔ̀mba, ndi ɓèe nì gwèe ŋgùy. Ɓèè ɓɔn nì yè ɓôt ɓa mmál pam joy, ndi ɓôt ɓa ńyùyuy ndigi ɓĕs. ¹¹Ìpam yāga i tēe īni dì tee, njàl ì ŋgi gweē ɓĕs, nì nyŭs, dì yè kì ǹsɔ, ɓa ŋōm ɓes bìkut, dì yuŋgûk nì mbɔk. ¹²Dì ntùmɓa i gwèl ǹsɔn ni mɔ̀ɔ mes ɓehɓɔmèdɛ. ᵍ Iɓālē ɓa nnōoma ɓes, dì nsàyàp yàà; iɓālē ɓa ntèèŋga ɓes, dì nhōnɓà ndigî; ¹³iɓālē ɓa ŋòbos ɓes mǒy, dì ńyɛ̀mhɛ yaā ɓɔ. Dì biyìla kìkìi bìnan bi ŋkɔ̀ŋ hisi, bìhombol bi mâm mɔmasonā, ìpam yāga letèɛ̀ nì hanânɔ.

¹⁴Mɛ̀ ntìla ɓe mɛ màm mana lɛ mɛ yuyūy ɓèe, ndik lē mɛ ɓehɛ ɓèe kìkìi ɓɔ̂n mɛ̀ ŋgwēs. ¹⁵Inyŭlē tɔ̀ nì ɓana yàà jom li dikoo di ɓateedà i Krĭstò, ki nì gwèe ɓē ŋgandàk ɓàsaŋ, inyŭlē mĕn mɛ̀ bigwâl ɓee i Krĭstò Yesù nì Mìŋaŋ Mìnlam. ¹⁶Jɔn mɛ̀ nsɔ̄ɔhɛ ɓee lɛ ni yilā ɓàkona mɛ̀. ʰ ¹⁷Inyùu hālā nyɛ̄n mɛ̀ biōmlɛnɛ ɓee Tìmòteò, nu à yè màn wêm mɛ̀ ŋgwēs, nì nu màliga, i Ŋwɛ̀t. Nyɛn à gaɓìgdaha ɓee mànjèl mêm i Krĭstò, ńlèlèm kìkìi mɛ̀ nnīiga hɔma nyɛɛnsonā i kède hī ntoŋ. ¹⁸Ndi ɓàhɔgi ɓa ŋgi hûmblàk nyùu wĕŋgɔ̀ŋlɛ mɛ̀ nlɔ̀ ɓe mɛ nyɔ̀ɔ ɓĕnī. ¹⁹Ŋgɔ ndèk ŋgèdà mɛ̀ galɔ̀ nyɔ̄ ɓĕnī, iɓālē Ŋwɛt à ǹsombòl; ndi mɛ̀ gayī, hà lipōdol li ɓa ɓā nhùmbul nyuu ɓee, ndik lìpemba jap. ²⁰Inyŭlē ànɛ Nyambɛ ī tanɛ̀ ɓe inyùu bìpodol, ndik īnyùu llìpemba. ²¹Nì nsòmbol kii? Hɛ mē lɔ̀ɔ ɓĕnī ni hìsòò i wɔ̀ɔ, hɛ nì gwehâ nì ŋ̀em limà?

5

Mbàgi inyùu ndèŋg

¹Ba ŋkàl tɔy lɛ ndèŋg ì ǹyaba nyɔ̄ ɓĕnī, ndi ndòŋ ndèŋg ì ì tà yaga ɓe i kède bìlɔ̀ŋ bìpɛ, kàyèlɛ mùt wàda i kède nân à gwèe ŋwàa ìsaŋ. ²Ndi ɓèe nì ŋgi hûmblàk yàà nyuu! Nì binyà kɔhɔl ɓe ndugi maèya, lɛ ndi ni heā mùt à biɓɔ̀ŋ jâm lini i kède nân. ³Ŋgɔ mèmèdɛ, tɔ̀ lakìi nyùu yêm ì tà ɓe i ɓĕnī, ndi mbuu wêm u yē, mɛ̀ m̀mál pemhɛnɛ mùt à biɓɔ̀ŋ jâm lini mbàgi, wĕŋgɔ̀ŋlɛ mɛ̀ ɓak i ɓĕnī; ⁴lɛ iɓālē nì m̀mál kɔ̄dɓa ni mbūu wɛɛm lòŋ i jòy li Ŋwɛt wés Yesù Krĭstò, nì lìpemba li Ŋwɛt wés Yesù Krĭstò ⁵i sèm ndòŋ mùt ìni i mɔ̀ɔ ma Saatàn, ndi mìnsòn mi obī, lɛ mbuu u tɔhlana ŋgwà Ŋwɛt. ⁶Bìyat binân bi ta ɓē lɔŋɛɛ̀. Ɓàa nì ńyī ɓe lɛ ndèk sèŋha ì nsèŋɛs ŋgîm lìɓɔ̀hɔ̀? ⁱ ⁷Hèana ǹlòmbi sèŋha, lɛ ni ɓa lìɓɔ̀hɔ̀ li lén lèn, inyŭlē nì m̀mál yilā ndoòŋ ɓôt ì gwèe ɓē seēŋha. Ŋgɔ ǹtomba wes Pasà kì u mǎl sèma inyùu yês, halā à yè lɛ Krĭstò. ⁸Jɔn di loōs ŋgànd, hà nì ǹlòmbi sēŋha

---

ᵍ **1Kɔ̀r 4: 12** MB 18: 3
ʰ **1Kɔ̀r 4: 16** 1Kɔ̀r 11: 10

ⁱ **1Kɔ̀r 5: 6** Màn 12: 8-20

ɓee, ʲ tɔ nì sèŋha i ɓeba ŋɛm nì màm màɓɛ, ndik nì bìkɔ̀ga bi puba ŋɛm nì màliga, bi bī gweē ɓē seēŋha.

⁹ Mɛ̀ bitìlna ɓee mu ī kààt lɛ nì mèyna ɓáŋ nì ɓòt ɓa ndêŋg, ¹⁰ ndi mɛ̀ bipōdol ɓe mɛ tēnten inyùu ɓòt ɓa ndêŋg ɓa ŋkɔ̀ŋ hisi unu, tɔ inyùu ɓàhep nì ŋ̀kùs, tɔ ɓòt ɓa ŋgadla, tɔ ɓàɓegês bìsat; inyŭlē halā wɛ̀ɛ nì ǹlama ndigi nyɔ́di ŋkɔ̀ŋ hisi. ¹¹ Ndi mɛ̀ bitìlna ndigi ɓèè lɛ, nì mèyna ɓáŋ nì mùt nu à nsèblana lɛ mǎntàta, iɓālē à yè mùt ndêŋg, tɔ mùt à nhēp ni ŋ̀kùs, tɔ m̀ɓegês bìsat, tɔ ǹnoomà ɓòt, tɔ mùt lìhyua, tɔ mùt ŋgadla. Nì jela ɓáŋ nì ndòŋ mùt ì. ¹² Mɛ̀ gwee kīi i pēmhènɛ̀ ɓòt ɓa ye ītān mbagī? Ɓàa hà ɓòt ɓa ye ī kède ɓe ɓɔn nì mpēmhɛnɛ mbagī? ¹³ Ndi Nyambɛ nyēn à mpēmhɛnɛ ɓoòt ɓa ye tān mbagī. Hèana nī mùt m̀ɓɛ nu ī kède nân.

6

Ŋkaa bisū bi ɓoòt ɓa ntɔ́p ɓe hemlè

¹ Ɓàa mùt à yè i kède nân lɛ à gwèènɛ mǎsāŋ hɔp, ndi à kandal nyuu lɛ ɓa nlama kaa bisū bi ɓa ɓā tee ɓē sep, ndi hà bisū bi ɓapūbhaga ɓee? ² Tɔ̀ɔ nì ńyī ɓe lɛ ɓapubhaga ɓɔn ɓa gapēmhɛnɛ ŋkɔ̀ŋ hisi mbagī? Ndi iɓālē ŋkɔ̀ŋ hisi u ŋkùhul ndigi mbàgi bisū binaàn, ɓàa ɓèèɓɔmèdɛ nì nlà ɓe ɓagāl disĩi di maàm? ³ Ɓàa nì ńyī ɓe lɛ dì gapēmhɛnɛ aŋgèl mbàgi? Ndinà nì màm ma nɔ̀m ini? ⁴ Jɔn iɓālē nì gwèe bìkeehɛnɛ inyùu màm ma nɔ̀m ini, ɓàa ɓòt nì ntēe kìkìi ɓàkeês ɓa ye ndīk ɓòt ǹtoŋ u ńyàn? Mɛ̀ ŋkàl yaā halā i yùyùy ɓèe. ⁵ Halà wɛ̀ɛ, tɔ m̀pɔ̀m mût wada i kède nân u gweē ɓe peèk lɛ u laā ɓàgal logīsāŋ mahɔp, ⁶ ndigi lē mùt nì mǎsāŋ ɓa kaâk, ndi ŋkaa wap u ɓa bisū bi ɓa ɓā ntɔ̄p ɓe hemlè, ŋgaà? ⁷ Yaâ'! Lakìi nì gwee mìŋkaa ɓee ni ɓèe, wɛ̀ɛ hālā à yè ɓàŋga bìkwɔ i kède nân. Inyūkī nì nhōnɓa ɓe maàm ma tee ɓē sep ɓòt ɓa m̀ɓɔ̀ŋ ɓee? Inyūkī nì nhōnɓa ɓe ki lē ɓòt ɓa puū ɓèè? ⁸ Ndi ɓèèɓɔmèdɛ ki ɓɔn nì m̀ɓɔ̀ŋ logīsɔ̄ŋ màm ma tee ɓē sep, nì pùù kì ɓɔ. ⁹ Ɓàa nì ńyī ɓe lɛ ɓa ɓā tee ɓē sep ɓa gakòdol ɓe anè Nyambê? Nì yòm ɓáŋ. Ɓòt ɓa biyabdà, tɔ ɓàɓegês bìsat, tɔ ɓòt ɓa ndêŋg, tɔ ɓàɓoyhè mànyùu, tɔ ɓa yāga ɓa nlālna ɓasɔ ɓoòlom, ¹⁰ tɔ ɓòt ɓa wip, tɔ ɓàhep nì ŋ̀kùs, tɔ ɓòt ɓa lihyua, tɔ ɓànoomà ɓòt, tɔ ɓòt ɓa ŋgadla, ɓa gakòdol ɓe anè Nyambê. ¹¹ Ɓèe ɓàhɔgi kî nì ɓeè ndòŋ ɓòt ìni, ndi nì bisòbà, nì teeba ɓapubhaga, nì bikèla ki lē nì tee sēp i jòy li Ŋwɛt lɛ Yesù Krĭstò lòŋnì Mbuu Nyambɛ wès.

Tina nī Nyambɛ lìpem i kède mànyùù manân

¹² Màm mɔmasonā ma ye mɛ̀ kùndɛ, ndi hà mɔmasonā ɓe mɔn ma gweē yèŋɛ. ᵏ Màm mɔmasonā ma ye mɛ̀ kùndɛ ndi mɛ̀ tà ɓe mɛ lē mɛ̀ tɔp lɛ jàm jɔkĭjɔ̄ muù li anē mɛ̀. ¹³ Bìjɛk bi ye ìnyùu lìɓùm, lìɓùm kì inyùu bìjɛk, ndi Nyambɛ à gamèles màm mana mɔ imaà. Ndi nyùu ì tànè ɓe inyùu ndêŋg, ndik īnyùu Ŋwɛ̀t, yàk Ŋwɛ̀t kî inyùu nyùu. ¹⁴ Ndi Nyambɛ

ʲ **1Kɔ̀r 5: 8** Màn 13: 7   ᵏ **1Kɔ̀r 6: 12** 1Kɔ̀r 10: 23

nū à tùgul Ŋwět, à gatùgul yâk ɓès ni lìpemba jee. ¹⁵ Ɓàa nì ńyī ɓe lɛ mànyùù manân ma ye bìjò bi Krîstò? Ɓàa mɛ yɔ̄ŋ nī bijò bi Krîstò, mɛ yîlha gwɔ̄ bìjò bi mudàa ndèŋg? ¹⁶ Ɓààloŋe! Tɔ̀ɔ nì ńyī ɓe lɛ, mùt à ŋādɓɛ ni mùdàa ndèŋg à ńyìla yaā nyuu yadā ɓɔnà nyɛ? Inyǔlē à ŋkàl lɛ, ɓɔɓaà ɓa gayìla nsòn wada. ¹ ¹⁷ Ndi mùt à ŋādɓɛ ni Ŋwět à ńyìla mbuu wada ɓɔnà nyɛ. ¹⁸ Kèna ndèŋg ŋ̀gwee. Hi ɓeba mùt à mɓɔ̀ŋ, i ntīs ɓe nyɛ nyùu, ndi nu à ŋkɛ̀ ndèŋg nyɛn à mɓɔ̀ŋ nyuu yeē nyɛmèdɛ ɓeba. ¹⁹ Tɔ̀ɔ nì ńyī ɓe lɛ mànyùù manân ma ye tēmpèl ì Mbuu M̀pubi, nu à yè i kède nân, ᵐ nu nì bikòs ni Nyāmbɛɛ̀, nì lɛ nì ta ɓe ni ɓèèɓɔmèdɛ? ²⁰ Inyǔlē nì somba nì ndàmbà; jɔn tīna nī Nyambɛ lìpem i kède nyùu nân ì ì yè ì Nyambê nì mbuu nân.

7

Màeba inyùu lìɓiî

¹ Ndi inyùu màm nì bitìlna mê, mɛ ŋkàl lɛ mùt à mɓɔ̀ŋ lɔŋgɛ iɓālē à ǹtihba ɓe mudàa. ² Ndi lakìi mànɔɔ̀dànà ma ndêŋg ma ye ī kède nân, wèɛ hi mût à ɓana ìwèè ŋwaa, hi mudàà kî ìwèè nlom. ³ Ǹlom a ɓanɛ ŋwàà litɔblìŋɛm kìì i nsòmblà, ŋwàà kî ǹlèlèm halā nì ǹlom. ⁴ Ŋwàa à ŋànɛ ɓe nyuu yeē nì nyɛmèdɛ, ndik ǹlom; ǹlèlèm halà ǹlom à ŋànɛ ɓe nyuu yeē nì nyɛmèdɛ, ndik ŋwàa. ⁵ Nì yegna ɓáŋ wàda nì nuu, ɛgle wèɛ nì mɓɔ̀ŋ halā ŋgèdà ìhɔgi inyùu lìgìp nì sogajē nì màsɔɔhɛ̀, iɓālē ɓèè ɓɔɓaà nì ǹnɛɛbɛ̀, ndi tɔ̀ nì ŋkòndɛ âdnà, i tiga lɛ Saatàn à ǹnɔ́dɛ ɓee ŋgèdà nì nlà ɓe hot nyuu. ⁶ Mɛ̀ ŋkàl halà inyùu nēēbɛ̀ ǹnɛɛbègɛ̀, ndi mɛ̀ ntēe ɓe mɛ mbēn. ⁷ Ŋgɔ̀ mɛ ɓak lɛ mɛ gwes lɛ ɓòt ɓɔɓasonā ɓa ɓa kìkìi yàk mèmèdɛ mɛ̀ yè. Ndi tɔ̀ la yàà, hi mût à gwèe jēe likèblà li karîs Nyambɛ à bitī nyɛ, wàda haana, nûmpɛ kî halaa. ⁸ Ndi mɛ̀ ŋkàl miŋkɔ̀l mi ɓôt nì bìyik bi ɓodàà lɛ ɓa mɓɔ̀ŋ lɔŋgē iɓālē ɓa ńyěn kìkìi mɛ̀. ⁹ Ndi iɓālē ɓa nlà ɓe hot nyuu, ɓa ɓiak; inyǔlē i ye lɔ̄ŋgē lē mùt a ɓiî ìlɔ̀ɔ̀lɛ ɲ̀em u lɔŋɔ̂k nyɛ. ¹⁰ Ndi ɓa ɓā maāl ɓiinà, mɛ mɓēhɛ ɓɔ, ndi hà mèmèdɛ ɓe mê ndik Ŋwět, lɛ ŋwàa à ɓagla ɓáŋ nì ǹlo wèè. ¹¹ Ndi i ɓā kì lɛ à m̀bagla ni nyē, wèɛ a yēn ǹsɔ, tɔ̀lɛ a saŋgla nì ǹlom; nì lɛ, ǹlom à hèa ɓáŋ ŋwàà weè. ⁿ ¹² Ndi inyùu ɓèè ɓapɛ, mèmèdɛ hà Ŋwět ɓee, mɛ̀ ŋkàl lɛ, Iɓālē măntàta à gwèe ŋwàà nu à ntɔ̄p ɓe hemlɛ̀, ndi ŋwàa à gwehêk lɛ a yēn nyēnī, wèɛ à hèa ɓáŋ nyē. ¹³ Yàk mùdàà nu à gwèe ǹlom nu à ntɔ̄p ɓe hemlɛ̀, ndi ǹlom à gwehêk lɛ a yēn nì nyɛ, wèɛ mùdàa à ɓɔs ɓáŋ ǹlom. ¹⁴ Inyǔlē mùùnlom à ǹtɔp ɓe hemlɛ̀ à mpūbhana inyùu ŋwàa nu à nhēmlɛ̀. Yàk mùdàa à ǹtɔp ɓe hemlɛ̀ à mpūbhana inyùu măntàtâ. Ɓalɛ halā ɓēe, ki ɓɔn ɓanân ɓa ye màhindi; ndi hanânɔ ɓa ye ɓàpubhaga. ¹⁵ Ndi iɓālē nu à ǹtɔp ɓe hemlɛ̀ à ŋgwēs ɓaglà, wèɛ a ɓagla. Măntàta wès nu mùùnlom tɔ̀ nu mùdàa, à tà ɓe ŋkɔ̀l, iɓālē màm ma ŋkɛ̀ halà. Ŋgɔ Nyambɛ à bisèbel ɓes inyùu ǹsàŋ. ¹⁶ Inyǔlē, à mudàa, ù ńyī laa tɔ̀ɔ ù gatɔ̄hɔl nlo wɔ̀ŋ? Tɔ̀ wɛ̀, à

---

¹1Kɔ̀r 6: 16 Bîɓ 2: 24
ᵐ1Kɔ̀r 6: 19 1Kɔ̀r 3: 16
ⁿ1Kɔ̀r 7: 11 Màt 5: 32; 19: 6-9; Mar 10: 11-12; Luk 16: 18

mûnlom, ù ńyī laa tɔɔ ù gatɔ̄hɔl ŋwaa wɔ́ŋ?

Nìŋ i hi mût kìkìi Ŋwĕt à bitēê

[17] Ndi ndik lē, hi mût a hyumlak ī kède màm Ŋwĕt nyɛmĕdɛ à bitēenɛ nyɛ, nì kîŋgèdà m̀sèblà Nyambɛ à bisèbel nyɛ. Halā nyēn mè ntēe i kède mìntoŋ ŋwɔminsonā. [18] Ɓàa mùt à bisèblànà, nyɛ ŋ̀kwĕbàgà? À m̀nɔ̀ɔ̀dɛ ɓáŋ i yìlà wĕŋgɔ̀ŋlɛ ŋgìkwèèbà. Ɓàa mùt à bisèblànà, nyɛ ŋgìkwèèbà? Wɛ̀ɛ à kwèèba ɓáŋ. [19] Lìkwèè° li ta ɓē jaàm, ŋgìkwèèbà kì ì tà ɓe jâm, ndik lìteedà màtìŋ ma Nyambê. [20] Hi mût a yēnɛ nī mu nsèblà u à bisèblànà. [21] Ɓàa ù bisèblànà ù ɓâk ŋ̀kɔ̀l? Ù tòŋ ɓáŋ. Ndi i ɓā kì lɛ ù nlà yìlà ŋgweleès, wɛ̀ɛ nyà tɛhɛ ndūgi ndɔɔ̀bà yɔ̀ŋ mu kède. [22] Ŋgɔ̀ mùt à m̀sèbla i Ŋwĕt, nyɛ ŋ̀kɔ̀l, à yè ŋgwelês i Ŋwĕt; m̀lèlèm halā kì nì mùt à bisèblà, nyɛ ŋgwelês, à yè ndik ŋ̀kɔ̀l Krîstò. [23] Nì somba nì ndàmbà; nì yìla ni ɓáŋ ɓòt mìŋkɔ̀l. [24] À lôgtatà, hi mût a yēn nì Nyambɛ mū m̀sèblà à bisèblànà.

Ɓòŋgìɓiibà, nì bìyik

[25] Ndi inyùu ɓā ɓā ye ŋgòndŋgìyi mûnlom, mè gwee ɓē me lìteâk li nlòl yak Ŋwĕt, ndi mè ntī yaā ìmêm màhɔŋɔ̂l, kìkìi mùt Ŋwĕt à bikɔ̀n ŋgɔɔ lɛ me ɓa mùt hemlè. [26] Jɔn lākìi ndèèŋgà ì m̀ɓaambè, mè nhɔ̄ŋɔl lɛ mùt à mɓɔ̀ŋ lɔŋgɛ ībālē à ńyēn kìkìi à yè. [27] Ɓàa ù kèŋi nì ŋwàa? Ù yeŋ ɓáŋ njèl lɛ u hɔ̄hla. Ɓàa ù yè ǹsɔ, ŋgì ŋwàa? Ù yeŋ ɓáŋ lìɓiî. [28] Ndi tɔ̀ ù m̀ɓii yàa, wɛ̀ɛ ù mɓɔ̀ŋ ɓe ɓeba. Ŋgòndkì, ìɓālē ì m̀ɓiibà, tɔ̀ yɔ̀ ì mɓɔ̀ŋ ɓe ɓeba. Ndik lē ndòŋ ɓòt ìni ì ganɔ̄k njiihà i kède mìnsòn, ndi mè mè nsòmbol ɓaŋal ɓee.

[29] Ndi, à lôgtatà, mè ŋkàl tɔy ɓee lɛ, ŋgèdà ì yìi ì yè hubga, lɛ ndi tɔ̀ ɓòt ɓa gwee yāga ɓaa, ɓa ɓa ndīgi wĕŋgɔ̀ŋlɛ ɓa gwee ɓee; [30] nì ɓa ɓā ŋèè, wĕŋgɔ̀ŋlɛ ɓa ŋèè ɓee; nì ɓa ɓā ŋkɔ̀n masee, wĕŋgɔ̀ŋlɛ ɓa ŋkɔ̀n ɓe masee; nì ɓa ɓā nsɔ̄mb gwɔm, wĕŋgɔ̀ŋlɛ ɓa gwee ɓē gwɔ; [31] nì ɓa ɓā mɓòŋol mâm ma ŋkɔ̀n hisi, wĕŋgɔ̀ŋlɛ ɓa mɓòŋol yaga ɓe mɔ, inyŭlē bìnɛnnɛ bi ŋkɔ̀n hisi unu bi nyōy. [32] Ndi mè nsòmbol ɓe mɛ lē jàm li tuŋūs ɓēe. Mùt à gwee ɓē ŋwaa, à ntòŋ ndigi nì màm ma Ŋwɛt, i yī lēlaa à yè lɛ à lemel ŋwɛt. [33] Ndi mùt à gwee ŋwaa, nyɛn à ntòŋ ni màm ma ŋkɔ̀n hisi, i yī lēlaa à yè lɛ à lemel ŋwaa; à yè ŋ̀kàbâk. [34] Mùdàa ŋgì ǹlom kî, nì ŋgònd ŋgìyi mûnlom, ɓa ntòŋ ni màm ma Ŋwɛt, lɛ ndi ɓa ɓa ɓapubhaga nyùu nì mbuu. Ndi mùdàa à yè liɓiî à ntòŋ ni màm ma ŋkɔ̀n hisi, i yī lēlaa à yè lɛ à lemel nlo wèe. [35] Ndi mè ŋkèlel yaā màm mana i ɓāhlɛ ɓēe, ndi hà lana ɓe lɛ me ha ɓee nsìŋgà i jɔɔ, ndigi lē me holos ɓèè i kède màm màlam, lɛ ni laā gwèlel Ŋwɛt i ɓa ɓe pâgdà. [36] Ndi iɓālē mùt à nhɔ̄ŋɔl lɛ i ye jàm li wɔnyuu inyùu ŋgònd yèe kɔ̄nji iɓālē ŋgèdà yèe i kìl liɓiî ì yè lɛ ì tagɓè, ndi à tɛhgè lɛ ì ǹlama ɓiibà, wɛ̀ɛ a ɓɔ́ŋ kìkìi à nsòmbòl; à mɓɔ̀ŋ ɓe ɓeba; ɓa ɓiibaga. [37] Ndi nu à ŋɔ̄m sììŋ, jàm li heles ɓe ki tɔ̀ nyɛ, à ɓâk kùndè i ɓɔ̀ŋ sòmbòl yee, à m̀melēs ki nì ŋem wee lɛ à ntēeda ŋgɔɔnd yèe kɔ̄nji,

---

°1Kɔ̀r 7: **19** Rom 2: 25

wɛɛ̀ à mɓɔ̀ŋ lɔŋgê. ³⁸ Jɔn mùt à nsɛ̀m yô, à mɓɔ̀ŋ lɔŋgê, ndi nu à nsɛ̀m ɓe yô, nyɛn à mɓɔ̀ŋ lɔŋgɛ ī nlòòhà. ³⁹ Mùdàa à kèɲi nì ǹlo wèe kĭŋgèdà mben dìlɔ cɔdisonā ǹlom à yìi nɔ̀m; ndi iɓālē ǹlom à ŋ̀wɔ, wɛɛ̀ à yè kùndɛ̀ i ɓīibà nì nu à ŋgwēs, ndi ndigi lē, halā ā ɓa nì Ŋwĕt. ⁴⁰ Ndi pɛ̀k yɛ̀m ì yè lɛ à galòòha ɓa nsăyɓàk iɓālē à ɲ̀yēn kìkìi à yè. Ŋgɔ̀ mè nhɔ̄ŋɔl lɛ yàk mè mè gwèe Mbūu Nyambɛɛ̀.

8

Bìnùga ɓa nsèmel bisāt

¹ Ndi inyùu bìnùga ɓa nsèmel bisat, dì ɲ́yī lɛ ɓèhɓɔɓasonā dì gwèe yī. Yi i nhùmbul nyuu, ndi gweha yɔ̄n i nhōloôs. ² Iɓālē mùt à nhɔ̄ŋɔl lɛ à ɲ́yī jaàm, wɛɛ̀ à yè ŋgì yi jɔ kìkìi à ǹlama yi. ³ Ndi iɓālē mùt à ŋgwēs Nyambɛɛ̀, wɛɛ̀ nyɛ̄n à ɲ́yība ni nyē. ⁴ Jɔn inyùu jē bìnùga ɓa nsèmel bisat, dì ɲ́yī lɛ sat i ta yāga ɓe ntîǐk jâm ŋkɔ̀n hisi, nì lɛ Nyambɛ nùmpɛ à tà ɓee, ndik wàda. ⁵ Inyŭlē tɔ̀ lakìi ɓàhɔgi ɓa ye lē ɓa ɓa, ɓa ɓā ǹsèblana lɛ ɓànyambê, tɔ̀ ŋgìi, tɔ̀ hìsi, halā kìi ɓànyambɛ ɓā ye ŋgàndàk, nì ɓèt ŋgàndàk, ⁶ ndi inyùù yēs Nyambɛ à yè ndik wàda lɛ Tàtâ. Màm mɔmasonā ma nlòl i nyēnī, yàk ɓès kî dì yènɛ̀ ndigi īnyùù yeè. Ŋwĕt à yè ndik kì wàda lɛ Yesù Krĭstò. I nyēnī nyɛn màm mɔmasonā ma lŏl, yàk ɓès kî. ⁷ Ndi hà ɓòt ɓɔɓasonā ɓe ɓɔn ɓa gweē yī iì. Ndi lakìi ɓàhɔgi ɓa ŋgi mêygà nì bìsat lɛtɛ̀ɛ̀ nì hanânɔ, wɛɛ̀ ɓa njē binùga wĕŋgɔ̀ɲlɛ sèsɛmà sat. Jɔn lākìi kĭŋŋēm yaāp ì mɓɔ̀mb, ì nnyɔ̀gɓa mahindi mu kède. ⁸ Ŋgɔ̀ hà bìjɛk ɓe gwɔn bi ntēe ɓes lɔ̄ŋgɛ bīsū bi Nyambɛɛ̀. Tɔ̀ dì njē ɓe bijɛk, jàm li nhēŋel ɓe ɓes nyēnī; tɔ̀ dì njē yāga, jàm li ntùlul ɓe ɓes nyɔ̀ɔ̂. ⁹ Ndi yihnana, i tiga lɛ kùndɛ̀ nàn ìni ì ɲ́īlna mimɓɔ̀mba ŋgɔ̀k ɓààgɛ̀nɛ̀. ¹⁰ Inyŭlē iɓālē mùt à ntēhɛ wɛɛ̀, nu ù gwèe yī, ù ɓâk ù yìi līndūm li sat, ù jɛ̂k, ɓàa yàk kiŋŋēm yeē ì gakāndi ɓe lɛ a jɛ bìnùga ɓa nsɛmel bisat, lakìi à mɓɔ̀mb? ¹¹ Halā nyēn inyùu yī yɔŋ nu à mɓɔ̀mb à nnīmiìl, măntàta nū Krĭstò à wel īnyùù yeè. ¹² Ndi kìkìi nì mɓɔ̀ŋ lôgtatā ndòŋ ɓeba ìni, nì ɓaabàk kì kiŋŋēm yaàp ì ì mɓɔ̀mb, wɛɛ̀ Krĭstò nyɛn nì mɓɔ̀ŋ yaā ɓēba iì. ¹³ Jɔn iɓālē yɔ̀m jɛ i ye lē i ɓanɛ mantàta ŋgɔ̀k ɓààgɛ̀nɛ̀ i njɛ̀l, wɛɛ̀ mè tà ɓe mɛ lē mè jɛ nugā kɛlkĭkēl, lɛ mè nìɲnɛ ɓáŋ măntàta ŋgɔ̀k ɓààgɛ̀nɛ̀ i njɛ̀l. ᵖ

9

Kùndɛ̀ ŋ̀oma à gwèe

¹ Bàa mè tà ɓe kundɛ̀? Bàa mè tà ɓe ŋomâ? Bàa mè ɛ̀ndɛl ɓē Yesù Krĭstò Ŋwɛ̀t wês? Bàa ɓèe nì tà ɓe nsɔn wêm i Ŋwɛ̀t? ² I ɓā nī lē mè tànɛ ɓe mɛ ɓòt ɓàpɛ ŋomâ, ŋgɔ̀ mè yè yaga nyɛ inyùu nàn, inyŭlē ɓèè ɓɔn nì yè ɓendɛl nsɔn wêm ŋoma ī Ŋwɛ̀t. ³ Sòŋà yêm nyuu bisù bi ɓòt ɓa ɲ́wàn mê, yɔ ì. ⁴ Bàa dì gwèe ɓē kundɛ̀ i jē nì nyɔ̂? ⁵ Bàa dì gwèe ɓē kundɛ̀ i hyɔ̄mnà ŋwàà nu à yè ǹhɛmlɛ̀, kìkìi ɓàoma ɓàpɛ ɓa mɓɔ̀ŋ, nì kìkìi lògnyáŋ Ŋwɛt, tɔ̀ kìkìi Kefà? ⁶ Tɔ̀ ndigi mètama nì Bàrnabà ɓɔn dì gwèe ɓē kundɛ̀ lɛ dì tūmɓa ɓē ni ǹsɔn? ⁷ Ǹjɛɛ à ma gwēēl nsɔn sondaà, ndi à saâk nyɛmɛ̀dɛ? Ǹjɛɛ à nsāl

---

ᵖ1Kɔ̀r 8: 13 Rom 14: 21

nsɔn miŋkòò mi wây, ndi à jɛ ɓe matam mee? Tɔ̀lɛ ǹjɛɛ à ntēeda ɓembā mintomba, ndi à kɔ́s ɓe jogà mu mānyùŋ ma ɓembā? ⁸ Ɓàa mɛ̀ mpɔ̄t ndigi màm mana kìkìi mùt, ndi mben ì pɔt ɓe mɔ? ⁹ Ŋgɔ i ye ǹtĭlɓàgà i mbēn Mōsè lɛ, ù kàŋak ɓáŋ ǹlom nyàgà nyɔ̀ i ŋgèdà à ntɛ̀t mis ma konfláwà. ᵠ Ɓàa nyàgà yɔ̌n Nyāmbɛ à ntòŋ? ¹⁰ Tɔ̀ à ŋkèlel ɓe halā tēnten inyùù yês? Ŋgɔ inyùu yés nyɛn i tìlɓana. Mùt à nsāl hisi à ǹlama sal ni ɓɔ̌dŋem; hi mût à ntɛ̀t kì, a tɛ́t nì ɓɔdŋem lɛ a kɔ́s jògà mû. ¹¹ Iɓālē ɓés dì bisāl maàm ma Mbuu i ɓěnī, ɓàà halā à yè sɔsɔ̄ jàm iɓālē dì mɓùmbul mâm manân ma minsòn? ¹² I ɓā nī lɛ ɓòt ɓápɛ ɓa ŋkɔ̀s jogà inyùu kùndɛ̀ yàp i ŋgìi nân, ɓàa ɓés dì kòli ɓē koòs ìlɔ̌ɔ̀ halā? Ndi tɔ̀ la yàa, dì biɓɔ̀ŋol ɓe kùndɛ̀ ìni. Dì mmìl yaā macèl inyùu màm mɔmasonā, lɛ ndi dì sèk ɓáŋ Mìŋaŋ Mìnlam mi Krı̂stò njèl. ¹³ Ɓàa nì ńyī ɓe lɛ ɓòt ɓa ŋgwèl nsɔn i màm ma tempèl ɓa njèl mu màm ma nlòl i tēmpèl? Nì lɛ ɓòt ɓa nsɛ̀m bisɛ̀sɛ̀mà i ŋgìi jùù li bisɛ̀sɛmà, ɓa ŋkàbna gwɔ nì jùù lî? ʳ ¹⁴ Halā kì nyɛn Ŋwɛ̌t à tee lɛ, ɓa ɓā ŋāŋal Mìŋaŋ Mìnlam ɓa niŋīl ínyùu Mìŋaŋ Mìnlam. ˢ ¹⁵ Ndi mɛ̀ mɛ̀ ma ɓōŋōl ɓe mɛ jàm jɔkı̌jɔ̄ i kède màm mana. Ndi mɛ̀ ǹtìla ɓe mɛ kì tɔ̀ màm mana lɛ ma ɓɔ̄ŋlana halā ínyùù yêm. Ŋgɔ i ye mɛ̀ lɔŋe lē mɛ wɔ, ìlɔ̀ɔ̀le mùt à yîlha yadɓene yɛém yàŋgà jâm. ¹⁶ Inyŭlē iɓālē mɛ̀ ŋāŋal Mìŋaŋ Mìnlam, wɛɛ yādɓene i tanɛ̀ ɓe mɛ mūkède, inyŭlē halā à yè ndigi jàm mɛ̀ ǹlama ɓɔ̄ŋ. Ŋgɔɔ nì mɛ̀ iɓālē mɛ̀ ŋāŋal ɓe mɛ Mìŋaŋ Mìnlam. ¹⁷ Iɓālē mɛ̀ mɓɔ̀ŋ halā īnyùu gwɛ̂s yêm mɛ̀mɛ̀dɛ, wɛɛ mɛ̀ gwɛē ǹsaâ mukède; ndi iɓālē hà inyùu gwɛ̂s yêm ɓee, wɛɛ ǹsɔn kindàk yàà u wɔ̄n u ntina mɛɛ̀. ¹⁸ Ki i yenɛ̀ ni mɛ ǹsaâ? Ndik ūnu lɛ, aŋâl mɛ̀ ŋāŋal Mìŋaŋ Mìnlam, mɛ aŋlàk Mìŋaŋ Mìnlam mi Krı̂stò iɓaɓe nsaâ, lɛ mɛ̀ gwɛlel ɓáŋ kùndɛ̀ yɛ̀m nyà ì yoni ī kède Mìŋaŋ Mìnlam.

¹⁹ Inyŭlē, tɔ̀ lakìi mɛ̀ yè ŋgwelês bisū bi ɓoòt ɓɔɓasonā, mɛ biyìlha ndigi mɛ̀mɛ̀dɛ ǹkɔ̀l u ɓôt ɓɔɓasonā, lɛ ndi mɛ yɔŋā jògà lìkɛŋi. ²⁰ Jɔn i kède Lòk Yudà mɛ̀ biyìlà wɛ̌ŋgɔ̀ŋlɛ mɛ̀ yè mǎn Lòk Yudà, lɛ ndi mɛ yɔŋā Lòk Yudà. I kède ɓá ɓā ye ī sī mbēn, wɛ̌ŋgɔ̀ŋlɛ mɛ̀ yè i sī mbēn, tɔ̀ lakìi mɛ̀ tà ɓe mɛ ī sī mbēn, lɛ ndi mɛ yɔŋā ɓā ɓā ye ī sī mbēn. ²¹ I kède ɓá ɓā gwēē ɓē mben, mɛ̀ biyìlà wɛ̌ŋgɔ̀ŋlɛ mɛ̀ gwɛē ɓē mɛ mbēn, hà kìkìi mùt à tà ɓe i sī Nyāmbɛ ŋgì mben, ndi kìkìi nū à yè i sī Krı̂stò nì mben yeɛ̀, lɛ ndi mɛ yɔŋā ɓā ɓā gwēē ɓē mben. ²² I kède mìmɓɔ̀mba mɛ̀ biyìla kìkìi m̀ɓɔ̀mba, lɛ mɛ yɔŋā mìmɓɔ̀mba. I kède ɓòt ɓɔɓasonā yaga mɛ̀ biyìla mâm mɔmasonā, lɛ ndi mɛ tɔhɔl ɓáhɔgi i kède yáp manjèl mɔmasonā. ²³ Ndi mɛ̀ mɓɔ̀ŋ mâm mɔmasonā inyùu Mìŋaŋ Mìnlam, lɛ yàk mɛ̀ mɛ ɓa sɔ̄ ńyɔ̀ŋŋgàbà mukède.

²⁴ Ɓàa nì ńyī ɓe lɛ, ɓòt ɓa mpèèna ŋgwee liɓāy li mintùk, ɓɔɓasonā

ᵠ **1 Kɔ̀r 9: 9** NM 25: 4
ʳ **1 Kɔ̀r 9: 13** NM 18: 1-3

ˢ **1 Kɔ̀r 9: 14** Màt 10: 10; Luk 10: 7

yaga ɓɔn ɓa mpèènà, ndi wàda nyɛn à ŋkòs ɓɔ̂m? Pèènana ndīgi hālà, lɛ ndi ni yɔ̄ŋ yɔ̄. ²⁵ Ndi hi mût à mpèèna mintùk, à ntēeda bikìlà gwɔbisɔnā. Ɓana ɓɔn ɓa mɓɔ̄ŋ halà lɛ ndi ɓa kôs ǹtut u ŋòbì, ndi ɓěs u ū ŋòbì ɓee. ²⁶ Mè mè mpèèna ni ŋgwee halà, ndi hà lumdalùmdà ɓee. Mè ŋɔ̄m ndigi bìkut halà, ndi hà kìkìi mùt à mɓēp mbɛbī ɓee. ²⁷ Ndi mɛ mɓēp nyuu yêm, mɛ ńyìlha ki yɔ̀ ŋkɔ̀l, mɛ tiga lɛ mɛ aŋlɛgɛ ɓôt ɓàpɛ, ndi mɛmɛdɛ mɛ yik cìlà.

10

Màɓehna ìkɔ̀lɓà ɓegês bìsat

¹ Inyŭlē, à lôgtatà, mɛ̀ nsòmbol ɓe mɛ lē yi i hɛŋɛl ɓèe, lɛ ɓɔ̀tàta ɓēs ɓɔɓasɔnā ɓa ɓā ī sī ɔ̀nd, ɓɔɓasɔnā kiì ɓa lòo ī tūyɛɛ̀, ² ɓɔɓasɔnā ɓa sòblana ī ɔ̀nd nì i tūyɛ ī sī Mōsè, ³ ɓɔɓasɔnā ɓa ɓā jɛ mìnlèlèm mi bijɛk bi Mbuu, ⁴ ɓɔɓasɔnā kiì ɓa ɓā nyɔ mìnlèlèm mi binyɔnyɔ̀ bi Mbuu, inyŭlē ɓa ɓā nyɔl ŋgɔ̀k Mbuu ì ɓa nôŋ ɓɔ. ᵗ Ndi ŋgɔ̀k ì ì ɓa Krı̌stò. ⁵ Ndi tɔ̀ la yàa ɓèɓèè nì ɓɔɓasɔnā ɓa ɓā lemeèl ɓe Nyambê, inyŭlē ɓa kùdi nì nyɛmb ŋɔ̀ŋ. ⁶ Ndi màm mana ma yìlna ɓès biyìmbnɛ, lɛ ndi dì ɓa ɓáŋ ɓòt ɓa nhēŋ i ɓɔ̀ŋ màm màɓɛ kìkìi yàk ɓɔ ɓa ɓā hɛŋ. ᵘ ⁷ Nì yìla ɓáŋ ɓàɓegês bìsat kìkìi jògà i kède yâp, kìkìi i yɛ ǹtîlɓàgà lɛ, lɔ̀ŋ i yěn ī sī, lɛ ɓa jɛ nì nyɔ, ɓa kòndɛ kì tɛlɛp lɛ ɓa tôk mìntùk. ᵛ ⁸ Dì kɛ ɓáŋ kì tɔ̀ i ndèŋg, kìkìi jògà i kède yâp li ɓā kɛɛ̀, nì ɓɔ ɓa koba mîm mòm imaà ma dikoo mbòk iaà kɛl yadà. ʷ ⁹ Dì nɔɔ̀dɛ ɓáŋ kì tɔ̀ Ŋwět, kìkìi jògà i kède yâp li nɔɔ̀dɛ nyē, ndi ɓa ciba ni nyɔɔ. ˣ ¹⁰ Nì hùŋɓe ɓáŋ kì tɔ̀, kìkìi jògà i kède yâp li ɓā huùŋɓè, ndi ɓa ciba ni ǹcɛɓòt. ʸ ¹¹ Ndi màm mana mɔmasɔnā ma lēŋ ɓɔ̄ i ɓā bìyìmbnɛ, ndi ma tìlɓana īnyùù yés kìkìi màeba, ɓès ɓa dì yɛnē lisūgul li caày. ¹² Jɔn nū à nhɔ̄ŋɔl lɛ à tee, a yihɛ, à tiga lɛ à kwɔ̂. ¹³ Ŋgɔ mànɔɔ̀dè ma ŋgwelèk ɓe ɓee ndik mā mā mɓèna gwēl ɓoòt. Ndi Nyambe à yɛ̀ ɓɔnyɔni, nu à gaŋwàs ɓe ɓee lɛ ni kôs mànɔɔ̀dè ma nlɔɔ̀ ŋgûy nàn, ndi i kède mànɔɔ̀dè à ganēhnɛ ɓee njèl i tɔ̄hlà mû, lɛ ni ɓana ŋgùy i hōnɓà mɔ.

¹⁴ Inyùu hālà, à ɓagwēhaà, kèna ɓēgeès bìsat ŋgwee. ¹⁵ Mè ŋkàl ɓee halà kìkìi ɓòt ɓa gwēē pèk. Ɓèèɓɔmɛdɛ pemhana yāga mbagī inyùu jàm mè mpɔ̄t. ¹⁶ Ɓàa lìɓɔndo li masɔda dì nsàyàp li ta ɓē aàdnà macèl ma Krı̌stò? Ɓàa kɔ̀ga dì mɓēk i ta ɓē aàdnà i nyuu Krı̌stò? ¹⁷ Lakìi kɔ̀ga i yɛ yāda, wèɛ dì yɛ nyùu yadā, tɔ̀ lakìi dì yɛ ŋgàndàk, inyŭlē ɓèhɓɔɓasɔnā dì ŋkùhul jogà mu ī kɔ̀ga yada. ¹⁸ Ɓèŋgnana kì Isrăɛl kı̌ŋgèdà mìnsòn; ɓàa ɓòt ɓa njɛ̄ bisèsɛmà ɓa gwēē ɓē aàdnà nì jùù li bisèsɛmà? ¹⁹ Mè ŋkàl ni laa? Lɛ nùga ɓa nsèmel sat i yɛ ɓàŋga jàm? Tɔ̀lɛ sat yɔmɛdɛ i yɛ ɓàŋga jàm? ²⁰ Ndi jàm mè ŋkàl li yɛ ndīgi lē, gwɔ̂m ɓòt ɓa bilɔ̀ŋ bìpɛ ɓa nsèm, ɓa nsèmel mimbuu mìmɓɛ gwɔ, ndi hà Nyambe ɓēe. Ndi mè nsòmbol ɓe mɛ lē ni ɓana àdnà nì mìmbuu mìmɓɛ. ²¹ Nì tà ɓe lɛ nì ǹnyôk lìɓɔndo li

---

ᵗ1Kɔ̀r 10: 4 Màn 13: 21-22; 14: 22-29; 16: 4, 35; 17: 6; ŊB 20: 7-11

ᵘ1Kɔ̀r 10: 6 ŊB 11: 4

ᵛ1Kɔ̀r 10: 7 Màn 32: 6

ʷ1Kɔ̀r 10: 8 ŊB 25: 1-9

ˣ1Kɔ̀r 10: 9 ŊB 21: 5-6

ʸ1Kɔ̀r 10: 10 ŊB 16: 41-49

Ŋwɛt, nì ǹnyɔ̂k kì lìɓòndo li mimbuu mìmɓɛ. Nì tà ɓe lɛ nì ɓangà jògà i tɛ̂blè Ŋwɛt, nì ɓangà kì jògà i tɛ̂blè mimbuu mìmɓɛ. ²² Ɓàà di nyaŋgāl Ŋwɛ̀t lɛ a sɔ́ŋ ɓɛ̌s? Ɓàa dì nlɔ̀ɔ̀ nyɛ ŋgùy?

Ɓòŋa màm mɔmasonā lɛ Nyambɛ ā koōs lìpem

²³ Màm mɔmasonā ma ye kùndɛ̀, ndi hà mɔmasonā ɓe mɔn ma gweē yèŋɛ̀. Màm mɔmasonā ma ye kùndɛ̀, ndi hà mɔmasonā ɓe mɔn ma nhōloòs. ᶻ ²⁴ Mùt nyɛkĭnyē à yiŋil ɓáŋ ndīgi nyētāma lɔŋgɛɛ̀, ndi à yiŋlàk kì yɔ nûmpɛ. ²⁵ Hi yɔm ɓa nnùŋul i ɓôm, jɛna yɔ̄; nì wàn ɓáŋ jàm mu īnyùu pèènà kiŋŋēm. ²⁶ Inyŭlē hìsi hyɔsonā hi ye hī Ŋwɛt, nì gwɔ̀m gwɔbisonā bi yoni mù. ᵃ ²⁷ Ndi iɓālḕ wàda i kèdè ɓā ɓā ntɔ́p ɓe hemlɛ̀ à ǹsebēl ɓee i jē, ndi nì gwes lɛ ni kɛɛ̀, jɛna yāga hi yɔm ɓa ntee ɓee bisū; nì wàn ɓáŋ jàm mu īnyùu pèènà kiŋŋēm. ²⁸ Ndi iɓālē mùt à ŋ̀kál ɓee lɛ, Yɔ̀m ini i bisɛ̀ma sɛsēmà bisāt, wɛ̀ɛ nì je ɓáŋ yɔ̄ inyùu nū à ǹyɛɛlɛnɛ ɓee halà, nì inyùu kiŋŋēm; inyŭlē ŋ̀kɔ̀ŋ hisi nì gwɔ̀m gwɔbisonā u gweē bi ye bī Ŋwɛt ²⁹ Ndi mɛ̀ ŋkàl ɓe mɛ hālā inyùu kiŋŋēm yɔɔ̀ŋ wɛ̀mɛ̀dɛ, ndik ì nûmpɛ. Inyŭkī ni kùndɛ̀ yɛ̀m i kɔ́s mbàgi ni kiŋŋēm ì nûmpɛ? ³⁰ Iɓālē mɛ̀ mɛ̀ ntī mayègà ŋgɛdà mɛ̀ ŋ̀kɔ́s jɛɛ̀m jògà inyùu jē, lɛlaa ɓa ŋòbos mɛ jòy inyùu yɔ́m mɛ̀ ntînɛ mayègà? ³¹ Jɔn tɔ̀ nì njē tɔ̀ nì nnyɔ̄, tɔ̀ ki yaga nì mɓɔ̀ŋ, ɓòŋa màm mɔmasonā lɛ Nyambɛ ā koōs lìpem. ³² Nì nìŋnɛ ɓáŋ Lòk Yudà ŋgɔ̀k i njɛ̀l lɛ ɓa ɓáɡɛnɛ mù, tɔ̀ ɓòt ɓa Grîkìà, tɔ̀ ǹtoŋ Nyambɛ̂; ³³ ǹlèlɛ̀m kìkìi mɛ̀mɛ̀dɛ mɛ̀ mmèyna nì ɓɔɓasonā manjɛ̀l mɔmasonā, hà kìkìi mùt à ŋ́yēŋ yeŋɛ̀ yee nyɛmɛdɛ ɓee, ndi kìkìi mùt à ŋ́yīŋil ŋgandàk ɓòt lɛ ɓa tɔhlana.

11

¹ Yìlna ɓàkona mɛ̀, ᵇ kìkìi yàk mɛ̀ mɛ̀ yè ŋ̀kona Krǐstò.

Inyùu hō ɓòdàà ɓa nlama ho miŋɔ

² Mɛ̀ mɓēges ɓee, lakìi nì mɓìgda mɛ mànjɛ̀l mɔmasonā, nì lɛ nì tìŋi nì màeba mɛ̀ bitī ɓee. ³ Ndi mɛ̀ nsòmbol lɛ ni yi lē, Krǐstò à yè ŋ̀ɔ hi mûnlom, mùùnlom kî à yè ŋ̀ɔ u mudàà, ndi Nyambɛ à yè ŋ̀ɔ u Krǐstò. ⁴ Hi mûnlom à ŋ́wēha ŋɔ wee nyùu iɓālē à nhō wɔ ŋgɛdà à nsɔ̀ɔhɛ̀, tɔ̀ ŋgɛdà à mpōdol Nyambɛɛ̀. ⁵ Ndi hi mudàa à ŋ́wēha ŋɔ wee nyùu iɓālē à nhō ɓe wɔ ŋgɛdà à nsɔ̀ɔhɛ̀, tɔ̀ ŋgɛdà à mpōdol Nyambɛɛ̀. Ŋgɔ mùdàa à nhō ɓe liɓàdò ŋɔ̄, ɓɔnà mudàa ǹhɔmbɔ̂k ŋɔ, ɓa ye kàyàda. ⁶ Ndi iɓālē mùdàa à nhō ɓe liɓàdò ŋɔ̄, wɛ̀ɛ̀ a kɔhlak nī ŋɔ. Ndi iɓālē kɔhɔɔ̀l ŋɔ, tɔ̀ hɔmb ŋ̀ɔ, halā à ŋ́wēha mudàa nyuu, wɛ̀ɛ a ho nī wɔ. ⁷ Inyŭlē mùùnlom à kòli yāga ɓe ni hō ŋ̀ɔ, lakìi à yè pònà Nyambɛ̂, yàk nì lìpem jee; ndi mùdàa à ŋ̀kùhul lipem jee yak ǹlom. ⁸ Inyŭlē mùùnlom à nlòl ɓe yak mùdàa, ndik mùdàa yak mùùnlom. ᶜ ⁹ Mùùnlom à hèga ɓē ki tɔ̀ inyùu mùdàa, ndik mùdàa inyùu mùùnlom. ¹⁰ Inyŭhālā

ᶻ **1Kɔ̀r 10: 23** 1Kɔ̀r 6: 12

ᵃ **1Kɔ̀r 10: 26** Hyèm 24: 1

ᵇ **1Kɔ̀r 11: 1** 1Kɔ̀r 4: 16

ᶜ **1Kɔ̀r 11: 8** Bìɓ 2: 18-23

nyēn inyùu āŋgèl mùdàa à ǹlama ɓana yîmbnɛ anè ŋɔ̄ wee. ¹¹ Ndi tɔ̀ la yàa, i Ŋwɛ̀t, mùdàa à ńyèn ɓe ŋgi mùùnlom, tɔ̀ mùùnlom kî, ŋgì mùdàa. ¹² Inyŭlē kìkìi mùdàa à lŏl nì mùùnlom, halā kì nyɛn mùùnlom à nlòl yak mùdàa; ndi màm mɔmasonā ma nlòl ni Nyāmbɛɛ̀. ¹³ Ɓèèɓɔmèdɛ pemhana jàm lini mbàgi; ɓàà i ye lɔ̄ŋgɛ lē mùdàà a sɔɔhɛ Nyāmbɛ ŋgì ho liɓàdò ŋɔ̄? ¹⁴ Ɓàa lìgweâk jes li nnīiga ɓe ɓee lɛ, mùùnlom nì kùdi ŋɔ, halā à yè wɔnyuu? ¹⁵ Ndi mùdàa, iɓālē à ŋkōl coòŋ, halā à yènɛ ndigi nyē inyùu kòs lìpem, inyŭlē còŋ di ntina nyɛ kìkìi hūl ŋɔ. ¹⁶ Ndi iɓālē mùt à ǹnɛnɛ lɛ a gwês ǹdaŋ, wɛɛ ɓēs dì gwèe ɓē lēm iì; i ta ɓē ki tɔ̀ i kède mìntoŋ mi Nyambê.

Ɓa nlòp bilòp bi Ŋwɛt ŋ̀kɔda

¹⁷ Ndi i kède màm mè mɓēhɛ ɓee, mè mɓēges ɓe mɛ ɓèe, lakìi nì ŋkɔ̀dɓa ɓe inyùu lɔ̄ŋgɛɛ̀ ndigi īnyùu ɓēba. ¹⁸ Bisū bìsu mè nnɔ̄k lɛ mbagla ì yè i kède nàn ŋgèdà nì ŋkɔ̀dɓa ntoŋ, ndi mè nlòk hemlɛ halā. ¹⁹ Ŋgɔ bìtì bi nlama ndigi ɓā i kède nàn, lɛ ndi ɓòt ɓa gweē mbògi lām ɓa yiba lɔ̄ŋgɛ ī kède nàn. ²⁰ Jɔn ŋgèdà nì ŋkɔ̀dɓà, wɛɛ hà bìlòp bi Ŋwɛt ɓe bi gwɔ̄n nì nlòp halā. ²¹ Inyŭlē iɓālē nì njē, hi mût à mɓòk ndugi lòp gwee gwēe bilòp, kàyèlɛ wàda njàl ì gwèlèk nyɛ, nûmpɛ ki à hyoôk. ²² Ki yɔ? Ɓàa màndap mɔn ma nhēŋel ɓee inyùu jē nì nyɔ mūkède? Tɔ̀lɛ nì mɓīip ntoŋ Nyambɛɛ̀, nì yùùyàk kì ɓòt ɓa gweē ɓē tɔ jàm? Mɛ kâl lā ɓee? Mɛ ɓeges ɓèe? Mè mɓēges ɓe mɛ ɓèè mu jàm lini.

Teebà u bilòp bi Ŋwɛt

²³ Inyŭlē jàm mè kŏs yāk Ŋwɛ̀t, jɔn mè ti kì ɓēe, lɛ Ŋwɛ̀t lɛ Yesù à yɔ̆ŋ kɔ̀ga nlèlèm u à sèmna, ²⁴ ndi kìi à mǎl tī mayègà, à ɓɛk yɔ, à kâl lɛ, Yɔ̀ŋa, jena, nyùù yêm ìni ì m̀bugna inyùu nàn; ɓɔ̀ŋa hālā, nì hɔŋlègè mè mû. ²⁵ Ba mǎl ɓǎŋ lòp bilòp, à ɓɔ̄ŋ ki hālā nì lìɓòndo, à kâl lɛ, Lìɓòndo lini li ye màlombla ma yɔndɔ macèl mêm; ɓɔ̀ŋa hālā tɔ̀ ìmbɛ ŋgèdà nì gaɓā nì nnyōl jɔ, nì hɔŋlègè mè mû. ²⁶ Inyŭlē tɔ̀ ìmbɛ ŋgedà nì njē kɔ̀ga ini, nì nyɔ līni lìɓòndo, nì ŋ̀āŋal nyɛɛ̄mb Ŋwɛ̀t lɛtèɛ̀ à lɔ̄.

Inyùu mùt à nlòp bilòp bi Ŋwɛt ndòŋ ì kòli ɓēe

²⁷ Halā nyēn tɔ̀njɛɛ à njē kɔga, tɔ̀ nyɔ lìɓòndo li Ŋwɛt, ndòŋ ì kòli ɓēe, à gakèŋa ni lìɓua inyùu nyùù nì màcèl ma Ŋwɛt. ²⁸ Jɔn hī muùt a wán nyēmèdɛ, ndi tɔ̀ à njē mu kɔ̀ga, à nnyɔ̄ ki mū lìɓòndo. ²⁹ Inyŭlē nu à njē nì nyɔ nyà ì kòli ɓēe, wɛɛ à njē nì nyôl nyɛmèdɛ mbàgi nōgoòs, i ɓa ɓe tibil tɔŋɔ̄l nyuu Ŋwɛ̀t. ³⁰ Inyùu hālā nyēn mìmɓɔmba mi ye ŋgàndàk nì mìŋkùŋgè, ŋgàndàk kì ì bikè hilɔ̄. ³¹ Ndi ɓale dì wànàk ɓès ɓɔmèdɛ, ki dì ɓak ɓe lɛ dì kôs mbāgī. ³² Ndi iɓālē dì ŋkòs mbagī ni Ŋwɛ̀t, wɛɛ à nnògos ɓes, dì tiga lɛ dì kôs mbagī nōgoòs mbòda nì ŋ̀kɔ̀ŋ hisi. ³³ Halā nyēn, à lôgtatà yêm, iɓālē nì ŋ̀kɔ̄dɓa i jē, ɓɛmnana ɓèè ni ɓèe. ³⁴ I ɓā nī lɛ mùt njàl ì gwèe nyē, a jêl ì mbāy yeè, lɛ ndi nì kɔ̀dɓa ɓǎŋ inyùu kòs mbàgi nōgoòs. Ndi màm màpɛ mè gatēe mɔ mè ma lɔ̄ nyɔ̄ɔ̀.

12

Màkèblà ma Mbuu

¹ Ndi, à lôgtatà, inyùu màkèblà ma Mbuu, mè nsòmbol ɓe mɛ lē yi i heŋel ɓèe. ² Nì ńyī lɛ, ŋgèdà nì ɓênè

ɓɔŋgìyi Nyambê ɓa ɓe yumùs ɓèè lɛ ni ɓeges mbūmbugà bisat manjèl mɔmasonā ɓa ɓe ega ɓèè. ³ Jɔn mɛ ntībil kaāl ɓee lɛ, mùt nyɛkǐnyē à mpɔ̄t ni ŋgùy Mbuu Nyambê, à ŋkàl ɓe lɛ, Yesù à yè ǹtǐhègè. Mùt nyɛkǐnyē à tà ɓe ki tɔ lɛ à kāl lɛ, Yesù à yè Ŋwĕt, hàndugi ni Mbūu M̀pubi.

⁴ Ndi, lìkàbàk li makèblà ma karĩs li ye ndòŋ nì ndòŋ ndi ǹlèlèm Mbuu. ⁵ Lìkàbàk li nsɔn Nyambɛ kì li ye ndòŋ nì ndòŋ, ndi ǹlèlèm Ŋwɛt. ⁶ Ndi lìkàbàk li ŋgûy i ɓɔ̀ŋ màm li ye ndòŋ nì ndòŋ, ndi ǹlèlèm Nyambê, nu à ŋgwèl mâm mɔmasonā i kède ɓòt ɓɔɓasonā. ⁷ Ndi ŋgùy Mbuu ì ntīna hi muùt inyùu màholâ. ⁸ Jɔn Mbūu à ntī muùt wàda lìpodol li pêk, ndi à ntī ki nûmpɛ lìpodol li yi kǐŋgèdà ǹlèlèm Mbuu; ⁹ mùt nûmpɛ à ŋkòs hemlè i kède ǹlèlèm Mbuu; nûmpɛ ki à ŋkòs makèblà ma karĩs i mèlès ɓàkɔ̀kɔ́n i kède ǹlèlèm Mbuu; ¹⁰ nûmpɛ i ɓɔ̀ŋ màm ma helha; nûmpɛ i pōdoòl Nyambê; nûmpɛ i yìmbè ndòŋ nì ndòŋ mimbuu; nûmpɛ i yī pɔ̄t nì ndòŋ nì ndòŋ dilemb, ndi nûmpɛ ki ī kɔ̀ɓɔ̀l dìlemb. ¹¹ Ndi nyàa ǹlèlèm Mbuu nyɛn à ŋgwèl mâm mana mɔmasonā, à kèɓlàk hikìi mùt kìkìi à ŋgwĕs. ᵈ

Bìjò gwɔbisonā nyùù yadā

¹² Inyŭlē kìkìi nyùu ì yè yàda, ì ɓangà kì ŋgàndàk bìjò, ndi bìjò bi nyuu gwɔbisonā bi ɓaàk nyùù yadā tɔ̀ lakìì bi ye ŋgàndàk, halā kì nyɛn yàk Krǐstò à yè. ᵉ ¹³ Inyŭlē ɓèhɓɔɓasonā dì bisòblana ni Mbūu wada i kède nyùù yadā, tɔ̀ dì ɓa ɓa yàà Lôk Yudà tɔ̀ ɓòt ɓa Grǐkìà, tɔ̀ mìŋkɔ̀l tɔ̀ ǹgwelês; ɓa binyūs ki ɓèhɓɔɓasonā mu Mbūu wada. ¹⁴ Inyŭlē nyùù kî ì tà ɓe ndigi pɔmbè jo yāda, ndi ŋgàndàk. ¹⁵ Iɓālē kòò u ye lē u kâl lɛ, lakìi mè tà ɓe mɛ wɔɔ, wēɛ mè tà ɓe mɛ jò nyuu; halā à mɓɔ̀ŋ ɓe lɛ u ɓa ɓe jo nyuu. ¹⁶ Iɓālē o kiì u ye lē u kaāl lɛ, lakìi mè tà ɓe mɛ jǐs, wēɛ mè tà ɓe mɛ jò nyuu; halā à mɓɔ̀ŋ ɓe lɛ u ɓa ɓe jo nyuu. ¹⁷ Iɓālē ŋgìm nyùu ì ɓak ndigi jǐs ni jǐs, wēɛ nyùu ì ganɔ̄ga laa? Tɔ̀ iɓālē ì ɓak ndigi nɔ̄ga yɔ̄tāma, wēɛ nyùu ì ganɔ̄k la njîŋ? ¹⁸ Ndi Nyambɛ à tee bìjò bi nyuu, hi yaga jo mūkède kǐŋgèdà sòmbòl yee. ¹⁹ Ndi ɓalɛ bìjò gwɔbisonā biɓāk ndigi jò yada, ki nyuu ì ɓak lɛ ì ɓanɛ hɛɛ? ²⁰ Ŋgɔ bìjò bi ye ŋgàndàk, ndi nyuu ì yè ndigi yàda. ²¹ Jǐs li ta nī ɓe lɛ li kaāl wɔɔ lɛ, ù tànè ɓe mɛ lìɓuba. Tɔ̀ ǹɔ kî u ta ɓē lɛ u kaāl makòò lɛ, nì tànè ɓe mɛ lìɓuba. ²² Ndi ìlɔ̀ɔ kì halà, bìjò bi nyuu dì nhɔ̄ŋɔl lɛ bi nlòòha ɓɔmb, gwɔn bi ye ɓès liɓuba; ²³ bìjò bi nyuu ki dì nhɔ̄ŋɔl lɛ bi gweē ɓē ɓaŋgā lìpem, gwɔn dì ntī lipem ìlɔ̀ɔ bii bipɛ; ndi bìjò dì ntēhɛ ɓe lɔŋɛ ī pōdoòl mɓàmba gwɔn dì mɓìgda ni màtadgà ma tobotobo. ²⁴ Ndi bìjò gwes bi ǹwēha ɓe nyuu bi gweē ɓē ŋgoōŋ ni màtadgà mâ. Ndi Nyambɛ à gwaŋna bìjò bi nyuu, à ti ki bī bī nhāŋ ni lìpem biɓegês ìlɔ̀ɔ bipɛ, ²⁵ lɛ ndi mbāgla ì ɓa ɓáŋ i nyùu, ndik lē bìjò bi nyuu bi tɔ́ŋna kàyàda. ²⁶ Ndi tɔ̀ jò yada mu ī nsɔ̄n njɔnɔk, bìjò gwɔbisonā bi nsɔ̄n yɔ lòŋ; tɔ̀ jò yada i ŋkós lipem, bìjò gwɔbisonā bi ŋkɔ̀n

---

ᵈ 1Kɔ̀r 12: 11 Rom 12: 6-8 ᵉ 1Kɔ̀r 12: 12 Rom 12: 4-5

masee lòŋ. ²⁷ Ndi ɓee nì yè nyùu Krǐstò, nì bìjò mukède, hi mût hɔma weè. ²⁸ Ndi Nyambɛ à tee ɓòt i kède ǹtoŋ, bisū bìsu ɓaomâ, ɓa ɓā nnɔ̀ŋ hâ ɓapodôl, ɓa ɓā kehī ɓalêt. ᶠ À tee ki lē ɓòt ɓa ɓɔ́ŋ màm ma helha, à tee ki màkèblà ma karīs inyùu mèlès ɓàkɔ̀kɔ̂n, yàk nì ɓaholâ, nì ɓaegâ, nì ndòŋ nì ndoŋ dilemb. ²⁹ Ɓàà ɓɔɓasonā ɓon ɓa ye ɓàomâ? Ɓɔɓasonā ɓon ɓa ye ɓàpodôl? Ɓɔɓasonā ɓa ye ɓàlêt? Ɓàà ɓɔɓasonā ɓa ŋgwèl mâm ma helha? ³⁰ Ɓɔɓasonā ɓon ɓa gweē màkèblà ma karīs inyùu mèlès ɓàkɔ̀kɔ̂n? Ɓàà ɓɔɓasonā ɓa ŋ́yī pɔt ni dìlemb? Ɓɔɓasonā ɓa nlà kɔɓɔ̄l cɔ? ³¹ Heba nī i ɓāna màkèblà ma karīs ma nlòòhà. Ndi ìlɔ̀ɔ̀ hâ mɛ̀ ŋēba ɓee sōgɓoòk njĕl.

13

Gwehâ

¹ Tɔ̀ mɛ̀ pɔt yàà dilemb di ɓôt nì di aŋgèl, ndi mɛ̀ ɓana ɓe mɛ gwēhaà, wɛ̀ɛ mɛ̀ yè ŋ̀keŋ mamuna ū ŋkùdà, tɔ̀ ɓende i nlɔ̄ŋa mao. ² Tɔ̀ mɛ̀ yi pōdol Nyambɛè, ndi mɛ̀ yîk kì mìmb *mɔmasonā nì yi yɔsonā; tɔ̀ mɛ̀ ɓana yāga hemlɛ yɔsonā, kàyèlɛ mɛ̀ hèŋlàk dìkòa, ᵍ ndi mɛ̀ ɓana ɓe mɛ gwēhaà, wɛ̀ɛ mɛ̀ tà ɓe mɛ tɔ̀ jàm. ³ Tɔ̀ mɛ̀ kèbha yàà diyɛyèɓà gwɔ̀m gwɔbisonā mɛ̀ gwèe, mɛ̀ sɛ́m ki nyùu yêm lɛ i lighana nì hyèɛ, ndi mɛ̀ ɓana ɓe mɛ gwēhaà, wɛ̀ɛ hālā à mɓāhlɛ ɓe mɛ tɔ̀ jàm.

⁴ Gweha ī ŋ́wēha ŋgut, i gweē kì lɔŋɛ ŋ́ɛm; gweha ī ŋkìla ɓe njôŋ, tɔ̀ kàdɓà i ŋkàdɓà ɓee; i nhùmbul ɓe nyuu; ⁵ tɔ̀ nyɛ̀ɛ̀gɛ̀ i nnyɛ̀ɛ̀gɛ ɓe jâm. Gweha ī ń́yīŋil ɓe ndigi yōmɛ̀dɛ, i ŋ̀àglà ɓee, tɔ̀ eŋêl mùt nûmpɛ ɓēba; ⁶ i ŋkɔ̀n ɓe masee inyùu ŋgìtɛlɛɓsep, ndi i ŋkɔ̀n yàā masee nì màliga. ⁷ Gweha ī mmìl macèl inyùu màm mɔmasonā, i nhēmlɛ ki màm mɔmasonā, i mɓōdol maàm mɔmasonā ŋ̀ɛm, i nhōnɓa ki màm mɔmasonā.

⁸ Gweha ī mmàlɓà ɓee tɔ̀ bìpodol inyùu Nyāmbɛ bī gamǎl; tɔ̀ pɔt nì dìlemb, i gatāgɓɛ; tɔ̀ yi kî, i gamàlɓa. ⁹ Inyǔlē dì nlòk yi ndêk, dì lògòk kì podol Nyambɛ ndêk; ¹⁰ ndi kɛl màm ma yoni ma galɔɔ, wɛ̀ɛ màm dì lògok yi ma gamàlɓa. ¹¹ Ŋgèdà mɛ̀ ɓênè màànge, mɛ̀ ɓe pɔt kìkìi màànge, mɛ̀ hɔŋlàk màm kìkìi màànge, mɛ̀ hègèk kì màm kìkìi màànge; ndi lakìi mɛ̀ m̀mâl yilā muùt, mɛ̀ m̀mâlɓa ni màm ma maangɛ. ¹² Inyǔlē i lēn ìni dì ntēhnana i nùnɓà puyɛpūyɛ; ndi yɔ̀kɛl dì gatēhna mɓɔ̄m ni mbɔ̀m. I lēn ìni mɛ̀ nlòk yi ndêk, ndi yɔ̀kɛl mɛ̀ gatībil yi kìkìi mɛ̀ ɓŏk tībil yibaà. ¹³ Ndi hanânɔ ni hemlɛ̀, ɓɔdŋem nì gweha gwɔ̄n bi yiī, ndi i kède màm mana maâ, gweha yɔ̄n i nlɔ̀ɔ̀.

14

Pɔt dìlemb nì podôl Nyambê

¹ Lìgɓana nì gwehâ; ndi heba kì i ɓāna màkèblà ma Mbuu, lɔŋɛ lɔ̀ŋgɛ̀ɛ̀ lɛ ni podol Nyāmbɛè. ² Ŋgɔ mùt à mpɔ̄t dilemb, hà ɓòt ɓe ɓɔn à mpōdoòs, ndik Nyāmbɛè, inyǔlē mùt nyɛkǐnyē à nnɔ̄k ɓe hɔp wee; à mpōdol yàā mimb i kède Mbūu.

ᶠ 1Kɔ̀r 12: 28 Èf 4: 11
* 1Kɔ̀r 13: 2 ɓèŋgɛ Rom 11: 25

ᵍ 1Kɔ̀r 13: 2 Màt 17: 20; 21: 21; Mar 11: 23

³ Ndi mùt à mpōdol Nyambɛ nyēn à mpōdos ɓoòt, i hōloòs ɓɔ nì lèdès ɓɔ, nì heha kì ɓɔ ŋ̀ɛm. ⁴ Mùt à mpōt dilemb à nhōlos ndigi nyēmɛ̀dɛ, ndi mùt à mpōdol Nyambɛɛ̀ à nhōlos ntoŋ. ⁵ Mɛ̀ nsòmbol lɛ, ɓèè ɓɔɓasonā ni pɔt dìlemb, ndi jàm mɛ̀ nlòòha gwēs li ye lē ni podol Nyāmbɛɛ̀. Mùt à mpōdol Nyambɛɛ̀ à nlɔ̀ɔ mût à mpōt dilemb, hàndugi lɛ à kɔ̀blàk cɔ, lɛ ndi ǹtoŋ u hɔlôk. ⁶ Ndi, à lôgtatà, iɓālē mɛ̀ ǹlɔ ī ɓěnī, mɛ̀ pɔdôk ndigi dìlemb, wɛɛ mɛ̀ mɓāhlɛ ki ɓee, hàndugi lɛ mɛ̀ yɛɛlɛnɛ ɓee màsɔ̀ɔlà, tɔ̀ eba yī, tɔ̀ podôl Nyambê, tɔ̀ niigà? ⁷ Iɓālē gwɔ̀m bi gweē ɓē niìŋ, kìkìi hìkɔs nì hìlùŋ, bi mpōt yāga, ndi iɓālē bi mpōt ɓe kiŋ kīŋ, lɛlaa ni mùt à gayī jaàm ɓa nhēm, tɔ̀ jàm ɓa ŋkòt? ⁸ Inyǔlē iɓālē sep ì ǹtibil ɓe kobɛ̀, ǹjɛɛ à gakòòba i jɔ̀ gwɛ̀t? ⁹ Halā kì nì ɓèe, iɓālē nì ŋkēɛ ɓe hɔp lɔŋgɛɛ̀, lɛlaa ɓa gayī jàm nì mpōt? Wɛɛ nì gaɓā yaā ɓoòt ɓa mpōdos mbɛbī. ¹⁰ Màhɔp ma ye lē ma ɓa ndoòŋ nì ndòŋ ŋkɔ̀ŋ hisi, ndi hɔp tɔ̀ wada u ta ɓē lɛ u nnōogà ɓee. ¹¹ Jɔn iɓālē mɛ̀ nnɔ̀k ɓe mɛ lìpodol li hɔp, wɛɛ mɛ̀ gaɓānɛ muùt à mpōt kìkìi ǹhuu mùt, yàk nyɛ kî à gaɓānɛ me kìkìi ǹhuu mùt. ¹² Halā kì nì ɓèe, lakìi nì nhēp i ɓāna màkèblà ma Mbuu, yeŋŋga yāga mɔ lɛ ndi ni yaba ī hōloòs ǹtoŋ. ¹³ Jɔn mùt à mpōt dilemb, a sɔɔhɛ kì lɛ a laā kɔ̀bɔl cɔ. ¹⁴ Inyǔlē iɓālē mɛ̀ nsɔ̀ɔhɛ̀, mɛ̀ pɔdôk dìlemb, wɛɛ mbūu wɛɛm wɔn u nsɔ̀ɔhɛ̀, ndi màhɔŋôl mêm ma nhōla ɓe jaàm. ¹⁵ Ki yɔ? Ŋgɔ mɛ̀ gasɔɔhɛnɛ mbūu, ndi mɛ̀ gasɔɔhɛnɛ ki māhɔŋɔ̀l. Mɛ̀ gatūbul cembi mbūu, ndi mɛ̀ gatūbul ki māhɔŋɔ̀l. ¹⁶ Balɛ hà halā ɓēe, ki yàŋgà mût i yiī nyɔɔ i yèènɛ yee ŋgèdà ù mɓēgheɛnɛ i kède mbūu, i ganɛ̀ɛbɛ lɛlaa i pɔt Àamèn ʰ ŋgèdà ù ntī mayègà, lakìi í ń̀yī ɓe jàm ù mpōt? ¹⁷ Wɛ̀ ù ntī yaga mayègà lɔŋgê, ndi ù nhōlos ɓe nuùmpɛ. ¹⁸ Mɛ̀ ńyèga Nyambɛ lē mɛ̀ mpōt dilemb ìlɔ̀ɔ ɓèè ɓɔɓasonā; ¹⁹ ndi i kède ǹtoŋ mɛ̀ ŋgwēs podol biɓàŋga bitân mahɔŋɔ̀l mêm, lɛ ndi mɛ tɔ̀ŋlɛ ɓòt ɓàpɛ, ìlɔ̀ɔ lɛ mɛ̀ pɔdôk dìdùn nì dìdùn di biɓàŋga i kède dìlemb. ²⁰ À lôgtatà, nì yìla ɓâŋ kìkìi ɓɔ̀ɔŋgɛ i kède màhɔŋɔ̀l, ndi yìlna mìŋkeŋee mi ɓɔn i kède màm ma nlòl i ɓēba ŋem; ndi i kède màhɔŋôl manân ni ɓa ndīk kìkìi ɓòt ɓa mmâl naŋ. ²¹ I ye ǹtĭlɓàgà i kède kàat mben lɛ, Ŋwɛ̀t à ŋkàl lɛ, Mɛ̀ gapōdos lɔ̀ŋ ini nì ɓàkèn ɓa dilemb, nì bìɓep bi ɓaŋwɔgɔŋwɔ̀gɔ̀; ndi tɔ̀ la yàa ɓa ganōgol yaga ɓe meɛ̀. ⁱ ²² Halā nyēn dìlemb di yenɛ̀ yìmbne, hàɓɛs inyùu ɓā ɓā nhēmlɛ̀, ndik īnyùu ɓā ɓā ntōp ɓe hemlɛ̀; ndi i pōdoòl Nyambê, halā à yè yìmbne inyùu ɓā ɓā nhēmlɛ̀, hàɓɛs inyùu ɓā ɓā ntōp ɓe hemlɛ̀. ²³ Jɔn iɓālē ŋgìm ǹtoŋ ì m̀mâl kɔ̀ɔdɓà, ndi ɓɔɓasonā ɓa pɔdɔɔk dìlemb, ndi iɓālē gwàŋgà bi ɓôt, tɔ̀ ɓa ɓā ntōp ɓe hemlɛ̀, ɓa njôp, ɓàà ɓa gakàl ɓe lɛ, nì ŋkond njêk? ²⁴ Ndi iɓālē ɓɔɓasonā ɓa mpōdol Nyambɛɛ̀, ndi mùt à ǹtɔp ɓe hemlɛ̀, tɔ̀ yàŋgà mût, à ǹjôp, wɛɛ ɓɔ̀ɓasonā ɓa ńyɔ̀yɔy nyɛ, ɓɔɓasonā ɓa wân kì nyɛ, màm ma solī ŋēm wee ma ganēnɛ mɓàmba. ²⁵ Hanyēn à gaōm su wee

---

ʰ **1Kɔ̀r 14: 16** ɓèŋgɛ Rom 1:25   ⁱ **1Kɔ̀r 14: 21** Yɛs 28: 11-12

hisī i ōoòp bisū bi Nyambɛɛ̀, nì pahâl lɛ Nyambɛ à yè tɔy i kèdè nân. ʲ

Màm mɔmasonā ma kiīl ndīgi lɔ̄ŋgɛɛ̀

²⁶ Kiyɔ, à lôgtatà? Ŋgèdà nì ŋ̀kɔ̂dɓà, mùt wàda à gwèe hyèmbi, nuu à gwèe màeba, nûmpɛ màsɔɔ̀là, nuu à mpɔ̄t dilemb, nûmpɛ ki à ŋkɔ̀bɔ̀l. Ŋgɔ̀ màm mɔmasonā ma ɓanɛ ndīk īnyùu hōloòs. ²⁷ Iɓālē mùt à mpɔ̄t dilemb, nûmpɛ à yè lɛ à ǹnɔ́ŋ nyɛ, ndi ɓa lɔɔ́ ɓáŋ ɓòt ɓaâ, ɓa pɔdɔ̂k kì mànɔ̀ŋ mànɔ̀ŋ; wàda nyɛn à kɔ̀blàk. ²⁸ Ndi iɓālē ŋ̀kɔ̀bɔ̀l à tà ɓee, a mɔm ŋwèè i kèdè ǹtoŋ, a podhak nyēmèdɛ nì Nyambɛ̂. ²⁹ Ɓàpodôl ɓa pɔt ndīgi iɓaà, tɔ̀ ɓaâ, ndi ɓaa ɓapɛ ɓa wanàk. ³⁰ Ndi iɓālē nuùmpɛ nu à yìi hīsī à ŋ̀kɔ́s masɔɔ́là, wèɛ nū bìsu a mɔm ŋwèè. ³¹ Ŋgɔ̀ ɓèè ɓɔɓasonā nì yè lɛ nì podol Nyambê, wàda wadā, lɛ ndi ɓɔ́ɓasonā ɓa nigil, ɓɔɓasonā ɓa lédhana kì miɲēm. ³² Ndi mìmbuu mi ɓapodôl mi ye ī sī ànɛ̀ ɓapodôl, ³³ inyǔlē Nyambɛ à tà ɓe Nyambɛ nū lìsànda, ndik nū ǹsàŋ.

³⁴ Kìkìi ī kèdè mìntoŋ mi ɓapubhaga ŋwɔminsonā, ɓòdàà ɓa mɔm ŋwèè i kèdè màkɔ̀da, inyǔlē kundè ì ǹtina ɓe ɓɔ i pɔ̄t; ndi ɓa ɓa ī sī ànɛ̀, kìkìi yàk mben ì ŋkàl. ³⁵ Ndi iɓālē ɓa nsòmbol nigil jâm, wèɛ ɓa ɓát ɓàlom ɓap mambày, inyǔlē halā à ǹlama yuyūy mudàà i pɔ̄t ī kèdè lìkɔ̀da. ³⁶ Ki yɔ? Ɓàa lìpodol li Nyambɛ lī bipìgil nyɔ̄ ɓéní, tɔ̀lɛ li bilòl ndigi ɓèèɓɔtāma? ³⁷ Iɓālē mùt à nhɔ̄ŋɔl lɛ à yè m̀podôl, tɔ̀lɛ à yè nu Mbūu, wèɛ a tibil yāga yi lɛ, màm mè ntìlna ɓee ma ye ndīk lìtìŋ li Ŋwɛt. ³⁸ Ndi iɓālē yi i nheŋel muùt munu jàm lini, wèɛ Nyāmbɛ à ŋ́yī ɓe nyɛ.

³⁹ Halā nī nyɛn, à lôgtatá yɛ̄m, lìgɓana yāga i pōdoòl Nyambê, ndi nì sòŋa ɓáŋ i pɔ̄t dìlemb. ⁴⁰ Màm mɔmasonā ma kíl ndīgi lɔ̄ŋgɛɛ̀, ma nɔ̄ŋàgà ki nyà ì kòli.

15

Lìtùgè li Krǐstò

¹ Ndi, à lôgtatà, mè ntībil kaāl ɓee inyùu Mìɲaŋ Mìnlam, mi mè biāŋlɛ ɓee, mi nì bilɛ̄ɛgɛ̀, mu yāga ki nyɛ̄n nì teenɛ, ² mu kì nyɛn nì ntɔ̄hlànà, iɓālē nì ǹtêŋɓe ni ɓàŋga i mè biāŋlɛ ɓee, hàndugi lɛ nì hemlɛ yaŋgà. ³ Inyǔlē jàm yàk mè mè kǒs jɔn mè biɓǒk ti ɓee, lɛ, Krǐstò à wel īnyùu biɓeba gwes kǐŋgèdà Màtìlà, ᵏ ⁴ nì lɛ à jùba, nì lɛ à tùglana ī kēl ì ǹyonos iaā kǐŋgèdà Màtìlà, ˡ ⁵ nì lɛ à pemel Kēfà; ⁶ mbūs hālā à pemel jom nì iɓaà; mbūs à pemel lôgtatà i ɓe lɔɔ́ mbogôl itân ŋgèlɛ yàda, ɓèɓèɛ nì ɓɔ́ɓasonā ɓa ŋgi yiī lɛtèɛ́ nì hanânɔ, ndi ɓàhɔgi ɓa bikɛ hilɔ̄. ⁷ I mbūs hālā à pemel Yakōbò, mbūs à pemel ɓaoma ɓɔ́ɓasonā; ⁸ ndi à sok pemel yâk mè wěŋgɔ̀ɲlɛ ǹsɔdlàk man, mè mùt à nsǒk. ᵐ ⁹ Ŋgɔ mɛ̌n mè yè nu à nsǒk yaga hyɛs i kèdè ɓàomâ, mè kòli yāga ɓe mɛ ī sèblà lɛ ŋ̀omâ, inyǔlē mè ɓa têŋgà ǹtoŋ Nyambê. ¹⁰ Ndi jàm mè yè lɛ́n ìni, mè yènɛ ndigi jɔ̄ inyùu kàrîs Nyambê. Ndi kàrîs yèè inyùu yêm ì yìla ɓē yaŋgà, inyǔlē mè bitùmbɓa ni ǹsɔn

---

ʲ**1Kɔ̀r 14: 25** Yès 45: 14
ᵏ**1Kɔ̀r 15: 3** Yès 53: 5-12
ˡ**1Kɔ̀r 15: 4** Hyèm 16: 8-10

ᵐ**1Kɔ̀r 15: 8** Màt 28: 16-17; Mar 16: 14; Luk 24: 34-36; Yòh 20: 19; MB 9: 3-6

ŋgandàk ìlɔ̀ɔ̀ ɓɔɓasonā, ndi hà mèmɛdɛ ɓe tenten, ndik kàrîs Nyambɛ ī mɛ̌nī. ¹¹ Jɔn tɔ̀ mɛ̀ tɔ̀ ɓɔ, halā nyɛn dì ŋāŋaàl, halā kì nyɛn nì bihēmlɛ̀.

Lìtùgè li ɓawɔga

¹² Ndi iɓālē ɓa ŋāŋal lɛ Krǐstò à tùglana ī kède ɓàwɔga, lɛla ni ɓàhɔgi i kède nân ɓa ŋkàl lɛ, lìtùgè li ɓawɔga li ta ɓēe? ¹³ Ŋgɔ iɓālē lìtùgè li ɓawɔga li ta ɓēe, wɛ̀ɛ tɔ̀ Krǐstò kì à tùglana ɓēe; ¹⁴ ndi iɓālē Krǐstò à tùglana ɓēe, halā wɛ̀ɛ bìaŋlɛnɛ gwes bi ye yàŋgà, yàk hemlɛ̀ nân kì yàŋgà. ¹⁵ Wɛ̀ɛ ɓɛ́s dì nlèbna yaga kìkìi ɓòt ɓa bipɔ̄t mbogī bìtembɛɛ inyùu Nyāmbɛɛ̀, inyǔlē dì bitēlɓɛnɛ Nyambɛ mbògi lɛ à tùgul Krǐstò, nu à tùgul ɓēe, ɓalɛ i ɓāk tɔy lɛ ɓàwɔga ɓa ntùglànà ɓee. ¹⁶ Ŋgɔ iɓālē ɓàwɔga ɓa ntùglànà ɓee, wɛ̀ɛ tɔ̀ Krǐstò kì à tùglana ɓēe. ¹⁷ Ndi iɓālē Krǐstò à tùglana ɓēe, wɛ̀ɛ hēmlɛ̀ nân i ye yàŋgà, nì ŋgi yiī ī kède bìɓeba binân. ¹⁸ Wɛ̀ɛ ɓā kì ɓa bikɛ̀ hilɔ̄ i Krǐstò ɓa binīmiìl. ¹⁹ Iɓālē dì mɓōdol Kriīstò ŋ̀em munu nìŋ ini yɔtāma, wɛ̀ɛ dì yè ɓàkònhà ŋgɔɔ ìlɔ̀ɔ̀ ɓòt ɓɔɓasonā.

²⁰ Ndi Krǐstò à tùglana ǹtǐîk i kède ɓàwɔga, à yè lìtam li bisu i kède ɓòt ɓa ye hīlɔ̄. ²¹ Inyǔlē lakì nyɛ̌mb ì lɔ̌l nì mùt, halā kì nyɛn lìtùgè li ɓawɔga li lɔ̌l nì mùt. ²² Inyǔlē kìkìi ɓɔɓasonā ɓa wēl ī Ādàm, halā kì nyɛn ɓɔɓasonā ɓa gakòndɛ ńǐŋ i Krǐstò. ²³ Ndi hi mût wee ntoŋ: Krǐstò, lìtam li bisu; mbūs hālā ɓa ɓā ye ɓā Kriīstò, malòl mee. ²⁴ I mbūs hālā lìsuk li gaɓā, ŋgèdà à gatīnɛ Nyambɛ Tàta ànɛ̀ yee, à ma mēlēs anɛ̀ nì kùndɛ̀ ì ànɛ yɔsonā nì lìpemba jɔlisonā. ²⁵ Inyǔlē à ǹlama anɛ̀, lɛtɛ̀ɛ̀ à niŋī ɓaɓala ɓēe ɓɔɓasonā i sī màkòò mee. ⁿ ²⁶ Nyɛ̌mb yɔ̌n ì gamèlhana kìkìi ŋ̀ɔ̀ɔ̀ à nsōk. ²⁷ Inyǔlē, à sùhus màm mɔmasonā i sī màkòò mee. ᵒ Ndi ŋgèdà i gakèla lɛ, màm mɔmasonā ma mmâl suùhlànà, wɛ̀ɛ i yina lē nu à sùhus màm mɔmasonā i sī yeè, nyɛmɛdɛ à sùhlana ɓēe. ²⁸ Ndi i ŋgèdà màm mɔmasonā ma mmàl sûhlana i sī yeè, hanyēn yàk Màn nyɛmɛdɛ à gasùhlana i sī nū à sùhus màm mɔmasonā i sī yeè, lɛ ndi Nyāmbɛ ā ɓa màm mɔmasonā manjɛ̀l mɔmasonā.

²⁹ Ɓale hà halā ɓēe, ki ɓòt ɓa nsòblana inyùu ɓàwɔga ɓa mɓɔ̀ŋ laa? I ɓā tɔ̄y lɛ ɓàwɔga ɓa ntùglànà ɓee, inyǔkī ni ɓòt ɓa nsòblana inyùù yâp? ³⁰ Tɔ̀ ɓès yaga, inyǔkī nyɛ̌mb ì nuŋgnɛ ɓès hikìi ŋgēŋ? ³¹ Hɔ̀dɔ, à lôgtatà, mɛ̀ ŋ́wɔ̄ hikɛl, inyǔlē mɛ̀ ńyādɓɛnɛ inyùu nân i Krǐstò Yesù, Ŋwɛ̀t wês. ³² Iɓālē mɛ̀ bijòs binùga Efɛsò kǐŋgèdà lɛm ɓôt, wɛ̀ɛ hālā à mɓāhlɛ ki mɛɛ̀? Iɓālē ɓàwɔga ɓa ntùglànà ɓee, wɛ̀ɛ dī jɛk, di nyɔk; ŋgɔ yàni dì gawɔ̄. ᵖ ³³ Nì yòm ɓâŋ. Bìlòŋ bìɓe bi ŋòbos bilɛm bìlam. ³⁴ Hèèbana yāga ntǐîk, nì ɓɔ̀ŋɔk ɓáŋ ɓeba. Inyǔlē ɓòt ɓàhɔgi ɓa gweē ɓē yi inyùu Nyāmbɛɛ̀. Mɛ̀ mpōdol yaā halā ī yùyùy ɓēe.

Nyùu bìtùgnɛ

³⁵ Ndi mùt à gaɓàt lɛ, ɓàwɔga ɓa ntùglana lɛlaa, nì lɛ ɓa galɔ̀na kinjē

ⁿ**1Kɔ̀r 15: 25** Hyèm 110: 1
ᵒ**1Kɔ̀r 15: 27** Hyèm 8: 7

ᵖ**1Kɔ̀r 15: 32** Yès 22: 13

ndɔŋ nyùu? ³⁶ À wɛ jōŋ muùt, wɛ̀mɛ̀dɛ yɔ̆m ù mɓɛ̀l i nnìŋ ɓe yɔ ŋgì wɔ, ³⁷ nì lɛ yɔ̆m ù mɓɛ̀l, hà nyùu ì gaɓā ɓe yɔ̆n ù mɓɛ̀l, ndik ǹsɔ jis li mboo, tɔ̀ li ɓā yàà li konflâwà, tɔ̀ li ndôŋ mboo ìpɛ. ³⁸ Ndi Nyambɛ nyɛ̄n à ntī jɔ nyùu kìkìì i nlēmel nyɛ, hi yaga mboo yèè yèé nyuu. ³⁹ Mìnsòn ŋwɔminsonā mi ta ɓē ndoòŋ mìnsòn yàda, ndi ndôŋ yàda ì yè mìnsòn mi ɓôt, ìpɛ mìnsòn mi binùga, ìpɛ mìnsòn mi dinùni, ìpɛ kî mi cɔbī. ⁴⁰ Mànyùù ma ŋgīī ma ye hālà, nì mànyùù ma hisi kî halà; ndi lìpem li manyùù ma ŋgìì li ye jēe liɓaàk, li manyùù ma hisi kî jee liɓâk. ⁴¹ Lìpem li jɔp li ye yèè ndôŋ, li sɔŋ kî yèè ndôŋ; còdot kî di gwēē jāp lipem. Ŋgɔ còdot ni còdot di nsɛlna ɓây. ⁴² Halā kì nyɛn i ye īnyùu lìtùgɛ̀ li ɓawɔga. Nyùu ì mɓèlà, ì ɓɔ̀lɔ̀k, ndi ì ntùglana ni nyùu ì mɓɔ̀l ɓee. ⁴³ Nyùu ì mɓèla ni wōnyuu; ndi ì ntùglana ni lìpem. Nyùu ì mɓèlà, ì ɓɔ̀mbɔ̀k, ndi ì ntùglana ni lìpemba. ⁴⁴ Nyùu ì mɓèlà ì ɓâk nyùu lìgweâk, ndi ì ntùglànà ì ɓâk nyùu mbūu. Iɓālē nyùu lìgweâk ì yè, wɛ̀ɛ nyùu mbūu kìì ì yè. ⁴⁵ Kìkìì i ye ǹtĭlɓàgà lɛ, mùt bìsu lɛ Adàm à yìla hègel i gwēē nìŋ minsòn, ᵠ ndi Adàm nu à ǹsok nyɛn à yìla mbūu u ntī nììŋ. ⁴⁶ Ndi hà nìŋ mbuu ɓe yɔn i mɓòk, ndik ī ligweaàk; mbūs hālà nìŋ mbuu i yik nɛnê. ⁴⁷ Mùt bìsu à lŏl hīsī, à ɓâk bìtɛk. Mùt à ǹyonos iɓaà, Ŋwɛt, à lŏl ŋgìi. ⁴⁸ Kìkìi nū bìtɛk à yè, halā nyɛn ɓā bitɛk kî ɓa yê. Nì kìkìi nū à nlòl i ŋgìi à yè, halā kì nyɛn ɓā ŋgiī ɓa yeē. ⁴⁹ Kìkìi dì ɛ̀ŋgep pònà mût bìtɛk, halā kì nyɛn dì gaɛ̀ŋgep ponà i nu à nlòl i ŋgìi.

⁵⁰ Ndi, à lôgtatà, mɛ̀ ŋkàl ndigi lē mìnsòn mi ta ɓē lɛ mi la kōdōl anɛ Nyambê, tɔ̀ màcèl, tɔ̀ màm ma mɓòl ma ŋkòdol ɓe mâm ma mɓɔ̀l ɓee. ⁵¹ Bèŋgnana kì, mɛ̀ ŋkàl ɓee jìmb * lɛ, Bèhɓɔbasonā dì gakɛ̀ ɓe hilɔ̄, ndi ɓèhɓɔbasonā dì gahèŋha, kunda yada yaga, likēebana li jis, i sēp ì nsōk. ⁵² Inyŭlē sep ì gahēma, ndi ɓàwɔga ɓa gatùglana ni nyùu ì mɓɔ̀l ɓee, ndi ɓès kî dì gahèŋha. ⁵³ Inyŭlē nyùu ìni ì mɓɔ̀l ì ǹlama ɛŋgēp ì ì mɓɔ̀l ɓee, yàk ìni nyùu ì ń́wɔ̄, i ɛŋgēp ì ì ń́wɔ̄ ɓēe. ⁵⁴ Ndi ŋgèdà nyùu ìni ì mɓɔ̀l ì ŋ̀ɛŋgɛp ì ì mɓɔ̀l ɓee, yàk ìni ì ń́wɔ̄, ì ŋ̀ɛŋgēp ì ì ń́wɔ̄ ɓēe, hanyɛ̄n ɓàŋa i ye ǹtĭlɓàgà i gayōnol lɛ, Nyɛ̆mb ì m̀milā yembɛ̀l. ʳ ⁵⁵ À nyɛ̂mb, yɛ̀mbɛ̀l yɔŋ i ye hēē? À nyɛ̂mb, sùùlɛnɛ yɔŋ i ye hēē? ˢ ⁵⁶ Sùùlɛnɛ nyɛ̂mb i ye ɓēba, lìpemba li ɓeba kî li ye mbēn. ⁵⁷ Ndi màyègà ma ɓa nì Nyambê, nu à ntī ɓes yɛmbɛ̀l inyùu Ŋwɛ̀t wɛ̄s Yesù Krĭstò. ⁵⁸ Halā nyɛ̄n, à lôgtatā yɛ̆m i gwehâ, èda yāga sìŋsìŋ, nì pogha ɓâŋ, ndi lìgɓana nì ǹson Ŋwɛt ŋgèdà yɔ̀sonā, lakìi nì ńyī lɛ ndùmɓɓà nàn ì tā ɓe yaŋgà i Ŋwɛ̆t.

16

Màkèblà inyùu ɓàpubhaga

¹ Ndi inyùu màkèblà ma ye īnyùu ɓàpubhaga, ᵗ yàk ɓèe ɓɔ̀ŋa kìkìi mɛ̀ bitēene mintɔŋ mi Galātìà. ² Kɛl bìsu i sɔndî hi mùt i kède nàn à ɓa à kòhlègè yèŋɛ̀ à bikòs, à ɓiâk, lɛ ndi

---

ᵠ 1Kɔ̀r 15: 45 Bìɓ 2: 7
* 1Kɔ̀r 15: 51 ɓèŋgɛ Rom 11: 25
ʳ 1Kɔ̀r 15: 54 Yès 25: 8
ˢ 1Kɔ̀r 15: 55 Hòs 13: 14
ᵗ 1Kɔ̀r 16: 1 Rom 15: 25-26

nì yɔ̀ŋ ɓáŋ màkèblà mɛ̀ ma lɔ̄. ³ Ndi iɓálē mɛ̀ ǹlɔ̂, ɓòt ɓa galēmel ɓee ɓɔn mɛ̀ gaɔ̄m ni bìkààt i kɛ̀nà màkèblà manân i Yèrusàlèm. ⁴ Ndi iɓálē ma gaɓā yaga jogà lɛ yàk mɛ̀mède mɛ kēē lòŋ, ki mɛ̀ nì ɓɔ dì gakèɛ.

Ŋgòòbà màkè

⁵ Ndi mɛ̀ galɔ́ i ɓēnī, iɓálē mɛ̀ m̀mál tagɓɛ Makèdonìà, inyŭlē mɛ̀ ntāgɓɛnɛ Makèdonìà. ⁶ Ndi ɓɛbêk mɛ̀ ganɔ̌m ɓēnī, tɔ̀lɛ mbèŋ ì galòo mɛ hà, lɛ ɓèè ɓɔn ni ega mɛ̀ tɔ̀ hɛɛ mɛ̀ ŋkɛ̀. ⁷ Inyŭlē mɛ̀ nsòmbol ɓe mɛ tēhɛ ɓee hanaànɔ malòo mêm, inyŭlē mɛ̀ mɓɔ̄t ŋem lɛ mɛ̀ gayɛ̀n i ɓēnī jogà, iɓálē Ŋwèt à ǹnɛɛɓè. ⁸ Ndi mɛ̀ gayɛ̀n Efēsò lɛtɛ̀ɛ nì Pèntèkôt, ᵘ ⁹ inyŭlē ŋwèmel ǹkɛŋi nì u ɓaŋgā ǹsɔn u ye mɛ̀ ɓàyìblaga, ndi ɓàkɔ̀lɓà ɓa ye ŋgàndàk.

¹⁰ Ndi iɓálē Tìmòteò à m̀pam, ɓɔ̀ŋa lē a ɓa ī kède nán iɓaɓe wɔŋi, inyŭlē à mɓɔ̀ŋ nsɔn Ŋwèt kìkìi mɛ̀. ¹¹ Jɔn mùt à yàn ɓáŋ nyē. Ndi ebnana nyē njèl nì ǹsàŋ lɛ a lɔ́ mēnī, inyŭlē mɛ̀ mɓɛ̀m nyɛ nì lògtatà. ¹² Ndi inyŭu mǎntàta wès Apolò, mɛ̀ bisɔ̄ɔhɛ nyɛ ŋgàndàk lɛ a lɔ́ ɓēnī lòŋ yada ni lògtatà, ndi sòmbòl yee i ɓèè yaga ɓe lɛ a lɔ́ hānaànɔ; ndi à galòo iɓálē à ǹnahbɛ̀.

Màeba nì màyègà ma nsōk

¹³ Yèna pèè, tɛlɓana lɔ̄ŋgɛ ī kède hēmlɛ̀. Lohbana kìkìi ɓòòlom. Nì ɓangà ŋgùy. ¹⁴ Màm mɔmasonā nì mɓɔ̀ŋ, ma ɓɔŋā nì gwehâ.

¹⁵ À lôgtatà, nì ńyī ndap Stèfanà, ᵛ lɛ ì yè lìtam li bisu i Akayà, nì lɛ ɓa bisɛ̀m ɓɔmède lɛ ɓa gwelēl ɓàpubhaga; ¹⁶ mɛ̀ nsɔ̄ɔhɛ ni lɛ, yàk ɓee, ni suhūs ɓèèɓɔmède i sī ndòŋ ɓòt ì, nì i sī hīkìi mùt à ntùmbɓa halā īnyùu hōla ǹsɔn. ¹⁷ Ndi màlɔ́ ma Stefānà ɓɔnà Fɔ̀rtùnatò nì Àlaikò ma ŋkònha mɛ màsee, inyŭlē ɓɔn ɓa bilɔ̀ miŋɔ́ minaàn lakìi ɓèèɓɔmède nì haŋ. ¹⁸ Inyŭlē ɓa bihògɓaha mbuu wêm, yàk mìmbuu minân. Yina ndòŋ ɓòt i ɓàŋga lìyîk.

¹⁹ Mìntɔŋ mi Asìà mi ńyegā ɓee. Àkuilà ɓɔnà Prîskìlà ʷ nì ǹtɔŋ u ye ndáp yaàp ɓa ńyegā ɓee ŋgàndàk i Ŋwèt. ²⁰ Lògtatā yes yɔsɔnā i ńyegā ɓee. Yègnana nì màsɔhnà màpubhaga.

²¹ Màyègà ma wɔɔ wêm mana, mɛ̀ Paul. ²² Iɓálē mùt à nsìŋge ɓe Ŋwet wēs Yesù Krǐstò, wɛ̀ɛ a ɓa ǹtĭhègè, À Ŋwet, lɔ̌k! ²³ Kàrǐs Ŋwèt wēs Yesù Krǐstò i ɓa nì ɓèe. ²⁴ Gweha yɛ̀m i ɓa nì ɓèè ɓɔɓasonā i Krǐstò Yesù. Ààmèn.

ᵘ **1 Kɔ̀r 16: 8** LL 23: 15-21
ᵛ **1 Kɔ̀r 16: 15** 1 Kɔ̀r 1: 16

ʷ **1 Kɔ̀r 16: 19** MB 18: 2

2 Kòrintò

1

Màyègà

¹ Paul, ŋoma nū Krĭstò Yesù kĭŋgèdà sòmbòl Nyambê, nì Tìmòteò mǎntàta wěs, dì ntìlna ntoŋ Nyambɛ ū ū ye ī Kòrintò, ˣ nì ɓàpubhaga ɓɔɓasonā ɓa ye Ākāyà yɔsonā. ² Kàrîs ì nlòl ni Nyāmbɛ Tàta wěs nì Ŋwèt lɛ Yesù Krĭstò i ɓa nì ɓèe nì ǹsàŋ.

Paul à ntī Nyambɛ màyègà i mbūs njîihà yèe

³ Lìpem li ɓa nì Nyambê, Ìsaŋ Ŋwèt wěs Yesù Krĭstò, Tàta nū kònàŋgɔɔ, nì Nyambɛ nū lèdèhŋem yɔsonā, ⁴ nu à nlèdes yaga ɓes mìŋem i kède njîihà yěs yɔsonā, lɛ ndi ɓès di laā lèdes ɓôt mìŋem, ɓa ɓā gweē tɔ̀ ìmbɛ njîihà, nì lèdèhŋem Nyāmbɛ à yè à ledēs ɓes. ⁵ Inyŭlē kìkìi njɔ̄nɔk ì Krĭstò ì ǹyámba i kède yês, halā nyēn lèdès yes ŋem kî i ńyààmba inyùu Krĭstò. ⁶ Ndi tɔ̀ dì nnōk njîihà, halā à yè yàà inyùu lèdès mìŋem minân nì inyùu tōhi nân; i ɓā kì lɛ dì ǹlēdhana miŋem wèɛ halā à yè ndigi lē di ledēs ɓèè miŋem, yɔn i ŋēba yaga ŋguùy yèè inyùu nīhbè nì nnīhbe minlèlèm mi njɔnɔk kìkìi yàk ɓěs dì nsōn. ⁷ Ndi ɓɔdŋem yes inyùu nân i siŋī sìŋsìŋ, inyŭlē dì ńyī lɛ kìkìi nì yè ɓàyɔ̀ŋŋgàbà mu njɔ̄ŋɔk, halā kì nyɛn nì yè inyùu lèdèhŋem. ⁸ Inyŭlē, à lôgtatà, dì nsòmbol ɓe lɛ yi i heŋel ɓèè inyùu njîihà yěs dì bikòs Asìà, ʸ ì pegēs yaga ɓes ìlɔ̀ɔ̀ ìhègà hi ŋgûy yěs, kàyèlɛ dì bilēhɛl ki nìŋ ŋem. ⁹ Ndi ɓèhɓɔmèdɛ dì ɓeema mēlēs i kède yês lɛ dì ŋwɔ yàa, lɛ ndi dì ɓodol ɓāŋ ɓèhɓɔmèdɛ ŋem, ndik Nyāmbɛ nū à ntùgul ɓawɔ̄ga. ¹⁰ À bisòŋ ɓes nì ndòŋ nyɛ̆mb ìni, à gasòŋ ki ɓěs. Nyɛ ki nyēn dì mɓōdol ŋem lɛ à gaɓā à nsòŋ ɓes, ¹¹ lakìi yàk ɓèe nì edi lòŋ yada i hōla ī kède màsɔɔhɛ̀ inyùù yês, lɛ ndi kìkìi lìkèblà li karîs li bitīna ɓes nì ŋgàndàk ɓòt, yàk màyègà kì ma tina nì ŋgàndàk ɓòt inyùù yês.

Màm ma nsèk njêl i hɔ̄ɔ pām ɓɔ̄nī

¹² Inyŭlē bìyat gwes bi ye yàà mbogī kīŋŋem yês, lɛ dì ɓe hyom mūnu ŋkɔ̀ŋ hisi, ndi lɔŋge lɔ̄ŋge ī mìs manân, nì lɛm pūbhaga nì puba ŋem i nlòl ni Nyāmbɛɛ, hà nì pèk mìnsòn ɓee, ndi nì kàrîs Nyambê. ¹³ Inyŭlē dì ntìlna ɓe ɓee màm màpɛ ìlɔ̀ɔ̀ ma nì ŋāŋ, nì ma nì ntībil yi; ndi mɛ gwēe ɓɔ̄dŋem lɛ nì gatībil yaga yi mɔ letèɛ̀ nì lisūk, ¹⁴ kìkìi nì m̀ɓodōl tibil yi lɛ ɓès ɓɔn dì yè yadɓɛnɛ nân, kàyàda kìkìi yàk ɓèe nì gaɓā yês i ŋgwà Ŋwɛt wěs lɛ Yesù. ¹⁵ Ndi inyùu mbìdè ìni nyɛn mɛ ɓe hɔŋɔl lɛ mɛ mɓòk ndugi lɔ nyɔ̄ɔ ɓěnī, lɛ ndi ni kōs kàrîs ì ǹyonos iɓaà, ¹⁶ lɛ mɛ loō ɓěnī i kɛ i Màkèdonìà, ndi mɛ kondē lɔ i ɓěnī malòl mêm Màkèdonìà, ndi ɓèè ɓɔn ni ega mɛ likè jêm i Yùdeà. ¹⁷ Lakìi mɛ ɓe hɔŋɔl ni halà, ɓàa mɛ bipɔ̄t yàā bipɔpɔdà bi mâm? Tɔ̀ ma mɛ nhɔ̄ŋɔl ɓɔɔŋ, ɓàa wèɛ mɛ nhɔ̄ŋɔl mɔ kĭŋgèdà mìnsòn, lɛ ndi ŋ̀ŋ̀, ŋ̀ŋ̀, a ɓa mɛ hɛni, hɛni? ¹⁸ Ndi kìkìi Nyāmbɛ à yè ɓonyoni, wèɛ tɔ̀ i ɓàŋga dì biāŋlɛ ɓee i ta ɓē

ˣ 2 Kòr 1: 1 MB 18: 1   ʸ 2 Kòr 1: 8 1 Kòr 15: 32

ŋɔ̂ nì hɛni. ¹⁹ Inyǔlē mǎn Nyāmbɛ lē Yesù Krǐstò, nu dì biāŋal i kède nân, mɛ̀, Sìlvanò nì Tìmòteò, ᶻ à ɓeè ɓe ŋɔ̂ nì hɛni, ndi ŋ̀ɔ̂ nyɛn à yè ndigi ī nyēnī. ²⁰ Inyǔlē tɔ̀ kinjē ŋgàndàk màkàk ma Nyambɛ mā yeè, mɔmasɔnā yaga ma ye ŋ̀ɔ̂ i nyēnī, jɔn ààmɛ̀n à yè inyùù yeè, lɛ Nyambɛ ā koòs lìpem inyùù yês. ²¹ Ndi nu à ŋōm ɓes nì ɓèe màkòò hisī siìŋsìŋ i Krǐstò, nì nu à biɓɔɔ ɓes, à yè Nyambê; ²² nyɛn à ɓand ɓěs, à ti ki ɓès Mbuu kìkìi ɓán i kède mìŋem ŋwes. ²³ Ndi mɛ̀ nsèbel Nyambɛ lē a ɓa mbògi ŋ̀em wêm lɛ inyùu ɓāŋaàl ɓèe, jɔn mɛ̀ ɓe lɔ hā ɓe ki mɛ̀ i Kɔ̀rintò. ²⁴ Hà lana ɓe lɛ dì ŋànɛ hemlɛ̀ nân, ndi dì yè yàà ɓasɔ ɓa ɓagwèlǹsɔn lòŋ yada ni ɓèè inyùu màsee manân; lakìi nì tee nì ŋgùy i kède hēmlɛ̀.

2

¹ Ndi mèmèdɛ mɛ̀ bimèlɛs lɛ mɛ̀ pam ha ɓáŋ kì i ɓěnī i kònhà ɓee ndùdù. ² I ɓā nī lɛ yàk mɛ̀ kì mɛ̀ ŋkònha ɓee ndùdù, wɛ̀ɛ ǹjɛɛ nûmpɛ ni à gakònha mɛ màsee, ndigi nū mɛ̀ ŋkònha ndudù? ³ Ndi mɛ̀ bitìlna ɓee ǹlèlèm jâm unu, mɛ̀ tiga lɛ mɛ̀ pam ɓěnī mɛ̀ ɓana ndudù nì ɓòt mɛ̀ lamga kuhūl masee; inyǔlē mɛ̀ gwèe mbìdɛ̀ nì ɓèè ɓɔɓasɔnā lɛ màsee mêm ma ye yàà masee manân ɓèè ɓɔɓasɔnā. ⁴ Inyǔlē mɛ̀ bitìlna ɓee i kède ŋgàndàk njiihà nì lègdà ŋem, lòŋnì ŋgàndàk gwǐhà, ndi hà lana ɓe lɛ ni kɔ́n ndùdù, ndigi lē ni yi lē gweha mɛ̀ gwèe īnyùu nân i ye ǹyǎmbàgà.

Ŋwèhèl inyùu mùt à biɓɔŋ ɓeba

⁵ Ndi iɓālē mùt wàda à bikònha ɓōt ndùdù, wɛ̀ɛ hà mɛ̀ ɓe nyɛn à bikònha yɔ̂, ndi ɓèè ɓɔɓasɔnā, hi mût jee jogà [mɛ̀ tiga ɓèga ɓee mbègèɛ̀ ì nlɔɔ hihègà]. ⁶ Nogôs mùt nu à bikɔ̀s ni ŋgàndàk ɓōt i ŋkɔla yaga ni nyē, ⁷ kàyèlɛ nì kòli ndīgi ŋwèhel nyɛ nì hògɓàhà kì nyɛ i tiga lɛ ndùdù ì lōha miīl nyɛ cwāt. ⁸ Jɔn mɛ̀ nsɔɔhɛ ɓee lɛ ni eba nyē gwēha nân. ⁹ Inyùu hālā nyēn mɛ̀ bitìla i nɔɔdɛ̀ ɓèe, lɛ mɛ yi tɔɔ nì yè mànoglà manjèl mɔmasɔnā. ¹⁰ Iɓālē nì ŋ̀ŋwehēl muùt jàm, wɛ̀ɛ yàk mɛ̀ kì mɛ̀ ŋ̀ŋwehēl nyɛ jɔ̄. Inyǔlē jàm mɛ̀ ŋ̀ŋwehēl muùt, iɓālē mɛ̀ ŋ̀ŋwehēl jɔ, wɛ̀ɛ mɛ̀ mɓɔŋ yaā halā īnyùu nân i mbɔ̌m Krǐstò, ¹¹ lɛ i tiga lɛ Saatàn à puū ɓes, inyǔlē dì nnēk ɓe dipa cee.

Ndùŋa Paul nyɔɔ Trǒà

¹² Ndi ŋgèdà mɛ̀ bipām Trǒà inyùu āŋaàl Mìŋaŋ Mìnlam mi Krǐstò, yàk ŋwèmɛl nsɔn u yíblana me ī ŋwět, ¹³ mɛ̀ ɓeè ɓe mɛ̀ gwèe nòy i kède mbūu wɛɛm, inyǔlē mɛ̀ bikɔ̄ba ɓe me mǎntàta wêm Tìtò. Halā nyēn mɛ̀ bicèèlana ni ɓɔ̂, mɛ̀ kɛ lētèɛ̀ nì Màkèdonìà. ᵃ

Bìɓembɛ i Krǐstò

¹⁴ Ndi màyègà ma ɓa nì Nyambê, nu à ntī ɓes bìɓembɛ ŋgèdà yɔsɔnā i Krǐstò, nu à mpèges ki njǐŋ yī yee inyùu yês hɔma nyɛɛnsɔnā. ¹⁵ Inyǔlē ɓès ɓɔn dì yènɛ̀ Nyambɛ lōŋgɛ njīīŋ i Krǐstò i kède ɓòt ɓa ntɔhlànà, nì ɓa ɓā nnimiīl. ¹⁶ Inyùu ɓòt ɓa nnimîl dì yè njǐŋ nyèmb, lɛ ɓa wɔ; inyùu ɓā ɓā

ᶻ 2 Kɔ̀r 1: 19 MB 18: 5   ᵃ 2Kɔ̀r 2: 13 MB 20: 1

ntɔhlànà dì yē njǐŋ nìŋ, lɛ ɓa nîŋ. Ǹjɛɛ ni à kòli īnyùu màm mana? ¹⁷ Inyǔlē dì tà ɓe kìkìi ŋgàndàk ɓapɛ ɓa ɓā nsòyoy ɓaŋgā Nyambɛɛ̀, ndi dì mpɔ̄t ni pūba ŋɛm inyùu Nyāmbɛ ī Krǐstò, i mbɔ̌m Nyāmbɛɛ̀.

3

Mìnlìmil mi malombla ma yɔndɔ

¹ Ɓàa dì mɓòdol ki āŋal ɓehɓɔmɛ̀dɛ? Tɔ̀lɛ i nsòmbla ki lē ɓɛ̀s di ɓana bìkàat bi mbogī kìkìi ɓāpɛ, i ēba ɓɛ̀ɛ̀ tɔ̀lɛ bìkàat ɓɛ̀ɛ̀ɓɔmɛ̀dɛ nì bitìlà? ² Ŋgɔ ɓɛ̀ɛ̀ ɓɔn nì yē kàat yɛ́s mbògi ì ì yē ǹtǐlɓàgà i kèdɛ mìŋɛm ŋwes. Ɓot ɓɔbasonā ɓa ńyī yɔɔ̀, ɓa ŋāŋ ki yɔ̀. ³ Nì ńyīna lɛ nì yē kàat Krǐstò, ǹtǐlɓàgà nì ǹsɔn wes, hà nì tiŋtɛ̀ ɓee, ndi nì Mbuu Nyambɛ nū nìŋ; hà i ŋgìi dìɓambha di ŋgɔ̂k ɓee, ndi ŋgìi dìɓambha di miŋɛm di minsòn. ᵇ

⁴ Ndi ini ndòŋ mbìdè yɔ̌n dì gwèe nì Nyambɛ īnyùu Krǐstò, ⁵ hà lana ɓe lɛ dì kòli īnyùu ɓɛ̀s ɓɔmɛ̀dɛ, i hɔ̄ŋɔ̀ɔ̀l jàm wɛ̄ŋgɔ̀ŋlɛ li nlòl i kèdɛ yɛ́s; ndi kɔ̀là yes i nlòl yāā ni Nyāmbɛɛ̀, ⁶ lakìi à biɓɔ̂ŋ ɓes lɛ di kɔlā ī ɓā mìnlìmil mi malombla ma yɔndɔ, hà mi kaàt ì mben ɓee, ndi mi Mbuu, inyǔlē kàat ì nnɔ̄laà, ndi Mbuu nyɛn à nnìŋis.

⁷ Ndi iɓālē ǹsɔn nyɛmb, u ū gweē bìɓàŋga ŋkedlàk i ŋgìi ŋgɔ̀k, u mpamna lipem kàyèlɛ ɓɔn ɓa Isrāɛ̀l ɓa nlā ɓe ɓɔk su Mosè mìs inyùu lìpem li su wee, ᶜ li lī ɓā maàlɓa, ⁸ lɛlaa ni ǹsɔn Mbuu u gapāmna ɓe lipem ìlɔ̀ɔ̀ halā? ⁹ Inyǔlē iɓālē ǹsɔn u mpēmes mbagī nōgoòs u ɓā u gweē

lìpem, wɛ̀ɛ ǹsɔn u ntēe ɓoòt sep u ńyààmba yaga ni lìpem. ¹⁰ Ndi ìlɔ̀ɔ̀ kì halà, jàm li mɓòk pamna lipem li gweē ɓē lipem ŋgèdà li ŋkèdɓa ni sōgɓoòk lìpem. ¹¹ Inyǔlē iɓālē jàm li mmàlɓa li ɓā nì lìpem, wɛ̀ɛ jàm li nnɔ̀m li gaɓa tɔy ni lìpem.

¹² Lakìi dì gwèe ndòŋ ɓɔdŋɛm ìni, wɛ̀ɛ dì mpɔ̄t ni màkend màkeŋi, ¹³ Hà kìkìi Mōsè ɓee, nu à ɓa à ho su wee nì kìŋil, lɛ ndi ɓɔn ɓa Isrāɛ̀l ɓa ɓɔ̄k ɓaāŋ lìsuk li jâm li mmàlɓa mis. ᵈ ¹⁴ Ndi ɓa nāy ī kèdɛ màhɔŋɔ̀l map, inyǔlē letɛ̀ɛ nì lɛ̂n ìni, ǹlèlɛ̀m kiŋìl u ŋgi yiī ŋgèdà ɓa ŋāŋ malombla ma kwâŋ, lakìi i ye ŋgi sɔ̀ɔlana ɓɔ lɛ kìŋil i màlɓa ī Krǐstò. ¹⁵ Ndi letɛ̀ɛ nì bilên, tɔ̀ kìnjē ŋgèdà ɓa ŋāŋ kaàt Mosè, kìŋil i huli ndìgi mìŋɛ̀m ŋwap. ¹⁶ Ndi hi yaga ŋgèdà mìŋɛm ŋwap mi nhyèlɓa i tèmb nì Ŋwɛt, wɛ̀ɛ kìŋil i nhèànà. ᵉ ¹⁷ Ndi Ŋwɛt à yē Mbuu, ndi hɛ́t Mbūu Ŋwɛt à yɛnɛ̀, ha kì nyɛn kùndɛ ì yɛ̀. ¹⁸ Ndi ɓèhɓɔbasonā yaga, nì su u ɓembī, dì ntēhɛ lipem li Ŋwɛt wɛ̄ŋgɔ̀ŋlɛ i nùnɓà, dì nhèŋhana ki lē di koōs ǹlèlɛ̀m ponà, lìpem ìkɛ̀pam līpēm. Halā à nlòl yak Ŋwɛ̀t nu à yē Mbuu.

4

Lìsòò li ŋkùs i kèdɛ dìɓɛ̀ɛ̀ di bitèk

¹ Inyùu hālā nyɛ́n, lakìi dì gwèe ndòŋ ǹsɔn ìni kìkìi dì bikòs ŋgɔɔ, wɛ̀ɛ dì ńwāa ɓee. ² Ndi dì bipāmɓa ni dìpa di ńwēha nyuu, dì nhyōm ɓe ki tɔ̀ manjèl ma maŋgàŋga, tɔ̀ tɔ̀ŋɔ̀l ɓàŋga Nyambɛ nì màndon, ndi mu ēba dì ŋēba maliga dì ŋāŋal

---

ᵇ **2Kɔ̀r 3: 3** Màny ɔ̀dì 24: 13
ᶜ **2Kɔ̀r 3: 7** Màn 34: 30
ᵈ **2Kɔ̀r 3: 13** Màn 34: 35
ᵉ **2Kɔ̀r 3: 16** Màn 34: 34

ɓehɓɔmɛ̀dɛ i kède kīŋŋēm hi muùt mbɔ̌m Nyāmbeɛ̀. ³ Ndi i ɓā nī lɛ Mìŋaŋ Mìnlam ŋwes mi solī, wɛ̀ɛ̀ mi sōlnɛ yàà ɓôt ɓa nnimîl, ⁴ inyŭlē nyambɛ nū hyày hini à bikwès mahɔŋɔ̂l ma ɓôt ɓa ntɔ̄p ɓe hemlè ndim, i tiga lɛ màpubi ma Miŋaŋ Mìnlam mi lipem li Krǐstò, nu à yè pòna Nyambê, ma ɓeyēy ɓɔ. ⁵ Inyŭlē dì ŋāŋal ɓe ɓes ɓɔmèdɛ, ndik Krǐstò Yesù kìkìi Ŋwět, ndi ɓès ɓɔmèdɛ kìkìi mìŋkɔ̀l minân inyùu Yēsù. ⁶ Inyŭlē Nyambeɛ̀, nu à pɔt lē, màpubi ma gapēmel i jǐɓè, ᶠ nyɛn à biɓày i kède mìŋɛm ŋwes, lɛ a ti màpubi i yī lìpem li Nyambɛ ī sū u Yesù Krǐstò.

⁷ Ndi dì gwèènɛ lìsòò li ŋkùs lini i kède dìɓèɛ̀ di bitèk, lɛ ndi sōgɓoòk lìpemba nunu a ɓa nū Nyāmbeɛ̀, ndi hà wès ɓee. ⁸ Dì ŋkìiŋa ni njiiha bìpɛ̀s gwɔbisonā, ndi ì nhām ɓe ɓes; dì hendlàk, ndi dì lɛhɛl ɓe ŋem; ⁹ ɓa tēŋgàgà ɓěs, ndi dì kenhana ɓee; ɓa ɓehêk ɓès hisī, ndi dì ciba ɓee. ¹⁰ Nyùù yés ì ɓèèga nyɛ̌mb i Ŋwèt wés Yesù ŋgèdà yɔsonā, lɛ ndi i yina lē Yesù nyɛn à yè nìŋ i kède nyùù yês. ¹¹ Inyŭlē ɓès ɓa dì yè i nɔm, dì sèma kɔ̄ŋ ni kɔ̄ŋ i mɔ̀ɔ ma nyɛ́mb inyùu Yēsù, lɛ ndi nìŋ Yesù kì i yina ī kède mìnsòn ŋwes mi mī ŋ́wɔ̄. ¹² Halā nyɛ̄n nyɛ̌mb ì ŋēba ŋguùy yèè i kède yês, ndi nìŋ i kède nàn. ¹³ Ndi lakìi dì gwèe ǹlèlèm mbuu hemlè, kìkìi i ye ǹtǐlɓàgà lɛ, mɛ̀ bihēmlɛ̀, jɔn mɛ̀ bipɔ̄t; ᵍ wɛ̀ɛ̀ yàk ɓès kî dì nhēmlɛ̀, jɔn dì mpɔ̄t; ¹⁴ inyŭlē dì ŋ́yī lɛ, nu à tùgul Ŋwèt lɛ Yesù, à gatùgul yâk ɓès ni Yēsù, nì tee kì ɓès lôŋ yada ni ɓèɛ̀ i mbɔ̀m yeè. ¹⁵ Inyŭlē màm mɔmasonā ma ye yàà inyùu nàn, lɛ ndi ŋgàndàk ɓôt i ɓulūs kàrîs ìni, ndi yàk yɔ̀ i ɓulūs màyègà inyùu lìpem li Nyambê.

Ì hyumûl i hēmlè

¹⁶ Jɔn dì ŋ́wāa ɓēe. Ndi tɔ̀ i ɓā yàà lɛ mùt wěs bìtee bi mis à mɓɔ̀l, ki mùt wěs kède à ntèmb yɔndɔ hi kɛl nì kɛl. ¹⁷ Inyŭlē njiihà yěs, ì ì nhɔ̀y, ì nnɔ̀m ndêk ŋgeŋ, yɔ̌n ì mɓɔ̀ŋ ɓes lɛ di kōs ɓàŋga lìpem, ì ì ŋ́yààmba yaga ɓɔgā ni ɓɔ̀ga, ¹⁸ inyŭlē dì mɓèŋgɛ ɓe mâm ma nnēneɛ̀, ndik màm ma nnēne ɓēe; inyŭlē màm ma nnēneɛ̀, ma ntāgɓɛ̀, ndi màm ma nnēne ɓēe mɔn ma ye ɓɔ̀ga.

5

¹ Inyŭlē ɓěs dì ŋ́yī lɛ, iɓālē ndap yeēs hana hisī, ì ì yè lap, ì ŋkuubà, wɛ̀ɛ̀ dì gwèe ŋ̀ɔŋɔ̀k ndap Nyāmbɛ à ǹti ɓes, ì ì ŋ̀oŋa ɓe ni mɔ̀ɔ, yɔ̌n ì yè ɓɔ̀ga nyɔ̄ɔ ŋgìi. ² Inyŭlē dì ŋ̀umndene yaga munu lāp ini, dì ɓâk kì ŋgòŋ i èŋgèp ndap yés ì nlòl i ŋgìi; ³ Balɛ dì ɓak ɓaèŋgbaga, wɛ̀ɛ̀ dì galèbna ɓe nsɔ. ⁴ Inyŭlē ɓès ɓa dì yènɛ munu lāp ini, dì ŋ̀umndè, lakìi dì ɓèèga mbègèɛ̀ ì ŋèt; hà lana ɓe lɛ dì nsòmbol êŋglà, ndigi lē di eŋgā, lɛ ndi nìŋ i mîl nyùu ì ŋ́wɔ̄ cwat. ⁵ Ndi nu à biɓɔ̀ŋ lɛ i ɓa hālā ìnyùù yés à yè Nyambê, à ti kì ɓès Mbuu kìkìi ɓān.

⁶ Jɔn dì gwèènɛ màkend ŋgèdà yɔsonā, dì ŋ́yī ki lē, i yèn dì ŋ́yèn i mbāy lɛ kède nyùu, wɛ̀ɛ̀ dì yè nɔnɔk ni Ŋwèt, ⁷ inyŭlē dì nhyūmul i hēmlè,

---

ᶠ 2Kɔ̀r 4: 6 Bìɓ 1: 3   ᵍ 2Kɔ̀r 4: 13 Hyèm 116: 10

hà i tēhɛ nì mìs ɓee. ⁸ Dì gwèe màkend, i nlēmel ki ɓès ŋgandàk lɛ di nyɔdi mūnu nyùu, di yēn mbāy yak Ŋwĕt. ⁹ Jɔ ni jɔn dì mpɛ̀gɓà kì, lɛ di lemel nyē, tɔ̀ dì yè i mbāy yak Ŋwĕt, tɔ̀ dì yè nɔnɔk ni nyē. ¹⁰ Inyŭlē i nsòmbla yaga lɛ ɓèhɓɔɓasonā di yɛli bīsū bi yeēnɛ mbagí Krĭstò, ʰ lɛ ndi hī muùt a kós lɔ̄ŋgɛɛ̀ tɔ̀ ɓeba kĭŋgèdà màm à ɓe ɓɔ̂ŋ i kède nyùu.

Ǹsɔn saŋglà

¹¹ Inyùu hālà, lakìi dì ńyī kɔɔ̄n Ŋwɛt wɔ̀ɲi, wèɛ dì ŋòt ɓôt, ndi Nyambɛ nyēn à ńyī ɓes ɓàŋa lìyîk; mɛ̀ gwèe kì ɓɔdɲem lɛ yàk ɓèe nì ńyī ɓes hālā ī kède kīŋŋem naàn. ¹² I ta ɓē wèŋgɔ̀ŋlɛ dì ŋkònde aɲal ɓehɓɔmèdɛ nyɔ̄ ɓĕnī, ndi dì nnēhne ɓee njèl lɛ ni yadɓenɛ īnyùu yês, lɛ ndi ni ɓana jàm i tìmbhè ɓôt ɓa ńyādɓenɛ inyùu màm ma bitēe bi mis, ndi hà inyùu màm ma ŋem ɓee. ¹³ Inyŭlē tɔ̀ i ɓā yààa lɛ mìŋɔ mi ɓe yôm ɓĕs, wèɛ i ɓeè yààa hālā īnyùu Nyāmbɛɛ̀; tɔ̀ dì nhōlos miɲem, wèɛ hālā à yè ndigi īnyùu nàn. ¹⁴ Inyŭlē gweha Krīīstò i ntīndɛ ɓes, lakìi dì m̀melēs lana lɛ, iɓālē mùt wàda à wɔ mĭɲɔ̄ mi ɓoòt ɓɔɓasonā, wèɛ ɓɔɓasonā yāā ɓɔn ɓa wɔ̄; ¹⁵ à wɔ kì inyùu ɓɔɓasonā lɛ ndi ɓā ɓā yiī nɔ̀m, ɓa nìŋ ha ɓâŋ inyùù yâp ɓɔmèdɛ, ndik īnyùu nū à wɔ, à tugē ki inyùù yâp. ¹⁶ Wèɛ iɓòdòl hanànɔ ɓés dì ńyī ha ɓe muùt nyɛkĭɲē kĭŋgèdà mìnsòn. Ndi tɔ̀ i ɓā yààa lɛ dì ɓe yi Krĭstò kĭŋgèdà mìnsòn, ki wèɛ hà hālā ɓē nyɛn dì ńyī nyɛ hanaànɔ. ¹⁷ Jɔn tònjɛɛ à yè i Krĭstò, wèɛ à yè hègel yɔndɔ. Màm ma kwâŋ ma m̀māl tagɓè; nùnakì, ma ńyīlā yɔndɔ yɔndɔ. ¹⁸ Ndi màm mɔmasonā ma nlòl yak Nyāmbɛɛ̀, nu à saŋgal ɓès ni nyēmèdɛ i Krĭstò Yesù, à ti ki ɓès nsɔn saŋglà. ¹⁹ Halā à yè lɛ, Nyambɛ à ɓa ī Krĭstò, à saŋglàk ŋ̀kɔ̀ŋ hisi nì nyēmèdɛ, à eŋel ha ɓe ɓôt màhòhà map, à ti ki ɓès lipodol li saŋglà î. ²⁰ Inyùu hālā dì yè ɓàkèŋwìn inyùu Krĭstò, wĕŋgɔ̀ŋlɛ Nyambɛ à mɓēhnɛ ɓoòt manyɔ̀ mes, dì ńyɛmhɛnɛ ɓee inyùu Krĭstò lɛ, ni ɓa ǹsaŋglàgà nì Nyambê. ²¹ Nu à ɓa yi ɓē ɓeba, nyɛn Nyambɛ à yìlha ɓéba inyùù yês, lɛ ndi di yilā tēlɛɛ̀bsep Nyambɛ īnyùù yeɛ̀.

6

¹ Ndi lakìi dì ŋgwèl nsɔn lòŋ yada ni Nyāmbɛɛ̀, wèɛ dì nsɔɔhɛ ki ɓèè lɛ nì lɛɛgɛ ɓâŋ kàrîs Nyambɛ kìkìi yàŋgà jâm. ² Inyŭlē à ŋkàl lɛ, Mɛ̀ nnōgol we ŋgèdà mɛ̀ ŋēbna we lɔ̄ŋgɛ ŋ̄ɛm; mɛ̀ nhōla we kēl tɔ̄hìì. ⁱ Nùnakì, hanànɔ nyɛn à yè ŋgèdà à ŋēba lɔŋgɛ ŋ̄ɛm; nùnakì, hanànɔ nyɛn à yè kɛl tɔ̄hìì. ³ Dì mɓɔ̀ŋ ɓe jâm jɔkĭjɔ̄ i kwèhà mùt, lɛ ndi ɓa ōm ɓâŋ ǹsɔn wes ǹsɔ̀hi. ⁴ Ndi dì ŋēba ɓehɓɔmèdɛ mànjèl mɔmasonā kìkìi mìnlìmil mi Nyambê, i kède ŋgàndàk honɓà, i njīihà, i ndèèŋgà, i bìkùù, i ndòm, i màmɔ̀k, ⁵ i lìsànda, i ndùmbɓà ǹsɔn, i làl pèè, i wɔ̄ njàl; ⁶ i hōdnyuu, i yī yɔsonā, i wɔ̄ŋgut, i lìyomba, i Mbūu M̀pubi, i gwèha ī gwèē ɓē bihèŋɓà, ⁷ i lìpodol li maliga, i lìpemba li Nyambê, nì bìjòl bi tɛlɛ̂bsep i wɔ̀ɔ waalōm nì wɔ̀ɔ waaɛ̀, ⁸ tɔ̀ dì ŋkòs lipem, tɔ̀ ɓa ŋ́wēha ɓes nyùu, tɔ̀ ɓa ŋ̀ɔbos ɓes mòy, tɔ̀ ɓa ŋ̄aŋal yàā ɓes. ⁹ Wèŋgɔ̀ŋlɛ dì yè ɓàyùmùs ɓôt, ndòmlɛ dì mpɔ̄t maliga; wěŋgɔ̀ŋlɛ dì

ʰ2Kɔ̀r 5: 10 Rom 14: 10   ⁱ2Kɔ̀r 6: 2 Yɛ̄s 49: 8

ńyība ɓēe, ndòmlɛ ɓòt ɓa ńyī ɓes ɓàŋga lìyîk; wěŋgɔ̀ŋlɛ dì nìŋi nì nyɛmb, ndi nùnakì dì yè i nɔ̀m; wěŋgɔ̀ŋlɛ dì ŋ̀kɔ́s nogoòs, ndi ɓa nnɔ̄l ɓe ɓes; ¹⁰ wěŋgɔ̀ŋlɛ dì ŋunuùp, ndòmlɛ dì ŋkɔ̀n yaā masee kɔ̄ŋ nì kɔŋ; wěŋgɔ̀ŋlɛ dì yè dìyɛyɛ̀bà, ndòmlɛ dì ŋgwèŋɓaha ŋgandàk ɓòt; wěŋgɔ̀ŋlɛ dì gwèe ɓē jaàm jɔkĭjɔ̄, ndi tɔ̀ la yàa dì yògnɛ màm mɔmasonā. ¹¹ À ɓôt ɓa Kɔrīntò, mànyɔ̀ mes ma mpɔ̄t yaga mpaha, mìŋɛm ŋwes kî mi ye mìnhandlàk. ¹² Mìŋɛm ŋwes mi nehi īnyùu nân, ndi mìŋɛm minân ŋwɔn mi ye ɓàhamɓaga inyùù yês. ¹³ Mɛ̀ mpōdos yaā ɓee kìkìi ɓɔ̀n lɛ ni handal mìŋɛm i tìmbhɛ̀nɛ̀ ɓês halà.

Nì yè tɛmpɛ̀l ì Nyambɛ nū nìŋ

¹⁴ Nì pòdna ɓáŋ nì ɓòt ɓa ntɔ̄p ɓe hemlɛ̀. Inyŭlē kinjē ŋgàɓà tɛlêbsep i gweē nì lìyànmben? Tɔ̀lɛ kinjē àdnà màpubi ma gweē nì jîɓɛ̀? ¹⁵ Ɓàa Krĭstò ɓɔnà Belìàl * ɓa edi lìɓam jada? Tɔ̀lɛ kinjē ŋgàɓà hemlɛ̀ mùt à gwèe nì mùt à ntɔ̄p ɓe hemlɛ̀? ¹⁶ Kinjē màlombla tēmpɛ̀l Nyambɛ ì gwèe nì bìsat? Inyŭlē ɓês ɓɔn dì yè tɛmpɛ̀l Nyambɛ nū nìŋ, ʲ kìkìi Nyāmbɛ à pɔt lē, mɛ̀ gayĕn ɓɔ̄nī, mɛ̀ hyomôk i kède yâp, ndi mɛ̀ gaɓā Nyambɛ wàp, ɓɔ kî ɓa gaɓā lɔɔ̀ŋ yêm. ᵏ ¹⁷ Jɔ ni jɔn Ŋwɛ́t à ŋkàl lɛ, pama mū bīlòŋ gwap, ni ɓagla nì ɓɔ, nì tihba ɓáŋ yɔ̀m nyɛgā, ndi mɛ̀ galɛ̄ɛgɛ ɓee. ¹⁸ Ŋwɛ́t Bayêmlikɔ̀k à ŋkàl ki lē, mɛ̀ gaɓā ɓee ìsɔŋ, ɓèè kî nì gaɓā mɛ ɓɔ̀n ɓa ɓôlom nì ɓa ɓodàà. ¹

7

¹ Inyùu hālà, à ɓagwēhaà, lakìi dì gwèe màkàk mana, wɛ̀ɛ di pubus ɓês ɓɔmède nì màm mɔmasonā ma ŋkèèhɛ ɓes minsòn nì mbūu, ndi di yonos pūbhà yes inyùu wɔ̀ŋi Nyambê.

Màsee ma Paul inyùu hyɛ̀lŋɛm u ntoŋ

² Nehnana ɓês miŋɛm minân. Dì biɓɔ̀ŋ ɓe mût nyɛkǐnyē jàm li tee ɓē sep; dì biòbos ɓe ki tɔ̀ mùt; dì bipùù ɓe mût nyɛkǐnyē. ³ Mɛ̀ mpɔ̄t ɓe mɛ hālā i kwès ɓèè ŋkaa, lɛ ɓês nì ɓèe, tɔ̀ nyɛmb, wɛ̀ɛ di wɔ lòŋ, tɔ̀ nìŋ, di nîŋ lòŋ. ⁴ Mɛ̀ gwèe màkend màkɛŋi bisū binaàn; mɛ̀ ńyādap ŋgandàk inyùu nân; mɛ̀ yoni nì hɔ̀gɓɛ̀; mɛ̀ gwèe màsee ma ńyààmba yaga i kède njiihà yês yɔsonā. ⁵ Inyŭlē i pām dì m̀pam Màkèdonìà, mìnsòn ŋwes mi nlêbgà ɓe tɔ ndèk nòy yaga, ndik ndùdù manjɛ̀l mɔmasonā: i tān bisàn, i kède kî wɔ̀ŋi. ⁶ Ndi Nyambɛ nu à yè à nlèdes ɓôt ɓa ŋgɔɔ mìŋɛm, nyen à bilèdes ɓes nì màlɔ̀ ma Titò; ⁷ ndi hà inyùu màlɔ̀ mee mɔtāma ɓee, ndi yàk inyùu lèdèhŋem à bikòs i ɓɛ́nī, à aŋlɛ ki ɓês ŋgòŋ nân inyùù yês, nì ǹlend nân, nì lìgìp nân inyùù yêm, kàyèlɛ mɛ̀ bikònde ndik kòn masee. ⁸ Inyŭlē tɔ̀ lakìi kààt yèm * ì

---

*2Kɔ̀r 6: 15 Belìàl à yè jǒy ɓôt ɓa ɔɔ mbuu m̀ɓɛ wada, tɔ̀ Saatàn nyɛmèdɛ

ʲ 2 Kɔ̀r 6: 16 1 Kɔ̀r 3: 16

ᵏ 2 Kɔ̀r 6: 16 LL 26: 11-12

ˡ 2 Kɔ̀r 6: 18 2 Sàm 7: 14; Yès 43: 6; 52: 11; Sòfonìà 3: 20

*2Kɔ̀r 7: 8 ɓôt ɓa nhɔ̄ŋɔl lɛ ì yè kààt yàda à ɓɔ̌k tìlna ɓɔ, ndi dì gwèe ɓē yɔ lèn; 1Kɔ̀r 5: 9; 2Kɔ̀r 2: 3

bikònha ɓee ndùdù ŋēm, wὲɛ mὲ ntām ɓē mɛὲ; ndi tɔ ɓalɛ mὲ tamak yaā, inyŭlē mὲ ntēhɛ lɛ n̂lèlèm kaàt u bikònha ɓee ndùdù ndik ndèk ŋgeŋ, ⁹hanânɔ ni mὲ ŋkɔ̀n masee, hà inyùu ɓē lɛ mὲ bikònha ɓee ndùdù, ndigi lē mὲ bikònha ɓee ndùdù ndi nì hyēl miŋem. Inyŭlē ndùdù nàn ǹ̀em ì ɓeè yàa kĭŋgèdà sòmbòl Nyambê, lɛ ndi nì kida ɓáŋ jàm jɔkĭjɔ̄ inyùu yês. ¹⁰Inyŭlē ndùdù ǹ̀em kĭŋgèdà sòmbòl Nyambɛ yɔ̆n ì mɓɔ̀ŋ mût lɛ a hyēl ǹ̀em, lɛ ndi a kɔ́s tōhiì, ndòŋ hyēlŋem ì mɓɔ̀ŋ ɓe mût lɛ à yîk tam; ndi ndùdù ǹ̀em ì ŋkɔ̀n hisi ì nlɔ̀na nyêmb. ¹¹Inyŭlē nùnakì ǹ̀kùgà jâm unu lɛ lìkònhàgà li ndudù kĭŋgèdà sòmbòl Nyambê, lelaa nì binyàmndà, nì soŋa ki nyùu; lelaa ǹ̀em u bihēnd ɓee, nì kɔ́n ki wɔ̀ŋi; lelaa nì bitòŋ ni ɓɛ́s, dì kɔ́n ki ɓeè ŋgôŋ, nì lelaa nōgoòs i bitīnaà! I kède mànjèl mɔmasonā nì biɓa yaga lɛ ɓeèɓɔmèdɛ nì gwèe ɓē nsɔ̀hi mu hɔ̄p uù.

¹²Wὲɛ tɔ lakìi mὲ bitìlna ɓee, mὲ bitìlna ɓe mɛ ɓeè halā īnyùu mùt à biɓɔ̀ŋ jâm li tee ɓē sep, tɔ inyùu nū à bikòs jâm li tee ɓē sep, ndik īnyŭlē nyàmnda nân inyùù yēs i nnēnɛ i kède nân bisū bi Nyambɛɛ̀. ¹³Jɔn dì bikùhul ledèhŋem; ndi i kède lèdèhŋɛm yes ini dì nlòòha kɔ́n masee inyùu màsee ma Titò, inyŭlē mbuu u biyɛ̀gɓɛ nyɛ inyùu nân ɓeè ɓɔɓasonā. ¹⁴Inyŭlē iɓālē mὲ biyādap bisū gwee inyùu nân, wὲɛ mὲ bikòs ɓe mɛ wɔ̄nyuu; ndi kìkìi dì bipōdos ɓee màm mɔmasonā ni màliga, halā kì nyɛn yāt yes bisū bi Titò i biyìla maliga. ¹⁵Ndi gweha ǹ̀ɛm wee i ǹ̀kònde yaba inyùu nân, inyŭlē à mɓìgda manoglà manân ɓeè ɓɔɓasonā, lelaa nì bilēege nyɛ nì wɔ̀ŋi nì sèhlà. ¹⁶Mὲ ŋkɔ̀n yaga masee inyŭlē inyùu nân nyɛn mὲ gwèènɛ màkend manjèl mɔmasonā.

8

Yaba ī tī màkèblà

¹Ndi, à lôgtatà, dì ńyīs ɓee inyùu kàrîs Nyambɛ ì bitīna mintōŋ mi Makèdonìà, ²lɛ tɔ lakìì ɓa bikòs njiihà i kède ŋgàndàk mànɔ̀ɔ̀dànà, màsee map ma biyààmbà, nì lɛ tɔ lakìì ɓa ɓe lôhà sàmb, lɔŋɛ yāp ŋem i biɓɔ̀ŋ ɓɔ ɓa ti makèblà wĕŋgɔ̀ŋlɛ ɓa ye mìŋgwàŋ. ³Inyŭlē mὲ mɓògol ɓɔ mbògi lɛ ɓɔmèdɛ ɓa binēɛbɛ ti makèblà kĭŋgèdà ŋgùy yăp, ǹ̀ŋ, ìlɔ̀ɔ̀ ŋgùy yăp. ⁴Ba biyèmhɛ yaga ɓes nì ŋgàndàk màsɔɔhè inyùu kàrîs ìni nì àdnà inyùu ǹ̀son u hola ɓàpubhaga, ᵐ ⁵ndi hà kìkìi ɓɛ́s dì ɓe hɔŋɔl ni ɓe nyɛn ɓa bitī, ndi ɓa biɓòk ndugi ti ɓɔmèdɛ yak Ŋwèt, mbūs nì ɓɛ́s, inyùu sòmbòl Nyambê; ⁶kàyèlɛ dì biɓēhɛ Titò lɛ, kìkìi à biɓòk ɓodòl, wὲɛ a yonos kì kàrîs ìni inyùu nân. ⁷Ndi halā kìi nì ǹ̀yaba i kède màm mɔmasonā, i hēmlè, nì biāŋlɛnɛ, nì yi, nì nyàmndà wɔnsonā, nì i gwēha nì ŋgwēs ɓes, wὲɛ yābnana yāga ni kàrîs ìni.

⁸Mὲ mpɔ̄t ɓe mɛ halā wĕŋgɔ̀ŋlɛ mὲ ntēɛ mben, ndigi lē mɛ waān kì màliga ma gweha mīŋēm minaàn inyùu nyàmndà u ɓôt ɓàpɛ. ⁹Inyŭlē nì ńyī karîs Ŋwèt wēs Yesù Krĭstò lɛ, tɔ lakìì à ɓa ǹ̀gwàŋ, à tĕmb lìyɛp inyùu nân, lɛ ndi inyùu lìyɛp jee ɓeè ni ŋgwaŋâp. ¹⁰Ndi mὲ ntī yaā mahɔŋɔ̀l mêm mu jàm lî, inyŭlē

ᵐ2Kɔ̀r 8: 4 Rom 15: 26

jàm lini li mɓāhlɛ ɓee, lakìi ɓèè ɓɔn nì biɓòk ɓapɛ bisū ŋwìi u bitāgɓɛ̀, hà inyùu lìɓɔ̀ŋɔ̀k jɔtāma ɓee, ndi yàk inyùu sòmbòl ɓɔ̀ŋ. ¹¹ Ndi hanânɔ ni, yonhana yàk lìɓɔ̀ŋɔ̀k, lɛ ndi kìkìi nì ɓeè nì nyegi ī tī, halā kì nyɛn nì ǹlama nyagap i yōnoòs kĭŋgèdà ŋgùy nàn. ¹² Inyŭlē iɓālē mùt à ǹnyegi yāga, wɛɛ ŋgɔ̀ŋ yeē ì galēmel Nyambɛɛ, iɓālē à ntī kĭŋgèdà màm à gwèe, hàndugi ma à gwèe ɓēe. ¹³ Ndi mɛ̀ mpɔ̄t ɓe mɛ lē mìŋɛm mi yɛ́gɓɛ ɓòt ɓàhɔgi, ndi ɓèe nì nɔgɔ̂k njiihà, ndigi lē ni ɓa kàyàda. ¹⁴ Halā à yè lɛ, ŋgàndàk ŋgàndàk màm nì gwèe ŋgèdà ìni hanânɔ i yĭlna ɓɔ̄ màhola ī kède sàmb wap, lɛ ndi iɓālē yàk ɓɔ ɓa ɲ́yik ɓana ŋgàndàk ŋgàndàk i ŋgèdà ɓèe nì nsàmb, wɛɛ ŋgàndàk yǎp ì gaɓā mahola mānaàn, ndi ni ɓa kàyàda. ¹⁵ Kìkìi i ye ǹtĭlɓàgà lɛ, mùt à mǎl kɔ̌t ŋgandàk, yɔ̀m i mɓugūl ɓe nyɛ; yàk nì nu à kɔ̌t ndèk, yɔ̀m i hēŋel ɓē nyɛ. ⁿ

Tìtò nì ɓàsɔlôŋ ɓee

¹⁶ Ndi màyègà ma ɓa nì Nyambê, nu à bitī ŋɛm Tìtò lɛ u ɓana ǹlèlèm nyâmndà inyùu nàn. ¹⁷ Inyŭlē à binōgol yaga maɓehna mes, ndi lakìi nyàmnda wee u ɲ́yabâ, wɛɛ à ntēlep malɔ i ɓěnī nì sòmbòl yee nyɛmède. ¹⁸ Ndi dì biɔ̌m ki mǎntàta wès lôŋ yada ni nyē, nu lìpem jee li ŋkɛ̀ ŋgân inyùu Mìŋaŋ Mìnlam i kède mìntoŋ ŋwɔminsonā. ¹⁹ Hà halā nyɛ̄tāma ɓee, ndi mìntoŋ mi bitēp nyɛ lɛ a hyomok nì ɓɛ̀s i kède ǹsɔn karîs unu dì ntēedà, lɛ u ti ŋwɛt lipem, nì lɛ ŋgɔ̀ŋ yɛ́s mu kède i yiba. ²⁰ Inyŭlē dì ɲ́yɔ̀ŋ yihɛ, i tiga lē ɓa om ɓes ǹsɔ̀hi i kède ǹsɔn wes u tēedà ŋgàndàk màkèblà ìni; ²¹ inyŭlē dì ŋkòòba lɛ màm mɔmasonā ma tɛlɛp lɔ̄ŋgɛɛ̀, hà bisū bi Ŋwɛt nyɛtāma ɓee, ndi yàk bisū bi ɓoòt kì. ²² Ndi dì ŋ̀ɔm ki mǎntàta wès nûmpɛ lòŋ yada ni ɓɔ̄, nu dì bilèba ŋgandàk ŋgelè lɛ à nnyàmnda i kède ŋgàndàk màm, ndi hanânɔ nyàmndà wee u ɲ́yaba yāga, lakìi à gwèe mbìdè kɛŋi inyùu nàn. ²³ Iɓālē mùt à mɓàt inyùu Tītò, à yè sɔlôŋ wèm, nì ŋ̀gwèlǹsɔn lòŋ yada ni mɛ̀ inyùu nàn; tɔ̀ inyùu lògtatā yɛ́s, ɓa ye ɓòt ɓa ŋoma ni mìntoŋ, ɓa ye lìpem li Krîstò. ²⁴ Jɔn ēbnana nī ɓɔ mbògi gwēha nàn bisū bi mintoŋ, nì ì bìyat gwes inyùu nàn.

9

Màkèblà inyùu ɓàpubhaga

¹ Ndi inyùu hōla ɓàpubhaga, i nsòmbla ɓe ni mɛ̀ lɛ mɛ filna kì ɓèe, ² inyŭlē mɛ̀ ɲ́yī ɓaŋgā nàn ŋgɔ̀ŋ. Yɔ̌n mɛ̀ ɲ́yādɓɛnɛ inyùu nàn bisū bi ɓoòt ɓa Makèdonìà lɛ, iɓòdòl ŋwìi mbɔ̄k Àkayà ɓa ɓèè yaga ŋkŏɓàgà lɛ ɓa ntī; ndi ŋgɔ̀ŋ nàn ì bisùgdɛ ŋgandàk yǎp. ³ Ndi mɛ̀ ŋɔ̌m ini lògtatā, lɛ yadɓɛnɛ yes i kède nàn i tiga yilā yaŋgà munu jàm lini; lɛ ni ɓa ɓàkòòbaga kìkìi mɛ̀ bikàl, ⁴ i tiga lɛ ɓěs [dì ŋkàl ɓe lɛ ɓèe] di kôs wɔnyuu i kède kāndaàlnyuu yes ini, iɓālē ɓòt ɓa Makèdonìà ɓàhɔgi ɓa nlohā ni mɛ̀, ndi ɓa kɔba ɓee ŋgì kòòbà. ⁵ Jɔn mɛ̀ bihɔ̄ŋɔl lɛ mɛ̀ ǹlama ɓehɛ ini lògtatā

ⁿ **2Kɔ̀r 8: 15** Mànyɔ̀dì 16: 18

lɛ ɓa ɓôk ndūgi pam i ɓĕnī, mè ŋgì lɔ̀, ɓa mɛ̄hɛ yāga yɔɔ̄ŋ makèblà nì biɓòk ɓon, lɛ ni ɓana mɔ̄ ŋ̌kŏɓàgà kìkìi lìkàp, hà hep nì ŋ̌kùs ɓee.

⁶ Ndi ɓìgdana lɛ̄, mùt à nsāl puā à gaɓùmbul ki pùa; ndi nu à nsāl ŋgandàk à gaɓùmbul ki ŋgàndàk. ⁷ Ndi hi mût a ti kìkìi à ŋ̌kit ŋēm wee, hà nì hìun ɓee, tɔ̀ nyeghà nyuu, inyǔlē Nyambɛ à ŋgwēs nu à ntī ni ŋ̌em masee. ⁸ Ndi Nyambɛ à gwèe ŋgùy i ŋgwèŋɓàhà ɓèè i kède kàrîs yɔ̀sonā, kàyèlɛ màm mɔmasonā ma nsòmbla ni ɓèè manjèl mɔmasonā ma gatīna yaga ɓee ŋgèdà yɔ̀sonā, lɛ ni ɓana ŋgàndàk ŋgàndàk inyùu hī nsɔn ǹlam. ⁹ Kìkìi i ye ǹtílɓàgà lɛ, à biŋwàm, à kebēl ki dìyɛyèɓà; tɛlɛ̂bsep yee i nnɔ̀m mɓa ni m̀ɓa. ᵒ ¹⁰ Ndi nu à ŋkèbel nsalwɔ̀m mboo, à tinâk kì kɔ̀ga inyùu jɛ̄, ᴾ à gakèbel ɓee mɓōo nì ɓùlùs kì yɔ̀. À gatùlus ki màtam ma tɛlɛ̂bsep nân, ¹¹ ndi nì gaŋgwàŋap manjèl mɔmasonā inyùu lìkàp jɔlisonā, li lī ntī Nyambɛ màyègà inyùu yês. ¹² Inyǔlē i gwèl dì ŋgwèl nsɔn unu i mmèles ɓe nsàmb ɓapubhaga wɔtāma, ndi i ńyààmba inyùu ŋgàndàk màyègà ì gatīna Nyambɛè. ¹³ Ŋgèdà ɓa ntɛ̄hɛ bilamà bi nsɔ̄n unu ɓa gaɓēges Nyambɛ īnyùu mànoglà ma pahâl nân i kède Mìŋaŋ Mìnlam mi Krîstò, nì inyùu àdnà nân nì ɓɔ, nì ɓapɛ ɓɔɓasonā, inyùu lɔ̀ŋgɛ nân ŋem. ¹⁴ Nì gakɔ̀n ɓɔ ŋgɔ̀n i kède màsɔɔhɛ̀ map inyùu nân, inyǔlē à ŋ̌eba ɓee sōgɓoòk kàrîs wèe. ¹⁵ Màyègà ma ɓa nì Nyambɛ īnyùu lìkèbla jee li mɓūma ŋaŋ.

10

Sòŋ Paul à nsòŋ nsɔn wee

¹ Mèmède, Paul, mè nsɔ̄ɔhɛ ɓee inyùu ŋ̌em ŋwēē u Kriīstò, yàk nì lɔŋgɛ yēe, mè yaga nû, mè yè mè ɓa mè nhōa mbɔ̆m nân i ŋgèdà mè yè i kède nân, ndi mè ɓâk los ŋgèdà mè yè nɔnɔk. ² Ndi mè nsɔ̄ɔhɛ ŋgandàk lɛ, ŋgèdà mè yè i ɓĕnī, nì ǹnyegha ɓāŋ mè nyùu, lɛ mɛ ɓana màkend i kède mbìdè yèm, kìkìi mè nhɔ̄ŋɔl lohop i kɔ̀lɓà ɓòt ɓahɔgi, ɓa ɓā nhɔ̄ŋɔl inyùu yés wɛ̄ŋgɔ̀ŋlɛ dì nhyōm kǐŋgèdà mìnsòn. ³ Inyǔlē, tɔ̀ lakìi dì nhyōmna nyuu mìnsòn, gwèt dì njɔ̀ bi ta ɓē kǐŋgèdà mìnsòn, ⁴ inyǔlē bìjòl bi gwēt gwes bi ta ɓē bijòl bi ɓa yes minsòn, ndi bi ye ŋgùy mìs ma Nyambɛ ī ɓōk dìkoya di gwêt; ⁵ ndi dì mɓēmbɛ mahɔŋɔ̀ɔl, nì hùmbùlnyuu yɔsonā i ī nhɔ̄ɔ yi Nyambɛ kɔ̄yɔɔ̀p; dì ŋgwèl ki màhɔŋɔ̀l mɔmasonā miŋkōm lɛ ma nogol Krǐstò, ⁶ ndi dì nyegi ī nōgoòs ndɔk yɔ̀sonā ŋgèdà mànoglà manân ma mmâl yɔɔ̀n.

⁷ Nùna màm mana ma ye yāga ɓee mbɔ̀m. Iɓālē mùt nyɛkǐnyē à ńyìmbɛ ni nyēmède lɛ à yè nu Krǐstò, wèè a kondē hɔ̄ŋɔl ni nyēmède lɛ, kìkìi nyɛ̄ à yè nu Krǐstò, halà kì nyɛn yàk ɓés dì yè ɓa Krǐstò. ⁸ Tɔ̀ iɓālē mè ǹyaba ni bìyat inyùu ŋgùy, ì Ŋwēt à bitī ɓes inyùu hōloòs ɓèe, hà inyùu ɓē lɛ dì biòbos ɓee, wèɛ mè gawɔ̄ ɓe mɛ nyùu; ⁹ lɛ mè nɛnɛ ɓāŋ wɛ̄ŋgɔ̀ŋlɛ mè ŋkònha ɓee wòŋi ni bìkàat gwêm. ¹⁰ Inyǔlē ɓa ŋkàl lɛ, Bìkàat gwee bi nnyōna ŋēm, bi gwēē kì ŋgùy, ndi bitēē bi mis nyùu yeē ì mɓɔ̀mb, bìpodol gwee kî bi ta ɓē tɔ jàm.

ᵒ2Kɔ̀r 9: 9 Hyèm 112: 9   ᴾ2Kɔ̀r 9: 10 Yès 55: 10

¹¹ Ndòŋ mùt ìni ì nhɔ̄ŋɔl ni lɛ, kìkìi dì yè dì mpɔ̄t munu bikàat ŋgèdà dì yè nɔnɔk, halā kì nyɛn dì gaɓā biɓòŋol gwes ŋgèdà dì yè nyɔ̂ɔ̂.

¹² Inyŭlē dì mɓān ɓe ŋem i āŋ tɔ̀ kèdà ɓès ɓɔmède i kède ɓòt ɓàhɔgi ɓa ŋāŋal ɓɔmède; lakìì ɓa nhègna mintɛl ɓɔ nì ɓɔ, ɓa kêdnàgà kì ɓɔ nì ɓɔ, wɛ̀ɛ̀ ɓa gweē ɓē ɓaŋgā yī. ¹³ Ndi ɓĕs dì ńyādaàp ɓe ìlɔ̀ɔ̀ hìhègà, ndik kĭŋgèdà ŋ̀ŋwaa hihègà Nyambɛ à bisìgil ɓes i pām lētèɛ̀ nì i ɓĕnī. ¹⁴ Inyŭlē ɓès ɓɔmède dì ǹlɛlêk ɓe ŋŋwaa, wĕŋgɔ̀ŋlɛ u mpām ɓe i ɓĕnī, lakìi ɓès ɓɔn dì bipāmna Mìŋaŋ Mìnlam mi Krĭstô i kède nāń. ¹⁵ Dì ńyādaàp ɓe ìlɔ̀ɔ̀ hìhègà i kède yàŋan ndûmɓà; ndi dì gwee ɓɔ̄dŋem lɛ kìkìi hēmlɛ̀ nâń i nhɔ̄l, wèɛ̀ dì gakēŋep i kède nāń, kàyèle dì gayāba ni ŋgùy i gwèl ǹsɔn kĭŋgèdà ŋ̀ŋwaa wes, ¹⁶ lɛ ndi di aŋal Mìŋaŋ Mìnlam bipès bi mambɔk bi ye nyɔ̂ɔ mɓūs nāń, i ɓa ɓe ɓes yādaàp inyùu ǹsɔn mùt m̀pe à bikòòba kĭŋgèdà ŋ̀ŋwaa ɓa bisìgil nyɛ. ¹⁷ Ndi mùt à ŋkàdɓà a kádɓana īnyùu Ŋwèt. ᵠ
¹⁸ Inyŭlē mùt à ŋāŋal nyɛmède, hà nyɛ ɓe nyɛn à gwèe mbògi lām, ndik nu Ŋwèt à ŋāŋaàl.

11

Paul nì ɓaoma ɓā bihèŋɓà

¹ Yoô', ɓalɛ nì ɓak lɛ nì honɓana mɛ ndèk bijoŋ. ² Ŋ̀ŋ, nì gahōnɓa yaga mɛɛ̀, inyŭlē sòŋ mè nsòŋ ɓee i ye sòŋ Nyambê. Inyŭlē mè bisàba ɓee i ɓīibà nì ǹlom wadà, lɛ ndi mɛ tee ɓèè i mɓɔ̌m Krĭstò kìkìi ŋgɔ̀nd ŋgì yi mûnlom ì ì gwèe ɓē nsɔ̀hi. ³ Ndi mɛ̀ ŋkɔ̀n wɔŋi, i tiga lɛ i ɓa lɛ, kìkìi nyɔɔ ì lŏk Ēvā nì dìpa cee, ʳ halā nyēn ɓa obōs mahɔŋɔ̀l manân, ndi ni ŋŋwās lɔŋgɛŋēm nì màpubi i pès Krĭstò. ⁴ Inyŭlē, iɓālē mùt à ǹlɔ ī ɓĕnī ndi à aŋal Yesù nûmpɛ, nu ɓɛ̌s dì biāŋaàl ɓee, tɔ̀lɛ nì kŏs ndoòn mbuu ipɛ ì nì bikòs ɓee, tɔ̀lɛ ndòŋ i Mìŋaŋ Mìnlam ipɛ i nì bilēegɛ̀ ɓee, ŋgɔ nì nhōnɓa mùt nu lōŋgɛɛ̀. ⁵ Inyŭlē mè nhɔ̄ŋɔl lɛ mè nsōk ɓe mɛ mɓūs i kède jàm jɔkĭjɔ̄ nì ɓa ɓā ŋkàlɓa lɛ ɓa ye ɓaomâ. ⁶ Ndi tɔ̀ i ɓa yààa lɛ mè yè mùt à ǹniglàk ɓe hɔp, wèɛ̀ mè tà ɓe mɛ halā īnyùu yī, ndi i kède màm mɔmasonā dì biēɓa ɓee yī yes manjèl mɔmasonâ. ⁷ Bàà halā wèɛ̀ mè biɓɔn ɓeba i sùhùs mè bisùhus mɛmède lɛ ɓèè ni yɔgɔ̄p, lakìi mè biāŋlɛ ɓee Mìŋaŋ Mìnlam mi Nyambɛ yàŋgà? ⁸ Mè bisà yaga mintoŋ mìmpɛ ŋ̀kùs halā à yè lɛ, ǹsaâ mè biyɔŋ lɛ ndi me gwelēl ɓèè nsɔn. ⁹ I ŋgèdà mè ɓĕnè i kède nāń, ndi mè cɛɛlàk, mè bitùŋus ɓe mɛ mùt nyekĭnyē; inyŭlē ŋgèdà lògtatà yēs i bilɔ̀l i Màkèdonìà, ˢ ɓa bikònde mɛ màm ma ɓe heŋel mè. Ndi mèmède mè biyɔŋ yihɛ, lɛ mè tùŋus ɓāŋ tɔ̀ mùt nàn wàda, ndi mè gayíhe ki hālā. ¹⁰ Kìkìi màliga ma Krĭstò ma ye ī kède yêm, biyāt bini bi gasìga ɓe mɛ njèl bipès bi mbɔk bi Akāyà. ¹¹ Inyŭkī? Bàà inyŭlē mè ŋgwēs ɓe mɛ ɓèe? Nyambɛ nyēn à ńyī. ¹² Ndi jàm mè mɓɔŋ, jɔ yaâ jɔn mè gaɓā mè ŋkɔ̀nde ɓɔn, lɛ ndi me lumɓē ɓòt ɓa

---

ᵠ 2Kɔ̀r 10: 17 Yèr 9: 24
ʳ 2Kɔ̀r 11: 3 Bìɓ 3: 1-13

ˢ 2Kɔ̀r 11: 9 Fìl 4: 15-18

nsòmbol yiɲil mɛ lìkɛhnɛ njèl, lɛ yàk ɓɔ ɓa lêbna kàyàda kìkìi ɓès i kèdɛ màm ɓa ńyādɓènè. ¹³ Inyŭlē ɓɔ ni ɓɔn ɓa yɛ ɓàoma ɓā bihèŋɓà, ɓàgwèlìǹsɔn ɓa mandɔn, ɓa nhèŋɓa yaga lɛ ɓa yɛ ɓàoma ɓā Kriīstò. ¹⁴ Ndi halā à tà ɓɛ an jâm; inyŭlē Saatàn nyɛmɛ̀dɛ à nhèŋɓa lɛ à yɛ̀ aŋgèl màpubi. ¹⁵ Jɔn hālā à tà ɓɛ man jàm iɓālē mìnlìmil ŋwɛɛ kî mì nhèŋɓa lɛ mi yɛ mìnlìmil mi tɛlêbsep. Lìsuk jap li gaɓā yaā kĭŋgèdà mìnsɔn ŋwap.

Njɔnɔk Paul à nsɔ̄n kìkìi ŋ̀omâ

¹⁶ Mè ntììmba ni kâl lɛ, tɔ̀ mùt wàda à hɔŋɔl ɓáŋ lē mè yɛ̀ joŋ, ndi iɓālē nì ŋgi hɔŋlàk halā, wɛɛ lɛɛgana yaā mɛ kìkìi jōŋ, lɛ yàk mè mɛ yadap ndèk. ¹⁷ Jàm mè mpɔ̄t, mè mpɔ̄t ɓɛ mɛ jɔ̄ kĭŋgèdà Ŋwĕt, ndik wĕŋgɔ̀ŋlɛ nì joŋ ŋem, i kèdɛ kāndaàlnyuu i biyat ini. ¹⁸ Lakìì ŋgàndàk ɓa ńyādap kĭŋgèdà mìnsòn, wɛɛ yàk mè mè ńyādaàp ni. ¹⁹ Inyŭlē nì nhōnɓa bijoŋ bi ɓoôt nì màhàk. Nì yɛ tɔy ɓayimàm. ²⁰ Inyŭlē nì nhōnɓa yaga muùt iɓālē à ntìmbis ɓee mìŋkɔ̀l ŋwɛɛ, iɓālē à mmìlɓa ɓee, iɓālē à nlɔ̄p ɓee ǹlɔbɔ̂k, iɓālē à nhɔ̄ɔ ɓee kɔ̄yɔɔ̀p tɔ̀lɛ à nlò ɓee mìs ni màɓay. ²¹ Mè mpɔ̄t yàa, ndi halā à ŋ́wēha mɛ nyùu, wĕŋgɔ̀ŋlɛ dì biɓɔ̀mb. Ndi i kèdɛ tɔ̀ kinjê jàm mùt wàda à yɛ̀ lɛ à kâdɓà [mè mpɔ̄t yaā kìkìi jōŋ], yàk mè kì mè yɛ̀ lɛ mè kâdɓà. ²² Ɓàà ɓa yɛ Lòk Hebèr? Yàk mè kì. Ɓàà ɓa yɛ Lòk Isràèl? Yàk mè kì. Ɓàà ɓa yɛ liɓɔ̀dɔ̀k li Abràhâm? Yàk mè kì. ²³ Ɓàà ɓa yɛ mìnlìmil mi Krĭstò? [Mè mpɔ̄t yàa wĕŋgɔ̀ŋlɛ mùt mànyànyà] mè mè nlɔ̀ɔ̀ ɓɔ; mè mè nlɔ̀ɔ̀ yaga ɓɔ, inyŭlē mè biyāba ni ndùmbɓà ǹsɔn: i mɔ̀k màkwɔnà ŋgàndàk ìlɔ̀ɔ̀ ɓɔ; i ndòm ìlɔ̀ɔ̀ hìhègà; mandùn ma nyêmb ŋgàndàk ŋgelè. ²⁴ Mè bikòs ni Lòk Yudà ŋgèlè itân mòm mana mā miŋkasa, ɓa hubhàk wada. ᵗ ²⁵ Mè biɓiba disòò ŋgèlè iaâ, mè uma ki ŋgɔ̀k ŋgèlè yàda, ᵘ mè bikwɔ̀ i tūyɛ ŋgèlè iaâ, mòŋgo mi ma ɓōô; ŋgìm hìlɔ hyada, njămùha nì jùu mè ɓâk mè ɓoyi ŋgèmbɛ tūyɛɛ̀. ²⁶ Mè nlɔ̀ɔ̀ yaga ɓɔ inyùu ŋgàndàk màkè, inyùu màndùn ma bihùndùl bi malep, inyùu màndùn ma ɓôt ɓa ŋgadla, inyùu màndùn ma ndudù inyùu lɔ̀ŋ yêm, nì màndùn ma ndudù inyùu bìlɔ̀ŋ bìpe. Mè biɓɔ̀ma mandùn ma ndudù miŋkɔ̀ŋ, ŋɔ̀ŋ, ŋgèmbɛ tūyɛɛ̀, nì i kèdɛ lògtatā ī bihèŋɓà; ²⁷ inyùu ndùmbɓà ǹsɔn, nì yɔga yɔ̄sonā, nì inyùu ŋgàndàk lâlpèè, nì i njàl, nì i nyŭs, nì i sōga jɛ̄ ŋgàndàk ŋgelè, nì lìhep nì ǹsɔ. ²⁸ Ndi iɓaɓe tōp màndùn ma ndudù màpe ma yiī, mè pègi hīkìi kēl nì ndùŋa yêm inyùu mìntoŋ ŋwɔminsonā. ²⁹ Ǹjɛɛ à mɓɔ̀mb, ndi mè ɓɔ̄mb ɓee? Ǹjɛɛ ɓa ŋkwèhà, ndi ŋem u lɔŋ ɓe mê? ³⁰ I ɓā nì lɛ mè ǹlama yadâp, wɛɛ mè gayādap ndigi inyùu màm ma ŋēba ɓɔ̀ɔ̀mb yêm. ³¹ Nyambê, Ìsaŋ Ŋwĕt wěs Yesù Krĭstò, nu à yɛ kimàsoda i ɓɔ̀ga ni ɓɔ̀ga, à yɛ mè mbògi lɛ mè ntēmbɛɛ̀ ɓɛ mê. ³² Nyɔ̀ɔ Dàmaskò, ŋgɔmîn nu à ɓɛɛ i sī ànɛ kiŋɛ lē Àretà, à bitēe sonda mū ŋkɔŋ ɓôt ɓa Damāskò, lɛ i sɔ̄m i gwēēl mè; ³³ ndi ɓa bisùhlɛnɛ mɛ wĭndà i mbūs lìpend i kèdɛ tɔ̀ŋgoo, ndi tɔ̀lɛ mè ntɔ̄hla i mɔ̀ɔ̀ mɛɛ.

ᵗ 2Kɔ̀r 11: 24 NM 25: 3   ᵘ 2Kɔ̀r 11: 25 MB 16: 22-26; 14: 19

12

Bìyĭndà bi Paul nì màsɔɔ̀là mee

¹ Mè ǹlama yadâp, tɔ lakìi ndɔɔ̀bà ì tànɛ ɓe mɛ mù; ndi mè nsòmbol pɔt inyùu bìndéē nì màsɔɔ̀là ma Ŋwɛt. ² Mè ńyī muùt wàda i Krǐstò, jàm kìi ɓɔ̀ lèn jòm li ŋwii mbòk inâ, lɛ à yòŋa lētèɛ̀ à pam i ŋgìi ì ǹyonos iaâ, tɔ̀ɔ à ɓanɛ ī kède nyùù yeè, mè ńyī ɓē mɛɛ̀; tɔ̀ɔ à ɓanɛ ɓē i kède nyùù yeè, mè ńyī ɓē mɛɛ̀; Nyambɛ nyēn à ńyī. ³ Ndi mè ńyī mùt nû [tɔ̀ɔ à ɓanɛ ī kède nyùù yeè, tɔ̀ɔ à ɓanɛ ɓē i kède nyùù yeè, mè ńyī ɓē mɛɛ̀, Nyambɛ nyēn à ńyī,] ⁴ lɛ à yòŋa lētèɛ̀ à pam i Pàràdîs, * ndi à nɔk bipodol bi mɓūm muùt bìnàm ǹaŋ, bi mùt à gwèɛ ɓē ki tɔ kùndê i pɔt. ⁵ Ŋ̀kùgà mût u wōn mè ńyādɓènɛ̀, ndi mè tà ɓe mɛ lē mè yadap inyùù yêm mèmèdɛmɛdɛ, ɛglɛ wèɛ inyùu màm ma ŋēba ɓɔɔmb yêm. ⁶ Inyǔlē tɔ i ɓā yàà lɛ mè ɓak lɛ mè gwes yadâp, ki mè tà ɓe mɛ jōŋ muùt, inyǔlē yɔ̌m mè gapɔ̄t màliga; ndi mè ŋŋwàs yàa, i tiga lɛ mùt wàda à hɔŋɔl mâm inyùù yêm ìlɔ̀ɔ kìkìi à ǹtɛ̀hɛ mɛ bītēe bi mis, tɔ ìlɔ̀ɔ màm à nnɔ̄k i nyɔ wêm. ⁷ Ndi inyùu ɓàsogɓôk ɓa masɔɔ̀là ɓa bitīna mɛɛ̀, lɛ mè tiga humɓūl nyuu ŋgandàk, jɔn lɔ̀ɔ i bitīna mɛ lē aŋgèl Saatàn, lɛ ndi i om mè bìkut, mè tiga humɓūl nyuu ŋgandàk. ⁸ Mè bisɔ̀ɔhɛ Ŋwɛt inyùù yeē ŋgèlè iaâ, lɛ ndi i nyɔdi mè i nyùu. ⁹ Ndi à bikàl ndigi mè lɛ, Kàrîs yèm ì ŋkɔ̀la ni wè, inyǔlē lìpemba jêm li ńyōnol i kède ɓɔ̀mb. Inyǔhālā nyēn mè nhàk ŋgandàk kîyaga lɛ mɛ nya yādɓɛ ndugi inyùu ɓɔ̀mb yêm, lɛ ndi lìpemba li Krǐstò li kindē mè. ¹⁰ Jɔn mè ŋkɔ̀n masee i kède ɓɔ̀mb, tɔ i kède bìɓòmòl, tɔ mandùn ma ndudù, tɔ ndèèŋgà, tɔ bìkùu, inyùu Krǐstò; inyǔlē ŋgèdà mè mɓɔ̀mb, wèɛ hānyēn mè mɓānɛ mpemba.

Ndùŋa Paul inyùu ǹtoŋ Kɔrīntò

¹¹ Mè m̀mâl ni joŋoòp; ɓèɛ̀ ɓɔn nì binyēgha mɛ nyùu; inyǔlē mèn nì lamga aŋâl, inyǔlē mè nsōk ɓe mɛ mbūs jàm jɔkǐjɔ̄ nì ɓa ɓā ŋkàlɓa lɛ ɓa ye ɓàomâ, tɔ lakìi mè tà ɓe mɛ jàm. ¹² Mè bīēba yaga ɓee mbògi yɔsonā lɛ mè yè ǹomâ, mu bīyìmbnɛ mè biɓɔ̀ŋ, yàk nì màm ma helha, nì mìmpemba mi mâm, i kède ŋgàndàk honɓà. ¹³ Kinjē i nhēŋel ɓee lɛ mè bitɔ̄dlɛnɛ mii mìntoŋ mìmpe ìlɔ̀ɔ ɓèɛ̀, ɛglɛ wèɛ lāna lɛ mèmède mè bitùŋus ɓe mɛ ɓèɛ̀? Ŋwèhlana nī mɛ jàm li tee ɓē sep lini.

¹⁴ Hanànɔ à yè ŋgèlè ì ǹyonos iaâ lɛ mè yè ǹ̀kŏɓàgà i lɔ̀ i ɓēnī; ndi mè gatùŋus ɓe ki tɔ mè ɓèe, inyǔlē mè ńyēŋ ɓe mɛ màm manân, ndik ɓèɛ̀ɓomèdɛ; inyǔlē hà ɓɔn ɓe ɓɔn ɓa nlama kŏhlɛnɛ ɓagwaàl ɓap ŋkùs, ndik ɓàgwâl inyùu ɓɔ̀n. ¹⁵ Ndi mè gatī ni ŋgàndàk màhàk, mɛ sɛ́m yāga ki mèmèdɛ, inyùu mìmbuu minân. I ɓā nī lɛ gweha yèm i ńyaba inyùu nàn, ɓàa wèɛ gwēha nàn ŋùnda liyèènɛ li ɓôt ɓa ye ǹ̀sǎyɓàk i mbūs nyèmb: Luk 23: 43; 2Kɔ̀r 12: 4; Màs 2: 7

ᵛ2Kɔ̀r 11: 33 MB 9: 23-25

*2Kɔ̀r 12: 4 ɓàŋga ini i nlòl i hɔ̄p ɓôt ɓa Pɛrsìà, lìkɔ̀blɛnɛ jee li ye lē: wɔ̌m. Mu Mālōmbla ma Yɔndɔ i

inyùù yêm i nlama tigîp? ¹⁶ Ndi i ɓa yàà halà; mèmèdɛ mè bitùŋus ɓe mɛ ɓèe, ndi lakìi nì ŋkàl lɛ mè yè màŋgàŋga mè bilɔ́p ɓee ǹlɔbɔ́k nì màndɔn. ¹⁷ Bàa mè bitɔ́ɔba inyùu nân nì mùt wàda mu ɓót mè biɔ́m nyɔɔ́ ɓénī? ¹⁸ Mè bisɔ́ɔhɛ Titò, mè ɔm kì mǎntàta wès wadā ɓɔnà nyɛ. ˈBàa Titò nyɛn à bitɔ́ɔbana ɓee nyùu? ˈBàa ǹlèlèm mbuu ɓe wɔn u bihyōmna ɓehnà nyɛ? ˈBàa ɓéhnà nyɛ dì binɔŋ ɓe minlèlèm mi maɓâl? ¹⁹ ˈBàa nì nhɔ́ŋɔl lɛ́ dì ntìlà wěŋgɔ̀ŋlɛ dì nsòŋa ki nyùu? Dì mpōdol mbɔ́m Nyāmbɛɛ̀ ndik ī Krǐstò. Ndi, à ɓagwēhaà, dì mɓɔ̀ŋ mâm mɔmasonā inyùu hōloòs ɓèe. ²⁰ Inyǔlē mè ŋkɔ̀n wɔŋi lɛ ŋgèdà mè galɔ́ɔ, mè tiga lɛ mè kɔba ɓe mɛ ɓèe kìkìi mè ŋgwès, tɔ̀lɛ yàk mè mè lémbna ni ɓèe kìkìi nì ŋgwès ɓee, lɛ ǹdaŋ u tiga ɓa, nì njòŋ, nì nyay, nì pèènà, nì mìnsɔ̀gâ, nì mìnsɔ̀hi, nì bìtas, nì màsànda; ²¹ nì lɛ ŋgèdà mè ŋkɔ̀ndɛ lɔ̂, Nyambɛ wèm à tiga yuyúy mɛ ī kède nân, kàyèlɛ mè ɓana njiihà ŋém inyùu ŋgàndàk ɓa biɓòk ɓɔ́ŋ ɓeba ndi ɓa hyél ɓe ŋem inyùu nyèga nì ndèŋg nì bìyogdà ɓa biɓɔ̀ŋ.

13

Màɓehna ma nsōk nì màyègà

¹ Hanânɔ à yè ŋgèlè ì ǹyonos iaâ mè nlɔ̂ i ɓénī. Hi hɔp u gamèlhana ni mànyɔ́ ma ɓót ɓa mbogī iɓaâ tɔ́ ɓaâ. ʷ ² Mè biɓòk kâl ɓee, ndi mè ŋkɔ̀ndɛ ki kàl jɔ lisàŋ li ǹyonos imaà, wěŋgɔ̀ŋlɛ mè yè i kède nân, ndi hanânɔ kî, tɔ́ lakìi mè tà ɓe mɛ nyɔ́ɔ̂, mè ntìlna jɔ ɓɛt ɓa biɓòk ɓɔ́ŋ ɓeba, yàk ni ɓa ɓápɛ ɓɔɓasonā, iɓālē mè ǹlɔ̂, mè gaɓāŋal ɓe mɛ ɓɔ̄, ³ lakìi nì ńyēŋ yiīmbnɛ lɛ tɔ̀ɔ Krǐstò nyɛn à mpōt i kède yêm, nu à mɓɔ̀mb ɓe inyùu nân, ndi nu à yè m̀pemba i kède nân. ⁴ Inyǔlē à tòmlana kì i mbāsa inyùu ɓɔ̀mb, ndi à ńîŋ inyùu lìpemba li Nyambê. Yàk ɓès kî dì mɓɔ̀mb halā ī kède yeē, ndi dì ganìŋ ni nyē inyùu lìpemba li Nyambɛ nyɔ́ɔ ɓénī.

⁵ ˈBèèɓɔmèdɛ, nɔ́ɔ̀dana mìŋem minân, lɛ tɔ̀ɔ hemlè nân i ye ɓàŋga; wàna yāga ɓeeɓɔmèdɛ. ˈBàa nì ntībil ɓe yi lɛ Yesù Krǐstò à ńyèn i kède nân? Hànduk lɛ nì ɓa ɓe nì kòli. ⁶ Ndi mè mɓɔ̄t ŋem lɛ nì gayī lɛ ɓés dì kòli. ⁷ Ndi dì nsɔ́ɔhɛ Nyambɛ lē nì ɓɔ̀ŋ ɓáŋ ɓéba; hà inyùu ɓē lɛ ɓès ɓɔn dì nnēnɛ kìkìi ɓót ɓa kolī, ndigi lāna lɛ ɓèèɓɔmèdɛ ni ɓɔ́ŋ lɔ̄ŋgɛɛ́, tɔ̀ ɓés dì m̀ɓa yaā kìkìi ɓót ɓa kolī ɓēe. ⁸ Inyǔlē dì nlà ɓe ɓɔ́ŋ jaàm i kɔ̀lɓà màliga. ⁹ Inyǔlē dì ŋkɔ̀n masee ŋgèdà ɓés dì mɓɔ̀mb, ndi ɓèe nì ɓâk mìmpemba. Jàm dì mɓàt i kède màsɔɔhè li ye lē, màm manân ma ɓa ǹyɔnɔ́k. ¹⁰ Inyùuhālā nyēn mè ntìla màm mana ŋgèdà mè tà ɓe mɛ nyɔ́ɔ̂, lɛ ndi ŋgèdà mè gaɓā ɓénī mè lohop ɓáŋ kǐŋgèdà ŋgùy Ŋwɛ́t à bitī mɛ inyùu hōloòs, ndi hà inyùu òɓòs ɓee.

¹¹ À lôgtatà, mè nsōk kaāl lɛ, kɔna màsee. Màm manân mɔmasonā ma ɓa ǹyɔnɔ́k; lèdhana mìŋem; nì ɓangà hɔŋôl yada; yeŋa ǹsàŋ, ndi Nyambɛ nū gwēhaà nì nu ǹsàŋ à gaɓā ni ɓèe. ¹² Yègnana ɓèè ni ɓèe ni màsɔhnà màpubhaga. ˈBàpubhaga ɓɔɓasonā ɓa ńyegā ɓee.

¹³ Kàrîs ì Ŋwɛ́t wês Yesù Krǐstò i ɓa nì ɓèè ɓɔɓasonā, nì gweha Nyāmbɛɛ̀, nì àdnà Mbuu M̀pubi. Àamèn. ˣ

Gàlatìà

1

Màyègà

¹ Paul, ŋomâ [ndi hà nì ɓòt ɓee, tɔ̀lɛ mùt nyɛn à tee nyē, ndik lē Yesù Krǐstò nì Nyambɛ Tàtâ, nu à tùgul nyē i kède ɓàwɔga], ² yàk nì lògtatā yɔ̄sonā dì yè lòŋ, dì ntìlna mintoŋ mi Galātìà: ³ Kàrîs ì nlòl ni Nyāmbɛ Tàta wès nì Ŋwèt wés Yesù Krǐstò i ɓa nì ɓèe, nì ǹsàŋ; Yesù Krǐstò, ⁴ nu à ti nyɛ̄mèdɛ inyùu bìɓeba gwes, lɛ ndi a pagāl ɓès ni hyàỳ hìɓɛ hini kǐŋgèdà sòmbòl Nyambê nì Tàta wês. ⁵ Lìpem li ɓa nì nyɛ i ɓɔga ni ɓɔga. Àamèn.

Ŋwìn Ǹlam ùmpɛ u ta ɓēe

⁶ Mè nhēl kìi nì ǹhɔɔ pamɓa ni nū à bisèbel ɓee nì kàrîs Krǐstò ndi nì adɓègɛ nì ndòŋ Ŋwìn Ǹlam ìpɛ, ⁷ tɔ̀ lakìi ìpɛ ì tà ɓee; ndik lē ɓòt ɓàhɔgi ɓɔn ɓa yê, ɓa ɓā ńyùmus ɓee, ɓa sômblàk kì hyèlɛl Ŋwîn Ǹlam u Krǐstò nyà ìpɛ. ⁸ Ndi tɔ̀ ɓěs, tɔ̀ aŋgèl ŋgìi yɔ̆n ì ǹlô, ì lɛgēl ɓee Ŋwìn Ǹlam m̀pɛ, hàndugi u dì bilègɛl ɓee, wèè a ɓa ǹtǐhègè. ⁹ Kìkìi dì biɓòk yaga pɔt, halā nyēn mè ŋkòndɛ ki kàl hanânɔ lɛ, Iɓālē mùt nyɛkǐnyē à ǹlɛgēl ɓee Ŋwìn Ǹlam m̀pɛ, hàndugi u nì binɔ̄k, wèè a ɓa ǹtǐhègè. ¹⁰ Bàà hanânɔ mè ńyēŋ i lēmeèl ɓòt, tɔ̀lɛ Nyambê? Tɔ̀lɛ mè nnɔ̀ɔ̀dɛ yɔŋā ɓoòt? Ɓale ɓɔ ndi mè gwehek ki lēmel ɓoòt, ki mè ɓak mɛ lē mè ɓa ŋkɔ̀l Krǐstò.

Kìkìi Paul à yìla ŋomâ

¹¹ Inyŭlē mè ńyīs ɓee, à lôgtatà, inyùu Ŋwìn Ǹlam mè bilègɛl ɓee, lɛ u ta ɓē kǐŋgèdà ɓòt ɓa binàm. ¹² Inyŭlē tɔ̀ mè kì mè kǒs ɓē mɛ wɔ ni mùt, tɔ̀ niglɛ̀nè wɔ yak mùt, ndi Yesù Krǐstò nyɛn à sɔ̀ɔ̀lɛnɛ mè wɔ. ¹³ Inyŭlē nì binɔ̄k yaga inyùu ɓā yɛɛ̀m ŋgèdà bìsu i kède hēmlɛ̀ Lôk Yudà, kìi mè ɓa tēŋgá ǹtoŋ Nyambɛ ìlɔ̀ɔ̀ hìhègà, mè òbhàk kì wɔ,ʸ ¹⁴ nì kìi mè ɓa yembèl ŋgàndàk sègà yèm i kède lòŋ yêm inyùu hēmlɛ̀ Lôk Yudà, lakìi mè ɓa loòhà lìgip i tēedà màeba ma ɓasogol. ¹⁵ Ndi ŋgèdà i lēmel Nyāmbɛɛ̀, nu à ɓăk mè ìlɔ̀ yaga liɓùm li inī, à sèbel kì mè nì kàrîs yèe, ¹⁶ lɛ a sɔ́lɛnɛ mè Màn weè i kède yêm, lɛ ndi mɛ lɛgēl Ŋwìn wee Ǹlam i kède bìlɔ̀ŋ bìpɛ, kunda yada mè kèɛ, mè ɓàt ɓe muùt bìnàm kùndē ¹⁷ mè ɓɛt ɓē mɛ kì tɔ̀ i Yèrusàlèm yak ɓòt ɓa ɓǒk yìla ɓaomâ, ndi mè kèɛ ndìgi Àràbìà; mè kondē ki tèmb i Dàmaskò. ¹⁸ Ha nī nyēn mbūs ŋwìi miaâ mè ɓɛt Yèrusàlèm lɛ mɛ yi Kēfà,* mè yēn ki nyēnī jòm li dilɔ mbòk itân.ᶻ ¹⁹ Ndi mè tɛhɛ ɓē mɛ nùmpɛ i kède ɓàomâ, ndik Yàkoɓò, mànyàŋ Ŋwèt. ²⁰ Nùnakì, màm mè ntìlna ɓee hana, bisū bi Nyambɛɛ̀ mè ntēmbɛɛ̀ ɓe mê. ²¹ Ha nī nyɛn mè kèɛ lētèɛ̀ nì bipès bi mbɔk bi Sirìà nì bi Kilìkìà. ²² Ndi mìntoŋ mi Yudēà i Krǐstò, mi ɓā ŋgì yi mɛ sū, ²³ ndi mi ɓe nɔk yàà nnɔgôk lɛ, Mùt à ɓe ɓôk tèɛ̀ŋga ɓes, à ŋàŋal nlèlèm hemlɛ̀ hanânɔ u à ɓe ɓôk

---

ʸ **1: 13** MB 8: 3; 22: 4-5; 26: 9-11
* **1: 18** Kefà à yè Petrò
ᶻ **1: 18** MB 9: 26-30

òbòs. ²⁴ Nì ɓɔ ɓa ti Nyambɛ lìpem inyùù yêm.

2

Ɓàoma ɓàpɛ ɓa nlɛɛgɛ Paul

¹ Ha nī nyɛn jòm li ŋwii mbòk ina lī tāgɓɛ ɓǎŋ, mè kondē ki ɓēt i Yèrusàlèm,ᵃ ɓés Bàrnabà, mè kèna kì yàk Tìtò. ² Ndi mè ɓɛt nyɔɔ kĩŋgèdà màsɔɔlà, mè eba ki ɓɔ̄ Ŋwîn Ǹlam mè nlègel i kède bìlɔ̄ŋ bìpɛ, ndi tenten ɓàlom ɓap ɓa ɓôt, mè tiga lɛ mè tûmbɓà, tɔ̀lɛ mè bitùmbɓa yaŋgà. ³ Ndi tɔ̀ Tìtò yaga, nu à ɓa lòŋnì mè, tɔ̀ lakìì à yɛ̀ mǎn Grĩkìà, ɓa nyēgha ɓē nyɛ nyùù lɛ a kwēba. ⁴ Ndi lógtatā ī bihèŋɓà i yòŋa ntōŋ kìkìi mìnsɔlɓɛ̀ mi ɓôt, lakìì ɓa jǒp mū ī hĩŋ ɓès inyùu kùndɛ̀ dì gwèe ī Krĩstò Yesù, lɛ ndi ɓa timbĩs yāga ɓes mìŋkɔ̀l. ⁵ Dì mɔ̀dɓɛnɛ ɓē ɓɔ, tɔ̀ ŋgɛŋ yadā yaga, i nōgoòl ɓɔ halà, lɛ ndi màliga ma Ŋwîn Ǹlam ma sìŋíp sìŋsìŋ i kède nān. ⁶ Ndi ɓa ɓā ɓā ɓàlom ɓa ɓôt i kède yâp [tɔ̀ ɓa ɓā yàà kinjē nyà ɓôt ŋgèdà bìsu, halā à tà ɓe mɛ jàm, inyǔlē Nyambɛ à ntɔ̄dlɛnɛ ɓe muùt inyùu lìɓâk jee], mè ŋkàl lɛ ɓàlom ɓa ɓôt ɓâ ɓa nōɓe ɓē mɛ jàm jɔkĩjɔ̄. ⁷ Ndi ìlɔ̀ɔ kì halà, ɓa tɛhɛ ɓǎŋ lē Nyambɛ à ŋwèhel mè Ŋwîn Ǹlam inyùu ɓɔŋìkwèèɓà, kìkìi à ŋwèhel wɔ̄ Petrò inyùu ɓàkwèèbaga ⁸ [inyǔlē nu à eba ŋgùy yèè inyùu Pètrò lɛ a ɓa ŋoma īnyùu ɓàkwèèbaga, nyɛ ki nyēn à eba ŋgùy lɛ mɛ ɓa ŋoma īnyùu bìlɔ̄ŋ bìpɛ], ⁹ ndi Yàkobò nì Kefà nì Yòhanès, mèl yaga i kède ǹtoŋ, ɓa yìmbɛ ɓǎŋ kàrîs ì tina mè, ɓa ti ɓes Bàrnabà wɔ̀ɔ waalōm u aàdnà, lɛ ɓès di kenēk

bīlɔ̄ŋ bìpɛ, ndi ɓɔ i kède ɓàkwèèbaga; ¹⁰ ndi ndigi lē dì ɓìgdàgà dìyɛyèbà. I jàm li yàà jɔn ŋem u ɓā nyaàmndànà yàk mè lɛ mɛ ɓɔ̄ŋ.

Paul à ŋkēdɓa Petrò i Àntìokìà

¹¹ Ndi ŋgèdà Kefà à pam Àntìokìà, mè kēdɓa yaga nyɛ mbɔ̀m, inyǔlē à umha nyēmèdɛ ǹsɔ̀hi. ¹² Inyǔlē ìlɔ̀lɛ ɓòt ɓàhɔgi ɓa nlòl yak Yàkobò, à ɓa jela nì ɓòt ɓa bìlɔ̄ŋ bìpɛ, ndi i lɔ̀ ɓa lɔɔ, à kahal sɔmɔ̀l, à ɓagla ni ɓɔ̄, inyǔlē à ɓa kôn ɓòt ɓa lǒl hēmlè ɓakwèèbaga wɔ̀ŋi. ¹³ Nyɛ, nì i Lòk Yudà ipɛ yɔsonā, ɓa kahal hèŋɓa lôŋ yada, kàyèlɛ ɓa yɔŋā yaàk Bàrnabà i kède bìhèŋɓà gwap. ¹⁴ Ndi mè tɛhɛ ɓǎŋ lē ɓa ŋkahal ɓahal njɛ̂l ìpɛ, ɓa ɓɔ̄ŋ ha ɓe maliga ma Ŋwîn Ǹlam, mè kâl Kefà bisū bi ɓoòt ɓɔɓasonā lɛ, Iɓālē wè, nu ù yɛ̀ mǎn Lòk Yudà, ù nòŋɔk bìlem bi bìlɔ̄ŋ bìpɛ, ndi hà bi hemlè Lôk Yudà ɓee, lɛla ni ù nnyēgha ɓoòt ɓa bìlɔ̄ŋ bìpɛ nyuu, lɛ ɓa yɔ̄ŋ bìlem bi hemlè Lôk Yudà?

Lòk Yudà i ntɔ̄hlana inyùu hēmlè, ǹlèlèm kìkìi bìlɔ̄ŋ bìpɛ

¹⁵ Ɓès ɓa dì yɛ̀ Lòk Yudà ligwēaàk, ndi hà ɓaɓɔ̀ŋɓeba ɓe ɓa ɓā nloōl bìlɔ̄ŋ bìpɛ, ¹⁶ lakìì dì ńyî lɛ mùt à ŋkèla lɛ à tee sēp, hà inyùu mìnsɔn mi mben ɓee, ndik īnyùu hēmlè à nhēmlɛ Krĩĩstò Yesù, jɔn yàk ɓés dì bihēmlɛnɛ Krĩĩstò Yesù lɛ di laā kèla lɛ dì tee sēp inyùu hēmlè dì hemlɛ Krĩstò,ᵇ ndi hà inyùu mìnsɔn mi mben ɓee, inyǔlē mùt nyɛkĩnyē à gakèla ɓe lɛ à tee sēp inyùu mìnsɔn mi mben. ¹⁷ Ndi i ɓā nī lɛ ŋgèdà dì ńyēŋ i kèla lɛ dì tee sēp i Krĩstò, ɓès ɓɔmèdɛ kî dì yeli kìkìi ɓaɓɔ̀ŋɓeba, ɓàà halā wèɛ Krĩstò à yɛ̀ ǹlìmil u

---

ᵃ2: 1 MB 11: 30; 15: 2   ᵇ2: 16 Rom 3: 20-22

ɓeba? 'Ɓààloŋɛ! ¹⁸ Inyŭlē i ɓā yāga lɛ mɛ̀ ŋkòndɛ ɔŋ mâm ma mɛ̀ m̀mál ɓok, wɛ̀ɛ mɛ̀ ŋēba yaā lɛ mɛ̀mɛ̀dɛ mɛ̀ yè ǹlɛlmbēn. ¹⁹ Inyŭlē inyùu mbēn mɛ̀ wɔ pɛ̀s mben, lɛ ndi mɛ níŋlak pɛ̀s Nyambê. Mɛ̀ tòmlana lòŋ yada ni Krǐstò i mbāsa; ²⁰ hà mɛ̀mɛ̀dɛ ha ɓe mɛ nyɛ̄n mɛ̀ nnìŋ, ndi Krǐstò nyɛn à nnìŋ i kèdɛ yêm. I nìŋ mɛ̀ nnìŋil hanânɔ minsòn, mɛ̀ nnìŋil yɔ inyùu hēmlɛ̀ mɛ̀ nhēmlɛ Man Nyāmbɛɛ̀, nu à gwes mɛ̀, à sɛm ki nyɛ̄mɛ̀dɛ inyùù yêm. ²¹ Mɛ̀ ntùga ɓe mɛ kàrîs Nyambê. Inyŭlē iɓālē tɛlɛɛ̀ɓsep i nlòl inyùu mbēn, wɛ̀ɛ Krǐstò à wɔ yàŋgà.

3

Mben tɔ̀ hemlɛ̀

¹ Ee', à miŋkìŋìì mi ɓôt mi Galātìà, ǹjɛɛ à bijɔ̀ ɓee, lɛ nì nogol ha ɓe maliga, ɓɛɛ̀ yaga ɓɔn Yēsù Krǐstò à bikɔ́yɓenɛ mbɔ̀m ǹtɔ̀mlàgà i mbāsa? ² M̀pɔ̀m jâm wada unu wɔn mɛ̀ nsòmbol lɛ ni eba mɛ̀: 'Ɓàa nì bikòs Mbuu inyùu mìnsɔn mi mben, tɔ̀ inyùu bìaŋlɛnɛ bi hemlɛ̀? ³ Ndòmlɛ nì yè yaga miŋkìŋìì halā? Nì biɓòdol i kèdɛ Mbūu, ndi hanânɔ nì nsūghɛnɛ minsòn? ⁴ 'Ɓàa nì ɓe sonôl ŋgàndàk màm njɔnɔk halā yàŋgà? Iɓālē ì ɓeè tɔy yaŋgà. ⁵ Jɔn nu à ntī ɓee Mbūu, à ɓɔ̀ŋɔ̀k kì mìmpemba mi mâm i kèdɛ nàn, ɓàa à mɓɔ̀ŋol halā īnyùu mìnsɔn mi mben tɔ̀ inyùu bìaŋlɛnɛ bi hemlɛ̀?

⁶ Kìkìi Àbràhâm à hemlɛ Nyāmbɛɛ̀, ndi hālā à eŋa nyɛ inyùu tēlɛɛ̀ɓsep.ᶜ
⁷ Wɛ̀ɛ yìmbnana nī lɛ, ɓa ɓā ye ɓā hemlɛ̀ ɓɔn ɓa ye ɓɔ̀n ɓa Abràhâm. ⁸ Ndi Lìtìlà, lakìi li tēhɛ bīsū bi ŋgedà lɛ Nyambɛ à kàl bilɔ̀ŋ bìpɛ lɛ bi tee sēp inyùu hēmlɛ̀, wɛ̀ɛ li ɓōk lèɡɛl Abràhâm ŋwìn ǹlam lɛ, I kèdɛ yɔ́ŋ nyɛn bìlɔ̀ŋ gwɔbisonā bi gasàyɓana.ᵈ ⁹ Halā nī nyɛn ɓa ɓā ye ɓàhemlɛ̀ ɓɔn ɓa nsàyɓana lôŋ yada ni Àbràhâm, mùt hemlɛ̀. ¹⁰ Inyŭlē ɓɔɓasonā ɓa edi yāga ni mìnsɔn mi mben ɓa ye ī sī ndììhɛ̀; inyŭlē i ye ǹtǐlɓàgà lɛ, Tììhɛtììhɛ̀ nì hi mût à ntèŋɓɛ ɓe ni màm mɔmasonā ma bitìlɓa i kèdɛ kàat mben lɛ à ɓɔ̀ŋɔ̀k mɔ.ᵉ ¹¹ Ndi i ńyīna lɛ mùt nyɛkǐnyɛ̄ à ŋkèla ɓe lɛ à tee sēp mbɔ̌m Nyāmbɛ īnyùu mbēn, inyŭlē, mùt à tee sēp, inyùu hēmlɛ̀ nyɛn à ganìŋil.ᶠ ¹² Mben ì mpìgil ɓe i hēmlɛ̀, ndi, mùt à ńyɔ̀nɔs matíŋ mee nyɛn à ganìŋil inyùù yâp.ᵍ ¹³ Krǐstò à kɔ̀ɓɔl ɓɛ̀s i sī ndììhɛ̀ mben ŋgèdà à yìla mùt ndììhɛ̀ inyùù yês, inyŭlē i ye ǹtǐlɓàgà lɛ, Tììhɛtììhɛ̀ nì hi mût à pèni ŋgìi kēk;ʰ ¹⁴ lɛ màsɔda ma Abràhâm ma pemel bìlɔ̀ŋ bìpɛ inyùu Yēsù Krǐstò, lɛ di kɔ̄s lìkàk li Mbuu inyùu hēmlɛ̀.

Mben nì lìkàk

¹⁵ À lôgtatà, mɛ̀ mpōt kìkìi lēm ɓoôt. Tɔ̀ màlombla ma ɓā yàà malombla ma mût, iɓālē ɓôt ɓa mmál keēmhɛ mɔ, wɛ̀ɛ mùt nyɛkǐnyɛ̄ à nsàgal ɓe mɔ, tɔ̀ kòndɛ màm màpɛ mûkèdɛ. ¹⁶ Ndi màkàk ma tīna Àbràhâm nì mboo yeē. À ŋkàl ɓe lɛ, Nì mboo yɔŋ, wɛ̀ŋɔ̀ŋlɛ i ye ŋgàndàk, ndi ndòmlɛ ì yè ndik

---

ᶜ**3: 6** Bìɓ 15: 6
ᵈ**3: 8** Bìɓ 12: 3
ᵉ**3: 10** NM 27: 26

ᶠ**3: 11** Hàb 2: 4
ᵍ**3: 12** LL 18: 5
ʰ**3: 13** NM 21: 23

yàda lɛ: Nì mboo yɔ̌ŋ,¹ halā à yē Krǐstò. ¹⁷ Mɛ̀ ŋkàl ni lɛ, Mben ì ì yik sok lɔ̀ i mbūs mbōgoòl ŋwii inâ nì mòm maâ,ʲ ì nlà ɓe sagāl malombla Nyāmbɛ à kèmhɛ ŋgèdà bìsu i Krǐstò, wěŋgɔ̀ŋlɛ mben yɔ̌n ì ntùga likàk. ¹⁸ Inyǔlē iɓālē lìkàdɓum li nlòl inyùu mbēn, wɛ̀ɛ li ta hā ɓe inyùu lìkàk. Ndi Nyambɛ à kèbel Àbràhâm jɔ inyùu lìkàk. ¹⁹ Wɛ̀ɛ mbēn ì yē ni kii? Ì adap yàà ha ŋadɓàk inyùu màlɛl ma mben, lɛtɛ̀ɛ mboo yɔ̀mɛ̀dɛ ì gwēe lìkàk ì lɔ̌; ì teeba nì aŋgɛ̀l i wɔ̀ɔ̀ u ŋàt. ²⁰ Ndi ŋàt nunu à ŋàt ɓe mût wàda; ndi Nyambɛ à yē ndigi wàda.

Màhola mā Mben

²¹ Ɓàà halā wɛ̀ɛ mbēn ì ŋkɔ̀lɓaha makàk ma Nyambê? Ɓààloŋɛ! Inyǔlē ɓalɛ ɓɔ ndi mbēn ì tina ì ɓa lɛ ì la nīŋīs ɓoòt, ki tēlɛɛ̀ɓsep i ɓāk tɔy lɛ i loōl mu mbēn ì. ²² Ndi Lìtìlà li gwɛ̀l màm mɔmasonā mɔ̀k i sī ɓēba, lɛ ndi lìkàk li nlòl hēmlɛ̀ Yesù Krǐstò li tina ɓā ɓā nhēmlɛ̀. ²³ Ndi mben yɔ̌n ì ɓa tat ɓěs hemlɛ̀ ŋgì lɔ̀, lakìi dì ɓa ɓàgwèlga mɔ̀k inyùu hēmlɛ̀ i gayīk sɔɔ̀là. ²⁴ Halā nyɛ̄n mbēn ì yìlna ɓès nteedà lɛtɛ̀ɛ nì yak Krǐstò, ndi di kelā lē dì tee sēp inyùu hēmlɛ̀. ²⁵ Ndi lakìi hēmlɛ̀ i mǎl lɔ̀, wɛ̀ɛ dì tà ha ɓe i sī ǹteedà. ²⁶ Inyǔlē ɓèè ɓɔɓasonā nì yē ɓɔn ɓa Nyambɛ īnyùu hēmlɛ̀ Krǐstò Yesù. ²⁷ Inyǔlē ɓèè ɓɔɓasonā ɓa nì bisòblana i kède Krǐstò, nì bièŋgep Krǐstò. ²⁸ Wɛ̀ɛ i ta ɓē lɛ i ɓa lɛ măn Lòk Yudà nunu, tɔ̀ măn Grǐkìà nuu; tɔ̀lɛ ŋ̀kɔ̀l unu, ŋgwelês ìi; i ta ɓē ki tɔ̀ lɛ i ɓa lɛ mùùnlom nì mùdàa, inyǔlē ɓèè ɓɔɓasonā nì yē ndik mùt wàda i Krǐstò Yesù. ²⁹ Ndi iɓālē ɓèe nì yē ɓa Krǐstò, wɛ̀ɛ nì yē mboo Àbràhâm, nì ɓàkàdɓum kǐŋgèdà lìkàk.ᵏ

4

¹ Wɛ̀ɛ mɛ̀ ŋkàl nì lɛ, i yìì ŋ̀kàdɓum à ŋgi yiī màànge, ɓɔnà ŋkɔ̀l ɓa nlɔ̀a ɓe jâm jɔkǐjɔ̄, tɔ̀ lakìi nyēn à yē ŋwɛ̀t mâm mɔmasonā; ² ndi à yē ndigi ī sī ɓàtɔŋgòl nì ɓɔ̀kindàk lɛtɛ̀ɛ nì ŋgèdà ìsaŋ à biɓòk teenɛ nyɛ. ³ Halā nī nyɛn yàk ɓés i ŋgèdà dì ɓēnɛ ɓɔɔ̀ŋge, dì ɓèè mìŋkɔ̀l i sī ànɛ biɓuk bi mɓòk i kède màeba ma ŋkɔ̀ŋ hisi; ⁴ ndi kìi ŋgèdà ì kɔ̀la yāga cɛcɛ̀s, Nyambɛ à ɔm Man wɛɛ, à gwee ni mùdàa, à gwēenɛ i sī mbēn, ⁵ lɛ ndi a kɔɓɔ̄l ɓòt ɓa ye ī sī mbēn, nì lɛ di yɔ̌ŋ tēl ɓɔn. ⁶ Ndi lakìi nì yē ɓɔ̌n, wɛ̀ɛ Nyāmbɛ à biɔ̄m Mbuu Man wɛɛ i kède mìŋɛm ŋwes, nyɛn à nlɔ̄nd lɛ, À Abà! Tàtà! ⁷ Halā nyɛ̄n ù tà ha ɓe ŋkɔ̀l, ndigi măn; ndi i ɓā nī lɛ ù yē măn, wɛ̀ɛ ù yē ŋ̀kàdɓum inyùu Nyāmbɛ ni njĕl Krǐstò.ˡ

Ndùŋa Paul inyùu ɓàhemlɛ̀

⁸ Lakìi ɓèèɓɔmède nì ɓe yi ɓē Nyambɛ ŋgèdà ì, ndi nì ɓèè yàà miŋkɔ̀l mi ɓa ɓā ta yāga ɓe ɓanyambɛ ǹtììk, ⁹ lɛla ni nì ŋkòndɛ hyělɓa hanaàno i nɔ̀ŋ biɓuk bi mɓòk i kède màeba ma nlà ɓe tuūs jaàm, ma yɛɓɛk kì? Nì nsòmbol ki ɓòdol mɓǒdlàk i ɓā mìŋkɔ̀l ŋwap ŋgèdà nì ńyī Nyambɛɛ, ndi lɔŋɛ lōŋɛɛ̀ i ŋgèdà Nyambɛ nyɛ̄n à ńyī ɓee. ¹⁰ Nì ntɔ̄ɔ yaga i tēedà màŋgwà, nì màtel ma soŋ, nì bìkèk nì ŋwìi! ¹¹ Mɛ̀ ŋkɔ̀n wɔŋi inyùu nān, i tiga ɓa lɛ mɛ̀

ⁱ**3: 16** Bǐɓ 17: 7
ʲ**3: 17** Màn 12: 40
ᵏ**3: 29** Rom 4: 13-14
ˡ**4: 7** Rom 8: 15-17

bitùmbɓa yaŋgà inyùu nàn.
¹² À lôgtatà, mè ńyɛ̀mhɛ ɓee lɛ, ni tɛ́mb kìkìi mè yè, inyŭlē yàk mè mè yè kìkìi ɓèe. Nì biɓɔ̀ŋ ɓe mɛ jàm li tee ɓē sep jɔkĭjɔ̄. ¹³ Ndi nì ńyī lɛ mè bilègìɛnɛ ɓee Ŋwìn Ǹlam ŋgèdà bìsu bìsu inyùu tɔ̀mb minsòn, ¹⁴ nì lɛ mìnsòn ŋwêm mi ɓe nɔɔ̀dɛ̀ ɓèe. Ndi tɔ̀ la yàa nì biyàn ɓe mê, tɔ̀ pidîp mè; nì bilēege mɛ wěŋgɔ̀ŋlɛ aŋgèl Nyambê, kìkìi Krĭstò Yesù nyɛmède. ¹⁵ Wɛ̀ɛ ŋgàlà nàn inyùu màsɔda ì yè hɛɛ? Inyŭlē mè yè mbògi nàn, lɛ nì ɓeè lɛ nì sɔdɔl mis manân, nì ti mɛ mɔ̄, ɓalɛ ɓɔ i ɓeè tɔy lɛ nì la ɓɔɔ̀ŋ halà. ¹⁶ Halā nī nyɛn mè ǹtēmb muùt à ŋɔɔ̀ ɓee, lakìi mè yèe mè mpōdol ɓee màligà? ¹⁷ Tègyè ɓa ntègyɛ ɓee i ta ɓē lam. Ŋgɔ ɓa nsòmbol ndik ādal ɓee i ɓěhnī lɛ ndi ɓèè ɓɔn ni kahal tègyɛ ɓɔ. ¹⁸ I ye lɔ̄ŋgɛ lē ɓòt ɓa têgyɛ ɓèe, tɔ̀ ìmbɛɛ ŋgedà yaga, iɓālē lɔŋgɛ yɔ̄n ɓa nsòmbòl, ndi hà ndik ŋgèdà mè yènɛ i ɓěnī yɔtama ɓee. ¹⁹ À ɓɔn ɓêm ɓàtidigi, mè ǹkònde nɔk njôghè inyùu nàn wěŋgɔ̀ŋlɛ ŋ̀kòògà, lɛtɛɛ̌ Krĭstò à ɓana maòŋg i kède nàn. ²⁰ Yɔɔ̂', ɓalɛ mè ɓak lɛ mè ɓa nyɔɔ̄ ɓěnī hanaànɔ, lɛ mɛ podos ɓèè ni kĭŋ ìpɛ; inyŭlē mè tèmi yāga inyùu nàn.

Mbàŋ inyùu Hàgâr nì Sààra

²¹ Bèè ɓa nì nsòmbol ɓa i sī mbēn, kàla lē mè, ɓàa nì ǹnɔgɔ̂k ɓe mben? ²² Inyŭlē i ye ǹtĭlɓàgà lɛ, Àbràhâm à ɓa à gwèe ɓɔ̆n ɓòòlom iɓaà: wàda mû, ɓɔnà nlìmil u mudàa; nu kì, ɓɔnà ŋgwelês mudàa.ᵐ ²³ Ndi măn nlìmil u mudàa à gwee kĭŋgèdà mìnsòn, nu ŋgwelês mudàà kî à gweenɛ līkàk.ⁿ ²⁴ Ndòŋ mâm ini i mpɔ̄t ndigi mbàŋ, inyŭlē ɓana ɓòdàà ɓa ye màlombla imaà; mada ma ye mā Hikòa Sinày, ma ŋgwāl ɓɔn ɓa ye mìŋkɔ̀l, mɔn ma ye Hàgâr. ²⁵ Nyàa Hàgâr nunu nyēn à yè Hìkòa hi Sinày nyɔ̄ɔ̄ Àrabìà, nyɛ ki nyēn à kòli nì Yèrusàlèm ì hanânɔ, inyŭlē à yè ŋ̀kɔ̀l, nyɛ nì ɓɔn ɓee. ²⁶ Ndi Yèrusàlèm ì ŋgìi ì yè ŋgwelês, yɔ̆n ì ye inī weès. ²⁷ Inyŭlē i ye ǹtĭlɓàgà lɛ,
À kôm mudàa, wè nu ù ŋgwalâk ɓee, kɔ̀nɔk màseè;
À wɛ nū ù ŋ̀kôgàgà ɓee, kèhi ǹsèŋgè i nyɔ̀;
Inyŭlē ɓɔ̀n ɓa ńyòyôk mudàà ɓa nlɔ̀ɔ̀ ɓa mudàa à gwèe ǹlom ŋaŋga.ᵒ
²⁸ Ndi, à lôgtatà, ɓèe nì yè ɓɔ̀n ɓa likàk, kìkìi Ĭsàk. ²⁹ Ndi kìkìi nu à gwee kĭŋgèdà mìnsòn à ɓa têŋgà nu à gwee kĭŋgèdà Mbuu ha ŋgèdà ì,ᵖ halā kì nyɛn i ye hānaànɔ. ³⁰ Ndi Lìtìlà li ŋkàl laa? Lùhul ŋgɔ̀nd ǹlìmil mudàà ɓɔnà man; inyŭlē măn ŋgɔ̀nd ǹlìmil mudàa à gakòdol ɓe ɓum ɓɔnà man ŋgwelês mudàa. ³¹ Jɔn, à lôgtatà, ɓès dì tà ɓe ɓɔn ɓa ŋgɔ̂nd ǹlìmil mudàa, ndik ɓā ŋgweleès mudàa.

5

Yèda yāga sìŋsìŋ i kède kùndè nàn

¹ Krĭstò à yìlha ɓès ŋgwelês lɛ di ɓa kùndè. Jɔn yèda yāga sìŋsìŋ, nì

ᵐ **4: 22** Bìɓ 16: 15; 21: 2
ⁿ **4: 23** Bìɓ 17: 16

ᵒ **4: 27** Yès 54: 1
ᵖ **4: 29** Bìɓ 21: 9

nɛɛbɛ ɓáŋ lē ɓa kondē kì ha ɓee dikēŋ di miŋkɔ̀l.

² Nùnakì, mè Paul, mè ŋkàl ɓee lɛ, iɓālē nì n̄nɛɛbɛ lɛ ni kwēba, wɛ̀ɛ Krĭstò à gaɓāhlɛ ɓe ɓee jàm jɔkĭjɔ̄. ³ Mè mɓɔ̀gyɛ hikìi mùt à nnēɛbɛ i kwèèba lɛ à gwèe pīl i yōnoòs mben yɔsonā. ⁴ 'Bèè ɓa nì nsòmbol kelā lɛ nì tee sēp inyùu mbēn, nì m̀bagla ni Krĭstò, nì kanda ni kàrîs. ⁵ Inyŭlē nì ŋgùy Mbuu nyɛn ɓés dì ntèŋɓɛ ɓɛ́m ɓɔdŋɛm i tɛlɛèbsep inyùu hēmlè. ⁶ Inyŭlē i Krĭstò lìkwèè li nhōla ɓe jaàm, tɔ̀ ŋgìkwèèba, ndik hēmlè i ī ŋgwèl nson i kède gwēhaà.

⁷ Nì ɓe ligìp nì lìke lɔŋgɛ ŋgàndàk. Njɛɛ à bisèk ɓee lɛ nì tɔp ɓáŋ nōgol maliga? ⁸ Yɔ̀ŋà ɓa ńyɔŋā ɓee halà i nlòl ɓe yak nū à nsèbel ɓee. ⁹ Ŋgɔ ndèk sèŋha ì nsèŋes ŋgîm liɓɔ̀hɔ̀.ᑫ ¹⁰ Mè mɓōdol Ŋwɛt ŋ̂ɛm inyùu nán lɛ nì gaɓāna ɓe hɔŋɔɔ̀l ipɛ, ndi mùt à ńyùmus ɓee, mbàgi nōgoòs ì gahĭhbɛ nyɛ, tɔ̀ à ɓa njɛ́ɛ. ¹¹ Ndi mè, à lôgtatà, iɓālē mè ŋgi aŋlàk inyùu lìkwèè, inyŭkī ni ɓa ntèèŋana ki mè? Halā wɛ̀ɛ mbɔ̀ŋɛ̀ mbasa ì ŋ̂kɔhlà? ¹² Yɔɔ̂', i ɓák lɔŋge nì ɓòt ɓa ńyūbda ɓee lɛ ɓa yilā ŋwak!

¹³ Inyŭlē, à lôgtatà, ɓèe nì bisèblana lɛ ni ɓa kùnde; ndi ndigi lē kùnde nán ìni ì ɓa ɓáŋ inyùu nēhnè mìnsòn njèl, ndi gwèèlana ɓèè ni ɓèè inyùu gwēhaà. ¹⁴ Inyŭlē mben yɔsonā ì ńyōnol munu mpɔ̀m ɓaŋgā unu lɛ: Ù gagwēs muùt wɔ̌ŋ liɓok kìkìi wɛmède.ʳ ¹⁵ Ndi iɓālē ɓèè ni ɓèè nì ŋkɔ̀ɔ̀gànà, nì jengà kì, wɛ̀ɛ nì yihgɛ̀ lɔŋge lē nì tiga lɛ nì lem hyɛs.

Lìtam li Mbuu nì mìnsɔn mi minsòn

¹⁶ Mè ŋkàl ni lɛ: Hyumlana ī ànɛ̀ Mbuu, ndi nì gayōnos ɓe minhɛŋa mi minsòn. ¹⁷ Inyŭlē mìnsòn mi nhē̄ŋ lɛ mi soŋā màm ma Mbuu, yàk Mbuu à nhē̄ŋ lɛ a soŋā màm ma minsòn, lakìì ɓɔɓaà ɓa ŋkèdɓana mbɔ̀m, lɛ ndi nì ɓɔ̀ŋ ɓáŋ màm nì ɓak lɛ nì sombōl ɓɔɔ̀ŋ.ˢ ¹⁸ Ndi iɓālē Mbuu nyɛn à ŋēga ɓee, wɛ̀ɛ nì tà ɓe i sī mbēn. ¹⁹ Ŋgɔ mìnsɔn mi minsòn mi ńyībaà, ŋwɔ mīni: ndèŋg, mpùŋgu, nyɛ̀ga, bìyogdà, ²⁰ ɓegês bìsat, gwèlèl màkàŋ, òa, ndaŋ, njòŋ, nyay, pèènà, lìsànda, ²¹ tamâ, mànɔlâ, lìhyua, bìlòŋ bi mpùŋgu nì ndòŋ mâm ìpɛ halà. Inyùu màm mana mè mɓùgus ŋwîn bisū nyɔɔ̄ ɓěnī, kìkìi mè biɓòk yaga kâl ɓee lɛ, ɓòt ɓa yɛ ɓā mɓɔ̀ŋ ndòŋ mâm ini ɓa gakòdol ɓe anɛ̀ Nyambɛ̀. ²² Ndi lìtam li Mbuu li ye gwēhaà, nì màsee, nì n̄sàŋ, nì wɔŋgut, nì lɔŋgɛŋēm, nì lìyomba, nì ŋ̂ɛm hemlè, ²³ nì ŋ̂ɛmlimà, nì hodnyuu. Mben ì ŋkɔ̀lɓa màm mana ì tà ɓee. ²⁴ Ndi ɓa ɓā ye ɓā Krĭistò Yesù ɓa bimàl tomōl minsòn i mbāsa, lòŋ yada ni bìsòmblɛ gwee nì mìn̄hɛŋa ŋwee.

²⁵ Iɓālē dì nnìŋil ni Mbūu, wɛ̀ɛ di hyumlak ī kède Mbūu. ²⁶ Dì kàdɓa ɓáŋ lìpem ŋkǎdɓàgà i yàŋlànà ɓès ni ɓés, tɔlɛ i tāmnà ɓès ni ɓés.

6

Holnana màmbègèè ɓèè ni ɓèe

¹ À lôgtatà, ndi tɔ̀ lìhòhà jɔn li mpuhɛ mûtᵢ kède nán, wɛ̀ɛ ɓèè ɓa nì yɛ ɓa Mbuu, tea kì nyɛ lɔŋge nì

ᑫ**5: 9** 1Kɔ̀r 5: 6
ʳ**5: 14** LL 19: 18

ˢ**5: 17** Rom 7: 15-23

mbuu u limà. Wὲmὲdɛ ù yihgɛ lɛ yàk wὲ ù tiga lɛ ù nɔ́dànà. ²Holnana màmbɛ̀gɛ̀ɛ̀ ɓèè ni ɓee, ha nī nyɛn nì gayōnos mben Krĭ̀stò. ³Inyŭlē iɓālē mùt à nhɔ̄ŋɔl lɛ à yè jàm, ndòmlɛ à tà ɓe tɔ jàm, wὲɛ à nlòk yaā nyɛmὲdɛ. ⁴Hi mût a wán ndígi ìwee ìwee nsɔn, ha nī nyɛn à gaɓāna ìyee yadɓɛnɛ inyùù yeē nyɛtāma, ndi hà inyùu nùmpɛ ɓee. ⁵Ndi hi mût à gaɓɛ̀gɛɛ ìyèè ìyèè mbɛgɛ̀ɛ̀.

⁶Ndi mùt ɓa nnīiga Ɓaŋgā Nyambeὲ a ɓana àdnà nì mùt à nnīiga nyɛ i kède màm màlam mɔmasɔnā. ⁷Nì yòm ɓáŋ; mùt à tà à tɔ́gɓɛgɛ ɓe Nyambeὲ. Inyŭlē jàm mùt à nsāl, jɔ ki jɔ́n à gaɓùmbul. ⁸Inyŭlē mùt à nsēlel minsòn ŋwee nyɛmὲdɛ, mu mīnsòn nyɛn à gaɓùmblɛ cibâ; ndi nu à nsēlel Mbuu, mu Mbūu nyɛn à gaɓùmblɛ nîŋ ɓɔgā. ⁹Dì waa ɓáŋ ī ɓɔ̀ŋ lɔŋgê, inyŭlē dì gaɓùmbul ŋgèdà ì ma kɔ̄là, iɓālē dì ǹtɔ̂mb ɓee. ¹⁰Jɔn iɓālē dì ǹtɛhɛ pola, wὲὲ di ɓɔŋɔk ndīgi lɔ̄ŋgɛ ī kède ɓòt ɓɔɓasɔnā, ndi tenten i kède ɓā ɓā ye līhàà li hemlὲ.

Màɓehna ma nsōk nì màyègà

¹¹Nùnakì, kinjē ndòŋ biɓàdà bi matìlà mὲ ǹtìlna ɓee nì wɔ̀ɔ́ wêm mὲmὲdɛ. ¹²Ɓɔɓasɔnā ɓa nsòmbol yɔŋā ɓee nì bìnɛnnɛ bi minsòn, ɓɔn ɓa nnyēgha ɓee nyùù lɛ ni kwēɓa, ndi ndigi lē ndèèŋgà ì nlòl inyùu mbāsa Krĭ̀stò i lɛhi ɓɔ́. ¹³Inyŭlē tɔ̀ ɓòt ɓa ŋkwὲɛ̀bà, ɓɔmὲdɛ yaga ɓa ntēeda ɓe mben; ndi ɓɔ ɓa nsòmbol lɛ ɓèè ni kwēɓa, lɛ ndi ɓa yadɓɛnɛ īnyùù mànyùù manân. ¹⁴Ndi inyùu yêm mὲmὲdɛ, mὲ tà ɓe mɛ lē mὲ yadâp, ndik īnyùu mbāsa Ŋwὲt wés Yesù Krĭ̀stò. Inyùù yeē nyɛn ŋ̀kɔ̀ŋ hisi u mmāl toōmlana mbāsa i pὲs yêm, yàk mὲ i pὲs i ŋ̀kɔ̀ŋ hisi. ¹⁵Inyŭlē i Krĭ̀stò Yesù tɔ̀ lìkwὲὲ li ta ɓē tɔ jàm, tɔ̀ ŋgìkwὲὲbà, ndik hègel yɔndɔ. ¹⁶Ndi ɓa ɓā ganɔ̀ŋ maēɓa mana, ǹsàŋ u ɓa ŋgìì yâp, nì kɔ̀nàŋgɔɔ, yàk nì i ŋgìi Ìsrăèl ì Nyambê.

¹⁷Ìɓòdòl hanânɔ mùt nyɛkĭnyē à yebes yaga ha ɓáŋ mὲ, inyŭlē bìndondoo bi Ŋwɛt lɛ Yesu bi ye mὲ munu nyùu. ¹⁸À lôgtatà, kàrîs Ŋwὲt wēs Yesù Krĭ̀stò i ɓa nì mìmbuu minân. Àà mèn.

Èfesò

1

Màyègà

¹ Mè Paul, ŋoma nū Krǐstò Yesù kǐŋgèdà sòmbòl Nyambê, mè ntìlna ɓapūbhaga ɓa ye Ēfēsò, ᵗ ɓa ɓā nhēmlɛ Yesù Krǐstò. ² Kàrîs ì nlòl ni Nyāmbɛ Tàta wès nì Ŋwèt lɛ Yesù Krǐstò i ɓa nì ɓèe, nì nsàŋ.

Màsɔda ma Mbuu i Krǐstò

³ Lìpem li ɓa nì Nyambê, nì Ìsaŋ Ŋwèt wēs Yesù Krǐstò, nu à bisàyap ɓes nì màsɔda ma Mbuu mɔmasonā inyùu Krǐstò nyɔɔ ŋgìi. ⁴ Inyǔlē à tɛp ɓès i kède yeē ŋ̀kɔ̀ŋ hisi wɔ ŋgì hègà, lɛ di ɓa ɓápubhaga, i ɓa ɓe lɛm bisū gwee i kède gwēhaà. ⁵ À ɓǒk yìmbɛ ɓes lɛ di ɓa ŋgwalâgɓêl yee nyɛmɛ̀dɛ inyùu Yēsù Krǐstò, inyǔlē halā à lemel Nyāmbɛ kǐŋgèdà sòmbòl yee, ⁶ lɛ di ɓeges nyē inyùu lìpem li karîs yèe à mègɛ ɓès inyùu Màn weē à ŋgwēs. ⁷ I kède yeē nyɛn dì gwèènɛ kɔ̀blà inyùu màcèl mee, ŋwèhèl inyùu màhòhà mes ᵘ kǐŋgèdà lìŋgwàŋ li karîs yèe, ⁸ yɔ̌n à umbnɛ ɓěs pèk nì yi yɔsonā ⁹ i ŋgèdà à yɛɛlɛnɛ ɓès jīmb li sombòl yee. Inyǔlē halā à lemel nyē, ¹⁰ lakìi à mǎl kòòba i kède yeē i tēe ndòŋ ànɛ yada biyōnol bi ŋgedà, i kòhlɛ màm mɔmasonā hɔma wadā yak Krǐstò, ma mā ye nyɔɔ ī ŋgìi, nì ma mā ye nyɔ̀nɔ hisí. ¹¹ Inyùù yeē nyɛn Nyāmbɛ à tɛp kì ɓès lɛ di ɓa ɓūm yee, lakìì nyɛmɛ̀dɛ à ɓǒk yìmbɛ ɓes i kède ŋgòòbà yèe, kìkìi nū à mɓɔŋ mâm mɔmasonā kǐŋgèdà pèk sòmbòl yee, ¹² lɛ a kuhūl bìɓegês nì lìpem inyùù yês, ɓès ɓa dì biɓōdol Kriîstò ŋ̀em bisū bi ŋgedà. ¹³ I kède yeē nyɛn yàk ɓèe, lakìi nì binōk ɓaŋgā i maliga, halā à yè lɛ Mìŋaŋ Mìnlam mi tɔhi nàn, i kède yeē nyɛn, lakìi nì bihēmlɛ kì, wɛ̀ɛ nì biɓēnda ni Mbūu M̀pubi nu lìkàk, ¹⁴ nu à yè ɓan ɓum yes lɛtɛ̀ɛ à kɔbɔl yɔm yee nyɛmɛ̀dɛ inyùu bìɓegês bi lipem jee.

Màsɔɔhɛ̀ inyùu pèk nì yi

¹⁵ Jɔ ni jɔn yàk mè kì, i ŋgèdà mè binōk kìkìi nì nhēmlɛ Ŋwɛt lɛ Yesù, nì kìkìi nì ŋgwēs ɓapūbhaga ɓɔɓasonā, ¹⁶ mè ŋ̀ŋwàs ɓe mɛ tī mayègà inyùu nàn. Mè mɓìgda ki ɓèè ŋgedà yɔsonā i kède màsɔɔhɛ̀ mêm, ¹⁷ lɛ Nyambɛ nū Ŋwɛt wēs Yesù Krǐstò, Tàta nū lìpem, a ti ɓèè mbuu pèk nì mbuu masɔɔ̀là, lɛ ndi ni yi nyē ɓàŋga lìyîk, ¹⁸ lɛ mìs ma miŋem minân ma tɛhna, ndi ni yi kīnjē ɓōdŋem nì gwēe īnyùu ǹsèblà wee, nì kinjē lìŋgwàŋ li lipem li ɓum yee i kède ɓapubhaga, ¹⁹ nì kìkìi à ǹyaba ni sōgɓoòk wèe lìpemba inyùù yês, ɓès ɓa dì nhēmlɛ̀. ²⁰ À ǹyaba yaga kǐŋgèdà los ŋgûy yèe nyɛmɛ̀dɛ à eba ī tùgùl à tùgul Krǐstò i kède ɓawɔga, à yîs nyɛ wɔ̀ɔ wee waalōm nyɔɔ ŋgìŋgìi, ²¹ à ti ki nyē ànɛ i nlɔɔ ànɛ yɔsonā, nì kùndɛ yɔsonā, nì lìpemba jɔlisonā, nì ɓɛ̀t ɓɔɓasonā, ŋgàndàk màlòo, à nlɔɔ ki hī yāga joy li ntūɓaà, hà hyày hi lɛ́n hini hyɔtāma ɓee ndi yàk hi hī nsòmbol lɔ̂. ²² À sùhus kì màm mɔmasonā i sī màkòò ma Krǐstò, ᵛ à

ᵗÈf 1: 1 MB 18: 19-21; 19: 1
ᵘÈf 1: 7 Kòl 1: 14
ᵛÈf 1: 22 Hyèm 8: 7

ti ntoŋ nyē lɛ a ɓa ŋ̀ɔ ŋgìi màm mɔmasonā, wɔn u ye nyùù yeè, ʷ ²³ bìyonol bi nu à ńyōnos maàm mɔmasonā i kède ɓɔ̄ɓasonā.

2

Ì nyɔdi nyěmb, i jòp i nìŋ

¹ Bèè ɓɔn à binìŋis ŋgèdà nì ɓeè ɓàwɔga i kède màhòhà nì bìɓeba binân, ² mu nyēn nì ɓe hyumûl ŋgèdà bìsu kǐŋgèdà bìlɛm bi ŋkɔ̀ŋ hisi unu, kǐŋgèdà ŋ̀ànɛ̀ nu à gwèe kùndè nyɔ̀ɔ mbèbi, ŋgìi mbūu u ū nsāl hanaànɔ i kède ɓɔn ɓa ndɔk. ³ Yàk ɓèhɓɔɓasonā dì ɓeè dì èdi nì ɓɔ ŋgèdà bìsu i kède mìnhɛŋa mi minsòn ŋwes, dì ɓɔ̀ŋɔ̀k kì màm mɔmasonā mìnsòn mi nsòmbòl, nì màhɔŋɔ̂l. Kǐŋgèdà ɓa yes ligweâk dì ɓeè tɔy ɓɔn i sī hìun kàyàda kìkìì ɓa ɓāpɛ ɓɔɓasonā. ⁴ Ndi Nyambɛ nū à yògi nì lìŋgwàŋ nì kɔ̀nàŋgɔɔ, inyùu ŋgàndàk yèe gwēha à gwes ɓès ⁵ ŋgèdà dì ɓa ɓàwɔga inyùu màhòhà mes, à nìŋis ɓès lôŋ yada ni Krǐstò - nì bitɔ̄hlana ni kàrîs Nyambê.ˣ ⁶ À tùgul ɓès lôŋ yada ni nyē, à ŷis ki ɓès hɔma wadā nyɔ̄ɔ ŋgìi i Krǐstò Yesù, ⁷ lɛ i kède cày di galɔ̀ɔ, a eba sōgɓoòk lìŋgwàŋ li karîs yèè i kède lɔ̄ŋgɛŋēm inyùù yês i Krǐstò Yesù. ⁸ Inyǔlē inyùu kàrîs nyen nì bitɔ̄hlana inyùu hēmlɛ̀, ndi halā à nlòl ɓe ni ɓèèɓɔmèdɛ; à yè ndigi likèblà li Nyambê, ⁹ hà nì mìnsɔn ɓee, mùt à tiga lɛ à yadâp. ¹⁰ Inyǔlē dì yè ǹsɔn wee, ɓàhègga i Krǐstò Yesù, lɛ ndi di gwêl mìnsɔn mìnlam

Nyāmbɛ à ɓǒk kòòbana ɓes lɛ dì hyumlàk mû.

Bɔɓaà jàm jada i Krǐstò

¹¹ Jɔ ni jɔn ɓìgdana nī lɛ, i ŋgèdà bìsu nì ɓeè bìlɔ̀ŋ bìpɛ kǐŋgèdà mìnsòn, nì ɓe sêblà lɛ ɓɔŋgìkwèèbà, nì ɓa ɓā nsèbla lē ɓàkwèèbaga, ɓɔn ɓa ye hālā kǐŋgèdà mìnsòn, m̀ɓɔŋɔ̂k nì mɔ̀ɔ ma ɓôt. ¹² Bìgdana lē, ha ŋgèdà ì nì ɓeè m̀ɓaglàgà nì Krǐstò, ŋ̀keŋêk nì ànɛ̀ Isrǎɛ̀l, nì ɓàkèn bisū bi malombla ma likàk; nì ɓeè ɓe nì gwèe ɓɔ̂dŋem, nì ɓeè kì munu ŋkɔ̀ŋ hisi ŋgì Nyambê. ¹³ Ndi hanânɔ ni, i Krǐstò Yesû, ɓèè ɓa nì ɓeè nɔnɔk i ŋgèdà bìsu, nì bikòògɛ ɓɛɓèè inyùu màcèl ma Krǐstò. ¹⁴ Inyǔlē nyɛn à yè ǹsàŋ wes, nu à yìlha ɓɔ̄ɓaà jàm jada, à ɓok ki lìpènd li ɓā lìɓap li mbagla i pōla yeès, ¹⁵ à mèles mbēn i kède mìnsòn ŋwee, lòŋnì màtìŋ mee nì màteâk mee, ʸ lɛ ndi a hɛ̂k ɓɔ̄ɓaà i kède yeē nyɛmèdɛ, ɓa tɛ́mb muùt yòndɔ wadā, ndi a kop nsàŋ, ¹⁶ a saŋgal kì ɓɔɓaà nì Nyambɛ ī kède nyùù yadà nì mbasa, ᶻ lakìi mū nyēn à mǎl nōlol oā. ¹⁷ Ha nī nyɛn à yik lô, à aŋlɛ ɓee ɓa nì ɓa nōnɔk, nì ɓa ɓā ɓā ɓèɓèè, Mìŋaŋ Mìnlam mi nsàŋ, ᵃ ¹⁸ inyǔlē inyùù yeē nyɛn ɓès ɓɔɓaà dì gwèènɛ lìjùbul yak Tàta ī kède Mbūu wada. ¹⁹ Jɔ ni jɔn nì tà ha ɓe ɓàkèn nì bìyɔɔ̀yɔ̀, ndi nì yè tìtis ɓɔn ɓa ŋem ŋkɔ̀ŋ lòŋ yada nì ɓàpubhaga, ɓòt ɓa lihàà li Nyambɛ yāga. ²⁰ Nì ŋ̀oŋa i ŋgìi hìkùù hi ɓaomâ nì ɓàpodôl, mu nyēn Krǐstò Yesù nyɛmèdɛ à yè ŋgɔ̀k lìkas. ²¹ Ndi ŋgìm

---

ʷ Èf 1: 22 Kòl 1: 18
ˣ Èf 2: 5 Kòl 2: 13
ʸ Èf 2: 15 Kòl 2: 14
ᶻ Èf 2: 16 Kòl 1: 20
ᵃ Èf 2: 17 Yès 57: 19

ndap yɔsonā, màɔŋ mee ma nsɔɔbana inyùù yeè, ma ŋkɛ̀ yaga ni bìsu lɛtɛ̀ɛ̀ ma yilā tempɛ̀l pubhaga, lakìì ma edi nì Ŋwĕt, ²² i nyēnī nyɛn yàk ɓèe nì ŋoŋa lôŋ i kède Mbūu i ɓā lìyèènɛ li Nyambê.

3

Ǹsɔn Paul inyùu bìlɔ̀ŋ bìpɛ

¹ Inyŭhālā nyēn mè Paul, mùt màmɔ̀k nu Krı̆stò Yesù inyùu nân, ɓèè bilɔ̀ŋ bìpɛ, ² iɓālē i ye tɔ́y lɛ nì binɔ̄k inyùu ǹsɔn kindàk u karı̆s Nyambɛ ū ū bitīna mɛ īnyùu nân, ³ nì lɛlaa à biyīs me jìmb jee i kède màsɔɔ́là, kìkìi mè m̀mál tiīlna ɓee nì ndèk biɓàŋga. ⁴ Iɓālē nì ŋ̀aŋ gwɔ, wèɛ nì ganōgda mu kède yī yɛɛ̀m i jìmb li Krı̆stò, ⁵ li lī sɔ̀ɔ̀lana ɓē ɓon ɓa ɓoòt ɓa binàm i kède cày dìpɛ, kìkìi li nsɔ́lana ɓaoma ɓèe ɓàpubhaga nì ɓàpodôl hanânɔ ni ŋgùy Mbuu. ⁶ Li ye lē, bìlɔ̀ŋ bìpɛ bi ye ɓàsɔ ɓa ɓakàdɓum, bi ye bìjò bi nyuu yadā, nì ɓàsɔ ɓa ɓayɔ̀ŋŋgàbà mu līkàk jee i Krı̆stò Yesù inyùu Mìŋaŋ Mìnlam. ᵇ⁷ Mu nyēn mè yìlna ǹlìmil, kǐŋgèdà lìkèblà li karı̆s Nyambɛ lī tīna mè, kǐŋgèdà ŋgùy lìpemba jee. ⁸ Mè nu mè nsōk yaga hyɛs i kède ɓàpubhaga ɓɔɓasonā, nyɛn kàrı̆s ìnì ì tina, lɛ mɛ aŋlɛ bìlɔ̀ŋ bìpɛ lìŋgwàŋ li Krı̆stò li mɓūma ŋaŋ, ⁹ nì lɛ me pemhɛnɛ ɓòt ɓɔɓasonā mɓàmba àdnà i jimb, li lī ɓā li solī ìlɔ̀ yaga cây nì cày yak Nyāmbɛɛ̀, nu à hĕk màm mɔmasonā ni Yēsù Krı̆stò: ¹⁰ lɛ ndi hanânɔ ǹtoŋ u yis ɓàkaambɔ̄k nì ɓà-ànɛ̀ nyɔ̀ɔ ŋgìì nyà nì nyà pèk Nyambê, ¹¹ kǐŋgèdà ŋgòòbà ɓɔ̀ga à kòòba ī Krı̆stò Yesù

Ŋwèt wês. ¹² I nyēnī nyɛn dì gwèènɛ màkend, dì njòp ki ī nyēnī nì ɓàŋga mbìdè inyùu hēmlɛ dì nhēmlɛ nyɛ. ¹³ Jɔ ni jɔn mè nsɔ́ɔhɛ ɓee lɛ nì tɔ̀mb ɓáŋ inyùu njīìhà yèm inyùu nân, inyŭlē yɔ́n ì yè lìpem linân.

Ì yi gwēha ī Krıı̆stò

¹⁴ Inyùu jàm lini nyɛn mè ŋūmul maɓɔŋ hisī bisù bi Isāŋ Ŋwèt wês Yesù Krı̆stò, ¹⁵ inyùù yeē nyɛn màlom mɔmasonā i ŋgìì nì hisī ma ŋòbna joy, ¹⁶ lɛ a ti ɓèè lipemba kı̆ŋgèdà lìŋgwàŋ li lipem jee, lɛ ndi mùt kède a lēdhana nì Mbuu wee, ¹⁷ lɛ Krı̆stò a yēn mīŋēm minaàn inyùu hēmlɛ. Iɓālē nì ŋ̀ɔ mīŋkàŋ, nì siŋīp yāga sìŋsìŋ i kède gwēhaà, ¹⁸ ha nī nyēn nì galèt kaŋkaŋ nì tibîl yi yɔ pōk, nì ǹtɛl, nì ndip, nì ŋ̀kwaŋ wee, lòŋ yada nì ɓàpubhaga ɓɔɓasonā, ¹⁹ ni yi kì gweha ī Krıı̆stò, i ī nlà ɓe yinâ, lɛ ni ɓa ǹyɔnɔ̀k nì lìŋgwàŋ li Nyambɛ jōlisonā.

²⁰ Ndi hanânɔ ni inyùù yeē, nu à nlà ɓɔ́ŋ maàm ma nlòòhà yaga ìlɔ̀ɔ̀ màm mɔmasonā dì nsɔ́ɔhɛ̀ tɔ̀ hɔŋɔ̂l, kı̆ŋgèdà lìpemba li ŋgwɛ̀l nsɔn i kède yês, ²¹ lìpem li ɓa nì nyɛ i kède ǹtoŋ nì i Krı̆stò Yesù, lɛtɛ̀ɛ̀ nì i cày cɔdisonā i ɓɔ̀ga ni ɓɔ̀ga. Ààmèn.

4

Àdnà i kède Mbūu

¹ Jɔn mè mùt màmɔ̀k i Ŋwĕt, mè nsɔ́ɔhɛ ɓee lɛ ni hyom kìkìi i kolī nì ǹsèblà nì bisèblànà, ² lòŋnì sùhùsnyuu yɔsonā nì ŋ̀emlìmà, yàk nì wɔŋgut. Nì honɓànàgà ɓèè ni ɓèe i kède gwēhaà; ³ nì nyàmndàgà yaga ki ī tēedà àdnà Mbuu, lɛ ǹsàŋ u ât

---

ᵇÈf 3: 6 Kòl 1: 26-27

ɓèè ni ɓèe. ⁴ Nyùu ì yɛ̀ yàda, Mbuu kî wada, kìkìi yàk ɓɔdŋɛm inyùu ǹsèblà nì bisèblànà i ye ndīgi yāda. ⁵ Ŋwět à yɛ̀ wàda, hemlɛ̀ yada, lìsòblɛ̀ jada, ⁶ Nyambɛ wàda nu à yɛ̀ Ìsaŋ ɓɔ̄ɓasonā, à kèhi ŋgìi ɓɔ̄ɓasonā, à gwèe ɓɔ̄ɓasonā, à ńyèn ki ī kède ɓɔ̄ɓasonā. ⁷ Ndi kàrîs Nyambɛ ì ɓe tina hīkìi mùt i kède yɛ́s kǐŋgèdà hìhègà hi likèblà li Krǐstò. ⁸ Jɔn à ŋkàl lɛ, i ɓēt à ɓɛt ī ŋgìi, à kèna mìŋkom; à ti kì ɓòt màkèblà. ᶜ
⁹ Ndi màɓɛt mee ma ŋgiī ma ŋēba kii, hàndugi lana lɛ à ɓǒk sòs yaga nyɔ̄ njôôŋ, i sī ǹkɔ̀ŋ hisi unu? ¹⁰ Mùt à sǒs nyɔ̂ɔ̂, nyɛ ki nyēn à ɓɛt lētɛ̀ɛ̀ nì nyɔ̀ɔ ŋgìŋgiì, lɛ ndi a yonos màm mɔmasonā. ¹¹ À ti ɓàhɔgi lɛ ɓa ɓa ɓàomâ, ɓapɛ ɓàpodôl, ɓapɛ ɓà-aŋâl Mìŋaŋ Mìnlam, ɓapɛ kî bìpastò nì ɓàlêt, ¹² lɛ ɓa tee ɓàpubhaga lɔŋgê, ɓa gwelēl nyē ǹsɔn kìkìi mìnlìmil, ɓa holos kì nyùu Krǐstò, ¹³ lɛtɛ̀ɛ̀ ɓèhɓɔɓasonā di pam ŋgiìm hemlɛ̀ yada dì nhēmlɛ Man Nyāmbɛɛ̀, nì yi yada dì ńyī nyɛ, lɛtɛ̀ɛ̀ dì naŋ yaga kɔŋkɔŋ, dì pam hihègà hi ntɛl u liyɔnɔ̂k li Krǐstò. ¹⁴ Ha nī nyɛn dì gaɓā ha ɓe kìi ndèk ɓɔɔŋɛ, lɛ hi mbɛbī màeba i nnyùgɛ ɓes, ì ndɛŋghàk kì ɓěs, i ŋgèdà ɓòt ɓa nlòk ɓes nì màŋgàŋga map, iɓālē ɓa ntubul ɓes hìpa i yùmùs ɓěs. ¹⁵ Di pɔt ndīgi màliga i kède màm mɔmasonā i nyēnī, nu à yɛ̀ ŋɔ, lɛ Krǐstò. ¹⁶ Ŋgìm nyùu yɔsonā ì tìŋi nì nyɛ, lɛ bìjò gwee bisɔɔbana, bi ádɓana lɔŋgɛɛ̀. Ha nī nyɛn àdnà yɔsonā dì nnōgda nyēnī i nhōlos nyuu yeē kǐŋgèdà hìhègà hi ŋgûy nyɛmède à ŋēba i kède hīkìi jò, lɛ ŋgìm nyùu i hɔl ī kède gwēhaà. ᵈ

Nìŋ yɔndɔ i Krǐstò

¹⁷ Jɔn mɛ̀ mpɔ̄t, nì tìi kì ǹtîîk i Ŋwět lana lɛ, nì hyom ha ɓáŋ kìkìi ɓɔ̀ŋgìyi ɓapɛ ɓa nhyūmul i kède gwàŋgà gwap bi mahɔŋɔ̂l, ¹⁸ màhɔŋɔ̂l map ma nhūba ni jǐɓɛ̀, ɓa ye kì ɓàpamɓaga ni nìŋ i Nyambɛ īnyùu ŋgìyi yâp, nì inyùu lìneyhàk jap li miŋɛm, ¹⁹ ndi lakìi ɓa nnɔ̄k ha ɓe njoòghɛ̀ ŋɛm inyùu ɓéɓa, wèè ɓɔmède ɓa bisɔ̄ɔbɛ i kède bìyogdà, lɛ ɓa ɓɔ́ŋ ǹsɔn wap nyɛgā nì hep yɔsonā. ²⁰ Ndi ɓèe nì binīgil ɓe Kriīstò halà; ²¹ iɓālē i ye tɔ̄y lɛ nì binɔ̄k nì niglènè kì i nyɛnī, lakìi tàna maliga i yɛnē ndigi yàk Yēsù, ²² lɛ ni ɛ̄ŋgla nì ǹlòmbi mût nì ɓe nomòl i ŋgèdà bìsu, nu à ŋòbi ni mìnheŋa mi malôgâ; ²³ nì lɛ ni yilā yɔndɔ i kède màtihil ma miŋɛm minân, ²⁴ ni ɛŋgɛ̄p kì mùt yɔndɔ, nu à bihèga i pònà Nyambɛ ī kède tēlɛèbsep nì pubhà i nlɔ̀na maliga. ᵉ ²⁵ Jɔ ni jɔn ŋwàha bìtɛmbɛɛ gwɔbisonā, hi mût a podol mùt wèe lìɓok màliga ᶠ inyǔlē dì yɛ̀ bìjò bi nyuu yadà. ²⁶ Nì unɓàk, ndi nì ɓɔ̀ŋ ɓáŋ ɓéɓa; jɔ̀p li nàŋal ɓáŋ, ŋɛm u ŋgi legêk wè; ²⁷ nì ti ɓáŋ kì tɔ̀ ǹsɔ̀hɔ̀p pola. ²⁸ Mùt à nibik, à nip ha ɓáŋ, ndi a tūmɓɓa yāga ni lɔ̄ŋgɛ ǹsɔ̄n à ŋgwɛl ni mɔ̀ɔ mee lɛ a ɓana jàm i tī nū à ncɛ̄lɛèl. ²⁹ Mìŋkwɛl mi nyɛgā ŋwɔkǐŋwɔ̄ mi pám ɓáaŋ mányɔ̀ manân, ndik mī mī nhōlos ɓoòt kìkìi i nsòmblà, lɛ ndi ɓòt ɓa nnɔ̄k ŋwɔ ɓa koōs kàrîs.

ᶜ Èf 4: 8 Hyèm 68: 19
ᵈ 4: 16 Kòl 2: 19

ᵉ Èf 4: 24 Kòl 3: 9-10
ᶠ Èf 4: 25 Sàk 8: 16

³⁰ Nì unɓaha ɓáŋ kì tɔ̀ Mbuu M̀pubi Nyambɛ̂. I kèdè yeē nyɛn nì biɓēnda lɛtɛ̀ɛ̀ nì ŋgwà kɔ̂blà. ³¹ Hèènana lòlha oā yɔsonā i kèdè nân, nì nyay, nì hìun, nì jɛnakīŋ, nì lìòɓòhjǒy, lòŋnì ɓeba ŋem yɔsonā; ³² ndi ni ɓana lɔ̄ŋgɛŋēm i kèdè nân ɓèè ni ɓèe, nì lìyomba, nì ŋwèhlàgà kì ɓèè ni ɓèe, kìkìi yàk Nyambɛ à biŋwèhel ɓee inyùu Krĭstò.

5

Hyomgana kìkìi ɓɔ̀n ɓa mapubi

¹ Yìlna nī ɓakona Nyāmbɛ kìkìi ɓɔ̀n à ŋgwēs, ² hyumlana kì i kèdè gwēha kìkìi yàk Krĭstò à gwes ɓɛ́s, à sɛ́m ki nyēmɛdɛ i mɔ̀ɔ̀ ma Nyambɛ mīŋɔ̄ ŋwes kìkìi lìkèblà li nnùmb ntɔ̀dɛ njîŋ, nì sèsɛmà. ᵍ ³ Ndi ndèŋ nì ndɔŋ nyɛga yɔsonā, tɔ̀ hebŋkùs, nì sìma yaga ɓáŋ màm mana jòy i kèdè nân, wɛ̃́ŋgɔ̀ŋlɛ halā à kòli nì ɓàpubhaga; ⁴ tɔ̀ màm ma mayɛl, tɔ̀ bìpɔpɔdà bi mâm, tɔ̀ mìnjòhà mìmɓɛ, inyŭlē ma nlāma ɓēe, ndi nì tinâk ndigi màyègà. ⁵ Inyŭlē nì ntībil yaga yi jàm lini lɛ mùt ndèŋ nyɛkĭnyē, tɔ̀ mùt nyɛga, tɔ̀ mùt hebêk, halā à yè lɛ m̀ɓegês bìsat, à gwèe ɓē ŋgabà yɔ̀kĭyɔ̀ i ànɛ̀ Krĭstò ɓɔ Nyāmbɛɛ̀. ⁶ Mùt nyɛkĭnyē à lòk ɓáŋ ɓee nì bìyoglo bi miŋkwèl, inyŭlē munu ndɔŋ mâm ini nyɛn hìun hi Nyambɛ hī nlòl i ŋgì ɓɔ̀n ɓa ndɔk. ⁷ Jɔn nì ɓana ɓáŋ ŋgàbà lòŋnì ɓɔ, ⁸ inyŭlē nì ɓeè jîɓè ŋgèdà bìsu, ndi hananɔ nì yè màpubi i Ŋwɛ̌t; hyomgana nī kìkìi ɓɔ̀n ɓa mapubi, ⁹ inyŭlē lìtam li Mbuu li nnɛ̄nnɛ i kèdè lɔ̄ŋgɛ yɔsonā nì tɛlêbsep nì màliga. ¹⁰ Wàna yāga maàm ma nlēmel Ŋwɛt. ¹¹ Nì àdɓa ɓáŋ kì tɔ̀ nì mìnsɔn mi jìiɓɛ̀, ndi yɛɛlana ndīgi ŋwɔ̄, ¹² inyŭlē màm ɓa ŋgwèl nyɔɔ̄ bisɔ̀sòli, ma ńwēha nyuu iɓālē mùt à nsīma mɔ. ¹³ Ndi màm mɔmasonā, iɓālē ma ńyɛlî, wɛ̀ɛ màpubi mɔn ma nsɔlɔ̄l mɔ, ¹⁴ inyŭlē hi jaàm li nsɔ̀ɔ̀là li ye màpubi. Jɔn i ŋkèla lɛ, Tòdɛ, à wɛ nū ù yè hilɔ̄, nyɔ̀di kì i kèdè ɓàwɔga, ndi Krĭstò nyɛn à gaɓèyey wê. ʰ ¹⁵ Yɔ̀ŋa nī yihɛ ɓaŋgā lìyɔ̀ŋɔ̀k kìkìi nì nhyōm, hà kìkìi bìjoŋ bi ɓôt ɓee, ndi kìkìi ɓòt ɓa pêk. ¹⁶ Pèghana kì ŋgèdà, inyŭlē dìlɔ di ye dìɓɛ. ¹⁷ Jɔ ni jɔn nì jɔŋɔp ɓáŋ, ndi tìblana yī sombɔ̀l Ŋwɛt. ¹⁸ Nì hyoo ɓáŋ kì tɔ̀ wây, inyŭlē mu nyēn bìyubdà bi nlòl, ndi ni ɓa ǹyɔnɔ̀k nì Mbuu, ¹⁹ lɛ ɓèè ni ɓèe nì aŋlàk nì mìŋgɛn mi cembi, nì mimpɛ mi biɓegês, nì mi mī nlòl i Mbūu, nì tobôk yaga, nì kùdlàk kì Ŋwɛt cembi nì mìŋɛm minân. ²⁰ Nì tinâk Nyambɛ̂, nu à yè Tàtâ, màyègà ŋgèdà yɔsonā inyùu màm mɔmasonā i jòy li Ŋwɛt wēs Yesù Krĭstò. ²¹ Sùhlana kì ɓèèɓɔmɛ̀dɛ, hi mût i sī nùmpɛ, inyùu wɔ̀ŋi Krĭstò.

Ɓàlom nì ɓàa

²² À ɓodàa, sùhlana ɓèèɓɔmɛ̀dɛ i sī ɓàlom ɓanân, wɛ̃́ŋgɔ̀ŋlɛ nì yè i sī Ŋwɛ̌t, ²³ inyŭlē ǹlom nyɛn à yè ŋɔ ŋwaa, kìkìi yàk Krĭstò à yè ŋɔ ntoŋ, nyɛmɛdɛ ki nyēn à yè ǹtɔhɔ̄l nyùu. ²⁴ Ndi kìkìi ǹtoŋ u nsùhus wɔmɛ̀dɛ i sī Krĭstò, halā kì nyɛn yàk ɓàà ɓa suhūs ɓɔ̄mɛ̀dɛ i sī ɓàlom ɓap manjèl mɔmasonā. ²⁵ À ɓalom, gweha ɓàà ɓanân ⁱ kìkìi yàk Krĭstò à gwes ǹtoŋ, ²⁶ à sɛ́m ki nyēmɛdɛ inyùu yeē, lɛ ndi

---

ᵍÈf 5: 2 Màn 29: 18
ʰÈf 5: 14 Yès 26: 19; 60: 1

ⁱÈf 5: 25 Kɔ̀l 3: 19; 1Pet 3: 7

a tee wɔ́ m̀pubhaga nì ɓàŋga yee, lakìi à sɔ̀ɔ wɔ́ nì màlep, ²⁷ nì lɛ a pamna wɔ́ bisū gwee kìkìi ǹtɔŋ u yogī nì lìpem, u gweē ɓē litɔn, tɔ̀ mìnhɔ̀r, tɔ̀ ndòŋ jàm halā, ndi u ɓâk yàà mpubhaga iɓaɓe lɛm. ²⁸ Halā kì nyɛn ɓàlom ɓa nlama gwes ɓaa ɓap wěŋgɔ̀ŋlɛ mànyùù map ɓɔmɛ̀dɛ. Mùt à ŋgwēs ŋwaa weē, wɛ̀ɛ à ŋgwēs ndigi nyēmɛ̀dɛ, ²⁹ inyŭlē mùt nyɛkǐnyē à mà ɔɔ́ ɓe minsòn ŋwee nyɛmɛ̀dɛ kɛlkǐkēl, ndigi lē à jehâk ŋwɔ, à tòŋlàk kì ŋwɔ, kìkìi yàk Krǐstò nì ǹtɔŋ; ³⁰ inyŭlē dì yè bìjò bi nyuu yeē, bi minsòn ŋwee nì bi bihès gwee. ³¹ Jɔ ni jɔn mùt à gayēk isāŋ ɓɔ nyăŋ, a adɓɛ nì ŋwàà weè, ndi ɓɔɓaà ɓa gaɓā nsòn wada. ʲ ³² Jìmb lini li ye lìkɛŋi, ndi mɛ̀ mpōdol inyùu Krǐstò ɓɔnà ntɔŋ. ³³ Ndi tɔ̀ halà, ɓèè kî, hi wadā nân, a gwes ŋwàà weē wěŋgɔ̀ŋlɛ nyɛmɛ̀dɛ; ndi yàk ŋwàà a kɔ́n ǹlom wɔŋi.

6

Mànoglà nì gwehâ

¹ À ɓon, noglana ɓàgwâl ɓanân i Ŋwɛ̆t, inyŭlē halā à yè sep. ² Ù tinâk ìsɔŋ ɓɔ nyùŋ lipem, halā à yè lìtìŋ li ɓōk tīna ni lìkàk, ³ lɛ u kós lɔ́ŋgɛ̀ɛ̀ nì lɛ u nɔ́m ŋgàndàk hana hisī. ᵏ ⁴ Yàk ɓèe, ɓàsaŋ, nì unɓaha ɓáŋ ɓɔn ɓanân lɛ ŋ̀ɛm u lek ɓɔ́, ndi tɔ̀ŋlana ɓɔ́, nì niigà ɓɔ i kède màeba ma Ŋwɛt.

⁵ À ɓee miŋkɔ̀l, noglana ɓɛ̂t ɓanân kǐŋgèdà mìnsòn, nì wɔŋi nì sèhlà, inyùu lɔ́ŋgɛ nān ŋɛm, wěŋgɔ̀ŋlɛ Krǐstò; ⁶ hà nì bìhèŋɓà bi bitēe bi mis ɓee, kìkìi ɓàlemêl ɓòt, ndi kìkìi mìŋkɔ̀l mi Krǐstò, mi mī mɓɔ̀ŋ sombòl Nyambɛ nì ŋ̀ɛm wɔnsɔnā. ⁷ Nì gwɛ̀lɛ̀k ǹsɔn ni màhɔŋɔ̂l màlam, wěŋgɔ̀ŋlɛ Ŋwɛ̆t nyɛn nì ŋgwɛ̀lɛ̀l, ndi hà ɓòt ɓee, ⁸ lakìi nì ńyī lɛ hikìi mùt à mɓɔŋ lɔŋgɛ jàm à gakòs nlèlèm halā yāk Ŋwɛ̆t, tɔ̀ à ɓa yàa ŋkɔ̀l, tɔ̀ ǹgwelês. ˡ ⁹ Yàk ɓèè ɓɛt, gwèèlana ŋwɔ́ mìnlèlèm mi mâm; ŋwàha mìnhanak, lakìi nì ńyī lɛ Ŋwɛ̆t nân, ɓèe nì ɓɔ, à yè i ŋgìi, nì lɛ à ntɔ́dɔl ɓe muùt nyɛkǐnyē.

Bìjòl bi gwêt bi Nyambɛ gwɔ̄bisɔnā

¹⁰ Mɛ̀ nsōk kaāl lɛ, ɓana yāga ŋguùy i Ŋwɛ̆t, nì i kède ŋgùy lìpemba jee. ¹¹ Èŋgbana bìjòl bi gwêt bi Nyambɛ gwɔ̄bisɔnā, lɛ ndi ni laā kɔ̀lɓa dipa di nsɔ̀hɔ̀p. ¹² Inyŭlē dì nsìŋis ɓe minsòn nì màcèl, ndigi ɓàkaambɔ̄k, nì ɓà-ànɛ̀, nì ɓa ɓā ye ɓɛ̀t ɓa jiiɓè li ŋkɔ̀ŋ hisi unu, nì mimbūu mìmbɛ mi ye ɓāhɔ̀ma ɓa nyogi. ¹³ Jɔ ni jɔn ɓādnana bìjòl bi gwêt bi Nyambɛ gwɔ̄bisɔnā, lɛ ndi ni laā kɔ̀lɓa ɓɔ ŋgwà m̀ɓɛ, nì lɛ, iɓālē nì m̀mâl ɓɔɔ́ŋ maàm mɔmasɔnā, ni tɛlɓɛnɛ hà. ¹⁴ Tɛlɓana nī, ɓànidɓaga ni màliga i ɓòɓôk, ɓàɛŋgɓaga ni ɓɛ̂n tol lɛ tɛlɛ̂bsep, ¹⁵ màkòò nì ɓànyagɓaga ni bìtamb lɛ Mìŋaŋ Mìnlam mi nsàŋ. ¹⁶ Ndi i ŋgìi màm mana mɔmasɔnā, ɓadnana ɓɛ̂n lɛ hemlɛ̀, yɔn nì galà limil makɔ̀ŋ ma hyee ma mût m̀ɓɛ mɔmasɔnā. ¹⁷ Lɛɛgana kì mbɛ̀là lɛ tɔhî, yàk nì pànsɔŋ ì Mbuu lɛ ɓàŋga Nyambê.

ʲÈf 5: 31 Bìɓ 2: 24
ᵏÈf 6: 3 Màn 20: 12

ˡÈf 6: 8 Kòl 3: 21-25

¹⁸ Nì sɔɔhɛ̀gɛ̀ Nyambɛ ŋgèdà yɔ̀sonā i Mbūu nì màsɔɔhɛ̀ mɔmasonā nì mìnyɛmhɛ̀, nì yènàk kì pèè mukède, nì ndèŋɓɛ̀ yɔ̀sonā, i yɛmhɛ̀ inyùu ɓàpubhaga ɓɔɓasonā, ¹⁹ yàk inyùu yêm, lɛ ŋgèdà mɛ̀ ńyìbil nyɔ̂, bìɓàŋga bi tina mɛ̀ i yēlɛɛ̀l jìmb li Miŋaŋ Mìnlam ni màkend, ²⁰ jɔn mɛ̀ yènɛ̀ ŋ̀kɛŋwìn nsāŋ bikɛ̀y, lɛ mu nyēn mɛ̀ pɔdlàk nì màkend kìkìi mɛ̀ ǹlama pɔt.

Màyègà ma nsōk

²¹ Ndi lɛ yàk ɓèè ni yi kìkìi mɛ̀ yìi, nì màm ma ŋgwèl mê, wèɛ Tìkikò, mǎntàta nū gwēhaà nì ǹlìmil u hemlɛ̀ i Ŋwět, nyɛn à gayīs ɓee màm mɔmasonā. ²² Mɛ̀ biɔ̄m nyɛ i ɓěnī, lɛ ni yi kìkìi ɓěs dì yìi, nì lɛ a hǒgɓaha mìŋem minân. ᵐ

²³ Ǹsàŋ u nlòl yak Nyāmbɛ Tàtâ nì Ŋwět lɛ Yesù Krǐstò u ɓa nì lògtatà, nì gwehâ, lòŋnì hemlɛ̀. ²⁴ Kàrîs i ɓa nì ɓɔɓasonā ɓa ŋgwēs Ŋwɛt wēs Yesù Krǐstò nì gweha ī ŋòbì ɓee.

Fìlipì

1

Màyègà

¹ Paul nì Tìmòteò, mìŋkɔ̀l mi Krǐstò Yesù, dì ntìlna ɓapūbhaga ɓɔɓasonā i Krǐstò Yesù ɓa ye ī Fìlipì, ⁿ lòŋ yada ni ɓàteedà ǹtoŋ nì bìdìakòn. ² Kàrîs ì nlòl yak Nyāmbɛ Tàta wěs, nì Ŋwèt lɛ Yesù Krǐstò i ɓa nì ɓèe, nì ǹsàŋ.

Màsɔɔhɛ̀ ma Paul inyùu ɓòt ɓa Krǐstò ɓa Filīpì

³ Mɛ̀ ntī Nyambɛ wèm màyègà kìkìi mɛ̀ mɓìgda ɓee ŋgèdà yɔ̀sonā, ⁴ ndi hiŋgedà mɛ̀ nsɔɔhɛ nyɛ, màsɔɔhɛ̀ mêm mɔmasonā inyùu nàn ɓèè ɓɔɓasonā, ma yoni ndīgi nì màsee, ⁵ inyùu àdnà ɓèè ni ɓèe nì gwèe ī kède Mìŋaŋ Mìnlam iɓòdòl kɛl bisu lɛtèɛ̀ nì hanânɔ. ⁶ Jɔn mɛ̀ mɓɔ̄t ŋem inyùu ǹlèlèm jâm lɛ nu à biɓòk ɓodōl lɔŋgɛ ńsɔn i kède nàn, à gakɛ̀ bisū i sūguùs kì wɔ lɛtèɛ̀ nì i ŋgwà Yesù Krǐstò. ⁷ Ŋgɔ mèmède mɛ̀ kòli ɓāna ndoòŋ mahɔŋɔ̂l ini inyùu nàn ɓèè ɓɔɓasonā, inyǔlē nì yè i ŋēm weèm ŋgàndàk, ɓèè ɓɔɓasonā, i yɔ̀ŋ ŋgàbà lòŋnì mɛ̀ munu kàrîs, tɔ̀ i ɓā yàà inyùu ŋgàdà yēm, tɔ̀ inyùu sòŋà mɛ̀ nsòŋà nì eba màliga ma Miŋaŋ Mìnlam. ⁸ Inyǔlē Nyambɛ à yè mbògi yêm, lɛlaa ɓèè ɓɔɓasonā nì ŋkɔ̀n mɛ ŋgòŋ inyùu ŋ̀em gweha Krīístò Yesù i kède yêm. ⁹ Mɛ̀ nsɔɔhɛ ni Nyambɛ īnyùu jàm lini lɛ, gweha nàn i yámb ɓàŋga lìyàmbàk i kède

---

ᵐ Èf 6: 22 Mìnsɔn mi Baomâ 20: 4; Kòl 4: 7-8; 2Tìm 4: 12

ⁿ Fìl 1: 1 MB 16: 12

yī nì pèk yɔ̀sonā, ¹⁰ lɛ ni yi ɓāgal maàm i kèmhɛ̀ ma mā nlòòha malam, ndi ni lēbna kìkìi ɓòt ɓa mapubi nì ŋgìnsɔ̀hi i ŋgwà Krǐstò; ¹¹ lakìi nì ǹyɔn ni lìtam li tɛlêbsep, li lī nlòl inyùu Yēsù Krǐstò, lɛ ndi Nyāmbɛ ā kuhūl lìpem nì ɓìɓegês mukède.

Ì yêm pès, i nìŋ, halā à yè Krǐstò

¹² Ndi, à lôgtatà, mɛ̀ ŋgwēs yis ɓee lɛ màm ma ŋkwèl mɛ mɔ̄n ma ŋkɛ̀na ndigi Mìŋaŋ Mìnlam lôŋnì bìsu, ¹³ kàyèlɛ ŋgìm ǹtoŋ sonda ì ntāt Kaysà, yàk nì ɓòt ɓàpɛ kî, ɓa ńyī lɛ ŋgàdà yèm ì yè yàà inyùu Krǐstò. ¹⁴ Ìlɔ̀ɔ̀ kì halà, ɓɛ̀bɛ̀ɛ̀ nì lògtatā yɔ̀sonā i Ŋwɛ̌t i nlèdɛs miŋɛm inyùu ŋgàdà yèm, lɛ ɓa ɓana ŋgàndàk kandâlnyuu i āŋaàl ɓàŋga Nyambê i ɓa ɓe wɔŋi. ¹⁵ Ŋgɔ ɓàhɔgi ɓa yê, ndi ɓa ŋāŋal yaga Kriīstò inyùu tāmaà nì ndaŋ; ɓapɛ kî nì ŋ̀ɛm ǹlam. ¹⁶ Bàhɔgi ɓa ŋāŋal nyɛ nì ŋ̀ɛm gwehâ, lakìi ɓa ńyī lɛ mɛ̀ yè ǹteebàgà i sòŋà Mìŋaŋ Mìnlam; ¹⁷ ndi ɓaa ɓapɛ, lakìi ɓa ye ɓòt ɓa pênà, wɛ̀ɛ ɓa ŋāŋal Kriīstò, ndi hà nì ŋ̀ɛm m̀pubi ɓee, inyǔlē ɓa nhɛ̀k lɛ ɓa nyaŋgāl mɛ̀ i kède ŋgàdà yèm, lɛ ndi mɛ nɔk njīihà. ¹⁸ I ta ɓē jaàm! Tɔ̀ i ɓā yàà ni bìhèŋɓà, tɔ̀ nì màliga, Krǐstò à ŋāŋlana manjèl mɔmasonā; jàm li jɔ̄n li ŋkɔ̀nha mɛ màsee, ndi mɛ̀ gakɔ̀n ki màsee. ¹⁹ Inyǔlē mɛ̀ ńyī lɛ, ŋ̀kùgà jâm unu wɔn u gahōlos tɔhi yèm, inyùu màsɔɔhɛ̀ manân nì inyùu màhola mā yoni ma Mbuu Yesù Krǐstò. ²⁰ Mɛ̀ mɓɛm, mɛ̀ mɓɔ̄t ki ŋ̀ɛm lɛ jàm jɔkǐjɔ̄ li gawēha ɓe mɛ nyùu, ndik lɛ̄ i kède màkend mɔmasonā, hanânɔ, kǐŋgèdà yɔ̀sonā, Krǐstò a kuhūl lìpem munu i nyùu yêm, tɔ̀ mɛ̀ nnìŋ, tɔ̀ mɛ̀ ŋ́wɔ̄. ²¹ Inyǔlē, i yêm pès, i nìŋ, halā à yè Krǐstò; ndi i wɔ̄, halā à yè mɛ̀ yèŋɛ̀. ²² Ndi iɓālē mɛ̀ nnìŋ minsòn, ndi mɛ̀ ɓana ki màtam ma nsɔn, wɛ̀ɛ mɛ̀ nlà ha ɓe mɛ yī jàm mɛ̀ kòli tɛp. ²³ Ndi mɛ̀ yè ǹnidîk bìpès gwɔbiɓaà, lakìi mɛ̀ gwèe ŋgɔ̀ŋ lɛ mɛ nyɔdi, mɛ kɛē mɛ yēn nì Krǐstò, inyǔlē halā nyēn à nlòòha lɔŋɛ ŋgàndàk. ²⁴ Ndi lɛ mɛ kondē kì yèn minsòn, halā à nsòmbla inyùu nān ìlɔ̀ɔ̀ mànyɔdi mêm. ²⁵ Ndi lakìi mɛ̀ gwèe mbìdɛ ìni, wɛ̀ɛ mɛ̀ ńyī lɛ mɛ̀ gayēn, nì lɛ mɛ̀ gaɓā i kède nān ɓèè ɓɔɓasonā, lɛ ndi hēmlɛ̀ nân i gakɛ̀ bisū loòŋnì màsee, ²⁶ kàyèlɛ yat nân inyùu yêm i gayààmba i Krǐstò Yesù inyuu màlɔ̀ mêm mɛ̀ ŋkònde lɔ ī ɓěnī. ²⁷ Ndi ndigi lē, hyomgana kìkìi i kolì nì Mìŋaŋ Mìnlam mi Krǐstò, lɛ tɔ̀ iɓālē mɛ̀ ǹlɔ̂ mɛ̀ tɛhɛ ɓee, tɔ̀ mɛ̀ yè nɔnɔk, wɛ̀ɛ mɛ nɔk ndīgi inyùu nân, lɛ nì sìŋi yāga sìŋsìŋ i kède mbūu wada nì lɛ nì èdi ŋ̀ɛm wada i jòl hemlɛ̀ nân Mìŋaŋ Mìnlam sàŋ, ²⁸ nì lɛ ɓòt ɓa ǹkèdɓa ɓee mbɔ̀m ɓa sōha ɓaāŋ ɓèè m̀iŋɛm i kède jàm jɔkǐjɔ̄. Halā à yè ɓɔ ɓàŋga yìmbnɛ i yimîl, ndi inyùu nân i tɔhî, tɔhi yāga i nlòl ni Nyāmbɛɛ̀. ²⁹ Inyǔlē i bitīna ɓee i Krǐstò lɛ nì hemlɛ ɓāŋ nyē hēmlɛ yɔtāma, ndi lɛ ni sonol kì njɔnɔk inyùu jòy jee, ³⁰ kàyèlɛ ni honɓa kèp ɓa ŋkèp ɓee kìkìi nì bitēhɛ ɓa ŋkèp mê nì kìkìi nì nnɔ̄k hanaànɔ lɛ ɓa ŋgi kebèk mɛ̀.

2

Sùhlànà u Krı̌stò nì ɓedhànà yee

¹ Jɔn i ɓā nī lɛ lèdèhŋɛm i ye ī Krı̌stò, tɔ̀ hɔ̀gɓè i gwehâ, tɔ̀ àdnà i kède Mɓūu, tɔ̀ ŋ̀ɛm gweha nì kɔ̀nàŋgɔɔ, ² wɛɛ yōnhana nī masee mɛɛ̀m, lɛ ni tɛ́mb hōŋɔɔ̀l yada, nì ɓangà ǹlèlèm gwehâ, ŋ̀ɛm ni ŋ̀ɛm ɓà-àdɓaga i kède ŋgìm hɔŋɔ̂l yada. ³ Màhɔŋɔ̂l ma pênà ma ɓā ɓaàŋ, tɔ̀ kàdɓà lìpem ŋkǎdɓàgà, ndi ni suhūs nyùu, lɛ hi mût a hɛ̌k lɛ̄ ɓòt ɓàpɛ ɓa nlɔ̀ɔ̀ nyɛ. ⁴ Mùt nyɛkǐnyɛ̄ à tòŋ ɓâŋ ndīgi ìnyùù yeē nyɛtāma, ndi a tôŋ īnyùu ɓòt ɓàpɛ. ⁵ Màhɔŋɔ̂l Krı̌stò Yesù à ɓana mɔ ki mōn ma ɓa ī kède nàn. ⁶ Inyǔlɛ̄, tɔ̀ lakìi à ɓana liɓâk li Nyambɛ nyɛ̄mèdɛ, à hɛ̌k ɓɛ̄ lɛ à yè kàyàda ni Nyāmɓeè wěŋgɔ̀ŋlɛ à ŋkādal halā ŋ̀kadlàk, ⁷ ndi à sodos nyɛ̄mèdɛ, à yɔ̂ŋ liɓaàk li ŋkɔ̀l, à ponà ɓoòt ɓa binàm; ⁸ ndi kìi à lèbna nì bìnɛnnɛ bi mût bìnàm, wɛɛ à sùhus nyɛ̄mèdɛ lɛ à ɓa mànoglà ìkèpam ī nyɛ̀mb, ŋ̀ŋ̀, i nyɛ̀mb mɓāsa yaga. ⁹ Jɔ ni jɔn yàk Nyambɛ à yògɓaha nyɛ̄, à ti ki nyɛ̄ jòy li nlɔ̀ɔ̀ moy mɔmasonā, ¹⁰ lɛ inyùu jòy li Yesù nyɛn màɓɔŋ mɔmasonā ma nlama uma hisī, tɔ̀ ma ɓa ɓā ye nyɔ̀ɔ ŋgìi, tɔ̀ ma ɓana hana hisī, tɔ̀ ma ɓa ɓā ye ī sī hīni hìsi, ¹¹ nì lɛ hi yaga hilemb hi pahal ᵒ lɛ̄ Yesù Krı̌stò nyɛn à yè Ŋwět, lɛ ndi Nyāmbɛ Tàta ā koōs lìpem.

Ɓày kìkìi còdot hana ŋkɔ̀ŋ hisi

¹² Jɔn, à ɓagwēhaà, lakìi nì ɓeè mànoglà ŋgèdà yɔ̀sonā, hà ndigi bīsū gwɛɛ̀m gwɔtāma ɓee, ndi loòha loòhà hanânɔ i ŋgèdà mè yè nɔnɔk, wɛɛ ɓèèɓomèdɛ kɛ̀ɛ̀nana yāga tɔhi nàn lòŋnì bìsu, nì wɔ̀ŋi nì sèhlà; ¹³ inyǔlɛ̄ Nyambɛ nyēn à ŋēba ŋguùy yèè i kède nàn, lɛ ni somɓōl, nì lɛ ni ɓana ŋgùy i ɓɔ̀ŋ màm ma nlēmel nyɛ. ¹⁴ Wɛɛ ɓɔ̀ŋa nī maàm mɔmasonā iɓaɓe minhùŋɓè, tɔ̀ màmbàdgà, ¹⁵ lɛ ndi ni laā ēba lɛ nì gwèē ɓē̄ nsɔ̀hi, tɔ̀ pìī ŋem, ndi lɛ nì yè ɓɔ̀n ɓa Nyambê, i ɓa ɓe lɛm, i ŋgèmbɛ hyày hi kodi nì hi ŋkàgdà, hɔ̀ma nì mɓǎy kìkìi còdot hana ŋkɔ̀ŋ hisi, ¹⁶ lakìi nì gwèèba ɓàŋga i nîŋ, lɛ ndi mɛ ɓana yādɓɛnɛ i ŋgwà Krı̌stò, lɛ mè biligip ɓe mɛ nì likè yàŋgà, tɔ̀ tùmbɓà yàŋgà. ¹⁷ Ndi tɔ̀ i ɓā yàà lɛ ɓa kop màcèl mêm i ŋgìi sèsɛmà i hemlè nàn, nì ǹsɔn u hemlè nàn, wɛɛ mè ŋkɔ̀n masee. Ŋgɔ mè nì ɓèè ɓoɓasonā dì ŋkɔ̀n masee lòŋ. ¹⁸ Ndi yàk ɓèè kî, kɔ̀na màsee inyùu nlèlèm jâm; mè nì ɓèè di kɔ́n yāga masee lòŋ.

Tìmòteò ɓɔ Èpàfròditò

¹⁹ Ndi mè mɓōdol Ŋwɛt weēs Yesù ŋ̀ɛm lɛ mè yè lɛ mè ɔm Tìmòteò i ɓênī i mɓūs ndèk ŋgèdà, lɛ ndi yàk mèmèdɛ ŋ̀ɛm u lɛ́t mè iɓālɛ̄ mè ǹyi kìkìi nì yìi. ²⁰ Inyǔlɛ̄ mè gwèē ɓē̄ mɛ mùt nûmpɛ nyɛkǐnyɛ̄, nu à gwèē mìnlèlèm mi mahɔŋɔ̂l kìkìi nyɛ̄, lɛ à yè lɛ à tôŋ inyùu nàn nì màliga. ²¹ Inyǔlɛ̄ ɓa ɓɔɓasonā ɓa ǹyɛŋ ndigi màm map ɓɔmèdɛ, ndi hà màm ma Yesù Krı̌stò ɓee. ²² Ndi nì nnēk ɓe mbogī lām à gwèē, lɛ à bigwèl nsɔn lòŋ yada ni mè kìkìi mǎn à ŋgwèlel isàŋ, lɛ ndi Mìŋaŋ Mìnlam mi kɛē bīsū. ²³ Mè gwèē nī ɓɔdŋem lɛ, iɓālɛ̄ mè m̀mâl tɛhɛ kìkìi ɓa nlēŋ ni mè, mɛ ɔm nyɛ̄ i ɓênī kunda yada, ²⁴ mè

ᵒ Fìl 2: 11 Yès 45: 23

ńyìmbɛ ki ī ŋwèt lɛ, yàk mɛ̀mɛ̀dɛ mɛ̀ gatēk ɓe mɛ lɔ̀. ²⁵ Mɛ̀ bihɛ̀k lɛ mɛ̀ ǹlama ɔm Epàfròditò i ɓěnī, mǎntàta nū ɓěhnà nyɛ dì ŋgwɛ̀l nsɔn lòŋ, nì mùt ǹtoŋ wes sondâ, nu à yē ŋ̀oma nì ŋ̀gwɛ̀lǹ̀sɔn nāǹ lɛ a ti mɛ̀ màm ma nhēŋel mɛɛ̀; ²⁶ inyǔlē ŋ̀em u bilēk nyɛ lɛ a tɛhɛ ɓèè ɓɔɓasonā, à cɛɛlàk kì inyùu nān lakìi nì binɔ̄k lɛ à ɓe kôn. ²⁷ Ŋgɔ à ɓe kôn yaga halà, ɓèbèè nì nyɛ̌mb, ndi ndigi lē Nyambɛ à bikɔ̀n nyɛ ŋgɔ̄ɔ; ndi hà inyùù yeē nyɛtāma ɓee, ndi yàk inyùù yêm, lɛ mɛ̀ tiga lɛ mɛ̀ kêha ndudù. ²⁸ Jɔn mɛ̀ nlòòha nyámnda lɛ mɛ ɔm nyē i ɓěnī, lɛ ndi iɓālē nì ŋ̀kondē tɛhɛ nyɛ, ni kɔ̌n màsee, ndi yàk ndùdù yèm i lók hɔ̀gɓèè. ²⁹ Lɛɛgana nī nyɛ i Ŋwèt nì màsee ma yoni; tina kì ndɔ̀ŋ ɓôt ini lìpem. ³⁰ Inyǔlē à ɓa yāga à yèŋi ɓèbèè nì pedî, ndigi īnyùu ǹsɔn Kr̃ìstò, lakìi à bilēhɛl nɔɔ̀m yee ŋ̀em, lɛ ndi a yonos jàm li nhāŋ i kède ǹsɔn nâǹ inyùù yêm.

3

Ɓàŋga tēlɛèbsep

¹ À lôgtatā yêm, mɛ̀ nsōk kaāl lɛ, Kɔ̀na màsee i Ŋwèt. Ndi lɛ mɛ filna ɓèè minlèlèm mi mâm, halā à ŋ́wēes ɓe mɛɛ̀, inyǔlē mɛ̀ nlèdes ndigi ɓèe.

² Nì yihgɛ̀ inyùu ŋgwɔ̄ iì, nì yihgɛ̀ inyùu ɓàgwèlǹ̀sɔn ɓàɓɛ ɓâ, nì yihgɛ̀ yaga inyùu ɓòt ɓâ, ɓa ntùyɛ manyùù map bìkwèè. ³ Ŋgɔ̀ ɓès ɓɔn dì yē ɓàkwèèbaga, inyǔlē dì ŋgwèlel Nyambɛ ǹsɔn ni ŋgùy Mbuu, dì yadɓègè kì inyùu Yēsù Kr̃ǐstò, ndi dì tà ɓe lɛ dì ɓodol minsòn ŋ̀em. ⁴ Tɔ̀ lakìi mɛ̀mɛ̀dɛ mɛ̀ yē lɛ mɛ̀ ɓana ɓɔdŋem tɔ̀ inyùu mìnsòn yàa. Iɓālē mùt m̀pe nyeǩ̃nyē à nhɔ̄ŋɔl lɛ à kòli ɓāna ɓɔdŋem inyùu mìnsòn, wɛɛ mɛ̀ mɛ̀ nlɔ̀ɔ̀ hâ. ⁵ Ɓa kwɛɛ mɛ̀ i kɔ̀là dìlɔ jwèm di kɔ̀la; mɛ̀ yè mǎn lòŋ Isrǎèl, litēn li Benyāmìn, hìsìŋgisìŋgi man Lòk Hebɛ̀r; inyùu mbēn, mùt Fàrisày; ⁶ inyùu sòŋ mben, mɛ̀ ɓa têŋgà ǹtoŋ; inyùu tēlɛɛ̀bsep i nlòl i mbēn, mɛ̀ lèbna ŋgìnsòhi. ᵖ ⁷ Ndi màm mɔmasonā ma ɓā mɛ̀ yèŋè, mɛ̀ biyīk aŋ mɔ̄ kìi yàŋgà jâm inyùu Kr̃ǐstò. ⁸ Ỳŋ, hɔ̀dɔ, mɛ̀ ŋāŋ maàm mɔmasonā kìkìi yàŋgà jâm, lakìi mɛ̀ ńyī Kriīstò Yesù Ŋwèt wêm, nì lakìi yī ini i nlɔ̀ɔ̀ mâm mɔmasonā. Inyùu yeē nyɛn mɛ̀ bikīda yaga inyùu màm mɔmasonā mɛ̀ ɓèè mɛ̀ gwèe, ndi mɛ̀ ntēhɛ ki mɔ̄ lɛ ma ye bìnan, lɛ ndi Kr̃ǐstò nyɛn a ɓa mɛ̀ yèŋè, ⁹ mɛ lèbna kì i kède yeē, lɛ mɛ̀ ɓana ɓáŋ yɛɛm yêm tɛlêbsep i ī nlòl i mbēn, ndik ī ī nlòl inyùu hēmlè Kr̃ǐstò, tɛlêbsep i nlòl yak Nyāmbɛ īnyùu hēmlè; ¹⁰ le ndi mɛ yi nyē, nì lìpemba li litùgè jee, nì àdnà njɔnɔk yeè, mɛ yilā kìkìi nyē i kède nyɛ̀mb yeè; ¹¹ lɛ tɔ̀ɔ mɛ̀ yè lɛ mɛ̀ pam litùgè ɓôt ɓa gatùgè i kède ɓàwɔga.

Lìgìp nì lìkè ìpam līsūk

¹² Ndi halā à tà ɓe wɛ̌ŋgɔ̀ŋlɛ mɛ̀ m̀mál koòs, tɔ̀lɛ mɛ̀ m̀mál pam pɛlɛs, ndi mɛ̀ nlìgip ni lìkè, lakìi Kr̃ǐstò Yesù à yɔ̀ŋ mɛ̀, lɛ tɔ̀ɔ mɛ̀ yè lɛ mɛ̀ yɔ̄ŋ ɓɔɔ̀m. ¹³ À lôgtatà, inyùù yêm mɛ̀mɛ̀dɛ mɛ̀ ŋāŋ ɓe mɛ lē mɛ̀ m̀mál

---

ᵖ **Fìl 3: 6** MB 8: 3; 22: 4; 23: 6; 26: 5, 9-11; Rom 11: 1

yɔɔŋ, ndi mè mɓɔ̀ŋ ndigi jàm jada lɛ, mè hoygà màm ma mmál tagɓɛ̀, mè nlìgip ni lìkɛ lɛ mɛ pam līsūk, ¹⁴ mè hyandgà nì ŋgwee i pām màm ma niŋī mè bisū, lɛ mɛ kós ɓɔm inyùu ǹsèblà Nyambɛ u nlòl i ŋgìi i Krǐstò Yesù. ¹⁵ Jɔn ɓèhɓɔɓasonā ɓa dì m̀mál naŋ koŋkoŋ, di ɓana ndòŋ hɔŋôl ìni, ndi i ɓā nī lɛ nì gwèe ndòŋ hɔŋôl ìpɛ mukèdɛ, ki Nyāmbɛ nyēn à gasɔ́ɔ́lɛnɛ ɓee jàm lini. ¹⁶ Ndi ndigi lɛ, i hɔ̀ma dì teenɛ, di kilāk mū ǹlèlèm litìŋ, dì ɓangà kì mìnlèlèm mi mahɔŋôl.

¹⁷ À lôgtatà, àdɓana lòŋ yada i kōna mè; lakìi nì gwèe ɓèhɓɔɓasonā kìkìi ndèmbèl, wèɛ yìmbnana kì ɓot ɓàpɛ lɔŋgɛ ɓā ɓā nhyōm nlèlèm halà. ¹⁸ Inyǔlē ŋgàndàk ì nhyōm yāga, kìkìi mè ɓɛ ɓɛnà kàl ɓee, ndi mè ŋkàl ki ɓèè hanânɔ inyùu yâp nì gwǐhà i mìs lɛ ɓa ye ɓàɔ́ɔ́ mbasa Krǐstò. ¹⁹ Lìsuk jap li ye ndīgi yìmîl; ndi liɓùm jap jɔn li ye nyāmbɛ wǎp; wɔnyuu yɔn i ye lìpem jap; ɓɔn ɓa nhɔ́ŋɔl maàm ma hini hìsi. ²⁰ Ndi ɓɛ̌s, tìtìs yěs ǹ̀kɔ̀n ì yènɛ̀ nyɔ́ɔ́ ŋgìi; dì ntèŋɓɛ ki ɓɛm Ntɔhôl, Ŋwět lɛ Yesù Krǐstò, nu à galòl nyɔɔ̀. ²¹ Nyɛn à gahèŋha binɛnnɛ bi nyuu ìni ì nsùhus ɓes, lɛ ndi i yilā ǹlèlèm kìkìi nyùù yeē ì ì yoni nì lìpem, kǐ ŋgèdà ŋgùy à yè lɛ à ebà, lɛ a suhūs yāga maàm mɔmasonā i sī yeè.

4

Kɔ̀na màsee i Ŋwět

¹ Jɔn, à lôgtatā ī gwēhaà nì ɓa ɓā ŋkɔ̀n mɛ ŋgŏŋ, nì yè màsee mêm nì ǹtut wêm. À ɓagwehâ, yèda yāga sìŋsìŋ halā ī Ŋwět.

² Mè nsɔ́ɔhɛ Ewòdìà, mè sɔɔhègɛ̀ kì Sìntìkè, i ɓā hɔ́ŋɔ̀l yada i Ŋwět.

³ Ndi mè ntɔ́ɔgɛ ki wɛ̀, à sɔlôŋ nu màliga, lɛ u hola ɓòdàà ɓana, inyǔlē ɓa bijòl Miŋaŋ Mìnlam sáŋ loòŋ yada ni mè, ɓɔ nì Klèmɛnsì, nì ɓàsɔ ɓêm ɓa ɓagwèlǹsɔn ɓàpɛ, ɓa ɓā gweē mòy i kèdɛ kàat nìŋ.

⁴ Kɔ̀na màsee i Ŋwět ŋgedà yɔsonā. Mè ŋkònde ki kàl lɛ, Kɔ̀na màsee. ⁵ Lɔŋgɛ nâŋ ŋɛm i yiba nì ɓot ɓɔɓasonā. Ŋwět à gweē nì mɔ̀ɔ. ⁶ Nì tòŋ ɓáŋ inyùu jàm jɔkǐjɔ, ndi yiha Nyāmbɛ màm nì nsòmbôl, ni ti kì nyɛ màyègà manjèl mɔmasonā i ŋgèdà nì nsɔ́ɔhɛ nyɛ nì yèmhɛ̀ nyɛ. ⁷ Ndi ǹsàŋ Nyambɛ ū ū nlɔ́ɔ mahɔŋôl mɔmasonā u gatât miŋɛm minaàn nì màhɔŋôl manân i Krǐstò Yesù.

Hɔŋlana màm mana

⁸ À lôgtatà, mè nsōk kaāl lɛ, tɔ̀ mâmbɛ mâm ma ye màliga, tɔ̀ ma mā ye tīk, tɔ̀ ma mā tee sēp, tɔ̀ ma mā gweē ɓē nsɔ̀hi, tɔ̀ ma mā ye màlam, tɔ̀ ma mā nlama naŋ, iɓālē lɛm lām i ye mù, nì lìpem, wèɛ hɔ́ŋlana ndīgi màm mana. ⁹ Yàk màm nì binīgiìl, nì ma nì bikòs, nì ma yāga nì binɔ̄k, nì tehel ki mɔ̄ i měnī, gwɛla ndīgi màm mana. Ndi Nyambɛ nū ǹsàŋ à gaɓā ni ɓèe.

Màsee ma Paul inyùu lìkèblà li ɓot ɓa Filīpì

¹⁰ Ndi mè bikɔ̀n masee kîyaga i Ŋwět, lɛ màhɔŋôl manân inyùù yêm ma ńyik todè hanânɔ; tɔ̀ lakìi nì ɓɛ hɔŋôl yaga mê, ndi pola yɔ̀n ì ɓɛ heŋêl ɓèe. ¹¹ Ndi mè mpɔdol ɓɛ mɛ hālā īnyùu njēlɛl mè ɓɛ cɛlêl; inyǔlē mè mè binīgil lɛ, tɔ̀ imbɛ̄ɛ ndoòŋ yèɛnɛ mè yìi, mè legel ɓáŋ mùt nûmpɛ mis. ¹² Mè ńyī nsàmb, mè yîk kì yɔ̀gɔ̀p. Mè m̀mál nigil manjèl mɔmasonā nì i kèdɛ màm mɔmasonā i nūù, tɔ̀lɛ mè kɔ̀nɔ̀k njàl,

i yɔ̀gɔ̀p, tɔ̀ i sàmb. ¹³ Mɛ̀ gwèe ŋgùy i ɓɔ̀ŋ màm mɔmasɔnā inyùu nū à nlèdes mê. ¹⁴ Ndi tɔ̀ halà, nì biɓɔ̀ŋ lɔŋgɛ ŋgàndàk, lakìi nì biàdɓa lôŋ yada ni mɛ̀ i kède njīihà yèm. ¹⁵ Ndi ìlɔ̀ɔ̀ kì halà, à ɓôt ɓa Filīpì, ɓèèɓɔmɛ̀dɛ nì ńyī lɛ biɓèe bi Miŋaŋ Mìnlam i ŋgèdà mɛ̀ binyōdnɛ Màkèdonìà, ǹtoŋ tɔ̀ wada ù biàdɓa ɓe ni mɛ̀ inyùu tīna màkèblà, hàndugi ɓeeɓɔtāma. ¹⁶ Inyŭlē yàk nyɔ̀ɔ Tèsàlonīkà, ᵠ nì biɔ̄m mahola īnyùu màm ma ɓe heŋêl mɛ̀, hà ŋgèlè yàda yɔ̀tama ɓee, ndi ìlɔ̀ɔ̀ hâ. ʳ ¹⁷ Ndi halā à tà ɓe wěŋgɔ̀ŋlɛ mɛ̀ ŋɛ̀ɛ̀ likèblà, ndi mɛ̀ ŋɛ̀ɛ̀ ndigi màtam lɛ ŋaŋga nân u ɓôl. ¹⁸ Mɛ̀ m̀mâl koōs maàm mɔmasɔnā, mɛ̀ yògi yāga kiì. Ŋgɔ mɛ̀ yoni, lakìi mɛ̀ bikòs mâm nì biɔ̄mlɛ mɛ nì Èpafròdìto: ma ye ǹtɔ̀dè njîŋ, nì lɔŋgɛ sēsēmà i nlēmel Nyambɛ̀ɛ̀. ¹⁹ Ndi Nyambɛ wɛ̀m nyɛn à gatī ɓee hīkìi jàm li nhēŋel ɓee kĭŋgèdà lìngwàŋ jee i kède lìpem i Krĭstò Yesù. ²⁰ Ndi lìpem li ɓa nì Nyambɛ Tàta wês i ɓɔ̀ga ni ɓɔ̀ga. Ààmɛ̀n.

Màyègà ma nsōk

²¹ Yègnana yāga ɓapūbhaga ɓɔ̀ɓasɔnā i Krĭstò Yesù. Lògtatā dì yè lòŋ i ńyegā ɓee. ²² Bàpubhaga ɓɔ̀ɓasɔnā ɓa ńyegā ɓee, ndi lɔŋgɛ lɔ̄ŋgɛ̀ɛ̀ ɓana ɓa ye ī mbāy Kāysà.

²³ Kàrîs Ŋwɛ̀t wês Yesù Krĭstò i ɓa nì ɓèèɓɔɓasɔnā. Ààmɛ̀n.

Kòlosè

1

Màyègà

¹ Paul, ŋoma nū Yēsù Krĭstò kĭŋgèdà sòmbòl Nyambê, nì Tìmòteò, mǎntàta wês. ² À ɓâpubhaga nì lògkeē i ɓɔnyoni i Krĭstò ɓa nì yè i Kòlosè, kàrîs ì nlòl yak Tàta wês, nì Ŋwɛ̀t lɛ Yesù Krĭstò i ɓa nì ɓèe, nì ǹsàŋ.

Màsɔɔhè ma Paul inyùu ɓàhemlè Krĭstò ɓa Kolosè

³ Dì ntī Nyambɛɛ̀, Ìsaŋ Ŋwɛ̀t wês Yesù Krĭstò, màyègà ŋgèdà yɔ̀sonā dì nsɔɔhe inyùu nàn, ⁴ lakìi dì binɔ̄k inyùu hēmlè nì nhēmlè Kriǐstò Yesù, nì inyùu gwèha nì gwèe īnyùu ɓàpubhaga ɓɔ̀ɓasɔnā, ⁵ inyùu ɓɔ̀dŋem i ye m̀ɓiàk nyɔ̀ɔ ŋgìì inyùu nàn. Yɔn nì binɔ̄k yaga i ŋgèdà bìsu i kède ɓàŋga i maliga ma Miŋaŋ Mìnlam mi bipām i ɓěnī; ⁶ kìkìì mi ye kì ŋkɔ̀ŋ hisi wɔnsɔnā, mi numûk màtam, mi kɛnɛ̀k kì nì bìsu, kìkìì mi mɓɔ̀ŋ yâk nyɔ̀ɔ ɓěnī iɓòdòl kɛl nì binɔ̄k nì tibîl yi karîs Nyambɛ nì màliga. ⁷ Ŋwɔ yaga ŋwɔn nì binīgil yak Èpafrà, ˢ nu à yɛ̀ sɔ ŋkɔ̀l wes nu gwèhaà, nì nu à yɛ̀ mùt hemlè kìkìì ǹlìmil Krĭstò inyùù yês, ⁸ nyɛ ki nyēn à biāŋlɛ ɓes inyùu gwèha nàn i kède Mbūu.

⁹ Jɔ ni jɔn yàk ɓès kî, ìɓòdòl yaga kɛl dì binɔ̄k màm mana, dì ŋŋwàs ɓe

---

ᵠ**Fìl 4: 16** MB 17: 1
ʳ**Fìl 4: 16** 2Kɔ̀r 11: 9

ˢ**Kòl 1: 7** Kòl 4: 12; Fìle 23

sɔɔhɛ inyùu nān, nì yɛ̀mhɛ̀ lɛ, ni ɓa ǹyɔnɔ̂k i yī sòmbòl yee i kède pèk nì ɓàŋga yī i Mbuu yɔ̀sonā. ¹⁰ Ha nī nyɛn nì gahyōm ndigi kìkìì i kolī nì ɓòt ɓa ye ī sī Ŋwĕt, ndi ni lemel nyē̄ manjèl mɔmasonā, lɛ ni num yāga matam i kède hī lɔŋgɛ nsɔ̄n, ni kɛɛ̀ kì bisū i yī Nyāmbɛ ɓàŋga lìyîk, ¹¹ lɛ ni yaba nì lìpemba kǐŋgèdà ŋgùy ì lìpem jee i kède hōnɓà nì wɔŋgut yɔsonā. Lòŋnì màsee. ¹² ni ti Ìsaŋ màyègà, nu à ɓɔ̌ŋ ɓèɛ̀ lɛ ni kɔlā ī ɓāna ŋgàɓàɓum ɓàpubhaga ɓa gweē ī kède màpubi. ¹³ Nyɛn à hɛ̀a ɓès i sī ànɛ̀ jiibɛ̀, ndi à jubūs ɓes i sī ànɛ̀ Man nu gwɛ̄ha yēe; ¹⁴ nì nyɛ nyɛn dì gwèènɛ kɔ̀blà nì màcèl mee, halà wɛ̀ɛ ŋwèhèl inyùu bìɓeba gwes.

Bìyonol bi Nyambɛ gwɔ̄bisonā

¹⁵ Nyɛn à yè pònà Nyambê, nu à nnɛ̄nɛ ɓēe, à yè m̀ɓòggwee ī kède bìhègel gwɔbisonā. ¹⁶ Inyǔlē màm mɔmasonā ma hèga nì nyɛ, ma mā ye ī ŋgìi, nì mana ma ye hīsī, màm ma nnɛ̄nɛɛ̀, nì màm ma nnɛ̄nɛ ɓēe; tɔ̀ ma ɓa yàà ɓa-ànɛ̀ ɓa yogī ī ŋgìŋgìi, tɔ̀ ɓa ɓā ye ɓèt ndôŋ ànɛ̀ ìpɛ, tɔ̀ ɓàkaambɔ̂k yaga, tɔ̀ ɓa ɓā gweē kùndè ì ànɛ̀. Ŋgɔ màm mɔmasonā ma hèga nì nyɛ, ma yenè kì inyùù yeè. ¹⁷ Ndi nyɛn à yè nu à ɓǒk màm mɔmasonā bisū, màm mɔmasonā ma yenè kì inyùù yeè. ¹⁸ Ndi à yè ŋ̀ɔ nyuu, halà à yè lɛ, ǹtoŋ; nu à yè bìɓèe, m̀ɓòggwee ī kède ɓàwɔga, lɛ ndi a ɓa nū bìsu manjèl mɔmasonā. ¹⁹ Inyǔlē i lēmel Nyāmbɛ lē bìyonol gwɔbisonā bi ɓanɛ ī kède yeè, ²⁰ nì lɛ inyùù yeè a saŋgal màm mɔmasonā nì nyɛmèdɛ, tɔ̀ ma ɓā yàà ma mā ye hīsī, tɔ̀ ma mā ye ī ŋgìi, lakìi à kop ǹsàŋ inyùu màcèl ma mbasa yeè.ᵗ

²¹ Ndi ɓèɛ̀ ɓa nì ɓeè ɓàɓaglaga ni ɓàɔ̌ɔ i kède màhɔŋɔ̂l manân nì i kède mìnsɔn minân mìmɓɛ, ²² hanânɔ ni à m̀mâl saŋgal ɓee nì nyɛmèdɛ inyùu nyèmb i kède nyùu ì mìnsòn ŋwee, lɛ ndi a pamna ɓèɛ̀ bisū gwee kìkìi ɓàpubhaga nì ɓa ɓā gweē ɓē lɛm, nì ɓa ɓā nlà ɓe cega jâm. ²³ I ɓā nī lɛ nì tìŋi nì hemlɛ̀ nân, nì siŋīp ki sìŋsìŋ iɓaɓe pîŋglà; nì iɓālē nì m̀pamɓa ɓe ni ɓɔ̄dŋem i Miŋaŋ Mìnlam, mi nì binɔ̄k, mi mī āŋlana kì i kède bìhègel gwɔbisonā hana ŋkɔ̀ŋ hisi; inyùù yeē nyɛn yàk mɛ̀ Paul mɛ̀ yìlna ǹlìmil.

Ǹsɔn Paul inyùu Ǹtoŋ

²⁴ Ndi hanânɔ ni, mɛ̀ ŋkɔ̀n masee i kède njōnɔk mɛ̀ gwèènɛ īnyùu nān, inyǔlē mɛ̀ mmèèhɛ yaā i kède mìnsòn ŋwêm màm ma ŋgi sômblàgà nì mɛ̀ inyùu njīihà Krǐstò inyùu nyùù yeè, halà à yè lɛ ǹtoŋ. ²⁵ Mu nyēn mɛ̀ yìla yāga nlìmil, kǐŋgèdà ǹsɔn kindàk Nyambɛ à ti mɛ̀ inyùu nān, lɛ ndi mɛ pegēs ɓàŋga Nyambɛ hɔma nyênsonā, ²⁶ halà à yè lɛ jìmb li ɓā li solī iɓòdòl yaga ɓɔ̀ga nì i kède cày cɔdisonā, ndi hanânɔ li nsɔ̄lana ɓapubhaga ɓee. ²⁷ Bɔn Nyāmbɛ à gwes yīs kinjē lìŋgwàŋ li lipem inyùu ɓòt ɓa bilɔ̀ŋ bìpɛ li ye ī kède jìmb lini lɛ, Krǐstò i kède nān, ɓɔdŋem i lipem. ²⁸ Nyɛn ɓěs dì ŋāŋaàl, dì ɓehgè hi mût, dì niigàgà kì hi mût nì pèk yɔ̀sonā, lɛ ndi di pamna hìkìi mùt bisū gwee ǹnaŋâk koŋkoŋ i Krǐstò Yesù. ²⁹ Inyùu jàm lini jɔn mɛ̀ ntùmbɓana halà, mɛ̀ hyandgà kì kǐŋgèdà ŋgùy à

ᵗKòl 1: 20 Èf 1: 22-23; 2: 16

ŋēba i kède yêm nì lìpemba.

2

¹ Jɔn mɛ̀ nsòmbol lɛ ni yi kīnjē ndòŋ hyanda mɛ̀ nhyānda inyùu nân, nì inyùu ɓā ɓā ye nyɔɔ Làòdìkeà, yàk nì inyùu ɓāpɛ ɓɔɓasonā, ɓa ye ŋgì tɛhɛ su wêm; ² lɛ mìŋɛm ŋwap mi kós hɔgɓɛ̀, iɓālē ɓa edi ɓɔ̄ nì ɓɔ i kède gwēhaà, ndi pèk yàp i ɓa ǹyɔnɔ̂k inyùu lìŋgwàŋ jee jɔlisonā, kàyèlɛ ɓa tibil yāga yi jîmb* li Nyambê, nì li Isāŋ, nì li Krístò. ³ Inyŭlē màsòò ma pêk mɔmasonā, nì ma yi, ma sôlnɛ ndīgi ī kède yeè. ⁴ Mɛ̀ ŋkèlel yaā halà, lɛ ndi mùt nyɛkĭnyē à lòk ɓáŋ ɓèè i yɔ̀ŋà ɓèè ni bìpodol gwee. ⁵ Inyŭlē, tɔ̀ lakìi mɛ̀ tà ɓe mɛ nyɔɔ nì mìnsòn, mbuu wêm u ye nyɔɔ ɓênī, mɛ̀ kɔ̀nɔ̀k màsee i tēhɛ màm manân kìkìi ma tee lɔ̄ŋgeè, nì i tēhɛ kìkìi hēmlɛ̀ nì nhēmlɛ Kriístò i ye ɓàlèdga.

⁶ Jɔn kìkìi nì bikòs Krîstò Yesù, Ŋwɛ̆t, hyumlana ndīgi hālā ī kède yeè, ⁷ lakìi nì m̀mál ɔ mīŋkàŋ, ni oŋlak kì i kède yeè, ni om kì màkòò hisī siìŋsìŋ i kède hēmlɛ̀ nân, kìkìi ɓa biníiga ɓee, lɛ ni yaba yāga ni tī màyègà.

Ǹyɔnɔ̂k nîŋ i Krístò

⁸ Nì yihgè lɔŋgê, lɛ mùt à tiga lɛ à kɛnā ɓee miŋkōm ni pèk ɓôt nì bìyoglo bi malògâ, kǐŋgèdà bìlɛm bi ɓôt ɓa binàm, tɔ̀ kǐŋgèdà bìɓuk bi mɓòk i kède màeba ma ŋkɔ̀ŋ hisi, ndi hà kǐŋgèdà Krístò ɓee. ⁹ Inyŭlē ŋgìm lìɓâk li Nyambɛ nyēmɛ̀dɛ, nyà ì yoni, ì yììnɛ ndīgi ī kède nyùù yeè; ¹⁰ nì lɛ, nì yè ǹyɔnɔ̂k i kède yeē, nu à yè ŋ̀ɔ i ŋgìi ŋ̀kaambɔk wɔnsonā, nì kùndè yɔ̀sonā. ¹¹ Nì bikwèèba ki ī kède yeè, hà lìkwɛ̀ɛ̀* li mɔɔ ma ɓôt ɓee, i ŋgèdà nì bipāmɓa ni nyùu mìnsòn i kède lìkwɛ̀ɛ̀ li bilòl ɓee nì Krístò. ¹² Inyŭlē nì bijùba lôŋ yada ni nyē ŋgèdà nì bisòblànà; nì bitùglana ki ī kède yeē ŋgèdà nì bihēmlɛnɛ ŋguùy Nyambê, nu à tùgul nyē i kède ɓàwɔga.ᵘ ¹³ Ŋgɔ à binìŋis yâk ɓèè lôŋ yada ni nyē, i ŋgèdà nì ɓeè ɓàwɔga inyùu màhòhà manân nì inyùu lìɓâk li ŋgikwèèbà li minsòn minân, inyŭlē à ŋwèhel ɓês mahòhà mes mɔmasonā, ¹⁴ i ŋgèdà à sǎs màtìlà ma kaàt ì ɓa ɓât ɓês pil, halā à yè lɛ màtìŋ, inyŭlē mɔn ma ɓā kɔɔlɓà ɓês. Ìlɔɔ kì halà, à hèa yāga yɔ ī pōla yeēs ɓês nì nyɛ, i tòmòl à tòmol yɔ i mbāsa.ᵛ ¹⁵ À tùus ɓàkaambɔ̄k, nì ɓa ɓā gweē kùndè i ànɛ à weha ki ɓɔ̄ nyùu mɓàmba, i ɓēmbɛ à ɓembɛ ɓɔ̄ ŋgìi mbāsa.

Yeŋa màm ma ye nyɔɔ ŋgìi

¹⁶ Jɔn mùt nyɛkĭnyē à om ni ɓáŋ ɓèe ǹsɔ̀hi inyùu jē, tɔ̀ inyùu nyɔ̄, tɔ̀ inyùu ɓɔ̀ kɛl ŋgànd, ɓɔ̀ màtel ma soŋ, ɓɔ̀ màŋgwà ma sabàt; ʷ ¹⁷ màm mana ma ye ndīgi tìdìì i maàm ma galɔ̀ɔ, ndi nyùu màm ma yɔ̀mɛ̀dɛ ì yè Krístò. ¹⁸ Mùt nyɛkĭnyē à sèlha ɓáŋ ɓèè ɓɔ̄m nân, lakìi nyɛmɛ̀dɛ à ŋgwēs undā suhùs-nyuu, à ɓeghàk kì aŋgèl, à tɔ̀ŋlàk màm ma à màà tɛhɛ ɓēe, à hùmblàk nyùu yaŋgà

---

*Kòl 2: 2 Ɓèŋgɛ Rom 11: 25
*Kòl 2: 11 Ɓèŋgɛ Rom 2: 25
ᵘKòl 2: 12 Rom 6: 4
ᵛKòl 2: 14 Èf 2: 1-5, 15
ʷKòl 2: 16 Rom 14: 5

kĭŋgèdà hɔŋɔ̂l yee i minsòn, ¹⁹ ndi à adbɛ ɓe ni ŋ̀ɔ, inyŭlē nyùu yɔ̀sonā ì nnōgda ndigi àdnà nyɛnī, ì edi kì lɔŋge ī kède àdnà yee inyùù yeē, ndi ì hɔlɔ̂k màhɔ̂l ma nlòl yak Nyāmbɛè.
ˣ

²⁰ Iɓālē nì biwēha ni Krĭstò i pès biɓuk bi mɓòk i kède màeba ma ŋkɔ̀ŋ hisi, wěŋgɔ̀ŋlɛ nì ŋgi nîŋlàk ŋkɔ̀ŋ hisi, inyŭkī ni nì nsùhus ɓeeɓɔmɛ̀dɛ i nōgoòl màtìŋ mana lɛ, ²¹ Ù yɔ̀ŋ ɓàŋ, tɔ̀ nɔɔ̀dè yaga, ndi tɔ̀ tihɓà; ²² kĭŋgèdà màɓehna ma ɓôt nì màeba map, gwɔ̀m bi gwɔ̄bisonā bi nlama ndigi cība iɓālē bi ŋgwèèlànà. ²³ Ndɔ̀ŋ mâm ini i nnēnèè wěŋgɔ̀ŋlɛ pèk, mu ɓēgeès ɓa mɓēges Nyambɛ kĭŋgèdà sòmbòl yap, nì sùhùs-nyuu, nì kèp ɓa ŋkèp manyùu. Ɓàŋga lìpem ì tà ɓe mūkède, ndi ndigi lē, ɓa nuus ŋgŏŋ mìnsòn.

3

¹ Jɔn iɓālē nì bitùglana lôŋ yada ni Krĭstò, wɛ̀ɛ yēŋa nī maàm ma ye nyɔ̀ɔ ŋgìi, i hĕt Krĭstò à yììnɛ ī yèènɛ yee wɔ̀ɔ̀ waalōm Nyambɛè. ² Màhɔŋɔ̂l manân ma ɓanɛ ndīgi īnyùu màm ma ŋgìì, ndi hà inyùu màm ma hana hisī ɓee. ³ Inyŭlē nì biwɔ̄, ndi nìŋ nân i solī lòŋ yada ni Krĭstò yak Nyāmbɛɛ̀. ⁴ Ŋgèdà Krĭstò, nu à yè nìŋ yes, à gasɔ̀ɔla, ha nì nyēn yàk ɓèe nì gasɔ̀ɔla lôŋ yada ni nyē mu līpēm.

Ǹlòmbi nîŋ nì nìŋ yɔndɔ

⁵ Nɔla nī bijɔ binân bi ye hāna hisī: ndèŋg, nì nyɛga, nì ŋ̀kàŋ minheŋa, nì ŋgŏŋ ɓē, nì hep, inyŭlē yɔn i ye ɓòŋòl bìsat. ⁶ Inyùu màm mana nyɛn hìun hi Nyambɛ hī nlòl i ŋgìi ɓɔ̀n ɓa ndɔk; ⁷ yàk ɓèe, nì ɓe hyumûl mu ī ŋgèdà bìsu, i nìŋìl nì ɓe niŋìl mu màm mâ. ⁸ Ndi hanânɔ ŋgèdà ìni, yàk ɓèè kî, ŋwàha màm mana mɔmasonā: hìun, nì nyay, nì ɓeba ŋem, nì lìòbòhjŏy, nì bìpodol bi ŋgagàl manyɔ̀ manân. ⁹ Nì tɛɛmbana ɓáŋ ɓèè ni ɓèè lakìi nì bièŋgla ni ǹlòmbi mût nì dìpa cee, ¹⁰ ndi nì eŋgēp muùt yɔndɔ, nu à ntèmb yɔndɔ i kède yī kĭŋgèdà pònà i nu à hĕk nyē. ʸ ¹¹ Ŋgɔ tɔ̀ ndɔdla mǎn Grĭkìà nì mǎn Lòk Yudà ì tà ha ɓee, tɔ̀ ì ŋ̀kwèɓàgà tɔ̀ ŋgìkwèèɓà, tɔ̀ ì ǹhuu mùt, tɔ̀ ì mǎn Lòk Sitìà, tɔ̀ ì ŋkɔ̀l, tɔ̀ ì ŋ̀gwelês; ndi ndigi lē, Krĭstò nyɛn à yè màm mɔmasonā i kède ɓɔ̄ɓasonā.

¹² Jɔn, lākìi Nyāmbɛ à tɛp ɓèe kìkìi ɓàpubhaga nì ɓa à ŋgwês, wɛ̀ɛ èŋgbana nī ŋem u yoni nì kɔ̀nàŋgɔɔ, nì lɔŋgɛŋēm, nì sùhùs-nyuu, nì ŋem limà, nì u wɔŋgut, nì honɓànàgà ɓèe nì ɓee, ¹³ nì ŋwèhlàgà kì ɓèè ni ɓee,ᶻ tɔ̀ iɓālē mùt à ntɔ̀gha inyùu mǎsāŋ; kìkìi Ŋwêt à biŋwèhel ɓee, yàk ɓèe ɓɔ̀ŋa hālà. ¹⁴ Ndi i ŋgìi màm mana mɔmasonā, èŋgbana kì gwehâ, inyŭlē yɔn i ŋàt mɔ lɔ̀ŋge nyà ì yoni. ¹⁵ Ndi ǹsàŋ Krĭstò u anē ī kède mìŋem minân; inyùù yeē ki nyēn nì bisèblana lɛ ni ɓa nyùù yadà; nì tinâk kì màyègà. ¹⁶ Ɓàŋga i Krĭstò i yén ɓēnī ńyabgà, kàyèle nì niigàgà, nì ɓehnàgà kì ɓèè ni ɓèè i kède mìŋgèn mi cembi nì pèk yɔ̀sonā, nì mimpɛ mi biɓegês, nì mi mī nlòl i ŋgùy Mbuu, ndi nì tublàk Nyambɛ cèmbi nì kàrîs i kède mìŋem minân. ¹⁷ Ndi hikìi jàm nì mɓɔ̀ŋ, tɔ̀ nì

ˣKòl 2: 19 Èf 4: 16
ʸKòl 3: 10 Èf 4: 22-24
ᶻKòl 3: 13 Èf 4: 32

bìɓàŋga, tɔ̀ i kède mìnsɔn, ɓɔ̀ŋlana ndīgi mɔ̄ i jòy li Ŋwɛt lɛ Yesù nì tinâk kì Nyambɛ Tàta màyègà inyùu jòy jee.

Nyà nì nyà maɓehna i kède nìŋ yɔndɔ

¹⁸ À ɓodàa, sùhlana ɓèèɓɔmèdɛ i sī ɓàlom ɓanân, kìkìi i kolī nì Ŋwět. ¹⁹ À ɓalom, gweha ɓàà ɓanân, ᵃ ²⁰ À ɓɔn, noglana ɓàgwâl ɓanân i kède màm mɔmasonā, inyŭlē halā à nlēmel Ŋwɛt. ²¹ À ɓee ɓasāŋ, nì unɓaha ɓáŋ ɓɔ̀n ɓanân, mìŋɛm mi tiga hɔ́y ɓɔ. ²² À ɓee miŋkɔ̀l, noglana ɓā ɓā ye ɓɛ̀t ɓanân kĭŋgèdà mìnsòn, i kède màm mɔmasonā, hà nì bìhèŋɓà bi bitēe bi mis ɓee, kìkìi ɓàlemêl ɓòt ɓa mɓɔ̀ŋ, ndi nì lɔŋgeŋēm inyùu wɔ̀ŋi Ŋwɛt. ²³ Tɔ̀ kinjē jàm nì ŋgwèl, gwèla jɔ̄ nì ŋ̀ɛm wɔnsonā, wěŋgɔ̀ŋlɛ Ŋwèt nyɛn nì ŋgwèlèl, ndi hà ɓòt ɓee, ²⁴ lakìi nì ŋ́yī lɛ nì gakòs ŋgabàɓum ni Ŋwět kìkìi ǹsaâ; nì ŋgwèlel Ŋwɛt lɛ Krǐstò. ²⁵ Inyŭlē mùt à mɓɔ̀ŋ jâm li tee ɓē sep à gakòs ki ǹsaâ inyùu jàm li tee ɓē sep à biɓɔ̀ŋ; ndɔdla ì tà ɓe inyùu mùt nyɛkĭnyē. ᵇ

4

¹ À ɓee ɓɛt, gwèèlana yāga miŋkɔ̀l minân màm ma tee sēp, nì ma mā kolī, lakìi nì ŋ́yī lɛ yàk ɓèè kî nì gwèe Ŋwɛ̀t i ŋgìi. ᶜ ² Tèŋɓana nì màsɔɔhè, nì yènàk kì pèè mūkède lòŋnì ti màyègà; ³ sɔɔhana kì inyùù yēs nlèlèm halà, lɛ ndi Nyāmbɛ ā yiīble ɓès ŋwɛmɛl inyùu ɓàŋga yee i āŋaàl jìmb li Krǐstò; ⁴ inyùù yeē nyɛn mè kèŋnɛ hāna, lɛ mɛ sɔlɔ̄l kì jɔ, kìkìi i nsòmbla ni mè. ⁵ Hyomgana kìkìi ɓòt ɓa nnɔ̄l nyuu bisū bi gwaŋgà bi ɓòt, pèghana kì ŋgèdà. ⁶ Mìŋkwèl minân mi ɓa ŋgèdà yɔsonā nì kàrîs ǹnèhâk nì ɓǎs, ndi ni yi kìkìi nì ǹlama tīmbhɛ hikìi mùt.

Màyègà ma nsōk

⁷ Tìkikò, mǎntàta wès nu gwēhaà, ǹlìmil u hemlè, nì sɔ ŋkɔ̀l u Ŋwɛt, nyɛn à gayīs ɓee màm mêm mɔmasonā. ⁸ Mè ŋ̀ɔm nyɛ ɓēnī inyùu jàm lini, lɛ a laā yī kìkìi ɓèe nì yìi, nì lɛ a hōgɓaha mìŋɛm minân; ᵈ ⁹ ɓɔnà Onèsimò, ᵉ mǎntàta wès nu hēmlè, nì nu gwēhaà, nu à yè mùt nàn. Bɔn ɓa gayīs ɓee màm mɔmasonā ma ŋgwelā nyɔnɔ̄. ¹⁰ Àrìstarkò, ᶠ sɔ ŋkom wêm, à ǹyegā ɓee, ɓɔnà Markò, ᵍ nyàndom Bàrnabà [nu nì bikòs litìŋ inyùu yeē; iɓālē à ǹlɔ nyɔ̄ɔ ɓěnī, lɛɛgana nyē lɔ̄ŋgèè]; ¹¹ yàk Yesù, nu à nsèbla ki lɛ̄ Yustò, à ǹyegā ɓee; ɓòt ɓa ɓɔ̄n ɓa bilòl hemlè ɓakwèèbaga, ɓana ɓɔtāma ɓɔn ɓa ye ɓàsɔ ɓêm ɓa ɓagwèlǹsɔn inyùu ànè Nyambê, ɓa ɓā biyìla hôgɓè yêm. ¹² Èpafrà, ʰ mùt wàda i kède nàn, nì ŋ̀kɔ̀l Krǐstò Yesù, à ǹyegā ɓee, nyɛn à nhyānda yaga

---

ᵃ**Kòl 3: 19** Èf 5: 22-25; 1Pet 3: 1-7
ᵇ**Kòl 3: 25** Èf 6: 5-8
ᶜ**Kòl 4: 1** Èf 6: 9
ᵈ**Kòl 4: 8** MB 20: 4; Èf 6: 21-22; 2Tìm 4: 12
ᵉ**Kòl 4: 9** Fìle 10-12
ᶠ**Kòl 4: 10** MB 19: 29; 27: 2; Fìle 24
ᵍ**Kòl 4: 10** MB 12: 12-25; 13: 13; 15: 37-39
ʰ**Kòl 4: 12** Kòl 1: 7; Fìle 23

ŋgedà yɔ̀sonā inyùu nǎn i kède màsɔɔhɛ̀, lɛ ni siŋīp sìŋsìŋ kìkìi ɓót ɓa mmâl naŋ, ǹyɔnɔ̂k nì hemlɛ̀ i kède sòmbòl Nyambɛ yɔ̄sonā. ¹³ Inyǔlē mɛ̀ mɓɔ̀k mbogī inyùù yeē lɛ à nlìgip ŋgandàk inyùu nǎn, nì inyùu ɓót ɓa ye nyɔɔ Làòdìkeà, yàk nì inyùu ɓā ɓā ye Hìèràpolì. ¹⁴ Lukàs, ⁱ ŋgàŋgàŋ nu gwēhaà, à ǹyegā ɓee; halā kì nì Demàs. ʲ ¹⁵ Yègnana lòɡtatā yēs i ye nyɔɔ Làòdìkeà, lɔŋgɛ lɔ̄ŋgeɛ̀ Nimfàs, nì ǹtoŋ u ŋkɔ̀dɓa ndāp yeē. ¹⁶ Ndi iɓālē nì m̀mâl aŋ kàat ìni i kède nǎn, wɛ̀ɛ ɓɔ̀ŋa lē i eŋa kì nyɔɔ ntōŋ Laòdìkeà; ɓɔ̀ŋa kì lɛ yàk kàat ì ǹlɔ̂l Laòdìkeà i eŋa ɓěnī. ¹⁷ Ndi kàla Àrkipò ᵏ lɛ, tibil tēeda nsɔn ù bilēeɡɛ ni Ŋwɛt, lɛ u yonos wɔ̄ ɓàŋga lìyonhàk.

¹⁸ Màyègà ma wɔɔ wêm mana, mɛ̀ Paul. Ɓìgdana ŋgàdà yɛ̀m. Kàrîs i ɓa nì ɓèe.

1 Tèsàlonīkà

1

Màyègà

¹ Paul ɓɔnà Sìlvanò nì Tìmòteò, dì ntìlna ntoŋ u ɓót ɓa Tesàlonīkà ¹ u ū ye ī Nyāmbɛ Tàtâ nì i Ŋwɛ̀t lɛ Yesù Krǐstò. Kàrîs ì nlòl ni Nyāmbɛ Tàta wès, yàk nì Ŋwɛ̀t lɛ Yesù Krǐstò i ɓa nì ɓèe, nì ǹsàŋ.

Hemlɛ̀ nì ndèmbèl ì ɓót ɓa Tesàlonīkà

² Dì ntī Nyambɛ màyègà ŋgèdà yɔ̀sonā inyùu nǎn, dì tobôk ɓèè ɓɔɓasonā mɔ̌y i kède màsɔɔhɛ̀ mes. ³ Ndi bisū bi Nyambɛ nì Tàta wès dì ŋŋwàs ɓe ɓîɡda nsɔn naàn u hemlɛ̀, tɔ̀ ndùmbɓà nàn inyùu gwēhaà, tɔ̀ kìkìi nì nhōnɓa i kède ɓɔ̄dŋɛm naàn inyùu Ŋwɛ̀t wɛ́s Yesù Krǐstò. ⁴ Ndi, à lôgtatā Nyāmbɛ à ŋgwēs, dì ńyī lɛ à tɛp ɓèe, ⁵ inyǔlē Mìŋaŋ Mìnlam ŋwes mi bipām i ɓěnī, hà ndigi nì bìɓàŋga gwɔtāma ɓee, ndi yàk nì lìpemba, nì ŋgùy Mbuu M̀pubi, nì ŋgàndàk hemlɛ̀, kìkìi ɓèèɓɔmɛ̀dɛ nì ńyī kinjē ndòŋ ɓót dì bìēba ɓehɓɔmɛ̀dɛ ɓěnī inyùu nǎn. ⁶ Nì biyìla ɓakona ɓēs, nì ɓa Ŋwɛt, lakìi nì bilēeɡɛ ɓàŋga i nì ŋgàndàk njiihà, ᵐ lòŋnì masee ma nlòl ni Mbūu M̀pubi, ⁷ kàyèlɛ nì biyìla yāga ndembèl inyùu ɓàhemlɛ̀ ɓɔɓasonā ɓa ye Màkèdonìà, nì ɓa Akayà. ⁸ Inyǔlē ɓàŋga i Ŋwɛt i binōogà, i lolàk i ɓěnī, hà ndigi Màkèdonìà nì

ⁱ**Kòl 4: 14** 2Tìm 4: 11; Fìle 24
ʲ**Kòl 4: 14** 2Tìm 4: 10; Fìle 24
ᵏ**Kòl 4: 17** Fìle 2

¹**1 Tès 1: 1** MB 17: 1
ᵐ**1 Tès 1: 6** MB 17: 5-9

Àkayà ɓɔtāma ɓee, ndi hemlɛ nì nhēmlɛ Nyambɛ ī ŋkɛ ŋgāān hìkìi hɔma, kàyèlɛ i nsòmbla ha ɓe ni ɓès lɛ di pɔt jàm. ⁹ Inyŭlē ɓɔmèdɛ ɓa ŋāŋal inyùù yés, kìkìi dì bijòp i ɓěnī, nì kìkìi nì bihyèlɓa i pès Nyambê, nì heā ki bìsat, lɛ nì ŋgwèlel Nyambɛ nū nìŋ, nì nu à yè ɓàŋga; ¹⁰ nì lɛ nì mɓèm Man weē à nlòl i ŋgìi, nu Nyāmbɛ à tùgul ī kède ɓawɔga, halā à yè lɛ Yesù, nu à nsòŋ ɓes lɛ di pɛy hìun hi nlɔ̀.

2

Nsɔn Paul nyɔɔ Tèsàlonīkà

¹ Ŋgɔ ɓèèɓɔmèdɛ kî, à lôgtatà, nì ńyī lɛ màjòp mes dì bijòp ɓěnī ma ɓeè ɓe yaŋgà, ² tɔ̀ lakìi dì biɓòk sɔn njɔnɔk inyùu biɓòmòl ɓa biɓòmol ɓes nyɔɔ Fìlìpì, kìkìi ɓèèɓɔmèdɛ nì ńyī, dì bipɔ̄t yaga ni màkend inyùu ŋgùy Nyambɛ wès, lɛ di aŋlɛ ɓèè Miŋaŋ Mìnlam mi Nyambɛ ī kède ŋgàndàk kèp ɓa bikèp ɓes. ⁿ ³ Inyŭlē màɓehna dì mɓēhɛ ɓoòt ma nlòl ɓe biyòmòk, tɔ̀ nyèga, tɔ̀ mandɔ̄n; ⁴ ndi kìkìi Nyāmbɛ nyēmèdɛ à bigwēs ŋwehēl ɓes Mìŋaŋ Mìnlam, halā kì nyɛn dì mpɔ̄t, ndi hà kìkìi ɓàlemêl ɓòt ɓee, ndik ɓàlemêl Nyambê, nu à ńwàn miŋɛm ŋwes. ⁵ Inyŭlē dì bilèbna ɓe kɛlkĭkēl kìkìi ɓòt ɓa mpɔ̄t biɓàŋga bi lelɛ, kìkìi ɓèèɓɔmèdɛ nì ńyī, tɔ̀ nì bìhèŋɓà bi hep nì ŋkùs; Nyambɛ à yè mbògi. ⁶ Dì biyēŋ ɓe lipem ni ɓòt, tɔ̀ nì ɓèe, tɔ̀ nì ɓapɛ, ⁷ tɔ̀ lakìi dì ɓeè tɔy lɛ dì ɓambāp kìkìi ɓàoma ɓā Krĭistô. Ndi dì ɓe ɓoyhè ɓèe kìkìi nyăŋ à ntòŋgol ɓɔn ɓee. ⁸ Ndi lakìi mìŋɛm mi ɓeè mi yoni ɓès ni ŋgòŋ inyùu nàn, wèɛ hālā yāga ki nyēn di bigwēs i kèbèl ɓèe, hà Mìŋaŋ Mìnlam mi Nyambɛ ŋwōtāma ɓee, ndi yàk nì nɔ̀m yes yɔmèdɛ, inyŭlē nì biyìla ɓôt dì ŋgwēs ŋgandàk. ⁹ Inyŭlē, à lôgtatà, nì mɓìgda lɔŋgɛ īnyùu ndùmbɓà yěs nì yɔga yēs. Dì ɓe gwêl ǹsɔn juū nì bìnjămùha lɛ dì ɓèèga ɓáŋ tɔ̀ wàda nàn mbɛ̀gɛ̀ɛ̀, dì aŋlègè kì ɓèe Mìŋaŋ Mìnlam mi Nyambê. ¹⁰ Bèèɓɔmèdɛ nì yè mbògi, yàk Nyambɛ kì, kìkìi dì ɓe hyom ī kède nàn, ɓèè ɓahemlè, kìi ɓòt ɓa tee sēp nì ɓa ɓā ye pēlɛs i ɓa ɓe nsòhi. ¹¹ Ŋgɔ nì ńyī ki lē dì ɓeè nì hìkìi mùt i kède nàn kìkìi ǹsaŋ à ye nì ŋgwalâk yee ɓon, dì ɓehgè ɓèe, dì lèdhàk ɓèè miŋɛm, dì ɓɔ̀gyègè kì ɓèe, ¹² lɛ ni hyom kìkìi i kolī nì Nyambê, nu a nsèbel ɓee i jòp i ànɛ̀ yee nì lipēm jee. ¹³ Jɔ ni jɔn, dì ŋŋwàs ɓe ti Nyambɛ màyèga, inyŭlē ŋgèdà nì bilēɛgɛ ɓaŋgà i Nyambɛɛ̀, i nì binɔ̄k ni ɓès, nì bilēɛgɛ ɓe yɔ wěŋgòŋlɛ i ɓòt ɓa binàm, ndi kìkìi ɓàŋga i Nyambê, lakìi i ye ǹtīîk halà, inyŭlē yɔn i ŋēba ŋguùy yèè i kède nàn, ɓèè ɓahemlè. ¹⁴ Inyŭlē ɓèèɓɔmèdɛ, à lôgtatà, nì biyìla ɓakona mìntoŋ mi Nyambê, mi mī ye ī Krĭstò Yesù nyɔɔ Yùdeà, lakìi yàk ɓèe nì ɓe sɔn njɔ̄nɔk i mɔ̀ɔ ma Lôk Yudà, ¹⁵ yɔn i nɔ̄l Ŋwèt lɛ Yesù, yàk nì ɓapodôl ɓap ɓa Nyambê, ɓa tèēŋga kì ɓès, ɓa nlēmel ɓe tɔ kì Nyambê, ɓa ŋkɔ̀lɓa ki ɓòt ɓɔɓasonā, ¹⁶ ɓa sôŋgà ɓès i pōdoòs bìlɔŋ bìpɛ lɛ bi ye lē bi tɔhlànà, halā nyēn ɓa ńyōnos biɓeba gwap ŋgèdà yɔ̀sonā:

ⁿ 1Tès 2: 2 MB 17: 1-9

inyŭlē hìun hi bisōk kweēl ɓɔ nì ngùy.

Ŋgŏŋ Paul i kòndè yuuga ntoŋ

¹⁷ Ndi, à lôgtatà, mbagla dì biɓāgla ni ɓèè, mbɔm ni mbɔm hà ŋɛm ɓee, ndèk ŋgeŋ yɔtama yŏn ì bitāgɓɛ̀, ŋɛm u ɓodōl lek ɓes, kàyèlɛ dì bilòòha nyámnda ni ŋgòŋ ŋgandàk lɛ di tɛhɛ màsu manân. ¹⁸ Inyŭlē dì ɓe sombòl lɔ̀ nyɔɔ̄ ɓĕnī, mɛ̀ Paul yaga, hà ŋgèlɛ yàda yɔtama ɓee, ndi Saatàn nyɛn à bisèk ɓes njèl. ¹⁹ Inyŭlē ɓɔnjɛ dì gwèènɛ ɓɔ̄dŋɛm, tɔ̀ màsee, tɔ̀ ǹtut biyat; ɓàa hà ɓèè ɓee, bisū bi Ŋwɛt wés lɛ Yesù Krĭstò i ŋgèdà màlòl mee? ²⁰ Inyŭlē ɓèè ɓɔn nì yɛ lìpem jes nì màsee mes.

3

¹ Jɔ ni jɔn ŋgèdà dì bilà ha ɓe ɓan ŋɛm, dì melēs lɛ mɛ̀tama mɛ yeglɛ Ātɛ̀n. ᵒ ² Ndi dì biɔ̄m Timòteò, măntàta wés nì ǹlìmil Nyambɛ ni sɔ ŋgwɛ̀lǹsɔn i kɛ̀dɛ Mìŋaŋ Mìnlam mi Krĭstò, lɛ a umus ɓèè makòò hisī, nì lèdès kì ɓèè i kɛ̀dɛ hēmlɛ̀ nân, ³ lɛ mùt nyɛkĭnyē à pìngla ɓáŋ inyùu njiihà ìni, inyŭlē ɓèèɓɔmède nì ńyī lɛ halā nyɛ̀n dì ǹteebà. ⁴ Inyŭlē ŋgèdà dì ɓènè nyɔɔ̄ ī ɓĕnī, dì biɓòk yaga kâl ɓee lɛ, dì yèe dì kɔ́s njiihà halà; kìkì dì m̀mâl koòs, nì kìkì nì ńyī. ⁵ Inyŭhālā nyɛ̀n ŋgèdà mɛ̀ bilà ha ɓe mɛ ɓán ŋɛm, mɛ̀ biɔ̄m nyɛ, lɛ ndi mɛ yi hēmlɛ̀ nân, i tiga lɛ i ɓa lɛ ǹnɔɔ̀dèɓòt à bimàl nɔɔ̄dɛ ɓee, ndi ndùmbɓà yès i yìla yaŋgà. ⁶ Ndi hanânɔ ni, kìkì Tìmòteò à ǹfìp loōl nyɔɔ̄ ɓĕnī, à pam hana ɓĕhnī, nì kìkì à ŋaŋlɛ ɓes lɔ̄ŋge ŋáŋ inyùu hēmlɛ̀ nân nì gweha nân, nì lakìi nì mɓìgda ɓes nì màhɔŋôl màlam ŋgèdà yɔsonā, ŋgŏŋ ì gwèe kì ɓèè i tēhɛ ɓĕs, kìkì ì gwèe yàk ɓès i tēhɛ ɓèè, jɔn, à lôgtatà, ⁷ dì ŋ̀kós hɔɔ̀gɓè inyùu nân; hemlɛ̀ nân yɔn i nhògɓaha ɓes i kɛ̀dɛ ndèèŋgà nì njiihà yɔsonā dì gwèe nyɔ̀nɔ. ⁸ Inyŭlē hanaànɔ yaga ɓĕs dì nnìŋ, iɓālē ɓèe nì tee nì ngùy i Ŋwĕt. ⁹ Inyŭlē kinjē màyègà dì yɛ lɛ dì la tī Nyambɛ īnyùu nân, lakìi dì ŋ́wɔ̄ ni màsee mɔmasonā inyùu nân bisū bi Nyambɛ wés? ¹⁰ Dì ńyɛ̀mhɛ nyɛ ŋgàndàk ŋgàndàk jùu nì bìnjămùha lɛ di tɛhɛ màsu manân, ndi di tibil yōnos maàm ma ŋgi sômblàgà i kɛ̀dɛ hēmlɛ̀ nân. ¹¹ Ndi Nyambɛ nyēmède, Tàta wés, yàk nì Ŋwèt wés Yesù Krĭstò, a sāŋlɛ ɓès njêl i lɔ̀ nyɔɔ ɓĕnī. ¹² Ndi Ŋwèt wés a ɓuūlhɛnɛ ɓèè gweha lē i yaāmba ī kɛ̀dɛ nân ɓèè ni ɓèe, nì i kɛ̀dɛ ɓòt ɓɔɓasonā, kìkì yàk ɓĕs dì ŋgwēs ɓee; ¹³ ndi a ledēs mìŋɛm minân lɛ ndi ǹsɔhi wɔkĭwɔ̄ u ɓā ɓaāŋ i kɛ̀dɛ pūbhà nân, bisū bi Nyambɛɛ̀, Tàta wés, malòl ma Ŋwɛt wés Yesù Krĭstò lòŋnì ɓàpubhaga ɓee ɓɔɓasonā.

4

Nìŋ i ī nlēmel Nyambɛɛ̀

¹ À lôgtatà, dì nsōk tɔɔgɛ nì ɓehɛ kì ɓèè i Ŋwèt lɛ Yesù lɛ, Lakìi nì bikòs maeba ni ɓĕs, kìkì nì ǹlama hyom, ndi ni lemel Nyāmbɛɛ̀, la nyēn nì yèe nì hyom, wèɛ yābnana yāga halā ɓàŋga lìyabgà. ² Inyŭlē nì ńyī kinjē màɓehna dì bitī ɓee i Ŋwèt lɛ Yesù. ³ Inyŭlē sòmbòl Nyambɛ īni lɛ, pubhà nân, halā à yɛ lɛ ni cêl ndèŋg, ⁴ ndi hikìi mùt i kɛ̀dɛ nân a ɓana

---

ᵒ1Tès 3: 1 MB 17: 15

iwèè iwèè ŋwaa nyɛmɛ̀dɛ i kèdɛ pūbhà nì lìpem; ⁵ndi hà nì ŋgǒŋ mìnhɛŋa ɓee, kìkìi bìlɔ̀ŋ bìpɛ bi bī ńyī ɓe Nyambɛ bī mɓɔ̀ŋ, ⁶lɛ mùt à lɛl ɓáŋ ŋ̀ŋwaa i ɓɔ̀ŋ mǎsāŋ weē ɓeba, tɔ̀ lòk nyɛ i kèdɛ ndɔ̀ŋ jàm ìni. Inyŭlē Ŋwɛt nyɛn à yē m̀pùn i màm mana mɔmasonā, kìkìi dì biɓòk kâl ɓee, dì ɓɔ̀gɔ̀k kì mbògi. ⁷Inyŭlē Nyambɛ à bisèbel ɓe ɓes inyùu màm ma nyɛgā, ndik mā pubhà. ⁸Inyŭhālā nī tɔ̀njɛɛ à ńyàn maɓēhna mana, wɛ̀ɛ hà mùt bìnàm ɓe nyɛn à ńyàn, ndik Nyāmbɛɛ̀, nu à bitī ɓes Mbūu wee M̀pubi.

⁹Ndi inyùu gwēha līsāŋ li ɓòòt i nsòmbla ha ɓe ki lē mùt a fílna ɓee, inyŭlē Nyambɛ à m̀mâl niiga ɓee kìkìi nì kòli gwēhnà. ¹⁰Ŋgɔ nì yèe nì ɓɔ̀ŋ halā nì lôgtatā yɔ̀sonā i ī ye Màkèdonìà yɔ̀sonā. Ndi dì nsɔ̀ɔhɛ ɓee, à lôgtatà, lɛ ni yaba yāga ni gwēha ɓàŋga lìyabgà. ¹¹Niglana ī yèn ŋwɛ̀ɛ. Hi mût a ligíp nì m̀mee mâm, a gwɛ̂l kì ǹsɔn ni mɔ̀ɔ̀ mee, kìkìi dì bitī ɓee màɓehna, ¹²lɛ ndi ni hyom lɔ̄ŋgɛ bīsū bi gwaŋgà bi ɓôt, iɓaɓe legêl mùt nyɛkǐnyē m̌s.

Ɓàwɔga nì ɓayomi màlòl ma Ŋwɛt

¹³Ndi, à lôgtatà, dì nsòmbol ɓe lɛ yi i heŋel ɓèè inyùu ɓôt ɓa ŋkɛ hīlɔ̄; *nì tiga lɛ nì kɔ̂n ndudù kìkìi ɓā ɓâpɛ ɓa gweē ɓē ɓodŋɛm. ¹⁴Inyŭlē iɓālē dì nhēmlɛ lɛ Yesù à wɔ, à tugɛ̀ kì, wɛ̀ɛ hālā nyēn Nyāmbɛ à galɔ̀na ki ɓòt ɓa bikè hīlɔ̄ i Yēsù lòŋ yada ni nyɛ̄. ¹⁵Inyŭlē dì ŋkàl ndigi ɓèe jàm lini inyùu ɓàŋga Ŋwɛt lɛ, Ɓès ɓayomi, ɓa dì yìi lētèɛ̀ nì màlòl ma Ŋwɛt, dì tà yaga ɓe lɛ dì ɓôk ɓa ɓā bikè hīlɔ̄ bisū. ¹⁶Inyŭlē Ŋwɛt nyɛmɛ̀dɛ nyɛn à ganyɔ̀di ŋgìi, à sòhòk, njɔm u lêŋgà, kiŋ ŋ̀ànɛ aŋgɛl ì ǹnoggà, yàk nì sep Nyāmbɛɛ̀, ndi ɓàwɔga i Krǐstò ɓɔn ɓa gaɓǒk, ɓa tugē, ¹⁷ndi tɔ̀ lɛ ɓès ɓayomi, ɓa dì yìi, dì gayɔ̀ŋa yaga i kèdɛ ɔ̀nd lòŋ yada ni ɓɔ̄ ha bìtedèè i ɓɔ̀mà Ŋwɛt nyɔ̄ mbèbi. Halā nyēn dì gayèn lôŋ yada ni Ŋwɛt ŋgedà yɔ̀sonā. ᴾ ¹⁸Jɔn hògɓahaga nī ɓee ni ɓèe nì bìɓàŋga bini.

5

Yèna pèè i ɓèm màlòl ma Ŋwɛt

¹Ndi, à lôgtatà, i nsòmbla ɓe ki lē di tilā ī tɔ̀njlè ɓèè inyùu ŋgedà, tɔ̀ ŋgɛŋ. ²Inyŭlē ɓèèɓomɛ̀dɛ nì ńyī lɔŋgɛ lɔ̄ŋgɛ lē ŋgwà Ŋwɛt u galɔ̀ɔ kìkìi mùt wǐp à yèe à nlɔ̀ juù. ᵠ ³I ŋgedà ɓòt ɓa ŋkàl lɛ, Dì gwèe ǹsàŋ, wɔ̀ŋi u ta hā ɓee, ha nī nyɛn m̀ɓùma u ganyēk ɓɔ kìkìi ŋ̀kòògà u nnyēk mudàa jɛ̌m; ndi ɓa gapēy yaga ɓee. ⁴Ndi, à lôgtatà, nì tà ɓe i jǐbè lɛ ŋgwà Ŋwɛt u higɛ ɓee kìi mùt wǐp. ⁵Inyŭlē ɓèè ɓɔɓasonā nì yē ɓɔn ɓa mapubi, nì ɓɔn ɓa njámùha; dì tà ɓe ɓa juū, tɔ̀ ɓa jiibè. ⁶Jɔn dì ɓa ɓáŋ hīlɔ̄ kìkìi ɓāa ɓapɛ, ndi di yēn pèè, di amb kì nyùu. ⁷Inyŭlē ɓòt ɓa niŋī hīlɔ̄, ɓa niŋī ndīgi hīlɔ̄ juù. Ɓòt ɓa nhyōo kì, ɓa nhyōo ndigi juù. ⁸Ndi ɓěs, lakìi dì yē ɓa njámùha, wɛ̀ɛ di amb nyùu, di ɛŋgēp ɓèntol lɛ hemlɛ̀

---

*1Tès 4: 13 Ɓa ŋkɛ hīlɔ̄: halā à yē lɛ ɓa mmâl wɔ
ᴾ1Tès 47 1Kɔ̀r 15: 51-52

ᵠ1Tès 5: 2 Màt 24: 43; Luk 12: 39; 2Pet 3: 10

nì gwehâ, nì mbèlà lɛ ɓɔdŋɛm i tɔhî.
ʳ ⁹ Inyŭlē Nyambɛ à tee ɓē ɓes inyùu hìun, ndigi lē di koōs tōhi īnyùu Ŋwĕt wês Yesù Krǐstò, ¹⁰ nu à wel īnyùù yês, lɛ tɔ̀ dì yìi pèè, tɔ̀ dì yè yàà hilō, wèɛ dì nnìŋ ndigi lòŋ yada nì nyɛ. ¹¹ Jɔ ni jɔn hògɓahaga nī ɓee ni ɓèe, nì holôs kì ɓèè ni ɓèe, halā yāga kìkìi nì yèe nì mɓɔ̀ŋ.

Màɓehna ma nsōk, nì màyègà

¹² Ndi dì ntɔ̄ɔgɛ ɓee, à lôgtatà, lɛ ni yimbē ɓòt ɓa ntùmbɓa ni ǹsɔn i kède nàn, ɓa ɓā nteeba i ŋgìi nàn i tāt ɓèè i Ŋwĕt, ɓɔ ki ɓɔ̄n ɓa yè ɓa mɓēhɛ ɓee. ¹³ Nì tinâk kì ɓɔ lìpem i kède ŋgàndàk gweha īnyùu ǹsɔn wap. Yèna nì ǹsàŋ ɓèè ni ɓèe. ¹⁴ Ndi dì ntī ɓee màkend, à lôgtatà, lɛ nì ɓehgè ɓòt ɓa mpùŋgul ntoŋ, nì lèdhàk ɓa ɓā gweē bìhòya bi miŋɛm, nì holgà mìmɓɔmba, nì nihbègè ɓòt ɓɔɓasonā. ¹⁵ Nì yihgè lɔŋgɛ lē mùt nyɛkǐnyē à tìmbhɛ ɓáŋ mùt ɓeba inyùu ɓéba. Lìgɓana ndīgi ī ɓɔ̀ŋ lɔŋge nì lɔŋge ŋgèdà yɔ̀sonā, i kède nàn ɓèè ni ɓèe, halā kì nì ɓòt ɓɔɓasonā. ¹⁶ Kɔ̀na màsee ŋgèdà yɔ̀sonā. ¹⁷ Nì ŋwàs ɓáŋ i sɔ̄ɔhɛ̀. ¹⁸ Nì tinâk màyègà inyùu màm mɔmasonā, inyŭlē halā à yè sòmbòl Nyambɛ īnyùu nàn i Krǐstò Yesù. ¹⁹ Nì lem ɓáŋ Mbūu M̀pubi. ²⁰ Ni yàn ɓáŋ bìpodol bi ɓapodôl. ²¹ Wànga yāga maàm mɔmasonā, ndi ni tēŋɓe nì ma mā ye màlam. ²² Cèla hī ndoòŋ jàm ì yè ɓɛ. ²³ Ndi Nyambɛ nū ǹsàŋ nyɛmèdɛ a pubus ɓèè i nyà ì yoni, a teeda kì ɓèè ŋgîm, mbuu nì ǹem nì nyùu, iɓaɓe nsɔ̀hi wɔkǐwɔ̄, malòl ma Ŋwɛt wês Yesù Krǐstò. ²⁴ Nu à nsèbel ɓee à yè ɓon i yoni, à gaɓɔ̀ŋ ki hālà.

²⁵ À lôgtatà, sɔɔhana īnyùu yês. ²⁶ Yègnana lògtatā yɔ̄sonā nì màsɔhna màpubhaga. ²⁷ Mè ŋkùmul ɓee sɔ̀ŋ i jòy li Ŋwɛt lɛ kààt ìni i eŋa ī kède lògtatā yɔ̄sonā. ²⁸ Kàrîs ì Ŋwɛt wês Yesù Krǐstò i ɓa nì ɓèe.

ʳ 1Tès 5: 8 Èf 6: 13-17

2 Tèsàlonīkà

1

Màyègà

¹ Paul ɓɔnà Sìlvanò nì Tìmòteò, dì ntìlna ntoŋ ɓôt ɓa Tesàlonīkà ˢ u ū edi nì Nyambɛ Tàta wɛ̄s nì Ŋwèt lɛ Yesù Krǐstò. ² Kàrîs ì nlòl ni Nyāmbɛ Tàta nì Ŋwèt lɛ Yesù Krǐstò, i ɓa nì ɓèe, nì ǹsàŋ.

Mbàgi i ŋgèdà màlòl ma Ŋwet

³ À lôgtatà, dì ǹlama ti Nyambɛ màyègà ŋgèdà yɔ̀sonā inyùu nàn, inyŭlē halā à kòli, lakìi hēmlè nân i nloōha hɔl, nì lakìi gwēha nì ŋgwēhna ɓee ni ɓèe i mɓòl yaga ŋēm u hikìi mùt i kèdē nàn. ⁴ Jɔn yàk ɓès ɓɔmèdɛ dì ńyādɓɛnɛ inyùu nàn i kèdē mìntoŋ mi Nyambê inyùu hōnɓà nì hemlè nân, kìkìi nì mɓān ŋem i kèdē ndèèŋgà nàn yɔ̀sonā nì njiihà yɔ̀sô. ⁵ Ŋgɔ màm mana ma ye ndīgi yìmbne inyùu mbàgi ì tee sēp Nyāmbɛ à gapēmhɛnɛ ɓee kìkìi ɓòt ɓa kolì jòp i ànɛ̀ yee; inyùù yeē nyɛn yàk ɓèe nì nsōnol njɔnɔk. ⁶ Inyŭlē i ye tɔ̄y jaàm li tee sēp ni Nyāmbɛ lē a tììmbhɛ ɓā ɓā ntī ɓee njiihà njiihà; ⁷ nì lɛ ɓèè ɓa nì ŋkòs njiihà, ni kós nɔ̀y lòŋ yada ni ɓɛ̌s, i ŋgèdà Ŋwèt lɛ Yesù à gasɔ̀ɔ̀la, à lòlàk i ŋgìì lòŋnì aŋgèl i lipemba jee, ⁸ i kèdē lìndòmbò li hyee. à gakōp mapùnà i ŋgìì ɓòt ɓa ńyī ɓe Nyambɛ̀ɛ, yàk nì ɓa ɓā ntɔ̄p ɓe nogol Ŋwîn Ǹlam u Yesù Krǐstò. ⁹ Bɔn ɓa gatēhɛ kuū lɛ m̀ɓùma ɓɔgā inyùu mbāgla ɓa gaɓāgla ni mbɔ̌m Ŋwět, ¹⁰ nì lìpem li ŋgûy yèe ŋgèdà à ma māl lɔ ī kùhùl lìpem i kèdē ɓàpubhaga ɓee, nì i ŋgèdà ɓàhemlè ɓɔɓasonā ɓa gaègɛp inyùù yeē yɔ̀kɛl, inyŭlē mbògi yɛ́s i kèdē nàn ì bihēmlànà. ¹¹ Jɔ ni jɔn dì nsɔ̄ɔhɛnɛ ki īnyùu nàn ŋgèdà yɔ̀sonā, lɛ Nyambɛ wɛ̄s a aŋ ɓèè lɛ nì kòli nì ǹsèblà wee, a yonos kì, nì lìpemba, ŋgŏŋ yɔ̀sonā i kèdē bìlɔŋgɛ bī maàm, nì ǹsɔn hemlè wɔnsonā, ¹² lɛ ndi jòy li Ŋwɛt wɛ̄s Yesù li kōs lìpem i kèdē nàn, yàk ɓèè kî i kèdē yeē, kǐŋgèdà kàrîs Nyambɛ wɛ̄s, nì ì Ŋwèt lɛ Yesù Krǐstò.

2

Ǹyànmben

¹ Ndi, à lôgtatà, dì nsɔ̄ɔhɛ ɓee inyùu màlòl ma Ŋwɛt wɛ̄s Yesù Krǐstò nì inyùu kɔ̀dɓà dì gakɔ̀dɓa i nyēnī, ᵗ lɛ màhɔŋɔ̂l manân ma hɔ̄ɔ ɓaāŋ pìŋglà, tɔ̀ jàm li sōha ɓaāŋ ɓèè miŋɛm, tɔ̀ i ɓā yàa inyùu mbūu, ² tɔ̀ inyùu ɓàŋga, tɔ̀ inyùu kààt ɓa kalàk lɛ ì nlòl i ɓɛ́hnī, wɛ̌ŋgɔ̀ŋlɛ ŋgwà Ŋwɛt u mɓaambɛ̀. Mùt à lòk ɓaŋ ɓèè njɛ́l yɔ̀kǐyɔ̀. ³ Inyŭlē ŋgwà u ū ta ɓē lɛ u ɓaambɛ̀, hàndugi lɛ lɛhɛl Nyāmbɛ ǹ̀ɛm i ɓók lɔ̀ɔ, yàk ǹ̀yànmben à sɔ̀là, halā à yè lɛ mǎn yìmîl, ⁴ nu à ŋkɔ̀lɓa hi wadā nu à nsèbla lɛ Nyambɛ̂, tɔ̀ yɔ̌m ɓòt ɓa mɓēgeès, ᵘ à hùmblàk kì nyùu lɛ a kahāp ī ŋgìì yāp, kàyɛlɛ à ńyis nyɛmɛ̀dɛ i kèdē tēmpèl Nyambɛ̂, ndi

---

ˢ**2 Tès 1: 1** MB 17: 1
ᵗ**2Tès 2: 1** 1Tès 4: 15-17
ᵘ**2Tès 2: 3** Dàn 11: 36; Èz 28: 2

à mɓàmbap i ēba nyēmɛ̀dɛ lɛ à yɛ Nyambê. ⁵Ɓàa nì mɓìgda ha ɓe lɛ, mɛ̀ ɓe kâl yaga ɓee màm mana i ŋgèdà mɛ̀ ɓeè mɛ̀ ŋgi yínɛ nyɔɔ ɓěnī? ⁶Ndi hanânɔ nì ńyī ki i ŋkēŋ lɛ a sɔ̄ɔla ndīgiì, ŋgèdà yèe ì m̀ma kɔ̄là. ⁷Inyŭlē jìmb li liyànmben li mmâl ɓodōl nsɔn wee, ndik lē nu à ŋkēŋ hanaànɔ à gakēŋ lɛtèɛ̀ à heāna muù. ⁸Ha nī nyɛn ǹyànmben à gasɔ̀ɔla, nu Ŋwɛ̀t lɛ Yesù à gaòbos ni ǹhebek nyɔ wēe, a nyugūt kì nyɛ i tīhiìl à gatīhil malòl mee. ⁹Ŋgɔ ǹyànmben nu màlòl mee ma ye kíŋgèdà ŋgùy Saatàn à ŋēbaà, nì lìpemba jɔlisɔnā, nì bìyìmbnɛ, nì màm ma helha ma bitɛmbɛɛ, ¹⁰yàk nì màlòga mā ŋgitēlɛèbsep mɔmasɔnā i kèdɛ ɓā ɓā nnīmiìl, lakìì ɓa bilēɛge ɓe gweha ī maliga lɛ ndi ɓa tɔhlana. ¹¹Inyŭhālā nyēn Nyambɛ à omlɛ ɓɔ̄ màhɔŋɔ̀l ma ńyùmus ɓɔ lɛ ma yɔŋā ɓɔ̄ ndi ɓa hemlɛ bītēmbɛɛ biì, ¹²lɛ ndi a pemhɛnɛ ɓɔ̄ɓasɔnā mbàgi inyùu hēmlɛ̀ ɓa bihēmlɛ ɓe maliga, ndi ŋgìtelêbsep yɔ̌n ì lemlàk ndigi ɓɔ̄.

Mìntɛbêk inyùu tɔ̄hiì

¹³Ndi, à lôgtatà Ŋwɛ̀t à ŋgwès, ɓěs dì ǹlama ti Nyambɛ màyègà ŋgèdà yɔ̀sɔnā inyùu nàn, inyŭlē Nyambɛ à tɛp ɓèe ìlɔ̄ yaga biɓèe inyùu tɔ̄hiì, lɛ Mbuu a tee ɓèe ɓàpubhaga, ndi ni hemlɛ màliga. ¹⁴Inyùu màm mana nyɛn à bisèblɛnɛ ɓee lòŋnì Ŋwìn wes Ǹlam, lɛ ni kōs ŋgàbà i kèdɛ lìpem li Ŋwɛt wěs Yesù Krǐstô. ¹⁵Jɔ ni jɔn, à lôgtatà, sìŋɓana yāga siìŋsìŋ, ni adɓɛ kì mu māēba ɓa binīiga ɓee, tɔ̄ i ɓa yàà ni ɓàŋga, tɔ̄ nì kààt yěs. ¹⁶Ndi Ŋwɛ̀t wěs Yesù Krǐstô nyɛmɛ̀dɛ, nì Nyambɛ Tàta wěs, nu à gwes ɓěs, à ti ki ɓès hôgɓɛ̀ i mmàl ɓee, nì lɔŋge ɓɔ̄dŋɛm inyùu kàrîs yèe, ¹⁷a hógɓaha mìŋɛm minân nì lèdès kì ɓèè i kèdɛ hī lɔŋgɛ ñsɔn nì hi ɓaŋgā lām.

3

Sɔɔhana īnyùù yěs

¹À lôgtatà, mɛ̀ nsōk kaāl lɛ, sɔɔhana īnyùù yěs lɛ ndi ɓàŋga i Ŋwɛt i hɔɔ kɛ̀ bisū i koōs kì lìpem kìkìi nyɔɔ ī ɓěnī; ²nì lɛ, di pɛy ī mɔ̀ɔ ma ɓôt ɓàɓɛ nì ɓa njoo; inyŭlē hà ɓɔɓasɔnā ɓe ɓɔn ɓa gweē hēmlɛ̀. ³Ndi Ŋwɛ̌t à yè ɓonyoni, nu à galèdes ɓee, nì tat kì ɓèe inyùu mùt m̀ɓɛ. ⁴Ndi dì gwēe mbìdè inyùu nàn i Ŋwɛt lɛ, nì mɓɔ̀ŋ mâm mɔmasɔnā dì mɓēhɛ ɓee, nì lɛ nì gaɓɔ̀ŋ ki mɔ̄. ⁵Ŋwɛ̀t a ega mìŋɛm minân i kèdɛ gwēha Nyāmbɛɛ̀, nì i hōnɓà ɓɛm Krǐstò.

Hi mût à ǹlama gwěl nsɔn

⁶Dì mɓēhɛ ɓee, à lôgtatà, i jòy li Ŋwɛt lɛ Yesù Krǐstô, lɛ ni kɛhba hī mantàta nū à nhyūmul manjèl ma mpùŋgu, à tɔp ɓe hyom kíŋgèdà màeba nì bikòs ni ɓěs. ⁷Inyŭlē ɓèèɓɔmɛ̀dɛ nì ńyī kìkìi nì ǹlama kona ɓes, inyŭlē dì ɓe hyumûl ɓe manjèl ma mpùŋgu i kèdɛ nàn. ⁸Dì ɓe jɛ ɓē ki tɔ̄ kɔ̀ga i mût yàŋgà, ndi dì ɓe gwêl ǹsɔn juū nì bìnjămùha nì ndùmbɓà, yàk nì yɔga yɔ̄sɔnā, lɛ dì tiga lɛ dì ɓēga tɔ wàda nàn mbègèɛ̀. ⁹Ndi halā à ɓeè ɓe wěŋgɔŋlɛ dì gwēe ɓē kundè, ndi ndigi lē di tee ɓès ɓɔmɛ̀dɛ kìkìi ndèmbèl i kèdɛ nàn lɛ ndi ni kona ɓes. ¹⁰Inyŭlē i ŋgèdà dì ɓeè nyɔɔ ɓěnī, di ɓe ɓehe ɓèe jàm lini lɛ, iɓālē mùt à ntɔp ɓe gweēl nsɔn, wèɛ tɔ̄ jɛ à jɛ ɓâŋ. ¹¹Ŋgɔ dì nnɔ̄k lɛ ɓòt ɓàhɔgi ɓa nhyūmul manjèl ma mpùŋgu i kèdɛ nàn, ɓa

gwɛ́l ɓe nsɔn wɔkǐwō, ndi ɓa nsāgɓɛ sagɓɛ yaga la nì maŋan mâm. ¹² Bɔn dì mɓēhɛɛ̀ nì sɔɔhè i Ŋwèt lɛ Yesù Krǐstò lɛ ɓa yēn ŋwɛɛ̀, ɓa gwɛlɛ̀k ǹsɔn, ndi ɓa jêk ìyap ìyap kɔgā. ¹³ Ndi ɓèe, à lôgtatà, nì waa ɓáŋ i ɓɔ̀ŋ lɔŋgê. ¹⁴ Ndi iɓālē mùt à ntɔ̄p ɓe nogol ɓaŋgā yes munu kààt ìni, yìmbnana nyē, lɛ nì mèyna ɓáŋ nì nyɛ, ndi a kɔ́s yāga wɔnyuu ¹⁵ Ndi tɔ̀ la yàa, nì aŋ ɓáŋ nyē kìkìi mùt nì ŋɔ̀ɔ̀, ndi ɓehnana yàà nyɛ kìkìi măntàtâ.

Bìsày

¹⁶ Ŋwèt nu ǹsàŋ nyɛmèdɛ a tinak ɓèè nsàŋ ŋgèdà yɔ̀sonā manjèl mɔmasonā. Ŋwèt a ɓa nì ɓèè ɓɔɓasonā. ¹⁷ Màyègà ma wɔɔ wêm mana, mè Paul, sanɛ yɛ̄m ini i kède hī kaàt; màtìlà mêm mana. ¹⁸ Kàrîs ì Ŋwèt wês Yesù Krǐstò i ɓa nì ɓèè ɓɔɓasonā.

1 Tìmòteò

1

Màyègà

¹ Mè Paul, ŋoma nū Yēsù Krǐstò kǐŋgèdà lìteâk li Nyambɛ Ǹtɔhɔ́l wês, nì Ŋwèt lɛ Yesù Krǐstò, nu à yè ɓɔdŋem yes, ² mè ntìlna Timòteò, ᵛ tìtìs yèm màn inyùu hēmlɛ̀. Kàrîs ì nlòl ni Nyāmbɛ Tàta wês nì Krǐstò Yesù Ŋwèt wês i ɓa nì wè, nì kɔ̀nàŋgɔɔ nì ǹsàŋ.

Màeba ìkɔ̀lɓà màeba ma bitɛmbɛɛ

³ Kìkìi mè bisɔɔhɛ we ī ŋgèdà mè ɓe kîl i Màkèdonìà, yɛ̀n Éfēsò, lɛ u soŋā ɓòt ɓàhɔgi lɛ ɓa nīiga ɓáŋ nyà maeba ìpɛ, ⁴ tɔ̀ adɓɛ̀ nì mìŋaŋ mi bitɛmbɛɛ, nì mìntàndaa mi miŋaŋ mi ŋkàdɓa mahàà, ŋwɔn mi ntòdol mambàdgà ma pênà, ìlɔ̀ɔ̀ kìkìi mi ye lē mi niiga ŋgôbà Nyambɛ ì ì yè i kède hēmlɛ̀. ⁵ Ndi lìsuk li maɓehna li ye gwēha ī nlòl ŋēm u mpōp, nì lɔŋgɛ kīŋŋēm, nì hemlɛ i gweē ɓē bihèŋɓà. ⁶ Munu màm mana nyɛn ɓòt ɓàhɔgi ɓa mǎl yòm, ɓa ɓahal njɛ́l ìpɛ ì nnɔ̀ŋ bìyoglo bi biɓàŋga, ⁷ lakìi ɓa nsòmbol ɓa ɓaniigà mben, ndi ɓa nlà ɓe nɔk màm ɓa mpōt, tɔ̀ ma yāga ɓa ńyìgyɛ. ⁸ Ŋgɔ dì ńyī lɛ mben ì yè lɔŋgê, iɓālē mùt à ntɔ̀ŋol yɔ kǐŋgèdà màeba mee, ⁹ lakìi à nnēk ɓe jàm lini lɛ mben ì tànɛ̀ ɓe inyùu mùt à tee sēp, ndik ìnyùu ɓàyànmben yàk nì ɓòt ɓa ndɔk,

---

ᵛ 1 Tìm 1: 2 MB 16: 1

inyùu ɓàyàn Nyambê yàk nì ɓáɓɔ̀ŋɓeba, inyùu ɓɔ̀t ɓa mpùŋgul mâm ma Nyambê yàk nì ɓɔ̀t ɓa mɓīda ɓe ni nyɛ̄, inyùu ɓànɔl ɓàsaŋ nì ɓànyàŋ, ¹⁰ nì ɓànɔl ɓòt, nì inyùu ɓòt ɓa ndêŋ, nì ɓàlalnà ɓàsɔ ɓôlom, nì ɓànip ɓòt, nì ɓàpɔt bìtɛmbɛɛ, yàk nì ɓa ɓā ŋkùm sôŋ bìtɛmbɛɛ, tɔ̀ iɓālē jàm lìpe jɔkǐjɔ̄ li ŋkɔ̀lɓa maeba ma maliga, ¹¹ kǐŋgèdà Ŋwìn Ǹlam u lipem li Nyambɛ nū màsɔda, u ū ntina mɛɛ̀.

Paul à ntī mayègà inyùu kɔ̀nàŋgɔɔ

¹² Mɛ̀ ntī Kriīstò Yesù Ŋwèt wés màyègà, nu à nlèdes mɛ nì lìpemba, lakìi à biāŋ mɛ kìkìi mùt à kòli ɓōdol ŋɛm, ndi à tee mɛ ī kède ǹsɔn wee, ¹³ tɔ̀ lakìi mɛ̀ ɓa ŋ̀òbòs jòy i ŋgèdà bìsu, mɛ̀ tèɛŋgàgà ǹtoŋ, mɛ̀ ɓòmlàk kì wɔ. Ndi tɔ̀ lâ, mɛ̀ kǒs kɔ̀nàŋgɔɔ inyǔlē mɛ̀ ɓa ɓɔ̀ŋ halà nì ŋgìyi, inyùu ŋgìtɔbhemlɛ. ¹⁴ Ndi kàrîs Ŋwèt wés ì yămb nì hemlɛ nì gweha ī ī ye ī Krǐstò Yesù. ¹⁵ Bàŋga ini i ye màliga, i kolī kì lɛɛgana manjèl mɔmasonā, lɛ Krǐstò Yesù à lɔ̀ɔ mūnu ŋkɔ̀ŋ hisi i tɔ̀hɔɔl ɓàɓɔ̀ŋɓeba, mu ī kède yáp mɛ̌n mɛ̀ ye nu bìsu. ¹⁶ Ŋgɔ mɛ̀ kǒs kɔ̀nàŋgɔɔ inyùu jàm lini, lɛ Yesù Krǐstò à ɓǒk ēba ndugi wɔŋgut yee yɔsonā i kède yêm, ndi halà a ɓa ndembèl inyùu ɓāpɛ ɓɔ̄ɓasonā ɓa gahēmlɛ nyɛ inyùu nìŋ ɓɔgā. ¹⁷ Ndi inyùu Kǐŋɛ nū à ŋ̀anɛ cây nì cày di ɓɔgā, nu à ŋ̀òbì ɓee, nì nu à ma nēnɛ ɓēe, m̀pɔ̀m Nyambɛ wāda ni hìnɔ̀ɔ u yoni nì pèk, lìpem li ɓa nì nyɛ nì bìɓegês i ɓɔ̀ga ni ɓɔ̀ga! Ààmèn.

¹⁸ Màɓehna mana mɔn mɛ̀ ntī wɛ lɛ u teeda, à man wèm Tìmòteò, kǐŋgèdà bìpodol bi ɓapodôl bi ɓǒk ēba inyùu yɔ̂ŋ, lɛ biledēs wè i jɔ̀ gwèt lɔŋgê, ¹⁹ ndi u têŋɓe nì hemlɛ nì lɔŋge kǐŋŋ̀ɛm, ì ì yè lɛ ɓɔ̀t ɓàhɔgi ɓa mmāl coô, ɓa obōs hemlɛ; kìkìi ɓɔ̀ Hìmènɛò ɓɔnà Alègsândrè, ²⁰ ɓɔ yaga ɓɔn mɛ̀ bisèm i mɔ̀ɔ ma Saatàn, lɛ ɓa nigil lē ɓa òbos ha ɓáŋ jŏy.

2

Bìniigana inyùu màsɔɔhɛ̀

¹ Jɔn mɛ̀ mɓēhɛ kìi jàm li bisu lɛ mìŋyɛmhɛ̀ mi ɓoŋā īnyùu ɓòt ɓɔ̄ɓasonā, nì màsɔɔhɛ̀, nì màsɔɔhɛ̀ inyùu ɓòt ɓàpɛ, nì ti màyègà, inyùu bìkiŋê, ² yàk nì inyùu ɓɔ̄ɓasonā ɓa nyogi bìyèènɛ bi anɛ̀, lɛ ndi nɔ̀m yes i tagɓègɛ ŋwèɛ nì ǹsàŋ, dì sìŋgè Nyambɛ mīŋēm, dì èdèk kì ɓòt i mbɔ̀m. ³ Halā à yè lɔŋgɛ ī mìs ma Nyambɛ Ǹtɔhɔ̂l wés, à nlēmel ki nyɛ̄, ⁴ nu à nsòmbol lɛ ɓòt ɓɔ̄ɓasonā ɓa tɔhlana, ɓa pam kì hɔma ɓa ye lē ɓa yi maliga. ⁵ Ŋgɔ Nyambɛ à yè ndigi wàda, yàk ŋ̀àt kì wàda i pōla Nyāmbɛ nì ɓòt, nyɛmèdɛ à yè mùt, lɛ Krǐstò Yesù, ⁶ nu à ti nyēmèdɛ binɔ̀ŋ inyùu ɓòt ɓɔ̄ɓasonā; halā à yè mbōgi ī yik ɓogà ŋgèdà yèɛ ì ma kōlà. ⁷ Mu nyēn mɛ̀ teeba kìkìi ŋ̀aŋâl nì ŋ̀omâ [mɛ̀ mpɔ̄t maliga i Krǐstò, mɛ̀ ntēmbɛɛ ɓe mê], nì màlêt bìlɔ̀ŋ bìpɛ i kède hēmlɛ nì màliga. ⁸ Jɔn mɛ̀ ŋgwēs ni lɛ hi hɔma ɓòòlom ɓa sɔɔhɛ̀gɛ, ɓa pâk mɔ̀ɔ màpubhaga i ŋgìi i ɓa ɓe hiun tɔ̀ lìnyàndi. ⁹ Halā kì nyɛn inyùu ɓòdàa, ɓa ɛŋgɛ́p mbɔ̄t nyà ì kòli, ɓa ɓa màmɔma, ɓa hodôk kì mànyùu, hà i ɓāk cɔ̀ŋ ɓee, tɔ̀ kèɛp gwɔm bi gôl, tɔ̀ mìnsaŋ mi pêrl, tɔ̀ haba mbɔ̄t i nhēɛ ŋgandàk ndàmbà, ndi ɓa ɛŋgɛ́p ndígi mìnsɔn mìnlam, ¹⁰ inyǔlē halà à kòli nì ɓòdàa ɓa nsìŋge Nyambɛ mīŋēm. ¹¹ Mùdàà a

yēn ŋwɛ̀ɛ, à niglàk nì sùhùs-nyuu yɔsonā. ¹² Ndi mè ntī ɓe mɛ kùndɛ̀ lɛ mùdàà a niiga, tɔ̀lɛ a anē mùùnlom, ndik lē a mɔm ŋwɛ̀ɛ. ¹³ Inyŭlē Adàm nyɛn à ɓôk ùŋghànà, ndi tɔ̀lɛ Evà; ʷ ¹⁴ ndi hà Adàm ɓe nyɛn a lùga, ndik mùdàà nyɛn à lùga, à yilā nlɛlmbēn. ˣ ¹⁵ Ndi à gatɔ̄hlana inyùu gwâl à ŋgwâl ɓɔn, iɓālē à ǹtēŋɓe ni hēmlè, nì gwehâ, nì pubhà, lòŋnì hodnyuu.

3

Bìlɛm bi nteedà ǹtoŋ

¹ Bàŋga ini i ye màliga lɛ, iɓālē mùt à nsòmbol yēnɛ nteedà ǹtoŋ, wɛ̀ɛ ǹsɔn ǹlam wɔn u ŋkɔ̀n nyɛ ŋgòŋ. ² Jɔn ǹteedà à ǹlama ndik ɓā muùt ŋgìcega nsɔ̀hi, nì ǹlom nu ŋwàà wadā, à ambâk nyùu, à hodôk kì nyùu, à ɓâk mùt ŋgòhlɛ̀, ǹyìs ɓàkèn, à ɓangà pèk i nîigà; ³ à ɓa ɓâŋ mùt nyoba, tɔ̀ mùt bìsàŋ, tɔ̀ ǹhep nì ɓeba ŋkùs; a ɓana ndīgi wɔ̄ŋgut, ndi hà lìnyàndi ɓee, à ɓa ɓâŋ ŋgwês mòni. ⁴ À ǹlama yi teeda ndap yeē nyɛmèdɛ lɔŋgɛɛ̀, kàyèlɛ ɓɔn ɓee ɓa ɓa mànoglà inyùu èt à ŋèt ɓɔ mbɔ̀m. ⁵ [Ndi iɓālē mùt à ńyī ɓe teeda ndap yeē nyɛmèdɛ, lɛlaa à gayī koōhlɛ ntoŋ Nyambɛɛ̀?] ⁶ À ɓa ɓâŋ mùt à nfìp joōp ntôŋ, i tiga lɛ ŋgok u kwês nyɛ ndīm, ndi à kôs mbagī nōgoòs kìkìi ǹsɔ̀hɔ̀p. ⁷ Ndi ìlɔ̀ɔ̀ kì halā à ǹlama ɓana mbogī lām nì gwàŋgà bi ɓôt, i tiga lē ǹsɔ̀hɔ̀p à yahāl nyɛ, nì gwèl kì nyɛ mu kèdi yee. ʸ

Bìlɛm bi bidìakòn

⁸ Halā kì nyɛn yàk bidìakòn bi nlama ɓa ɓôt ɓa ŋèt i mbɔ̀m, ndi hà ɓàpɔt mànyɔ̀ imaà ɓee, tɔ̀ ɓa ɓā mɓèna wây, tɔ̀ ɓa kì ɓa njē ɓoòt ǹsɛŋ; ⁹ ndi ɓa ɓa ɓôt ɓa ntēeda jiīmb li hemlè nì kiŋŋēm ì mpōp. ¹⁰ Ba nlama ndugi ɓôk wenà, iɓālē ɓa gweē ɓē nsɔ̀hi, wɛ̀ɛ ɓa gwelēk ǹsɔn diàkòn. ¹¹ Halā kì nyɛn yàk ɓàà ɓap, ɓa ɓa ndīgi ɓòdàà ɓa ŋèt i mbɔ̀m, ndi hà ɓa minsɔ̀hi ɓee, ɓa ambâk mànyùu, ɓa ɓâk kì màliga manjèl mɔmasonā. ¹² Bìdìakòn bi nlama ɓiî, hi mût ndik ŋwàà wadā, ɓa teedàgà kì ɓɔn ɓap nì màndap map ɓɔmèdɛ lɔŋgē. ¹³ Inyŭlē ɓa ɓā mmaāl gweēl nsɔn lɔŋgɛɛ̀, ɓɔmèdɛ ɓa mpām joy, ɓa mɓāna ki màkend ŋgandàk i kède hēmlè i ī ye ī Krìstò Yesù.

Jìmb li nsìŋge Nyambɛ ŋēm

¹⁴ Mè ntīlna wɛ màm mana lakìi mè gwee ɓɔ̄dŋem lɛ mè gatēk ɓe lɔ ī wěnī; ¹⁵ ndi iɓālē mè ǹfìŋha lɔɔ̀, wɛ̀ɛ ù gayī kìkìi mùt à ǹlama teeda nyɛmèdɛ i kède ndāp Nyāmbɛɛ̀, ì ì yè ǹtoŋ Nyambɛ nū nìŋ, jèl li maliga nì hìkùù hi maliga. ¹⁶ Ndi pèndà ì tà ɓe lɛ jìmb li nsìŋge Nyambɛ ŋēm li ye lìkeŋi. Nyambɛ à nɛnɛ ī kède mìnsòn, à kelā lɛ à tee sēp i Mbūu, à tea ni āŋgèl, à aŋlana i kède bìlɔŋ bìpɛ, à hemlana ŋkɔ̀ŋ hisi, à yoŋā i kède lìpem i ŋgì.

4

Bìnděē inyùu lēheèl Nyambɛ ŋem

¹ Ndi Mbuu à mpɔ̄t mpaha lɛ, ŋgèdà ì galɔɔ ɓôt ɓàhɔgi ɓa galēhɛl hemlɛ ŋ̀em, ɓa adɓègɛ nì mìmbuu

---

ʷ **1 Tìm 2: 13** Bìɓ 2: 7, 21-22
ˣ **1 Tìm 2: 14** Bìɓ 3: 1-6

ʸ **1 Tìm 3: 7** Tìtò 1: 6-9

mi ńyùmhànà, yàk nì màeba ma mimbuu mìmɓɛ, ² inyùu bìhèŋɓà bi ɓapɔt bìtɛmbɛɛ, lakìi kīŋŋēm yaāp ì m̀māl kedlànà wěŋgɔ̀ŋlɛ nì kɛ̀y i nlēk. ³ 'Ba ncìlis ɓôt màɓiî, yàk nì bìjɛk Nyāmbɛ à hěk lɛ ɓôt ɓa hɛmlɛ, ɓa yîk kì màliga, ɓa kohòk gwɔ, ɓa tinâk màyègà. ⁴ Ŋgɔ hikìi yɔ̃m Nyāmbɛ à hěk i yɛ ndīgi lɔ̄ŋgɛɛ̀, yɔ̀m i ta ɓē mu mbàk, iɓālē mùt à nlēɛgɛ yɔ, ndi à tinâk màyègà; ⁵ inyŭlē i nteeba pubhaga ni ɓàŋga i Nyambɛ nì màsɔɔhɛ̀.

Lɔŋgɛ nlìmil u Yesù Krǐstò

⁶ Iɓālē ù ńyìgyɛ lôgtatà màm mana, ki ù gaɓā lɔŋgɛ nlìmil u Krǐstò Yesù, ù jehâk wɛ̀mɛ̀dɛ ni bìɓàŋga bi hɛmlɛ̀, yàk nì bi maeba màlam, kìkìi ù m̀māl adɓɛ mû. ⁷ Ndi cěl bìyoglo bi miŋaŋ mi bitɛmbɛɛ, nì mi mimaŋ mi ɓodàa. Ndi wɛ̀mɛ̀dɛ, hyanda lɛtɛ̀ɛ̀ ù yi siŋgē Nyambɛ ŋēm. ⁸ Inyŭlē hyanda mīnsòn i mɓāhal ndeèk, ndi sìŋgè Nyambɛ ŋēm i mɓāhal manjèl mɔmasonā, lakìi i gweē lìkàk li nìŋ ini hanânɔ, yàk nì i ī nsòmbol lɔ̂. ⁹ 'Bàŋga ini i yɛ màliga, i kolì lēɛgana manjèl mɔmasonā. ¹⁰ Jɔn dì ntùmbɓànà, ndi dì nihbègɛ kì bìsɔ̀l, inyŭlē dì ntèŋ miŋɛm nì Nyambɛ nū nìŋ, nu à yɛ Ǹtɔhɔ̂l ɓôt ɓɔɓasonā, ndi tɛntɛn nu ɓahɛmlɛ̀. ¹¹ Ù ɓɛhgɛ màm mana, ù niigàgà kì mɔ. ¹² Tɔ̀ lakìi ù yɛ màànge wānda, mùt à yàn ɓãŋ wɛ̀, ndi ù ɓâk ndigi ndèmbɛl inyùu ɓahɛmlɛ̀ i kède bìpodol, nì i kède bìhyumul, yàk nì i kède gwēhaà, nì i mbūu, nì i hēmlɛ̀, nì i hōdnyuu. ¹³ Lìgip yāga i āŋ Màtìlà, nì ɓehê, nì niigà, lɛtɛ̀ɛ̀ mè lɔ̂. ¹⁴ Ù ǹdɛ̀bɛ ɓãŋ lìkèblà li karîs li yɛ ī kède yɔ̃ŋ, li lī ntina wɛ nì bìpodol bi ɓapodôl lòŋnì lìkèhàk li mɔɔ li mimaŋ mi ntoŋ i ŋgǐi yɔ̃ŋ. ¹⁵ Ndùŋa yɔ̃ŋ yɔ̀sonā i ɓa yāga munu màm mana, u pagāp kì mu ī kède lɛ ndi màhɔ̂l mɔŋ ma nɛnɛ bīsū bi ɓoɓt ɓɔɓasonā. ¹⁶ Yihɛ yāga inyùu yɔ̃ŋ wɛmɛ̀dɛ nì inyùu màm ù nnīigà; tèŋɓɛ nì mɔ, inyŭlē ɓɔ̀ŋ ù mɓɔ̀ŋ halà ù gatɔ̄hɔl wɛmɛ̀dɛ, nì ɓa ɓā ŋēmblɛ wɛɛ̀.

5

Màeba inyùu ɓôt ɓàpɛ

¹ Ù kondok ɓãŋ m̀maŋ mût, ndi ɓehɛ ndīgi wɔ̄ kìkìi ìsɔŋ; yàk ɓɔ̀ɔ̀ŋgɛ ɓa wanda wěŋgɔ̀ŋlɛ lògnyûŋ, ² mìmaŋ mi ɓodàà kìkìi ɓànyûŋ, ŋgɔ̀nd ɓodàà kî nì hodnyuu yɔsonā wěŋgɔ̀ŋlɛ lògnyûŋ. ³ Ti bìyik bi ɓodàà bi bī ye mìntìîk mi biyik lìpɛm. ⁴ Ndi iɓālē yik i gweē ɓɔ̀n, tɔ̀ ɓàlàl, wɛɛ̀ ɓa ɓôk ndūgi nigil i sìŋgɛ ɓôt ɓap ɓa ndap ɓɔmɛ̀dɛ nì i tìmbhɛ lɔŋgɛ ī ɓagwaàl ɓap, inyŭlē halà à yɛ lɔŋgê à nlēɛgana ki ī mbɔ̃m Nyāmbɛɛ̀. ⁵ Ndi nu à yɛ ǹtìîk yik, à gwēē hā ɓɛ muùt nyɛkǐnyē, nyɛn à m̀māl teēŋ ŋɛm ni Nyāmbɛɛ̀, à tèŋɓègɛ ndigi ī yɛ̀mhɛ nyɛ nì màsɔɔhɛ̀ jùu nì bìnjàmùha. ⁶ Ndi nu à nnɔ̀ŋ ndigi màndìbà, à yɛ ŋwɔga, tɔ̀ lakìi à yɛ i nɔ̀m. ⁷ Ù ɓɛhgɛ kì inyùu màm mana, lɛ ndi ɓa cēga ɓaāŋ ǹsɔ̀hi. ⁸ Ndi iɓālē mùt à ntòŋgol ɓɛ ɓôt ɓa lìhàà jee, ndi lɔŋgɛ lɔ̄ŋgɛɛ̀ ɓôt ɓee ɓa ndap, wɛɛ̀ à m̀māl taŋɓa hɛmlɛ̀, à yɛ ɓeba ìlɔ̀ɔ̀ mùt à ntɔ̂p ɓe hɛmlɛ̀. ⁹ Mùdàa à tìlɓa ɓãŋ kìkìi yīk, nyɛ ŋgì pam mom masamàl ma ŋwii, nu à ɓeē ndigi ŋwàà nu ǹlom wadā. ¹⁰ À ǹlama ki ɓāna lɔŋgɛ mbɔ̄gī inyùu mìnsɔn mìnlam, lɛ à binēŋɛs ɓɔn, à gwehâk kì yìs ɓakèn, à sɔ̀k màkòò ma

ɓapūbhaga, à holgà ɓòt ɓa ŋkòs njiihà, à ɓɔ̀ŋɔ̀k hi nsɔn ñlam. ¹¹ Ndi ù tɔp ɓáŋ yɔ̀ŋ ŋgɔŋgɔ̀nd biyik, inyŭlē i ŋgèdà ɓa mmāl yɔ̄ōgɓenɛ mpùŋgu i kɔ̀lɓà Krĭstò, wɛɛ jàm ɓa nsòmbòl li ye ndīgi màɓiî. ¹² Ndi ɓa gweē mbàgi nōgoòs, inyŭlē ɓa mmāl sagāl malombla ma bisū. ¹³ Ndi ìlɔ̀ɔ̀ kì halà, ɓa nnīgil ki ī ɓā yèŋgɛ, ɓa mêygà ndigi ī hyōm hī ndap nì ndap, ndi hà yèŋgɛ yɔtāma ɓee. Ŋgɔ yàk hɔp ɓa mpŏɛ mpŏgɛ̀, ɓa nsāgɓɛ yaga ni māŋan mahɔp, ɓa pɔdɔ̂k kì màm ɓa kolī ɓē tɔ ī sīmaà. ¹⁴ Mɛ̀ ŋgwēs ni lɛ ŋgɔ̀ŋgɔnd biyik i ɓiibaga, ɓa gwalak ɓɔ̌n, ɓa-ánɛ kì ɓòt ɓap ɓa ndap, kàyèlɛ ɓa ēba ɓaāŋ ŋ̀kèdɓà lìkehnɛ jɔkĭjɔ̄ i yàhàl ǹtoŋ; ¹⁵ inyŭlē ɓàhɔgi ɓa mmāl ɓahal njɛɛ̄l ìpɛ i nɔ̀ŋ Saatàn i mɓūs. ¹⁶ Iɓālē mùdàà nu à nhēmlɛ̀ à gweē bìyik, nyɛmèdɛ a holga gwɔ̄, bi ɓā ɓaāŋ mbègɛɛ̀ ǹtoŋ, lɛ ndi ǹtoŋ u laā hōla biyik bi ye mìntìîk mi biyik. ¹⁷ Mìmaŋ mi ntoŋ mi mī ntēeda ntoŋ lɔŋgɛɛ̀ mi kolī kòs lipem mògà imaà, ndi tenten yaga mi mī ntùmbɓa i āŋaàl nì niigà. ¹⁸ Inyŭlē Lìtìlà li ŋkàl lɛ, ù kàŋak ɓáŋ ǹlom nyàgà nyɔ̄ i ŋgèdà à ǹtèt mis ma konflāwà. ᶻ ¹⁹ Nì lɛ, m̀ɓɔ̀ŋǹsɔn à kòli kòs nsaâ wee. ᵃ Ù nɛɛbɛ ɓáŋ ǹsɔ̀hi ɓa ŋōm mmaŋ ntoŋ, hàndugi lɛ u mpemel manyɔ̀ ma mbogī ɓoòt iɓaà, tɔ̄ iaâ. ²⁰ Ndi mi mī mɓɔ̀ŋ ɓeba, u yɔyɔy ŋwɔ̄ bisū bi ɓoòt ɓaɓasonā, lɛ ɓapɛ kî ɓa kɔ̌n wɔ̀ŋi. ²¹ Mɛ̀ mɓēhɛ wɛ bīsū bi Nyambɛɛ̀, nì Ŋwèt lɛ Yesù Krĭstò, nì mìntɔlɔ̂k mi aŋgèl, lɛ u teeda màm mana iɓaɓe ɓuglè hɔp tɔ̄ ndɔdla. ²² Ù hɔɔ ɓáŋ kèhi mût mɔ̀ɔ̀ i ŋgìi ǹjɔ, ù yɔ̀ŋ ɓáŋ ŋgàbà gwaŋan biɓeba; teeda wèmèdɛ m̀pubi. ²³ Ù nyɔ ha ɓáŋ ndīgi màlep mɔ nì mɔ, ndi ù nyɔ̂k yàk ndèk wây inyùu hū yɔŋ, nì inyùu là yɔŋ kôn. ²⁴ Ŋgɔ bìɓeba ɓòt ɓàhɔgi ɓa mɓɔ̀ŋ bi ńyīna ɓaŋgā mbàgi ŋgì pam; ndi ɓòt ɓàpɛ, bìɓeba gwap bi ńyīna ɓēe mbàgi ŋgì pam. ²⁵ Halā kì nyɛn yàk mìnsɔn mìnlam mi ńyīna ɓaŋgā; ndi mi mī ta ɓē halà mi nlà ɓe sɔlɔ̀p.

6

¹ Bɔɓasonā ɓa ye ī kède dìkeŋ di miŋkɔ̀l ɓa tɛhɛ ndīgi ɓèt ɓap kìkìi ɓòt ɓa kolī nì lìpem jɔlisonā, lɛ jòy li Nyambɛ lī sɔ̀la ɓáŋ, yàk nì màeba. ² Ndi mi ɓèt ɓap ɓa ye ɓàhemlɛ̀ mi yàn ɓáŋ ɓō, lakìi ɓa ye lògtatà; ndi ɓa gwelēl yāga ɓɔ, inyŭlē ɓòt ɓa ŋkòs mahola mū lɔ̄ŋgɛ yáp nsɔn ɓa ye ɓàhemlɛ̀ nì ɓagwēhaà. Màm mana mɔn ù ǹlama niigà nì ɓehê.

Sìŋgɛ Nyambɛ ŋem i ye kùhul yeŋè

³ Ndi iɓālē mùt à nnīiga nya māeba īpɛ, ndi à nɛɛbɛ ɓe biɓàŋga bi maliga bi Ŋwet wés Yesù Krĭstò, tɔ̀ màeba ma nnɔ̀ŋ njɛl sìŋgɛ Nyambɛ ŋem, ⁴ wɛ̀ɛ ŋgōk wɔn u mmāl kweēs nyɛ ndīm, à ńyī ɓe tɔ jàm, à ŋkɔ̀n njêk ŋ̀kɔ̀nɔ̂k nì màmbàdgà ma pênà, nì ŋ̀kaa dipùùbà di mâm; munu màm mana nyɛn tāmaà, nì ǹdaŋ, nì lìòbòhjóy, nì hègdà màm màɓe ma mpēmeèl. ⁵ Ɓòt ɓa nnɔ̄mɔl ni ɓòt ɓa mmāl yubda i kède màhɔŋɔ̂l map, ɓa ɓā biyēglɛ nsɔ̄ ŋgi màliga, ɓɔn ɓa nhɔ̄ŋɔl lɛ sìŋgɛ Nyambɛ ŋem yɔn i ye

---

ᶻ **1 Tìm 5: 18** NM 25: 4   ᵃ **1 Tìm 5: 19** Màt 10: 10; Luk 10: 7

kùhul yeŋɛ̀: ɓagla nì nyà ɓôt î. ⁶ Ŋgɔ sìŋgɛ̀ Nyambɛ ŋēm i ye ɓàŋga ɓaŋgā kùhul yeŋɛ̀, iɓālē dì nsùhus miŋɛm i kède màm dì gwēe. ⁷ Inyŭlē dì bilɔna ɓe yɔm yɔkĭyɔ̄ munu ŋkɔ̀ŋ hisi, dì tà ɓe ki tɔ̀ le dì ǹnyɔdna yɔm; ⁸ ndi lakìi dì gwēe bìjɛk nì mbɔt, wɛ̀ɛ māna mɔn ma gakɔ̀la ni ɓɛ̌s. ⁹ Ndi ɓòt ɓa ŋgwēs ndigi lē ɓa ɓa mìŋgwàŋ, ɓa kwɔ̄ ŋgɛ̀mbɛ màn ɔ̀ɔ̀dànà, nì mu kèdi, nì i kède ŋgàndàk mìnhɛŋa mi bijoŋ nì mi mī mɓāabànà; màm mana mɔn ma ńyīnis ɓoɔ̀t i kède cīɓaà nì yìmîl. ¹⁰ Inyŭlē gweès mùt à ŋgwēs mɔnī i ye ŋ̀kàŋ u biɓeba bi mâm gwɔbisɔnā; ndi ɓòt ɓahɔgi, lakìi ɓa ŋ́wēl ŋwɔ, ɓa biyòm, ɓa ɓagla ni njɛ̀l hēmlɛ̀, kàyèlɛ ɓa biōmɓa miŋēm, ɓa nɔk ŋgandàk njòghɛ̀.

Sàŋ lam i hɛmlɛ̀

¹¹ Ndi wɛ̀, à mût Nyambê, kɛ̀ɛ màm mana ŋ̀gwee; ndi u ligīp ī ɓāna tēlɛèbsep, nì sìŋgɛ Nyambɛ ŋēm, nì hɛmlɛ̀, nì gwɛhâ, nì honɓà, yàk nì ŋ̀ɛm limà. ¹² Jŏk sàŋ lam i hɛmlɛ̀, kobda nìŋ ɓɔgā mɔ̀ɔ, i ye lē inyùù yeē nyɛn ù bisèblànà, ù pahal ki hēmlɛ̀ ɓàŋga lìpahlàk bisū bi ŋgandàk mbogī ɓoòt. ¹³ Mɛ̀ mɓēhɛ wɛ bīsū bi Nyambɛɛ̀, nu à ntī maàm mɔmasɔnā nìŋ, nì bisū bi Kriīstò Yesù, nu à ɓɔ̆k mbògi nì ɓàŋga lìpahlàk i mbɔ̆m Pɔ̀ntìò Pìlatò, ᵇ ¹⁴ lɛ u teeda lìtìŋ iɓaɓe litɔn, tɔ̀ ǹsɔ̀hi, lɛtɛ̀ɛ̀ nì matīhlɛ ma Ŋwɛt wēs Yesù Krĭstò. ¹⁵ Mɔn à gaēba ŋgèdà yèe ì ma kɔ̄là, nu à yè m̀pɔm ŋ̀anɛ̀ wada u masɔda, kiŋɛ ì bìkiŋê, Ŋwɛ̀t nu ɓɛ̆t, ¹⁶ nyɛtāma nyɛn à ŋ́wɔ̄ ɓēe, à yììnɛ ī kède màpubi, mùt à nlà ɓe kóge ɓɛbɛ̀ɛ̀. Mùt nyɛkĭnyē à ǹtɛhgɛ̀ ɓe nyɛ, à nlà ɓe ki tɔ̀ tɛhɛ̂; lìpem li ɓa nì nyɛ, nì lìpemba li ɓɔgā. Àamɛ̀n.

¹⁷ Ù ɓehgɛ̀ ɓòt ɓa ye mìŋgwàŋ hana ŋkɔ̀ŋ hisi lɛ ɓa yādap ɓaàŋ, tɔ̀ tɛ̀ŋ mìŋɛm ni tɔ̄ɔha liŋgwàŋ, ndi ɓa tɛ̂ŋ ndīgi mìŋɛm ni Nyāmbɛɛ̀, nu à ŋūmbɛ ɓes màm mɔmasɔnā lɛ di kɔnōl màsee mû. ¹⁸ 'Ba ɓɔŋɔ̄k lɔ̄ŋgɛɛ̀, ɓa ɓâk mìŋgwàŋ i kède mìnsɔn mìnlam, ɓa kabàk, ɓa ɓâk ŋ̀kŏɓàgà i hōla ɓòt ɓapɛ. ¹⁹ Halā nyēn ɓa ŋkòòbana ɓɔmɛ̀dɛ lisòò li ŋkùs, jɔn li ye ɓàŋga hìkùù inyùu ŋgèdà ì nlɔ̀, lɛ ndi ɓa kobda nìŋ ɓɔgā mɔ̀ɔ. ²⁰ À Timòteò, tibil yāga teeda jàm li bitīna wɛɛ̀, ndi ɓàmblɛ bìlumndà nì bìyoglo bi miŋkwèl, nì miŋkaa mi ɓôt ɓa ŋkàl lɛ ɓa gwēē yī, ndi halā à ɓâk bìtɛmbɛɛ̀. ²¹ Jògà li ɓôt, lakìi ɓa ŋkàl lɛ ɓa gwēē yɔ̄, ɓa mɓagla ni hēmlɛ̀. Kàrîs i ɓa nì wɛ̀. Àamɛ̀n.

ᵇ**1 Tìm 6: 13** Yòh 18: 37

2 Tìmòteò

1

Màyègà

¹ Mè Paul, ŋoma nū Krĭstò Yesù inyùu sòmbòl Nyambê nì kĭŋgèdà lìkàk li nîŋ i ī ye ī Krĭstò Yesù, mè ntìlna ² Tìmòteò, ᶜ màn wêm nu gwēhaà. Kàrîs ì nlòl ni Nyāmbɛ Tàta ɓɔ́nà Krĭstò Yesù Ŋwèt wês, i ɓa nì wè, nì kònàŋgɔɔ, nì ǹsàŋ.

Ù wɔ ɓáŋ nyùu

³ Mè ntī Nyambɛ màyègà, nu mè ŋgwèlel ni kĭŋŋɛm ì mpōp kìkìi yàk ɓàsogol, lɛ mè nlà ɓe me ŋwàs i ɓìgdà wè jùu nì bìnjămùha i kède màsɔɔhɛ̀ mêm. ⁴ Ŋgɔ i ŋgèdà mè mɓìgda gwiihà gwɔŋ, ŋgòŋ ì ŋgwèl me ī tēhɛ wè, lɛ ndi me yɔn nì màsee, ⁵ lakìi mè mɓìgda hemlè yɔŋ i ī gweē ɓē bihèŋɓà, yɔn i ɓôk yèn i ŋēm majò mɔŋ lɛ Lòîs, nì i ŋēm nyúŋ lɛ Èunīkɛ̀, mè ńyī lɛ i ye kì ŋēm wɔŋ. ⁶ Inyŭhālā nyēn mè ŋkùmb wɛ lɛ u yonos lìkèblà li karîs li Nyambɛ lī lī ye ī kède yôŋ inyùu lìkèhàk li mɔɔ mêm i ŋgìì yôŋ. ⁷ Inyŭlē Nyambɛ à bitī ɓe ɓes mbūu nyɔya, ndigi ū lipemba, nì u gwehâ, nì u hodnyuu. ⁸ Jon ù wɔ ɓáŋ nyùù i ɓɔk mbògi inyùu Ŋwèt wês, tɔ inyùù yêm, mè mùt wèe mɔk, ndi honɓa ndùdù lòŋ nì mè, inyùu Ŋwìn Ǹlam, kĭŋgèdà lìpemba li Nyambê, ⁹ nu à tɔhɔl ɓěs, à sebēl ki ɓès ni ǹsèblà m̀pubhaga, hà inyùu mìnsɔn ŋwes ɓee, ndik kĭŋgèdà ŋgòòɓà yèè nyɛmɛdɛ nì kàrîs, ì ì tina ɓès i Krĭstò Yesù hyày hyɔkĭhyɔ̄ ŋgì hègà. ¹⁰ Ndi hanânɔ ì m̀māl sɔɔlana ni màtihlɛ ma Ntɔhɔl wès Krĭstò Yesù, nu à yuŋgus nyɛmb, à eba ki ɓès nîŋ i ŋòbì ɓe i kède Ŋwìn Ǹlam, ¹¹ mu nyēn mè teeba kìi ŋaŋâl nì ŋomâ nì màlêt. ¹² Inyŭhālā nī nyɛn mè nsōnol njɔnɔk munu màm mana. Ndi mè ńwɔ̄ ɓe mɛ nyùu, inyŭlē mè ńyī nu mè bihēmlè, mè ńyī ki lɔ̄ŋgɛ lɔ̄ŋgɛ lē à gwèe ŋgùy i tēedà jàm mè bitī nyɛ ìkèpam yɔkɛl nû. ¹³ Tèŋɓe yāga ni ndèmbèl bìɓàŋga bi maliga ù binōgol i nyɔ wêm i kède hēmlè nì gweha ī ī ye ī Krĭstò Yesù. ¹⁴ Ndi lɔŋgɛ jâm i bitīna weɛ, tibil yāga teeda yɔ nì ŋgùy Mbuu M̀pubi, nu à ńyèn i kède yês.

Ɓonyoni i Onèsìforò nì ndap yeē ɓòt

¹⁵ Ŋgɔ ù ńyī jàm lini lɛ ɓɔɓasonā ɓa ye nyɔɔ Āsìà ɓa bikòm mɛ mbūs, kìkìi ɓɔ̀ Fìgelò, ɓɔ̀ Hèrmògenè. ¹⁶ Ndi Ŋwèt a kɔ̄n ndāp Ònèsìforò ŋgɔɔ, inyŭlē à bilèdɛs mɛ nyùù ŋgandàk ŋgelè, nì inyŭlē ǹsaŋ wêm u bikèy u biwēha ɓe nyɛ nyùu, ¹⁷ ndi i ŋgèdà à ɓênè i Rōmà, à biyēŋek mɛ yēŋ ni yēŋ, à lebā mɛɛ̀. ¹⁸ Ŋwèt a nɛɛbɛ lē a lebā kònàŋgɔɔ yak Ŋwèt i yɔkɛl nû. Yàk wèmɛdɛ ù ntībil yi kìkìi à ɓe lôhà hola nyɔɔ̄ Efēsò.

2

Ɓàŋga sōnda ì Krĭstò Yesù

¹ Jɔn wè, à man wèm, lèdhɛnɛ wèmɛdɛ i kède kàrîs ì ì yè i Krĭstò Yesù. ² Ndi màm ù binōgol i nyɔ

ᶜ**2 Tìm 1: 1** MB 16: 1

wêm i tì ŋgandàk mbogī ɓoòt, lòos mɔ̄ ɓòt ɓa ye màliga, ɓɔn ɓa ganīiga yaàk ɓòt ɓàpɛ. ³ Honɓa ndùdù lòŋ yada ni mɛ̀, kìkìi ɓàŋga sōnda Krǐstò Yesù. ⁴ Ŋgɔ i ŋgèdà gwèt sonda yɔ̀kǐyɔ̀ ì mpèges ɓe yɔmèdɛ ni màm ma nìŋ ini, lɛ ndi i lemel nū à tìla yɔ̀ nsɔ̄n sondaà. ⁵ Ndi ìlɔ̀ɔ kì halà, iɓālē mùt à mpèèna ŋgwee liɓāy li mintùk, à ŋ̀ɛŋgep ndugi ɓe ntut, hànduk lɛ à māl peènà, à teedàgà kì bìkìlà. ⁶ Ŋwèt wɔm nu à ntùmɓa ni ǹson nyɛn à ǹlama ɓa mût bìsu i kòs màtam. ⁷ Nɔk yāga jàm mɛ̀ mpɔ̄t, inyǔlē Ŋwèt à gatī wɛ pèk i kèdɛ màm mɔmasonā.

⁸ Bìgda Yēsù Krǐstò, ǹtùglaga i kèdɛ ɓawɔga, nu à nlòl i mɓōo Dāvìd kǐŋgèdà Ŋwìn wêm Ǹlam, ⁹ mu nyēn mɛ̀ nhōnɓana ndudù lɛtèɛ̀ nì i ŋgàdà wěŋgɔ̀ŋlɛ m̀ɓɔ̀ŋɓeba; ndi ɓàŋga Nyambɛ ī keŋī ɓēe. ¹⁰ Inyǔhālā nī nyɛn mɛ̀ nhōnɓa maàm mɔmasonā inyùu mìntɛbêk, lɛ yàk ŋwɔ mi kōs tōhi ī ī ye ī Krǐstò Yesù lòŋni lìpem li ɓɔga. ¹¹ Ɓàŋga ini i ye màliga lɛ,

Iɓālē dì biwɔ̄ ni nyē,
wèɛ dì ganìŋ ki nì nyɛ
lòŋ;

¹² Iɓālē dì ǹhonɓà,
wèɛ dì ga-ànɛ ki lòŋ
yada ni nyē;
i ɓā kì lɛ dì ǹtaŋɓa nyɛ,
ki yàk nyɛ à gatāŋɓa
ɓes; ᵈ

¹³ Tɔ̀ iɓālē ɓěs dì
tà ɓe ɓonyoni
nyɛ à yìi nì ɓonyoni,
inyǔlē à nlà ɓe taŋɓa
nyɛmèdɛ.

Ŋgwèlǹsɔn nu à gwèe mbògi lām

¹⁴ Bìgdaha ɓɔ̄ màm mana, u ɓehɛ kì ɓɔ bisū bi Nyambɛ lē ɓa ɓā ɓaāŋ ɓòt ɓa ŋkāa dipùùbà di mâm, inyǔlē di mɓāhal ɓe jaàm jɔkǐjɔ̄, ndi di ǹɔbos ndigi ɓòt ɓa ŋēmblɛ cɔ. ¹⁵ Nigil ī tēe wèmèdɛ bisū bi Nyambɛ kìkìi mùt à gwèe mbògi lām, kìkìi ŋ̀gwèlǹsɔn nu à gwèe ɓē jaàm li wɔnyuu, à tiblàk kì kàp ɓaŋgā i maliga. ¹⁶ Ndi kɛŋgɛlɛ bìyoglo bi miŋkwèl bi bilumndà inyǔlē ɓa gayāba i yàn Nyambɛ ìlɔ̀ɔ hâ, ¹⁷ ndi màeba map kî ma ganyàli wěŋgɔ̀ŋlɛ kɔ̀n mbôk. Mu nyēn ɓɔ̄ Hìmènèɔ ɓɔ Fìlètò ɓa yê. ¹⁸ Ɓɔn ɓa biɓāgla ni màliga, ɓa kalàk lɛ lìtùgɛ̀ li mmāl tagɓɛ̀, ɓa ǹɔbos ki hēmlɛ̀ i ɓôt ɓàhɔgi. ¹⁹ Ndi tɔ̀ la yàa, ŋgɔ̀k hìkùù hi Nyambɛ ì mpìŋglà ɓee, lakìi ì gwèe īni ɓēndel ŋkedlàk i ŋgìi yeē lɛ, Ŋwèt à ńyī ìɓee; ᵉ nì lɛ, Hìkìi mùt à nsīma joy li Ŋwɛt a ɓāmblɛ ŋgìtɛlêbsep.

²⁰ I kèdɛ ndāp kēŋi, gwɔ̀m bi ndap bi ta ɓē ndigi bī goòl, nì bi silɓà gwɔtāma, ndi yàk nì bi bikek nì bi bitèk; bìhɔgi bi gwēē lìpem, nì bipɛ ŋgì lìpem. ²¹ Jɔn iɓālē mùt à mpūbus nyɛmèdɛ inyùu gwɔ̀m bî, wèɛ à gaɓā yɔm ndap i lipem, m̀pubhaga, nu à kòli gwèlel ŋwɛt ndap ŋ̀kòɓàgà inyùu hī nsɔn ǹlam. ²² Ndi kèɛ mìnhɛŋa mi maaŋgɛ wānda ŋgwee, u ligīp ī ɓāna tēlɛèbsep, nì hɛmlɛ̀, nì gwehâ, nì ǹsàŋ, wɛ nì ɓa ɓā nsèbɛl joy li Ŋwɛt ni ǹɛm u mpōp. ²³ Ndi kǒm yāga bijɔŋ bi mambàdgà nì ma mā ye mìntùmbà mbus, lakìi ù ńyī lɛ ma nlɔ̀na bisàŋ. ²⁴ Ndi ǹ̀kɔ̀l Ŋwɛt u nlama ɓe jɔ bīsàŋ, ndi u ɓoyhɛ̀gɛ ndigi ɓòt ɓɔɓasonā, u ɓaŋgà pèk i nīigà, u honɓàgà kì, ²⁵ u yīk niiga ɓakɔ̀lɓà nì ŋ̀ɛmlìmà, lɛ tɔ̀ɔ Nyambɛ

ᵈ 2Tìm 2: 12 Màt 10: 33; Luk 12: 9   ᵉ 2Tìm 2: 19 ŊB 16: 5

à yɛ̀ lɛ à nehnɛ ɓɔ njɛ̀l i hyɛ̀l mìŋɛm, lɛ ɓa yi màliga, ²⁶ndi màhɔŋɔ̂l ma tɛ́mbna ɓɔ̄ lɛ ɓa laā tɔ̄hla kedī i nsɔ̀hɔ̀p, nu à bigwɛ̀l ɓɔ lɛ ɓa ɓɔ̄ŋ sòmbòl yee.

3

Lìɓâk li mût dilɔ̄ di nsōk

¹Ndi ù n̄lama yi jàm lini lɛ dilɔ̄ di nsōk ŋgèdà ì gaɓā nlɛ̀dɛk kîyaga. ²Inyŭlɛ̄ ɓòt ɓa gatòŋ ndigi ɓɔ̄mèdɛ, ɓa gwehêk mòni, ɓa hûmblàk mànyùu, ɓa ɓâk ɓòt ɓa ŋgagàl, nì ɓàòɓòs mǒy, nì ɓàndɔgɓɛ̀nɛ̀ ɓàgwâl ɓap, ɓa ɓā ntī ɓe mayègà, nì ɓàpùŋgùl màm ma Nyambê, ³ɓòt ɓa diŋgònok, nì ɓa mandìŋga, ɓòt ɓa minsɔ̀hi, nì ɓa biyogdà, ɓòt ɓa nyay, ɓàɔ̀ɔ̀ màm màlam, ⁴nì ɓàliibànà ɓòt, bìpohlɛ̀ bi ɓôt, nì ɓa ŋgōk u ŋkweēs ndim, ɓa gagwēs masee ma ŋkɔ̀ŋ hisi ìlɔ̀ɔ̀ kìkìì ɓa ŋgwēs Nyambeɛ̀; ⁵bitēe bi mis ɓa gasìŋgɛ nyɛ ŋɛ̂m, ndi ɓa taŋɓàgà lìpemba jee. Kɛŋlɛ ɓòt ɓa ye hālà. ⁶Ŋgɔ ɓòt ɓa ŋkɛ̀ ɓa ŋɔ̀nd ni màndap ɓa ye mūnu ndɔ̀ŋ ɓôt ini, ɓɔn ɓa ɲ́yɔ̀ŋ yaga diɓòdǎɓòdàà di dī yoni nì bìɓeba, nì di mìnheŋa ŋwáp mi nnyēgha nyuu i nɔ̀ŋ mànjɛ̀l mànjɛ̀l, ⁷kàyèlɛ ɓa nnīgil ŋgèdà yɔ̀sonā, ndi ɓa nlà ɓe pam i yī i maliga kɛlkîkēl. ⁸Ndi kìkìì Yànɛ ɓɔ Yāmbrɛ̀ ɓa kèdɓa Mōsɛ̀, halā nyēn yàk ɓana ɓa ŋkèdɓa maliga, ɓa ye ɓòt ɓa mmâl yubda i kède màhɔŋɔ̂l map, hemlɛ̀ yap kî i ye yàŋgà. ⁹Ndi ɓa gakɛ̀ ha ɓe bisū inyŭlɛ̄ bìjoŋ gwap bi gayēli i mìs ma ɓôt ɓɔɓasonā, kìkìì yàk bi ɓana.

Màɓehna Paul à nsōk ti Timòteò

¹⁰Ndi wɛ̀ ù binɔ̀ŋ maeba mêm, nì bìhyumul gwêm, nì màhɔŋɔ̂l mêm, nì hemlɛ̀ yêm, nì wɔŋgut yêm, nì gweha yêm, nì honɓà yêm, ¹¹nì ndèèŋgà yêm, nì njɔnɔk yêm; màm ma bikwɛ̀l mɛ nyɔ̀ɔ Ànt̀iokìà, nì Ikōnìùm, yàk nì i Līstrà, nì kinjɛ̄ ndèèŋgà mɛ̀ ɓe nihbɛ̀; ndi Ŋwɛ̀t à bisɔ̀ŋ mɛ ī kède màm mana mɔmasonā. ¹²Ŋgɔ ɓɔɓasonā ɓa nsòmbol n̄iŋ i sìŋgɛ̀ Nyambɛ ǹɛm i Krı̆stò Yesù ɓa gakòs ndeèŋgà. ¹³Ndi ɓòt ɓàɓɛ, yàk nì ɓàjuŋɓàhà ɓòt, ɓa gayēmbi ɲ́yembâk, lakìì ɓa ɲ́yòm, ndi ɓa yûmhàk kì ɓòt. ¹⁴Ndi wɛ̀ tèŋɓɛ yāga ni màm ù binīgiìl, ma ù bihēmlɛ̀, lakìi ù ɲ́yī ɓèt ɓa binīiga wɛ mɔ̄, ¹⁵nì lakìi ù ɲ́yī Matìlà Màpubi iɓòdòl yaga wɛ ŋkeŋee man, mɔn ma ntī wɛ ŋgùy lɛ u ɓana pèk inyùu tɔ̄hi ī nlòl i hēmlɛ̀ i ī ye ī Krı̆stò Yesù. ¹⁶Lìtìlà jɔlisonā li nlòl ni Nyāmbɛɛ̀, li mɓāhaàl, inyŭlɛ̄ li ntī maeba, li yɔɔyàk, li ɓehgɛ̀, ¹⁷li niigàgà kì tɛlêbsep, lɛ ndi mùt Nyambɛ ā ɓa ǹyɔnɔ̂k, ŋkǒɓàgà inyùu hī nsɔn n̄lam.

4

¹Mɛ̀ mɓēhɛ wɛ bīsū bi Nyambɛ ɓɔ̄nà Ŋwɛt Yesù Krı̆stò, nu à ǹnyegi ī pēmhènɛ̀ ɓayōmi nì ɓawɔ̄ga mbàgi, nì inyùu màtihlɛ mee nì ànɛ yee, lɛ u aŋal ɓàŋga i Nyambê; ²lìgip yāga ŋgèdà ì kòli tɔ̀ ŋgèdà ì kòli ɓēe, ù yɔɔyàk, ù kondôk, ù ɓehgɛ̀ nì wɔŋgut yɔsonā, nì màeba. ³Inyŭlɛ̄ ŋgèdà ì gayīk lɔ lɛ̄ ɓa ganīhbɛ ha ɓe maeba ma maliga, ndi lakìi màò ma nnyāŋ ɓɔ, wèɛ̀ ɓa gakònde yaga ɓàlêt kòndè nì kòndè kìkìì ŋgǒŋ ì

ŋkɔ̀n ɓɔ; ⁴ ndi ɓa galɔ̄ŋ mao lɛ ɓa nɔ̄k ɓaāŋ màeba, ɓa ɓahlàk kì njĕl ìpɛ i ēmblɛ̀ mìŋaŋ mi bitɛmbɛɛ. ⁵ Ndi wɛ̀ amb yāga nyuu manjèl mɔmasonā, honɓa kì ndùdù, ɓɔ̆ŋ ǹson u nlègèl Ŋwìn Ǹlam, ù yonhàk kì ǹson wɔ̀ŋ. ⁶ Inyŭlḕ mɛ̀ yè wēŋgɔ̀ŋlɛ màcèl mêm ma mmāl kobaà, ŋgèdà mànyɔdi mêm kì ì gwèe nì mɔ̀ɔ. ⁷ Mɛ̀ ṁmāl jɔ saāŋ ìlam, mɛ̀ sugus pênà ŋ̀gwee, mɛ̀ teeda ki hēmlɛ̀. ⁸ Ìɓòdòl hanânɔ ǹtut u tɛlêbsep u ye ṁɓiâk inyùù yêm, wɔn Ŋwĕt, ṁpemês mbàgi nu à tee sēp, à gatī mɛ yɔ̀kɛl nû; ndi hà mètama ɓe mê; ŋgɔ yàk ɓɔɓasonā ɓa ŋgwēs matihlɛ mee. ⁹ Nyàmnda ndīgi ī pāla lɔ̀ i mĕnī, ¹⁰ inyŭlḕ Demàs ᶠ à bikēnes mɛɛ̀, à kɛ yèè i Tèsàlonīkà, lakìi à bigwēs maàm ma hisī hini. Krĕskìns à kɛ ī Gàlatìà, Tìtò ᵍ kì à kɛ ī Dàlmatìà. ¹¹ Ndik Lūkàs ʰ nyɛtāma nyɛn à ŋgi yiī lòŋnì mɛ̀. Yɔ̆ŋ Mārkò, u lɔnā nyē ŋgèdà ù nlɔ̀, inyŭlḕ à yè mɛ̀ hola īnyùu ǹsɔn. ¹² Mɛ̀ biɔ̄m Tikīkò nyɔ̀ɔ Ēfēsò.

¹³ U kāhal lɔ̀, u lɔnā mɛ̀ njɔ̀gloge mɛ̀ biyēk i Trŏà yak Kārpò, lòŋnì bìkàat, ndi lɔŋge lɔ̄ŋgɛɛ̀ bi bikòp. ¹⁴ Mùt hìuu lɛ Àlègsandrɛ̀ à biɓɔ̀ŋ mɛ ɓēba ŋgandàk: Ŋwĕt à gatìmbhɛ nyɛ kĭŋgèdà mìnsɔn ŋwee. ¹⁵ Yàk wɛ̀ kì ù yihgɛ̀ nyɛ, inyŭlḕ à bikɔ̀lɓa bìɓàŋga gwes ŋgandàk kîyaga. ¹⁶ Ǹkaa wêm u bisu mùt nyɛkĭnyḕ à bikàm ɓe mê, ndi ɓɔɓasonā ɓa bikēnes mɛɛ̀. Halā à eŋa ɓáŋ ɓɔ! ¹⁷ Ndi Ŋwĕt à ɓeè mɛ̀ i mbūs, à lèdhàk kì mɛ̀ nì lìpemba, lɛ ndi mɛ̀mèdɛ mɛ tibil yāga aŋal miŋaŋ ŋwee kàyèlɛ bìlɔ̀ŋ bìpɛ gwɔbisonā bi nɔk ŋwɔ̄; ndi à bisòŋ mɛ ī nyɔ̀ mbɔndɔ̀njèe. ¹⁸ Ŋwĕt à gasòŋ mɛ ī kède hī nsɔn ṁɓɛ, a tɔhɔl kì mɛ̀ lɛ mɛ pam ànɛ̀ yee nyɔɔ̄ ŋgìi. Lìpem li ɓa nì nyɛ i ɓɔ̀ga ni ɓɔ̀ga. Àamèn.

Màyègà ma nsōk

¹⁹ Yègna mɛ̀ Prĭskà ɓɔnà Akuilà, nì ndap Ònèsìforò. ²⁰ Èrastò à biyēgle i Kɔ̀rintò, ndi mɛ̀ biyēk Trofīmò nyɔ̀ɔ ī Mìletò, à ŋkɔ̀n. ²¹ Nyàmnda ndīgi lē u lɔɔ̄ mbèŋ ŋgì kwɔ̀. Ɓɔ̀ Eubulò, ɓɔ̀ Pudèns, ɓɔ̀ Linò, ɓɔ̀ Klaudìò, nì lògtatā yɔ̄sonā ɓa ńyegā wɛɛ̀.

²² Ŋwĕt lɛ Yesù Krĭstò a ɓa nì mbuu wɔ̀ŋ. Kàrîs i ɓa nì ɓèe. Àamèn.

ᶠ **2Tìm 4: 10** Kòl 4: 14
ᵍ **2Tìm 4: 10** 2Kɔ̀r 8: 23; Gàl 2: 3; Tìtò 1: 4

ʰ **2Tìm 4: 11** Kòl 4: 14; Fìl 24

Titò

1

Màyègà

¹ Paul, ŋ̀kɔ̀l Nyambê nì ŋ̀oma Yēsù Krǐstò inyùu hēmlè i mintɛbêk mi Nyambê, nì inyùu yī i maliga ma mā ye kǐŋgèdà sìŋgè Nyambɛ ŋēm, ² i kède ɓɔ́dŋɛm i nîŋ ɓɔgā i Nyambɛ nu à mpɔ́t ɓe bitɛmbɛɛ, à ti lìkàk hyày hyɔkǐhyɔ̄ ŋgì hèga; ³ ndi kìi ŋgèdà ì kòla, Nyambɛ Ǹtɔhɔ̂l wěs à sɔlɔ̄l ɓaŋgā yee mu mīŋāŋ à ŋ̀ŋwèhel mè kǐŋgèdà lìteâk jee; ⁴ mè ntílna Titò, tìtìs yèm mǎn kǐŋgèdà hemlè yes ɓehɓɔɓasonā: kàrîs ì nlòl ni Nyāmbɛ Tàta nì Ŋwèt lɛ Yesù Krǐstò Ǹtɔhɔ̂l wès i ɓa nì wè, nì kɔ̀nàŋgɔɔ nì ǹsàŋ. ⁵ Inyùu jàm lini nyɛn mè biyígil wɛ ī Krětà, lɛ u yik teâk màm ma ŋgi sômblàgà nyɔ̂ɔ̂, nì sàyàp kì mìmaŋ mi ntoŋ i kède hī ntoŋ kìkìi mè bièba wɛɛ̀; ⁶ ndi ndigi mùt à yè ŋgìnsɔ̀hi, ǹlom nu ŋwàà wadā, nu à gwèe ɓɔn ɓa nhēmlè, nì ɓa ɓā gweē ɓē nsɔ̀hi inyùu bìyubdà, tɔ̀ inyùu ndɔ̄k. ⁷ Inyǔlē ǹteedà ǹtoŋ à ǹlama ndik ɓā muùt ŋgìnsɔ̀hi, lakìi à yè kindàk Nyambê. À ɓa ɓáŋ mùt jɛnakíŋ, tɔ̀ mùt ŋ̀àglà, tɔ̀ mùt nyoba, tɔ̀ mùt bìsàŋ, tɔ̀ nu à njē ɓoòt ǹsɛŋ, ⁸ ndi a ɓa yàà mût à ŋgwēs yiīs ɓakèn, nì gwēs màm màlam, mùt à nhōt nyuu, nì nu à tee sēp, nu à nsìŋgɛ Nyambɛ ŋēm, ⁹ nì nu à ŋ̀ànɛ nyɛmèdɛ, à adɓègɛ nì ɓàŋga i maliga kǐŋgèdà màeba, lɛ ndi a ɓana ŋgùy i lèdès ǹtoŋ ni màeba ma maliga, à yɔɔyàk kì ɓànayga. ¹⁰ Inyǔlē ɓòt ɓa ndɔk ɓa ye ŋgàndàk, ɓàpɔt bìyoglo bi biɓàŋga, nì ɓàjuŋɓàhà ɓôt, lɔŋgɛ lɔ̄ŋgɛ ɓôt ɓa bilòl i hēmlè ɓàkwèèbaga, ¹¹ mànyɔ̀ map ma nlama yibà. Ɓɔn ɓa ŋ̀òbos yaga hemlè i ŋgîm mandap ma ɓôt, ɓa niigàgà kì màm mùt à kòli ɓē niigà, lɛ ndi ɓa kôs yèŋɛ i ŋ́wēha nyuu. ¹² Ŋgɔ mùt wàp wadā, m̀podôl wàp ɓɔmède yaga, à kǎl lē, Ɓòt ɓa Krētà ɓa ye ndīgi ɓàpɔt bìtɛmbɛɛ ŋgèdà yɔ̀sonā, bìnùga bìɓɛ, nì ɓàɓènà jɛ, ɓa ntɔ̄p ɓe nsɔn. ¹³ Mbògi ini ì yè hɔ̀dɔ. Inyǔhālà yɔɔyak yāga ɓɔ ɓàŋga ɓaŋgā, lɛ ndi ɓa ɓā mbōo i kède hēmlè, ¹⁴ nì lɛ ɓa ādɓɛ ha ɓaāŋ nì mìŋaŋ mi bitɛmbɛɛ mi Lôk Yudà, tɔ̀ nì màtìŋ ma ɓôt ɓa ɓā bikòm maliga mbūs. ¹⁵ Màm mɔmasonā ma mpɔ́p inyùu ɓa ɓā mpɔ́p, ndi inyùu ɓôt ɓa ye nyèga, nì ɓa ɓā ntɔ̄p ɓe hemlè, jàm jɔkǐjɔ̄ li ta ɓē lipubi, ndi màhɔŋɔ̀l map ma ye nyèga, yàk nì kiŋŋēm yaàp. ¹⁶ Ɓa ŋ̀kàl lɛ ɓa ńyī Nyambɛɛ̀, ndi ɓa taŋɓàgà nyɛ i kède mìnsɔn ŋwap, ɓa suuŋgàgà nyɛ ŋ̀ɛm, ɓa ndɔgɓègɛ kì nyɛ, ɓa nlà ɓe gwɛ̂l nsɔn ǹlam wɔkǐwɔ̄.

2

Bìniigana bi maeba ma maliga

¹ Ndi wè ù pɔdôk ndigi màm ma ŋkɔ̀la ni màeba ma maliga, ² lɛ mìmaŋ mi ɓôt mi ambâk mànyùù map, ɓa ɓâk kì ɓôt ɓa ŋ̀ɛt i mbɔ̀m, ɓa hodôk kì mànyùù map, lɛ hemlè yap, nì gweha yāp, nì honɓà yap bi ɓaŋgà ŋgùy ɓàŋga. ³ Halā kì nyɛn inyùu mìmaŋ mi ɓodàa, lɛ ɓa hyom kìkìì i kolì nì ɓàpubhaga. Ɓa ɓā ɓaāŋ ɓôt ɓa minsɔ̀hi, tɔ̀ mìŋkɔ̀l mi

nyoba wây, ndi ɓa ɓa ndígi ɓàlêt ɓa nnīiga maàm màlam, ⁴lɛ ɓa edɛ ŋgòŋgɔnd ɓodàà i gwēs ɓàlom ɓap nì ɓɔ̀n ɓap, ⁵nì lɛ ɓa anɛ̀ màhɔŋɔ̂l map, ɓa hot mànyùu, ɓa hiŋgîk ndigi nì mìnsɔn mi ndap, ɓa ɓâk lɔŋgê, ɓa sûhlàk kì ɓɔmɛ̀dɛ i sī ɓàlom ɓap, ndi ɓàŋga Nyambɛ ī sòla ɓâŋ.

⁶Halā kì nyɛn inyùu ɓɔ̀ɔ̀ŋgɛ ɓa wanda, ɓehɛ ɓɔ̄ lɛ ɓa hot mànyùù. ⁷Inyùu màm mɔmasonā yaga, ù teâk wèmɛ̀dɛ kìkìi ndèmbèl mìnsɔn mìnlam; ù niigàga màeba ma mapubi, nì ma mā kolī, ⁸ndi ù ɓâk ndigi mùt à ŋèt i mbɔ̀m inyùu bìɓàŋga bi maliga bi bī nlà ɓe uma nsɔ̀hi, lɛ ndi nū à ŋkɔ̀lɓà a wɔ nyùu, lakìi à gwēe ɓē jaàm lìɓɛ i pɔ̄t inyùù yês. ⁹Behɛ mìŋkɔ̀l lɛ mi suhūs ŋwɔ̄mɛ̀dɛ i sī ɓɛt ɓap i lēmeēl ɓɔ manjèl mɔmasonā i ɓa ɓe pênàkiŋ, ¹⁰tɔ̀ kwahâl màm map, ndi ɓa eba ndīgi ɓɔ̄ lɔŋgɛ yāp hemlɛ̀ yɔɔsonā, lɛ ndi ɓa lemes màeba ma Nyambɛ Ǹtɔhɔ̂l wès manjèl mɔmasonā.

¹¹Inyūlē kàrîs Nyambɛ ì ì nlɔ̀na tɔhi ì m̀mâl nɛnɛ inyùu ɓòt ɓɔɓasonā, ¹²ì nnīiga ɓes lɛ di ŋwâs lìyàn Nyambê, dì nɔ̀ŋ ha ɓâŋ mìnhɛŋa mi ŋkɔ̀ŋ hisi, ndi di hot mànyùù mes, dì ɓɔ̀ŋɔk màm ma tee sēp, dì sìŋggɛ kì Nyambɛ mīŋēm i hyày hini hanânɔ, ¹³lakìi dì ntèŋ miŋem nì ɓɔdŋem i masɔda, halā à yè lɛ nì màtihlɛ ma lipem li Nyambɛ Nǜŋkɛŋi nì Ǹtɔhɔ̂l wès Yesù Krǐstò; ¹⁴nu à ti nyēmɛ̀dɛ inyùu yês, lɛ ndi a kɔɓɔl ɓès ni lìyànmben jɔlisonā, nì lɛ a pubhɛnɛ nyēmɛ̀dɛ ɓòt lɛ ɓa ɓa ìɓee nyɛmɛ̀dɛ, ⁱɓa ɓā nlìgip yaga i ɓɔ̀ŋ mìnsɔn mìnlam.

¹⁵Pɔdɔk màm mana, ù ɓehgɛ̀, ù yɔɔyàk kì nì ŋgùy yɔ̀sonā. Mùt nyɛkǐnyē à yàn ɓâŋ wɛ̀.

3

Ndèŋɓɛ̀ i ɓɔ̀ŋ mìnsɔn mìnlam

¹Bìgdaha ɓɔ̄ lɛ ɓa suhūs ɓɔ̄mɛ̀dɛ i sī ɓà-ànɛ, nì ɓòt ɓa gweē kùndè i ànɛ, ɓa ɓâk mànoglà, ɓa ɓâk kì ɓa nyegi ī ɓɔ̀ŋ hi nsɔn ǹlam; ²ɓa òbos ɓâŋ mùt nyɛkǐnyē jǒy, tɔ̀ ɓa ɓòt ɓa linyàndi, ɓa ɓàŋgà lɔŋgɛ ŋēm, ɓa ebgà lìmà yap nì ɓòt ɓɔɓasonā.

³Inyūlē yàk ɓěs dì ɓeē yaga bijoŋ i ŋgèdà bìsu, nì ɓòt ɓa ndɔk, nì ɓa ɓā ńyī yoòm; dì gwèèlàk ndòŋ minhɛŋa nì i masee yɔɔsonā; dì nìŋlàk i kèdɛ ɓēba ŋem nì tamâ; dì hendhànàgà mìŋem, dì ɔ̀ɔ̀nàgà kì ɓès ni ɓès. ⁴Ndi i ŋgèdà lɔŋgɛŋēm i Nyambɛ Ǹtɔhɔ̂l wès i nēnɛ, yàk nì gweha à ŋgwēs ɓoòt, ⁵ha nī nyɛn à tɔhɔl ɓěs, hà inyùu ɓē lɛ dì bigwèl minsɔn kìkìi ɓòt ɓa tee sēp, ndik īnyùu kɔ̀nàŋgɔɔ yeē yɔ̀tama, i ŋgèdà à nughɛnɛ ɓès i kèdɛ lìgwee lī yɔndɔ, à timbīs ki ɓès yɔndɔ yɔndɔ nì ŋgùy Mbuu M̀pubi, ⁶nu à kop ī ŋgìi yês ŋgàndàk kîyaga inyùu Yēsù Krǐstò Ǹtɔhɔ̂l wès, lɛ ndi, ⁷lakìi dì ŋkelā lɛ dì tee sēp inyùu kàrîs yèe, di yilā ɓàkàdɓum kǐŋgèdà ɓɔdŋem i nîŋ ɓɔgā. ⁸Bàŋga ini i ye màliga, ndi mɛ̀ ŋgwēs lɛ u yîgyɛ yāga màm mana, lɛ ndi ɓòt ɓa biyìla ɓahemlɛ̀ Nyambê ɓa tɔŋ ī ɓɔ̀ŋ mìnsɔn mìnlam. Màm mana ma ye màlam, ma mɓāhlɛ ki ɓòt. ⁹Ndi kɛŋglɛ ndīgi mìntùmbà mi mambàdgà ma pênà nì mìŋaŋ mi

---

ⁱ**Tit 2: 14** Mànyɔ̀dì 19: 5-6; 1Pet 2: 9

Fìlemòn

1

Màyègà

¹ Paul, mùt mɔ̀k nu Krĭstò Yesù, nì Tìmòteò, mănkeē weès, dì ntìlna Filēmòn, nugwēhaà, nì sɔ ŋgwèlǹsɔn wɛ́s, ² nì nugwēha Àpià kì, ŋoo wes, yàk nì Àrkipò, ʲ sɔlôŋ wès i kède ǹtoŋ sondâ, halā kì nì ǹtoŋ u ŋkɔ̀dɓa ndáp yɔɔ̀ŋ. ³ Kàrîs ì nlòl ni Nyāmbɛ Tàta wès, nì Ŋwèt lɛ Yesù Krĭstò i ɓa nì ɓèe, nì ǹsàŋ.

Gweha ī Filēmòn nì hemlè yee

⁴ Mè ntī Nyambɛ wêm màyègà ŋgèdà yɔ̀sonā, mè ɓìgdàgà wè mu māsɔɔhè mêm, ⁵ lakìi mè ǹnɔk inyùu gwéha yɔ̄ŋ, nì hemlè yɔŋ ù ŋēba inyùu Ŋwèt lɛ Yesù nì ɓàpubhaga ɓɔɓasonā. ⁶ Lɛ ndi àdnà i hemlè yɔŋ i eba ŋgùy yèe, kàyèle ɓòt ɓa tibil yī lɔŋgɛ yɔ̄sonā i ye ī kède yɛ́s inyùu Krĭstò Yesù. ⁷ Inyŭlē mè bikòn masee ŋgandàk, ɲ̀ɛm wêm u kós ki hɔ̀gɓɛ́ inyùu gwēha yɔ̄ŋ, à mantàtâ, lakìi mìɲɛm mi ɓapūbhaga mi ɲ́yɛ̀gɓɛ inyùù yôŋ.

Paul à nsɔ̄ɔhɛ Filēmòn inyùu Ònèsimò

⁸ Jɔn, tɔ̀ lakìi mè gwèe màkend ŋgandàk i Krĭstò i ɓēhɛ wè jàm li kolī, ⁹ ndi inyùu gwēhaà mè nsɔ̄ɔhè ndigî, mè m̀maŋ mût unu lɛ Paul, nì nu yāga à yè mùt mɔ̀k nu Krĭstò Yesù hanânɔ. ¹⁰ Mè nsɔɔhɛ we inyùu ŋkàdɓa mahàà, nì mìndaŋ, yàk nì bìsàŋ bi nlòl i ndɔ̀ŋɔ̀l mben, inyŭlē bi mɓāhal ɓe jaàm jɔkĭjɔ̄, bi ye kì yàŋgà. ¹⁰ Ndi iɓālē ù m̀mál ɓɛhɛ muùt mbagla ŋgèlè yàda nì iɓaà, wɛ̀ɛ kŏm nyē mbūs, ¹¹ inyŭlē ù ɲ́yī lɛ ndòŋ mùt ìni ì ndɔ̄gɔɔ̀p, ì ɓɔ̀ŋɔ̀k kì ɓeba, lakìi ì ŋkwès yɔmɛ̀dɛ ŋ̀kaa.

Bìɓuk inyùu ŋgìm ɓôt

¹² I ŋgèdà mè gaōmol Artēmà, tɔ̀ Tìkikò, nyɔɔ wěnī, nyàmnda yāga i lɔ̀ i měnī i Nìkòpolì, inyŭlē nyɔɔ nyēn mè m̀mál melēs lɛ mbèŋ ì galòo mê. ¹³ Zenà, nu à yè ɲyimbēn, nì Àpolò, nyàmnda kì i tīɓiìl kòòbana ɓɔ lìkè jap, lɛ jàm jɔkĭjɔ̄ li hēŋel ɓaāŋ ɓɔ̄. ¹⁴ Yàk ɓòt ɓes kî ɓa kolī nīgil i lìgìp nì mìnsɔn mìnlam, lɛ iɓālē màm ma nheŋel ɓôt ɓàpɛ, ɓa hola ɓɔ̄, lɛ ndi màtam ma sèt ɓâŋ ɓɔ̄.

Bìsày

¹⁵ Bòt ɓɔɓasonā, mè nì ɓɔ dì yè lòŋ, ɓa ɲ́yegā wɛɛ̀. Yègna ɓès ɓɔɓasonā ɓa nsìŋgɛ ɓes i kède hēmlè. Kàrîs i ɓa nì ɓèɛ̀ ɓɔɓasonā.

ʲ**Fìle 1: 2** Kòl 4: 17

tìtìs yɛm mǎn ìni lɛ Ònèsimò, ᵏ nu mè bigwēlel i kède ŋgàdà yèm, ¹¹ nu à ɓe hola ɓē we jàm i ŋgèdà bìsu, ndi hanânɔ à yɛ lɛ à hola wɛ̂, yàk mèmède kî. ¹² Nye nū nyēn mè ntìmbis ki wěnī, lɛɛge nī nye, à yè ŋem wêm mèmède. ¹³ Ndi mɛ̀ ɓe gwɛ̂s pàgɓe nye měnī, lɛ à gwèèlàk mɛ̀ ǹsɔn kìkìi ǹlìmìl inyùù yɔ̌ŋ, hana kìi mɛ̀ kèŋi nì ŋgàdà inyùu Ŋwìn Ǹlam, ¹⁴ ndi mè bisòmbol ɓe me ɓɔ̌ŋ jâm mukède letèè mè yi mahɔŋɔ̂l mɔŋ, lɛ ndi lɔ̄ŋge yɔ̂ŋ i nēnɛ ɓaāŋ wěŋɔ̀ŋlɛ ɓa nheles we ǹhelhàk, ndik īnyùu sòmbòl yɔŋ wɛmède. ¹⁵ Inyŭlē ɓebeèk à biɓāgla ni wè ndèk ŋgeŋ inyùu jàm lini lɛ ndi u kɔ́s kì nyɛ ɓɔ̀ga ni ɓɔ̀ga, ¹⁶ hà kìkìi ŋkɔ̀l ha ɓee, ndi ìlɔ̀ɔ yaga ŋkɔ̀l, halā à yè lɛ, kìkìi mǎntàta nū gwēhaà, i ɓā nī lɛ̄ à yè mè mǎnkēē, ɓòo nì ŋgèlè yaŋen inyùù yɔ̂ŋ, lakìi à edi nì wè minsòn, nì i Ŋwět. ¹⁷ Jɔn, i ɓā nī lɛ u ŋāŋ me kìkìi mùt à gwèè àdnà nì wè, wèè lɛɛge nyē wěŋɔ̀ŋlɛ mèmède nû. ¹⁸ Ndi iɓālē à biɓɔ̌ŋ we jàm li tee ɓē sep, tɔ̀lɛ pil wɔn ù mɓàt nye, wèè mè nyɛn ɓàdak wɔ̄. ¹⁹ Mɛ̀ Paul nyɛn mè ntìlna we hālā nì wɔ̀ɔ wêm mèmède lɛ mè gasāa wɔ. Ndi halā à tà ɓe wěŋɔ̀ŋlɛ mè ŋkàl lɛ u gwèe ɓē me pīl umpe lɛ nìŋ yɔŋ wɛmède. ²⁰ Yoô', à mantàtâ, ɓalɛ mè ɓak lɛ mè ɓana mahola māna wěnī i Ŋwět. Ɓɔ̌ŋ nī ŋem weěm lɛ u yēgɓe ī Krǐstò.
²¹ Mè ntìlna yaā we màm mana inyŭlē mè mɓōdol manoglà mɔŋ ŋem, lakìi mè ńyī lɛ u gaɓɔ̌ŋ ìlɔ̀ɔ kìi mè ŋkàl. ²² Ndi kòòbana kì mè hɔma lìlelel nlèlèm ŋgedà, inyŭlē mè mɓɔ̄t ŋem lɛ, inyùu màsɔɔhɛ̀ manân dì gatēhna.

Màyègà ma nsōk

²³ Èpafrà, ˡ sɔ ŋkom wêm i Krǐstò Yesù, à ǹyegā wɛɛ, yàk Markò, yàk Àrìstarkò, ᵐ ²⁴ yàk Demàs, ⁿ halā kì yàk Lukàs, ᵒ ɓasɔ ɓêm ɓa ɓagwèlǹson. ²⁵ Kàrîs ì Ŋwèt lɛ Yesù Krǐstò i ɓa nì mìmbuu minân.

ᵏ**Fìle 1: 10** Kòl 4: 9

ˡ**Fìle 1: 23** Kòl 1: 7; 4: 12

ᵐ**Fìle 1: 23** MB 19: 29; 27: 2; Kòl 4: 10

ⁿ**Fìle 1: 24** Kòl 4: 14; 2Tìm 4: 10

ᵒ**Fìle 1: 24** Kòl 4: 14; 2Tìm 4: 11

Lòk Hebèr

1

Nyambɛ à bipɔ̄t looŋnì Màn weè

¹ Nyambɛ à mǎl pōdhɛnɛ ɓasogolsògòl kòba nì kwàŋ bìpès bìpès nì mànjěl mànjèl i kède ɓàpodôl, ² halā nyēn lisūk li dilɔ dini à bipōdhɛnɛ ɓes lòŋnì Màn weè, nu à tee ŋ̀kòdòl màm mɔmasonā, à hěk kì ŋ̀kɔ̀ŋ hisi lòŋnì nyɛ. ³ Nyɛn à yè ɓày i lipem jee nì ǹtîîk ndembèl ì ɓa yee, à kòhlɛ kì màm mɔmasonā nì lìpodol li lipemba jee. I ŋgèdà à mǎl pūbus biɓeba gwes, hanyēn à yěn hīsī nyɔ̀ɔ ŋgìŋgiī i wɔ̀ɔ̀ waalōm u Nyambɛ nū lìpem; ⁴ lakìi à těmb tēl i nlɔ̀ɔ̀ i aŋgèl, wèɛ à kǒs jòy li nlɔ̀ɔ̀ ìjap ŋgàndàk màlòo.

Màn weē à nlɔ̀ɔ̀ aŋgèl

⁵ Inyǔlē ìmbɛ aŋgèl à kǎl tɔ̀ kɛl yadā lɛ,
Wěn ù yè mè Mǎn;
Lěn ìni nyɛn mè ŋ̀gwal wê? ᵖ
Tɔ̀lɛ, Mè gaɓā nyɛ Ìsaŋ,
nyɛ kî à gaɓā mɛ Mǎn? ᑫ
⁶ Ndi kɛl à ŋ̀kondē pamna mɓòggwee ŋkɔ̀ŋ hisi, à ŋkàl lɛ,
Aŋgèl Nyambɛ yɔ̄sonā i ɓeges nyē.
ʳ

⁷ Ndi inyùu āŋgèl à ŋkàl lɛ,
Nu à ńyìlha aŋgèl yee mbèbi, yàk nì ɓa ɓā ŋgwèlel nyɛ lìndòmbò li hyee. ˢ

⁸ Ndi inyùu Mǎn, nyɛ,
Yèènɛ yɔŋ anè i ye m̀ɓa ni m̀ɓa, ɓɔ̀ga ni ɓɔ̀ga, à Nyambê, jày li mbɔk li anè yɔŋ li ye jày li tɛlêbsep.
⁹ Ù ŋgwēs tɛlɛɛ̀bsep, ù ɔ̀ɔk lìyànmben;
inyǔhālā nyēn Nyāmbeɛ̀, Nyambɛ wɔ̀ŋ,
à bihɔ̄ɔ wɛ lāŋ masee ìlɔ̀ɔ̀ ɓàsɔlôŋ ɓɔŋ. ᵗ
¹⁰ Nì lɛ,
Wɛ̀, à Ŋwet, ù tɛk hìkùù hi hisi biɓèe, yàk ŋgìì yɔsonā i ye ǹsɔn u mɔɔ mɔŋ;
¹¹ ɓɔn ɓa gacība, ndi wɛ̀ ù yìi ndīgi hà;
ɓɔɓasonā ɓa gaǔn kìkìi èŋg;
¹² Ù gahōt ki ɓɔ̄ kìkìi hōbna, ndi ɓa gahèŋhana kìkìi mbɔ̄t.
Ndi wɛ̀ ù yè kàyàda,
ŋwìì ŋwɔŋ mi gamàlɓa ɓee. ᵘ
¹³ Ndi ìmbɛ aŋgèl à kǎl tɔ̀ kɛl yadā lɛ,
Yěn wɔ̀ɔ̀ wêm waalōm,
lɛtɛ̀ɛ̀ mè yîlha ɓaɓala ɓɔ̄ŋ kèhnɛ makòò mɔŋ?
¹⁴ Ɓàa hà aŋgèl yɔsonā ɓe yɔn i ye ndīgi mìmbuu mi ŋgwèlel Nyambɛ ǹsɔn, mìŋɔmɔ̂k i hōla ɓa ɓā gakòdol tɔhî?

ᵖLH 1: 5 Hyěm 2: 7
ᑫLH 1: 5 2 Sàm 7: 14
ʳLH 1: 6 Hyěm 97: 7
ˢLH 1: 7 Hyěm 104: 4
ᵗLH 1: 9 Hyěm 45: 7-8
ᵘLH 1: 12 Hyěm 102: 26-28

2

Ndòŋ tɔhi kēŋi

¹ Inyŭhālā nyēn i nsòmbla lɛ di yɔ́ŋ yīhɛ ŋgandàk inyùu màm dì binɔ̄k, dì tiga lɛ dì yôm. ² Inyŭlē iɓālē ɓaŋga i pōda mānyɔ̀ ma aŋgèl i sɛ̀t ɓēe, ndi hi lilɛla līi mben nì hi lindɔgɓɛnɛ bi kŏs ǹsaâ u kolī, ³ lɛlaa ɓḗs dì gapēy iɓālē dì mɓīda ɓe ni ndòŋ tɔhi kēŋi ìni? Yɔ yaga yɔn i pōda nì Ŋwèt biɓèe, ɓòt ɓa nɔ̄k yɔ̄ ɓa londōs ɓes yɔ̄ ǹtîîk, ⁴ Nyambɛ à kòndgɛ kì yindɛ mbogī lòŋnì ɓɔ, ɓɔ̀ bìyìmbnɛ, ɓɔ̀ màm ma helha, ɓɔ̀ mìmpemba mi mâm nyà nì nyà, ɓɔ̀ màkàbàk ma Mbuu Ṁpubi, kĭŋgèdà sòmbòl yee.

Ṁɓògnàǹlòŋ tɔhî

⁵ Inyŭlē Nyambɛ à sùhus ɓē ŋkɔ̀ŋ hisi u nlɔ̀, u dì mpōdol hanaànɔ, i sī ànɛ̀ aŋgèl. ⁶ Ndi mùt wàda à tìi ǹtîîk hɔma wadā, à kàlàk lɛ,
Mùt bìnàm à yè ki lɛ u hɔŋɔl nyē?
Mǎn mùt ki lɛ u tôŋ nì nyɛ?
⁷ Ù sùhus nyē ndèk ŋgèdà i sī āŋgèl;
Ù ɛ̄ŋ ki nyē ǹtut lipem nì u biɓegês;
ù nidīs nyɛ mìnsɔn mi mɔɔ mɔŋ;
⁸ ù sùhus yāga maàm mɔmasonā i sī màkòò mee. ᵛ
Inyŭlē i kède lìsùhlàk à sùhus màm mɔmasonā i sī yeē, jàm jɔkĭjɔ̄ li yēglɛ ɓē lɛ à sùhus ɓe jɔ i sī yeē. Ndi lɛtɛ̀ɛ̀ nì hanànɔ dì ǹtɛhgè ɓe lɛ màm mɔmasonā ma ye màsùhlaga i sī yeē. ⁹ Ndi dì ntēhɛ Yesù, nu à sùhlana ndèk ŋgèdà i sī āŋgèl, ɓàɛ̀ŋgɓaga ni ǹtut lipem nì u biɓegês lakìi à sɔn njɔ̄nɔk lɛtɛ̀ɛ̀ nì i nyɛ̀mb, lɛ ndi a nogda nyɛ̀mb miŋɔ̄ mi ɓoòt ɓaɓasonā kĭŋgèdà kàrîs Nyambê.

¹⁰ Inyŭlē i kɔ̀la nì nyɛ, nu màm mɔmasonā ma yenē inyùu yeē, ma hèga kì nì nyɛ, i pāmnà ŋgàndàk ɓɔ̄n lipēm, à yīlha mɓògnàǹlòŋ tɔhi yāp pɛlɛs njĕl njɔ̄nɔk. ¹¹ Inyŭlē mùt à mpūbuùs, nì ɓòt ɓa mpūbhànà, ɓɔbasonā yaga ɓa nlòl ni mùt wàda. Jɔ ni jɔn à ǹ́wēl ɓe nyuu i sèbèl ɓɔ lɛ lògisāŋ, kìkìi à ŋkàl lɛ,

¹² Mè ga-āŋlɛ loògtatà jòy jɔŋ,
Mè gatûbul wɛ cèmbi di biɓegês i ŋgèmbɛ lìkɔ̀da. ʷ

¹³ Nì lɛ,
Mè gaɓèl ndigi nyē mǐs. Nì lɛ,
Nŭnkì, mèmèdɛ nì ɓɔ̌n Nyāmbɛ à bitī meè. ˣ

¹⁴ Halā kìi ɓɔ̌n ɓa gweē màcèl nì mìnsòn, wɛ̀ɛ yàk nyɛmèdɛ à yɔ̀ŋɓa jògà mu ī kèdɛ ǹlèlèm halā, lɛ ndi a noŋōl ī nyɛ̀mb i yūŋguùs nu à gwèe ŋgùy nyɛ̀mb, halā à yè lɛ ǹsɔ̀hɔ̀p, ¹⁵ Lɛ a nyɔdɔl kì ɓòt ɓaɓasonā, ɓa ɓā ɓeē mìŋkàŋàk kìkìi mìŋkɔ̀l nìŋ yap yɔsɔnā inyùu wɔ̀ŋi nyɛ̀mb. ¹⁶ Inyŭlē à nhōla yaga ɓe aŋgèl, ndi à nhōla liɓɔ̀dɔ̀k li Abràhâm, ¹⁷ jɔ ni jɔn i sòmbla nī nyɛ lɛ a yīla kìkìi lògisāŋ yee i kède màm mɔmasonā, lɛ a tēmb nyà prĭsì kɛŋi i kɔ̀nàŋgɔɔ nì i ndèŋɓè, i kède màm ma Nyambê, lɛ ndi a kwâk biɓeba bi ɓôt ɓee. ¹⁸ Inyŭlē lakìi à sɔn njɔ̄nɔk ŋgèdà nyɛmèdɛ à kŏs mànɔ̀ɔdɛ̀, wɛ̀ɛ à nlà hola ɓôt ɓa ŋkòs manɔ̀ɔdɛ̀.

ᵛLH 2: 8 Hyèm 8: 5-7
ʷLH 2: 12 Hyèm 22: 23

ˣLH 2: 13 Yès 8: 17-18

3

Kristò à nlɔ̌ɔ Mosè

¹ Jɔn, à lôgtatā pūbhaga, ɓèè ɓa nì m̀mâl koōs nsèblà u nlòl i ŋgìi, ɓèŋgnana ŋoma nì prǐsì kɛɲi i pāhaàl yes lɛ Yesù, ² nu à ɓa ndèŋɓɛ̀ bisū bi nu à tee nyē, kìkìi yàk Mosè à ɓa ī kède ndāp Nyāmbɛ yɔ̀sonā. ʸ ³ Inyǔlē à eŋa lē à kòli kòs lipem ìlɔ̌ɔ Mosè, kìkìi ŋ̀ɔŋ ndāp à gwèe bìɓegês ìlɔ̌ɔ ndap yɔ̀mèdɛ. ⁴ Inyǔlē hi ndap nì ndap ì ŋōŋa ni mùt, ndi Nyambɛ nyēn à ŋɔ̄ŋ maàm mɔmasonā. ⁵ Mosè à ɓa yāga ndeèŋɓɛ̀ i kède ndāp Nyāmbɛ yɔ̀sonā kìkìi kīndàk, lɛ ndi a ɓɔ̌k mbògi inyùu màm ma gayīk podaà. ⁶ Ndi Kristò nyen à ŋàne ndap Nyāmbɛ kìkìi Mǎn. Ɓès ɓɔn di yè ndap yeè, i ɓā nī lɛ dì ŋom makòò hisī siìŋsìŋ i kède màkend mes, nì yadɓènè kì ɓɔdŋɛm yes lɛtèè nì lisūk.

Ɓaŋga nɔ̀y inyùu ɓòt ɓa Nyambê

⁷ Jɔn kìkìi yàk Mbuu M̀pubi à ŋkàl lɛ, lěn ìni, iɓālē nì ǹnɔk kiŋ yeè, ⁸ nì nees ɓáŋ mìŋem minân, kìkìi ŋgèdà ɓa sùu mɛ̀, i kēl ɓa tūhbana mɛ̀ ŋɔ̀ŋ, ⁹ hɔma ɓàsogol ɓanân ɓa ɓā nɔ̌ɔdɛ̀ mɛ̀, ɓa ɓoble mê, ɓa tɛhɛ ki mìnsɔn ŋwêm mòm mana mā ŋwii. ¹⁰ Jɔn mɛ nogol hyày hini lìyɔt, mɛ kâl lɛ, ɓa ńyòm ŋgedà yɔ̀sonā miŋēm ŋwap, ndi ɓa ńyī ɓe manjèl mêm. ¹¹ Halā nyēn mɛ̀ kǔm sɔ̀ŋ i kède hìun hyêm lɛ, ɓa gajɔ̀p yaga ɓe i nɔ̀y yêm. ᶻ ¹² Yihnana, à lôgtatà, lɛ mùt nàn wàda à tiga ɓana ɓeba ŋem i ŋgìtɔbhemlè, ndi à lɛhɛl Nyambɛ nū nìŋ ŋem. ¹³ Ndi ɓehnana ɓèè ni ɓèè hikìi kēl, lakìi dì ŋgi gweē kēl ì nsèblana lɛ lèn, lɛ ndi hìpa hi ɓeɓa ini hi nēes ɓáŋ tɔ̀ wàda nān ŋem. ¹⁴ Inyǔlē dì m̀mâl yilā ɓayɔ̀ŋŋgàbà ɓa Kristò, iɓālē dì ŋom makòò hisī siìŋsìŋ lɛtèè nì lisūk i kède kāndaàlnyuu yes dì ɓeè dì gwèe bīɓèe; ¹⁵ hɔma i ŋkèla lɛ, Lěn ìni, iɓālē nì ǹnɔk kiŋ yeè, nì nees ɓáŋ mìŋem minân, kìkìi ŋgèdà ɓa sùu mɛ̀. ¹⁶ Wèè ɓɔ̀nje ɓa sùu Nyāmbɛ ŋgèdà ɓa mǎl nɔ̄k? Ɓàa hà ɓɔɓasonā ɓe ɓa ɓā nyɔ̄di Ēgǐptɔ i sī Mōsè? ¹⁷ Ndi ɓɔ̀nje Nyāmbɛ à ɓa nogôl lìyɔt mòm mana mā ŋwii? Ɓàa hà ɓa ɓā ɓɔ̌ŋ ɓeɓa ɓee, ɓɔn mìm ŋwap mi kwɔ̀ɔ ŋɔ̀ŋ? ᵃ ¹⁸ Ndi ɓɔ̀nje Nyāmbɛ à kùmul sɔ̀ŋ lɛ ɓa gajɔ̀p yaga ɓe i nɔ̀y yee? Ɓàa hà ɓa ɓā ndɔ̄gɔp ɓēe? ¹⁹ Ndi dì ntēhɛ lɛ, inyùu ŋgìtɔbhemlè yap ɓa làa ɓē joòp.

4

¹ Jɔn, lākìi lìkàk li ŋgi yiī lē di joōp ī nɔ̀y yee, wèɛ mìŋem mi nlama ɓoo ɓes màcèl, wàda nān à tiga nɛnɛ kìi mùt lɛ à ǹhêl. ² Inyǔlē ɓa biāŋlɛ yaga ɓes lɔ̄ŋgɛ ŋāŋ ini kàyàda kìkìi ɓɔ̄. Ndi jàm ɓa nɔ̄k li ɓāhlɛ ɓē ɓɔ, inyǔlē ɓòt ɓa nɔ̄k jɔ̄ ɓa lēɛgɛ ɓē jɔ nì hemlɛ. ³ Inyǔlē ɓès ɓa dì bimàl hemlɛ, ɓɔn dì njòp i nɔ̀y î, kìkìi à pɔt lē, Halā nyēn mɛ̀ kǔm sɔ̀ŋ i kède hìun lɛ, Ɓa gajɔ̀p yaga ɓe i nɔ̀y yêm, ᵇ tɔ̀ lakìi mìnsɔn mi mǎl gwèlà ìlɔ̌ yaga biɓèe bi ŋkɔ̀ŋ hisi. ⁴ Inyǔlē à pɔt hɔma nûmpɛ inyùu hìlɔ hi ńyonos disâmbɔk lɛ, Ndi Nyambɛ à nòyoy

---

ʸLH 3: 2 ŊʼB 12: 7
ᶻLH 3: 11 Hyèm 95: 7-11

ᵃLH 3: 17 ŊʼB 14: 29
ᵇLH 4: 3 Hyèm 95: 11

hīlɔ̄ hi ńyonos disâmbɔk inyùu mìnsɔn ŋwee ŋwɔminsonā.ᶜ ⁵ À ŋkònde ki pɔ̄t hana hɔ̀ma nunu lɛ, Ɓa gajòp yaga ɓe i nɔ̀y yêm. ᵈ ⁶ Jɔn lākìi à mɓàk i nɔ̀y ini lɛ ɓàhɔgi ɓa jóp mūkède, nì lakìi ɓòt ɓa ɓŏk nɔ̄k lɔŋɛ ŋāŋ ini ɓa jŏp ɓē mu īnyùu ndɔ̄k yaàp, ⁷ wɛ̀ɛ à ŋkònde naŋa kɛl ìpɛ, lɛ Lɛ̀n, tɔ̀ halā kìi ŋgàndàk ŋwii i tāgɓɛ ɓɛ̂hɛɛ, à kǎl nì nyɔ̀ u Davìd [kìkìi i mɓŏk poda] lɛ,

Lěn ìni iɓālē nì ǹnɔk kiŋ yeê,
Nì neyes ɓāŋ mìŋɛm minân,

⁸ Inyŭlē ɓalɛ ɓɔ Yosùà à ti ɓɔ nɔ̀y î, ki Nyāmbɛ à ɓa ɓē lɛ à yik podôl inyùu kēl ìpɛ. ⁹ Wɛ̀ɛ ɓàŋga nɔ̀y ì ŋgi yīī m̀bàgâk inyùu ɓòt ɓa Nyambê. ¹⁰ Inyŭlē mùt à m̀māl joōp i kède nɔ̀y yee, yàk nyɛ kî à ganɔ̀y inyùu mìnsɔn ŋwee kàyàda kìi Nyāmbɛ à nɔ̀y īnyùu ŋwēe. ¹¹ Jɔn dī nyaāmnda nì ŋgùy, lɛ di jóp mū ɓàŋga nɔ̀y ì, lɛ ndi mùt à kwɔ̀ ɓāŋ mū nlèlèm ndembèl ndɔ̄k. ¹² Inyŭlē ɓàŋga Nyambɛ ī ye yòmi nì ŋgùy, i nhɔ̄ɔ ìlɔ̀ɔ yɔ̀kĭyɔ̀ pànsɔŋ màlɔ̀ imaà, i nsōobɛ ki lētèɛ̀ i ɓagal ɓɔ̀ ŋɛm, ɓɔ̀ mbuu, halā kì ɓɔ̀ mòŋgà, ɓɔ̀ pɔŋɔs bihès, i ye kì ŋkeês màhɔŋôl nì pèk mìŋɛm. ¹³ Hègel yɔkĭyɔ̄ i solī ɓē mbɔ̀m yeè; ndi màm mɔmasonā ma ye ǹsɔ, ma ɓembī kì bisū bi nu dì ǹlama tîmbhè.

Yesù, prĭsì keŋi

¹⁴ Jɔn lākìi dì gwèe ìni ndòŋ prĭsì keŋi, ì ì yè ɓàjòbga i ŋgìŋgìì, Yesù, Mǎn Nyāmbɛɛ̀, wɛ̀ɛ di adɓɛ nī ni pāhaàl yes. ¹⁵ Inyŭlē dì gwèe ɓē priīsì keŋi ì ì nlà ɓe nogda njiihà ɓɔ̀mb yes, ndigi ì ì m̀māl nɔ̄ɔdana manjèl mɔmasonā ǹlèlèm yaga kìkìi ɓès, iɓaɓe nyɛ ɓɔ̄ŋ ɓeba. ¹⁶ Di kŏgɛ nī ɓɛɓɛ̀ɛ̀, nì màkend, i yèɛnɛ karîs, lɛ ndi di kŏs kɔ̀nàŋgɔɔ, di lebā kì kàrîs i hōla ɓès i ŋgèdà màhola mā nsòmblà.

5

¹ Inyŭlē hi prĭsì keŋi, lakìi ì ńyòŋa i kède ɓòt, ì ntēeba inyùu ɓòt i kède màm ma Nyambê, lɛ ndi i kɛnā màkèblà nì bìsèsɛmà inyùu bìɓeba. ² À nlà ki ɓāna tɔmbā ŋɛm inyùu ɓòt ɓa gwēē ɓē yi, ɓa yomŏk kì, inyŭlē ɓɔ̀mb i ŋkēŋa ki nyēmèdɛ, ³ nì lɛ, lakìi i ye hālā, à ǹlama kɛnā bisɛsɛmà inyùu bìɓeba inyùù yeē nyɛmèdɛ, kìkìi à ŋkɛ̀na inyùu ɓòt. ⁴ Ìlɔ̀ɔ kì halā, mùt à ńyɔ̀ŋ ɓe lipem li nì nyɛmèdɛ, ndigi nū à m̀māl koōs nsèblà nì Nyambê, ǹlèlèm yaga kìkìi Āaròn. ᵉ ⁵ Halā nyɛ̄n tɔ̀ Krĭstò à yòɓbaha ɓē nyɛmèdɛ lɛ a yilā prĭsì keŋi, ndigi nū à kǎl nyē lɛ, Wɛ̆n ù yè mè Mǎn; lěn ìni nyɛn mè ŋgwal wê. ᶠ ⁶ Kìkìi à ŋkàl hɔma nûmpɛ lɛ, Wɛ̆n ù yè prĭsì ɓɔ̀ga ni ɓɔ̀ga kĭŋgèdà lìɓâk li Mɛlkīsèdèk. ᵍ ⁷ Dìlɔ Yēsù à ɓanɛ mīnsòn, à ɓa yagàl nu à nlà tɔhɔl nyɛ nì nyɛ̀mb, à yɛmhègè kì nyɛ, à lɔndɔ̂k màkeŋi nì gwĭhà i mĭs, ndi à kŏs kì ndìmbhè, inyŭlē à ɓa siŋgɛ̀ nyɛ ŋēm. ⁸ Ndi à nigil mànoglà i kède màm à sɔn njɔ̄nɔk, tɔ̀ halā kìi à ɓa Mǎn. ⁹ Ndi à pam ɓāŋ pēlɛs, à yilā lipìgil li tɔhi ɓɔ̄gā inyùu ɓòt ɓɔ̀basonā ɓa nnogol nyɛ, ¹⁰ Nyambɛ à sèbel kì nyɛ lɛ prĭsì keŋi kĭŋgèdà

ᶜLH 4: 4 Bìɓ 2: 2
ᵈLH 4: 5 Hyèm 95: 11
ᵉLH 5: 4 Màn 28: 1
ᶠLH 5: 5 Hyèm 2: 7
ᵍLH 5: 6 Bìɓ 14: 18-20; Hyèm 110: 4

lìɓâk li Mɛlkīsèdèk.

Màɓehna inyùu lēheèl Nyambɛ ŋem

¹¹ Inyùu yeē dì gwēe ŋgàndàk màm i pōdoòl, ndɔ̀ŋɔ̀l yàp kî ì yè ǹlɛ̀dɛk, lakìi nì ǹtêmb ndiìŋhà i nɔ̄gaà. ¹² Inyǔlē ŋgàndàk ŋgèdà ì m̀mâl tagɓɛ̀ lɛ nì ɓak lɛ nì ɓa ɓalêt, ndi i ŋgi kôndgè sòmbla lɛ mùt a niiga ɓèè biɓuk bi mɓòk i kède màeba ma Nyambê; nì m̀mâl ki yìla ɓôt ɓa ŋkɔ̀la ni mànyûŋ, hà ɓàŋga bijɛk ɓee. ¹³ Inyǔlē mùt nyɛkǐnyē à nnyūŋ manyuùŋ, à ǹtiblàk ɓe mɛyā ni màeba ma tɛlêbsep, inyǔlē à yè ŋkeŋee. ¹⁴ Ndi ɓàŋga bijɛk i ye īnyùu bìneŋha bi ɓôt, bi bī nhyānda i kède màhɔŋɔ̂l map lɛ ɓa yi ɓāgal jaàm lìlam nì jàm lìɓɛ.

6

¹ Jɔ ni jɔn dī nya ŋwàs ndugi biɓuk bi mɓòk bi maeba ma Kr̃istò, ndi di ligīp ī nāŋ kōŋkoŋ. Dì kòndɛ ha ɓáŋ tēk hikùù hi ɓɔ hyɛ̀lŋem i pāmɓà nì mìnsɔn mìŋwoga, ɓɔ̀ hemlè dì nhēmlɛ Nyambɛè, ² tɔ̀ ɓɔ̀ màeba ma nya nì nyà masòblɛ̀, ɓɔ̀ ma i kèhì mɔ̀ɔ̀ i ŋɔ̄, nì ma litùgè li ɓawɔ̄ga, nì ma mbagī ɓɔ̀ga. ³ Ndi dì gaɓɔ̀ŋ halà, iɓālē Nyambɛ à ǹnɛɛɓɛ̀.

⁴ Inyǔlē ɓôt ɓa mmâl koōs mapubi, ɓa nnogda ki lìkèblà li bilòl i ŋgii, ɓa kǒs yāga ŋgaɓà Mbuu M̀pubi, ⁵ ɓa nogda ki lɔ̄ŋgɛ lìpodol li Nyambɛè, yàk nì mìmpemba mi mâm mi ŋgèdà ì galɔ̀ɔ, ⁶ ndi ɓa yik caba pès ìpɛ, wɛ̀ɛ mùt a tà ha ɓe lɛ à timbīs ɓɔ yɔ̀ndɔ, ndi ɓa hyɛ̂l mìŋɛm,

lakìi ɓɔmɛ̀dɛ ɓa ntòmol Man Nyāmbɛ mbāsa yɔ̀ndɔ yɔndɔ, ɓa ŋ́wēha ki nyē nyùu mɓàmba. ⁷ Inyǔlē bìtèk nɔ̀p à yè à nôl, iɓālē bi nha bijɛk bi kolī jēba ni ɓàsal, wɛ̀ɛ bi ŋkòs jogà li masɔda ni Nyāmbɛè. ⁸ Ndi iɓālē bi ŋòs ndigi mìendi nì njom, wɛ̀ɛ bińyīk cìlà, bi ta ɓē ki lē bi tɛk tiìhànà, ndi bi gasōk siihànà.

Hi mût a nyâmnda ī yōnoòs ɓɔdŋem yee

⁹ Ndi, À ɓagwēhaà, tɔ̀ lakìi dì mpōt halà, dì mɓōdol màm ma nlɔ̀ɔ mana ŋem inyùu nàn, nì màm ma tiŋī yāga ni tōhiì. ¹⁰ Inyǔlē Nyambɛ à tà ɓe mût à tee ɓē sep lɛ a hoya ǹsɔn nàn, tɔ̀ i gwēha nì biēba inyùu jòy jee, lakìi nì bihōla ɓapūbhaga, nì kìkìi nì ŋgi holgà ɓɔ. ¹¹ Ndi ŋgǒŋ ì gwēe ndīgi ɓès lɛ, ɓèè ɓɔbasonā hi muùt a nyâmnda ǹlèlèm yaga lɛtèɛ̀ nì lisùk i yōnoòs ɓɔdŋem yee, ¹² lɛ nì tèmb ɓáŋ ɓòt ɓa ndîŋhà, ndi ni kona ɓàkòdòl ɓum i nlòl makàk inyùu hēmlɛ nì nihɓè.

¹³ Inyǔlē ŋgèdà Nyambɛ à tinɛ Àbràhâm lìkàk, lakìi à ɓa ɓē à gwēe mùt à nlɔ̀ɔ nye lɛ a kǔm nyē sɔ̀ŋ, jɔn à kǔm nyēmɛ̀dɛ sɔ̀ŋ, à kâl lɛ, ¹⁴ Mɛ̀ gasàyap wɛ sàyàp nì sàyàp, mɛ ɓulūs kì wɛ̀ ɓùlùs nì ɓùlùs. ʰ ¹⁵ Halà nī nyen à hoŋɓa ɓáŋ nì ndèŋɓè, à pam lìkàk. ¹⁶ Inyǔlē ɓôt ɓa binàm ɓa ŋkùm nu à nlɔ̀ɔ ɓɔ sɔ̀ŋ, ndi i kède pèèna yap yɔsonā, i sɔ̀ŋ ì yɔ̌n ì yè lìsugul li maliga ma hɔp. ¹⁷ Ndi lakìi i ye hàlà, wɛ̀ɛ Nyāmbɛ kì à kǔm sɔ̀ŋ, inyǔlē à nsòmbol lɛ a loōha ēba ɓakàt ɓum i nlòl makàk lɛ, ŋgòòɓà yèe ì tà ɓe lɛ ì pîŋglà; nì lɛ a ledēs

---

ʰLH 6: 14 Bìɓ 22: 16-17

ɓès miɲɛm, ¹⁸ɓès ɓa dì bisòŋa nɔ̂m yes, dì pagāp i nyēnī, lɛ di kobda ɓɔ̄dŋɛm mɔ̀ɔ, i ī niŋī ɓès bisū, hɔ̀ma à gwèlèl ɓès mana màm mɔ imaà ma nlà ɓe pîŋglà, màm Nyambɛ à tà ɓe lɛ à tɛmbeè. ¹⁹Ini ɓɔ̄dŋɛm yɔn mìŋɛm ŋwes mi ŋgwèlèl wɛ̌ŋgòŋlɛ hìkɔ̀bà; hi ye ŋ̀kìbɔ̂ŋ, hi nlɛ̀t kì, hi njòp yaga lɛtɛ̀ɛ̀ hi tagɓɛ yîbnɛ,* ²⁰I hɛ̂t m̀bògbìsu lɛ Yesù à jŏp īnyùù yês, lakìi à tɛ̌mb prîsì kɛŋi ɓɔ̀ga ni ɓɔ̀ga kĭŋgèdà lìɓâk li Mêlkisèdèk.ⁱ

7

Prîsì kĭŋgèdà lìɓâk li Mêlkisèdèk

¹Inyŭlē i Mèlkisèdèk nunu, kiŋɛ Sālɛ̀m, prîsì Nyambɛ Nūŋgìŋgìì, nyɛn à kèɛ ɓɔ̀mà Abràhâm mahūunɛ mee i mbūs nola bīkiŋeè, à sayāp ki nyɛ. ²Ndi Abràhâm à ti nyɛ jòga jada i kède jòm mu gwɔ̀m gwɔbisonā.ʲ Bisū bìsu à ɓa kīŋɛ ì tee sêp, kĭŋgèdà lìkɔ̀blɛnɛ li joy jee; i mbūs ki à ɓa kiŋɛ Sālɛ̀m, halā à yè lɛ, kiŋɛ ǹsàŋ; ³ndi à ɓa ɓē à gwèe ìsaŋ, tɔ̀ nyàŋ, tɔ̀ kààt lìhàà, tɔ̀ bìɓèe bi nɔ̂m, tɔ̀ lìsugul li nîŋ, à têmb ī pòna i Man Nyāmbeè, nyɛn à ɓa ŋgwa prîsì. ⁴Ndi nùnakì, kinjē mùt ŋ̀kɛŋi nunu mùt à ɓa, kàyɛlɛ Abràhâm, sogolsògòl wès, à ǹlama ti nyɛ jòga jada i kède hī jom li tik gwɔm bi mɓùma. ⁵Ìlɔ̀ɔ kì halā, ɓa ɓā ntēeba i kède ɓɔ̀n ɓa Levì lɛ ɓa yŏŋ ǹson prîsì, ɓa nnɔ̀n litìŋ lɛ ɓa ɓát jogà jada i kède hī jom li gwɔm i kède ɓòt, kìkìi mbēn ì mpɔ̄t.ᵏ Ndi ɓa mɓɔ̀ŋ halā ī kède lògisāŋ yap, tɔ̀ lakìi yàk ɓɔ ɓa lŏl yāga i ɓòbôk i Abràhâm. ⁶Ndi mùt nunu, nu à tà ɓe mûut wăp lìhàà, nyɛn à yŏŋ jòga jada i kède jŏm yak Ābràhâm, à sayāp ki nū à ɓa à gwèe màkàk. ⁷Ndi pèndà yòkĭyɔ ì ta ɓee, lɛ nu ǹtidigi à nsàyɓana ni nū à nlɔ̀ɔ nyɛ. ⁸Hana* kî, i ɓòt ɓa ŋ́wɔ ɓɔn ɓa ńyɔ̀ŋ jogà jada i kède jŏm; ndi nyɔ̂ɔ̌ wàda à ǹyɔ̀ŋ yɔ, nu mbògi ì mpɔ̄t lɛ à yìi ī nîŋ. ⁹Ndi kìkìi mè yè lɛ mɛ kâl, yàk Levì, nu à ńyɔ̀ŋ jogà jada i kède jŏm, nyɛn à saa ndīgi yɔ̀ i kède Ābràhâm, ¹⁰inyŭlē Levì à ɓa à ŋgi yìì i ɓòbôk isāŋ i ɓɔ̀ma Mèlkisèdèk à ɓɔ̀ma Àbràhâm. ¹¹Inyŭlē ɓalɛ ɓɔ ndi pēlɛs i ɓa i sī ǹson prîsì Lòk Levì [inyŭlē i sī yeē nyɛn ɓòt ɓa kùhul mbēn], wèè kinjē jàm li ɓā li ŋgi soòmblàgà lɛ, nyà prîsì ìpɛ i pam kĭŋgèdà lìɓâk li Mêlkisèdèk, nyà ì ŋēŋa ɓe kĭŋgèdà lìɓâk li Aaròn? ¹²Inyŭlē lakìi ǹson prîsì u nhèŋlà, wèè i nsòmbla ndìgi lē yàk mben i hɛ̄ŋla. ¹³Inyŭlē inyùù mùt nu màm mana ma mpōdaà, à yè mùt à nlòl litēn lìpɛ, mùt nyɛkĭnyē mu à ŋ̀edgè ɓe nyɛmède nì jùu li bisèsɛmà. ¹⁴Inyŭlē i ńyīna mɓàmba lɛ Ŋwɛ̀t wês à pemel ī Yūdà, litēn Mōsɛ à pɔt ɓē jaàm jɔkǐjɔ̄ inyùu bìprîsì. ¹⁵Ndi i ŋgi lôhàgà yina halā, lakìi nyà prîsì ìpɛ ì mpām i pòna Mèlkisèdèk, yɔ̀n i yìlā prîsì, ¹⁶hà kĭŋgèdà mben ì lìtìŋ li minsòn ɓee, ndi kĭŋgèdà ŋgùy nìŋ i gweē ɓē lisuk. ¹⁷Inyŭlē mbògi ì mpɔ̄t ndigi lē, Wɛ̄n ù yè prîsì ɓɔ̀ga ni ɓɔ̀ga kĭŋgèdà lìɓâk

---

*LH 6: 19 Yìbnɛ: halā à yè lɛ, yìbnɛ i kède lāp nì i kède tēmpèl, yɔn i ɓā ɓagaàl hɔ̀ma m̀pubhaga nì hɔ̀ma à nlòòha mpubhaga: Màn 36: 35; LL 16: 2
ⁱLH 6: 20 Hyèm 110: 4

ʲLH 7: 2 Bìɓ 14: 17-20
ᵏLH 7: 5 Ŋ̀B 18: 21
*LH 7: 8 Hana: halā à yè lɛ, inyùu ɓɔ̀n ɓa Levì; ndi nyɔ̂ɔ̌: halā à yè lɛ, Mèlkisèdèk

li Mêlkisèdèk. [l]

[18] Inyŭlē lìtìŋ li ɓǒk tīnaà li nhɔ̄hla lakìì li ɓā ɓɔɔ̀mb, [19] li ɓāhal ɓē tɔ jàm [ŋgɔ̀ mben ì tìmbis ɓē jaàm jɔkĭjɔ̄ pēlɛs], ɓɔdŋɛm i yoni yɔn i nlɔ̀ ŋɔ̄ wee. Inyùù yeē ki nyēn dì ŋkòògɛ ɓɛɓèɛ̀ nì Nyambê.

[20] Ndi halā à ɓòŋa ɓē i ɓa ɓe kùm sɔ̀ŋ. [21] Inyŭlē ɓɔ ɓayìla yāga biprĭsì iɓaɓe kùm sɔ̀ŋ, ndi Yesù à yilā yɔ̀ inyùu kùm sɔ̀ŋ ì nu à kǎl nyē lɛ, Ŋwět à kŭm sɔ̀ŋ, ndi à gatām ɓee, wɛ̄n ù yē prĭsì ɓɔ̀ga ni ɓɔ̀ga kĭŋgèdà lìɓâk li Mêlkisèdèk,[m] [22] Halā nyēn Yesù à mǎl lēk tol i yōnoòs màlombla ma nlɔ̀ɔ̀ mâ. [23] Ndi ɓɔ ɓa yìla yāga biprĭsì ŋgàndàk, inyŭlē nyěmb ì ùmɛ ɓē ɓɔ lɛ ɓa teēŋɓɛ nì n̂sɔn wap. [24] Ndi nyɛ, lakìì à nnɔ̀m ɓɔgā ni ɓɔ̀ga, wɛ̄ɛ màhèŋhà ma ta ɓēe i kède n̂sɔn wee prĭsì. [25] Jɔ ni jɔn à nlà ki tɔ̄hɔl ɓaŋā lìtɔhlàk ɓòt ɓa ŋkòògɛ ɓɛɓèɛ̀ nì Nyambɛ̄ īnyùu jòy jee, lakìì à yìi ī nìŋ m̀ɓa ni m̀ɓa lɛ a yɛ̄mhɛ īnyùù yâp.

[26] Inyŭlē ìni ndòŋ prĭsì kɛŋi yɔ̌n ì kɔ̀la yāga ni ɓès; ì pubi, ì ɓangà lɔŋɛŋēm, ì ì yē pɛŋgɛnɛŋgɛ, ì ì m̀mál ɓagla ni ɓàɓɔ̀ŋɓeba, nì ì kèhi yāga ŋgìŋgìì. [27] I nsòmbla ɓe ni nyē hi kɛl nì kɛl lɛ a kɛnā bìsɛ̀sɛ̀smà, kìkìì ī biprĭsì bìkɛŋi bìpɛ, bisū bìsu inyùu bìɓeba gwee nyɛmède, ndi tɔ̀ à ńyĭk ti īnyùu bī ɓoòt, [n] inyŭlē à ɓɔ̌ŋ hālā ŋgèlɛ yàda inyùu yɔ̄sonā hɔ̀ma à sɛ̀m nyɛ̄mède. [28] Inyŭlē mben ì ntēe ɓoòt i ɓā bìprĭsì bìkɛŋi, tɔ̀ lakìì ɓa mɓɔ̀mb, ndi ɓàŋga i likùm sɔ̀ŋ i lǒl mbūs mbēn, yɔn i tēe Mǎn, nu à pam pēlɛs i ɓɔ̀ga ni ɓɔ̀ga.

8

Prĭsì kɛŋi ì màlombla ma yɔndɔ

[1] Ndi ŋ̀ɔ jâm i kède màm dì mpɔ̄dol hana wɔ ūnu lɛ, dì gwèe ndòŋ prĭsì kɛŋi ìni, ì ì ńyɛ̀n hisī nyɔ̄ ŋgìi, i wɔ̀ɔ̀ waalōm u yeēnɛ anè i nu à kèhi. [o] [2] Nyɛn à yē ǹlìmil hɔ̀ma à nlòòha mpubhaga, nì nu ɓaŋa lāp Ŋwět à ɔŋ, ndi hà mùt bìnàm ɓee. [3] Inyŭlē hi prĭsì kɛŋi ì ntēeba lɛ i kɛnā màkèblà nì bìsɛ̀sɛ̀smà, jɔ ni jɔn i nsòmbla lɛ yàk ìni prĭsì kɛŋi i ɓana yɔ̀m i kɛ̀nà. [4] Ŋgɔ ɓalɛ à ɓak munu hisī, ki à ɓak ɓe lɛ à ɓa yaga prĭsì, lakìì bìprĭsì bi ŋgi kêŋgà màkèblà kìkìì mbēn ì ŋkàl. [5] Gwon bi mɓòŋol yīmbnɛ nì tìdiī i maàm ma ŋgìì, kìkìì Nyāmbɛ à ɓehɛ Mōsè ŋgèdà à ɓa sombòl ɔŋ lap, à kǎl nyɛ lē, ù yihgè lɛ u uŋgūs gwɔ̀m gwɔbisɔnā kĭŋgèdà ndèmbèl ì biùndna we mū hĭkòa. [p] [6] Ndi hanânɔ Krĭstò à m̀mâl yɔɔ̄ŋ nsɔn priīsì kɛŋi u ū nlɔ̀ɔ̀ unu ŋgàndàk màllòo, lakìì à yē ǹ̂at nu màlombla ma nlɔ̀ɔ̀ mâ, ma mā nteeba ŋgìì màkàk ma nlɔ̀ɔ̀ ma bisu. [7] Inyŭlē ɓalɛ ɓɔ ndi màlombla ma bisu ma ɓā ɓē ma gweē n̂sɔ̀hi, ki pōla ì nɛnɛ hā ɓee inyùu ma mā ńyonos imaà. [8] Inyŭlē kìkìì à ŋōm ɓɔ ǹsɔ̀hi, à ŋkàl lɛ, Nùnakì, Ŋwět à ŋkàl lɛ, dìlɔ di nlɔ̀, ŋgèdà mè galōmbol malombla ma yɔndɔ nì ndap Ĭsrăɛl nì ndap Yūdà; [9] hà kĭŋgèdà màlombla mè lombla nì ɓàsaŋ ɓap

---

[l]LH 7: 17 Hyèm 110: 4
[m]LH 7: 21 Hyèm 110: 4
[n]LH 7: 27 LL 9: 7
[o]LH 8: 1 Hyèm 110: 1
[p]LH 8: 5 Màn 25: 40

ɓee, i kēl mè gwĕl ɓɔ̄ wɔ̀ɔ, mè pemes ɓɔ i lɔ̀ŋ Egîptò. Inyŭlē ɓa tèŋɓe ɓē ni màlombla mêm, yàk mè kì mè ɓida ha ɓe mɛ nì ɓɔ; halā nyēn Ŋwĕt à ŋkàl. ¹⁰ Ŋwĕt à ŋkàl ki lē, Mana mɔn ma ye màlombla mè galōmbla ni ndāp Ĩsrăèl i mbūs dīlɔ̄ diì: mè gahā mben yɛèm i kède màhɔŋɔ̂l map, mè gatìla yɔ ī kède mìŋem ŋwap. Mè gaɓā Nyambɛ wàp, ɓɔ kî ɓa gaɓā ɓoòt ɓêm. ¹¹ Ndi mùt à ganīiga ha ɓe sɔlôŋ wèe, tɔ̀ hi mût măsāŋ, i kàl lɛ, Yina Ŋwĕt; inyŭlē ɓɔɓasonā ɓa gayī mɛè, ìɓòdòl nu à nlòòha bitidigi ìkèpam nū à nlòòha bikɛŋi i kède yâp. ¹² Inyŭlē mè gakònol ŋgɔɔ inyùu màm map ma tee ɓē sep, mè gaɓìgda ha ɓe mɛ bìɓeba gwap tɔ̀ màyàn map ma mben kɛlkĭkēl. ᵠ

¹³ Hòma à ŋkàl lɛ, màlombla ma yɔndɔ, wèɛ à m̀mâl timbīs ma mā bisu ǹlòmbi. Ndi jàm li ŋkahal yìla nlòmbi, li ŋkahal ùn, wèɛ li nlɔ ī nyɔ̄y.

9

Lap i ŋkɔ̀ŋ hisi unu, nì i ŋgìi

¹ Ndi halā nyēn tɔ̀ màlombla ma bisu yaā ma ɓā ma gweē màtèŋ ma kolī, ŋădɓàgà nì ǹsɔn biɓegês, nì hòma m̀pubhaga nu ŋkɔ̀ŋ hisi kî. ² Inyŭlē Lap i ōŋa, i bisu, mu nyēn tēenɛ bituŋgɛŋ, nì têblè nì bìkɔ̀ga bi tegi mbɔ̌m Nyāmbɛɛ̀ bi ɓānɛ; yɔn i nsèbla lɛ, hòma m̀pubhaga. ³ Ndi mbūs yìbne i ńyonos biɓaà, Lap i ī nsèbla lɛ, hòma à nlòòha mpubhaga. ⁴ Jùù li binjìnjĩŋ li goòl li ɓā mù, nì ŋkuu malombla, ǹhɔɔ̂k nì gôl hòma nyēnsonā. I kède ŋkuu nyɛn hiɓɛ̀ɛ̀ hi gôl hi ɓā hi gweē Mānà hi ɓānɛ, nì ǹtɔŋgɔ Aarɔn u ū tɔ̄ɔ, nì dìɓambha di ŋgôk di malombla kî. ⁵ Ndi mu ŋgìi ŋkuu bìkèrubìm bi lipem bi ɓānɛ, yìɛ yāp i hōo yāga limomhɛnɛ. Dì tà ɓe lɛ dì la pōdol màm mana hanânɔ jada jada.

⁶ Halā nī nyɛn màm mana ma ɓā ǹteebàgà, bìpri̍sì bi jobòk i ŋgīda bìsu ŋgèdà yɔ̀sonā i gwèl ǹsɔn pri̍sì. ʳ ⁷ Ndi i kède ŋgīda ì ńyonos iɓaà, ndik pri̍sì kɛŋi yɔ̀tama yɔ̌n ì njòp ŋgelè yàda hi ŋwii, hà ǹsɔ ŋgi màcèl ɓee, ma à ntī inyùù yeē nyɛmède, nì inyùu bìlumndà bi ɓôt. ˢ ⁸ Jàm Mbuu M̀pubi à ŋēba mu kède jɔ līni lɛ, njèl i jòp i hòma à ǹlôha mpubhaga ì ǹnɛngè ɓee, lakìi ŋgīda bìsu ì ŋgi tee hà. ⁹ Yɔ̌n ì yè ŋgèn inyùu ŋgèdà ìni hanânɔ; mu nyēn ɓa ŋkèna makèblà nì bìsèsɛmà, bi bī nlà ɓe timbīs muùt à mɓēges Nyambɛ pēlɛs i kède kīŋŋem yeē, ¹⁰ lakìi bi ye ndīgi màtèŋ ma kolī ànɛ minsòn, kìkìi bìjɛjè, nì bìnyɔnyɔ̀, nì nyà nì nyà masòl ma gwɔm, ìkèpam ŋgèdà màm mɔmasonā ma gatībla.

¹¹ Ndi Krı̃stò, lakìi à pam pri̍sì kɛŋi i màm màlam ma galɔ̀ɔ, i kède lāp i ī nlòòha bikɛŋi nì pɛlɛs, i ī ŋoŋa ɓe ni mɔ̀ɔ, halā à yè lɛ, ¹² i ta ɓē kìkìi bìhègel bini, à jŏp ɓē ki tɔ̀ nì màcèl ma biɓep bi kɛmbɛɛ̀, nì ma ɓɔn ɓa nyagà, ndi à jŏp hòma à nlòòha mpubhaga ŋgèlè yàda inyùu yōsonā, nì màcèl mee nyɛmède, ŋgèdà à kùhul ɓès kɔ̂blà ɓɔgā. ¹³ Inyŭlē iɓālē màcèl ma biɓep bi kɛmbɛɛ̀ nì ma

---

ᵠLH 8: 12 Yerèmià 31: 31-34

ʳLH 9: 6 Inyùu 9: 1-6, ɓèŋgɛ Màn 16: 33; pès 25: 10-11, 23 nì 31; ŊB 17: 10

ˢLH 9: 7 Lòk Levì 16: 2-34

ɓalom ɓa nyagà, yàk nì lìɓu li ŋgônd nyagà ɓa ŋŋwēs i ŋgìi ɓā ɓā nlēl bikìlà, ᵗ bi mpūbus inyùu pūbhà minsòn, ¹⁴ wɛ̄ɛ kīnjē ŋgàndàk ì yɛ̀ ìlɔ̀ɔ̀ hâ màcèl ma Krĭstò, nu à sɛ́m nyēmède i mɔ̀ɔ ma Nyambê nì Mbuu wee ɓɔgā iɓaɓe lɛm à gapūbus kiŋŋem nàn inyùu mìnsɔn mìŋwɔga lɛ ndi ni gwelēl Nyāmbɛ nū nìŋ. ¹⁵ Jɔn Krĭstò à yɛ̄ ŋ̀àt nu màlombla ma yɔndɔ, lɛ ndi ɓòt ɓa ye ǹsēɓlàgà ɓa kât ɓūm ɓɔgā i nlòl likàk, lakìi nyɛ̀mb yeē ì ŋkɔ̀bɔl inyùu màlɛl ma mben ma malombla ma bisu. ¹⁶ Inyŭlē hòma lìlàglè li yê, ha nì nyɛn i nsòmbla lɛ ǹlàglɛ̀ a wɔ. ¹⁷ Inyŭlē lìlàglè li gweē ŋgùy ndigi ī ŋgèdà nyɛ̀mb; inyŭlē li gweē ɓē ŋguùy tɔ̀ ndèk i ŋgèdà ǹlàglè à ŋgi yìi. ¹⁸ Jɔn tɔ̀ màlombla ma bisu yaā ma ɓòŋa ɓē ŋgi màcèl. ¹⁹ Inyŭlē i ŋgèdà Mosè à yis ɓòt ɓɔɓasonā hikìi lìtìŋ kìkìi mbēn ì mpɔ̄t, à yɔ̌ŋ màcèl ma ɓɔn ɓa nyagà nì ma biɓep bi kɛmbɛɛ̄, mbòda nì màlep, lòŋnì bìkòyop bi mahùu ma ntomba, nì lìtùk li hisòp, ndi à ŋ̀ŋwɛs macèl mu kàat yɔmède nì i ŋgìi ɓòt ɓɔɓasonā, à kāl lɛ, ²⁰ Mana mɔn mà ye màcèl ma malombla Nyāmbɛ à bitēenɛ ɓee. ᵘ ²¹ À ŋ̀ŋwɛs ki màcèl halā mū ī Lāp, nì i ŋgìi bìgwèlel bi nsɔn gwɔbisonā mu kède. ᵛ ²² Ndi kĭŋgèdà mben ɓèɓèē nì màm mɔmasonā ma mpūbhana ni màcèl, ŋwèhèl maɓɛ kī i ta ɓē lɛ i ɓa iɓaɓe lɛ màcèl ma kuɓâ. ʷ

Sèsemà lɛ Krĭstò yɔn i nhèa ɓeba

²³ Inyùu hālā i nsòmbla lɛ, dìhègà di mâm ma ŋgiī dini di mpūbhana ni nyà bisèsemà ini; ndi màm ma ŋgiī mɔ̀mède ma nlama pubhana ni ɓàŋga bisèsemà i nlɔ̀ɔ̀ bini. ²⁴ Inyŭlē Krĭstò à jǒp ɓē hɔma m̀pubhaga à ŋ̀oŋa ni mɔ̀ɔ, nu à yɛ̄ ndèmbèl ɓàŋga hòma m̀pubhaga; ndi à jǒp lētèè nì i ŋgìi yɔ̀mèdɛ, lɛ ndi a pam mbɔ̌m Nyāmbɛ hānaànɔ inyùu yês. ²⁵ À jǒp ɓē ki tɔ̀ i tī nyēmède ŋgàndàk ŋgelè, kìkìi ī prĭsì keŋi ì njòp i hɔma à nlòòha mpubhaga hi ŋwii, nì maŋan macèl. ²⁶ Bale ɓɔ halā nyēn i ɓā, ki Krĭstò à ɓa lama sɔ̄n njɔnɔk ŋgàndàk ŋgelè ìlɔ̀ yaga biɓèe bi ŋkɔ̀ŋ hisi. Ndi hanânɔ à binēnɛ ŋgelè yàda, lisūgul li caày cɔdisonā, i hèà ɓeba i sɛ́m à sɛ́m nyēmède. ²⁷ Ndi kìkìi i nteeba lɛ ɓòt ɓa wɔ lìwɔna jāda, i mbùs hālā kì mbàgi, ²⁸ halā kì nyen lākìi Krĭstò à tina ŋgèlè yàda inyùu yɔ̀sonā lɛ a ɓɛgɛ̄ɛ bìɓeba bi ŋgandàk ɓòt, ˣ wɛ̄ɛ à ganēnɛ manɛnɛ īmaà, iɓaɓe ɓɛ̀gèɛ̀ ɓeba, lɛ a tɔhɔl ɓòt ɓa nhonɓa ɓɛ́mb nyɛ.

10

¹ Inyŭlē lakìi mbēn ì yɛ̀ ndigi tìdiī i maàm màlam ma galɔ̀ɔ, ndi hà ǹtīik ponà mâm ma mɔ̌mède ɓee, jɔn ì nlà ɓe timbīs ɓoòt ɓa ŋkòòge ɓeɓèē nì Nyambɛ pēles inyùu mìnlèlèm mi bisèsemà ɓa mbēna sɛ́m hi yaga ŋwii. ² Bale ɓɔ i ɓāk halā, ɓàà ki ɓā ɓāk ɓe lɛ ɓa waa seēm gwɔ? Inyŭlē i ɓā nī lɛ ɓàɓegês

---

ᵗLH 9: 13 Lòk Levì 16: 3, 14; ƖŋB 19: 9-17
ᵘLH 9: 20 Mànyɔ̀dì 24: 6-8
ᵛLH 9: 21 Lòk Levì 8: 15-19
ʷLH 9: 22 LL 17: 11
ˣLH 9: 28 Yès 53: 12

Nyambɛ ɓā pūbhana ŋgelè yàda inyùu yɔ̄sonā, wèè ɓa ɓāk ha ɓe lɛ ɓa yimɓē biɓeba gwɔkǐgwɔ̄ i kède kīŋŋēm yaàp. ³ Ndi bìsèsɛmà gwɔmèdɛ gwɔn bi mɓìgdaha ɓɔ bìɓeba gwap hi yaga ŋwii. ⁴ Inyŭlē màcèl ma ɓalom ɓa nyagà nì ma biɓep bi kɛmɓɛè ma nlà ɓe heā biɓeba. ⁵ Jɔ ni jɔn i ŋgèdà à ǹlɔ mūnu ŋkɔ̀ŋ hisi, Krǐstò à ŋkàl lɛ,
Ù bigwēs ɓe sɛsēmà, tɔ̀ lìkèblà,
ndik nyùu yɔ́n ù kòòbana mɛ̀.
⁶ Ù bikɔ̀n ɓe masee ni bìsèsɛmà bi ntūl i hyèe, tɔ̀ bìsèsɛmà inyùu ɓēba.
⁷ Halā nyēn mɛ̀ bipɔ̄t lɛ, Nŭnkì, mɛ̀ nunu; i kède ǹhoôk kaàt i ye ǹtǐlɓàgà inyùu yêm: mɛ̀ bilɔ lɛ mɛ ɓɔ̄ŋ sòmɓòl yɔŋ, à Nyamɓê. ʸ
⁸ À mɓòk ndugi kâl lɛ,
Ù ŋgwēs ɓe bisèsɛmà, tɔ̀ màkèblà, ù ŋkɔ̀n ɓe masee ni bìsèsɛmà bi ntūl i hyèe, tɔ̀ bìsèsɛmà inyùu ɓēba
gwɔn kìi dì ńyī bi ntīna kìkìi mɓēn ì mpɔ̄t,
⁹ I mɓūs à mpɔ̄t ni ki lē,
Nŭnkì, À Nyamɓê, mɛ̀ nlɔ, lɛ mɛ ɓɔ̄ŋ
sòmɓòl yɔŋ. Wèè à nhèa liɓɔ̀ŋɔ̀k li bisu, lɛ ndi a ledès lī lī nnɔ̀ŋ.
¹⁰ Kǐŋgèdà sòmɓòl ini nyɛn dì yè ɓàpubhaga inyùu lìtinâk li nyuu Yēsù Krǐstò kìkìi sèsɛmà ŋgèlè yàda inyùu yɔ̄sonā.
¹¹ Ndi prǐsì yɔ̀kǐyɔ̀ ì ŋgwèl nsɔn ì ntēlɛp yaga hi kɛl nì kɛl, ì ntī ki ŋgàndàk ŋgèlè mìnlèlèm mi bisèsɛmà, mi mī ta ɓē lɛ mi la hēyā biɓeba kɛlkǐkēl. ¹² Ndi nyɛ, i ŋgèdà à mǎl tī sɛsēmà yada inyùu bìɓeba ŋgèlè yàda inyùu yɔ̄sonā, à yěn hīsī i wɔ̀ɔ waalɔ̄m Nyamɓɛè. ¹³ À mɓèm, ìɓòdòl yɔ̀kɛl nû, lɛtɛè ɓàɓala ɓēe ɓa yǐlhana keēhnɛ makòò mee.
¹⁴ Inyŭlē nì m̀pɔ̀m sɛsēmà wada à mǎl tìmbis ɓa ɓā ye m̀pubhaga nyà ì yoni ŋgèlè yàda inyùu yɔ̄sonā.
¹⁵ Mbuu M̀pubi kî à mɓògol yaga ki ɓès mbogī mu kède, inyŭlē kìkìi à mǎl pɔ̄t lɛ, ¹⁶ Ŋwět à ŋkàl lɛ, Mana mɔn ma ye màlombla mè galōmbla ni ɓɔ̄ i mɓūs dīlɔ̄ diì: mè gahā mben yɛèm i kède mìŋem ŋwap, mè gatìla yɔ i kède màhɔŋɔ̂l map. ¹⁷ À yik kâl kì lɛ, Mè gaɓìgda ha ɓe mɛ bìɓeba gwap, tɔ̀ lìyànmben jap kɛlkǐkēl. ᶻ
¹⁸ Ndi hět ŋwèhèl inyùu màm mana i yenè, ha nyēn tɔ̀ sèsɛmà i ntīna ha ɓe inyùu ɓēba.

Di kógɛ ɓèbèè, di om kì makòò hisī

¹⁹ Halā nyēn, à lôgtatà, lakìi dì gwèe màkend i jòp hɔma à ǹlôha mpubhaga inyùu màcèl ma Yesù Krǐstò, ²⁰ Nyàa màjòp mana mɔn à teenè ɓès, njěl yɔndɔ nì ì nìŋ, ì ntāgɓe yǐbnɛ, ²¹ halā à yè lɛ mìnsòn ŋwee, nì lakìi dì gwèe nyà ɓàŋga prǐsì ì ŋànɛ ndap Nyāmɓɛè, ²² wèè di kógɛ lē ɓèbèè nì ŋem maliga, ǹyɔnôk nì hemlè, dì ɓangà mìŋem mi ye mìmpubhaga inyùu kīŋŋēm ì yè ɓe, mànyùu mes kî ǹsǒbgà nì màlep ma mpɔ̄p. ²³ Wèè di om nī makòò hisī siìŋsìŋ i kède pāhaàl i ɓɔdŋem yes iɓaɓe pîŋglà, inyŭlē nu à ti lìkàk à yè ɓonyoni. ²⁴ Di ɓěŋgna kì ɓès ni ɓěs, lɛ ndi hī muùt a nyegha màsāŋ nyuu i kōna gwēha nì mìnsɔn mìnlam. ²⁵ Dì ŋwàs ɓàŋ lìkɔ̀da jes li mitìn, kìkìi lēm ɓahɔ̄gi, ndi di ɓehnaga ɓès ni ɓěs, lɔŋgɛ lɔ̄ŋgɛ yāga kìi lakìi nì ntēhe lɛ ŋgwà u ū ŋkòòge ɓèbèè.

ʸLH 10: 7 Hyèm 40: 7-9   ᶻLH 10: 17 Yèr 31: 33-34

²⁶ Inyŭlē iɓālē dì mɓɔ̀ŋ ɓeba ni ŋgòòbà i ŋgèdà dì m̀māl koōs ɓaŋgā yī i maliga, wɛ̀ɛ sɛ̀sɛmà yɔkǐyɔ̄ i ta hā ɓe inyùu bìɓeba, ²⁷ Ndik nyà bìɓèmbel bi mbagī ì ŋkònha wɔŋi, nì nyà hyèe ì ntɔ̀ŋɓɛ̀, ì ì nsòmbol mǐl ɓaɔ̀ɔ̀. ²⁸ Mùt nyɛkǐnyē, nu à ŋ́yàn mben Mōsè, à ŋ́wɔ̄ ndigi ī sī ɓòt ɓa mbogī iɓaà tɔ̀ ɓaâ, iɓaɓe ŋgɔɔ. ᵃ ²⁹ Ɓa bihɔ̄ŋɔl ɓe kinjē nōgoòs i nlòòha mùt à kòli kòs, nu à bikīdɓɛ Man Nyāmbɛ nì màkòò, à tɛhɛ ki màcèl ma malombla ma mā bipūbus nye kàyàda kìkìi màcèl màpɛ, ndi à ŋ́yùyus Mbuu karǐs? ³⁰ Inyŭlē dì ŋ́yī nu à bikàl lɛ, màpùnà ma ye ìmêm, mɛ̌n mɛ̀ gatìmbhɛ, halā nyēn Ŋwɛ̌t à ŋkàl. À kâl ki lē, Ŋwɛ̌t à gapēmhɛnɛ ɓoòt ɓee mbàgi, ᵇ ³¹ I ye jàm li ŋkònha wɔŋi i kwɔ i mɔ̀ɔ ma Nyambɛ nū nìŋ.

³² Ndi ɓìgdana lɔ̄ŋgɛ dīlɔ̄ di mbus, ŋgèdà nì mǎl kòs mapubi, kìkìi nì ɓe honɓà, nì tùgdàgà i kède ŋgàndàk njɔnɔk. ³³ Pès yada ɓa ɓeè ɓa ɓembī yaga ɓee, ɓa yâhlàk kì ɓèe, nì nɔgɔ̂k njiihà; ndi pès ìpɛ kî, nì yɔ̀ŋɔ̀k ŋgàɓa njiihà ì ɓòt ɓa ɓe ɓɔmà mìnlèlèm mi mâm. ³⁴ Inyŭlē nì ɓe kôn yàk mɛ̀ ŋgɔɔ i kède ŋgàdà yèm, nì binɛ̄ɛbɛ ki nì màsee lɛ ɓa saā màm manân, lakìi nì ŋ́yī lɛ nì gwɛ̀ɛ ŋ̀kùs nyɔɔ ŋ̀gìi, u ū nlòòha lɔ̄ŋgê, u nɔmɔ̀k m̀ɓa ni m̀ɓa. ³⁵ Inyùu hālā nì lɛp ɓâŋ màkend manân. Inyŭlē ma ŋkùùha ɓee ɓàŋga ǹsaâ ŋ̀kɛŋi. ³⁶ I nsòmbla ni ɓee lɛ ni ɓana honɓà, lɛ ŋgèdà nì m̀māl ɓɔɔ̄ŋ sombòl Nyambê, ndi ni pam līkàk. ³⁷ Inyŭlē ndèk ŋgeŋ yaga yɔ̌n ì ŋgi yiī, lɛ nu à ǹlama lɔ̂ à gasùmblɛ, à gatìŋha ɓe kî. ³⁸ Ndi mùt wɛ̀m à tee sēp, inyùu hēmlɛ̀ nyɛn à ganìŋil. I ɓā nī lɛ à ǹsɔmɔ̀l, wɛ̀ɛ ŋ̀em wêm u gakɔ̀n ɓe masee inyùù yeê. ᶜ ³⁹ Ndi ɓés dì tà ɓe ɓòt ɓa nsɔmɔl lɛtɛ̀ɛ nì i yìmîl, ndik ɓòt ɓa nhēmlɛ̀ lɛtɛ̀ɛ nì i tɔ̄hi ī mbuu.

11

Hemlɛ̀

¹ Ndi hemlɛ̀ i ye ōmsiìŋ ɓɔdŋem i màm mùt à mpìdè, yɔ ki yɔ̄n i ye bìùndna bi mâm ma nnēnɛ ɓēe. ² Inyŭlē mu nyēn ɓòt ɓa ɓôk ɓès bisū ɓa kùhul mbògi lām. ³ Inyùu hēmlɛ̀ nyɛn dì ŋ́yìmbe lɛ ŋ̀kɔ̀ŋ hisi u tēeba nì lìpodol li Nyambê, ᵈ kàyèlɛ jàm dì ntēhɛɛ li lǒl ɓē i kède màm ma nnēnɛɛ.

⁴ Inyùu hēmlɛ̀ nyɛn Ābɛ̀l à sèmel Nyāmbɛ ɓàŋga sɛ̀sɛmà ìlɔ̀ɔ Kàîn, mu nyēn à kùhul mbògi lɛ à tee sēp, inyŭlē Nyambɛ à ɓɔ̂k yāga mbogī, i lɛ̄ɛgɛ à ɓa lɛɛgɛ màkèblà mee. Ndi mu hēmlɛ̀ i nyēn à ŋgi pɔdôk, tɔ̀ lakìi à wɔ. ᵉ ⁵ Inyùu hēmlɛ̀ nyɛn Ēnɔ̀k à yòŋa, lɛ ndi à tɛhɛ ɓâŋ nyɛ̀mb; ndi à lèbna ɓēe, inyŭlē Nyambɛ à yɔ̌ŋ nyē. Inyŭlē ìlɔ̀lɛ à ŋ́yòŋa ŋ̀gìi à kǒs mbògi lɛ à lemlak Nyambê. ᶠ ⁶ Ndi iɓaɓe hemlɛ̀ mùt à tà yaga ɓe lɛ à lemel nye; inyŭlē mùt à ŋkòògɛ ɓeɓèè nì Nyambê à ǹlama hemlɛ lɛ à yè, nì lɛ à yè m̀ɓɔm nu ɓòt ɓa ŋ́yēŋ nye. ⁷ Inyùu hēmlɛ̀ nyɛn Nōà, ŋgèdà à

ᵃLH 10: 28 NM 17: 6
ᵇLH 10: 30 NM 32: 35-36
ᶜLH 10: 38 Hàb 2: 3-4
ᵈLH 11: 3 Bìɓ 1: 1; Hyèmbi 33: 6, 9; Yòh 1: 3
ᵉLH 11: 4 Bìɓ 4: 4; Màt 23: 35
ᶠLH 11: 5 Bìɓ 5: 24

kǒs màɓehna ni Nyāmbɛ īnyùu màm ma ɓā ŋgì nɛnê, à nyɔdi nì sìŋgè Nyambɛ ŋēm, à ɓáŋ ŋkuu i tɔ̄hɔɔ̀l ndap yeè; ⁸ mu nyɛn à kwêhnɛ ŋ̀kɔŋ hisi ŋ̀kaa, à kǒs ki ŋgàɓà tɛlêɓsep ì ì yè kĭŋgèdà hemlɛ̀.

⁸Inyùu hēmlɛ̀ nyɛn Àbràhâm, ŋgèdà à kǒs ǹsèɓlà, à nogol, à ǹnyɔdî, à kɛ lētɛ̀ɛ̀ nì hɔ̀ma à ɓa lama kòs kìkìi ìyee ɓum; ndi à ǹnyɔdi i ɓa ɓe nyɛ yī hĕt à ŋkɛ̀. ʰ ⁹ Inyùu hēmlɛ̀ nyɛn à ɓa yênè hisī hi likàk wɛ̄ŋgɔ̀ŋlɛ hyaŋan hisi, à yèènègè bilàp nì Isàk nì Yakòb, ɓasɔ ɓa ɓakàdɓum i nlòl nlèlèm likàk. ¹⁰Inyǔlē à ɓa ɓēm ŋ̀kɔŋ u gweē ɓàŋga hìkùu, ŋ̀ùŋgùs ŋkɔŋ û nì ǹhɛ̀k wèe à yè ndigi Nyāmbɛɛ̀. ¹¹ Inyùu hēmlɛ̀ nyɛn yàk Sààra nyɛmèdɛ à kǒs ŋgùy i yìlà kiɓɔ̀t lìmùt, tɔ̀ lakìi à ɓa ɓàlɔɔ̀ga ŋgèdà, à gwal man, inyǔlē à yìmbɛ lē, nu à ti lìkàk à yè ɓonyoni. ¹² Jɔn m̀pɔm mût wada, nu à ɓa wɛ̄ŋgɔ̀ŋlɛ ŋ̀wɔ̂k mût, à ǹlama gwal ŋgandàk mboo kìkìi còdot di ŋgìi, nì kìkìi lìsɛgɛ̀ li mbàà tuyɛ ŋgi ŋ̀aŋga. ⁱ

¹³Bana ɓɔɓasonā ɓa wēl ī hēmlɛ̀, ɓa pām ɓē makàk, ndi ɓa tēhɛ yāga mɔ nyɔɔ nɔ̄nɔk, ɓa hemlɛ mɔ, ɓa seeɓàgà mɔ, ɓa pahlàk kì lɛ ɓa ye ɓàkèn nì ɓàkɛ̆kɛ̀ hana hisí. ʲ ¹⁴ Inyǔlē ɓòt ɓa mpɔ̄t nyà mâm ini, ɓa ŋ́yɛlel lɛ ɓa gweē ŋ̀gòŋ i ɓāna tìhtìs yap lɔ̄ŋ. ¹⁵ Ndi iɓālē ɓɔ lɔ̀ŋ ɓa nnyɔ̄dnɛ yɔn ɓa ɓā ɓiìgdà, ki ɓā ɓā lē ɓa tɛhɛ pola i tèmɓ nyɔɔ̂. ¹⁶ Ndi hanânɔ ɓa ŋ́wēl ndigi ī lɔ̀ŋ i nlòòha lɔŋgê, halā à yè lɛ lɔ̀ŋ ŋgiì. Jɔ ni jɔn Nyāmbɛ à ŋ́wɔ̄ ɓe nyuu i sèɓlà Nyambɛ wàp, inyǔlē à kòòbana ɓɔ̄ ŋ̀kɔŋ.

¹⁷Inyùu hēmlɛ̀ nyɛn Àbràhâm, ŋgèdà à nɔɔ́dana, à ti Īsàk kìkìi sèsemà, nyɛ mùt à lɛɛgɛ màkàk, à sɛ̄m yaga mpɔ̀m wee man, ᵏ ¹⁸ tɔ̀ lakìi i ɓǒk kèla nyɛ lɛ,

Yak Īsàk nyɛn mboo
   yɔ̄ŋ ì gasèɓlana. ˡ

¹⁹À yìmbɛ lē, Nyambɛ à yè lɛ à tugūl ɓoòt i kède ɓàwɔga; nyɔɔ nyēn à yòŋol kì nyɛ, hà ɓàŋga lìyɔ̀ŋɔ̀k ɓee, ndi kìkìi yìmbnɛ. ²⁰ Inyùu hēmlɛ̀ nyɛn Īsàk à sàyɓenɛ Yākòb nì Esaù inyùu màm ma galɔɔ. ᵐ ²¹ Inyùu hēmlɛ̀ nyɛn Yākòb, ìlɔ̀lɛ à ŋ́yèŋèp, à sàyap ɓɔ̀n ɓa Yosɛ̀f ɓɔ iɓaà; ndi à ɓa à yùmbi i ŋgìi jòlol jee li ntɔŋgɔ, à oop bisū bi Nyambɛɛ̀. ⁿ ²² Inyùu hēmlɛ̀ nyɛn Yosɛ̀f à ɓìgda, ɓèɓèè nì lìsuk li nôm yee, lɛ ɓɔ̀n ɓa Isràèl ɓa nlama nyɔdi Egīptò; halā nyēn à làglɛ ɓɔ̄ inyùu bìhès gwee. ᵒ ²³ Inyùu hēmlɛ̀ nyɛn ŋgèdà Mosɛ̀ à gweenɛ, ìsaŋ ɓɔ nyàŋ ɓa sòo nyē cāŋcaŋ soŋ iaâ, inyǔlē ɓa tēhɛ lē màn nu à yè ǹlam; nì lɛ ɓa kɔ̀n ɓē lìtìŋ li kiŋɛ wɔ̀ŋi. ᵖ ²⁴ Inyùu hēmlɛ̀ nyɛn Mōsɛ̀, ŋgèdà à mǎl nāŋ, à tɔp ɓē seēɓla lɛ, mǎn ŋgɔ̀nd Fàraò, ²⁵ à sàɓa ī kòs ndèèŋgà lɔ̀ŋ yada ni ɓòt ɓa Nyambê ìlɔ̀ɔ̀lɛ a tiɓā ndèk ŋgèdà ndìɓà ì nlòl i ɓēba. ²⁶ À yìmbɛ lē i yàhàl ɓòt ɓa ŋ́yàhal nyɛ inyùu Krĭstò i gaŋgwɛ̀ŋɓaha nyɛ ŋgàndàk ìlɔɔ̀ màsòò ma ŋkùs ma Egîptò, inyǔlē à ɓɛ̆l ɓɔ̀m mǐs. ²⁷ Inyùu hēmlɛ̀ nyɛn à yigil Ègîptò, à kɔ̄n ɓe nyay kiŋɛ wɔ̀ŋi; à yêt yaga siìŋsìŋ lakìi à ɓa tɛhɛ nū

ᵍLH 11: 7 Bìɓ 6: 13-22
ʰLH 11: 9 Bìɓ 5: 24
ⁱLH 112 Bìɓ 15: 5; 18: 11-14
ʲLH 11: 13 Bìɓ 23: 4
ᵏLH 11: 17 Bìɓ 22
ˡLH 11: 18 Bìɓ 21: 12

ᵐLH 11: 20 Bìɓ 27: 27-29, 39-40
ⁿLH 11: 21 Bìɓ 47: 31-48: 20
ᵒLH 11: 22 Bìɓ 50: 24-25; Màn 13: 19
ᵖLH 11: 23 Màn 2: 2

à nnēnɛ ɓée. ²⁸ Inyùu hēmlɛ̀ nyɛn à lòos Pāsà, yàk nì ŋwɛs màcèl, lɛ ndi ǹce ɓaɓòggwee à tihba ɓáŋ ɓɔ̄. ᵠ ²⁹ Inyùu hēmlɛ̀ nyɛn ɓa lòo tūyɛ Ŋkòyɓaga wĕŋgɔ̀ŋlɛ hìsi hìnumga; ndi ŋgèdà ɓòt ɓa Egîptò ɓa tāgɓɛnɛ mūù, ɓa mìla cwāt. ʳ ³⁰ Inyùu hēmlɛ̀ nyɛn màpènd ma Yerīkò ma kūubana, ki ɓā ma kīīŋa mɔ dìlɔ disâmbɔk. ˢ ³¹ Inyùu hēmlɛ̀ nyɛn mùdàa lìɓàmbè lɛ Rahàb à ciba ɓē i lòŋ ɓa ɓandɔgɔ̂p, inyǔlē à lɛɛgɛ ɓòt ɓa mbɛp ni ǹsàŋ. ᵗ

³² Ndi mɛ pɔt nī la kiì? Inyǔlē ŋgèdà yɔ̆n ì gahūp mɛɛ̀ iɓālē mè ǹlama aŋal inyùu ɓɔ̀ Gidèòn, ɓɔ̀ Baràk, ɓɔ̀ Simsòn, ɓɔ̀ Yeftè, ɓɔ̀ Davìd, ɓɔ̀ Sàmuèl, nì ɓàpodôl. ³³ Bana ɓɔn ɓa yèmbel bìànɛ inyùu hēmlɛ̀, ɓa ɓɔŋɔ̀k màm ma tee sēp, ɓa pamâk makàk, ɓa yibàk mànyɔ̀ ma mbɔndɔ̀ njeè, ³⁴ ɓa tuhâk ŋgùy hyèe, ɓa pɛyêk màlɔ̀ ma pansɔ̀ŋ, hɔma ɓa ɓā ɓɔɔ̀mb ɓa kohòk ŋgùy, ɓa lohɓàk kì gwêt, ɓa yêmblàk dìsu di gwêt di ɓoòt ɓàpɛ. ³⁵ Bòdàa ɓa tēmb koòs ɓawōga ɓap ǹtŭglàgà i nyɛmb. Bòt ɓàpɛ kî ɓa wôk ndèèŋgà, ɓa tɔp yaga ɓe kɔ̀bla lɛ ndi ɓa pam lìtùgɛ̀ li nlôha lɔŋgɛè. ³⁶ Bapɛ kî ɓa ɓɔ̀ma màndɛglɛ̀ nì ndòm ndi hà halā nyētāma ɓee, yàk ŋgàdà nì màmɔ̀k. ³⁷ Ba omôk ɓɔ ŋgɔ̀k, ɓa sîgdègɛ̀ ɓɔ nì sɔɔ̀, ɓa nɔ̂dègɛ̀ ɓɔ nì ndèèŋgà, ɓa nɔlɔ̂k ɓɔ nì pànsɔ̀ŋ; ɓa ndêmndègɛ̀ yàà ni mbɔ̄k, ɓa ɓâk ɓa heeba bìkòp bi mintomba nì bi kɛmbɛè; ɓa cɛɛlàk, ɓa nɔgɔ̂k njiìhà, ɓa honɓàgà njebha,

³⁸ [ɓana ɓɔn ŋ̀kɔ̀ŋ hisi u kɔ̀la ɓē ni ɓɔ̄] ɓa yêglègè miŋɔ̀ŋ nì dikòa, ɓa sɔ́lɓàk bihōk nì mambòk ma ma-aa. ᵘ ³⁹ Ndi ɓana ɓɔɓasonā yaga, tɔ̀ lakìì ɓa kùhul mbògi lām inyùu hēmlɛ̀ yap, ɓa pām ɓē likàk, ⁴⁰ inyǔlē Nyambɛ à kòòbana ɓès jâm li ɓā loòhà lɔŋgê, lɛ ɓa ɓòk ɓáŋ pām pɛlɛs ndi ɓès di yeglɛ̀.

12

Bìniigana bi Ŋwɛt

¹ Inyùu hālā nī, lakìì dì ŋkìŋa ni lìmùt li mbogī kìkìi ɔnd, wɛɛ yàk ɓès kî di heā yāga hi jaàm li ǹìdil ɓes, nì i ɓēɓa i nhɛŋ ɓes nyùù ŋgèdà yɔ̀sonā, ndi di ligîp nì ŋgwee nì honɓà inyùu pèènà i niŋī ɓès bisū, ² di ɓēl Yēsù mìs, nu à yè m̀ɓògnànlòŋ nì ǹyonôs hēmlɛ̀ yes, nu à yè lɛ inyùu màsee ma ɓā ma niŋī nyē bisū, à honɓa mbāsa, à ɓida ɓe ni wɔ̄nyuu, ndi à yēn hisī i wɔ̀ɔ̀ waalōm u yeènɛ anɛ i Nyambê.

³ Ndi ɓèŋgnana nī nu à ɓa honɓà ŋgèdà ɓàɓɔ̀ŋɓeba ɓa ɓā pegès yaga nye, lɛ nì waa ɓáŋ, tɔ̀ lɛhêl ɗɛm. ⁴ Nì ǹsôŋgà ɓe nyuu lɛtɛɛ màcèl ma pam, i kède jɔ̀ nân sáŋ i kɔ̀lɓà ɓeba. ⁵ Ndi nì m̀mâl hoya maɓehna ma nnīiga ɓee kìkìi ɓɔ̀n lɛ, À man wèm, ù yàn ɓáŋ bìniigana bi Ŋwɛt, ù tɔ̀mb ɓáŋ kì tɔ̀ i ŋgèdà à ŋkōnd wɛè. ⁶ Inyǔlē nu Ŋwĕt à ŋgwès, nyɛn à nnīigà, à mɓɛp ki hī man à ǹyɔ̀ŋ ni dìsòò. ᵛ ⁷ Iɓālē nì nhōnɓa kɔgsè; Nyambɛ à nnīiga ɓee kìkìi ɓɔ̀n; inyǔlē nûmbɛ

ᵠLH 11: 28 Màn 2: 2; 12: 12-13
ʳLH 11: 29 Màn 14: 22-29
ˢLH 11: 30 Yos 6: 20
ᵗLH 11: 31 Yos 2: 11-12; 6: 25

ᵘLH 11: 38 1Bìk 17: 17-24; 22: 26-27; 2Mìŋ 18: 25-26; 24: 21
ᵛLH 12: 6 Bìŋ 3: 11-12

man à yè lɛ ìsaŋ à ŋkɔ̄gsè ɓee? ⁸ Ndi iɓālē nì ŋkòs ɓe biniigana bi ye lē ɓɔɓasonā ɓa ŋkòs, wɛɛ nì yè ndigi ɓɔ̀n ɓa mimɓɔ̀k, hà ɓàŋga ɓɔn ɓee. ⁹ Ìlɔ̀ɔ kì halà, dì ɓeè dì gwèe ɓɔtàta kĭŋgèdà mìnsòn, ɓa niigàgà ɓĕs, dì noglàk kì ɓɔ. Lelaa ni dì ǹlama ɓe suhūs ɓehɓɔmèdɛ i sī Ìsaŋ mìmbuu, lɛ ndi di nîŋ? ¹⁰ Inyŭlē ɓa ɓe niigà ndigi ɓès ndêk dilɔ, kìkìì i ɓe lemêl ɓɔmèdɛ; ndi Nyambɛ à nnīiga ɓes inyùu ndɔɔ̀ɓà yès, lɛ di ɓa ɓàyɔ̀ŋŋgàɓà ɓa ɓa yee ìpubi. ¹¹ Ndi ndòŋ biniigana yɔsonā ɓa ntī ɓes, ŋgèdà ɓa ntīnɛ ɓes gwɔ̄ bi nnɛnɛ ɓe kìkìi jàm li masee, ndik ndùdù; ndi i mɓūs hālà bi nūmul ɓoòt ɓa ntùmɓɓa mukèdɛ màtam ma tɛlêbsep, ma mā nlɔ̀na nsàŋ.

Màɓehna inyùu ɓàndèɓè kàrîs Nyambê

¹² Inyùuhālā nī, lèdhana mɔ̀ɔ màyɔɔ̀mbaga, ¹³ yàk nì dìnyèŋgha di maɓɔŋ, tiblana kì mànjèl manân lɛ màkòò ma kǐl lɔ̄ŋgɛ mù, lɛ mùt à mɓāŋdà à yek ɓàŋ njèl, ndi a mboop ndīgìì.

¹⁴ Lìgɓana ī ɓāna ǹsàŋ nì ɓòt ɓɔɓasonā, yàk nì pubhà, iɓaɓe yɔ mùt nyɛkĭnyē à gatēhɛ ɓe Ŋwɛt. ¹⁵ Bèŋgnana ɓèè ni ɓèe, i tiga lɛ mùt à haŋ ni kàrîs Nyambê; lòlha ŋkàŋ kì i pam, i nyegha ɓee nyùu, ndi ŋgàndàk ì ǹnyɔ̄gɓa mahindi; ¹⁶ tɔ̀lɛ, wàda nàn à tiga ɓa mût ndèŋg, tɔ̀ mùt à mɓīda ɓēe, kìkìi Ēsāù, nu à nùŋul bìmaŋ gwee inyùu lìjel jada. ʷ ¹⁷ Inyŭlē nì ńyī lɛ, tɔ̀ lakìi à yik sombòl kòdol masɔ̄da maà, à cìla, inyŭlē à lèba hā ɓe lihyèlel li ŋem, tɔ̀ lakìi à yeŋ jɔ̄ nì gwĭhà i mìs. ˣ

¹⁸ Inyŭlē nì ŋ̀kōge ɓe ɓɛɓèè nì ndòŋ hìkòa mùt à yè lɛ à tihɓà, nì ì nlɔ̄ŋ ni hyèɛ, nì ì ŋkĭiŋa ni ɔnd, nì ŋgàŋgàŋ jĭɓè, nì mbuk mbèbi, ¹⁹ nì mbìmɓà sep, nì kiŋ bìpodol; ɓòt ɓa nɔ̄k kīŋ ì ɓa sɔ̄ohɛ lē ɓàŋga ipɛ i pōda ha ɓaāŋ māō map. ²⁰ Inyŭlē ɓa làa ɓē ɓan ŋem i ēmblē mben ìni lɛ, Tɔ̀ nùga yaā, iɓālē i nloō mu hĭkòa, i uma ŋgɔ̀k tɔ̀lɛ lìkɔ̀ŋ li mbôŋ. ʸ ²¹ Ndi màm ma nēnɛ nyɔ̀ɔ ma ŋkònha wɔŋi kàyèlɛ Mosɛ à kâl lɛ, Mɛ̀ ŋkɔ̀n wɔŋi kîyaga, mɛ̀ sèhlàgà kì. ᶻ ²² Ndi ɓee nì ŋ̀kōge ɓɛɓèè nì hìkòa Siòn, ɓèɓèè nì ŋ̀kɔ̀ŋ Nyambɛ nū nìŋ, Yèrusàlèm ì ŋgìì yaga, nì ɓèɓèè nì dìdùn di didùn di aŋgèl, ²³ nì ɓèɓèè nì lìɓay li ŋgând nì ǹtoŋ u ɓaɓɔ̀ggweê, ɓa ɓā ye ǹtĭlɓàgà i ŋgìi, nì ɓèɓèè nì Nyambê, m̀pemês mbàgi nu ɓɔ̄ɓasonā, nì ɓèɓèè nì mìmbuu mi ɓôt ɓa tee sēp, ɓa mmāl pam yaga i ndòŋ ì yoni, ²⁴ nì ɓèɓèè nì ŋ̀àt nu màlombla ma yɔndɔ, lɛ Yesù, nì ɓèɓèè nì màcèl ma ŋŋwēha, ma mā mpɔ̄t lɔŋgèè ìlɔ̀ɔ ma Aɓèl. ᵃ

²⁵ Yihnana nī lɛ nì sèèɓɛ ɓàŋ nū à mpɔ̄t. Inyŭlē iɓālē ɓòt hana hisì ɓa pēy ɓē i ŋgèdà ɓa sèèɓɛ nū à ɓa ɓehɛ ɓɔ̄, lelaa ɓès dì gapēy iɓālē dì ŋkôm nu à mpɔ̄dos ɓes nyɔ̀ɔ ŋgìì mbus? ²⁶ Kiŋ yeē ì nyiŋgis hisì ha ŋgèdà ì; ndi hanânɔ à ŋkàk lana lɛ, Ŋgèlè ìpɛ ì yìi, lɛ mɛ̀ ganyìŋgis ha ɓe mɛ hisì hyɔtāma, ndi yàk ŋgìì kî. ᵇ ²⁷ Ndi ini ɓàŋga lɛ, Ŋgèlè ìpɛ ì yìi, i ŋēɓa mahèŋha ma mâm ma nlà

ʷLH 12: 16 Bìɓ 25: 33-34
ˣLH 12: 17 Bìɓ 27: 36-40
ʸLH 12: 20 Màn 19: 12-13; 16-22; NM 4: 11-12
ᶻLH 12: 21 NM 9: 19
ᵃLH 12: 24 Bìɓ 4: 10
ᵇLH 12: 26 Hàg 2: 6

nyîŋghànà, màm ma ɓŏk yāga hegà, lɛ ndi màm ma nyìŋghana ɓēe ma nɔ́m kɔ́ŋ ni kɔ́ŋ. ²⁸ Inyùu hālà, lakìi dì ŋ̀kɔ́s ndoòŋ ànɛ̀ ì nlà ɓe nyîŋghànà, wɛ̀ɛ̀ di ti màyègà; hanyēn dì galēmel Nyambɛ inyùu ǹsɔn dì ŋgwèlel nyɛ mu sìŋgè dì nsìŋge nyɛ ŋ̄ēm, nì wɔ̀ŋi; ²⁹ inyŭlē Nyambɛ wěs à yè hyèè hi nsīihànà.

13

Ndòŋ ǹsɔn ì nlēmel Nyambɛɛ̀

¹ Tèŋɓana nì gweha līsāŋ li ɓoòt. ² Nì hoya ɓáŋ ī lɛ̄ɛgɛ̀ ɓàkèn, inyŭlē ì ɓɔ́ŋ halà ɓòt ɓàhɔgi ɓa yĭs āŋgèl iɓaɓe ɓɔ yī. ᶜ ³ Hɔŋlana ɓòt ɓa ye ī ŋgàdà, wěŋgɔ̀ŋlɛ ɓèe nì ɓɔ nì yè ŋ̀kàŋâk lòŋ; nì ɓòt ɓa nhōnɓa njebha kìi, lakìi ɓèèɓɔmèdɛ nì ŋgi yīnɛ nyùu mìnsɔn. ⁴ Lìɓii lī ɓa yāga jaàm li lipem manjɛ̀l mɔmasonā, tɔ̀ m̀pùŋgu u ɓēt ɓaāŋ ī nàŋ liɓiî. Inyŭlē Nyambɛ nyēn à gapēmhenɛ ɓoòt ɓa biyabdà nì ɓòt ɓa ndèŋg mbàgi. ⁵ Lɛm nân i ɓā ɓaāŋ ī gwěs mòni. Kɔ̀na màsee ni màm nì gwěe, inyŭlē nyɛmèdɛ à pɔt lē, Mɛ̀ gayòy yaga ɓe mɛ wè; tɔ̀ yek wè kɛlkǐkēl. ᵈ

⁶ Kàyèlɛ dì gwěe màsee i kàl lɛ, Ŋwèt nyɛn à yè ǹhola wèm, mɛ̀ gakɔ̀n ɓe mɛ wɔ̀ŋi. Mùt bìnàm à gaɓɔ̀ŋ ki mɛ̂? ᵉ

⁷ Bìgdana ɓèt ɓanân, ɓa ɓā biāŋlɛ ɓee ɓàŋga i Nyambɛ̂; ɓèŋgnana lìsuk li nɔ́m yap, ndi ni kona hēmlɛ yap. ⁸ Yesù Krǐstò à yè ǹlèlèm yàni, nì lɛ̀n, nì ìkèpam ī ɓɔ̀ga. ⁹ Ndòŋ nì ndòŋ ɓakèn ɓa maeba i yùmus ɓáŋ ɓèe.

Inyŭlē i ye lɔ̄ŋgɛ ŋgàndàk lɛ ŋ̀ɛm u lɛ́t ɓèè ni kàrîs, ndi hà nì ndòŋ nì ndòŋ bijɛjè ɓee, bi bī mɓāhlɛ ɓe ɓoòt ɓa tiŋi mù. ¹⁰ Bĕs dì gwěe ndòŋ jùu li bisèsɛmà, ɓòt ɓa nsēlel mu lāp ɓa gwē ɓē kundɛ i jēl mû. ¹¹ Inyŭlē prǐsì kɛŋi ì ŋkèna macèl ma bilem inyùu ɓēba lɛtèɛ̀ nì i kède hɔma à nlòòha mpubhaga, ndi mìnsòn mi nlīghana ndigi mɓūs lìɓoga. ᶠ ¹² Jɔ ni jɔn yàk Yesù à sonol njɔ̄nɔk i mɓūs ŋwēmel ŋkɔ̀ŋ,* lɛ ndi a tee ɓòt ɓàpubhaga ni màcèl mee. ¹³ Inyŭhālà di pamak nì, di at nyē nyɔɔ mɓūs lìɓoga, di honɓa kì yàhàl ɓa ɲyàhal nyɛ. ¹⁴ Inyŭlē dì gwěe ɓē ŋkɔ̀ŋ hana hisī u nnɔ̀m kɔŋ ni kɔ̄ŋ, ndi dì gwěe ndīgi ŋgòŋ inyùu ū ū galɔɔ. ¹⁵ Ndi inyùu Yēsù, di sēmlak Nyāmbɛ bìsèsɛmà bi màyègà ŋgèdà yɔsonā, halà à yè lɛ, màtam ma biɓep bi mpāhal joy jee. ¹⁶ Nì hoya ɓáŋ i ɓɔ̀ŋ lɔŋgɛ̀, tɔ̀ lìkàp kì; inyŭlē ndòŋ bisèsɛmà ini yɔn i nlēmel Nyambɛɛ̀. ¹⁷ Noglana ɓèt ɓanân, ni suhūs kì ɓèèɓɔmèdɛ i sī yaàp; inyŭlē ɓa ntāt nɔɔ̀m nân kìkìi ɓòt ɓa nlama fîmbhɛ inyùu nân, lɛ ndi ɓa ɓɔ́ŋ halà nì màsee, ndi hà nì mìŋùmndɛ̀ ɓee, inyŭlē halà à ɓak ɓe lɛ à ɓahlɛ ɓee tɔ̀ jàm. ¹⁸ Sɔɔhana inyùu yês, inyŭlē dì ɲyìmbɛ lɛ kiŋ ŋ̀ɛm yês ì yè lɔŋgɛ̀, lakìi dì nsòmbol hyom lɔŋgɛ̀ ī kède mànjɛ̀l mɔmasonā. ¹⁹ Ndi mɛ̀ ɲyèmhɛ ɓee lɛ nì ǹnyohâk màsɔɔhè, lɛ ndi ɓa ŋwās mɛ̀ i pāla tèmb i ɓěnī.

Bìsày nì màyègà ma nsōk

²⁰ Ndi Nyambɛ nū ǹsàŋ, nu à

ᶜLH 13: 2 Bìɓ 18: 1-8; 19: 1-3
ᵈLH 13: 5 Yos 1: 5
ᵉLH 13: 6 Hyèm 118: 6

ᶠLH 13: 11 LL 16: 27
*LH 13: 12 mbus ŋwēmɛl ŋkɔ̀ŋ: halā à yè lɛ, mbus ŋ̀kɔ̀ŋ Yerūsàlèm

pemes Ŋwět wés Yesù, ǹteedà mìntomba nûŋkɛɲi, i kède ɓawɔga lòŋnì màcèl ma malombla ma ɓɔgā, ²¹ a tibil yāga aāt ɓee i kède hī nsɔn ǹlam i ɓɔ̄ŋ sòmbòl yee, lɛ a ɓɔ̄ŋ kì jàm li nlēmel nyɛ i kède yēs inyùu Yēsù Krǐstò; lìpem li ɓa nì nyɛ i ɓɔga ni ɓɔga. Àamɛ̀n.

²² Ndi, à lôgtatà, mɛ̀ nsɔ̄ɔhɛ ɓee lɛ, nihɓana bìɓàŋga bi maɓehna; inyǔlē mɛ̀ ntìlna ɓee nì ndèk biɓàŋga. ²³ Yina kì lɛ, ɓa biŋwàs mantàta wès Timòteò; iɓālē à m̀pala lɔ̂, wɛ̀ɛ ɓěhnà nyɛ dì galɔ̀ i tēhɛ ɓèe. ²⁴ Yègnana mɛ̀ ɓɛ̀t ɓanân ɓɔɓasonā, nì ɓàpubhaga ɓɔɓasonā. Ɓòt ɓa Italìà ɓa ɲ́yegā ɓee. ²⁵ Kàrîs i ɓa nì ɓèè ɓɔɓasonā. Àamɛ̀n.

Yàkobò

1

Màyègà

¹ Mɛ̀ Yàkobò, ᵍ ŋ̀kɔl Nyambê nì u Ŋwɛt lɛ Yesù Krǐstò, mɛ̀ ntìlna jom li maten mbòk iɓaà, ma mā sànda ī kède bìlɔ̀ŋ bìpɛ. Mɛ̀ ɲ̀yegā ɓee.

Mànɔɔdè nì mànɔdànà

² À lôgtatà, ŋgèdà nyà nì nyà manɔɔdè i ŋkēŋa ɓee, aŋa hālā kìkìi màsee mɔ nì mɔ, ³ lakìi nì ɲ́yī lɛ mànɔɔdè ma hemlè nân mɔn ma ntī honɓà. ⁴ Ndigi lē, honɓà i nlama sugus nsɔn wee lɔ̄ŋgɛɛ̀, lɛ ndi ni naŋ kōŋ, ni ɓa kì ǹyɔnɔ̂k, kàyèlɛ jàm jɔkǐjɔ̄ li hēŋel ɓaāŋ ɓèe.

⁵ Iɓālē wàda i kède nân à nhāŋ ni pèk, wɛ̀ɛ a yagāl yɔ̀ Nyambɛ nū à ŋkèbel ɓôt ɓɔɓasonā iɓaɓe yàhàl ɓɔ, ndi à gakǒs. ⁶ Ndi ndigi lē à yàglàk nì hemlè, iɓaɓe pendà; inyǔlē nu à mpònà à mpòna yaā nnɔ̀ŋgɔ̀ tuyɛ mbūk mbèbi à nnyùgè nì ndeŋgês. ⁷ I mùt nû à hèk ni ɓáŋ lē à gakòs jâm yak Ŋwět; ⁸ à yè mùt mìŋem imaà, à ndēŋg i kède mànjèl mee mɔmasonā.

⁹ Ndi mǎntàta nū à yè hìyɛyèbà a yadap inyùu ɓēdhànà yee, ¹⁰ ŋ̀gwàŋ kì inyùu sùhlànà yee, inyǔlē à gatāgɓe wěŋgɔ̀ŋlɛ sèm yômà. ¹¹ Ŋgɔ jɔ̀p li mpamna mbîɓè ì nlēk kɔɔykɔ̀y, li kudus yòòmà, yòòmà i ɲ́yùyì, sèm yee kî i kudī, yàk lamā binɛnnɛ gwee u mâl; ʰ halā yāga ni nyɛn mìnsɔn mi ŋ̀gwàŋ mût mi ganyɔ̄y.

ᵍ**Yàk 1: 1** Màt 13: 55; Mar 6: 3; M̀B 15: 13; Gàl 1: 19

ʰ**Yàk 1: 11** Yès 40: 6-7

¹² Mùt à nhōnɓa manɔɔ̀dɛ̀ à yè ǹsǎyɓak, inyŭlē ŋgèdà à m̀mâl yembèl, à gakòs ntut nîŋ u ye lē Ŋwět à ɓon ɓòt ɓa ŋgwēs nyɛ.

Mànɔɔ̀dànà

¹³ Ndi i ŋgèdà mànɔɔ̀dànà mùt nyɛkǐnyē à kàl ɓáŋ lē, Mànɔɔ̀dànà mana ma nlòl mɛ nì Nyambê; inyŭlē Nyambɛ à tà ɓe lɛ à nɔ̄dana ni màm màɓɛ, tɔ̀ nyɛmèdɛ kî à nnɔɔ̀dɛ ɓe mût. ¹⁴ Ndi hi mût à nnɔɔ̀dana ŋgèdà mìnheŋa ŋwee nyɛmèdɛ mi nlɔ̄p nyɛ, nì lohbè kì nyɛ. ¹⁵ Ndi mìnheŋa mi ŋ́yɔ̀ŋ ɓáŋ jěm, mi ŋgwāl ɓeba; ndi ɓeba ŋgèdà i mmâl holoòl i ŋgwāl nyɛɛ̀mb. ¹⁶ À lôgtatā ī gwēhaà, nì yòm ɓâŋ. ¹⁷ Hi likèblà lìlam nì hi likèblà li yoni ma nlòl i ŋgìì yak Ìsaŋ nu màpubi, nu à gwee ɓē heèŋhà tɔ̀ tìdiī ŋgèdà à nhyɛ̀lɓà. ¹⁸ Nyɛn à bigwāl ɓes lòŋnì ɓàŋga i maliga kǐŋgèdà sòmbòl yee, lɛ ndi di ɓa wēŋgɔ̀ŋlɛ màtam ma bisu* i kède bihègel gwee.

Bànɔk nì ɓàɓɔ̀ŋ ɓàŋga

¹⁹ Halā nī nyɛn à lôgtatā yěm i gwehaà, hi mût à hɔɔk nɔgâ, à tìŋhàgà i pɔ̄t, à tìŋhàgà kì i ūnuùp, ²⁰ inyŭlē hìun hi mût hi mɓɔ̀ŋ ɓe tɛlêbsep Nyambê. ²¹ Jɔn hèynana nyɛga yɔsonā nì ŋ̀em u ŋ́yaba ni ɓēba, ndi ni lɛɛgɛ nì ŋ̀em limà ɓàŋga i ɓelī ī kède nàn, yɔn i gweē ŋgùy i tɔ̄hɔɔ̀l mìŋɛm minân. ²² Ndi ɓèè ɓana ɓàɓɔ̀ŋ ɓàŋga, hà ɓànɔk ɓɔtāma ɓee, i lòk ɓèèɓɔmèdɛ. ²³ Inyŭlē iɓālē mùt à yè ǹnɔk ɓàŋga, ndi hà m̀ɓɔ̀ŋ ɓee, wɛɛ à mpòna mût à mɓèŋgɛ su wee wɔmèdɛ i nùnɓà.

²⁴ Ŋgɔ à nnùnɓà ɓǎŋ, a nyɔdi, ndi kunda yada a hoya kìkìi à ɓak. ²⁵ Ndi nu à ŋ́wàn mben ì yoni, nì ì kùndɛ, a teŋêp yāga i ɓɔ̀ŋ halà, kàyɛlɛ à ɓa ɓe nnɔk nu à nhōyaà, ndik nū à mɓɔ̀ŋ, nyɛn à gaɓā nsǎyɓak inyùu lìɓɔ̀ŋɔ̀k jee. ²⁶ Iɓālē mùt à nhɔ̄ŋɔl lɛ à yè mùt ɓàsɛ̀, ndi à anē ɓe hilemb hyee, à lògòk ndigi ŋ̀em wee, wɛɛ ɓàsɛ̀ i mùt nu ī ye yàŋgà. ²⁷ Ɓàsɛ̀ ìpubi nì i ī gweē ɓē litɔn bisū bi Nyambɛ wès nì Tàtâ, yɔ īni, lɛ a mùt a yuuga nyùù ɓon nì bìyik bi ɓodàà i kède njìihà yǎp, a tat kì nyɛmèdɛ inyùu màhindi ma ŋkɔ̀ŋ hisi.

2

Màɓehna i kɔ̀lɓà ndɔdla

¹ À lôgtatà, nì ɓana ɓáŋ ndɔ̄dla i kède hēmlè i Ŋwɛt wês Yesù Krǐstò nu lìpem. ² Ŋgɔ iɓālē mùt à ǹjɔ́p ndāp nàn mitìn nì dìɓanda dī goòl nì bìɛŋg bìlam, ndi yàk hìyɛba mùt hi jɔ́p loòŋnì mbɔt mahindi, ³ ndi ɓèè ni mɛ̄mlɛ ndigi mùt à heeba bìɛŋg bìlam, nì kâl nyɛ lɛ, Yěn hāna lɔ̄ŋgeè; ndi nì kâl hìyɛba mùt lɛ, Wɛ tɛlep nyɔɔ, tòlɛ yěn hāna i sī kèhne yêm makòò, ⁴ ɓàa wɛɛ nì gweē ɓē ndɔdla i kède nàn, nì yilā ki ɓàkeês nì màhɔŋôl màɓɛ? ⁵ À lôgtatā ī gwēhaà, ɛmblana kì: ɓàa Nyambɛ à tep ɓē ɓa ɓā ye dìyɛba ŋkɔ̀ŋ hisi unu lɛ ɓa ɓa mìŋgwàŋ i kède hēmlè, nì ɓàkòdòl ànè i à ɓon ɓèt ɓa ŋgwēs nyɛ? ⁶ Ndi ɓèe nì biyùyuy hiyɛyèɓà. Ɓàa hà mìŋgwàŋ mi ɓôt ɓe ŋwɔn mi ŋkêp ɓee, ɓa tuùàk kì ɓèè nyɔɔ̄ kōdiì?

---

*Yàk 1: 18 ɓèŋgɛ Rom 8: 23

⁷ Bàà ɓa ŋòbos ɓe lɔŋgɛ jōy i nì nsèblànà?

⁸ Iɓālē nì ńyōnos tɔy mɓògnà lìtìŋ, kìkìì i ye ǹtīlɓàgà lɛ, Ù gagwēs muùt wɔ̌ŋ lìɓok kìkìì wɛ̀mɛ̀de, ⁱ wɛɛ nì mɓɔ̀ŋ lɔŋgê. ⁹ Ndi iɓālē nì ntɔ̄dɔl ɓoòt, nì mɓɔ̀ŋ ɓeba, lakìi mɓēn ì ńyɔ̄yɔy ɓee lɛ nì yè ɓàlɛlmɓēn. ¹⁰ Inyǔlē tɔ̀njɛɛ à gatēeda mben yɔsonā, ndi à ɓágɛ yadā muù, wɛɛ à ŋ̀kenā ni lìɓua li mben yɔsonā. ¹¹ Ŋgɔ nu à pɔt lɛ, Ù kɛnɛk ɓáŋ ndèŋg, nyɛn à pɔt kì lɛ, Ù nɔlɔk ɓáŋ mùt. ʲ Ndi iɓālē ù ŋ̀kɛ ɓē ndèŋg, ndi u nɔl mût, wɛɛ ù ǹyilā nlɛlmɓēn. ¹² Bèè pɔda ni ɓɔ́ŋ kì kìkìì ɓɔt ɓa nlama kuhūl mbagī mu mɓēn ì kùndè. ¹³ Inyǔlē mbàgi ì gwēe ɓē kɔnàŋgɔɔ ni nū à ŋ̀kɔna ɓe ŋgɔɔ; ndi kɔ̀nàŋgɔɔ i ńyādap i kɔlɓà mbàgi.

Hemlɛ ŋgi mìnsɔn i ye wōga

¹⁴ À lôgtatà, halā à mɓāhlɛ ki muùt iɓālē à ŋ̀kàl lɛ à gwɛɛ hēmlɛ ndi à ɓana ɓe minsɔn? Bàà hemlɛ i ī ye lɛ i tɔhɔl nyɛ? ¹⁵ Iɓālē mǎntàta wès nu mùùnlom tɔ nu mùdàa à yè ǹsɔ, yàk bìjek bi hi kɛl bi heŋlàk nyɛ, ¹⁶ ndi wàda nàn à kâl ɓɔ lɛ, Kɛnga nì ǹsaŋ, nɔhbaga hyɛɛ, nuuga; ndi nì ti ɓe gwɔm bi nsɔmbla ni mànyùu, wɛɛ hālā à mɓāhal kii? ¹⁷ Halā kì nyɛn yàk hemlɛ, iɓālē i gwēē ɓē minsɔn, wɛɛ yɔmɛ̀dɛ i ye wōga. ¹⁸ Ndi mùt à gakàl lɛ, Wɛ ù gwɛɛ hēmlɛ, ndi mɛ mɛ gwɛɛ mìnsɔn; eba nī mɛ hēmlɛ yɔŋ iɓaɓe minsɔn, ndi yàk mɛ mɛ gaēba wɛ hēmlɛ i kède mìnsɔn ŋwêm. ¹⁹ Wɛ ù nhēmlɛ lɛ Nyambɛ à yè ndigi wàda; ù mɓɔ̀ŋ lɔŋgê: yàk mìmbuu mìmɓɛ mi nhēmlɛ halà, mi sêhlàgà kì. ²⁰ À wɛ yɔ̀ma mùt, ɓàa ù nsòmbol yi lɛ hemlɛ ŋgi mìnsɔn i ye wōga? ²¹ Àbràhâm, tàta wès, ɓàa à kèla ɓē lɛ à tee sēp inyùu mìnsɔn, lakìi à kèna màn weē Isàk ŋgìi jùù li bisèsɛmà?ᵏ ²² Ù ntēhɛ ni lɛ hemlɛ i ɓā sal lòŋnì mìnsɔn ŋwee, nì lɛ hemlɛ i ɓā ǹyɔnɔ̂k inyùu mìnsɔn. ²³ Yàk Lìtìlà li yɔ̄n, li lī ŋ̀kàl lɛ, Ndi Àbràhâm à hemlɛ Nyāmbɛɛ̀, nì halā à ɛŋa nyɛ inyùu tēlɛɛ̀bsep; ˡ à sèbla kì lìwanda li Nyambê. ²⁴ Wɛɛ nì ntēhɛ lɛ mùt à ŋ̀kèla lɛ à tee sēp inyùu mìnsɔn, hà ndik īnyùu hēmlɛ yɔtāma ɓee. ²⁵ Ndi ɓàa halā ɓē ki nyēn yàk mùdàa lìɓàmbɛ lɛ Rahàb à kèla lɛ̄ à tee sēp inyùu mìnsɔn, lakìi à lɛɛgɛ ɓòt ɓa ŋwîn, à pemhɛnɛ ɓɔ njɛ̌l ìpɛ? ᵐ ²⁶ Kìkìì nyùu ì yɛ wɔga iɓālē ì gwɛɛ ɓē mbuu, halā kì nyɛn hēmlɛ ŋgi mìnsɔn i ye wōga.

3

Hìlemb

¹ À lôgtatà, ŋgàndàk i kède nān ì ɓa ɓáŋ ɓàlêt, lakìi nì ńyī lɛ dì gakòs mbagī ì nlòòha nlɛdɛk. ² Inyǔlē ɓèhɓɔɓasonā dì mɓààgɛ ŋgàndàk. Iɓālē mùt à mɓààgɛ ɓe i kède bìɓàŋga, wɛɛ mùt nu à yè pɛlɛs, à gwɛɛ kì ŋgùy i ànɛ ŋgìm yèe nyùu. ³ Ndi iɓālē dì nsɔm hɔsì bìkɛ̀y manyɔ lɛ i nogol ɓès, wɛɛ dì nhyɛ̀l nyuu yâp ŋgìm. ⁴ Bèŋgnana kì yàk sìtimà, tɔ ì ɓa yāga la bikɛŋi, nì tɔ lakìi mbūk mbèbi à nnyùge yô, ŋgɔ ndèk mǎn pāgo yɔ̌n ì nhyɛ̀l yɔ tɔ hɛɛ ŋgo̊ŋ ì ŋ̀kɔ̀n ŋ̀kìs sìtimà. ⁵ Halā kì nyɛn hìlemb hi ye hìmàgàà hi jo nyūu,

---

ⁱ**Yàk 2: 8** LL 19: 18
ʲ**Yàk 2: 11** Màn 20: 13-14
ᵏ**Yàk 2: 21** Bìɓ pès 22
ˡ**Yàk 2: 23** Bìɓ 15: 6
ᵐ**Yàk 2: 25** Yos pès 2

ndi hi ŋkàdɓa mâm màkɛŋi. Bèŋgnana kì, kìkìi ndèk hyèe ì yè lɛ ì loŋos sɔsɔ̄ lìpàn! ⁶ Yàk hìlemb hi ye hyèe, ŋ̀kɔ̀ŋ hisi u ŋgitēlɛɛ̀bsep. Hìlemb hi ye ī kède bìjò gwes, hi nyêgɛ̀gɛ̀ ŋgìm nyùu, hi loŋhàk kì ŋgìm nɔ̀m yɔ̀sonā, yàk hyɔmɛ̀dɛ hi lɔŋɔ̂k nì hyèe hi Gehēnà. ⁷ Inyŭlē nyà nì nyà binùga nì dinùni, nì gwɔ̀m bi ŋ̀odɓa hisī, nì gwɔ̀m bi ye ī kède tūyɛɛ̀, gwɔbisonā bi ntòmbhànà, mùt bìnàm à bitòmbos ki gwō. ⁸ Ndi mùt nyɛkǐnyɛ̄ à nlà ɓe tombōs hilemb; hi ye ɓēba i nnɔ̀y ɓee, ǹyɔnɔ̂k nì mbòŋ mànɔlâ. ⁹ Nì hìlemb nyɛn dì mɓēghɛnɛ Ŋwɛt nì Tàtâ, nì hyɔ ki nyɛ̄n dì ntììhɛnɛ ɓôt ɓa hèga ī pònà Nyambê. ⁿ Mu nyɔ̀ u wāda nyɛn bìɓegês bi mpēmèèl, nì ndììhɛ̀. À lôgtatà, màm mana ma nlama ɓe ɓa halà. ¹¹ Ɓàa lìŋgɛn jada li ye lē li pemes malep ma nnɛ̀ nì ma mā nlɔ̀l? ¹² À lôgtatà, ɓàa ɛ faygè i gwēē ŋgùy i nūm màtam ma olīvè? Tɔ̀lɛ ŋ̀kɔ̀ɔ wây u num màtam ma faygè? Halā kì nyɛn tɔ̀ ɓee malep tɔ̀ yada i nlà ɓe ti malep ma ɓâs nì malep ma nnɛ̀.

Pèk ì nlòl i ŋgìì

¹³ Ǹjɛɛ à gwèe pèk nì yi i kède nân? A eba mìnsɔn ŋwee lòŋnì bìhyumul bìlam i kède ŋ̀emlimà u pêk. ¹⁴ Iɓālē nì gwèe ɓēba njoòŋ nì pèènà miŋēm minaàn, wèɛ nì yadap ɓáŋ tɔ̀ tɛmbɛɛ̀ i kɔ̀lɓà màliga. ¹⁵ Ndòŋ pèk ìni ì nlòl ɓe nyɔɔ̄ ŋgìi, ndi ì yè jàm li hisi, jàm li ligwêak, nì jàm li mimbuu mìmɓɛ. ¹⁶ Ŋgɔ hɔma njòŋ ì yè, nì pèènà, ha kì nyɛn lìsànda nì hi jâm lìɓɛ bi yenɛ̀.

¹⁷ Ndi pèk ì nlòl i ŋgìi, kìi jàm li bisu, ì yè pubi, ì yè kì ŋwɛ̀ɛ, ì gwèe lɔ̄ŋgɛ ŋēm, yàk nì tɔ̀mba ŋɛm; ì yoni kì nì kɔ̀nàŋgɔɔ nì màtam màlam; ì gwèe ɓē nhyomoòk, tɔ̀ màlògâ. ¹⁸ Ndi lìtam li tɛlêbsep li mɓèla ni ǹsàŋ inyùu ɓèt ɓa ŋkōp nsàŋ.

4

Lìwanda ni ŋ̀kɔ̀ŋ hisi

¹ Gwèt nì bìsàŋ i kède nân bi nlòl hɛɛ? Ɓàa bi nlòl ɓe inyùu mìnhɛŋa minân mi mī njɔ̀ gwêt i kède bìjò binân? ² Nì nhēŋ, ndi nì mɓāna ɓēe; nì nnɔ̄l, nì kènèk kì njòŋ, ndi nì nlà ɓe kôs; nì njɔ̀ bisàŋ, yàk gwèt. Nì mɓāna ɓēe inyŭlē nì ŋ́yàgàl ɓee. ³ Nì ŋ́yàgàl, ndi nì ŋkòs ɓee, inyŭlē nì ŋ́yàgal mâm nì ŋgǒŋ ɓē lɛ ni obōs mɔ̄ i kède màsee manân. ⁴ À ɓôlom nì ɓèè ɓodàà ɓa ndêŋg, ɓàa nì ńyī ɓe lɛ lìwanda ni ŋ̀kɔ̀ŋ hisi li ye òa ni Nyāmbɛɛ̀? Jɔn tɔ̀njɛɛ à nsòmbol ɓa liwanda ni ŋ̀kɔ̀ŋ hisi à ńyìla ŋɔ̀ɔ Nyambê. ⁵ Ɓàa nì nhɔ̄ŋɔl lɛ Lìtìlà li mpɔ̄t yaŋgà lɛ, Mbuu nu à biyìs i kède yês à gwèe màhɔŋ̀ɔl ma sôŋ inyùù yês? ⁶ Ndi à ŋkɔnde ti karîs ŋ̀kǒndgɛ. Jɔn Lìtìlà li ŋkàl lɛ, Nyambɛ à ŋkɔlɓa ɓôt ɓa nhùmbul nyuu, ndi à ntī ɓoòt ɓa nsùhus nyuu kàrîs. ᵒ ⁷ Jɔn sùhlana ɓèèɓɔmɛ̀dɛ lɛ Nyambɛ ā anɛ̄ ɓèe; kɔ̀lɓana yāga nsɔ̀hɔ̀p, ndi à gakè ɓee ŋ̀gwee. ⁸ Kòògana ɓèɓèè nì Nyambê, ndi yàk nyɛ à gakòògɛ ɓee ɓèɓèè. À ɓee ɓaɓɔ̀ŋɓeba, pubhana mɔ̀ɔ manân. À ɓôt ɓa miŋem imaà, hèènana màhindi miŋēm minaàn. ⁹ Mɔ̀dɓana,

---

ⁿ **Yàk 3: 9** Bìɓ 1: 26   ᵒ **Yàk 4: 6** Bìŋ 3: 34

lèba, èa; hyɔl hinân hi yilā màlèp, yàk màsee manân ma yilā hìun. ¹⁰ Sùhlana ɓèèɓɔmèdɛ i mìs ma Ŋwɛt, ndi à gaɓēdes ɓee.

Nì sɔ̀gna ɓáŋ ɓèè ni ɓèe

¹¹ À lōgtatà, nì sɔ̀gna ɓáŋ ɓèè ni ɓèe. Mùt à nsɔ̀k maasāŋ, tɔ̀ om mǎsāŋ nsɔ̀hi, wèɛ à nsɔ̀k yaā mben, nì om kì yɔ̀ ǹsɔ̀hi; ndi iɓālē ù ŋōm mben ǹsɔ̀hi, wèɛ ù tà ɓe nteedà mben, ndik ŋ̀keês. ¹² Wàda nyɛtāma nyɛn à yè ǹteembēn nì ŋ̀keês, nu à gwèe yāga ŋguùy i tɔ̄hɔɔ̀l tɔ̀ i cē; ndi wè ǹjɛɛ ù ŋōm muùt nûmpɛ nsɔ̀hi?

Ŋgì yi màm ma likɛɛ

¹³ Ɛmblana nī, à ɓee ɓa nì ŋkàl lɛ, Lèn tɔ̀ likɛ̄ɛ dì gakè mu ŋkɔ̀ŋ kìi tēl, di yén nyɔ̀ɔ ŋwìì wada, dì ɓɔ̀ŋ̀k nyùŋga, dì kòhòk yèŋè. ¹⁴ Ndi nì ńyī ɓe maàm ma likɛɛ. Ɓaa nìŋ nân i ye kīi? Ŋgɔ i ye ndik mbū hiɓèè, u ū nnēnɛ ndeèk ŋgeŋ, ndi u nyɔy kì. ¹⁵ Ndi nì lamga yaā kaāl lɛ, Iɓālē Ŋwɛ́t à ǹ̀gwês, dì ganǐŋ, di ɓɔ̄ŋ hìsem, tɔ̀ hìkàà. ¹⁶ Ndi hanânɔ nì ńyādɓɛnɛ i kède hùmbùlnyuu nân; ndòŋ biyat ini i ye ɓē. ¹⁷ Jɔn mùt à ńyī ɓɔɔ̄ŋ lɔŋgeè, ndi à ɓɔ̄ŋ ɓe yɔ, wèɛ à m̀ɓɔ̄ŋ ɓeba.

5

Màɓehna inyùu mìŋgwàŋ

¹ Ɛmblana nī, à ɓee miŋgwàŋ, ɛ̀ɛgana, lɔndgana kì inyùu màndùdù ma nsòmbol kwēl ɓee. ² Ŋ̀kùs nân u mmāl obì, dìtataŋga di mmāl jɛ mbɔt naàn. ³ Gôl nàn nì silɓà nàn bi ńyilā maŋgleèt, ndi maŋglêt map mɔn ma gaɓā mbogī i kɔ̀lɓà ɓèe; mɔ ki mōn ma gajē minsòn minân wěŋgɔ̀ŋlɛ hyèe. Nì m̀mâl koōhlɛ masòò ma ŋkùs dilɔ̄ di nsōk.

⁴ Ɓeŋgnana kì, ǹsaâ ɓagwèlǹsɔn ɓa ɓē ɓumbùl ŋwɔ̀m minân nì bijēl puā, u nlɔ̄nd; yàk mìnlend mi ɓaɓùmbùl mi mmāl pam maō ma Ŋwɛt mintoŋ mi gwêt. ⁵ Nì ɓèè nì yògi hāna hisī, nì ɓɔ̀ŋ̀k kì bìyogdà, nì binūus miŋɛm minaàn kìi ī kēl mànɔlâ. ⁶ Nì bikēês, nì nɔl nu à tee sēp; à nsòŋa ɓe ɓee.

Honɓà nì màsɔɔhè

⁷ Jɔn, à lōgtatà, honɓana yāga lɛtèè nì malòl ma Ŋwɛt. Ɓeŋgnana kì, ǹsalwɔ̄m à mɓɛ̀m matam màlam ma nlòl hisī; à nhōnɓa inyùù yáp lɛtèè nɔ̆p màkos nì nu bìɓàɓayà ɓa nol mɔ̄. ⁸ Ndi yàk ɓèè honɓana; lèdhana mìŋɛm minân, inyŭlē màlòl ma Ŋwɛt ma gwee nì mɔ̀ɔ. ⁹ À lōgtatà, nì hùŋbana ɓáŋ ɓèè ni ɓèe, nì tiga lɛ nì kōs mbagī nōgoòs; nùnaki m̀pemês mbàgi à tee ŋwèmɛl. ¹⁰ À lōgtatà, ɓeŋgnana ɓàpodôl ɓa ɓā pɔt ī jòy li Ŋwɛt, kìkìi yìmbnɛ i honɓà ndùdù nì i wɔŋgut. ¹¹ Nùnaki, dì nsèbel ɓôt ɓa ɓā honɓà lɛ ɓɔ̀kìmàsɔda; nì binɔ̄k inyùu hōnɓà Hiòb, nì tɛhɛ ki lìsughàk li Ŋwɛt, lɛ Ŋwɛt à yoni nì ŋɛm ŋgɔɔ nì kɔ̀nàŋgɔɔ.

¹² Ndi, à lōgtatà, jàm li nlɔ̀ɔ̄ mapɛ mɔmasonā li ye lē, nì tee ɓáŋ ìwiɛ, tɔ̀ nì ŋgìi, tɔ̀ nì hìsi, tɔ̀ kùm ndòŋ sɔ̀ŋ ìpɛ; ndik lē ŋ̀ŋ nàn a ɓa ndīgi ŋ̀ŋ, heni nàn kì lɛ, heni; nì tiga lē nì gweā bikēehɛnɛ.

¹³ Ɓàa mùt à yè i kède nàn lɛ à yè i sī ndùdù? A sɔɔhɛgɛ. Ɓàa mùt à gwèe màsee? A tobok cèmbi di biɓegês. ¹⁴ Ɓàa mùt à yè i kède nàn lɛ à ŋkɔ̀n? A sebēl mìmaŋ mi ntoŋ lɛ ɓa sɔɔhɛ inyùù yeè, ɓa hɔɔ kì nyɛ lāŋ i jòy li Ŋwɛt; ¹⁵ndi màsɔɔhè ma hemlɛ ma gatɔ̄hɔl ŋkɔ̀kôn, ndi Ŋwɛt

à ganyɔ́dɔl nyɛ; ndi iɓālē̄ à biɓɔ̀ŋ biɓeba, bi gaŋwèhlana nyɛ. ¹⁶ Jɔn pāhlana màhòhà manân ɓèè ni ɓèe, ni sɔɔhɛ kì, wàda inyùu nùmpɛ, lɛ ndi ni mboop. Mìnyɛ̀mhɛ̀ mi mût à tee sēp mi gweē ŋgùy ŋgàndàk i kède lìɓɔ̀ŋɔ̀k jap. ¹⁷ Ŋgɔ Èlià à ɓa yāga muùt bìnàm kìkìi ɓe̋s, ndi à sɔɔhɛ ɓàŋga lìsɔɔhègè lɛ nɔ̆p à nɔ ɓâŋ, ndi nɔ̆p à ǹnɔ ɓē hana hisī lɛtèè nì ŋwìì miaâ nì soŋ isamàl. ᵖ ¹⁸ Ndi à kònde ɓă̆ŋ sɔɔhè, ŋgìì i nos nɔp, yàk hìsi hi ti matam mee. ᵠ

¹⁹ À lógtatà, iɓālē̄ mùt à ye i kède nàn lɛ à nỳôm, à yek maliga, ndi wàda nàn à timbīs nyɛ muù, ²⁰ wèè a yi lē mùt à ǹtēmbna mɓɔ̀ŋɓeba lɛ a yek njĕl bìyòmòk gwee, à gatɔ́hɔl nɔɔ̀m mût nu ī nyɛ̀mb, à gahō ki ŋgàndàk biɓeba.

1 Petrò

1

Màyègà

¹ Mè Petrò, ŋ̀oma nū Yēsù Kri̋stò, mè ntìlna mintɛbêk mi ye bìyɔyɔ̀ mī sànda ī Pōntò, nì Gàlatìà, nì Kàpàdokìà, nì Asìà, nì Bìtinìà, ² ki̋ŋgèdà ɓògyi i Nyambɛ Tàtâ, i kède pūbhà i Mbuu, inyùu mànoglà nì lìŋwehgà li macèl ma Yesù Kri̋stò. Kàrîs i ɓól ŋgìi nàn nì ǹsàŋ.

Bɔdŋem i yomi

³ Lìpem li ɓa nì Nyambê, Ìsaŋ Ŋwèt wês Yesù Kri̋stò, nu à bigwāl ɓes yɔ̀ndɔ ni ŋgùy lìtùgè li Yesù Kri̋stò i kède ɓàwɔga inyùu ɓɔ́dŋem i yomi, ki̋ŋgèdà yèe kònàŋgɔɔ, ⁴ lɛ di kós ŋgàbàɓum ì nlà ɓe obì, nì ì ì nlà ɓe nyɔ́gɓa mahindi tɔ̀ hèŋhà, yɔ̆n ì yè ɓèè mɓiâk nyɔ̀ɔ ŋgìi, ⁵ ɓèè ɓa nì ntēedana ni lìpemba li Nyambɛ ī kède hēmlè inyùu tɔ́hi ī gasɔ̀ɔ̀lana ŋgèdà ì nsōk. ⁶ Mu nyēn nì nlòòha konōl masee, tɔ̀ lakìi nì gwèe ndùdù hanânɔ ndèk ŋgeŋ i kède nyà nì nyà manɔ̀ɔ̀dè, iɓālē̄ i nlama ɓa halà, ⁷ lɛ ɓàmbàp i hemlè nân i ī ye ɓàlòòhaga tik ìlɔ̀ɔ̀ gôl ì ì ncībaà tɔ̀ lakìi ì nnɔ̀ɔ̀dana ni hyèe, yɔn i lébna nì bìɓegês nì lìpem nì màsɔda mu māsɔ̀ɔ̀là ma Yesù Kri̋stò. ⁸ Nyɛn nì ŋgwês, tɔ̀ lakìi nì bitēhɛ ɓe nyɛ; nyɛn nì nhēmlè kì, tɔ̀ lakìi nì ntēhɛ ɓe nyɛ hanaànɔ, nì kɔ̀nɔ̀k ŋgàndàk màsee nì màsee ma mɓūma ŋaŋ, ma mā

ᵖ**Yàk 5: 17** 1Bìk 17: 1   ᵠ**Yàk 5: 18** 1Bìk 18: 42-45

yoni nì lìpem, ⁹ lakìi nì ŋkòs lisuk li hemlɛ̀ nân, halā à yè lɛ tɔhi ī nɔɔ̀m nân.

¹⁰ Inyùu tɔ̄hi ī nyēn ɓapodôl ɓa ɓā yeŋ nì tɔŋɔ̀l, ɓa ɓā ɓā podoòl inyùu kàrîs ì ǹlama lôl ɓee. ¹¹ Ɓa ɓā waàn ìmbɛ ŋgedà tɔ̀ kinjē ndòŋ ŋgèdà Mbuu Krĭstò nu à ɓa ī kède yáp à ùnda, ŋgedà à ɓɔ̆k mbògi bisū bi ŋgedà inyùu njɔ̄nɔk Krĭstò, nì lìpem li gayīk pemeèl mūkède. ¹² I sɔ̀ɔ̀lana ɓɔ̄ lɛ màm ɓa ɓā ɓɔɔ̀ŋ ma ɓā ɓē inyùù yáp ɓomɛ̀dɛ, ndik īnyùu nân; mɔn ma mmâl kelā ɓee hanaànɔ nì ɓɛ̀t ɓa biāŋlɛ ɓee Mìŋaŋ Mìnlam nì Mbuu M̀pubi nu à lôl ŋgìi; màm ma mɔ̄n ŋgŏŋ ì ŋkɔ̀n yâk aŋgèl lɛ i wân.

Ǹsèblà i ɓāna nìŋ pubhaga

¹³ Jɔn nìdhana màhɔŋɔ̂l manân, ni amb kì nyùu, ni ɓana ɓɔ̄dŋem i yoni mū kàrîs ì ɓɛmi ī tīna ɓèè mu māsɔ̀ɔ̀là ma Yesù Krĭstò. ¹⁴ Kìkìi ɓɔ̀n ɓa manoglà, nì nìŋ ɓâŋ mū mīnhēŋa minaàn mi bisu ŋgèdà nì ɓee ŋgì yi. ¹⁵ Ndi kìkìi nū à bisèbel ɓee à yè nûmpubi, wɛɛ yàk ɓèèɓomɛ̀dɛ ni ɓa ɓàpubhaga i kède nyà bihyumul yɔsonā, ¹⁶ inyŭlē i ye ǹtĭlɓàgà lɛ, Nì gaɓā ɓapubhaga, inyŭlē mɛ̀ yè nûmpubi. ʳ ¹⁷ Ndi iɓālē nu nì nsèbel kìkìi Tàta à yè nu à mpēmes mbagī kĭŋgèdà ǹsɔn u hikìi mùt iɓaɓe ndɔdla, wɛɛ kɔna wɔ̀ŋi ŋgedà yɔsonā nì yìi kìkìi bìyɔyɔ̀. ¹⁸ Nì ńyī lɛ nì bikɔblana ɓe ni gwɔ̀m bi ŋòbì, kìkìi sīlɓà tɔ̀ gôl, i kède gwàŋgà bi bilem bi lôl nì ɓàsogol ɓanân, ¹⁹ ndi ndik nì tik macèl ma Krĭstò, wěŋgɔ̀ŋlɛ ma man ǹtomba nu à gwee ɓē lɛm tɔ̀ lìtɔn. ²⁰ Nyɛn à ɓɔ̆k yāga yinaà ŋkɔ̀n hisi ŋgì hègà, ndi à binēnɛ lisūk li ŋgedà inyùu nân; ²¹ ɓèè ɓa, īnyùù yeē nyɛn nì yènɛ̀ ɓàhemlɛ̀ Nyambê, nu à tùgul nyē i kède ɓàwɔga, à ti ki nyē lìpem, lɛ ndi hēmlɛ̀ nân nì ɓɔdŋem nân bi ɓa nì Nyambê.

²² Lakìi nì bipūbus miŋem minaàn i kède mànoglà ma maliga ni njĕl Mbūu lɛ gweha nân kìkìi lìsaŋ li ɓôt i ɓāna ɓaāŋ màlògâ, wɛ̀ɛ gwēhnana yāga ni ŋ̀em wɔnsonā. ²³ Nì yè ɓàtììmbaga gweê, ndi hà nì mboo ɓe ì ì ŋòbì, ndik nì ì ì ŋòbì ɓee, yŏn ì yè ɓàŋga Nyambɛ ī ī ye yòmi nì i ī nnɔ̀m. ²⁴ Inyŭlē, mìnsòn ŋwɔminsonā mi ye ndīgi bìkay, yàk lìpem jap jɔlisonā li ye ndīk mbònjì bikay. Bìkay bi ńyùyì, mbònjì kì i kudàk, ²⁵ ndi lipōdol li Ŋwɛt li nnɔ̀m i ɓɔ̀ga ni ɓɔ̀ga. ˢ

Lipōdol li Mìŋaŋ Mìnlam lini jɔn ɓa biāŋlɛ ɓee.

2

Ŋgɔ̀k yòmi nì lɔ̀ŋ pubhaga

¹ Jɔn ŋwàha ɓēba ŋem yɔsonā, nì màndɔn mɔmasonā, nì màlògâ, nì tamâ, yàk nì mìnsɔ̀ga ŋwōminsonā. ² Ni ɓana ŋgŏŋ yɔ̀sonā lɛ màhɔŋɔ̂l manân ma nyuŋ ɓàŋga manyûŋ, kìkìi mìŋkeŋee mi ɓɔn, lɛ ndi ni holol mù lɛtèɛ̀ nì pam i tɔ̄hìi, ³ iɓālē nì binɔ̀ɔ̀de lɛ Ŋwɛ́t à gwee lɔ̄ŋgɛŋēm. ⁴ Iɓālē nì ŋ̀adɓa ni nyē, nyɛn à yè ŋgɔk yòmi, ǹcĭlgà nì ɓôt, ndi ǹtebgà nì Nyambê, nì tik, ⁵ yàk ɓèè kî, kìkìi ŋgɔk yòmi, nì oŋna ndāp Mbūu, i ɓā ǹtoŋ prîsì m̀pubhaga inyùu tī bìsèsɛmà bi mbuu bi bī nlēmel Nyambɛ inyùu Yēsù Krĭstò.

⁶ Inyŭlē Lìtìlà li mpɔ̄t hɔma wadā

ʳ 1 Pet 1: 16 LL 11: 44-45; 19: 2   ˢ 1 Pet 1: 25 Yès 40: 6-8

lɛ,
Nùnakì, mè nsùmɛ ŋgɔ̂k
lìkas i Sīòn,
yɔ̆n ì yè n̂tɛbêk nì tik;
ndi nu à mɓōdol yɔ
ŋ̀ɛm
à gakòs ɓe wɔnyuu. ᵗ
⁷ Jɔn ì yè tik inyùu ɓèè
ɓa nì nhēmlè;
ndi inyùu ɓā ɓā ntɔ̄p ɓe
hemlɛ̀,
Ŋgɔ̀k ɓàɔŋ ɓa bicɛ̀l,
Yɔ̆n ì biyìla ŋgɔ̂k lìkas; ᵘ
⁸ nì lɛ,
Ŋgɔ̀k ɓààgɛ̀nɛ̀, nì màmb
ŋgɔ̂k u ɓômndànà. ᵛ
Ɓa mɓààgɛnɛ mu ɓàŋga î, lakìì ɓa
ndɔ̄gɔɔ̀p; halā kì nyɛn ɓa tēebana.
⁹ Ndi ɓèè ɓɔn nì yè n̂tɔlɔ̂k liten,
ntoŋ prĭsì u anè, lɔ̄ŋ pubhaga, ʷ lòk
Nyambɛ nyēmèdɛ, lɛ ndi ni aɲal
ndòŋ lìpem yɔ̀sonā ì nu à bisèbel
ɓee i kède jĭɓɛ lɛ ni jóp māpùbi mee
ma mɓūma ŋaŋ. ¹⁰ Ɓèè ɓa nì ɓeè ɓe
ŋgîm lìten ŋgèdà bìsu, ndi hanânɔ nì
ǹyilā liten li Nyambê; ɓèè ɓa nì
bikòs ɓe kɔnàŋgɔɔ, ndi hanânɔ nì
m̀mál koōs kɔnàŋgɔɔ. ˣ

Nìŋ kìkìi mìŋkɔ̀l mi Nyambê

¹¹ À ɓagwēhaà, lakìi nì ye ɓakèn nì
bìyɔɔ̀, mè nsɔ̄ɔhɛ ɓee lɛ ni ceēl
mìnheŋa mi minsòn, ŋwɔn mi njòs
nôm yes gwêt. ¹² Bìhyumul binân i
kède bìlɔ̀ŋ bìpɛ bi ɓa lɔ̄ŋgeɛ̀, lɛ hɔma
ɓa nsɔ̀k ɓee wěŋgɔ̀ɲlɛ nì ye
ɓàɓɔ̀ŋmàɓɛ, ɓa ti Nyāmbɛ lìpem kēl
màyuugà, inyùu mìnsɔn minân
mìnlam ɓa ntēhɛɛ̀.

¹³ Sùhlana nī ɓeeɓɔmèdɛ i sī hī litìŋ
li mbɔk inyùu Ŋwět, tɔ̀ i ɓā yàà li
kiɲɛ kìkìi ŋwět, ¹⁴ tɔ̀ li ɓaŋgɔmîn
kìkìi ɓàoma ɓā kiɲɛ ī nōgoòs
ɓàɓɔ̀ŋmàɓɛ, ndi i ɓēgeès ɓàɓɔ̀ŋlɔŋgê.
¹⁵ Ŋgɔ sòmbòl Nyambɛ ī ye lē, inyùu
lɔ̄ŋgɛ nì mɓɔ̄ŋ ni yibī màɲɔ̀ ma
ŋgiyī i bijoŋ bi ɓoòt; ¹⁶ ndi kìkìi
ŋgwelês ɓôt, kùndè nàn ì ɓa ɓâŋ
wěŋgɔ̀ɲlɛ yɔ̀m i nhō ɓeba ŋem, ndi
ɓana yàà miŋkɔ̀l mi Nyambê. ¹⁷ Nì
tinâk ɓôt ɓɔɓasonā lìpem. Nì
gwehâk lògtatà. Nì kɔ̀nɔ̀k Nyambɛ
wɔ̀ɲi. Nì tinâk kiɲɛ lìpem.

Ndèmbèl ì njɔnɔk Krĭstò

¹⁸ À ɓee minlìmil mi ndap, sùhlana
ɓèèɓɔmèdɛ i sī ɓèt ɓanân nì wɔ̀ɲi
wɔnsonā, hà i sī ɓā ɓɔ̄tāma ɓe ɓa ye
lɔ̄ŋgeɛ̀, ɓa ɓangà kì tɔ̀mba ŋem, ndi
yàk nì i sī ɓā ɓā kodi. ¹⁹ Inyǔlē halā
à yè jàm lìlam, iɓālē mùt à nhōnɓa
ndudù inyùu kĭŋŋ̀em yeē ni
Nyāmbeɛ̀, ŋgèdà à nsōnol njɔnɔk
iɓaɓe nsɔ̀hi. ²⁰ Inyǔlē kinjē bìɓegês
bi ye mù, iɓālē nì nhōnɓa ŋgèdà nì
mɓɔ̄ŋ ɓeba ndi ɓa omôk ɓèè bikut?
Ndi iɓālē nì nsɔ̄n njɔnɔk ŋgèdà nì
mɓɔ̄ŋ lɔ̄ŋgê, ndi nì honɓàgà, wèɛ
halā à nlēmel Nyambeɛ̀. ²¹ Inyùu
jàm li nyēn nì bisèblànà, inyǔlē yàk
Krĭstò kì à sɔn njɔ̄nɔk inyùu nàn, à
yigle ɓee ndèmbèl lɛ ni ɔdɔp mū
māɓàl mee. ²² Nyɛn à ɓɔ̀ɲ ɓē ɓeba,
tɔ̀ màndɔn ma lèbna ɓē nyɔ̀ wee. ʸ
²³ Nyɛn ŋgèdà ɓa yàhal nyē, à
tìmbhɛ ɓē ɓɔ; ŋgèdà à sonol njɔ̄nɔk
à han ɓē muùt; ndi à ti nyēmèdɛ i

ᵗ**1Pet 2: 6** Yès 28: 16
ᵘ**1Pet 2: 7** Hyèm 118: 22
ᵛ**1Pet 2: 8** Yès 8: 14, 15

ʷ**1Pet 2: 9** Màn 19: 5-6; Yès 43: 20
ˣ**1Pet 2: 10** Hòs 1: 6, 9; 2: 3, 25
ʸ**1Pet 2: 22** Yès 53: 9

mɔɔ ma nu à mpēmes mbagī ì tee sēp. [z] [24] Nyɛmèdɛ ki nyēn à ɓègɛɛ biɓeba gwes mu nyùù yeē i ŋgìi kēk, lɛ ndi lākìi dì biwɔ̄ i pɛ̀s biɓeba, wɛ̀ɛ di n̂iŋlak ī kèdɛ màm ma tee sēp. Ŋgɔ inyùu mìŋkòndgà ŋwee ɓèe nì bimbōoòp. [25] Inyŭlē nì ɓe yôm wĕŋgɔ̀ŋlɛ mìntomba, ndi hanânɔ nì m̀mâl teēmb yak Ǹteedà nì M̀ɓèŋgè nòm nân.

3

Liɓâk li ɓaa nì ɓàlom

[1] Halā kì nyɛn, à ɓodàa, sùhlana ɓèèɓɔmèdɛ i sī ɓàlom ɓanân, [a] lɛ tɔ̀ iɓālē ɓàhɔgi ɓa nnōgol ɓe ɓaŋgā i Nyambeè, wɛ̀ɛ bìhyumul bi ɓaa ɓap biyɔŋā ɓɔ̄ iɓaɓe ɓaŋgā i Nyambeè, [2] lakìi ɓa ntēhɛ bihyumul binân bi ŋgi ǹsɔ̀hi nì bi wɔŋi. [3] Bièŋg binân bi ɓanɛ ɓaāŋ i ɓāk còŋ, tɔ̀ kèèp gwɔ̀m bi gôl, tɔ̀ bìloge bī nyaŋgā, [b] [4] ndi bi ɓanɛ ndīgi ī mùt à sòli nū n̂ɛm, bièŋg gwee lɛ mbuu u limà nì u ŋweē, gwɔn bi ŋòbì ɓee, ndi bi ye ndàmbà kɛn̂i i mìs ma Nyambê. [5] Inyŭlē ŋgèdà kwàŋ, ɓodàa ɓàpubhaga kî, ɓa ɓā ɓā ɓodoòl Nyambɛ n̂ɛm, ɓa ɓā ɛŋgèp halā, ɓa sûhlàk ɓɔmèdɛ i sī ɓàlom ɓap, [6] kìkìi Sààra à ɓa nogôl Àbràhâm, a sèblàk kì nyɛ lɛ ŋwɛ̌t; [c]

[7] Halā kì nyɛn, à ɓalom, yɛna nì ɓàà ɓanân lòŋnì yi, [d] nì tinâk mùdàà lipem kìkìi yòm i nlɔ̀ɔ ɓee ɓɔmb, lakìi ɓa ye ɓàsɔ ɓa ɓakàdɓum ɓa karīs ì nìŋ, lɛ jàm li sèk ɓāŋ màsɔɔhɛ̀ manân njɛ̀l.

Ni sɔn njɔ̄nɔk inyùu tēlɛèɓsep

[8] Ndi mè nsōk kaāl lɛ, ɓèè ɓɔɓasonā nì ɓangà màhɔŋɔ̂l mada, nì tòŋnàgà, nì gwehnàgà kìkìi lìsaŋ li ɓôt, nì lɔŋɛ ŋēm, yàk nì tɛlêɓsep. [9] Nì tìmbhɛ ɓāŋ ɓēba inyùu ɓēba, tɔ̀ yàhàl inyùu yàhàl, ndi nì sàyɓàk ndigî, inyŭlē inyùu jàm lini nyɛn nì bisèblana lɛ ni kodōl màsɔda. [10] Jɔn,
Nu à nsòmbol gwes nîŋ,
Nì tɛhɛ kì dìlɔ dìlam,
A cilīs nī hilemb hyee màm màɓɛ,
Yàk biɓep gwee lɛ bi pɔ̄t ɓaāŋ nì màndɔn.
[11] Ndi a sɛmb yāga ɓeba, à ɓɔ̀nɔ̀k ndigi lɔ̄ŋgeè,
À ɓa à yɛŋêk ǹsàŋ, à nɔ̀ŋɔ̀k kì wɔ.
[12] Inyŭlē mìs ma Ŋwɛt ma ye ŋgìi ɓôt ɓa tee sēp,
Màɔ mee kî i ɛ̄mblè mìǹyɛ̀mhɛ̀ ŋwap;
Ndi su Ŋwɛt u ŋkèdɓa ɓaɓɔ̀ŋ màm màɓɛ. [e]
[13] Ndi nu à gaɓɔŋ ɓee ɓēba à yè ǹjɛɛ, iɓālē nì yè ɓàkona jàm li ye lɔ̄ŋgeè? [14] Ndi tɔ̀ i ɓā yààà lɛ nì ǹlama sɔn njɔnɔk inyùu màm ma tee sēp, wɛ̀ɛ nì yè ǹsăyɓàk; ndi nì kɔ̀n ɓāŋ jàm ɓa ŋkɔ̀n wɔŋi wɔ̀ŋi, tɔ̀ sèhlà nì sèhla ɓâŋ. [f] [15] Ndi tea yāga Kriīstò m̀pubi i kèdɛ mìn̂ɛm minân lɛ a ɓa Ŋwɛ̌t, nì ɓâk kì ŋkŏɓàgà ŋgèdà yɔsonā i tìmbhè hikìi mùt à mɓàt

---

[z] 1Pet 2: 23 Yès 53: 12

[a] 1Pet 3: 1 Èf 5: 22; Kòl 3: 18

[b] 1Pet 3: 3 1Tìm 2: 9

[c] 1Pet 2: 6 Bìɓ 18: 12 ndi ɓèe nì yè ɓòn ɓee hanânɔ iɓālē nì mɓɔ̀ŋ lɔŋgê, ndi wɔŋi wɔkǐwɔ̄ u soha ɓe ɓee mìŋem.

[d] 1Pet 3: 7 Èf 5: 25; Kòl 3: 19

[e] 1Pet 3: 12 Hyèm 34: 13-17

[f] 1Pet 3: 14 Yès 8: 12; Màt 5: 10

ɓee inyŭkī nì tìŋi nì ini ɓɔ̄dŋem nì gwèe, ¹⁶ ndi nì tìmbhègè nì ŋɛmlimà nì u wɔŋi. Nì ɓangà lɔŋgɛ kīŋŋēm, lɛ ndi hɔ̀ma ɓôt ɓa nsɔ̀k ɓee i hɔ̄ɔ ɓèè kɔyɔ̂p inyùu bìhyumul binân bìlam i Krĭstò, ɓa kós wɔ̄nyuu. ¹⁷ Inyŭlē i ye lɔ̄ŋgɛ lē nì sɔn njɔnɔk inyùu lɔ̄ŋgɛ nì mɓɔ̄ŋ, iɓālē sòmbòl Nyambɛ ī ye hālà, ìlɔ̀ɔ lɛ nì sɔn yɔ īnyùu lìɓɔ̀ŋɔ̀k lìɓɛ. ¹⁸ Inyŭlē yàk Krĭstò à sɔn njɔ̄nɔk ŋgèlè yàda inyùu yɔ̄sonā inyùu bìɓeba, nyɛ mùt à tee sēp inyùu ɓòt ɓa tee ɓē sep, lɛ ndi a ega ɓèè yak Nyāmbɛɛ̀; à nola mīnsòn, ndi à kondē ki nìŋ ni Mɓūu. ¹⁹ Mukèdɛ yeē nyɛn à kĭl, à aŋlɛ mimbuu i kèdɛ mɔ̀k, ²⁰ ŋwɔn mi ɓā ndɔgɔɔ̀p ŋgèdà kwàŋ, dilɔ̄ di Noà, ŋgèdà honɓà Nyambɛ ī ɓā ɓɛmɛ̀k, ki ŋ̀kuu u ŋgi ɓêŋŋgà, i kèdɛ yeē nyɛn ndèk ɓôt, halā à yè lɛ jwèm, i tɔ̄hlana mālēp. ⁸ ²¹ Mɔ ki mɔ̄n ma ntɔ̄hɔl ɓee hanaàno kìkìi ndèmbèl, halā à yè lɛ lìsòblɛ̀, jɔn li ta ɓē hèà màhindi ma minsòn, ndi mìnyɛmhɛ̀ mi lɔŋgɛ kīŋŋēm yak Nyāmbɛɛ̀, inyùu lìtùgè li Yesù Krĭstò, ²² nu à yìi wɔ̀ɔ waalōm Nyambɛɛ̀, i ɓēt à ɓɛt ī ŋgìi, hɔ̀ma āŋgèl nì ɓà-ànɛ nì mìmpemba ɓa ye ɓàsùhlaga i sī yeè.

4

Bàŋga ɓɔkīndàk i ndôŋ nì ndòŋ karīs Nyambê

¹ Jɔn, lakìi Krĭstò à sɔn njɔ̄nɔk minsòn inyùù yês, wɛɛ yàk ɓee èŋgɓana ǹlèlèm hɔŋôl, lɛ nu à bisɔn njɔnɔk minsòn à biwāa ɓɔɔ̄ŋ ɓeba, ² lɛ ndi à nìŋil ha ɓáŋ i kèdɛ mìnhɛŋa mi ɓôt, ŋgèdà yèe à ŋgi gweē mūnu minsòn, ndik īnyùu sòmbòl Nyambê. ³ Ŋgɔ ŋgèdà nìŋ yes ì bitāgɓɛ̀ yɔ̆n ì ɓeè ì kòli īnyùu ɓɔ̀ŋ sòmbòl i bilɔ̀ŋ bìpɛ, nì i hyūmuùl i kèdɛ bìyogdà, nì mìnhɛŋa, nì lìhyua, nì bìlɔŋ bi mpùŋgu, nì bitì bi nyoba, yàk nì lìɓegês bìsat li nsūuŋgaha ŋɛm. ⁴ Halā nyēn ɓa ŋ̀ɛgɛ̀p inyùlē nì nhyōm ɓe loòŋnì ɓɔ i kèdɛ mìnlèlèm mi biyabdà bi nlôhà; ɓa ôbhàk kì ɓèè moy. ⁵ Ndi ɓa gatìmbhɛ nu à yè ŋ̀kŏbàgà i pēmhènè ɓayōmi nì ɓawɔ̄ga mbagī. ⁶ Inyŭhālā nyēn Mìŋaŋ Mìnlam mi āŋlana kì ɓawɔ̄ga, lɛ ndi ɓa kós yāga mbagī kìkìi ɓôt i kèdɛ mìnsòn, ndi ɓa ńiŋ kìkìi i nlēmel Nyambɛ ī kèdɛ mbūu.

⁷ Ndi lìsuk li mâm mɔmasonā li gweē nì mɔ̀ɔ; jɔn hōda mànyùu, ni amb kì mɔ inyùu màsɔɔhɛ̀. ⁸ Ndi jàm li nlɔ̀ɔ mɔmasonā li ye lē, nì loòhàgà gwehna ɓee ni ɓèe, inyŭlē gweha ī nhō ŋgandàk bìɓeba. ⁹ Nì yɔŋnàgà ɓèè ni ɓèe kìkìi ɓàkèn iɓaɓe minhùŋɓɛ. ¹⁰ Hìkìi mùt a gwelēl ɓāpɛ kĭŋgèdà lìkèblà li karīs à bikòs, nì ɓàk kìkìi ɓàŋga ɓɔkindàk i ndôŋ nì ndòŋ karīs Nyambê. ¹¹ Iɓālē mùt à mpɔ̄t, wɛ̀ɛ a pɔt yàa kìkìi bìpodol bi Nyambê; iɓālē mùt à ŋgwèl nsɔn, wɛ̀ɛ a gwelēk yàà ni ŋgùy Nyambɛ à ŋ̀kebēl nyɛ, lɛ Nyambɛ ā koōs lìpem i kèdɛ màm mɔmasonā inyùu Yēsù Krĭstò, nu à gweē yāga lipem nì lìpemba ɓɔ̄ga ni ɓɔ̄ga. Àamèn. ʰ

Njɔnɔk mùt à nsɔ̄n inyŭlē à yè mùt Krĭstò

¹² À ɓagwēhaà, nì ɛ̀gɛp ɓáŋ inyùu

ᵍ **1Pet 3: 20** Bìɓ 7: 7

ʰ **1Pet 4: 11** Rom 1: 25

hyèè hi manɔ̀ɔ̀dè hi ntɔ̀ŋɓɛ i kède nân, wěŋgɔ̀ŋlɛ ŋ̌kěn jàm nyɛn à ŋkwèl ɓee, ¹³ ndi kìkìi nì gwèe àdnà nì njɔnɔk Krǐstò, wɛ̀ɛ kɔ̀na màsee, lɛ ndi ni kɔ́n màsee nì sòbhɛ̀ kì, ŋgèdà màsɔ̀ɔ̀là ma lipem jee. ¹⁴ Iɓālē ɓa ńyàhal ɓee inyùu jòy li Krǐstò, wɛ̀ɛ nì yè ɓɔ̀kimàsɔda, inyǔlē Mbuu lipem nì u Nyambɛ à kèhi ŋgìi nân: i pɛ̀s yap ɓa ŋ̀òbos nyɛ jǒy, ndi i pɛ̀s nân à ǹtina lipem. ¹⁵ Ndi mùt nyɛkǐnyē i kède nân à sonol ɓāŋ njɔnɔk lɛ à yè mùt à nnɔ̄laâ, tɔ̀ mùt wǐp, tɔ̀ m̀bɔ̀ŋmàɓɛ, tɔ̀ kìkìi mùt à nhāndɓe māŋan maàm; ¹⁶ ndi iɓālē à nsōnol njɔnɔk inyǔlē à yè mùt Krǐstò, wɛ̀ɛ à wɔ ɓāŋ nyùu, ndi a ti Nyāmbɛ lìpem inyùu jàm lini. ¹⁷ Inyǔlē ŋgèdà ì ŋkɔlā lɛ mbàgi i ɓodōl pēmel ndāp Nyāmbeɛ̀, ndi iɓālē ì m̀bòdlɛnɛ ɓěhnī, wɛ̀ɛ lìsuk li ɓôt ɓa nnōgol ɓe Miŋaŋ Mìnlam mi Nyambɛ lī gaɓā laa? ¹⁸ Ndi iɓālē i ye ǹlɛ̀dɛk ni mùt à tee sēp i tɔ̄hlànà, wɛ̀ɛ i gasōk la inyùu ǹyàn Nyambɛ̂ nì m̀ɓɔ̀ŋɓeba? ¹⁹ Halā kì nyɛn ɓa ɓā nsɔ̄n njɔnɔk kǐŋgèdà sòmbòl Nyambɛ̂ ɓa londōs nɔ̀m yap nì bìɓòŋol bìlam i mɔ̀ɔ ma Nhɛ̀k nu à yè ɓonyoni.

5

Teedà ɓɛmba Nyambɛ̂

¹ Jɔn mɛ̀ mɓēhɛ mimaŋ mi ntoŋ mi ye ī kède nân, inyǔlē yàk mɛ̀ mɛ̀ yè sɔ mmaŋ ntoŋ, nì mbògi inyùu njɔnɔk Krǐstò, nì nu à gwèe ŋgàɓà mu līpēm li ɓemī sɔ̀ɔ̀là, ² Tina ɓɛmba Nyambɛ nì gwèe bijɛk, ⁱ lɛ nì teedàgà yɔ hà kìkìi mìnhelhàk ɓee, ndik nì lɔŋgeŋēm kìi i nlēmel Nyambeɛ̀, hà kìkìi ɓàhep nì ŋ̀kùs ɓee, ndik nì ŋgǒŋ ŋ̀em; ³ nì tèt ɓāŋ ɓā ɓā ye ī sī ndēedà nân; yìlna ndīgi ndèmbèl inyùu ɓɛmba. ⁴ Ndi ŋgèdà Ǹteedà Nu Bìsu à gatīhil, nì gakòs ntut lipem u nlà ɓe hêŋhà.

⁵ Halā kì nyɛn, à ɓɔɔŋɛ ɓa wanda, sùhlana ɓèèɓɔmèdɛ i sī ànɛ̀ mimaŋ mi ntoŋ. Ndi ɓèè ɓɔbasonā, ɛŋgɓana ndīgi sùhùsnyuu i hōlnà ɓèè ni ɓee, inyǔlē Nyambɛ à ŋkɔlɓa ɓôt ɓa nhùmbul nyuu, ndi à ntī ɓa ɓā nsùhus nyuu kàrîs. ʲ ⁶ Jɔn sùhlana ɓèèɓɔmèdɛ i sī wɔ̀ɔ lipemba u Nyambê, lɛ ndi a ɓedes ɓee ŋgèdà ì m̀māl kɔlà. ⁷ Yùgyana kì nyɛ ndùŋa nân yɔsonā, inyǔlē à ntòŋ ni ɓèe. ⁸ Nì ambâk mànyùu, nì yènàk kì pèe, inyǔlē ŋ̌kɔlɓà nàn lɛ ǹsɔ̀hɔ̀p à nhyōm kìkìi mbɔ̀ndɔ̀ŋjèè lɛ ì ŋkōnd, à yeŋêk ŋwèt à mmìl. ⁹ Kɔ̀lɓana nyē iɓaɓe pîŋglà i kède hēmlɛ̀, lakìi nì ńyī lɛ lògisɔ̄ŋ naàn i mɓɔma minlèlèm mi njɔnɔk hana ŋkɔ̀ŋ hisi. ¹⁰ Nyambɛ nū kàrîs yɔsonā, nu à bisèbel ɓee lipēm jee li ɓɔgā i Krîstò, iɓālē nì m̀māl sɔn njɔnɔk ndèk ŋgeŋ, nyɛmèdɛ à gatìmbis ɓee lɔ̄ŋgeɛ̀, a tee ɓèe, a ledēs kì ɓèe. ¹¹ Lìpemba li ɓa nì nyɛ, nì ànɛ̀, i ɓɔga ni ɓɔga. Àamèn.

Màyègà ma nsōk

¹² Mɛ̀ bitìlna ɓee ndèk biɓàŋga ini nì Sìlvanò, ᵏ mǎntàta wès nu mɛ̀ ŋáŋ ni ɓɔnyoni, mɛ̀ ɓehgɛ̀, mɛ̀ ɓɔgɔ̀k mbògi lɛ ìni ì yè ɓàŋga kàrîs ì Nyambɛ̂; tɛlɓana mù. ¹³ Nu à yè i Bàbilòn, ǹtebɛ̂k lòŋ yada ni ɓèe, à ǹyegā ɓee; yàk màn wêm Markò ˡ à ǹyegā ɓee. ¹⁴ Yègnana ɓèè ni ɓèe nì

ⁱ**1Pet 5: 2** Yòh 21: 15-17
ʲ**1Pet 5: 5** Bìŋ 3: 34
ᵏ**1Pet 5: 12** MB 15: 22, 40

ˡ**1Pet 5: 13** MB 12: 12, 25; 13: 13; 15: 37-39; Kòl 4: 10; Fîle 24

màsɔhnà ma gwehâ.

Ǹsàŋ u ɓa nì ɓèè ɓɔɓasonā ɓa nì yè i Krĭstò Yesù.

2 Petrò

1

Màyègà

¹ Mè Simòn Petrò, ŋkɔ̀l nì ŋoma Yēsù Krĭstò, mè ntìlna ɓa ɓā bikòs nlèlèm tik hemlè kìkìi ɓès i kède tēlɛèbsep Nyambɛ wès nì Ǹtɔhɔ̂l lɛ Yesù Krĭstò. ² Kàrîs i ɓulūl ɓèe nì ǹsàŋ i kède yī nì ńyī Nyambɛɛ̀ nì Yesù Ŋwèt wês.

Ǹsèblà nân nì teba nân

³ Lìpemba jee li Nyambɛ lī mmaāl ti ɓes màm mɔmasonā inyùu nìŋ nì inyùu sìŋgè nyɛ ŋēm, inyùu yī dì ńyī nu à bisèbel ɓes lipēm nì lɛm lām nyɛmèdɛ nì ŋgùy yèe. ⁴ Mu nyēn à mǎl tīnɛ ɓes màkàk ma ye tīk nì ma mā nlòòha makɛŋi, lɛ ndi inyùù yâp ni yilā ɓàyɔ̀ŋ ŋgàbà liɓāk li Nyambê, lakìi nì bipēy nyèga ì yè ŋkɔ̀ŋ hisi inyùu mìnhɛŋa. ⁵ Inyùu jàm lini nyɛn ɓèèɓɔmèdɛ nì kòndgè yaga nyâmndà, i kède hēmlè nân nì nobgè lɛm lām; i kède lēm lām nì nobgè yi; ⁶ i kède yī nì nobgè hodnyuu; i kède hōdnyuu nì nobgè honɓà; i kède hōnɓà nì nobgè sìŋgè Nyambɛ ŋēm; ⁷ i kède sìŋgè Nyambɛ ŋēm nì nobgè gweha līsāŋ li ɓoòt; ndi i kède gwēha līsāŋ li ɓoòt nì nobgè gwehâ. ⁸ Inyŭlē iɓālē nì gwèe màm mana, ndi ma ɓolòk, wèè ma gaɓɔ̀ŋ ɓee lɛ nì ɓa ɓe yɛŋgē tɔ̀ ŋgì num matam i yī dì ńyī Ŋwɛt weēs Yesù Krĭstò. ⁹ Iɓālē mùt à gwèe ɓē màm mana, wèɛ à yè ndim, à ntēhɛ ndigi màm ma ye ɓèbèɛ̀, lakìi à

m̀māl hoya pubhà i biɓeba gwee bi kwâŋ. ¹⁰ Jɔn, à lôgtatà, nyàmndana yāga ìlɔ̀ɔ̀ halà, lɛ ni om màkòò hisī siìŋsìŋ i kède ǹsèblà nì teba nân. Ŋgɔ iɓālē nì mɓɔ̀ŋ halà nì gaɓààgɛ ɓɛ kɛlkĭkēl. ¹¹ Inyùu hālā nyēn lìjùbul li anɛ̀ ɓɔgā i Ŋwɛt weēs nì N̄tɔhɔ̄l lɛ Yesù Krı̆stò li gaɓā ni màsɔda ŋgandàk inyùu nân. ¹² Jɔn mɛ̀ gaɓā ŋkŏbàgà i ɓìgdàhà ɓɛɛ màm mana ŋgèdà yɔ̀sonā, tɔ̀ lakìi nì ńyī mɔ, nì lɛ nì m̀māl lɛɛ̄t i kède màliga nì gwèe. ¹³ Ndi mɛ̀ ńyìmbɛ lɛ, i yìì mɛ̀ ŋgi yiī mūnu lāp * ini, mɛ̀ kòli tī ɓee mbìgdà i tòdòl ɓèe, ¹⁴ inyŭlē mɛ̀ ńyī lɛ mànyɔ̀dì munu lāp yɛɛm ma gapāla, kìkìi Ŋwɛ̀t wēs Yesù Krı̆stò à biyīs meɛ.ᵐ ¹⁵ Ndi mɛ̀ ganyàmnda ki lē mbūs mànyɔ̀dì mêm ni ɓana ŋgùy i ɓìgdà màm mana hikìi ŋgèdà.

Mbògi mı̆s ì ɓày i lipem i Krı̆stò

¹⁶ Inyŭlē dì binɔ̀ŋ ɓe miŋaŋ mi bitɛmbɛɛ mi mī biɓòda ni màkɛŋgɛ i ŋgèdà dì biāŋlɛ ɓee lìpɛmba li Ŋwɛt wês Yesù Krı̆stò nì màlòl mee, ndi dì ɓeè mbògi mis ì ɓày i lipem jee. ¹⁷ Inyŭlē à kŏs bìɓegēs nì lìpem nì Nyambɛ Tàtâ, i ŋgèdà kiŋ ì lŏl nyē i kède ɓày i lipem lìkɛŋi lɛ, Màn wêm nu gwēha nūnu, à nlēmel meɛ. ¹⁸ Dì binɔ̀k ki kiŋ ini ì lòlàk i ŋgìì ŋgèdà ɓēs nì nyɛ dì ɓanɛ ŋgìi hìkòa hìpubhaga. ⁿ ¹⁹ Ndi dì gwèe ɓàŋga i bipodol bi ɓapodôl i ì ye yāga ntìîk; ni ɓɔ̃ŋ lɔ̀ŋgɛ ī yòŋòl yihɛ mû wěŋgɔ̀ŋlɛ tuŋgɛŋ i nlɔ̀ŋ i hɔma jı̆ɓɛ̀, lɛtɛ̀ɛ̀ kɛl ì ye, nì hyòdot hi mayɛ ma kɛl hi pam i kède mìŋɛm minân.

²⁰ Kìi jàm li bisu nì ǹlama yi lɛ, bìpodol bi ɓapodôl i kède Màtìlà bi ta ɓē ni ndɔ̀ŋɔ̀l mùt nyɛmèdɛ. ²¹ Inyŭlē lìpodol li ɓapodôl li lɔ̀ɔ ɓē kobā ni sòmbòl mût nyɛmèdɛ, ndi nì ɓapubhaga ɓa Nyambɛ Mbuu M̀pubi nyɛn à ɓa gwêl màhɔŋɔ̀l lɛ ɓa pɔt.

2

Bàpodôl ɓa bitɛmbɛɛ nì ɓàlêt ɓa bitɛmbɛɛ

Yudà 4-13

¹ Ndi ɓapodôl ɓa bitɛmbɛɛ ɓa ɓā kì i kède ɓôt, kìkìi yàk ɓàlêt ɓa bitɛmbɛɛ ɓa gaɓā i kède nân, ɓɔn ɓa gaɔ̄nd ndìdì i jùbùs màeba ma ŋkɔda ma nlɔ̀na cibâ, kàyèlɛ ɓa taŋɓa yàk Ŋwɛ̀t nu à sɔmb ɓɔ̄, ɓa udūl ɓɔ̄mèdɛ pāpamà cibâ. ² Ŋgàndàk ɓôt i gaɔ̄dɔp ki ɓɔ̄ mbūs i kède bìyogdà gwap; inyùù yáp nyɛn njɛl màliga ì gasòlna. ³ Ndi i kède hēp ɓa gapɔ̄t nhyɔmoòk lɛ ndi ɓa jɛl ɓèɛ nyuu, ɓɔn mbàgi inyùù yáp ì lɔ̀ɔ yāga kobā ì ɓèmi, tɔ̀ ciba yāp i ŋkɛ̀ ɓe hilɔ̄. ⁴ Ŋgɔ iɓālē Nyambɛ à ɓaŋal ɓē aŋgèl i ŋgèdà i ɓɔ̄ŋ ɓēba, ndi à lēŋ ndìgi yɔ̄ Tàrtarà, à kwēs yaga yɔ i kède bìɓɛɛ bi jiìɓè, à ɓii yɔ inyùu mbàgi, ⁵ à ɓaŋal ɓē ki tɔ̀ ŋ̀kɔ̀ŋ hisi u kobā, ndi à tɛeda Nōà, ŋaŋâl tɛlêbsɛp, nì ɓôt ɓapɛ ɓasâmbɔk, i ŋgedà à lɔ̀na ǹtìda malep munu ŋkɔ̀ŋ hisi u ɓayàn Nyambê; ᵒ ⁶ yàk miŋkɔ̀ŋ mi Sodòm nì Gòmorà à yìlha ŋwɔ̄ lìɓuᵖ i ŋgèdà à pɛmhɛnɛ ŋwɔ̄ mbàgi lɛ mi oɓì, à tɛɛ ki ŋwɔ̄ lɛ mi ɓa yìmbnɛ inyùu ɓā ɓā gayàn

---

*2 Pet 1: 13 lap: halā à yè lɛ nyùu
ᵐ2 Pet 1: 14 Yòh 21: 18
ⁿ2 Pet 1: 18 Màt 17: 1-5; Mar 9: 2-7; Luk 9: 28-35

ᵒ2Pet 2: 5 Bìɓ 7: 23
ᵖ2Pet 2: 6 Bìɓ 19: 15-29

Nyambê; ⁷ ndi à sŏŋ Lôt, mùt à tee sép, nu bìhyumul bi ɓôt ɓa mɓōk mben i kède bìyogdà gwap bi ɓā siidàhà ŋ̀ɛm ᵠ ⁸ [inyŭlē mùt à tee sēp nuù, lakì à ɓa yēn i ŋgɛ̀mbɛ yâp, à tɛhgɛ̀, à nɔgɔ̂k, à siidaha ŋɛm wee u tee sēp hikɛl nì kɛl nì mìnsɔn ŋwap mi lìyànmben], ⁹ wɛ̀ɛ Ŋwɛ́t à ɲ́yī soōŋ ɓòt ɓa nsìŋɛ nyɛ ŋēm i kède mànɔ̀ɔ̀dànà, à teedàgà kì ɓa ɓā tee ɓē sep i sī nōgoòs lɛtɛ̀ɛ̀ nì ŋgwà mbagī, ¹⁰ ndi lɔŋɛ lɔ̄ŋgɛɛ̀ ɓa ɓā nhyōm kĩŋgèdà mìnsòn i kède mìnhɛŋa mi nyɛgā, ɓa yanàk kì ànɛ̀. Bìlos bi ɓôt, ɓàjɛnakĩŋ, ɓa nsɛ̀hla ɓe i òɓòs ɓa lipem mŏy. ¹¹ Ndi aŋgɛ̀l, tɔ̀ lakìi i nlɔ̀ɔ̀ ɓɔ ŋgùy nì lìpemba, i mpēmes ɓe mbagī nì òɓòhjŏy i kɔ̀lɓà ɓɔ bisū bi Ŋwɛt. ¹² Ndi, kìkìi bìhègel bi gweē ɓē yi, bi bī ŋgwee lɛ bi gwelā, bi cilā kì, ɓa nsɔ̀l mâm ɓa ɲ́yī ɓēe, ndi ɓa gaòbhana yaga i kède njɛ̀l yâp cīɓaà, ¹³ nì kòs ŋgìtɛlêbsep kìkìi ǹsaâ u ŋgitēlɛèbsep. Ba nhɛ̀k lɛ màsee ma ye ndīgi ndìbà bìnjămùha, màtɔn nì bìlɛm bi ɲ́wēha nyuu, ɓa nnūk yaga i kède màlòga māp i ŋgèdà ɓa njēla ni ɓèè maŋgànd. ¹⁴ Ba gweē mǐs ǹyɔnɔ̂k nì ndēŋ, ma mā ɲ́wāa ɓe ɓeba; ɓa nlôbhɛ dìtèègɛ̀ di ɓôt; mìŋɛm ŋwap kî mi mmâl mɛyā ni hēp; ɓɔn ɓa ndîhɛ ɓâ. ¹⁵ Lakì ɓa biyēk njɛɛ̄l ì tee sēp, wɛ̀ɛ ɓa biyòm, ɓa ɔdɓɛ njɛ̂l Bāalàm, mǎn Bèôr, nu à gwes ǹsaâ u nlŏl i jàm li tee ɓē sep; ¹⁶ ndi à yɔɔyana ínyùu lɛ̂l yee mben nyɛmɛdɛ, i ŋgèdà mbuk jàgâs ì pɔt kīŋ mùt bìnàm i sòŋà mànyànyà ma mpodôl.ʳ ¹⁷ Bana ɓa ye màŋgen ma ŋgi màlep, ɓa ye ɔ̀nd mbuk mbèbi à nlɔ̀ɔ̀nà; ŋgàŋgàŋ jĭbɛ̀ ì yè m̀ɓiâk inyùù yâp i ɓɔ̀ga ni ɓɔ̀ga. ¹⁸ Ndi lakìi ɓa ŋkùmb kìŋ nì bìpodol bìkɛŋi bi yaŋgà, wɛ̀ɛ ɓa nlôbhɛ ɓoòt nì bìyogdà i kède mìnhɛŋa mi minsòn, ɓòt ɓa nfip yaga tɔɔha mɔ̀ɔ̀ ma ɓa ɓā nhyūmul i kède bìyòmòk. ¹⁹ Ba mɓōn ɓɔ kùndè i ŋgèdà ɓɔmèdɛ ɓa ye mìŋkɔ̀l mi nyɛgā, inyŭlē hi muùt à yè ŋ̀kɔ̀l u jâm li ɲ́yèmbel nyɛ. ²⁰ Inyŭlē iɓālē ŋgèdà ɓa mǎl tōhlana ni nyɛ̀ga ì ŋ̀kɔ̀ŋ hisi inyùu yī ɓa ɲ́yī Ŋwɛt nì Ǹtɔhɔ̂l lɛ Yesù Krîstò, ndi ɓa fimba ki lībda muù, ɓa yêmblànà kì, wɛ̀ɛ liɓâk jap li nsōk li ɲ́yìla ɓeba ìlɔ̀ɔ̀ li bisu. ²¹ Inyŭlē i ɓāk lɛ i ɓa ɓɔ lɔ̄ŋgɛ lē ɓa yi ɓe njɛɛ̄l màm ma tee sēp, ìlɔ̀ɔ̀lɛ ɓa mmâl yi yɔɔ, ndi ɓa tēmb ni mɓūs, ɓa yek lìtìŋ lìpubi li bitīna ɓɔ. ²² Halā à bìlēŋa yaā ni ɓɔ̄ kìkìi ŋgɛ́n ì yè hɔ̀dɔ lɛ, Ŋ̀gwɔ ì ǹtêmb i jē bìloò gwee,ˢ nì lɛ, Ŋ̀in ŋgŏy u ye ǹnɔgɓaga ù ŋkɛ kī ɓēŋɓà liɓɔ̀ɔ̀.

3

Lìkàk li malɔ̀ ma Krîstò

¹ À ɓagwehâ, ìni yɔ̆n ì yè kàat ì ǹyonos biɓaà lɛ mè ma tīīlna ɓee, ndi i kède gwɔ̄ biɓaà mè ntòdol mahɔŋɔ̂l manân màlam i tī ɓèè mbîgdà, ² lɛ ni ɓĭgda bìpodol ɓàpodôl ɓàpubhaga ɓa ɓŏk pɔ̄t, yàk nì lìtìŋ jes ɓès ɓaoma ɓā Ŋwɛt nì Ǹtɔhɔ̂l. ³ Kìi jàm li bisu nì ǹlama yi lɛ dilɔ̄ di nsōk ɓòt ɓa yak ɓa gapām, ɓa ndɛglɛ̀gɛ̀ ɓòt, ɓa hyomôk kĩŋgèdà

ᵠ **2Pet 2: 7** Bìɓ 19: 1-16
ʳ **2Pet 2: 16** ŊB 22: 28; NM 23: 4

ˢ **2Pet 2: 22** Bìŋ 26: 11

mìnhεŋa ŋwap ɓɔmèdε, ᵗ ⁴ɓa kalàk lε, Lìkàk li malɔ̀ mee li mɓɔ̄ŋ laa? Inyŭlē ìɓòdòl ki ɓɔ̀tàta ɓā kὲε hīlɔ̄, ŋgɔ màm mɔmasonā ma ŋkὲ ndigi bīsū, kìkìi ma ɓā ìlɔ̀ yaga biɓòdlε bi bihègel. ⁵Ndi ɓa ŋkòòba hoya jàm lini lε ŋgìi ì ɓa ìlɔ̀ yaga kobā, yàk hìsi kî hi pēmel mālēp, hi tεlεp i kède màlep, inyùu ɓàŋga Nyamɓê, ᵘ ⁶inyùu yeē nyεn ŋ̀kɔ̀ŋ hisi u ŋgedà ì u mìlɓana kòndòm nì màlep, u ciɓâ. ᵛ ⁷Nì nlèlèm ɓaŋgā ki ī nyēn ŋgìi ì yìi hānaànɔ, ì kòhlana īnyùu hyèε, ì teedana, yàk nì hìsi kî, lētèὲ nì ŋgwà mbagī nì ciɓa ī ɓoòt ɓa ńyàn Nyamɓê. ⁸À ɓagwehâ, nì hoya ɓáŋ jàm lini jada, lε hìlɔ hyada yak Ŋwὲt hi ye kìkìi hìkoo hi ŋwii; hìkoo hi ŋwii kî kìkìi hìlɔ hyada. ʷ ⁹Ŋwĕt à ntìŋha ɓe inyùu lìkàk jee kìkìi ɓɔt ɓàhɔgi ɓa nhɔ̄ŋɔl lε halā à yè ndìŋhà, ndi à ŋ́wɔ̄ ndigi ŋgūt inyùu ɓeὲ ɓɔɓasonā, lakìi à ŋgwēs ɓe lε tɔ̀ mùt wàda a nimil, ndigi lē ɓɔɓasonā ɓa pam hɔ̀ma ɓa nhyèl ŋem. ¹⁰Ndi ŋgwà Ŋwεt u galɔ̀ɔ kìkìi mùt wĭp i ŋgèdà jùu; ˣ yɔ̀kεl nyεn ŋgìi ì gatāgɓε hoòmm, ndi ŋgwɔ̀m bi ŋgiī bi gacīɓa ni ŋ̀òò hyee ŋ̀kεŋi, yàk hìsi hi gasīihana nì mìnsɔn mi ye mū kède. ¹¹Lakìi gwɔ̀m bini gwɔbisonā bi gacīɓa halà, wὲε kīnjē ndòŋ ɓɔt nì ǹlama ɓa i kède bìhyumul bìpuɓhaga nì sìŋgè Nyambε ŋēm, ¹²ɓeὲ ɓa nì mɓèm nì hoohà màlɔ̀ ma ŋgwa ū Nyamɓeὲ; inyùu yeē nyεn ŋgìi ì galɔ̄ŋ ni hyèε, i ciɓa kì, yàk gwɔ̀m gwee bi ganyīmbi ni ŋ̀òò hyee ŋ̀kεŋi. ¹³Ndi kĭŋgèdà lìkàk jee ɓēs dì mɓὲm ŋgiī yɔndɔ nì hìsi hi yɔndɔ, mu nyēn tēlεèɓsep i ńyèènè. ʸ ¹⁴Jɔn, à ɓagwehâ, lakìi nì mɓèm i màm mana, wὲε nyàmndana lē ni leēɓna ī kède ǹsàŋ, i ɓa ɓe litɔn tɔ̀ ǹsɔ̀hi i mìs mee. ¹⁵Ndi hɔŋlana lē wɔŋgut i Ŋwεt wēs i ye tɔ̄hii, kìkìi mǎntàta wès nu gwēha lē Paul à mǎl tìlna ɓee kĭŋgèdà pèk i ɓitīna nyε, ¹⁶kìkìi yàk i kède ɓìkààt gwɔɓisonā à mpɔ̄t inyùu màm mana; mu nyēn jɔ̀ga li mâm li ye ǹlèdεk i tīɓiìl nɔk, mɔn ɓɔt ɓa gwē ɓē yi nì dìtèègè di ɓôt ɓa nhĭt kìkìi ɓa nhìt Matìlà màpε inyùu cīɓa yāp ɓɔmèdε. ¹⁷Jɔn, à ɓagwehâ, lakìi nì m̀ɓōk yi màm mana, wὲε yɔ̀ŋa yīhε lε ɓàyàn Nyambε ɓā yɔŋā ɓee i kède ɓìyɔmòk gwap, ndi nì ŋ̀ŋwās ndeèŋɓὲ nàn. ¹⁸Ndi hɔla ī kède kàrîs nì i kède yī i Ŋwεt weēs nì Ǹtɔhôl lε Yesù Krĭstò. Lìpem li ɓa nì nye hanânɔ nì ìkèpam ɓɔ̀ga. Àmὲn.

ᵗ**2Pet 3: 3** Yud 18

ᵘ**2Pet 3: 5** Bìɓ 1: 6-9

ᵛ**2Pet 3: 6** Bìɓ 7: 11

ʷ**2Pet 3: 8** Hyèm 90: 4

ˣ**2Pet 3: 10** Màt 24: 43; Luk 12: 39; 1Tès 5: 2; Màs 16: 15

ʸ**Pet 3: 13** Yès 65: 17

1 Yòhanès

1

Ɓàŋga i nîŋ

¹ Jàm li ɓā ìlɔ̀ yaga biɓèe,[z] li dì nɔk, li dì tɛhɛ nì mìs mes, li dì ɓa mêmlɛ̀, nì li mɔ̀ɔ̀ mes ma tīs īnyùu Ɓàŋga i nîŋ, ² - ndi nìŋ i sɔ̀ɔ̀la, dì tɛhɛ ki yɔ̄,[a] dì mɓɔ̀k mbogī, dì aŋlègè kì ɓèè nîŋ ɓɔgā ìì, yɔn i ɓā nì Ìsaŋ, ndi i sɔ́lana ɓes; ³ jàm dì tɛhɛ nì nɔk jɔn dì ŋāŋlɛ yaàk ɓèe, lɛ ndi yàk ɓèè ni ɓana àdnà nì ɓɛ́s. Ndi àdnà yes i ye nì Ìsaŋ ɓɔnà Man weē Yesù Krǐstò. ⁴ Ndi dì ntìlna ɓee màm mana lɛ màsee manân ma ɓa ǹyɔnɔ̂k.

Nyambɛ à yè màpubi

⁵ Ndi ŋ̀aŋ dì nogol nyēnī, wɔn dì ŋāŋlɛ yaàk ɓèe, lɛ Nyambɛ à yè màpubi, jǐɓè li ta yāga ɓe i kède yeè. ⁶ Iɓālē dì ŋkàl lɛ dì gwèē àdnà nì nyɛ, ndi dì hyumlàk i kède jǐɓè, wɛ̀ɛ dì ntēmbɛɛ̀, dì mɓɔ̀ŋ ɓe ki tɔ̀ màm ma maliga. ⁷ Ndi i ɓā nī lɛ dì nhyūmul i kède màpubi, kìkìi nyēmèdɛ à yìinɛ māpūbi, wɛ̀ɛ dì gwèē àdnà ɓès ni ɓès, ndi màcèl ma Yesù Krǐstò, Màn weē, ma mpūbus ɓes ɓēba yɔsonā. ⁸ Iɓālē dì ŋkàl lɛ dì gwèē yāga ɓe ɓeba, wɛ̀ɛ dì nlòk ɓehɓɔmèdɛ, ndi màliga ma ta ɓē i kède yês. ⁹ Iɓālē dì m̀pahal biɓeba gwes, à yè ɓonyoni, à tee kì sep i ŋwèhèl ɓès biɓeba, nì pubûs ɓès inyùu ŋgìtɛlêbsep yɔ̀sonā. ¹⁰ Iɓālē dì ŋkàl lɛ dì màà ɓɔ́ŋ ɓe ɓeba,

wɛ̀ɛ dì ńyìlha nyɛ mùt bìtɛmbɛɛ, ndi ɓàŋga yee i ta ɓē i kède yês.

2

Krǐstò, Ǹsoŋôl wès

¹ À ɓɔn ɓêm ɓàtidigi, mɛ̀ ntìlna ɓee màm mana, lɛ ndi nì ɓɔ̀ŋ ɓáŋ ɓēba. Ndi iɓālē mùt à m̀ɓɔ̀ŋ ɓeba, dì gwèe Ǹsoŋôl yak Tàtâ, Yesù Krǐstò nu à tee sēp. ² À yè kì bìkwàk inyùu biɓeba gwes, hà inyùu gwēs gwɔtāma ɓee, ndi yàk inyùu ŋ̀kɔ̀ŋ hisi wɔnsonā. ³ Ndi iɓālē dì ntēeda matìŋ mee, wɛ̀ɛ hālā nyēn dì ńyī lɛ dì ńyī nyɛ. ⁴ Mùt à ŋkàl lɛ, Mɛ̀ mɛ̀ ńyī nyɛ, ndi à teeda ɓe matìŋ mee, wɛ̀ɛ à yè ndik mùt bìtɛmbɛɛ; màliga ma ta ɓē i kède yeè. ⁵ Ndi tɔ̀njɛɛ à ntēeda ɓaŋgā yee, i kède yeē nyɛn gwēha Nyāmbɛ ī ye yāga ɓayɔnga. Halā nyēn dì ńyī lɛ dì yè i kède yeè. ⁶ Nu à ŋkàl lɛ à yìi ī kède yeē, à ǹlama hyom kìkìi yàk nyɛ à ɓa hyom.

Lìtìŋ li yɔndɔ

⁷ À ɓagwehâ, mɛ̀ ntìlna ɓe mɛ ɓèè lìtìŋ li yɔndɔ,[b] ndik ǹlòmbi lìtìŋ nì ɓa nì gwèē ìlɔ̀ yaga biɓɔdlɛnɛ. Ndi ǹlòmbi lìtìŋ unu u ye yāga ɓaŋgā nì nɔk ɓèhɛɛ. ⁸ Ndi tɔ̀ halā lìtìŋ li yɔndɔ jɔn mɛ̀ ntìlna ɓee kìkìi jàm li maliga i kède yeē nì i kède nân, inyǔlē jǐɓè li gweā tāgɓè, ndi tàna mapubi i sɔ ɓày. ⁹ Mùt à ŋkàl lɛ à yè i kède màpubi, ndi à ɔ̀ɔ̀k mǎsāŋ, wɛ̀ɛ à ŋgi yiī ī kède jǐɓè lɛtèè nì hanânɔ. ¹⁰ Mùt à ŋgwēs maasāŋ nyɛn à yìi ī kède màpubi, ndi mbòŋɛ̀ yɔ̀kǐyɔ̀ ì nuŋgi

---

[z]Yòh 1: 1
[a]Yòh 1: 14

[b]2.7 Yòh 13: 34

ɓē i kède yeē. ¹¹ Ndi mùt à ŋɔɔ maasāŋ nyɛn à yìi ī kède jĭɓè, à hyumlàk kì i kède jĭɓè, ndi à ńyī ɓe pès à ŋkē, inyŭlē jĭɓè li bikwès mis mee ndīm.

¹² À ɓɔn ɓàtidigi, mè ntìlna ɓee inyŭlē nì m̀mál koōs ŋwehèl biɓeɓa inyùu jòy jee. ¹³ À ɓasāŋ, mè ntìlna ɓee inyŭlē nì ńyī nu à yè ìlɔ yaga biɓèe. À ɓɔɔŋɛ ɓa wanda, mè ntìlna ɓee inyŭlē nì m̀mál tuūs muùt m̀ɓɛ. ¹⁴ À ɓɔn ɓàtidigi mè bitìlna ɓee inyŭlē nì ńyī Tatà. À ɓasāŋ, mè bitìlna ɓee inyŭlē nì ńyī nu à yè ìlɔ yaga biɓèe. À ɓɔɔŋɛ ɓa wanda, mè bitìlna ɓee inyŭlē nì gwèe ŋgùy, ndi ɓàŋga i Nyambɛ ī yiī ī kède nān, nì m̀mál ki tùus mût m̀ɓɛ. ¹⁵ Nì gwes ɓáŋ ŋ̀kɔ̀ŋ hisi, tɔ màm ma ye mū ŋkɔ̀ŋ hisi. Iɓālē mùt à ŋgwēs ŋkɔ̀ŋ hisi, wɛ̀ɛ gwēha inyùu Tàta ī ta ɓē i kède yeē. ¹⁶ Inyŭlē màm mɔmasonā ma ye ŋkɔ̀ŋ hisi kìkìi mìnheŋa mi minsòn, nì mìnheŋa mi mis, nì hùmbùlnyuu i nɔ̀m ini, ma mpìgil ɓe yak Tàtâ, ndik nì ŋ̀kɔ̀ŋ hisi. ¹⁷ Ndi ŋ̀kɔ̀ŋ hisi u gweā tāgɓē, yàk mìnheŋa ŋwee. Ndi mùt à mɓɔ̀ŋ sombòl Nyambê, nyɛn à yìi ɓɔga ni ɓɔga.

Ŋ̀kɔ̀lɓà Krĭstò

¹⁸ À ɓɔn ɓàtidigi, ìni yɔ̆n ì yè ŋgeŋ ì nsōk. Ndi kìi nì binɔ̄k lɛ ŋ̀kɔ̀lɓà Krĭstò à nsòmbol lɔ̂, halā nyɛ̄n ŋgàndàk ɓàkɔ̀lɓà Krĭstò ì m̀mál lɔɔ̂. Inyŭhālā nyɛ̄n dì ńyī lɛ ìni yɔ̆n ì yè ŋgeŋ ì nsōk. ¹⁹ Ba binyɔ̄di i kède yês, ndi ɓa ɓeè ɓe ɓôt ɓes; inyŭlē ɓalɛ ɓa ɓeè ɓòt ɓes, ki ɓā ɓeè lɛ ɓa tɛŋɓɛ loòŋni ɓês. Ndi ɓa binyɔ̄di lɛ ndi ɓa yɛli, lɛ ɓa ɓɔɓasonā ɓa ta ɓē ɓoòt ɓes.

²⁰ Ndi ɓèe nì gwèe ǹhɔɔ̀p u nlòl yak Nùmpubi, nì ńyī ki màm mɔmasonā. ²¹ Mè m̀mál tiīlna ɓee màm mana, hà inyùu ɓē lɛ nì ńyī ɓe maliga, ndi ndigi lē nì ńyī mɔ, nì ńyī ki lē tɛmbɛɛ yɔkǐyɔ̄ i mpìgil ɓe malīga. ²² Ǹjɛɛ à yè mùt bìtɛmbɛɛ, hàndugi nu à ntāŋ lɛ Yesù à yè Krĭstò? Mùt nu nyɛ̄n à yè ŋ̀kɔ̀lɓà Krĭstò, nyɛn à ntāŋɓa Isāŋ ɓonà Man. ²³ Tɔ̀njɛɛ à ntāŋɓa Man, wɛ̀ɛ à gwèe ɓē Isāŋ. Ndi mùt à mpāhal Man, nyɛn à gwèe kì Ìsaŋ.

²⁴ Ndi jàm nì nɔk ìlɔ yaga biɓòdlɛnɛ li ɓa ndīgi hālā ī kède nān. Iɓālē jàm nì nɔk ìlɔ yaga biɓòdlɛnɛ li ŋgi yiī ī kède nān, wɛ̀ɛ yàk ɓèe nì gayèn i kède Màn ɓonà Isāŋ. ²⁵ Ndi lìkàk à yek ɓès, jɔ līni lɛ nìŋ ɓɔgā. ²⁶ Mè m̀mál tiīlna ɓee màm mana inyùu ɓòt ɓa ńyùmus ɓee. ²⁷ Ndi ǹhɔɔ̀p ɓèe nì kŏs nyēnī u yiī ī kède nān, ndi i nsòmbla ha ɓe ki nì ɓèè lɛ mùt a niiga ɓee; ndi kìkìi ǹhɔɔ̀p wee u ye ū nniiga ɓee inyùu màm mɔmasonā, wɔmɛ̀dɛ u ye kì hɔ̀dɔ, u ta ɓē bitɛmbɛɛ, wɛ̀ɛ yèna nī i kède yeē kǐŋgèdà màeba u tī ɓèe.

²⁸ Ndi hanânɔ ni, à ɓɔn ɓàtidigi, yèna ndīgi ī kède yeē, lɛ ndi di ɓana màkend iɓālē à ǹsɔ̀là, dì wɔ ɓe nyuu bisū gwee ŋgèdà màlòl mee. ²⁹ Iɓālē nì ńyī lɛ à tee sēp, yina kì lɛ hi mût à mɓɔ̀ŋ mâm ma tee sēp nyɛn à m̀mál gwee ni nyē.

3

Ɓɔ̀n ɓa Nyambê

¹ Bèŋgnana kì kinjē ndɔ̀ŋ gweha Tàta à biūmbɛ ɓes, lɛ ndi di sēblana ɓɔn ɓa Nyambê; ᶜ dì yè kì halā. Jɔ ni jɔn ŋ̀kɔ̀ŋ hisi u ńyī ɓe ɓes, inyŭlē u

---

ᶜ3: 1 Yòh 1: 12

yī ɓē nyɛ. ² À ɓagwēhaà, di yè ɓɔ̀n ɓa Nyambɛ hānaànɔ, ndi i ye ŋgì sɔ̀ɔ̀lana ɓes kìkìi dì gaɓā. Dì ńyī lɛ i ŋgèdà à gasɔ̀ɔ̀la, dì gapòna nyɛ, inyŭlē dì gatēhɛ nyɛ kìkìi à yè. ³ Ndi hi mût à gwèe ɓɔ̄dŋɛm ini i kède yeē, à mpūbus nyɛmèdɛ kìkìi yàk nyɛ à yè m̀pubi. ⁴ Tɔ̀njɛɛ à mɓɔ̀ŋ ɓeba, wɛ̀ɛ à ńyàn mben. Ŋgɔ ɓeba i ye lìyànmben. ⁵ Ndi nì ńyī lɛ à sɔ̀ɔ̀la lē ndi a heā bìɓeba gwes; ᵈ ndi ɓeba i ta ɓē i kède yeē. ⁶ Tɔ̀njɛɛ à yìi ī kède yeē à mɓɔ̀ŋ ɓe ɓeba. Ndi mùt à mɓɔ̀ŋ ɓeba, à ǹtɛhgè ɓe nyɛ, à ǹyîk ɓe ki tɔ̀ nyɛ. ⁷ À ɓɔn ɓàtidigi, mùt nyɛkĭnyē à yùmus ɓáŋ ɓèe; mùt à yè à mɓɔ̀ŋ mâm ma tee sēp nyɛn à tee sēp. ⁸ Mùt à mɓɔ̀ŋ ɓeba à yè nu ǹsɔ̀hɔ̀p, inyŭlē ǹsɔ̀hɔ̀p à mɓɔ̀ŋ ɓeba ìlɔ̀ yaga biɓèe. Jɔn Mǎn Nyāmbɛ à sɔ̀ɔ̀la, lɛ ndi a oɓōs mìnsɔn mi nsɔ̀hɔ̀p. ⁹ Hi mût à ŋ̀gwee ni Nyāmbɛɛ̀ à mɓɔ̀ŋ ɓe ɓeba, inyŭlē à ŋ̀gwee ni Nyāmbɛɛ̀. ¹⁰ I kède jàm lini nyɛn ɓɔ̀n ɓa Nyambê nì ɓɔ̀n ɓa nsɔ̀hɔ̀p ɓa ńyīnaà, lɛ tɔ̀njɛɛ à mɓɔ̀ŋ ɓe mâm ma tee sēp, tɔ̀ nu kì à ŋgwēs ɓe maasāŋ, à tà ɓe nu Nyāmbɛɛ̀.

Gwehnaga

¹¹ Inyŭlē ŋ̀aŋ nì nɔk ìlɔ̀ yaga biɓòdlɛnɛ wɔ ūnu lɛ, di gwehna. ᵉ ¹² Ndi hà kìkìi Kàin ɓee, nu à ɓa ndīk mǎn mùt m̀ɓɛ, à nɔl manyâŋ. Ndi inyŭkī à nolol nyɛ̄? Ŋgɔ inyŭlē mìnsɔn ŋwee mi ɓā mìmɓɛ, ndi mi manyâŋ mi ɓaàk mi tee sēp.ᶠ ¹³ Nì ɛ̀gɛp ɓáŋ, à lôgtatà, iɓālē ŋ̀kɔ̀ŋ hisi unu u ŋɔ̀ɔ̀ ɓee. ¹⁴ Ɓĕs dì ńyī lɛ dì màlɓa nì nyɛ̆mb, dì yè i nìŋ,ᵍ inyŭlē dì ŋgwēs loògtatà. Mùt à ŋgwēhnà ɓee à yìi ī kède nyɛ̆mb. ¹⁵ Tɔ̀njɛɛ à ŋɔ̀ɔ̀ maasāŋ nyɛn à yè mùt mànɔlâ. Ndi nì ńyī lɛ mùt mànɔla nyēkĭnyē à gwèe yāga ɓe nìiŋ ɓɔgā i kède yeē. ¹⁶ Munu jàm lini lɛ à sɛ̆m nɔ̀m yee inyùù yɛ́s jɔn dì ńyīl gweha Nyāmbɛɛ̀. Wɛ̀ɛ yàk ɓĕs dì ǹlama sɛ́m nɔ̀ɔ̀m yes inyùu lògtatà. ¹⁷ Ndi tɔ̀njɛɛ à gwèe gwɔ̀m bi ŋkɔ̀ŋ hisi, à tɛhgè mǎsāŋ lɛ à ǹhêl, ndi à tɔp ɓe kɔ̃n nyɛ ŋgɔ̄ɔ, lɛla ni gwēha Nyāmbɛ ī yiī ī kède yeē?

Màkend bisū bi Nyambɛɛ̀

¹⁸ À ɓɔn ɓàtidigi, dì gwehna ɓáŋ nì bìɓàŋga, tɔ̀ nì hìlemb, ndigi nì mìnsɔn, nì màliga. ¹⁹ Mu nyēn dì gayīl lɛ dì yè ɓa maliga, dì gamōmos ki mìŋɛm ŋwes ŋwɛ̀ɛ̀ bisū gwee. ²⁰ Inyŭlē iɓālē mìŋɛm mi ŋōm ɓes ǹsɔ̀hi, ŋgɔ Nyambɛ à nlɔ̀ɔ̀ miŋɛm ŋwes, à ńyī ki màm mɔmasonā. ²¹ À ɓagwēhaà, iɓālē mìŋɛm mi ŋōm ɓe ɓes ǹsɔ̀hi, wɛ̀ɛ dì gwèe màkend bisū bi Nyambɛɛ̀; ²² ndi tɔ̀ kinjē jàm dì ńyàgal nyɛ, dì ŋkòs jɔ nyēnī, inyŭlē dì ntēeda matìŋ mee, dì ɓɔ̀ŋk kì màm ma nlɛmɛl nyɛ bisū gwee. ²³ Ndi lìtìŋ jee lini lɛ di hemlɛ jòy li Man wèè Yesù Krĭstò, dì gwehnàgà kì kĭŋèdà lìtìŋ à bitī ɓes.ʰ ²⁴ Tɔ̀njɛɛ à ntēeda matìŋ mee nyɛn à yìi ī kède Nyāmbɛɛ̀, Nyambɛ kì i kède yeē. Munu jàm lini lɛ à ti ɓɛ́s Mbuu nyɛn dì ńyīl lɛ à yìi ī kède yês.

ᵈ**3: 5** Yòh 1: 29
ᵉ**3: 11** Yòh 12: 34
ᶠ**3: 12** Bìɓ 4: 8
ᵍ**3: 14** Yòh 5: 24
ʰ**3: 24** Yòh 13: 34; 15: 12, 17

4

Mbuu Nyambê nì mbuu ŋkɔ̀lɓà Krǐstò

¹ À ɓagwēhaà, nì hemlɛ ɓáŋ hī yaga mbuu, ndi wàna mìmbuu lɛ ni yi tɔ̀ɔ̀ mi nlòl ni Nyāmbɛɛ̀, inyǔlē ŋgàndàk ɓàpodôl ɓa bitɛmbɛɛ ɓa mmâl kɛ nī ŋ̀kɔ̀ŋ hisi. ² Nì ńyīl Mbuu Nyambɛ ī kède jàm lini lɛ, hi mbuu u mpāhal Yesù Krǐstò ǹlɔ̀ga i kède mìnsòn, wɔn u nlòl yak Nyāmbɛɛ̀; ³ ndi hi mbuu u mpāhal ɓe lɛ Yesù à bilɔ̀ i kède mìnsòn, u nlòl ɓe yak Nyāmbɛɛ̀. Mbuu u ū ye ŋ̀kɔ̀lɓà Krǐstò, wɔn nì binɔ̄k lɛ u nsòmbol lɔ̄. Ŋgɔ u ye mūnu hanaàno ŋkɔ̀ŋ hisi. ⁴ À ɓon ɓàtidigi, ɓèe nì yè ɓa Nyambê, nì m̀mâl ki kɔ̀mɔl ɓɔ, inyǔlē nu à yè i kède nân à nlɔ̀ɔ̀ nu à yè munu ŋkɔ̀ŋ hisi. ⁵ Bɔ ɓa ye ɓā ŋkɔ̀ŋ hisi. Jon ɓa mpɔ̄t kìkìì ɓa ŋkɔ̀ŋ hisi, yàk ŋ̀kɔ̀ŋ hisi u nnōgol ɓɔ. ⁶ Bě̌s dì yè ɓa Nyambê. Nu à ńyī Nyāmbɛɛ̀ nyɛn à nnōgol ɓes; ndi nu à tà ɓe nu Nyāmbɛɛ̀ à nnōgol ɓe ɓes. Munu jàm lini nyɛn dì ńyīl Mbuu maliga nì mbuu biyòmòk.

Nyambɛ à yè gwehâ

⁷ À ɓagwēhaà, di gwehnaga, inyǔlē gweha ī nlòl ni Nyāmbɛɛ̀, tɔ̀njɛɛ ki à ŋgwēhnà à m̀mâl gwee ni Nyāmbɛɛ̀, à ńyī ki Nyāmbɛɛ̀. ⁸ Mùt à ŋgwēhnà ɓee à ńyī ɓe Nyāmbɛɛ̀, inyǔlē Nyambɛ à yè gwehâ. ⁹ Nyambɛ à sɔ̀lɔl gweha yēe inyùù yés munu jàm lini lɛ, à ɔm pɔ̀mbɛ̀ yèe Màn munu ŋkɔ̀ŋ hisi lɛ di kuhūl nìŋ inyùù yeè. ¹⁰ Munu jàm lini nyɛn gweha ī yenè, hà lana ɓe lɛ ɓés ɓɔn dì gwes Nyāmbɛɛ̀, ndi ndigi lē nyɛn à gwes ɓě̌s, à ɔm ki Màn weē lɛ a ɓa ɓìkwàk inyùu bìɓeba gwes. ¹¹ À ɓagwēhaà, iɓālē Nyambɛ à gwes ɓès halà, wɛ̀ɛ yàk ɓě̌s dì ǹlama gwehnà. ¹² Mùt nyɛkǐnyē à mà tɛhɛ ɓe Nyambê,ⁱ ndi iɓālē dì ŋgwēhnà, wɛ̀ɛ Nyāmbɛ à yìi ī kède yés, yàk gweha yēe kiì i mmâl naŋ koŋkoŋ i kède yés. ¹³ Munu jàm lini lɛ à bitī ɓes Mbūu wee nyɛn dì ńyīl lɛ dì yìi ī kède yeē, nyɛ kî i kède yés. ¹⁴ Ndi ɓés dì tɛhɛ, dì mɓɔ̀k ki mbògi, lɛ Ìsaŋ à ɔm Màn lɛ a ɓa Ǹtɔhɔ̀l ŋkɔ̀ŋ hisi. ¹⁵ Tɔ̀njɛɛ à mpāhal lɛ Yesù Krǐstò à yè Mǎn Nyāmbɛɛ̀, wɛ̀ɛ Nyāmbɛ à yìi ī kède yeē, yàk nyɛ kî i kède Nyāmbɛɛ̀. ¹⁶ Ndi ɓés dì ńyī, dì m̀mâl ki hēmlɛ gweha Nyāmbɛ à gwèe īnyùù yés. Nyambɛ à yè gwehâ, yàk nu à yìi ī kède gwēhaà, wɛ̀ɛ à yìi ī kède Nyāmbɛɛ̀, yàk Nyāmbɛ kì i kède yeè. ¹⁷ Munu jàm lini nyɛn gweha ī ntēmb nyà ì yoni īnyùù yés, lɛ di ɓana màkend i ŋgwà mbagī, inyǔlē kìkìì nyēmèdɛ à yè, halā nyēn dì yè munu ŋkɔ̀ŋ hisi unu. ¹⁸ Ŋgɔ gweha ī ńyī ɓe wɔŋi, ndi ɓàŋga gweha ì nlùhul wɔŋi, inyǔlē wɔ̀ŋi u gweē nōgoòs; ndi nu à ŋkɔ̀n wɔŋi, wɛ̀ɛ à yè ŋgì màl naŋ i kède gwēhaà. ¹⁹ Bě̌s dì ŋgwēs, inyǔlē à ɓǒk gwēs ɓes. ²⁰ Iɓālē mùt à ŋkàl lɛ, Mè mè ŋgwēs Nyambɛɛ̀, ndi à ɔ̀ɔ̀k mǎsāŋ, wɛ̀ɛ à yè ndik mùt bìtɛmbɛɛ, inyǔlē mùt à ŋgwēs ɓe maasāŋ nu à ntēhɛɛ̀, à nlà ɓe gwes Nyambɛ nū à ntɛhɛ ɓèe. ²¹ Ndi lìtìŋ dì bikòs i nyēnī, jɔ līni lɛ, mùt a ŋgwēs Nyambɛɛ̀, a gwes yàk mǎsāŋ.ʲ

ⁱ4: 12 Yòh 1: 18

ʲ4: 21 Mar 12: 29-31

5

Hemlè yɔn i ŋkɔmɔ́l ŋkɔ̀ŋ hisi

¹ Tɔ̀njɛɛ à nhēmlɛ lɛ Yesù à yè Krĭstò nyɛn à m̀mā́l gwee ni Nyāmbɛɛ̀, tɔ̀njɛɛ ki à ŋgwēs nu à gwal, à ŋgwēs ki nū à gwee nì nyɛ. ² Iɓālē dì ŋgwēs Nyambɛɛ̀, ndi dì ɓɔ̀ŋɔ̀k kìkìi màtìŋ mee ma ŋkàl, wɛɛ hālā nyēn dì ńyī lɛ dì ŋgwēs ɓɔn ɓa Nyambɛɛ̀. ³ Inyŭlē gweha Nyāmbɛ ini, lɛ di teeda màtìŋ mee,ᵏ ndi màtìŋ mee ma ta ɓē nlɛ̀dɛk. ⁴ Inyŭlē hi jaàm li ŋgwee ni Nyāmbɛɛ̀ jɔn li ŋkɔ̀mɔl ŋkɔ̀ŋ hisi. Ndi kɔ̀mɔ́l i bikɔ̀mɔl ŋkɔ̀ŋ hisi yɔ īni lɛ, hemlɛ̀ yes. ⁵ Ǹjɛɛ ni à yè nu à ŋkɔ̀mɔl ŋkɔ̀ŋ hisi, ndik nū à nhēmlɛ lɛ Yesù à yè Mǎn Nyāmbɛɛ̀?

Mbògi inyùu Mǎn Nyāmbɛɛ̀

⁶ Yesù Krĭstò nyɛn à yè nu à lŏl mālēp nì macèl, hà i kède màlep mɔtāma ɓee, ndi i kède màlep nì i kède màcèl. Ndi Mbuu nyɛn à yè m̀ɓɔ̀gmbògi, inyŭlē Mbuu à yè màliga. ⁷ Inyŭlē ɓaɓɔ̀gmbògi ɓa ye ɓāā i ŋgìi, Ìsaŋ, Ɓàŋga nì Mbuu Mpubi; ndi ɓana ɓɔɓaâ ɓa ye wàda. ⁸ Ndi ɓàɓɔ̀gmbògi ɓa ye kì ɓaâ ŋkɔ̀ŋ hisi, mbuu, nì màlep, nì màcèl. Ndi ɓana ɓɔɓaâ ɓa ye kīŋ yadā inyùu m̀pɔ̀m jâm wada. ⁹ Iɓālē dì ńyɔ̀ŋ mbogī ɓòt ɓa mɓɔ̀k, ŋgɔ mbogi Nyāmbɛ ì nlɔɔ̀. Inyŭlē mbogi Nyāmbɛ ini, lɛ à mǎl ɓɔ̀k mbogi inyùu Màn weè. ¹⁰ Tɔ̀njɛɛ à nhēmlɛ Man Nyāmbɛɛ̀ à gwèe mbogi ini i kède yeè. Ndi mùt nì mùt à nhēmlɛ ɓe Nyambɛɛ̀, à m̀mā́l yiīlha nyɛ mùt ɓìtɛmbɛɛ̀, lakìi à bihēmlɛ ɓe mbogī Nyāmbɛ à mǎl ɓɔ̀k inyùu Màn weè. ¹¹ Ndi mbogī ini ì yè lɛ, Nyambɛ à bitī ɓes nìŋ ɓɔgā, ndi nìŋ ini i ye ī kède Màn weè.ˡ ¹² Nu à gwèe Mǎn nyɛn à gwèe nìŋ; nu à gwèe ɓē Man Nyāmbɛɛ̀ à gwèe ɓē niìŋ.

Yi inyùu nìŋ ɓɔgā

¹³ Mɛ̀ m̀mā́l tiīlna ɓee màm mana lɛ ndi ni yi lē nì gwèe nìŋ ɓɔgā, ɓèè ɓa nì nhēmlɛ joy li Man Nyāmbɛɛ̀, nì lɛ nì kòli hemlɛ i jòy li Man Nyāmbɛɛ̀. ¹⁴ Ndi màkend dì gwèe bīsū gwee, mɔ māna lɛ, iɓālē dì ńyàgal nyɛ jàm kĭŋgèdà sòmbòl yee, wɛɛ à nnōgol ɓes. ¹⁵ Ndi i ɓā kì lɛ dì ńyī tɔy lɛ à nnōgol ɓes inyùu tɔ̀ kinjē jàm dì ńyàgal nyɛ, wɛɛ dì ńyī ki lē dì gwèe yāga màm dì biyàgal nyēnī. ¹⁶ Iɓālē mùt à ntēhɛ maasāŋ a mɓɔ̀ŋ ɓeba, ndi hà i nyêmb ɓee, wɛɛ à ǹlama sɔɔhè ndi Nyāmbɛ à gatī nyɛ nìŋ inyùu ɓā ɓa mɓɔ̀ŋ ɓeba, ndi hà i nyêmb ɓee. Ndi mùt à yè kì lɛ à ɓɔ́ŋ ɓeba i nyêmb; inyùu ndɔ̀ŋ jàm ì, mɛ̀ ŋkàl ɓe mɛ lē mùt à kòli sɔɔhɛnɛ muù. ¹⁷ Ŋgɔ ŋgìtelêbsep yɔsonā ì yè ndigi ɓēba. Ndi ɓeba yada i yê, ì ī ta ɓē i nyɛɛmb. ¹⁸ Dì ńyī lɛ hi muùt à ŋ̀gwee ni Nyāmbɛɛ̀ à mɓɔ̀ŋ ɓe ɓeba; ndi Mùt à bigwēe ni Nyāmbɛɛ̀ à ntēeda nyɛ; tɔ̀ mùt m̀ɓɛ à ntīhba ɓe nyɛ. ¹⁹ Dì ńyī lɛ dì yè ɓa Nyambê, ndi ŋ̀kɔ̀ŋ hisi wɔnsonā u niŋī ī sī ànɛ mût m̀ɓɛ. ²⁰ Ndi dì ńyī lɛ Mǎn Nyāmbɛ à lɔɔ, nì lɛ à mǎl tī ɓes pɛ̀k lɛ di yi nū à yè ɓàŋga. Ndi dì yè i kède nū à yè ɓàŋga, lakìi dì yè i kède Màn weè

ᵏ**5: 3** Yòh 14: 15   ˡ**5: 11** Yòh 3: 36

Yesù Krĭstò. Nyɛn à yè Nyambɛ nū à yè ɓàŋga, yàk nì nìŋ ɓɔgā. ²¹ À ɓɔn ɓàtidigi, tada yāga ɓeeɓɔmɛdɛ inyùu bìsat.

2 Yòhanès

1

Màyègà

¹ Mè m̀maŋ ntoŋ, mè ntìlna nyaŋgō, ǹtɔlɔ̌k mudàa, yàk nì ɓɔ̀n ɓee, ɓa mè ŋgwēs i kède màliga, ndi hà ndigi mètama ɓee, ndi yàk ɓɔɓasonā ɓa ɲyī maliga, ² lakìi màliga ma yiī ī kède yês, ndi ma gaɓā ki nì ɓès i ɓɔga ni ɓɔga. ³ Kàrîs ì nlòl ni Nyāmbɛ Tàtâ, nì Ŋwèt lɛ Yesù Krĭstò, Màn nu Ìsaŋ, i kède màliga nì gwehâ, i ɓa nì ɓèe, nì kɔ̀nàŋɔɔ, nì ǹsàŋ.

Tèŋɓè nì màeba ma Krĭstò

⁴ Mè bikɔ̀n masee ŋgandàk lɛ mè bikɔ̄ba ɓɔn ɓɔŋ ɓàhɔgi ɓa nhyūmul i kède màliga, kĭŋgèdà lìtìŋ dì kǒs yāk Tàtâ. ⁵ Jɔn, à nyaŋgō, jàm mè nsɔ̄ɔhɛ wɛ hānaàno li ta ɓē wěŋgɔ̀ŋlɛ mè ntìlna wɛ lìtìŋ li yɔndɔ, ndi li ye ndīgi ǹlòmbi lìtìŋ dì ɓeè dì gwèe ìlɔ̀ yaga biɓɔdlɛnɛ, jɔ līni lɛ, di gwehna.ᵐ ⁶ Ndi gweha ì, yɔ īni lɛ, di hyomok kĭŋgèdà màtìŋ mee. Ŋgɔ halā à yè lìtìŋ nì nɔk ìlɔ̀ yaga biɓɔdlɛnɛ, lɛ nì ǹlama hyumul mû. ⁷ Inyǔlē ŋgàndàk ɓàyùmùs ɓòt ì m̀mál kɛ nī ŋ̀kɔ̀ŋ hisi, ɓɔn ɓa mpāhal ɓɛ lɛ Yesù à lɔ̀ɔ ī kède mìnsòn. Ǹyùmùhɓòt nyɛmɛ̀dɛ nû, yàk nì ŋ̀kɔ̀lɓà Krĭstò. ⁸ Ɓèèɓɔmɛdɛ yɔ̀ŋa nī yihɛ, lɛ nì cɛ ɓáŋ mìnsɔn dì bigwèl i kède nàn, ndik lē ni koōs ǹsaâ u yoni. ⁹ Tɔ̀njɛɛ à nhòs, ndi à téŋɓɛ ɓɛ ni màeba ma Krĭstò, à gwēe ɓē Nyambɛɛ̀. Tɔ̀njɛɛ à tìŋi nì màeba ma Krĭstò, à gwēe Ìsaŋ nì Màn ɓɔɓaà. ¹⁰ Jɔn īɓālē mùt à ǹlɔ nyɔ̄ɔ ɓěnī, ndi à lɔnā ɓe maēba mana, nì lɛɛgɛ ɓáŋ nyē ndāp nàn, tɔ̀ kàl nì kàl ɓáŋ nyē lɛ, Dì ǹyegā wɛɛ̀; ¹¹ inyǔlē mùt nì mùt à ŋkàl nyɛ lɛ, Mè ǹyegā wɛɛ̀, wɛɛ̀ à ŋ̀ádɓa ni mìnsɔn ŋwee mìmɓɛ.

Màyègà ma nsɔk

¹² Tɔ̀ lakìi mè gwēe ŋgàndàk màm ìpɛ i tìlnà ɓèe, mè ŋgwēs ɓe mɛ lē mɛ tilā mɔ̄ nì tintē munu lipēp, ndi mè mɓɔ̄t ŋem lɛ mè nlɔ̀ nyɔ̄ɔ ɓěnī i kwèl mbɔ̀m ni mbɔ̀m, lɛ màsee mes ma ɓa ǹyɔnɔ̂k.

¹³ Ɓɔ̀n ɓa ntɛbêk manyúŋ nu mùdàà ɓa ɲyegā wɛɛ̀.

3 Yòhanès

1

Màyègà

¹ Mè m̀maŋ ntoŋ, mè ntìlna Gayòⁿ nugwēhaà, nu mè ŋgwēs i kède màliga. ² À nugwēhaà, mè nsɔ̄ɔhɛ Nyambɛ lē gwɔ̀m gwɔbisonā ù gwèe bi tɔɔ, ù ɓák kì mboo, kìkìi yàk màm ma ŋem wɔŋ ma ntɔ̄ɔ. ³ Mè yèe mè ŋkɔ̀n masee ŋgandàk i ŋgèdà lògtatā yēs i nlɔ̀ɔ, ɓa ɓɔgɔ̀k kì mbòɡi inyùu màliga mɔŋ, kìkìi ù nhyūmul i kède màliga. ⁴ Mè gwēe ɓē mɛ màsee màpɛ ma nlɔ̀ɔ mana, i nɔ̄k lē ɓɔ̀n ɓēm ɓa nhyūmul i kède màliga.

ᵐ2 Yòh 1: 5 Yòh 13: 34; 15: 12

ⁿ3 Yòh 1: 1 MʙB 19: 29; Rom 16: 23; 1 Kɔ̀r 11: 14

Lìgìp Gayò i tēedà ɓàkèn

⁵ À nugwēhaà, ù lìgi yāga i kède mìnsɔn ŋwɔminsonā ù ŋgwèlel lôgtatà yes, ndi lɔŋgɛ lɔ̄ŋgɛɛ̀ ɓa ɓā ye ɓàkèn, ⁶ ɓɔn ɓa biɓɔ̀k ki mbògi hana bisū bi ntoŋ inyùu gwēha yɔ̄ŋ. Ù gaɓɔ̀ŋ lɔŋgê iɓālē ù n̂tibil celēl ɓɔ inyùu lìkè jap nyà ì galēmel Nyambɛɛ̀, ⁷ inyŭlē ɓa bikìl inyùu jòy li Krístò, ndi ɓa tà ɓa yɔ̄ŋ ɓe yɔm ni bìlɔ̀ŋ bìpɛ. ⁸ Jɔn ɓès ɓɔn dì n̂lama yís ndòŋ ɓôt ini, lɛ ndi di yilā ɓàsɔ ɓap ɓa ɓagwèln̂son inyùu màliga.

Dìòtrefè, ŋ̀kɔlɓà

⁹ Mè bitìlna ntoŋ, ndi Dìòtrefè, nu à n̂handɓɛ yeēnɛ bisu i kède yâp, à nlēɛgɛ ɓe ɓes. ¹⁰ Jɔn iɓālē mè n̂lô, mè gaɓìgda minsɔn ŋwee à mɓɔ̀ŋ, kìkìi à mpòɛ hɔp i sɔ̀k ɓès ni bìɓàŋga bìɓɛ; ndi à nsōk ɓe tɔ hà. Ŋgɔ tɔ̀ yìs à n̂yìs ɓe lôgtatà yes, ndi à nsòŋa ki ɓôt ɓa ŋgwēs yiìs ɓɔ, nì pemês kì ɓɔ ntōŋ.

Mbògi lām inyùu Dèmètrǐò

¹¹ À nugwēhaà, ù kona ɓáŋ màm ma ye ɓēba, ndik mā mā ye lɔ̄ŋgɛɛ̀. Mùt à mɓɔ̀ŋ lɔŋgɛ nyēn à yè nu Nyāmbɛɛ̀, ndi nu à mɓɔ̀ŋ ɓeba, à n̂tɛhgɛ̀ ɓe Nyambê. ¹² Bôt ɓɔɓasonā ɓa mɓɔ̀k mbogī lām inyùu Dèmètrǐò, yàk màliga mɔmèdɛ ma mɓɔ̀k nlèlèm mbogī inyùù yeè; yàk ɓès kî dì mɓɔ̀k mbogī, ndi ù ńyī lɛ mbògi yēs ì yè hɔ̀dɔ.

Màyègà ma nsōk

¹³ Mè ɓak mè gwèe ŋgàndàk màm i tìlnà wè, ndi mè nsòmbol ɓe mɛ tìlna wɛ mɔ̄ nì tintè nì sao. ¹⁴ Ndi mè mɓɔ̄t ŋem i tēhɛ wè ndèk ŋgèdà, ndi dì gakwèl mbɔ́m ni mbɔ̀m. ¹⁵ Ǹsàŋ u ɓa nì wè. Màwanda mes ma ńyegā weɛ̀. Yègna mè màwanda, hi mût nì jŏy.

Yudà

1

Màyègà

¹ Mè Yudà,º ŋkɔl Yesù Krĭstò, nì mànyáŋ Yàkobò, mè ntìlna ɓa ɓā ye ɓàsèblaga, ɓàpubhaga ni Nyāmbɛ Tàtâ, ɓa ɓā ye kì nteedàgà nì Yesù Krĭstò. ² Kɔ̀nàŋɔɔ i ɓól ī ŋgìi nân, nì nsàŋ nì gwehâ.

Mbàgi nōgoòs inyùu ɓàlêt ɓa bitɛmbɛɛ

2Pet 2: 1-17

³ À ɓagwēhaà, ŋgèdà mè binyàmnda i tìlnà ɓèè inyùu tōhi yēs ɓes ɓɔɓasonā, mè ɓe lama tìlna ɓee nì ɓehɛ ɓèè lɛ ni hyanda ɓàŋga lìhyandgà inyùu hēmlè i ī tīna ɓapūbhaga ŋgèlè yàda inyùu yōsonā. ⁴ Inyūlē ɓòt ɓàhɔgi ɓa mmál ɔɔnd ndidì i kède nân, ɓɔn mbàgi nōgoòs ì ɓók tìlɓa kobā lɛ ɓa koōs; ɓàyàn ɓàsè, ɓa hyɛlèk kàrîs ì Nyambɛ wès biyogdà, ɓa taŋɓàgà m̀pɔm Ŋwet lɛ Nyambē nì Ŋwèt wés Yesù Krĭstò. ⁵ Ndi tɔ̀ lakìi nì yi jɔ̄ ŋgèlè yàda, mè ŋgwēs ɓiīgdaha ɓee lɛ, ŋgèdà Ŋwèt à tɔhɔl ɓòt ɓee, à nyɔdɔl ɓɔ lɔ̀ŋ Egîptò,ᵖ i mbūs hàlā à yik cɛ ɓā ɓā hēmle ɓèe. ⁶ Yàk aŋèlè ì ī pāmɓa nì ànɛ̀ yap, ndi i yek ɓaŋgā yaāp lìyèènɛ, à ɓii yɔ nì ŋgàdà ɓɔga i kède jìɓè, lɛtèè i kós mbagī ŋgwà ŋ̀kɛŋi. ⁷ Halā kì nyɛn Sōdòm nì Gòmorà, nì mìŋkɔŋ mìmpɛ mi ɓā ŋwɔ̄ ɓèɓèè, mi yāba nì ndèŋg kàyàda kìkìi ɓɔ̄, mi ɔdɓègè mìnsòn mìmpɛ mbūs, jɔn mi ɓembī kìkìi yìmbnɛ i kòs nogôs i hyee hi ɓɔgā.q

⁸ Halā kì nyɛn yàk ɓana i kède bìɛ̆ɛm gwap ɓa mpùŋgul minsòn, ɓa yanàk ànɛ̀, ɓa ôbhàk kì ɓa lipɛm mŏy. ⁹ Ndi aŋgèl bìsu lɛ Mikàêl,ʳ ŋgèdà ɓɔnà nsɔ̀hɔ̀p ɓa kàŋna hɔ̄p, ɓa pênàgà inyùu mìm Mosè, à làa ɓē kandal nyuu i pēmeès mbàgi lìòbòhjŏy i kɔlɓà nyɛ, à kăl ndīk nyē lɛ, Ŋwèt a kond wè.ˢ ¹⁰ Ndi ɓana ɓa nsɔ̀l tɔ̀ mambē maàm ɓa ɲyí ɓēe, ndi màm ɓa nnōk kìŋgèdà lìgweâk kìkìi bìhègel bi gweē ɓē yi, i kède màm mana nyɛn ɓa ŋòbhànà. ¹¹ Ŋgɔɔ nì ɓɔ! Inyūlē ɓa nnoŋōl njɛɛl Kàîn,ᵗ ɓa soobɛ i kède bìyòmòk bi Balàm ᵘ inyùu nsaâ, ɓa ciba ki ī kède lìsànda li Korà.ᵛ ¹² Ɓɔ yaga ɓɔn ɓa ye mìnsɔ̀lɓɛ̀ mi ŋgôk i kède màŋgànd manân ma gweha ŋgèdà ɓa ntìɓa ni ɓèe, ɓa jehàk ɓɔmède iɓaɓe wɔni; ɓa ye ɔnd i gweē ɓē malep, i mbèbi ì ŋkènà; ɓa ye mìnsàs mi biɛ mi gweē ɓē matam, ɓàwɔga ŋgèlè iɓaà, ŋgwèyàk hisī nì mìŋkàŋ; ¹³ màŋgudga ma tuye mā mā ɲyí ɓɛ nàne; ɓa pemhàk màm map ma ɲ́wēha nyuu wěŋgɔŋlɛ màhus; ɓa ye còdot di ŋkè mbɔ̄m, inyùu yáp nyɛn ŋgàŋgàŋ jìɓè ì yè m̀ɓiàk i ɓɔga. ¹⁴ Yàk Enɔ̀k,ʷ mùt à ɲyonos ɓasâmbɔk iɓòdòl Adàm, à podol ɓɔ̄ binděe lɛ, Nùnakì, Ŋwèt à lɔ̀ɔ nì ɓapūbhaga ɓee dìdùn nì dìdùn, ¹⁵ i ɓɔ̀n ɓɔɓasonā kìŋgèdà mbàgi, nì

ºYud 1: 1 Màt 13: 55; Mar 6: 3
ᵖYud 1: 5 ŊB 14: 29-35
qYud 1: 7 Bìɓ 19: 1-24
ʳYud 1: 9 Dàn 10: 13, 21; 12: 1; Màs 12: 7
ˢYud 1: 9 Sàk 3: 2
ᵗYud 1: 11 Bìɓ 4: 3-8
ᵘYud 1: 11 ŊB 22: 1-35
ᵛYud 1: 11 ŊB 16: 1-35
ʷYud 1: 14 Bìɓ 5: 18, 21-24

inyùu yɔ̄yɔɔ̀y ɓàyàn Nyambɛ ɓɔ̄ɓasonā inyùu mìnsɔn ŋwap ŋwɔminsonā mi liyàn Nyambɛ mī ɓā ɓā ɓɔɔ̀ŋ nì lìyàn Nyambê, nì inyùu mìnlèdɛk mi mâm ŋwɔminsonā ɓàɓɔ̀ŋɓeba ɓa ńyàn Nyambɛ ɓā ɓā pɔt ī kɔ̀lɓà nyɛ. ¹⁶ Bana ɓa ye ɓɔt ɓa minhùŋɓè, ɓɔ̀t ɓa mintɔ̀gdè, ɓa ŋɔ̄dɓɛ minhɛŋa ŋwap mbūs, ɓa ŋkùmb kiŋ ni bìɓàŋga bìkɛŋi, ɓa ɓiblàk ɓɔt lelè lɛ ndi ɓa kós lɔ̄ŋgɛɛ̀.

Màeba nì màɓehna

¹⁷ Ndi ɓèe, à ɓagwēhaà, ɓìgdana bìpodol bi ɓǒk pōda ni ɓàoma ɓā Ŋwɛt weēs Yesù Krĭstò, ¹⁸ kìkìì ɓa ɓe kâl ɓèè lɛ, Ŋgèdà ì nsōk ɓɔt ɓa yak ɓa gapām, ɓa ɔdɓègè mìnhɛŋa ŋwap, mi mī ńyàn Nyambê.ˣ ¹⁹ Bana ɓɔn ɓa nlɔ̀na mbagla ɓɔmèdɛ, ɓa ye ɓɔt ɓa ligweâk, lakìì ɓa gweē ɓē Mbuu. ²⁰ Ndi ɓèe, à ɓagwēhaà, holhaga hēmlè nân i ī nlòòha pubhaga nì sɔɔhègè i kède Mbūu M̀pubi, ²¹ nì teedàgà ɓèèɓɔmèdɛ i kède gwēha Nyāmbɛɛ̀, nì tèŋèk mìŋɛm ni kɔ̀nàŋgɔɔ Ŋwɛt wḗs Yesù Krĭstò ìkèpam nìŋ ɓɔgā. ²² Kɔ̀na ɓā ɓàhɔgi ɓa mpèèna ŋgɔɔ nì gwèèlàk ɓàŋga yī; ²³ nì tɔhlàk kì ɓahɔ̄gi nì wɔ̀ŋi ŋēm, nì kwahlàk ɓɔ i hyèe; nì ɔ̀ɔk yaga tɔ sɔ̄di ì yè ǹtɔnôk nì màhindi ma minsòn.

Bìsày

²⁴ Inyùu nū à gwèe ŋgùy i tāt ɓèè lɛ nì ɓààgɛ ɓâŋ, nì i tēe kì ɓèè bisū bi lipem jee nì màsee màkɛŋi iɓaɓe nsɔ̀hi, ²⁵ Inyùu nū à yè m̀pɔ̀m Nyambɛ wāda nu pèk nì Ǹtɔhɔ̂l wès inyùu Yēsù Krĭstò Ŋwèt wês, bìɓegês bi ɓa nì nyɛ, nì lìpem, nì ànè, nì ŋgùy, hanânɔ, nì i ɓɔ̀ga. Àamèn.

ˣ**Yud 1: 18** 2Pet 3: 3

Màsɔɔ́là

1

Màsɔɔ́là ma Yesù Krǐstò

¹ Màsɔɔ́là ma Yesù Krǐstò, ma Nyāmbɛ à ti nyē i ēba mìŋkɔ̀l ŋwee màm ma nlama gwelā i mbūs ndèk ŋgèdà, ndi à ɔm aŋgèl yèè lɛ i eba ŋ̀kɔ̀l wee Yohānès màm mana; ² nyɛn à mɓɔ̀k mbogī inyùu ɓàŋga Nyambê, nì inyùu mbògi Yēsù Krǐstò, halā à yè lɛ màm mɔmasonā à bitēhɛɛ̀. ³ Nu à ŋāŋ, yàk nì ɓa ɓā ŋēmblɛ biɓàŋga bi ɓapodôl bini, ɓa teedàgà kì màm ma nfílɓa muù ɓa ye ǹsǎyɓàk, inyǔlē ŋgèdà ì gwèe nì mɔ̀ɔ.

Yòhanès à ńyèga mintoŋ minsâmbɔk

⁴ Mɛ̀ Yòhanès, mɛ̀ ntìlna mintōŋ minsaàmbɔk mi ye Āsìà:
Kàrîs ì nlòl ni nū à yè,
nyɛn à ɓa, nyɛ ki nyēn à
nlɔ̀ i ɓa nì ɓèe nì ǹsàŋ; ʸ
nì mimbūu minsaàmbɔk
mi ye bīsū bi yeēnɛ yee
anè;
⁵ yàk nì Yesù Krǐstò,
m̀ɓɔ̀k mbògi nu
ɓōnyoni, m̀ɓòggwee
ī kède ɓàwɔga, nì nu à
yè ŋ̀ànè ŋgìi bìkiŋɛ bī
hisi.

Inyùu nū à ŋgwēs ɓes,
à jòa kì ɓès biɓeba
gwes nì màcèl mee,
⁶ ndi à ɓɔ̌ŋ ɓès lɛ di ɓa
ŋgìm ànè, di ɓa kì
bìprǐsì bisū bi Nyambɛ
wèè nì Ǹsaŋ; lìpem li ɓa nì nyɛ nì
ŋgùy i
ɓɔ̀ga ni ɓɔ̀ga. Àamèn. ᶻ
⁷ Nùnakì, à nlɔ̀ ni ɔ̀nd, ᵃ
ndi hi yaga jìs li gatēhɛ
nyɛ, yàk nì ɓa ɓā ōm
nyɛ̄; ᵇ
ndi màten ma hisi
mɔmasonā ma gayàmhɛ
ni mìnlend inyùu yeè.
Ŋ̀ŋ. Àamèn.
⁸ Ŋwèt lɛ Nyambɛ à
ŋkàl lɛ, Mɛ̌n mɛ yè Alfà
nì Òmegà, * lìɓòdlɛnɛ nì lìsugul,
nu à yè, nyɛn à ɓa, nyɛ
ki nyēn à nlɔ̀,
Ɓayêmlikɔ̀k.

Yǐndà i Man Mùt

⁹ Mɛ̀ Yòhanès, mǎsɔ̄ŋ
nàn, nì sɔlôŋ nàn i kède
njīihà, nì ànè, nì honɓà
dì gwèènɛ yàk Yēsù Krǐstò, mɛ̀
ɓeè i òn Patmòs*
inyùu ɓàŋga Nyambɛ nì
mbògi Yēsù Krǐstò. ¹⁰ Mè ɓeè i kède Mbūu
i kēl Ŋwèt, nì mɛ̀ mɛ̀
nɔk sɔsɔ́ kīŋ mbūs yɛèm
wěŋgɔŋlɛ sep,
¹¹ à kàlàk lɛ, Mɛ̌n mɛ yè Alfà nì
Òmegà, Nu à mɓɔ̀k nì Nu à nsōk;
Tìla màm
ù ntēhɛ i kède kààt, u

ʸ **Màs 1: 4** Màs 4: 5
ᶻ **Màs 1: 6** Rom 1: 25
ᵃ **Màs 1: 7** Dàn 7: 13
ᵇ **Màs 1: 7** Sàk 12: 10

Màs 1: 8 Alfà, Òmegà: lìkedêl li bisu nì li lī nsōk i hɔ̄p Griīkìà; bìɓòdlɛnɛ nì lìsugul li mâm mɔmasonā. Màs 21: 6; 22: 13

Màs 1: 9 Mǎn òn wàda nyɔɔ̄ i tūyɛ Ēgèè, mòm masâmbɔk ma kilòmedà lìnyɔdi ŋkɔ̀n Efesò.

ɔm yɔ mintōŋ minsaàmbɔk mi ye Āsìà lɛ Èfesò, nì Smirnà, nì Pèrgamò, nì Tìàtirà, nì Sardè, nì Fìlàdɛlfìà, nì Làòdìkeà. ¹² Ndi mɛ̀ bihyɛ̀lɓa lɛ mɛ ɓeŋgē kīŋ ì podhak mê. Mɛ̀ hyɛ̀lɓa ɓàŋ, mɛ tɛhɛ biteenɛ bi bituŋgɛŋ bi gôl bisâmbɔk; ¹³ mu ŋgɛ̀mbɛ bìteenɛ bi bituŋgɛŋ mɛ̀ tɛhɛ ki mùt wàda à pòngà mǎn mùt, à ɓâk à heeba ǹtìŋgìl mbɔt lɛtèɛ̀ nì makòò, ɓànidɓaga ni ŋgōli gōl maŋgānda ma tol. ᶜ ¹⁴ Ndi ŋ̀ɔ wee u ɓē pop nì còŋ cee kìkìi bìpuba bi mahùù ma ntomba, nì kìkìi pēm; yàk mìs mee ma lɔŋɔ̂k wɛ̌ŋgɔŋlɛ lìndòmbò li hyee; ¹⁵ ndi màkòò mee ma ɓē ponà màmuna ma kuī ndɔɔ̀mm i ɓùp hìuu, yàk kiŋ yeē wɛ̌ŋgɔŋlɛ lìòmòk li ŋgandàk malep. ¹⁶ Ndi à ɓeɛ̀ à gwèe còdot disâmbɔk i wɔɔ̀ wee waalōm; pànsɔŋ màlɔ imaà, ì nhɔɔ, ì pemlàk kì i nyɔ̀ wee, yàk su wee u ɓayàk wɛ̌ŋgɔŋlɛ jɔ̀p i ŋgèdà hyàŋgaa hi nnyāy. ¹⁷ Ndi mɛ̀ tɛhɛ ɓǎŋ nyē, mɛ̀ ɓɛha i sī yee makòò kìkìi mìm. Nì nyɛ à kehī wɔɔ wee waalōm ŋgìì yêm, à kál lɛ, Ù kɔ̀n ɓáŋ wɔ̀ŋi; mɛ̌n mɛ̀ yè nu à mɓòk nì nu à nsōk, ᵈ ¹⁸ nì nu à nnìŋ; mɛ̀ ɓeɛ̀ ŋ̀wɔga, ndi nǔnkì, mɛ̀ yè i nìŋ i ɓɔ̀ga ni ɓɔ̀ga, mɛ̀ gwèe kì dìlìɓà di nyêmb nì di Hadè. ¹⁹ Jɔn tìla nī màm ù m̀mál tɛhɛ̀, nì ma mā yeè, yàk nì màm ma gaɓā ma ŋgwèla i mbūs. ²⁰ Jìmb inyùu còdot disâmbɔk ù m̀mál tɛhɛ i wɔɔ̀ wêm waalōm, nì inyùu bìteenɛ bi bituŋgɛŋ bi gôl bisâmbɔk, jɔ līni lɛ, còdot disâmbɔk di ye yàà aŋgèl i mintoŋ minsâmbɔk, yàk bìteenɛ bi bituŋgɛŋ bisâmbɔk bi ye mìntoŋ minsâmbɔk.

2

Ŋwìn inyùu ǹtoŋ Efesò

¹ Tìlna āŋgèl ǹtoŋ Efesò lɛ, Nu à kobda còdot disâmbɔk i wɔɔ̀ wee waalōm, nu à ŋkììŋa i ŋgɛ̀mbɛ bìteenɛ bi bituŋgɛŋ bi gôl bisâmbɔk à ŋkàl i màm mana lɛ, ² Mɛ̀ ńyī minsɔn ŋwɔŋ, ndùmbɓà yɔŋ, nì honɓà yɔŋ, nì lɛ ù nlà ɓe nihbɛ ɓôt ɓàɓɛ, nì lɛ ù biwàn ki ɓā ɓā ŋkàlɓa lɛ ɓa ye ɓàomâ ndòmlɛ ɓa ta ɓee, ndi ù bilèba lɛ ɓa ye ɓôt ɓa bitēmbɛɛ. ³ Ù gwèe hōnɓà, ù binīhbɛ̀ kì, ù bisāl ki īnyùu jòy jêm, ndi ù biwāa ɓēe.

ᶜ**Màs 1: 13** Dàn 7: 9, 13; 10: 5-6

ᵈ**Màs 1: 17** Yès 44: 6; Màs 2: 8; 22: 13

⁴ Ndi mɛ ntɔ̀gha wɛ lɛ̄ ù biŋwàs gweha yɔ̄ŋ i biɓɔ̀dlɛnɛ. ⁵ Hɔŋɔl nī hɔma ù ɓɛnɛ̀ wɛ̀ ŋgì kwɔ̀, ndi u hyɛ́lŋ̀ɛm, u ɓɔ́ŋ kì minsɔ̄n ù ɓɛ ɓɔ́ŋ biɓɔ̀dlɛnɛ; hà halā ɓēe, ki mɛ̀ nlɔ̀ i wɛ̄nī, mɛ heā tēɛnɛ yɔŋ tuŋgɛŋ i hɔma wɛɛ̀, ɛglɛ wɛ̀ɛ u ǹhyɛ́l ŋ̀ɛm. ⁶ Ndi ù gwɛɛ̀ jàm lini, lɛ ù ŋɔ̀ɔ̀ minsɔn mi ɓɔ̂t ɓa Nikòlaò, kìkìi yàk mɛ̀ mɛ̀ ŋɔ̀ɔ̀ ŋwɔ. ⁷ Nu à gwɛɛ̀ màɔ a nɔk jàm Mbuu à ŋkàl mintɔŋ. Nu à ŋkɔ̀mɔ̀l, mɛ̀ gatī nyɛ kùndɛ̀ i jɛ̄ ɛ̄ niìŋ, i ī ye ī Pàràdîs * Nyambɛ̂.

Ŋwìn inyùu ǹtɔŋ Smirnà

⁸ Tìlna kì aŋgèl ǹtɔŋ Smirnà lɛ, Nu à mɓòk nì nu à nsōk, nu à ɓa ŋ̀wɔga ndi à kɔndē niìŋ, nyɛn à ŋkàl i màm mana lɛ, ⁹ Mɛ̀ ńyī minsɔn ŋwɔŋ, nì njiihà yɔ̀ŋ nì sàmb wɔŋ [ndi ù yɛ̀ ŋgwàŋ], yàk nì liòɓɔhjòy li ɓa ɓā ŋkàlɓa lɛ ɓa ye Lòk Yudà, ndòmlɛ ɓa ta ɓēe, ɓa ye ndīk ǹtɔŋ Saatàn. ¹⁰ Ù kɔ̀n ɓáŋ màm ù ǹlama sɔn njɔnɔk wɔŋi. Nŭnkì, ǹsɔ̀hɔ̀p à nyegi ī lèŋ ɓeè ɓahɔ̄gi i ndāp mɔ̀k lɛ ni nɔ̄dana, ni nɔk kì njiihà jòm li dilɔ. Teeda hēmlɛ̀ lɛtɛ̂ɛ nì i nyɛmb, ndi mɛ̀ gatī wɛ ǹtut nîŋ. ¹¹ Nu à gwɛɛ̀ màɔ a nɔk jàm Mbuu à ŋkàl mintɔŋ. Nu à ŋkɔ̀mɔ̀l nyɛmb ì ǹyɔnɔs iɓaà ᵉ ì gaɓɔ̀ŋ ɓe nye jàm.

Ŋwìn inyùu ǹtɔŋ Pɛrgāmò

¹² Tìlna kì aŋgèl ǹtɔŋ Pɛrgāmò lɛ, Nu à gwɛɛ̀ pànsɔ̀ŋ màlɔ̀ imaà, ì nhɔ̄ɔ, nyɛn à ŋkàl i màm mana lɛ, ¹³ Mɛ̀ ńyī minsɔn ŋwɔŋ nì i hɛ́t ù yììnɛ, lɛ hɔma nu à yɛ̀ yɛ̀ɛnɛ anɛ́ i Saatàn, nì lɛ ù kɔbda jòy jêm, ndi ù bitāŋɓa ɓe hemlɛ̀ yêm, tɔ̀ dilɔ̄ di Antīpàs, mùt wɛ̀m mbògi nu hēmlɛ̀, nyɛn à binōla i kède nàn, hɔma Sātàn à yììnɛ. ¹⁴ Ndi mɛ̀ ntɔ̀gha wɛ màm màhɔgi, inyŭlɛ̄ ù gwɛɛ̀ ɓɔ̂t nyɔ̀ɔ̀ ɓa ŋādɓɛ ni màeba ma Balàm, nu à eba Bālàk lɛ a nuŋgnɛ ɓɔ̀n ɓa Isrăɛ̀l mbɔ̀ŋɛ̀ i njèl, ᶠ lɛ ɓa je bìsèsemà ɓa nsèmɛl bisat, ɓa kɛɛ̄ kì i ndèŋg. ¹⁵ Halā kì nyɛn yàk wɛ̀ ù gwɛɛ̀ ɓɔ̂t ɓa ŋādɓɛ ni màeba ma ɓɔ̂t ɓa Nikòlaò, ma mɛ̀ ŋɔ̀ɔ̀. ¹⁶ Jɔn hyɛ́l ŋ̀ɛm; ndi hà halā ɓēe, ki mɛ̀ nhɔ̄ɔ lɔ wɛ̄nī, mɛ jɔ́s ɓɔ̄ gwèt ni pànsɔŋ ì mpēmɛl nyɔ̀ wêm. ¹⁷ Nu à gwɛɛ̀ màɔ a nɔk jàm Mbuu à ŋkàl mintɔŋ. Nu à ŋkɔ̀mɔ̀l nyɛn mɛ̀ gatī Manà ᵍ ma sɔlī, mɛ̀ gatī nyɛ pūɓa hiɓàŋa, yàk nì jòy li yɔndɔ ŋ̀kedlàk i ŋgìi hiɓàŋa, li mùt nyɛkĭnyɛ̄ à ńyī ɓēe, ndigi nū à ŋkòs jɔ.

Ŋwìn inyùu ǹtɔŋ Tiàtirà

¹⁸ Tìlnà kì aŋgèl ǹtɔŋ Tiàtirà lɛ,
Mǎn Nyāmbɛɛ̀, nu à gwɛɛ̀ mìs ma nlɔ̄ŋ wɛ̌ŋgɔ̀ŋlɛ lìndòmbò li hyee, màkòò mee kî ma pôŋgà màmuna lɛ ma kuī ndɔ̀ɔ̀mm ʰ nyɛn à ŋkàl i màm mana lɛ, ¹⁹ Mɛ̀ ńyī minsɔn ŋwɔŋ, nì gweha yɔ̄ŋ, nì hemlɛ̀ yɔŋ, nì màhola mɔ̄ŋ nì hɔnɓà yɔŋ, nì lɛ mìnsɔn ŋwɔŋ mi nsōk mi ye ŋgàndàk ìlɔ̀ɔ̀ mi biɓɔ̀dlɛnɛ. ²⁰ Ndi mɛ̀ ntɔ̀gha wɛ ndɛk mâm, inyŭlɛ̄ ù ŋŋwàs mudàà lɛ Yèzaɓɛ̀l, ⁱ nu à ŋkàlɓa lɛ à yɛ̀ ḿpodôl, ndi à niìgàgà mìŋkɔ̀l ŋwêm, à yùmhàk kì ŋwɔ lɛ mi kɛnēk ndèŋg, nì lɛ mi jɛk bìsèsemà ɓa nsèmɛl bisat.

---

*Màs 2: 7 ɓèŋgɛ 2Kɔ̀r 12: 4; Bìɓ 2: 9

ᵉ Màs 2: 11 Màs 20: 14; 21: 8

ᶠ Màs 2: 14 ŊB 22: 5, 7; 31: 16; NM 23: 4

ᵍ Màs 2: 17 Màn 16: 14-15; 16: 33-34; Yòh 6: 48-50

ʰ Màs 2: 18 Dàn 10: 6

ⁱ Màs 2: 20 1Bìk 16: 31

²¹ Mè bitī nyɛ ŋgèdà lɛ a hyɛ̄l ŋ̀ɛm ndi à ntɔ̄p ɓe hyɛ̄l ŋɛm lɛ a ŋŋwás ndèŋg yèè. ²² Nŭnkì mè mɓēs nyɛ nàŋ kôn, ndi ɓòt ɓa yāba ndèŋg nì nyɛ, mè jubūs ɓɔ̄ i kède njīiha kɛŋi, ɛgle wèè ɓa nhyɛ̄l miŋɛm, ɓa ŋŋwás minsɔn ŋwap. ²³ Ndi mè gacē ɓɔn ɓee ni nyɛ̀mb; halā nyɛ̄n mìntɔŋ ŋwɔminsɔnā mi gayī lɛ, mɛ̌n mè yè nu à ŋ́wàn matihil ma miŋɛm; ndi mè gatìmbhɛ hikìi mùt i kède nàn kĭŋgèdà mìnsɔn minân. ʲ ²⁴ Ndi mè ŋkàl ɓee, yàk nì ɓa ɓapɛ, ɓa nì yè i Tìàtirà, ɓa nì mɓangà ɓe maēba mana, tɔ̀ yi ndīp maàm i Saatàn, kìkìi ɓa mɓèna pɔt; mè ŋkòndɛ ɓe mɛ ɓèè mbɛgèè ìpɛ. ²⁵ Ndi jàm nì gwèe kobdana jɔ̄ mɔ̀ɔ lɛtɛ̀ɛ̀ mè lô. ²⁶ Ndi nu à ŋkɔ̀mɔ̀l, à yonhàk kì mìnsɔn ŋwêm lɛtɛ̀ɛ̀ nì lisūk, mè gatī nyɛ kùndɛ i ŋgìi bilɔ̀ŋ bìpɛ; ²⁷ ndi à ga-ànɛ ɓɔ nì ǹtɔŋgɔ kêy, kìkìi ɓa nnyùgut diɓɛ̀ɛ̀ di mmà dìɓɛ̀ɛ̀, ᵏ kìkìi yàk mè mɛ bikòs kundɛ nì Tàtâ; ²⁸ ndi mè gatī nyɛ hyòdot hi mayɛ ma kɛl. ²⁹ Nu à gwèe màò a nɔk jàm Mbuu à ŋkàl mintɔŋ.

3

Ŋwìn inyùu ǹtoŋ Sardè

¹ Tìlna kì aŋgèl ǹtɔŋ Sardè lɛ, Nu à gwèe mìmbuu mi Nyambɛ mīnsaàmbɔk nì còdot disâmbɔk nyɛn à ŋkàl i màm mana lɛ, Mè ŋ́yī minsɔn ŋwɔŋ, nì lɛ ù gwèe jòy lɛ ù yè i nìŋ, ndòmlɛ ù yè ŋ̀wɔga. ² Yɛ̌n pèè, u ledēs kì màm ma ŋgi yiī, ma mā nsòmbol wɔ; inyŭlē mè ǹtɛhgè ɓe mɛ mìnsɔn ŋwɔŋ lɛ mi yoni bīsū bi Nyambɛ wèm. ³ Jɔn ɓìgda kìkìi ù bikòs nì nɔk màeba, u teeda kì mɔ, u hyɛ̄l ŋ̀ɛm. Ndi i ɓā kì lɛ ù ǹyɛ̄n ɓe pèè, mè galɔ̀ kìkìi mùt wĭp, ndi ù gayī ɓe ìmbɛɛ ŋgedà mè galòl wê. ⁴ Ndi ù gwèe mŏy màhɔgi nyɔ̄ Sārdè, ɓòt ɓa binyɔ̀k ɓe mbɔt yap màhindi; mè nì ɓɔ dì gahyōm loòŋ, ɓa heeba bìpuba bi mbɔt, inyŭlē ɓa kolī. ⁵ Nu à ŋkɔ̀mɔ̀l, ɓa gahā nyɛ bìpuba bi mbɔt halā; mè gasàs ɓe mɛ kì tɔ̀ jòy jee i kàat nìŋ, ˡ ndi mè gapāhal joy jee bisū bi Tatà, nì bisū bi aŋgèl yee. ⁶ Nu à gwèe màò, a nɔk jàm Mbuu à ŋkàl mintɔŋ.

Ŋwìn inyùu ǹtoŋ Filàdɛlfìà

⁷ Tìlna kì aŋgèl ǹtɔŋ Filàdɛlfìà lɛ, Nu à yè m̀pubi, nì nu à yè ɓàŋga ɓaŋgā, nu à gwèe hìllìɓà hi Davìd, nu à ŋ́yìbìl, ndi mùt nyɛkĭnyē à yibī ɓee, à ŋ́yìbì kì, ndi mùt nyɛkĭnyē à yibīl ɓee, ᵐ nyɛn à ŋkàl i màm mana lɛ, ⁸ Mè ŋ́yī minsɔn ŋwɔŋ. Nŭnkì, mè ǹtee likòga ǹyĭblàgà i mbɔ̀m yôŋ, li mùt nyɛkĭnyē à nlà ɓe yibì, inyŭlē ù gwèe ndèk ŋgùy, ù bitēeda ɓaŋgā yèèm, ù taŋɓa ɓe tɔ jòy jêm. ⁹ Nŭnkì, mè gayɔ̀ŋ ɓòt ɓàhɔgi i kède ǹtɔŋ Saatàn, ɓa ɓā ŋkàlɓa lɛ ɓa ye Lòk Yudà, ndòmlɛ ɓa ta ɓēe; ŋgɔ ɓa ntēmbɛɛ̀. Nŭnkì, mè gaɓɔ̀ŋ ɓɔ lɛ ɓa lɔ̄, ɓa oop ī sī makòò mɔŋ, ɓa yi lɛ mɛ̌n mè bigwēs wèè. ¹⁰ Ndi lakìi ù bitēeda ɓaŋgā yèèm nì honɓà, yàk mè mè gatēeda wɛ ŋgèdà mànɔ̀ɔ̀dɛ̀, ì ì nyegi ī lòl ŋ̀kɔ̀ŋ hisi wɔnsɔnā i nɔ̀ɔ̀dɛ ɓa ɓā ŋ́yɛ̄n hana hisī. ¹¹ Mè

ʲ**Màs 2: 23** Cèm 7: 9; 62: 13; Yèr 17: 10
ᵏ**Màs 2: 27** Hyèm 2: 9

ˡ**Màs 3: 5** Màn 32: 33
ᵐ**Màs 3: 7** Yès 22: 22

ǹnyegi ī lɔ̀; kobda yāga jàm ù gwèe mɔ̀ɔ̀ lɛ mùt à yɔ̀ŋ ɓáŋ ǹtut wɔŋ. ¹² Nu à ŋkɔ̀mɔ̀l, mɛ̀ gayìlha nyɛ jèl i kèdɛ tēmpèl Nyambɛ wèm, à gapām ha ɓɛ kɛlkĭkēl; ndi mɛ̀ gatìla joy li Nyambɛ wèm munu nyùù yeē, nì jòy li ŋkɔ̀ŋ Nyambɛ wèm, Yèrusàlèm yɔ̀ndɔ, ì ì nlòl i ŋgìì yak Nyāmbɛ wèm, ì sòhòk, ⁿ yàk nì jòy jêm li yɔndɔ. ¹³ Nu à gwèe mào, a nɔk jàm Mbuu à ŋkàl mintoŋ.

Ŋwìn inyùu ǹtoŋ Laòdìkeà

¹⁴ Tìlna kì aŋgèl ǹtoŋ Laòdìkeà lɛ, Nu à yɛ Àamèn, mùt ɓonyoni nì ɓàŋga m̀bɔ̀gmbògi, nì bìɓèe bi bihègel bi Nyambê, nyɛn à ŋkàl i màm mana lɛ, ¹⁵ Mɛ̀ ɲyī minsɔn ŋwɔŋ lɛ ù nsūnɛ ɓēe, tɔ̀ lek ù nlēk ɓēe. Yɔ̂', ɓalɛ ù ɓak lɛ ù sungɛ, tɔ̀lɛ ù legēk! ¹⁶ Halā nī nyɛn, lakìi ù ntàmb, ndi ù lek ɓee, tɔ̀ sunɛ̂ ù sunɛ ɓee, wɛɛ mɛ̀ nyegi ī cɔ̄ wɛ̀ i nyɔ̀ wêm. ¹⁷ Inyŭlē ù ŋkàl lɛ, Mɛ̀ yɛ ŋ̀gwàŋ, mɛ̀ bikwès ki mèmɛ̀dɛ ŋ̀gwàŋ, kàyèlɛ jàm jɔkǐjɔ̄ li nhēŋel ɓɛ mɛɛ̀; ndi ù yi ɓɛ lɛ ù ɓèŋi, ù ŋkònha ŋgɔɔ, ù yɛ hìyɛba mût, nì mùt ndim, nì nu à yɛ ǹsɔ. ¹⁸ Mɛ̀ ntī wɛ màeba lɛ u sɔmb gôl i měnī, ì ì binɔ̀ɔdana ni hyèe, ndi u ŋgwaŋáp; nì lɛ u sɔmb bìpuba bi mbɔt inyùu hābaà, lɛ ù yɛli ɓáŋ i kòs wɔnyuu lakìi ù yɛ ǹsɔ; yàk nì m̀mǎbgà njâhbà i hɔ̄ɔ mìs mɔŋ lɛ u tehna. ¹⁹ Tɔ̀ ɓɔ̀nje ɓôt mɛ̀ nsìŋgɛ, mɛ̀ ɲyɔ̄yɔy ɓɔ, mɛ̀ niigàgà kì ɓɔ; ᵒ jɔn lìgip nī, u hyɛ́l kì ŋ̀em. ²⁰ Nŭnkì, mɛ̀ tee līkòga, mɛ̀ ŋkɔ̀dɛ̀; iɓālē mùt à ǹnɔk kiŋ yêm, ndi à yibīl likòga, mɛ̀ gajɔ̀p i nyɛ́nī, mɛ̀ nì nyɛ di lôp. ²¹ Nu à ŋkɔ̀mɔ̀l, mɛ̀ gatī nyɛ kùndɛ lɛ ɓěhnà nyɛ di yén hīsī loòŋ i yèènɛ yêm anɛ̀, kìkìi yàk mɛ̀ mɛ̀ kɔ̀mɔl, ndi mɛ yén hīsī ɓɛs Tàta ī yèènɛ yee anɛ̀. ²² Nu à gwèe mào, a nɔk jàm Mbuu à ŋkàl mintoŋ.

4

Bìɓegês bi Nyambɛ nyɔ̀ɔ ŋgìì

¹ Màm mana ma tāgɓɛ ɓǎŋ, nì mɛ̀ mɛ̀ tɛhɛ ŋwɛmɛl u nehi nyɔ̀ɔ ŋgìi, kiŋ bìsu mɛ̀ binɔ̄k wěŋgɔ̀ŋlɛ ì sep, ì kâl mɛ lɛ̄, Ɓedek nyɔ̀nɔ, ndi mɛ̀ gaēba wɛ màm ma nlama gwelā mbūs màm mana. ² Kunda yada yaga mɛ̀ gwelā ni Mbūu; ndi nŭnkì, yèènɛ anɛ̀ ǹtegâk nyɔ̀ɔ ŋgìì, mùt wàda à ɓák à yìi mū yèènɛ anɛ̀; ³ ndi mùt à ɓeè à yìi mù, à nɛngɛ̀ kìi ŋgɔ̀k yaspì nì ì sardì; ǹnyùm kì u bikēŋa yèènɛ anɛ̀, bìnɛnnɛ gwee kìi èmerò. ⁴ Ndi mɛ̀ tɛhɛ ki mòm imaà ma biyèènɛ bi anɛ̀ mbòk inâ, bi kɛŋa yénɛ anɛ̀; mòm imaà ma mimaŋ mi ɓôt mbòk inâ mi ɓák mi yiī mū bìyèènɛ bi anɛ̀, mi heeba bìpuba bi mbɔt; yàk nì mìntut mi gôl miɲɔ̄ ŋwap. ⁵ Ndi ŋwègŋwèk à pemlàk mu yèènɛ, nì mbìmbà, nì mbàmbàt. Bìtuŋgeŋ bisâmbok bi lɔŋɔ̂k kì ha bīsū bi yèènɛ anɛ̀, bi bī ye mìmbuu mi Nyambɛ mīnsaàmbok, ⁶ yɔ̄m wěŋgɔ̀ŋlɛ tuyɛ bìlas kìkìi krìstâl i ɓeè ha bīsū bi yèènɛ anɛ̀; bìhègel bina bī gweē nìŋ, ɓàyɔnga ni mìs bisū nì i mbūs, bi ɓeè i ŋgèmbɛ yèènɛ anɛ̀, bi kɛŋa ki yɔ̄. ⁷ Hègel i bisu i ɓe ponà mbɔ̀ndɔ̀njèe; hegel i ɲyonos biɓaà i pôngà ɔŋ nlom nyàgà; hègel i ɲyonos biaâ i ɓangà su kìkìi mùt; yàk hègel i ɲyonos

---

ⁿ**Màs 3: 12** Màs 21: 2   ᵒ**Màs 3: 19** Bìŋ 3: 12; LH 12: 6

bina ī poòngà ǹyògol u mpùùɛ̀. ᵖ
⁸ Bihègel gwɔ bina bī gweē nìŋ, hi yada mu ī ɓeè i gweē bìpàbay bisamàl, i ɓâk kì ǹyɔnɔ̂k nì mìs hɔma nyênsô, yàk nì i kède; bi gweē ɓē nɔɔ̀y njămùha tɔ̀ jùu, bi kalàk ndigi lɛ̄, M̀pubi, m̀pubi, m̀pubi, Ŋwèt lɛ Nyambê, Ɓayêmlikɔ̀k, nu à ɓa, nyɛn à yè, nyɛ ki nyēn à nlɔ̀. ᑫ
⁹ Ndi hiŋgedà bìhègel bi gweē nìŋ bi ntī nu à yìi yèènɛ anè, nyɛ ki nyēn à nnìŋ i ɓɔ̀ga ni ɓɔ̀ga, lìpem nì bìɓegês nì màyègà, ¹⁰ yàk mìmaŋ mi ɓôt mòm imaà mbòk ina mī ŋōm maɓɔŋ hisī bisū bi nu à yìi yèènɛ anè, mi oop bīsū bi nu à yè i nìŋ i ɓɔ̀ga ni ɓɔ̀ga, mi lɛ́ŋ kì mìntut ŋwap bisū bi yeēnɛ anè, mi kâl lɛ̄, ¹¹ Wè, à Ŋwɛt wēs nì Nyambɛ wēs, wɛ́n ù kòli nì lìpem nì bìɓegês, nì lìpemba; inyŭlē wɛ́n ù hɛ̌k gwɔ̀m gwɔbisonā, inyǔu sòmbòl yɔŋ ki nyēn bi ɓānɛ, bi hèga kì.

5

M̀ɓandâk kaàt nì Mǎn Ǹtomba

¹ Ndi mè bitēhɛ kaàt ì kèhi wɔɔ̀ waalōm u nu à ɓeè à yìi mū yèènɛ anè, ǹtǐlɓàgà i kède nì i tān, ʳ ì ɓâk m̀bandâk nì bìɓendel bisâmbɔk. ² Mè tɛhɛ ki m̀pemba aŋgɛ̀l u kalàk nì sɔsɔ̄ kīŋ lɛ, Ǹjɛɛ à yè lɛ à kɔlā i ɓūduùl kààt, nì ɓandâl kì yɔ̀ bìɓendel? ³ Ndi mùt nyɛkǐnyē nyɔɔ̄ ŋgìi, tɔ̀ hana hisī, tɔ̀ i sī hīni hìsi, à bilà ɓɛ ɓudul kaàt, ndinà nì ɓèŋgè mu ī kède. ⁴ Nì mè mè kahal ɛ̀ɛ ŋgandàk, lakìi mùt nyɛkǐnyē à

binēnɛ ɓɛ lɛ à kɔlā i ɓūduùl kààt, ndinà nì aŋ yɔ̀, tɔ̀ ɓèŋgè mu ī kède. ⁵ Ndi wàda mu mīmāŋ mi ɓoòt à kâl mɛ lɛ̄, Ù ɛ̀ɛ ɓâŋ; nǔnkì, ŋgɔ Mbɔ̀ndɔ̀ njèe lìten li Yudà, ˢ ŋkàŋ Davìd, yɔ̀n ì m̀mâl kɔmɔ̄l i ɓūduùl kààt, yàk nì bìɓendel gweē bisâmbɔk. ⁶ Ndi ŋgèmbe yèènɛ anè, halā à yè lɛ i pōla bìhègel bina bī gweē nìŋ nì mìmaŋ mi ɓôt, mè tɛhɛ Man Ǹtomba à tee, wɛ́ŋgɔ̀ŋlɛ à binōlaà, à ɓâk à gwèe bìtɔŋ bisâmbɔk nì mìs masâmbɔk, ma mā ye mìmbuu mi Nyambɛ mīnsaàmbɔk, mi mī biōma hisī hyɔsonā. ⁷ Nì nyɛ à kōgɛ ɓɛɓɛ̀ɛ̀, à yɔ̀ŋ kaàt ì kèhi wɔɔ̀ waalōm u muùt à ɓeè à yìi mū yèènɛ anè. ⁸ Ndi à yɔ̀ŋ ɓǎŋ kààt, bìhègel bina bī gweē nìŋ bi om maɓɔŋ hisī bisū bi Man Ǹtomba, nì mìmaŋ mi ɓôt mòm imaà mbòk inâ, hi mmaŋ mût u ɓâk u gweē hìlùŋ, nì bìsoya bi gôl bi yoni nì bìnjìnjîŋ, bi bī ye màsɔɔhɛ̀ ma ɓâpubhaga. ⁹ Ndi ɓa tobôk hyèmbi hi yɔndɔ, ɓa kalàk lɛ,
Wɛ́n ù kòli ī yɔ̀ŋ kààt,
nì ɓandâl kì yɔ̀
bìɓendel; inyǔlē ù nola,
ndi ù sombol Nyāmbɛ
ɓès ɓôt nì màcèl mɔŋ,
i kède hī lihàà, nì hi
hilemb, nì hi liten, nì hi
lôŋ.
¹⁰ Ù ɓɔ̌ŋ kì lɛ di ɓa
Nyāmbɛ wēs ŋgîm ànɛ
nì prìsì, ndi dì ga-ànɛ
hisī.
¹¹ Ndi mè bitēhɛɛ, nì nɔk kì kiŋ ŋgàndàk aŋgɛ̀l i kēŋa yèènɛ anè nì bìhègel bi gweē nìŋ, nì mìmaŋ mi

---

ᵖ **Màs 4:** 7 Èz 1: 5-10; 10: 14
ᑫ **Màs 4:** 8

ʳ **Màs 5:** 1 Èz 2: 9-10; Yès 29: 11
ˢ **Màs 5:** 4 Bìɓ 49: 9; Yès 11: 1, 10

ɓôt; ndi ŋaŋga wap u ɓeè dìkoo dìkoo, dìdùn dìdùn; *

¹² ɓa kalàk nì sɔsɔ kĩŋ lɛ,
Mǎn Ǹtomba nu à nola à kòli ī kòs lìpemba, nì lìŋgwàŋ, nì pèk, nì ŋgùy, nì bìɓegês, nì lìpem, nì màsɔda.

¹³ Ndi mɛ̀ nɔk hi hegēl nyɔɔ̄ ŋgìi, nì hana hisī, nì i sī hīni hìsi, nì nyɔɔ tūyɛɛ̀, nì bìhègel gwɔbisonā bi ye mū ī kède yâp, bi kál lɛ,
Màsɔda ma ɓa nì nu à yìi yèènɛ anɛ̀, yàk nì Mǎn Ǹtomba, i ɓɔga ni ɓɔga., nì bìɓegês, nì lìpem, nì ànɛ.

¹⁴ Ndi bihègel bina bī gweē nìŋ bi kál lɛ,
Àamɛ̀n. ᵗ
Yàk mìmaŋ mi ɓôt mòm imaà mbòk inâ mi
om maɓɔŋ hisī, mi ɓeges nu à nnɔ̀m i ɓɔga ni ɓɔga.

6

Bìɓendel

¹ Ndi mɛ̀ bitēhɛ Man Ǹtomba ŋgèdà à biɓāndal ɓendel yada munu biɓēndel bisaàmbɔk, mɛ̀ nɔk ki kĩŋ ì hègel yada mu bīhègel bina bī gweē nìŋ, ì ɓamâk wěŋgɔŋlɛ mbàmbàt lɛ, Lɔɔ ɓèŋgɛ. ² Nì mɛ̀ mɛ̀ tɛhɛ, ndi nǔnkì, puba hɔsī, nì nu à ɓeè à yìi yɔ̄ ŋgìi, à ɓâk à gweè m̀pihlɔŋgo, ndi ǹtut u bitīna nyɛ; à kɛ̀nɛ̀k, à kɔ̀mlàk, kɔ̀mɔ̀l nì kɔ̀mɔ̀l.

³ Ndi à ɓandal ɓǎŋ ɓēndel i ńyonos biɓaà, mɛ̀ nɔk hegēl i ńyonos biɓaà i gweè nìŋ i ŋkàl lɛ, Lɔɔ ɓèŋgɛ. ⁴ Nì hɔsī ìpɛ ì pam, ì kòyɓàk; ndi i tina nu à ɓeè à yìi yɔ̄ ŋgìi lɛ a heā ǹsàŋ hisī, ɓôt ɓa nɔlnaga ɓɔ̄ nì ɓɔ; sɔsɔ pànsɔ̀ŋ kì ì tina nyɛ.

⁵ Ndi à ɓandal ɓǎŋ ɓēndel i ńyonos biaâ, mɛ̀ nɔk hegēl i ńyonos biaâ i gweè nìŋ i ŋkàl lɛ, Lɔɔ ɓèŋgɛ. Nì mɛ̀ mɛ̀ tɛhɛ̄, ndi nǔnkì, ǹlàŋga hɔsī; ᵘ nì nu à ɓeè à yìi yɔ̄ ŋgìi, à ɓâk à gweè hìhègà i wɔɔ̀ wee. ⁶ Ndi mɛ̀ nɔk kiŋ, ì pemlàk i ŋgɛ̀mbɛ bìhègel bina bī gweè nìŋ, ì kàlàk lɛ, Hìndandama konflâwà * hyada inyùu dènarìò yàda, nì dìndandama di kon diaâ kì inyùu dènarìò yàda; ndi ù ɓɔ̀ŋ ɓǎŋ mɔ̀ɔ nì wây jàm.

⁷ Ndi à ɓandal ɓǎŋ ɓēndel i ńyonos binâ, mɛ̀ nɔk hegēl i ńyonos bina ī gweè nìŋ i ŋkàl lɛ, Lɔɔ ɓèŋgɛ. ⁸ Nì mɛ̀ mɛ̀ tɛhɛ̄, ndi nǔnkì, njɔynjɔy hɔsī; ni nu à ɓa à yìi yɔ̄ ŋgìi, jòy jee lɛ Nyɛ̀mb; ndi Hadè ì biɔ̄dɔp nyɛ mbūs. Ndi i kède hìsi hyɔsonā mògà manâ, i tina ɓɔ i ànɛ jogà jada lɛ ɓa nɔl ɓôt mu nì pànsɔ̀ŋ, nì hìmàla hi njâl, nì ǹtìda kôn, yàk nì bìnùga bìɓɛ hana hisī. ᵛ

⁹ Ndi à ɓandal ɓǎŋ ɓēndel i ńyonos bitân, mɛ̀ tɛhɛ mimbuu mi ɓôt mi niɲī ī sī jùù li bisɛ̀sɛmà, ɓa ɓā binōla inyùu ɓàŋga Nyambê nì inyùu mbògi ɓa ɓē ɓɔɔ̀k. ¹⁰ Ndi mi bilɔ̄nd makɛŋi, mi kál lɛ, À Ŋwet nûmpubi nì nu à yè ɓàŋga ɓaŋgā, ù mɓān ŋem lɛtɛ̀ɛ̀ nì ŋgèdà mbɛɛ lɛ ù mpēmhɛnɛ ɓɛ ɓòòt ɓa ńyen hana hisī mbagī inyùu màcɛ̀l mes, nì pùn mɔ? ¹¹ Ndi ǹtìŋgìl puba mbɔt u bitīna hi mût i

---

*Màs 5: 11 ɓèŋgɛ LH 12: 22; Dàn 7: 10
ᵗMàs 5: 14 Rom 1: 25
ᵘMàs 6: 5 Sàk 1: 8; 6: 2-6
*Màs 6: 6 Ḃèŋgɛ Màt. 3: 12
ᵛMàs 6: 8 Èz 14: 21

kède yâp; i kelā ki ɓɔ̄ lɛ ɓa nya nɔ̀y ndugi ndêk ŋgèdà, lɛtɛ̀ɛ̀ ŋ̀aŋga ɓasɔ miŋkɔ̀l ɓap nì lògisāŋ yap u yɔn, ɓa ɓā nyegi ī nōla ǹlèlèm kìkìi ɓɔ̄.

¹² Ndi mɛ̀ bitēhɛ ŋgèdà à biɓāndal ɓendel i ńyonos bisamàl lɛ, hìsi hi binyèŋg ni ŋgùy ŋ̀gàndàk; jɔ̀p kî li hēnd hyuhyūū ʷ wěŋgɔ̀ŋlɛ ǹlàŋâk mbɔt màhùù, yàk sɔŋ yɔ̀sonā ì hyêlɓà wěŋgɔ̀ŋlɛ màcèl; ¹³ ndi còdot di ŋgiī di biɓēha hisī wěŋgɔ̀ŋlɛ ɛ faygè i ńyɔ̄yi bisùa bī matam ŋgèdà mbùk mbèbi à nsōgos yɔ. ¹⁴ Ŋgìì ki ì binyɔ̄di wěŋgɔ̀ŋlɛ ǹhoôk kaàt, yàk nì hi hikòa hi bihèŋla ɓahɔ̀ma ɓap, nì hi ôn. ˣ ¹⁵ Ndi bìkiŋɛ bī hisi, nì ɓàlom ɓa ɓôt, nì ɓà-ànɛ ɓa gwêt, nì mìŋgwàŋ, nì ɓòt ɓa ŋgûy, yàk hi ŋkɔ̀l, nì hi ŋgwelês, ɓa bisɔ̀lɔp i kède bihok nì i kède ŋgɔ̀k i ŋgìì dikòa; ¹⁶ ndi ɓa kalàk dìkòa nì ŋgɔ̀k lɛ, kwɔ̀na ŋgìì yés ni soō ɓès ʸ lɛ dì tɛhɛ ɓâŋ sū u nu à yìi yèènɛ anè, tɔ̀ nyay i Man Ǹtomba; ¹⁷ inyǔlē ŋgwà ŋ̀kɛŋi u nyay yap u mɓaambè, ndi ǹjɛɛ à yè lɛ à tɛlêp?

7

Mìmɓandâk mi ɓɔn ɓa Isrǎèl 144.000

¹ Màm mana ma tāgɓɛ ɓǎŋ, nì mɛ̀ mɛ̀ tɛhɛ aŋgèl ina ī tee mākās ma hisi mɔ manaà, i keŋêk mbèbi yɔ ina ī ye hāna hisī, lɛ mbèbi yɔ̀kǐyɔ̀ ì hòŋ ɓâŋ hīsī, tɔ̀ i tūyɛɛ, tɔ̀ i ē yɔkǐyɔ̄. ² Ndi mɛ̀ tɛhɛ aŋgèl ìpɛ ì lòlàk hɔ̀ma jɔ̀p li mpēmeèl, ì ɓɛdêk, ì ɓâk ì gwèè ɓēndel Nyambɛ nū nìŋ; ndi ì bilɔ̄nd makɛŋi, ì kâl ii āŋgèl ipɛ inâ, i ī bitīna kundè i ɓɔ̀ŋ hìsi nì tuyɛ ɓēba lɛ, ³ Nì ɓɔ̀ŋ ɓâŋ hìsi, tɔ̀ tuyê, tɔ̀ bìɛ jâm, lɛtɛ̀ɛ̀ dì ɓand miŋkɔ̀l mi Nyambɛ wès mbɔ̄m yaàp. ⁴ Nì mɛ̀ mɛ̀ nɔk ŋaŋga u mimɓandâk, mbogôl dìkoo yadā, nì mòm mana mā dikoo mbòk inâ; mìmɓandâk mi nlòl i kède hī liten li ɓɔn ɓa Isrǎèl.

⁵ I kède lìten li Yudà, mìmɓandâk jòm li dikoo mbòk iɓaà,
I kède lìten li Rūbèn, jòm li dikoo mbòk iɓaà,
I kède lìten li Gâd, jòm li dikoo mbòk iɓaà,
⁶ I kède lìten li Asèr, jòm li dikoo mbòk iɓaà,
I kède lìten li Naftālì, jòm li dikoo mbòk iɓaà,
I kède lìten li Manāsè, jòm li dikoo mbòk iɓaà,
⁷ I kède lìten li Simēòn, jòm li dikoo mbòk iɓaà,
I kède lìten li Levì, jòm li dikoo mbòk iɓaà,
I kède lìten li Isàkâr, jòm li dikoo mbòk iɓaà,
⁸ I kède lìten li Zebūlòn, jòm li dikoo mbòk iɓaà,
I kède lìten li Yosèf, jòm li dikoo mbòk iɓaà,
I kède lìten li Bɛnyāmìn, mìmɓandâk jòm li dikoo mbòk iɓaà.

ʷ**Masɔ̀ɔ̀là 6: 12**Yoèl 2: 31
ˣ**Màs 6: 14** Yès 34: 4

ʸ**Màs 6: 16** Hòs 10: 8

Lìmùt li ɓôt li nlòl bilɔ̀ŋ gwɔbisonā

⁹ Màm mana ma tāgɓɛ ɓǎŋ, nì mɛ̀ mɛ̀ tɛhɛ, ndi nǔnkì, lìmùt li ɓôt lìkɛŋi li mùt nyɛkǐnyē à ɓeè ɓe lɛ à la āŋ, ɓa lolàk bilɔ̀ŋ gwɔbisonā, nì mahàà mɔmasonā, nì matēn mɔmasonā, nì dilēmb cɔdisonā, ɓa tee bīsū bi yeēnɛ anɛ̀, nì bisū bi Man Ǹtomba, ɓa heeba bìpuba bi mintìŋgìl mi mbɔt, ɓa gweē màsèɛ̀ i mɔ̀ɔ̀ map, ¹⁰ ɓa lɔndɔ̂k màkɛŋi, ɓa kalàk lɛ, Tɔhi ī ɓa nì Nyambɛ wěs, nu à yìi mū yèènɛ anɛ̀, yàk nì Mǎn Ǹtomba kî. ¹¹ Ndi aŋgèl yɔsonā i ɓeè i tee, i kɛŋa yēnɛ anɛ̀, nì mìmaŋ mi ɓôt, yàk nì bìhègel bina bī gweē nìŋ; i om mbɔ̂m yap hisī bisū bi yeēnɛ anɛ̀, i oop bisū bi Nyambɛɛ̀, ¹² i kǎl lɛ, Àamɛ̀n. Màsɔda ma ɓa nì Nyambɛ wès, nì lìpem, nì pèk, nì màyègà, nì bìɓegês, nì lìpemba, nì ŋgùy, i ɓɔ̀ga ni ɓɔ̀ga. Àamɛ̀n. ¹³ Ndi mùt wàda mu mīmāŋ mi ɓoôt à podos mê, à kǎl lɛ, Bana ɓa heeba bìpuba bi mintìŋgìl mi mbɔt, ɓɔ̀nje ɓâ? Ba bilòl hɛɛ? ¹⁴ Nì mɛ̀ mɛ̀ kǎl nyɛ lɛ, À Ŋwɛt wêm, wěn ù ńyī. Nì nyɛ à kǎl mɛ lē, Bana ɓɔn ɓa nlòl i kède njīihà kɛŋi, ᶻ ɓa bisɔ̀ ki mìntìŋgìl ŋwap mi mbɔt, ɓa pubus ki ŋwɔ̄ i kède màcèl ma Man Ǹtomba. ¹⁵ Inyǔhālā nyēn ɓa yenè bisū bi yeēnɛ anɛ̀ i Nyambê, ɓa ŋgwèlel ki nyē njǎmùha nì jùu i kède tēmpèl yèe; ndi nu à yìi mū yèènɛ anɛ̀ à gawàndal ndap yeē i ŋgìì yâp. ¹⁶ Ba gakɔ̀n ha ɓe njâl, tɔ̀ nyùs i gagwèl ha ɓe ɓɔ; jɔ̀p li gaōm ɓe ɓɔ, tɔ̀ mbìiɓè yɔ̀kǐyɔ̀ ɓa ganōgda ɓee; ᵃ ¹⁷ inyǔlē Mǎn Ǹtomba nu à yìi ŋgèmbɛ yèènɛ anɛ̀, à gaɓā nteedà wǎp, à gaēga ki ɓɔ̄ lɛtèɛ̀ nì maŋgēn ma malep ma niìŋ; ᵇ ndi Nyambɛ à gatɔ̀s gwiihà gwɔbisonā mìs map.

8

Ɓendel i ńyonos bisâmbɔk nì soya gôl

¹ À ɓandal ɓǎŋ ɓēndel i ńyonos bisâmbɔk, mbɔk ì mɔm yaga ŋwɛŋwēē nyɔ̄ ŋgìi, jàm kìi pès ŋgɛŋ. ² Nì mɛ̀ mɛ̀ tɛhɛ aŋgèl isâmbɔk i ntēlɛp bisū bi Nyambɛɛ̀, nì sep isâmbɔk i bitīna yɔ. ³ Nì aŋgèl ìpɛ ì lɔ̂, ì tɛlɛp pāŋ jùù li bisèsɛmà, ì ɓeè ì gweē sōya goòl; ndi ŋgàndàk bìnjìnjîŋ ì bitīna nyɛ, lɛ a át gwɔ̄ nì màsɔɔhè ma ɓâpubhaga ɓɔ̀ɓasonā ŋgìi jùù li binjìnjîŋ,

---

ᶻ**Màs 7:** 14 Dàn 12: 1; Màt 24: 21; Mar 13: 19

ᵃ**Màs 7: 16** Yès 49: 10
ᵇ**Màs 7: 17** Yès 25: 8

m̀màâk nì gôl, li lī ye bīsū bi yeēnɛ anɛ̀. ⁴ Nì hìda hī binjìnjîŋ nì màsɔɔhɛ̀ ma ɓâpubhaga hi pemlàk i wɔ̀ɔ aŋgɛ̀l, hi ɓɛdêk i ŋgìi bisū bi Nyambê. ⁵ Nì aŋgɛ̀l ì yɔ̄ŋ soya, ì yonos yɔ nì màkalâk ma juu li bisɛ̀sɛmà, ì kop mɔ hana hisī; ndi mbàmbàt i ɓam, mbìmbà kɛŋi ì noogà, nì ŋwègŋwèk, hìsi hi nyɛŋgèk kì.

Sep

⁶ Ndi aŋgɛ̀l i yɔ̄ isaàmbɔk, i ī ɓeè i gweē sēp isaàmbɔk, i kōba lɛ i hɛm yɔ̄.

⁷ Aŋgɛ̀l bìsu ì hɛm ɓăŋ sēp yeē, màtanga ma kɔhî, ma kuba hana hisī, nì hyèe, mbòda nì màcèl; nì bìɛ gwɔbisonā, mògà maâ jògà jada mūkède li bilēk; yàk njɔŋgi ɓayòòmà yɔsonā i lek.

⁸ Aŋgɛ̀l ì ǹyonos biɓaà ì hɛm ɓăŋ sēp yeē, yɔm i pôngà sɔsɔ̄ hìkòa à nlɔ̄ŋ ni hyèe, i leŋā tūyɛɛ̀; ndi tuyɛ nyɛ̀nsonā mògà maâ jògà jada mūkède li bihyɛ̀lɓa macèl; ⁹ nì bihègel bi gweē nìŋ gwɔbisonā mu tūyɛɛ̀ mògà maâ jògà jada mūkède li biwɔ̄; yàk bìsìtìmà gwɔbisonā mògà maâ jògà jada mūkède li bicīɓaà.

¹⁰ Aŋgɛ̀l ì ǹyonos iaâ ì hɛm ɓăŋ sēp yeē, nì sɔsɔ̄ hyòdot à tɔli nyɔɔ̄ ŋgìi, à lɔŋk wēŋgɔ̀ŋlɛ ŋwày, ndi ɓàlɔ̀m ɓɔɓasonā mògà maâ, à biɓēhna i ŋgìi jògà jada mūkède nì i ŋgìi màŋgɛn ma malep. ¹¹ Jòy li hyòdot hi lē, Lìlòl; ndi màlep ma hisi mɔmasonā mògà maâ, jògà jada mūkède li bilɔ̀l; nì ŋgàndàk ɓòt ì wɔ inyùu màlep, lakìi ma ɓē lɔɔ̀l.

¹² Aŋgɛ̀l ì ǹyonos inâ ì hɛm ɓăŋ sēp yeē, nì jɔ̀p jɔlisonā mògà maâ, jògà jada mūkède li obì, nì soŋ yɔsonā mògà maâ, jògà jada li obì, yàk còdot cɔdisonā mògà maâ, jògà jap jada li kop jiibɛ̀, ndi ŋgìm kɛl yɔsonā mògà maâ, jògà jada mūkède li bilà ɓe ɓây, yàk u ki ǹlèlèm halà.

¹³ Ndi mɛ̀ bitēhe aŋgɛ̀l yàda ì pùùègè i ŋgɛ̀mbɛ ŋgìi, mɛ̀ nɔk ki kīŋ yeē ì nlɔ̄nd makɛŋi lɛ, Ŋgɔɔ, ŋgɔɔ, ŋgɔɔ ni ɓòt ɓa ńyèn nyɔɔ̄ hīsī inyùu màhɛma mā sep ma aŋgɛ̀l iaâ ma yiī, i ī nyegi ī hēm.

9

¹ Aŋgɛ̀l ì ǹyonos itân ì hɛm ɓăŋ sēp yeē, nì mɛ̀ mɛ̀ tɛhe hyodot hi bilŏl ŋgìi, hi kwɔ hīsī; ndi hìlìbà hi ɓɛɛ sɔ̆ŋkum hi bitīna yɔɔ̀. ² Nì yɔ̀ ì kwihīl ɓɛɛ sɔɔŋkum, nì hìda hī pemel ɓɛɛ, hi ɓɛt wēŋgɔ̀ŋlɛ hìda hī sɔ̄sɔ̄ ɓùp hìuu; nì jɔ̀p li kop jiibɛ̀, nì mbɛ̀bi, inyùu hìda hī ɓɛɛ. ³ Ndi bitàndi bi bipēmel mu hìdâ, bi kahal hyɔ̄m hisī; ndi ŋgùy ì bitīna gwɔ, ì pôngà ŋgùy dìèè di nyɔɔ di gweē hāna hisī. ⁴ Ndi i bikèla gwɔ lɛ bi ɓɔ̀ŋ ɓăŋ ɓàyòòmà ɓa hisi jàm, tɔ̀ kay yɔkĭyɔ̄, tɔ̀ ɛ yaga, ndik ɓòt ɓa gweē ɓē ɓendel Nyambɛ mbɔ̀m yâp. ⁵ Ndi i bitīna ɓe gwɔ lɛ bi nɔl ɓɔ̄, ndi ndigi lē ɓa sɔn njɔ̄nɔk soŋ itân; ndi njɔnɔk yâp ì ɓeè wēŋgɔ̀ŋlɛ njɔnɔk hyèe hi nyɔɔ, lɛ hi nsulūl muùt. ⁶ Ndi mu dīlɔ̄ di nyēn ɓòt ɓa gayēŋ nyɛɛ̀mb, ndi ɓa galà yaga ɓe lebà yɔɔ̀; ŋgɔ̀ŋ ì gakɔ̀n ɓɔ lɛ ɓa wɔ, ndi nyɛ̆mb ì gakɛ̀ ɓɔ ŋgwee. ⁷ Ndi màòŋg ma bitàndi bî ma ɓe ponà hɔsì i ye ŋkŏɓàgà inyùu gwɛ̀t; gwɔ̀m bi ɓeè ɓɔ miŋɔ̄ kìkìi mìntut, bi pôngà gôl, màsu map kî kìkìi màsu ma ɓôt. ⁸ Bi ɓangà kì cɔ̀ŋ kìkìi cɔ̀ŋ di ɓodàa, yàk màsɔŋ

map wěŋgɔ̀ŋlɛ màsɔ̀ŋ ma mbɔndɔ̀ njèe. ⁹ Ndi bi ɓeè bi gweē bìɓèn mu tōl wěŋgɔ̀ŋlɛ bìɓèn bi bieŋa, yàk mbìmbà bìpàbay gwap ì pòngà mbìmbà bìkak ŋgàndàk hɔsì i ŋkɛna ŋgwee i jɔ̀ gwēt. ¹⁰ Bi gweē kì ŋwěl kìkìi dièè di nyɔɔ, nì bìsùùlɛnɛ; mu ŋwèl ŋwap nyen bi gwénɛ ŋgùy i ɓɔ̀ŋ ɓòt jàm soŋ itân. ¹¹ Bi gweē kì kiŋɛ yàp, yǒn ì yɛ aŋgèl sɔ̀ŋkum; ɓa nsèbel yɔ jòy i hɔ̄p Loòk Hebèr lɛ Àbadòn, * ndi i hɔ̄p Griīkìà lɛ Àpolìòn.

¹² Ŋgɔɔ bìsu ì m̀mál tagɓè; nǔŋkì, ndi ipɛ iɓaà i ŋgi yiī mbūs.

¹³ Aŋgèl ì ǹyonos isamàl ì hɛm ɓǎŋ sēp yeē, nì mɛ̀ mɛ̀ nɔk kiŋ ì mpēmel bitɔ̄ŋ bina bi yɛ mū jùù li gôl, li lī yɛ bīsū bi Nyāmbeè, ¹⁴ ì kál aŋgèl ì ǹyonos isamàl, ì ì ɓeè ì gwèe sēp lɛ, Hɔ̀hɔl āŋgèl ina ī kehī nyɔ̀ɔ ŋgwāŋ lɔɔm ŋ̀kɛŋi lɛ Ùfrătɛ̀. ¹⁵ Nì aŋgèl yɔ ina ī hôhlànà, yɔn i bikòòbana inyùu ŋgēŋ nì kɛl nì soŋ nì ŋwìì, lɛ i kède ɓòt ɓɔbasonā mògà maâ i nɔl jògà jada. ¹⁶ Ndi ŋ̀aŋga u mintoŋ mi gwêt nì ɓàyèn i hɔ̄sì u ɓeè mòm maà ma didùn ŋgèlɛ jòm li didùn; mɛ̀ binɔ̄k ŋaŋga wap. ¹⁷ Halā nyēn i kède yǐndà mɛ̀ bitēhɛ hɔsì; nì ɓàyèn yɔ ŋgìi, ɓa ɓák ɓa gweē bìɓèn mu tōl bi nɛŋgē kìkìi hyèè, nì lìɓu lìɓu, nì kìkìi sɔ̄lfà; ndi mìŋɔ mi hɔsì mi ɓák kìkìi mìŋɔ mi mbɔndɔ̀ njeē; hyèè hi pemlàk manyɔ̀ map, nì hìdâ nì sɔlfà. ¹⁸ Inyùu dīmàla dini diaâ, hyèe nì hìdâ nì sɔlfà di dī bipēmel manyɔ̀ map, i kède ɓòt ɓɔbasonā mògà maâ di nɔl jògà jada. ¹⁹ Inyǔlē ŋgùy hɔsì ì yènɛ mu mānyɔ̀ map, yàk nì mu ŋwèl ŋwap. Ŋgɔ ŋwèl ŋwap mi yɛ wěŋgɔ̀ŋlɛ nyɔ̀ɔ, mi gweē kì mìŋɔ; nì ŋwɔ nyen i mɓɔ̀ŋol jâm. ²⁰ Ndi ɓa ɓòt ɓa biyēglɛ̀, ɓa ɓā binōla ɓe ni dīmàla dini, ɓa bihyèlɛ ɓe miŋɛm inyùu mìnsɔn mi mɔɔ map lɛ ɓa ōop ha ɓāāŋ bīsū bi mimbuu mìmɓɛ, tɔ̀ bisāt bi goōl, tɔ̀ bi silɓà, tɔ̀ bi mamuna, tɔ̀ bi ŋgɔ̂k, tɔ̀ bi bikek; bi bī nlà ɓe tɛhnà, tɔ̀ nɔgâ, tɔ̀ hyom; ᶜ ²¹ ɓa bihyèlɛ ɓe ki tɔ̀ mìŋɛm inyùu mànɔla māp, tɔ̀ nì màkàŋ map, tɔ̀ nì ndèŋg yǎp, tɔ̀ nì wìp wap.

10

Aŋgèl nì mǎn m̀ɓudlàk kaàt

¹ Nì mɛ̀ mɛ̀ tɛhɛ mpemba aŋgèl ùmpɛ u nsòs hisī, u lolàk i ŋgìi, u heeba ɔ̀nd; ǹnyùm kì mu ŋgìi yeē ŋ̀ɔ, su wee kìkìi jɔ̄p, yàk màkòò mee wěŋgɔ̀ŋlɛ mèl ma hyeē; ² ì ɓâk kì ì gweē mǎn m̀ɓudlàk kaàt i wɔ̀ɔ wee. Ì tee kòò wee waalōm ŋgìi tūyɛɛ̀, u waaē ki ŋkɔ̀ŋŋgìi. ³ Ndi ì bilɔnd yaga makɛŋi wěŋgɔ̀ŋlɛ mbɔndɔnjèe ì ŋkōnd; ndi ì lɔnd ɓǎŋ hālà, nì mbàmbàt isâmbɔk i kahal ɓām. ⁴ Ndi mbàmbàt isâmbɔk i pɔ̄t ɓǎŋ, mɛ̀ ɓeè mɛ̀ ǹhɛɛ tìlà; ndi tɔ̀ mɛ̀ nnɔ̄k kiŋ ì nlòl i ŋgìi, ì kál mɛ lē, 'Band màm mbàmbàt isâmbɔk i nfip pɔt, ù tìla ɓǎŋ mɔ̄. ⁵ Nì aŋgèl mɛ̀ bitɛhɛ ì ì ɓeè ì tee ŋgìi tūyɛ nì ŋkɔ̀ŋŋgìi, ì pa wɔ̀ɔ wee waalōm ŋgìi, ì kǔm nu à yɛ i nìŋ ɓɔgā ni ɓɔ̀ga sôŋ, ᵈ ⁶ nu à hěk ŋgìi nì gwɔ̀m bi yɛ mù, yàk nì tuyê nì gwɔ̀m bi yɛ mū lɛ, ŋgèdà ì gaɓā ha ɓee. ⁷ Ndi dilɔ̄ di aŋgèl ì ǹyonos isâmbɔk ì ganōoga, ŋgèdà ì gaɓā ì nyegi ī hɛm sēp yeē, mu dilɔ̄ di nyēn jìmb li Nyambɛ lī gayōnol, kǐŋgèdà

---

*Màs 9: 11 Àbadòn: halā à yɛ lɛ, Cibâ. Àpolìòn: halā à yɛ lɛ, Ǹceɓòt

ᶜMàs 9: 20 Dàn 5: 23
ᵈMàs 10: 5 Dàn 12: 7

à lègɛl jɔ̄ mìŋkɔ̀l ŋwee lɛ ɓapodôl. ⁸ Ndi kiŋ mè binɔ̄k ì lòlàk i ŋgìi, ì fimba ki pōdos mɛɛ̀, ì kā̂l lɛ, Kɛ̀ɛ, yɔ̌ŋ mǎn kàat nu à yè m̀ɓudlàk i wɔ̀ɔ aŋgɛ̀l ì tee nyɔ̀ɔ ŋgìi tūyɛɛ̀ nì ŋkɔ̀ŋŋgìi. ⁹ Nì mè mè kɛ yāk āŋgɛ̀l ì, mè kā̂l yɔ lē i ti mè mǎn kàat. Nì yɔ̀ i kā̂l me lē, Yɔ̌ŋ nyɛ̂; je nyɛ̄nsô; nyen à galòlos liɓùm jɔŋ, ndi mu nyɔ̀ wɔŋ à ganɛ nsɔ̀ɔ̂t wěŋgɔ̀ŋlɛ wěy. ¹⁰ Ndi mè biyɔ̀ŋ man kàat i wɔ̀ɔ aŋgɛ̀l, mè jɛ nyɛ̄nsô, ndi à ɓɛ nɛ mè ǹsɔ̀ɔ̂t wěŋgɔ̀ŋlɛ wěy; mè mǎl ɓǎŋ jē nyɛ, à lolōs mɛ lìɓùm. ᵉ ¹¹ Ndi tɔ̀ ɓa ŋkàl mɛ lē, Ù ǹlama fimba podol ŋgandàk màten, nì bìlɔ̀ŋ, nì dìlemb, nì bìkiŋɛ bìndêê.

11

Ɓòt ɓa mbogī iɓaà

¹ Ndi lìkay li bitīna mɛɛ̀, li pôngà ǹtɔŋgɔ̀; nì aŋgɛ̀l ì tɛlêp, ì kàlàk lɛ, Tɛlɛp, yɔ̌ŋ hìhègà hi tempɛ̀l Nyambê, nì hi juu li bisɛ̀sɛmà, nì hi ɓôt ɓa mɓēges nyɔ̂. ² Ndi kɔtɔɔ i ye nyɔ̀ tēmpɛ̀l i tāi̯, ŋwǎs yɔ̄, ù hɛk ɓáŋ yɔ̄; inyūlē i mmál semā i mɔ̀ɔ ma bilɔ̀ŋ bìpɛ, gwɔn bi gatēhɛ ki ŋ̀kɔ̀ŋ m̀pubhaga mòm mana mā soŋ nì iɓaà. ³ Ndi mè gaɓɔ̀ŋ ɓôt ɓêm ɓa mbogī ɓa lē ɓa pɔt bìndêē hìkoo hi dilɔ hyada nì mbogôl iɓaà nì mòm masamàl, ɓa ɓák ɓa heeba mìnsùgut. ⁴ Bana ɓɔn ɓa ye bìɛ bi olīvɛ biɓaà nì bìteenɛ bi bituŋgɛn biɓaà, ɓa tee bīsū bi Ŋwɛt hisi. ᶠ ⁵ Ndi iɓālē mùt à nsòmbol ɓɔ̂ŋ ɓɔ jàm, wɛɛ hyɛɛ̀ hi mpēmel manyɔ̀ map, hi siiha ɓàɔɔ̀ ɓap; ndi tɔ̀ iɓālē mùt à gasòmbol ɓɔ̂ŋ ɓɔ jàm, wɛɛ ndòŋ nyěmb ìni yɔ̌n à ǹlama wɔ. ⁶ Bana ɓa gwēē ŋgùy i yìbì ŋgìi lɛ nɔp à nɔ ɓǎŋ mū dīlɔ̄ di bindêē gwap; ɓa gwēē kì ŋgùy i ŋgìi màlep i yìlhà mɔ màcɛ̀l, nì i ɓēp hìsi nì hikìi hìmala, tɔ̀ ŋgèdà ìmbɛɛ ɓa nsòmbòl. ⁷ Ndi ŋgèdà ɓa gayōnos mbogī yaàp, ha nī nyɛn nùga i ī mpemel sɔ̀ŋkum ᵍ i gajòs ɓɔ gwɛ̀t, i kɔmɔ̄l ɓɔ̄, i nɔl kì ɓɔ. ⁸ Ndi mīm ŋwap mi gaɓēhep nlōm njɛ̀l i kèdɛ ŋ̀kɔ̀ŋ ŋ̀kɛɲi, u ū nsɛblɛ lɛ Sodòm nì Ègîptɔ̀ kǐŋgèdà Mbuu, i hɛ̌t Ŋwɛ̀t wâp à tòmlana mbāsa. ⁹ Ndi ɓôt ɓàhɔgi i kèdɛ màten, nì màhàà, nì dìlemb, nì bìlɔ̀ŋ ɓa gatēhɛ mìim ŋwap dilɔ diaâ nì pɛ̀s, ndi ɓa ganɛ̄ɛbɛ ɓɛ lɛ mìm ŋwap mi jubâ sɔ̀ŋ. ¹⁰ Ndi ɓa ɓā ńyèn hana hisī ɓa gakɔ̀n masee inyùù yâp, ɓa sôbhègɛ̀ kì, ɓa omlàgà màkèblà; inyūlē ɓapōdòòl ɓana ɓa ɓā ɓē sonhà ɓa ɓā ńyèn hana hisī njɔnɔk. ¹¹ Ndi mbūs dìlo diaâ nì pɛ̀s Mbuu nîŋ u lôl yak Nyāmbɛ̀ɛ u jôp ɓɔ̄nī, nì ɓɔ ɓa tɛlɛp bitedèe; wɔ̀ɲi ŋ̀kɛɲi u bigwɛ̀l ɓa ɓā bitēhɛ ɓɔ. ¹² Ndi ɓa binɔ̄k kiŋ kēɲi ì lòlàk i ŋgìi, ì kā̂l ɓɔ lɛ, Ɓeda nyɔ̀nɔ. Nì ɓɔ ɓa ɓɛt i ŋgìi i kèdɛ ɔnd, ɓàɔɔ̀ ɓap ɓa tɛhgɛ ɓɔ. ¹³ Ha bìtedèè yaga hìsi hi binyèŋg ni ŋgùy ŋgàndàk, nì ŋ̀kɔ̀ŋ wɔnsonā mògà jǒm, jògà jada mu kèdɛ li biòbì, yàk dìkoo di ɓôt disâmbɔk di wɔ mū nyěŋg hìsi hi binyèŋg; ndi ɓa ɓā biyēglɛ̀ ɓa bisɛ̀hlà, ɓa ti ki Nyāmbɛ nū ŋgìi lipem.

ᵉ**Màs 10: 10** Èz 3: 3
ᶠ**Màs 11: 4** Sàk 4: 3, 11-14

ᵍ**Màs 11: 7** Dàn 7: 7, 21; Màs 13- 7; 17: 8

¹⁴ Ŋgɔɔ ì ǹyonos iɓaà ì m̀màl tagɓɛ̂; nŭnkì, ŋgɔɔ ì ǹyonos iaâ ì nhɔ̄ɔ lɔɔ̀.

Sep ì ǹyonos isâmbɔk

¹⁵ Ndi aŋgèl ì ǹyonos isâmbɔk ì hɛm ɓăŋ sēp yeē, nì ŋgàndàk kiŋ kɛɲi i kúmb nyɔ̄ ŋgìi, i kâl lɛ, Bìànɛ̀ bi ŋkɔ̀ŋ hisi unu bi ɲyìla biànɛ̀ bi Ŋwɛt wés nì Krǐstò wèe; à ga-ànɛ ki ɓɔ̀ga ni ɓɔ̀ga.

¹⁶ Ndi mìmaŋ mi ɓôt mòm maà mbɔ̀k inâ, mi mī ɲyèn mu bīyèènɛ gwap bi anɛ̀ bisū bi Nyambɛɛ̀, mi biōm mbɔɔ̄m yap hisī, mi oop bisū bi Nyambɛɛ̀, ¹⁷ mi kâl lɛ, À Ŋwɛt lɛ Nyambê, 'Bayɛ̄mlikɔ̀k, nu ù yɛ̀, nyɛn ù ɓa, nì nu ù ǹlama ki lɔ̀; dì ntī wɛ màyègà, inyŭlē ù bitɛ̀mbna lipemba jɔŋ lìkɛɲi, ù anɛ̀ kì. ¹⁸ Bìlɔ̀ŋ bìpɛ bi biūnuùp, hìun hyɔŋ kî hi binēnɛɛ̀, yàk ŋgèdà ì kɔla lɛ ɓàwɔga ɓa pemhana mbàgi, nì ŋgèdà ì ti mìŋkɔ̀l ŋwɔŋ lɛ ɓàpodôl nì ɓàpubhaga nì ɓa ɓā ŋkɔ̀n joy jɔŋ wɔ̀ɲi nsaâ wap, tɔ̀ ɓa ɓā ye ɓàtidigi, tɔ̀ ɓàkɛɲi; nì i òbòs ɓa ɓā ŋòbos hisi. ¹⁹ Ndi tempèl Nyambɛ nyɔ̄ ŋgìi ì biyìblà, ŋkuu malombla mee kî u binēnɛ i kède tēmpèl yèe; ŋwègŋwèk ì ɓeè, nì màkiŋ, nì mbàmbàt, hìsi hi nyɛŋgèk, yàk màtanga màkɛɲi ma kwôk.

12

Mùdàa nì komnyɔɔ

¹ Ndi sɔsɔ̄ yìmbnɛ à binēnɛ nyɔ̄ ŋgìi, lɛ mùdàa à ɓak à heeba jɔ̀p, sɔŋ ki ī sī yee makòò, ǹtut jom li codot mbɔ̀k iɓaà ŋɔ̄ wee; ² ndi à ɓeè jɛ̀m, à lɔndɔ̂k inyùu ŋkòògà nì njòghɛ̀ gwàl. ³ Ndi yìmbnɛ ipɛ i binēnɛ nyɔ̄ ŋgìi; ndi nŭnkì sɔsɔ̄ kòyop komnyɔɔ, à ɓâk à gwèe mìŋɔ minsâmbɔk, nì jòm li bitɔŋ, mìŋkày mi anɛ̀ minsâmbɔk ki ŋgìi miŋɔ ŋwee. ⁴ Ndi còdot di ŋgiī cɔdisonā mògà maâ, komnyɔɔ ì ì bitùu jogà jada mu kède ni ŋwèl wee, ì lɛ́ŋ cɔ hana hisī. Nì komnyɔɔ̀ i tɛlɛp bisū bi mudàà nu à ye ɓèɓèè ì gwàl, lɛ ndi ŋgèdà à ŋgwàl, i mîl màn weē. ⁵ Nì mùdàa à gwal man, măn mùùnlom * yaga, nu à ǹlama anē bilɔŋ bìpɛ gwɔbisonā lòŋni ǹtɔŋɔ kêy; ndi màn weē à biyòŋa ŋgìi yak Nyāmbɛɛ̀ nì nyɔɔ yèènɛ yee anɛ̀. ⁶ Nì mùdàa à kɛ ŋgwēe ŋɔ̀ŋ, i hɛ̀t Nyāmbɛ à măl kòòbana nyɛ hɔma, lɛ ɓa toŋgōl nyē nyɔɔ hìkoo hi dilɔ hyada nì mbogôl iɓaà nì mòm masamàl.

⁷ Ndi gwèt bi bikwɔ̀ nyɔ̄ ŋgìi: Mikàêl nì aŋgèl yee ɓa kɛ jòs komnyɔɔ gwêt; yàk komnyɔɔ nì aŋgèl yee ɓa jós ɓɔ, ⁸ ndi ɓa biyɛ̀mbɛ̀l ɓee, tɔ̀ hɔma à binēnɛ ha ɓe nyɔ̄ ŋgìi inyùù yâp. ⁹ Ndi sɔsɔ̄ kōmnyɔɔ à lɛŋā hisī, ǹlòmbi nyɔɔ ʰ yaga, u ū nsèbla lɛ Ǹsɔ̀hɔ̀p nì Saatàn, yɔ̆n ì yɛ̀ ǹyùmùs ŋkɔ̀ŋ hisi wɔnsonā; ì bilèŋa hana hisī, yàk aŋgèl yee i lèŋa lòŋ yada ni nyē. ¹⁰ Nì mɛ mɛ nɔk kiŋ kɛɲi nyɔ̄ ŋgìi, ì kâl lɛ, Hanânɔ tɔhi ī mmaāl lɔɔ̀, nì lìpemba nì ànɛ i Nyambɛ wès nì kùndè Krǐstò wèe à gwèe īnyùu ànɛ̀; inyŭlē ǹhoŋôs màhɔp ma ŋkèdɓa lôgtatā yēs ⁱ à ǹlɛŋā hisī, nyɛn à nhōŋos mahɔp map bisū bi Nyambɛ wès njāmùha nì jùu.

¹¹ Ndi ɓa bikɔ̀mɔl nyɛ inyùu màcèl ma Man Ǹtomba, nì inyùu ɓàŋga i mbogī yaàp; ndi ɓa bigwēs ɓe nɔɔ̀m

---

* **Màs 12: 5** Hyèm 2: 9
ʰ **Màs 12: 9** Bìɓ 3: 1

ⁱ **Màs 12: 10** Hiòb 1: 9-11; Sàk 3: 1

yap, tɔ̀ i ɓā yàà nyɛ̂mb. ¹² Jɔn, à ŋgiī yɔsonā, yàk ɓèè ɓa nì yììnɛ mū kède, sòbhaga! Ndi ŋgɔɔ nì ɓàyèn i ŋkɔ̀ŋ hisi nì i tūyɛɛ̀, inyǔlē ǹsɔ̀hɔ̀p à m̀mâl soōs nyɔō ɓĕnī, à nnyāy ŋgandàk, lakìi à ńyī lɛ à ŋgi gweē ndīgi ndèk hìsĭi ŋgedà. ¹³ Ndi komnyɔ̀ɔ ì tɛhɛ ɓăŋ lɛ ì ǹleŋā hisī, nì yɔ̀ ì tēŋga mudàà nu à bigwāl man mùùnlom. ¹⁴ Ndi bìpàbay bi ńyògol ŋ̀kɛŋi gwɔbiɓaà bi bitīna mudàà lɛ a pǔɛ, a pam ŋɔ̀ŋ hɔma weē i hɛ̆t à ntòŋglana ŋgîm ŋwìì yadā, nì ŋwìì imaà, nì pɛ̀s ŋwii, ʲ hàà nì nyɔɔ. ¹⁵ Ndi nyɔ̀ ì bicōlɛ malep i mbūs mùdàa wɛ̌ŋgɔ̀ŋlɛ lɔ̀m, lɛ ndi a kɔmɔ̄l nyɛ̄ kìkìi mùt lɛ lɔ̆m à ŋkūunà. ¹⁶ Ndi hìsi hi bihōla mudàa, hi nahal nyɔ wēē, hi mĭil lɔɔm kōmnyɔ̀ɔ ì bicɔ̄ nnyɔ̀ wee. ¹⁷ Nì komnyɔ̀ɔ ì unɓɛnɛ mudàà kîyaga, ì kɛ lē i joōs mìńyeglà mi mboo yeē gwɛ̆t, ɓa ɓā ntēeda matìŋ ma Nyambê, ɓa tiŋī kì nì mbògi Yēsù Krĭ̄stò. ¹⁸ Nì yɔ̀ ì tɛlɛp i ŋgìi lìsɛgɛ̀ li tuyê.

13

Bìnùga biɓaà

¹ Nì mè mè tɛlɛp lisēgɛ̀ li tuyê, nì mè mè tɛhɛ nugā i mpēmel i kède tūyɛɛ̀, ᵏ i ɓâk i gweē jòm li bitɔŋ, nì mìŋɔ minsâmbɔk, mu ŋgìì yee bitɔŋ kî jòm li miŋkày mi anɛ̀, yàk i ŋgìì miŋɔ ŋwee jòy li liòbòhjɔ́y. ² Ndi nùga mè bitēhɛɛ̀ i ɓe ponà njèe, màkòò mee ma pôngà màɓɔ̀ ma "ûrs", yàk nyɔ̀ wee wɛ̌ŋgɔ̀ŋlɛ nyɔ̀ mbɔndɔ̀ njèe. Ndi komnyɔ̀ɔ ì bitī yɔ lìpemba jee, nì yèènɛ yee anɛ̀, nì kùndɛ̀ kɛŋi inyùu ànɛ̀. ³ Ȓŋɔ wee wada u biēba lɛ u bikòs mbaaba nyɛ̂mb, ndi kwèè yee nyɛ̂mb iǐ i bimàl kì; ndi hìsi hyɔsonā hi biègep inyùu nùga î. ⁴ Ɓa biɓēges ki kōmnyɔ̀ɔ, lakìi ì bitī nugā kùndɛ̀ yèè inyùu ànɛ̀; ɓa biɓēges ki yàk nùga, ɓa kalàk lɛ, Ǹjɛɛ à yè kìkìi nùga ini? Ǹjɛɛ à yè lɛ à la joōs yɔ gwɛ̆t? ⁵ Ndi nyɔ̀ u mpōt maàm màkɛŋi nì ma liòbòhjòy u bitīna yɔ; kùndɛ̀ ì bitīna ki yɔ̄ i ɓɔŋ màm mòm mana mā soŋ mbòk iɓaà. ⁶ Nì yɔ i nahal nyɔ wēē i pɔ̄t màm ma liòbòhjòy i kɔ̀lɓà Nyambɛ ī òbòs jòy jee, nì li lap yee, nì li ɓa ɓā yiī nyɔ̀ɔ ŋgìi. ⁷ Ndi i bitīna yɔ i jòs ɓâpubhaga gwɛ̆t, nì kɔmɔ̀l ɓɔ; ˡ ŋgùy ì bitīna ki yɔ̄ i ànɛ̀ hi lihàà, nì hi liten, nì hi hilemb, nì hi lôŋ. ⁸ Ndi ɓɔɓasonā ɓa ńyèn hana hisī ɓa gaɓēges yɔ, hikìi mùt jòy jee li tìlɓa ɓē i kède kàat nìŋ ì Măn Ǹtomba, nu à nola ìlɔ̀ yaga biɓèe bi ŋkɔ̀ŋ hisi. ⁹ Iɓālē mùt à gwēē mào, a nɔk nī. ¹⁰ Iɓālē mùt à ŋkèna miŋkōm, wɛ̀ɛ à ŋkɛ̀ ŋkōm; iɓālē mùt à nnōla ni pànsɔ̀ŋ, wɛ̀ɛ yàk nyɛmɛ̀dɛ à ǹlama nola ni pànsɔ̀ŋ. Mu nyɛ̄n hōnɓà nì hemlɛ i ɓâpubhaga biyenɛ̀.

¹¹ Nì mè mè tɛhɛ nugā ipɛ i mpēmel mu hīsī, i ɓâk i gweē bìtɔŋ biɓaà bi pôngà bi man ǹtomba, i pɔdôk wɛ̌ŋgɔ̀ŋlɛ komnyɔ̀ɔ. ¹² Ndi i mbɔ̀ŋol kùndɛ̀ yɔsonā inyùu ànɛ̀ i nugā bisu mbɔ̀m yeē, i mɓɔ̀ŋ ki hìsi nì ɓa ɓā ńyèn mu kède lɛ ɓa ɓeges nùga bisu, i kwèè yee nyɛ́mb i bimàl. ¹³ Ndi i mɓɔ̀ŋ biyìmbnɛ bìkɛŋi, kàyèle yàk

---

ʲ**Màs 12: 14** Dàn 7: 25; 12: 7
ᵏ**Màs 13: 1** Dàn 7: 3-7

ˡ**Màs 13: 7** Dàn 7: 21

hyèè hi nlama lôl ŋgìi, hi kwɔ̄ hāna hisī bisū bi ɓoòt. ¹⁴ I ńyùmus ki ɓot ɓa ńyèn hana hisī ni bìyìmbnɛ i bitīna yɔ i ɓɔ̀ŋ ha bīsū bi nugā; i ŋkàl ɓa ɓā ńyèn hana hisī lɛ ɓa uŋgūs òŋgɓà nugā, i ī gweē kwèè pânsɔ̀ŋ, ndi i kondē niìŋ. ¹⁵ I bitīna yɔ i ɓɔ̀ŋ òŋgɓà nugā lɛ i hep, lɛ ndi òŋgɓà nugā i pɔt, nì lɛ ɓɔɓasonā ɓa ntɔ̄p ɓe ɓeges oòŋgɓà nugā ɓa nola. ¹⁶ Ndi i mɓɔ̀ŋ ɓɔɓasonā, ɓàtidigi nì ɓàkɛŋi, mìŋgwàŋ nì dìyɛyèɓà, ŋgwelês nì mìŋkɔ̀l, lɛ hi mût a kɛɓɓa mū wɔ̀ɔ wee waalōm, tɔ̀ mbɔ̀m yeē, ¹⁷ nì lɛ mùt nyɛkǐnyē à la ɓē sɔmb tɔ̀ nùŋùl, ndik nū à m̀mál kɛɓɓa joy li nugā, tɔ̀ ŋ̀aŋga joy jee. ¹⁸ Hana nyɛn pèk ì yè. Nu à gweē yī a ɓɔɔ̄ma ŋ̀aŋga nugā, inyŭlē u ye ŋ̀aŋga mût bìnàm; ndi ŋ̀aŋga wee u ye mbōgoòl isamàl nì mòm masamàl nì isamàl.

14

Hyèmbi hi 144.000

¹ Nì mè mè tɛhê, ndi nŭŋkì, Măn Ǹtomba à tee ŋgìi hìkòa Siòn, * nyɛ nì mbogôl dìkoo di ɓôt yàda, nì mòm mana mā dìkoo, mbòk inâ, ɓa ɓâk ɓa gweē jòy jee nì jòy li Isāŋ weē ŋ̀kedlàk mu mbɔ̀m yâp. ᵐ ² Ndi mè binɔ̄k kiŋ ì nlòl i ŋgìi wěŋgɔ̀ŋlɛ lìòmòk li ŋgandàk màlep, nì wěŋgɔ̀ŋlɛ mbìmbà mbàmbàt kɛŋi; ndi kiŋ mè binɔ̄k ì ɓe ponà ì ɓàkòt dìlùŋ i kòt ɓa ŋkòt dìlùŋ cap. ³ Ndi ɓa ntɔ̄p hyèmbi hi yɔndɔ ha bīsū bi yeēnɛ ànɛ, nì bīsū bi bihègel bina bī gweē nìŋ, yàk nì bi mìmaŋ mi ɓôt. Ndi mùt nyɛkǐnyē à bìlà ɓe nigil hyèmbi hî, ndigi mbōgoòl dìkoo di ɓôt yàda, nì mòm mana mā dìkoo mbòk inâ, ɓa ɓā bisōmbna hana hisī. ⁴ Bana ɓɔn ɓa bihīndis ɓe ɓɔmèdɛ ni ɓòdàa, inyŭlē ɓa ńyī ɓe mudàa; ɓɔ ki ɓɔ̄n ɓa ye ɓa nnɔ̀ŋ Man Ǹtomba tɔ̀ hɛɛ à ŋkɛ̀. Ɓɔ yaga ɓɔn ɓa bisōmba mu kèdɛ ɓôt i ɓā màtam ma bisu inyùu Nyāmbɛɛ̀ nì inyùu Măn Ǹtomba. ⁵ Tɛmbɛɛ yɔkǐyɔ̄ i bilèbna ɓe manyɔ̀ map; tɔ̀ ǹsɔ̀hi ɓa gweē ɓē bisū bi yeēnɛ ànɛ̀ i Nyambê.

Mìŋaŋ mi aŋgèl iaâ

⁶ Nì mè mè tɛhɛ aŋgèl ìpɛ ì mpùùɛ ŋgèmbɛ ŋgìi, ì ɓak ì gweē Ŋwìn Ǹlam u ɓɔgā, i lègèl ɓa ɓā ńyèn hana hisī, i kèdɛ hī lɔɔ̀ŋ, nì hi lihàà, nì hi hilemb, nì hi liten; ⁷ ì pɔdɔ̂k nì kiŋ kēŋi lɛ, Kɔ̀na Nyāmbɛ wɔ̀ŋi; tina nyē lìpem, inyŭlē ŋgɛŋ yeē i pēmeès mbàgi ì ŋkɔlà; ɓeghana nū à hěk ŋgìi, nì hìsi, nì tuyê, nì màŋgɛn ma malep.

⁸ Ndi aŋgèl ìpɛ ì ǹyonos iɓaà ì biyīk nɔɔ̀ŋ hâ, ì kâl lɛ, Bàbilòn nûŋkɛŋi à ŋ̀kwô, ⁿ à ŋ̀kwɔ tɔ̄y, nu à ɓe nyûs bìlɔ̀ŋ gwɔbisonā wâ̰y nyay ì ndèŋg yèɛ. ᵒ

⁹ Aŋgèl ìpɛ ì ǹyonos iaâ ì binɔ̀ŋ yɔ̂, ì pɔdɔ̂k nì kiŋ kēŋi lɛ, Iɓālē mùt à ŋōop bisū bi nugā nì òŋgɓà yee, à kɛɓɓa ki hìkɛp mbɔ̀m, tɔ̀ i wɔ̀ɔ wee, ¹⁰ wèɛ yàk nyɛ à ganyɔ̄ waày nyay Nyambê, ǹhɔ̀ɔ̂k ŋgì sòyòy, munu liɓòndo* li hiun hyee; à gasɔ̄n ki njɔ̄nɔk i kèdɛ hyèɛ nì sɔlfà bisū bi aŋgèl pubi nì bisū bi Man Ǹtomba. ¹¹ Ndi hìda hī mpēmel njɔ̄nɔk yaàp hi mɓēt ɓɔ̀ga ni ɓɔ̀ga; ndi ɓa gweē ɓē nɔɔ̀y njămùha nì jùu, ɓa ɓā ŋōop

---

*Màs 14: 1 Ɓèŋgɛ Rom 9: 33
ᵐMàs 14: 1 Èz 9: 4; Màs 7: 3
ⁿMàs 14: 8 Yès 21: 9

ᵒMàs 14: 8 Yèr 51: 7
*Màs 14: 10 Ɓèŋgɛ 1Kɔ̀r 10: 16

bisū bi nugā nì òŋgɓà yee, nì tɔ̀njɛɛ à ŋ̀kɛɓɓa hikɛp hi joy jee. ¹²Mu nyēn hōnɓà i ɓápubhaga i yenè, ɓa ɓā ntēeda matìŋ ma Nyambê, yàk nì hemlè i Yesù. ¹³Nì mè mɛ̀ nɔk kiŋ ì nlòl i ŋgìi ì ŋkàl lɛ, Tìla lē, Ɓawɔga ɓa ŋ́wō i Ŋwɛ́t iɓòdòl hanânɔ ɓa ye ǹsăyɓak. Mbuu à ŋkàl lɛ, Ŋ̀ŋ̀, lɛ ɓa nɔ́y īnyùu ndùmbɓà yăp; inyŭlē mìnsɔn ŋwap mi ŋkìha ni ɓɔ́.

Lìɓùmbùl li hisi

¹⁴Nì mè mɛ̀ tɛhê, ndi nŭnkì, puba ɔ̀nd; ndi wàda à ɓâk à yìi ŋgìi ɔ̀nd, à pòngà măn mùt, ᵖ à ɓâk à gwee ǹtut gôl i ŋgìi yeē ŋ̀ɔ, nì hoa nhoobàk kwadɛ i wɔ́ɔ wee. ¹⁵Nì aŋgèl ìpɛ ì pemel tēmpèl, ì lɔnd ni kīŋ kēŋi, ì kâl nu à yìi ŋgìi ɔ̀nd lɛ, Sambal ǹhoobàk wɔŋ kwadɛ, u ɓumbūl, inyŭlē ŋgɛŋ ì ŋ̀kɔlā i ɓùmbùl; ŋgɔ bìjek bi hisi bi mmâl holoòl. ¹⁶Nì nu à yìi ŋgìi ɔ̀nd à lɛ́ŋ nhoobàk wee kwadɛ hisī, ndi hìsi hi biɓùmblànà.

¹⁷Ndi aŋgèl ìpɛ ì bipēmel tēmpèl nyɔ́ɔ ŋgìi, yàk yɔ́ ì ɓâk ì gwee hōa nhoobàk kwadɛ. ¹⁸Nì aŋgèl ìpɛ, ì ì gwee kùndè i ànɛ hyèe, ì pemel jùu li bisèsɛmà, ì sebēl makɛŋi, ì kâl aŋgèl ì gwee hōa nhoobàk kwadɛ lɛ, Sambal hōa yɔŋ nhoobàk kwadɛ, u kit màyùu ma matam ma ŋkòò wây u hisi, inyŭlē màtam mee ma ye ɓàhoolaga. ¹⁹Nì aŋgèl ì lɛ́ŋ nhoobàk wee kwadɛ hisī, ì kɔ́t matam ma ŋkòò wây u hīsī, ì kop mɔ i kède sɔ̄sɔ̄ waà wây u nyay Nyambê. ²⁰Ndi cɔ u ɓênɛ ndigi nyɔ́ɔ waà wây u ye mbūs ŋ̀kɔ̀ŋ, ndi màcèl ma bipēmel mu waà wây lɛtɛ́ɛ̀ nì bihyɛ̀ɛ̀lɛnɛ bi hɔsì, jàm kìi ɓɔ́ mbogôl kilòmedà iaâ.

15

Aŋgèl isâmbɔk nì dìmàla di nsōk

¹Nì mè mɛ̀ tɛhɛ yîmbne ipɛ nyɔ̄ ŋgìi, i kēŋi nì i ī mɓūma ŋaŋ, lɛ aŋgèl isâmbɔk i gwee dìmàla di nsōk disaàmbɔk, inyŭlē mu nyēn nyāy Nyambɛ ī mmèlèl.

²Nì mè mɛ̀ tɛhɛ yɔm wěŋgɔ̀ŋlɛ m̀măbgà tuyê, mɓòda nì hyèe; mè tɛhɛ ki ɓā ɓā bikɔ̀mɔl nugā, nì òŋgɓà yee, nì yìmbne yee, nì ŋ̀aŋga joy jee, ɓa tee ŋgìi m̀măbgà tuyê, ɓa ɓâk ɓa gwee dìlùŋ di Nyambê. ³Ndi ɓa ntɔ̀p hyembi hi Mose, ᑫ ŋ̀kɔ̀l Nyambê, nì hyèmbi hi Man Ǹtomba, ɓa kalàk lɛ,

À Ŋwɛt lɛ Nyambê,
Ɓayêmlikɔ̀k,
Mìnsɔn ŋwɔŋ mi ye
mìŋkɛŋi, mi mɓūma ki
ŋ̀aŋ;
À Kiŋɛ bìlòŋ, mànjèl
mɔŋ ma tee sēp, ma ye
kì ɓaŋga.

⁴À Ŋwɛt, ǹjɛɛ à gakɔ̀n ɓɛ we wɔ̀ŋi nì ti jòy jɔŋ lipem?
Inyŭlē wètama nyɛn ù yè m̀pubi;
Bìlɔŋ gwɔbisonā bi galɔ́ i ɓɛgɛès bisū gwɔŋ, inyŭlē màɓɔ̀ŋɔ̀k mɔŋ ma tee sēp ma mmaāl nɛnɛɛ́.

⁵Ndi màm mana ma tāgɓɛ ɓăŋ, nì mè mɛ̀ tɛhɛ tempèl ì lap mbogī ǹyïɓlàgà nyɔ́ɔ ŋgìi; ⁶nì aŋgèl isâmbɔk, i ī ɓeè i gwee dìmàla

---

ᵖ**Màs 14: 14** Dàn 7: 13   ᑫ**Màs 15: 3** Màn 15: 1

disâmbɔk, i pemel mu tēmpèl, i ɓák i heeba tīk mbɔŋ u mpōp, u ɓayàk, yàk ŋgoli gōl ì ɓák ɓànidɓaga maŋgānda map ma tol. ⁷ Nì hègel yada mu bíhègel bina bī gweē nìŋ i ti aŋgèl yɔ isâmbɔk bìsoya bi gôl bisâmbɔk, ǹyɔnɔ̂k nì nyay Nyambɛ nū à nnìŋ i ɓɔ́ga ni ɓɔ́ga. ⁸ Ndi tempèl ì biyɔ̄n ni hìda hī nlòl lipēm li Nyambɛè nì i kède lìpemba jee; ndi mùt nyɛkǐnyē à bìlà ɓe jóp tēmpèl, lɛtèè dìmàla disâmbɔk di aŋgèl isâmbɔk di mâl tagɓè.

16

Bìsoya bi nyay Nyambê

¹ Nì mè mè nɔk sɔsɔ̄ kiŋ à lòlàk i tēmpèl, à kâl aŋgèl yɔ isâmbɔk lɛ, Kèngana, sɔ̀ba bìsoya bi nyay Nyambɛ bīsaàmbɔk nyɔ̄ ī sī.

² Nì ì bìsu ì kê, ì sɔ́p soya yee nyɔɔ̄ ī sī; nì ɓeba i nsòghɛ ŋgandàk i kahal kɔ̀n ɓôt ɓa bikɛ̄ɓɓa hikɛp hi nuga, ɓa oop ki bīsū bi oòŋgɓà yee.

³ Yàk ì ì ǹyonos iɓaà ì sɔ́p soya yee mu tūyɛè; nì nyɛ à yilā macèl wěŋgɔ̀ŋlɛ màcèl ma mîm, kàyèlɛ gwɔ̀m bi nnìŋil mû, gwɔbisonā bi wɔ.

⁴ Yàk ì ì ǹyonos iaâ ì sɔ́p soya yee mu ɓālɔm, nì i kède màŋgɛn ma malep; ndi ɓa biyìla macèl. ⁵ Nì mè mè nɔk aŋgèl ì màlep ì ŋkàl lɛ, Wěn ù tee sēp, à Ŋwɛt, nu à yè, nì nu à ɓa, nì nu à gaɓā, ù yè Nûmpubi, lakìi ù bipēmes mbagì halà. ⁶ Inyǔlē ɓa bikɔ̂p macèl ma ɓâpubhaga, nì ma ɓapodôl, ndi màcèl ki mɔn ù bitī ɓɔ lɛ ɓa nyɔ; ɓa kolī hālà. ⁷ Nì mè mè nɔk juu li bisɛsɛmà li ŋkàl lɛ, Ɗŋ̂, à Ŋwɛt lɛ Nyambê, Ɓayêmlikɔ̀k, mbàgi yɔŋ i ye ɓàŋga, i tee kì sep.

⁸ Yàk ì ì ǹyonos inâ ì sɔ́p soya yee ŋgìi jɔ̌p; ndi i bitīna jɔ lɛ li ligis ɓôt nì hyèe. ⁹ Nì ɓòt ɓa lek inyùu ŋgàndàk mbìibè; ndi ɓa biòbos Nyambɛ jòy nu à gwèē ŋgùy i ŋgìi dìmàla dini; ndi ɓa bihyèl ɓe minɛm lɛ ɓa ti nyɛ lìpem. ¹⁰ Yàk ì ì ǹyonos itân ì sɔ́p soya yee mu ŋgìi yèènɛ anè i nugā, nì ànè yee i kop jiibè; ndi ɓa binyāmbaa dilemb cap inyùu njīihà, ¹¹ ɓa obōs ki jòy li Nyambɛ nū ŋgìi inyùu njīihà yǎp nì inyùu pɔ̄ɔ yap; ndi ɓa bihyèl ɓe minɛm inyùu mìnsɔn ŋwap.

¹² Yàk ì ì ǹyonos isamàl ì sɔ́p soya yee mu lɔ̌m ǹkɛŋi lɛ Ûfrătè; ndi màlep mee ma bisā, lɛ ndi njèl inyùu bìkiŋe bī nlòl i pès jɔ̀p li mpēmeèl i tibla. ¹³ Nì mè mè tɛhɛ mimbuu mi nyɛgā miaâ mi pôngà màɓèm, mi pemlàk i nyɔ̀ komnyɔ̀ɔ, nì i nyɔ̀ nugā, nì i nyɔ̀ mpodôl nu bìtɛmbɛɛ; ¹⁴ ŋwɔn mi ye mìmbuu mi mimbuu mìmɓɛ, mi mɓɔŋ biyìmbnɛ; mi ŋkè yak bìkiŋe bī ŋkɔn hisi wɔnsonā i kòt gwɔ inyùu ŋgwèt bi ŋgwa ǹkɛŋi u Nyambɛ Ɓāyɛèmlikɔ̀k. ¹⁵ Nǔnkì, mè nlɔ̄ kìkìi mùt wǐp. ʳ Nu à ǹyèn peē, à teedàgà mbɔt yee, lɛ à tiga hyom nsɔ, ndi ɓa tɛhɛ wɔnyuu yee à yè ǹsǎyɓàk. ¹⁶ Ndi mi bikɔ̀t ɓɔ hɔma wadā à nsèbla i hɔ̄p Lôk Hebèr lɛ, Àrmàgedòn. *

¹⁷ Yàk aŋgèl ì ǹyonos isâmbɔk ì sɔ́p soya yee mu mbèbi; nì kiŋ kēŋi ì

ʳ **Màs 16: 15** Màs 3: 3

***Màs 16: 16** Àrmàgedòn: à yè ɓàŋga i hɔp Hebèr inyùu hìkòa Megīdò, hɔma ɓôt ɓa ɓā joòl gwèt ŋgandàk. Ɓakeês 5: 19; 2Ɓìk 23: 29-30.

pemel nyɔ̄ tēmpèl ì ŋgìì, mu yèènɛ anè, ì kâl lɛ, Halā à m̀mâl. ¹⁸ Ndi ŋwègŋwèk à ɓeè, nì mbìmbà kɛŋi, nì mbàmbàt, hìsi kî hi binyèŋg ni ŋgùy ŋgàndàk, ˢ nyà ì yè lɛ ìɓòdòl yaga yèn ɓòt ɓa yěn hāna hisī ì màà gwelà ɓee, ndòŋ lìnyèŋgèk ì ɓeè sogɓôk lìsuk li jâm. ¹⁹ Ndi sɔ ɓāyɛèm ŋ̀kɔ̀ŋ nu à biɓāgla bipès biaâ, yàk mìŋkɔ̀ŋ mi bilɔ̀ŋ bìpɛ mi kwô; ha nī nyɛn Nyāmbɛ à biɓìgdana Babīlòn nûŋkɛŋi, lɛ a ti nyē lìɓòndo li wây ì nyay i hiun hyee. ᵗ ²⁰ Ndi hi ôn i bikè ŋgwee, tɔ̀ dìkòa kî di nɛnɛ ha ɓee. ²¹ Ndi màtanga màkɛŋi ma lɔ̂k ŋgìi, ma kwelàk ɓòt, lìtanga jada li edèk kìkìi tàlênd*yàda. Ndi ɓòt ɓa biòbos Nyambɛ jǒy inyùu hìmàla hi matanga, inyǔlē hìmàla hi ɓeè yaga ɓalòòhaga.

17

Mbàgi nōgoòs ì mùdàa lìɓàmbè nûŋkɛŋi

¹ Ndi aŋgèl yàda i kède āŋgèl isâmbɔk i ī ɓeè i gwee bìsoya bisâmbɔk ì bilɔ̀, ì podos mê, ì kâl lɛ, Lɔ̀ɔ nyɔ̀nɔ, mɛ undā wè mbàgi nōgoòs ì mùdàa lìɓàmbè nûŋkɛŋi nu à yìi ŋgìi ŋgàndàk malep. ² Nyɛn bìkiŋɛ bī hisi bi ɓē kɛ ndèŋg, yàk ɓa ɓā ɴ́yèn hana hisī ɓa bihyōo waày ì ndèŋg yèe. ³ Ndi ì ega mɛ ī kède Mbūu, ì kɛnā mɛ ŋ̀ɔ̀ŋ; nì mè mɛ tɛhɛ mudàa à yìi ŋgìi nùga i kôyɓàk cò, i yoni nì mòy ma liòbòhjǒy, i ɓâk kì i gwee mìŋɔ minsaàmbɔk, nì jòm li bitɔŋ. ⁴ Ndi mùdàa nu à ɓeè à heeba

mbɔ̄t ì nɛngè lìŋgɔŋ, ì kòyɓàk cò; à ɛŋgēp ki gwôm bi gôl nì tik ŋgôk nì pêrl, à ɓâk kì à gwèe lìɓòndo li gôl i wɔ̀ɔ̀ wee, ɴ̀yɔnɔ̂k nì màm ma nsūuŋgaha ŋem, nì nyèga yɔ̀sonā ì ndèŋg yèe. ⁵ Jòy li ɓeè ŋ̀kedlàk mu mbɔ̀m yeē li ɓâk jìmb lɛ, Bàbilòn nûŋkɛŋi, nyǎŋ ɓòdàà ɓa lìɓàmbè, nì nu màm ma nsūuŋgaha ŋem hana hisī. ⁶ Nì mè mɛ tɛhɛ mùdàà nû, ɴ̀hyoogà nì màcèl ma ɓâpubhaga nì màcèl ma ɓaɓògòl Yesù mbògi. Mè tɛhɛ ɓǎŋ nyē, mè ɛgēp ŋgandàk kîyaga.

⁷ Nì aŋgèl ì ɓât mɛ lē, Ù ŋ̀ègɛp inyǔkī? Mè gayēelɛnɛ wɛ jìmb inyùu mùdàa nì inyùu nùga i ɓēga nyē, i ī gwee mìŋɔ minsâmbɔk nì jòm li bitɔŋ. ⁸ Nùga ù ɴ̀fíp tɛhɛè i ɓā, ndi i ta hā ɓee; i nyegi kì i pēmeèl mû sɔ̀ŋkum, ᵘ nì i kè i yìmîl. Ndi ɓa ɓā ɴ́yèn hana hisī, ɓět mòy map ma tìlɓa ɓēe i kède kààt nìŋ ìlɔ̀ yaga biɓèe bi ŋkɔ̀ŋ hisi ɓa gaègɛp ŋgèdà ɓa gatēhɛ nùga î, inyǔlē i ɓā, ndi i ta hā ɓee, ndi tɔ halā lē i yeè. ⁹ Hana nyɛn yɔ̀m i ye pèk i yenè: mìŋɔ minsâmbɔk mi ye dìkòa disâmbɔk, mu nyēn mùdàa à yìinɛ; mi ye kì bìkiŋɛ bisâmbɔk; ¹⁰ bitân bi mmâl kwɔ̀ɔ̀, ì ì ɴ̀yonos bisamàl ì yìi, ì ì ɴ̀yonos bisâmbɔk ì yè ŋgì lɔ̀; ndi kìi ì nlɔ̀, ì nlama yén ndeèk ŋgeŋ. ¹¹ Ndi nùga i ī ɓā, ndi i ta hā ɓee, yɔmèdɛ yɔn i ye kì i ī ɴ́yonos jwêm, ndi i ye kì yada i kède bī bīsaàmbɔk; i ŋkè ki yìmîl. ¹² Yàk jòm li bitɔŋ ù ɴ̀tɛhê li

---

ˢ**Màs 16: 18** Màs 8: 5; 11: 13, 19
ᵗ**Màs 16: 19** Màs 14: 10 ɓèŋgɛ 1Kɔ̀r 10: 16

*Màs 16: 21** Tàlênd yàda ì ɓa êt 30 tɔ̀ 40 mā kìlo.
ᵘ**Màs 17: 8** Dàn 7: 7; Màs 11: 7

ye jòm li bikiŋɛ ᵛ bī bī ŋkohòk ɓe anɛ̀, ndi bi ŋkôs kundɛ̀ i ɓā bìkiŋɛ inyùu ŋgēŋ yadā, gwɔ nì nùga. ¹³ Bini bi gweē ndīk hɔ̄ŋɔ̀ɔ̀l yada, ndi bi ntī nugā lìpemba jap nì kùndɛ̀ i ànɛ̀. ¹⁴ Bana ɓa gajòs Man Ǹtomba gwèt, ndi Mǎn Ǹtomba à gakɔ̀mɔl ɓɔ, inyūlē nyɛn à yè Ŋwɛ̀t nu ɓɛ́t, nì Kiŋɛ ì bìkiŋê; yàk ɓa kì ɓa ye lòŋnì nyɛ, ɓàsèblaga nì mìntɛbêk nì ɓa maliga, ɓa gakɔ̀mɔl. ¹⁵ Nì aŋgèl ì ì kâl mɛ lē, Màlep ù ǹtɛhê, hɛ̀t mùdàa lìɓàmbɛ̀ nu à yìlnɛ, ma ye màhàà, nì màmùt ma ɓôt, nì bìlɔ̀ŋ, nì dìlemb. ¹⁶ Ndi jòm li bitɔŋ ù ǹtɛhɛ ŋgìi nùga, gwɔn bi gaɔ̀ɔ̀ mudàa lìɓàmbɛ̀, bi gaɓòm nyɛ, nì ɛ̀ŋgèl nyɛ, nì jɛ kì mìnsòn ŋwee, bi siiha nyɛ nì hyèe. ¹⁷ Inyūlē Nyambɛ à bikòòba miŋem ŋwap lɛ ɓa ɓôŋ hɔ̄ŋɔ̀ɔ̀l yee, ɓa ɓâk kì hɔŋɔ̀l yada, nì lɛ ɓa ti nùga i ànɛ̀ yap lɛtēɛ̀ bìɓàŋga bi Nyambɛ bī yɔɔ̀n. ¹⁸ Ndi mùdàa ù ǹtɛhê à yè sɔ ɓāyɛɛm ŋkɔ̀ŋ, nu à gwèe ànɛ̀ i ŋgìi bìkiŋɛ bī hisi.

18

Kwɔ̀ u Babīlòn

¹ Màm mana ma tāgɓɛ ɓǎŋ, nì mɛ̀ mɛ̀ tɛhɛ aŋgèl ìpɛ ì nlòl i ŋgìi, ì sòhòk hisī, ì ɓâk ì gwèe kùndɛ̀ kɛŋi inyùu ànɛ̀ yee; ndi hìsì hi biɓày inyùu lìpem jee. ² Ì bilɔ̄nd makɛŋi, ì kâl lɛ, Bàbilòn nûŋkɛŋi à ǹ̀kwô, ʷ à ǹ̀kwɔ tɔ̄y, à ǹyilā liyèène inyùu mìmbuu mìmɓɛ, nì ndap màmɔ̀k inyùu hī mbuu u nyɛgā, yàk ndap màmɔ̀k inyùu hī hinùni hi ye nyèga nì hi ɓòt ɓa ŋɔɔ̀. ³ Inyūlē bìlɔŋ

gwɔbisonā bi mmâl nyɔ wây ì ndèŋg yèe; yàk bìkiŋɛ bī hisi bi ɓē kɛ ndèŋg nì nyɛ; yàk ɓòt ɓa nyuŋgā ɓa hisi ɓa bikwɔ̀ ŋgwàŋ inyùu lìpemba li liyɔ̀gɓàk jee li mpùŋgu.

⁴ Nì mɛ̀ mɛ̀ nɔk kiŋ ìpɛ ì lôl ŋgìi, ì kâl lɛ, À ɓôt ɓɛm, pama mū nyēnī, ˣ lɛ nì àdɓa ɓǎŋ nì bìɓeba gwee, tɔ̀ ɓana ŋgàɓa mu dīmàla cee; ⁵ inyūlē bìɓeba gwee bi mpam lɛtēɛ nì i ŋgìi, ndi Nyambɛ à m̀ɓīgda biɓòŋol gwee bi tee ɓē sep. ⁶ Tìmbhana nyē kìkìi yàk nyɛ à ɓe ɓɔ̂ŋ; ceha kì nyɛ màceha īmaà kǐŋgèdà mìnsɔn ŋwee; i kède lìɓòndo à bihòò, hòòana nyē mu ŋgèlɛ iɓaà. ⁷ Kìkìi à ɓe lôhà ti nyɛmède lipem nì yɔ̀gɔ̀p i kède mpùŋgu, halā yāga ki nyēn sōnhana nyē njɔ̄nɔk nì jùbhà nyɛ malɛp; inyūlē à mpɔ̄t i kède ŋem wee lɛ, Mɛ̀ ye kiŋɛmùdàa, mɛ̀ tà ɓe mɛ yīk, mɛ̀ gaɓāna ɓe mɛ kì tɔ̀ màlɛp mɔkǐmɔ̄. ʸ ⁸ Inyūhālā nyēn dìmàla cee lɛ nyɛmb nì màlɛp nì hìmàla hi njàl di gakwèl nyɛ mpɔ̀m kɛl wada, ᶻ à gasīihana ki nì hyèe, inyūlē Ŋwɛ̀t lɛ Nyambê, nu à m̀mâl pemhɛnɛ nyɛ mbàgi, à yè ŋgùy. ⁹ Ndi bìkiŋɛ bī hisi, bi bī ɓē kɛ ndèŋg i nyēnī, bi yôgɓɛ̀gɛ̀ kì i kède m̀pùŋgu, bi gaɛ̀ɛ nì yàmhɛ inyùu yeē ŋgèdà ɓa gatɛ̄hɛ hida hī lek à nlēk hyee, ¹⁰ ɓa galɛ̀mbɛp nɔnɔk inyùu wòŋi u njɔnɔk yee, ɓa kalàk lɛ, Ŋgɔɔ, ŋgɔɔ nì sɔ ɓāyɛɛm ŋkɔ̀ŋ lɛ Bàbilòn, ŋkɔ̀ŋ u gwèe ŋgùy, inyūlē mbàgi yɔ̄ŋ ì m̀pam i mbūs ŋgɛŋ yadā.

¹¹ Ndi ɓòt ɓa nyuŋgā ɓa hisi ɓa ǹɛ̀ɛ̀, ɓa lɛɓɛ̀k inyùu yeē, lakìi mùt nyɛkǐnyē à nsɔ̄mb ha ɓe gwɔm gwap bi nyuŋgā: ¹² gwɔ̀m bi gôl, nì bi silɓà,

---

ᵛ**Màs 17: 12** Dàn 7: 24
ʷ**Màs 18: 2** Yès 21: 9
ˣ**Màs 18: 4** Yèr 51: 45

ʸ**Màs 18: 7** Màs 14: 10; 16: 19
ᶻ**Màs 18: 8** Yès 47: 7-9

nì tik ŋgɔ̂k, nì pêrl, nì bìlɔŋgɛ bī mbɔŋ, nì màɓadò ma nnɛ̄nɛ maŋgɔŋ, nì ma silīkì, nì ma mā ŋkòyop cô; nì ndòŋ tik bikek bi nhɛ̄ɛ ŋgandàk ndàmbà, nì gwɔ̀m bi mamuna, nì bi biɛŋa, nì mìmpuma; ¹³ nì dìɔ̀mi, nì bìhɔɔ̂p, nì bìnùnumbà, nì làɓindɛ̀, nì bìnjìnjîŋ, nì wây, nì mòo, nì tɔ̀mba flâwà, nì kon, nì nyàgà, nì mìntomba; nì hɔsì, nì bìkak, nì mìnlìmil, nì mìŋkɔ̀l. ¹⁴ Màtam ma ɓe kôn wɛ̀ ŋgòŋ ma mmálɓa ni wɛ̀, nì gwɔ̀m bi ndibà gwɔbisonā, nì gwɔ̀m bi ŋŋwāmbiì bi mmál obī wɛɛ̀, ndi ɓa galèba ha ɓe gwɔ kēlkǐkēl. ¹⁵ Bànùŋùl gwɔ̀m bini, ɓa ɓā ɓē ŋgwâŋɓɛ̀nɛ inyùù yeè, ɓa galèmbep nɔnɔk inyùu wɔ̀ŋi u njɔnɔk yeè, ɓa ɛɛk, ɓa lɛbɛk, ¹⁶ ɓa kalàk lɛ, Ŋgɔɔ, ŋgɔɔ nì sɔ ɓāyɛɛ̀m ŋ̀kɔ̀ŋ, nu a ɓak à heeba bìlɔŋgɛ bī mbɔŋ, nì mbɔt i nnɛ̄nɛ liŋgɔŋ, i kôyɓàk cò, à ɛŋgēp ki gwɔ̀m bi gôl nì tik ŋgɔ̂k nì pêrl! ¹⁷ Ndi ndòŋ lìŋgwàn ì i ǹciba inyùu ŋgēŋ yadā. Ndi hi ŋkìs sìtimà, nì hi mût à ŋkɛ̀ likè nì mòŋgo, nì ɓòt ɓa nluga, nì ɓɔɓasonā ɓa mɓɔŋ minsɔn mi tuyê, ɓa bilèmbep nɔnɔk, ᵃ ¹⁸ ɓa lɔndɔ̂k ŋgèdà ɓa ntɛ̄hɛ hida hī nlēk hyee, ɓa kalàk lɛ, Ûmbɛ ŋkɔ̀ŋ u kolī nì sɔ ɓāyɛɛ̀m ŋ̀kɔ̀ŋ nunu? ¹⁹ Nì ɓɔ ɓa kop lipùm li bitèk i ŋgìi yap miŋɔ, ɓa lɔndɔ̂k, ɓa ɛɛk, ɓa lɛbɛk, ɓa kalàk lɛ, Ŋ̀gɔɔ, ŋ̀gɔɔ ni sɔ̄ ɓāyɛɛ̀m ŋ̀kɔ̀ŋ nunu, nu à ɓe ŋgwêŋɓàhà ɓɔɓasonā ɓa gweē sìtimà mu tūyɛɛ̀ inyǔlē gwɔ̀m gwee bi ɓē hɛ̄ɛ ndàmbà kɛŋi!

Ndi à ciba inyùu ŋgēŋ yadā. ᵇ ²⁰ À ŋgiì, sòbhɛgɛ ŋgìi yeè, yàk nì ɓèè ɓapubhaga, nì ɓàomâ, nì ɓapodôl; inyǔlē inyùu nàn nyɛn Nyāmbɛ à m̀pemhɛnɛ mbagī ŋgìi yeè.

²¹ Nì m̀pemba aŋgèl u ɓada ŋgɔ̂k i pòngà sɔsɔ̄ ŋgɔk kògòl, u lɛ́ŋ yɔ tūyɛɛ̀, u kâl lɛ, Halā nyɛ̄n sɔ̄ ɓāyɛɛ̀m ŋ̀kɔ̀ŋ lɛ Bàbilòn à gakwɔ cuŋgūm, ᶜ ndi à galèbna ha ɓe kɛlkǐkēl. ²² Kiŋ ɓàkòt dìlùŋ ì ganōoga ha ɓe kɛlkǐkēl wēnī, tɔ̀ i ɓatop cèmbi, tɔ̀ i ɓahɛm dìkɔs, tɔ̀ i ɓahɛm sēp; tɔ̀ mùt màŋgàn nyɛkǐnyē i kède ǹsɔn maŋgàn wɔkǐwɔ̄ à galèbna ha ɓe kɛlkǐkēl wēnī; tɔ̀ mbìmbà ŋgɔ̀k kògòl ì ganōoga ha ɓe ki tɔ̀ wěnī kɛlkǐkēl; ²³ tɔ̀ màpubi ma tuŋgɛŋ ma gaɓày ha ɓe ki wěnī kɛlkǐkēl; tɔ̀ kiŋ m̀bii ɓɔnà m̀bɔm ì ganōoga ha ɓe ki wěnī kɛlkǐkēl; inyǔlē ɓòt ɓɔŋ ɓa nyuŋgā ɓa ɓèè ɓàlom ɓa ɓôt ɓa hisi, nì inyǔlē u biyùmus bilɔŋ gwɔbisonā nì màkàŋ mɔŋ. ²⁴ Mu nyɛ̄n màcèl ma ɓapodôl nì ma ɓápubhaga ma bilèbnà, yàk nì ma mā ɓa ɓɔɓasonā ɓa binōla hana hisī.

19

¹ Màm mana ma tāgɓɛ ɓǎŋ, nì mɛ̀ mɛ̀ nɔk kiŋ kēŋi ì ŋkùù lìmùt li ɓôt ì ŋkùmb nyɔ̄ ŋgìi, ì kàlàk lɛ,

Àlèluyà! *

Tɔhi ī ye nì Ŋwèt

Nyambɛ wěs, nì lìpem, nì bìɓegês,
  nì
lìpemba;

ᵃ**Màs 18: 17** Èzekìèl 27: 29
ᵇ**Màs 18: 19** Èz 27: 30-31
ᶜ**Màs 18: 21** Yèr 51: 64

*****Màs 19: 1** Àlèluyà à ŋkɔ̀blana lɛ: Beghana Yèhòvà. Cèm 135: 1; 146: 1. I kède Màlombla ma Yɔndɔ ɓàŋga ini i ye pès 19 yɔtāma i Kàat Màsɔ̀ɔ̀là

² inyŭlē mbàgi yeē ì yè
ɓàŋga, ì tee kì sep,
inyŭlē à m̀mál pemhɛnɛ
mudàa lìɓàmbè nûŋkɛɲi
mbagī, nu à ɓe obòs hìsi
inyùu ndèŋg yèe; à
m̀mál ki pùn macèl ma
miŋkɔ̀l ŋwee i wɔ̀ɔ wee.
³ Ba fimba ki kàl lɛ, Àlèluyà! Ndi
hìda hyee hi mɓēt ŋgìi ɓɔ̀ga ni ɓɔ̀ga.
ᵈ ⁴ Mìmaŋ mi ɓôt mòm maà mbòk
inâ, nì bìhègel bina bī gweē nìŋ, ɓa
bikwɔ̀ hisī, ɓa ɓeges Nyambɛ nū à
yìi yèènɛ yee anè, ɓa kâl lɛ, Ààmèn;
Àlèluyà! ⁵ Hanyēn kīŋ ì bilòl mu
yèènɛ anè, ì kâl lɛ,
Beghana Nyāmbɛ wĕs,
ɓèè miŋkɔ̀l ŋwee
ŋwɔminsonā mi mī
ŋkɔ̀n nyɛ wɔ̀ŋi, ɓàtidigi
nì ɓàkɛŋi.

Ŋgànd lìɓii ì Mǎn Ǹtomba

⁶ Nì mè mɛ̀ nɔk mbimbà wĕŋgɔ̀ŋlɛ
kiŋ lìmùt li ɓôt lìkɛŋi, nì wĕŋgɔ̀ŋlɛ
mbìmbà lìomòk li ŋgandàk màlep,
nì wĕŋgɔ̀ŋlɛ mbìmbà mbàmbàt kɛŋi,
ì kàlàk lɛ, Àlèluyà! Inyŭlē Ŋwèt lɛ
Nyambɛ wĕs, Bayêmlikɔ̀k, à ŋ̀anè.
⁷ Di kɔnɔ̀k màsee nì sòbhè, di tinak
kì nyɛ lìpem; inyŭlē lìɓii lī Man
Ǹtomba li mɓaambè, yàk ŋwàà weē
à m̀mál koòbà. ⁸ Ndi i bitīna nyɛ lɛ a
haba lɔ̀ŋge mbɔ̄ŋ i mɓày êŋg èŋg, i
poɓôk pɛɛŋgenɛŋgɛ; inyŭlē lɔŋge
mbɔ̄ŋ i ī ye màɓɔ̀ŋɔk ma tee sēp ma
ɓàpubhaga.
⁹ Nì aŋgèl ì kâl mɛ lē, Tìla lē, Ba ɓā
nsèblana ŋgànd lìɓiî ì Mǎn Ǹtomba
ɓa ye ǹsăyɓàk. Nì yɔ̀ ì kâl mɛ lē, Bini
bi ye bìɓàŋga bi Nyambɛ ǹtîîk. ¹⁰ Nì
mè mɛ̀ mɛ̀ kwɔ ī sī makòò mee lɛ mɛ
ɓeges nyɛ̄; ndi ì kâl mɛ lē, Ù ɓɔ̀ŋ ɓáŋ

hālà; mɛ̀ yè sɔ ŋkɔ̀l wɔŋ, nì nu
lògisɔ̄ŋ i tiŋī nì mbògi Yēsù; ɓeghak
ndīgi Nyāmbɛɛ̀; inyŭlē mbògi Yēsù ì
yè mbuu bipodol bi ɓapodôl.

Mùt à yìi ŋgìi pūba hɔsì

¹¹ Nì mè mɛ̀ mɛ̀ tɛhɛ ŋgiī ì nehi, ndi
nŭnkì, puba hɔsì, nì nu à yìi yɔ̄ ŋgìi,
à nsèbla lɛ Numàliga nì Nu à yè
Bàŋga; à mpēmes mbagī, à jɔ̀k kì
gwèt, i kède tēlɛèɓsep. ¹² Mìs mee
ma ye wĕŋgɔ̀ŋlɛ lìndòmbò li hyee,
mu ŋgìi yeē ŋ̀ɔ kî ŋgàndàk mìŋkày
mi anè; à gwèe kì ŋ̀kedlàk joy mùt
nyɛkĭnyē à ɲ́yī ɓee ndigi nyēmède.
¹³ À ɓâk kì à heeba mbɔ̄t màkee ma
macĕl; ndi jòy jee li nsèbla lɛ, Bàŋga
i Nyambê. ¹⁴ Ndi mìntoŋ mi gwêt mi
ye nyɔ̀ɔ ŋgìi mi biɔ̄dɓɛ nyɛ mbūs, mi
ɓâk mi yiī ŋgìi bìpuba bi hɔsì, mi
ɓâk kì ŋ̀èŋgɓàk nì lɔŋge mbɔ̄ŋ i
mpōp pɛɛŋgenɛŋgɛ. ¹⁵ Pànsɔ̀ŋ ì nhɔ́ɔ
ì mpēmel nyɔ̀ wee lɛ a noghɛnɛ yɔ̀
bìlɔ̀ŋ, nyɛn à ga-ànɛ gwɔ nì ǹtɔŋgɔ
kêy; ᵉ nyɛ ki nyēn à ncɔ̄ i wàà wây u
nyay i hiun hi Nyambɛ Bāyɛèmlikɔ̀k.
¹⁶ Ndi mu mbɔ̄t yeē nì i ɓòɓôk yee à
gwèe ŋ̀kedlàk joy lɛ, Kiŋe ì bìkiŋê,
nì Ŋwèt nu ɓĕt.
¹⁷ Nì mè mɛ̀ mɛ̀ tɛhɛ aŋgèl yàda ì tee ī
kède jɔ́p, ì lɔnd makɛŋi, ì kâl dinùni
cɔdisonā di mpùùe ŋgèmbɛ ŋgìi lɛ,
Lòna, ni kɔ́dɓa īnyùu ŋgànd ì
Nyambɛ nūŋkɛŋi; ¹⁸ lɛ ni je mìnsòn
mi bikiŋê, nì mìnsòn mi ɓɛt ɓa
mintoŋ mi gwêt, nì mìnsòn mi ɓôt
ɓa ŋgûy, nì mìnsòn mi hɔsì, nì mi ɓa
ɓā ɲ́yèn yɔ ŋgìi, nì mìnsòn mi ɓôt
ɓɔɓasonā, tɔ̀ ɓa ye ŋ̀gwelês tɔ̀
mìŋkɔ̀l, tɔ̀ ɓàtidigi tɔ̀ ɓàkɛŋi. ¹⁹ Nì
mè mɛ̀ mɛ̀ tɛhɛ nùga î, nì bìkiŋê bī hisi,
nì mìntoŋ ŋwap mi gwêt, ɓa kodī lē

ᵈ**Màs 19: 3** Yès 34: 10   ᵉ**Màs 19: 15** Hyêm 2: 9

ɓa joōs nū à ɓeè à yìi ŋgìi hōsì gwêt, nyɛ nì ǹtoŋ wee gwêt. ²⁰ Ndi nùga i ī bigwèlà, ɓɔnà mpodôl nu bìtɛmbɛɛ, nu à ɓe ɓɔ̂ŋ bìyìmbnɛ ha bīsū gwee, gwɔn à ɓe yûmhɛ̀nɛ ɓa ɓā bikēɓɓa hikɛp hi nugā nì ɓegês òŋgɓà yee. Ɓɔɓaà ɓa bilèŋa yomi yomi mu tìtìmbà hyee i nlɔ̄ŋ ni sɔ̄lfà. ²¹ Ndi ɓa ɓā biyēglɛ̀ ɓa binōla ni pànsɔ̀ŋ ì bipēmel nyɔ̀ u nu à ɓeè à yìi ŋgìi hōsì; ndi dìnùni cɔdisonā di binūu minsòn ŋwap.

20

Hìkoo hi ŋwii

¹ Nì mè mè tɛhɛ aŋgèl ì nlòl i ŋgìi, ì sòhòk hisī, ì ɓâk ì gwèe hìlìbà hi sôŋkum, nì sɔsɔ̄ ǹsaŋ bikɛ̀y i wɔ̀ɔ̀ wee. ² Nì yɔ̀ ì finɓɛ komnyɔɔ ì, ǹlòmbi nyɔɔ, ᶠ wɔn u ye Ǹsɔ̀hɔ̀p nì Saatàn, ì kâŋ yɔ lētɛ̀ɛ̀ nì hìkoo hi ŋwii, ³ ì lɛ̄ŋ yɔ sòŋkum, ì kwês, ì ɓand ki ŋgìi yeè, lɛ à yùmus ha ɓâŋ bìlɔ̀ŋ lɛtɛ̀ɛ̀ hìkoo hi ŋwii hi kɔlà; i mbūs hālà à ǹlama hɔ̄hlana inyùu ndèk ŋgèdà.

⁴ Nì mè mè tɛhɛ biyèènɛ bi anɛ̀, ndi ɓa ɓā biyèn mû, ɓa kôs ki kùndɛ lɛ ɓa pemhak mbàgi; ᵍ mè tɛhɛ ki mìmbuu mi ɓa ɓā bikīda miŋɔ inyùu mbògi Yēsù, nì inyùu ɓaŋga i Nyambê, yàk ɓa ɓā biōop ɓe bisū bi nugā, tɔ̀ bi ôŋgɓà yee, ɓa kɛɓɓa ɓe ki tɔ̀ hìkɛp mbɔ̀m yâp, tɔ̀ wɔ̀ɔ̀ wap; ɓa bitɛ̀mb i nìŋ, ɓa anē ki ɓɔ̄ nì Krīstò hìkoo hi ŋwii. ⁵ Ndi ɓawɔga ɓa biyēglɛ̀ ɓa bikòndɛ ɓe nîŋ lɛtɛ̀ɛ̀ nì hìkoo hi ŋwii hi kɔlà. ⁶ Lìtùgɛ̀ li bisu lini. Mùt à gwèe jògà i kède lìtùgɛ̀ li bisu nyɛn à yè ǹsǎyɓàk nì m̀pubhaga; ɓana ɓɔn nyɛ̌mb ì ǹyonos iɓaà ì gwèe ɓē kundɛ̀ i ànɛ̀; ndi ɓa gaɓā biprǐsì bisū bi Nyambɛ̀ɛ nì bi Krīstò, ɓa ga-ànɛ ki lòŋ yada ni nyē hìkoo hi ŋwii.

⁷ Ndi ŋgèdà hìkoo hi ŋwii hi gakɔ̀la, Saatàn à gahɔ̀hlana, a pam mmɔ̀k ŋwee. ⁸ À gakɛ̀ lɛ a yumūs bìlɔ̀ŋ bi ye mākās ma hisi mɔ manâ, Gôg nì Màgôg, ʰ lɛ ndi a kɔ̄t gwɔ̄ inyùu jɔ̀ gwêt; ŋ̀aŋga wap u ye kìkìi lìsɛgɛ̀ li tuyê. ⁹ Ndi ɓa biɓɛ̄t, ɓa lolàk masūk ma hisi mɔmasonā, ɓa kɛŋa yaga liɓoga li ɓâpubhaga nì ǹ̀kɔ̀ŋ ɓa ŋgwēs; ndi hyèè hi bilòl i ŋgìi yak Nyāmbɛ̀ɛ, hi siiha ɓɔ. ¹⁰ Ndi ǹsɔ̀hɔ̀p nu à biyùmus ɓɔ, à bilèŋa i kède tìtìmbà hyee i nlɔ̄ŋ ni sɔ̄lfà, hɛ̄t nùga nì m̀podôl nu bìtɛmbɛɛ ɓa yɛnɛ̀; ndi ɓa gasɔ̄n njɔnɔk njǎmùha nì jùu i ɓɔ̀ga ni ɓɔ̀ga.

Mbàgi bisū bi sɔsɔ̄ pūba yeēnɛ anɛ̀

¹¹ Nì mè mè tɛhɛ sɔsɔ̄ pūba yeēnɛ anɛ̀, nì nu à ɓeè à yìi mù; hìsi hi bikɛ̀ ŋgwee bisūu gwee, nì ŋgìi, tɔ̀ hɔ̀ma à bilèɓna ɓe inyùù yâp. ¹² Nì mè mè tɛhɛ ɓawɔga, ɓàkɛŋi nì ɓàtidigi, ɓa tee bīsū bi Nyambɛ̀ɛ; nì bìkààt bi ɓudlànà, yàk kààt ìpɛ kî ì ɓudlànà, yɔ̌n ì yè kààt nìŋ; ndi ɓàwɔga ɓa bikɔ̀s mbagī mu màm ma ɓeè ǹtîlɓàgà i kède bìkààt bî, kǐŋgèdà mìnsɔn ŋwap. ⁱ ¹³ Nì tuyɛ à ŋ̀ŋwâs ɓawɔga ɓa ɓeè i kède yeè; yàk nyɛ̀mb nì Hadè bi ŋŋwâs ɓawɔga ɓa ɓeè i kède yâp; ndi hi mût à bikɔ̀s

---

ᶠ**Màs 20: 2** Bìɓ 3: 1
ᵍ**Màs 20: 4** Màs 13: 15-16

ʰ**Màs 20: 8** Èz 8: 2
ⁱ**Màs 20: 12** Dàn 7: 9-10

mbagī kĭŋgèdà mìnsɔn ŋwee. ¹⁴Nyɛ̌mb nì Hadè kì bi bilèŋa i tìtìmbà hyee. Nyɛ̌mb ì ɲyonos iɓaà ìni, lɛ tìtìmbà hyee. ¹⁵Ndi iɓālɛ mùt à bilèbna ɓe ntĭlɓàgà i kède kàat nìŋ, wɛɛ à bilèŋa i tìtìmbà hyee.

21

Ŋgìi yɔ̀ndɔ nì hìsi hi yɔndɔ

¹ Nì mɛ̀ mɛ̀ tɛhɛ ŋgiī yɔ̀ndɔ, nì hìsi hi yɔndɔ, ʲ inyŭlē ŋgìi bìsu ì m̀māl tagɓɛ̀, nì hìsi hi bisu; ndi tuyɛ à tà ha ɓee. ² Nì mɛ̀ Yòhanɛ̀s mɛ̀ tɛhɛ ŋkɔ̀ŋ m̀pubhaga lɛ Yèrusàlɛ̀m yɔ̀ndɔ, u lolàk i ŋgìì yak Nyāmbɛɛ̀, u sohŏk hisī, u ɓâk ŋ̀kŏbàgà wěŋgɔ̀ŋlɛ m̀ɓɔm u ŋɛŋgɛ̀p, u mɓɛ̀m nlo wèɛ̀. ³ Nì mɛ̀ mɛ̀ nɔk kiŋ kēŋi, ì lòlàk i ŋgìì, ì kàlàk lɛ, Nŭnkì, lap Nyambɛ ī ye ī kède ɓòt, ndi à gayèn i ɓɔ̄nī; ɓa gaɓā ɓoòt ɓee, ndi Nyambɛ nyēmèdɛ à gaɓā i kède yâp, à ɓâk kì Nyambɛ wăp. ⁴ Ndi Nyambɛ à gatɔ̀s gwiihà gwɔbisonā mìs map; tɔ̀ nyɛ̌mb ì gaɓā ha ɓee, ᵏ tɔ̀ màlèp ma gaɓā ha ɓee, tɔ̀ ǹlɔndɔk, tɔ̀ njiihà kì, inyŭlē màm ma bisu ma m̀māl tagɓɛ̀. ⁵ Nì nu à ɓeè à yìi mū yèɛ̀nɛ anɛ̀, à kâl lɛ, Nŭnkì, mɛ̀ mɓɔ̀ŋ mâm mɔmasonā yɔ̀ndɔ. Nì nyɛ à kâl mɛ lɛ, Tìla; inyŭlē bìɓàŋga bini bi ye màliga, bi yoni kì. ⁶ À kâl mɛ lē, Halā à m̀māl ɓoŋà! Mɛ̀ yɛ Alfà nì Òmegà, ˡ bìɓèe nì lìsuk. Nu nyùs i gweē, mɛ̀ gatī nyɛ lɛ a nyɔ yàŋgà munu liŋgēn li malep ma nìŋ. ⁷ Nu à ŋkɔ̀mɔ̀l à gakòdol mâm mɔmasonā; mɛ̀ gaɓā Nyambɛ wèɛ, nyɛ kî à gaɓā mɛ măn. ᵐ ⁸ Ndi inyùu ɓàkɔnwɔ̀ŋi, nì ɓa ɓā ntɔ̄p ɓe hemlɛ̀, nì ɓa ɓā nsūuŋgaha ŋɛm, nì ɓa manɔlâ, nì ɓa ndèŋg, nì ɓàgwɛl màkàŋ, nì ɓàɓegês bìsat, nì ɓa bitɛmbɛɛ ɓɔɓasonā, jòga jap li ye ndīgi ī kède tìtìmbà i nlɔ̄ŋ ni hyèe nì sɔlfà; yɔn i ye nyɛ̌mb ì ɲyonos iɓaà.

Yèrusàlɛ̀m yɔ̀ndɔ

⁹ Nì aŋgèl yàda mu āŋgèl isâmbɔk i ɓeè i gweē bìsoya bisâmbɔk bi yoni nì dimàla di nsōk disàambɔk, ì lô, ì podos mê, ì kâl lɛ, Lɔ̀ɔ nyɔ̀nɔ, mɛ undā wè m̀ɓɔm, u ū ye ŋwàa Mǎn Ǹtomba. ¹⁰ Nì yɔ̀ ì kɛnā mɛ ī kède Mbūu ŋgìi sɔ̄sɔ̄ nyɔ̄gɔp hikòa, ì undā mɛ ŋ̀kɔ̀ŋ m̀pubhaga lɛ Yèrusàlɛ̀m, u lolàk i ŋgìì yak Nyāmbɛɛ̀, u sohŏk hisī, ¹¹ u ɓaŋgà lìpem li Nyambê. Màpubi mee ma ɓâk wěŋgɔ̀ŋlɛ tik ŋgɔ̀k ì ŋgàndàk ndàmbà, ma pôŋgà ŋgɔ̀k yaspì ì ì nnēhna kìkìi krìstâl. ¹² U ɓeè ŋ̀kɛŋêk nì sɔsɔ̄ nyɔ̄gɔp lipɛ̀nd, nì jòm li maŋwɛ̀mɛl mbòk iɓaà; aŋgèl jŏm mbòk iɓaà i ɓeè i tee mū māŋwɛ̀mɛl; ndi mòy ma ɓeè ǹkedlàk mu ŋgìi, ma ɓeè mòy ma jom li matɛn ma ɓɔn ɓa Isrăɛ̀l mbòk iɓaà; ¹³ i pɛ̀s likòl màŋwɛ̀mɛl maâ, i pɛ̀s ŋɔmbɔk màŋwɛ̀mɛl maâ, i pɛ̀s ŋwɛlmbɔk màŋwɛ̀mɛl maâ, yàk nì i pɛ̀s hyôŋg màŋwɛ̀mɛl maâ. ⁿ ¹⁴ Ndi lipɛ̀nd li ŋkɔ̀ŋ li ɓeè li gweē jòm li dikùù mbòk iɓaà, mu ŋgìi yâp kìi jòm li moy nì imaà ma ɓaoma ɓā Man Ǹtomba.

¹⁵ Ndi aŋgèl ì ɓe podôs mɛ̀ ì ɓeè ì gweē lìkay li gôl inyùu hègèl, lɛ ndi i hɛ̂k ŋ̀kɔ̀ŋ, nì màŋwɛ̀mɛl mee nì lipɛ̀nd jee. ¹⁶ Ndi ŋ̀kɔ̀ŋ u ɓeè u gweē màkas manâ, ǹtɛl wee u ɓâk kàyàda

---

ʲ**Màs 21: 1** Yès 65: 17
ᵏ**Màs 21: 4** Yès 25: 8
ˡ**Màs 21: 6** Alfà: ɓèŋgɛ Màs 1: 8; 22: 13
ᵐ**Màs 21: 7** 2 Sàm 7: 14; Sàk 8: 8
ⁿ**Màs 21: 13** Èz 48: 30-35

nì pok yeē; nì yɔ̀ ì hɛ̄k ŋ̀kɔ̀ŋ nì lìkay jee, dìkoo di kilòmedà diɓaà; ǹtɛl wee u ɓâk kàyàda nì pok yeē, yàk nì ŋ̀kwaŋ wee. ¹⁷Nì yɔ̀ ì hɛ̄k lipènd, mbogôl dìkeŋee di mɔɔ yadā nì mòm manâ mbòk inâ, kĭŋgèdà hìhègà hi mût, halā kì nì hi aŋgèl. ¹⁸Lìpènd jee li biōŋa ni yāspì; ŋ̀kɔ̀ŋ u ɓeè nì gôl ì mpōp kìkìi m̀puma u mpōp. ¹⁹Ndòŋ tik ŋgôk yɔsonā i ɓe lemês dìkùù di lipènd li ŋɔ̀ŋ: hìkùù bisu hi ɓeè yaspì, hi hī ńyonos diɓaà sàfirò, hi hī ńyonos diaâ kàlsedòn, hi hī ńyonos dinâ èmerò, ²⁰hi hī ńyonos ditân sàrdònikò, hi hī ńyonos disamàl sardì, hi hī ńyonos disâmbɔk krìstòlitò, hi hī ńyonos jwêm bèrilò, hi hī ńyonos ɓoō tòpasò, hi hī ńyonos jom krìsòpasò, hi hī ńyonos jom nì hyada hìàsintò, hi hī ńyonos jom nì diɓaà àmètistò. ²¹Ndi jòm li maŋwèmɛl ma ŋ̀kɔ̀ŋ mbòk iɓaà ma ɓeè jòm li pêrl mbòk iɓaà, hi yaga ŋwɛmɛl mû u ɓeè pêrl yàda. Ǹlomnjèl i kède ŋ̀kɔ̀ŋ à ɓeè nì gôl ì mpōp, à nɛhnàgà kìkìi m̀puma.

²²Ndi mè tɛhɛ ɓē me tēmpèl mû, inyŭlē Ŋwèt lɛ Nyambɛ 'Bāyɛèmlikɔ̀k à yè tempèl mû, nì Măn Ǹtomba. ²³Ndi ŋ̀kɔ̀ŋ u nsòmbol ɓe jɔp, tɔ̀ soŋ, i ɓèyèy wɔ; inyŭlē lìpem li Nyambɛ lī ntī wɔ màpubi, tuŋgɛŋ yee kî i ye Măn Ǹtomba. ²⁴Bìlɔ̀ŋ bi gatōhlana bi gahyōm inyùu màpubi mee, ᵒ yàk bìkiŋɛ bī hisi bi lɔɔ̀ŋgà lìpem nì biɓegês gwap mūkède. ²⁵Ndi màŋwèmɛl mee ma gakwèhba ɓe njámùha kɛlkĭkēl [inyŭlē u u gaɓā ɓe nyɔɔ̀]; ²⁶ndi ɓa galɔ̀na lipem li biɓɔ̀ŋ nì biɓegês gwap mūkède. ²⁷Ndi yɔ̀m yɔkĭyɔ̄ i ye ǹcàŋgên i gajòp yaga ɓe mû, tɔ̀ nu à mɓɔ̀ŋ mâm ma nsūuŋgaha ŋɛm, nì ma bitɛmbɛɛ; ndi ndik ɓā ɓā ye ǹtĭlɓàgà i kède kàat nìŋ ì Măn Ǹtomba.

22

¹Ndi aŋgèl ì biùnda ki mɛ̀ lɔ̄m màlep ma nîŋ, ma mā nnēnɛ njɛŋ njɛŋ wěŋgɔ̀ŋlɛ krìstâl, à pemlàk mu yèɛnɛ anɛ̀ i Nyambɛ ɓɔ̄nà Man Ǹtomba. ²I ŋgèmbɛ ǹlom njèl weē, yàk nì miŋwāŋ mi lɔɔ̄m ŋwɔmaà, ɛ nîŋ ᵖ i ɓeè, i numûk jòm li ndôŋ matam mbòk iɓaà, hi soŋ i numûk màtam mee; ndi cày di ɛ di ye īnyùu mèlès màkɔ̀n ma bilɔ̀ŋ. ³Ndììhɛ yɔ̀kĭyɔ̄ ì gaɓā ha ɓe kìì; ndi yèɛnɛ anɛ̀ i Nyambɛ ɓɔ̄nà Man Ǹtomba i gaɓānɛ muù, mìŋkɔ̀l ŋwee kî mi gaɓā mi ŋgwèlel nyɛ, ⁴mi tɛhgè su wee, jòy jee li ɓâk kì mu mbɔ̀m yap. ⁵Ndi u u gaɓā ha ɓee; mi nsòmbol ɓe mapubi ma tuŋgɛŋ, tɔ̀ màpubi ma jɔp, inyŭlē Ŋwèt lɛ Nyambɛ à gaɓèyhɛnɛ ŋwɔ màpubi; ᑫ ndi mi ga-ànɛ ɓɔgā ni ɓɔ̀ga.

Yesù à nhɔ̄ɔ lɔɔ̀

⁶Nì yɔ̀ ì kâl mɛ lē, Biɓàŋga bini bi yoni, bi ye kì màliga; nì Ŋwèt lɛ Nyambɛ nū ɓàpodôl ɓàpubhaga, à biɔ̄m aŋgèl yèɛ i ēba mìŋkɔ̀l ŋwee màm ma nlama gwelā mbūs ndèk ŋgèdà. ⁷Nŭnkì, mè nhɔ̄ɔ lɔɔ̀. Mùt à ntēeda biɓàŋga bi ɓapodôl bi kàat ini à yè ǹsăyɓàk.

⁸Ndi mè Yòhanès, mè yè nu à

ᵒ**Màs 21: 24** Yès 60: 3-5
ᵖ**Màs 22: 2** Èz 47: 12

ᑫ**Màs 22: 5** Dàn 7: 27

binɔ̄k nì tɛhɛ màm mana. Ndi kìi mɛ̀ ǹnɔk nì tɛhɛ̄, mɛ̀ kwɔ hīsī, mɛ̀ ɓeges i sī makòò ma aŋgèl ì ì ɓe eba mɛ màm mana. ⁹ Nì yɔ̀ ì kál mɛ lē, Ù ɓɔ̄ŋ ɓáŋ hālà; yàk mɛ̀ mɛ̀ yɛ sɔ ŋkɔ̀l wɔŋ, nì nu lògisɔ̄ŋ ɓapodoòl, nì ɓa ɓā ntēeda biɓàŋga bi ɓàat ìni. 'Beghak Nyāmbɛɛ̀.

¹⁰ Nì yɔ̀ ì kál ki mɛ̀ lɛ, Ù ɓand ɓáŋ biɓàŋga bi ɓapodôl bi ɓàat ìni; inyŭlē ŋgèdà ì gwèe nì mɔ̀ɔ. ¹¹ Nu à tee ɓē sep, a yembi yāga ni màm ma tee ɓē sep; nu nyɛ̀ga kî, nyɛ̀ga yeē i yindgɛ ndīgiì; ndi nu à tee sēp, a ɓɔŋɔ̄k ndīgi màm ma tee sēp; yàk nu kì à yè m̀pubhaga a ɓa m̀pubhaga ìkɛ̀ nì bìsu. ¹² Nŭnkì, mɛ̀ nhɔ̄ɔ lɔ̄ɔ; mɛ̀ gwèe kì ǹsaâ lɛ mɛ tímbhɛ hīkìi mùt kìkìi ǹsɔn wee u gaɓā. ¹³ Mɛ̀ yè Alfà nì Òmegà, bìɓèe nì lìsuk, nu à mɓòk nì nu à nsōk, ʳ ¹⁴ 'Ba ɓā ntēeda matìŋ mee ɓa ye ǹsǎyɓàk, lɛ ndi ɓa ɓana kùndè inyùu ē niìŋ, nì lɛ ɓa jubūl māŋwèmɛl i kɛ̀ i kède ŋ̀kɔ̀ŋ. ¹⁵ Ndi ŋ̀gwɔ i ye nyɔ̀ɔ ī tān, nì ɓàgwɛ̀l màkàŋ, nì ɓòt ɓa ndêŋg, nì ɓa manɔlâ, nì ɓàɓeges bìsat, nì hi mût à ŋgwēs bitɛmbɛɛ, à ɓɔ̀ŋɔ̀k kì gwɔ.

¹⁶ Mɛ̀ Yesù mɛ̀ biɔ̄m aŋgèl yɛ̀m i ɓògòl ɓèè mbogī màm mana i kède mìntoŋ. Mɛ̀ yè ŋ̀kàŋ Davìd, nì lìɓɔ̀dɔ̀k jee, hyɔ̀dot hi mayɛ ma kɛl hi mɓày êŋg èŋg.

¹⁷ Mbuu ɓɔnà mɓɔm ɓa ŋkàl lɛ, Lɔ̀ɔ. Yàk nu à nnɔ̄k a kaāl lē, Lɔ̀ɔ. Nu kì nyùs i gwee, a lɔ̄ɔ. Nu à nsòmbòl, a yɔ́ŋ màlep ma nîŋ yàŋgà. ¹⁸ Mɛ̀ mɓɔk mbogī ni hī muùt à nnɔ̄k biɓàŋga bi ɓapodôl bi ɓàat ìni lɛ, Iɓālē mùt à gakòndɛ jâm mû, wɛɛ̀ Nyāmbɛ à gakòndɛ nyɛ dìmàla di ye ǹtǐlɓàgà munu ɓàat ìni. ¹⁹ I ɓā kì lɛ mùt à gahèya jâm mu bīɓàŋga bi ɓapodôl bi ɓàat ìni, wɛɛ̀ Nyāmbɛ à gahèya jogà jee mu ɓàat nìŋ, nì mu ŋkɔ̀ŋ m̀pubhaga, kìkìì i ye ǹtǐlɓàgà munu ɓàat ìni. ˢ ²⁰ Nu à mɓɔ̀k mbogī màm mana à ŋkàl lɛ, Ŋ̂ŋ, mɛ̀ nhɔ̄ɔ lɔ̄ɔ. Àamèn. Ŋ̂ŋ, ǹtiîk, À Ŋwɛt lɛ Yesù, lɔ̆k.

²¹ Kàrîs Ŋwɛ̀t wés Yesù Krǐstò i ɓa nì ɓèèɓɔɓasonā!

ʳ**Màs 22: 13** Màs 1: 8: 17; 2: 8   ˢ**Màs 22: 19** NM 4: 2; 12: 32

www.ingramcontent.com/pod-product-compliance
Lightning Source LLC
Chambersburg PA
CBHW030816190426
43197CB00036B/497